国家 "十二五"规划重点图书
国家出版基金资助项目

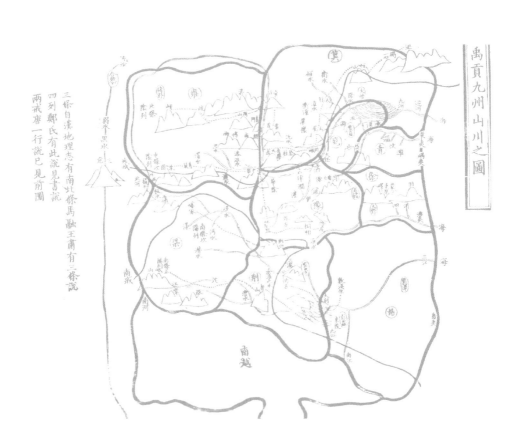

国家自然科学基金项目　国家社会科学基金项目
上海市社会科学重大项目

中國行政區劃通史

清代卷

傅林祥　林涓　任玉雪　王卫东　著

周振鹤 主编

复旦大学出版社

中国行政区划通史

周振鹤　主编

总论 先秦卷	周振鹤 李晓杰 著
秦汉卷	周振鹤 李晓杰 张　莉 著
三国两晋南朝卷	胡阿祥 孔祥军 徐　成 著
十六国北朝卷	牟发松 毋有江 魏俊杰 著
隋代卷	施和金 著
唐代卷	郭声波 著
五代十国卷	李晓杰 著
宋西夏卷	李昌宪 著
辽金卷	余　蔚 著
元代卷	李治安 薛　磊 著
明代卷	郭　红 靳润成 著
清代卷	傅林祥 林　涓 任玉雪 王卫东 著
中华民国卷	傅林祥 郑宝恒 著

全书简介

本书研究自先秦至民国时期的中国行政区划变迁史。这一研究不仅是传统的关于历时政区沿革的考证（纵向），而且对同一年代各政区并存的面貌作出复原（横向），在条件许可的情况下相关的复原以详细至逐年为尺度。全书在总论外，分为十三卷，依次是先秦卷、秦汉卷、三国两晋南朝卷、十六国北朝卷、隋代卷、唐代卷、五代十国卷、宋西夏卷、辽金卷、元代卷、明代卷、清代卷及中华民国卷。

在掌握传世与出土历史文献的基础上，本书充分吸收前人的研究成果，力求最大可能地反映历史真实。全书以重建政区变迁序列、复原政区变迁面貌为主要内容，而由于历史时期中国行政区划的变化很大，在正式政区以外又有准政区的形式存在，加之政区层级、幅员及边界在不同时期的变迁程度不一，因此各卷又独立成书，其考证过程和编写结构有各自的侧重点。

本书是中华人民共和国成立以来第一部学术意义上的行政区划变迁通史。各卷作者在相关领域有长期的学术积累，全书的写作也倾注了十余年之功，希望能成为中国行政区划变迁史研究的重要参考著作。

作者简介

傅林祥，1961年生，上海市人。1984年毕业于复旦大学历史学系，现为复旦大学中国历史地理研究所教授。长期从事历史政区地理和古代上海史的研究。

林涓，1977年生，云南保山人。1998年毕业于云南大学历史系，2004年毕业于复旦大学中国历史地理研究所，获博士学位。现任职于复旦大学国际关系与公共事务学院政治学系。主要从事中国历史人文地理、中国地方行政制度史、清代行政区划变迁等方面的教学和研究。

任玉雪，1972年生，吉林公主岭市人。先后就读于辽宁大学历史系、复旦大学中国历史地理研究所，获博士学位。现为上海交通大学历史系副教授，主要研究清代八旗制度、清代东北地区的政治与经济等。

王卫东，1974年生，山东东明人。2001年毕业于复旦大学历史地理研究中心，获博士学位，现为商务印书馆(上海)有限公司总编辑，副编审。长期从事社科类图书的策划与编辑工作，业余进行历史地理学的研究。

清代卷 提要

本卷依据《清实录》（含《宣统政纪》）及《东华录》、《东华续录》，康熙、雍正、乾隆、嘉庆、光绪五朝《清会典》及乾隆《清会典则例》和嘉庆、光绪《清会典事例》，已经出版的各种清代档案，《政治官报》、《内阁官报》等政府公报，康熙、乾隆、嘉庆《清一统志》及各种地方志，以及奏议汇编和清人文集等原始资料，并充分参考、吸收了学术界最新的研究成果，对清朝地方行政制度与行政区划的变迁过程进行了详尽的考述。

全卷分为两编。

上编叙述清代地方行政制度的变迁过程及特点。对清代的京府制度、省和府厅州县及土司制度、东北地区的八旗驻防制度和旗民双重管理体制、藩部的设治过程和行政管理体制，作了简明扼要的叙述。

下编分述清代各级行政区划的具体变迁过程，包括太平天国政权统治地区的政区变迁。

本卷对清初省制变化和江南等省分省过程、府厅州县体系形成过程、东三省旗民双重管理体制的演变、清初守巡道的设置、各厅的设置时间，都进行了较为详细的考订，提出了自己的看法；对清朝在个别地区实施的较为特殊的行政管理制度，也进行了探讨。附录以表格的形式反映了清代各地行政区划的变迁沿革，便于检索。

目 录

绪 言 ·· 1

上编 清代地方行政制度变迁

第一章 顺天府与奉天府 ································· 15
一、顺天府 ·· 15
二、奉天府 ·· 20

第二章 省 ··· 24
一、省、直省、行省 ··· 24
二、省制与省区的变迁 ··· 28
三、省级行政官员衙门 ··· 36

第三章 府厅州县 ·· 53
一、府厅州县体系的形成 ··· 53
二、府厅州县职官制度 ··· 59

第四章 土司 ·· 66
一、土司设置与改流 ··· 66
二、土司职衔与承袭 ··· 68

第五章 八旗驻防与东北地方行政制度 ··············· 71
一、从旗民双重管理体制到行省制度 ·························· 71

二、行政区划建制的演变 ·················· 75
　　三、州县政区与驻防城区的交错重叠 ·········· 77

第六章　藩部 ································ 83
　　一、藩部纳入清朝版图的进程 ·············· 83
　　二、藩部各区的设治过程 ·················· 85
　　三、藩部各区的行政层级 ·················· 91
　　四、藩部地区行政管理特征及其变迁 ·········· 92

下编　清代地方行政区划沿革

第一章　顺天府、直隶地方—直隶省 ·············· 99
　第一节　顺天府 ···························· 99
　第二节　直隶地方—直隶省 ·················· 103
　　一、省行政机构 ························ 103
　　二、省城 ······························ 106
　　三、省域 ······························ 106
　　四、守巡道 ···························· 107
　　五、府厅州县 ·························· 114

第二章　奉天府、盛京—奉天省 ················ 130
　第一节　奉天府 ·························· 130
　第二节　盛京八旗驻防 ···················· 134
　第三节　奉天省 ·························· 140
　　一、改制过程 ·························· 140
　　二、省城 ······························ 142
　　三、省域 ······························ 142
　　四、守巡道 ···························· 142
　　五、府厅州县 ·························· 143

第三章　吉林—吉林省 ··· 155
　　一、军政、行政机构 ··· 155
　　二、将军驻地、省城 ··· 156
　　三、将军辖区、省域 ··· 157
　　四、八旗驻防 ··· 158
　　五、守巡道 ··· 164
　　六、府厅州县 ··· 166

第四章　黑龙江—黑龙江省 ··· 177
　　一、军政、行政机构 ··· 177
　　二、将军驻地、省城 ··· 179
　　三、将军辖区、省域 ··· 179
　　四、八旗驻防 ··· 181
　　五、道府厅州县 ··· 187

第五章　山东省 ··· 193
　　一、省行政机构 ··· 193
　　二、省城 ··· 195
　　三、省域 ··· 195
　　四、守巡道 ··· 195
　　五、府厅州县 ··· 199

第六章　山西省 ··· 210
　　一、省行政机构 ··· 210
　　二、省城 ··· 214
　　三、省域 ··· 214
　　四、守巡道 ··· 214
　　五、府厅州县 ··· 218

第七章　河南省 ··· 233
　　一、省行政机构 ··· 233

二、省城 ………………………………………………………… 235
三、省域 ………………………………………………………… 235
四、守巡道 ……………………………………………………… 235
五、府厅州县 …………………………………………………… 237

第八章　江南省、江苏省 …………………………………………… 247

第一节　江南省 …………………………………………………… 247
第二节　江苏省 …………………………………………………… 254
一、省行政机构 ………………………………………………… 254
二、省城 ………………………………………………………… 256
三、省域 ………………………………………………………… 256
四、守巡道 ……………………………………………………… 257
五、府厅州县 …………………………………………………… 264

第九章　安徽省 ………………………………………………………… 272

一、省行政机构 ………………………………………………… 272
二、省城 ………………………………………………………… 274
三、省域 ………………………………………………………… 274
四、守巡道 ……………………………………………………… 274
五、府厅州县 …………………………………………………… 278

第十章　江西省 ………………………………………………………… 283

一、省行政机构 ………………………………………………… 283
二、省城 ………………………………………………………… 285
三、省域 ………………………………………………………… 285
四、守巡道 ……………………………………………………… 285
五、府厅州县 …………………………………………………… 289

第十一章　福建省 ……………………………………………………… 295

一、省行政机构 ………………………………………………… 295
二、省城 ………………………………………………………… 297

三、省域 297
　　　四、守巡道 297
　　　五、府厅州县 299

第十二章　台湾省 306
　　　一、建府、置省及被迫割让 306
　　　二、台湾道 308
　　　三、府厅州县 309
　　　附：清末日占台湾省行政区划 313

第十三章　浙江省 318
　　　一、省行政机构 318
　　　二、省城 320
　　　三、省域 320
　　　四、守巡道 320
　　　五、府厅州县 323

第十四章　湖广省、湖北省 328
　第一节　湖广省 328
　　　一、省行政机构 328
　　　二、分省经过 330
　第二节　湖北省 331
　　　一、省行政机构 332
　　　二、省城 333
　　　三、省域 333
　　　四、守巡道 333
　　　五、府厅州县 336
　　　六、土司 342

第十五章　湖南省 344
　　　一、省行政机构 344

二、省城 344
　　三、省域 344
　　四、守巡道 346
　　五、府厅州县 348
　　六、土司 355

第十六章　陕西省 357
第一节　分省前的陕西省 357
　　一、省行政机构 357
　　二、分省过程 359
第二节　分省后的陕西省 360
　　一、省行政机构 360
　　二、省城 361
　　三、省域 361
　　四、守巡道 361
　　五、府厅州县 365

第十七章　甘肃省 373
　　一、省行政机构 373
　　二、省城 376
　　三、省域 376
　　四、守巡道 376
　　五、府厅州县 381
　　六、土司 395

第十八章　新疆(伊犁)—新疆省 399
第一节　新疆(伊犁) 399
　　一、伊犁 401
　　二、库尔喀喇乌苏 402
　　三、塔尔巴哈台 403
　　四、乌鲁木齐 404

五、古城 ………………………………………………… 405
　　六、巴里坤 ……………………………………………… 405
　　七、哈密 ………………………………………………… 405
　　八、吐鲁番 ……………………………………………… 406
　　九、喀喇沙尔 …………………………………………… 406
　　十、库车 ………………………………………………… 407
　　十一、阿克苏 …………………………………………… 408
　　十二、乌什 ……………………………………………… 408
　　十三、喀什噶尔 ………………………………………… 409
　　十四、叶尔羌 …………………………………………… 411
　　十五、和阗 ……………………………………………… 413
　第二节　新疆省 …………………………………………… 414
　　一、省行政机构 ………………………………………… 414
　　二、省城 ………………………………………………… 415
　　三、省域 ………………………………………………… 415
　　四、守巡道 ……………………………………………… 415
　　五、府厅州县 …………………………………………… 416

第十九章　四川省(附川滇边务大臣辖区) ………………… 428
　第一节　四川省 …………………………………………… 428
　　一、省行政机构 ………………………………………… 428
　　二、省城 ………………………………………………… 430
　　三、省域 ………………………………………………… 431
　　四、守巡道 ……………………………………………… 431
　　五、府厅州县 …………………………………………… 437
　　六、土司 ………………………………………………… 460
　第二节　川滇边务大臣辖区 ……………………………… 500
　　一、筹划过程 …………………………………………… 500
　　二、行政区划 …………………………………………… 503

第二十章　广东省 …………………………………………… 504
　　一、省行政机构 ………………………………………… 504

二、省城 …………………………………………………………… 506
　　三、省域 …………………………………………………………… 506
　　四、守巡道 ………………………………………………………… 506
　　五、府厅州县 ……………………………………………………… 511

第二十一章　广西省 …………………………………………………… 520
　　一、省行政机构 …………………………………………………… 520
　　二、省城 …………………………………………………………… 522
　　三、省域 …………………………………………………………… 522
　　四、守巡道 ………………………………………………………… 522
　　五、府厅州县 ……………………………………………………… 525
　　六、土司 …………………………………………………………… 538

第二十二章　云南省 …………………………………………………… 548
　　一、省行政机构 …………………………………………………… 548
　　二、省城 …………………………………………………………… 550
　　三、省域 …………………………………………………………… 550
　　四、守巡道 ………………………………………………………… 550
　　五、府厅州县 ……………………………………………………… 553
　　六、土司 …………………………………………………………… 571

第二十三章　贵州省 …………………………………………………… 583
　　一、省行政机构 …………………………………………………… 583
　　二、省城 …………………………………………………………… 585
　　三、省域 …………………………………………………………… 585
　　四、守巡道 ………………………………………………………… 585
　　五、府厅州县 ……………………………………………………… 588
　　六、土司 …………………………………………………………… 603

第二十四章　内蒙古六盟、察哈尔、归化城土默特、套西二旗 ……… 616
　　第一节　哲里木盟 ………………………………………………… 616

一、科尔沁六旗 …………………………………… 618
　　二、扎赉特旗 ……………………………………… 619
　　三、杜尔伯特旗 …………………………………… 620
　　四、郭尔罗斯二旗 ………………………………… 620
第二节　卓索图盟 ……………………………………… 621
　　一、喀喇沁三旗 …………………………………… 621
　　二、土默特二旗 …………………………………… 622
　　附：锡埒图库伦扎萨克喇嘛旗 …………………… 623
第三节　昭乌达盟 ……………………………………… 623
　　一、敖汉旗二旗 …………………………………… 623
　　二、奈曼旗 ………………………………………… 624
　　三、巴林二旗 ……………………………………… 625
　　四、扎鲁特二旗 …………………………………… 625
　　五、阿鲁科尔沁旗 ………………………………… 626
　　六、翁牛特二旗 …………………………………… 626
　　七、克什克腾旗 …………………………………… 627
　　八、喀尔喀左翼旗 ………………………………… 627
第四节　锡林郭勒盟 …………………………………… 628
　　一、乌珠穆沁二旗 ………………………………… 628
　　二、浩齐特二旗 …………………………………… 629
　　三、苏尼特二旗 …………………………………… 629
　　四、阿巴噶二旗 …………………………………… 630
　　五、阿巴哈纳尔二旗 ……………………………… 631
第五节　乌兰察布盟 …………………………………… 631
　　一、四子部落旗 …………………………………… 632
　　二、茂明安旗 ……………………………………… 632
　　三、乌喇特三旗 …………………………………… 633
　　四、喀尔喀右翼旗 ………………………………… 633
第六节　伊克昭盟 ……………………………………… 634
第七节　察哈尔 ………………………………………… 636
第八节　归化城土默特 ………………………………… 638

10 中国行政区划通史·清代卷

第九节 套西二旗 ··· 639
 一、阿拉善厄鲁特旗 ·· 639
 二、额济纳土尔扈特旗 ······································ 640
 附：牧厂 ··· 641

第二十五章 乌里雅苏台 ·· 644

第一节 土谢图汗部 ·· 646
第二节 赛音诺颜部 ·· 651
第三节 车臣汗部 ·· 655
第四节 扎萨克图汗部 ·· 659
第五节 唐努乌梁海 ·· 662
 一、乌梁海五旗 ·· 662
 二、四十六佐领 ·· 663
第六节 科布多 ·· 664
第七节 阿尔泰 ·· 666
第八节 布伦托海 ·· 667

第二十六章 青海 ·· 668

第一节 和硕特部 ·· 668
第二节 绰罗斯部 ·· 672
第三节 土尔扈特部 ·· 673
第四节 辉特部 ·· 673
第五节 喀尔喀部 ·· 673
第六节 玉树四十族土司 ·· 674

第二十七章 西藏 ·· 678

第一节 达赖辖地 ·· 682
第二节 班禅辖地 ·· 686
第三节 三十九族地区 ·· 687
第四节 呼图克图辖地等 ·· 688

附章 太平天国 690

 第一节 太平天国兴衰及其地方行政制度 690

 第二节 各省郡县 691

附录 清代各省政区沿革表 705

 1. 省级政区变迁表 705

 2. 顺天府政区变迁表 707

 3. 直隶地方—直隶省政区变迁表 708

 4. 奉天府、盛京—奉天省政区变迁表 714

 5. 吉林—吉林省政区变迁表 717

 6. 黑龙江—黑龙江省政区变迁表 720

 7. 山东省政区变迁表 721

 8. 山西省政区变迁表 725

 9. 河南省政区变迁表 730

 10. 江苏省政区变迁表 735

 11. 安徽省政区变迁表 737

 12. 江西省政区变迁表 739

 13. 福建省政区变迁表 740

 14. 台湾省政区变迁表 742

 15. 浙江省政区变迁表 743

 16. 湖北省政区变迁表 744

 17. 湖南省政区变迁表 746

 18. 陕西省政区变迁表 749

 19. 甘肃省政区变迁表 752

 20. 新疆省政区变迁表 756

 21. 四川省政区变迁表 758

 22. 广东省政区变迁表 765

 23. 广西省政区变迁表 769

 24. 云南省政区变迁表 773

25. 贵州省政区变迁表 …………………………………………… 780

主要参考文献 …………………………………………………… 785

后　记 ………………………………………………………… 796

绪　　言

本卷研究清代地方行政区划变迁，即上起清兵入关、定都燕京的顺治元年(1644)，下迄清室退位的宣统三年十二月(1912年2月，民国元年二月)，清朝在其统治地区建立的地方行政区划的变迁过程。清朝在顺治元年入关前，兵民合一，以八旗制度管理民众，是军政、行政合一的管理体制，与行政区划体系有别。

一、清代疆域变迁简述

明朝东北地区的女真分为建州女真、海西女真和野人女真三大部。建州女真最初居住在黑龙江流域的北岸，后来逐渐向南迁移。明朝在此设立了建州卫和建州左卫、建州右卫。南迁后，建州女真分为苏克素浒、浑河、完颜、哲陈、栋鄂等部，居住区域在今抚顺以东至鸭绿江边的区域。海西女真分为叶赫、哈达、乌拉、辉发等部，居住在今开原东北至松花江流域。此外还有长白部、东海部等，各部分散，互不统属。

明万历十一年(1583)，努尔哈赤起兵兼并邻部，经过五年战争，统一了建州各部。此后，努尔哈赤又先后击败海西女真的哈达部、辉发部、乌拉部、叶赫部，基本上统一了女真各部。万历四十四年，努尔哈赤在赫图阿拉称汗，建国号金，史称后金。天命四年(1619，万历四十七年)，后金破明军于萨尔浒。天命六年，攻占沈阳。天命十年，后金迁都于此。后又攻占辽西大片地区。

努尔哈赤死后，皇太极登基，改元天聪。天聪六年(1632)，皇太极统一漠南蒙古。天聪九年，改女真族名为满洲。次年，皇太极在盛京称帝，改国号为清，改元崇德。皇太极统一了整个东北地区，至入关前，疆域东至鄂霍茨克海，西临贝加尔湖。

1644年(清顺治元年，明崇祯十七年)，李自成农民起义军攻入北京，崇祯帝自缢而亡。驻山海关总兵吴三桂降清，引清兵入关。清兵击败李自成，迅速占领直隶地区，并宣布定都北京，顺治入主北京。次年，清兵攻下江南。顺治十六年，占领云南。康熙二十二年(1683)，施琅率水师攻占台湾，台湾遂入于清朝版图。

清初，厄鲁特蒙古四部之一的准噶尔部最为强盛，其首领噶尔丹战胜厄鲁特蒙古其他各部以及南疆的回部，并进兵青海，笼络西藏。康熙二十七年，噶尔丹率兵由杭爱山东侵，战败喀尔喀蒙古。康熙二十九年，清军应喀尔喀蒙古之请，在乌兰布通战败准噶尔部，噶尔丹逃遁。康熙三十五年至三十六年，御驾亲征，平定噶尔丹叛乱。阿尔泰山以东尽入清朝版图，青海和硕特部称藩臣服。此后，策妄阿拉布坦重振准噶尔部，于康熙五十六年侵占西藏。康熙五十九年，清兵入藏，驱逐准噶尔军，西藏遂入版图，清廷设驻藏大臣监督。雍正二年（1724），清军平定青海和硕特部。乾隆二十年（1755），清朝乘准噶尔部内乱，派兵西征，进取伊犁。二十二年，平定准噶尔部，统一天山北路。二十四年夏，平定天山南路回部大小和卓之乱，统一南疆。由此，清朝拓地万里，疆域达到极盛，成为中国历史上最大明确版图的一统帝国。

从道光年间开始，清朝的领土多次被列强侵占割夺，不断减缩。被割让的主要领土在如下地区。

黑龙江、吉林两地。俄国于咸丰八年（1858）胁迫黑龙江将军奕山签订《中俄瑷珲条约》，强行割去黑龙江松花江左岸大片中国领土，仅规定瑷珲对岸的"江东六十四屯"仍由中国人永远居住，归中国政府管理。乌苏里江以东至海，划为中俄共管。清廷当时拒绝批准，两年后，《中俄北京条约》中被迫确认此约。光绪二十六年（1900），俄国出兵强占江东六十四屯。《北京条约》同时将乌苏里及松阿察二河逾兴凯湖至图们江口一线以东的中国领土划归俄国。鞑靼海峡东岸的库页岛，本属吉林三姓副都统管辖，在订立《中俄北京条约》时，清廷置之不问，听任日俄分占。

外蒙古地区。咸丰十年订立的《中俄北京条约》，规定西界"自沙宾达巴哈起至斋桑淖尔"，此两点以外的乌梁海十佐领及阿尔泰淖尔乌梁海二旗，被划在界外。后经同治、光绪年间多次订立条约、勘界，领土均有所缩减。

新疆地区。《中俄北京条约》规定中俄西界"自沙宾达巴哈起，至斋桑淖尔，又西南至特穆尔图淖尔，又南至浩罕为界"，将巴尔喀什湖东南至特穆尔图淖尔之地割让于俄。此后，中俄双方多次勘界，中方每次均有领土丧失。

西藏地区。1846年，英国吞并克什米尔，将克什米尔侵占的阿里拉达克地区一并占领。光绪十六年（1890），英国迫订《藏印条约》，规定哲孟雄归英国保护，并划定西藏与哲孟雄之间边界，春丕以南地区被割去。

云南、广西、广东三省。光绪年间，法国吞并越南、英国吞并缅甸后，与清政府划定双方界线，云南西部茶山、麻栗坝等地，铁壁、虎踞、天马、汉龙等关被划入英属缅甸，云南南部乌得、孟乌二土司被划入法属交趾支那。清廷以商务利益换取对方界务让步，两广与越南接壤的十万大山西南界线稍有展出，钦州的越南飞地江坪、黄竹划入。

广东、福建海疆地区。首先是英国在鸦片战争中占据广州府新安县的香港岛，道光二十二年(1842)，《中英江宁条约》又将香港岛割让给英国。咸丰十年(1860)，中英天津续约又将香港对岸的九龙司地方一区割归英属。

台湾省。甲午(1894)中日战争以清朝失败告终，次年订立的《中日马关条约》将台湾省割让于日本。

二、本卷的内容与结构

本卷由上、下两编和附录组成。

清朝疆域辽阔，由直省、满洲、藩部三大区域组成。直省、满洲、藩部三大区域的历史传统、民情风俗和原有的政治基础各不相同，清朝实行因地制宜、因人而异的政策，在三大区域实施各不相同的行政制度，多种行政制度并存。在其发祥地满洲，从顺治初年开始，主要实行八旗驻防城制度。初由盛京将军统辖全境，后由盛京、吉林、黑龙江三将军分辖，习称东三省。在将军之下，设有副都统、城守尉等，驻守各城，统辖一定区域。在盛京境内，因奉天府的设立，八旗驻防城与府州县制并存。在故明区域，实行省制，先为十四省，康熙初年江南等三省分省，由此为十七省。雍正初年直隶完全实行省制，十八省形成。内外蒙古、新疆、青海、西藏等地，为少数民族聚居地区，则为藩部，分设将军、大臣管辖。在将军、大臣之下，藩部各区域行政制度各不相同：蒙古地区为盟旗制，回疆地区为伯克制，西藏地区实行基巧、宗制。东三省与各藩部，均由将军、大臣直接管辖各城，因而嘉庆、光绪两朝《清会典·户部·疆理》将全国地方行政制度归纳为："乃经天下之疆理，凡尹与总督、巡抚所统曰府厅州县……将军、大臣所统曰城。"光绪年间，新疆、台湾、东三省先后实施省制，设立行省，府厅州县制度在新疆、东三省得以全面推行，藩部的行省化过程加速。

清朝立国近三百年，地方行政制度前后多次发生变化。大致上可以分为关外时期、入关初的"清袭明制"时期、不断完善的"清制"时期、光绪后期至宣统年间受外力影响而逐渐趋向近代化的时期。这些不同时期的地方行政制度变化，也对清朝行政区划建制的变化产生了重要影响。以十八省为例，在省以下，随着雍正年间直隶州制度的推广，使得地方行政层级减少；随着雍正、乾隆初年抚民厅、理事厅制度的形成，由明代的府州县制演化为清代的府厅州县制。

每个行政区划建制的变化，都受到当时的地方行政制度的约束和规范。

在受到原有制度约束的同时,某些行政区划建制的变化也在推动着地方行政制度的改变。在清朝,设官分治重要于体国经野,典型者如康熙初年的江南、湖广、陕西三省分省,就是设官分治的过程,随着分设的省级官员辖区的重合,以及省级行政机构官员配置与其他各省相同,新的省区逐步形成,清代的省制也基本成型。

基于以上几方面的考虑,本卷上编叙述清代地方行政制度及其变迁过程,下编研究清代各省、地区的行政区划的沿革,附录以表格的形式反映清代各级政区的数量和名称的变化过程。

上编以五朝《清会典》记载的制度为纲,叙述清代三大区域在不同时期,地方行政制度的变化过程及特点,按省制和府厅州县制度、盛京地区八旗驻防制度、各藩部地方制度的顺序排列,内容侧重于各级地方行政机构职官的组成及官员职能的主要变化过程。下编为各省及各地区(藩部)的地方行政建制的变化过程,每省(地区)一章,最后附以太平天国统治地区的行政区划。省级行政区划的排列顺序,各省以光绪《清会典》户部行政区划表为准(包括台湾省),藩部排在各省之后。下编各章名称,视该地区政区性质及名称的变化而定,按时间顺序标出全部变化的过程,如第二章名称为"奉天府、盛京—奉天省",表示初为奉天府和盛京将军辖区,后改置为奉天省。每省政区变化包括以下几个方面:(1)省行政机构(含总督巡抚、布按诸司)、省城、省域的变化;(2)守巡道的变化;(3)府厅州县的置废、迁治、名称变化;(4)土司的变化。东三省另有八旗驻防城的变化。

本卷的地图,反映清末光绪、宣统年间的各省和藩部的行政区划状况,国界线全部按谭其骧主编《中国历史地图集》第 8 册《清时期》之《清时期全图(二)》画出。清代中期的各省和藩部的政区状况,参见谭其骧主编《中国历史地图集》第 8 册《清时期》。

二、清代政区的研究状况

对清代政区的研究,大致起源于 1930 年代,北京大学政治系研究室制订的研究计划中,提出要对清代行政制度作系统的研究。当时,学界已经由辛亥革命后对宪法、国会、总统制、内阁制等政治问题的关注,注意到了改革行政制度、提高行政效率这些方面。"不过,行政制度及其问题,是有历史性的。就在今日的行政上,还存留着些清代的成规。再说创造新的,必须彻底明了旧的。"① 由

---

① 马奉琛:《清代行政制度研究参考书目·写在书目之前》,北京大学《社会科学季刊》第 3、4 期抽印本。

此，北京大学政治系研究室着手研究中国行政制度。初步成果有 1935 年出版的《清代行政制度研究参考书目》等。《清代行政制度研究参考书目》按总类、中央行政、地方行政、特殊行政、清末之行政改革、杂著六大类编排，对今天的研究仍有重要的参考价值。

由于清代立国时间较长，三大区域的地方行政制度又各不相同，保存至今的资料也很多，从民国迄今，对清代地方行政制度与行政区划的研究成果较为丰富，主要有以下几个方面。

制度史或政治制度史一类的著作中均有对清代地方行政制度的综合性论述。如萧一山《清代通史》①、吕思勉《中国制度史》②、左言东《中国政治制度史》③、李孔怀《中国古代政治与行政制度》④、韦庆远《中国政治制度史》和《中国官制史》⑤等，均对清代地方行政制度有所论述。其中，具有一定深度的著作主要有以下两种。一是白钢主编的《中国政治制度通史》，是迄今为止最为系统的中国政治制度史著作，第十卷为清代卷。该卷第四章《直省行政体制》从行政区划、各级行政机构和地方基层组织三方面叙述了直省行政体制。另一种是周振鹤的《中华文化通志·地方行政制度志》⑥（单行本在 2005 年以《中国地方行政制度史》为名出版），其中有关清代地方行政制度，从行政区划、行政组织、边区的特别行政制度等三个方面进行了论述。因清代地方行政组织层级较多，作者将其划分为高层地方行政组织、统县政区及县级政区行政组织三层。对于地方政区层级、幅员、等第的变化，都有所探讨。

有关清代地方行政制度的专著，首推瞿同祖的《清代地方政府》。正如译者范忠信在《瞿同祖先生与中国地方政府传统研究（代译序）》一文中所说，此书是"一部用社会学的方法研究中国清代地方政府的实际构成及其实际运作模式的著作"；"他研究的不仅仅是那一时期的政府组织机构及其运作，而是研究一种'政府传统'"；"是从'哪些人构成（或参与）政府'和'政府做（及如何做）那些事'的两条线索出发来探讨政府传统"⑦。日本学者真水康树的《明清地

---

① 萧一山：《清代通史》，中华书局，1986 年。
② 吕思勉：《中国制度史》，上海教育出版社，1985 年。
③ 左言东：《中国政治制度史》，浙江古籍出版社，1986 年。
④ 李孔怀：《中国古代政治与行政制度》，复旦大学出版社，1993 年。
⑤ 韦庆远：《中国政治制度史》，中国人民大学出版社，1995 年；《中国官制史》，东方出版社，2006 年。
⑥ 周振鹤：《中华文华通志·地方行政制度志》，上海人民出版社，1998 年。
⑦ 范忠信：《瞿同祖先生与中国地方政府传统研究（代译序）》，载瞿同祖著，范忠信、晏锋译，何鹏校：《清代地方政府》，法律出版社，2003 年，第 5—7 页。

方行政制度研究——明两京十三布政使司与清十八省行政系统的整顿》①,是从政治学的角度,探讨明代稳定的地方行政制度是如何过渡到清代乾隆年间的地方行政制度,认为这种变化过程是"提高行政效率"的表现。作者的具体关注点有省级行政管理体制变化、雍正年间的直隶州政策、冲繁疲难制度、土司制度与改土归流、卫所的普遍行政区化等几个问题。

研究清代地方行政机构和官制为主的著作,主要有刘子扬《清代地方官制考》②、张德泽《清代国家机关考略》③、古鸿廷《清代官制研究》,以及郭松义、李新达、李尚英《清朝典章制度》等。《清代国家机关考略》第二篇记载地方机关,分为地方文武衙门、专业衙门、管理民族事务的地方官员衙门三大部分,以光绪年间制度为主。《清代地方官制考》阐述了有清一代地方文武官制、特殊官制、专业官制以及清末新政时期官制改革等多个方面,对官员的设置过程及官员衙门办事人员的组成及职掌也有专门的记载,书中所用数字多采自光绪《清会典事例》。《清代官制研究》关注的地方官有总督、道员、知府、知县、州县衙役等,内容包括官员的职掌、功能、任用、升迁、出身等要素。《清朝典章制度》之第三章第三节专讲清代地方行政组织,包括行政区域的划分、从省至县的各级政府组织、边疆地区的行政管理、地方基层组织等内容。认为清代地方行政组织分为省、道、府(直隶州、直隶厅)和州县厅四级,有行政、财政、司法权合一、突出督抚权力、稳定州县统治等特点④。

以行政区划建制为主的研究,主要有赵泉澄《清代地理沿革表》,作者认为清代官修书籍漏误太多,编辑缮写不慎,校雠未精,因而不能解决地理上的问题。于是"筚路蓝缕,颇极艰窘,竭智穷思,易稿数十"⑤,用清代内阁档案编成此书。先是刊于《禹贡半月刊》,1941年由上海开明书店出版,1955年由中华书局重印。牛平汉主编的《清代政区沿革综表》⑥,订正了赵著的错误之处,增补了清代特别行政区域的建置沿革,以及各省道的建置。为一般研究者了解清代政区沿革提供了简明便捷的参考。林涓的博士论文《清代行政区划变迁研究》完成于2004年,是以历史政治地理的角度,对行政制度的改革与行政区划的变迁,作了较为全面、系统的考察和分析。具体内容包括总督巡抚辖区及

---

① 真水康树:《明清地方行政制度研究——明两京十三布政使司与清十八省行政系统的整顿》,北京燕山出版社,1997年。
② 刘子扬:《清代地方官制考》,紫禁城出版社,1988年。
③ 张德泽:《清代国家机关考略》,学苑出版社,1981年初版,2001年再版。
④ 郭松义、李新达、李尚英:《清朝典章制度》,吉林文史出版社,2001年,第181—224页。
⑤ 赵泉澄:《清代地理沿革表》,中华书局,1955年,第4页。
⑥ 牛平汉主编:《清代政区沿革综表》,中国地图出版社,1990年。

督抚之间的关系、直隶州的改革、道的变迁、布政使司及其下属区划等几个方面。

以地图形式表示清代政区的专著,主要有谭其骧主编的《中国历史地图集》第 8 册《清时期》,主体是反映嘉庆二十五年政区的分省图,每个省级政区一幅,卷首另有嘉庆二十五年、光绪三十四年的全国总图两幅。由于受篇幅的限制,只有嘉庆二十五年一年断限的政区,不能表示整个清时期政区的繁杂变化。王恢的《新清史地理志图集》①,是台湾地区为新修《清史地理志》所作,也是每省区一幅,反映的是清末政区设置。

有关八旗制度的研究,自 1936 年孟森《八旗制度考实》②发表以来,学术界对于八旗制度的研究日趋深入。对于清朝入关前的八旗基层组织牛录,普遍认为是女真临时性的狩猎、武装组织,由努尔哈赤改造为军事、政治、经济三位一体的社会组织。郑天挺《牛录·城守官·姓长——清初东北的地方行政机构》③、周远廉《清朝兴起史》④均对牛录的行政职能有所探讨。定宜庄《清代八旗驻防制度研究》⑤全面考察了八旗驻防制度,并指出八旗驻防对清朝军事控制、民族融合等方面的作用。赵云田《中国边疆民族管理机构沿革史》⑥专门对东北、北部及西北地区的八旗驻防机构做了考察。对于清代东北的旗、民双重管理体制,金毓黻《清代统治东北之二重体系》⑦一文阐述了清代东北旗民分治的二重管理体制。刁书仁《论清代吉林地区行政体制及其变化》⑧、赵云田《清代东北的军府建置》⑨、赵中孚《清末东三省改制的背景》⑩都有专门的研究。任玉雪博士论文《清代东北地方行政制度研究》⑪一文,对清朝入关前的地方行政制度、清代东北地方行政制度的确立及初步发展、东北地方行政区划制度的形成与调整、改革作了较为系统的研究。

有关清代藩部地区行政区划的研究,主要也分两个方面,一是地方行政制度,二是行政区划。前述各项研究中,有相当部分涉及藩部。专门研究藩部

---

① 王恢:《新清史地理志图集》,台湾"国史馆",1993 年。
② 孟森著,吴俊编校:《孟森学术论著·清史讲义》,浙江人民出版社,1998 年。
③ 郑天挺:《牛录·城守官·姓长——清初东北的地方行政机构》,《社会科学战线》1982 年第 3 期。
④ 周远廉:《清朝兴起史》,吉林文史出版社,1986 年。
⑤ 定宜庄:《清代八旗驻防制度研究》,天津古籍出版社,1992 年。
⑥ 赵云田:《中国边疆民族管理机构沿革史》,中国社会科学出版社,1993 年。
⑦ 金毓黻:《清代统治东北之二重体系》,《东北辑刊》1941 年第 2 期。
⑧ 刁书仁:《论清代吉林地区行政体制及其变化》,《社会科学战线》1994 年第 3 期。
⑨ 赵云田:《清代东北的军府建置》,《清史研究》1992 年第 2 期。
⑩ 赵中孚:《清末东三省改制的背景》,《中研院近代史研究所集刊》第 5 期。
⑪ 任玉雪:《清代东北地方行政制度研究》,复旦大学博士论文,2003 年。

的,主要有张永江《清代藩部研究——以政治变迁为中心》①,对藩部的形成、政治变迁进行研究,对清代藩部行政制度的研究具有启发和参考意义。田山茂《清代蒙古社会制度》②和赵云田《清代蒙古政教制度》③对清代蒙古地区行政制度多有涉及。金海等《清代蒙古志》④对清代蒙古各盟旗的历史沿革、政治制度等多个方面进行了研究。管守新《清代新疆军府制度研究》⑤以行政区域为框架分析了新疆各个军府的设置、职能等。苗普生《伯克制度》⑥对回疆地区的行政制度研究也有一定的借鉴意义。

周清澍主编《内蒙古历史地理》⑦第三章"清代的内蒙古地区",对清代内蒙古地区各盟旗的来源、驻地、范围及沿革作了详细的考证。房建昌《清代雍正朝以来青海三十蒙旗及玉树四十族的治所今址及历史地理诸问题》⑧讨论了雍正朝以后青海的三十蒙旗和玉树四十族的驻地沿革,并进行了定位。他的另一篇论文《藏北三十九族述略》⑨对藏北的三十九旗从历史、地理、宗教和行政方面进行了考述。陈庆英主编的《中国藏族部落》⑩和丹曲、谢建华著《甘肃藏族史》⑪对清代西藏和青海的藏族部落分布情况有较为全面的介绍。赵云田的《中国边疆民族管理机构沿革史》⑫对清代藩部地区的将军、大臣、都统的设置及其职能作了深入研究。

四、本卷资料状况

本卷采用的资料,主要为传世历史文献,大致有以下几类。

一是《清实录》(含《宣统政纪》)及《东华录》、《东华续录》。这些文献虽然不如档案那样保持原始面貌,但是系统性强,所载政区、官制变化的时间精确度较高,清代的大部分政区建制的变化时间都见之记载,只有小部分失载。

其次是康熙、雍正、乾隆、嘉庆、光绪五朝《清会典》,乾隆《清会典则例》和

---

① 张永江:《清代藩部研究——以政治变迁为中心》,黑龙江教育出版社,2001年。
② 〔日〕田山茂著,潘世宪译:《清代蒙古社会制度》,商务印书馆,1987年。
③ 赵云田:《清代蒙古政教制度》,中华书局,1989年。
④ 金海、齐木德道尔吉、胡日查、哈斯巴根:《清代蒙古志》,内蒙古人民出版社,2009年。
⑤ 管守新:《清代新疆军府制度研究》,新疆大学出版社,2002年。
⑥ 苗普生:《伯克制度》,新疆人民出版社,1995年。
⑦ 周清澍主编:《内蒙古历史地理》,内蒙古大学出版社,1994年。
⑧ 房建昌:《清代雍正朝以来青海三十蒙旗及玉树四十族的治所今址及历史地理诸问题》,《西北民族研究》1995年第1期。
⑨ 房建昌:《藏北三十九族述略》,《中国边疆史地研究》1992年第1期。
⑩ 陈庆英主编:《中国藏族部落》,中国藏学出版社,2004年。
⑪ 丹曲、谢建华著:《甘肃藏族史》,民族出版社,2003年。
⑫ 赵云田:《中国边疆民族管理机构沿革史》,中国社会科学出版社,1993年。

嘉庆、光绪《清会典事例》，嘉庆、光绪《清会典图》。《会典》为明清两代编纂的法律法规典籍。五朝《清会典》中的《吏部·外官》和《户部·州县》记载的清朝地方官制、地方行政制度，是清朝法典层面的记载，为其他历史文献所无法替代。地方行政制度之后的行政区划表，也反映出了不同时期朝廷对地方行政制度的看法，展示了当时府厅州县的全貌。《则例》和《事例》记载相关地方官制和行政区划的变化，虽有漏载、误载，仍不失为是一种较好的索引。还有一些变化由于各种原因，只见于该书的记载，更为唯一之参考。

第三是各种汇编的清代档案，以及部分馆藏档案。主要如张伟仁编《明清档案》、中国第一历史档案馆编《康熙朝满文硃批奏折全译》、《康熙朝汉文硃批奏折汇编》、《雍正朝满文硃批奏折全译》、《雍正朝汉文硃批奏折汇编》、《雍正朝内阁六科史书·户科》、《雍正朝内阁六科史书·吏科》、黑龙江档案馆编《黑龙江设治》等。

第四类为政府公报，主要有政治官报局《政治官报》、内阁印铸局《内阁官报》等。这些政府公报记载了清末地方行政制度和行政区划的变化。

第五类为志书，主要包括康熙、乾隆、嘉庆三部《清一统志》，各省《通志》及《新疆图志》、《回疆通志》、《卫藏通志》、《西藏志》等，以及相关府厅州县志。

第六类为奏议汇编和文集。如《李鸿章全集》、《左宗棠全集》、谭钟麟《谭文勤公奏稿》、刘锦棠《刘襄勤公奏稿》、徐世昌《退耕堂政书》等。

五、需要说明的问题

清代政区的具体变化，如新置、裁废、合并、迁治、划界等，大多有一个较为复杂的过程。从地方官员提议，到督抚同意并向朝廷奏请，朝廷议准，委派官员到任，需要经过多道程序，存在着多个时间节点。本卷的设治时间，一般以朝廷议准的时间为准。

清廷入关后，占有各省的时间，一般以该省督抚、布按两司的委署时间为准。占有省内各府的时间，不再一一细分，也以该省督抚、布按两司委署时间为准。委署时间与占有时间常有差异。

清代独有的抚民厅，在其早期形成过程中，因为制度的不成熟，某个同知或通判的管理区域何时成为行政区划，较难判断。本卷采用的主要标准有两项，首先是该同知或通判是否具有管理钱谷刑名的职能，其次是该同知或通判是否辖有佐贰官员。如果找不到与这两项要素相关的史料，则参考《清会典》或《清一统志》、该省《通志》的记载。

康熙《清会典》户部未见"直隶州"的说法，雍正《清会典》户部无"直隶厅"之名，但当时均有直属于省的州和厅，本卷统一称之为"直隶州"、"直隶厅"。

宣统三年（1911）存在的府厅州县，全部按序排出。宣统三年前已经废除、合并的府级政区，排列在宣统三年存在的府级政区之后。宣统三年前已经废除、合并的县级政区，排列在同府宣统三年存在的县级政区之后。已经废除、合并的府级、县级政区，均用仿宋体字表示，以示区别。

少数有亲辖地的府，均在府条之后、县条之前，按照县级政区格式单独列目，名称为"某某府亲辖地"，并在表格中按县级政区格式标出"某某府"。直隶州均有亲辖地，故不在县级政区中单独列目，在表格中按县级政区格式标出"某某州"。

清代守巡道的设置、废除、合并、改置、改名等变化频繁，被废除的守巡道数量极多。如果采用府厅州县的排序方法进行排列，将眉目不清。而且从光绪末年开始，一些省份逐步裁撤守巡道，由省行政机构直接管辖府级政区，也无法用全国一致的标准年代进行排列，只能按各省的情形分别处理。以直隶省为例，霸昌道废于光绪三十年，仍将霸昌道列为正式条目，将光绪三十年存在的守巡道全部按序排列。霸昌道形成前，该区域内曾经存在过的各道则排在霸昌道之后。

明代前期具有管理地方职能的实土卫所，随着明代中后期督抚、守巡道、外派同知、通判制度的逐渐形成，其管理地方的职能当有所变化。另外，清初在一些不适合设置州县的地区，新设立了少量具有州县职能的卫所，如雍正年间，在四川雷波、黄螂等处，因新附户口太少，设立直隶雷波卫，下辖黄螂所，由卫守备、所千总管理辖区内的刑名钱粮事宜，由永宁道及四川藩臬二司考核。由于明末清初实土卫所的管理体系尚待深入研究，本卷未将这些实土卫所单独立目，只在相关府厅州县条目中进行追叙。

各省土司排列在"府厅州县"之后，单独成节。各土司的排序，以宣统三年该土司上属（或承审）、并入的政区为序。宣统三年已经改流的土司，也用仿宋体表示，以示区别。土司的今地，除特别注出之处，大多依据龚荫《中国土司制度》。

附章为太平天国的地方行政制度和行政区划，主要依据华强《太平天国地理志》改写，在此谨表我们的谢意。

随着近年来城市化进程的加快，各地行政区划也有了很大改变，如改县为区、改镇为街道办事处等，有相当一部分原先为县驻地的镇被析置为多个街道办事处。清代府厅州县治所的今地，如果能大致判断出坐落在今天的某个街道办事处境内,写出街道办事处名称;如果难以判断,或者坐落在今天的多个街道办事处的接合部,只说明在今某某市(区县)的"城区"或"驻地",不再一一写出街道办事处名称。其次,民国以来,存在着少量县治有所迁移,而新治与旧治相距不远的情形。近年来,随着城区的扩大,新旧县治已经连成一片,且同处一镇。对于这种情形的清代政区治所的今地,大多写出今县治所的镇名,不再标出具体的方位和里距差异。

附录为各省政区变迁表,部分府、直隶州在有清一代所辖县级政区数量未发生变化,为节省篇幅,不再立表。

上编　清代地方行政制度变迁

第一章　顺天府与奉天府

明代设有京师顺天府与南京应天府。"天子奉天子民,我祖宗临御在外,以其事付之府州县,布政使统之。两京二十府直隶六部,顺天、应天不以直隶称,秩三品,体貌与部寺一。"①也就是说这两个府与其他各府地位不同,相当于中央机关中的部寺。清代沿袭明制,仍设顺天府,管辖京畿附近各州县;将南京应天府改为江宁府,隶属于江南省;又设奉天府,管理盛京附近各府州县。因顺天、奉天两府为京府,《清会典》将内府与太仆寺、光禄寺、鸿胪寺排在一起,时称"京府"、"京师顺天府"②、"盛京奉天府"。

一、顺天府

顺治元年(1644),清朝定鼎燕京后置③。设有府尹、府丞兼提督学正各一员;佐贰官有治中三员,管粮、马政、军匠通判各一员,推官④一员;属官有经历、知事、照磨、检校、司狱各一员,分掌所属事务。顺治六年,裁治中二员及马政、军匠通判各一员,改管粮通判为粮马通判。康熙六年(1667),裁推官、知事、检校各一员。雍正四年(1726)开始,特简部院大臣管理府事⑤。乾隆十四

---

① (明)海瑞:《赠顾怀东晋京兆丞序》,陈义钟编校:《海瑞集》下编,中华书局,1962年,第352页。
② 按:清代一些文献中有"顺天省"一词,多与考试有关。如英汇《科场条例》卷53载:"道光六年具奏:直隶东光县附生齐介眉,应壬午科乡试。奉上谕,顺天省八十以上之附生齐介眉,着加恩赏给副榜。钦此。"(《续修四库全书》影印本,第830册,第474页)又如《嘉庆道光两朝上谕档》载:嘉庆九年九月二十二日上谕,"至顺天省于发榜次日,业经缮写加恩谕旨发抄。"(第9册,第420页)东光县属直隶省河间府,与顺天府无关。此处的"顺天省",显指顺天学政(即直隶学政)衙门及其辖区,不是顺天府的别称。
③ 按:《世祖实录》载顺治元年八月庚辰,擢山东宁海州知州陈培基为顺天府府尹。
④ 正德《明会典》卷132:"凡各府推官,职专理狱、通署刑名文字,不预余事。"(《景印文渊阁四库全书》本,以下简称《四库全书》本,台湾商务印书馆,1986年影印本,第6178册,第343页)
⑤ 光绪《清会典事例》卷1090,第11册,第1090页。按:雍正三年三月癸亥,升顺天府府尹张令璜为大理寺卿,仍兼理府尹事(《世宗实录》卷30,《清实录》,第7册,第462页)。是张令璜升迁后仍兼顺天府府尹原职。雍正三年十二月甲申,张令璜由大理寺卿升为吏部左侍郎,仍兼顺天府府尹(《世宗实录》卷39,第577页)。雍正四年三月癸巳,张令璜由吏部左侍郎管顺天府府尹事转为右侍郎(《世宗实录》卷42,第616页),仍兼顺天府府尹事。同年六月丁卯,解张令璜顺天府府尹职,专任吏部侍郎,同时任命刘于义为顺天府府尹(《世宗实录》卷45,第682页)。至雍正五年五月己巳,刘于义为詹事府詹事兼理府尹事(《世宗实录》卷57,第871页)。由此可见,从雍正三年开始,一些顺天府府尹升职后,仍以新官衔兼任顺天府府尹。

年(1749)开始,钦派部院大臣兼管府尹事务,无定员,称"兼尹"①。由此,顺天府设兼管府事大臣(特简,无定员)、府尹(一员)、府丞(一员),掌京畿治理,佐贰官有治中、粮马通判各一员,属官有经历、照磨、司狱各一员②。后定兼尹为一员。宣统三年(1911)六月,裁兼尹③。清末,顺天府设有府尹、府丞、治中、粮马通判、经历、照磨、司狱各一员。

府尹一员,官秩正三品,与各省按察使品秩相同,可直接向朝廷奏事。乾隆认为府尹"体统与巡抚相等"④。据光绪《清会典》记载,府尹的主要职责有以下几个方面:对所属各州县官的考察委署权,此职权在嘉庆十八年(1813)前主要属于直隶总督,从这一年起主要属于顺天府尹,此后扩大至对相关道员和四路同知的考察;率领大兴、宛平两县协同步军统领衙门、五城察院管理京城事务;掌管狱讼案件,重大案件与直隶总督会同审判,轻者自行裁决;管理祭祀事务;了解京城粮、银价,每月终向朝廷汇报;向朝廷汇报雨雪大小;管理、监督地方赋税收支,与直隶总督联名向户部汇报;管理京城内的慈善机构与慈善事务;主持顺天乡试,任监临官;监督和考察四路厅所属官兵的功过,每年向兵部汇报⑤。由于顺天府为京府,与各省督抚相比,府尹有许多礼仪性事务及考试事务。

府丞一员,正四品。初兼提督学政衔。乾隆五十八年,因有顺天学政专管学务,裁府丞兼衔⑥。职掌为分理学务,岁试、科试录取童生而送于学政。初只考大兴、宛平两京县童生,其余各州县由霸昌道负责。雍正十年八月,改为其余各州县由四路同知考试录取⑦。乾隆四十八年正月,掌管顺天府全部州县的府考⑧。乡试时充提调。举行耕耤仪式时,奉青箱以从。府丞的主要职能与各省的学政相近,例以科甲出身人员补授。与府尹之关系相当于各省巡抚与学政,州县官见府丞之礼与见学政相同。

治中一员,正五品。分管户土之事。乾隆十九年奏准,治中、通判均为府尹属员,本任事务较简,将钱粮、户婚、田土等事改由治中掌管,词讼、礼仪及一

---

① 光绪《清会典事例》卷1090,中华书局,1991年,第11册,第912页。按:《高宗实录》卷351载此年十月乙亥,以兵部侍郎蒋炳兼管顺天府府尹(第13册,第845页)。此时,府尹仍为胡宝瑔,顺天府同时有兼尹和府尹两员职官。
② 乾隆《清会典》卷85,《五朝大清会典》本,线装书局,2006年,第11册,第788页。
③ 《宣统政纪》卷55 宣统三年六月辛巳,《清实录》,第60册,第997页。
④ 《高宗实录》卷1298 乾隆五十三年二月庚子,《清实录》,第25册,第452页。
⑤ 光绪《清会典》卷74,第17册,第678—683页。
⑥ 《高宗实录》卷1427 乾隆五十八年四月乙酉,《清实录》,第27册,第89页。
⑦ 《世宗实录》卷122 雍正十年八月庚申,《清实录》,第8册,第605页。
⑧ 《高宗实录》卷1173 乾隆四十八年正月己未,《清实录》,第23册,第733页。

应杂事归通判掌管。分管会试之饔饩、制卷等事。通判一员,亦称粮马通判,正六品。主管京城各市牙侩之籍及税收,乡、会试时管理名簿。

顺治年间,顺天府作为行政区划,仍辖5州22县(含顺治十六年裁撤的漷县)。如乾隆《清会典则例》卷31记载:"顺治初年定:顺天府领大兴、宛平京县二,通州、昌平州、涿州、霸州、蓟州等州五,良乡、固安、永清、东安、香河、三河、武清、宝坻、顺义、密云、怀柔、房山、文安、大城、保定、平谷、遵化、玉田、丰润等县十有九。"《世祖实录》载:顺治十三年八月丁亥谕旨,"应即遣廉干官员,前往顺天府所属等处,确查被灾贫民,酌量赈给,务令均沾实惠。"辛卯日,派官员进行赈济:"遣兵部尚书梁清标,工部尚书卫周祚,礼部左侍郎邬赫、右侍郎李霨棠,户部右侍郎铿特,刑部右侍郎阿思哈,分路赈济顺天府属二十七州县。"①此处明确记载顺天府所属为二十七州县。顺治十五年二月,"免顺天府武清、漷县十四年分水灾额赋"②。顺治十六年七月规定:"顺天府进取儒童额二十五名,大兴、宛平二县各二十名。"③这些记载,都说明顺治年间的顺天府行政区划是由二十七个州县组成。

但是,顺天府尹在顺治年间及康熙初年的实际管理区域可能只有大兴、宛平二县,昌平、良乡等其他各州县属顺天巡抚(及此后的直隶督抚)管理。到了康熙十五年,文献记载昌平等其他各州县重新归顺天府尹管理:"又定:以昌平、良乡等十九州县隶顺天府。"④因此,大兴、宛平二县以外的各州县应该存在着一个重归顺天府尹管理的过程。康熙十五年时,顺天府行政区划共有26州县,"十九州县"加上宛平、大兴两县只有21州县,还缺少5个州县。因此,或是"十九州县"的数字有误,或是其他五个州县分批归属顺天府尹管理⑤。

顺天府所辖州县数量远较一般府为多,这给顺天府尹、直隶巡抚的管理带来不便。而且顺天府为首善之区,治安管理的要求远较一般地方为严格。康熙二十七年,经直隶总督于成龙奏请,议准在顺天府设立东、西、南、北四路同

---

① 《世祖实录》卷103顺治十三年八月辛卯,《清实录》,第3册,第800页。
② 《世祖实录》卷115顺治十五年二月甲申,《清实录》,第3册,第898页。
③ 《世祖实录》卷127顺治十六年七月戊子,《清实录》,第3册,第984页。
④ 乾隆《清会典则例》卷3,《四库全书》本,第620册,第89页。按:光绪《清会典事例》卷21、《清朝通典》卷33、《日下旧闻考》卷65、《历代职官表》卷32、《清朝通志》卷67均有相似的记载。
⑤ 按:康熙十五年前,亦有言顺天府尹辖各州县的,如:"吏部题,顺天府所属州县,原系府尹管理。今直隶钱谷刑名分隶守巡二道,应将顺天府所属州县钱谷归守道管理,刑名归巡道管理。从之。"(《圣祖实录》卷33康熙九年四月乙未,《清实录》,第4册,第442页)此处的"府尹管理",究竟是相关报表的汇总,还是实际上管理着各州县,尚待查证。

知①,专司所辖各州县的捕盗。东路永平府捕盗同知驻通州,南路河间府捕盗同知驻黄村,西路保定府捕盗同知驻卢沟桥,北路保定府捕盗同知驻沙河②。捕盗同知的官品与一般府的同知相同,也是正五品,分别系以永平、河间、保定府同知衔,由直隶巡抚拣选保题。雍正二年题准,顺天府四路同知员缺由直隶总督在本省现任官员内,遴选善于驾驭捕役、缉盗有方者具题,或由吏部照理事同知之例,在相应京官中遴选。嘉庆十八年,相应权力归属顺天府尹,如果顺天府属人员内无人可选,再由直隶总督于所属各员内拣选保题。道光七年(1827)开始,对四路同知的考核,也由府尹与总督共同出具考语③。

四路同知设立之初,专管捕盗,各州县征收地丁钱粮、酌拨俸饷、留支经费、动支数目等款项事务,仍由霸昌、通永二道管辖。乾隆十九年议准,四路同知兼管各州县钱粮,并添设仓书、户书吏员各一人。遇到州县钱谷案件,该管同知为专理,霸昌、通永二道为兼管。由此,四路同知的辖区成为与府、直隶州相近的行政区划:"四路同知既经管理该州县钱粮事务,则与知府、直隶州体制无异。"④乾隆二十四年十二月,又议准各州县刑名案件归四路同知审转,同知的关防相应改为"刑钱捕盗同知"字样。由此,四路同知开始全面管理各州县刑钱事务,与知府、直隶州知州的职能相同,官衔及关防文字也删去永平、保定、河间等府同知系衔,更换为"顺天府某路刑钱捕盗同知"关防。西路同知有稽察水利工程之责,增加"水利"二字⑤。四路同知设有捕盗营,各营初设马步兵五十名,后添设兵一百名。至此,顺天府四路同知具备了各省府级行政机构的职能,四路厅已经成为介于顺天府、直隶省与所属州县之间的行政区划。嘉庆《清会典》卷10《户部》将四路厅列入行政区划,视作为直隶厅的一种特殊类型:"直隶厅、直隶州皆亲辖地方,亦领县,惟京畿四路厅领州县而无亲辖。……顺天四路厅四:西路厅,东路厅,南路厅,北路厅。"⑥同书卷4《吏部》也将四路厅记载为顺天府所属的行政区划:"京畿、盛京、十有八省之属,皆受治于尹与总督、巡抚而以达于部。尹分其治于府(奉天府所辖有锦州府)、厅(顺天府所辖有京畿四路厅)、州县(顺天府辖京畿州县,奉天府辖盛京州县)。"⑦光绪《畿辅通志》卷16:"顺天府,为京师首善之区,府尹统辖,分隶霸

---

① 光绪《顺天府志》卷35,第4册,第1178页。
② 康熙《清一统志》卷2,第8页。
③ 光绪《清会典事例》卷58,第1册,第746页。
④ 光绪《清会典事例》卷1090,第11册,第916页。
⑤ 《高宗实录》卷602乾隆二十四年十二月戊子,《清实录》,第16册,第761页。
⑥ 《大清五朝会典》本,第12册,第108页。
⑦ 《大清五朝会典》本,第12册,第29页。

昌、通永二道，设东、西、南、北四路厅分辖，领州五、县十九。"①光绪《顺天府志》卷17："今领州五，县十九，以四路同知分辖焉。"②在《顺天府全宗》收录的档案中，东路厅又称"顺天东路稽察营汛总辖刑钱督捕府"，简称"东路府"、"东路刑钱府"，所属州县在行文中尊称同知为"府宪"③。四路厅的设立，使得顺天府在行政区划层级的设置上也与各省相似，为顺天府—四路厅—州县的三级制。

四路厅与直隶各道的关系，从以下事例中可见一斑。道光十二年要求各州县清查户口、写门牌："州县设立门牌，上司必须查核。若由州县申四路同知，同知申霸昌道、通永道，道申顺天府尹，每处造册一分，笔墨既繁，经费亦大，势必书吏开需索之门。莫若令州县造册一分，逐层申解，钤盖印信。其册发还，仍存州县署内。若有查核之时，不难立即吊取。只此一分，费用无多。"④由于道员同时隶属于直隶总督、顺天府尹的管辖⑤，因此是直隶总督或顺天府尹—道员—同知—州县的管理层级。同时还存在着顺天府尹—同知—州县的管理层级⑥。

大兴、宛平两县为京县，各设知县一员，正六品，视外县知县加一级。掌管一县政令，并与五城兵马司分壤而治。两县各设县丞、典史一员。其余各州县与各省州县相同。京师顺天府在行政区划中的地位与直隶省相当，但是所属各州县同时受直隶省兼管⑦："直隶总督（驻保定府）兼管顺天府属各州县"⑧、"直隶省兼管顺天府所属州县"⑨，顺天府所属州县被称为"顺直兼辖区域"⑩。一些清代文献为便于叙述，将顺天府归入直隶省，如乾隆《清一统志》卷3为"直隶统部"，卷4至卷9为"顺天府"，卷10起为保定等府。这一格式给人感

---

① 光绪《畿辅通志》卷16，第3册，河北人民出版社，1989年，第(3)—1页。
② 光绪《顺天府志》卷35，第4册，第1179页。按：卷35《顺天府沿革表》中，康熙二十七年前作京师顺天府与州县两级，此年开始为京师顺天府、四路同知、州县三级。
③ 郑秦：《清代县制研究》，《清史研究》1996年第4期，第13页。
④ 《宣宗实录》卷213道光十二年六月癸未，《清实录》，第36册，第139页。
⑤ 按：光绪《顺天府志》卷22谓通永隶于顺天府(第2册，第681页)，同管顺天府州县的霸昌道也当同时隶属于顺天府。
⑥ 参见王洪兵博士论文：《清代顺天府与京畿社会治理研究》之第一章第二节第二目"四路同知体制及其职能演变"；南开大学，2009年。
⑦ 按：一说两京县不受直隶总督兼辖，见《清朝文献通考》卷83："京县二，各掌其名之政令，品视外县令加一等(余所属二十五州县兼属直督，不具载)。"(第1册，第5610页)
⑧ 乾隆《清会典》卷8，第10册，第71页。
⑨ 乾隆《清会典则例》卷31，第620册，第591页。
⑩ 尚秉和：《辛壬春秋·全国行政区域废置表第三十二》，1924年刻本，《四库未收书辑刊》第5辑，第6册，第565页。

觉顺天府为直隶省下辖的一个府。但在卷 4 顺天府建置沿革中又明确记载："本朝因之,领州五县十九,统于顺天府尹,亦属直隶总督"①。

二、奉天府

后金天命十年(1625)三月,迁都沈阳。天聪八年(1634)四月,尊沈阳为盛京。清朝定鼎燕京后,即以盛京为"留都":"世祖章皇帝统一寰宇,定鼎京师,尊盛京为留都,鉴往代两都之制,设官分职,管辖八旗驻防禁旅,规模宏远。"②设昂邦章京镇守。后亦称"陪都"③。

顺治初年,鼓励汉族移民进入东北垦荒。顺治十年,户部遵旨讨论在盛京地区设立州县之事,认为"将辽东为省,先以辽阳城为府,设府县,立学校,悬文武爵赏以鼓招集,给田地牛种以安人民,取士中式,给照出入,请旨裁定施行"。户部设辽东省的提议被顺治否决,设立府县的建议被采纳:"辽东系盛京地方,应称直隶,不得名省。本内事宜,俱依议行"④。同年十一月,置辽阳府及辽阳、海城二县,用以招徕内地汉人。随着移入汉民的增加,顺治十四年四月在沈阳设奉天府,裁辽阳府,下辖辽阳、海城二县。康熙三年四月,奉天府府尹徐继炜以"盛京为发祥重地"为由,疏请升辽阳县为京县。部议以辽阳县与奉天府不同城,而且外县与京县品级不合,反对改设为京县。辅政大臣为此下旨:"奉天府内著设一县。山海关以外,开原以内,应添设府州县。尔部酌议以闻。"⑤同年六月,添设奉天府府丞、治中、通判、推官等官缺;置附郭承德县及开原、铁岭、盖平等县,升辽阳县为州,并原有的海城县,由奉天府直辖⑥;置广宁府来属⑦。同年十二月,改广宁府为锦州府。由此,奉天府在官制和行政区划设置上,均具备了京府规制。奉天府尹除领有府级政区外,还直接领有州县。此后,奉天府尹直属区域被称之为"奉天府尹本属府"⑧。康熙六年七月,裁推官。至此,将军统帅八旗,府尹管理民人,遂成旗民双重管理体制。由于奉天府为京府,且实行与内地一样的府厅州县制度,从雍正后期开始,奉天府

---

① 乾隆《清一统志》卷 4,第 474 册,第 103 页。
② 乾隆《清一统志》卷 35,第 474 册,第 658 页。
③ 《高宗实录》卷 1007 乾隆四十一年四月丙寅,《清实录》,第 21 册,第 521 页。
④ 《户部尚书车克题覆辽阳设官安民事宜》,顺治十年十二月二十三日,《明清档案》,第 18 册,第 B10033 页。
⑤ 《圣祖实录》卷 11 康熙三年四月癸卯,《清实录》,第 4 册,第 178 页。
⑥ 按:此后新置的厅州县,直接隶属于奉天府尹者,不再一一说明;属其他府者,说明隶属关系。
⑦ 《圣祖实录》卷 12 康熙三年六月甲午,《清实录》,第 4 册,第 185 页。
⑧ 嘉庆《清会典图》卷 90,第 707 册,第 3120 页。

尹辖区（或盛京将军辖区）逐渐称之为"奉天省"，但只是俗称，同时与吉林、黑龙江合称"东三省"①。乾隆又特别强调，府尹与将军的驻地盛京城为京城，不得称之为省城②。光绪《清会典图》卷146记载为盛京省。

为隆重陪都体制，顺治十四年置盛京户、礼、刑、工四部，康熙三十年增设盛京兵部，各设侍郎一员。五部侍郎具掌原由奉天府及将军管辖的刑事、财政等部分职权。因盛京将军管辖旗人，奉天府尹专管民事，两者之间无统辖关系，使得双方属员在办理具体事务时，各存意见。乾隆二十七年十二月上谕，"向来盛京将军管辖旗人，奉天府尹兼理民事，原无统辖。……是以各属员，亦存旗民分管意见，并不和衷办理，于地方事务甚无裨益。"③令奉天府府尹听盛京将军节制。在地方大员中，以武职节制文职，显然是个特例。乾隆三十年十一月，乾隆以"将军与府尹所属旗民事件，各有专司，若令将军节制，于公务未免牵制"为由，下谕仿照京城侍郎兼管顺天府尹之例，从盛京五部侍郎中派出一员管理奉天府，"永著为例"④。此员分管侍郎即为奉天府兼尹。由此，奉天府的官员设置与顺天府基本相同。这种权力分配的格局，一直持续到光绪元年崇实改革。

府尹一员，秩正三品，与各省按察使品秩相同，可直接向朝廷奏事。顺治十四年四月置。乾隆年间，其职掌为与府丞一起，"掌留京治化，兼辖锦州府"。具体包括：负责地方各种钱粮的征收，以供地方祭祀、官役俸廪之用，多余者解盛京户部，年终汇编成册送京师户部核销；祭祀礼仪，与府丞一起率僚属按时致祭，与各省相同；刑名事务，民人争讼之事由所在州县官审讯，上报府尹并由府尹审理判决，旗人与民人之间的争讼由州县与理事官共讯，并由盛京刑部侍郎会同府尹审理判决，最后造册送刑部覆准。

府丞一员，秩正四品，兼提督学政，康熙三年六月设。与顺天府丞一样，也以科甲出身人员开列具题。负责奉天府的考试，并管理盛京宗学、觉罗学、官学及义学等。

治中一员，秩正五品，康熙三年六月设。职掌钱粮、户婚及田土事宜。理事通判一员，秩正六品，康熙三年六月设。职掌词讼及礼仪诸事宜。

---

① 按：《世宗实录》卷123载：雍正十年九月乙酉，"塔尔岱着授为黑龙江将军，统领军营东三省兵丁。"（《清实录》，第8册，第614页）《高宗实录》卷11载：乾隆元年正月癸丑，"请于军营东三省兵中，留奉天兵二千，吉林兵一千，呼伦贝尔、索伦、巴尔虎兵二千，暂驻鄂尔昆。"（《清实录》，第9册，第348页）嘉庆《清会典》卷10谓："留都曰盛京，其北曰吉林，又北曰黑龙江，是为东三省。"
② 《高宗实录》卷1007乾隆四十一年四月丙寅，《清实录》，第21册，第521页。
③ 《高宗实录》卷676乾隆二十七年十二月己亥，《清实录》，第17册，第564页。
④ 《高宗实录》卷748乾隆三十年十一月戊寅，《清实录》，第18册，第233页。

奉天府的行政区划，至光绪元年前，虽然厅州县数量有所增加，总体上仍保持康熙年间的格局：府尹直接管辖部分厅州县并辖锦州府，锦州府下辖州县，为二级制与三级制的混合体。

承德县为奉天府附郭，京县，康熙三年六月置。设知县一员，秩正六品；典史一员，秩未入流。

盛京将军与奉天府兼尹、奉天府尹的旗民分管模式，随着形势的变化而矛盾日趋突出。"该省事权不一，从前将军、府尹往往各存意见，以致政令歧出，遇事牴牾。"①光绪元年十二月，崇实等奏请变通奉天吏治章程，改变盛京和奉天府的行政制度："盛京将军一缺作为管理兵刑两部，兼管奉天府府尹，准其仿照各省总督体例加衔，所有刑部及奉天府旗民一切案件，悉归总理。奉天府府尹一缺，准其加二品衔，以右副都御史行巡抚事，旗民词讼命盗案件，悉归该府尹管理。五部侍郎，即照此次所奏属遵例案，各专责成。奉天府治中一缺，着即行裁撤，改为奉天驿巡道。该处各厅州县等缺，准其照热河之例，满汉兼用，州县各官均加理事同知、通判衔。所有旗界大小官员只准经理旗租，缉捕盗贼，毋许干预地方公事。"②经此改革，盛京将军的职能实际上已经与各省总督相当并兼管奉天府府尹事，奉天府尹的兼衔为都察院右副都御史并且"行巡抚事"，职能已经与各省巡抚相近。五部侍郎的职能缩小，不再出任"兼尹"。因此，从官员的兼衔、品级和职能上来说，盛京奉天府的制度已经与省制相近，将军与府尹的职能与相互关系，已经与各省的同城督抚相似，只是未设布按两司。"奉省官制，自前署将军崇实奏准以府尹行巡抚事，复将治中议裁，改设驿巡道缺，已于陪都之中寓行省之制。"③为了维持盛京留都的地位，形式上仍保留着京府的名称与官衔。在基层政区层面，八旗驻防官员对地方公事的干预逐渐减少，地方行政事务逐渐转由府厅州县管辖。各厅州县官缺改为满汉兼用。由于境内旗人众多，州县官均加理事同知、理事通判衔，可同时管理旗人和汉人。

随着奉天府的逐步行省化，道员和府级政区的数量也逐渐增加。

湖北、云南等同城巡抚裁撤后，盛京将军赵尔巽奏请裁撤奉天府尹。光绪三十一年八月，同时裁撤盛京五部、奉天府府尹、奉天府府丞兼学政④。府尹所管事务由盛京将军管理，府尹"所有原管之田赋、盐法以及旗民户口册籍，或

---

① 《奏拟请变通吏治折》（光绪元年七月二十八日），《盛京典制备考》卷8《奏议折片》。
② 《德宗实录》卷24，光绪元年十二月乙酉，《清实录》，第52册，第360页。
③ 光绪三十一年九月二十四日盛京将军赵尔巽奏折，《光绪朝硃批奏折》，第1册，第478页。
④ 《德宗实录》卷548 光绪三十一年八月丙午，《清实录》，第59册，第274页。

暂行选员试办,或归并各局经理"①。盛京失去了因留都地位而特设的中央机构和地方行政机构。随着府尹、府丞兼学政、治中等京府职官先后被裁,虽然未见裁撤"奉天府"之谕旨,但是作为京府的"盛京奉天府"实际上已经消亡。同年十月,设奉天府知府,建立新的奉天府行政机构,奉天府成为与各省首府地位相同的行政区划。

---

① 光绪三十一年七月二十四日盛京将军赵尔巽奏折,《光绪朝硃批奏折》,第1册,第460页。

第二章　省

省为清代地方高层政区的正式名称。在清初统一战争时期，招降明朝官员是当时主要政务之一。朝廷分遣文武官员至各地招抚，有招抚一省或局部地区的，也有招抚数省者，如洪承畴为内院大学士、太子太保、兵部尚书兼都察院右副都御史、总督军务、招抚江南各省地方。招抚官可以荐举或参劾地方官员。随着地方行政、军政官员的设置，地方初步安定，随之裁撤招抚官。从《世祖实录》的记载来看，朝廷委署左右布政使、按察使的时间，一般比委署巡抚、守巡道等官员的时间要晚一个月左右，说明明朝的布按两司在地方行政体系的地位及作用，在明末清初已经明显下降。此后，不断调整改革，至雍正末年、乾隆初年，省级行政机构形成督抚、布按两司、道员的三个管理层级，地方行政区划形成省、府（直隶厅、直隶州）、县（厅、州）三个层级。光绪、宣统之际，再次发生较大变革，省行政机构形成督抚、司道的两级管理层级，并拟裁撤守巡道。有清一代，省行政官员衙门的设置及职能、省的数量，前后多有变化。

一、省、直省、行省

明代地方高层行政机构（按：本卷的行政机构相当于"政府"的概念）的正式名称为"某某等处承宣布政使司"，并"以官署为地名"[1]，地方高层政区习称为"省"。清代从法律层面规定地方高层政区名称为"省"，习称"直省"，或称"行省"。

地方高层政区的正式名称从"布政使司"到"省"有一个演变过程，这个过程在明清两代的《会典》中有所反映。万历《明会典》卷15《户部二·州县一》载："洪武七年，以京畿应天等府直隶六部，改行中书省为浙江等十二布政使司。"[2]在其后的行政区划表中，除南北两直隶以外的十三个地方高层政区，均标以"某某等处承宣布政使司"。因此，明代法典中的地方高层政区的正式名称为"布政使司"。新置的省级政区也称为布政使司，《明太宗实录》永乐十一

---

[1] （清）袁枚：《随园随笔》卷9，《续修四库全书》本，第1148册，第238页。
[2] 万历《明会典》卷15，中华书局，1989年影印本，第90页。

年二月辛亥记载为"设贵州等处承宣布政使司,以总八府"①。

康熙《清会典》卷18《户部二·州县一》:"顺治元年,定鼎京师,以顺天等八府直隶六部。各省设布政使司以统府州县,州县俱隶府,县或隶州,州或直隶省。"②此处记载的"省"是行政区划,"布政使司"是"省"的行政机构。同样,新置的省级政区直接称为省,《世祖实录》顺治二年(1645)闰六月乙巳载:"南京着改为江南省,设官事宜照各省例行。"③排列在其后的行政区划表中,仍沿袭《明会典》体例,继续使用"某某等处承宣布政使司"等官署名,没有使用省名。雍正《清会典》沿袭未变。乾隆《清会典》卷8《户部一·疆理》的记载如下:"两京设尹,崇首善也。外列十有八省,分之为府,府领州县,直隶州亦领县,皆属于布政使司,而统治于总督、巡抚。"④此处明确记载全国行政区划为"两京"(京师、盛京)和"十八省"。在行政区划表中,各省起始处均冠以总督或巡抚的名称,没有使用省名。乾隆《清会典则例》卷31《户部·疆理》在记载各省行政区划变化时,首列京师顺天府、盛京奉天府,次后为各省,直接出现了完整的省名,如"直隶省兼管顺天府所属州县,府九,直隶州六,州十有六,县一百十有二"⑤;"山西省府九,直隶州十,州六,县八十有九"⑥。嘉庆《清会典》卷10《户部一·疆理》总叙中未对地方高层政区的名称通名进行规定,但在紧接其后的行政区划表中仍称之为"省":"畿辅曰直隶";"留都曰盛京,其北吉林,又北曰黑龙江,是为东三省";"环畿辅凡三省:南曰山东,西曰山西,西南曰河南";"山东省之南为两江,其省三:曰江南之江苏,江南之安徽,曰江西";"两江之南为闽浙,其省二:曰福建,曰浙江";"河南省之南曰湖广,其省二:曰湖北,曰湖南";"山西省之西为陕甘,其省二:曰陕西,曰甘肃。甘肃之西曰伊犁,其西南曰青海";"陕甘之南,其省曰四川,四川之西曰西藏";"江西与湖南省之南为两广,其省二:曰广东,曰广西";"四川省之南曰云贵,其省二:曰云南,曰贵州"⑦。嘉庆《清会典事例》户部疆理的记载简洁明确,在目录"疆理"下直接标出各省省名:卷128为"京师顺天府、盛京奉天府、直隶省、山东省、山西省、河南省、江苏省、安徽省、江西省、福建省、浙江省、湖北省、湖

---

① 《明太宗实录》卷137永乐十一年二月辛亥,《明实录》,第8册,第1661页。
② 康熙《清会典》卷18,《五朝大清会典》本,第1册,第174页。
③ 《世祖实录》卷18顺治二年闰六月乙巳,《清实录》,第3册,第164页。
④ 乾隆《清会典》卷8,第10册,第71页。
⑤ 《四库全书》本,第620册,第591页。
⑥ 《四库全书》本,第620册,第592页。
⑦ 嘉庆《清会典》卷10,《大清五朝会典》本,第12册,第108、110、112、117、120、122、124、128、131、136页。

南省";卷 129 为"陕西省、甘肃省、四川省、广东省、广西省、云南省、贵州省"。两京十八省的名称一目了然。光绪《清会典》沿袭了这种格式。从光绪《清会典》修竣至清朝灭亡的十多年间,随着近代法律体系的传入和筹备立宪的展开,清政府颁布了一系列法律,《各省官制通则》作为一部专门规范地方行政制度的法律,也将地方高层政区称之为"省"。由此可见,有清一代,不管是属于传统法律体系的《清会典》,还是近代的《各省官制通则》,均将地方高层政区称之为省①。

在《一统志》系列中,《明一统志》也是将地方高层政区称之为"某某布政司"。康熙《清一统志》中,各省之首仍沿袭《明一统志》的格式作"某某布政司";在卷首目录中,有"右浙江"、"右广东"等文字,已经不用"布政司"一词。在《四库全书》本乾隆《清一统志》中,各省之首或作"某某省",或作"某某统部",并未统一;在卷首目录中,各省之末,均作"以上某某省",如"以上浙江省(自卷二百十五至卷二百三十六)"②。嘉庆《清一统志》则在凡例中明确称省:"志自京师以下,每省有统部,总叙一省大要。"

明代中后期,常将各省与北直隶、南直隶合称为"省直",如户科右给事中冯时两言:"查自隆庆改元至五年,通计各省直拖欠共一十九万五千二百有奇。……户部覆:隆庆元年起至五年止,拖欠该(光禄)寺一应银两,四川、广东、福建限五月,浙江、江西、湖广、南直隶三月,河南、山东、北直隶二月,依期完解。违慢者,抚按参奏。"③偶尔也称"直省",如宣府巡抚张经世言:"民运取之直省者:山东欠银四十九万八千七十七两三钱一分三厘,河南欠银一十六万五千二百二十两五钱七分七厘,山西欠银三万一千三百八十九两四钱六分八厘,顺天欠银一千五百六十五两九钱五分二厘,河间欠银一万七千四百七十七两九钱三分八厘。伏乞皇上严敕户部及各直省速行起解,以保宣镇,则饥军庶不致于摇动,而陵京方可恃以无恐。"④其中的山东、河南、山西为省,顺天、河间两府为北直隶区域,故合称"直省"。

清代沿袭明代习惯,将直隶地区与各省合称为"直省"。"省直"一词只是偶尔一见,如《世祖实录》之《修纂凡例》中之"国子监、各省直学政条例及裁并

---

① 详见傅林祥:《政区·官署·省会——清代省名含义辨析》,载《中国历史地理论丛》2011 年第 1 期。
② 乾隆《清一统志》卷首目录,《四库全书》本,第 474 册,第 30 页。
③ 《明神宗实录》卷 5 隆庆六年九月丁亥,《明实录》,第 51 册,第 190 页。
④ 《明神宗实录》卷 588 万历四十七年十一月己酉,《明实录》,第 65 册,第 11269 页。

更革皆书"①。从《世祖实录》卷 5 开始,各朝《实录》所记均为"直省",无"省直"。雍正二年,直隶地区实行省制后,"直省"一词仍为地方高层政区的习惯称呼之一,一直使用到宣统三年(1911)②。

清代又称省为"行省",如嘉庆二十三年(1818)龚自珍撰有《西域置行省议》。晚清使用尤多,如谕旨命左宗棠"揆时度势,将如何省费节劳,为新疆计久远之处,与拟改行省郡县,一并通盘筹画,妥议具奏"③。

各省的排列顺序,在清代有所变化。万历《明会典》、五朝《清会典》及康熙、乾隆、嘉庆《清一统志》中的各省级政区排列如下。

万历《明会典》卷 15、16《州县》:京师并直隶地方、南京并直隶地方、浙江、江西、湖广、福建、山东、辽东都司、山西、河南、陕西、四川、广东、广西、云南、贵州。

康熙《清会典》卷 18、19《州县》:京师并直隶地方、盛京、江苏④、安徽、浙江、江西、湖北、湖南、福建、山东、山西、河南、西安、平庆、四川、广东、广西、云南、贵州。雍正《清会典》同。

乾隆《清会典》卷 8《疆理》:京师、盛京⑤、直隶、山东、山西、河南、江苏、安徽、江西、福建、浙江、湖北、湖南、陕西、甘肃、四川、广东、广西、云南、贵州。

嘉庆《清会典》卷 10:直隶、盛京、吉林、黑龙江、山东、山西、河南、江苏、安徽、江西、福建、浙江、湖北、湖南、陕西、甘肃、伊犁、青海、四川、西藏、广东、广西、云南、贵州、外蒙古⑥。

光绪《清会典》卷 13 至卷 16:直隶、盛京、吉林、黑龙江、山东、山西、河南、江苏、安徽、江西、福建、浙江、湖北、湖南、陕西、甘肃、新疆、青海、四川、西藏、广东、广西、云南、贵州、外蒙古。

康熙《清一统志》:直隶、盛京⑦、江南、山西、山东、河南、陕西、甘肃、浙

---

① 《世祖实录》之《修纂凡例》,《清实录》,第 3 册,第 3 页。
   按:该处"省直"两字或系误书,因《修纂凡例》中另一条即书"直省":"直省乡试、文武会试、殿试皆书。"
② 按:记载时间最晚的为宣统三年十一月癸巳的"直省将军、督抚暨顺天府府尹"。见《宣统政纪》卷 68,《清实录》,第 60 册,第 1257 页。
③ 《德宗实录》卷 53 光绪三年七月乙卯,《清实录》,第 52 册,第 737 页。
④ 按:据布政使司名称排列。在江苏、安徽两布政使前另有"江南"两字及府州县数量等。湖北、湖南前有"湖广",西安、平庆前有"陕西",亦有相关府州县数量等。
⑤ 按:该盛京区域包括吉林、黑龙江,"南距大海迄于西南,西达山海关,北接边塞,黑龙江东北绕之,东南界朝鲜国。"(第 10 册,第 71 页)
⑥ 按:嘉庆《清会典》原文为"直隶之北,越蒙古四十眼生旗游牧,度大漠,则定边左副将军治焉"。光绪《清会典》同。
⑦ 按:包括宁古塔、黑龙江两个将军辖区。乾隆《清一统志》同。

江、江西、湖北、四川、福建、广东、广西、云南、贵州、外藩蒙古、青海等、哈密等、西藏。

乾隆《清一统志》：直隶、盛京、江苏、安徽、山东、河南、陕西、甘肃、浙江、江西、湖北、四川、福建、广东、广西、云南、贵州、新旧藩蒙古、西藏、西域新疆。

嘉庆《清一统志》：直隶、盛京（含奉天府、锦州府、吉林、黑龙江）、江苏、安徽、山西、山东、河南、陕西、甘肃、浙江、江西、湖北、湖南、四川、福建、广东、广西、云南、贵州、新疆、乌里雅苏台、蒙古、青海厄鲁特、西藏等。

由此可见，康熙、乾隆、嘉庆《清一统志》和康熙、雍正《清会典》的各省排序，基本沿袭万历《明会典》，差异之处为盛京，因盛京为留都，是清朝的"龙兴之地"、"根本重地"，所以列在直隶和江南之间。乾隆《清会典》有较大变化，首先是将卷目名称从"州县"改为"疆理"，但所载实际仍为设立州县地区；其次是改正了各省的排序，是以京师及直隶为中心，由北向南，先东后西，层层展开；三是将同一总督所辖各省排列在一起，总督驻扎省份排列在前，以与行政制度相配合。乾隆《清会典》的各省排序出来后，一些《搢绅录》的编纂者作了响应："旧本京秩各衙门及直省序列殊为混淆，此皆因前明旧制，故叙次翰詹于内阁之后，叙列江南于直隶之次，盖前明入阁即翰詹，亦可大拜；前明以江南为陪京，故跻山左、山右两省于江南之后，以讹传讹，从未有更正者，今钦遵新颁《会典》所载，依次改定。"①嘉庆、光绪《清会典》各省排序，除新置各省外，均同乾隆《清会典》。因此，清朝各省的排序，当以乾隆、嘉庆、光绪三朝《清会典》的排列为准，不应采用沿袭明代旧制的康熙、雍正《清会典》及三部《清一统志》所载序列。

更值得关注的是，嘉庆、光绪《清会典》打破了以往康熙、雍正、乾隆三朝《会典》户部只记载府厅州县地区的惯例，将直省与藩部放在一起，使得《会典》中的清朝"疆理"是一个包括东三省（以满洲为主）、十八省、藩部等三大区域在内的、完整的清朝疆域，而不仅仅只是国家版图的一部分（十八省加盛京奉天府）。

二、省制与省区的变迁

清代省行政机构，主要由督抚和司道等官员及其衙门组成，前后有较大变化。

顺治年间，省行政机构官员的组成，基本沿袭明末制度。以河南省为例，

---

① 《搢绅册便览》之《大清职官迁除题名录凡例》，乾隆三十五年冬季本。

有巡抚、布政使司左右布政使、按察使司按察使,以及布政使司左右参政、左右参议和按察使司副使、佥事等道员,监察官员有巡按御史①。部分省设有总督,地位高于巡抚。较为特殊的为江南省,设有江宁、安庐、凤阳等三员巡抚,分疆管理,而以江南江西总督和布按两司管理全省事务。另外,在一些省还设有区域巡抚,如在江西省赣州设有南赣巡抚,所管区域一般为数省交界地区,职能以军政为主。本时期的省区变化,是顺治二年改南直隶为江南省,同时改南京应天府为江宁府,属江南省。由明代的两京十三布政使司,演变为直隶地区和十四省。

顺治十八年(1661),辅政大臣掌权后,清代省制发生第一次较大变化:一是停派各省巡按,所有地方行政事务均由巡抚办理;二是每省均设一员总督,区域性巡抚渐次被裁撤。

明代,在督抚逐渐成为地方军政、行政长官的同时,朝廷同时往各省派出巡按御史,对巡抚及地方官进行监督,巡按与巡抚互不统属。巡按制度有效地起到了牵制督抚、监察地方官的作用,同时在一定程度上造成了事权混乱的局面。顺治年间沿袭了这种制度。顺治十八年五月,"都察院议覆:兵部尚书管左都御史事阿思哈条奏,各省巡按差宜停止,俟二三年之后,选重臣巡察。应札行各省巡按,将事务交与抚臣,速行来京。从之。"②随着巡按的停止派遣,巡抚的事权加重,"其地方事务,俱交巡抚管理",次月吏部即拟定了巡抚荐举地方官、教官的数量③,说明巡抚的人事权得到了扩展。巡按原先拥有的职能,由于巡抚无法全部行使,部分职能改由其他地方官行使:"一、考察贤否,宜责成道府。一、综核钱粮,宜责成藩司。一、察点兵马,宜转委该道。一、祀典旌表,宜责成道府。一、刑名,宜责成臬司。一、严孥蠹役,应报部者报部,应汇题者汇题。"④司道府的职能也得到了恢复或加强。同时,朝廷为了防止督抚在缺少制约后,意气用事,转而让督抚互相制约:"巡按已裁,各省督抚参奏事件,应互相责成拟议。"⑤

此年的另一大变化,是督抚等地方大吏的文武分治。顺治十八年闰八月,辅政大臣以"国家用人,文武并重,职任虽异,效绩要均。明朝陋习,偏重文臣,以致武臣灰心,不思报效,国祚倾覆,实由于此"为由,要求吏部、礼部、兵部"将

---

① 顺治《河南府志》卷14《职官》。
② 《世祖实录》卷2顺治十八年五月壬子,《清实录》,第3册,第1059页。
③ 《世祖实录》卷3顺治十八年六月癸巳,《清实录》,第4册,第71页。
④ 《世祖实录》卷3顺治十八年六月辛丑,《清实录》,第4册,第69页。
⑤ 《世祖实录》卷3顺治十八年六月庚子,《清实录》,第4册,第73页。

文武职掌分别更定"①。同月,"命直隶各省各设总督一员,驻扎省城"②。由此,清初总督巡抚制度发生了一个大变化——文武分治。总督开始总辖文武,节制巡抚、提督③。巡抚的职能改变并且作用下降,只管行政,不管军政,"巡抚已罢其管理军务,敕书、印文内,俱不用'提督军务'、'赞理军务'字样"④。由于巡抚不再节制绿营且抚标被裁,区域巡抚对地方的控制弱化,由地方大员转变为冗官:"夫直省之巡抚皆以钱谷刑名而赞军务,惟南赣一抚居江西、福建、广东、湖广之中,其每省不过辖一二府不等,其一二府之钱谷、刑名、盐课、屯粮,悉归各省巡抚为政。其赣职巡抚职掌,全在统辖将领,整饬戎伍,相顺逆情形而定剿抚之机。宜今如巡抚不理军务,则四省诸府之戎政无人提调,则南赣巡抚一官,则无事可掌,旷官与废事相因之矣。"⑤此后,南赣、宁夏、凤阳等巡抚于康熙四年(1665)被裁撤。

康熙四年,总督员缺的数量进行了调整。裁撤山东、河南、江西、山西、广西、贵州等六省总督,改设直隶山东河南、江南江西、山陕、两广、云贵等五员总督,保留福建、浙江、湖广、四川四省总督。这次调整并未影响原来的行政体制,只是裁撤了一部分总督官缺,由保留下来的总督管理两至三省,每省实际上仍有总督、巡抚两员行政长官。

康熙六年七月,省制再次发生较大变化,各省布政司停用左右布政使之名,河南等十一省裁一员布政使,江南、陕西、湖广三省的二员布政使照驻扎地方命名,裁各省守巡道108员⑥。由此,各省布政司只设一员布政使(直至乾隆年间,江苏省因情况特殊,破例设立两员布政使),江南、湖广、陕西分省过程完成;除直隶、陕西等少数直省外,多数省份不设守巡道,由省行政机构直接管理府、直隶州。

在顺治十八年至康熙六年间,江南、湖广、陕西分省,省区数量增加。顺治十八年六月,江宁巡抚朱国治为解决苏、松、常、镇四府的钱粮积欠问题,将江南省右布政使分驻苏州,主管江宁、苏州、松江、常州、镇江五府的钱粮征收,使得江南省左、右布政使分驻、分治。康熙二年、三年,湖广省、陕西省左右布政使先后分驻与分治。康熙三年,江南等三省增设一员按察使,按察

---

① 《世祖实录》卷4顺治十八年八月己酉,《清实录》,第4册,第83页。
② 《世祖实录》卷4顺治十八年八月己未,《清实录》,第4册,第85页。
③④ 《世祖实录》卷5顺治十八年十月乙卯,《清实录》,第4册,第91页。
⑤ 《河南道监察御史臣张问政谨题为敬因新制用舒末议仰祈睿鉴事》,中国第一历史档案馆所藏《吏科史书》一三〇册,转引自真水康树:《明清地方行政制度研究》,北京燕山出版社,1997年,第46页。
⑥ 《圣祖实录》卷23康熙六年七月甲寅,《清实录》,第4册,第315页。

使分驻并分治。康熙三年（湖北、湖南）、四年（陕西、甘肃）、五年（江苏、安徽），这六个区域内的巡抚辖区先后与布政使、按察使的辖区重合，并在此后保持着辖区的长期稳定，标志着分省、建省在行政机构设置、辖区两个层面的完成。康熙六年，江南、陕西、湖广三省的二员布政使照驻扎地方命名，为分省的完成、康熙初年省制的改革画上句号。康熙初年江南等省的分省，不是在某一时间点上发生的单个事件，而是一个长达数年，由多个事件组合而成的分省过程，牵涉到巡抚、司道等多个方面的官缺及其辖区的调整。由此，从十四省增加到十七省。

康熙八年，裁撤直隶山东河南总督，该三省只设巡抚，不设总督。省制由此发生变化，少数直省只设一员行政长官。此后，总督员缺的设置及总督的辖区虽然一再发生变化，但从宏观上来说，督抚制度在某些方面已经定型：大部分省设有总督和巡抚两员行政长官，少数省份只设总督（兼巡抚事）或只设巡抚一员行政长官。同年六月，因直隶地方无布政使司、按察使司，改通蓟道为守道，总管钱粮；霸易道为巡道，总管刑名，驻扎保定府。直隶地方行政制度逐渐向省制靠拢。

雍正二年（1724）十二月，直隶设布按两司，直隶地区官缺设置与各省相同，实行省制。由此，清代内地为十八省。雍正年间，各省普遍设立守巡道，形成省行政机构通过守巡道间接管理府级政区的制度。雍正四年十一月，规定各省均设提督学政。此前，各省学官体制不一，或设督学道，或设提督学政。由此，各省提学官不再与督抚有统属关系，"提学无道衔"，各省不再有学道而全部是学院①，学官与行政官分离。

清代的省制，经历了顺治年间的清承明制阶段，以及康熙、雍正两朝的不断改革，至乾隆初年，典型的清代省制已经完全形成。乾隆二十三年（1758），新修成的《清会典》从两个方面记载了这个制度：

> 两京设尹，崇首善也。外列十有八省，分之为府，府领州县，直隶州亦领县，皆属于布政使司，而统治于总督、巡抚。巡抚专辖本省。总督所统，或三省，或两省。又或以总督管巡抚事，或专设巡抚不隶总督。②
>
> 直省设总督，统辖文武，诘治军民。巡抚综理教养刑政。承宣布政使司掌财赋，提刑按察使司主刑名粮储，驿传、盐法、兵备、河库、茶马、屯田及守巡各道，纠官吏，课农桑，兴贤能，砺风俗，简军实，固封守。督抚挈其

---

① 详见王庆成：《清代学政官制之变化》，《清史研究》2008年第1期，第73—80页。
② 乾隆《清会典》卷8，第10册，第71页。

纲领,司道布其教令,以倡各府。①

前者侧重说明省的数量、地方行政区划层级和总督、巡抚的管辖区域。后者侧重于省级行政官员的组成和职能,以及省行政机构内不同级别行政官员间的管理层级。由此可见,从康熙年间开始,清代省制有以下特点:省行政机构(省政府)由督抚、布按两司以及驿传等专务道和守巡道共同组成;只设总督或只设巡抚的省份为单一长官制,大多数省份为双长官制,总督、巡抚同为一省行政长官;守巡道是省行政机构的派出官员,与督抚、布按两司共同构成了省行政机构内部的三个管理层级。全国十八省,共设直隶、两江、闽浙、湖广、陕甘、四川、两广、云贵等8员总督,设有山西、山东、河南、江苏、安徽、江西、福建、浙江、湖北、湖南、广东、广西、陕西、甘肃、云南、贵州等16员巡抚。这一制度,一直沿用到光绪初年。除十八省外,盛京、吉林、黑龙江三将军的辖区,虽然行政制度与省制不同,也习称为"东三省",《清实录》中初见于雍正十年九月②,一说"吉林与奉天、黑龙江幅员各数千里,故有'东三省'之称"③。

咸丰、同治年间,军务兴起,各省为了筹措经费,设置了一批财政局所。光绪末、宣统年间,随着各种形势的变化,省制也发生了多方面的变化。

其一,光绪十年(1884)、十一年新疆、台湾建省时,一为节省开支,二是两省刑名事务相对较少,均不设按察使官缺,其职能分别由镇迪道、台湾道兼理。

其二,东三省总督与巡抚的关系,与内地的督抚关系不同。东三省总督同时是奉天总督、吉林总督、黑龙江总督,是三省行政长官。巡抚是一省的次官,职能较其他各省巡抚为弱。总督与巡抚的关系如同朝廷六部的尚书与侍郎的关系。总督随时周历三省,商同该省巡抚办理一切政务;三省一切奏报事件,均由督抚联衔具奏。制度如此设计的目的,是为了让东三省联成一体,以免顾此失彼。但是总督常驻奉天,与吉林、黑龙江两省省会有相当距离,一切奏折均须督抚会稿,势必延误时机。宣统元年(1909)六月,对已有制度进行了调整:"拟请嗣后凡例行之件,由该两省巡抚主稿。其关系重要及特别事件,或由各该省巡抚主稿,咨送核定,或先电商定稿,再行缮发。以昭慎重。"④吉林、黑龙江两省巡抚的职权有所增加。

其三,光绪三十三年五月颁布的《各省官制通则》,是清代地方行政管理体

---

① 乾隆《清会典》卷4,第10册,第31页。
② 《世宗实录》卷123雍正十年九月乙酉:"塔尔岱着授为黑龙江将军,统领军营东三省兵丁。"(《清实录》,第8册,第614页)
③ 光绪九年五月十六日玉亮奏,《光绪朝硃批奏折》,第1册,第68页。
④ 《宣统政纪》卷16宣统元年六月己亥,《清实录》,第60册,第310页。

制转型过程中的重要法规,对省行政机构官缺的组成、督抚司道的职能作了法律上的规定:

第一条　一省或数省设总督一员,总理该管地方外交、军政,统辖该管地方文武官吏,并兼管所驻省分巡抚事,总理该省地方行政事宜。

第二条　每省设巡抚一员,总理地方行政,统辖文武官吏。惟于该省外交、军政事宜,应商承本管总督办理,其并无总督兼辖者,即由该省巡抚自行核办。总督所驻省分,不另置巡抚,即以总督兼管该省巡抚事。

第三条　总督、巡抚于各部咨行筹办事件,均有奉行之责。但督抚认为于地方情形窒碍难行者,得咨商各部酌量变通,或奏明请旨办理。

第四条　总督、巡抚衙门各设幕职,佐理文牍,分科治事。

第五条　督抚衙门幕职员数、职掌如左:……

第六条　各省督抚应于本署设会议厅,定期传集司道以下官会议紧要事件,决定施行。如有关地方之事,亦可由官酌择公正乡绅与议。

第七条　除东三省外,各省均置三司如左:布政司、提学司、提法司。

第八条　各省布政司设布政使一员,受本管督抚节制,管理该省户口、疆理、财赋,考核该省地方官吏。

第九条　各省布政使司所属经历、理问、都事、照磨、库大使、仓大使等官,应仿照提学司属员分科治事章程,由吏部会同民政、度支等部另订职掌,酌量改置。

第十条　各省提学司设提学使一员,受本管督抚节制,管理该省教育事务并兼督各种学堂、学会。

第十一条　各省提学司所属职员,应按照学部奏定章程行之。

第十二条　各省提法司设提法使一员(秩正三品,即以原设提刑按察司使改设),受本省督抚节制,管理该省司法上之行政事务,监督各审判厅并调度检察事务(各省于审判制度未经更改以前,应暂仍按察使旧制,惟从前所管驿传事务毋庸兼管)。

第十三条　各省提法司应设属员,即以原设按察司所属经历、知事、照磨、司狱等官,由法部拟定职掌,酌量改设(按察司职掌未改省分,暂仍旧制)。

第十四条　各省除右列三司外,应设两道如左:一、劝业道,专管全省农工商业及各项交通事务,并将按察司旧管驿传事务,改归该道兼管。一、巡警道,专管全省巡警、消防、户籍、营缮、卫生事务。

第十五条　右列两道,每省各设一员。两道各应酌设属员,分科治事。其细则由农工商、民政、邮传等部订之。

第十六条 各省除右列各司道外,得视地方情形,酌设司道各员如左:盐运司、盐法道或盐茶道(其盐法道有原兼驿传字样者,一律撤去),督粮道或粮储道(粮道除苏州浙江两省督运应留外,其余应由各省督抚酌量裁并,以归一律),关道,河道。

第十七条 右例各司道除主管事务外,不得兼管地方行政事宜。其右列各司道以外,所有管理地方之守巡道,一律裁撤。如距省较远之地,必须体制较崇之大员,以资镇摄者,可仍留道缺,即名兵备道,或一员,或二三员,专管督捕盗贼,调遣军队事务,应由各该督抚酌察情形,奏明办理。

第十八条 各省盐运司所属运同、运副、运判、盐掣官、盐课提举、盐课大使、盐引批验大使、库大使、仓大使等官,应如何裁并酌改,由各该省督抚核议,奏明办理。其守道巡道原有属官,应与道员同时裁撤,酌量改用。

第十九条 各省督抚幕职,既已分科治事,所有原设各项局所,应视事务繁简,酌量裁并,由各该省督抚覈议,具奏办理。①

与乾、嘉时期制度相比,有以下几处明显的变化:一是原先兼辖两省或三省的总督,其行政职能改为只管辖所驻的省份(同城巡抚在此之前已经裁撤),对兼辖的省份只是管辖军政和外交事务,对行政、人事等项均不能干涉,各省实行单一长官制。二是司道成为同一层级的官缺,均向督抚负责。三是督抚司道衙门均分科办事。四是裁撤守巡道,只设置一些负责督捕事务的兵备道,减少了管理层级。此后,各省地方行政制度改革,基本上是按照此项《通则》进行的,但是各省进程有所不同。

其四,在《通则》规定之外,又有交涉使的设立,但不是每省均设。另外,东三省不设布政使、巡警道,设有民政使、度支使、盐运使等。

其五,各个司道官员,除受本省行政长官的统属外,还受到相关中央主管部门——度支部、学部、法部、民政部、农工部商、邮传部的考核。

至清亡前,直隶省设有总督、布政使、交涉使、提学使、提法使、巡警道、劝业道以及多员守巡道,奉天省设有总督、民政使、交涉使、提学使、提法使、度支使、劝业道及多员守巡道,均为省级行政官员设置较多的省;一般省份,如山西省设有巡抚、布政使、提学使、提法使、巡警道、劝业道及归绥兵备道等。

---

① 故宫博物院明清档案部编:《清末筹备立宪档案史料》,中华书局,1979年,第506—508页。

光绪、宣统年间，省区数量也有较大变化。先是光绪元年，为解决盛京将军与奉天府尹旗民分管所带来的种种矛盾，特派刑部尚书崇实署理盛京将军，改革盛京地区的地方行政管理体制。以盛京将军仿照总督例加衔，全称为"兵部尚书兼都察院右都御史、盛京将军、管理兵刑两部、兼管奉天府府尹事务、总督奉天旗民地方军务、兼理粮饷"，管理奉天府旗民一切事件。奉天府府尹加二品衔，全称为"二品衔都察院右副都御史、奉天府府尹行巡抚事"，管理旗民词讼命盗案件，通省府厅州县均归统辖。将军与府尹已经相当于各省的总督和巡抚。同时仿热河例，州县各官均加理事同知、通判衔①。旗界大小官员只准经理旗租，缉捕盗贼，毋许干预地方公事②，逐渐开始不管地方事务。奉天省行政制度逐渐向省制靠拢。

此后，光绪十年新疆建省，光绪十一年台湾建省，由 18 省增加到 20 省。光绪二十一年二月，清政府被迫签订中日《马关条约》，将台湾全岛及澎湖列岛割让日本。光绪三十年十二月，清廷裁漕运总督，政务处在没有征求朝廷大臣和地方大员意见的情况下，仓促奏设江淮巡抚，建江淮省，管辖原江苏省江宁布政使所属江宁、淮安、扬州、徐州四府和通州、海州两直隶州。在各方反对声中，旋于光绪三十一年三月裁撤江淮巡抚，江淮省由此被裁。光绪三十一年，同时裁盛京五部、奉天府府尹、奉天府府丞兼学政，府尹所管事务由盛京将军管理。盛京失去了因留都地位而特设的中央和地方行政机构。光绪三十三年三月，裁盛京将军缺，设东三省总督兼管三省将军事务，同时设奉天巡抚、吉林巡抚、黑龙江巡抚，东三省正式建省。由此，全国设有 22 省。

光绪年间，为防范外国势力的深入，加强统治，在藩部地区或少数民族聚居区设立行省的呼声非常强烈。如光绪三十一年，中书尹克昌请酌收四川、云南土司，添设建昌行省③；给事中左绍佐奏，西北空虚，拟请设立行省④；光绪三十三年，绥远城将军贻谷奏请绥远城设立行省⑤；西宁办事大臣庆恕认为青海也宜改省⑥；光绪三十四年，科布多参赞大臣连魁奏议科布多设立行省⑦。此外，也有建议在西藏设立行省。

---

① 按：如承德县为同知管知县事，辽阳州为同知管知州事，海城县为通判管知县事，开原县为理事通判管知县事。
② 《德宗实录》卷 24 光绪元年十二月乙酉，《清实录》，第 52 册，第 360 页。
③ 《德宗实录》卷 545 光绪三十一年五月壬午，《清实录》，第 59 册，第 238 页。
④ 《德宗实录》卷 550 光绪三十一年十月庚子，《清实录》，第 59 册，第 299 页。
⑤ 《德宗实录》卷 577 光绪三十三年八月癸酉，《清实录》，第 59 册，第 646 页。
⑥ 《德宗实录》卷 575 光绪三十三年六月丙子，《清实录》，第 59 册，第 612 页。
⑦ 《德宗实录》卷 590 光绪三十四年四月丙子，《清实录》，第 59 册，第 806 页。

对于这些设立行省的建议,地方大员多持否定态度。如对于在外蒙古地区设立行省的提议,乌里雅苏台将军连顺认为,"蒙古部落,碍难改设行省"①;科布多参赞大臣瑞洵认为,"北路蒙古游牧地方改设行省,有害无利,一曰隔阂,二曰蠹扰,三曰疑惧,四曰苦累,应毋庸议"②,均持否定态度。

在内蒙古地区设立行省的提议,得到了热河都统、察哈尔都统的赞同。热河都统认为在内蒙古地区应设立两个行省:以承德、朝阳二府、两盟之地,再加上张家口、多伦、独石口、围场诸厅及察哈尔辽东各旗地,置热河省,作为畿辅左臂;以丰镇右翼四旗和归绥道所属归化诸厅及武川、五原、东胜三厅,以及乌、伊二盟、阿拉善一旗,置绥远省,以为畿辅右臂③。察哈尔都统诚勋也认为可设三省:"拟将察哈尔及绥远城、热河三处改为行省,别以直隶之宣化、山西之大同二府择要拨归察哈尔管辖,分设总督、巡抚各员。"④这些设想在清末均未实现。

三、省级行政官员衙门

1. 总督

顺治年间新设管辖两省的总督有浙闽总督、川湖总督、云贵总督等。少数总督兼管巡抚事,如"擢吏部员外郎吴孳昌为都察院右佥都御史、总督宣大山西等处军务兼管巡抚事"⑤。顺治十八年闰八月,改为每省均设一员总督,驻省城,节制提督、巡抚⑥,成为一省军政、行政长官。康熙四年,裁撤山东、河南、江西、山西、广西、贵州等6省总督,改设直隶山东河南、江南江西、山陕、两广、云贵等五员总督,保留福建、浙江、湖广、四川4省总督。由此,回到顺治十八年前的状况,总督或管一省,或辖两至三省。康熙八年,裁撤直隶山东河南总督,该三省只设巡抚,不设总督,个别省份开始不设总督。雍正五年十一月,以浙江总督兼管巡抚事。自顺治十八年以后,再次有总督兼管巡抚事。康熙、雍正两朝及乾隆初年,总督员缺及辖区多次进行调整,详见本卷下篇各章。

本时期总督员缺的设置及辖区一再发生变化,原因主要为以下三个方面:

---

① 《德宗实录》卷514光绪二十九年四月丁未,《清实录》,第58册,第796页。
② 《德宗实录》卷518光绪二十九年六月庚辰,《清实录》,第58册,第848页。
③ 《德宗实录》卷575光绪三十三年六月庚申,《清实录》,第59册,第604页。
④ 《德宗实录》卷577光绪三十三年八月辛酉,《清实录》,第59册,第639页。
⑤ 《世祖实录》卷6顺治元年七月壬辰,《清实录》,第3册,第66页。
⑥ 《圣祖实录》卷4顺治十八年八月己未,《清实录》,第4册,第85页。

战争,改土归流,因人而设。乾隆二十五年,设直隶总督。至此,全国设直隶、两江、陕甘、四川、湖广、闽浙、两广、云贵等8员总督,其中直隶、四川两员总督兼管巡抚事(分别于乾隆二十八年、乾隆十三年兼),两江总督管江苏、安徽、江西3省,陕甘总督管陕西、甘肃2省,湖广总督管湖北、湖南2省,闽浙总督管福建、浙江2省,两广总督管广东、广西2省,云贵总督管云南、贵州2省。山西、山东、河南3省只设巡抚,未设总督。形成清代实施时间最长的督抚制度:"巡抚专辖本省。总督所统或三省,或两省"。全国十八省,设有总督、巡抚两员行政长官的有13个省,单设总督(兼巡抚事)或巡抚的有5省。光绪三十年十一月,裁云南、湖北巡抚;光绪三十一年六月,裁广东巡抚,均由同城总督兼管巡抚事务①。光绪三十三年,裁盛京将军,设东三省总督,总管奉天、吉林、黑龙江三省②。至清末,共有东三省、直隶、两江、陕甘、闽浙、湖广、四川、两广、云贵等9员总督。

各省总督缺出,凡外官不分满洲、蒙古、汉军或汉人,应升人员一并开列具题,例应由各部侍郎以及各省巡抚升任。因总督有节制地方文武之责,向例兼兵部和都察院衔。总督的官品和兼衔前后多有变化。顺治年间,因兼衔不同而官品有高低:兼尚书为正二品衔,兼侍郎、都察院右副都御史为正三品衔,兼右佥都御史为正四品衔。康熙三年七月定,总督、巡抚如因功加级,改授新官品:"兼佥都御史衔者,加一级授为从三品,加二级授为右副都御史。兼副都御史衔者,加一级授为右侍郎,仍兼右副都御史。旧例右侍郎加一级授为左侍郎,左侍郎亦系正三品,不为加级。嗣后右侍郎加一级转为左侍郎,仍加一级授为从二品,如再加一级授为尚书,仍兼右副都御史。兼尚书衔者,加一级授为从一品,加二级授为正一品。"③雍正元年规定,凡总督授加尚书衔者,例兼都察院右都御史衔,不加尚书衔者俱加兵部右侍郎兼都察院右副都御史衔。雍正八年定,总督未加尚书衔者为正二品,加尚书衔者为从一品。乾隆十三年改为凡大学士兼管总督者仍为原衔。十四年规定改授右都御史衔,是否兼兵部尚书衔由吏部疏请定夺。嘉庆十四年则以总督的顶戴决定兼衔,授予头品顶戴的总督兼兵部尚书衔,二品顶戴的总督兼侍郎衔。光绪三十二年九月,改兵部为陆军部,总督改兼陆军部尚书、侍郎衔。宣统元年,陆军部奏将各省督抚的陆军部尚书、侍郎兼衔一并裁撤。此后,总督仅有都察院都御史兼衔。除

---

① 按:三省巡抚于光绪二十四年七月首次被裁撤,旋于九月复设。
② 按:清代总督官缺和辖区的变化,详见林涓:《清代的总督及其辖区变迁》,《九州学林》2007年秋季号,第82—123页。
③ 《圣祖实录》卷12康熙三年七月甲辰,《清实录》,第4册,第193页。

此之外，一些总督还有特别兼衔。如直隶总督"兼管河道"，东三省总督"兼管三省将军事务"，直隶总督、两江总督一度分兼北洋大臣、南洋大臣，个别总督有"钦差大臣"加衔，等等。

总督的职责为"统辖文武，诘治军民"[1]，或谓"掌总治军民，统辖文武，考核官吏，修饬封疆"[2]，"总督统辖文武军民，为一方保障"[3]。

总督与巡抚的职责，主要有以下几个方面[4]。

一是奏折咨请权。有关地方各种事务，遇有必要时，督抚均可奏请裁可，或咨请各部院。总督、巡抚均有此项权力，或专折，或连衔。

二是制定省例权。督抚在其管辖区域内，可以制定官民均需遵守的省例。

三是升调黜免文武官员权。文官道府以下、武官副将以下，除特命者外，皆由督抚奏请补任、升调、黜免。有时或与提督连衔。

四是监督文武官吏权。总督与巡抚共同监督管内文官，与提督共同监督管内武官。文官三年大计、武职五年军政时，总督分别与巡抚、提督对知县、守备以上官员注明考语，造册报明吏、兵二部[5]。平时实施不定期监督，随时批答札饬及参劾。督抚兼有都察院右都御史、右副都御史兼衔，可以对同等及同等以上地位的文武官，随时上奏参劾。

五是节制绿营军队之权。巡抚此项权力的变化见前。总督平时拥有辖区内总司令官之职权，必要时可移牒巡抚或提督出战，或亲自督战。

六是上奏会计及监督藩库之权。布政使每年必行前年会计决算，造册申报督抚。督抚复核无误之后，钤印送至户部。

七是第四审之裁判权。凡管下下级官厅，递次申详按察使之命盗案，即流罪以上案件送之总督衙门。总督会同巡抚亲讯，然后拟律送刑部核准。督抚为地方终审裁判官。假设县属裁判为第一审，则督抚审级为第四审。

八是近代以来的涉外事务交涉权。日常对外交涉由洋务局、海关道、交涉使等处理。重大事件由督抚裁决，或由督抚上奏朝廷。各省督抚一度均兼总理各国事务大臣，光绪二十七年改总理衙门为外务部后解此项兼职。

督抚的次要职务有祭祀、典礼、旌表、赈恤及清末的监督学堂。督抚的兼

---

[1] 乾隆《清会典》卷4，第10册，第31页。
[2] 《清朝通典》卷33，第2205页。
[3] 《清朝文献通考》卷85，第1册，第5617页。
[4] 按：督抚职责部分，除特别注出外，均据〔日〕织田万撰，李秀清、王沛点校：《清国行政法》，中国政法大学出版社，2003年，第235—238页。
[5] 《世宗实录》卷8雍正元年六月乙亥，《清实录》，第7册，第162页。

衔均有都察院右都御史、右副都御史等虚衔,督抚的某些兼衔为实衔,因而有特别的职权。如直隶总督兼长芦盐政、两江总督兼两淮盐政等。

总而言之,总督的主要职掌为节制所辖省份的巡抚、提督等文武大员,定期与提督、总兵巡阅操练绿营兵丁,武官之选任与考绩(军政),文官的考绩与部分文官的选任;巡抚主管全省刑名案件、钱粮财务、乡试,文官的考绩与部分文职官员的选任,地方文官三年一次的大计等①。

顺治年间,总督职责侧重于军事,因而有些总督的驻地并不在省城。顺治十三年,魏裔介提议总督应全部移驻军事重镇:"总督专心剿寇靖众,应建节要地。请以浙闽总督在闽居漳州,在浙居台州;江督无事则居江宁,有事则居镇江,楚督移镇荆州,楚抚宜居武昌。今议浙江、福建二省城皆有巡抚驻扎,督臣不应复驻两省城,察浙闽总督衙门见今在浙居衢州,而在闽则居福州。今宪臣所云台州、漳州,皆两省要地,不应居衢福,应居台漳,良为战守机宜要著。又湖广省城有抚臣驻扎,今督臣亦在同城,而荆州又系要地,移督臣另驻,亦属要著。至江南省巡抚则驻扎苏州,省城止有总督,又与他省不同。"吏部认为江南总督等仍应照旧驻扎江宁城②。顺治十八年,施行一省一督制度,总督始全部移驻省城。

总督除节制所辖各省境内提督、总兵外,还有直属标兵,即督标。各督标兵额不等。总督大多兼辖两省,除了对所辖省份的巡抚进行牵制外,军事方面的考虑也是一个重要因素。道光十年(1830)有关两江总督是否兼辖江西省的讨论,就与此相关。因两江总督驻地江宁城与江西省会南昌城相距较远,两江总督似乎鞭长莫及,道光帝为此下谕令大学士九卿会议两江总督是否要兼辖江西省,托津等大臣认为江西省不归总督兼辖,似无不利之处。曹振镛等官员认为应该沿袭原有制度。曹振镛等人的依据是,两江总督兼辖江苏、安徽、江西三省兵额将近七万,而江西一省,巡抚与总兵所辖标营兵额仅有一万二千多名。这些兵丁除了防守省城、各府州县城仓库以及各处营汛外,可以调动的机动兵力只有数千名。如果遇到突发事件,需要水陆分道并进,兵力严重缺乏。假如两江总督不兼辖江西,江西巡抚必须向朝廷具奏并咨调邻省官兵,势必延误时机。两江总督兼辖江西,有责任派兵声援,呼应较灵③。最终,两江总督仍兼辖江西省。

---

① 杜家骥:《清代督、抚职掌之区别问题考察》,《史学集刊》2009年第6期,第43—50页。
② 《吏部尚书科尔坤题覆江南督臣应令照旧驻扎江宁》(顺治十三年十一月十日),《明清档案》,第29册,第B16487页。
③ 《清朝续文献通考》卷132,第2册,第8914页。

2. 巡抚（附：巡按）

明末巡抚依照其辖区与职能的不同，分为两种。一种是管辖全省区域，职能以行政性事务为主；另一种是管辖数个府州卫所，职能以军政为主。本卷分别称之为省域巡抚、区域巡抚。清初，沿袭明制，大多数省份设有省域巡抚，如江西巡抚、广东巡抚，也设有区域巡抚，如南赣巡抚等。另外，直隶及江南等省，是由多个巡抚分疆而治。每个巡抚均下辖绿营，即抚标。

顺治十八年每省均设一员总督后，巡抚的地位下降，只管民政，不管军政。由于巡抚不再节制绿营且抚标被裁，区域巡抚对地方的控制弱化，由地方大员转变为冗官："夫直省之巡抚皆以钱谷刑名而赞军务，惟南赣一抚居江西、福建、广东、湖广之中，其每省不过辖一二府不等，其一二府之钱谷、刑名、盐课、屯粮，悉归各省巡抚为政。其赣职巡抚职掌，全在统辖将领，整饬戎伍，相顺逆情形而定剿抚之机。宜今如巡抚不理军务，则四省诸府之戎政无人提调，则南赣巡抚一官，则无事可掌，旷官与废事相因之矣。"①此后，南赣、宁夏、凤阳等区域巡抚于康熙四年被裁撤。此年，江南、湖广、陕西三省内仍设两员巡抚，随着同时期分省的进行，旧省内的两员区域巡抚就成为新省的行政长官。康熙六年，随着江南、湖广、陕西三省分省过程的结束，形成全国性的每省设立一员巡抚的格局。全国十八直省，每省一员巡抚②。此后，除三藩之乱期间，复设郧阳巡抚外，不再添设区域巡抚。康熙五十四年，直隶巡抚加总督衔；雍正五年，浙江巡抚加总督衔，均为因人而加，实际仍为巡抚。

雍正二年十月，升直隶巡抚李维钧为直隶总督。雍正特别下谕说明此为特例，李维钧升迁后仍设直隶巡抚③。因而雍正《清会典》所载仍为直隶巡抚，并注明："雍正二年，亦加巡抚以总督衔，仍不为例。"④此后雍正并未执行自己所规定的制度，李维钧离任后，仍然委署直隶总督。故乾隆《清会典则例》将雍正二年任命李维钧为直隶总督之事记载为："雍正三年，议准直隶巡抚改为总督。"⑤将雍正二年的个人因素的变动上升到制度层面的变化。至乾隆初年，全国有山东、山西、河南、江苏、安徽、江西、福建、浙江、湖北、湖南、陕西、甘肃、广东、广西、云南、贵州等16员巡抚。乾隆十九年，裁甘肃巡抚，由同驻兰州城

---

① 《河南道监察御史臣张问政谨题为敬因新制用舒末议仰祈睿鉴事》，中国第一历史档案馆所藏《吏科史书》一三〇册，转引自真水康树：《明清地方行政制度研究》，第46页。
② 康熙《清会典》卷146，第2册下，第1879页。
③ 《世宗实录》卷25雍正二年十月己亥，又卷27十二月戊寅，《清实录》，第7册，第397、413页。
④ 雍正《清朝会典》卷223，第9册第3674页。
⑤ 乾隆《清会典则例》卷51，第621册，第587页。

的陕甘总督兼巡抚事。乾隆年间，四川总督、直隶总督兼巡抚事。随着新疆、台湾建省，光绪十年置甘肃新疆巡抚，光绪十一年改福建巡抚为福建台湾巡抚，分别为两省行政长官。光绪二十一年，日本侵占台湾，台湾巡抚被裁。为解决同城督抚因职能重叠而引起的事权之争，光绪三十年裁云南、湖北巡抚，光绪三十一年裁广东巡抚，由同城云贵、湖广、两广总督兼巡抚事。光绪三十年，因裁漕运总督，改设江淮巡抚，旋于次年裁撤。光绪三十三年，设奉天、吉林、黑龙江3巡抚，为三省行政次官。宣统二年，裁奉天巡抚，由东三省总督兼奉天巡抚事。至清末，共有吉林、黑龙江、山东、山西、河南、江苏、安徽、江西、浙江、湖南、陕西、甘肃新疆、广西、贵州等14员巡抚。其余八省，均由总督兼巡抚事。

巡抚缺出，均开列具题请补，例由内阁学士、翰林院掌院学士、都察院左副都御史、顺天府府尹、奉天府府尹及各省布政使升任，但本省布政使不开列。例应升各省总督。巡抚例兼都察院官衔，表示有权监察地方政务。巡抚官品初由兼衔而定，兼都察院右副都御史为正三品衔，兼右佥都御史为正四品衔。雍正元年三月规定，由学士、副都御史及卿员、布政使补授巡抚者，俱授为右副都御史；由左佥都御史补授巡抚者改为右佥都御史①。雍正八年十月定，巡抚统一定为从二品②，凡加兵部侍郎衔者为正二品。乾隆十三年，裁左佥都御史，巡抚不再兼右佥都御史衔，不由侍郎出授者均兼都察院右副都御史衔③。

除兼都察院衔外，一些巡抚还兼尚书、侍郎衔。顺治年间，部分巡抚兼兵部衔。康熙元年四月，巡抚停止提督军务，"巡抚已罢其管理军务，敕书、印文内，俱不用'提督军务'、'赞理军务'字样"④。巡抚系衔由此改兼工部尚书、侍郎衔⑤，也不能节制绿营。康熙十二年，因吴三桂叛乱，又处于战争状态，巡抚复兼兵部衔，同时命"直隶各省巡抚仍管兵务，各设抚标左右二营"⑥。康熙二十一年，三藩之乱平定后，又有裁撤抚标的提议。为此，广西巡抚郝浴奏请不应将抚标官兵裁去。九卿会议的结果是"山东、江宁、河南、山西、直隶兵丁应俱留一千名，其余各省俱留一千五百名"⑦。至雍正元年，巡抚的加衔重新改为兵部侍郎，标志着巡抚可以节制绿营。此后，一些不设、不驻总督省份的巡

---

① 《世宗实录》卷5雍正元年三月癸巳，《清实录》，第7册，第117页。
② 《世宗实录》卷99雍正八年十月庚子，《清实录》，第8册，第312页。
③ 《高宗实录》卷328乾隆十三年十一月丙辰，《清实录》，第13册，第426页。
④ 《圣祖实录》卷5顺治十八年十月乙卯，《清实录》，第4册，第91页。
⑤ 《圣祖实录》卷6康熙元年四月辛亥，《清实录》，第4册，第110页。
⑥ 《圣祖实录》卷44康熙十二年十一月辛酉，《清实录》，第4册，第587页。
⑦ 《圣祖实录》卷102康熙二十一年五月壬子，《清实录》，第5册，第28页。

抚,先后兼提督衔,重新成为一省的行政、军政长官。乾隆十四年规定,巡抚是否兼兵部尚书、侍郎衔,由部请旨定夺。宣统年间系衔的变化同总督。

除部院系衔外,一些巡抚还有其他兼衔。从雍正年间开始,不设、不驻总督的省份的巡抚先后兼提督衔。雍正九年,山西巡抚兼提督衔。乾隆五年,河南巡抚兼提督衔。乾隆八年,山东巡抚兼提督衔。乾隆十三年,贵州巡抚兼提督衔。乾隆十四年,江西巡抚兼提督衔。嘉庆八年,安徽巡抚兼提督衔。嘉庆二十一年,浙江巡抚加节制水陆各镇衔。嘉庆二十二年,广西巡抚加节制通省兵马衔。光绪三十三年四月,奉天、吉林、黑龙江省巡抚均加副都统衔。

巡抚的职责,为"综理教养刑政"①,或谓"掌考察布、按、诸道及府州县官吏之称职不称职者,以举劾而黜陟之。用兵则督理粮饷。三岁大比则为监临合省之秀士升于礼部。于一省文职无所不统(标下有参将、游击等官详武职)"②。具体职能,多与总督所共有,见前"总督"条。除此之外,巡抚还有监理关税、监理厘金、管掌盐政、管理漕政、监临考试等经济、文化教育方面的职掌。遇有战事,则督理粮饷。

附:巡按

全称巡按御史,与巡抚合称为"抚按"。因晚明总督非每省皆设,故"抚按"成为一省的主要官员,与都指挥使、布政使、按察使合称为"抚按三司",或再加上道员,合称为"抚按司道"。巡按为都察院专差御史,顺治元年承明制设,多数省份为一人,直隶、江南、湖广、陕西等直省为两人。巡按的主要职责是察吏安民,包括监察、复审案件、教化、荐举地方官等多方面的职能,如"各巡按御史作速叱驭登途,亲自问民疾苦。凡境内贪官污吏加耗受赇等事,朝闻夕奏,毋得少稽"③;"所在孝子、顺孙、义夫、节妇,有司细加咨访,确具事实,申该巡按御史勘结奏闻,以凭建坊旌表"④;"谕吏部,巡按御史职司察吏安民,所属官员,差满例应荐举"⑤,等等。大事奏裁,小事立断。为差遣官,事毕还京。巡按的设立,一方面能够监察地方官,牵制巡抚,另一方面也使得巡抚和地方官的工作效率降低。而且一些巡按不忠不法,使得巡按制度受到非议。顺治十八年五月停止,所管事务由巡抚等官员分任。

---

① 乾隆《清会典》卷4,第10册,第31页。
② 《清朝文献通考》卷85,第1册,第5617页。
③ 《世祖实录》卷6顺治元年七月壬寅,《清实录》,第3册,第68页。
④ 《世祖实录》卷33顺治四年七月甲子,《清实录》,第3册,第95页。
⑤ 《世祖实录》卷142顺治十七年十一月甲子,《清实录》,第3册,第1095页。

3. 司道①

明洪武年间，改行省为布政使司。由此，各省设有都指挥使司（都司）、布政使司、按察使司，合称"三司"，分管一省军政、行政、监察。此后，随着道制的推行，三司与道员合称"司道"。当巡抚、巡按的设置成为常态后，抚按成为一省的主要官员，三司的地位下降。清承明制，仍设司道各官。康熙、雍正年间，各省掌印都司先后被裁撤。光绪末、宣统年间，司道的设置发生显著变化。

布政使

全称"某某等处承宣布政使司布政使"，布政司简称藩司。明前期为一省行政长官，为防专权，设有左右两员布政使。随着巡抚的地方化，布政使成为政务官而非决策者。清初沿袭明制，各省均设左右两员布政使。顺治十八年，江南省右布政使移驻苏州府，拉开了康熙初年江南、湖广、陕西3省分省序幕。康熙二年，陕西布政使司左右布政使分治。康熙三年，湖广布政使司左右布政使分治。康熙六年七月，河南等11省只留一员布政使，同时停用左、右布政使的称呼，江南、陕西、湖广3省境内的2员布政使，也停用左、右布政使之名，按照其驻地重新命名。由此，江南等3省分省完成，17省共有17员布政使，但安徽布政使寄治江宁城。雍正二年，改直隶守道为布政使，直隶实行省制，全国共有18员布政使。乾隆二十五年，安徽布政使迁回安庆城。为维护两江总督的地位，同时增设江宁布政使，辖江宁、淮安、扬州、徐州及海州、通州6府州，江苏布政使改辖苏州、松江、常州、镇江、太仓5府州。江苏一省设二布政使，成为特例。光绪十年，增设甘肃新疆布政使。光绪十三年，增设福建台湾布政使。至清末，全国19省设有20员布政使，东三省不设布政使。

布政使为从二品官，可以升太常寺卿、光禄寺卿、太仆寺卿、各省巡抚。布政使缺出，由各省按察使升任。布政使有奏折咨请权。但从雍正末开始，布政使除谢恩折外，一般不就地方事务单独上奏。个别布政使亦有兼衔，如清末浙江布政使"兼管海防事务"。顺治年间，布政使司所属官员有经历、照磨、理问、都事、检校、库大使、仓大使等。康熙三十八年裁都事、检校、理问等缺。

布政使职责为"掌一省之政，司钱谷之出纳，十年会户版，均税役，登民数、田数以达户部"②。或谓布政使掌 省之政，负责全省钱谷出纳；凡朝廷的政

---

① 按：以清末顺序排列，先为内地各省所设司道：布政使、交涉使、提学使、提法使（按察使）、巡警道、劝业道，次为东三省所设司道：民政使、度支使，最末简述已废的督粮道、驿传道等。

② 《清朝文献通考》卷85，第1册，第5617页。

务、法令,均需宣达到各个府厅州县,贯彻实施;管理全省各级地方官,按时颁发俸禄,考核政绩并汇报给督抚,上达吏部;负责全省财赋的征收,每十年统计全省户籍、税役、民数、田数,汇总后上报户部;凡有重大事务,会议后上报督抚,然后执行。布政司所属各衙门的职能如下:经历为布政使司署内首领官,总管布政司衙门内部事务及负责文书管理,理问所负责掌勘刑名,都事负责收发文移,照磨所主管照刷卷宗,库大使负责库藏出入,仓大使负责仓庾检查①。

  咸丰以降,各省为了筹措经费,纷纷设立财政局所,由督抚委员管理。布政使一般不得过问这些财政局所事务,职责逐渐削弱。清末为集中事权,命各省督抚将相关财政局所次第裁撤,有关事务统归布政使管理。光绪三十四年十二月,度支部认为布政使为各省总管财政之官,要求将所管款项定期向度支部汇报,如果遇有与财政相关稍为重大事件,布政使除随时详报该省督抚外,还要直接向度支部汇报②。宣统元年十一月,度支部进一步明确:"现在各省藩司虽未及遍改度支使,然财政万紧,藩司固责有专归,拟请实照提学使等官直接臣部,各省凡关涉财政稍为重大事件,除详报该管督抚外,一面径报臣部以资考核。"③由此,布政使重新总管一省财政,而且兼归部属。

  在度支部的政策引导下,一些省的布政使司衙门在宣统年间实行分科办事。因无统一规定,而且各省事务繁简不同,使得各省名目不一。宣统元年,陕西将藩司办公处所称为藩署政务公所,内设总务、吏治、田赋、军需、厘税、粮务等六科,各设科长、科员,专司其事。宣统二年,浙江藩司分设总务、田赋、厘税、俸饷、销算、主计等六科,裁撤原有的经历、照磨、理问等官。其他各省,在布政司衙署内或是设立财政公所,或是设立度支公所。设立财政公所的有河南、安徽、山东、江南(江宁藩司)、山西、湖南、广东等布政使司,设立度支公所的有江苏、湖北、福建等布政使司,江西省因布政使司兼管人事,称布政公所。江苏度支公所分设总务、田赋、筹榷、典用、主计五科,科下分设机要、文书、库藏、庶务、稽征、勘核、苏厘、沪厘、税捐、经理、支放、稽核、编制等十三课,最为繁复。湖北省度支公所分为机要、行政、田赋、税捐、俸饷、会计等六科,机要科下设五课,行政科下设三课,各设课长一员。较为简单的如河南,分设三科,但

---

① 《钦定历代职官表》卷52,第602册,第192页。
② 《度支部奏遵旨妥议清理财政办法折》,上海商务印书馆编译所编,洪佳期等点校:《大清新法令》点校本,商务印书馆,2011年,第4卷,第167页。
③ 《度支部奏各省藩司请实行由部考核折》,曾尔恕等点校:《大清新法令》点校本,商务印书馆,2010年,第7卷,第29页。

科下也分设课①。

交涉使

鸦片战争以后,中国被迫对外开放,外国势力步步深入,由沿海省份而渐至于内地。各地传教、通商、租界和商埠、实业等各项事务,以及与外国人之间的交涉日益增加。各省先后成立洋务局、交涉局或洋务处等涉外机构,或由商务局兼办洋务,委派司道官员主持交涉事务。部分省则由相关道员负责,如奉锦山海道负责盛京奉天府各州县的中外交涉事务,并加有按察使衔,遇到中外紧要交涉事件可直接专折上奏,一般交涉事务分别转报盛京将军、奉天府尹、三口通商大臣等。太平归顺道负责广西省沿边防务,办理一切中外交涉事务。天津关道、上海道等道员分管各口岸对外交涉事务。光绪二十七年六月,朝廷将总理各国事务衙门改为外务部,位于六部之首。但在光绪三十三年五月颁布的《各省官制通则》中,并未规定在各省设置统一的对外交涉机构。同年,在东三省总督徐世昌奏定的《东三省职司官制章程》中,拟在奉天、吉林、黑龙江三省设交涉司。此后,因黑龙江事务较简暂不设置外,奉天于光绪三十三年、吉林于光绪三十四年设立交涉使。

光绪三十四年七月,云南省仿照东三省官制,设立交涉使司。宣统二年,浙江增设交涉使,交涉司衙门设置通商、教务、庶务 3 科②。宣统二年六月,外务部奏请在各省设置交涉使办理外交事务,得到朝廷批准③。同年七月,外务部制订了在各省设置交涉使的具体计划:将交涉司定为统一制度,由交涉使统管各省对外交涉事务,原有的交涉局所同时裁撤;除奉天、吉林、浙江、云南等已设交涉使省份外,直隶、江苏、湖北、广东、福建等省先行设置;安徽、江西、湖南、广西 4 省归兼辖总督省份的交涉使兼办,黑龙江、山东、山西、河南、陕西、甘肃、新疆、四川、贵州等省交涉事务较少,暂缓设置,如需增设,随时办理④。同月,委署直隶、江苏、湖北、福建、广东 5 省交涉使。

交涉使为正三品,位在布政使之次、提学使之前。交涉使与藩学臬三司同为督抚属官,归督抚节制考核,同时受外务部随时考查,不得力者奏请撤换。职掌为办理全省交涉事务。交涉使所办事件,除随时详请督抚咨报外务部外,仍于年终造册报部以备考核。如遇重要事件,一面禀报督抚,一面报部。交涉

---

① 《清朝续文献通考》卷 133,第 2 册,第 8923 页。
② 《清朝续文献通考》卷 133,第 2 册,第 8925 页。
③ 《宣统政纪》卷 37 宣统二年六月乙酉,《清实录》,第 60 册,第 658 页。
④ 《宣统政纪》卷 38 宣统二年七月甲寅,《清实录》,第 60 册,第 684 页。

司衙门设立交涉公所,每日按时入所办公,公所分设秘书、翻译两科①。吉林省交涉司设总务、界约、互市三科。

提学使

清初沿明制,设提学道,一称督学道,品级无定衔,视兼衔(按察司副使、佥事)而定。顺天、江南等地设提督学政,均以翰林官充任,称为学院。康熙三十九年后,各省学差以翰林官与部属官并用,不拘省份。凡由翰林官选补者,称为学政;凡由部属官开列者,则为学道。雍正四年十一月,定各省均设提督学政,学官与行政官完全分离。提学道、学政职掌为一省学校、士习、文风等政令。亦有一省而设二学道、学政,如顺治年间湖广省分设湖北、湖南提学道,广东省长期设有广南韶等处学院、肇高廉等处学院。学政为管理学务专官,不受督抚节制。学政驻地大多在省城,亦有部分在府县城,如安徽学政驻太平府城,江苏学政驻江阴县城,浙江学政在康熙后期驻嘉兴府城,

光绪三十二年四月,因停止科举考试,兴办新式学堂,裁各省学政,设提学使,为督抚之属官,归督抚节制、考核②,提学使重新成为各省行政官员。同月委署各省提学使。此前少数省份的学政不驻省城,而提学使作为省级行政官员之一,被要求一律驻扎在省城。提学使秩正三品,主管全省教育行政,也可与布按两司共商全省其他行政事务。此前由布政使管辖钱粮事务,由按察使管理刑名事务,布按两使均有考核地方官之职能。改学政为提学使后,提学使也有考察地方官是否兴学的职能,因此"拟改为藩学臬三司会同具详,庶地方人员各顾考成,于兴学育才不无裨益"③。由此,将提学司与布、按两司合称为藩学臬三司。提学使三年俸满,由督抚考核所办事项,咨报学部奏闻。其留、升、更调,请旨遵行。其升转,凡由四、五品京堂或实缺道员简任者,升转与按察使相司。

提学使衙门即学务公所,下设总务、专门、普通、实业、图书、会计等6科,各有科长、副科长及科员数人。提学使的属官有省视学,每省六人,承提学使之命,巡视各地学务。

按察使—提法使

按察使全称"某某等处提刑按察使司按察使",按察司简称臬司。顺治初,沿明制,各省设按察使一人。顺治二年七月,增设江南省按察使。康熙二年八

---

① 《清朝文献通考》卷133,第2册,第8925页。
② 《德宗实录》卷558 光绪三十二年四月己亥,《清实录》,第59册,第389页。
③ 《学部奏续拟提学使权限单程折附片并清单》,荆月新等点校:《大清新法令》点校本,商务印书馆,2011年,第2卷,第182页。

月,江南、湖广、陕西三省增设按察使各一员。江南等三省分省过程结束后,实为一省设有一员按察使。江苏省按察使与两江总督同驻江宁城,未与江苏巡抚、江苏布政使同城。雍正二年,改直隶巡道为直隶按察使,十八省均设有按察使。雍正八年,江苏按察使司迁驻苏州城,与江苏巡抚、布政使同城。光绪十年、十一年,新疆、台湾建省,因刑名事务较简,未设按察使,分别由镇迪道、台湾道兼按察使衔。

按察使为正三品官,可以升通政使司副使、大理寺少卿、各省布政使。按察使缺出,由各省运使、道员升任。在清末新政前,按察使位于各省布政使之后,合称"两司"。按察使有奏折咨请权。但从雍正末开始,按察使除谢恩折外,一般不就地方事务单独上奏。

按察使的职掌为负责一省刑名事件。乾隆年间,具体包括以下几个方面。掌管全省刑名、弹劾之事,澄清吏治,遇有重大事件与布政使合议并向督抚汇报;管理全省驿传;每三年乡试,充任监试官;每年秋审,为主稿官;每逢地方官大计之年,为考察官。按察司附属衙门有经历司、照磨所、司狱司等,又有知事、检校等属官,各省设置不一。经历、照磨职掌与布政使司属官同,知事掌勘察刑名,司狱掌管理系囚。

清末,为使司法独立,将司法行政与审判分离开来,"盖司法独立,则裁判事务悉委诸裁判官,司法大臣不得干预"①。在地方上设检察、审判厅,将按察使改为提法使,主管全省司法行政。据《外省官制通则》,提法使为正三品官,"受本省督抚节制,管理该省司法上之行政事务,监督各审判厅并调度检察事务"②。同年,奉天、吉林、黑龙江3省首先试行。宣统元年,广西改革按察司署办事机构,设立总务、审判、典狱三科,以期推进司法改革。宣统元年十月,正式颁行《各省提法使官制》③。提法使职掌为"承法部及本省督抚之命,管理全省司法之行政事务,监督各级审判厅、检察厅及监狱",下设总务、刑民、典狱3科,各设科长一员。宣统二年,湖北改设提法使。同年七月,改其余各省按察使为提法使,并任命各省提法使④。此后,各省将按察使司原有的经历、照磨、司狱等官分别裁改,按察使原管的驿传事务移归劝业道。

至清末,直隶、奉天、吉林、黑龙江、山东、山西、河南、江苏、安徽、江西、福

---

① 《宣统政纪》卷19宣统元年八月丁丑,《清实录》,第60册,第349页。
② 《宪政编查馆奏考核提法使官制折并清单》,蒋传光点校:《大清新法令》点校本,商务印书馆,2011年,第6卷,第402页。
③ 《宣统政纪》卷23宣统元年十月庚寅,《清实录》,第60册,第438页。
④ 《宣统政纪》卷39宣统二年七月壬戌,《清实录》,第60册,第697页。

建、浙江、湖北、湖南、广东、广西、四川、云南、贵州、陕西、甘肃等省均设提法使,新疆镇迪道兼提法使衔管理全省司法行政,江苏淮扬道、直隶热河道、四川康安兵备道等道员兼提法使衔并管理相应区域的司法行政。

巡警道

光绪末年,各省先后设立巡警、警察局。光绪三十三年颁布的《各省官制通则》规定,在各省统一设立巡警道,"专管全省巡警、消防、户籍、营缮、卫生事务"。光绪三十四年四月,颁布《各省巡警道官制并分课办事细则》。此后,除吉林、黑龙江、新疆外,各省先后设立巡警道。宣统元年,奉天省巡警道裁撤,归并民政使管理。吉林省因警务初兴,黑龙江因城乡居民数量较少,亦统属于民政使。

巡警道为正四品官,归本省督抚统属,管理全省巡警事宜。同时受民政部随时考查,如有任事日久,实在不能得力者,即行据实奏参。巡警道的具体职能包括:总理全省警政,制定相关细则并报督抚核准施行;督饬全省府厅州县,分划区域创办巡警,并随时考查或派员视察各地;率领全省行政警察、高等警察、国际警察等,整饬内俗,保护治安、调查户口等;掌管司法警察,处理预审、探访、督捕、拘捕及违警事件;掌管卫生警察,负责清道防疫、检查食物、屠宰、考验医务及官立医院等。陕西巡警道兼管本省盐法、水利事务。巡警道公署为警务公所,分设总务、行政、司法、卫生四科,每科设科长、副科长及科员数人。巡警道与所属各员每日按时入所办公。

劝业道

洋务运动兴起之后,各省陆续兴办矿务、交通、邮电、工业等企事业,相关的管理机构也随之出现,如商政局、矿务总局、商务农工商总局等。为统一管理各省工商业和交通业,光绪三十三年颁布的《外省官制通则》规定各省设劝业道,统一管理全省的工商业、交通业,兼管传统的驿传事务。光绪三十四年七月,颁布《各省劝业道官制并分科办事细则》。此后,各省先后设立劝业道,黑龙江、新疆因工商事务较少,不设劝业道。

劝业道为正四品官,归本省督抚统属,管理全省农工商业及各项交通事务。同时受农工商部、邮传部随时考查,如有任事日久,实在不能得力者,即行据实奏参。劝业道的主要职掌,是详细调查本省如何兴办农业、工业、商业、矿业等各种实业及推广轮船、铁路、邮政、电报等事,并上报农工商部、邮传部和本省督抚,设法筹办。劝业道有督饬地方官切实奉行兴办实业以及考察地方官兴办实业勤惰的权力。除由农工商部、邮传部及督抚专派大员办理的企事业外,省内各种与实业及交通相关的学校、公司、局厂,劝业道均应随时考察。

劝业道有指导、稽查省内各种农会、商会的责任,各省原设招商、铁路、电报、邮政等局,以及商办的铁路公司,劝业道应协助筹商,进行保护。农工商部、邮传部在各省特设的专局,如果章程规定由劝业道兼管的,劝业道应该按照相关章程切实筹办。劝业道应将所办各事,随时向督抚和农工商部、邮传部汇报。劝业道衙门即劝业公所,由道员督率所属各员每日按时入公所办事。下设总务、农务、工艺、商务、矿务、邮传等6科,每科设科长、副科长一员,科员数人。

民政使

东三省专设官缺。光绪三十三年四月,东三省总督徐世昌等奏定《东三省职司官制章程》,拟各省建行省公署,以总督为长官,巡抚为次官。下设承宣、咨议2厅及交涉、旗务、民政、提学、度支、劝业等7司,另设督练处负责军政,提法司负责司法①。同年,委署三省民政使。

民政使初为正三品,负责全省民治、巡警、缉捕等事项。民政司实行分科办事②,如吉林民政司下设庶务、警政、疆理、营缮等五科③,黑龙江民政司下设民治、会计、赋税、支发、警务、庶务等6科,各设科长、科员④。宣统元年六月,因东三省无专管考核的官员,升为从二品,仿照各省布政使兼管府厅以下官员的升调补署⑤。

度支使

东三省专设官缺,光绪三十三年四月奏定《东三省职司官制》,设度支使,秩从三品,职掌为办理财赋等事,以原有财政、厘税等局改并。度支司实行分科办事,如吉林度支司下设总务、俸饷、赋税等3科,设科长等。

粮储、驿传诸道

清初袭明制,设有粮储、驿传、水利、提学、盐法、清军、屯田、茶马等专务道。晚清又有海关道、巡警道、劝业道之设。与守巡道不同,这些道员在明清两代没有一个统一的称呼,后人或称之为专职道,或称之为专业道,或称之为"有特种职务之道员"。

清初道员无统一官品,视系衔而定。系衔为布政使司左右参政、参议,按察使司副使、佥事,分别为三、四、五品。顺治末去布政使"左右"衔,亦去参政、参议左右衔。乾隆十八年七月,乾隆谕:"又如各省道员,例以布政使司参政、

---

① 《德宗实录》卷572光绪三十三年四月辛未,《清实录》,第59册,第569页。
② 《又奏定东三省职司官制章程》,《大清新法令》点校本,第2卷,第220页。
③ 田志和、潘景隆编著:《吉林建置沿革概述》,吉林人民出版社,1990年,第122页。
④ 《黑龙江志略》第三,《清代黑龙江孤本方志四种》,第174页。
⑤ 《宣统政纪》卷16宣统元年六月己亥,《清实录》,第60册,第310页。

参议、按察使司副使、佥事等衔,分别兼带。但道员职司巡守,以整饬吏治,弹压地方为任……且知府以下,悉其统辖,兼参议、佥事衔者,阶秩反卑,其何以表率。此皆旧例相沿,宜为变通,以归画一而重职守。……直省守巡各道,着俱为正四品,停其兼衔。"①专务道职能为"皆掌佐藩臬,核官吏,课农桑,兴贤能,砺风俗,简军实,固封守,以倡所属而廉察其政治"②。专务道管理全省某一事务,但不分管地方,因而无守土之责。

专务道亦为省行政机构组成部分,各省无定员,视需要而设,因时裁革。康熙六年,全国裁 108 道员,亦包括一部分专务道。后又有所增设,一些专务道员也兼分巡某些地方,是专务道兼守巡道。光绪、宣统间,因需设置巡警、劝业道,各省多裁专务道。至清末,除巡警、劝业道外,直隶有永定河道、津海关道,江苏、安徽有江宁十府粮储道、苏松常镇太粮储道、盐法道,福建省、江西省、湖北省有盐法道,浙江省有粮储道,云南有粮储道、盐法道等。属官有库大使、仓大使,掌各道之库藏仓庾。

守巡道

清初沿袭明代旧制设立守巡道,在一些重要地区增设新的道缺,如新设分守江宁道、分巡江宁道,共管江宁府属八县。各道缺的系衔与专务道相同。本卷的守巡道指分守道、分巡道、兵备道(即整饬某某道),以及部分兼具守巡道职能的专务道。

顺治年间,守巡道、兵备道的辖区,已经与明代道制有明显不同。明代守巡道、兵备道的辖区是互相交叉、不相重合,实行的是交错控制府州县的管理体系。明末清初已经演变为每道各管一个地区,各不重叠,只有个别守巡道仍实行明代制度。直隶与北方各省由于府的辖区较为辽阔,因而道员所辖往往只有一府的若干个州县。南方各府所辖州县较少,因而一个道员往往辖一至两个府、直隶州。一些守巡道员除了布按两司的系衔外,还有其他兼衔,如天津兵备道兼理马政、驿传、河道、盐法及仓库、兵马钱粮事务,分巡海南道兼摄琼州学政,等等。

顺治年间守巡道、兵备道员的职责,主要有以下方面:对地方文武官员的监察、剿灭盗贼、操练兵马、督催粮饷、稽核兵饷、修浚城池、禁革奸弊、开垦荒地、清理词讼等。守巡道员下辖道标,为绿营的组成部分。道标一般设有中军守备一员,标兵数量各省不同,以一百名者居多,也有二三百名的,前后也有变

---

① 《高宗实录》卷 443 乾隆十八年七月壬午,《清实录》,第 14 册,第 772 页。
② 《钦定历代职官表》卷 52,第 602 册,第 194 页。

化。道标的主要职责是守城,其次是维护辖区内的治安。

由于国家财政困难,从顺治六年开始裁撤那些控制稳定地区的守巡道员。顺治十八年闰八月,辅政大臣要求吏部、礼部、兵部"将文武职掌分别更定"①,朝廷随即采取了一系列文武分治政策,在守巡道层面,兵备道、分巡道对绿营的监察功能丧失,所有守巡道员的道标全部被裁撤,守巡道员由举足轻重、兼辖文武的中层地方官员,转变为朝廷官员眼中尤所事事的冗员。康熙元年到康熙四年间,各省共有五十余员分巡道、兵备道缺被裁撤。同时,随着区域巡抚的逐渐被裁,新省制的形成,为废道做好了技术层面的准备。康熙六年七月,全国共裁 108 道,占当时全国所有道缺(不含提学道,包括守巡道与专务道)的十分之七,保留的道缺仅有 40 员。由此,全国有十个省区不设守巡道,只保留少数全省性的专务道,施行省—府—县的三级行政管理体系。直隶因其特殊的行政体系而保留全部守巡道,陕西因实土卫所众多(分省后多属甘肃),留存的守巡道也较多,其腹地西安、凤翔、延安、庆阳等府均未保留。留存下来的道缺,有一些虽然还保留着守巡道的名称,但性质已经改变,如江南省淮海道专管海防,不再管理地方事务②。

康熙年间,因三藩之乱,各地又普遍设立守巡道。三藩之乱平定后,部分守巡道又被裁撤。雍正年间,各省普遍设立守巡道,至乾隆年间在数量上渐趋稳定。宣统年间,因设置巡警道、劝业道,数量又略有减少。雍正年间以后,守巡道制度有以下几个特点。

一是如前所述,乾隆十八年七月停止道员兼衔,官品统一为正四品,同时将知府降为从四品。从官品上确定了两者地位的高低。

二是守巡道无佐贰官、首领官,由道员个人掌管事务,只有书吏幕僚协助工作。

三是守巡道仍是省行政机构的派出机构。乾隆《清会典》卷 4 谓:"直省设总督,统辖文武,诘治军民;巡抚,综理教养、刑政;承宣布政使司,掌财赋;提刑按察使司,主刑名;粮储、驿传、盐法、兵备、河库、茶马、屯田及守巡各道,核官吏,课农桑,兴贤能,砺风俗,简军实,固封守。督抚挈其纲领,司道布其教令,以倡各府。"③由此可见,康熙六年后的守巡道是省行政机构的组成部分,是省的派出官员,其辖区属于监察区。

---

① 《圣祖实录》卷 4 顺治十八年八月己酉,《清实录》,第 4 册,第 83 页。
② 《圣祖实录》卷 24 康熙六年九月乙卯,《清实录》,第 4 册,第 329 页。
③ 乾隆《清会典》卷 4,第 10 册,第 31 页。

四是个别道缺如归绥道,已经具备一定的行政职能,其辖区成为兼具道、府双重功能的特殊行政区划。

五是清末黑龙江省所置瑷珲、兴东、呼伦三道,按照《黑龙江省设治章程》,设有司法股、财计股、文牍股和旗务交涉股,作为道的行政机构,与黑龙江省府厅州县行政机构的配置相同,已经成为行政区划。因此,清末黑龙江省实行的是省—道—府厅州县的三级制。

第三章　府厅州县

明代地方行政区划,在布政使司之下,设有府州县。"国初沿元制,立行中书省于外,以统府州县,州县俱隶府,县或又隶州,州或直隶省。"①明洪武七年(1374)改行中书省为布政使司,府州县制并未变动,仍为复式的管理关系:布政使司管辖府和州(直隶州),府管辖州(散州、属州)、县,州(直隶州及大部分的属州)也管辖县,少部分属州不领县,形成布政使司—府—州—县四级制和布政使司　府(直隶州)　县、布政使司—府—州三级制的两种行政层级。

清初沿袭明制,顺治、康熙年间对各级行政机构的佐贰官缺数量有较大裁撤。雍正年间,随着直隶州的推行,所有的属州(散州)不再领县。雍正、乾隆年间,厅制形成并推广,至嘉庆《清会典》编纂时正式载入典籍。由此,形成直隶厅、厅和直隶州、州制度,行政层级为省—府—县(厅、州)、省—直隶州—县的三级制和省—直隶厅的两级制两种形式,是为清代乾隆年间的"府厅州县"制度:"凡尹与总督、巡抚所统曰府厅州县(府厅州县统以总督、巡抚,领以布政司。府领厅州县,亦有亲辖地方者。直隶厅、直隶州皆亲辖地方,亦领县。惟京畿四路厅领州县而无亲辖。厅州县皆分辖地方)。"②清代的直隶厅,大部分不领县。府厅州县制度,在一些清代文献中也称之为"府州厅县"③。

一、府厅州县体系的形成

顺治年间,沿袭明制,仍为府州县。新置州县数量极少,主要有奉天府及所属辽阳等县的设置。裁撤的州县数量也不多。属州仍领县。

康熙初年,因明清之际人口数量减少,裁撤四川省的多个县。当时,吏部等部对地方行政制度和行政区划的改变持反对态度。如江苏省苏州、松江两府各县事务繁杂,"苏属之吴江、常熟、昆山、嘉定等县,松属之上海、青浦等县,其□丁二项实征银两及漕白粮米杂项征收每□以数十万计。是一县之财赋竟

---
① 万历《明会典》,第90页。
② 嘉庆《清会典》卷10,第12册,第108页。
③ 《高宗实录》卷147乾隆六年七月丁亥,《清实录》,第10册,第1118页。

足当别省之□而有余。钱谷既繁,而其余审理刑名、承缉盗案诸务,纷纭类杂,亦称是矣。"于是督抚要求选调有能力、有经验的地方官出任这些县的知县,烦简互调。而吏部坚决不允许:"内外诸臣一疏再疏,以请更调,而部议坚执不行,则亦无复有行之时矣。"在礼科给事中杨雍建眼中,这些大县事务繁杂,知县等"为有司者虽八面长材,犹恐日不暇给。况以庸常谫劣之辈试之剧县,其不以阘茸遗误者鲜矣",因而建议:"烦简之调既不便行,宜将苏松所属繁剧之县各改为两县而分治之。地分则事务稍减,事简则头绪易清,使县令之耳目心思宽,然稍有余力,庶觉察周详,而胥吏不得因缘为奸,然后钱粮不至于混冒,而一切事件可以次第举也。"①最终不了了之。又如宣化府的设置,也是一波三折。康熙三十年(1692)十一月,康熙在直隶巡抚郭世隆面奏时,同意将宣府镇改置为宣化府,实行文武分治,并要求郭世隆具本上奏。郭世隆上奏后,在部议时遭驳回。由此可见,在当时的政治氛围下,维持现状似乎是吏部等部大臣们的共识,虽经康熙同意也遭驳回。过了一年多,在康熙三十二年二月,康熙下旨令九卿、詹事、科道一同会议此事。至此,改宣府镇为宣化府的提议,以一种特殊的过程得以通过。虽然吏部等部对新设行政区划采取消极的态度,但在局部地区,州县数量仍有一定增加,如奉天府、云贵两省的改土归流地区,四川省的一部分被裁撤的县因人口的增加而逐渐复设。

雍正二年(1724),为加强对州县钱粮的盘查,山西巡抚诺岷奏请设立多个直隶州,由直隶州知州盘查所辖各县的钱粮;直隶州知州自己征收的钱粮,由守巡道员进行督查。诺岷的提议得到了雍正和户、吏等部的同意。由此,各省督抚纷纷仿效,直隶州政策得到推广。在直隶州推广过程中,府属州不再辖县②。雍正年间,又改实土卫所为县;为便于征收赋税,将经济发达的苏州、松江、常州等府的部分县一分为二。雍正年间新设州县官缺数量大大增加,使得顺治、康熙年间一直在执行的裁减地方官员数量的政策发生了逆变。地方官员数量的增加,一方面加强了对地方的控制,理顺了行政关系,同时也严重增加了政府的财政负担。

乾隆年间,政区数量仍有所增加,但新增官缺数量得到相对的控制,厅制形成。

乾隆继位后,对雍正年间地方官缺大量增加的现象进行了反思。乾隆六年(1741)五月,大学士鄂尔泰会同吏部商议后答复户部:"设官分职,原有定

---

① (清)杨雍建:《杨黄门奏疏》,《四库存目丛书》本,史部第67册,第282页。
② 详见傅林祥:《清初直隶州的推广与行政层级的简化》,《历史档案》2010年第4期,第57—66页。

制,增设改隶,徒事纷更,盖以官多则冗,役多则旷,不特俸工役食徒事虚縻。……嗣后各省倘有应需人员,止准通省内随时改调,概不得具奏增设,致滋縻费之例。令将刑名事件统归分防同知兼管,不必分县。"①其核心内容有两点:一是不增加新的官员,新增设的职官员额只准在省内原有的官员总数内调剂;二是今后尽量不设新县,由分防同知兼管刑名事件,也就是以厅的形式管理地方政务,希望达到限制各省官员总数的目的。乾隆七年,又特别下了一道谕旨:"朕闻利不十不变法,害不十不易制,盖以政有恒则易守,法数变则奸生,而况州县属吏之有常,文武职业之有定者乎。往者直省一二州县,理宜改隶,及员弁宜增设者,皇考曾允督抚之请,敕部议定。而督抚中遂有借此以见其整饬地方,留心吏治,而绝无关于利害之实者。不知改隶一邑,则狱讼、钱粮缘绝簿书,百弊丛生,急难综察。增设一官,则文移期会,事绪益纷,供给迎送,间阎滋扰。且封疆骤改,奸宄或致潜藏,官吏日增,责任转无专属。自后必州县离府窎远,实宜改隶;市镇繁杂之地,须添官弹压者,方准具题酌度,其余不许渎奏。"②直指一些督抚为了迎合雍正,显示自己"整饬地方,留心吏治"的态度,因而滥设县治。乾隆的上谕,以及此前大学士鄂尔泰、吏部的决定"令将刑名事件统归分防同知兼管,不必分县",向各省督抚发出了明确的信号:除了特殊情形外,一般不新设州县,可以设厅。

在这种政策下,从乾隆年间开始,至同治年间止,全国新设政区的数量逐渐减少,新设行政区划类型中,厅的比例比较高。在新开发的新疆地区需要设置官缺,乾隆也特别下谕:"今准噶尔回部荡平,屯田驻兵,自伊犁以达叶尔羌,向日之边陲,又成内地,则文武员弁均应依次移补,方与舆地官制俱为合宜。其哈密、巴里坤以西应需用道府同知若干员,一半于内地事简处裁汰移驻,一半酌量添设。驻兵屯田各营,应设将弁等,亦一体筹办,庶于国计边防两得经入之道。"③新疆的官缺一半由甘肃内地裁减,一半为新增添,尽量减少地方官员数量的大量增加。

光绪、宣统年间,府厅州县在数量和制度两个层面都发生了较大变化。在数量方面,为了开发边疆地区,在新疆、台湾、奉天、吉林、黑龙江等地主动设立了一批州县。宣统年间,在川边地区实行大规模的改土归流,又新设了一批府厅州县。由此,光绪、宣统年间成为清代地方行政区划设置的又一个高峰期。宣统三年(1911),为筹备城镇乡自治,有裁撤江苏等省同城州县的决定,未及

---

① ② 乾隆《莲花厅志》卷1。
③ 《高宗实录》卷601乾隆二十四年十一月甲戌,《清实录》,第16册,第748页。

实施而辛亥革命已经爆发。

在制度层面,制定了府厅州县制度改革的一些具体条文,但多未实施。光绪三十三年(1907)五月二十七日颁布的《各省官制通则》,从第二十条起,均与府厅州县相关,相关条目如下:

> 第二十条 各省所属地方得因区划广狭,治理繁简,分为三种。曰府,曰直隶州,曰直隶厅。
>
> 第二十一条 各府设知府一员,承该管督抚之命,并就布政司、提学司、劝业道、巡警道主管事务,承该长官之命处理所治州境内各项行政,并监督指挥所属各县。
>
> 第二十二条 各直隶州设知州一员,承该管督抚之命,并就布政司、提学司、劝业道、巡警道主管事务,承该长官之命处理所治州境内各项行政,并监督指挥所属各县。
>
> 第二十三条 各省原设之直隶厅有属县者,一律改为直隶州。其无属县者,仍设同知一员,承该管督抚之命,并就各司道主管事务,承该长官之命,处理所治境内各项行政。
>
> 第二十四条 各府所属地方分为二种如左:曰州(散州),曰县。
>
> 第二十五条 各直隶州所属地方曰县。
>
> 第二十六条 各州设知州一员,受本管知府之监督指挥。各县设知县一员(秩正六品),受本管知府或本管直隶州知州之监督指挥,处理各该州县境内各项行政。
>
> 第二十七条 各府原设之同知、通判有辖境者,一律改为州县。其无辖境而有主管事务,如河南之河防,各省之海防、粮捕等同知、通判,均应由各省督抚择其务繁要者,一律斟酌改置,作为知府佐治员缺,由各该督抚体察情形,分别奏明办理。
>
> 第二十八条 各直隶州、直隶厅及各州县应酌设佐治各官,分掌事务如左:一、警务长一员,掌理该州厅县消防、户籍、巡警、营缮及卫生事宜。二、视学员一员,掌理该州厅县教育事宜。三、劝业员一员,掌理该州厅县农工商务及交通事宜。四、典狱一员,掌理该州厅县监狱事宜。五、主计员一员,掌理该州厅县收税事宜(此员应州县官俸公费确有定数实行支给,并将从前平余名目一律剔除后,再行设置)。其从前各直隶州、直隶厅及各州县所设佐贰杂职,应即一律裁撤,酌量改用。
>
> 第二十九条 各直隶州、直隶厅及各州县佐治各官,如因地小事简,

不必备设者,得以一人兼任二职。但警务长及视学员,不得以他员兼任,亦不得兼任他职。

第三十条　各直隶州、直隶厅及各州县佐治员缺,应由司道各就本科考取国文通畅,科学谙习人员(凡佐贰等官,举人五贡及中学以上毕业生,均可与考),详请督抚委用。视学、劝业二员,并可参用本地士绅,由州县采访舆论,举其贤能端正者,一律详请与考委用,仍分咨各部存案。其考取委用详细章程,由考察政治馆会同各部议订通行。

第三十一条　各直隶州、直隶厅及各州县,应将所管地方酌分若干区,各置区官一员,承本管长官之命,掌理本区巡警事务。其原设之分司巡检,应即一律裁撤,酌量改用。①

由此可见,当时的设想是将府级政区仍保留原先的三种形式,但是直隶厅一律不辖县;县级政区废厅,保留州县两种形式,提高知县地位,由正七品升为正六品;知府、直隶州知州监督辖境内所属州县各官,处理境内各项行政事务;府设知府及同知,裁通判;直隶州、直隶厅及各州县行政机构,除行政长官外,另设警务长、视学员、劝业员、典狱、主计员等,原先的佐贰杂职全部裁撤;各直隶州、直隶厅及各州县,将所管地方分为若干区,各置区官一员,管理本区巡警事务,同时裁撤巡检。《通则》中对府的佐治员的组成没有规定。"此次官制办法,拟请从东三省入手,除实与内地情形不同者,应听其量为变通,期于推行尽行,余应令查照此次通则,酌核办理,俾为各省之倡。直隶、江苏两省交通较便,风气已开,亦宜及时举办。其余各省,分年分地逐渐推行。"②东三省,尤其是吉林、黑龙江两省的府厅州县大部分为新置,推行新制的阻力较少,因而首先试行。

根据《通则》的规定,考虑到东三省的实际情形,吉林、黑龙江制定了新的行政区划设置章程,如黑龙江省由东三省总督徐世昌、黑龙江巡抚周树模重新制定了《黑龙江省设治章程》:"今日拓张民治,自应仿照新定官制,酌量地方情形,因时变通,庶冀行之有效。……臣等谨按照新定《直省官制》及本省原定《设治章程》,详细酌拟办法。"③并于宣统元年正月奏准。三省根据各自情形进行了变通,结果也各不相同。奉天省基本维持原有体系,因财政困难而裁撤

---

① 《清末筹备立宪档案史料》,第508—510页。
② 《总司核定官制大臣奕劻等奏续订各直省官制情形折(附清单)》(光绪三十三年五月二十七日),《清末筹备立宪档案史料》,第503—510页。
③ (清)徐世昌:《退耕堂政书》卷25,《近代中国史料丛刊》第225号,台北文海出版社,1968年,第3册,第1342页。

了奉天、锦州两府的首县,其他各府也不置首县。吉林省从宣统元年起,各府、直隶厅、直隶州均不辖县,府、直隶厅、直隶州均为县级政区,与县一样直接管理民众,名称的差别只是反映该地方管理的难易。省政府通过道员管理府厅州县,形成省—府厅州县两级行政区划。黑龙江的行政设置较为复杂,一是瑷珲等道基本上具备了行政区划的要素,二是各府均有亲辖地,三是府或辖州县或不辖州县,形成了省—道—府厅州县、省—府—州县与省—府两类行政管理层级。

府厅州县行政机构佐治员的组成,《黑龙江省设治章程》有明确规定:府厅县设审判员、视学员兼劝学员、警务长兼典狱、主计员各一员。人员数量较《通则》精简,并得到了实施。但是在一部分府州县仍保留有经历、经历兼司狱、州判、吏目、巡检、巡检兼典司、巡检兼司狱等官员。

设治局制度在清末萌芽。光绪末年,吉林、黑龙江等省为了巩固边防,招徕移民进行垦殖,向清政府成批申报拟设治的州、厅、县。经清政府批准后,由督抚择机派员设治。因边远地区大多人口稀少,经济落后,达不到设立新县治所必须考虑的人口、财政等条件。设立一个新县治,一是需要大量的经费以应付各种开支,二是要有合适官员。为了解决这两个问题,吉、黑两省采取了一种变通的办法:划定一个新的县级行政区划后,不设县署,不派知县,改派设治委员,该委员可以暂时不赴部引见,直接赴任。设治委员的职责是招徕移民,勘放荒地,维护治安等,职能与一般知县相似:"其应行招户开垦,以及赋税、词讼、命盗案件,均归该员经理。"①待移民人数、开垦地亩、集镇(县城)建设达到一定规模后,再正式建立县政府。宣统元年,吉林总督锡良、巡抚陈昭常在奏折中所说:"新设之缺,如绥远州、汪清县、额穆县、桦川县等缺,类皆荒僻之区,田庐城郭胥待绸缪,度地居民尚需时日,则拟先派设治委员前往设治,俟一二年后,地方繁盛,再由臣等体察情形,分别补署,以昭核实。"②此年十一月,吉林省正式委署绥远州、饶河县、阿城县、舒兰县、额穆县设治委员③。因此,清末东北的一些行政区划,名为州、厅、县,但其长官是设治委员,办公机构称设治局。设治委员的设治时间,一般约定为一至两年。到期后,实有成效,

---

① 《试办绥远州设治委员席庆恩具报到任视事并启用关防日期申》(宣统二年三月二十八日),《黑龙江设治》,第683页。
② 《督抚锡良、陈昭常奏为筹办吉林添改各缺情形并遴员试署珲春依兰两道员缺折》(宣统元年六月二十日),《黑龙江设治》,第79页。
③ 《吉林民政使为添改府厅州县遴员试署设治移》(宣统元年十一月二十六日),《黑龙江设治》,第84页。

即改置为县治。如果效果不佳,则易地而治。如吉林省阿城县,宣统元年置设治委员,宣统三年已改为知县。川滇边务大臣辖区内的一些州县,也是派设治委员施政。设治委员这种形式,成为民国设治局制度的萌芽。

二、府厅州县职官制度

1. 府

明代各府,初设正官知府(正四品)、同知(正五品)、通判(正六品)、推官(正七品)各一员,后同知、通判因事添革,无定员;首领官设经历(正八品)、知事(正九品)、照磨(从九品)、检校(未入流)各一员,事简府分的知事、检校多有裁革①。所属衙门有司狱司、儒学、仓库、税课司、杂造、织染局、税课分司、草场、阴阳学、医学、僧纲司、道纪司、巡检司(以下各州县同)、水马驿、递运所、河泊所等,因需而设。

清初因之,每府设知府、推官各一员,同知、通判因事增革,无定员。又有经历、照磨、知事、检校等首领官、属官各一员,事简之府不设照磨、检校②。

知府,主要职权为掌管一府刑名钱谷事务、监督所属厅州县的事务,府州县"各治其土田、户口、赋税、辞讼"③;"知府掌一府之政,教养百姓,为州县表率"④;知府"掌一府之政,统辖属县,宣理风化,平其赋役,听其狱讼,以教养百姓。凡阖府属吏,皆总领而稽核之"⑤。所管事务与百姓多有直接联系,与知县一样被认为是亲民官。雍正继位之初,对知府谕旨中言:"谕知府:国家亲民之官,莫先于守令。盖州县官与民最亲,而知府又与州县官最亲。凡州县兴利除弊之事,皆由知府有专责焉。是知府一官,分寄督、抚、监司之耳目,而为州牧县令之表率,承流于上,宣化于下,所系綦重矣。"⑥乾隆认为"知府为亲民最要之官"⑦,其重要性不低于守巡道:"从来亲民莫切于县令,而知府表率一郡,职任尤重。……监司体制虽隆,而所职不过分巡转核,或专司盐粮,转不若知府之专有责成,与属县较为亲切。"⑧乾隆二十八年(1763),因与道员品级同

---

① 万历《明会典》卷4,第20—21页;又卷10,第65—67页。下同。
② 乾隆《清会典则例》卷3,第620册,第94页。
③ 乾隆《清会典》卷4,第10册,第31页。
④ 《清朝文献通考》卷85,第1册,第5619页。
⑤ 《钦定历代职官表》卷53,第602册,第220页。
⑥ 《世宗实录》卷3雍正元年正月辛巳,《清实录》,第7册,第77页。
⑦ 《高宗实录》卷428乾隆十七年十二月戊子,《清实录》,第14册,第592页。
⑧ 《高宗实录》卷289乾隆十二年四月丁丑,《清实录》,第12册,第775页。

为正四品,而知府为道员所属,改为从四品①。

同知掌一府督粮、捕盗、海防、清军、理事、抚苗、水利等专项事务,通判掌一府督粮、捕盗、粮捕、水利、屯田、理事、牧马等专项事务,均按事务繁简,因时裁设。其中的理事同知(通判),均为满缺,专掌满人与汉人间交涉事宜,多设置在八旗驻防地区。一些直接管理地方民事的同知、通判的管辖区域为行政区划——抚民厅、理事厅。

推官,职能为专掌谳狱之事:"凡各府推官,职专理狱、通署刑名文字,不预余事。"②康熙六年(1667)七月裁③,所管事务由知府、同知等分担④。

府管厅州县,因而知府不直接管辖民众,这是府制的一般性情形。一些特殊的府有亲辖地,与直隶州相似,由知府直接管理一定区域的民众。贵州省除遵义府以外的各府,云南省的临安、广南、顺宁、丽江、普洱、永昌、开化等府,广西省的思恩、泗城、太平、镇安等府,均有亲辖地,亦作"本辖"地。这些府的境内均有土司,其中部分土司由知府直接管辖,因而形成亲辖地。对于知府亲管地方这种制度,贵州巡抚曹申吉认为不合府制,在康熙十二年提出:"设官分职,上下相维,天下之通义。独黔省知府、知县各有亲辖地方,分征钱粮,并无经征、督征之异,非所以定经制而专责成也。"⑤请求将贵阳、安顺、平越、都匀、镇远、思南、铜仁7府知府管理的地方钱粮,归各附郭县管理,知府只负责督征之责。此议得到朝廷的批准,嗣因三藩之乱而未能实施⑥。此后,随着改土归流,设立州县,云南、广西两省相关各府的亲辖地大多消失,仅有个别保留到清末。

由于部分知府有亲辖地,因而其职能也有些特殊:"盖黔省郡县制度与他省微有不同,如知府一职不但表率属僚,兼与州县分管地方,皆系理事收粮。"知府亲管地方,其中的一些府就不设附郭县,"所以兴义府之兴义县,另驻要隘,并未附府。而大定、石阡、思州等府,亦无同城知县"⑦。广西、云南相关各府也曾经存在过这种现象。

---

① 《高宗实录》卷691乾隆二十八年七月壬申,《清实录》,第17册,第740页。
② 正德《明会典》卷132,《四库全书》本,第618册,第343页。
③ 《圣祖实录》卷23康熙六年七月甲寅,《清实录》,第4册,第315页。
④ 《圣祖实录》卷25康熙七年三月己亥,"福建总督祖泽溥疏言,向例各府推官赴省承问软件。今推官奉裁,事归知府。但知府有地方专责,不便轻离,而同知、通判事务稍简,以之按季轮班赴省承问,是亦详慎刑名之意也。下部议行。"(《清实录》,第4册,第351页)
⑤ 《圣祖实录》卷41康熙十二年二月辛亥,《清实录》,第4册,第549页。
⑥ 咸丰《贵阳府志》卷4,第31页。
⑦ 《移置县治划正经界清查田粮折》(光绪六年八月初六日),黄盛陆等标点:《岑毓英奏稿》卷15,广西人民出版社,1989年,第507页。

除广西、云南、贵州3省外，直隶省承德府、奉天省各府也有亲辖地，形成原因各不相同。乾隆四十三年正月，谕旨升热河厅为承德府。大臣们在具体设计行政区划时，不设承德府附郭县："热河同知向管地方刑钱事务，今改为承德府，毋庸添设附郭知县，请如直隶州例，刑钱俱自行办理。其六州县事由该府审转考核。"①显然，由于热河地区的事务不似内地那样繁杂，因而有此特例。承德府亲辖地范围："即（热河）厅境为府境，如直隶州制，东西相距一百三十里，南北相距自尖帽山至中关二百一十八里，北逾丰宁县境一百十三里又入府境坡赖村至石片子四十里，实隶府本境共二百五十八里。"②

承德府的这种特例，此后被奉天府所属各府仿效。光绪三年（1877）置昌图府，"拟请将方（昌图）厅升为府治，仿照热河承德府之例，仍管地面词讼各事"③，也就是知府有亲辖地。此后，奉天省新置各府均有亲辖地。宣统三年（1911）二月，奉天省又裁奉天、锦州两府的附郭县，原因是财政紧张："查昌图府等七处各级审判厅，并开原、盖平、本溪三县城治审判厅，均须于本年成立，提前赶办，经费骤增，亟须腾出之款以资接济。应请将奉天府之承德县、锦州府之锦县即行裁并，一切事宜均归该府直辖管理。"④至清末，奉天省各府均无附郭县。

清末，吉林省各府、黑龙江省部分府无属县，实为县级政区。

府治一般设有附郭县，个别为附郭州。如云南省临安府附郭建水州，至乾隆年间改为建水县；姚安府附郭姚州，乾隆年间府废改隶。

2. 直隶厅、厅

作为行政区划的厅制为清代所独有。"厅"原是府同知、通判的办事处所⑤。明代，一些府的同知、通判被派驻至府城以外的县城或乡镇，管理一定区域的某项事务。清代，某些同知、通判的辖区逐渐成为行政区划，称为"抚民厅"、"理事厅"。

明天启年间，平定位于四川、贵州交界地带的永宁宣抚司奢崇明叛乱后，废除土司，将该地区分别划归四川省叙州府和贵州省永宁卫管辖。由此，叙州府添设同知一员，驻扎永宁，专管这一地区，称为叙永军粮厅。由于该地区并

---

① 《高宗实录》卷1050乾隆四十三年二月甲午，《清实录》，第22册，第27页。
② 《热河志》卷50，《四库全书》本，第495册，第827页。
③ 《奏拟请昌图厅升为府治添设各官并增设捕盗马兵折》（光绪三年正月），《盛京典制备考》卷8《奏议折片》。
④ 《宣统政纪》卷50宣统三年三月辛丑，《清实录》，第60册，第891页。
⑤ 按：州同、州判的办公处所也称厅，县丞、主簿、巡检等官员的办公处所也可称为县丞厅、主簿厅、巡政厅（巡厅）等。

不属于叙州府的州县管辖,而是由军粮同知专管,因此叙永厅成为清代抚民厅制的雏形。清代康熙、雍正年间,随着有专管地方的同知、通判的不断增设,这些官员的职能也不断完善,逐渐拥有明确的管辖范围,形成一个完整的行政机构(配置有佐杂官和首领官),更为主要的是这些同知或通判拥有了与知州、知县同样的职权,开始管理刑名钱谷事务。雍正八年,叙永厅下辖永宁县,叙永同知的相关事务直接向布按两司汇报,不再向叙州府汇报。由此,叙永厅实际上成为直隶厅。乾隆十二年三月,陕西省裁同州府潼关县,改设潼关"抚民同知",说明抚民厅制度渐趋成熟,厅与县这两种类型的政区已经可以互相转换,抚民厅制度已经形成①。这些具有行政区划意义的厅的长官官衔大多为抚民同知、通判,其区划也就称为"抚民厅"。

作为行政区划的"理事厅"的出现,源于雍正元年(1723)八月设置的归化城理事厅。清军入关后,在各省的八旗驻防地区,逐渐设立理事同知。这些理事同知所在地区均设有府州县,因而不管地方事务,只是处理旗人与汉人之间的交涉。康熙年间,汉人大量前往内蒙古地区进行农耕,为管理这些汉人以及汉人与当地旗人、蒙古人之间的交涉,于是有理事同知、通判的设立,这些理事同知、通判的辖区大多成为行政区划。理事厅的职责主要是管理当地的汉人的案件与税收以及汉人与旗人、蒙古人之间的交涉,主要分布在内蒙古地区及吉林、黑龙江两地。清末,这些理事厅均改为抚民厅,长官为抚民同知(或通判)兼理事同知(或通判)衔。

除了抚民厅、理事厅外,一些有专管地方的抚夷、抚彝、抚苗同知或通判的辖区,也是行政区划。

康熙、雍正年间存在的作为行政区划的厅,康熙、雍正《清会典》户部行政区划表均未收录,乾隆《清会典》户部行政区划表只记载有"叙永同知"。康熙《清一统志》记载的厅有:甘肃省的安西厅(卷170)、靖朔厅(卷171),四川省的黔彭厅(卷257)、叙永厅(卷258),云南省的威远厅(卷315),均为府级政区;云南的攸乐同知、思茅通判、邱北州同等,被视作为县级政区。在乾隆《清一统志》中,上述各政区已经全部记载为厅。乾隆年间,同知已经分为直隶同知与府属同知,同知、通判"其有兼理民事,直隶于各省者,其职如各府、各直隶州之制,而品级则同"②。嘉庆《清会典》首次载有抚民厅、理事厅概念,卷4《吏

---

① 详见傅林祥:《清代抚民厅制度形成过程初探》,《中国历史地理论丛》2007年第1期,第32—38页。
② 《钦定历代职官表》卷53,第602册,第220页。

部》:"理事、抚民有专管地方之厅,或属于府,或属于道,或属于将军。"卷 10《户部》:"直隶厅、直隶州皆亲辖地方,亦领县。……厅、州、县皆分辖地方。"①此后的光绪《清会典》则记载为:"凡抚民同知直隶于布政使司者为直隶厅";"府分其治于厅,凡抚民同知、通判、理事同知、通判,有专管地方者为厅。其无专管地方之同知、通判是为府佐贰,不列于厅焉"②。由此可见清代法律对直隶厅与厅的划分标准③。

雍正年间,由于厅制尚未完全形成,直隶厅一般被记载为"直隶同知"。在乾隆《清一统志》中,通过不同编排方式区别直隶厅与厅,直隶厅均按府的规格单独成卷,但名称仍为"某某厅"。"直隶厅"一名,在《清实录》中首见于乾隆二十五年十月④,并载入嘉庆《清会典》。为与直隶厅相区别,厅习称为"散厅"、"属厅"。

清代的直隶厅大多数不领县,但也有一些领县的例子。如不以"直隶厅"相称的顺天府四路厅,奉天府兴京直隶厅领通化、怀仁等县,凤凰直隶厅领岫岩州及安东、宽甸县,四川省的直隶叙永厅领永宁县,黔彭厅领黔水、彭水县,广西省的百色直隶厅领有恩隆县及恩阳州判,新疆吐鲁番厅领有鄯善县。直隶厅大多有亲辖地,仅顺天府四路厅领州县而无亲辖地。

领县的直隶厅同知的职权相当于直隶州知州,不领县的直隶厅同知及厅同知、通判的职能相当于知州、知县的职能,少数厅的同知、通判又有一些特别的职能。一些设置在少数民族地区的厅,为便于同知、通判稽查巡察,设有厅标。如贵州的八寨、丹江、古州、台拱、清江各厅在雍正年间均设有厅标,随着地方的安定,乾隆七年、十年分两次裁撤所属千总、把总及各厅标兵。湖南凤凰、乾州、永绥三厅也设有标兵,嘉庆年间凤凰、乾州两厅各设把总二员、兵二百名,永绥厅设把总一员、兵一百名。广东佛冈直隶厅的模式又有所不同,在境内设有佛冈营,以千总、把总领之,分为左右哨,由同知考核。光绪年间,贵州省都江厅、下江厅厅标各设把总一员、兵四十三名。山西归化、萨拉齐、丰镇、宁远、和林格尔、托克托、清水河等七厅的厅标,各设捕盗外委一员、额外外委一员,兵四十名或三十名不等。

各厅的长官为同知或通判,同知为正五品,通判为正六品,首领官、属官有

---

① 嘉庆《清会典》卷 4、卷 10,《大清五朝会典》本,第 12 册,第 29、108 页。
② 光绪《清会典》卷 4,《大清五朝会典》本,第 16 册,第 28—29 页。
③ 按:有关清代直隶厅的特点,详见陆韧:《清代直隶厅解构》,《中国历史地理论丛》2010 年第 3 期,第 30—42 页。
④ 《高宗实录》卷 622 乾隆二十五年十月丁丑,《清实录》,第 16 册,第 993 页。

经历、知事、照磨、司狱等，官级与府属官相同。光绪初年，除甘肃化平川厅为通判外，其余各直隶厅长官均为同知①。

3. 直隶州、州

明代州的隶属关系分为两类，一类隶属于布政使司，习称直隶州，数量较少；一类隶属于府，习称散州、属州。这两类州在《明会典》行政区划表中均称之为"州"。大部分州都辖有属县。明代各州正官初设知州（从五品）、同知（州同，从六品）、判官（州判，从七品）各一员，后同知、判官因事添革，无定员；首领官有吏目（从九品）一员。所属衙门有儒学、阴阳学、医学、税课局、茶课局、铁冶、批验茶引所、闸坝、仓库、草场、僧正司、道正司及巡检司等，因需而设。

清初因之，每州设知州一员，州同、州判（初仍称判官，乾隆《清会典》中州判、判官并用）因事增革，无定员，首领官有吏目一员。雍正年间，将一部分州升为直隶州，下辖数县，由知州盘查各县钱粮、审转案件，承担了相当于知府的职能。同时，州（散州、属州）开始不领县。乾隆初年编纂完成的康熙《清一统志》中，除了个别之处，绝大多数州都已经不领县，州成为与县一样纯粹的县级政区，地方行政区划层级得到简化。随着直隶州和州在职能、名称等多个方面呈现出明显的差异，乾隆《清会典》首次将州明确分为"直隶州"、"州"两类。从乾隆十六年开始，直隶州知州与同知一起比较任职年限，可以升任知府，而此前是与知州一起比较任职年限并升任同知。乾隆三十二年，直隶州知州由从五品改为正五品，与同知相同。由此，清代的直隶州制度完全形成②。"国初，各直隶州俱置知州一人，嗣后或以府改设析置，或以府属州升，或省并入各府，其员额亦因之增减焉。"③一省之内，直隶州所辖县的数量，要比府所辖的县级政区数量为少。

乾隆三十二年起，直隶州知州为正五品，知州为从五品，直隶州州同、州同为从六品，直隶州州判、州判为从七品。直隶州知州的职能相当于知府和知县的综合，"其规制与知府同，惟无倚郭县，其所治州即以知州行知县事"④。直隶州知州"掌一州之政，与知县同为亲民之官，凡刑名钱谷之事，无不亲理焉"⑤。知州的职能与知县相同，"掌一州之政治，以县之地大而事繁者升而置

---

① 按：光绪《清会典》卷4谓"直隶厅州判，广西百色厅一人"，乃指百色厅下辖州判一人。厅的行政长官一般不下辖州判，此为特例。
② 傅林祥：《清初直隶州的推广与行政层级的简化》，《历史档案》2010年第4期，第57—66页。
③ 《钦定历代职官表》卷53，第602册，第221页。
④ 《清朝通典》卷34，210页。
⑤ 《清朝文献通考》卷85，第1册，第5619页。

之,所统辖一如县制"。所设之州,"随地制宜,或由特设,或由县升,或以属州升为直隶州"①。

4. 县

明代各县,初设正官知县(正七品)、县丞(正八品)、主簿(正九品)各一员,后县丞、主簿因事添设,无定员;首领官有典史(未入流)一员。所属衙门有儒学、税课局、阴阳学、医学、僧会司、道会司及巡检司等,因需而设。

清初因之,每县设知县一员,县丞、主簿因事增革,无定员,每县又有典史一员。各官缺品级亦同明代,至清末未变。

知县与知州均为亲民官。知县为一县行政长官,职权与明代相似:"掌一县之政令,平赋役,听治讼,兴教化,厉风俗,凡养老、祀神、贡士、读法,皆躬亲厥职而勤理之。"②"知县掌一县之政,亲理民务,其责任与知州同。"③知州、知县的主要职能为钱谷刑名,如雍正谕旨所言:"谕知州、知县:朕惟国家首重吏治,尔州牧、县令乃亲民之官,吏治之始基也。贡赋狱讼,尔实司之。品秩虽卑,职任綦重。"④县丞、主簿分掌粮马、征税、户籍、巡捕之事。每县皆设典史,负责监察狱囚,如果未设县丞、主簿,则兼管相关事务。

清初,大量裁撤州县佐贰杂职官。从雍正年间开始,将州县佐贰官移驻村镇,与巡检一起形成了一个分防体系。其中的一些分防佐贰,职能与知州、知县相似⑤。

---

① 《钦定历代职官表》卷54,第602册,第224页。
② 《清朝通典》卷34,第2211页。
③ 《清朝文献通考》卷85,第1册,第5620页。
④ 《世宗实录》卷3雍正元年正月辛巳,《清实录》,第7册,第78页。
⑤ 详见傅林祥:《清雍正年间的次县级行政机构及其职能探析》,《清史研究》2011年第2期,第60—67页。

第四章 土　　　司[①]

一、土司设置与改流

土司制度起源于唐宋时期的羁縻政策，开始于元代的土官土司。"所谓土司制度，就是利用当地各族头领或权威人士、授以大小不等的官号，并列入朝廷行政序列的一种特殊统治形式。"[②]明代在四川、云南、贵州、广西、广东、湖广、陕西等七个布政使司境内设置有土司，分为文职土司和武职土司两大类。

清初，为了尽快平定明朝疆土，对西部、南部地区的少数民族进行招降。顺治五年（1648）十一月诏书："一，各处土司，原应世守地方，不得轻听叛逆招诱，自外王化。凡未经归顺，今来投诚者，开具原管地方部落，准与照旧袭封。有擒执叛逆来献者，仍厚加升赏。一，已归顺土司官，曾立功绩，及未经受职者，该督抚按官通察具奏，论功升授。"[③]在清兵占领各地过程中，这些地区的土司也大多归附。此后的康熙年间，四川省西部打箭炉等地的土司归附；康熙四十一年（1702），瞻对地方、喇滚地方的土司投诚，上缴明代印信，被授为五品按抚使，仍令管辖原地[④]。雍正年间，松潘、青海等地的土司投诚。

对明代原设、清初投诚归附的土司，清朝一般准其承袭原职。对一些征战有功的土目，清朝也授以土司的各种职衔。乾隆十一年（1746），因征战瞻对有功，"其投诚有功之土目，若不藉朝廷名分，则体统不尊。请将前项土目，分别酌授长官司、千百户等职衔，给以号纸。果能抚驭有方，所属三年无过，该管官考核保题，准与承袭"[⑤]。

为了保持社会稳定，从雍正年间开始，采取了多项具体措施削弱土司的力量。一是划定疆界，也就是明确划定各个土司管理区域，土司不得侵扰内地居

[①] 本章的撰写，主要参考龚荫：《中国土司制度概论》之四"土司制度衰落"，见《中国土司制度》，第110—152页。
[②] 《中国政治制度通史》第10卷《清代》，第253页。
[③] 《世祖实录》卷41顺治五年十一月辛未，《清实录》，第3册，第330页。
[④] 《圣祖实录》卷208康熙四十一年闰六月甲午，《清实录》，第6册，第119页。
[⑤] 《高宗实录》卷269乾隆十一年六月戊子，《清实录》，第12册，第499页。

民。二是限制土司权力,云南、广西等省的土府大多设有流官同知,掌管府印,称掌印同知,在各土州设流官吏目,进行牵制,土司只管催征、捕盗等事务。三是不许土司、土民擅自离境。四是用分封承袭的方法削弱大的土司的势力。雍正三年(1725),川陕总督岳钟琪奏准:"土司之许其承袭者,原因其祖父向化归诚,著有劳绩之故。今伊嫡长子孙,虽得承袭本职,此外支庶,更无他途可以进身,亦属可悯。嗣后各处土司文武官员嫡长子孙,仍令其照例承袭本职。其支庶子弟中,有驯谨能办事者,俱许本土官详报督抚,具题请旨,酌量给与职衔,令其分管地方事务。其所授职衔,视本土官各降二等,一体颁给敕印号纸。其所分管地方,视本土官,多则三分之一,少则五分之一。"①这一措施在另一方面也缓和了土官家族内部因觊觎职位而引发的争斗。在平定一些土司的叛乱后,有时也将其辖境分封给多个新土司。如乾隆十一年平定瞻对原有土司班滚叛乱后,在瞻对地方设立多个土司,分地管理:"瞻对地方辽阔,而班滚所居,负山带江,尤属险阻。今既犁巢扫穴,自应遵照原议,剖散其土宇,割裂其形势,拨给效力之土司,并分赏投诚有功之土目,分隶管辖。"②因此,"清代,除前明归降仍袭旧职的千余家土司外,又新增设了几百家小土司"③。

在上述多项措施之外,削弱土司最主要的方法是改土归流。顺治年间,清兵在进入西南少数民族地区后,对于已有条件改流、又反抗清兵的土司,趁势改流。康熙、雍正年间,或在平定土司叛乱、相互仇杀争斗后,或因土司本支故绝无人承袭时,进行大规模的改土归流。如雍正六年十月,特命鄂尔泰为云贵广西总督,总管云南、贵州、广西3省的改土归流事宜,云南等3省的军民府、土府大多因此改流。乾隆初年,清兵平定四川大、小金川土司叛乱后,设置美诺厅(后改懋功厅)、阿尔古厅(后并入懋功厅)等。光绪末年,川滇边务大臣对打箭炉以西地区的部分土司改土归流。改流后,将势力较大的土官迁徙到邻省安置,以免东山再起。对于弱小的土司,多数是原封不动,少数在省内迁徙安置。对于部分恭顺或有功的土司,保留原有的职衔名号,只是剥夺该土司对原有少数民族民众及其区域的管辖权。清朝虽然在许多地区多次进行改土归流,由于土司数量众多且分布广泛,至清末仍保留有大量土司。宣统三年(1911)二月,民政部在《奏各省土司拟请改设流官折》中,对清朝改土归流有一简明的总结:

---

① 《世宗实录》卷36雍正三年九月乙巳,《清实录》,第7册,第539页。
② 《高宗实录》卷269乾隆十一年六月戊子,《清实录》,第12册,第499页。
③ 龚荫:《中国土司制度》,第112页。

查西南各省土府州县及宣慰、宣抚、安抚、长官诸司之制,大都沿自前明,远承唐宋,因仍旧俗,官其酋长,俾之世守,用示羁縻,要皆封建之规,实殊牧令之治。明代播州、水西每酿巨患,阿瓦、木邦遂沦异域。立法未善,流弊滋多。是以康熙、雍正年间,川、楚、滇、桂各省迭议改土归流。如湖北之施南,湖南之永顺,四川之宁远,广西之泗城,云南之东川,贵州之古州、威宁等府厅州县,先后建置,渐成内地。乾隆以后,大小金川重烦兵力,迨改设民官而后永远底定。……近年各省如云南之富州、镇康,四川之巴安等处,均经各该疆臣先后奏请改土归流在案,而广西一省改革尤多,所有土州县均因事奏请停袭及撤任、调省,另派委员弹压代办。此外,则四川之瞻对、察木多等处,拟办而尚未实行;德尔格忒、高日、春科等处,条奏而甫经核准。……除湖北、湖南土司已全改流官外,广西土州县、贵州长官司等,名虽土官,实已渐同郡县,经画改置当不甚难。四川则未改流者尚十之六七,云南土司多接外服,甘肃土司从未变革,似须审慎办理,乃可徐就范围。①

改土归流在政治上加强了各省对地方、对各民族的控制,有利于少数民族地区的经济文化交流。

二、土司职衔与承袭

清代土司制度基本沿袭明代制度而有所变更。土司职衔仍然分为文职和武职两大部分,地方上统由各省督抚管辖,在朝廷分别由吏部验封司和兵部武选司管理②。传统观点认为"吏部所属土官,则府、厅、州、县辖之,以治其土民。……兵部所属土弁,总督统焉"③,可能有误。土司也是国家职官,因而其承袭之事分别由吏部和兵部管理:"凡宣慰、宣抚、安抚、安乃长官等司之承袭隶兵部,土府、土州之承袭隶吏部。"④因此,土官的文职和武职职衔仅仅是一个符号,并不能真正表示两者隶属或性质上的差别⑤。

文职土司主要有土府、土州、土县等,所设土官及职衔如下。

---

① 《民政部奏各省土司拟请改设流官折》,《政治官报》第1216号,宣统三年二月二十二日,第42册,第342页。
② 《清通典》卷39《土司各官》,第2228页。
③ 道光《云南志钞》卷8,《云南史料丛刊》,第11卷,第578页。
④ 魏源撰,韩锡铎、孙文良点校:《圣武记》卷7《雍正西南夷改流记下》,中华书局,1984年,第297页。按:"安乃"两字疑有误。
⑤ 温春来:《从"异域"到"旧疆"——宋至清贵州西北部地区的制度、开发与认同》,生活·读书·新知三联书店,2008年,第52页。

土府：土知府，从四品；土同知，正五品；土通判，正六品；土推官，正七品，土经历，正八品；土知事，正九品。土州：土知州，从五品；土州同，从六品；土州判，从七品；土吏目，从九品。土县：土知县，正七品；土县丞，正八品；土主簿，正九品；土典史，不入流。此外还有土巡检、土驿丞等。

武职土司主要有指挥使司、宣慰使司、宣抚使司、安抚使司、招讨使司、长官司等。

指挥使司：土指挥使，正三品；土指挥同知，从三品；土指挥佥事，正四品；土千户，正五品；土副千户，从五品；土百户，正六品；土百长，不入流。宣慰使司：土宣慰使，从三品；土宣慰使司同知，正四品；土宣慰使司副使，从四品；土宣慰使司佥事，正五品。宣抚使司：宣抚使，从四品；宣抚使司同知，正五品；宣抚使司副使，从五品；宣抚使司佥事，正六品。安抚使司：安抚使，正五品，安抚使司同知，正六品；安抚使司副使，从六品；安抚使司佥事，正七品。招讨使司：招讨使，从五品；招讨副使，正六品。长官使司：长官使，正六品；长官司副长官，正七品。另有土舍、土目，均无品级。

在万历《明会典》和康熙《清会典》的行政区划表中，土府、土州、土县与府州县一并排列，均不加"土"字。在清代的各省通志中，均标明为土府、土州或土县。"军民府"为土府的一种，在云南、贵州、广西、四川四省均曾设立过。改土归流后，部分军民府继续保持原有名称，稍后才裁去"军民"字样。

土官有管理地方者，有不管地方者。乾隆五十年六月，云南省将数十员没有管理地方村寨之职能的土官，废除原有官衔，授予土官号纸。如土通判改授正六品土官，土推官改授正七品土官，土县丞改授正八品土官，土主簿改授正九品土官，土巡检改授从九品土官，等等。遇袭替时，只换给号纸，按照品级填写几品土官，不再书写通判、推官、县丞、主簿巡检等字样①。除少数土司外，大多数土官无上下级管辖关系，官衔的差异只是表示该土官的品级高低。清代在各土府、土州大多设有流官佐贰。

土司为世袭制，承袭时必须按朝廷制定的顺序办理。一是承袭者顺序，清朝初年规定："凡承袭之土官，嫡庶不得越序，无子许弟承袭。族无可袭者，或妻或婿，为夷众信服者，亦许承袭。子或年幼，由督抚题明注册，选本族土舍护理，俟其年至十五岁时请袭。"也就是先嫡后庶，先子后妻或婿。二是承袭过程中的手续：土司"由部给牒，书其职衔世系及承袭年月于上，名曰号纸。其应

---

① 《高宗实录》卷1232，乾隆五十年六月庚辰，《清实录》，第24册，第533页；光绪《清会典事例》卷145，第2册，第855页。

袭职者,由督抚察实,先令视事。令司、府、州、县、邻封土司具结,及本族宗图、原领号纸,咨部具题请袭"。至雍正年间,则有分袭制度的产生,见前。土官的承袭也与奖惩有关。如果土官严重违法,该土官将被革职并不准由其亲子承袭:"土官受贿隐匿凶犯逃人者,革职提问,不准亲子承袭,择本支伯叔兄弟之子继其职。"① 如果土官随征有功,可得加衔:"土官土目有随师效力应议叙之人,止就原职加衔。如宣慰使司、宣抚使司、安抚使司,则有各司使、副使、同知、佥事等衔;招讨使司、副招讨使司、长官司,则有招讨使、长官、副长官等衔。指挥使司则有指挥使、同知、佥事、正千户、副千户、百户等衔。照原官品级以次升授递加,至宣慰使、指挥使而止。如有余功,准其随带。仍令以本职管事。及袭替时,亦止以原世职承袭。"② 也就是有功的土官可得到加衔,承袭者仍承袭原职。对个别功绩较大的土司,朝廷特别改授较高的职衔。

土司承袭,顺治年间规定由督抚具题③。贵州、四川等省土司承袭、参处案件,由巡抚主稿、总督会稿,广西省则由总督主稿、巡抚会稿。后因两广总督常驻广州府,不能及时处理广西土司案件,改由广西巡抚主稿、两广总督会稿④。

---

① 光绪《清会典事例》卷145,第2册,第854页。
② 光绪《清会典事例》卷589,第7册,第621页。
③ 《清通典》卷39《土司各官》,第2228页。
④ 李绂:《穆堂初稿》卷39下《条陈广西土司事宜疏》,《续修四库全书》本,第1422册,第28页。

第五章　八旗驻防与东北地方行政制度

明朝末年,东北女真各部蜂起,皆称王争长,互相战杀。万历十一年(1583),努尔哈赤以遗甲十三副起兵,创建军政合一的八旗制度,崛起于辽东。二十七年(1599)灭哈达①。三十五年(1607)灭辉发②。四十一年(1613)灭乌拉③。天命元年(1616),努尔哈赤被尊为英明汗④,都赫图阿拉⑤。三年发兵征明⑥。四年灭叶赫⑦。六年移都辽阳⑧。十年迁都沈阳,天聪八年(1634),尊为盛京⑨。顺治定鼎中原,改盛京为留都,派八旗驻防。顺治、康熙初年又招垦民人,设置郡县,东北形成旗民双重管理体制,实行旗、民分治。先后设置盛京、吉林、黑龙江将军管理旗人,另设奉天府辖东北诸县。清末东北进行地方行政制度改革,光绪三十三年废除将军,改设东三省总督及奉天、吉林、黑龙巡抚⑩。清末八旗驻防先后裁撤,改以郡县制度管理地方社会。

一、从旗民双重管理体制到行省制度

1. 驻防将军

顺治元年清朝定都京师,改盛京为留都,设内大臣统领驻防八旗⑪。三

---

① 《清太祖武皇帝实录》,己亥年(1599)九月,卷2,载《清入关前史料》第一辑,第320—321页。
② 中国第一历史档案馆、中国社会科学院历史研究所译注:《满文老档》,第1函第1册,中华书局1990年,第5页。
③ 中国第一历史档案馆、中国社会科学院历史研究所译注:《满文老档》,第1函第1册,第16—18页。
④ 中国第一历史档案馆、中国社会科学院历史研究所译注:《满文老档》,第1函第5册,第44页。
⑤ 光绪《清会典事例》卷958,第10册,第940页。
⑥ 中国第一历史档案馆、中国社会科学院历史研究所译注:《满文老档》,第2函第6册,第55页。
⑦ 中国第一历史档案馆、中国社会科学院历史研究所译注:《满文老档》,第2函第12册,第108—116页。
⑧ 中国第一历史档案馆、中国社会科学院历史研究所译注:《满文老档》,第3函第20册,第194页。
⑨ 《太宗实录》卷18天聪八年四月辛酉,《清实录》,第2册,第237页。
⑩ 《德宗实录》卷571光绪三十三年三月己亥,《清实录》,第59册,第552页。
⑪ 《清文献通考》卷271,第2册,第7275页。

年,改内大臣为昂邦章京①。康熙元年,改奉天昂邦章京为镇守辽东等处将军②。四年,改镇守辽东等处将军为奉天等处将军,简称奉天将军③。乾隆十二年,改镇守奉天等处将军为镇守盛京等处将军,简称盛京将军④。

顺治十年,置宁古塔昂邦章京,驻宁古塔。康熙元年,改昂邦章京为镇守宁古塔等处将军⑤。十五年宁古塔将军移驻吉林乌拉城⑥。吉林乌喇亦名船厂,故也称为船厂将军。乾隆二十二年,宁古塔将军改称吉林将军⑦。康熙二十三年,析吉林将军西北地置黑龙江将军,驻黑龙江城⑧。二十九年,将军移驻墨尔根⑨。三十八年,黑龙江将军自墨尔根城移驻齐齐哈尔⑩。

驻防将军的职责不断变化,盛京昂邦章京即后来的奉天将军,所属的行政组织及职掌在顺治年间变化很大,清朝入关之初,盛京总管官一度成为总理东北一切事务的军政首脑。顺治元年,吏、户、礼、兵、刑、工6部俱迁燕京,一切事务由盛京总管官总理⑪。顺治入关后,除吏、兵2部外,盛京总管官(后称昂邦章京)仍属有与户、礼、刑、工4部类似的四曹,管理东北事务。

清朝初年,盛京昂邦章京曾兼管旗民事务。顺治十年,颁布辽东招垦授官例,同年设辽阳府,置辽阳(附郭县)、海城2县⑫。顺治迁都后,东北军政事务俱由盛京昂邦章京总理,辽阳府与海城2县当然归其管理。例如,顺治十一年五月,辽阳知县陈达德病故,其县民赵廉静等求以其子瞻远继父官。此事经盛京昂邦章京叶克书请于部,议准⑬。可见东北府县设置初期,曾被纳入驻防体系管理。不过,这显然与八旗定例——将军不理民事不合。从其发展来看,这只是清初的过渡政策。

奉天将军的职责随后发生变化,逐渐实行旗民分治,州县改隶奉天府。《清通典》在定义盛京将军的职责时,如此说道:"镇抚留都,安辑旗民,董率文

---

①② 嘉庆《清一统志》卷57。
③ 《清国史》卷14,第3册,第43页。
④ 《清通典》卷36,第2215页。
⑤ 乾隆《清一统志》卷37,第474册,第677页。
⑥ 嘉庆《清一统志》卷57。
⑦ 光绪《吉林通志》卷60,《续修四库全书》影印本,第648册,第49页。
⑧ 《圣祖实录》卷112康熙二十二年十月癸亥,《清实录》,第5册,第159页。
⑨ 《黑龙江志稿》卷1,黑龙江人民出版社,1992年,第1135页。
⑩ 《清文献通考》卷182,第2册,第6433页。
⑪ 《盛京通志》卷19,《四库全书》本,第501册,第338页。
⑫ 《世祖实录》卷79顺治十年十一月丙申,《清实录》,第3册,第620页。
⑬ 《世祖实录》卷83顺治十一年五月丁酉,《清实录》,第3册,第654页。

武。"①似有无所不掌之势。其实,早在顺治十四年,奉天府府尹与盛京五部设置之后,盛京昂邦章京就已不理民事。例如,康熙十一年八月,都察院左副都统御史任史溥上疏称,"在外王公、将军,既不管理民事,其逃人事情,亦不必令其察审……奉天将军所属逃人,交与盛京刑部审理"②。这一建议立刻被康熙采纳。可见此时盛京昂邦章京已不再掌理州县事宜。

有清一代,在清末东北官制改革以前,在三个驻防将军辖区中,唯一没有实行旗、民分治的地方,是黑龙江将军,这和黑龙江将军地处边陲,气候寒冷,民人鲜少有很大关系;在吉林将军,雍正及乾隆初年,旗、民分治的体制乍现即逝,清廷改设理事厅管理民人,隶属于吉林将军;旗、民分治政策贯彻的最为持久的是盛京将军辖区,将军、府尹多互不统辖,体现了清朝中央政策管理东北旗民事务的根本原则。

驻防将军之下,设有副都统、城守尉、协领等驻防官。

据《钦定历代职官表》卷48记载,盛京将军"掌镇抚留都,安辑旗民,董率文武。凡军师、卒戍、田庄、粮糈之籍,疆域之广轮,关梁之要隘,咸周知其数,以时简稽而修饬之",副都统"各守分地,以赞其治",城守尉、协领、佐领、防御等官"各视兵数多寡,定额有差,以掌巡防讥察之事"。将军衙门和各处驻防衙门内各有笔帖式、仓官数人,"分掌行遣案牍及粮储出纳之事"。

吉林将军"掌镇守吉林乌喇等处地方,缮固镇戍,绥和军民,秩祀山川,辑宁边境",副都统以下各官同盛京驻防。文职官员,"同知掌听旗民狱讼之事,主事等官分掌文案、邮传、仓储、教习之事"。

黑龙江将军"掌镇守黑龙江等处地方,均齐政刑,修举武备,绥徕部族,控制东陲",副都统以下各官同盛京驻防。将军衙门及各处驻防衙门内有笔帖式等,"分掌刑名、赋饷、邮驿、仓储之事"。

将军为武职,从一品。副都统为从二品,城守尉、协领为从三品,佐领为从四品,防御为从五品。

2. 奉天府与盛京五部

清初鼓励汉族移民进入东北垦荒,于顺治十年设置辽阳府。随着民人日众,顺治十四年,置奉天府,设府尹一名,正三品③,辖东北诸县,至雍正末年下辖1府、6州、9县,即锦州府、辽阳州、宁远州、复州、金州、义州、永吉州,以及

---

① 《清通志》卷70,第7165页。
② 《圣祖实录》卷39康熙十一年八月己未,《清实录》,第4册,第530页。
③ 《八旗通志》卷44,《四库全书》本,第665册,第24页。

辽阳(附郭)、海城、承德、开原、铁岭、盖平、广宁、宁海、长宁 9 县。其中永吉州、长宁县位于吉林将军辖区。至此,将军统帅八旗,府尹管理民人,遂成旗民双重管理体制。吉林、黑龙江将军的驻防区位于柳条边以外,严禁民人迁入,因此,旗民双重管理体制主要分布在盛京将军辖区。

为隆重陪都体制,顺治至康熙初年,清廷于盛京重置礼、户、工、刑、兵五部:顺治十五年置礼部,次年置户部、工部,康熙元年置刑部,康熙三十年置兵部。因盛京五部官员全部由京师铨选,所以不设吏部。盛京五部各设侍郎,分掌原奉天府及将军刑事、财政等部分管理权①。乾隆二十七年,令奉天府府尹着听将军节制②。不过,只实行了三年,三十年决定从盛京五部侍郎中择一人,兼做奉天府兼尹,会同奉天府府尹管理事务③,而将军又不再管理民人事宜。这种权力分配的格局,历时最久,一直持续到光绪元年崇实改革。

据《钦定历代职官表》卷 49 记载,盛京户部"掌盛京赋税之出纳及官庄、旗地岁输之数,谨其储积,辨其支给,以时稽核而会计之,岁终则要其成以听于在京户部焉"。盛京礼部"掌盛京祭祀、朝会、燕飨之仪式,及园池、果蔬、畜牧之用,咸办其物而以供时荐焉"。盛京兵部掌"盛京武备及邮驿边防之政"。盛京刑部"掌盛京旗民之狱讼,会奉天府共谳之。边外蒙古讼者,会扎萨克副台吉共谳之。秋审则定其爰书以送在京刑部,与各直省同"。盛京工部"掌盛京营造、工作、制器、物料及诸色工匠之属,凡黄瓦厂、席厂、灰厂、缸厂、炸子厂、木炭等壮丁,咸司其役籍焉"。

3. 旗民双重管理体制的终结

光绪元年(1875),清政府批准了奉天将军崇实的改革方案,将军加总督衔,可兼管旗民、军政事务,旗民分治制度开始瓦解。具体而言,盛京将军改为管理兵刑两部兼管奉天府府尹事务,即仿各省总督体制,例加兵部尚书衔,另颁总督奉天旗民地方军务关防一颗,并兼理粮饷字样,以便带金银库印钤,且可稽核户部出入。此外,奉天府府尹加二品衔,以右副都御史行巡抚事,裁撤牵制府尹之兼尹。光绪元年崇实改革后,东北地区省级机构的权力划分原则不再实行旗民分治,由将军统辖府尹,划一事权。不过,基层政区的旗、民分治的局面依然存在④。

---

① 光绪《清会典》卷 25,第 16 册,第 210 页;光绪《清会典》卷 52,第 17 册,第 491 页。
② 《高宗实录》卷 676 乾隆二十七年十二月己亥,《清实录》,第 17 册,第 564 页。
③ 《高宗实录》卷 748 乾隆三十年十一月戊寅,《清实录》,第 18 册,第 231 页。
④ 《德宗实录》卷 24 光绪元年十二月乙酉,《清实录》,第 52 册,第 360 页。

光绪三十一年，先后裁撤了奉天府府尹、盛京五部，改设奉天府知府①。三十三年，裁盛京、吉林、黑龙江将军，改盛京将军为东三省总督，置奉天、吉林、黑龙江巡抚②，与此同时，改设旗务处管理旗人事务，八旗驻防退出地方社会的管理，在东北地区实行了二百余年的旗民双重管理体制走向终结③。各地旗署裁撤的时间并非整齐划一，有些八旗驻防的城守尉等官保留到民国初年。

二、行政区划建制的演变

1. 八旗驻防区划

八旗驻防区分为盛京、吉林(宁古塔)、黑龙江3个将军辖区，由品级不同的旗官驻防。《盛京通志》对此曾有简要的概括："各驻防皆奉天将军统辖之地，自将军而下其最且要者则设副都统驻劄，次则城守驻防，次则佐领、骁骑校驻防。盖城守尉隶副都统，协领、佐领隶城守尉，骁骑校等员复隶协领、佐领，而皆统隶于将军。"④即八旗驻防区划的层级，按照驻防旗官的职衔，可分为将军、副都统、城守尉、协领(佐领)等4个层级。

专管一地的旗官，往往被称为"专城旗官"，而这里的"城"，可视为八旗驻防基层政区的代名词。以盛京将军辖区为例，文献中经常以十三城⑤、十四城⑥、十五城⑦的说法来指代基层驻防区划。在清末的《东三省政略》中，直接把盛京将军辖区分为城15、路9、边门16、围厂1，认为"旧制以城为纲，而路及边门属之，围场则别设总管，直隶于盛京将军"⑧。城是城守尉或防守尉辖区，路即佐领、防御辖区。简而言之，除围场外，盛京将军辖区分为15城，路与边门隶属于城。这里的"城"显然不是仅指驻防点，而是八旗驻防的基层政区。

吉林将军辖区位于柳条边外，在光绪初年以前以八旗驻防为主，鲜有州县。至同治末年，吉林将军所辖专城副都统5、协领5、佐领2。副都统辖区分别为吉林、三姓、伯都讷、阿勒楚喀、宁古塔；协领辖区分为五常、珲春、拉林、双

---

① 《阁抄》，转引自《奉天郡邑志》卷1《奉天府》。
② 《德宗实录》卷571光绪三十三年三月己亥，《清实录》，第59册，第552页。
③ 《拟定裁旗缺设民官办法草案》，《黑龙江吏治》，第76页。
④ 乾隆《盛京通志》卷51，《四库全书》本，第502册，第233页。
⑤ 《世宗实录》卷58雍正五年六月庚子，《清实录》，第7册，第881页。
⑥ 《世宗实录》卷67雍正六年三月丁丑，《清实录》，第7册，第1030页。
⑦ 乾隆《盛京通志》卷38，《四库全书》本，第502册，第45页。
⑧ 《东三省政略》卷8《旗务·旗制篇》，第9册，第5315页。

城堡、打牲乌拉；佐领辖区分别为伊通、额穆赫索罗①。光绪七年，珲春协领升为副都统。故清末八旗驻防裁撤前，吉林将军所辖的驻防区有吉林、三姓、伯都讷、阿勒楚喀、宁古塔、珲春等6副都统；五常、拉林、双城堡、打牲乌拉四处协领；伊通与额穆赫索罗二处佐领。

黑龙江地处东北边陲，遍设八旗驻防，共有将军、副都统、总管、城守尉、防守尉、协领、参领、佐领品官防御、骁骑校、路记等缺，共千百余旗官驻防各处②。规模较大的八旗驻防，至光绪年间，共有8城，即齐齐哈尔、黑龙江（瑷珲）、呼伦贝尔、墨尔根、布特哈、呼兰、兴安、通肯，驻有副都统。其中通肯副都统，光绪二十四年始设③。

光绪末年，随着州县政区的扩张，八旗驻防开始裁撤，首先从黑龙江将军开始。光绪三十一年，齐齐哈尔、呼兰、通肯、布特哈副都统先被裁撤④。三十三年，罢盛京、吉林、黑龙江将军⑤。三十四年，黑龙江省裁墨尔根、呼伦贝尔、瑷珲（黑龙江）副都统⑥；奉天省裁锦州副都统⑦。宣统元年，吉林省裁珲春、三姓、宁古塔、伯都讷、阿勒楚喀副都统，罢富克锦协领⑧。一些保留下来的城守尉、协领等地方旗官，隶属旗务处，仅管理旗务，不再参与地方社会管理，八旗驻防的基层政区不复存在。

2. 府厅州县政区

清代东北实行旗民分治，州县政区则由奉天府府尹统领。随着清廷移民政策的变化，基层政区的数量变化很大。顺治末年，奉天府领辽阳、海城2县；康熙末年，奉天府领锦州府1（领州1，县2），州1，县5；雍正末年，奉天府领锦州府1，州3，县8，其中长宁县、永吉州位于吉林将军辖区，后被裁。乾隆初期东北开实行封禁政策，直至同治末年，没有新置府县。随着清末的放垦，东北地区又增置了大量的府厅州县。

---

① 光绪《吉林通志》卷50，《续修四库全书》本，第647册，第829页。
② 《黑龙江通志纲要》，台湾成文出版有限公司，1973年，第77页。
③ 《黑龙江志稿》，黑龙江出版社，1992年，第32—33、1874页。
④ 《黑龙江将军衙门为饬齐齐哈尔、呼兰、通肯、布特哈副都统奉旨裁撤札》（光绪三十一年十二月二十二日），《黑龙江设治》，第39页。
⑤ 《拟裁旗缺设民官办法草案》，《黑龙江设治》，第76页。
⑥ 《黑龙江行省总督徐世昌、巡抚周树模为饬知江省添设民官增改道府厅县办法折已奉准札》（光绪三十四年七月三十日），附一：《督抚徐世昌、周树模奏为酌拟江省添设民官增改府厅县办法折》（光绪三十四年五月十二日），《黑龙江设治》，第57页。
⑦ 《东三省总督徐世昌奏请裁撤锦州副都统缺折》，《大清光绪新法令》标点本，第2册，第240页。
⑧ 《吉林行省总督锡良巡抚陈昭常为奏请添改民官酌裁旗缺一折奉旨依议饬先筹议妥协一切姑循旧札》（宣统元年五月二十三日）；附：《会议政务处议奏吉省拟请添改民官酌裁旗缺折》（宣统元年四月十五日），《黑龙江设治》，第70页。

为了加强旗地民人的管理,乾隆中期以后,以理事同知、通判分防各处,逐渐形成新的行政区划——厅。根据嘉庆《清一统志》及《清会典》等官方政书的记载,从乾隆中期至嘉庆末年,东北地区有吉林、长春、昌图、岫岩、伯都讷、新民等6厅。其中吉林、长春、伯都讷等厅隶属于吉林将军;昌图、岫岩、新民等厅隶属奉天府①。同治三年(1864),黑龙江将军析置呼兰厅②。厅是乾隆中期到咸丰末年东北地区增置政区的唯一类型。

宣统三年(1911),东北地区共设有奉天、吉林、黑龙江三个省级政区。光绪三十三年(1907)行省设立后,奉天省实行省、府(直隶厅、直隶州)、县(州)三级制,吉林、黑龙江兼行三级制、二级制。奉天省领奉天、兴京、锦州、昌图、新民、兴京、长白、海龙、洮南等8府,法库、营口、凤凰、庄河、辉南等5直隶厅,3散厅,6州,33县;吉林省领吉林、长春、新城、双城、宾州、五常、延吉、宁安、依兰、临江、密山等11府,以及伊通直隶州、榆树直隶厅各1,4散厅,2散州,18县;黑龙江省领兴东、瑷珲、呼伦道等3道,龙江、呼兰、绥化、海伦、嫩江、黑河府、胪滨等7府,讷河、瑷珲、呼伦、肇州、大赉、安达等6直隶厅,1州,7县。

三、州县政区与驻防城区的交错重叠

顺治迁都京师后,东北由八旗驻防,在清廷的鼓励下,农业移民不断进入旗地,最初旗、民杂处并没有引起清朝政府的注意。随着旗、民之间的争端日众,清政府遂于康熙十九年(1680)划定旗、民界线③,也就是所谓的旗界、民界,这是清代东北旗、民行政区的首次规划。康熙二十八年,盛京户部侍郎、奉天府府尹曾再次详查旗、民界线,明确旗界、民界④。然而,旗、民界线划定之后,以往居住旗地的民人,同交错的旗地、民地一样,都没有立刻清理。其实,即使在旗、民界线划定后,汉族移民仍愿意到旗地开垦⑤。旗、民界线规划的相对滞后,以及旗、民土地分配的不合理性,使州县政区与八旗驻防区出现了交错分布的情况。

由于吉林、宁古塔将军位于柳条边以外,故政区交错地区主要分布在奉天府与奉天将军辖区。旗、民的交错居住,使八旗驻防城与奉天府州县大多同城

---

① 嘉庆《清一统志》卷57《建置沿革》;嘉庆《清会典》卷4,第12册,第31页。
② 《黑龙江将军衙门为复示呼兰同知与城守尉办事权限札》(同治二年),《黑龙江设治》,第385页。
③ 《圣祖实录》卷91康熙十九年八月壬戌,《清实录》,第4册,第1150页。
④ 《圣祖实录》卷141康熙二十八年六月乙酉,《清实录》,第5册,第548页。
⑤ 《奉天府府尹吕耀曾跪奏为立陈利弊仰祈睿鉴事》(雍正十二年三月拾五日),《雍正朝汉文硃批奏折汇编》,第26册,江苏古籍出版社,1991年,第32—33页。

设治,行政区划的交错不可避免,光绪元年以前,盛京将军辖区共有城15,为盛京、辽阳、岫岩、广宁、牛庄、铁岭、兴京、开原、凤凰城、金州、复州、盖州、熊岳、锦州、义州①,除熊岳、牛庄、凤凰城外,其余12处都有同城设治的旗民官署。

八旗驻防与州县政区交错分布的情形,乾隆元年重修《盛京通志》时,编者对此特别说明:"奉锦二郡旗民杂处,编户则守令治之,八旗则城守辖之。守令所治之外,有属本城城守辖者,有属他城城守辖者,又有不隶城守,总属将军辖者。彼此疆域广狭,参差不同。今照旗民旧界分列。"②本节以乾隆元年重修的《盛京通志》为基础,以州县政区与驻防区的四至为例,介绍雍正末年的州县政区与八旗驻防区的交错分布情况如下:

奉天将军辖区以盛京为中心,向东辖界约为280里,包括兴京、凤凰城、岫岩三个城守尉辖区,及兴京属抚顺城守尉管界;奉天将军西向800里,与山海卫相连,设有锦州副都统,下辖有广宁、锦州、义州、宁远中后所、中前所城守尉,以及小凌河、巨流河、白旗堡、小黑山、闾阳驿驻防区;辖区向南延伸730里,有辽阳、盖州、牛庄、复州、金州城守尉。奉天将军向北为260里,包括开原及开原属铁岭两个城守尉。

奉天府亦以盛京为中心,向东仅为80里,东边界线即为承德县(附郭县)与抚顺城守的边界,辖界要比奉天府将军少200里。主要是由于奉天将军管辖东南方向的岫岩、凤凰城、兴京等城至雍正末年,还未设置州县;西向,奉天府管界延伸700余里,主要为锦州府下辖的锦县、宁远州、广宁县、义州,同样延伸至山海关,与奉天将军基本相同;奉天府北向延伸870里,要比奉天将军广600余里,除奉天将军辖区内的开原、铁岭二县外,吉林将军辖区的长宁县、永吉州亦归奉天府管理。而长宁县、永吉州与伯都讷、吉林乌喇副都统的管界相同,因此奉天府北向几乎涵盖了吉林将军辖区的大部分;奉天府南面延伸730里,有辽阳州、海城、盖平、复州、宁海县,与奉天将军管界相同。

承德县是奉天府的附郭县,因此亦以盛京为中心,向东80里,与抚顺城守尉管界相连;向西100里,隔辽河与广宁县接界;向南为60里,至十里河,为驿站,与辽阳州为邻;向北70里至懿路站,与铁岭县相接。承德县西、南、北三面均与州县为邻,只有东面与抚顺城守界相连。

以治所辽阳为中心,辽阳城守向东350里至一堵墙,与兴京城守界相连;

---

① 《东三省政略》卷8《旗务·旗制篇》,第9册,第5315页。
② 乾隆《盛京通志》卷12《疆域》,咸丰递刻本。

向西 120 里至网户屯，与广宁城守界相邻；向南 130 里到生铁岭，和岫岩城守辖区接界；向北 60 里，至十里河驿站，外为奉天将军专辖区。

以辽阳州治所为中心坐标，《盛京通志》记载，辽阳州向东 75 里至官马山，和凤凰城守管界相连，东南至浪子山站 60 里，外为凤凰城界。但乾隆年间奉天将军恒鲁曾奏称，"据称凤凰城所属赛马集坐落凤凰城东北一百二十里，自赛马集至辽阳二百七十里，自凤凰城至辽阳三百六十里，辽阳城东南至浪子山站六十里，系辽阳旗民界，自浪子山至分水岭一百二十里，系辽阳旗界。"此外，与辽阳州治所相同的辽阳城守尉管界向东 350 里，与兴京城守界相连，向东北至张起寨 120 里，同抚顺接界，东南至分水岭 190 里，和凤凰城接界。无论在哪个方向，都远远超出辽阳州向东 75 里，与凤凰城守辖区接界处。因此疑《盛京通志》此处所载有误，辽阳州向东、东南方向之外，应为辽阳城守专辖区域。

另外，辽阳州向西 50 里至烟隼寨，与牛庄城守相邻；向南 80 里至黑峪，与海城县管界相接；向北 60 里，外为奉天将军专辖区。可见辽阳州只有南向为海城县，为民界与民界相连。此外，东、西、北三个方向俱是与城守尉辖区相接，属于旗、民交界。

海城县以治所为中心，向东 90 里至牛心山，与凤凰城接界；向西 60 里至三汊河，与广宁县相连；向南 60 里至耀州，与盖平县相邻；向北 60 里至鞍山驿，与辽阳州相接。海城县除东与凤凰城守尉管界相连外，其余三面都和州县相接。

盖平城守尉辖区以治所为中心，向东 105 里至魏家大岭，与岫岩接界；向西 15 里至连云岛，为海界；向南 90 里至鸣珂岭，与熊岳接界；向北 70 里至金长岭，与牛庄相邻。

盖平县以治所为中心，向东 110 里至刹草峪，外为城守专辖区域。这里的城守应为同一治所的盖平城守。盖平县与盖平城守尉辖区的东至点为刹草峪和魏家大岭，因此以相同治所为中心坐标，盖平县与盖平城守尉东向延伸的长度并不相同。虽然治所距盖平县东至点为 110 里，其外围仍是盖平城守辖区。

另外，盖平县西至连去岛 15 里，与城守相同；南至李官坟河 90 里，与复州接界，比盖平城守尉多向南延伸 60 里；向北 50 里至淤泥河，与海城相连。复州在雍正十二年设知州，可知盖平县在此之前，除西面临海外，北面为海城县，为民界与民界相接，其余二边俱为旗、民交界。

开原城守辖区以治所为中心坐标，向东 70 里至耿家庄，接柳条边（老边）；向西 220 里至彰武台，与广宁城守接界；向南 130 里至懿路河，外为奉天将军专辖区域，包括开原属铁岭驻防所辖区域；向北 10 至柳条边，为新边。

开原县东向 70 里至老边,与开原城守相同;向西 60 里至辽河,外为开原城守专辖;向南 50 里至山头铺,与铁岭县相邻。而开原城守包括铁岭驻防区,因此向南比开原县多延伸 80 里。向北 10 里至新边,与开原城守相同。开原县东、北两面临柳条边,西面外为开原城守辖区,为旗、民交界。只有南面为铁岭县,民界与民界相连。

铁岭城守尉辖区以治所为中心,向东 130 里至门坎哨,与兴京接界;向西 150 里至灯寺堡,与广宁县相连;向南 60 里至懿路站,和承德县相邻;向北 20 到山头铺,与开原县接界。

铁岭县向东 120 里至老古洞,与开原城守接界;向西 70 里到刁跸山,与广宁县相连;南、北两向与铁岭城守边界相同。铁岭县除东面外为铁岭城守管界外,其余三面与州县相连,为民、民交界。

永吉州以治所为中心坐标,向东 200 里至昂邦大岭,与已裁的泰宁县接界;向西 570 里至威远堡边门,与开原县相接;向南 730 里到讷秦窝集,外为宁古塔将军专辖界,即吉林乌喇将军专辖界;向北 210 至法塔门,与长宁县相连。

吉林乌喇副都统辖区与永吉州相同。

长宁县向东 130 里至兰陵河,至阿付河界;向西 2 里至松花江东岸,与郭尔罗丝查浑接界;向南亦是 2 里,与松花江相邻,对面为郭尔罗丝查浑界;向北 70 里为松花江,与郭尔罗斯八兔接界。可知长宁县治所四面临水,其中三面为松花江环绕,且三面隔松花江与蒙古郭尔罗斯相邻。

伯都讷副都统辖区与长宁县相同。

复州以治所为中心,《盛京通志》记载向东 330 里为岫岩界,又与海城、盖平二县接界;西向 30 里至红崖子,与海相临;向南 90 里到捕拉店,与宁海县接界;向北 90 里至阿官坟,与盖平县相连。

海城在复州正北方向,与复州间隔一盖平县和熊岳驻防城守辖区。盖平县在复州正北偏东方向。此外,复州东北至雕龙崖 250 里也与熊岳接界,与海城、盖平并无关系,由此推测,《盛京通志》"东至岫岩三百三十里海城盖平二县界"中"海城、盖平县"为衍文。这样复州一面临海、一面与岫岩城守辖区相连,旗、民交界,两面与州县相邻。

金州城守以治所为中心,向东 90 里为城子山,邻海;向西 3 里与海相接;向南 12 里,亦邻海界;向北 100 里横头河,与复州接界。

宁海县,与金州城守同城设治。向东 180 里至毕河,与岫岩接界;向西 3 里为海界;向南 30 里到柳树屯,临海;北向与金州城守相同,与复州接界。

宁海县在辽东半岛的南端,西、南两面临海,且分别距海仅为 3 里和 12

里。东面亦离海较近,因此宁海县的管界只能向北、东北方向发展,但宁海县北方为复州,因东北方向成为宁海县唯一可能扩展辖区的。《盛京通志》记载宁海县"东至毕里河一百八十里",其实毕里河在宁海县治东北方向。因而宁海县西、南两面临海,东与岫岩城守管界相接,北与复州相邻,南北方向几乎是东西向的两倍,为狭长形状。

宁海县东向比金州城守管界多出180里,是其两倍,可能和州县要依靠赋税,需要一定的可耕面积及人口有关。

锦州府城守以治所为中心,向东90里至刘三厂,与广宁城守接界;向西140里与至栅子岭,与山海关城守相接;向南50里至汤家台,临海;向北45里至齐家堡,与义州城守相连。

锦州府辖区比锦州城守辖区要大得多。向东240里至广宁县蛤蜊河,与辽阳州相邻,辖广宁县;向西290里至宁远州衕衕山,与山海卫相接;向南30里至海界,设宁远州;向北140里到义州清河门,临老边,有义州。

锦县为锦州府附郭县,向东150里至头台子,与广宁县相邻;向西90里至冈家屯,与老边相接;向南30里至海界;向北45里到齐家堡,与义州城守尉接界。

锦州府下辖锦县、广宁、宁远州、义州四县,后三县俱设有城守尉管理旗地。此外,还有中后所、中前所设有与城守尉职责相同的驻防区,这些驻防区同锦州府城守尉并没有隶属关系,从而使锦州府城守尉辖区只比锦县稍大一些,远小于锦州府辖界。

宁远城守向东80里至杏山;向西、南分别18里、12里,至海界;向北40里至新台边门,接老边。

宁远州向东15里至邴家屯,与锦县接界。锦县、宁远州沿辽东湾西侧海岸线分布,其实,锦县是在宁远州的东北方向,这里的"东"其实是东北方向。向西190里至衕衕山,与山海关相连;向南10为海防五城,临海;向北35里至寨儿山,与锦州接界。

杏山在锦县附近,宁远城守向东80里至杏山,与宁远州向东15里与锦县接界看起来似乎矛盾。其实,锦县西南至老和尚台90里至宁远州界,也就是说,锦县在西南方向延伸至宁远州附近,因此就有了辽远州向东15里也与锦县接界。此外,宁远州内西侧还设有中后所、中前所驻防,职责同城守尉。因此,宁远州西向比宁远城守尉长近170里。

中前所向东67里至沙河驿,向西27里到红土墙,向南6里至海,向北60里至小盘岭。

中后所向东 62 里至七里坡,向西 18 里至沙河驿,向南 40 里至海,向北 5 里到端头山老边。

广宁城守向东至辽河 190 里,外为奉天将军专辖区;向西 45 里至牵马岭,与义州城守接界;向南 100 里至海;向北 50 里至白土厂,与蒙古接界。

广宁县向东 80 里至蛤蜊河,与辽阳州接界;向西 45 里至牵马岭,与义州相接;向南 100 里至杜家台,临海;向北 70 里至罗家台,接老边。广宁县一面临海,一面接老边,两面与州、县相连。

义州城守向东 50 里至医巫闾山,与广宁城守接界;向西 60 里至刘龙台,与老边相临;向南 45 里至齐家堡,锦州城守相临;向北 20 里至柳条边,与蒙古接界。

义州向东 150 里至牵马岭,与广宁县接界;向西 360 里至图立根,与蒙古接界;向南 45 里至齐家堡,与锦县相接;向北 190 里至八进而罕台,与蒙古接界。

义州在东、西两方向远远超出义州城守尉辖界。这是由于边外蒙古耕地的一些民人归入义州管理。在清初,本给予察哈尔王,康熙十四年察哈尔叛乱,收回设义州巡检司,属广宁。雍正二年移锦州通判分辖。十年设管边同知,兼辖边外地方,边外地方即为柳条边以外,接近义州地区的蒙古地区[1]。雍正十一年七月裁义州巡检缺,改设义州知州一员,并将土默特耕地民人,附入义州民籍[2]。

---

[1] 乾隆《盛京通志》卷 23,《四库全书》本,第 501 册,第 404 页。
[2] 《世宗实录》卷 133 雍正十一年七月甲午,《清实录》,第 8 册,第 721 页。

第六章 藩　　部

明万历十一年(1583),建州女真首领努尔哈赤开始起兵兼并邻部。1616年(明万历四十四年),努尔哈赤称汗,建立后金,建元天命。后金用二十年的时间,基本统一了漠南蒙古。1636 年(崇德元年,明崇祯九年),皇太极称帝,改国号为清。顺治元年(1644)清军入关,二十年后,大陆的南明势力基本被消灭。康熙二十二年(1683),台湾纳入清的版图。其后,清廷与准噶尔部进行了长达七十多年的战争,先后将喀尔喀蒙古、青海蒙古、西藏与回部等纳入版图,至乾隆二十四年(1759)终于建成了中国历史上最大版图的统一帝国。清代之所以能够建立中国历史上版图最大的帝国,关键在于对被其称为藩部的地区实施了有效的统治与管辖①。藩部主要包括蒙古各部、新疆、青海、西藏,其面积远远超过十八省的面积。

一、藩部纳入清朝版图的进程

清代藩部的地域极为辽阔,主要包括内外蒙古、青海、西藏、新疆。清起于辽东,其对各藩部的征服是自东徂西。

明万历十一年努尔哈赤起兵,用五年的时间基本统一女真各部。其后五年间,努尔哈赤又先后夺取长白山三部。万历二十一年,当努尔哈赤征讨海西女真之时,扈伦四部与蒙古科尔沁诸部的首领与努尔哈赤相抗,共同结成九部联军,被努尔哈赤击败。努尔哈赤对被俘的科尔沁蒙古首领宽待优厚,令其率领原部众返回本部,这是征服蒙古的开端。其后科尔沁蒙古诸部、内喀尔喀蒙古五部相继遣使通好,努尔哈赤与科尔沁蒙古等部封建主之间通过联姻建立了密切的联系,为以后的"满蒙联盟"奠定了基础。

万历二十四年(1616)正月,努尔哈赤在赫图阿拉登极称尊,建元天命,国号为金,史称后金。后金政权建立后,科尔沁蒙古、内喀尔喀蒙古与后金政权

---

① 清代的藩部,从地域上来说,指的是由理藩院管辖的内外蒙古、青海、新疆、西藏等少数民族聚居的边疆地区。有关藩部的具体本质和内涵,可参阅张永江:《清代藩部研究:以政治变迁为中心》(黑龙江教育出版社,2001 年)第一章的讨论。

的关系,虽发生过多次反复,但在努尔哈赤的恩威并施之下,最终归顺。皇太极继位后,进一步加强了满蒙的政治联盟。

天聪二年(1628)、三年、六年,后金联合蒙古诸部多次讨伐察哈尔,林丹汗逃往青海草原。八年,林丹汗病亡青海大草滩。翌年,多尔衮在河套地区尽歼其残部,俘林丹汗子额哲,并获元朝蒙古大汗的传国玉玺,自是,察哈尔部被后金彻底击败。天聪十年,皇太极即皇帝位,改国号为清,改元崇德,漠南蒙古十六部四十九旗封建主在盛京奉其为全蒙古各部的共主。崇德三年(1638)至五年,那些为逃避林丹汗的凌压而移牧漠北或近边各地依附明朝的蒙古封建主,纷纷率其部众返回原游牧地,至此,漠南蒙古各部全部归服清朝。

康熙二十七年(1688),噶尔丹侵袭漠北,喀尔喀蒙古三部无力抵抗,被迫徙牧漠南,请求清朝的保护和救济。三十年五月,康熙召集喀尔喀三部和漠南蒙古四十九旗蒙古封建主在多伦诺尔会盟,喀尔喀蒙古三部归服,盟旗制推广至喀尔喀蒙古三部。三十六年,噶尔丹的势力完全被歼灭,三部返回漠北游牧地,漠北蒙古完全纳入清朝版图。

明末清初时,顾实汗据有青海。康熙三十六年,清廷在平定准噶尔叛乱之后,派人前往青海招抚和硕特诸部,青海和硕特蒙古诸部名义上内附。康熙六十一年,圣祖去世,罗卜藏丹津发动叛乱,雍正元年(1723),清廷派军征讨。至雍正三年,叛乱平定,清廷对青海蒙古"编置佐领,以扎萨克领之"①,是年十二月,于西宁设办事大臣统领青海一路事务,青海正式纳入清朝版图。

自明末顾实汗进入西藏后,和硕特蒙古一直控制着西藏。康熙年间,清朝经营西藏一直实施"以蒙治藏"的策略。而西藏内部及西藏与和硕特蒙古之间矛盾重重,清廷并未实现对西藏的有效管理。康熙五十年,策妄阿拉布坦派大策凌敦多布入侵西藏,杀害拉藏汗,组成以达克咱为第巴的亲准噶尔政权。五十七年,清军第一次入藏征讨,但遭到失败。五十九年,清军第二次进入西藏,并于是年八月进占拉萨,控制了西藏。随后,清廷加强了对西藏的管理,建立西藏地方政权,任命康济鼐、阿尔布巴、隆布鼐、扎尔鼐、颇罗鼐为噶伦,总理藏政,废除第巴独揽西藏政务的政体,加强了对西藏的直接管理。雍正元年,入藏清军大部撤出,但仍在拉萨驻扎4 000名满洲、蒙古和绿营兵,此为清朝在西藏驻兵之始,也是对西藏实施直接管辖的关键一步。清军撤出后,鉴于西藏内部的纷争,"雍正四年议准:西藏设驻藏大臣一员,办理前后藏一切事务"②,

---

① 张穆:《蒙古游牧记》卷12《青海厄鲁特蒙古游牧所在》。
② 光绪《清会典事例》卷977,第10册,第1117页。

五年开始实施①。雍正四年,阿尔布巴与索南达结听到清廷派驻藏大臣的消息,于六月发动叛乱,六年被清军平定。叛乱平定后,清廷正式设置驻藏大臣办事衙门,派正副驻藏大臣各一员,分驻前后藏,管理驻藏清军,并协助处理西藏政务,加强了中央对西藏地方的直接控制。乾隆十五年(1750),藏王珠尔墨特那木札勒叛乱,很快被平息。清廷重新调整了西藏的管理机构,不再设藏王,原先皆由俗人充任的四噶伦改为由三俗一僧充任,提高驻藏大臣的权力。有关噶伦的事务由驻藏大臣管理,并驻兵西藏,完成了对西藏行政管理体制的改造,巩固了在西藏的统治,使西藏与中央结成了密不可分的隶属关系。

康熙、雍正两朝,同厄鲁特蒙古的准噶尔部进行了长期的战争,大大削弱了准噶尔部的力量,为乾隆朝彻底解决准噶尔部的问题创造了条件。乾隆十八年,准噶尔部因内部纷争,"三车凌"归附清朝。十九年,阿睦尔撒纳投归清朝。二十年二月,清军分两路征讨准噶尔部达瓦齐,四月平定。在平定达瓦齐的过程中,归附清朝的阿睦尔撒纳乘机扩张自己的势力。乾隆二十年八月,阿睦尔撒纳公开叛乱,清高宗派军征讨。二十一年十一月,清军平定了与阿睦尔撒纳呼应叛清的喀尔喀蒙古青衮杂卜,并重新调整了平叛的部署。阿睦尔撒纳见大势已去,于二十二年六月逃往俄罗斯,八月,阿睦尔撒纳因患天花病死,战役结束,天山北路正式纳入清朝的版图。天山南路又称"回部",清初,属叶尔羌汗国,其内部纷争十分激烈。乾隆二十年清军占领伊犁时,释放了被准噶尔部拘押的布拉尼敦和霍集占,他们在清军的保护与支持下控制了回部,其势力增大后公开叛清。乾隆二十二年正月,清军进入回部平叛,二十四年夏,在南疆展开强大攻势,布拉尼敦和霍集占逃入巴达克山。是年九月,巴达克山汗素勒坦沙将二人擒杀,并献霍集占的首级于清军,征讨回部的战争彻底结束,回部纳入清朝版图。这样,自乾隆二十年至二十四年,清朝先后平定达瓦齐、阿睦尔撒纳、布拉敦尼和霍集占,绥服了厄鲁特蒙古,统一了天山南北两路。

二、藩部各区的设治过程

藩部的政区是清朝在吸收这些地区原有社会组织的基础上进行改造后形成的。清代藩部以蒙古地区最为辽阔,包括了内蒙古六盟、套西二旗、察哈尔、乌里雅苏台将军辖区、青海蒙古、伊犁将军下辖的北疆蒙古。清朝吸收了蒙古

---

① 《世宗实录》卷52雍正五年正月丁巳:"著内阁学士僧格、副都统马喇并往达赖喇嘛处","赉旨前往晓谕,令伊等和好办事"(《清实录》,第7册,第793页)。

原有社会组织形式,创立了盟旗制。在回疆地区,清朝吸收了当地原有的伯克制度进行管理。西藏系政教合一的地区,清朝将西藏纳入自己的版图后,基本上保留了原有的社会组织形式。

在高层和基层政区方面,清朝根据藩部各地的具体情况,分别设置了将军、大臣(办事大臣、参赞大臣、领队大臣、散秩大臣)、都统和副都统,并根据实践的具体效果和实际需要进行调整,形成了一个较为完善的行政管理系统。

1. 基层政区的形成

蒙古地区

明代后期,蒙古地区已形成了"兀鲁斯—鄂托克—阿勒寅"的社会结构,这一时期,原先的血缘关系较为浓厚的万户、千户制,被以地域关系为主导的土绵和鄂托克所代替。"万户"也叫"土绵",由大的部落集团组成,如鄂尔多斯、土默特、察哈尔、喀尔喀、和硕特、准噶尔、土尔扈特等部皆是。兀鲁斯由多个鄂托克组成,如喀尔喀部的十二鄂托克、察哈尔的八鄂托克、喀喇沁的七鄂托克等。鄂托克之下又有爱玛克,爱玛克是以血缘为基础的近亲家族的结合,其大小极为悬殊,有时几个爱玛克组成一个鄂托克,有时一个鄂托克只有一个爱玛克,甚至一个兀鲁斯就是一个爱玛克。最基层的蒙古社会组织——牧户称为"阿勒寅",每个阿勒寅都属于某个鄂托克。

清朝(后金)对前来归附或征服的蒙古人,以其原先的社会组织为基础进行改造,晓谕法度,清查户口,编制牛录,划定牧地,任命扎萨克、总管或都统。经过清朝的改造,作为蒙古地方基层组织的旗不再是过去的鄂托克或爱玛克,旗下设参领、佐领等,旧的官名台吉、宰桑、扎萨固尔等被取消,代之以扎萨克、协理台吉、管旗章京等,健全了旗的组织机构,成为清朝的一级地方政权。

蒙古地区的旗与内地的基层政区——县有很大的区别。旗是具有行政与军事双重性质的管理制度,每编定一旗,从蒙古贵族中任命扎萨克、都统或总管,管理旗政。扎萨克、都统和总管总理全旗旗务,平时定期召集兵丁训练,参与会盟,接受朝廷官员的检查,战时根据朝廷命令率领全旗兵丁从征。清代蒙旗主要有四种类型:扎萨克旗、都统旗、总管旗和喇嘛旗,这些旗之间也有一定的区别。

扎萨克旗,即设扎萨克之旗。扎萨克,蒙语、满语均源自"扎撒"一词,原意为法令、政令,清代成为一个专门的官职,意为旗长,统理旗务,可以世袭。扎萨克旗在各种类型的蒙旗中占据主导地位。扎萨克之下设协理台吉、管旗章京、参领、骁旗校等。

都统旗，指归化城土默特左、右翼二旗。清朝以其部长俄木布私通喀尔喀为由，编旗之初即设都统（固山额真）、副都统（梅勒章京）统辖，不授扎萨克，不设盟。乾隆年间裁都统，由绥远将军掌旗务，设同知、通判管理旗民赋讼。其组织按八旗模式编定。

总管旗，一些旗因反抗清朝，倡乱的王公被夺爵削权，没有资格再领有土地和属众。朝廷按八旗模式重新编定各部落，不设扎萨克，旗长称总管，由清廷委派，不设盟，无世袭爵位，直接隶属于该地区的将军、都统、大臣。主要包括察哈尔八旗、唐努乌梁海、阿尔泰乌梁海、新疆地区的一些驻防旗等。

喇嘛旗，清朝以黄教柔化蒙古，蒙古地区大小寺庙相继修建，"喇嘛之辖众者，令治其事如扎萨克焉"①，于是产生了在一些大寺院领地设置的喇嘛旗。喇嘛旗的地位与扎萨克旗一样，其属众和平民称为沙毕纳尔，对本旗上层喇嘛负有劳役、赋税等义务，对外不负担兵役、徭役和赋税。其官属名称仍沿用宰桑、达鲁噶、收楞额、德木齐等旧名号。

回疆地区

南疆地区因其特殊的地理环境，长期以来形成了"城—庄"两级行政统辖结构，城、庄均由伯克管理。伯克制度是回疆地区旧有的职官制度。"伯克"是维吾尔语 Bek 的音译，该词源于古老的突厥语，明末以后，在维吾尔语中意为官吏②。伯克制度是一职官制度，而非地方行政组织。清朝在回疆之各城、属城、总庄设阿奇木伯克，"总理城村人小事务"，其副手为伊沙噶伯克，"协同阿奇木伯克办理事务"③。阿奇木伯克之下设负责某一方面事务的伯克，分布在各城、庄。各城、属城的阿奇木伯克对清朝派驻当地的大臣负责。

各伯克的执掌如下：阿奇木伯克，统理城村大小事务，为诸伯克之冠；伊沙噶伯克，协同阿奇木伯克办理庶务；噶匝纳齐伯克，管理地亩粮赋；商伯克，职司征输粮局；哈子伯克，总理一切刑名事务；密喇布伯克，职司水利疏浚灌溉之务；讷克布伯克，管理匠役营造诸公务；帕察沙布伯克，巡缉奸宄，捕访贼盗及提牢诸务；茂特色布伯克，管理经典，整饬教务，不与民事；木特窟里伯克，职司售授田园房产，掌其质属，治其争讼，收其税入；匝布梯墨克塔布伯克，职司教习经馆事务；克勒克雅喇克伯克，商贾贸易，征收其税入者；斯帕哈资伯克，

---

① 嘉庆《清会典》卷49，第13册，第595页。
② 参见苗普生：《伯克制度》，新疆人民出版社，1995年，第1—5页。
③ 《钦定回疆则例》卷2。

办理头月词讼;拉雅哈资伯克,办理细民词讼;巴济尔伯克,职理税务;阿尔巴布伯克,管理派差催课事务,犹内地之里正乡长;巴克玛塔尔伯克,专司果园业;都官伯克,经理各处文移记档,一切分攒官项事务;哈喇都管伯克,安设台站,修整兵械;多博伯克,征输二千户粮赋;明伯克,分领回众头目,职如千总;玉资伯克,征输百户粮赋;鄂尔沁伯克,征输数十数人粮赋;哲博伯克,专司修造甲械;都尔里伯克,巡察街道园林果木诸务;什和勒伯克,职司驿馆米刍杂务;都尔噶伯克,阿奇木首领官,巴匝尔伯克,管理市集细务,哈什伯克,承办采玉事务;克图瓦尔伯克,办理工程事务;鄂克他克奇伯克,掌宴会牲畜果品之属①。

西藏地区

清代接管西藏之后,承袭了原有的地方基层行政组织,仅对其高层行政组织进行改造。清代西藏地方的基层行政组织为基巧(spyi-khyab,相当于现今内地的专区),下设宗(rdzong,意为"城堡"、"寨落",相当于内地的县),每一基巧辖若干宗。宗设宗本(rdzong-dpon),又称营官,兼管宗内军政和民事。宗以其区域的大小、人口多寡和地理位置的重要程度,分边、大、中、小四等宗,通常边宗、大宗设僧、俗宗本(营官)各一人,小宗仅设一人。宗以下的组织,在农业区设豁卡(即庄园),在牧区设学卡或如瓦(即部落)②。

2. 高层政区的设置与变迁

清朝在藩部各区设立将军、都统、大臣等官员,总管或分管其地,形成地方高层政区,这是清代在政区方面的创制。在蒙古各部,则有盟之设立。

在封建割据时期,蒙古封建主之间有一集会叫做"楚固拉干",也即会盟。它并不是一种常设机构,集会的地点也不固定,由参加集会的领主事先商定,其规模可大可小。会盟主要解决各领地之间的关系,商讨重要的行政、立法事项,或订立盟约等。会盟的决议往往以"法令集"或"法典"的形式公布,参加会盟的各领主有遵守决议的义务。1640年《蒙古—卫拉特法典》就是通过会盟制定的。清朝对蒙古原有的盟进行了改造,以旗为单位参加会盟,旗数固定,每三年举行一次(亦有每年一次或不定期举行的)。会盟的地点由清廷指定,通常是在便于各旗集会的适中之地,一经指定,即以该地名作为盟的名称,并从参与会盟的扎萨克中选出盟长一人,副盟长若干人。会盟时,清廷派大臣和理藩院主管官员出席,盟内各旗扎萨克必须率本旗相关人员参加。这样盟有

---

① 嘉庆《清一统志》卷516《新疆统部》。
② 陈庆英、高淑芬主编:《西藏通史》,中州古籍出版社,2003年,第358页。

了固定的地域、固定的参与旗以及固定的组织机构,盟更像统旗的一级政区。但盟又与内地统县政区有着较大的区别,盟主要承担监督职能,一般不设办理盟务的衙门,盟长的主要任务是充当会盟的召集人,不能直接干预各旗内部事务,也无权自行发布命令。虽然盟与内地的统县政区有较大差别,本章仍然将盟作为统旗政区来看待。

内蒙古

在1644年清军入关之前,清廷已基本完成对漠南蒙古地区的编旗设盟工作,此后,内蒙古六盟(哲里木盟、昭乌达盟、卓索图盟、锡林郭勒盟、乌兰察布盟、伊克照盟)除了一些旗的设废外,盟一级政区基本没有变化。康熙三十二年(1693),为了防备博硕克图汗的进犯,任命领侍卫内大臣费扬古为安北将军,驻归化城;三十四年为右卫将军,仍兼管归化城军事。雍正十三年(1735),清政府在归化城东北五里处建造新城,乾隆二年(1737)竣工,赐名"绥远城",同时右卫将军改称绥远将军,由归化城移驻绥远城,掌归化城土默特左右两翼蒙古的军政事务。绥远将军还负责节制鄂尔多斯和乌兰察布二盟。

林丹汗败亡后,其子额哲归服,后金统治者将察哈尔部安置于义州边外地方,封额哲为亲王,分设左右翼察哈尔八旗,置都统与副都统统治左右两翼。1675年,布尔尼叛乱后察哈尔被迁往大同、宣化边外,乾隆二十六年(1761)置察哈尔都统,驻张家口,总理察哈尔八旗事务。

乌里雅苏台

康熙二十七年,噶尔丹袭破漠北喀尔喀蒙古,土谢图汗、车臣汗、扎萨克图汗举旗内徙。三十一年五月,以喀尔喀左右二翼为三路,三汗各为一部,每部为一盟,分别为:汗阿林盟、克鲁伦巴尔和屯盟、札克毕色钦毕都尔诺尔盟。雍正九年,土谢图汗部右翼中旗封大扎萨克,别为一部:赛音诺颜部,称齐齐尔里克盟。

雍正十一年十月,清政府于乌里雅苏台设定边左副将军,喀尔喀四部及唐努乌梁海各旗佐统属于定边左副将军,因驻乌里雅苏台,故俗称乌里雅苏台将军。乾隆二十六年十月,清政府于科布多城设置参赞大臣,扎萨克图汗以西各旗统于科布多参赞大臣,其所辖之地称科布多,隶乌里雅苏台将军。乾隆二十七年,于库伦设库伦办事大臣,办理中俄边界、中俄贸易以及监督哲卜尊丹巴的沙毕纳尔事宜。平定准噶尔后,库伦办事大臣逐渐掌理喀尔喀四部的一切行政、司法事宜,与乌里雅苏台将军共治喀尔喀蒙古。光绪三十四年(1904)四月,析科布多一部置阿尔泰办事大臣,直隶中央。

青海

雍正三年十二月,于甘肃西宁府置西宁办事大臣,总理青海各族事务。其设置到清末无变化。

新疆

乾隆二十四年,清政府于哈密、喀喇沙尔、库车、叶尔羌、和阗置办事大臣,于喀什噶尔置参赞大臣,总办南疆各回城事务。二十六年,于辟展置办事大臣。二十七年,于惠远城置伊犁将军,于库尔喀喇乌苏置办事大臣,天山南北两路各新疆地方统归伊犁将军管辖。三十年,于塔尔巴哈台置参赞大臣。三十一年,置乌什参赞大臣,总办南疆各回城事务,改喀什噶尔参赞大臣为办事大臣。三十六年十一月,于巩宁城置乌鲁木齐参赞大臣,于巴里坤置领队大臣。三十八年五月,改乌鲁木齐参赞大臣为都统。三十九年,分巴里坤一领队大臣驻古城,置古城领队大臣。四十三年十一月,置阿克苏领队大臣。四十六年,裁辟展办事大臣,设吐鲁番领队大臣,徙驻吐鲁番。乌鲁木齐都统辖本城、吐鲁番、巴里坤、古城和库尔喀喇乌苏五领队大臣。五十二年,复改喀什噶尔办事大臣为参赞大臣,总办南疆各回城事务。五十三年,改乌什参赞大臣为办事大臣。

嘉庆二年(1797),改阿克苏领队大臣为办事大臣。道光十一年(1831),改喀什噶尔参赞大臣为领队大臣,叶尔羌办事大臣为参赞大臣,总办南疆各回城事务。咸丰八年(1858)七月,改喀什噶尔领队大臣为办事大臣。

西藏

康熙五十九年,清军入藏,大败准噶尔,伪藏王被废除,清廷任命康济鼐、阿尔布巴、隆布鼐、扎尔鼐、颇罗鼐为噶伦,总理藏政[1],是为政教合一的达赖—噶伦体制。

雍正四年,"议准西藏设驻藏大臣一员,办理前后藏一切事务"[2]。五年正月驻藏大臣制度正式实施。当年,西藏发生内乱,七年乱平,在拉萨设立驻藏大臣衙门,办事大臣、帮办大臣各一员,总理和协理西藏事务。清廷对原先的噶伦体制进行调整,噶伦联合执政,实施政教分离的藏王—噶厦体制。达赖喇嘛的权力仅限于宗教事务,藏王的权力得到加强。

乾隆十五年十月,已故噶伦颇罗鼐之子珠尔墨特那木札勒叛乱,旋被平定。清廷对西藏的管理机构重新调整,不再设藏王,恢复原来的政教合一体

---

[1] 《外藩蒙古回部王公表传》卷91《西藏总传》。
[2] 光绪《清会典事例》卷977,第10册,第1117页。

制,保留四名噶伦,扩大驻藏大臣的权力,形成了驻藏大臣钳制达赖、班禅——噶厦的体制。经过这些变革,清朝巩固了对西藏的统治。

三、藩部各区的行政层级

清朝对藩部地区,每征服一地即设置政区进行治理,并在其后的实践中根据需要进行调整。至乾隆中期,在回疆地区完成了政区的设置,藩部地区形成了层级复杂的政区层级系统,主要有几下几种形式。

1. 不设盟的直隶理藩院之旗。如套西之额济纳土尔扈特旗、阿拉善厄鲁特旗,即所谓"凡旗之畸者不设盟"[1]。其统辖结构为:理藩院→旗

2. 二级统辖关系。二级统辖关系可分为三种,一是设盟之旗,盟之上为理藩院,内蒙古的六盟皆属此类。其统辖结构为:盟→旗;二是不设盟之旗,由将军、都统或办事大臣直辖,如归化城土默特二旗、察哈尔八旗和阿尔泰办事大臣下辖各旗等皆是,其统辖结构为:将军、都统或大臣→旗;三是设盟之旗,但会盟由办事大臣召集,盟一层级为虚设,青海蒙古即属此类,其统辖结构为:办事大臣→旗。

3. 三级统辖关系。西藏地区前藏噶厦和后藏朗玛岗的地方政府,分别是以达赖和班禅为首的由清廷直接敕封的单独的地方行政机构,由清朝中央政府领导,受驻藏办事大臣、帮办大臣监督指导[2],其下为基巧,基巧下设宗(营),形成了前藏噶厦(或后期朗玛岗)→基巧→宗(营)三级统辖关系。

4. 二、三、四级混合的统辖结构。乌里雅苏台将军辖区之唐努乌梁海各旗,不设盟,直隶乌里雅苏台将军,是为二级统辖关系。喀尔喀蒙古四部设盟之旗,各盟统于乌里雅苏台将军和库伦办事大臣,是为三级统辖关系。科布多之各旗,有设盟之旗,亦有不设盟之旗,属三、四级混合统辖结构。乌里雅苏台将军辖区的统辖结构为:

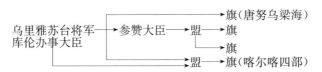

5. 三、四级混合的统辖结构。新疆地区因地理环境、社会结构、历史传统的不同,形成了北路、南路、东路。北路由伊犁参赞大臣、塔城参赞大臣统辖,

---

[1] 光绪《清会典》卷66,第17册,第610页。
[2] 陈庆英、高淑芬主编:《西藏通史》,中州古籍出版社,2005年,第359页。

南路由喀什喀尔参赞大臣统辖,东路由乌鲁木齐都统统辖,三路皆隶属伊犁将军。北路参赞大臣、领队大臣之下为屯镇各镇,形成了将军→大臣(盟长)→屯镇各城(旗)的三级辖关系①。南路参赞大臣之下为各办事(领队、协办)大臣,其下为各回城,喀喇沙尔办事大臣之下还有中路和硕特部各旗,形成将军→参赞大臣→办事(领队、协办)大臣→回城(旗)四级统辖关系。东路乌鲁木齐都统之下为各领队(办事)大臣,其下屯镇各城和回城,库尔喀喇乌苏领队大臣之下还有南路旧土尔扈特部各旗,形成将军→都统→领队(办事)大臣→屯镇各城(回城、旗)四级统辖关系。南北两路旧土尔扈特部及中路和硕特部各旗分隶三盟,或隶伊犁将军,或受其节制,形成另外的三级统辖关系。其统辖结构为:

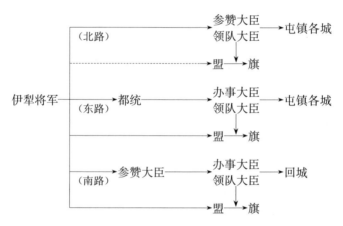

四、藩部地区行政管理特征及其变迁

1. 高层政区偏重于军事职能

清代对藩部地区的统治采用"因俗而治"的方针,在蒙古地区实施扎萨克制、盟旗制,在回疆地区实施伯克制。清入关之前,仅有内蒙古地区的蒙古完全归服,其余地区多通过长时间的征服方纳入版图,因而清朝对地方的治理多采用自治方式,高层政区多由征服时期设置的军事机构转化而来。

康熙三十二年(1693),为平定噶尔丹,清政府命费扬古驻归化城,清初所设归化城土默特二旗由其管辖。三十四年,以费扬古为右卫将军,兼管归化城军事。乾隆二年(1737)绥远城竣工,右卫将军移驻绥远城,改名为绥远将军,

---

① 《清史稿》卷78:北路旧土尔扈特部三旗隶塔尔巴哈大臣辖,伊犁将军节制,南路旧土尔扈特部四旗、中路和硕特部三旗归伊犁将军辖(第9册,第2448、2446页)。

仍兼辖归化城土默特二旗。绥远将军在清政府用兵准噶尔部和统治漠南蒙古的过程中起了重要作用。

察哈尔都统也是漠南地区的军政建置。察哈尔八旗迁至宣大边外后，乾隆二年置察哈尔都统统辖察哈尔八旗，兼辖张家口驻防官兵，另外还兼理阿尔泰军台、锡林郭勒盟军事。察哈尔地区的四牧群也在嘉庆年间改由察哈尔都统兼辖。

漠北地区的乌里雅苏台将军辖区亦由军事机构转化而来。雍正十一年（1733）清廷任命漠北蒙古赛音诺颜部首领策凌为定边左副将军，以防备准噶尔，保卫漠北蒙古。乾隆时期，平定准噶尔部，设置伊犁将军，定边左副将军失去了防范准噶尔部的意义。乾隆二十九年，在赛音诺颜部的乌里雅苏台地方建城，三十二年竣工，作为定边左副将军驻地，俗称为乌里雅苏台将军，以管理漠北蒙古各部。

乾隆二十四年，清军平定准噶尔部。二十七年于伊犁置伊犁将军，关于其职能，乾隆皇帝说："伊犁及回部，非巴里坤、哈密内地可比，即须驻兵屯田，仍当以满洲将军大员驻守。"①可见管理驻军屯田是伊犁将军的重要职能。

2. 高层和基层政区的数量变化

清朝藩部地区的政区数量变化主要体现在两个方面，一是随着藩部地域的扩大，无论是高层政区还是基层政区的数量都不断扩大，至乾隆朝中期趋稳定；二是析置了大量的旗。从康熙三十六年清军西征准噶尔，至乾隆二十七年，清政府在伊犁设置伊犁将军，藩部地区的将军、大臣、都统统理的高层政区已经完备。同治年间，沙俄入侵，西北边界发生了重大变化。光绪三十四年（1908），清朝依据西北形势的变化，析科布多参赞大臣所属三旗增设了阿尔泰办事大臣边区。漠南蒙古归附较早，与清朝统治者关系最为密切。清入关以前，漠南蒙古的旗大部分扎萨克旗已经设置，入关后仅有少数旗的析置，到康熙九年，漠南蒙古扎萨克旗的数量基本上固定在 16 部 49 旗之数。

漠北喀尔喀蒙古于顺治十二年（1655）"内附"，但至康熙二十七年噶尔丹入侵前基本上保持独立状态。喀尔喀蒙古是蒙古一支重要力量，并占有广阔的地域，其内附后，清朝统治者本"众建以分其力"的原则进行编旗设置。康熙三十一年，将喀尔喀左右两翼分为三路，共 37 旗，以后逐渐增加。雍正九年，又将土谢图汗所属 19 旗别立一盟。至乾隆二十四年，喀尔喀四部共增至 86

---

① 《高宗实录》卷 610 乾隆二十五年四月己丑，《清实录》，第 16 册，第 861 页。

旗①,旗的数量翻了一番还要多,整个编旗过程长达六十多年。旗数愈分愈多,每旗统领的佐领数则愈来愈少,以致很多旗仅有1个佐领。而内蒙古地区除昭乌达盟的喀尔左翼旗仅有1个佐领外,大多数旗皆在10个佐领以上,卓索图盟的土默特右翼旗甚至达97个佐领,与漠北蒙古各旗所领佐领数形成巨大的反差②。

3. 厅的设立与行政建置的内地化

藩部的行政体制主要建立在游牧经济之上,而内地的行省则以农耕经济为基础。随着清朝的统治趋于稳定,行省地方的人口增殖,大量的人口开始向边疆地区迁移,这种农业人口向牧区的迁移给游牧经济带来了必要的补充。清代对边疆地区实行封禁政策,灾荒之年,沿边地方的百姓至口外谋生,起初他们冬去春回,谓之"雁行",仅是季节性劳工;随着时间推移,一部分劳工开始定居下来,但他们须持有印票,保留原来的户籍,不能在定居地入籍。他们或由沿边州县遥治,或由清廷在沿边设立的管理机构管理,如康熙四十七年,清廷在宁夏设立理事官二人,管理鄂尔多斯六旗蒙古民人交涉事务③;同时还在张家口和独石口设县丞,专门管理移民④。

雍正至乾隆中期,清政府在口外沿边地区设置了大量的厅,以管理汉族移民。这些移民有的系自发的移民,留居蒙古地区,有的则是清廷有计划地放垦招徕的移民,如热河、察哈尔、归化城土默地区等地。这一时期,清政府在察哈尔地区设立了张家口理事厅(雍正二年)、多伦诺尔理事厅(雍正十一年)、独石口理事厅(雍正十三年,以上三厅隶口北道管辖,合称"口北三厅")、丰镇厅(乾隆五年)、宁远厅(乾隆五年);在归化城土默特地区设置了归化城直隶厅(雍正年理事同知,乾隆六年改直隶厅)、萨拉齐理事厅、清水河理事厅、和林格尔理事厅、托克托理事厅(以上四厅皆乾隆元年置协理通判,二十五年改理事厅),归化城土默特地区五厅归山西省归绥道管辖,合称"归绥五厅"。

厅最初是为管理口外民人和处理"蒙汉交涉事务",在上述不便径设州县之地设立的一种行政建置,其对汉民的管理方式与内地州县的管理方式接近,而与蒙旗的管理方式大相径庭。在设置厅的同时,内地通行的保甲制度也开

---

① 旗的具体析置增加,可参见张永江:《清代藩部研究:以政治变迁为中心》,第115—118页。
② 至乾隆二十四年,土谢图汗部20旗,共56佐领,平均每旗2.8佐领;车臣汗部23旗,共40.5佐领,平均每旗1.76佐领;赛音诺颜部24旗,共39.5佐领,平均每旗1.65佐领;扎萨克图汗部乾隆三十年19旗,共24.5佐领,平均每旗1.3佐领。参见袁森坡:《康熙乾经营与开发北疆》,中国社会科学出版社,1991年,第122—126页。内蒙古六盟各旗的佐领数,可参见第263—266页。
③ 乾隆《理藩院则例》之《录勋清吏司上》。
④ 《清史稿》卷54,第8册,第1916页。

始推广,如雍正八年,山西口外"设立总甲牌头,令其稽查。即于种地民人内择其诚实者,每堡设牌头四名,总甲一名……"①可见厅这种特殊的行政建制是改置府州县的先声。

至乾隆中期,清政府在热河地区将厅改为府州县。清末放垦蒙地、移民实边,加快了厅的设置和藩部农业区的州县化进程。至清末,原属蒙古游牧地方,改设府厅州县的地方主要有:(1)哲里木盟4府、5厅、1州、12县,(2)卓索图盟2府、1州、7县,(3)昭乌达盟1州、2县,(4)乌兰察布盟2厅,(5)伊克昭盟1厅,(6)察哈尔八旗7厅,(7)归化城土默特5厅。

自乾隆时期始,新疆地区尤其是北疆地区就有厅县的设置,厅主要有巴里坤直隶厅(乾隆二十四年)、哈密直隶厅(乾隆二十四年)、乌鲁木齐直隶厅(乾隆二十五年)、伊犁直隶厅(乾隆二十九年)、辟展直隶厅(乾隆三十六年)、奇台直隶厅(乾隆三十七年),被称为"北疆六厅"。在置厅的同时还有县的设置,主要有昌吉县、阜康县、绥来县、奇台县、宜禾县等。

藩部地区的府厅州县是与旗、屯戍驻防制并行的行政建置,府厅州县实施内地的管理模式,旗则按照盟旗制的管理模式,两者并行不悖。在藩部地区建省之前,这些府厅州县大多隶于邻近的省份,而非由当地的将军、大臣、都统等管理,如归绥五厅隶山西省归绥道,口北三厅隶直隶口北道,卓索图盟、昭乌达盟境内的府厅州县隶直隶热河道,北疆六厅隶甘肃省(实际受乌鲁木齐都统管辖)。蒙古地区的厅员"满蒙兼用",清末改为"蒙汉兼用",这也是与清末蒙古地区的厅改府州县相配合的。厅的设置与厅改府州县,为后来藩部地区建省奠定了基础。

---

① 《晋政辑要》卷10《户制》。

下编 清代地方行政区划沿革

第一章　顺天府、直隶地方
——直隶省

明末,称京师并直隶地方。顺天府领 5 州、22 县。直隶地方有永平、保定、河间、真定、顺德、广平、大名 7 府,延庆、保安 2 直隶州,下辖 17 州、116 县①,各府、直隶州均直隶于六部,由各巡抚管辖。另有宣府镇。

第一节　顺　天　府

顺治元年(1644),清军入关,占领明朝首都北京。六月,摄政王多尔衮与诸王、贝勒、大臣等定议,建都燕京,是为京师,沿明制仍置顺天府。康熙年间,仍与直隶合称为"京师并直隶地方"。

顺治元年,顺天府沿明制,治所在今北京市东城区东公街、西公街间,领 5 州 22 县:大兴、宛平、良乡、固安、永清、东安、香河等 7 县,通州领三河、武清、宝坻、漷县 4 县,昌平州领顺义、密云、怀柔 3 县,涿州领房山县,霸州领文安、大城、保定 3 县,蓟州领玉田、丰润、遵化、平谷 4 县②。顺治十六年八月,裁漷县入通州。康熙十五年(1676)十一月,升遵化县为州,领丰润县。雍正三年(1726)九月,武清县往属天津直隶州。雍正四年,析玉田、丰润二县往属于永平府;雍正四年八月,武清县复属通州。雍正六年,各县均直隶于顺天府③。雍正九年二月,裁梁城所置宁河县来属。雍正末领 6 州 19 县。乾隆八年(1743)七月,遵化州升为直隶州,往属直隶省。至此,顺天府辖 24 州县,至清末未变④。

顺天府所属各州县,同时受顺天府和直隶省管辖:"统于顺天府尹,亦属

---

① 万历《明会典》卷 15,第 90 页。按:万历《明会典》卷 15 言"县一百二十六",实际记载有 116 县。
② 据万历《明会典》卷 15、康熙《清会典》卷 18。
③ 光绪《顺天府志》卷 35《顺天府沿革表》:雍正六年,遵化州等"五州均罢领县"(第 5 册,第 1178 页)。
④ 《职官录》(宣统三年冬季),《清代缙绅录集成》,大象出版社,2008 年,第 94 册,第 154 页。

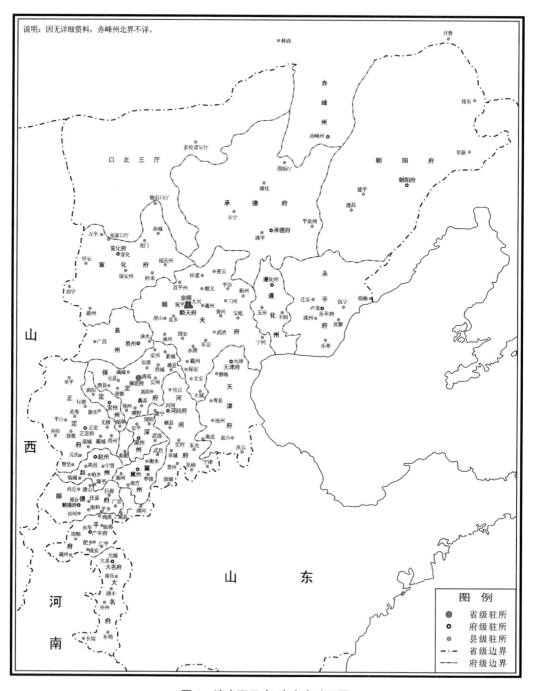

图 1　清末顺天府、直隶省政区图

(直隶)布政使司。"①

康熙二十七年,设东、西、南、北四路同知②,分管所属州县的捕盗事务。东路厅属通永道,西路、北路、南路3厅属霸昌道。乾隆二十年十二月,因东路厅所属大兴、香河二县属霸昌道管辖,道厅统辖不一,汇核案件时较为麻烦,将大兴县划归西路同知专管,隶霸昌道,香河县仍归东路同知专管,改隶通永道③。乾隆二十四年十二月,四路同知管理钱粮事务④,逐成为行政区划,是为"四路厅"。嘉庆、光绪《清会典》将四路厅记载为行政区划。西路厅治芦沟桥(今北京市丰台区卢沟桥),分辖5州县:大兴、宛平、良乡、房山、涿州。东路厅治通州(今北京市通州区),分辖7州县:三河、武清、宝坻、宁河、香河、通州、蓟州。南路厅治大兴县黄村(今北京市大兴区驻地),雍正三年夏,衙署被大水冲毁,移治于村南二十五里之庞阁庄(今大兴区南庞各庄镇),乾隆四年复移治于黄村⑤,分辖7州县:保定、文安、大城、固安、永清、东安、霸州。北路厅治昌平州南巩华城(今北京市昌平区沙河),辖5州县:顺义、怀柔、密云、平谷、昌平州⑥。至清末,共辖5州19县。

1. 西路厅

大兴县,附郭,在城东,在今北京市东城区大兴胡同。

宛平县,附郭,在城西,在今北京市西城区兴华胡同南。

良乡县,治所在今北京市房山区良乡镇。

房山县,治所在今北京市房山区西城关街道。初属涿州,雍正六年属顺天府。

涿州,治所即今河北涿州市城区。初因明制领房山县,雍正六年县属顺天府。

2. 东路厅

通州,治所即今北京市通州区。初因明制,领潞县、三河、武清、宝坻4县⑦。顺治十六年潞县并入。雍正六年,三河等县直属顺天府。

---

① 康熙《清一统志》卷3《顺天府一》。
② 光绪《顺天府志》卷35,第5册,第1178页。
③ 《高宗实录》卷502乾隆二十年十二月壬子,《清实录》,第15册,第339页。
④ 《高宗实录》卷602乾隆二十四年十二月癸未、戊子,《清实录》,第16册,第757、761页。
⑤ 工者辅:《重建公署碑记略》,载光绪《顺天府志》卷22,第682页。参见:《高宗实录》卷138乾隆六年三月癸酉,《清实录》,第10册,第989页。
⑥ 嘉庆《清会典》卷10,《大清五朝会典》本,第12册,第108页。光绪《清会典》卷13,《大清五朝会典》本,第16册,第109页。按:康熙年间,玉田、丰润两县当属东路厅。
⑦ 康熙《清会典》卷18,《大清五朝会典》本,第1册上,第174页。按:清初京师并直隶地方的州县建制,均见康熙《清会典》卷18,以下同。

蓟州，治所即今天津市蓟县驻地文昌街街道。初因明制，领玉田、丰润、遵化、平谷4县。康熙十五年十一月，遵化县升为州①，丰润县往属②。雍正年间，玉田、平谷2县直属顺天府。

三河县，治所即今河北三河市洵阳镇。初属通州，雍正六年属顺天府。

武清县，治所在今天津市武清区西北城关镇。雍正三年九月往属天津直隶州③，四年还属通州④，雍正六年属顺天府。

宝坻县，治所即今天津市宝坻区驻地宝平街街道。初属通州，雍正六年属顺天府。

香河县，治所即今河北香河县驻地淑阳镇。

宁河县，雍正九年二月析宝坻县地并裁梁城所置⑤，治所在今天津市宁河县驻地芦台镇北宁河镇。

漷县，属通州，治所即今北京市通州区。顺治十六年七月裁，辖区并入通州⑥。

3. 南路厅

霸州，治所即今河北霸州市驻地霸州镇。初因明制，领文安、大城、保定3县。雍正六年，3县直属顺天府。

保定县，治所即今河北文安县北新镇。初属霸州，雍正六年属顺天府。

文安县，治所即今河北文安县驻地文安镇。初属霸州，雍正六年属顺天府。

大城县，治所即今河北大城县驻地平舒镇。初属霸州，雍正六年属顺天府。

固安县，治所即今河北省固安县驻地固安镇。

永清县，治所即今河北永清县驻地永清镇。

东安县，治所在今河北廊坊市安次区南仇庄光荣村。

---

① 《圣祖实录》卷64康熙十五年十一月丁酉，《清实录》，第4册，第823页。
② 康熙《清会典》卷18，第1册上，第175页。
③ 《世宗实录》卷36雍正三年九月甲子，《清实录》，第7册，第537页。按：光绪《顺天府志》卷35，谓雍正三年正月武清县往属天津州。
④ 雍正《畿辅通志》卷14，《四库全书》本，第504册，第241页。光绪《顺天府志》卷35，第5册，第1214页。按：光绪《武清县志》卷1《地理志》："雍正四年正月改属天津州，八月仍属顺天府通州。六年改属东路厅。"
⑤ 《世宗实录》卷103雍正九年二月丙辰，《清实录》，第8册，第368页。
⑥ 《世祖实录》卷127顺治十六年八月己丑，《清实录》，第3册，第986页。

4. 北路厅

昌平州,今北京昌平区城区。初因明制,领顺义、密云、怀柔3县。雍正六年,各县直属顺天府。

顺义县,今北京市顺义区城区。

怀柔县,今北京市怀柔区城区。

密云县,今北京市密云县驻地鼓楼街道。

平谷县,今北京市平谷区城区。初属通州,雍正六年属顺天府。

第二节 直隶地方—直隶省

一、省行政机构

顺治元年(1644),仍称直隶地方,由多员总督、巡抚分辖。此后,逐渐出一员巡抚或总督管辖。在督抚与府州县间,设有守巡道管理。康熙八年(1669),设守道(一作钱谷守道)、巡道(一作刑名驿传巡道)各一员。雍正二年(1724),设布按两司,逐步建成与其他省份相近的省级行政机构。乾隆《清会典则例》卷31《户部·疆理》正式记载为"直隶省"。

1. 总督、巡抚

顺治元年,沿明制,未设管辖全直隶的总督、巡抚,由宣府巡抚、顺天巡抚、保定巡抚分辖。顺治十一年,由直隶山东河南三省总督与直隶巡抚(即顺天巡抚)同管直隶八府,宣府镇仍由宣大总督管理。顺治十五年,裁直隶山东河南三省总督、宣大总督,分设顺天、保定两巡抚,辖区有所调整。顺治十八年,设直隶总督,裁顺天巡抚,以直隶总督、保定巡抚(直隶巡抚)同管直隶地方。此后,直隶总督仍有置废。雍正二年,复设直隶总督,裁直隶巡抚。乾隆二十八年(1763),以直隶总督兼管巡抚事务。各督抚置废、辖区变化如下。

总督。顺治六年八月,裁保定巡抚,置直隶山东河南三省总督兼保定巡抚,驻大名府,"重其事权,举直隶、山东及河南怀庆、卫辉、彰德三府悉归统辖,两省巡抚、总兵悉听节制"[1]。顺治十一年九月,以三省总督、直隶巡抚同管直隶8府[2]。顺治十五年五月,裁直隶山东河南三省总督[3]。

---

[1] 《世祖实录》卷45顺治六年八月丁酉、辛亥,《清实录》,第3册,第361、364页;维止《畿辅通志》卷60,第505册,第397页。

[2] 《直隶山东河南总督马光辉揭陈顺天巡抚宜驻河间》(顺治十年七月)《明清档案》,第17册,第B9597页;《皇帝敕命董天机为直隶巡抚》(顺治十一年九月十日),《明清档案》,第20册,第B11433页。

[3] 《世祖实录》卷117顺治十五年五月乙丑,又卷119七月己酉,《清实录》,第3册,第916、923页。

顺治十八年十月，设直隶总督①，驻大名府②，管辖直隶全境。康熙四年五月，裁直隶总督，设直隶山东河南总督，管三省事③，驻扎大名府。康熙八年七月，裁直隶山东河南三省总督④。康熙五十四年三月，因直隶巡抚赵弘燮任职十年，"勤劳供职，旗民辑睦"，加总督衔，仍管巡抚事务⑤。康熙六十一年六月，直隶总督赵弘燮病故，继任者仍为直隶巡抚⑥。

雍正二年十月，因直隶巡抚李维钧"办事勤慎，且能训练士卒，整饬营伍"，授为直隶总督，并令提督、总兵官听其节制。雍正并下谕此为特例⑦。此后，一直未设直隶巡抚。乾隆二十八年七月，照四川总督之例，直隶总督兼管巡抚事务⑧。至清末未变。

宣府巡抚。顺治元年五月沿明制设⑨，驻宣府镇⑩，在今河北宣化市。管理延庆、保安2直隶州及宣府镇诸卫所。顺治九年四月，裁宣府巡抚，宣府镇由宣大总督兼理⑪。

顺天巡抚。顺治元年六月沿明制设⑫，领顺天、永平2府⑬，驻遵化县。顺治元年七月，移驻密云县⑭。同年十二月，还驻遵化县⑮。顺治十一年九月，与三省总督同管顺直8府，移治河间府，并改名为直隶巡抚⑯。顺治十五年五月，增设直隶（保定）巡抚⑰，原直隶巡抚恢复原名、原辖区。同年七月，裁宣大

---

① 《圣祖实录》卷5顺治十八年十月戊申，《清实录》，第4册，第90页。
② 雍正《直隶通志》卷60，第505册，第397页。
③ 《圣祖实录》卷15康熙四年五月丁未、六月己巳，《清实录》，第4册，第229、232页。
④ 《圣祖实录》卷30康熙八年七月壬辰，《清实录》，第4册，第410页。
⑤ 《圣祖实录》卷262康熙五十四年三月庚子，《清实录》，第6册，第583页。
⑥ 《圣祖实录》卷298康熙六十一年六月丙子，《清实录》，第6册，第885页。
⑦ 《世宗实录》卷25雍正二年十月己亥，《清实录》，第7册，第397页；又卷27十二月戊寅，第413页。
⑧ 《高宗实录》卷691乾隆二十八年七月壬申，《清实录》，第18册，第740页。
⑨ 《世祖实录》卷5顺治元年五月甲辰，《清实录》，第3册，第59页。
⑩ 光绪《清会典事例》卷23，第1册，第290页。
⑪ 《世祖实录》卷64顺治九年四月丁未，《清实录》，第3册，第499页。按：雍正《畿辅通志》卷60作"宣府巡抚，顺治初仍设，八年裁并顺天巡抚。"（第505册，第398页）乾隆《宣化府志》卷21《职官四》引《续宣镇志》："顺治八年裁缺，归并宣大总督兼理。"
⑫ 按《世祖实录》中，顺天巡抚首见于顺治元年六月庚辰，见《清实录》第3册第64页。
⑬ 《皇帝敕命柳寅东为顺天巡抚》（顺治三年二月十一日），《明清档案》，第4册，第B1631页。光绪《大清会典事例》卷23，第1册，第289页。
⑭ 《世祖实录》卷6顺治元年七月丁未，《清实录》，第3册，第71页。
⑮ 《世祖实录》卷12顺治元年十二月庚申，《清实录》，第3册，第114页。
⑯ 《直隶山东河南总督马光辉揭陈顺天巡抚宜驻河间》（顺治十年七月），《明清档案》，第17册，第B9597页；《皇帝敕命董天机为直隶巡抚》（顺治十一年九月十日），《明清档案》，第20册，第B11433页。
⑰ 《世祖实录》卷117顺治十五年五月乙丑，《清实录》，第3册，第916页；又卷119七月己酉，第923页。

总督①。次年命顺天巡抚兼摄宣府镇(含延庆、保安二州)②。顺治十八年十月,裁顺天巡抚,其所辖之地归由保定巡抚管辖③。

直隶巡抚,顺治、康熙、雍正初年又称保定巡抚。顺治元年七月,沿明制设④,领保定、真定、顺德、广平、大名、河间6府,驻真定府⑤。顺治六年八月裁缺,由直隶山东河南三省总督兼。顺治十五年七月,复设保定巡抚,驻大名府⑥,辖保定、真定、顺德、广平、大名等5府地方⑦。顺治十八年十二月,裁顺天巡抚,保定巡抚管辖直隶全境,移驻地理位置适中的真定府⑧。此后,多称直隶巡抚。康熙八年,直隶巡抚自真定府改驻保定府⑨。康熙五十四年三月,加总督衔。康熙六十一年六月,停兼总督衔。雍正二年十月,直隶巡抚被裁。乾隆二十八年七月,由直隶总督兼巡抚事务。

天津总督、天津巡抚。顺治元年六月设天津总督,同年十月裁⑩。同年十月设天津巡抚⑪,驻天津卫,其职能当沿袭明代制度未变,统辖天津卫及武清、宝坻、滦州、乐亭及所隶卫所的海防军务和地方治安⑫。顺治六年五月裁⑬。天津总督的职能与管理区域不详,因总督裁撤后旋置天津巡抚,总督的职能与管理区域当与巡抚相同。

2. 布按诸司及专务道

康熙八年六月,因直隶地方无布政使司、按察使司,改通蓟道为守道,总管钱粮;霸易道为巡道,总管刑名,驻扎保定府⑭。雍正二年十二月,谕旨:"直隶守道职司通省钱谷,巡道职司通省刑名,即如各省之有藩臬二司也。今若概与诸道员一体,不加分别,似未允协。盖向以畿辅重地,不立布政、按察名色。朕

---

① 《世祖实录》卷119顺治十五年七月己亥,《清实录》,第3册,第922页。
② 乾隆《宣化府志》卷21《职官四》。
③ 《圣祖实录》卷5顺治十八年十月辛酉,《清实录》,第4册,第92页。
④ 《世祖实录》卷5顺治元年七月壬子,"以故明真定府知府邱茂华、为井陉道。署巡抚事。"(《清实录》,第3册,第60页)
⑤ 光绪《清会典事例》卷23,第1册,第289页。
⑥ 《世祖实录》卷119顺治十五年七月己酉,第3册,第923页。
⑦ 《世祖实录》卷140顺治十七年九月壬申,"升大理寺卿王登联为都察院右副都御史、巡抚保定真顺广大五府地方、管辖紫荆等关、提督军务、兼理粮饷。"(《清实录》,第3册,第1083页)
⑧ 《圣祖实录》卷5顺治十八年十二月壬子,《清实录》,第4册,第98页。
⑨ 光绪《清会典事例》卷23,第1册,第291页;《清文献通考》卷269,第2册,第7265页。
⑩ 《世祖实录》卷5顺治元年六月己未,《清实录》,第3册,第60页;又卷9十月甲子,第98页。
⑪ 《世祖实录》卷10顺治元年十月乙丑,《清实录》,第3册,第99页。
⑫ 傅林祥:《晚明清初督抚辖区的"两属"与"兼辖"》,《安徽大学学报》(哲学社会科学版),2010年第5期,第112页。
⑬ 《世祖实录》卷44顺治六年五月癸未,《清实录》,第3册,第354页。
⑭ 《圣祖实录》卷30康熙八年六月丙子,《清实录》,第4册,第407页。

思畿辅与各省有何区别,今应更改划一,着将守道改为布政司,巡道改为按察司。"①至清末,布政使、提法使驻保定,交涉使、提学使、巡警道、劝业道驻天津②。

附：热河都统辖区

道光七年闰五月,因热河地区吏治废弛,直隶总督那彦成提出改革热河地区行政管理体制的建议,"仿照镇迪道例,事务俱归都统"③。包括对热河道府州县各官的考察升补、司法、经理钱谷、行政建置等各项权力。"七属(按：指承德府及所属平泉州、滦平、丰宁、隆化、朝阳、建昌县)公事均归热河道转候都统题奏核咨,考察亦可就近,牧令既已选择得人,事权又归画一,吏治自可日增起色。"④经此改革后,热河地区不再受直隶总督及布按两司管辖,成为一个相对独立的省级政区——热河都统辖区⑤,只是名义上仍然属于直隶省。至清末,热河都统诚勋认为自己"与直隶督臣分疆而治"⑥。

初辖承德府并两盟十七旗。光绪二年增领围场厅。光绪二十九年增辖朝阳府。光绪三十一年,围场厅往属直隶口北道。光绪三十四年,增领赤峰直隶州。

二、省城

康熙八年,直隶地方设总督与守道、巡道,同驻保定城。雍正二年十二月起,实行省制,设布按两司,直隶总督、直隶布政使司、按察使司同驻保定城,保定城成为直隶省城⑦。同治九年,直隶总督兼北洋大臣,每年海口春融开冻后移驻天津,冬令封河后还驻省城保定⑧。

三、省域

清初,东界山海关长城,北界长城(包括宣府镇),西界山西,南界河南、山

---

① 《世宗实录》卷27雍正二年十二月戊寅,《清实录》,第7册,第413页。
② 按：宣统三年各省省级行政机构的设置,均据《职官录》(宣统三年冬季)(《清代缙绅录集成》本,第94册)。
③ 俞正燮：《癸巳存稿》卷5《热河》,《续修四库全书》本,第1160册,6页。
④ 那彦成：《那文毅公奏议》卷64,《续修四库全书》,第497册,341页。
⑤ 详见傅林祥：《直省何曾仅止一督——官员职能变化与清代直隶省的政治地理格局演变》,北京大学中国古代史研究中心编：《舆地、考古与史学新说——李孝聪教授荣休纪念论文集》,中华书局,2012年,第214—224页。
⑥ 《热河改建行省之大会议》,《申报》,1910年5月25日,第5版。
⑦ 按：《高宗实录》卷278首见保定府为省会之记载：乾隆十一年十一月丙申,"直隶总督那苏图奏称,保定府城密迩京畿,兵民屯聚,高贾往来,倍于他郡。惟县仓积谷四万石,与省会之规,尚有未备。"(《清实录》,第12册,第632页)此后,乾隆《清一统志》卷10亦称保定府"本朝为直隶省治"。
⑧ 《穆宗实录》卷293同治九年十月壬子,《清实录》,第50册,第1051页。

东。雍正元年十月,置热河理事同知,隶霸昌道;雍正二年七月,设张家口理事同知,省域均有所扩大。雍正三年六月,析大名府内黄县往属于河南之彰德府,析浚县、滑县往属于河南之卫辉府。四年四月,河南磁州来属。雍正十年置多伦诺尔厅、十二年置独石口厅。雍正十一年十一月,山西省广昌县来属。光绪二年,置围场厅。直隶界线因此而发生多次变化。

四、守巡道

康熙八年六月前

霸州兵备道,顺治元年五月置①,即整饬霸州等处地方兵备道,兼理马政、河道、粮饷②,驻霸州。辖霸州、文安、大城、保定、固安、永清、东安、香河等县及营州前屯卫③,"并涿州良乡、房山二县地方,遇有盗贼,调度官兵,督率壮快人等,相兼军卫有司,协力剿捕"④。属顺天巡抚。康熙元年八月与易州道合并为霸易道⑤。

易州兵备道,顺治元年五月置⑥,即整饬保定府易州兵备道,兼理马政、驿传、粮饷事务⑦;一作整饬紫荆提督关隘兼保定屯田、水利,辖广昌、灵石县;驻易州。约辖保定府东南部。属保定巡抚。顺治七年七月,蠡县道并入。康熙元年八月并入霸州道。

蠡县兵备道,顺治元年七月置,一名保定道⑧、保定南道⑨,属保定巡抚。顺治七年七月裁⑩。康熙元年易州道并入霸州道后,霸易道驻地为蠡县,当是

---

① 《世祖实录》卷5顺治元年五月壬子,《清实录》,第3册,第60页。
② 《顺治十八年缙绅册》,洪氏剞劂斋刻本,国家图书馆藏。按:顺治末年各道名称及兼管事务,除特别出注外,均据《顺治十八年缙绅册》。此书名为国家图书馆标注。原书首页有"新刊随省督抚按总镇缙绅",当为书名。
③ 按:明嘉靖年间宛平县属霸州道(《明世宗实录》卷363嘉靖二十九年七月壬子,《明实录》,第45册,第6461页),天启年间大兴亦属霸州道(《明熹宗实录》卷39天启三年十月壬申,《明实录》,第68册,第1995页),说明顺天府西京县在晚明均属霸州道。清顺治三年霸州道敕书中,霸州道所辖无大兴、宛平二县。该二县在顺治年间是否属霸州道或昌平道、密云道,还是直接属于府尹,或者是敕书记载有疏漏,尚待查考。雍正《畿辅通志》卷60言霸昌道所辖有大兴、宛平两县。本书暂作此二县在顺治年间不属于某道,至康熙八年霸易道与昌密道合并为霸昌道时隶霸昌道。
④ 《皇帝敕命李日芃整饬霸州兵备道》(顺治三年二月七日),《明清档案》,第4册,第B1627页。
⑤ 《圣祖实录》卷7康熙元年八月己未,《清实录》,第4册,第120页。
⑥ 《世祖实录》卷5顺治元年五月壬子,《清实录》,第3册,第60页。
⑦ 《皇帝敕命武延祚整饬易州兵备道》(顺治二年四月二十四日),《明清档案》,第2册,第B839页。
⑧ 《世祖实录》卷10顺治元年十月庚辰,《清实录》,第3册,第103页。
⑨ 《世祖实录》卷6顺治元年七月壬辰,《清实录》,第3册,第66页。按:《世祖实录》所载保定道、保定南道道员姓名,《畿辅通志》卷60均载于蠡县兵备道下,当为同一道。
⑩ 《世祖实录》卷49顺治七年七月癸丑,《清实录》,第3册,第393页。

蠡县道并入易州道。

霸易兵备道，康熙元年八月合并霸州道、易州道置，即整饬霸易等处地方、提督紫荆等关道，兼理粮饷、河道、驿传、盐法、学政①，驻蠡县②。辖境为保定府与顺天府霸州、文安等州县。康熙八年六月裁，所辖顺天府各州县并入霸昌道，保定府直属于省，道缺改置为直隶巡道，驻保定府③。

昌平兵备道，顺治元年五月置，驻昌平州④。明万历年间管辖昌平州、怀柔县、顺义县及卫所⑤，清初当因之。属顺天巡抚。顺治十五年十一月，通密道所属密云、平谷2县并入，同时改名为昌密兵备道⑥。

昌密兵备道，顺治十五年十一月，通密道所属密云、平谷2县并入昌平道并改名，即整饬昌密道，辖顺义、怀柔、居庸等处地方屯田，仍驻昌平州。康熙八年六月裁，与霸易道合并为霸昌道。

密云兵备道，顺治元年置⑦，驻密云县。约辖密云、平谷等县。属顺天巡抚。顺治七年七月，通州道所辖各县并入。顺治八年七月移驻通州并改名通密道⑧。

通州兵备道，顺治元年五月置⑨，驻通州。辖区当同明代，属顺天巡抚。顺治七年七月并入密云道。

通密兵备道，顺治八年七月，密云道移驻通州并改名⑩。约辖通州、三河、武清、宝坻等县。属顺天巡抚。顺治十五年十一月，与蓟州道合并为通蓟道⑪。

蓟州兵备道，顺治元年七月置⑫，驻蓟州，旋移驻遵化州⑬。属顺天巡抚。明万历年间辖蓟州、遵化、丰润、玉田等4州县及卫所，当因之。顺治十五年十

---

① 《康熙缙绅册》，洪氏剞劂斋刻本，国家图书馆藏。
② 《圣祖实录》卷7康熙元年八月己未，《清实录》，第4册，第60页。
③ 《圣祖实录》卷30康熙八年六月丙子，《清实录》，第4册，第407页。
④ 《世祖实录》卷5顺治元年五月壬子，《清实录》，第3册，第60页。
⑤ 万历《明会典》卷128，第661页。
⑥ 《世祖实录》卷121顺治十五年十月乙巳，《清实录》，第3册，第940页。
⑦ 按：《世祖实录》卷16顺治二年五月庚寅，命"密云道佥事萧时彦为河南按察使司副使淮安海道"（《清实录》，第1册，第144页），是此前当已设置。
⑧ 《世祖实录》卷58顺治八年七月癸未，《清实录》，第3册，第459页。
⑨ 《世祖实录》卷5顺治元年五月壬子，《清实录》，第3册，第60页。
⑩ 《世祖实录》卷58顺治八年七月癸未，《清实录》，第3册，第459页。又，《顺天巡抚杨兴国揭请准将密云道臣移驻通州以护漕粮》（顺治八年二月七日），《明清档案》，第12册，第B6655页。
⑪ 《世祖实录》卷121顺治十五年十月乙巳，《清实录》，第3册，第940页。
⑫ 《世祖实录》卷6顺治元年七月庚子，《清实录》，第3册，第68页。
⑬ 《世祖实录》卷6顺治元年七月丁未，《清实录》，第3册，第71页。

一月,与通密道合并为通蓟道。

通蓟兵备道,顺治十五年十一月,合并通密道与蓟州道置。即整饬通蓟等处兵备道,兼屯田、驿传、饷务、海防事务,驻通州。属顺天巡抚。辖顺天府属通州、三河、武清、宝坻、蓟州、遵化、丰润、玉田、梁城等9州县所①。康熙八年六月裁,与永平道合并为通永道②。

永平兵备道,顺治元年四月置③,驻永平府。属顺天巡抚。明万历间辖永平府诸州县及密云卫等,清初当因之。顺治十年六月,山海关内道并入,一作整饬永平道,管燕河、建昌马政、屯田兼海防、驿传事务。康熙八年六月,与通蓟道合并为通永道。

山海关内兵备道,一作山海道④、山海关道⑤、关内道⑥,即整饬山海关内监军兵备道,兼理屯田、海防等务⑦,顺治元年八月置⑧。驻山海关。属顺天巡抚。顺治十年六月裁⑨,并入永平道。

天津兵备道,见后。

河间兵备道,顺治元年六月置⑩,驻地约在河间县。因河间府东境有天津兵备道,辖境大致在河间府西部一带。属保定巡抚。顺治七年七月裁⑪,并入天津道。

井陉兵备道,见后。

定州兵备道,顺治元年六月置⑫。驻定州,顺治三年分辖定州、无极、新乐、曲阳、行唐、冀州、南宫、新河、枣强、武邑、晋州、安平、饶阳、武强、深州、衡水等16州县,并定州营卫及倒马关隘地方⑬。属保定巡抚。顺治七年七月裁⑭,当并入井陉道。

---

① 雍正《畿辅通志》卷60,第505册,第407页。
② 《圣祖实录》卷30康熙八年六月丙子,《清实录》,第4册,第407页。
③ 《世祖实录》卷4顺治元年四月甲申,《清实录》,第3册,第56页。
④ 《世祖实录》卷17顺治二年六月乙卯,《清实录》,第3册,第150页。
⑤ 《世祖实录》卷20顺治二年八月壬午,《清实录》,第3册,第175页。
⑥ 《世祖实录》卷72顺治十年二月癸亥,《清实录》,第3册,第574页。
⑦ 《皇帝敕命杨云鹤整饬山海关内监军兵备道》(顺治元年八月二十五日),《明清档案》,第1册,第B267页。
⑧ 《世祖实录》卷7顺治元年八月庚辰,《清实录》,第3册,第82页。
⑨ 《世祖实录》卷76顺治十年八月辛丑,《清实录》,第3册,第598页。
⑩ 《世祖实录》卷5顺治元年六月壬申,《清实录》,第3册,第62页。
⑪ 《世祖实录》卷49顺治七年七月癸丑,《清实录》,第3册,第393页。
⑫ 《世祖实录》卷5顺治元年六月乙丑,《清实录》,第3册,第61页。
⑬ 《皇帝敕命刘兴汉整饬真定兵备道》(顺治三年九月一日),《明清档案》,第4册,第B2167页。
⑭ 《世祖实录》卷49顺治七年七月癸丑,《清实录》,第3册,第393页。

大名兵备道,见后。

顺广兵备道,顺治元年六月置①。约驻邢台县。辖境当为顺德、广平 2 府。属保定巡抚。顺治七年七月裁②,并入大名道。

分守口北道,见后。

分巡口北道,一作宣府口北道、赤城道③。顺治元年六月置④。驻赤城。属宣府巡抚。敕书谓"分巡口北道,驻扎赤城,专管马营等城,并北中二路兵备"⑤。顺治十五年裁,辖区并入分守道⑥。

怀来兵备道⑦,一作整饬怀隆道,顺治元年五月置⑧。驻怀来卫。《顺治十八年缙绅册》谓"分理(宣府镇)东、北二路城堡边务、仓场"。属宣府巡抚。康熙元年八月裁⑨,并入口北道。

康熙八年六月后

1. 霸昌道

分巡道,康熙八年六月合并霸易道、昌密道置⑩,驻昌平州。辖顺天府属大兴、宛平、霸州、保定、文安、大城、涿州、房山、良乡、固安、永清、东安、香河、昌平、顺义、怀柔、密云、平谷、延庆等 19 州县卫⑪。雍正六年十二月,通永河道所辖顺天府通州等 8 州县来属⑫,管辖顺天府全境。雍正十一年十月,通、蓟、遵化 3 州及三河、武清、宁河、宝坻 4 县划属通永河道⑬,管理区域缩小为顺天府属大兴、宛平、霸州、保定、文安、大城、涿州、房山、良乡、固安、永清、东安、香河、昌平、顺义、怀柔、密云、平谷、延庆等 19 州县及承德州⑭。乾隆五年

---

① 《世祖实录》卷 5 顺治元年六月丁丑,《清实录》,第 3 册,第 63 页。
② 《世祖实录》卷 49 顺治七年七月癸丑,《清实录》,第 3 册,第 393 页。
③ 《世祖实录》卷 13 顺治二年正月戊子,《清实录》,第 3 册,第 119 页。
④ 《世祖实录》卷 5 顺治元年六月壬申,《清实录》,第 3 册,第 62 页。
⑤ 《皇帝敕命贾久邵分巡口北道》(顺治元年七月二十七日),《明清档案》,第 1 册,第 B93 页。
⑥ 雍正《畿辅通志》卷 60,第 505 册,第 409 页。按:乾隆《宣化府志》卷 21 引《续宣镇志》:赤城兵备道,"顺治十一年裁缺,归并怀隆道。"
⑦ 《世祖实录》卷 11 顺治元年十一月庚寅,《清实录》,第 3 册,第 106 页;又卷 21 顺治二年十一月戊寅,第 190 页。
⑧ 《世祖实录》卷 5 顺治元年五月壬子,《清实录》,第 3 册,第 60 页。
⑨ 《圣祖实录》卷 7 康熙元年八月己未,《清实录》,第 4 册,第 120 页。按:乾隆《宣化府志》卷 21 作顺治十八年裁缺。
⑩ 《圣祖实录》卷 30 康熙八年六月丙子,《清实录》,第 4 册,第 407 页。
⑪ 雍正《畿辅通志》卷 60,第 505 册,第 407 页。
⑫ 《世宗实录》卷 76 雍正六年十二月丙申,《清实录》,第 7 册,第 1131 页。
⑬ 《世宗实录》卷 136 雍正十一年十月甲寅,《清实录》,第 8 册,第 742 页。
⑭ 康熙《清一统志》卷 2《直隶统部》。

三月,承德州往属热河道①。乾隆十三年,称分巡霸昌道,为按察司副使衔,兼理屯田、驿传、粮饷②。乾隆二十年十二月,香河县往属通永道③。至此,辖顺天府西、南、北3厅。乾隆年间,一度于夏季分驻怀柔一带④。光绪三十年(1904)裁⑤。

2. 通永道

分巡道,康熙八年六月合并通蓟道、永平道置⑥。驻通州,辖顺天府属通州、三河、武清、宝坻、蓟州、遵化、丰润、玉田、梁城等9州县所及永平府⑦。雍正四年二月改为河务道,或称通永河道,专管北运河,兼管顺天府通州等八州县钱粮刑名事务⑧,不再管理永平府。雍正六年十二月,兼管的顺天府通州等8州县改属霸昌道管辖⑨。雍正十一年十月复为分巡通永道,管辖永平府和通、蓟、遵化3州及三河、武清、宁河、宝坻4县,兼管河务⑩。乾隆十三年,称分巡通州运河道,为按察使副使衔⑪。乾隆二十年十二月,香河县来属,辖顺天府东路厅之通州、三河、武清、宝坻、蓟州、遵化、丰润、玉田等8州县及永平府、遵化州。道光三十年(1850),加兵备衔,为通永河务兵备道⑫。光绪三十年,霸昌道所辖并入,辖境扩大为顺天府、永平府及遵化州。

3. 天津道

分巡道,顺治元年五月置⑬。驻天津卫。属保定、天津巡抚。顺治七年七月,河间道辖区并入,管辖天津卫、河间府属州县并河间各营卫所,全称整饬天

---

① 《高宗实录》卷112乾隆五年三月己酉,《清实录》,第10册,第651页。
② 《缙绅新书》(乾隆十三年春),《清代缙绅录集成》,第1册,第151页。
③ 《高宗实录》卷502乾隆二十年十二月壬子,《清实录》,第15册,第339页。
④ 《高宗实录》卷935乾隆三十八年五月辛巳,"霸昌道驻扎昌平,距怀柔不远,该道并无紧要事务必须在署坐办。若令暂驻怀柔,亦与昌平无异。着传旨令盛住即移驻怀柔,并于密云一带往来查察,如遇军报、本报或偶因雨水间阻,怀柔原有绕道可行,密云白河亦有上哨浅处可渡。该道即督率地方弁悉心照料妥办,毋致再有延误。嗣后朕夏间驻跸热河,总派霸昌道留驻怀柔一带办理。"(《清实录》,第20册,第586页)
⑤ 刘锦藻:《清朝续文献通考》卷115,第2册,第8741页。
⑥ 《圣祖实录》卷30康熙八年六月丙子,《清实录》,第4册,第407页。
⑦ 雍正《畿辅通志》卷60,第505册,第407页。
⑧ 《世宗实录》卷41雍正四年二月甲戌,《清实录》,第7册,第607页。
⑨ 《世宗实录》卷76雍正六年十二月丙申,《清实录》,第7册,第1131页。
⑩ 《世宗实录》卷136雍正十一年十月甲寅,《清实录》,第8册,第742页。又:康熙《清一统志》卷2。
⑪ 《缙绅新书》(乾隆十三年春),第1册,第150页。
⑫ 光绪《清会典事例》卷25,第1册,第321页。
⑬ 《世祖实录》卷5顺治元年五月壬子,《清实录》,第3册,第60页。

津河间等处兵备道,兼理马政、驿传、河道、盐法及仓库兵马钱粮事务①。康熙八年不称兵备②,仍辖河间府、天津卫。雍正四年二月改为天津河道,驻天津府,总管南运河,兼管臧家桥以下之子牙河,垣家口以东之淀河,不管州县钱粮刑名事务。雍正十一年十月复为天津道,辖天津、河间2府,兼管河务③。乾隆十三年,为按察司副使衔④。乾隆三十二年二月加兵备衔⑤,次年称分巡直隶天津河间等处地方兼管河务兵备道⑥。至清末未变。

4. 清河道

雍正四年二月以大名道员改置,驻保定府。为河务道,专司河务,管理苑家口以西各淀池及畿南诸河⑦,不管州县钱粮刑名事务。雍正十一年十月管辖保定、正定2府及易、冀、定、赵、深等5直隶州,兼管河务⑧。乾隆十三年,为分巡清河道、布政司参议衔⑨。管辖区域至清末未变。

5. 大名道

初为大名兵备道,顺治二年初置⑩,驻大名府。属保定巡抚。顺治七年,顺广道辖区并入。顺治九年,"管理大名、顺德、广平三府所属州县及守御军所有司衙门,并顺德所辖关隘,兼制山东、河南等处邻境,宁山、潼关等二卫,兼盐法、马政、粮饷等务。"⑪顺治末管理河道、马政、驿传兼制邻近州县。康熙八年不称兵备道⑫。雍正四年二月,改置为清河道⑬。雍正十一年十月复置,一名大名顺德广平兵备道,辖大名、顺德、广平3府,兼管河务⑭,驻大名府⑮。乾隆

---

① 《皇帝敕命李呈祥整饬天津河间兵备道》(顺治九年三月十一日),《明清档案》,第14册,第B7593页。
② 雍正《畿辅通志》卷60,第505册,第407页。
③ 《世宗实录》卷136雍正十一年十月甲寅,《清实录》,第8册,第742页。
④ 《缙绅新书》(乾隆十三年春),第1册,第154页。
⑤ 《高宗实录》卷777乾隆三十二年二月丙午,《清实录》,第18册,第557页。
⑥ 《高宗实录》卷805乾隆三十三年二月庚辰,《清实录》,第18册,第877页。
⑦ 《世宗实录》卷41雍正四年二月甲戌,《清实录》,第7册,第607页。
⑧ 《世宗实录》卷136雍正十一年十月甲寅,《清实录》,第8册,第742页;康熙《清一统志》卷2《直隶统部》。
⑨ 《缙绅新书》(乾隆十三年春),第1册,第152页。
⑩ 按:《世祖实录》卷13顺治二年正月乙巳:"真定巡按卫周允疏报真定、大名、顺德、广平四府山寨贼寇悉平。"(《清实录》,第3册,第122页)同年十一月戊寅首见大名道职官(《世祖实录》卷21,第3册,第190页)。大名道当在此时间前设置。
⑪ 《皇帝敕命程之璠整饬大名兵备道》(顺治九年八月十日),《明清档案》,第15册,第B8227页。
⑫ 雍正《畿辅通志》卷60,第505册,第409页。
⑬ 《世宗实录》卷41雍正四年二月甲戌,《清实录》,第7册,第607页。
⑭ 《世宗实录》卷136雍正十一年十月甲寅,《清实录》,第8册,第742页。
⑮ 康熙《清一统志》卷2《直隶统部》。

十三年,为按察司副使衔①。辖区至清末未变。

6. 口北道

分守道,顺治三年置②,驻宣府镇(后改宣化府)。辖宣府镇中西部。属宣府巡抚。顺治十五年,分巡口北道辖区并入。《顺治十八年缙绅册》谓"管(宣府镇)上、下、西南三路"。康熙元年八月,怀来道辖区并入,约辖宣府一镇及保安、延庆2州。康熙初称分守口北道,管卜西南三路兼辖怀隆等处③。康熙三十九年五月拟裁,康熙帝留之④。乾隆十三年,称分守口北整饬宣化等处道,为按察司副使衔,兼管粮饷、驿传事务⑤。乾隆三十二年二月加兵备衔⑥。次年称分守口北兵备道,整饬宣府张独多三厅等处⑦。此后职能为管辖"宣镇各营独石口千家店驻防兵饷,辖府州县,管张家口、独石口、多伦诺尔三处抚民同知,管辖夷澳刑名事件,稽察征收口外东四旗正黄半旗地粮"⑧。

7. 热河道

分巡道,乾隆五年三月置⑨。驻承德州,辖承德州及八沟同知、四旗通判、喀喇沁三旗等⑩。当具有道员和知府的双重职能。乾隆十三年,为按察使司副使衔⑪。光绪初,称整饬分巡口外热河等处地方兵备道⑫。宣统三年(1911),因"管辖两府、一直隶州并两盟十七旗,幅员辽阔,以蒙民交涉案件为最多,素称难治,与各省情形迥别。当此司法改良之际,但使有裨治理,似不妨因地制宜,期于变通尽利",加提法使衔⑬,管理热河地区司法事务。

8. 已裁各道

井陉兵备道,顺治元年五月置⑭,驻获鹿县。约辖真定府中西部。属保定巡抚。顺治七年,定州道辖区并入,约辖真定府。顺治末称整饬井陉道,提督

---

① 《缙绅新书》(乾隆十三年春),第1册,第158页。
② 《世祖实录》卷26顺治三年六月甲申,《清实录》,第3册,第223页。
③ 《康熙缙绅册》,洪氏剞劂斋刻本,国家图书馆藏。
④ 《圣祖实录》卷199康熙三十九年五月癸巳,《清实录》,第6册,第20页。
⑤ 《缙绅新书》(乾隆十三年春),第1册,第159页。
⑥ 《高宗实录》卷777乾隆三十二年二月丙午,《清实录》,第18册,第557页。
⑦ 《高宗实录》卷805乾隆三十三年二月庚辰,《清实录》,第18册,第877页。
⑧ 《爵秩全书》(光绪三年冬),《清代缙绅录集成》,第39册,第265页。
⑨ 《高宗实录》卷112乾隆五年三月乙酉,《清实录》,第10册,第651页。
⑩ 《高宗实录》卷89乾隆四年三月丁卯,《清实录》,第10册,第376页。
⑪ 《缙绅新书》(乾隆十三年春),第1册,第152页。按:光绪《清会典事例》作乾隆三十一年(第1册,第319页),当误。
⑫ 《爵秩全书》(光绪三年冬),《清代缙绅录集成》,第39册,第259页。
⑬ 《宣统政纪》卷51宣统三年三月己未,《清实录》,第60册,第915页。
⑭ 《世祖实录》卷5顺治元年五月壬子,《清实录》,第3册,第60页。

三关、真定府平定州县,兼马政、驿传。康熙八年不称兵备道①。康熙三十九年五月裁②,真定府当直辖。

五、府厅州县

顺治元年,沿明制,直隶地方有顺天、保定、河间、真定、顺德、广平、大名、永平等 8 府,延庆、保安 2 直隶州,以及宣府镇。

康熙三十二年二月,以宣府镇地设宣化府,降延庆、保安 2 直隶州为州,属宣化府。直隶地方共有 9 府。

雍正元年,真定府改名为正定府。雍正二年六月,析正定府定、冀、晋、赵、深 5 州为直隶州。领 9 府、5 直隶州。雍正三年,置天津直隶州。雍正七年闰七月,升河间府沧州为直隶州。领 9 府、7 直隶州。雍正九年二月,升天津直隶州为天津府,降沧州直隶州为属州。领 10 府、5 直隶州。雍正十一年十一月,析保定府易州为直隶州,改热河理事厅为承德直隶州。领 10 府、7 直隶州。雍正十二年三月,降晋州直隶州为属州,属正定府。领 10 府、6 直隶州。口北道、霸昌道领有理事厅。口北道领 3 厅:雍正元年领张家口理事厅,雍正十年领多伦诺尔理事厅,雍正十二年领独石口厅。霸昌道领 3 厅:雍正元年十月领热河理事厅,雍正七年十月领八沟理事通判厅,雍正十年领八沟理事同知厅。雍正十一年改热河厅为承德州。

乾隆七年二月,废承德州,仍置热河理事厅。领 10 府、5 直隶州。乾隆八年五月,升顺天府遵化州为直隶州。领 10 府、6 直隶州。乾隆十九年,顺天府四路厅为行政区划,领 9 府、4 厅(顺天府四路厅)、6 直隶州。乾隆四十三年二月,以热河道所辖热河诸厅置承德府,领 10 府、4 厅(四路厅)、6 直隶州。光绪二十九年四月,析承德府朝阳县置朝阳府,领 11 府、4 厅(四路厅)、6 直隶州。光绪三十四年二月,析承德府赤峰县置赤峰直隶州,领 11 府、4 厅(四路厅)、7 直隶州。至清末,共领 11 府、4 厅(四路厅)、7 直隶州,下辖 4 厅、17 州、127 县。

1. 保定府

治所即今河北保定市城区。顺治元年七月至六年八月,保定巡抚驻此。康熙八年,直隶巡抚、直隶守道、直隶巡道驻此。雍正二年十二月起,为直隶总

---

① 按:雍正《畿辅通志》卷 60,言天津道、大名道在康熙八年"不称兵备道",井陉道当同时不称兵备道。
② 《圣祖实录》卷 199 康熙三十九年五月癸巳,《清实录》第 6 册,第 20 页。

督和直隶布政使司、按察使司驻地,遂为直隶省会。

顺治元年,沿明制,领 3 州 17 县:清苑、满城、安肃、定兴、新城、唐县、博野、庆都、容城、完县、蠡县、雄县,祁州领深泽、束鹿县,安州领高阳、新安县,易州领涞水县。雍正十一年十一月,升易州为直隶州,析涞水县往属之①。雍正十二年三月,析深泽县往属于定州直隶州②。乾隆十一年十月,改庆都县为望都县。道光十二年六月,裁新安县入安州。至此,领 2 州:祁州、安州;14 县:清苑、满城、安肃、定兴、新城、唐县、博野、望都、容城、完县、蠡县、雄县、束鹿、高阳县。至清末未变。

清苑县,附郭。治所即今河北保定市城区。

满城县,治所即今河北满城县驻地满城镇。

安肃县,治所即今河北徐水县驻地安肃镇。

定兴县,治所即今河北定兴县驻地定兴镇。

新城县,治所在今河北高碑店市东南新城镇。

容城县,治所即今河北容城县驻地容城镇。

雄县,治所即今河北雄县驻地雄州镇。

完县,治所即今河北顺平县驻地蒲阳镇。

唐县,治所即今河北唐县驻地仁厚镇。

望都县,原名庆都县,治所即今河北望都县驻地望地镇。乾隆十一年十月,谕旨改名:"朕自正定回銮,固城、祁水之间有县焉,与尧母同名。虽述古之义也,触目踯躅,于意弗安,其易之,仍为望都。"③

博野县,治所即今河北博野县驻地博野镇。

蠡县,治所即今河北蠡县驻地蠡吾镇。

祁州,治所即今河北安国市驻地。初领深泽、束鹿县。雍正末年,深泽县往属于定州,束鹿县隶属于府。

束鹿县,治所在今河北辛集市东南新城。初属祁州,雍正末属于府。

安州,治所在今河北安新县西南安州镇。初领高阳、新安县,雍正末 2 县隶属于府。道光十二年六月,新安县地并入。

高阳县,治所即今河北高阳县驻地高阳镇。初属安州,雍正末属于府。

新安县,治所在今河北安新县驻地安新镇,初属安州,雍正末属府。道光

---

① 《世宗实录》卷 137 雍正十一年十一月甲辰,《清实录》,第 8 册,第 753 页。
② 《世宗实录》卷 141 雍正十二年三月甲辰,《清实录》,第 8 册,第 784 页。
③ 《高宗实录》卷 276 乾隆十一年十月庚午,《清实录》,第 12 册,第 608 页。

十二年六月,裁入安州①。

2. 永平府

治所即今河北卢龙县驻地卢龙镇。顺治元年,沿明制,领1州5县:卢龙、迁安、抚宁、昌黎4县,滦州领乐亭县。雍正四年,顺天府之玉田、丰润二县来属②。乾隆二年,置临榆县来属。乾隆八年七月,析玉田、丰润2县往属于遵化直隶州③。至此,领1州:滦州;6县:卢龙、迁安、抚宁、昌黎、乐亭、临榆县。

卢龙县,附郭。治所即今河北卢龙县驻地卢龙镇。

迁安县,治所即今河北迁安市驻地。

抚宁县,治所即今河北抚宁县驻地抚宁镇。

昌黎县,治所即今河北昌黎县驻地昌黎镇。

滦州,治所即今河北滦县驻地滦河街道。初领乐亭县,雍正末县属府。

乐亭县,治所即今河北乐亭县驻地乐安街道。初属滦州,雍正末属府。

临榆县,乾隆二年裁山海卫,析抚宁县、滦州地置④。治所在山海关西口(今河北秦皇岛市东北山海关区)。

3. 真定府—正定府

治所即今河北正定县驻地正定镇。顺治元年,沿明制,称真定府,领5州27县:真定、井陉、获鹿、元氏、灵寿、藁城、栾城、无极、平山、阜平县,定州领新乐、曲阳、行唐县,冀州领南宫、新河、枣强、武邑县,晋州领安平、饶阳、武强县,赵州领柏乡、隆平、高邑、临城、赞皇、宁晋县,深州领衡水县。

顺治十六年四月,裁阜平县。康熙二十二年三月复设阜平县。雍正元年,改名为正定府,真定县更名为正定县。雍正二年六月,升定、冀、晋、赵、深5州为直隶州,析南宫、新河、枣强、武邑、衡水5县往属冀州,柏乡、隆平、高邑、临城、宁晋5县往属赵州,武强、饶阳、安平3县往属深州,无极、藁城2县往属晋州,曲阳、新乐2县往属定州⑤。雍正十二年三月,晋州及无极、藁城、新乐3县来属⑥。由此领1州:晋州;13县:正定、井陉、获鹿、元氏、灵寿、栾城、平

---

① 《宣宗实录》卷213道光十二年六月甲申,《清实录》,第36册,第142页;又卷228十二月庚申,第403页。
② 雍正《清会典》卷24,第3册,第275页。
③ 《高宗实录》卷192乾隆八年五月癸巳,《清实录》,第11册,第471页;又卷196七月辛卯,第522页。
④ 乾隆《清会典则例》卷31,《四库全书》本,第620册,第592页。乾隆《清一统志》卷13,第474册,第258页。
⑤ 《世宗实录》卷21雍正二年六月丙申,《清实录》,第7册,第347页。
⑥ 《世宗实录》卷141雍正十二年三月甲辰,《清实录》,第8册,第784页。

山、阜平、行唐、赞皇、无极、藁城、新乐。至清末未变。

正定县，初名真定县，附郭，治所即今河北正定县驻地正定镇。雍正元年改名①。

获鹿县，治所即今河北鹿泉区驻地获鹿镇。

井陉县，治所在今河北井陉县驻地微水镇西天长镇。

平山县，治所即今河北平山县驻地平山镇。

灵寿县，治所即今河北灵寿县驻地灵寿镇。

行唐县，治所即今河北行唐县驻地龙州镇。初属定州，雍正二年六月属府。

阜平县，治所即今河北阜平县驻地阜平镇，顺治十六年四月裁，地入行唐、曲阳县②。康熙二十二年三月复置③，因原县城、县署已坍圮，治所移至胜东社王快镇（今阜平县东南王快水库处）④。乾隆十一年重建旧城并迁治⑤，即今河北阜平县驻地阜平镇。

栾城县，治所即今河北栾城区驻地栾城镇。

元氏县，治所即今河北元氏县驻地槐阳镇。

赞皇县，治所即今河北赞皇县驻地赞皇镇。初属赵州，雍正二年六月属府。

晋州，治所即今河北晋州市驻地晋州镇。初属真定府，领安平、饶阳、武强3县。雍正二年六月升为直隶州，雍正十二年三月来属。

无极县，治所即今河北无极县驻地无极镇。雍正二年六月属晋州直隶州，雍正十二年三月来属。

藁城县，治所即今河北藁城市驻地廉州镇。隶属变化同无极县。

新乐县，治所在今河北新乐市东北承安镇。初属定州，雍正二年六月属定州直隶州，雍正十二年三月来属。

4. 顺德府

治所即今河北邢台市城区。顺治元年，沿明制，领9县：邢台、沙河、南和、平乡、广宗、巨鹿、唐山、内丘、任县。至清末未变。

邢台县，附郭，治所即今河北邢台市邢台县驻地（邢台市桥东区城区）。

---

① 嘉庆《清会典事例》卷128，第651册，第5752页。
② 《世祖实录》卷125顺治十六年四月甲辰，《清实录》，第3册，第971页。
③ 《圣祖实录》卷108康熙二十二年三月辛酉，《清实录》，第5册，第101页。
④ 雍正《畿辅通志》卷27，第504册，第602页。
⑤ 乾隆《清一统志》卷18，第474册，第349页。按：牛平汉：《清代政区沿革综表》引档案《乾隆十三年七月十四日硃批来保题奏》谓十三年迁治。

沙河县，治所在今河北沙河市北沙河城镇。
南和县，治所即今河北南和县驻地和阳镇。
任县，治所即今河北任县驻地任城镇。
平乡县，治所在今河北平乡县西南平乡镇。
广宗县，治所即今河北广宗县驻地广宗镇。
巨鹿县，治所即今河北巨鹿县驻地巨鹿镇。
唐山县，治所在今河北隆尧县西南尧城。
内丘县，治所即今河北内丘县驻地内丘镇。

5. 广平府

治所在今河北永年县东南广府镇。顺治元年，沿明制，领9县：永年、曲周、肥乡、鸡泽、广平、邯郸、成安、威县、清河县。雍正四年四月，河南彰德府磁州来属。雍正九年，析山东丘县之五营村来属广平县，辖境扩大。至此，领1州：磁州；9县：永年、曲周、肥乡、鸡泽、广平、邯郸、成安、威县、清河县。至清末未变。

永年县，附郭，治所在今河北永年县东南广府镇。
曲周县，治所即今河北曲周县驻地曲州镇。
肥乡县，治所即今河北肥乡县驻地肥乡镇①。
广平县，治所即今河北广平县驻地广平镇②。山东省东昌府丘县五营村，地处该县极西，插入广平县界，于雍正九年四月来属③。
成安县，治所即今河北成安县驻地成安镇。
邯郸县，治所即今河北邯郸市丛台区老城区。
鸡泽县，治所即今河北鸡泽县驻地鸡泽镇。
威县，治所即今河北威县驻地洺州镇。
清河县，治所在今河北清河县驻地葛仙庄镇西东关村、西关村一带。
磁州，治所即今河北磁县驻地磁州镇。清初属河南彰德府。雍正四年四月，因"滏阳河发源河南磁州，州民拦河筑坝，致直属邯郸、永年诸县争水，讦讼事关两省，文移动经岁月"，遂改属本府，滏阳河全归直隶管辖④。

---

① 雍正《畿辅通志》卷25《城池》：康熙四年七月，漳水泛滥，寄治城东旧店营（今东营），雍正九年迁回原城。
② 乾隆《广平府志》卷2《建置》：康熙四十二年，漳水泛滥，移治城西北一里许，建新堡。康熙五十年复旧治。
③ 《世宗实录》卷105雍正九年四月壬寅，《清实录》，第8册，第392页。
④ 《世宗实录》卷43雍正四年四月丁亥，《清实录》，第7册，第637页。

6. 大名府

治所即今河北大名县驻地大名镇。顺治元年,沿明制,领 1 州 10 县:元城、大名、南乐、魏县、清丰、内黄、浚县、滑县、东明县,开州领长垣县。雍正三年六月,析内黄县往属于河南之彰德府,析浚县、滑县往属于河南之卫辉府①。乾隆二十三年六月,裁魏县入大名、元城 2 县;大名县徙治于府城。领 1 州:开州;6 县:元城、大名、南乐、清丰、东明、长垣县。至清末未变。

大名县,治所在今河北大名县南旧治镇。乾隆二十三年六月,魏县部分地并入,迁治今大名县驻地大名镇,为附郭。

元城县,附郭,治所即今河北大名县驻地大名镇。

南乐县,治所即今河南南乐县驻地城关镇。

清丰县,治所即今河南清丰县驻地城关镇。

开州,治所即今河南濮阳县驻地城关镇。初领东明县,雍正间县往属府。

东明县,治所即今山东东明县驻地城关镇。初属开州,雍正间属于府。

长垣县,治所即今河南长垣县蒲东街道。

魏县,治所在今河北魏县驻地魏城镇。乾隆二十三年六月裁,并入元城、大名 2 县②。

7. 河间府

治所即今河北河间市驻地城关镇。顺治元年,沿明制,领 2 州 16 县:河间、献县、阜城、肃宁、任丘、交河、青县、兴济、静海、宁津县,景州领吴桥、东光、故城县,沧州领南皮、盐山、庆云。顺治十六年七月,裁兴济县并入青县③。雍正三年三月,裁天津卫改置天津州来属。九月,升天津州为直隶州,析青、静海 2 县往属之。雍正七年闰七月,升沧州为直隶州,析南皮、庆云、盐山、东光四县往属之④。雍正九年二月,东光县还属。领 1 州:景州;10 县:河间、献县、阜城、肃宁、任丘、交河、宁津、吴桥、故城、东光县。至清末未变。

河间县,附郭,治所即今河北河间市驻地瀛州镇。

献县,治所即今河北献县驻地乐寿镇。

肃宁县,治所即今河北肃宁县驻地肃宁镇。

任丘县,治所即今河北任丘市城区。

交河县,治所在今河北泊头市西南交河镇。

---

① 《世宗实录》卷 33 雍正三年六月丙戌,《清实录》,第 7 册,第 508 页。
② 《高宗实录》卷 565 乾隆二十三年六月甲戌,《清实录》,第 16 册,第 162 页。
③ 《世祖实录》卷 127 顺治十六年八月己丑,《清实录》,第 3 册,第 986 页。
④ 《世宗实录》卷 84 雍正七年闰七月辛卯,《清实录》,第 8 册,第 125 页。

阜城县,治所即今河北阜城县驻地阜城镇。

宁津县,治所即今山东宁津县城区。

景州,治所即今河北景县驻地景州镇。初领吴桥、东光、故城县,雍正间,东光县往属沧州直隶州,吴桥、故城县属于府。

故城县,治所在今河北故城县东北故城镇。初属景州,雍正间属于府。

吴桥县,治所在今河北吴桥县东铁城镇。初属景州,雍正间属于府。

东光县,治所即今河北东光县驻地东光镇。初属景州,雍正七年七月属沧州直隶州,雍正九年二月来属①。

8. 天津直隶州—天津府

明末为河间府地,置有天津卫、天津左卫、天津右卫②。顺治九年六月裁天津左、右卫入天津卫③。雍正三年三月,裁天津卫,置天津州,治所即今天津市城区,属河间府④。九月升为直隶州,领武清、青县、静海3县⑤。雍正四年八月,武清县还属顺天府⑥。"天津直隶州系水陆通衢,五方杂处,事务繁多,办理不易",雍正九年二月升为天津府,置天津县为附郭县,并降沧州直隶州为州,与所属之南皮、盐山、庆云3县一并来属⑦。领1州:沧州;6县:天津、青县、静海、南皮、盐山、庆云县。清末仍领1州6县。

天津县,附郭,治所即今天津市城区。雍正九年二月以天津直隶州亲辖地置。

静海县,治所即今天津市静海县驻地静海镇。初属河间府,雍正三年九月属天津直隶州。

青县,治所即今河北青县驻地清州镇。初属河间府,顺治十六年七月兴济县并入。雍正三年九月属天津直隶州。

沧州,治所即今河北沧州市运河区城区。初属河间府,领南皮、盐山、庆云3县。雍正七年闰七月升为直隶州,雍正九年二月降为州,来属。

南皮县,治所即今河北南皮县驻地南皮镇。初属沧州,雍正七年闰七月属沧州直隶州,雍正九年二月来属。

---

① 《世宗实录》卷103雍正九年二月丙辰,《清实录》,第8册,第368页。
② 乾隆《清一统志》卷17,第474册,第320页。
③ 《世祖实录》卷65顺治九年六月丁未,《清实录》,第3册,第509页。
④ 《世宗实录》卷30雍正三年三月乙巳,《清实录》,第7册,第450页。
⑤ 《世宗实录》卷36雍正三年九月甲子,《清实录》,第7册,第545页。按:光绪《顺天府志》卷35,谓雍正三年正月武清县往属天津州。
⑥ 雍正《畿辅通志》卷14,第504册,第241页。
⑦ 《世宗实录》卷103雍正九年二月丙辰,《清实录》,第8册,第368页。

盐山县，治所即今河北盐山县驻地盐山镇。沿革同南皮县。

庆云县，治所在今河北盐山县东南庆云镇。沿革同南皮县。

兴济县，治所在今河北沧州市北兴济镇，顺治十六年八月裁①，地入青县。

9. 宣府镇—宣化府

亦称宣镇。顺治元年五月，袭明制仍为宣府镇，由宣府巡抚专管②。顺治九年裁宣府巡抚，由宣大总督管辖。顺治十五年，裁宣大总督，归顺天巡抚管辖。顺治十八年起，先后受直隶督抚管辖。

顺治初领 15 卫：宣府左、宣府右、宣府前、万全右、万全左、怀安、保安、保安右、蔚州、怀来、延庆右、延庆左、开平、龙门、永宁；8 所：兴和、云州、龙门、长安、美峪、广昌、永宁、四海冶，以及延庆（辖永宁县）、保安 2 州。顺治七年九月，裁保安右卫、延庆右卫入怀来卫，延庆左卫、永宁所、四海冶所入永宁卫③。顺治十年裁宣府左、右卫及兴和所入宣府前卫④。顺治十一年，裁美峪所入保安卫⑤。顺治十六年八月，裁永宁县入延庆州⑥。十月，裁龙门所入龙门卫⑦，裁长安所、云州所。顺治十八年，裁广昌所⑧。至此，宣府镇领宣府前、万全左、万全右、怀安、怀来、永宁、龙门、开平、保安、蔚州等 10 卫。康熙七年，裁万全都司。

除州县、卫所外，宣府镇又先后设有宣府理饷在城同知、宣府理刑同知（康熙元年裁）、正北路理饷同知、下北路理饷同知（顺治六年，原中路同知管理区域并入，移驻龙门卫）、中路理饷同知（顺治六年裁，管理区域归并下北路）、上西路理饷通判（顺治六年裁，管理区域并入下西路）、下西路理饷通判、南路理饷通判、东路理饷通判⑨，管理镇境各卫堡。宣府镇城管辖宣府前卫、深井堡，东路管辖怀来、保安、永宁诸卫及柳沟、靖安、周四沟、四海冶、礬山、土木、榆林诸堡，上北路管辖赤城、独石、云州、马营、镇宁、镇安、龙门所城、滴水崖诸堡，下北路辖龙门卫及葛峪、赵州、雕鹗、长安岭等堡，西路辖张家口堡和万全右卫、万全左卫及膳房、新河口、柴沟、洗马林、西阳河、怀安卫、来远等堡，南路辖顺圣

---

① 《世祖实录》卷 127 顺治十六年八月己丑，《清实录》，第 3 册，第 986 页。
② 《世祖实录》卷 5 顺治元年五月甲辰，《清实录》，第 3 册，第 59 页。
③ 《世祖实录》卷 50 顺治七年九月己未，《清实录》，第 3 册，第 399 页。
④ 康熙《畿辅通志》卷 2《建置沿革》。
⑤ 雍正《大清会典》卷 116《吏部》，第 6 册，第 1903 页。
⑥ 《世祖实录》卷 127 顺治十六年八月己丑，《清实录》，第 3 册，第 986 页。
⑦ 《世祖实录》卷 129 顺治十六年十月戊戌，《清实录》，第 3 册，第 999 页。
⑧ 雍正《清会典》卷 116，第 6 册，第 1903 页；光绪《清会典事例》卷 556，第 7 册，第 212 页。
⑨ 乾隆《宣化府志》卷 21《职官四》。

西城、顺圣东城、蔚州城、广昌城和桃花堡、黑石岭诸堡。习称"宣府所属六厅"。

康熙三十年十一月,直隶巡抚郭世隆向康熙面奏:"宣府一镇,旧制设有十卫,外设厅官六员,总辖钱粮。因地方辽阔,复用营守备二十员、把总七员,协收钱粮。驿站钱粮事务,亦系把总管理。文武殊途,以营弁而管民事,诸务掣肘。且佐贰武弁例不准民词,凡人命、盗案、户婚、田土,正印官批发始准审理行查,文移往返需日。应将各营弁及六厅裁去,将宣化所属,除延庆、保安二州外,改设一府八县七驿,俱设文官管理,似与地方有益。"康熙认为:"宣府改为郡县,则文武职掌明晰,可具条奏。"郭世隆奉旨条奏,仍遭部议驳回:"卫制年久,应无庸议。"康熙三十二年二月,康熙下旨九卿、詹事、科道会同确议具奏,由此议决改设宣化府①。

宣化设府后,治所在今河北张家口市宣化区,领 2 州:延庆、保安州;8 县:宣化、万全、怀安、西宁、怀来、龙门、赤城、蔚县。雍正六年四月,山西大同府蔚州与蔚县界址交错,不便管理,来属。乾隆二十二年三月,因蔚州、蔚县同城而治,幅员较小,蔚县并入蔚州。至清末,领 3 州 7 县。

宣化县,明为宣府左、右、前 3 卫,清初省左右 2 卫入前卫,仍为宣府镇治②。康熙三十二年二月改县,以附近之在城厅所属及宣府驿、深井堡三处并入。附郭,治所即今河北张家口市宣化区。

赤城县,明为赤城堡,清初因之,为宣府镇上北路。康熙三十二年置县,以上北路厅所属及开平卫、龙门所及滴水崖、云州镇堡、镇安堡、马营堡、镇宁堡等并入,治所即今河北赤城县驻地赤城镇。

龙门县,明为龙门卫,清初因之。康熙三十二年二月改县,以葛峪、赵川、雕鹗、长安岭 4 堡并入。治所在今河北赤城县西南龙关镇。

万全县,明为万全右卫,清初因之,为宣府镇西路。康熙三十二年二月改县,以附近西路厅所属及张家口、膳房、新河口、洗马林 4 堡并入,治所在今河北万全县北万全镇。

怀来县,明为怀来卫,清初因之,为东路。康熙三十二年二月改县,以东路厅所属保安卫及土木、榆林 2 堡并入。治所在今河北怀来县东官厅水库内。

怀安县,明为怀安卫,清初因之。康熙三十二年二月置县,以万全左卫及柴沟堡、西阳河堡并入。治所在今河北怀安县东南怀安镇。

---

① 《圣祖实录》卷 158 康熙三十二年二月癸未,《清实录》,第 5 册,第 738 页。乾隆《宣化府志》卷 2 《地理》。
② 按:宣化府属各州县沿革,除特别注出外,均据雍正《畿辅通志》卷 14、乾隆《宣化府志》卷 2。

蔚州,明为山西大同府蔚州,治所即今河北蔚县驻地蔚州镇。清初因之。雍正六年四月,因与蔚县界址交错,不便管理,改属宣化府①。又因"蔚州、蔚县共处一城,以街市分为东西管辖,而境内村庄复犬牙交错,有州民而居县地者,有县民而居州地者。凡遇词讼,涉户婚者,案犯两地并拘;涉田土者,钱粮两地分纳。种种牵碍,清理为难",乾隆二十二年三月,直隶总督方观承奏疏请求合并州县②。同月获准③。

西宁县,明为顺圣川东西两城,清初属蔚州卫。康熙三十二年二月以西城置西宁县,以附近之南路厅所属及东城两处并入,治所在今河北阳原县驻地西城镇。

延庆州,治所即今北京市延庆县城区。明为直隶州,属宣府镇。顺治初因之。为宣府镇东路。领永宁县,顺治十六年七月并入。康熙三十二年二月,以永宁卫、靖安堡、周四沟、四海治等处并入,属化府。

保安州,治所即今河北涿鹿县驻地涿鹿镇。明为直隶州,属宣府镇。顺治初因之。为宣府镇东路。康熙三十二年属宣化府。

蔚县,明为蔚州卫,清初因之,仍兼领顺圣川东西两城。康熙三十二年二月改卫置县,以桃花堡、广昌城并入,治所即今河北蔚县驻地蔚州镇。雍正六年,仍以广德里归山西广昌县④。乾隆二十二年三月,并入蔚州。

永宁县,治所在今北京市延庆县东北永宁镇,属延庆州,顺治十六年八月,裁入延庆州⑤。

10. 承德州—热河诸厅—承德府

雍正元年十月,置热河理事同知⑥,驻地在今河北承德市双桥区城区,是为热河厅。雍正七年十月,在热河迤东八沟地方设理事通判,是为八沟厅⑦。雍正十年,又置八沟理事同知⑧。八沟一地同时驻有同知与通判,且

---

① 《世宗实录》卷68雍正六年四月丙午,《清实录》,第7册,第1039页。
② 乾隆《宣化府志》卷2《地理》。
③ 《高宗实录》卷534,乾隆二十二年三月己亥,《清实录》,第15册,第735页。
④ 乾隆《宣化府志》卷2《地理》。
⑤ 《世祖实录》卷127顺治十六年八月己丑,《清实录》,第3册,第986页。
⑥ 《吏部尚书隆科多题请准刑部尚书所奏于古北口外设立满洲同知专司命盗件本》(雍正元年十月初九日),《雍正朝内阁六科史书·吏科》,第6册,第119页。又《世宗实录》卷12雍正元年十月乙卯,《清实录》,第7册,第220页。
⑦ 《世宗实录》卷87雍正七年十月戊午,《清实录》,第8册,第166页。
⑧ 乾隆《热河志》卷83,《四库全书》本,第496册,第333页。参见《世宗实录》卷132雍正十一年六月甲寅,《清实录》,第8册,第706页。

分区而治,实有同名两厅。雍正十一年,奉雍正谕旨,改热河厅置承德直隶州①,无属领。乾隆元年三月,移八沟通判驻四旗适中之土城子,是为四旗厅②。原八沟通判辖区改由八沟同知管辖。各厅均属霸昌道管辖。乾隆五年三月,在塔子沟地置理事通判,是为塔子沟厅,八沟厅三汛界外地方归其管辖③。同月起,各厅均属热河道管辖。乾隆七年二月,因承德一地旗民杂处,同时设有理事同知、承德知州,管理不便,废承德州,仍以热河理事同知管理地方事务,复设热河厅。同时在喀喇河屯地方设理事通判,是为喀喇河屯厅,以滦河与热河厅分界④。乾隆三十九年五月,在塔子沟厅东境三座塔设理事通判,是为三座塔厅,分理土默特两旗、喀尔喀库伦两旗、奈曼一旗事务⑤。同时在八沟厅东境乌兰哈达设理事通判,是为乌兰哈达厅,分理翁牛特两旗、巴林两旗事务。

乾隆四十三年正月,乾隆谕旨在热河地区设承德府。由此,废热河厅,为府亲辖地;降八沟厅为平泉州、喀喇河屯厅为滦平县、四旗厅为丰宁县、三座塔厅为朝阳县、塔子沟厅为建昌县、乌兰哈达厅为赤峰县,隶属于承德府⑥。知州、知县官衔均为理事同知通判管州县事。道光八年二月,各州县印作删去"理事同知通判"字样,为某州某县之印⑦。光绪二年置围场粮捕同知⑧,即为围场厅,属热河道。光绪二十九年四月,升朝阳县为府,析建昌县往属之⑨。光绪三十一年八月,围场厅改属宣化府。光绪三十四年二月,升赤峰县为直隶州。宣统元年,于唐三营地置隆化县。清末共辖1州3县。

承德府亲辖地。

滦平县,初为喀喇河屯理事厅,乾隆七年二月置,治喀喇河屯(今河北承德市西滦河镇西南)。乾隆四十三年二月改为县。

丰宁县,初为四旗理事厅,乾隆元年三月析八沟厅地置,治四旗(今河北丰

---

① 雍正《畿辅通志》卷26,第504册,第590页。
② 《高宗实录》卷15乾隆元年三月癸亥,《清实录》,第9册,第420页。
③ 《高宗实录》卷112乾隆五年三月乙酉,《清实录》,第10册,第651页。
④ 《高宗实录》卷160乾隆七年二月癸巳,《清实录》,第11册,第18页。
⑤ 《高宗实录》卷959乾隆三十九年五月癸酉,《清实录》,第20册,第1000页。
⑥ 《高宗实录》卷1048乾隆四十三年正月乙亥,《清实录》,第22册,第10页;又卷1050 二月甲午,第27页。
⑦ 《宣宗实录》卷133道光八年二月丙子,《清实录》,第35册,第26页。
⑧ 光绪《清会典事例》卷65,第1册,第831页;又卷152,第2册,第926页。参见《德宗实录》卷52光绪三年六月癸丑:"热河都统延煦奏,围场新设同知、司狱、巡检各一员。"《清实录》,第52册,第735页)
⑨ 《德宗实录》卷514光绪二十九年四月甲午,《清实录》,第58册,第792页。治

宁满族自治县东凤山镇）。乾隆四十三年二月改县。

平泉州，初为八沟理事厅，雍正七年十月置，治八沟（今河北平泉县驻地平泉镇）。乾隆四十三年二月改为州①。

隆化县，因承德府亲辖地自尖帽山至中关二百十八里，中关以北横隔丰宁县属地，且丰宁县辖境过大，管理不便，于宣统元年置②，治唐三营（今河北隆化县北唐三营）。

11. 朝阳府

初为三座塔理事厅，乾隆三十九年五月置③，治所即今辽宁朝阳市双塔区城区，属热河道。乾隆四十三年正月，改为朝阳县，属承德府④。光绪二十九年四月，升为朝阳府，原县境为府亲辖地，以建昌县来属，新置阜新、建平2县⑤。光绪三十四年二月，置绥东县。至清末，共辖4县。

朝阳府亲辖地，即原朝阳县地，建府时析置阜新县。受日俄战争影响，暂时保留朝阳县建制。光绪三十一年十月正式析置阜新县，朝阳府亲辖地即西土默特旗之地，阜新县管辖东土默特等四旗地⑥。

建昌县，初为塔子沟理事厅，乾隆五年三月置⑦，治塔子沟（今辽宁凌源市城区）。乾隆四十三年正月改为县，属承德府。光绪二十九年四月属朝阳府。

阜新县，光绪二十九年四月置，治鄂尔土板东北之库伦（今内蒙古奈曼旗东南青龙山镇古庙子村）。因库伦、奈曼两旗拨隶绥东县管辖，阜新县治过偏，于宣统二年二月迁治水泉（今辽宁阜新市海州区城区）⑧。

建平县，光绪二十九年四月置，治新丘（今辽宁建平县北建平）。

---

① 乾隆《热河志》卷85，第496册，第352页。
② 按：《德宗实录》卷514光绪二十九年四月甲午载拟设隆化县（《清实录》，第58册，第792页）。刘锦藻《清续文献通考》卷305谓光绪三十年新置隆化县；卷135言宣统元年民政部会议热河拟设隆化县事；《宣统政纪》卷32宣统二年二月甲午载：新设隆化县缺，现先委员试办。吴承湜《近六十年全国郡县增建志要》卷上："清光绪二十九年锡良奏明拟在张三营地方添设隆化县治，未经议定。清宣统元年八月廷杰奏定在唐三营设县，十二月议准。"（鼎文书局，1968年，第5页）
③ 《高宗实录》卷959乾隆三十九年五月癸酉，《清实录》，第20册，第1000页。
④ 《高宗实录》卷1048乾隆四十三年正月乙亥，《清实录》，第22册，第10页；又卷1050二月甲午，第27页。
⑤ 《德宗实录》卷514光绪二十九年四月甲午，《清实录》，第58册，第792页。按：刘锦藻《清文献通考》卷305言光绪二十年升府，当是议准实施时间。
⑥ 光绪三十一年十月二十六日热河都统松寿奏折，《光绪朝硃批奏折》，第1册，第483页。
⑦ 《高宗实录》卷112乾隆五年三月乙酉，第10册，第651页。
⑧ 《宣统政纪》卷32宣统二年二月癸巳，《清实录》，第60册，第563页。按：刘锦藻《清续文献通考》卷305："光绪二十九年，设县于府东北二百四十里鄂尔图板山之南麓。宣统三年，移至水泉煤窑东一里之地。"

绥东县,初拟名安东县①,光绪三十四年二月置②,治库伦街(今内蒙古自治区库伦旗驻地库伦镇)。

12. 口北道

张家口一带长城以北地区,雍正年间先后设有张家口、多伦诺尔、独石口三厅,均隶属于口北道,习称口北三厅。光绪三十一年八月,围场厅来属。清末共辖4厅。

张家口厅,雍正二年七月,于张家口下堡城内置张家口理事同知③。治所即今河北张家口市。属口北道。"管理张家口外西翼正黄半旗、东翼镶黄旗分入官地亩,经征钱粮,旗民户婚、田土、斗殴争讼;西翼察哈尔旗分蒙古汉人交涉、逃匪、命盗等案,并口内蔚州、怀安、万全、宣化、保安、西宁、蔚县等七州县旗民互讼人命之事。"④光绪七年五月,改理事同知为抚民同知⑤。

独石口厅,雍正十二年置理事同知⑥,治今河北赤城县北独石口。"管理独石口外东翼正白、镶白、镶黄、正蓝四旗盗匪、命盗等案,并口内延庆、怀来、龙门、赤城四州县旗民互讼人命之事。其余并同张家口。"光绪七年五月改抚民同知。

多伦诺尔厅,雍正十年置理事同知⑦,治多伦诺尔(今内蒙古自治区多伦县驻地多伦淖尔镇)。"管理东翼正蓝、正白、镶白、镶黄察哈尔四旗及内扎萨克外喀尔喀一百三十余旗蒙民交涉命盗等案,并查缉逃匪,审理汉铺户争讼、窃劫、人命各案之事。"光绪七年五月改抚民同知。

围场厅,光绪二年置围场粮捕同知⑧,治二道沟(今河北围场县东南二道沟子),属热河道⑨,管辖围内旗人、民人。光绪十四年移治克勒沟(今河北围场县东克勒沟镇)。光绪三十一年八月奏准改归直隶专辖,十月二十五日新任

---

① 光绪三十三年十二月十四日热河都统廷杰奏折,《光绪朝硃批奏折》,第1册,第583页。
② 《德宗实录》卷585光绪三十三年十二月戊寅,《清实录》,第59册,第731页。
③ 《世宗实录》卷22雍正二年七月甲寅,《清实录》,第7册,第355页。
④ 乾隆《口北三厅志》卷4《职官》。下同。
⑤ 《德宗实录》卷130光绪七年五月癸未,《清实录》,第53册,第880页。
⑥ 《清朝文献通考》卷270,第2册,第7272页;乾隆《口北三厅志》卷4《职官》。
⑦ 《清朝文献通考》卷270,第2册,第7272页;乾隆《口北三厅志》卷4《职官》。
⑧ 光绪《清会典事例》卷65,第1册,第831页;又卷152,第2册,第926页。刘锦藻《清朝续文献通考》卷135,第2册,第8951页。参见《德宗实录》卷52光绪三年六月癸丑:"热河都统延煦奏,围场新设同知、司狱、巡检各一员。"(第52册,第735页)
⑨ 光绪三年六月二十九日延煦奏:"凡刑名钱谷应行考核事宜,径行详解该道审办,不必再由承德府核转。"(《光绪朝硃批奏折》,第1册,第10页)光绪《清会典》卷13(第16册,第109页)。按:光绪《清会典事例》卷152谓属承德府(第2册,第926页),当误。

同知到任,官衔改为抚民同知,属口北道①。宣统三年十一月,热河都统奏请将围场地方仍归热河管辖,奉旨照准,当年未执行②。

13. 赤峰直隶州

乾隆三十九年五月,析八沟厅东境置乌兰哈达理事厅,分理翁牛特两旗、巴林两旗事务③。治乌兰哈达(今内蒙古自治区赤峰市城区)。乾隆四十三年正月,改为赤峰县,属承德府。光绪三十四年二月,升为直隶州,并置开鲁、林西二县来属④。

开鲁县,光绪三十四年二月置,治所即今内蒙古自治区开鲁县驻地开鲁镇。

林西县,初拟名巴西县⑤,光绪三十四年二月置,治所即今内蒙古自治区林西县驻地林西镇。

14. 遵化直隶州

清初为顺天府蓟州遵化县,因"以顺天府遵化县昌瑞山,建世祖章皇帝孝陵",康熙十五年十一月升为州,领丰润县⑥。雍正四年,丰润县往属永平府。乾隆八年七月,因在州境建乾隆陵寝,升遵化州为直隶州,析永平府之玉田、丰润2县来属⑦。治所即今河北遵化市驻地遵化镇。领玉田、丰润县。

玉田县,治所即今河北玉田县驻地无终街道。初属顺天府蓟州,康熙十五年属遵化州,雍正四年属永平府⑧,乾隆八年五月属遵化直隶州。

丰润县,治所即今河北唐山市丰润区西丰润镇。初属顺天府蓟州,雍正四年属永平府,乾隆八年五月属遵化直隶州。

15. 易州直隶州

原为保定府易州,领涞水县。因建帝陵,雍正十一年十一月升为直隶州,治所即今河北易县驻地易州镇。以保定府属之涞水县、山西大同府属之广昌

---

① 《德宗实录》卷548光绪三十一年八月己未:"开垦围场各地,藉筹军食,实为寓兵于农之善策。著派袁世凯认真督办,所有该处地方事务并归该专辖,以一事权。"(《清实录》,第59册,第281页)《直隶总督袁奏围场地方改归直隶专辖折》,《东方杂志》1907年第4期,第170页。
② 《宣统政纪》卷68宣统三年十一月辛巳,《清实录》,第60册,第1249页。《内阁官报》第150号,宣统三年十二月初二日,第5页。按:民国元年5月,改属热河都统管辖。见《口北观察使呈民政长围场县是否仍改回直隶专辖请示遵文并批》,《直隶公报》,1913年,第3505册,第14页。
③ 《高宗实录》卷959乾隆三十九年五月癸酉,《清实录》,第20册,第1000页。
④ 《德宗实录》卷585光绪三十二年十二月戊寅,《清实录》,第59册,第731页。
⑤ 光绪三十三年十二月十四日热河都统廷杰奏折,《光绪朝硃批奏折》,第1册,第583页。
⑥ 《圣祖实录》卷64康熙十五年十一月丁酉,《清实录》,第4册,第823页。康熙《清会典》卷18,第1册上,第174页。
⑦ 《高宗实录》卷192乾隆八年五月癸巳,《清实录》,第11册,第471页;又卷196七月辛卯,第522页。
⑧ 雍正《清会典》卷24,第3册,第275页。

县来属①。

涞水县,治所即今河北涞水县驻地涞水镇。

广昌县,治所即今河北涞源县驻地涞源镇。

16. 冀州直隶州

原为真定府冀州,领南宫、新河、枣强、武邑 4 县。雍正二年六月,升为直隶州,治所即今河北冀州市驻地冀州镇,领南宫、新河、枣强、武邑、衡水等 5 县②。

南宫县,治所即今河北南宫市驻地凤岗街道。

新河县,治所即今河北新河县驻地新河镇。

枣强县,治所即今河北枣强县驻地枣强镇。

武邑县,治所即今河北武邑县驻地武邑镇。

衡水县,治所即今河北衡水市桃山区城区。

17. 赵州直隶州

原为真定府赵州,领柏乡、隆平、敲邑、临城、赞皇、宁晋 6 县。雍正二年六月,升为直隶州,治所即今河北赵县驻地赵州镇,领柏乡、隆平、高邑、临城、宁晋等 5 县。

柏乡县,治所即今河北柏乡县驻地柏乡镇。

隆平县,治所在今河北隆尧县驻地隆尧镇。

高邑县,治所即今河北高邑县驻地高邑镇。

临城县,治所即今河北临城县驻地临城镇。

宁晋县,治所即今河北宁晋县驻地凤凰镇。

18. 深州直隶州

原为真定府深州,领衡水县。雍正二年六月,升为直隶州,治所即今河北深州市驻地深州镇,领武强、安平、饶阳 3 县。

武强县,治所在今河北武强县西南街关镇。

饶阳县,治所即今河北饶阳县驻地饶阳镇。

安平县,治所即今河北安平县驻地安平镇。

19. 定州直隶州

原为真定府定州,领新乐、曲阳、行唐 3 县。雍正二年六月,升为直隶州,治所即今河北定州市城区,领曲阳、新乐 2 县。雍正十二年三月,新乐县往属

---

① 《世宗实录》卷 137 雍正十一年十一月甲辰,《清实录》,第 8 册,第 753 页。
② 《世宗实录》卷 21 雍正二年六月丙申,《清实录》,第 7 册,第 347 页。

于正定府,析保定府之深泽县来属①。

深泽县,治所即今河北深泽县驻地深泽镇。

曲阳县,治所即今河北曲阳县驻地恒州镇。

20. 已裁府级政区

延庆直隶州,见宣化府延庆州。

保安直隶州,见宣化府保安州。

晋州直隶州,原为真定府晋州,领安平、饶阳、武强3县。雍正二年六月,升为直隶州,治所即今河北晋州市驻地晋州镇,领无极、藁城2县。雍正十二年三月,降为州,与所属二县一并往属正定府②。

沧州直隶州,原为河间府沧州,领南皮、盐山、庆云3县。雍正七年闰七月,升为直隶州,治所即今河北沧州市城区,领南皮、庆云、盐山、东光4县③。雍正九年二月,降为州,与南皮、庆云、盐山3县往属天津府,东光县还属于河间府④。

---

①② 《世宗实录》卷141雍正十二年三月甲辰,《清实录》,第8册,第784页。
③ 《世宗实录》卷84雍正七年闰七月辛卯,《清实录》,第8册,第125页。
④ 《世宗实录》卷103雍正九年二月丙辰,《清实录》,第8册,第368页。

第二章　奉天府、盛京—奉天省

明朝末年，为辽东都司及女真各部地。

第一节　奉　天　府

明万历十一年(1583)，努尔哈赤以遗甲十三副起兵，创建军政合一的八旗制度，崛起于辽东。二十七年灭哈达①。三十五年灭辉发②。四十一年灭乌拉③。四十四年，努尔哈赤被尊为英明汗④，都赫图阿拉⑤，改元天命元年(1616)。三年发兵征明⑥。四年灭叶赫⑦。六年移都辽阳⑧。十年三月，迁都沈阳⑨，天聪八年(1634)四月，尊沈阳为盛京⑩。

顺治元年(1644)六月，迁都燕京⑪，即以盛京为"留都"："世祖章皇帝统一寰宇，定鼎京师，尊盛京为留都，监往代两都之制，设官分职，管辖八旗驻防禁旅，规模宏确定。"⑫后亦称"陪都"⑬。

顺治元年，朝廷以昂邦章京镇守盛京，至顺治十年开始设立府州县。"奉、锦二郡，旗、民杂处，编户则守令治之，八旗则城守辖之，其大较也。"⑭顺治十

---

① 《清太祖武皇帝实录》卷2己亥年(1599)三月，《清入关前史料选辑》第1辑，中国人民大学出版社，1985年，第320—321页。
② 中国第一历史档案馆、中国社会科学院历史研究所译注：《满文老档》，第1函第1册，中华书局，1990年，第5页。
③ 《满文老档》，第1函第2册，第16—18页。
④ 《满文老档》，第2函第5册，第44页。
⑤ 光绪《清会典事例》卷958，第10册，第940页。
⑥ 《满文老档》，第2函第6册，第55页。
⑦ 《满文老档》，第2函第12册，第108—116页。
⑧ 《满文老档》，第3函第20册，第194页。
⑨ 《太祖实录》卷9天命十年三月己酉，《清实录》，第1册，第126页。
⑩ 《太宗实录》卷18天聪八年四月辛酉，《清实录》，第2册，第809页。
⑪ 《世祖实录》卷5顺治元年六月丁卯，《清实录》，第3册，第61页。
⑫ 乾隆《清一统志》卷35，第474册，第658页。
⑬ 《高宗实录》卷1007乾隆四十一年四月丙寅，《清实录》，第21册，第521页。
⑭ 康熙《盛京通志》卷8《疆域志》。

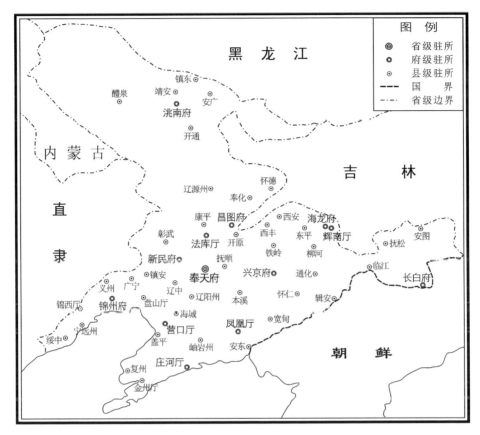

图 2　清末奉天省政区图

年十一月,设辽阳府,领辽阳、海城二县。顺治十四年四月,省辽阳府,置奉天府①,驻盛京城,即今辽宁沈阳市老城区。为京府,设府尹,领辽阳、海城二县②。

康熙元年(1662)六月,置锦县③。因规制为京府,但无附郭县,奉天府尹于康熙三年四月奏请:"盛京为发祥重地,请升辽阳为京县,与宛(平)、大(兴)一律。"部议以辽阳县不与奉天府同城,且为外县,与京县品级不合,不便改为京县。上谕在奉天府内设立一县,在山海关以外、开原以内,应添设府州县④。

---

① 《世祖实录》卷109顺治十四年四月戊戌,《清实录》,第3册,第857页。
② 康熙《清会典》卷18,第1册,第177页。
③ 《圣祖实录》卷6康熙元年六月壬辰,《清实录》,第4册,第117页。
④ 《圣祖实录》卷11康熙三年四月癸卯,《清实录》,第4册,第178页。

康熙三年六月,添设奉天府府丞、治中、通判、推官等官缺;置附郭承德县及开原、铁岭、盖平县,升辽阳县为州,并原有的海城县,由奉天府直辖①;置广宁府,属奉天府尹,以锦县为附郭县,置宁远州及广宁县来属②;同年十二月,改广宁府为锦州府。由此,奉天府在官制和行政区划设置上,均具备了京府规制。奉天府尹除领有府级政区外,还直接领有厅州县,奉天府尹直属厅州县区域被称之为"奉天府尹本属府"③。康熙六年七月,裁推官。康熙末,奉天府尹本属府领承德、海城、开原、铁岭、盖平5县及辽阳州,锦州府领锦县、广宁2县和宁远州。

雍正四年(1726)十二月,于吉林置永吉州,于宁古塔设泰宁县,于伯都讷设长宁县④。雍正五年,置复州厅⑤。雍正七年四月,裁泰宁县⑥。雍正十年,设九关台同知。雍正十一年七月,改复州厅为复州,置宁海县⑦;设义州,隶锦州府。雍正末,奉天府尹本属府领承德、海城、开原、铁岭、盖平、宁海、长宁7县及辽阳、复州、永吉3州,锦州府领锦县、广宁2县和宁远州、义州。

乾隆元年(1736)七月,裁长宁县⑧,地属永吉州⑨。乾隆二年八月,设吉林(船厂)理事通判、黑龙江理事通判⑩。乾隆三年二月,裁黑龙江理事通判⑪。乾隆十二年十月,裁永吉州,吉林(船厂)理事通判改属宁古塔将军⑫。乾隆二十八年四月,设兴京理事通判⑬,是为兴京厅。乾隆三十七年三月,设岫岩厅。乾隆末,奉天府尹本属府领承德、海城、开原、铁岭、盖平、宁海5县及辽阳、复州2州和兴京、岫岩2厅,锦州府领锦县、广宁2县和宁远、义州2州。

---

① 按:此后新置的厅州县,直接隶属于奉天府尹者,不再一一说明;属其他府者,说明隶属关系。
② 《圣祖实录》卷12康熙三年六月甲午,《清实录》,第4册,第185页。
③ 嘉庆《清会典图》卷90,第707册,第3120页。
④ 《世宗实录》卷51雍正四年十二月戊寅,《清实录》,第7册,第773页。
⑤ 乾隆《盛京通志》卷23,《四库全书》本,第501册,第402页。
⑥ 《世宗实录》卷80雍正七年四月己亥,《清实录》,第8册,第56页。
⑦ 《世宗实录》卷133雍正十一年七月甲午,《清实录》,第8册,第721页。按:乾隆《盛京通志》卷23、嘉庆《清一统志》卷57均作雍正十二年置,乾隆《清会典则例》卷31作雍正十一年置复州、义州,十二年置宁海县。
⑧ 《高宗实录》卷22乾隆元年七月丁酉,《清实录》,第9册,第520页。
⑨ 《高宗实录》卷46乾隆二年七月辛卯,《清实录》,第9册,第796页。
⑩ 《高宗实录》卷48乾隆二年八月庚午,《清实录》,第9册,第831页。
⑪ 《高宗实录》卷63乾隆三年二月戊戌,《清实录》,第10册,第27页。
⑫ 《高宗实录》卷284乾隆十二年二月壬戌,《清实录》,第12册,第699页;又卷300十月壬戌,第924页。
⑬ 乾隆《清一统志》卷36,第474册,第667页。《高宗实录》卷705乾隆二十九年二月丙午,《清实录》,第17册,第875页。

乾隆年间开始,《清实录》中有"奉天省"记载①。

嘉庆十一年(1806),置昌图厅。嘉庆十八年,置新民厅。嘉庆末,奉天府尹本属府领承德、海城、开原、铁岭、盖平、宁海 6 县及辽阳、复州 2 州和兴京、岫岩、昌图、新民 4 厅,锦州府领锦县、广宁 2 县和宁远、义州 2 州。

道光二十三年(1843),裁宁海县,增设金州海防同知,是为金州厅。

光绪元年(1875),崇实等奏请变通奉天史治章程,奉天府尹加二品衔,以右副都御史行巡抚事,旗民词讼命盗案件悉归府尹管理。裁奉天府治中,设奉天驿巡道;改奉天府理事通判为军粮同知。所属各厅州县缺,照热河之例满汉兼用,均加理事同知、通判衔。光绪三年,升兴京理事通判为兴京抚民同知,是为兴京直隶厅,领通化、怀仁县;设凤凰直隶厅,领岫岩州及安东、宽甸县;改岫岩厅为岫岩州,隶凤凰厅。同年,奏在凤凰城设边关兵备道,又升昌图厅为昌图府,领奉化、怀德县。光绪四年,凤凰城边关道称分巡东边兵备道。光绪六年,设海龙厅,属奉天府;设康平县,属昌图府。光绪二十八年,析承德县地置兴仁县②;兴京直隶厅增领临江、辑安县;升海龙厅为海龙府,领东平、西丰、西安、柳河 4 县;置辽源州,属昌图府;升新民厅为新民府,领镇安、彰武县;置绥中县,隶锦州府。光绪三十年,置洮南府,领靖安、开通县。光绪三十一年八月,裁奉天府府尹、奉天府府丞兼学政,作为京府的奉天府被裁撤。

奉天府尹裁撤前,奉天府本属府辖金州厅、辽阳州、复州和承德、兴仁、海城、盖平、开原、铁岭等 6 县,锦州府领锦县、广宁、绥中 3 县和宁远、义州 2 州,昌图府领辽源州和奉化、怀德、康平 3 县,海龙府领东平、西丰、西安、柳河 4 县,新民府领镇安、彰武 2 县,兴京直隶厅领通化、怀仁、临江、辑安 4 县,凤凰直隶厅领岫岩州和安东、宽甸 2 县。奉天府尹共辖 4 府(不含本属府)、2 直隶厅、1 厅、6 州、24 县。

各道、府厅州县沿革,详见本章第三节。

奉天府尹的辖境,与盛京将军的辖区不完全重叠。康熙年间,由于设立州县较少,奉天府尹的辖区如下:"东至抚顺八十余里外为奉天将军所辖,西至宁远州土胡同山七百八十里山海关界,南至盖平县栾古关六百余里金州界,北至开原县西北边二百六十余里边界,东南至辽阳州浪子山一百八十里凤凰城界,东北至开原县威远堡二百三十余里边界,西南至宁远州官墙七百九十余里山

---

① 按:《高宗实录》卷 273 乾隆十一年八月己丑首见"奉天省"记载(《清实录》,第 12 册,第 56 页)。嘉庆《清会典事例》卷 195 载嘉庆三十年"又议准奉天省、盛京各城杂税",奉天省指奉天府衙门和其辖区。

② 《德宗实录》卷 500 光绪二十八年六月己丑,《清实录》,第 58 册,第 610 页。

海关界,西北至义州大宁堡四百五十余里边界。"①也就是说,抚顺以东、分水岭东南的区域,不属于奉天府所属。

雍正四年十二月,随着船厂将军境内的永吉州和泰宁县、长宁县的设立,一州二县属奉天府管辖,奉天府的辖区又有跳跃式的扩展,船厂、宁古塔、伯都讷一带的民人属府尹管辖。奉天府的北境和东境都有所改变:"北至长宁县松花江八百七十余里蒙古界","东北至永吉州墨稜河二千四十里宁古塔界"②。至乾隆十二年二月,随着泰宁、长宁县和永吉州的先后裁撤,奉天府辖区又退回至盛京将军辖区以内。

第二节 盛京八旗驻防

满洲兴起后,即设有城守官员。顺治元年(1644)八月,朝廷将要迁都燕京,任命留守盛京各处八旗官员。以正黄旗内大臣何洛会为盛京总管,左翼由镶黄旗梅勒章京阿哈尼堪统领,右翼由正红旗梅勒章京硕詹统领,八旗每旗以满洲协领一员、章京四员,蒙古汉军章京各一员驻防盛京。雄耀城(熊岳城)、锦州城、宁远城、凤凰城等城,除专设城守官外,每城仍各设满洲章京二员、汉军章京一员。兴京城、义州城、新城(辽阳城)、牛庄城、岫岩城,除专设城守官外,每城各设满洲章京、汉军章京各一员。东京、盖州、耀州、海州、鞍山、广城等城,每城各设满洲章京、汉军章京各一员。各城守官率兵驻防③。此后,随着府厅州县的设立,盛京地区实行的是旗民双重管理体制。

顺治三年五月,改由昂邦章京镇守盛京④,给镇守盛京总管官印。康熙元年(1662),官印更改为镇守辽东将军印⑤。康熙四年六月,又改为镇守奉天等处将军⑥,仍习称盛京将军。乾隆十二年(1747),正式改名为镇守盛京等处将军⑦。光绪元年(1875)十二月,经署盛京将军、刑部尚书崇实奏请,变通奉天吏治章程,以盛京将军管理盛京兵、刑两部,兼管奉天府府尹,仿照总督例加衔,管理所有盛京刑部及奉天府旗民一切案件;奉天府府尹加二品

---

① 康熙《盛京通志》卷8《疆域志》。
② 乾隆《盛京通志》卷12《疆域志》,咸丰递修本。
③ 《世祖实录》卷7顺治元年八月丁巳,《清实录》,第3册,第75页。
④ 《世祖实录》卷26顺治三年五月癸亥,《清实录》,第3册,第221页。
⑤ 康熙《盛京通志》卷14《职官志》。
⑥ 《圣祖实录》卷15康熙四年六月己未,《清实录》,第4册,第231页。
⑦ 《钦定历代职官表》卷48,《四库全书》本,第602册,第114页。

衔,以右副都御史行巡抚事,管理旗民词讼命盗案件;旗界大小官员只准经理旗租,缉捕盗贼,毋许干预地方公事①。由此,盛京地区实际上已经实行单一府厅州县地方行政制度,驻防八旗不再管理地方行政事务。光绪三十二年十月,设奉天总督和巡抚,"将军"成为总督的兼衔,盛京地区完全实行省制。

将军的驻地为盛京城,即今辽宁沈阳市老城区。盛京将军的辖区,最初达到整个盛京地区,即此后的东三省区域。顺治十年五月,以昂邦章京镇守宁古塔地方②,其管辖区域相当于此后吉林、黑龙江两将军的辖区,盛京将军辖区缩小。在八旗驻防时期,将军一直驻扎在盛京城,辖区也多被称为"盛京"。同时,随着将军官衔的变化,辖区有时也称之为"奉天"、"辽东"。

顺治元年以后,盛京地区的八旗驻防体系和各城的驻防官员的品级不断有所调整。至康熙初年,有以下城守公署:兴京城、凤凰城、牛庄城、金州城、开原城、锦州府、宁远州、中后所、广宁、义州、山海关等处③。

顺治、康熙初年的城守官员设置过程,史籍记载不尽相同。据康熙《盛京通志》卷14记载,兴京防守尉、凤凰城防守尉、牛庄防守尉、盖州城守尉均为"旧设"。乾隆《清会典则例》卷102谓康熙三年前已在熊岳、锦州设城守尉,在开原、凤凰城、广宁、牛庄、盖州设防御,在金州设佐领④。康熙十四年,设锦州城守尉。康熙十九年,设开原、广宁城防守尉,设义州城守尉⑤。康熙二十年,设金州防守尉⑥。康熙二十六年,设兴京、开原、辽阳、复州、金州、凤凰城、岫岩城守尉⑦。康熙二十九年,设广宁城守尉。"守令所治之外,有属本城城守辖者,有属他城城守辖者,又有不隶城守总属奉天将军辖者。彼此疆域广狭参差不同。"⑧

雍正五年(1727)六月,改变盛京地区八旗驻防管理体系,设熊岳城副都统,辖熊岳、凤凰城、金州、旅顺、复州、岫岩等六城;设锦州副都统,辖义州、广宁、宁远、小凌河、中前所、中后所等城⑨。乾隆五年,改熊岳、锦州城守尉为协

---

① 《德宗实录》卷24光绪元年十二月乙酉,《清实录》,第52册,第360页。
② 《世祖实录》卷75顺治十年五月甲戌,《清实录》,第3册,第590页。
③ 康熙《盛京通志》卷13《公署志》。
④ 乾隆《清会典则例》卷102,第623册,第91页。
⑤ 康熙《盛京通志》卷14《职官志》。按:乾隆《清会典则例》卷102,谓康熙十四年设义州城守尉。
⑥ 康熙《盛京通志》卷14《职官志》。乾隆《盛京通志》卷19《职官志》。
⑦ 乾隆《清会典则例》卷102,第623册,第92页。
⑧ 康熙《盛京通志》卷8《疆域志》。
⑨ 《世宗实录》卷58雍正五年六月庚子,《清实录》,第7册,第888页。

领①。乾隆十三年,改牛庄、盖州城掌印章京为防守尉②。道光二十三年(1843),为加强沿海地区防务,熊岳城副都统移驻金州,金州城守尉移驻盖州城,盖州防守尉移驻熊岳城。岫岩城守尉因距金州较远,改归盛京将军管辖③。因兴京城守尉有守护陵寝之职,且地方不宁,同治十三年(1874)八月,拟加兴京城守尉副都统衔④。

光绪年间,盛京地区已经习称"盛京省"⑤。光绪元年正月,改设兴京副都统,城守尉移驻广宁城⑥。光绪元年底,整顿盛京吏治,规定旗界大小官员只准经理旗租,缉捕盗贼,毋许干预地方公事⑦。各驻防城不再有管理地方之责。光绪五年二月,添设围场海龙城总管。光绪六年七月,围场总管加副都统衔⑧。由此,盛京省有将军本属城1:盛京城;副都统城3:兴京城、金州城、锦州城;城守尉城8:开原城、辽阳城、复州城、岫岩城、凤凰城、义州城、广宁城、盖州城;防守尉城2:牛庄城、熊岳城;总管城1:海龙城⑨。光绪二十八年八月,设铁岭防守尉。光绪三十二年十月,裁广宁城守尉⑩。三十三年三月,裁盛京将军。三十四年九月,裁锦州副都统⑪。宣统二年(1910)九月,裁海龙城总管各缺⑫。

1. 盛京城

在今辽宁沈阳市老城区。本处指嘉庆、光绪《清会典》所说的盛京将军本属城。先后设立盛京总管、镇守辽东将军、镇守奉天将军、镇守盛京等处将军等。光绪三十二年十月,裁盛京将军缺,设总督东三省兼管三省将军事务。盛京将军管辖区域包括三个层面,第一个层面是将军辖区,包括整个盛京省(奉天省);第二个是雍正五年六月设立锦州、熊岳两个副都统后的辖区,相当于

---

① 乾隆《清会典则例》卷102,第623册,第93页。
② 光绪《清会典事例》卷544,第7册,第34页。《高宗实录》卷396乾隆十六年八月癸卯,《清实录》,第14册,第209页。
③ 《宣宗实录》卷389道光二十三年二月庚辰,《清实录》,第38册,第985页。
④ 《穆宗实录》卷370同治十二年八月己丑,《清实录》,第50册,第901页。
⑤ 按:除光绪《清会典图》记载为"盛京省"外,《申报》报道中亦屡见记载,如《申报》光绪二十一年正月十二日第2页《倭事纪闻》。
⑥ 《穆宗实录》卷371同治十三年九月己酉,《清实录》,第50册,第908页。《德宗实录》卷3光绪元年正月乙丑,《清实录》,第52册,第121页。
⑦ 《德宗实录》卷24光绪元年十二月乙酉,《清实录》,第52册,第360页。
⑧ 《奉天通志》卷124,东北文史丛书编辑委员会点校出版,沈阳古旧书店发行,1983年,第2册,第2825页。
⑨ 光绪《清会典》卷13,第16册,第111页。
⑩ 《奉天通志》卷124,第2册,第2825页。
⑪ 《德宗实录》卷596光绪三十四年九月甲申,《清实录》,第59册,第873页。
⑫ 《宣统政纪》卷42宣统二年九月甲寅,《清实录》,第60册,第757页。

副都统辖区,包括兴京、凤凰城、岫岩等城守尉辖区;第三个相当于城守尉辖区,即本处的盛京城。两部乾隆《盛京通志》均只记载了将军辖区,未载将军本属城的辖区。在其他各城的四至中间,可以间接看出将军本属城的大致范围,如辽阳城"北至十里河六十里奉天将军所辖界",开原城"南至懿路河北一百三十里奉天将军所辖界",广宁城"东至辽河一百九十里奉天将军所辖界"。

2. 兴京城

即赫图阿拉城。在今辽宁新宾满族自治县西老城里,有遗址。明建州卫地。初名赫图阿拉,天命元年(1616),努尔哈赤都之①。天聪七年(1633)设驻防。天聪八年尊为兴京②。顺治初即设防守尉。康熙二十六年,设城守尉,兼辖抚顺驻防。光绪元年,添设副都统一员,驻陵街(今新宾县西永陵镇);兴京城守尉移驻广宁,改广宁防守尉为兴京协领。乾隆中,"东至纳图们三十五里吉林界,西至玛哈丹城一百九十里奉天将军所辖界,南至兰河峪一百八十里凤凰城城守界,北至萨克禅一百一十里开原城守界,东南至李家河十五里凤凰城城守界,东北至英莪门一百五十里吉林将军所辖界,西南至清河城一百六十余里凤凰城城守界,西北至雅瑚穆一百三十里开原城守界。"③

3. 金州城

一作宁海城。在今辽宁大连市东北金州区。顺治初已设佐领。康熙十九年,设协领。康熙二十年,设防守尉。康熙二十六年,设城守尉。道光二十三年,因洋面紧要,移熊岳副都统驻此;城守尉移驻盖州。宁海城,乾隆中,"东至城子山九十里海界,西至海三里,南至红土崖十二里海界,北至横头河一百里复州界,东南至海青岛五十里海界,西南至鞍子山六十里海界,东北至毕哩河一百六十里岫岩界,西北至石河驿六十里海界。"

4. 锦州城

在今辽宁锦州市城区。康熙十四年,设城守尉,一说康熙三年前已设。雍正五年六月,设副都统④。光绪三十四年九月,裁副都统⑤。乾隆中,"东至刘三厂九十里广宁城守界,西至栅子岭一百四十里山海关城守界,南至杨家台五

---

① 《满文老档》,第2函第5册,第44页。
② 《太宗实录》卷18天聪八年四月辛酉,《清实录》,第2册,第237页。
③ 乾隆《盛京通志》卷24,《四库全书》本,第501册,第410—419页。
④ 《世宗实录》卷58雍正五年六月庚子,《清实录》,第7册,第888页。
⑤ 《德宗实录》卷596光绪三十四年九月甲申,《清实录》,第59册,第873页。

十里海界,北至齐家堡四十五里义州城守界,东南至蔡河沟一百里广宁城守界,西南至红土墙三百里山海关城守界,东北至四方台八十里广宁城守界,西北至松岭子九十里蒙古界。"

5. 开原城

在今辽宁开原市北老城街道。康熙三年前已设防御。康熙十九年,设防守尉。康熙二十六年,设城守尉。一说康熙二十一年设①。乾隆中,"东至耿家庄七十里边界,西至彰武台门二百二十里广宁城守界,南至懿路河北一百三十里奉天将军所辖界,北至新边十里东南至英我门二百一十里兴京界,西南至辽滨塔一百九十里承德县界,东北至威远堡门三十里吉林界,西北至古城堡四十里边界。"

6. 辽阳城

在今辽宁辽阳市城区。一作东京城。初设驻防章京,康熙二十年移驻金州②。康熙二十六年,设城守尉。乾隆中,"东至一堵墙三百五十里兴京界,西至网户屯一百二十里广宁城守界,南至生铁岭一百三十里岫岩城守界,北至十里河六十里奉天将军所辖界,东南至分水岭一百九十里凤凰城守界,西南至新台子九十里牛庄城守界,东北至张起寨一百二十里抚顺城守界,西北至四方台九十里广宁城守界。"

7. 复州城

在今辽宁瓦房店市西北复州城镇。康熙二十六年,设城守尉。乾隆中,"东至归化堡一百五十里熊岳城守界,西至红崖子三十里海界,南至缸窑八十五里[海]界,北至永宁监五十里熊岳界,东南至横头河八十五里宁海城守界,西南至长(山)[兴]岛四十里海界,东北至大龙口五十里熊岳界,西北海至老爪岛四十里海界。"

8. 岫岩城

在今辽宁岫岩满族自治县驻地岫岩镇。康熙二十六年,设城守尉。原属熊岳副都统管辖,道光二十二年二月,改归盛京将军管辖。乾隆中,"东至哨子河六十里凤凰城界,西至蓝姑岭九十里盖平县界,南至海一百八十里海界,北至分水岭一百五十里辽阳州界,东南至洋河口一百五十里凤凰城界,西南至毕哩河二百四十里西熊岳界南复州界,东北至东分水岭一百八十里南凤凰城界西辽阳州界,西北至小峪一百四十里海城县界。"

---

① 乾隆《盛京通志》卷19《职官志》。
② 康熙《辽阳州志》卷1,《辽海丛书》本,第727页。按:一作康熙二十五年,见乾隆《盛京通志》卷19《职官志》。

9. 凤凰城

在今辽宁凤城市城区。崇德三年设兵驻防。顺治初设防守尉。康熙二十六年,设城守尉。乾隆中,"东至瑷江一百二十里朝鲜界,西至牛心山二百一十三里海城县界,南至海一百六十里,北至分水岭一百八十里辽阳城守界,东南至义州江一百二十里朝鲜界,西南至哨子河九十五里岫岩界,东北至孤山一百九十五里兴京界,西北至分水岭一百三十一里辽阳城守界。"

10. 义州城

在今辽宁义县驻地义州镇。康熙十四年,设无品级城守官,一说设城守尉。康熙十八年,设佐领。康熙十九年,改设城守尉。乾隆中,"东至医巫闾山五十里广宁城守界,西至刘龙台六十余里边界,南至齐家堡四十五里锦州城守界,北至边门二十里蒙古界,东南至迎仙铺七十里锦州城守界,西南至松岭子一百四十里蒙古界,东北至魏家岭九十里广宁城守界,西北至九官台三十里蒙古界。"

11. 广宁城

在今辽宁北镇市城区。顺治四年设五口章京,一说顺治十七年设防御。康熙十九年,设防守尉。光绪元年,改为城守尉。光绪三十二年十月,裁城守尉。乾隆中,"东至辽河一百九十里奉天将军所辖界,西至牟马岭四十五里义州城守界,南至海一百里,北至白土厂五十里蒙古界,东南至铁场堡一百五十里牛庄城守界,西南至三台子六十五里锦州城守界,东北至辽河二百三十里开原城守界,西北至魏家岭五十里义州城守界。"

12. 盖州城

一作盖平城。在今辽宁盖州市城区。天聪七年设防守尉,康熙元年给镇守盖州章京印①。一说康熙三年前已设防御。乾隆十三年,设防守尉。道光二十三年二月,金州城守尉移此,属金州副都统兼辖,防守尉移驻熊岳城。乾隆中,"东至魏家大岭一百五里岫岩城守界,西至连云岛十五里海界,南至鸣珂岭三十里熊岳城守界,北至金长岭七十里牛庄城守界,东南至哈什玛岭九十一里岫岩城守界,西南至望海寨三十里熊岳城守界,东北至白土岭一百里牛庄城守界,西北至青堆子七十里牛庄城守界。"

13. 牛庄城

在今辽宁海城市西北牛庄镇。天命六年设驻防,康熙年间已设防守尉②。一说康熙三年前已设防御。乾隆十三年,设防守尉。乾隆中,"东至猪窝岭九十

---

①② 乾隆《盛京通志》卷19《职官志》。

里辽阳城守界,西至八王庙九十里广宁城守界,南至金长岭六十里盖平城守界,北至高丽房身七十里广宁城守界,东南至康家岭一百里岫岩城守界,西南至海一百里,东北至安山八十里辽阳城守界,西北至三家子七十里广宁城守界。"

14. 熊岳城

在今辽宁盖州市西南熊岳镇。顺治初年已设城守尉。一说康熙二十六年设③。雍正五年六月,设副都统。管辖熊岳、盖平(盖州)、复州、宁海(金州)、旅顺、岫岩、凤凰城等八驻防城。乾隆五年,改城守尉为协领。道光二十三年二月,副都统移驻金州,移盖州防守尉驻此,属金州副都统管辖。乾隆中,"东至毕哩河一百二十里岫岩界,西至兔儿岛二十里海界,南至永宁监六十里复州城守界,北至鸣珂岭三十里盖平城守界,东南至归化堡一百余里宁海城守界,西南至五十寨五十余里海界,东北至十道口四十余里盖平城守界,西北至深井子三十余里海界。"

15. 铁岭城

在今辽宁铁岭市城区。长期设满洲防御、汉军防御,属开原城。光绪二十八年八月,设防守尉。乾隆中,"东至们坎哨一百三十里兴京界,西至灯市堡一百五十里广宁县界,南至懿路站六十里承德县界,北至山头铺二十里开原县界,东南至浑头河七十里奉天将军所辖界,西南至玛们子九十里承德、广宁二县界,北至穆雅镇七十里开原城守界,西北至蛇山沟九十里开原县界。"

16. 海龙城

在今吉林梅河口市城区。光绪五年二月,设围场海龙城总管,直属于盛京将军。盛京围场区域为:"南自沙河尔郎头南三通河沿起,至北阿机格色合勒北义通河沿止,四百八十余里。东自辉法城起,至西威远堡边门止,四百九十余里。东南自骆驼碴子起,至西北三因哈达交界西北封堆止,五百一十余里。西南自英额边门起,至东北巴珠勒阿林止,五百二十余里。"④光绪六年七月,总管加副都统衔。宣统二年九月,裁总管缺。

第三节 奉 天 省

一、改制过程

清朝入关后,六部内迁,为隆重陪都体制,在盛京设置户、礼、兵、刑、工五

---

③ 乾隆《盛京通志》卷19《职官志》。
④ 光绪《清会典事例》卷709,第8册,第823页。

部,各部侍郎掌一部之政。五部侍郎与盛京将军、奉天府共同管理东北地区。将军管辖旗人,府尹管辖民事,将军与府尹之间无统辖关系。因旗民分管,将军派委官兵前往地方办事时,得不到州县官的协助。为此,乾隆二十七年(1762)十二月,下谕奉天府府尹听将军节制①。但是,这一体制仅存在三年,至乾隆三十年十一月,乾隆又下旨:"向来奉天府尹事务,令盛京将军兼辖。今思将军与府尹所属旗民事件,各有专司。若令将军节制,于公务未免牵掣",于是下谕仿照顺天府之例,由盛京五部侍郎派出一员管理②。

  旗、民分管的矛盾,到了晚清更为突出,"该省事权不一,从前将军、府尹往往各存意见,以致政令歧出,遇事牴牾"③。光绪元年(1875),特派刑部尚书崇实署理盛京将军,整顿吏治。同年十二月,谕旨批准崇实奏请,改革盛京地区行政管理体制。以盛京将军管理盛京兵、刑两部,兼管奉天府府尹,仿照总督例加衔,另颁"总督奉天旗民地方军务"关防。管理所有盛京刑部及奉天府旗民一切案件,凡地方一切旗民事务均由将军与府尹专管,一切旗务照旧由将军与副都统会办。奉天府府尹加二品衔,以右副都御史行巡抚事,管理旗民词讼命盗案件,通省府厅州县均归统辖。裁奉天府治中一缺,改设奉天驿巡道。仿热河例,州县各官均加理事同知、通判衔④。旗界大小官员只准经理旗租,缉捕盗贼,毋许干预地方公事⑤。由此,奉天省实行单一行政体系,已经与省制相近。光绪十一年四月,盛京将军庆裕奏请改奉天府尹兼衔为巡抚衔兼右副都御史⑥,以增加府尹的权威。

  光绪三十一年八月,同时裁盛京五部、奉天府府尹、奉天府府丞兼学政,府尹所管事务由盛京将军管理⑦。盛京失去了因留都地位而特设的中央和地方行政机构。同年十月,设奉天府知府。光绪三十三年三月,裁盛京将军缺,设东三省总督兼管三省将军事务,同时设奉天巡抚⑧。同年十二月,颁发奉天省印:"兹于十二月二十六日准礼部颁到'光字壹百肆拾壹号''奉天省印'壹颗。

---

① 《高宗实录》卷676乾隆二十七年十二月己亥,《清实录》,第17册,第564页。
② 《高宗实录》卷748乾隆三十年十一月戊寅,《清实录》,第18册,第233页。
③ 《奏拟请变通吏治折》(光绪元年七月二十八日),《盛京典制备考》卷8《奏议折片》。
④ 按:如承德县为同知管知县事,辽阳州为同知管知州事,海城县为通判管知县事,开原县为理事通判管知县事。
⑤ 《德宗实录》卷24光绪元年十二月乙酉,《清实录》,第52册,第360页。
⑥ 光绪十一年四月初四日庆裕奏折,《光绪朝硃批奏折》,第1册,第93页。
⑦ 《德宗实录》卷548光绪三十一年八月丙午,《清实录》,第59册,第274页。
⑧ 《德宗实录》卷571光绪三十三年三月己亥,《清实录》,第59册,第552页。

当即敬谨祗领,遵于本年正月十九日开用。"①由此,奉天省完全实行省制并有正式的省名。宣统二年三月,裁奉天巡抚,由东三省总督兼管巡抚事②。至清末,奉天省设有总督兼巡抚、民政使、交涉使、提学使、提法使、度支使、盐运使、劝业道③。

二、省城

以奉天府城(即盛京城)为省城,在今辽宁沈阳市老城区。

三、省域

北界黑龙江,东至吉林,东南以鸭绿江与朝鲜界,南临渤海、黄海,西南以山海关与直隶分界。

四、守巡道

1. 奉天锦州山海关道—锦新营口道

初为奉天锦州山海关道,全称分巡奉锦山海等处地方兵备道,简称奉锦山海道,一称山海关兵备道④,同治五年(1866)十月置⑤。驻营口,辖金州、岫岩2厅和复州及海城、盖平2县,奉天府其余各府州县中外交涉、税务事件,亦由该道檄饬遵办,仍管辖原山海关监督所辖直隶、奉天等处三十余处口岸。同年十二月,加按察使衔⑥,遇中外交涉关系紧要事件可专折上奏,一般事务分别转报盛京将军、奉天府尹、三口通商大臣。宣统元年三月,改为分巡奉天锦新营口等处地方兵备道兼山海关监督事务⑦,简称锦新营道,仍驻营口,辖锦州、新民两府和营口厅。

2. 东边道—兴凤道

光绪三年二月奏请在凤凰城设边关兵备道⑧。光绪四年⑨,称为东边道,全称分巡奉天东边兵备道,驻凤凰城(即凤凰厅)。夏季驻东沟一带,稽查木

---

① 《东三省总督徐世昌附东三省关防开用片(光绪三十四年正月二十八日)》,台湾故宫博物院故宫文献编纂委员会:《宫中档光绪朝奏折》,第25辑,1975年,第347页。
② 《宣统政纪》卷33宣统二年三月癸亥,《清实录》,第60册,第598页。
③ 《职官录》(宣统三年冬季),第94册,第139页。
④ 光绪《清会典事例》卷25,第1册,第321页。
⑤ 《穆宗实录》卷186同治五年十月庚子,《清实录》,第49册,第345页。
⑥ 《穆宗实录》卷192同治五年十二月丁酉,《清实录》,第49册,第436页。
⑦ 《宣统政纪》卷11宣统元年三月乙丑,《清实录》,第60册,第223页。
⑧ 《东华续录》光绪14光绪三年二月戊申,第15册,第142页。
⑨ 光绪《清会典事例》卷25,第1册,第322页;又民国《奉天通志》卷44。

税,慎重海防;秋后驻头道江,加强北路边防;冬末再回凤凰城,清理公务。一年之间,南北分巡周历①。辖兴京、凤凰2厅及所属岫岩州、宽甸、通化、仁怀4县②。领有道标马兵二百名、步兵五百名,分为两营。光绪二十九年,增辖海龙府③。光绪三十二年,移驻安东县④。同年十月增辖庄河厅⑤。光绪三十四年,增辖长白府⑥。宣统元年(1909)三月,改为分巡奉天兴凤等处兵备道⑦,辖兴京府、怀仁县和凤凰、庄河2厅。

3. 临长海道

全称分巡奉天临长海等处地方兵备道。宣统元年三月置,驻临江县⑧,辖长白、海龙2府和辉南厅,以及兴京府之临江、辑安、通化3县。

4. 洮昌道

全称分巡奉天洮昌等处地方兵备道。宣统元年三月置,驻辽源州,辖洮南、昌图2府⑨。

五、府厅州县

光绪三十一年八月,奉天府府尹、府丞等京府官缺裁撤后,各府均属盛京将军管辖。裁撤前府厅州县数量见本章第一节。同年十月,设奉天府知府,原奉天府尹本属府区域成为新的奉天府。光绪三十二年,置法库、庄河直隶厅。光绪三十四年,置长白府。宣统元年,改兴京厅为兴京府,置营口、辉南直隶厅。至宣统三年末,全省共有8府、5直隶厅、3厅、6州、32县。

从光绪三年置昌图府起,仿照热河承德府之例,知府仍管地面词讼各事⑩,也就是知府有亲辖地。此后,新置各府均有亲辖地,宣统年间又裁奉天、锦州两府的附郭县,至清末,各府均无附郭县。

1. 奉天府

治所即今辽宁沈阳市老城区。初为盛京奉天府尹直辖州县(顺天府尹本

---

① 《奏陈筹办东边事宜折》(光绪三年正月),《盛京典制备考》卷8《奏议折片》。
② 《奏陈详定东边章程折》(光绪三年七月),《盛京典制备考》卷8《奏议折片》。
③ 《德宗实录》卷521光绪二十九年九月丁亥,《清实录》,第58册,第882页。
④ 《德宗实录》卷562光绪三十一年七月乙巳,《清实录》,第59册,第436页。
⑤ 《德宗实录》卷565光绪三十二年十月辛卯,《清实录》,第59册,第486页。
⑥ 《德宗实录》卷595光绪三十四年八月癸酉,《清实录》,第59册,第868页。
⑦⑧⑨ 《宣统政纪》卷11宣统元年三月乙丑,《清实录》,第60册,第223页。
⑩ 《奏拟请昌图厅升为府治添设各官并增设捕盗马兵折》(光绪三年正月),《盛京典制备考》卷8《奏议折片》。

属府),光绪三十一年八月裁奉天府府尹、奉天府府丞兼学政,府尹所管事务由盛京将军管理。原先由奉天府尹直辖的各州县由驿巡道专辖。同年十月,设知府①。辖金州厅、辽阳州、复州和兴仁、承德、海城、盖平、开原、铁岭等6县,"凡审转案件、督捕、催征等事,均照外府向例办理"②。光绪三十二年七月析置辽中县,十月置本溪县。光绪三十四年五月,裁兴仁县③,置抚顺县。宣统三年三月裁承德县,其地由府直辖④。至清末,领1厅:金州厅;2州:辽阳州、复州;7县:抚顺、辽中、本溪、海城、盖平、开原、铁岭县。

奉天府亲辖地,即原承德、兴仁两县部分区域。

辽阳州,明为辽东都指挥使司、自在州治,天命六年(1621)克⑤,顺治十年(1653)十一月置辽阳县,治所即今辽宁辽阳市文圣区城区。为辽阳府附郭县⑥。顺治十四年四月改属奉天府⑦。康熙三年(1664)六月,升为州⑧。康熙二十六年,于州城设东京城守尉。

开原县,明安乐州⑨,天命四年克⑩。康熙三年六月置,治所在今辽宁开原市北老城街道。康熙二十六年设城守尉。

铁岭县,明铁岭卫⑪,天命四年克⑫。康熙三年六月置,治所即今辽宁铁岭市城区。康熙二十九年驻防御⑬。

海城县,明海州卫。顺治十年十一月置⑭,治所即今辽宁海城市驻地,隶辽阳府。顺治十四年四月改隶奉天府。

盖平县,明盖州卫。天命六年降⑮。天聪七年设章京防守⑯。康熙三年

---

① 《德宗实录》卷550光绪三十一年十月癸卯,《清实录》,第59册,第301页。
② 光绪三十一年九月二十四日盛京将军赵尔巽奏折,《光绪朝硃批奏折》,第1册,第478页。
③ 《德宗实录》卷591光绪三十四年五月己丑,《清实录》,第59册,第815页。
④ 《宣统政纪》卷50宣统三年三月辛丑,《清实录》,第60册,第891页。
⑤ 《满文老档》,第3函第19册,第178—180页。
⑥ 《世祖实录》卷79顺治十年十一月丙申,《清实录》,第3册,第620页。
⑦ 《世祖实录》卷109顺治十四年四月戊戌,《清实录》,第3册,857页。康熙《清会典》卷18,第1册,第177页。
⑧ 《圣祖实录》卷12康熙三年六月甲午,《清实录》,第4册,第185页。
⑨ 乾隆《清一统志》卷38,第474册,第700页。
⑩ 《满文老档》,第2函第10册,第92—94页。
⑪ 乾隆《清一统志》卷38,第474册,第700页。
⑫ 《满文老档》,第2函第11册,第102—103页。
⑬ 乾隆《盛京通志》卷51,502册,第229页。
⑭ 《世祖实录》卷79顺治十年十一月丙申,《清实录》,第3册,第620页。康熙《清会典》卷18,第1册,第177页。
⑮ 《太祖实录》卷7天命六年三月壬戌,《清实录》,第1册,第104页。
⑯ 乾隆《盛京通志》卷51,《四库全书》本,第502册,第229页。

六月置,治所即今辽宁盖州市驻地。

复州,明为复州卫。天命六年降①。康熙三年六月,地属盖平县。康熙二十六年,设城守尉。雍正五年,移锦州府通判驻此,治所在今辽宁瓦房店市西北复州城镇,辖明代复州、金州二卫地②,管理民事③,是为复州厅。雍正十一年(1733)七月,置州④。光绪三十四年五月,移治于瓦房店⑤,即今辽宁省瓦房店市驻地。

金州厅,明金州卫,天命六年克⑥。康熙二十年(1843),设防守尉。雍正十一年七月,置宁海县⑦。在今辽宁省大连市金州区。道光二十三年,裁县设金州海防同知,是为金州厅⑧。光绪二十四年,厅境被俄国强行租借,以九十九年为限,厅城仍属中国。光绪三十一年日俄战争以后,日本继承权利并占领厅城⑨。

抚顺县,明抚顺千户所,天命四年克。康熙二十九年,驻防御⑩。光绪三十四年五月置,治所即今辽宁抚顺市顺城区抚顺城街道,裁原设防御各员缺⑪。宣统元年奏准移治浑河南岸千金寨。

辽中县,光绪三十二年七月析新民、辽阳、海城地置⑫,治阿司牛录镇,即今辽宁辽中县驻地蒲西街道。寻将承德县西南境划入⑬。

---

① 《满文老档》,第 3 函第 20 册,第 187 页;又第 4 函第 23 册,第 214 页。
② 乾隆《清一统志》卷 38,第 474 册,第 700 页。
③ 《雍正六年八月二十六日盛京户部侍郎署理奉天府府尹印务臣王朝恩奏》,《世宗宪皇帝朱批谕旨》卷 140,《四库全书》本,第 422 册,第 362 页。
④ 《世宗实录》卷 133 雍正十一年七月甲午,《清实录》,第 8 册,第 721 页。按:乾隆《盛京通志》卷 23、嘉庆《清一统志》卷 57 均作雍正十二年置,乾隆《清会典则例》卷 31 作雍正十一年置复州、义州,十二年置宁海县。
⑤ 《德宗实录》卷 591 光绪三十四年五月己丑,《清实录》,第 59 册,第 815 页。
⑥ 《满文老档》,第 3 函第 20 册,第 187—188 页。
⑦ 《世宗实录》卷 133 雍正十一年七月甲午,《清实录》,第 8 册,第 721 页。按:乾隆《盛京通志》卷 23、嘉庆《清一统志》卷 57 均作雍正十二年置,乾隆《清会典则例》卷 31 作雍正十一年置复州、义州,十二年置宁海县。
⑧ 光绪《清会典事例》卷 322,第 4 册,第 806 页。《盛京典制备考》卷 7《奉天职官》。按:光绪《清会典事例》卷 27、卷 152 作光绪六年置厅,吴承湜《近六十年全国郡县增建志要》卷上亦作"清光绪六年二月岐元奏改升厅"。光绪元年崇实奏折中言宁海县已改为金州同知;道光二十年冬季荣禄堂《清搢绅全书》有宁海县,咸丰六年夏季荣禄堂《清搢绅全书》有"新设"金州厅、无宁海县,说明道光二十三年改县为厅。
⑨ 吴承湜:《近六十年全国郡县增建志要》卷上,第 8 页。
⑩ 乾隆《盛京通志》卷 51,《四库全书》本,第 502 册,第 228 页。
⑪ 《德宗实录》卷 591 光绪三十四年五月己丑,《清实录》,第 59 册,第 815 页。《东三省政略》卷 5,第 51 页。
⑫ 《德宗实录》卷 562 光绪三十二年七月丙午,《清实录》,第 59 册,第 437 页。
⑬ 刘锦藻:《清朝续文献通考》卷 306,第 3 册,第 10511 页。

本溪县，明为清河城。天命三年克①。光绪三十二年十月，析辽阳州、兴京、凤凰厅地置②，治本溪湖，在今辽宁省本溪市溪湖区。

永吉州，雍正四年十二月，以船厂地方置③。治所在今吉林省吉林市老城区。乾隆十二年十月裁④。

泰宁县，雍正四年十二月，以宁古塔地方置。治所在今黑龙江省宁安市驻地宁安镇。雍正七年四月裁⑤。

长宁县，雍正四年十二月，以伯都讷地方置。治所在今吉林省松原市宁江区城区。乾隆元年七月裁⑥。

承德县，明为沈阳中卫，天命六年克⑦。康熙三年六月置⑧。附郭，治所在今辽宁沈阳市老城区。宣统三年三月裁，由府直辖⑨。

兴仁县，光绪二十八年析承德县置⑩。附郭，治所在今辽宁沈阳市老城区。光绪三十四年五月裁。

2. 营口直隶厅

同治五年十一月，于营口置海防同知⑪，属奉天府。宣统元年三月，析海城县西南三乡及盖平县北境一乡置⑫，治所即今辽宁省营口市站前区城区。

3. 庄河直隶厅

光绪三十二年十月，析凤凰厅、岫岩州地置⑬。治大庄河，即今辽宁省庄河市城关街道。

---

① 《满文老档》，第2函第7册，第65页。
② 《德宗实录》卷565光绪三十二年十月辛卯，《清实录》，第59册，第486页。
③ 《世宗实录》卷51雍正四年十二月戊寅，《清实录》，第7册，第773页。
④ 《高宗实录》卷284乾隆十二年二月壬戌，《清实录》，第12册，第699页；又卷300十月壬戌，第924页。
⑤ 《世宗实录》卷80雍正七年四月己亥，《清实录》，第8册，第56页。
⑥ 《高宗实录》卷22乾隆元年七月丁酉，《清实录》，第9册，第520页。
⑦ 《满文老档》，第3函第19册，第176页。
⑧ 《圣祖实录》卷12康熙三年六月甲午，《清实录》，第4册，第185页。按：乾隆《清会典则例》卷31谓雍正七年升承德县为直隶州、乾隆七年改直隶承德州仍名县，当误。是将直隶省承德州之事，与奉天府承德县混杂在一起。奉天府承德县为京县，从制度层面上不可能改为直隶州。另外，《清实录》中记载的本时期承德州之事，均为直隶省承德州，与奉天府无关。
⑨ 《宣统政纪》卷50宣统三年三月辛丑，《清实录》，第60册，第891页。
⑩ 《德宗实录》卷500光绪二十八年六月己丑，《清实录》，第58册，第610页。
⑪ 《穆宗实录》卷190同治五年十一月癸未，《清实录》，第49册，第406页。《盛京典制备考》卷7《奉天职官》。
⑫ 《宣统政纪》卷11宣统元年三月乙亥，《清实录》，第60册，第235页。《东三省总督徐世昌奏增改厅县分划疆界折》，《政治官报》，宣统元年三月二十九日，第19册，第561页。
⑬ 《德宗实录》卷565光绪三十二年十月辛卯，《清实录》，第59册，第486页。

4. 兴京府

乾隆二十八年,于兴京城设兴京理事通判,隶奉天府,是为兴京理事厅①。治所在今辽宁省新宾满族自治县西南老城里。以哨子河与熊岳通判辖境分界②。乾隆四十一年九月,管辖兴京城事务③。光绪三年升为抚民直隶厅④,移治新宾(兵)堡,即今新宾满族自治县驻地新宾镇,领通化、怀仁2县。同时规定,因兴京为尊称,不得改称直隶厅,亦不得直称兴京厅,"以符体制"⑤。光绪二十八年六月,增领临江、辑安。宣统元年三月,升为府⑥。至清末,领4县:通化、怀仁、临江、辑安县。

兴京府亲辖地。

通化县,光绪三年析岫岩州东边地置⑦。治头道江,治所即今吉林通化市东昌区城区⑧。

怀仁县,光绪三年析岫岩州置⑨。治六道河,在今辽宁桓仁满族自治县驻地八卦城街道。

临江县,光绪二十八年六月,析通化县置⑩。治帽儿山⑪,在今吉林省临江市城区。临长海道驻此。

辑安县,光绪二十八年六月,析通化县滋生等六保、怀仁县祥和等五保地方置⑫。治通沟口,在今吉林省集安市团结街道。

5. 凤凰直隶厅

顺治初年置八旗驻防,康熙二十六年设城守尉。乾隆四十一年置凤凰城巡检,隶岫岩理事厅⑬。光绪三年,改为凤凰直隶厅,治凤凰城⑭,在今辽宁省凤城市驻地凤凰城街道。领岫岩州及安东、宽甸县。至清末,领1州:岫岩

---

① 嘉庆《清会典》卷10,第12册,第110页。
② 乾隆《清一统志》卷36,第474册,第667页。
③ 《高宗实录》卷1016乾隆四十一年九月丁丑,《清实录》,第21册,第633页。
④ 《盛京典制备考》卷首。吴廷燮:《奉天郡邑志》卷3《兴京府》。
⑤ 《奏陈筹办东边事宜折》(光绪三年正月),《盛京典制备考》卷8《奏议折片》。光绪《清会典事例》卷31,第1册,第403页;又卷152,第2册,第924页。
⑥ 《宣统政纪》卷11宣统元年三月乙丑,《清实录》,第60册,第223页。
⑦ 《奏陈详定东边章程折》(光绪三年七月),《盛京典制备考》卷8《奏议折片》。光绪《清会典事例》卷31,第1册,第403页。
⑧ 吴廷燮:《奉天郡邑志》卷3《通化县》,宣统元年出版。
⑨ 《奏陈详定东边章程折》(光绪三年七月),《盛京典制备考》卷8《奏议折片》。
⑩ 《德宗实录》卷500光绪二十八年六月己丑,《清实录》,第58册,第610页。
⑪ 刘锦藻:《清朝续文献通考》卷306,第3册,第10512页。
⑫ 《德宗实录》卷500光绪二十八年六月己丑,《清实录》,第58册,第610页。
⑬ 乾隆《盛京通志》卷23,第501册,第402页。
⑭ 光绪《清会典事例》卷152,第2册,第924页。按:《盛京典制备考》卷首作光绪二年置。

州;2县:安东、宽甸县。

岫岩州,顺治初置八旗驻防。康熙二十六年设城守尉。乾隆三十七年三月,设理事通判①,是为岫岩厅②,隶奉天府。乾隆四十一年九月,管辖凤凰、岫岩二城事务③。道光六年六月,改为岫岩凤凰城海防通判④。光绪三年,改为州⑤,来属。治所即今辽宁岫岩满族自治县驻地阜昌街道。

安东县,光绪三年,析岫岩东边之大东沟置⑥,治所在今辽宁省丹东市元宝区城区。光绪三十二年十月,为分巡兴凤兵备道驻地⑦。

宽甸县,光绪三年析安东县置⑧,治所即今辽宁省宽甸县满族自治县驻地宽甸镇。

6. 长白府

光绪三十四年,析临江县及吉林长白山北麓龙冈之后地置⑨,治塔甸⑩,今吉林省长白朝鲜族自治县驻地长白镇。宣统元年十二月领安图、抚松县⑪。至清末,仍领2县。

长白府亲辖地。

安图县,宣统元年十二月,析长白府东图们江源、红旗河西南岸地置⑫,拟治红旗河西南岸,即今吉林省和龙市南崇善镇。因经费困难,治今安图县西南松江镇。

抚松县,宣统元年十二月,析长白府西北松花江上游地置,治双甸子,即今吉林省抚松县驻地抚松镇。

7. 法库直隶厅

明初为三万卫西境,万历间属蒙古喀尔喀部⑬。康熙元年,设法库边

---

① 《高宗实录》卷905乾隆三十七年三月辛亥,《清实录》,第20册,第86页。
② 嘉庆《清会典》卷10,第12册,第110页。
③ 《高宗实录》卷1016乾隆四十一年九月丁丑,《清实录》,第21册,第633页。
④ 《宣宗实录》卷99道光六年六月丁巳,《清实录》,第34册,第609页。
⑤ 光绪《清会典事例》卷152,第2册,第924页。《盛京典制备考》卷首。按:《奉天郡邑志》卷3作光绪二年置。
⑥ 光绪《清会典事例》卷152,第2册,第924页。一作光绪二年置,见《奉天郡邑志》卷3。民国《奉天通志》卷63,东北文史编纂委员会影印本,第2册,第1342页。
⑦ 《德宗实录》卷562光绪三十二年七月乙巳,《清实录》,第59册,第436页。
⑧ 《奏陈详定东边章程折》(光绪三年七月),《盛京典制备考》卷8《奏议折片》。民国《奉天通志》卷63,第2册,第1346页。
⑨ 《德宗实录》卷595光绪三十四年八月癸酉,《清实录》,第59册,第868页。
⑩ 《宣统政纪》卷8宣统元年二月庚辰,《清实录》,第60册,第158页。
⑪ 《宣统政纪》卷27宣统元年十二月辛巳,《清实录》,第60册,第495页。
⑫ 《宣统政纪》卷27宣统元年十二月辛巳,《清实录》,第60册,第495页。
⑬ 刘锦藻:《清朝续文献通考》卷306,第3册,第10514页。

门①,属开原城守尉。光绪三十二年七月,析新民府及开原、铁岭、康平3县地置②。治法库门,即今辽宁法库县驻地法库镇。

8. 海龙府

光绪六年,在海龙城置海龙抚民通判,加理事同知衔③,是为海龙厅。治所在今吉林省梅河口市东北海龙镇。光绪二十八年六月升府④,领东平、西丰、西安、柳河四县。至清末,仍领4县。

海龙府亲辖地。

东平县,光绪二十八年六月析海龙厅属之东围场地置,治大度川⑤,即今吉林省东丰县驻地东古镇。

西丰县,光绪二十八年六月以西围场西流水垦地之淘鹿地方置,治所即今辽宁省西丰县驻地西丰镇。

西安县,光绪二十八年六月析海龙属之西围场地置。拟治老虎嘴,在今吉林省辽源市东南老虎嘴村。因老虎嘴地理位置偏僻,光绪二十九年八月前已移治大兴镇⑥,治所在今吉林省辽源市驻地龙山区城区。

柳河县,光绪二十八年六月以通化县柳树河县丞地置,治所即今吉林省柳河县驻地柳河镇。

9. 辉南直隶厅

宣统元年三月,析海龙府东南八社置直隶厅⑦,治大肚川,今吉林省辉南县东南抚民镇。同年十二月移治于海龙府东南九十里之谢家店⑧,即今辉南县东南辉南镇。

10. 昌图府

嘉庆七年(1802)以后,科尔沁左翼后博多勒噶台王旗地放垦。嘉庆十一年,于旗地昌图额勒克(即榆树城子)设理事通判⑨,是为昌图厅⑩。治所在今

---

① 《八旗通志》卷116,《四库全书》本,第665册,第967页。
② 《德宗实录》卷562光绪三十二年七月丙午,《清实录》,第59册,第437页。
③ 光绪《清会典事例》卷27,第1册,第349页;又1093,第11册,第944页。一说光绪五年三月置,见民国《奉天通志》卷64,第2册,第1385页。
④ 《德宗实录》卷500光绪二十八年六月己丑,《清实录》,第58册,第610页。
⑤ 刘锦藻:《清朝续文献通考》卷306,第3册,第10514页。
⑥ 光绪二十九年八月二十九日盛京将军增祺等奏折,《光绪朝硃批奏折》,第1册,第388页。
⑦ 《宣统政纪》卷11宣统元年三月乙亥,《清实录》,第60册,第235页。《东三省总督徐世昌奏增改厅县分划疆界折》,《政治官报》,宣统元年三月二十九日,第19册,第561页。
⑧ 《宣统政纪》卷28宣统元年十二月乙未,《清实录》,第60册,第511页。
⑨ 光绪《清会典事例》卷27,第1册,第345页。刘锦藻:《清朝续文献通考》卷306,第3册,第10514页。
⑩ 嘉庆《清会典》卷10,第12册,第110页。

辽宁省昌图县西老城镇。同治二年十一月,因辖境辽阔,改为昌图抚民同知①。光绪三年十月升府②,领奉化、怀德2县。光绪六年六月增领康平县。光绪二十八年六月,增领辽源州。至清末,领1州:辽源州;3县:奉化、怀德、康平县。

昌图府亲辖地。

奉化县,初为科尔沁左翼中达尔罕王旗地。道光元年,设昌图厅梨树城照磨③。后拟设厅,因与体制不符,于光绪三年十月置县④,治所在今辽宁梨树县驻地梨树镇。

怀德县,初为科尔沁左翼中达尔罕王旗地。旧名八家镇,初属开原,同治五年划归昌图,设分防经历⑤。光绪三年十月置县⑥,治所在今辽宁怀德县北怀德镇。

康平县,初为科尔沁左翼后旗地。地名康家屯,光绪三年移八家镇经历治此⑦。光绪六年六月,析科尔沁左翼中、后二旗南境,前旗东境置县⑧。治康家屯,即今辽宁康平县驻地胜利街道。

辽源州,光绪二十八年六月,析昌图府及康平、奉化县地置⑨。治郑家屯,即今吉林省双辽市郑家屯街道。宣统元年三月,分巡洮昌兵备道驻此⑩。

11. 洮南府

初为科尔沁右翼前旗牧地。光绪二十八、九年,于洮儿河南逐渐放垦。光绪三十年置⑪,治双流镇,即今吉林省洮南市城区。领靖安、开通2县。光绪三十一年八月,增领安广县。宣统元年三月,增领醴泉县。宣统二年八月,增

---

① 《穆宗实录》卷84 同治二年十一月癸丑,《清实录》,第46册,第760页。民国《奉天通志》卷65,第2册,1406页。
② 《德宗实录》卷60 光绪三年十月戊申,《清实录》,第52册,第834页。
③ 光绪《清会典事例》卷252,第3册,第978页。
④ 《奏拟请昌图厅升为府治添设各官并增设捕盗马兵折》(光绪三年正月),《盛京典制备考》卷8《奏议折片》。又《奏请奉化改县片》(光绪三年十月),同上,第39页。《德宗实录》卷60 光绪三年十月戊申,《清实录》,第52册,第834页。
⑤ 刘锦藻:《清朝续文献通考》卷306,第3册,第10514页。
⑥ 《奏拟请昌图厅升为府治添设各官并增设捕盗马兵折》(光绪三年正月),《盛京典制备考》卷8《奏议折片》。《德宗实录》卷60 光绪三年十月戊申,《清实录》,第52册,第834页。
⑦ 光绪《清会典事例》卷27,第3册,第348页。
⑧ 《德宗实录》卷114 光绪六年六月壬寅,《清实录》,第53册,第671页。刘锦藻:《清朝续文献通考》卷306,第3册,第10514页。
⑨ 《德宗实录》卷500 光绪二十八年六月己丑,《清实录》,第58册,第610页。
⑩ 《宣统政纪》卷11 宣统元年三月乙丑,《清实录》,第60册,第223页。
⑪ 《德宗实录》卷536 光绪三十年十月乙巳,《清实录》,第59册,第131页;又卷539 十二月己未,第173页。

领镇东县。至清末,领 5 县:靖安、开通、安广、醴泉、镇东县。

洮南府直辖地。

靖安县,初为科尔沁右翼后旗放垦地,光绪三十年置①。治白城子,即今吉林白城市洮北区城区。

开通县,初为科尔沁右翼后旗放垦地,光绪三十年置。治哈拉乌苏,在今吉林通榆县东南青龙泡屯村。同年十月移治七井子②,即今通榆县驻地开通镇。

安广县,初为科尔沁右翼后旗放垦地,光绪三十一年八月置③。治解家窝堡,在今吉林省大安市西南新平安镇。

醴泉县,初为科尔沁右翼中旗放垦地,宣统元年三月置④。治醴泉镇,在今内蒙古自治区突泉县驻地突泉镇。

镇东县,初为科尔沁右翼后旗北段放垦地,宣统二年八月置⑤。治叉干挠⑥,在今吉林省镇赉县驻地镇赉镇。

12. 新民府

明为沈阳中卫、广宁左卫地。康熙二十一年设承德县巨流河巡检,乾隆四十二年裁⑦。康熙二十九年,设巨流河佐领⑧,属辽阳城⑨。康熙三十一年,科尔沁左翼前旗及土默特旗合献东鲁荒以为永陵、福陵、昭陵祭牲牧养地,名曰养息牧场⑩。嘉庆十八年,分承德、广宁县地,置抚民同知,是为新民厅⑪,治新民屯,即今辽宁省新民市城区。隶奉天府。光绪二十八年六月升府,领镇安县、彰武县⑫。光绪三十二年,析东南满都户、西佛牛录、八角台、冷子堡、达都

---

① 《德宗实录》卷 536 光绪三十年十月乙巳,《清实录》,第 59 册,第 131 页;又卷 539 十二月己未,第 173 页。民国《奉天通志》卷 66,第 2 册,第 1437 页。
② 民国《奉天通志》卷 66、87,第 2 册,第 1440、1991 页。
③ 《德宗实录》卷 549 光绪三十一年八月甲子,《清实录》,第 59 册,第 282 页。
④ 《宣统政纪》卷 11 宣统元年三月乙亥,《清实录》,第 60 册,第 235 页。《东三省总督徐世昌奏增改厅县分划疆界折》,《政治官报》,宣统元年三月二十九日,第 19 册,第 561 页。
⑤ 《宣统政纪》卷 40 宣统二年八月甲戌,《清实录》,第 60 册,第 725 页。
⑥ 《会议政务处奏议复东督奏奉省请添设县治派员试办折》,《政治官报》,宣统二年八月四日,第 1027 号,第 36 册,第 77 页。按:《奉天通志》卷 57 等作治"南叉干挠",误。
⑦ 乾隆《盛京通志》卷 39,第 502 册,第 72 页。
⑧ 乾隆《盛京通志》卷 51,第 502 册,第 228 页。
⑨ 乾隆《清会典》卷 96,第 11 册,第 906 页。
⑩ 刘锦藻:《清朝续文献通考》卷 306,第 3 册,第 10515 页。
⑪ 光绪《清会典事例》卷 152,第 2 册,第 924 页。《仁宗实录》卷 297,嘉庆十九年九月戊申,《清实录》,第 31 册,第 1077 页。按:《盛京典制备考》卷 7《奉天职官》、宣统《新民府志》沿革、民国《奉天通志》卷 61(第 2 册,第 1284 页)作嘉庆十三年置。
⑫ 《德宗实录》卷 500 光绪二十八年六月己丑,《清实录》,第 58 册,第 610 页。

牛录、老达房、茨榆坨、沙岭屯一带往属辽中县,并以沙岭屯改隶锦州府盘山厅①。至清末,领2县:镇安、彰武县。

新民府直辖地。

镇安县,光绪二十八年六月,析锦州府广宁县东境及奉天府新民厅鹞鹰河下小黑山地置②。治小黑山,在今辽宁省黑山县驻地黑山街道。

彰武县,光绪二十八年六月,以养息牧场旗放垦地置③。治横道子,即今辽宁省彰武县驻地彰武镇。

13. 锦州府

明为广宁中、左、右3卫及广宁前屯、后屯和义州、宁远2卫地④,一说为广宁中、左、右3卫及松山、大凌河2千户所地⑤,隶辽东都指挥使司。崇德七年(1642)有其地⑥。康熙三年,置广宁府。康熙三年十二月,改广宁府为锦州府⑦,治所在今辽宁锦州市城区,隶奉天府尹。领锦县、广宁县及宁远州⑧。康熙十四年,设城守尉。雍正十一年七月,增领义州⑨。光绪二十八年六月,增领绥中县⑩。光绪三十一年八月,裁奉天府尹,属盛京将军⑪。光绪三十二年七月,增领江家屯厅⑫,九月改名为锦西厅⑬。同年十月置盘山厅⑭。光绪三十三年三月属奉天省⑮。宣统三年三月裁锦县⑯。至清末,领2厅:锦西厅、盘山厅;2州:宁远、义州;2县:广宁、绥中县。

锦州府亲辖地,即原锦县地。

---

① 宣统《新民府志》之《沿革》。
② 《德宗实录》卷500光绪二十八年六月己丑,《清实录》,第58册,第610页。刘锦藻:《清朝续文献通考》卷306,第3册,第10515页。
③ 《德宗实录》卷500光绪二十八年六月己丑,《清实录》,第58册,第610页。
④ 乾隆《清一统志》卷43,第474册,第795页。
⑤ 乾隆《盛京通志》卷23,第501册,第403页。
⑥ 《太宗实录》卷62崇德七年八月癸巳,《清实录》,第2册,第850页。
⑦ 《圣祖实录》卷13康熙三年十二月壬午,《清实录》,第4册,第205页。按:康熙《清会典》卷18作康熙四年置,当是职官到任时间。
⑧ 康熙《清会典》卷18,第1册,第177页。
⑨ 《世宗实录》卷133雍正十一年七月甲午,《清实录》,第8册,第721页。按:乾隆《盛京通志》卷23、嘉庆《清一统志》卷57均作雍正十二年置,乾隆《清会典则例》卷31作雍正十一年置复州、义州,十二年置宁海县。
⑩ 《德宗实录》卷500光绪二十八年六月己丑,《清实录》,第58册,第610页。
⑪ 《德宗实录》卷548光绪三十一年八月丙午,《清实录》,第59册,第274页。
⑫ 《德宗实录》卷562光绪三十二年七月丙午,《清实录》,第59册,第437页。
⑬ 《德宗实录》卷564光绪三十二年九月乙未,《清实录》,第59册,第459页。
⑭ 《德宗实录》卷565光绪三十二年十月辛卯,《清实录》,第59册,第486页。
⑮ 《德宗实录》卷571光绪三十三年三月己亥,《清实录》,第59册,第552页。
⑯ 《宣统政纪》卷50宣统三年三月辛丑,《清实录》,第60册,第891页。

宁远州，康熙三年六月置，治所在今辽宁省兴城市兴城古城，属广宁府。同年十二月，改属锦州府。康熙十四年，于州城设佐领①，隶锦州副都统。

广宁县，顺治初置八旗驻防。康熙三年六月置，治所在今辽宁省北镇市驻地北镇街道。属广宁府，附郭②。同年十二月，改属锦州府。

义州，明义州卫及广宁后屯卫地。天命七年降③，后赐察哈尔。康熙十五年，平察哈尔之乱，设义州巡检司，隶广宁县④，同时设义州城守官。雍正元年三月，设通判驻此，巡检移驻锦县天桥厂⑤。雍正五年，移通判驻奉天府复州，仍设巡检驻此，隶广宁县⑥。雍正十一年七月置州⑦，治所即今辽宁义县驻地义州街道。

绥中县，光绪二十八年六月，析宁远州西境置⑧。治中后所，即今辽宁省绥中县驻地绥中镇。

锦西厅，光绪三十二年七月，析锦县西境设江家屯厅⑨，治所在今辽宁省葫芦岛市连山区西北钢屯镇。因所辖地区在锦县以西，同年九月更名⑩。

盘山厅，光绪三十二年十月，析广宁县地及盘蛇驿牧厂地置⑪。治双台子，在今辽宁盘山市双台子区城区。

锦县，康熙元年六月置，辖区相当旧锦州、宁远县地⑫。治锦州城，即今辽宁锦州市老城区，属奉天府。康熙三年六月，改隶广宁府⑬；同年十二月，改属锦州府，附郭。宣统三年三月裁，辖区由府直辖⑭。

14. 已裁撤府级政区

辽阳府，顺治十年十一月置，治所在今辽宁辽阳市地区。领辽阳（附郭）、

---

① 乾隆《清会典则例》卷102，第623册，第92页。
② 《圣祖实录》卷12康熙三年六月甲午，《清实录》，第4册，第185页。
③ 《满文老档》，第5函第33册，第306页。
④ 乾隆《清一统志》卷43，第474册，第796页。
⑤ 《世宗实录》卷5雍正元年三月辛巳，《清实录》，第7册，第122页。
⑥ 朱筠：《笥河文集》卷12《外舅王舜夫先生墓志铭》，《丛书集成初编》本，中华书局，1985年，第3册，第232页。
⑦ 《世宗实录》卷133雍正十一年七月甲午，《清实录》，第8册，第721页。按：乾隆《盛京通志》卷23、嘉庆《清一统志》卷57均作雍正十二年置，乾隆《清会典则例》卷31作雍正十一年置。
⑧ 《德宗实录》卷500光绪二十八年六月己丑，《清实录》，第58册，第610页。
⑨ 《德宗实录》卷562光绪三十二年七月丙午，《清实录》，第59册，第437页。
⑩ 《德宗实录》卷564光绪三十二年九月乙未，《清实录》，第59册，第459页。
⑪ 《德宗实录》卷565光绪三十二年十月辛卯，《清实录》，第59册，第486页。民国《奉天通志》卷62，第2册，第1331页。
⑫ 《圣祖实录》卷6康熙元年六月壬辰，《清实录》，第4册，第117页。
⑬ 《圣祖实录》卷12康熙三年六月甲午，《清实录》，第4册，第185页。
⑭ 《宣统政纪》卷50宣统三年三月辛丑，《清实录》，第60册，第891页。

海城2县①。顺治十四年四月废②。

广宁府,康熙三年六月置③,治所在今辽宁北镇市驻地,领广宁县(附郭)、锦县及宁远州,属奉天府尹。同年十二月废④。

---

① 《世祖实录》卷79顺治十年十一月丙申,《清实录》,第3册,第620页。
② 《世祖实录》卷109顺治十四年四月戊戌,《清实录》,第3册,第857页。康熙《清会典》卷18,第1册,第177页。
③ 《圣祖实录》卷12康熙三年六月甲午,《清实录》,第4册,第185页。
④ 《圣祖实录》卷13康熙三年十二月壬午,《清实录》,第4册,第205页。按:康熙《清会典》卷18作康熙四年裁,当是实施时间。

第三章 吉林—吉林省

明初为奴儿干都司地,后俱废①。

一、军政、行政机构

顺治十年(1653)起,专设将军等军政官员管理吉林等处军政、行政事务。光绪三十三年(1907),裁将军,设总督、巡抚,建立省行政机构,施行省制。

顺治九年七月,以梅勒章京、甲喇章京等统官兵驻防宁古塔②。顺治十年五月,置昂邦章京镇守宁古塔③。康熙元年(1662),改置镇守宁古塔等处将军。康熙十五年,移治吉林乌喇,即船厂,后亦称吉林乌喇将军④、船厂将军⑤、吉林将军⑥。乾隆十五年(1750)十二月,正式称船厂将军⑦。乾隆二十二年二月,改名为吉林将军⑧。此后,"吉林"成为吉林将军辖区的名称。道光年间,将军公署设有印房(印务处),为将军监印,管理满汉文档案,起草章奏稿件等;又有督催所办事房及户、兵、刑、工4司⑨。光绪七年八月,随着拟设府厅州县的增加,吉林将军铭安等奏请设立吉林首道:"新设首道,一切承转公牍自应专报将军核办,所有旗务、营务仍与副都统会办。"⑩光绪八年五月,设吉林分巡道⑪,管理吉林境内民刑案件。随着吉林、长春等府的设立,光绪《清会

---

① 《清朝文献通考》卷271,第2册,第7278页。
② 《世祖实录》卷66顺治九年七月丁亥,《清实录》,第3册,第518页。
③ 《世祖实录》卷75顺治十年五月甲戌,《清实录》,第3册,第590页。
④ 按:《圣祖实录》卷220(康熙四十四年闰四月乙未)首见"吉林乌喇将军"。
⑤ 按:《世宗实录》卷27(雍正二年十二月丙申)首见"船厂将军"。
⑥ 按:《高宗实录》卷200(乾隆八年九月丁亥)首见"吉林将军"。
⑦ 《高宗实录》卷379乾隆十五年十二月戊子,《清实录》,第13册,第1205页。
⑧ 《高宗实录》卷533乾隆二十二年二月乙酉,《清实录》,第15册,第724页。
⑨ 《吉林外纪》卷5,吉林文史出版社,1995年,第69页;又卷7,第94页。
⑩ 光绪七年八月铭安等奏折,《光绪朝朱批奏折》,第1册,第35页。
⑪ 《德宗实录》卷146,光绪八年五月乙巳,《清实录》,第54册,第70页。

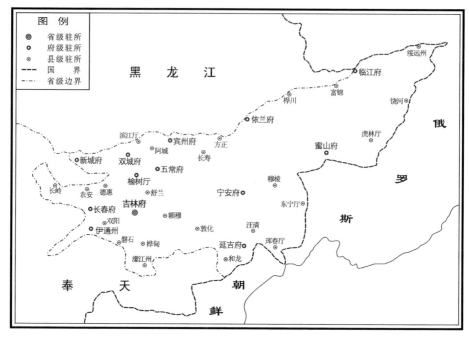

图 3　清末吉林省政区图

典》称之为"吉林省"①。光绪三十二年四月,设提学使②。

光绪三十三年三月,裁吉林将军,设东三省总督兼管三省将军事务,驻奉天,随时分驻三省行台;设吉林巡抚兼副都统③,同时设民政、交涉、度支、提法等使和劝业道,均驻吉林府。光绪三十四年正月十九,启用由礼部铸发的"吉林省印"④。

二、将军驻地、省城

顺治十年宁古塔将军驻宁古塔,即今黑龙江省宁安县。康熙十五年移至

---

① 光绪《清会典》卷 13,第 16 册,第 112 页。按:吉林将军衙门或辖区有时也习称为"吉林省",《清实录》中首见于乾隆四十四年九月辛卯:"再打牲乌拉总管事务现归吉林将军统辖,其俸饷银两亦请归吉林省领放。"(《高宗实录》卷 1090,《清实录》,第 22 册,第 643 页)嘉庆《清会典事例》卷 204 亦有"吉林省"之记载。
② 《德宗实录》卷 558 光绪三十二年四月丁巳,《清实录》,第 59 册,第 396 页。
③ 《德宗实录》卷 571 光绪三十三年三月己亥,《清实录》,第 59 册,第 552 页。
④ 《东三省总督徐世昌附陈吉林关防开用日期片(光绪三十四年二月二十二日)》,台湾故宫博物院故宫文献编纂委员会:《宫中档光绪朝奏折》,第 25 辑,第 343 页。又:《东三省总督徐世昌等奏开用吉林省印信日期片》,《政治官报》,光绪三十四年六月二十五日;台北文海出版社影印本,第 5 册,第 95 页。

吉林乌拉，后称吉林，即今吉林吉林市。光绪三十三年改为省制后，以吉林为省城。

三、将军辖区、省域

明万历年间，建州女真先后征服哈达、辉发、乌拉、叶赫、宁古塔等地。此后，满洲又征东海萨哈连部、索伦部等。顺治十年置宁古塔昂邦章京时，其辖区拥有此后的吉林、黑龙江两将军辖区的全境。康熙二十二年设黑龙江将军，宁古塔将军不再管辖黑龙江地区。康熙年间，四至八到如下："东至东海三千余里海界，西至开原威远堡五百九十余里奉天府界，南至长白山一千三百余里朝鲜界，北至法忒哈六百余里边界。东南至希喀塔山二千三百余里海界，东北至飞牙喀三千余里海界，西南至英喀边门七百余里奉天府界，西北至黑儿苏边门四百五十余里边界。"①乾隆《盛京通志》等记载相同。

乾隆、嘉庆年间，吉林界线大致东南自珲春而东迄海参崴至锡林河七百余里，东迄宁古塔、兴凯湖至东海三千余里，东北迄三姓、富克锦、伯利至混同江口四千四百里有奇，混同江口外库页岛亦属我版图，又自富克锦越江而北循吉、黑界之外兴安岭至朱格朱尔岭两千里有奇。咸丰十年（1860），中、俄签订《北京条约》，以乌苏里江以东包括库页岛在内之地割让于俄罗斯，遂使中国失去四十多万平方公里领土。自乌苏里河口而南，上至兴凯湖，两国以乌苏里及松阿察二河作为交界；自松阿察河之源，两国交界逾兴凯湖直至白棱河；自白棱河口顺山岭至瑚布图河口，再由瑚布图河口顺珲春河及海中间之岭至图们江口，其东皆属俄罗斯，其西皆属中国②。光绪十二年，与俄国会勘珲春边界，补立沙草峰、南越岭下至平冈尽处"土"字界碑，图们江口内去海三十里"土"字界碑为中俄新界③。光绪中，吉林四至八到如下："东西距二千二百余里，南北距一千三百八里。东至宁古塔之乌札库边卡（喀字界牌）一千五百四十里中俄新界，西至伊通州之威远堡门五百六十里奉天开原县界，南至鸭绿江九百余里朝鲜界，北至双城厅之报马屯六百里江北黑龙江呼兰厅界，东南至珲春之长岭一千二百余里中凭据 新界，东北至富克锦之乌苏里卡伦（耶字界牌）二千五百里中俄新界，西南至额尔敏河五百余里奉天界，西北至伯都讷之伯德讷站六百四十余里江北黑龙江与蒙古廓尔罗斯界。"④

---

① 康熙《盛京通志》卷8《疆域志》。
② 《北京条约》，载于《东北国际约章汇释(1689—1919年)》，第66页。
③ 《德宗实录》卷229光绪十二年六月乙酉，《清实录》，第55册，第96页。
④ 《吉林分巡道造送会典馆清册》，吉林文史出版社，1988年，第147页。

四、八旗驻防

顺治十年,以昂邦章京、副都统等镇守宁古塔城①。康熙五年,迁宁古塔新城②。康熙十年,于吉林乌拉置副都统。康熙十五年,宁古塔将军移驻吉林城。康熙三十一年,移副都统驻伯都讷。康熙五十三年,设三姓、珲春协领。雍正二年(1724),设拉林协领。雍正三年,设阿勒楚喀协领。雍正九年,置三姓副都统。乾隆九年,设拉林阿勒楚喀副都统。乾隆二十一年,设阿勒楚喀副都统。乾隆三十四年,裁拉林副都统,仍设协领,由阿勒楚喀副都统兼管。至嘉庆初年,有吉林将军本属城1:吉林城;所属副都统城4:宁古塔城,伯都讷城,阿勒楚喀城,三姓城;协领城3:打牲乌拉城、珲春城、拉林城③。

嘉庆二十年(1815),设双城堡委协领,二十四年改协领,由阿勒楚喀副都统兼管。咸丰元年,置双城堡副统衔部管。同治八年(1869),设五常堡协领,属阿勒楚喀副都统兼管。同治九年,珲春协领加副都统衔。光绪七年,置珲春副都统。光绪八年,置富克锦城协领,属三姓副都统兼管。此后,随着府厅州县的设置,各城逐渐只管旗人,不管地方。光绪三十三年,裁吉林副都统。宣统元年(1909)四月,裁珲春、三姓、宁古塔、伯都讷、阿勒楚喀五副都统及富克锦协领;暂留五副都统城之协领,专门管理各处旗务事件④。

1. 吉林城

土名吉林乌拉(吉临乌喇)、船厂,在今吉林吉林市老城区。康熙十年,设副都统。康熙十二年,筑城⑤。康熙十五年,宁古塔将军驻此⑥,为将军本属城。康熙三十一年,副都统移驻伯都讷⑦。雍正三年,复置副都统⑧。光绪八

---

① 乾隆《清一统志》卷37,第474册,第677页。乾隆《盛京通志》卷23,第501册,第398页。
② 乾隆《盛京通志》卷31,第501册,第641页。
③ 嘉庆《清会典》卷10,第12册,第111页。
④ 《东三省总督锡良等奏吉省壃地辽阔治理难周请援江省成案添改民官酌裁旗缺折》(宣统元年闰二月十九日),吉林省档案馆、吉林省社会科学院历史所编:《清代吉林档案史料选编(上谕奏折)》,1981年,第38页。
⑤ 乾隆《盛京通志》卷39,第501册,第611页。
⑥ 乾隆《盛京通志》卷23,第502册,第65页。
⑦ 《圣祖实录》卷155康熙三十一年四月乙巳,《清实录》,第5册,第711页。
⑧ 《世宗实录》卷32雍正三年五月己未,《清实录》,第7册,第492页。

年,置吉林府。光绪三十三年,裁副都统①。雍正末,"吉临乌喇疆域与永吉州同"②;"东至昂邦夺河大岭二百里已裁泰宁县界,西至威远堡门五百七十里开原县界,南至讷秦窝集七百三十里外为宁古塔将军专辖界,北至法塔门二百一十里长宁县界,东南至长白山一千三百里外为宁古塔将军专辖界,西南至富哈山五百里外为宁古塔将军专辖界,东北至墨棱河二百四十里外为宁古塔将军专辖界,西北至克勒索门四百六十七里,外为宁古塔将军专辖界。"③乾隆时,"东至海三千余里,西至边门五百九十里开原县界,南至鸭绿江九百九十七里江之南接朝鲜界,北至边地六百余里蒙古界,东南至锡赫特山二千三百余里海界,西南至英莪边门七百余里奉天将军所辖界,东北至赫哲费雅哈三千余里海界,西北至克尔素边门四百五十余里蒙古界。"④东北至赫哲费雅哈三千余里的里距,与整个吉林将军的辖区里距相近⑤。道光初年,"南至讷秦窝集七百三十里,至长白山一千三百里;东至都岭河宁古塔界四百里;西至威远堡盛京界五百七十里;北至法特哈门、黄山咀子伯都讷界一百九十五里。"⑥

2. 宁古塔城

宁古塔,满语"六"数之意。顺治十年,以昂邦章京、副都统等镇守宁古塔城,在今黑龙江省海林市西南旧街。康熙五年,迁呼尔哈河北岸新城,即今黑龙江宁安市驻地宁安镇。康熙十五年,宁古塔将军移驻吉林,留副都统镇守宁古塔。光绪二十八年在三岔口建绥芬厅,宣统二年移治宁古塔并改置为宁安府。宣统元年四月裁副都统。管辖区域,乾隆年间,"东至海三千余里,西至鄂摩和索罗站二百五十里吉林界,南至图们江六百里外为朝鲜界,北至混同江六百里外为蒙古界,东南至锡赫特山一千五百七十里海界,西南至勒富善河五百里吉林界,东北至费雅喀三千余里海界,西北至阿勒楚喀七百余里蒙古界。"道光初年,"南至土门江朝鲜界六百里,东至海三千余里,西至都岭河吉林界二百

---

① 《德宗实录》卷584光绪三十三年十二月癸亥,《清实录》,第59册,第720页。
② 乾隆《盛京通志》卷12《疆域志》,咸丰修补本。
③ 乾隆《盛京通志》卷12《疆域志》。
④ 乾隆《盛京通志》卷24,第501册,第419—421页。下同。
⑤ 按:古林城辖区与整个吉林将军区域,除"东北至"的里距相同外,乾隆《盛京通志》所载黑龙江下游山川、窝集等地物名称,均记载在吉林城之下,似乎吉林城的管理区域很大,包括吉林将军辖区的南部、北部两个区域;三姓城下只记载有松花江、珲尔哈河、乌苏哩河三条河流。乾隆《清一统志》谓三姓城区域"东西数百里",似乎三姓城区域很小。据下引档案记载,乾隆《盛京通志》的记载有误,黑龙江下游和库页岛已经在三姓城管辖之下。
⑥ 《吉林外纪》卷2,吉林文史出版社,1995年,第20页。

五十里,北至混同江蒙古界六百里。"①光绪中,"东至松阿察边卡七百余里中俄新界,西至都林河二百十里敦化县界,南至嘎哈哩河三百余里珲春界,北至阿穆兰河三百里三姓界,东南至芬水岭五百余里中俄新界,东北至和图河七百余里中俄新界,西南至狍子沟二百余里敦化县界,西北至海兰河源二百余里宾州厅界。"②

3. 伯都讷城

一作白都讷,旧名纳尔浑③,在今吉林松原市宁江区城区。康熙三十一年筑新城,移吉林副都统驻此④。光绪八年置抚民同知加理事衔。光绪三十二年升抚民同知为新城府。宣统元年四月裁副都统。管辖区域,乾隆年间,"东至兰陵河一百三十里阿什河界,西至松花江东岸二里果尔罗思扎浑界,南至松花江二里果尔罗思扎浑界,北至松花江七十里果尔罗思巴图界,东南至巴延鄂佛罗边门三百三十里船厂界,西南至松花江北岸二里果尔罗思扎浑界,东北至兰陵河口一百五十里果尔罗思巴图界,西北至松花江东岸四十里果尔罗思扎浑界。"道光初年,"南至松花江郭尔罗斯查浑界二里,西至混同江,东至兰陵河阿勒楚喀界一百三十里,北至松花江郭尔罗斯八图界七十里。"⑤

4. 三姓城

满语作依兰哈拉,依兰谓"三",哈拉谓"姓",清初努雅喇、克宜克勒、祜什哈哩三族赫哲人居此,故名。在今黑龙江依兰县驻地依兰镇。康熙五十三年正月置协领驻防⑥,次年筑城。雍正九年十一月,置副都统⑦。光绪三十二年,置依兰府。宣统元年四月裁副都统。管辖区域,乾隆年间,"往三姓城南至鸠梅佛痕二百九十里,与宁古塔接界;东二千一百里处为入乌苏里江之瑚叶河口,从瑚鲁穆河直至入海之岳色河与宁古塔接界;北面由三姓城至松花江南岸四里,北岸与黑龙江接界;西边至玛延河口一百八十里,与阿勒楚喀接界。"并管辖库页岛:"招抚住海岛贡貂之库页费雅喀额定一百四十八户,赏乌林一百四十八套,每年赴盛京礼部关领后赏给。所赏乌林数目年终

---

① 《吉林外纪》卷2,第23页。
② 《造送会典馆清册》,吉林文史出版社,1988年,第150页。
③ 乾隆《盛京通志》卷31,第501册,第643页。
④ 《圣祖实录》卷155康熙三十一年四月乙巳,《清实录》,第5册,第711页。按:乾隆《盛京通志》卷31谓康熙三十二年筑城,三十三年移吉林副都统驻此,当是实际完成时间。
⑤ 《吉林外纪》卷2,第23页。
⑥ 《圣祖实录》卷258康熙五十三年正月戊辰,《清实录》,第6册,第548页。
⑦ 《世宗实录》卷112雍正九年十一月辛巳,《清实录》,第8册,第500页。

核销。"①道光初年,"南至阿穆兰呼勒山宁古塔界二百八十六里,北至布雅密河古木讷城黑龙江界四十里,东至海四千八百里,西至占哈达阿勒楚喀界二百八十里。"②光绪中,"东至音达木河佳木司二百十余里富克锦界,西至玛琏河臧艍泡二百二十余里宾州厅界,南至三道河口二百八十里宁古塔界,北至松花江北岸古穆讷城一百二十里黑龙江界,东南至穆棱河蜂蜜山六百里,南与宁古塔东为中俄新界,东北至汤旺河一百三十里黑龙江界,西南至占哈达三百里宾州厅界,西北至松花江北岸卜雅密河三百里河西黑龙江界。"③

5. 阿勒楚喀城

在今黑龙江哈尔滨市阿城区。雍正三年,设阿勒楚喀协领④。雍正七年建城⑤。乾隆二十一年,设副都统⑥。宣统元年四月裁副都统,置阿城县⑦。乾隆年间管辖区域:"东至玛延河二百里三姓界,西至兰陵河一百二十里白都讷界,南至穆棱山一百二十里白都讷界,北至松花江七十里蒙古界,东南至兰陵河一百九十里宁古塔界,西南至喀萨哩河九十里白都讷界,东北至玛延河三百里三姓界,西北至兰陵河二百五十里白都讷界。"道光初年,"南至莫楞山一百二十里伯都讷界,北至松花江七十里蒙古界,东至马彦河二百里三姓界,西至兰陵河一百二十里伯都讷界。"⑧

---

① 《三姓副都统富尔松阿为查报三姓地方应入会典之项事咨吉林将军衙门》(乾隆十九年十一月十五日),辽宁省档案馆编:《清代三姓副都统衙门满汉文档案选编》,辽宁古籍出版社,1995年,第344、346页。按:乾隆《盛京通志》卷24谓:"东至佛楞窝集六百余里宁古塔界,西至费克图站五百余里阿勒楚喀界,南至西古城一百二十余里吉林界,北至吉潭河四百余里黑龙江界,东南至东古城一百余里宁古塔界,西南至扎巴兰河三百余里阿勒楚喀界,东北至威哈珠河八百余里吉林界,西北至宜春河二百余里呼兰界。"乾隆《清一统志》卷46谓"东西数百里,皆满洲所居。"似乎三姓城辖区很小。乾隆《盛京通志》卷24谓吉林城"东北至赫哲费雅哈三千余里海界",似乎吉林将军直接管辖的区域包括三姓城以北的黑龙江下流地区。乾隆《盛京通志》卷24所载四至疑有误,或是引用了较早的数据。乾隆《清一统志》的编纂者似乎没有采用富尔松阿提供的资料,而是沿袭了《盛京通志》的记载。至嘉庆年间,相关记载已经较为准确。嘉庆《清一统志》卷68在保留乾隆《清一统志》相关文字的同时,又增加了三姓城的四至:"东至东海四千余里,西至阿勒楚喀界三百余里,南至吉林界三百里,北至黑龙江界一百余里。"(第25页)嘉庆《清会典图》卷91有《三姓所属海以内图》和《三姓所属海以外图》,包括黑龙江下游和库页岛。
② 《吉林外纪》卷2,第24页。
③ 《造送会典馆清册》,第150页。
④ 乾隆《盛京通志》卷31,第501册,第644页。
⑤ 《吉林志书》,吉林文史出版社,1988年,第18页。按:一说雍正七年拆毁旧城移建新城,见《吉林地志》,吉林文史出版社,1986年,第13页。
⑥ 乾隆《清一统志》卷37,第474册,第678页。
⑦ 《宣统政纪》卷12宣统元年四月癸巳,《清实录》,第60册,第243页。
⑧ 《吉林外纪》卷2,第24页。

6. 珲春城

珲春，满语边地之意。在今吉林珲春市驻地。康熙五十三年正月，设协领驻防①，属宁古塔副都统兼辖②。同治九年七月，协领加副都统衔③。光绪七年四月，置副都统④。宣统元年四月，裁副都统，置珲春厅⑤。乾隆年间，管理区域，"东至海二百八十里，西至图们江二十里外为朝鲜界，南至海一百一十里，北至佛斯亨山一百二十里图们江界，东南至海一百三十里，西南至海一百二十里，东北至喀尔岱窝集一百里海界，西北至噶哈哩河一百一十里。"道光初年，"南至海一百一十里，北至佛思恒山一百二十里宁古塔界，东至海二百八十里，西至土门江二十里朝鲜界。"⑥光绪中，"东至萨字界牌二百二十里中俄新界，西至图们江三十余里朝鲜庆源府界，南至图们江土字界牌八九十里海界，北至老松岭二百二十里宁古塔界，东南至长岭俄卡三十余里中俄新界，东北至通肯山拉字界牌三百余里东为中俄新界，北与宁古塔界，西南至长白山石乙水七八百里及千里朝鲜界，西北至哈尔巴岭三百余里敦化县界。"⑦

7. 打牲乌拉城

亦作捕牲乌拉、布特哈乌拉。在今吉林吉林市龙潭区北乌拉街满族镇。康熙四十二年，因旧城有水患，于旧城东建新城⑧。乾隆五年，移吉林协领二人驻此，属将军⑨。乾隆年间，管辖区域："东至团山子二十三里，西至恩沛口二十四里，南至三家村四十里，北至康家屯六十八里，东南至乌赫达三村三十三里，西南至三台村十四里，东北至孔家屯六十二里，西北至康家屯六十八里，皆与船厂接界。"道光初年，"南至三家村四十里，北至康家屯六十八里，东至团山子二十三里，西至恩丕口二十四里，皆与省城连界。"⑩光绪八年置吉林府后，地属吉林府管辖。

---

① 《圣祖实录》卷258康熙五十三年正月戊辰，《清实录》，第6册，第548页。
② 乾隆《八旗通志》卷35，第664册，第840页。
③ 《穆宗实录》卷286同治九年七月戊辰，《清实录》，第50册，第945页。
④ 《德宗实录》卷129光绪七年四月己未，《清实录》，第53册，第863页。
⑤ 《宣统政纪》卷12宣统元年四月癸巳，《清实录》，第60册，第243页。
⑥ 《吉林外纪》卷2，第20页。
⑦ 《造送会典馆清册》，第151页。
⑧ 乾隆《盛京通志》卷31，第501册，第645页。
⑨ 光绪《清会典事例》卷544，第7册，第38页。
⑩ 《吉林外纪》卷2，第21页。

打牲乌拉城内,在顺治十八年设捕牲乌拉总管①,后称打牲乌拉总管,属内务府。非驻防八旗,专为皇室打扑东珠、鲟鱼等贡品。乾隆十三年,由将军兼管②。光绪三十二年七月裁总管等③。

8. 拉林城

在今黑龙江五常市西北拉林满族镇。雍正二年十二月,设协领④。乾隆九年三月,设拉林阿勒楚喀副都统⑤。乾隆二十一年,所属阿勒楚喀设副都统。乾隆三十四年正月,罢拉林副都统⑥。仍设协领,属阿勒楚喀副都统⑦。道光初年,"南至拉林河二十里伯都讷界,北至松花江一百八十里黑龙江界,东至阿勒楚喀河五十里阿勒楚喀界,西至拉林河五十里伯都讷界。"⑧光绪八年五月,地属双城厅,置巡检⑨。

9. 双城堡城

旧名双城子,在今黑龙江双城市驻地。嘉庆二十年,于拉林西部双城堡置委协领⑩。后改为实授,由阿勒楚喀副都统兼管。咸丰元年,改置副都统衔总管⑪。光绪八年五月改总管为协领,归阿勒楚喀副都统兼辖⑫,另置抚民通判厅⑬。道光初年,"东西距一百三十里,南北距七十里,四面仍皆拉

---

① 乾隆《清会典则例》卷164,第625册,第306页。按:《清朝文献通考》卷271谓雍正五年设总管,误。康熙、雍正年间打牲乌拉总管与内务府的关系,雍正五年四月庚寅有谕旨:"谕内阁,打牲乌喇俱系内务府佐领之人,不可令船厂将军兼辖。每年著乾清门侍卫一员、内务府官一员,与该处总管同办事务。"(《清实录》,第7册,第853页)
② 《清朝文献通考》卷182,第2册,第6432页。按:嘉庆《清会典》卷10谓打牲乌拉城为协领城,光绪《清会典》卷13谓是总管城。
③ 《德宗实录》卷562光绪三十二年七月壬戌,《清实录》,第59册,第446页。
④ 《世宗实录》卷27雍正二年十二月丙申,《清实录》,第7册,第420页。按:乾隆《清会典则例》卷102谓雍正三年置。
⑤ 《高宗实录》卷213乾隆九年三月乙未,《清实录》,第11册,第732页;又卷214四月辛亥,第746页。
⑥ 《高宗实录》卷827乾隆三十四年正月辛丑,《清实录》,第19册,第18页。
⑦ 《高宗实录》卷827乾隆三十四年正月辛丑,《清实录》,第19册,第18页。《吉林外纪》卷3,第40页。
⑧ 《吉林外纪》卷2,第24页。
⑨ 《德宗实录》卷140光绪七年十二月丁卯,《清实录》,第53册,第1006页;又卷146光绪八年五月乙巳,第54册,第70页。
⑩ 何荣伟:《简述清代双城堡地区的行政制度》,《满族研究》,1992年第1期,第26—30页。参见《仁宗实录》卷306嘉庆二十年五月戊戌,《清实录》,第32册,第64页。
⑪ 《文宗实录》卷47咸丰元年十一月癸亥,《清实录》,第40册,第643页。
⑫ 光绪八年三月二十二日铭安、玉亮奏折,《光绪朝硃批奏折》,第1册,第53页。
⑬ 《德宗实录》卷140光绪七年十二月丁卯,《清实录》,第53册,第1006页;又卷146光绪八年五月乙巳,第54册,第70页。

林界。"①

10. 富克锦城

在今黑龙江富锦市驻地城关街道。地名富替锦,光绪八年置协领②,属三姓副都统。光绪十七年,协领加副都统衔③。宣统元年四月裁副都统。光绪三十三年,置巡检司,地属临江州④。宣统元年,置县⑤,裁协领。光绪中,"东至莫力洪库二百里混同江东北岸中俄新界,西至音达木河三百二十里三姓界,南至穆棱河蜂密山五百余里宁古塔界,北至混同江二十里黑龙江界,东南至尼满卡伦八百余里中俄新界,东北至乌苏里河口七百余里中俄新界,西南至黑山四百里三姓界。"⑥

11. 五常堡城

在今黑龙江五常市驻地五常镇。初为伯都讷城边境。同治八年置协领⑦。光绪七年,设抚民同知⑧。

五、守巡道

1. 西路道——西南路道

初为西路道,全称吉林西路兵备道,光绪三十三年十二月置,驻长春府。因"长春最为紧要,居四达之冲,中外辐辏,交涉纷繁,实与哈尔滨同一情形,非有得力大员不足以资镇摄",故设⑨。未明确管辖区域。宣统元年八月改为分巡西南路兵备道,加参领衔,"巡防吉林西南一带等处地方,兼管长春关税及商埠交涉事宜"⑩。辖吉林、长春2府、伊通、濛江2州、农安、长岭、舒兰、桦甸、磐石5县。宣统二年增领德惠、双阳2县⑪。

---

① 《吉林外纪》卷2,第25页。
② 光绪《清会典事例》卷544,第7册,第39页。
③ 《德宗实录》卷295光绪十七年三月戊辰,《清实录》,第55册,第919页。
④ 刘锦藻:《清朝续文献通考》卷307,第3册,第10527页。
⑤ 《宣统政纪》卷12宣统元年四月癸巳,《清实录》,第60册,第243页;又卷17七月己酉,第321页。
⑥ 《造送会典馆清册》,第151页。
⑦ 光绪《清会典事例》卷544,第7册,第38页。《穆宗实录》卷276同治九年二月甲辰,《清实录》,第50册,第830页。
⑧ 光绪《清会典事例》卷27,第1册,第349页。
⑨ 《东三省总督徐世昌署吉林巡抚朱家宝奏吉省请设司道各缺派员试署折》,《政治官报》,光绪三十三年十二月初八日,第3册,第136页。
⑩ 《东三省总督锡良吉林巡抚陈昭常奏请将滨江西路二道改为西北路西南路道缺折》,《政治官报》,宣统元年八月十二日,第24册,第202页。
⑪ 《宣统政纪》卷50宣统二年三月戊申,《清实录》,第60册,第901页;又卷52宣统三年四月壬午,第942页。《吉林新志》,吉林文史出版社标点本,1991年,第159页。

2. 滨江道—西北路道

初为滨江道,全称哈尔滨江关道①,光绪三十一年十月置②。驻哈尔滨,专办吉林、黑龙江两省对外交涉事宜并征收哈尔滨商埠关税事务。未明确管辖区域:"将来两省各属何处应归管辖,以一事权",由两省将军视情形再奏③。宣统元年八月改为分巡吉林西北路兵备道,加参领衔,驻哈尔滨。仍管哈尔滨关税及商埠、交涉事务,辖新城、双城、宾州、五常4府、榆树厅、长寿、阿城2县④。

3. 伊兰道—东北路道

初拟名伊兰兵备道,拟驻三姓,办理依兰、蜜山、临江一带边务,及东北沿边兵备事宜,管理依兰等处关税交涉,并兼辖属部,加参领衔⑤。宣统元年四月置⑥,名东北路兵备道,驻依兰府。"东北路道一缺,原奏驻于三姓,即今依兰府治。沿江而下,与俄国东海滨省,实相毗连,且兼依兰、临江等处关税事宜。"⑦同年八月称分巡吉林东北路依兰兵备道,加参领衔,辖依兰、临江、蜜山3府、呢吗厅、绥远、宝清2州、勃利、桦川、富锦、饶河4县⑧。

4. 珲春道—东南路道

初拟名珲春兵备道,拟驻珲春城,办理珲春、延吉、绥芬一带边务,及东南沿边兵备事宜,并管理珲春等处关税交涉,并兼辖属部,加参领衔⑨。宣统元年四月置⑩,名东南路兵备道,驻珲春城,即今吉林珲春市驻地。"所辖区域,南起延吉,东北迄绥芬,沿边绵长二千余里,与韩俄犬牙交错。日后开埠,且须兼理关税。"⑪同年八月称分巡吉林东南路兵备道,加参领衔。辖绥芬、延吉2

---

① 田志和、潘景隆:《吉林建置沿革概述》,吉林人民出版社,1990年,第124页。
② 《德宗实录》卷550光绪三十一年十月癸卯,《清实录》,第59册,第301页。
③ 光绪三十一年九月初七日署吉林将军达桂、署黑龙江将军程德全奏折,《光绪朝硃批奏折》,第1册,第470页。
④ 《东三省总督锡良吉林巡抚陈昭常奏请将滨江西路二道改为西北路西南路道缺折》,《政治官报》,宣统元年八月十二日,第24册,第202页。
⑤ 《东三省总督锡良等奏吉省壤地辽阔治理难周请援沙省成案添改民官酌裁旗缺折》(宣统元年闰二月十九日),《清代吉林档案史料选编(上谕奏折)》,第38页。
⑥ 《宣统政纪》卷12宣统元年四月癸巳,《清实录》,第60册,第243页。
⑦ 《宣统政纪》卷17宣统元年七月己酉,《清实录》,第60册,第321页。
⑧ 《东三省总督锡良吉林巡抚陈昭常奏请将滨江西路二道改为西北路西南路道缺折》,《政治官报》,宣统元年八月十二日,第24册,第202页。
⑨ 《东三省总督锡良等奏吉省壤地辽阔治理难周请援沙省成案添改民官酌裁旗缺折》(宣统元年闰二月十九日),《清代吉林档案史料选编(上谕奏折)》,第38页。
⑩ 《宣统政纪》卷12宣统元年四月癸巳,《清实录》,第60册,第243页。
⑪ 《宣统政纪》卷17宣统元年七月己酉,《清实录》,第60册,第321页。

府、东宁、珲春2厅,穆棱、敦化、额穆、汪清、和龙5县①。因日本在延吉设有总领事,为加强对延吉一带的管理,于同年十月奏请改为半年驻珲春,半年驻延吉②。后移驻延吉③。

5. 吉林分巡道

光绪七年十二月奏设,拟名分巡吉伯阿等处地方道,管辖吉林府及伯都讷、长春、宾州、五常、双城五厅和伊通州,"所属一切政务均可由其承转,即省垣清讼盗案各局事务亦可归其总局事。嗣后无论旗民案件,府厅审定后均解省垣,由该道覆核审转,以昭慎重"④。光绪八年五月置⑤,驻吉林城(府)。"所属一切政务,均由该道承转,实兼内省藩臬责任"⑥。下辖防军数百名。光绪三十二年八月,兼按察使衔⑦。光绪三十三年十二月裁。⑧

六、府厅州县

雍正四年十二月,吉林境内设有永吉州及泰宁、长宁两县,均属奉天府。雍正七年四月,裁泰宁县。

乾隆元年七月,裁长宁县。乾隆十二年十月,裁永吉州,置吉林厅,属宁古塔将军管辖。

嘉庆五年五月,设长春厅。嘉庆十五年,设伯都讷厅。

光绪七年,设五常厅。光绪八年五月,吉林厅升为吉林府,除辖有属县外,知府自理地面,也就是有亲辖地,此后成为惯例。同年,拟在宁古塔、三姓、珲春等城设立道、府,部议时驳回⑨。光绪十五年,升长春厅为长春府。光绪二十八年九月,宾州厅升为直隶厅,置延吉厅、绥芬厅。光绪三十二年正月,改伯都讷厅置新城府,置依兰府。光绪三十三年,置濛江州,同年十二月置蜜

---

① 《东三省总督锡良吉林巡抚陈昭常奏请将滨江西路二道改为西北路西南路道缺折》,《政治官报》,宣统元年八月十二日,第24册,第202页。
② 《宣统政纪》卷23宣统元年十月丁亥,《清实录》,第60册,第430页。
③ 刘锦藻:《清朝续文献通考》卷307作"延吉府……宣统元年升府,东南路道驻此。"(第10523页)
④ 《德宗实录》卷140光绪七年十二月丁卯,《清实录》,第53册,第1006页。光绪七年十一月二十五日铭安奏折,《光绪朝硃批奏折》,第1册,第40页。
⑤ 《德宗实录》卷146光绪八年五月乙巳,《清实录》,第54册,第70页。
⑥ 光绪《清会典事例》卷25,第1册,第322页。《吉林将军希元奏请将吉林分巡道作为冲繁疲难近边最要之缺折》(光绪十三年十一月二十六日),《清代吉林档案史料选编(上谕奏折)》,第68页。
⑦ 《吉林将军达桂奏请吉林分巡道兼按察使衔以崇体制片》(光绪三十二年八月初一日),《清代吉林档案史料选编(上谕奏折)》,第78页。
⑧ 《东三省总督徐世昌署吉林巡抚朱家宝奏吉省请设司道各缺派员试署折》,《政治官报》,光绪三十三年十二月初八日第3册,第136页。
⑨ 光绪八年铭安奏折,《光绪朝硃批奏折》,第1册,第59页。

山府。

宣统元年四月,吉林府双城厅升为双城府,宾州厅升为宾州府,五常厅升为五常府,延吉厅升为延吉府,绥芬厅升为绥芬府,临江州升为临江府,吉林府伊通州、新城府榆树县升为直隶厅。

由于没有普遍设立道员,光绪末年有一部分州县直接受督抚管理①。宣统元年起,吉林各府不辖县,直隶州、直隶厅也不辖县,仅表示该处地方之剧易。宣统元年八月,全省设四道,各府厅州县均由道管理。东北路道区域包括依兰、临江、蜜山3府,呢吗厅,绥远、宝清2州,勃利、桦川、富锦、饶河四县;东南路道区域包括绥芬、延吉2府,东宁、珲春2厅,穆棱、敦化、额穆、汪清、和龙5县,西北路道区域包括新城、双城、宾州、五常4府,榆树厅,长寿、阿城2县;西南路道区域包括吉林、长春2府,伊通、濛江2州,农安、长岭、舒兰、桦甸、磐石5县②。宣统二年三月,绥芬府改名为宁安府。

至清末,全省有11府、1直隶厅、4厅、1直隶州、2州、18县。另有拟设1州2县。各府、直隶厅州均不辖州县。

1. 西南路道

吉林府,初为永吉州,雍正四年置③,治所在今吉林吉林市老城区,隶奉天府。乾隆十二年十月,裁永吉州,设理事同知、理事通判各一人,属宁古塔将军④,是为吉林厅⑤。乾隆二十八年四月,通判因无专司事务,裁撤⑥。光绪八年五月,升府⑦,领敦化县、伊通州。"仿照热河承德府、奉天昌图府之例,仍管地面词讼钱粮各事。"府亲辖地:"东至张广才岭为界,计二百里,外至敦化县。东南至桦树林子荒为界,外至官山。南至辉发河荒为界,外至官山。西南至太阳川为界,计二百余里,外至伊通州。西至石头河子为界,计二百三十里,外至伊通州。西北至小河台为界,计二百一十里,外至长春厅。北至法特哈边门

---

① 《吏部等部议复东三省总督锡良等奏将吉林滨江西路二道改为西北西南路道缺折》(宣统元年八月),《清代吉林档案史料选编(上谕奏折)》,第49页。
② 《宣统政纪》卷19宣统元年八月甲申,《清实录》,第60册,第357页。
《吏部等复奏东三省总督锡良等奏将吉省滨江、西路二道改为西北、西南路道及准将阿城县缺同时设立折片》,黑龙江省档案馆编、出版《黑龙江设治》,1985年,第81页。
③ 《世宗实录》卷51雍正四年十二月戊寅,《清实录》,第7册,第773页。
④ 《高宗实录》卷284乾隆十二年二月壬戌,《清实录》,第12册,第699页;又卷300十月壬戌,第924页。
⑤ 嘉庆《清会典》卷10,第12册,第111页。
⑥ 《高宗实录》卷684乾隆二十八年四月丁酉,《清实录》,第17册,第658页。
⑦ 《德宗实录》卷140光绪七年十二月丁卯,《清实录》,第53册,第1006页。《德宗实录》卷146光绪八年五月乙巳,《清实录》,第54册,第70页。

为,计二百一十里,外至伯都讷。东北至舒兰荒耕字四牌为界,外至五常厅。"①光绪二十八年九月,增领磐石县②。宣统元年八月,属西南路道,所领州县分别改属各道。

长春府,初为蒙古郭尔罗斯前旗游牧地。嘉庆五年五月,设郭尔罗斯理事通判③,驻长春堡(新立屯,今吉林长春市南新立城镇),是为长春厅④。道光五年三月,移驻宽城子⑤,即今长春市老城区。光绪八年五月,改理事通判为抚民通判加理事衔⑥。光绪十五年,升厅为府,析置农安县隶之⑦。宣统元年八月,为西南路兵备道治⑧,农安县往属西南路道。

伊通直隶州,地名伊通,一作伊屯,初属吉林城。雍正五年六月,设佐领二员驻防⑨。嘉庆十九年,置伊通河巡检司⑩,隶吉林厅。光绪七年八月,吉林将军铭安等奏请设州并派员办理设治事宜⑪。光绪八年五月裁巡检置州,知州加理事同知衔⑫,治所即今吉林伊通满族自治县驻地伊通镇。隶吉林府⑬。宣统元年四月升为直隶州,属西路道⑭。同年八月改隶西南路道。

濛江州,初为封禁之地。光绪三十三年十二月置⑮,治二道江,即今吉林靖宇县驻地靖宇镇。宣统元年八月隶西南路道。

---

① 光绪七年十一月二十五日铭安奏折,《光绪朝硃批奏折》,第1册,第42页。
② 《德宗实录》卷505光绪二十八年九月癸酉,《清实录》,第58册,第674页。刘锦藻:《清朝续文献通考》卷307,第3册,第10521页。
③ 《仁宗实录》卷68嘉庆五年五月戊戌,《清实录》,第28册,第900页。
④ 《仁宗实录》卷164嘉庆十一年七月乙丑,《清实录》,第30册,第137页。嘉庆《清会典》卷10,第12册,第111页。
⑤ 《宣宗实录》卷80道光五年三月丁未,《清实录》,第43册,第294页。
⑥ 《德宗实录》卷140光绪七年十二月丁卯,《清实录》,第53册,第1006页;又卷146光绪八年五月乙巳,《清实录》,第54册,第70页。
⑦ 光绪《清会典事例》卷27,中华书局,第1册,第349页。参见《德宗实录》卷258光绪十四年八月辛巳,《清实录》,第55册,第464页。
⑧ 《职官录》(宣统三年冬季),第94册,第146页。
⑨ 《世宗实录》卷58雍正五年六月庚子,《清实录》,第7册,第889页。乾隆《盛京通志》卷52,第502册,第240页。
⑩ 《吉林外纪》卷3,第42页。
⑪ 光绪七年八月铭安奏折,《光绪朝硃批奏折》,第1册,第36页。
⑫ 《德宗实录》卷140光绪七年十二月丁卯,《清实录》,第53册,第1006页;又卷146光绪八年五月乙巳,《清实录》,第54册,第70页。
⑬ 《吉林通志》卷25《舆地十三》。
⑭ 《宣统政纪》卷12宣统元年四月癸巳,《清实录》,第60册,第243页。《吉林行省总督锡良巡抚陈昭常为奏请添改民官及简授吉林各司道员缺二折奉到硃批刷奏并录批饬知札》(宣统元年四月十一日),《黑龙江设治》,第68—69页。
⑮ 《德宗实录》卷584光绪三十三年十二月癸亥,《清实录》,第59册,第721页。

农安县，初为郭尔罗斯前旗地。光绪八年五月置照磨①，属长春厅②。光绪十五年置县③，治龙湾（今吉林农安县驻地农安镇），隶长春府。宣统元年八月，隶西南路道。

长岭县，原为郭尔罗斯前旗牧地。光绪三十三年十二月，以新安镇迤北新垦旗地及农安县之农家、农齐、农国三区置，治长岭子④，即今吉林长岭县驻地长岭镇。宣统元年八月，隶西南路道。

舒兰县，宣统元年四月奏请设县，为缓设⑤。后因舒兰地处吉林府东北隅，距城达二百余里，中间霍伦川一带无地方就近巡防抚驭，提前设立。宣统二年三月，析吉林府东北舒兰站地方置⑥，治朝阳川，今吉林省舒兰市西南朝阳镇。属西南路道。

桦甸县，光绪三十三年十二月，以头二道江及古铜河、大沙河流域置⑦。因县北有桦皮甸子，故名⑧。治桦皮甸子，在今吉林省桦甸市东北一道甸子镇西北北八垧一带。宣统元年徙桦树林子⑨，即官街，在今吉林桦甸市东北二道甸子镇西、辉发河入松花江处之东⑩。宣统元年八月，隶西南路道。

磐石县，初，南境属奉天围场⑪。光绪八年五月，设磨盘山分防巡检，隶伊

---

① 《德宗实录》卷140光绪七年十二月丁卯，《清实录》，第53册，第1006页；又卷146光绪八年五月乙巳，第54册，第70页。
② 光绪《清会典事例》卷59，第1册，第753页。
③ 光绪《清会典事例》卷27，第1册，第349页。参见《德宗实录》卷258光绪十四年八月辛巳，《清实录》，第55册，第464页。
④ 《德宗实录》卷584光绪三十三年十二月癸亥，《清实录》，第59册，第721页。《东三省政略》卷5《吉林官制·纪濛江州设治》，文海出版社，1965年，第6册，第3549页。《东三省总督徐世昌吉林巡抚朱家宝为会议政务处议复吉省属境辽阔请择要增设府县员缺一折奉旨依议饬交涉司遵照札》（光绪三十四年二月三日），《黑龙江设治》，第54—55页。
⑤ 《宣统政纪》卷12宣统元年四月癸巳，《清实录》，第60册，第243页。
⑥ 《宣统政纪》卷33宣统二年三月壬戌，《清实录》，第60册，第901页；又卷52宣统三年四月壬午，第942页。《吉林巡抚陈昭常奏为吉省添改民官各缺及添设双阳德惠两县折》（宣统二年三月九日），《清代吉林档案史料选编（上谕奏折）》，第55页。
⑦ 《德宗实录》卷584光绪三十三年十二月癸亥，《清实录》，第59册，第721页。《东三省总督徐世昌等奏吉省属境辽阔拟请择要增设府州县员缺折》（光绪三十三年十一月二十四日），《黑龙江设治》，第52—53页。
⑧ 刘爽：《吉林新志》，吉林文史出版社，1991年，第159页。
⑨ 刘锦藻：《清朝续文献通考》卷307："光绪三十四年，新置桦甸县，治桦皮甸子。次年，移治桦树林子。宣统元年，隶西南路道。"《吉林地志》，吉林文史出版社，1986年，第29页。《吉林建置沿革概述》："奉旨设县治时，桦皮甸子又被'韩边外'控制，设治委员不能前往开厅视事，便'寄治'于官街。"（第382页）
⑩ 按：据参谋本部制图局1915年制印百万分之一地形图《吉林》幅定点。
⑪ 魏声龢：《吉林地志》，吉林文史出版社，1986年，第28页。

通州①。光绪十三年七月,改设分防州同②。光绪二十八年九月置县③,属吉林府。治所即今吉林磐石市城区。宣统元年八月,改属西南路道。

德惠县,初为蒙古郭尔罗斯前旗地。光绪十六年置分防朱家城照磨,隶长春府④。宣统二年三月,裁分防朱家城照磨,析长春府东面沐德、怀惠两乡与东夹荒之地置⑤。治大房身,在今吉林德惠市东北大房身镇。属西南路道。

双阳县,宣统二年三月,析吉林西界、长春东界、伊通北界置⑥。治苏斡延站,即今吉林长春市双阳区城区。属西南路道。

2. 西北路道

新城府,初为伯都讷地。雍正四年十二月,置长宁县,隶奉天府⑦。乾隆元年七月,罢县⑧。乾隆二年,设州同,属永吉州⑨。乾隆十二年十月,改设巡检,属吉林厅⑩。乾隆二十六年四月,裁巡检,所管地丁钱粮事务由副都统衙门经管⑪。嘉庆十五年,设理事同知,是为伯都讷厅⑫。治伯都讷(一作白都讷,今吉林省松原市宁江区城区)。所有事务仍由同城副都统衙门核转⑬。光绪八年五月,改理事厅为抚民厅,抚民同知兼理事衔,移驻城东孤榆树屯⑭,即今吉林榆树市驻地。改原伯都讷巡检为分防巡检。此后,仿照吉林、长春两厅办事章程,一切刑名钱粮事件均由同知径详将军衙门核办。光绪三

---

① 《德宗实录》卷140光绪七年十二月丁卯,《清实录》,第53册,第1006页;又卷146光绪八年五月乙巳,第54册,第70页。
② 《德宗实录》卷245光绪十三年七月辛巳,《清实录》,第55册,第299页。光绪《清会典事例》卷28:光绪"十四年,裁吉林磨盘山分防巡检,设伊通州磨盘山分防州同一人。"
③ 《德宗实录》卷505光绪二十八年九月癸酉,《清实录》,第58册,第674页。
④ 《德宗实录》卷287光绪十六年七月庚辰,《清实录》,第55册,第822页。
⑤ 《宣统政纪》卷50宣统二年三月戊申,《清实录》,第60册,第901页;又卷52宣统三年四月壬午,第942页。《吉林巡抚陈昭常奏为吉省添改民官各缺及添设双阳德惠两县折》(宣统二年三月九日),《清代吉林档案史料选编(上谕奏折)》,第55页。
⑥ 《宣统政纪》卷50宣统二年三月戊申,《清实录》,第60册,第901页;又卷52宣统三年四月壬午,第942页。《吉林新志》,第158页。
⑦ 《世宗实录》卷51雍正四年十二月戊寅,《清实录》,第7册,第773页。
⑧ 《高宗实录》卷22乾隆元年七月丁酉,《清实录》,第9册,第520页。
⑨ 《高宗实录》卷46乾隆二年七月辛卯,《清实录》,第9册,第796页。
⑩ 《高宗实录》卷300乾隆十二年十月壬戌,《清实录》,第12册,第924页。
⑪ 《高宗实录》卷635乾隆二十六年四月丁酉,《清实录》,第17册,第97页。
⑫ 嘉庆《清会典》卷10,第12册,第111页。嘉庆《清会典事例》卷24,第643册,第1042页。
⑬ 《光绪朝硃批奏折》,第1册,第629页。
⑭ 《德宗实录》卷140光绪七年十二月丁卯,《清实录》,第53册,第1006页;又卷146光绪八年五月乙巳,《清实录》,第54册,第70页。

十二年正月,裁伯都讷抚民厅,置府①。治伯都讷,即今吉林省松原市宁江区城区。领榆树县。宣统元年四月,往属西北路道,同时升榆树县为直隶厅②。

双城府,光绪八年五月,以双城堡地置双城厅,抚民通判加理事同知衔③,隶吉林省。治所即今黑龙江双城市驻地双城镇。宣统元年四月升府④。属西北路道。

宾州府,光绪七年,析阿勒楚喀地置宾州厅⑤,治苇子沟,治所即今黑龙江宾县驻地宾州镇。属吉林省。光绪二十八年九月,因析置并增领长寿县,升为直隶厅⑥。宣统元年四月升府⑦,不领县。同年八月,属于西北路道。

五常府,光绪七年,以五常堡地置抚民同知厅⑧,治五常堡(即欢喜岭,今黑龙江省五常市驻地五常镇),属吉林省。宣统元年四月升府⑨,八月属西北路道。

榆树直隶厅,地名孤榆树。嘉庆十五年,设分防巡检,属伯都讷厅⑩。光绪七年,为伯都讷抚民厅治⑪。光绪三十二年正月,析伯都讷厅地置榆树县⑫,治孤榆树,即今吉林榆树市驻地。隶新城府。宣统元年四月升县为直隶厅⑬,八月隶西北路道。

---

① 《吏部议复吉林将军达桂等奏请于三姓及吉林黑龙江两省增改郡县折》(光绪三十二年正月二十二日),《清代吉林档案史料选编(上谕奏折)》,第24页。
② 《宣统政纪》卷12宣统元年四月癸巳,《清实录》,第60册,第243页。《吉林总督锡良巡抚陈昭常为奏改西北西南两路道及拟请设立阿城县员缺奉到硃批饬提学司知照札》(宣统元年八月三十日),《黑龙江设治》,第80—83页。
③ 《德宗实录》卷140光绪七年十二月丁卯,《清实录》,第53册,第1006页;又卷146光绪八年五月乙巳,第54册,第70页。
④ 《宣统政纪》卷12宣统元年四月癸巳,《清实录》,第60册,第243页。
⑤ 《德宗实录》卷133光绪七年闰七月丙午,《清实录》,第53册,第922页。光绪七年十一月二十五日铭安奏折,《光绪朝硃批奏折》,第1册,第42页。
⑥ 《吉林将军长顺奏拟请择要续行增改民官折(光绪二十八年八月二十九日)》,《清代吉林档案史料选编(上谕奏折)》,第21页。《德宗实录》卷505光绪二十八年九月癸酉,《清实录》,第54册,第674页。
⑦ 《宣统政纪》卷12宣统元年四月癸巳,《清实录》,第60册,第243页。
⑧ 《德宗实录》卷133光绪七年闰七月丙午,《清实录》,第53册,第922页。光绪七年十一月二十五日铭安奏折,《光绪朝硃批奏折》,第1册,第42页。
⑨ 《宣统政纪》卷12宣统元年四月癸巳,《清实录》,第60册,第243页。
⑩ 光绪《清会典事例》卷322,第4册,第798页。
⑪ 《德宗实录》卷140光绪七年十二月丁卯,《清实录》,第53册,第1006页。
⑫ 《吏部议复吉林将军达桂等奏请于三姓及吉林黑龙江两省增改郡县折》(光绪三十二年正月二十二日),《清代吉林档案史料选编(上谕奏折)》,第24页。
⑬ 《宣统政纪》卷12宣统元年四月癸巳,《清实录》,第60册,第243页。《附:督抚徐世昌陈昭常奏请添改民官酌裁旗缺折》(宣统元年闰二月十九日),《黑龙江设治》,第69页。

滨江厅,地名哈尔滨,本松花江右滩地。光绪年间设有哈尔滨关道及江防同知等。光绪三十二年十二月,设滨江关江防同知、巡检①,管辖区域为中东铁路傅家甸一隅周数十里地②。宣统元年四月,改为双城府分防同知厅,双城府东北沿江地划入③。驻哈尔滨(今黑龙江省哈尔滨市老城区),仍属双城府。宣统二年三月,改为抚民同知④。同年五月,西北路道驻此⑤。

长寿县,光绪七年,置烧锅甸子巡检,属宾州厅⑥。光绪二十八年九月,以玛延河、烧锅甸子等地方置县⑦。因地处东、西长寿河之中,故名。治所即今黑龙江延寿县驻地延寿镇。隶宾州直隶厅。宣统元年八月,改隶西北路道。

阿城县,宣统元年四月,析阿勒楚喀地方置,为"缓设"⑧。后因"人户极为稠密,庶政日见烦兴",而且阿勒楚喀副都统已被裁撤,地方距宾州治所过远,于同年八月正式添设⑨。治阿勒楚喀(阿什河,今黑龙江哈尔滨市阿城区驻地)。隶西北路道。

3. 东南路道

延吉府,初为南荒围场,属珲春副都统。光绪七年弛垦。光绪二十八年九月,置延吉厅⑩,治烟集冈(延吉冈、南冈,即今吉林延吉市城区),属吉林省。宣统元年四月升府⑪,八月属东南路道。

宁安府,初为绥芬厅,光绪二十八年九月以宁古塔三岔口招垦局地置,驻

---

① 《德宗实录》卷568光绪三十二年十二月壬申,《清实录》,第59册,第514页。
② 《吉林新志》,第160页。刘锦藻:《清朝续文献通考》卷307,第3册,第10522页。
③ 《宣统政纪》卷12宣统元年四月癸巳,《清实录》,第60册,第243页。《东三省总督锡良等奏吉省壤地辽阔治理难周请援江省成案添改民官酌裁旗缺折》(宣统元年闰二月十九日),《清代吉林档案史料选编》,第38页。
④ 《吉林巡抚陈昭常奏为吉省添改民官各缺及添设双阳德惠两县折》(宣统二年三月九日),《清代吉林档案史料选编(上谕奏折)》,第55页。
⑤ 《东三省总督锡良吉林巡抚陈昭常为奏请滨江道改为西北路道阿城县缺与府厅州县同时设立各折片奉旨依议遵照札》(宣统二年五月二十四日),《黑龙江设治》,第92页。
⑥ 光绪《清会典事例》卷323,第4册,第813页。
⑦ 《德宗实录》卷505光绪二十八年九月癸酉,《清实录》,第54册,第674页。
⑧ 《宣统政纪》卷12宣统元年四月癸巳,《清实录》,第60册,第243页。
⑨ 《吏部等部议复东三省总督锡良等奏将吉林滨江西路二道改为西北西南路道缺折》(宣统元年八月),《清代吉林档案史料选编(上谕奏折)》,第49页。《阿城县设治委员谭鸿佑为启用关防及到任视事日期呈》(宣统元年十二月初七日),《黑龙江设治》,第443页。
⑩ 《德宗实录》卷505光绪二十八年九月癸酉,《清实录》,第58册,第674页。
⑪ 《宣统政纪》卷12宣统元年四月癸巳,《清实录》,第60册,第243页。《附:督抚徐世昌陈昭常奏请添改民官酌裁旗缺折》(宣统元年闰二月十九日),《黑龙江设治》,第69、81页。

三岔口①,即今黑龙江省东宁县东南三岔口朝鲜族镇。因沿绥芬河流域得名。属吉林省。宣统元年四月升为绥芬府,移治宁古塔②,在今黑龙江宁安市驻地宁安镇。属东南路道。因驻地距绥芬河达五百里,于宣统二年三月改名为宁安府③。

东宁厅,宣统元年四月,析绥芬厅东部三岔口地置分防同知④,治三岔口(今黑龙江东宁县东南三岔口朝鲜族镇),属绥芬府。因地处宁古塔以东,故名。同年属东南路道。宣统二年三月,改为抚民同知⑤。

珲春厅,宣统元年四月,以珲春地置⑥,治珲春(今吉林珲春市城区)。同时裁副都统。东南路道驻此⑦。

敦化县,地名阿克敦,为清初发祥之地。光绪七年析吉林厅地置⑧,治所即今吉林敦化市城区。初属拟设之珲春府,光绪八年属吉林府⑨。宣统元年,隶东南路道。

穆棱县,光绪二十八年九月,置穆棱河分防知事,属绥芬厅⑩。宣统元年四月析绥芬厅东北地方置县⑪,治穆棱河(今黑龙江穆棱市西南穆棱镇)。属

---

① 《德宗实录》卷505,光绪二十八年九月癸酉,《清实录》,第58册,第674页。《吉林将军长顺奏请续行增民官以敷政教折》(光绪二十八年八月二十九日),《黑龙江设治》,第31—32页。
② 《宣统政纪》卷12,宣统元年四月癸巳,《清实录》,第60册,第243页。《吉林总督锡良巡抚陈昭常为奏改西北西南两路道及拟请设立阿城县员缺奉到硃批饬提学司知照札》(宣统元年八月三十日),《黑龙江设治》,第80—83页。
③ 《宣统政纪》卷33,宣统二年三月壬戌,《清实录》,第60册,第597页。《吉林巡抚陈昭常会同东三省总督锡良奏为吉省添改民官各缺体察情形酌量更易并请添设双阳德惠两县折》,(宣统二年三月初九日),《黑龙江设治》,第90—91页。
④ 《宣统政纪》卷12,宣统元年四月癸巳,《清实录》,第60册,第243页。《督抚徐世昌陈昭常奏请添改民官酌裁旗缺折》(宣统元年闰二月十九日),《黑龙江设治》,第69页。
⑤ 《吉林巡抚陈昭常奏为吉省添改民官各缺及添设双阳德惠两县折》(宣统二年三月九日),《清代吉林档案史料选编(上谕奏折)》,第55页。
按:东宁厅设置时间有多说。一说为宣统元年,如吴承湜《近六十年全国郡县增建志要》卷上,所据为宣统元年闰二月东三省总督徐世昌与吉林巡抚陈昭常奏折,徐、陈提议在三岔口设一分防通判,命名为东宁厅。《吉林地志》谓宣统二年置。刘爽《吉林新志》下编谓宣统三年置。
⑥ 《宣统政纪》卷12宣统元年四月癸巳,《清实录》,第60册,第243页。《会议政务处议奏吉省拟请添改民官酌裁旗缺折》(宣统元年四月十五日),《黑龙江设治》,第70页。
⑦ 《宣统政纪》卷17宣统元年七月己酉,《清实录》,第60册,第321页。《职官录》(宣统三年冬季),第94册,第147页。
⑧ 《德宗实录》卷133,光绪七年闰七月丙午,《清实录》,第53册,第922页。光绪七年十一月二十五日铭安奏折,《光绪朝硃批奏折》,第1册,第42页。
⑨ 光绪八年铭安奏折,《光绪朝硃批奏折》,第1册,第59页。
⑩ 《德宗实录》卷505光绪二十八年九月癸酉,《清实录》,第58册,第674页。《工部会同户部奏覆核议吉林将军长顺奏请增改民官以敷政教一折》(光绪二十八年十二月十三日),《黑龙江设治》,第32页。
⑪ 《宣统政纪》卷12宣统元年四月癸巳,《清实录》,第60册,第243页。

东南路道。

额穆县，原名额穆赫索罗。宣统元年四月，析敦化北隅、绥芬西隅、五常东南隅交界之地置①，治额穆索站（额穆索罗，今吉林敦化市北额穆镇）。隶东南路道。

汪清县，宣统元年四月，以汪清河沿岸及绥芬府南境之地置②。治百草沟，即今吉林汪清县西南百草沟镇。一说初治汪清河南之哈顺站，旋移治百草沟③。隶东南路道。

和龙县，初为珲春地。光绪二十八年九月，于和龙峪设分防经历一员，隶延吉厅④。宣统元年四月，析延吉厅图们江以北地方置⑤，治和龙峪（今吉林龙井市东南智新镇）。隶东南路道。

4. 东北路道

依兰府，光绪三十二年正月，以三姓地置，治三姓城（今黑龙江依兰县驻地依兰镇）。隶哈尔滨江关道，领临江州、大通县、汤源县⑥。光绪三十四年五月，大通县、汤源县所属江北地方改属黑龙江省⑦。宣统元年四月，裁三姓副都统⑧；大通县移治方正泡并改名方正县，临江州升府⑨。同年八月，为东北路道驻地⑩，大通县改属东北路道。

---

① 《宣统政纪》卷12宣统元年四月癸巳，《清实录》，第60册，第243页；又卷17七月己酉，第321页。《督抚徐世昌陈昭常奏请添改民官酌裁旗缺折》（宣统元年闰二月十九日），《黑龙江设治》，第68页。
② 《宣统政纪》卷12宣统元年四月癸巳，《清实录》，第60册，第243页。《督抚徐世昌陈昭常奏请添改民官酌裁旗缺折》（宣统元年闰二月十九日），《黑龙江设治》，第68页。
③ 《吉林新志》，第162页。
④ 《德宗实录》卷505光绪二十八年九月癸酉，《清实录》，第58册，第574页。《吉林将军长顺奏请续行增改民官以敷政教折》（光绪二十八年八月二十九日），《黑龙江设治》，第30页。
⑤ 《宣统政纪》卷12宣统元年四月癸巳，《清实录》，第60册，第243页；又卷17七月己酉，第321页；又卷50宣统三年三月戊申，第901页。
⑥ 《吏部议复吉林将军达桂等奏请于三姓及吉林黑龙江两省增改郡县折》（光绪三十二年正月二十二日），《清代吉林档案史料选编（上谕奏折）》，第24页。
⑦ 《德宗实录》卷592光绪三十四年五月丁未，《清实录》，第59册，第827页。
⑧ 《会议政务处议奏吉省拟请添改民官酌裁旗缺折》（宣统元年四月十五日），《黑龙江设治》，第71页。
⑨ 《宣统政纪》卷12宣统元年四月癸巳，《清实录》，第60册，第243页。《吉林行省总督锡良巡抚陈昭常为奏请划拨大通县地面分别改设县治奉旨依议遵办札》（宣统元年八月初十日），《黑龙江设治》，第77页。
⑩ 《附：吏部等复奏东三省总督锡良等奏将吉省滨江、西路二道改为西北、西南路道及准将阿城县员缺同时设立折、片》："至各路管辖之地，则拟划依兰、临江、密山三府，呢吗一厅，绥远、宝清二州，勃利、桦川、富锦、饶河四县，东北路道之区域。"（《黑龙江设治》，第81—83页）

临江府,初为临江州,光绪三十二年正月以三姓城拉哈苏苏地方置①。治拉哈苏功,即今黑龙江同江市驻地同江镇。宣统元年四月升府②,八月隶东北路道。

蜜山府,"蜜"一作"密"。光绪三十三年十二月,析宁古塔城蜂蜜山地方置③。治所即今黑龙江密山市东知一镇。属吉林省。宣统元年八月隶东北路道。

虎林厅,宣统元年六月,于蜜山府呢吗口地方设分防同知,属蜜山府④。宣统二年三月,改分防同知为抚民同知,置虎林厅⑤。治所即今黑龙江虎林市驻地虎林镇。因地处七虎林河之北,故名。隶东北路道。

绥远州,宣统元年四月,析临江府东境乌苏里江一带地方置⑥。治依力嘎,即今黑龙江抚远县驻地抚远镇。同年八月隶东北路道。

方正县,初为大通县,光绪三十二年正月析三姓地置,隶依兰府⑦。治松花江北岸崇古尔库站,在今黑龙江通河县东北三站乡。宣统元年三月,江北地区划归黑龙江省,徙治江南方正泡(今黑龙江方正县驻地方正镇),并更名⑧。同时将宾州、长寿县东境划入⑨。同年八月隶东北路道。

桦川县,宣统元年四月,析依兰府南境置⑩。拟治桦皮川,故名。治佳木斯(今黑龙江佳木斯市城区)。宣统三年,徙治悦来镇⑪,即今黑龙江桦川县驻

---

① 《政务处会同吏部奏为议复请于三姓及吉江两省增改郡县折》(光绪三十二年正月二十二日),《黑龙江设治》,1985年,第41页。
② 《宣统政纪》卷12宣统元年四月癸巳,《清实录》,第60册,第243页;又卷17七月己酉,第321页。《会议政务处议奏吉省拟请添改民官酌裁旗缺折》(宣统元年四月十五日),《黑龙江设治》,第71页。
③ 《会议政务处遵旨会议东三省总督徐世昌等奏吉省属境辽阔拟择要增设府州县员缺折》(光绪三十三年十二月二十六日),《黑龙江设治》,第54—55页。
④ 《督抚锡良、陈昭常奏为筹办吉林添改各缺情形并遴员试署珲春依兰两道员缺折》(宣统元年六月二十日),第79页。
⑤ 《宣统政纪》卷33宣统二年三月壬戌,《清实录》,第60册,第597页。《吉林巡抚陈昭常会同东三省总督锡良奏为吉省添改民官各缺体察情形酌量更易并请添设双阳德惠两县折》(宣统二年三月初九日),第90—91页。
⑥ 《宣统政纪》卷12宣统元年四月癸巳,《清实录》,第60册,第243页。《督抚徐世昌陈昭常奏请添改民官酌裁旗缺折》(宣统元年闰二月十九日),《黑龙江设治》,第65页。
⑦ 《吏部议复吉林将军达桂等奏请于三姓及吉林黑龙江两省增改郡县折》(光绪三十二年正月二十二日),《清代吉林档案史料选编(上谕奏折)》,第24页。
⑧ 《宣统政纪》卷12宣统元年四月癸巳,《清实录》,第60册,第243页;又卷17七月己酉,第321页。
⑨ 刘锦藻:《清朝续文献通考》卷307,第3册,第10526页。
⑩ 《宣统政纪》卷12宣统元年四月癸巳,《清实录》,第60册,第243页。《督抚徐世昌陈昭常奏请添改民官酌裁旗缺折》(宣统元年闰二月十九日),《黑龙江设治》,第67页。
⑪ 刘锦藻:《清朝续文献通考》卷307,第3册,第10526页。

地悦来镇。一说因水患,于宣统二年移治①。隶东北路道。

富锦县,光绪三十三年于富克锦城置巡检司,隶临江州②。宣统元年置县③,裁协领④。治富克锦,即今黑龙江富锦市驻地。隶东北路道。

饶河县,宣统元年四月奏请设县,为缓设⑤。后因该区域自呢吗口循乌苏里江至绥远州,绵延八百余里,连天广漠,且地近俄罗斯,提前设立。宣统二年三月,以蜜山府东北饶力河南团山子地方置⑥。治所在今黑龙江饶河县西北小佳河镇。隶东北路道。

5. 拟设州县

宝清州,宣统元年拟析蜜山府饶力河之北、宝清河之西置⑦。拟治宝清河西岸,拟属东北路道。

勃利县,宣统元年拟析依兰府东境古勃利州地置。拟治古勃利州地,拟属东北路道。

临湖县,宣统元年拟析蜜山府兴凯湖一带置。拟治兴凯湖西北岸,拟属东北路道。

---

① 《吉林新志》,第 164 页。
② 刘锦藻:《清朝续文献通考》卷 307,第 3 册,第 10527 页。
③ 《督抚徐世昌陈昭常奏请添改民官酌裁旗缺折》(宣统元年闰二月十九日),《黑龙江设治》,第 67 页。《宣统政纪》卷 12 宣统元年四月癸巳,《清实录》,第 60 册,第 243 页;又卷 17 七月己酉,第 321 页。
④ 《会议政务处议奏吉省拟请添改民官酌裁旗缺折》(宣统元年四月十五日),《黑龙江设治》,第 70—71 页。
⑤ 《宣统政纪》卷 12 宣统元年四月癸巳,《清实录》,第 60 册,第 243 页。
⑥ 《宣统政纪》卷 33 宣统二年三月壬戌,《清实录》,第 60 册,第 597 页;又卷 50 宣统三年三月戊申,第 901 页。《吉林新志》,第 159 页。
⑦ 《宣统政纪》卷 12 宣统元年四月癸巳,《清实录》,第 60 册,第 243 页。《督抚徐世昌陈昭常奏请添改民官酌裁旗缺折》(宣统元年闰二月十九日),《黑龙江设治》,第 65 页。

第四章 黑龙江—黑龙江省

明为奴儿干都司诸羁縻卫、所地,后均废。

一、军政、行政机构

黑龙江地区在设置将军以前,属于宁古塔驻防官管辖。康熙二十二年(1683)设黑龙江将军,设军政机构统辖全境。光绪三十三年(1907)设总督、巡抚,建立省行政机构。

崇德八年(1643)以后,罗刹(沙俄)不断派遣哥萨克武装侵入黑龙江流域。顺治至康熙初年,宁古塔驻防军多次出击,驱逐入侵者。康熙二十一年十二月,宁古塔副都统萨布素领兵往驻黑龙江、呼马尔等处①。次年十月,升萨布素为镇守黑龙江等处将军②,驻旧瑷珲(今黑龙江黑河市爱辉区之南黑龙江东岸,属俄罗斯)。康熙二十三年,将军及一员副都统移驻黑龙江城(瑷珲,今黑河市爱辉区南六十余里之爱辉镇)③。康熙二十九年移驻墨尔根(嫩江),康熙三十八年又移驻齐齐哈尔城(今齐齐哈尔市)④。随着黑龙江将军的设立,其管辖区域成为一个独立的省级政区,称为"黑龙江"⑤。

乾隆年间,将军衙门设有印房主事一员,属员有笔帖式六员,翻译笔帖式四员;银库主事一员,属员有笔帖式二员;刑司主事一员;管仓七品官一员,属

---

① 《圣祖实录》卷106康熙二十一年十二月庚子,《清实录》,第5册,第82页。
② 《圣祖实录》卷112康熙二十二年十月癸亥,《清实录》,第5册,第159页。《平定罗刹方略》卷1:康熙二十二年九月,"上因命萨布素为镇守瑷珲等处将军,礼部侍郎溢岱、工科给事中雅齐纳为副都统。"(《续修四库全书》本,第390册,第412页)
③ 按:乾隆《清会典则例》卷102谓康熙二十三年黑龙江设将军一人、副都统二人。乾隆《盛京通志》卷32、《清朝文献通考》卷271及《黑龙江志稿》卷43等认为此年将军与二员副都统均驻黑龙江城,筑城镇守。《清朝文献通考》卷182又载:康熙三十七年,"又以瑷珲城副都统一人、协领四人……移驻黑龙江城,裁原设之城守尉一人。"(第6433页)此处的瑷珲城当为地处江东的旧瑷珲,可见康熙二十三年时,二员副都统均驻扎在江东的旧瑷珲。次年才在江以西地区建黑龙江城,并以将军和一员副都统移驻黑龙江城,以一员副都统留守旧瑷珲。
④ 乾隆《盛京通志》卷19,第501册,第338页。
⑤ 按:黑龙江将军衙门或辖区有时也习称为"黑龙江省",《清实录》中首见于同治五年三月戊寅(《穆宗实录》卷172,《清实录》,第49册,第110页)。

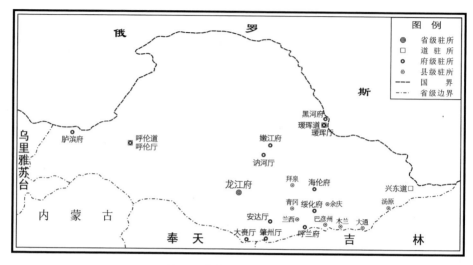

图 4　清末黑龙江省政区图

员有笔帖式二员;管理官庄七品官一员①。光绪年间,设管档主事一员,管将军印钥启闭诸事,为各司领班,号堂主事,亦称印房,又名印务处。其图记只行各司,不准钤发诸城。设有户、兵、刑、工四司,各理全境相关事务。刑司设理刑员外郎一员、关防笔帖式二员、额委笔帖式四员。户司、兵司、工司各设掌关防官各一员、随关防笔帖式各二员、额委笔帖式各四员。将军衙门银钱度支属户司,将士黜陟属兵司,土木工程属工司。又有银库主事一员、笔帖式二员,以及满汉翻译笔帖式四员、蒙古翻译笔帖式三员②。

同治年间,《清实录》中首见"黑龙江省"之记载③。同治以后,黑龙江行政事务(民事)日繁,逐渐设立府厅州县。在省级层面,则有黑龙江分巡道和绥兰海兵备道的设置。光绪三十年十二月,设黑龙江分巡道一员,兼按察使衔,驻齐齐哈尔城,总司全省刑名,兼管驿传,分管黑水、大赉等厅;设绥兰海道驻绥化府,管辖绥化、呼兰两府和海伦厅④。

光绪三十三年三月,裁黑龙江将军,设东三省总督兼管三省将军事务,随

---

① 乾隆《盛京通志》卷39,第501册,第66页。
② 万福麟修、张伯英等纂、崔重庆等整理:《黑龙江志稿》卷43,黑龙江人民出版社,1992年,第1776—1778页。
③ 《穆宗实录》卷172同治五年三月戊寅,《清实录》,第49册,第109页。
④ 《德宗实录》卷538光绪三十年十一月乙未,《清实录》,第59册,第160页;又卷540十二月丙辰,第181页。

时分驻三省行台;设黑龙江巡抚①,驻齐齐哈尔,兼副都衔。同年,设民政司,管理全省民政,职能同布政使;提学使,管理全省学务兼管劝业;度支司,管理全省度支;提法司,管理全省司法。黑龙江正式实行省制。光绪三十四年正月十九日,正式启用"黑龙江省之印"②。宣统元年(1909),裁度支司,事务暂归民政司兼管③。至宣统三年,总督驻奉天,巡抚兼副都统衔、民政使、提学使、提法使驻齐齐哈尔。

二、将军驻地、省城

黑龙江将军初驻瑷珲城,康熙二十三年移驻墨尔根城,康熙三十八年移驻齐齐哈尔城,即今黑龙江齐齐哈尔市城区。由于齐齐哈尔城地处全省南部,从地理区位角度来说,未能控制全省:"黑龙江省会,自康熙二十八年中俄定立界碑后,实以瑷珲为适中要区。将军萨布素号称名宦,雅克萨之役躬与其事。其间山河险要,阅历有年,乃一再迁徙,去边日远。齐齐哈尔至俄边几三千里,仅以副都统控制其间。后之人视沿边要塞,遂同瓯脱。"④

光绪三十三年三月实行省制后,以齐齐哈尔为省会。

三、将军辖区、省域⑤

明末,努尔哈赤于癸未、丙戌年征尼堪外兰,攻克图伦城、甲版(嘉班)、托漠河城、鹅尔浑城。甲午年,北科尔沁蒙古贝勒明安、喀尔喀五部贝勒遣使通好。努尔哈赤天命元年(1616),遣大臣征东海萨哈连部,取河南北三十六寨,招服使犬路、诺啰(诺洛)路、锡拉忻(实喇忻)路等部族。天命九年,遣使与科尔沁约盟。天聪五年(1631),黑龙江虎尔哈部四头目前来朝贡。八年十二月,遣将征黑龙江未服之地,至九年五月凯旋。崇德五年,征索伦部。崇德七年,征虎尔哈部。遂定黑龙江全境。

康熙二十二年设黑龙江将军后,其最初辖区尚未见史料有明确记载。随着齐齐哈尔、黑龙江、墨尔根、呼伦贝尔等城的建立,黑龙江的范围在史料中有明确记载。如乾隆《清一统志》卷48:"黑龙江将军驻扎齐齐哈尔城,在盛京东

---

① 《德宗实录》卷571光绪三十三年三月己亥,《清实录》,第59册,第552页。
② 《东三省总督徐世昌又黑龙江关防开用日期片(光绪三十四年二月十四日)》,《宫中档光绪朝奏折》第25辑,第378页。
③ 刘锦藻:《清朝续文献通考》卷139,第2册,第9001页。
④ 《黑龙江志稿》卷43,中册,第1791页。
⑤ 本节内容,除出注之处外,参考了《黑龙江志稿》卷1、卷2、卷34。

北一千八百余里。东西距三千二百余里,南北距四千里。东至宁古塔二千三百里,西至喀尔喀界九百余里,南至白都讷界五百里,北至俄罗斯界三千五百里。东南至宁古塔界一千七百里,西南至札拉特界一百二十里,东北至宁古塔界三千六百里,西北至俄罗斯界二千里。"①《清朝文献通考》卷271:"黑龙江将军驻齐齐哈尔城,在盛京东北一千八百余里。东西距三千一百余里,南北距三千八百余里。东至毕占河接吉林将军地界二千三百余里,西至喀尔喀河接喀尔喀车臣汗部八百余里,南至松花江接吉林将军地界五百余里,北至外兴安岭接俄罗斯界三千三百余里,东南至叶里伯赫河接吉林将军地界二千三百余里,西南至雅克科尔沁扎赉特各蒙古界一百二十余里,东北至外兴安岭接吉林将军所辖之哈达乌拉河界三千六百余里,西北至额尔古讷河接俄罗斯界二千余里。"②

黑龙江西界、北界与俄罗斯相接。康熙二十八年,与俄罗斯签订《尼布楚条约》,约定:西自格尔必齐河为界,溯此河上流循外兴安岭东抵乌第河入海口,凡外兴安岭迤北属俄罗斯,其迤南之地皆属中国,外兴安岭与乌第河之间为待议地区③;将流入黑龙江之额尔古纳河为界,河之南岸属中国。在格尔必齐河东及额尔古纳河西两地立有界碑,以垂久远。

咸丰以后,随着瑷珲、天津、北京各条约的签订,中国失去大片土地。咸丰八年(1858),《瑷珲条约》以黑龙江左岸由额尔古纳河至松花江口,作为俄罗斯国所属之地;右岸顺江流至乌苏里江,作为中国所属之地;乌苏里江以东,为两国共管④。此条约使中国失去六十多万平方公里领土,朝廷未予承认,签字者黑龙江将军奕山因此受到处分。黑龙江左岸地方被划为俄属后,沙俄沿江南驶,肆意侵占。咸丰十年,中、俄罗斯签订《北京条约》,承认《瑷珲条约》,黑龙江将军辖区与俄罗斯边界遂变为:西自什勒喀汇入额尔古纳河处起,循额尔古纳河入黑龙江,又沿黑龙江而东、而南,至黑龙江入混同江口止,清朝在黑龙江左岸唯有海兰泡、江东六十四屯。具体区域为:北自精奇里江口,南至豁尔莫勒津屯,西自黑龙江左岸,东以精奇里江横至伯勒格尔沁河为界,广九十余里,袤一百八十里。共六十四屯:河北新山屯、河南新山屯、突勃屯、徐家窝棚屯、图达阿林屯、小桥子屯、东二沟屯、西二沟屯、都什镇屯、乌拉伊米罗夫克屯、呼

---

① 乾隆《清一统志》卷48,第474册,第883页。
② 《清朝文献通考》卷271,第2册,第7279页。按:乾隆、嘉庆年间黑龙江界线具体走向,参见谭其骧主编《中国历史地图集》第八册黑龙江幅。
③ 步平等编:《东北国际约章汇释(1689—1919年)》,黑龙江人民出版社,1987年,第39页。
④ 《瑷珲条约》,载于《东北国际约章汇释(1689—1919年)》,第55页。

罗乌日屯、兴隆山屯、曾家窝棚屯、老虎屯（即老古托克索）、戛拉霍罗屯（即玛林克阿林）、臧家窝棚屯、何家窝棚屯、太平沟屯、何家山屯、王家窝棚屯、解家窝棚屯、姚家窝棚屯、老官林子屯、腰屯、前东山屯、后东山屯、韩家窝棚屯、尼托罗克霍屯、黄山屯、石头泡子屯、吴家窝棚屯、南窝棚屯、大泡子屯、布尔多屯、外布尔多屯、前呼尼呼哈屯、后屯、蒋家窝棚屯、莽乃屯、西普奇屯、四方林子屯、马列托克屯、塔头沟屯、马蹄屯、摆渡屯、白旗屯（即旧瑷珲）、小树林屯、玛尔屯、疙疸窝屯、王家桥屯、爪里法屯、同合达屯、桦树林子屯、托列尔哈达屯、嘎尔沁屯、大碾间房山屯、小碾间房山屯、达子窝棚屯、双雅树屯、布丁屯、远地屯、曹家窝棚屯、布拉满嘎屯、利哈屯。光绪二十六年，俄罗斯制造海兰泡惨案，侵占江东四十六屯，光绪末，黑龙江省遂与俄罗斯阿穆尔省遂划江而界①。光绪三十四年六月，吉林依兰府所属松花江以北地方来属②。

宣统年间，东及南接吉林，西及西南界蒙古，由西北至东北与俄罗斯相邻。

四、八旗驻防

黑龙江将军设立后，于康熙二十三年筑黑龙江城，二十五年筑墨尔根城，三十年筑齐齐哈尔城，先后设副都统管辖。雍正六年(1728)设布特哈总管，十年设呼伦贝尔副都统衔统领、博尔多副总管，十二年设呼兰城守尉，此四处在乾隆年间均无城郭，俱设兵驻防。光绪五年，呼兰城改设副都统③。光绪七年，改呼伦贝尔副都统统总管为副都统④。八年，设兴安城副都统衔总管。二十年，裁兴安城副都统衔总管。光绪二十四年，设通肯城副都统。光绪三十一年裁撤齐齐哈尔、布特哈、呼兰、通肯四城，分布特哈为东、西两路总管。光绪三十四年又裁撤黑龙江、墨尔根、呼伦贝尔三城。所留齐齐哈尔、呼兰、通肯协领仅管旗务，瑷珲、呼伦则以兵备道加参领衔兼辖旗蒙事务，墨尔根、东布特哈以嫩江府、讷河厅兼任旗务，库玛尔、毕拉尔、阿里多、普库尔、托河五路协领，专管鄂伦春牲丁，均不管地方。西布特哈、东兴镇、铁山包三处，实行八旗驻防

---

① 《北京条约》，载于《东北国际约章汇释(1689—1919年)》，第66页。
② 《吉江两省为饬知会奏汤原大通两县属江北地方改归江省已奉准札》(光绪三十四年六月初四日)，《黑龙江设治》，第231页。
③ 《德宗实录》卷82光绪四年十一月丙寅，《清实录》，第53册，第257页；又卷98光绪五年七月乙亥，第454页；又卷108光绪六年正月丁亥，第585页。
④ 《德宗实录》卷130光绪七年五月丁卯，《清实录》，第53册，第867页。

制度,管理地方①,仍起政区作用。

1. 齐齐哈尔城

一作乞察哈里、奇察哈哩、卜魁、卜奎,在今黑龙江省齐齐哈尔市城区。本为嫩江南岸宿伯克依庄地,康熙二十三年,设协领驻防②。康熙三十年,筑城③。康熙三十年,设城守尉④。康熙三十七年,改驻副都统,裁城守尉。康熙三十八年,黑龙江将军驻此。光绪三十年十一月,黑水厅抚民同知驻此⑤。光绪三十一年十一月,裁副都统⑥。乾隆时,"东至内兴安岭通肯河源八百五十里,岭东为黑龙江界。西至内兴安岭雅尔河源四百五十里,岭西为呼伦布雨尔界。南至松花江五百里宁古塔界。北至内兴安岭诺敏河源五百六十里,河东墨尔根界,岭西呼伦布雨尔界。东南至额尔伯克依河二千三百七十里宁古塔界。西南至内兴安岭托馨河源四百里,岭西喀尔喀车臣汗界,河南扎萨克图王界,绰尔河下流系扎拉特蒙古界。东北至内兴安岭讷默尔河源八百八十里,岭东黑龙江界,河北墨尔根界。西北至内兴安岭额赫噜尔山三百五十里,岭西呼伦布雨尔界。"⑦

2. 黑龙江城

即瑷珲、爱珲,在今黑龙江黑河市爱辉区南爱辉镇。康熙二十三年筑,驻将军及副都统⑧。二十九年,将军移驻墨尔根城。三十一年,设城守尉⑨。三十三年,副都统移驻墨尔根⑩。雍正八年,设副都统。后亦称瑷珲副都统。光绪二十六年庚子之乱,黑龙江城遭沙俄洗劫,副都统衙门迁往齐齐哈尔城。光

---

① 张国淦纂:宣统《黑龙江志略》,柳成栋整理:《清代黑龙江孤本方志四种》,黑龙江人民出版社,1989年,第151页。参见谭其骧:《清代东三省疆理志》(载《长水集》上册,第182页)、宣统《黑龙江全省舆图》。
② 乾隆《清会典则例》卷100,第623册,第94页。
③ 乾隆《盛京通志》卷32,第501册,第648页。
④ 《清朝文献通考》卷182,第2册,第6434页。
⑤ 《德宗实录》卷538光绪三十年十一月乙未,《清实录》,第59册,第160页。
⑥ 《德宗实录》卷551光绪三十一年十一月癸巳,《清实录》,第59册,第318页。按:《黑龙江志稿》卷42(中册,第1779页)作光绪三十二年裁,当为实际施行时间。
⑦ 乾隆《盛京通志》卷24,第474册,第421—423页。
⑧ 乾隆《盛京通志》卷32,第501册,第648页。
⑨ 《清朝文献通考》卷182,第2册,第6434页。
⑩ 《圣祖实录》卷163康熙三十三年三月乙丑,《清实录》,第5册,第778页。按:李书在《清代黑龙江将军衙门的建置与沿革》一文中说:"有学者著说黑龙江将军迁署墨尔根城后,黑龙江城仅设城守尉,雍正八年后复设副都统镇守。笔者对此翻阅了康熙三十一年至雍正九年前的档案,欲对此说进行佐证。然档案所记均为黑龙江城副都统,尚未见城守尉之往来文书。故不能认可此说。"(《满语研究》,1991年第1期,第123页)

绪三十二年五月迁回①。光绪三十四年五月,裁副都统②,置瑷珲兵备道加参领衔驻此。

乾隆时,"西南至齐齐哈尔城八百余里。东至外兴安岭兴安河二千六百里宁古塔界。西至内兴安岭一百五十里,岭西墨尔根界。南至内兴安岭喀穆尼峰七百里齐齐喀尔城界。北至外兴安岭二千五百里俄罗斯界。东南至毕瞻河一千二百余里宁古塔界。西南至内兴安岭一千一百里齐齐哈尔城界。西北至吉尔巴齐河一千七百九十里俄罗斯界。"同治初年,东以黑龙江为界,黑龙江左岸自精奇里江以南至霍尔漠勒锦屯止,原住满洲村屯照旧永远居住,仍属满洲大臣管辖,其余左岸地方归俄罗斯;西至内兴安岭一百八十里许,与墨尔根城搭界;南以黑河口与吉林分界,北以黑龙江与俄罗斯为界③。

3. 墨尔根城

在今黑龙江嫩江县驻地嫩江镇。康熙二十三年,设墨尔根协领④。康熙二十五年,设城守尉⑤,筑城⑥。康熙二十九年,黑龙江将军移驻本城,裁城守尉。康熙三十三年三月,副都统自黑龙江城移驻本城⑦。康熙三十七、三十八年,副都统、将军先后移驻齐齐哈尔城⑧。康熙四十九年,设副都统。光绪三十四年五月,裁副都统,城为嫩江府治⑨。

乾隆时,"南至齐齐哈尔城四百三十五里。东至内兴安岭一百七十里,岭东黑龙江界。西至内兴安岭诺敏河源三百里,岭外呼伦布雨尔界,河西齐齐哈尔界。南至讷默尔河一百六十里,河南齐齐哈尔界。北至内兴安岭伊拉古尔山一千三百一十里,岭北黑龙江界。东南至内兴安岭诺默尔河源四百里,岭东黑龙江界。西南至讷默尔河入嫩江河口二百二十里,江南齐齐哈尔界。东北至内兴安岭额尔克山二百九十五里,岭北黑龙江界。西北至伊克库克图山一

---

① 李书:《清代黑龙江将军衙门的建置与沿革》,《满语研究》,1991年第1期,第123页。
② 《德宗实录》卷592光绪三十四年五月甲辰,《清实录》,第59册,第824页。
③ 《黑龙江通省舆图总册》,柳成栋整理:《清代黑龙江孤本方志四种》,第35页。
④ 乾隆《清会典则例》卷102,第623册,第94页。
⑤ 《清朝文献通考》卷182,第2册,第6434页。
⑥ 乾隆《盛京通志》卷32,第501册,第604页。
⑦ 《圣祖实录》卷163康熙三十三年三月乙丑,《清实录》,第5册,第778页。一说康熙三十二年副都统自黑龙江城移驻,见《清国史》卷21、《黑龙江志稿》卷43。按:《黑龙江志稿》卷43,谓"未设副都统以前,以城守尉　员驻之,至是裁。雍正八年,城守尉印始废。副都统有印亦是年始"(中册,第1788页)。
⑧ 乾隆《清会典则例》卷102,第623册,第95页。按:乾隆《清一统志》卷37、乾隆《盛京通志》卷23,均谓康熙三十八年黑龙江将军、副都统皆自墨尔根移驻齐齐哈尔。
⑨ 《德宗实录》卷592光绪三十四年五月甲辰,《清实录》,第59册,第824页。《宣统政纪》卷17宣统元年七月庚申,《清实录》,第60册,第333页。

千二百七十里,山北黑龙江界,山西南呼伦布雨尔界。"同治初年,东至内兴安岭一百九十里许,与黑龙江城搭界;西至察勒巴奇山六十五里许,与布特哈搭界;南至博尔多站一百五十里许,与布特哈搭界;北至内兴安岭山阳三百七十里午,与黑龙江城搭界①。

4. 呼兰城

一作呼兰河,在今黑龙江哈尔滨市呼兰区城区。雍正十二年,设城守尉②。光绪五年,改设副都统③。光绪二十五年,析海伦地置通肯副都统④。同治、光绪年间,先后节制呼兰厅、绥化厅⑤。光绪三十一年十一月,裁副都统,改呼兰理事厅为呼兰府⑥。

辖境因设置厅县而有所变化,"咸丰以前包有今呼兰、绥化、海伦各县,东至通河、汤原。同治改元以后,则巴彦、木兰、绥化、海伦均划归呼兰厅同知。光绪五年,改设副都统,管辖呼兰、巴彦苏苏、北团林子三营官兵,并节制呼兰、绥化两厅。"⑦同治初年,东至都勒河一千八十里许与黑龙江城搭界,西至蒙古塘图屯一百一十里许与郭尔罗斯搭界,南至松花江二十里许与吉林省所属阿勒楚喀搭界,北至内兴安岭四百里许与布特哈搭界⑧。

5. 呼伦贝尔城

一作呼伦布雨尔,在今内蒙古自治区呼伦贝尔市海拉尔区。雍正十年,选索伦、打虎儿、巴尔虎、鄂伦春之兵三千名移驻于此,编为左右翼共八旗五十佐领,设总管统领⑨。乾隆八年,改为副都统衔总管⑩。光绪七年,改设副都统镇守⑪。光绪三十四年五月,裁副都统,设呼伦兵备道加参领衔驻此⑫。

乾隆时,"东至齐齐哈尔城七百六十里。东至内兴安岭之哲尔格山三百五十余里,岭东齐齐哈尔城界。西至哈玛尔山四百七十里喀尔喀界。南至穆固

---

① 《黑龙江通省舆图总册》,柳成栋整理:《清代黑龙江孤本方志四种》,第61页。
② 乾隆《清会典则例》卷100,第623册,第95页。按:《清朝文献通考》卷271载雍正十年设副总管、乾隆初年增设城守尉驻博尔多,后移驻于此。
③ 《德宗实录》卷82光绪四年十一月丙寅,《清实录》,第53册,第257页;又卷98光绪五年七月乙亥,第454页;又卷108光绪六年正月丁亥,第585页。
④ 《德宗实录》卷431光绪二十四年十月癸未,《清实录》,第57册,第661页。
⑤ 《黑龙江志稿》卷43,中册,第1799页。
⑥ 《德宗实录》卷551光绪三十一年十一月癸巳,《清实录》,第59册,第318页。
⑦ 《黑龙江志稿》卷43,中册,第1797页。
⑧ 《黑龙江通省舆图总册》,柳成栋整理:《清代黑龙江孤本方志四种》,第89页。
⑨ 《世宗实录》卷117雍正十年四月戊申,《清实录》,第8册,第556页。
⑩ 光绪《清会典事例》卷544、《清朝文献通考》卷182、271。
⑪ 《德宗实录》卷130光绪七年五月丁卯,《清实录》,第53册,第867页。
⑫ 《德宗实录》卷592光绪三十四年五月甲辰,第59册,第824页。

图尔山四百四十余里车臣汗界。北至安河七百一十余里,河北黑龙江界。东南至内兴安岭额赫噜尔山四百余里齐齐哈尔城界。西南至边境四百余里车臣汗界。东北至伊克库克图山九百二十里,山北黑龙江界,山东南墨尔根界。西北至额尔古讷河二百二十里俄罗斯界。"同治初,东至吉勒奇山三百六十里许,与布特哈搭界;西至库勒东傍音陈卡伦暨墨尔根哈玛尔山六百四十里许,均与喀勒喀搭界;南至索约勒济山五百八十里许,与喀勒喀搭界;北至额尔固讷河二百九十里许,与俄罗斯搭界①。

6. 布特哈城

初作打牲乌拉,在今内蒙古自治区莫力达瓦达斡尔族自治旗驻地尼尔基镇北后宜卧奇村②。清初,索伦、达呼尔、锡伯、封勒察诸打牲部落杂居,总称布特哈。康熙二十三年设索伦、达呼尔总管各一员。三十年,设布特哈驻防,驻依倭齐。雍正六年,设布特哈满洲总管③。同治十一年(1872),改设副都统衔总管④。光绪八年,分所属之瑚玛尔、毕喇尔河、多布库尔河、阿里河托河五路鄂伦春牲丁另为部落,称兴安城鄂伦春,往属兴安城总管⑤。二十年裁兴安城总管,二十一年升布特哈总管为副都统,自依倭齐移驻博尔多站⑥。三十一年,裁副都统⑦。光绪二十二、三年间,将东布特哈总管辖境讷谟尔河地方南北荒段奏放,于该处设立巡防局,隶总管。宣统二年裁东布特哈总管及巡防局,置讷河直隶厅⑧。同治初,东至内兴安岭三百里许与黑龙江城搭界,西至内兴安岭阿伦河源六百里许与呼伦贝尔搭界,南至宁年站一百三十五里许与齐齐哈尔省城搭界,北至内兴安岭多普库尔河源六百七十里许与呼伦贝尔搭界⑨。

7. 兴安城

地名太平湾,在今黑龙江萝北县北太平沟乡兴东村。光绪八年设副都统衔总管,统辖鄂伦春牲丁,建兴安城⑩。辖境西至额尔古讷河,与呼伦贝尔接

---

① 《黑龙江通省舆图总册》,柳成栋整理:《清代黑龙江孤本方志四种》,第 71 页。
② 《内蒙古自治区地名志·呼伦贝尔盟分册》,内蒙古自治区地名委员会,1990 年,第 311 页。
③ 乾隆《盛京通志》卷 32,第 501 册,第 649 页。
④ 《穆宗实录》卷 344 同治十一年十一月丁亥,《清实录》,第 51 册,第 529 页。
⑤ 光绪《清会典事例》卷 977,第 10 册,第 1110 页。
⑥ 光绪二十一年三月二十五日黑龙江将军增祺奏折,《光绪朝硃批奏折》,第 1 册,第 252 页。
⑦ 《德宗实录》卷 551,光绪三十一年十一月癸巳,《清实录》,第 59 册,第 318 页。
⑧ 《黑龙江巡抚周树模为奏请设讷河直隶厅并以钟毓为试署同知折》(宣统二年七月十四日):"窃东布特哈总管辖境讷谟尔河地方,曾于光绪三十四年五月间,汇奏添设道府厅县各缺案内,拟讷河直隶厅同知一缺,作为缓设。……兹拟将讷河直隶厅同知即行添设……至东布特哈总管及巡防局,应即援照历次设治成案,一并裁撤,俾一事权。"(《黑龙江设治》,第 761—762 页)
⑨ 《黑龙江通省舆图总册》,柳成栋整理:《清代黑龙江孤本方志四种》,第 109 页。
⑩ 《德宗实录》卷 151 光绪八年九月丙申,《清实录》,第 54 册,第 143 页。

界;东至黑河口,与吉林省接界。介黑尔根、黑龙江两城之间,相为犄角。南北辖境甚仄,东西则横跨内兴安岭至一千六百里①。初居四站(喀勒塔尔奇站,在兴东村西十八里处),光绪十年于太平湾建城,并于同年冬迁居。因地势卑隰,逾岁即坍,总管仍迁回四站。因建城专治无实效,光绪二十年裁总管②,所属分为五路,分归瑷珲、墨尔根、呼伦贝尔管辖。

8. 通肯城

即海伦,在今黑龙江海伦市驻地海伦镇。初属呼兰城。光绪年间,随着克音、柞树冈、巴拜、通肯四处招放旗荒,于光绪二十四年十月置副都统③。暂驻绥化(今黑龙江绥化市北林区城区)④,后迁海伦。光绪三十一年十一月裁⑤。

9. 博尔多

在今黑龙江讷河市驻地。雍正十年,设副总管⑥。后归属于布特哈,为东布特哈。

10. 西布特哈

地名尼尔基屯,在今内蒙古莫力达瓦斡族自治旗驻地尼尔基镇。原为布特哈副都统辖地。光绪三十二年,裁布特哈协领,设总管二员⑦,分为东西两路,此为西路。光绪三十四年拟设布西直隶厅⑧,后缓设。

11. 东兴镇

在今黑龙江木兰县北东兴镇。原为呼兰副都统辖地,光绪三十一年十一月,移巴彦苏苏武营驻此⑨。

12. 铁山包

在今黑龙江铁力市驻地铁力镇。原为呼兰副都统辖地,光绪二十六年以协领驻防⑩。光绪三十四年拟设铁骊县⑪,缓设。

---

① 《黑龙江志稿》卷43,中册,第1801页。
② 《德宗实录》卷341光绪二十年五月乙巳,《清实录》,第56册,第371页。
③ 《德宗实录》卷431光绪二十四年十月癸未,《清实录》,第57册,第661页。
④ 《德宗实录》卷457光绪二十五年十二月癸卯,《清实录》,第57册,第1031页。
⑤ 《德宗实录》卷551光绪三十一年十一月癸巳,《清实录》,第59册,第318页。
⑥ 乾隆《盛京通志》卷32,第501册,第649页。
⑦ 刘锦藻:《清朝续文献通考》卷129,第2册,第8900页。《黑龙江志稿》卷26:光绪"三十一年,署将军程德全奏裁副都统一员,设东、西布特哈总管二员(以上《程将军奏稿》)。"(中册,第1146页)
⑧ 《德宗实录》卷592光绪三十四年五月甲辰,《清实录》,第59册,第824页。
⑨ 《黑龙江志稿》卷26,中册,第1141页。
⑩ 《德宗实录》卷462光绪二十六年四月乙亥,《清实录》,第58册,第53页。
⑪ 《德宗实录》卷592光绪三十四年五月甲辰,《清实录》,第59册,第824页。

五、道府厅州县

乾隆二年(1737),黑龙江设理事通判,专办齐齐哈尔城旗民控告事件,次年即裁。

同治元年,设呼兰厅。光绪十一年,设绥化厅。光绪三十年,设黑水、海伦、大赉三厅,以及巴彦州和兰西、木兰、青冈、余庆四县;升呼兰厅为呼兰府、绥化厅为绥化府。光绪三十二年,设肇州厅、安达厅。光绪三十四年,升黑水厅为龙江府、海伦厅为海伦府,设嫩江府、黑河府、胪滨府、瑷珲厅、呼伦厅,吉林省大通、汤原二县松花江以北地来属①。宣统二年(1910),置讷河厅。光绪三十二年,改绥兰海道为兴东道,光绪三十四年置瑷珲道、呼伦道,基本上具备了行政区划的要素。至清末,全省共有3道、7府、6厅、1州、7县,另有实行旗制的西布特哈、东兴镇、铁山包三区域。

1. 龙江府

初为黑水厅,光绪三十年十二月置②,驻齐齐哈尔城,在今黑龙江齐齐哈尔市建华区卜奎街道。为抚民同知兼理事衔,兼管地方旗民词讼之事③。光绪三十四年七月升为龙江府④,为省会。

2. 呼兰府

初为呼兰厅,同治元年十一月置⑤,治呼兰城,即今黑龙江哈尔滨市呼兰区城区。为理事同知衔,受呼兰城旗官节制⑥。一说为直隶厅⑦。管理呼兰城所属各境赋课、刑名、旗民交涉案件。三年移驻巴彦苏苏⑧,即今黑龙江巴彦县驻地巴彦镇,与呼兰城旗营划疆而治。光绪三十年十二月,以呼兰理事同知移驻呼兰城并升为府⑨,同时领巴彦州、兰西县、木兰县。宣统三年,仍领1州2县。

---

① 《吉江两省为饬知会奏汤原大通两县属江北地方改归江省已奉准札》(光绪三十四年六月初四日),《黑龙江设治》,第231页。
② 《德宗实录》卷538光绪三十年十一月乙未,《清实录》,第59册,第160页;又卷540十二月戊辰,第181页。
③ 《黑龙江志稿》卷45,中册,第1895页。
④ 《德宗实录》卷592光绪三十四年五月甲辰,《清实录》,第59册,第824页。《黑龙江志稿》卷1,上册,第33页。
⑤ 《穆宗实录》卷48同治元年十一月戊午,《清实录》,第45册,第1317页。
⑥ 《黑龙江志稿》卷43,中册,第1799页。
⑦ 光绪《清会典》卷13,第16册,第112页。
⑧ 刘锦藻:《清朝续文献通考》卷308,第3册,第10530页。《黑龙江志稿》卷43,中册,第1799页。
⑨ 《德宗实录》卷538光绪三十年十一月乙未,《清实录》,第59册,第160页;又卷540十二月戊辰,第181页。

呼兰府亲辖地。

巴彦州,地名巴彦苏苏,同治三年移呼兰厅理事同知驻此,即今黑龙江巴彦县驻地巴彦镇,与呼兰城旗营划疆而治。光绪三十年十二月置州①。

兰西县,地名双庙子,光绪三十年十二月置,治所即今黑龙江省兰西县驻地兰西镇。

木兰县,光绪三十年十二月置,初拟设治棱罗张河口,暂驻于小石龙河子,三十四年移治木兰镇②,即今黑龙江省木兰县驻地木兰镇。

3. 绥化府

光绪十一年十月③,析呼兰城北境五段荒地置绥化理事同知,治北团林子,即今黑龙江省绥化市北林区城区。受呼兰城副都统节制④。一说为直隶厅⑤。光绪三十年十二月升府⑥,领余庆县。

绥化府亲辖地。

余庆县,地名余庆街,光绪十一年设分防经历,隶绥化厅,三十年十二月置县⑦。治所即今黑龙江省庆安县驻地庆安镇。

4. 嫩江府

光绪三十四年七月,裁墨尔根城副都统⑧,置府。治墨尔根城,即今黑龙江省嫩江县驻地嫩江镇。

5. 海伦府

光绪三十年十二月以通肯、海伦河新垦地置海伦直隶厅⑨。治能肯,即今

---

① 《德宗实录》卷538光绪三十年十一月乙未,《清实录》,第59册,第160页;又卷540十二月戊辰,第181页。
② 《黑龙江行省公署为呼兰府拟设木兰县城于木兰镇等事札》(光绪三十四年四月三十日),《黑龙江设治》,第402页。
③ 《黑龙江将军文绪等为于绥化等地添官设治兴办斗秤各税晓谕》(光绪十一年),《黑龙江设治》,第27页;《黑龙江将军文绪齐齐哈尔副都统禄彭为奏准添设绥化厅理事通判等缺咨》(光绪十一年),同上,479页。
④ 《黑龙江志稿》卷43,中册,第1799页。
⑤ 光绪《清会典》卷13,第16册,第112页。
⑥ 《德宗实录》卷538光绪三十年十一月乙未,《清实录》,第59册,第160页;又卷540十二月戊辰,第181页。
⑦ 《德宗实录》卷538光绪三十年十一月乙未,《清实录》,第59册,第160页;又卷540十二月戊辰,第181页。
⑧ 《督抚徐世昌、周树模奏为酌拟江省添设民官增改府厅县办法折》(光绪三十四年五月十二日),《黑龙江设治》,第57页。《德宗实录》卷592,光绪三十四年五月甲辰,《清实录》,第59册,第824页。
⑨ 《德宗实录》卷538光绪三十年十一月乙未,《清实录》,第59册,第160页;又卷540十二月戊辰,第181页。

黑龙江省海伦市驻地海伦镇。辖青冈县。光绪三十二年闰四月增领拜泉县①。三十四年七月,升为府②。宣统三年领2县。

海伦府亲辖地。

青冈县,地名柞树冈,柞树一名青冈柳,县以此得名。光绪三十年十二月置,治所即今黑龙江青冈县驻地青冈镇。隶海伦直隶厅,光绪三十四年隶海伦府。

拜泉县,地名巴拜泉,即那吉泊,土名大泡子。光绪三十一年十二月置③,治所即今黑龙江拜泉县驻地拜泉镇。隶海伦直隶厅,光绪三十四年改隶海伦府。

6. 瑷珲道

光绪三十四年七月裁瑷珲副都统④,置瑷珲兵备道,加参领衔。驻瑷珲城,即今黑龙江省黑河市爱辉区南爱辉镇。宣统三年冬季,东界吉林,西界呼伦厅,南界海伦府,北界俄国⑤。领1府、1直隶厅。

瑷珲直隶厅,瑷珲兵备道驻。光绪三十四年七月析瑷珲地置。驻瑷珲城,即今黑龙江省黑河市爱辉区南爱辉镇。

黑河府,光绪三十四七月析瑷珲地置⑥。治大河屯,即今黑龙江省黑河市爱辉区城区。与俄屯隔精奇里江相对⑦。隶瑷珲道。

7. 呼伦道

一作呼伦贝尔道。光绪三十四年七月裁呼伦贝尔副都统置,加参领衔⑧。驻呼伦贝尔,即今内蒙古自治区呼伦贝尔市海拉尔区城区。宣统三年冬季,东界瑷珲厅,西界外蒙古,南界布特哈,北界俄国⑨。领1府、1直隶厅。

呼伦直隶厅,光绪三十四年七月析呼伦贝尔地置。治呼伦贝尔城,即今内

---

① 《黑龙江将军程德全奏设郭尔罗斯后旗杜尔伯特旗及巴拜等段厅县折》(光绪三十二年),《黑龙江设治》,第44页。
② 《黑龙江行省总督徐世昌、巡抚周树模为伤知省添设民官增改道府厅县办法折已奉准札》(光绪三十四年七月三十日),《黑龙江设治》,第55页。
③ 光绪三十一年十二月二十二日黑龙江将军程德全奏折,《光绪朝硃批奏折》,第1册,第492页。
④ 《黑龙江行省总督徐世昌、巡抚周树模为伤知省添设民官增改道府厅县办法折已奉准札》(光绪三十四年七月三十日),《黑龙江设治》,第55页。《督抚徐世昌、周树模奏为酌拟江省添设民官增改府厅县办法折》(光绪三十四年五月十二日),《黑龙江设治》,第57页。
⑤ 《职官录》(宣统三年冬季),第94册,第152页。
⑥ 《德宗实录》卷592光绪三十四年五月甲辰,《清实录》,第59册,第824页。《黑龙江行省总督徐世昌、巡抚周树模为伤知省添设民官增改道府厅县办法折已奉准札》(光绪三十四年七月三十日),《黑龙江设治》,第55页。
⑦ 《东三省政略》卷5《官制·黑龙江》,第6册,第3619页。
⑧ 《督抚徐世昌周树模奏为酌拟江省添设民官增改府厅县办法折》(光绪三十四年五月十二日),《黑龙江设治》,第57页。《德宗实录》卷592光绪三十四年五月甲辰,《清实录》,第59册,第824页。
⑨ 《职官录》(宣统三年冬季),第94册,第153页。

蒙古自治区呼伦贝尔市海拉尔区正阳街道。呼伦兵备道驻。

胪滨府,光绪三十四年七月析呼伦贝尔地置。初拟名满珠府,后更名。治所即今内蒙古自治区满洲里市城区。隶呼伦兵备道。

8. 兴东道

光绪三十二年二月,移绥化城之绥兰海道驻内兴安岭迤东,更名兴东兵备道,全称分守兴东兵备道兼理营务、垦务、木植、矿产,专办垦务、林、矿各事宜①。光绪三十四年,建署托萝山北②,即今黑龙江萝北县北兴东。兼辖毕拉尔路协领③。同年五月,吉林省之大通、汤原2县来属。宣统三年冬季,东界俄国,西界海伦府,南界吉林,北界瑷珲厅④。领2县。

兴东道亲辖地,即拟设萝北厅区域。

大通县,原为崇古尔库站,吉江北五站之一。光绪三十二年正月置⑤,治所在今黑龙江省通河县东北三站乡。属吉林省依兰府。光绪三十四年六月,将依兰府所属松花江以北地方,划归黑龙江,遂隶兴东道⑥。

汤原县,光绪三十一年十月以汤旺河地方置⑦,治所即今黑龙江省汤原县驻地汤原镇。隶吉林省依兰府。光绪三十四年六月,将依兰府所属松花江以北地方划归黑龙江,遂隶兴东道⑧。

9. 肇州直隶厅

光绪三十一年十二月,以郭尔罗斯后旗垦地置⑨。治所即今黑龙江省肇源县驻地肇源镇。

10. 大赉直隶厅

光绪三十年十二月,以札赉特旗莫勒红冈子垦地置⑩。治所即今吉林省

---

① 《德宗实录》卷555清光绪三十二年二月辛亥,《清实录》,第59册,第361页。
② 《吉林黑龙江各县建置年代表》,《黑龙江设治》,第958页。
③ 《黑龙江行省总督徐世昌巡抚周树模为请将瑷珲兴东划界具报之照会》(光绪三十四年六月二十四日),《黑龙江设治》,第235页。
④ 《职官录》(宣统三年冬季),第94册,第153页。
⑤ 《政务处会同吏部奏为议复请于三姓及吉江两省增改郡县折》(光绪三十二年正月二十二日),《黑龙江设治》,第41页。《吉林道为知会新设依兰府临江州大通县委员试署各缺移》(光绪三十二年四月十九日),《黑龙江设治》,第44页。
⑥ 《吉江两省为饬知会奏汤原大通两县属江北地方改归江省已奉准札》,《黑龙江设治》,第231页。
⑦ 《德宗实录》卷550清光绪三十一年十月癸卯,《清实录》,第59册,第301页。《吏部为知照汤旺河设县放荒等事咨》(光绪三十一年十二月初一日),《黑龙江设治》,第653页。
⑧ 《吉江两省为饬知会奏汤原大通两县属江北地方改归江省已奉准札》(光绪三十四年六月初四日),《黑龙江设治》,第231页。
⑨ 光绪三十一年十二月二十二日黑龙江将军程德全奏折,《光绪朝硃批奏折》,第1册,第492页。
⑩ 《德宗实录》卷538光绪三十年十一月乙未,《清实录》,第59册,第160页;又卷540十二月戊辰,第181页。

大安市城区。

11. 安达直隶厅

光绪三十一年十二月，以杜尔伯特旗垦地置①。治所在今黑龙江省安达县东北任民镇。

12. 讷河直隶厅

光绪二十二、三年间，东布特哈总管辖境讷谟尔河地方南北荒段放荒，设立巡防局。光绪三十四年五月奏准缓设。宣统二年，裁东布特哈总管及巡防局，置直隶厅②。治所即今黑龙江省讷河市驻地通江街道。

13. 已裁道厅

黑龙江理事厅，乾隆二年八月设黑龙江理事通判③，驻齐齐哈尔城，即今黑龙江齐齐哈尔市城区。专办齐齐哈尔旗民控告事件。乾隆三年二月裁④。约属黑龙江将军。

黑龙江分巡道，光绪三十年十一月置⑤。驻齐齐哈尔，辖黑水、大赉二厅，兼按察司衔⑥，总司全省刑名，兼管驿传。光绪三十四年裁⑦。

绥兰海道，光绪三十年十一月置⑧。驻绥化府，辖绥化、呼兰二府和海伦厅。光绪三十二年二月改为兴东道⑨。

14. 奏准缓设、未设府厅州县

林甸县，拟驻大林家甸，原为黑龙江将军、齐齐哈尔副都统辖地。光绪三十四年五月奏准⑩。

诺敏县，拟驻诺敏河，原为墨尔根副都统辖地。光绪三十四年五月奏准。

通北县，拟驻通肯河北，原为通肯副都统辖地。光绪三十四年五月奏准。

---

① 光绪三十一年十二月二十二日黑龙江将军程德全奏折，《光绪朝硃批奏折》，第 1 册，第 492 页。
② 《宣统政纪》卷 39 宣统元年七月己巳，《清实录》，第 60 册，第 708 页。《黑龙江巡抚周树模为奏请设讷河直隶厅并以钟毓为试署同知折》（宣统二年七月十四日），《黑龙江设治》，第 761—762 页。
③ 《高宗实录》卷 48 乾隆二年八月庚午，《清实录》，第 9 册，第 831 页。
④ 《高宗实录》卷 63 乾隆三年二月戊戌，《清实录》，第 10 册，第 27 页。
⑤ 《德宗实录》卷 538 光绪三十年十一月乙未，《清实录》，第 59 册，第 160 页。
⑥ 《德宗实录》卷 540 光绪三十年十二月戊辰，《清实录》，第 59 册，第 181 页。
⑦ 刘锦藻：《清朝续文献通考》卷 808，第 3 册，第 10529 页。
⑧ 《德宗实录》卷 538 光绪三十年十一月乙未，《清实录》，第 59 册，第 160 页。
⑨ 《德宗实录》卷 555 光绪三十二年二月辛亥，《清实录》，第 59 册，第 366 页。
⑩ 《德宗实录》卷 592 光绪三十四年五月甲辰，《清实录》，第 59 册，第 824 页。《黑龙江行省总督徐世昌、巡抚周树模为饬知省添设民官增改道府厅县办法折已奉准札》（光绪三十四年七月三十日），《黑龙江设治》，第 55 页。《黑龙江志略》卷 1，《清代黑龙江孤本方志四种》，第 149 页。

铁骊县,拟驻铁山包,原为呼兰副都统辖地。光绪三十四年五月奏准。

布西直隶厅,拟驻西布特哈,原为西布特哈总管辖地。光绪三十四年五月奏准。

甘南直隶厅,拟驻富拉尔基,原为黑龙江将军、齐齐哈尔副都统辖地。光绪三十四年五月奏准。

武兴直隶厅,拟驻多耐站,原为杜尔伯特旗地。光绪三十四年五月奏准。

呼玛直隶厅,拟驻西尔根卡伦,属瑷珲道,原为瑷珲副都统辖地。光绪三十四年五月奏准。

漠河直隶厅,拟驻漠河,属瑷珲道,原为瑷珲副都统辖地。光绪三十四年五月奏准。

室韦直隶厅,拟驻吉拉林,属呼伦道,原为呼伦贝尔副都统辖地。光绪三十四年五月奏准。

舒都直隶厅,拟驻免渡河,属呼伦道,原为呼伦贝尔副都统辖地。光绪三十四年五月奏准。

佛山府,拟驻观音山,属兴东道,原为黑龙江副都统辖地。光绪三十四年五月奏准。

萝北直隶厅,拟驻托罗山北,属兴东道,原为黑龙江副都统辖地。光绪三十四年五月奏准。

乌云直隶厅,拟驻乌云河,属兴东道,原为黑龙江副都统辖地。光绪三十四年五月奏准。

车陆直隶厅,拟驻车陆,属兴东道,原为黑龙江副都统辖地。光绪三十四年五月奏准。

春源直隶厅,拟驻伊春呼兰河源,属兴东道,原为呼兰副都统辖地。光绪三十四年五月奏准。

鹤冈县,拟驻鹤立岗,属兴东道,原为呼兰副都统辖地。光绪三十四年五月奏准。

第五章　山　东　省

明末，山东领济南、兖州、东昌、青州、莱州、登州等 6 府，下辖 15 州、89 县①。

一、省行政机构

总督、巡抚。清初沿袭明制，置山东巡抚、登莱巡抚。顺治元年（1644）七月，设山东巡抚，驻济南府②，管辖全省行政事务；设登莱巡抚，亦称海防巡抚，驻登州府③，管理登州、莱州、青州三府海防事务。顺治九年，裁登莱巡抚④。从康熙年间开始，巡抚职能有所增加。康熙四十四年（1705）三月，管理山东河道工程事务⑤。康熙五十三年九月，兼理临清关务⑥。雍正四年（1726），山东与河南接壤的曹县、定陶、曹州、单县、城武等州县境内的黄河工程，由副总河管辖⑦。雍正七年三月，改副总河为河南山东河道总督，管理山东境内黄河、运河工程⑧，停山东巡抚管理山东河道事务。乾隆八年（1743）十月，山东巡抚兼提督衔⑨。道光十七年（1837）七月，兼理全省盐政⑩。

顺治至雍正年间，间设总督。顺治六年八月，山东巡抚受直隶山东河南总督节制⑪。顺治十五年五月，裁直隶山东河南三省总督⑫。顺治十八年八月，设山东总督⑬，与巡抚同驻济南府。康熙四年五月，裁山东总督，由直隶山东

---

① 万历《明会典》卷 15，第 97 页。
② 《世祖实录》卷 6 顺治元年七月壬辰，《清实录》，第 3 册，第 66 页。
③ 《世祖实录》卷 6 顺治元年七月甲辰，《清实录》，第 3 册，第 69 页。
④ 《世祖实录》卷 64 顺治九年四月丁未，《清实录》，第 3 册，第 499 页。
⑤ 《圣祖实录》卷 219 康熙四十四年三月丁未，《清实录》，第 6 册，第 214 页。
⑥ 《圣祖实录》卷 260 康熙五十三年九月乙丑，《清实录》，第 6 册，第 565 页。
⑦ 《世宗实录》卷 51 雍正四年十二月戊寅，《清实录》，第 7 册，第 773 页。
⑧ 《世宗实录》卷 79 雍正七年三月辛亥，《清会典》，第 8 册，第 35 页。
⑨ 《高宗实录》卷 230 乾隆八年十月癸酉，《清实录》，第 11 册，第 616 页。
⑩ 《宣宗实录》卷 299 道光十七年七月庚辰，《清实录》，第 37 册，第 637 页。
⑪ 《世祖实录》卷 45 顺治六年八月丁酉、辛亥，《清实录》，第 3 册，第 361、364 页。
⑫ 《世祖实录》卷 117 顺治十五年五月乙丑，《清实录》，第 3 册，第 916 页。
⑬ 《圣祖实录》卷 4 顺治十八年八月己未，《清实录》，第 4 册，第 85 页。

图 5 清末山东省政区图

河南总督总管三省事务①。康熙八年七月,裁直隶山东河南总督②。雍正六年五月,以河南总督田文镜为河南山东总督,简称河东总督,雍正并特别规定:"此朕因人设立之旷典,不为定例。"③此后,王士俊亦为河东总督。雍正十二年七月,因开封府距山东沿海地方相隔遥远,河东总督移驻兖州府④。雍正十三年十一月,裁河东总督⑤。

布按诸司及专务道。顺治元年八月,设布政使司、按察使司⑥。专务道先后设置有督粮、驿传、管河道等。清末有布政使、提学使、提法使、巡警道、劝业道等。

二、省城

沿明制,以济南城为省城,驻地即今山东济南市区。

三、省域

东邻大海,南界江苏,西界河南,北界直隶。雍正四年,将直隶、河南两省所辖贾鲁河等二十五处地方划归山东曹县管辖,界线有所变化⑦。

四、守巡道

康熙六年七月前

分守济南道⑧,顺治元年七月置⑨。驻泰安州,辖区同明代⑩。因泰安距省会济南相距仅百余里,历任道员有事驻泰安,无事则居省会。顺治十六年明确要求驻泰安州⑪。康熙三年二月兼理山东驿盐事务⑫。康熙六年七月裁⑬。

分巡济南道,顺治元年七月置⑭。驻济南,兼理屯田、马政⑮,辖区当同明

---

① 《圣祖实录》卷15康熙四年五月丁未,《清实录》,第4册,第229页。
② 《圣祖实录》卷30康熙八年七月壬辰,《清实录》,第4册,第410页。
③ 《世宗实录》卷69雍正六年五月乙亥,《清实录》,第7册,第1047页。
④ 《世宗实录》卷145雍正十二年七月辛丑,《清实录》,第8册,第815页。
⑤ 《高宗实录》卷7雍正十三年十一月丙辰,《清实录》,第9册,第282页。
⑥ 《世祖实录》卷7顺治元年八月壬申,《清实录》,第3册,第81页。
⑦ 《世宗实录》卷43雍正四年四月乙酉,《清实录》,第7册,第637页。
⑧ 道光《济南府志》卷29:"按:《通志》云顺治初设济南道,康熙六年缺裁。然其初有分巡、分守之别,随时改易,兹特厘为二篇。至奉裁以后,统归河东道管辖,则有分守而无分巡矣。"
⑨ 《世祖实录》卷6顺治元年七月甲辰,《清实录》,第3册,第69页。
⑩ 《皇帝敕命李翔凤分守济南道》(顺治元年七月十九日)《明清档案》,第1册,第B59页。
⑪ 《揭报分守济南道遵敕驻防泰安》(顺治十六年七月)《明清档案》,第24册,第B19381页。
⑫ 《圣祖实录》卷11康熙三年二月丁巳,《清实录》,第4册,第173页。
⑬ 雍正《山东通志》卷25之2,《四库全书》本,第540册,第551页。
⑭ 《世祖实录》卷6顺治元年七月庚子,《清实录》,第3册,第68页。
⑮ 《顺治十八年缙绅册》。

代,康熙元年七月裁①。

整饬武德兵备道,一作武定兵备道,顺治元年七月置②。春秋驻武定州,夏秋驻德州,兼理马政、水利、屯田、粮饷等事务,管辖济南府武定、阳信、宾州、海丰、乐陵、蒲台、德州、德平、沾化、利津十州县③。《顺治十八年缙绅册》载驻武定州。康熙六年七月裁④。

分巡济宁道,一作济宁兵备道、水利道、屯田水利道、河工水利道、水利盐法道等,顺治元年七月置⑤,驻济宁州。辖区当同明代。《顺治十八年缙绅册》为"管河、水利、督理京边粮储兼济宁一州、口、曹、单三县兵巡道"。康熙元年七月裁⑥。

分守东兖兵备道,一作兖东道、兖州道,顺治元年七月置⑦。驻兖州府寿张县。《顺治十八年缙绅册》谓"管辖东昌、兖州二府,督理粮饷、驿传"。康熙五年裁⑧。

分巡东昌道,一作临清兵备道,顺治元年七月置⑨。驻临清州。兼管兵备、马政、河道事务,"所属东昌府及兖州府各地方,俱查照明代旧例正管州县与兼管州县及境内卫所,皆依原定地方管辖。"⑩康熙六年七月裁⑪。

分巡兖西道,一作兖西兵备道、曹濮道,顺治二年正月置⑫。驻曹州,辖区为"查照明代旧例分定地方,管理曹州、定陶等各州县兵巡事务,及兼管济宁等州县巡务,并曹县、单县等州县兵务,一依原例兼管,仍提调境内卫所屯营"⑬。《顺治十八年缙绅册》谓"分巡兖西道辖曹、濮二州屯田、马政、河道、水利"。康熙元年裁⑭。

分巡东兖道,一作兖东道、沂州道,顺治元年九月置⑮。驻沂州,整饬沂州

---

① 《圣祖实录》卷6康熙元年七月辛未,《清实录》,第4册,第116页。
② 《世祖实录》卷6顺治元年七月甲辰,《清实录》,第3册,第69页。
③ 《皇帝敕命杨鼎瑞整饬武德兵备道》(顺治九年三月十一日),《明清档案》,第14册,第B7601页。
④ 雍正《山东通志》卷25之2,第540册,第551页。
⑤ 《世祖实录》卷6顺治元年七月甲辰,《清实录》,第3册,第69页。
⑥ 《圣祖实录》卷6康熙元年七月辛未,《清实录》,第4册,第116页。
⑦ 《世祖实录》卷6顺治元年七月甲辰,《清实录》,第3册,第69页。
⑧ 雍正《山东通志》卷25之2,第540册,第551页。
⑨ 《世祖实录》卷6顺治元年七月甲辰,《清实录》,第3册,第69页。
⑩ 《皇帝敕命李栖凤分巡东昌道》(顺治元年七月十九日),《明清档案》,第1册,第B61页。
⑪ 雍正《山东通志》卷25之2,第540册,第551页。
⑫ 《世祖实录》卷13顺治二年正月甲午,《清实录》,第3册,第120页。
⑬ 《皇帝敕命于连跃分巡兖西道》(顺治元年十月十二日),《明清档案》,第2册,第B457页。
⑭ 雍正《山东通志》卷25之2,第540册,第551页。
⑮ 《世祖实录》卷8顺治元年九月壬辰,《清实录》,第3册,第85页。

等处兵备兼理马政、粮饷,管理兖州府沂州、郯城、费县、峄县、邹县、滕县、曲阜、泗水、宁阳九州县并泰安州及任城、沂州、滕县三卫所①。《顺治十八年缙绅册》谓"兖东道管兖州一府所属地方,兼分巡马政"。康熙六年七月裁②。

分守登莱海防道,一作青登莱海防道、莱州道,顺治元年七月置③。驻莱州府。管理海防钱粮赋役,兼督饷、水利事务,管辖莱州府掖县、平度州、潍县、昌邑、胶州、高密、即墨七州县④。约康熙五年移驻登州府。康熙六年七月裁⑤。

分巡登莱道,一作登莱兵海防防道、登州道,顺治元年七月置⑥。驻登州府。辖境同明代,辖登州府。康熙元年七月裁⑦。

分巡青州海防道,见后。

康熙六年七月后

1. 济东道—济东泰武临道

分守济东道,康熙十一年五月置⑧,驻济南府,兼管通省驿传事务。康熙十三年十月,移驻德州,不再管理通省驿传事务,管辖济南府属并东昌府聊城等九州县卫⑨。康熙五十八年十一月,增辖东昌府属夏津等九州县⑩。雍正二年九月,盘查泰安、武定、滨州等3州钱粮⑪。雍正六年十二月,加水利衔⑫。雍正七年十二月,辖济南、东昌2府及武定、滨、泰安、濮、高唐五直隶州⑬。雍正十二年四月,增辖东平州⑭。乾隆十三年,为分守济东道兼理通省驿传水利事务,按察使司副使衔,辖济南、东昌、武定、泰安四府和高、濮、东平3直隶州。一称济东泰道、济东泰武道。乾隆四十一年,增辖临清直隶州,为

---

① 《皇帝敕命庞宗周分巡兖东道》(顺治九年十二月十一日),《明清档案》,第16册,第B8841页。
② 按:雍正《山东通志》卷25之2未言东兖道在康熙六年裁撤,《山东巡抚岳濬奏请复设兖沂道员酌辖州县以专职守折》(《雍正朝汉文硃批奏折汇编》,第20册,第254页)亦未言康熙六年裁撤。但《清实录》载康熙十三年十月置东兖道,故作康熙六年裁。
③ 《世祖实录》卷6顺治元年七月甲辰,《清实录》,第3册,第69页。
④ 《皇帝敕命田起龙为山东布政使司右参政》(顺治十一年三月六日),《明清档案》,第19册,第B10395页。
⑤ 雍正《山东通志》卷25之2,第540册,第549页。
⑥ 《世祖实录》卷6顺治元年七月甲辰,《清实录》,第3册,第69页。
⑦ 《圣祖实录》卷6康熙元年七月辛未,《清实录》,第4册,第116页。
⑧ 《圣祖实录》卷39康熙十一年五月丙寅,《清实录》,第4册,第519页。
按:此前武德道驻德州,康熙六年已裁,此年当为复置。
⑨ 《圣祖实录》卷50康熙十三年十月丙午,《清实录》,第4册,第654页。
⑩ 《圣祖实录》卷286康熙五十八年十一月辛巳,《清实录》,第6册,第788页。
⑪ 《世宗实录》卷24雍正二年九月庚戌,《清实录》,第7册,第381页。
⑫ 《世宗实录》卷76雍正六年十二月丙申,《清实录》,第7册,第1132页。
⑬ 《世宗实录》卷89雍正七年十二月乙卯,《清实录》,第8册,第201页;又卷108雍正九年七月壬申,第429页。
⑭ 《世宗实录》卷142雍正十二年四月戊午,《清实录》,第8册,第788页。

济东泰武临道①。至清末未变。

2. 青登莱道—登莱青道—登莱青胶道

康熙七年五月,巡海道自青州府移驻莱州府②,改为分守青登莱海防道。后管辖青、登、莱3府。雍正六年十二月,加水利衔③。雍正七年十二月,增辖莒州直隶州④。雍正九年七月,莒州往属兖莒沂道⑤。乾隆十三年为分守登莱青整饬海防道兼管水利事务,布政使司参议衔。乾隆三十二年三月加兵备衔⑥,为分守登莱青整饬海防兼管水利兵备道⑦。同治二年,烟台设东海关,本道移驻烟台监督⑧。光绪三十年四月,增辖胶州直隶州,改称登莱青胶道⑨。

3. 兖莒沂道—兖沂曹道—兖沂曹济道

分巡兖莒沂道,雍正九年七月置⑩。驻沂州,辖兖州府及莒、沂2直隶州。雍正十二年四月,增辖曹州⑪。同年七月,改为兖沂曹道,驻兖州府⑫。辖兖州府和沂、曹2直隶州。乾隆五年四月,兼管黄河事务⑬。乾隆十三年为按察使副使衔,兼管水利事务。乾隆三十二年三月加兵备衔⑭,为分巡兖沂曹兼管水利黄河兵备道⑮。乾隆四十一年,增辖济宁直隶州⑯,为兖沂曹济道。光绪二十八年正月,移驻济宁州⑰。

4. 已裁各道

分巡青州海防道,一作青州兵备道,顺治元年七月置⑱。驻青州府。辖境

---

① 按:《高宗实录》卷1130乾隆四十六年五月庚辰见此道名。此后至宣统年间,《清实录》中均有此道名。
② 《圣祖实录》卷26康熙七年五月庚申,《清实录》,第4册,第361页。
③ 《世宗实录》卷76雍正六年十二月丙申,《清实录》,第7册,第1132页。
④ 《世宗实录》卷89雍正七年十二月乙卯,《清实录》,第8册,第201页;又卷108雍正九年七月壬申,第429页。
⑤ 《世宗实录》卷108雍正九年七月壬申,《清实录》,第8册,第429页。
⑥ 《高宗实录》卷779乾隆三十二年三月戊午,《清实录》,第18册,第569页。
⑦ 《高宗实录》卷805乾隆三十三年二月庚辰,《清实录》,第18册,第877页。
⑧ 光绪《清会典事例》卷236,第3册,第786页。
⑨ 《德宗实录》卷529光绪三十年四月己巳,《清实录》,第59册,第51页。
⑩ 《世宗实录》卷108雍正九年七月壬申,《清实录》,第8册,第429页。又:《山东巡抚岳濬奏请复设驻沂道员酌辖州县专职守折》,雍正九年四月初二日,《雍正朝汉文硃批奏折汇编》,第20册,第254页。
⑪ 《世宗实录》卷142雍正十二年四月戊午,《清实录》,第8册,第788页。
⑫ 《世宗实录》卷145雍正十二年七月辛丑,《清实录》,第8册,第815页。
⑬ 《高宗实录》卷115乾隆五年四月甲午,《清实录》,第10册,第691页。
⑭ 《高宗实录》卷779乾隆三十二年三月戊午,《清实录》,第18册,第569页。
⑮ 《高宗实录》卷805乾隆三十三年二月庚辰,《清实录》,第18册,第877页。
⑯ 乾隆《清一统志》卷146,第476册,第873页。
　按:《清通典》卷91、《清文献通考》卷272作乾隆三十九年升。
⑰ 《德宗实录》卷494光绪二十八年正月戊寅,《清实录》第58册,第524页。
⑱ 《世祖实录》卷6顺治元年七月庚子,《清实录》,第3册,第68页。

同明代，当辖青州府。《顺治十八年缙绅册》谓"分巡青州海防道兼莱、新、淄、长四县"。康熙六年七月改为巡海道①。康熙七年五月，巡海道移驻莱州府②。康熙九年，复置③。康熙三十九年五月裁④。

分巡东兖道，康熙十三年十月置，驻沂州，管辖兖州府并东昌府属之堂邑等九州县⑤。康熙五十三年裁⑥。

分巡济宁道，全称分巡济宁通省管河道⑦，康熙九年复置⑧。是否分巡地方不详。康熙五十八年十一月，分巡兖州府属州县事务⑨，一称兖宁道⑩。雍正二年九月，盘查曹、沂、济宁等3州钱粮⑪。雍正七年十二月，辖兖州府和沂、曹、东平3州共27州县、1卫、1所⑫。雍正九年七月，兖州府及沂州往属兖莒沂道，仅辖曹、东平2州。⑬ 一称曹东道⑭。雍正十二年四月，不再分巡曹州、东平州事务，改置为管河道⑮。

五、府厅州县

顺治元年，沿明制，仍领济南、兖州、东昌、青州、登州、莱州6府，以及15州、89县⑯。雍正二年九月，升泰安、武定、滨、济宁、曹、沂六州为直隶州。雍

---

① 按：康熙七年正月，浙江巡抚蒋国柱言："所留四十员内，有福建、广东巡海道各一，江南淮海道一，山东登莱道一，盖因封疆重务，惟防海为急。"（《八旗通志》卷201《蒋国柱传》，《四库全书》本，第667册，第694页下。）《圣祖实录》卷26言：康熙七年五月庚申，"命山东巡海道自青州府移驻莱州府。"（《清实录》，第4册，第361页）《康熙缙绅册》载分守青登莱海防道驻扎莱州府。说明在康熙七年五月前，青州府驻有山东巡海道员，该道缺当是康熙六年改分巡青州海防道置。雍正《山东通志》卷25之2言康熙六年裁："康熙五年裁莱州道，归并登州道，改衔为登莱道。六年，裁青州分巡道。九年，复设青州海防道。"
② 《圣祖实录》卷26康熙七年五月庚申，《清实录》，第4册，第361页。
③ 雍正《山东通志》卷25之2，第540册，第549页。
④ 《圣祖实录》卷199康熙三十九年五月癸巳，《清实录》，第6册，第20页。
⑤ 《圣祖实录》卷50康熙十三年十月丙午，《清实录》，第4册，第654页。
⑥ 雍正《山东通志》卷25之2，第540册，第551页。
⑦ 康熙《济宁州志》卷1。
⑧ 按：康熙《济宁州志》卷4有"济宁道题名"，未言康熙六年裁撤，道员名单中言方兆奇于顺治十七年任，岳登科于康熙九年任。《圣祖实录》卷6康熙元年七月辛未裁济宁兵巡道，且《康熙缙绅册》亦无此道，应是康熙九年复置。
⑨ 《圣祖实录》卷286康熙五十八年十一月辛巳，《清实录》，第6册，第788页。
⑩ 《世宗实录》卷108雍正九年七月壬申，《清实录》，第8册，第429页。
⑪ 《世宗实录》卷24雍正二年九月庚戌，《清实录》，第7册，第381页。
⑫ 《世宗实录》卷89雍正七年十二月乙卯，《清实录》，第8册，第201页；又卷108雍正九年七月壬申，429页。
⑬ 《世宗实录》卷108雍正九年七月壬申，《清实录》，第8册，第429页。
⑭ 雍正《山东通志》卷25之2，第540册，第549页。
⑮ 《世宗实录》卷142雍正十二年四月戊午，《清实录》，第8册，第788页。
⑯ 康熙《清会典》卷19，第1册上，第187页。

正七年十二月,升东平、高唐、濮、莒四州为直隶州,并降济宁直隶州为属州。雍正十二年六月,升武定直隶州为府,降高唐、滨 2 直隶州为属州;同年七月,又升沂州直隶州为府,降莒州直隶州为属州。雍正十三年七月,升泰安、曹 2 直隶州为府,降东平、濮 2 直隶州为属州。乾隆四十一年,升济宁、临清 2 州为直隶州①。光绪三十年四月,升胶州为直隶州②。至清末,山东省领 10 府、3 直隶州、8 州、96 县。

1. 济南府

治所即今山东济南市城区。顺治元年,沿明制,附郭,领 4 州 26 县:历城、章丘、邹平、淄川、长山、新城、齐河、齐东、济阳、禹城、临邑、长清、肥城、青城、陵县,泰安州领新泰、莱芜县,德州领德平、平原县,武定州领阳信、海丰、乐陵、商河县,滨州领利津、沾化、蒲台县。

雍正二年九月,升武定州、滨州、泰安州 3 州为直隶州,析新泰、莱芜、长清三县往属泰安州,阳信、海丰、乐陵 3 县往属武定州,利津、沾化、蒲台 3 县往属滨州③。领 1 州:德州;17 县:历城、章丘、邹平、淄川、长山、新城、齐河、齐东、济阳、禹城、临邑、肥城、青城、陵县、德平、平原、商河县。雍正七年十二月,禹城、平原、陵县、临邑四县往属高唐直隶州。雍正十二年六月,长清县自泰安直隶州来属,肥城县往属于泰安直隶州;青城、商河二县往属于武定府;降高唐直隶州为州,所领平原、禹城、陵县、临邑四县来属④。领 1 州:德州;15 县:历城、章邱、邹平、淄川、长山、新城、齐河、齐东、济阳、德平、禹城、临邑、平原、陵县、长清县。至清末未变。

历城县,附郭,治所即今山东省济南市城区。

章丘县,治所在今山东章丘市西北绣惠镇。

邹平县,治所即今山东邹平县黛溪街道。

淄川县,治所在今山东淄博市西南淄川区般阳路街道。

长山县,治所在今山东邹平县东长山镇。

新城县,治所在今山东桓台县西新城镇。

齐东县,治所在今山东邹平县西北台子镇北旧城村。光绪二十年二月,因城临黄河,虞被冲决,迁于九扈镇⑤,即今县西北九户镇。

---

① 乾隆《清一统志》卷 146,第 476 册,第 873 页。
② 《德宗实录》卷 529 光绪三十年四月己巳,《清实录》,第 59 册,第 51 页。
③ 《世宗实录》卷 24 雍正二年九月庚戌,《清实录》,第 7 册,第 381 页。
④ 《世宗实录》卷 144 雍正十二年六月癸亥,《清实录》,第 8 册,第 803 页。
⑤ 《德宗实录》卷 334 光绪二十年二月壬子,《清实录》,第 56 册,第 291 页。

济阳县，治所即今山东济阳县城区。

齐河县，治所在今山东齐河县南祝阿镇南西关、北关一带。

德州，治所即今山东德州市德城区新湖街道。初领德平、平原2县，雍正二年后各县直属府。

德平县，治所在今山东临邑县北德平镇。初属德州，雍正二年后直属府。

平原县，治所即今山东平原县驻地平原街道。初属德州，雍正二年后直属府，雍正七年十二月属高唐直隶州，雍正十二年六月来属。

禹城县，治所即今山东禹城市驻地市中街道。初属府，雍正七年十二月属高唐直隶州，雍正十二年六月来属。

临邑县，治所即今山东临邑县驻地邢侗街道。隶属关系变化同禹城县。

陵县，治所即今山东德州市陵城区临齐街道。隶属关系变化同禹城县。

长清县，治所即今山东长清区驻地。初属府，雍正二年九月属泰安直隶州，雍正十二年六月来属。

2. 泰安直隶州—泰安府

明为济南府泰安州，治所即今山东泰安市城区。清初因之，领新泰、莱芜2县。雍正二年九月，升为直隶州，领新泰、莱芜、长清3县①。雍正十二年六月，长清县往属于济南府，并析济南府属肥城县来属②。雍正十三年七月，因泰安州"古号神州，控扼南北"，升为泰安府，置附郭泰安县，降东平州为属州，与所属东阿、平阴2县来属③。领1州：东平州；6县：泰安、新泰、莱芜、肥城、东阿、平阴。至清末，仍领1州6县。

泰安县，附郭，雍正十三年七月以泰安直隶州亲辖地置，治所即今山东泰安市泰山区岱庙街道。

新泰县，治所即今山东新泰市驻地。初属泰安州，雍正二年九月属泰安直隶州，雍正十三年七月属泰安府。

莱芜县，治所即今山东莱芜市驻地。隶属关系变化同新泰县。

肥城县，治所在今山东肥城市北老城镇。初属济南府，雍正十二年六月属泰安直隶州，雍正十三年七月属泰安府。

东平州，治所在今山东东平县西州城街道。初属兖州府，雍正七年十二月升直隶州，雍正十三年七月降为属州，来属。

---

① 《世宗实录》卷24雍正二年九月庚戌，《清实录》，第7册，第381页。
② 《世宗实录》卷144雍正十二年六月癸亥，《清实录》，第8册，第803页。
③ 《世宗实录》卷158雍正十三年七月甲辰，《清实录》，第8册，第932页。

东阿县,治所在今山东平阴县西南东阿镇。初属东平州,雍正七年十二月属东平直隶州,雍正十三年七月来属。

平阴县,治所即今山东平阴县驻地榆山街道。隶属关系变化同东阿县。

3. 武定直隶州—武定府

明为济南府武定州,治所即今山东惠民县驻地惠民镇。清初因之,领阳信、海丰、乐陵、商河 4 县。雍正二年九月,升为直隶州,领阳信、海丰、乐陵 3 县①。雍正十二年六月,因"武定州控制海疆,为全省北门锁钥,州牧一官实难兼顾",升为武定府,置附郭惠民县,并析济南府青城、商河 2 县来属,降滨州为属州,与所属蒲台、沾化、利津 3 县来属②。领 1 州:滨州;9 县:惠民、阳信、海丰、乐陵、蒲台、沾化、利津、青城、商河县。至清末未变。

惠民县,附郭,雍正十二年六月以武定直隶州亲辖地置,治所即今山东惠民县驻地惠民街道。

阳信县,治所即今山东阳信县驻地信城街道。初属武定州,雍正二年九月属武定直隶州,雍正十二年六月属武定府。

海丰县,治所在今山东无棣县海丰街道。隶属关系变化同阳信县。

乐陵县,治所即今山东乐陵市驻地市中街道。隶属关系变化同阳信县。

青城县,治所在今山东高青县西青城镇。初属济南府,雍正十二年六月属武定府。

商河县,治所即今山东商河县许商街道。初属武定州,雍正二年九月属济南府,雍正十二年六月来属。

滨州,治所在今山东滨州市滨城区驻地。初领利津、沾化、蒲台 3 县,雍正二年九月升为直隶州,雍正十二年六月降为州来属。

利津县,治所即今山东利津县驻地利津街道。初属滨州,雍正二年九月属滨州直隶州,雍正十二年六月来属。

沾化县,治所在今山东滨州市沾化区西古城镇。隶属关系变化同利津县。

蒲台县,治所在今山东滨州市滨城区驻地南蒲城街道。隶属关系变化同利津县。

4. 兖州府

治所即今山东兖州市驻地兖州镇。顺治元年,沿明制,领 4 州 23 县:滋阳、曲阜、宁阳、邹县、泗水、滕县、峄县、金乡、鱼台、单县、城武县,曹州领曹县、

---

① 《世宗实录》卷 24 雍正二年九月庚戌,《清实录》,第 7 册,第 381 页。
② 《世宗实录》卷 144 雍正十二年六月癸亥,《清实录》,第 8 册,第 803 页。

定陶县,济宁州领嘉祥、巨野、郓城县,东平州领汶上、东阿、平阴、阳谷、寿张县,沂州领郯城、费县。

雍正二年九月,升曹州、沂州、济宁三州为直隶州,析曹县、定陶2县往属曹州直隶州,郯城、费县往属沂州直隶州,嘉祥、巨野、郓城3县往属济宁直隶州①。领1州:东平州;16县:滋阳、曲阜、宁阳、邹县、泗水、滕县、峄县、金乡、鱼台、单县、城武、汶上、东阿、平阴、阳谷、寿张县。雍正七年十二月,升东平州为直隶州,东阿、平阴、寿张、阳谷等4县往属之;降济宁州为属州,与郓城县一起来属②。雍正十三年七月,单县、城武、郓城3县往属于曹州府,原曹州所属嘉祥县、东平州属阳谷、寿张等三县来属③。

乾隆十九年九月,沂州府兰山县元宵屯地方改隶泗水县④。乾隆四十一年,济宁州复升为直隶州,汶上、鱼台、嘉祥3县往属之⑤。府领10县。乾隆四十五年五月,汶上县来属,金乡县往属济宁州⑥。至清末,仍领10县:滋阳、曲阜、宁阳、邹县、泗水、滕县、峄县、汶上、阳谷、寿张县。

滋阳县,附郭,治所即今山东兖州市区鼓楼街道。

曲阜县,治所即今山东曲阜市驻地鲁城街道。

宁阳县,治所即今山东宁阳县驻地文庙街道。

邹县,治所即今山东邹城市驻地钢山街道。

泗水县,治所即今山东泗水县驻地泗河街道。

滕县,治所即今山东滕州市城区。

峄县,治所在今山东枣庄市南峄城区。

汶上县,治所即今山东汶上县驻地中都街道。初属东平州,雍正七年十二月属府,乾隆四十一年属济宁直隶州,乾隆四十五年五月来属。

阳谷县,治所即今山东阳谷县城区。初属东平州,雍正七年十二月属东平直隶州,雍正十三年七月来属。

寿张县,治所在今山东阳谷县东南寿张镇。隶属关系变化同阳谷县。

5. 沂州直隶州—沂州府

初为兖州府沂州,治所在今山东临沂市城区,辖郯城、费县2县。雍正二

---

① 《世宗实录》卷24雍正二年九月庚戌,《清实录》,第7册,第381页。
② 《世宗实录》卷89雍正七年十二月乙卯,《清实录》,第8册,第201页。
③ 《世宗实录》卷158雍正十三年七月甲辰,《清实录》,第8册,第932页。
④ 《高宗实录》卷472乾隆十九年九月丁亥,《清实录》,第14册,第1107页。
⑤ 乾隆《清一统志》卷146,第476册,第873页。
⑥ 《高宗实录》卷1107乾隆四十五年五月戊戌,《清实录》,第22册,第813页。

年九月,升为直隶州,仍领费县、郯城 2 县①。雍正十二年七月,升为府,置附郭兰山县,降莒州为属州,与沂水、蒙阴、日照 3 县来属②。领 1 州:莒州;6 县:兰山、郯城、费县、沂水、蒙阴、日照县。乾隆十九年九月,析兰山县元宵屯地方往属于兖州府泗水县③。至清末未变。

兰山县,附郭,雍正十二年七月以原沂州直隶州亲辖地置,治所在今山东临沂市兰山区城区。

郯城县,治所即今山东郯城县驻地郯城街道。初属沂州,雍正二年九月属沂州直隶州,雍正十二年七月属府。

费县,治所即今山东费县驻地费城街道。隶属关系变化同郯城县。

莒州,治所即今山东莒县驻地城阳街道。初属青州府,雍正七年十二月升为直隶州,雍正十二年七月来属。

蒙阴县,治所即今山东蒙阴县驻地蒙阴街道。初属青州府,雍正七年十二月属莒州直隶州,雍正十二年七月来属。

沂水县,治所即今山东沂水县驻地沂城街道。初属莒州,雍正七年十二月属莒州直隶州,雍正十二年七月来属。

日照县,治所在今山东日照市东港区驻地日照街道。隶属关系变化同沂水县。

6. 曹州直隶州—曹州府

初为兖州府曹州,领曹县、定陶 2 县。雍正二年九月,升直隶州,仍领曹县、定陶 2 县④。雍正七年十二月,济宁直隶州降为属州,其原领之嘉祥、巨野 2 县来属⑤。雍正十三年七月,因州为直隶、山东、河南三省要区,升为曹州府,置附郭菏泽县,析嘉祥县往属于兖州府,以兖州府属单县、城武、郓城 3 县来属,降濮州直隶州为属州,与所属范县、观城、朝城 3 县来属⑥。领 1 州:濮州;10 县:菏泽、曹县、定陶、巨野、单县、城武、郓城、范县、观城、朝城。至清末未变。

菏泽县,附郭,雍正十三年七月,以原曹州直隶州亲辖地置,治所在今山东菏泽市牡丹区城区。

曹县,治所即今山东曹县驻地曹城街道。初属曹州,雍正二年九月属曹州

---

① 《世宗实录》卷 24 雍正二年九月庚戌,《清实录》,第 7 册,第 381 页。
② 《世宗实录》卷 145 雍正十二年七月辛卯,《清实录》,第 8 册,第 810 页。
③ 《高宗实录》卷 472 乾隆十九年九月丁亥,《清实录》,第 14 册,第 1107 页。
④ 《世宗实录》卷 24 雍正二年九月庚戌,《清实录》,第 7 册,第 381 页。
⑤ 《世宗实录》卷 89 雍正七年十二月乙卯,《清实录》,第 8 册,第 201 页。
⑥ 《世宗实录》卷 158 雍正十三年七月甲辰,《清实录》,第 8 册,第 932 页。

直隶州,雍正十三年属府。

定陶县,治所即今山东定陶县驻地天中街道。隶属关系变化同曹县。

单县,治所在今山东单县城区。初属兖州府,雍正十三年七月来属。

城武县,治所即今山东成武县驻地文亭街道。隶属关系变化同单县。

郓城县,治所即今山东郓城县郓州街道。初属济宁州,雍正二年九月属济宁直隶州。雍正十三年七月来属。

巨野县,治所即今山东巨野县驻地凤凰街道。初属济宁州,雍正二年九月属济宁直隶州,雍正七年十二月来属。

濮州,治所在今河南范县西南濮城镇。初属东昌府,雍正七年十二月升直隶州,雍正十三年七月降州来属。

范县,治所在今山东莘县南古城镇。初属濮州,雍正七年十二月属濮州直隶州,雍正十三年七月来属。

观城县,治所在今山东莘县西南观城镇。隶属关系变化同范县。

朝城县,治所在今山东莘县西南朝城镇。隶属关系变化同范县。

7. 东昌府

治所在今山东聊城市东昌府区古楼街道。顺治元年,沿明制,领3州15县:聊城、堂邑、博平、茌平、清平、莘县、冠县,临清州领丘县、馆陶县,高唐州领恩县、夏津、武城县,濮州领范县、观城、朝城县。雍正七年十二月,升濮州为直隶州,范县、观城、朝城3县往属之;并升高唐州为直隶州①。雍正十二年六月,高唐直隶州降为属州,来属②。乾隆四十一年,升临清州为直隶州,武城、夏津、丘县等3县往属之③。领1州:高唐州;9县:聊城、堂邑、博平、清平、茌平、莘县、冠县、馆陶、恩县。至清末未变。

聊城县,附郭,治所在今山东聊城市东昌府区驻地。

堂邑县,治所在今山东聊城市东昌府区西堂邑镇。

博平县,治所在今山东茌平县西博平镇。

清平县,治所在今山东高唐县西南清平镇。

茌平县,治所即今山东茌平县驻地振兴街道。

莘县,治所即今山东莘县驻地燕塔街道。

冠县,治所即今山东冠县驻地冠城街道。

---

① 《世宗实录》卷89雍正七年十二月乙卯,《清实录》,第8册,第201页。
② 《世宗实录》卷144雍正十二年六月癸亥,《清实录》,第8册,第803页。
③ 乾隆《清一统志》卷147,第476册,第887页。

馆陶县,治所在今山东冠县北北馆陶镇。初属临清州,雍正末属府。

高唐州,治所即今山东高唐县驻地鱼邱湖街道。初属东昌府,雍正七年十二月升为直隶州,雍正十二年六月降州来属。

恩县,治所在今山东平原县西恩城镇。初属高唐州,雍正七年十二月属府。

8. 青州府

治所即今山东青州市益都街道。顺治元年,沿明制,领1州13县:益都、临淄、博兴、高苑、乐安、寿光、昌乐、临朐、安丘、诸城、蒙阴县,莒州领沂水、日照县。雍正七年十二月,升莒州为直隶州,日照、沂水、蒙阴等3县往属之①。雍正十二年七月,置博山县②。领11县:益都、博山、临淄、博兴、高苑、乐安、寿光、昌乐、临朐、安丘、诸城县。至清末未变。

益都县,附郭,治所即今山东青州市驻地。

博山县,雍正十二年七月置。因益都县附郭繁剧,于县属颜神镇置县,以益都县的孝妇、怀德摆等2乡34社、济南府淄川县的大峪等21庄、泰安直隶州莱芜县的乐疃等7庄为县域③。治所在今山东淄博市西南博山区。

临淄县,治所在今山东淄博市东临淄区齐都镇。

博兴县,治所即今山东博兴县城区。

高苑县,治所在今山东高青县东南高城镇。

乐安县,治所在今山东广饶县驻地广饶街道。

寿光县,治所即今山东寿光市城区。

昌乐县,治所即今山东昌乐县驻地宝都街道。

临朐县,治所即今山东临朐县驻地城关街道。

安丘县,治所即今山东安丘市兴安街道。

诸城县,治所即今山东诸城市密州街道。

9. 登州府

治所在今山东蓬莱市城区。顺治元年,沿明制。领1州7县:蓬莱、黄县、福山、栖霞、招远、莱阳县,宁海州领文登县。雍正十二年十一月,置荣成、海阳二县。领1州:宁海州;9县:蓬莱、黄县、福山、栖霞、招远、莱阳、文登、荣成、海阳,至清末未变。

蓬莱县,附郭,治所在今山东蓬莱市登州街道。

---

① 《世宗实录》卷89雍正七年十二月乙卯,《清实录》,第8册,第201页。
② 《世宗实录》卷145雍正十二年七月丙戌,《清实录》,第8册,第809页。
③ 乾隆《清一统志》卷134,第476册,第626页。

黄县，治所在今山东龙口市东莱街道。

福山县，治所即今山东烟台市西福山区城区。

栖霞县，治所即今山东栖霞市翠屏街道。

招远县，治所即今山东招远市罗峰街道。

莱阳县，治所即今山东莱阳市驻地城厢街道。

宁海州，治所在今山东烟台市东南牟平区宁海街道。

文登县，治所即今山东威海市文登区天福街道。初属宁海州，雍正末属府。雍正十二年十一月，裁靖海卫、威海卫，所辖区域并入。

海阳县，雍正十二年十一月，裁大嵩卫，析莱阳县、宁海州地置①，治所在今山东海阳市东南凤城街道。

荣成县，雍正十二年十一月，裁成山卫，析文登县地置，治所在今山东荣成市东北成山镇。

10. 莱州府

治所即今山东莱州市驻地文昌路街道。顺治元年，沿明制，领2州5县：掖县，平度州领潍县、昌邑县，胶州领高密、即墨县。雍正末，各县均隶府。光绪三十年四月，升胶州为直隶州，即墨、高密2县往属②。领1州：平度；3县：掖县、潍县、昌邑。

---

① 按：《世宗实录》卷149雍正十二年十一月丁亥，"河东总督王士俊疏奏东省裁卫设县事宜。一、大嵩、成山二卫，请改为二县。……从之。寻定大嵩改设县曰海阳、成山改设县曰荣成。"（《清实录》，第8册，第848页）光绪《增修登州府志》卷2《沿革》登州府沿革谓："雍正十三年裁登四卫，改成山卫为荣成县，改大嵩卫为海阳县。"似乎是直接改卫为县，卫与县的辖境相同或相近。乾隆《续登州府志》卷1《沿革》节录河东总督王士俊的疏文："山东登州府属之大嵩、成山、靖海、威海四卫所管钱粮皆属无多，于地方并无裨益，而毗连之莱阳一县幅员寰广，赋役浩繁，办理难周，每多丛脞。是又应酌裁无益之卫，分划过剧之县，使之军民胥便，繁简合宜……查大嵩卫城外即系莱阳县村庄，东北离宁海州二百里，西北离莱阳县一百四十里，莱阳县广袤八百里，粮多地广，颇难治理，应将大嵩卫裁改为县……分拨莱阳县之行村乡、嵩山乡、林寺乡三乡并易换宁海州之乳山乡成一县治。至大嵩卫原管经征屯地坐落莱阳县境内者为天桥等四十余屯，坐落莱州府即墨县境内者为神山埠等二十余屯，坐落莱州府平度州境内者为北塚等五屯，应归并坐落莱阳、即墨、平度三州县管辖。""又疏称文登县幅员已极辽阔，今再加以威海、靖海、成山三卫地粮，军户共地，周环至八百余里，殊难管辖。而成山卫又未便听其孤悬海滨，且成山地方为海洋东面险要之区，则成山卫自应改设一县以资弹压。……分拨文登县之朝阳都十一里、温泉都之桥头等七里、云光都之柳树村等二里地亩钱粮并靖海卫之宁津所、窑南泊等屯俱改归县。"由此可知，荣成、海阳两县是分别析莱阳、宁海、文登等县辖境置，而成山等4卫管辖的屯村则分别并入坐落的各县，两者只是驻地相同，一废一置，并不是直接改卫为县。光绪《增修登州府志》卷2荣成县沿革谓"雍正十三年裁卫，析文登，即卫城置荣成县"，海阳县沿革谓"雍正十三年裁卫，析莱阳、宁海，即卫城置海阳县"，是较为贴切的记载。

② 《德宗实录》卷529光绪三十年四月己巳，《清实录》，第59册，第51页；又卷538十一月壬寅，第59册，第165页。

掖县，附郭，治所即今山东莱州市驻地。

平度州，治所即今山东平度市驻地城关街道。

潍县，治所即今山东潍坊市潍城区、奎文区老城区。初属平度州，雍正末属莱州府。

昌邑县，治所即今山东昌邑市城区。隶属关系变化同潍县。

11. 济宁直隶州

初为兖州府济宁州，治所即今山东济宁市任城区城区，领嘉祥、巨野、郓城3县。雍正二年九月，升直隶州，仍领嘉祥、巨野、郓城3县①。雍正七年十二月，降为州，与郓城县往属兖州府，嘉祥、巨野2县往属于曹州直隶州②。乾隆四十一年，复升为直隶州，以兖州府汶上、鱼台、嘉祥3县来属③。乾隆四十五年五月，割汶上县入兖州府，兖州府金乡县来属④。领3县：金乡、嘉祥、鱼台县。

金乡县，治所即今山东金乡县驻地金乡街道。初属兖州府，乾隆四十五年五月来属。

鱼台县，治所即今山东鱼台县西南鱼城镇。初属兖州府，乾隆四十一年来属。

嘉祥县，治所即今山东嘉祥县驻地嘉祥街道。初属济宁州，雍正二年九月属济宁直隶州，雍正七年十二月属曹州直隶州，雍正十三年七月属兖州府，乾隆四十一年属济宁直隶州。

12. 临清直隶州

初为东昌府临清州，治所即今山东临清市城区，领丘县、馆陶2县。雍正末，各县直隶东昌府。平定变乱后，于乾隆四十一年升为直隶州，以东昌府之丘县、夏津、武城三县来属⑤。领3县。

丘县，治所在今河北邱县南邱城镇。初属临清州，雍正末属东昌府，乾隆四十一年来属。

夏津县，治所即今山东夏津县驻地银城街道。初属高唐州，雍正七年十二月属东昌府，乾隆四十一年来属。

武城县，治所在今山东武城县西南老城镇。隶属关系变化同夏津县。

13. 胶州直隶州

初为莱州府胶州，治所即今山东胶州市城区，领高密、即墨2县。雍正末，

---

① 《世宗实录》卷24雍正二年九月庚戌，《清实录》，第7册，第381页。
② 《世宗实录》卷89雍正七年十二月乙卯，《清实录》，第8册，第201页。
③ 乾隆《清一统志》卷146，第476册，第873页。
④ 《高宗实录》卷1107乾隆四十五年五月戊戌，《清实录》，第22册，第813页。
⑤ 乾隆《清一统志》卷147，第476册，第887页。

各县直隶莱州府。光绪三十年四月,因青岛划归德国租界,胶州事务繁忙,升为直隶州,以莱州府高密、即墨2县来属①。领2县。

高密县,治所即今山东高密市城区。初属胶州,雍正末属莱州府,光绪三十年四月来属。

即墨县,治所即今山东即墨市通济街道。隶属关系变化同高密县。

14. 已裁府级政区

滨州直隶州,初为济南府滨州,领利津、沾化、蒲台3县。雍正二年九月,升为直隶州,治所在今山东滨州市滨城区驻地,领利津、沾化、蒲台3县②。雍正十二年六月,降为州,与所属三县往属于武定府③。

东平直隶州,初为兖州府东平州,领汶上、东阿、平阴、阳谷、寿张5县。雍正七年十二月,升直隶州,治所在今山东东平县西州城镇,领东阿、平阴、寿张、阳谷4县④。雍正十二年七月,降为州,与所领之东阿、平阴往属泰安府,阳谷、寿张2县还属兖州府⑤。

高唐直隶州,初为东昌府高唐州,领恩县、夏津、武城3县。雍正七年十二月,升为直隶州,治所即今山东高唐县驻地,领禹城、平原、陵县、临邑4县⑥。雍正十二年六月,降为州,还属东昌府,所领4县往属济南府⑦。

濮州直隶州,初为东昌府濮州,领范县、观城、朝城3县。雍正七年十二月,升直隶州,治所即今河南范县西南濮城镇,辖观城、范县、朝城3县⑧。雍正十三年七月,降为州,与所领3县一并往属于曹州府⑨。

莒州直隶州,初为青州府莒州,领沂水、日照2县。雍正七年十二月,升直隶州,治所即今山东省莒县驻地,领蒙阴、沂水、日照3县⑩。雍正十二年七月,降为州,与所领三县往属于沂州府⑪。

---

① 《德宗实录》卷529光绪三十年四月己巳,《清实录》,第59册,第51页;又卷538十一月壬寅,第59册,第165页。
② 《世宗实录》卷24雍正二年九月庚戌,《清实录》,第7册,第381页。
③ 《世宗实录》卷144雍正十二年六月癸亥,《清实录》,第8册,第803页。
④ 《世宗实录》卷89雍正七年十二月乙卯,《清实录》,第8册,第201页。
⑤ 《世宗实录》卷158雍正十三年七月甲辰,《清实录》,第8册,第932页。
⑥ 《世宗实录》卷89雍正七年十二月乙卯,《清实录》,第8册,第201页。
⑦ 《世宗实录》卷144雍正十二年六月癸亥,《清实录》,第8册,第803页。
⑧ 《世宗实录》卷89雍正七年十二月乙卯,《清实录》,第8册,第201页。
⑨ 《世宗实录》卷158雍正十三年七月甲辰,《清实录》,第8册,第932页。
⑩ 《世宗实录》卷89雍正七年十二月乙卯,《清实录》,第8册,第201页。
⑪ 《世宗实录》卷145雍正十二年七月辛卯,《清实录》,第8册,第810页。

第六章 山　西　省

明末，山西领太原、平阳、大同、潞安、汾州等5府，以及辽、沁、泽3直隶州，下辖16州、78县。

一、省行政机构

总督。顺治元年(1644)七月，设宣大总督，全称总督宣大山西等处军务兼管巡抚事①，驻大同镇(今山西大同市区)②，领宣府镇、大同镇、山西省军务，管理大同镇(含大同府)行政事务。顺治六年九月，移镇阳和府(今山西阳高县城)③。顺治八年，总督佟养量、巡按薛陈伟疏请府治还治大同④。顺治九年四月，裁宣府巡抚，兼理宣府镇(含延庆、保安两州)⑤。顺治十二年十月，还驻大同府⑥。顺治十五年七月裁⑦，宣府镇(含延庆、保安两州)于次年归顺天巡抚管辖⑧。

---

① 《世祖实录》卷6顺治元年七月壬辰，《清实录》，第3册，第66页。按：顺治《云中郡志》卷3谓"巡抚都御史台，在府治东。永乐六年建，天顺间罢，复置。顺治三年以督兼，六年移驻阳和。"总督兼巡抚时间有差异。卷5《秩官志》中，无顺治年间任巡抚的官员名单。
② 嘉庆《清会典事例》卷20，第3册，第822页。
③ 按：《世祖实录》卷46顺治六年九月丁丑，"更定宣大二镇官兵经制……掌印都司、管屯都司、巡捕都司各一员，俱移驻阳和。"(《清实录》，第3册，第368页)因掌印都司掌管相关印信，宣大总督主要管军事，当在此前后移镇阳和城。顺治《云中郡志》卷首总督韩佟养亦谓顺治六年移镇。雍正《山西通志》卷8作顺治五年移。
④ 顺治《云中郡志》卷3《建置志》。雍正《山西通志》卷8，《四库全书》本，第542册，第285页。
⑤ 《世祖实录》卷64顺治九年四月丁未，《清实录》，第3册，第499页。按：乾隆《宣化府志》卷21《职官四》作顺治八年裁宣府巡抚，归宣大总督兼理；卷4《疆域形势》作顺治七年裁，归并宣大总督兼理。雍正《畿辅通志》卷60作"宣府巡抚，顺治初仍设，八年裁并顺天巡抚。"(第505册，第398页)
⑥ 《世祖实录》卷94顺治十二年十月甲戌，《清实录》，第3册，第742页。光绪《清会典事例》卷548：顺治十二年，"移宣大总督及督标各官，自阳和改驻大同府。"(第7册，第83页)雍正《阳高县志》卷1："顺治十三年，裁去督府、兵道等官，所存者通判、城守、儒学、卫弁四员而已。"雍正《山西通志》卷4：顺治"十三年，裁督府、兵道等官。"(第542册，第130页)按：实际移治时间当为顺治十三年。
⑦ 《世祖实录》卷119顺治十五年七月己亥，《清实录》，第3册，第922页。
⑧ 乾隆《宣化府志》卷21《职官四》。

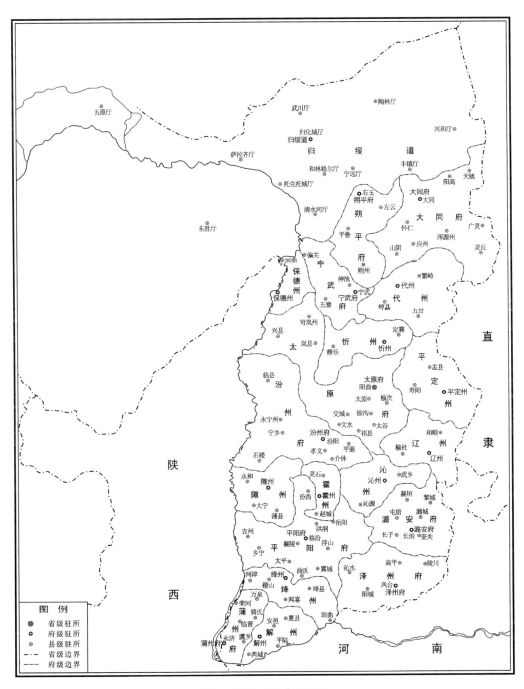

图 6 清末山西省政区图

顺治十八年九月，设山西总督①，驻太原府，管辖全省。康熙四年(1666)五月，裁山西总督，改归山西陕西总督（山陕总督）管辖②。康熙十一年四月，因陕西总督专管陕甘，山西由巡抚专管③。康熙十四年，复设山西总督④。康熙十九年，又裁山西总督，由巡抚专管⑤。雍正三年(1725)十月，又设山西总督，并管理巡抚事务⑥。雍正四年十一月，裁山西总督，专设山西巡抚⑦。

按：史籍对顺治至康熙初年山西省总督的记载多有矛盾之处。

《清朝文献通考》记载："臣等谨按：顺治二年，设山西巡抚驻太原府，又设宣大总督驻大同府之阳和城。十三年，裁宣大总督，改设山西总督，驻大同府。康熙元年，设山西提督，驻平阳府。四年，裁山西总督，并为山陕总督，驻陕西之西安府，兼辖山西。"又言：顺治"十三年，裁宣大总督，改设山西总督标官兵"⑧。似乎顺治年间先后设过宣大总督、山西总督。嘉庆《清会典事例》的记载与此相似：顺治十三年"裁宣大总督，以宣府属顺天巡抚管理。是年，设山西总督一人"⑨。康熙《清会典》作"总督山西军务一员，顺治十五年裁"⑩。康熙《山西通志》卷17："总督都御史，一员，总督宣大军务，兼理粮饷，驻阳和。顺治十五年裁。"《世祖实录》只有顺治元年设、顺治十五年七月裁宣大总督的记录。

综合上述数种史籍的记载，置废过程中的几处关键点可以理清。一是顺治初年置宣大总督，《实录》有具体年月日，当从之。《清朝文献通考》谓顺治二年置，显误。二是顺治十五年裁总督，《实录》、《通志》称宣大总督，《会典》称山西总督，似乎是裁两员总督。《实录》记载顺治元年所设总督官衔为"总督宣大山西等处军务兼管巡抚事"，称之为宣大总督、山西总督均可，则实际只裁一员总督。三是《清朝文献通考》、嘉庆《清会典事例》言顺治十三年裁宣大总督，改设山西总督，应该就是顺治十二年十月奏请、顺治十三年实施的宣大总督自阳

---

① 《八旗通志》卷339，《四库全书》本，第671册，第692页。
② 《圣祖实录》卷15康熙四年五月丁未，《清实录》，第4册，第229页；又六月辛巳，第233页。
③ 《圣祖实录》卷38康熙十一年四月癸巳，《清实录》，第4册，第515页。
④ 嘉庆《清会典事例》卷20，第3册，第831页。《清朝文献通考》卷184，第6465页。
⑤ 嘉庆《清会典事例》卷20，第3册，第832页。《清朝文献通考》卷184，第6465页。
⑥ 《世宗实录》卷37雍正三年十月庚寅，《清实录》，第7册，第552页。
⑦ 《世宗实录》卷50雍正四年十一月辛卯，《清实录》，第7册，第751页。雍正《山西通志》卷80，第544册，第739页。
⑧ 《清朝文献通考》卷184，第6456页。
⑨ 嘉庆《清会典事例》卷20，第3册，第826页。
⑩ 康熙《清会典》卷146，第2册下，第1880页。

和府还治大同府之事。嘉庆《清会典事例》的记载,有可能是对还治的误解。或者是迁治过程中,总督的职能有所变化,故康熙《清会典》称之为山西总督,而不是宣大总督。

《清会典事例》、《清朝文献通考》言顺治十三年设山西总督,均未记载该总督在顺治末年的变化,似乎一直要到康熙四年才被裁撤。据《圣祖实录》记载,顺治十八年十月乙卯,"调山东总督赵国祚为山西总督,山西总督祖泽溥为山东总督"①。《八旗通志》记载:"祖泽溥,汉军镶黄旗人,顺治十八年九月任山西总督,十月调山东总督"②,则祖泽溥任山西总督之时间,在顺治十八年八月下令各省均设一员总督之后。从顺治十五年七月裁宣大(山西)总督,到顺治十八年九月祖泽溥任山西总督,相隔三年,《清实录》中未见有山西总督的记载。因总督是地方大员,且该时期的总督调动频繁,如果该三年中存在着山西总督,《清实录》中当有所记载。结合《清实录》、雍正《山西通志》的记载,当是顺治十五年七月裁宣大总督之后,山西境内无总督。直到顺治十八年八月各省均设一员总督后,同年九月朝廷才委任祖泽溥任山西总督。

嘉庆《清会典事例》言顺治十三年裁宣大总督、设山西总督,"以宣府属顺天巡抚管理",也属误载。乾隆《宣化府志》引《续宣镇志》言:"顺治十五年,裁(宣大总督)缺,十六年命直隶巡抚兼摄宣镇。"③

巡抚。顺治元年七月,设山西巡抚④,驻太原府⑤,管辖区域当为除大同府以外的太原、平阳、潞安、汾州四府及泽、辽、沁三直隶州⑥。顺治十五年七月,裁宣大总督后,增辖大同府及原大同镇所领各卫所⑦,辖境扩大至山西全境。康熙十一年四月,因陕西总督专管陕甘,山西只设巡抚不再设总督,即以山西巡抚统辖山西。雍正三年十月,由山西总督管理巡抚事务⑧,裁巡抚。四年十月,裁山西总督,复设山西巡抚⑨。雍正九年八月,署理山西提督事务,管

---

① 《圣祖实录》卷5顺治十八年十月乙卯,《清实录》,第3册,第91页。
② 《八旗通志》卷339,第671册,第692页。
③ 乾隆《宣化府志》卷21《职官四》。
④ 《世祖实录》卷6顺治元年七月甲辰,《清实录》,第3册,第69页。
⑤ 嘉庆《清会典事例》卷20,第3册,第821页。
⑥ 按:顺治《云中郡志》卷首宣大巡按薛陈伟序中,自署官名为"巡按直隶督理宣大二镇兼学政辖山西大同府所属州县直隶延庆保安二州等处监察御史",巡按区域与宣大总督辖区相同,且宣大总督兼管巡抚事,则大同府及其州县不属于山西巡抚管辖。
⑦ 《圣祖实录》卷14康熙四年二月丙子,"山西巡抚杨熙疏报,康熙三年太原府属代、崞等十二州县,三关、镇西等各卫所,及大同府属应、朔等八州县、阳高等七卫所旱灾,俱十分全荒。"(《清实录》,第4册,第213页)
⑧ 《世宗实录》卷37雍正三年十月庚寅,《清实录》,第7册,第552页。
⑨ 《世宗实录》卷50雍正四年十一月辛卯,《清实录》,第7册,第751页。

辖通省武弁①。后为定例②。乾隆四十三年五月,兼理河东盐政③。

布按诸司及专务道。顺治元年八月,设布政使司④,同年十一月设按察使司⑤。专务道曾置盐法道。清末有布政使、提学使、提法使、巡警道、劝业道等。

二、省城

沿明制,以太原城为省城,治所即今山西太原市城区。

三、省域

东界直隶,南界河南,西界陕西,北至边墙、长城。从雍正年间起,随着长城以外各理事厅的先后设立,北界外移,与察哈尔西(右翼)四旗杂处⑥。

四、守巡道

康熙六年七月前

分守冀宁道,见后。

分巡冀宁道,一名太原兵巡道,顺治元年十一月置⑦,驻辽州⑧。《顺治十八年缙绅册》谓"管太原一府,辖辽州等州县屯田、水利"。康熙元年七月裁⑨,辖境当并入分守道。

岢岚兵备道,一作整饬岢岚兵备道,顺治元年八月置⑩。驻岢岚州偏关

---

① 《世宗实录》卷109雍正九年八月己酉,《清实录》,第8册,第453页。
② 按:山西巡抚何时正式兼提督衔,《清实录》无记载。乾隆五年二月壬辰,谕旨:"著照山西之例,河南巡抚兼提督衔,以便节制稽察。"(《清实录》,第10册,第642页)说明此前山西巡抚兼提督衔。雍正九年八月后,山西巡抚觉罗石麟长期署理提督,在《清实录》中最晚的记载为雍正十二年七月戊戌(《世宗实录》卷145)。在这中间,觉罗石麟的官衔中也有只称山西巡抚的。此后,觉罗石麟及其继任者,均只称山西巡抚。《清朝文献通考》也未言雍正末、乾隆初有复设山西提督之事,推测在雍正末年觉罗石麟任山西巡抚时,或稍后,已经由"署理"改为"兼"提督衔。
③ 《高宗实录》卷1056乾隆四十三年五月丁卯,《清实录》,第22册,第113页。
④ 《世祖实录》卷7顺治元年八月壬申,《清实录》,第3册,第81页。
⑤ 《世祖实录》卷11顺治元年十一月己亥,《清实录》,第3册,第107页。
⑥ 光绪《清会典事例》卷119:乾隆五年覆准:"其大同、朔平二府卫所管辖地方,与西四旗杂处,该管文武卫弁,照例分别责成办理。"(第2册,第550页)《历代职官表》卷63:游牧察哈尔都统"掌察哈尔之军政,东西各分四旗。西四旗在山西多伦诺尔境,东四旗则热河道所属境也"。(《四库全书》本,第602册,第407页)
⑦ 《世祖实录》卷11顺治元年十一月庚寅,《清实录》,第3册,第106页。
⑧ 《顺治十八年缙绅册》。
⑨ 《圣祖实录》卷6康熙元年七月辛巳,《清实录》,第4册,第116页。
⑩ 《世祖实录》卷7顺治元年八月辛酉,《清实录》,第3册,第76页。

(偏头关)①。管保德、岢岚、河曲,兼陕西府谷等处②。康熙六年七月裁。

分巡雁平道,见后。

整饬宁武兵备道,顺治元年八月置③。驻宁武关,辖区为"分管宁武、八角、利民、神池及盘道梁至小莲花等六隘口堡,老营守备边垣并长林一堡,及忻州、定襄、静乐三州县,驻扎宁武关"④。康熙六年七月裁。

分守河东道,见后。

分巡河东道,简称巡东道,顺治元年八月置⑤。驻平阳府,一作平阳道。辖区同明代:"凡正管州县卫所与兼管州县卫所,及盐池沿河地方,俱依原定管辖。"⑥或谓"兼管隰州等处盐法、水利"⑦。康熙元年七月裁⑧,辖区当并入分守道。

分守冀南道,顺治元年七月置⑨,驻汾州府。辖辽、沁、泽3州,兼管神木、榆林、潼关一带地方⑩。康熙四年裁⑪。

分巡冀南道,一作潞安兵备道,简称巡南道,顺治元年九月置⑫。驻潞安府,辖潞安府、泽州。《顺治十八年缙绅册》谓"管潞安、汾州二府、辽、沁、泽三州屯田水利"。康熙六年七月裁。一说顺治间裁⑬。

阳和兵备道,一作整饬阳和兵备道,顺治元年八月置⑭。驻阳和卫⑮。《顺治十八年缙绅册》谓驻大同府,管宣府镇"北、西、中三路城堡、卫所等处仓场、屯牧"。顺治、康熙初年,分守冀北道与分巡大同道(分巡冀北道)、大同左卫道当先后并入,辖区当扩大至大同府卫全境。康熙六年七月裁。

大同左卫道,一作整饬左卫兵备道、大同兵备道,顺治元年八月置⑯。驻大

---

① 雍正《山西通志》卷37,第543册,第265页。
② 《顺治十八年缙绅录》。
③ 《世祖实录》卷7顺治元年八月甲申,《清实录》,第3册,第82页。
④ 《皇帝敕命潘超先整饬宁武兵备道》(顺治九年三月十一日),《明清档案》,第14册,第B7595页。
⑤ 《世祖实录》卷7顺治元年八月己巳,第3册,第78页。
⑥ 《皇帝敕命萧应聘分巡河东道》(顺治十一年六月十二日),《明清档案》,第20册,第B11013页。
⑦ 《顺治十八年缙绅册》。
⑧ 《圣祖实录》卷6康熙元年七月辛巳,《清实录》,第4册,第116页。
⑨ 《世祖实录》卷6顺治元年七月甲辰,《清实录》,第3册,第69页。
⑩ 《皇帝敕命史记功分守冀南道》(顺治九年三月十一日),《明清档案》,第14册,第B7591页。
⑪ 康熙《山西通志》卷17《职官中》。
⑫ 《世祖实录》卷8顺治元年九月丙戌,《清实录》,第3册,第83页。
⑬ 康熙《山西通志》卷17《职官中》。
⑭ 《世祖实录》卷7顺治元年八月辛酉,《清实录》,第3册,第76页。
⑮ 顺治《云中郡志》卷3《建置志》。雍正《山西通志》卷37,543册,第284页。
⑯ 《世祖实录》卷7顺治元年八月辛酉,《清实录》,第3册,第76页。

同左卫城①。管左、右、云、王等四卫②。康熙元年七月裁③,辖区当并入阳和道。

分守冀北道,一名朔州道④,顺治二年五月置⑤。驻朔州。辖区同明代:"查照明代旧例派定州县卫所营堡,或专属,或兼属,一听管辖。"⑥一说驻大同府,辖大同府⑦。顺治七年裁,并入大同左卫道⑧。

分巡冀北道,一作分巡大同道、整饬大同兵备道⑨,顺治元年八月置⑩。驻大同府⑪。顺治七年裁,辖区并入阳和道⑫。

蔚州兵备道,一作蔚州屯牧道。顺治元年七月置⑬。驻蔚州。辖境同明代。顺治七年七月裁⑭。

康熙六年七月后

1. 冀宁道—整饬通省驿传粮道—冀宁道

分守冀宁道,一作守宁道,顺治元年七月置⑮。驻太原府⑯。辖境同明代。《顺治十八年缙绅册》谓冀宁守巡二道均"管太原一府",当是明代旧制。康熙元年裁分巡冀宁道,辖区当并入。康熙六年七月裁⑰。山西巡抚因全省粮驿事务无官管理,于同年九月上疏保留道缺,管理全省粮驿事务⑱,改置为整饬通省驿传粮道⑲。康熙十年四月,粮驿道兼分巡地方⑳,大约分巡太原

---

① 顺治《云中郡志》卷3《建置志》。雍正《山西通志》卷37,第543册,第283页。
② 《顺治十八年缙绅册》。
③ 《圣祖实录》卷6康熙元年七月辛巳,《清实录》,第4册,第116页。
④ 《世祖实录》卷10顺治元年十月庚辰,《清实录》,第3册,第103页。
⑤ 《世祖实录》卷16顺治二年五月癸卯,《清实录》,第3册,第146页。
⑥ 《皇帝敕命刘弘遇分守冀北道》(顺治元年十月二十六日),《明清档案》,第2册,第B481页。
⑦ 康熙《山西通志》卷17《职官中》。
⑧ 顺治《云中郡志》卷5;又卷3:"分守道,在(朔)州治西。"
⑨ 嘉庆《清一统志》卷148《朔平府》:"宋子玉,奉天人。顺治间,大同兵备道,驻朔州。"
⑩ 《世祖实录》卷7顺治元年八月辛酉,《清实录》,第3册,第76页。
⑪ 顺治《云中郡志》卷3《建置志》。
⑫ 顺治《云中郡志》卷5《秩官志》。
⑬ 《世祖实录》卷6顺治元年七月辛亥,《清实录》,第3册,第72页。
⑭ 《世祖实录》卷49顺治七年七月癸丑,《清实录》,第3册,第393页。
⑮ 《世祖实录》卷6顺治元年七月壬子,《清实录》,第3册,第72页。
⑯ 康熙《山西通志》卷17《职官中》。
⑰ 《圣祖实录》卷23康熙六年七月甲寅,《清实录》,第4册,第315页;又卷24十月癸酉:"山西巡抚杨熙疏请,守宁道事务归太原府管理,宁武道事务归太原中路同知管理,岢岚道事务归太原西路同知管理,守东道事务归平阳府管理,守南道事务归汾州府及辽、沁二州管理,巡南道事务归潞安府及泽州管理。"(第331页)
⑱ 《圣祖实录》卷24康熙六年九月乙卯,《清实录》,第4册,第329页。
⑲ 《康熙缙绅册》。
⑳ 按:康熙六年保留冀宁道,是为了管理全省粮储事务。康熙十年四月山西复设雁平道、河东道,粮储道应当重新分巡地方,因而《圣祖实录》仍称之为冀宁道。

府、潞安府和泽、沁、辽、汾4州。雍正二年闰四月,分巡太原、汾州、潞安3府和泽、辽、沁3州①。雍正六年四月,改辖太原、汾州、潞安、泽州4府和辽、沁2州。雍正十年,平定州从雁平道来属②。乾隆元年,为分守冀宁道辖太潞汾泽辽沁平7府州。乾隆十三年,为分守冀宁道管理驿传事务,辖太汾潞泽4府辽沁2州,布政使参议衔。乾隆十八年,复统辖全省驿传事务③,一称冀宁兼驿道。乾隆二十三年,加水利衔④,为分守冀宁道兼管水利事务。宣统二年十二月裁⑤。

2. 河东道

分守河东道,一称守东道,顺治二年四月置⑥。驻蒲州⑦。所管区域和事务与明代相同:"分守河东,查照旧例正管州县卫所与兼管州县卫所及各关隘沿河地方俱原派管辖,一应事务俱照定例管理。"⑧康熙二年五月移驻平阳府⑨。康熙六年七月裁。康熙十年四月复置⑩,驻蒲州,辖平阳府⑪。康熙十四年五月,移驻平阳府⑫。雍正二年闰四月,分巡平阳府和蒲、解、绛、吉、隰5州。乾隆十二年八月,加兵备衔⑬。乾隆十三年,为分守河东兵备道,管辖蒲平2府解绛吉隰4州,布政使司参议衔。乾隆二十三年,加水利衔。乾隆五十七年二月,兼管盐法,移驻运城⑭。嘉庆十一年(1806)十二月,兼管山西、陕西、河南等省交界地区盐务⑮。

3. 雁平道

分巡雁平道,即整饬雁平兵备道,顺治元年置。驻代州⑯。辖代州、繁峙、

---

① 《世宗实录》卷19雍正二年闰四月己卯,《清实录》,第7册,第311页。
② 《高宗实录》卷30乾隆元年十一月乙亥,《清实录》,第9册,第619页。
③ 《高宗实录》卷435乾隆十八年三月庚辰,《清实录》,第14册,第677页。
④ 《高宗实录》卷574乾隆二十三年十一月壬辰,《清实录》,第16册,第300页。
⑤ 《山西巡抚丁宝铨奏裁冀宁道改劝业道请简折》(宣统二年十二月二十四日),《政治官报》,十二月二十九日,第1171号,第456页。
⑥ 《世祖实录》卷15顺治二年四月辛酉,《清实录》,第3册,第135页。
⑦ 雍正《山西通志》卷38,第543册,第292页。
⑧ 《皇帝敕命严正矩分守河东道》(顺治九年三月十一日),《明清档案》,第14册,第B7605页。
⑨ 《圣祖实录》卷8康熙二年五月丙戌,《清实录》,第4册,第146页。
⑩ 《圣祖实录》卷35康熙十年四月癸未,《清实录》,第4册,第478页。
⑪ 康熙《山西通志》卷17《职官中》。
⑫ 《圣祖实录》卷55康熙十四年五月甲戌,《清实录》,第4册,第710页。
⑬ 《高宗实录》卷296乾隆十二年八月庚午,《清实录》,第12册,第880页。
⑭ 《高宗实录》卷1396乾隆五十七年二月甲辰:"运城地方,请移驻河东道弹压。"《清实录》,第26册,第744页)。
⑮ 《仁宗实录》卷172嘉庆十一年十二月辛卯,《清实录》,第30册,第249页。
⑯ 雍正《山西通志》卷38,第543册,第301页。

崞县、五台等1州3县①。或谓管繁峙、五台、崞县、振武、雁门等处屯田②。康熙六年七月裁。康熙十年四月复置③,约辖大同府及太原府北部。康熙十四年五月,改为分守道,辖大同府,兼理粮饷事务④。雍正二年闰四月,分巡大同一府及平定、保德、忻、代四州。雍正三年五月,增辖朔平、宁武2府⑤。雍正十年,平定州往属冀宁道⑥。雍正十二年正月,为办理军需,临时移驻朔平府⑦。乾隆十三年,为分守雁平道管辖平忻代保四州,布政使司参议衔。乾隆二十三年十一月,加水利衔。乾隆三十二年二月,加兵备衔⑧。宣统元年(1909)三月裁⑨。

4. 归绥道

全称总理旗民蒙古事务分巡归绥道,乾隆六年八月置⑩,驻归化城。统辖山西省口外各厅。乾隆十一年十月,加兵备衔⑪。乾隆二十七年三月拟移驻绥远城⑫,乾隆二十八年八月决定仍驻归化城⑬。因归、绥二城相距五里,后人烟辐辏,市衢毗连,二城之间几无隙地,"故归绥道名驻绥远,而道署实在归化北门之外,不异一城矣"⑭。

五、府厅州县

顺治元年,沿明制,全省设5府、19州、78县,其中辽、沁、泽三州为直隶州⑮。因所管州县过多,知府无法对各州县进行监察,山西巡抚诺岷于雍正二年闰四月,奏请设置直隶州,缩小各府辖区,平定、忻、代、保德、解、绛、吉、隰9州升为直隶州。三年五月,置宁武、朔平2府。六年四月,升泽、蒲2直隶

---

① 《整饬雁平兵备柯臣揭帖》,《明清史料》第1册,第153页。
② 《顺治十八年缙绅册》。
③ 《圣祖实录》卷35康熙十年四月癸未,《清实录》,第4册,第478页。
④ 《圣祖实录》卷55康熙十四年五月甲戌,《清实录》,第4册,第710页。
⑤ 《世宗实录》卷32雍正三年五月甲子,《清实录》,第7册,第495页。
⑥ 《高宗实录》卷30乾隆元年十一月己亥,《清实录》,第9册,第619页。
⑦ 按:《世宗实录》卷139雍正十二年正月壬午:"移山西雁平道驻朔平府,就近办理军需。从办理军需事务光禄寺卿王棠请也。"(《清实录》,第8册,第764页)海宁《晋政辑要》卷1、乾隆《直隶代州志》卷1、乾隆《清一统志》卷95均言雁平道驻代州。应是雍正年间为办理军需而临时移驻。
⑧ 《高宗实录》卷778乾隆三十二年二月甲寅,《清实录》,第18册,第567页。
⑨ 《宣统政纪》卷11宣统元年三月己巳,《清实录》,第60册,第230页。
⑩ 《高宗实录》卷149乾隆六年八月丙辰,《清实录》,第10册,第1143页。
⑪ 《高宗实录》卷276乾隆十一年十月甲戌,《清实录》,第12册,第612页。
⑫ 《高宗实录》卷657乾隆二十七年三月丙辰,《清实录》,第17册,第352页。
⑬ 《高宗实录》卷692乾隆二十八年八月乙未,《清实录》,第17册,第762页。
⑭ 光绪《山西通志》卷30,《续修四库全书》影印本,第641册,第718页。
⑮ 康熙《清会典》卷19,第1册上,第189页。

州为府。乾隆六年八月,设归绥道,领归化城等厅。三十六年十二月,吉州直隶州降为州,改属平阳府;升霍州升为直隶州。至清末,共辖9府、10直隶州、12厅、6州、85县。

1. 太原府

治省会,即今山西太原市城区。顺治元年,沿明制,领5州20县:阳曲、太原、榆次、太谷、祁县、徐沟、清源、交城、文水、寿阳、盂县、静乐、河曲县,平定州领乐平县,忻州领定襄县,代州领五台、繁峙、崞县,岢岚州领岚县、兴县,保德州。雍正二年闰四月,保德州、平定州、代州、忻州升为直隶州,乐平、盂县、寿阳3县分隶平定州,定襄、静乐2县分隶忻州,五台、繁峙、崞县3县分隶代州,河曲、兴县2县分隶保德州①。领1州、10县。雍正八年七月,析保德直隶州之兴县还属于府②。乾隆二十八年八月,裁清源县,并入徐沟县。至此,领1州:岢岚州;10县:阳曲、太原、榆次、太谷、祁县、徐沟、交城、文水、岚县、兴县。至清末未变。

阳曲县,附郭,治所即今山西太原市城区。

太原县,治今山西太原市西南晋源区晋源街道。

榆次县,治所即今山西晋中市榆次区老城。

太谷县,治所即今山西太谷县驻地明星镇。

祁县,治所即今山西祁县驻地昭余镇。

徐沟县,治所在今山西清徐县东南徐沟镇。乾隆二十八年八月,清源县并入。

交城县,治所即今山西交城县驻地天宁镇。

文水县,治所即今山西文水县驻地凤城镇。

岢岚州,治所即今山西岢岚县驻地岚漪镇。

岚县,治所在今山西岚县驻地东村镇北岚城镇。初属岢岚州,雍正三年隶属于府③。

兴县,治所即今山西兴县驻地蔚汾镇。初属岢岚州,雍正二年闰四月属保德州,雍正八年七月属府。

清源县,治所即今山西省清徐县驻地清源镇,因"地处偏僻,界仅三十里,徐沟县地方不过三十余里",乾隆二十八年八月裁④,地入徐沟县。

---

① 《世宗实录》卷19雍正二年闰四月己卯,《清实录》,第7册,第311页。
② 《世宗实录》卷96雍正八年七月戊寅,《清实录》,第8册,第288页。
③ 雍正《山西通志》卷3,第542册,第98页。
④ 《高宗实录》卷693乾隆二十八年八月丁未,《清实录》,第17册,第767页。

2. 平阳府

治所即今山西临汾市尧都区驻地西侧。顺治元年,沿明制,领 6 州 28 县:临汾、襄陵、洪洞、浮山、赵城、太平、岳阳、曲沃、翼城、蒲县、汾西、灵石县,蒲州领临晋、荣河、猗氏、万泉、河津县,解州领安邑、夏县、闻喜、平陆、芮城县,绛州领稷山、绛县、垣曲县,霍州,吉州领乡宁县,隰州领大宁、永和县。

雍正二年闰四月,升吉、蒲、隰、绛、解 5 州为直隶州,临晋、荣河、万泉、猗氏 4 县分隶蒲州,安邑、夏县、平陆、芮城、垣曲 5 县分隶解州,太平、襄陵、稷山、河津 4 县分隶绛州,蒲县、乡宁 2 县分隶吉州,大宁、汾西、永和 3 县分隶隰州①。府领 1 州、10 县。雍正七年十二月,析绛县、闻喜 2 县往属于绛州直隶州,绛州所属襄陵、太平 2 县还属于府②。雍正九年九月,因"汾西实为平阳之臂指",析隰州直隶州属之汾西县还属于府③。乾隆三十六年十二月,因霍州为交通要道,政务冲繁,升为霍州直隶州,赵城、灵石 2 县往属之;吉州直隶州则因僻处山陬,民淳事少,降为属州,与所属乡宁县隶属于府④。领 1 州:吉州;10 县:临汾、洪洞、浮山、岳阳、曲沃、翼城、太平、襄陵、汾西、乡宁县。至清末未变。

临汾县,附郭,治所在今山西临汾市尧都区驻地西侧。

洪洞县,治所即今山西洪洞县驻地大槐树镇。

浮山县,治所即今山西浮山县驻地天坛镇。

岳阳县,治所即今山西古县驻地岳阳镇北城关村。

曲沃县,治所即今山西曲沃县驻地乐昌镇。

翼城县,治所即今山西翼城县驻地唐兴镇。

太平县,治所即今山西襄汾县驻地新城镇西南汾城镇。雍正二年闰四月往属绛州直隶州,七年十二月还属。

襄陵县,治所在今山西襄汾县驻地新城镇北襄陵镇。雍正二年闰四月往属绛州直隶州,七年十二月还属。

汾西县,治所即今山西汾西县驻地永安镇。雍正二年闰四月往属隰州直隶州,七年十二月还属。

乡宁县,治所即今山西乡宁县驻地昌宁镇。初属吉州,雍正二年闰四月属吉州直隶州,乾隆三十六年十二月改隶。

---

① 《世宗实录》卷 19 雍正二年闰四月己卯,《清实录》,第 7 册,第 311 页。
② 《世宗实录》卷 89 雍正七年十二月壬寅,《清实录》,第 8 册,第 192 页。
③ 《世宗实录》卷 110 雍正九年九月丁亥,《清实录》,第 8 册,第 470 页。
④ 《高宗实录》卷 898 乾隆三十六年十二月戊寅,《清实录》,第 19 册,第 1100 页。

吉州,治所即今山西吉县驻地吉昌镇。乾隆三十六年十二月来属。

3. 蒲州直隶州—蒲州府

初为平阳府蒲州,治所在今山西永济市西蒲州镇,领临晋、荣河、猗氏、万泉、河津5县。雍正二年闰四月升直隶州,辖临晋、荣河、猗氏、万泉4县①。因地为三晋咽喉,直隶州不足以弹压,于雍正六年四月升为蒲州府,置永济县为附郭县②。雍正七年十一月,析临晋县置虞乡县③。领6县:永济、临晋、虞乡、荣河、万泉、猗氏。至清末未变。

永济县,附郭,雍正六年四月以蒲州直隶州亲辖地置,治所在今山西永济市西蒲州镇。

临晋县,治所在今山西临猗县西南临晋镇。

虞乡县,雍正七年十一月析临晋县属之虞乡镇地置,治所在今山西永济市东虞乡镇。

猗氏县,治所即今山西临猗县驻地猗氏镇。

荣河县,治今山西万荣县西南宝井。

万泉县,治所在今山西万荣县西南万泉乡古城。

4. 潞安府

治所即今山西长治市城区。顺治元年,沿明制,领8县:长治、长子、屯留、襄垣、潞城、壶关、黎城、平顺县。乾隆二十九年,裁平顺县分别并入潞城、壶关、黎城三县④。领7县:长治、长子、屯留、襄垣、潞城、壶关、黎城。清末仍领7县。

长治县,附郭,治所即今山西长治市城区。

长子县,治所即今山西长子县驻地丹朱镇。

屯留县,治所即今山西屯留县驻地麟绛镇。

襄垣县,治所即今山西襄垣县驻地古韩镇。

潞城县,治所即今山西潞城市驻地潞华街道。

黎城县,治所即今山西黎城县驻地黎侯镇。

壶关县,治所即今山西壶关县驻地龙泉镇。

平顺县,治所在今山西省平顺县驻地青羊镇,乾隆二十九年裁,辖境分别并入潞城、壶关、黎城三县。

---

① 《世宗实录》卷19雍正二年闰四月己卯,《清实录》,第7册,第311页。
② 《世宗实录》卷68雍正六年四月壬午,《清实录》,第8册,第1032页。
③ 《世宗实录》卷89雍正七年十一月己丑,《清实录》,第8册,第184页。
④ 乾隆《清一统志》卷103,第476册,第133页。

5. 汾州府

治所即今山西汾阳市城区。顺治元年，沿明制，领1州7县：汾阳、孝义、平遥、介休、石楼、临县，永宁州领宁乡县。雍正年间，宁乡县隶属于府。领1州7县，至清末未变。

汾阳县，附郭，治所即今山西汾阳市城区。

孝义县，治所即今山西孝义市驻地中阳楼街道。

平遥县，治所即今山西平遥县驻地古陶镇。

介休县，治所即今山西介休市城区。

石楼县，治所即今山西石楼县驻地灵泉镇。

临县，治所即今山西临县驻地临泉镇。

永宁州，治所即今山西吕梁市离石区城区。

宁乡县，治所即今山西中阳县驻地宁乡镇。

6. 泽州直隶州—泽州府

顺治元年，沿明制，为泽州直隶州，领4县：高平、阳城、陵川、沁水县。雍正六年四月，因地当冲繁重地，直隶州不足以弹压，升为府，置附郭凤台县[①]。领5县：凤台、高平、阳城、陵川、沁水。至清末未变。

凤台县，附郭，雍正六年四月以泽州直隶州亲辖地置，治所即今山西晋城市城区。

高平县，治所即今山西高平市驻地。

阳城县，治所即今山西阳城县驻地凤城镇。

陵川县，治所即今山西陵川县驻地崇文镇。

沁水县，治所即今山西沁水县驻地龙港镇。

7. 大同府—阳和府—大同府

治所即今山西大同市区。顺治元年，沿明制，领4州7县：大同、怀仁县，浑源州，应州领山阴县，朔州领马邑县，蔚州领广灵、广昌、灵丘县。驻有宣大总督、宣大巡按等。顺治六年，因姜瓖之变，总督、巡按、知府等均迁治阳和卫，并改名为阳和府，大同县同时外迁。顺治八年，复改阳和府为大同府，还旧治。顺治十三年，总督等官还驻府城。顺治、康熙年间，设有中路通判（顺治十八年六月移治阳高卫[②]，即阳和卫，今山西阳高县）、西路同知（驻大同左卫城，今山西左云县城）、南路通判（驻朔州城，今山西

---

① 《世宗实录》卷68雍正六年四月壬午，《清实录》，第7册，第1032页。
② 《圣祖实录》卷3顺治十八年六月壬辰，《清实录》，第4册，第70页。

朔州市)①。

雍正元年八月,在口外设归化城理事同知②,公文由大同府申转③。雍正三年五月,置阳高、天镇2县,朔州及马邑县往属于朔平府④。雍正六年四月,蔚州与直隶蔚县界址交错,不便管理,往属直隶⑤。雍正七年三月,归化城同知厅正式归属朔平府⑥。雍正十一年十一月,析广昌县往属于直隶易州⑦。雍正十二年四月,因"新平得胜寺等路边外,地广民稠,实属紧要",于高庙子设丰川卫、衙门口设镇宁所⑧。领3州、6县、1卫、1所。乾隆十五年,裁丰川卫、镇宁所置丰镇厅来属⑨,管理边外官地及察哈尔正黄半旗、正红一旗并附近各扎萨克部落蒙古民人交涉事务。光绪十年,丰镇厅往属于归绥道⑩。至清末,领2州:应州、浑源州;7县:大同、怀仁、山阴、广灵、灵丘、阳高、天镇。

大同县,附郭,治所即今山西大同市城区。顺治六年移治西安堡(今怀仁县东西安堡),九年复还大同城⑪。

怀仁县,治所即今山西怀仁县驻地云中镇。

浑源州,治所即今山西浑源县驻地永安镇。

应州,治所即今山西应县驻地金城镇。

山阴县,治所在今山西山阴县东南山阴城镇。初属应州,雍正八年属府⑫。

广灵县,治所即今山西广灵县驻地壶泉镇。初属蔚州,雍正六年四月

---

① 顺治《云中郡志》卷5《秩官志》。
② 《世宗实录》卷10雍正元年八月癸亥,《清实录》,第7册,第186页。
③ 《山西巡抚石麟题请归化城理事同知文移改由朔平府申转本》(雍正七年二月二十六日):"该臣查得,雍正元年间添设归化城理事同知一缺,应属何府管辖之处,当时未经议及。只因与大同府相距四百里有奇,是以一切文移俱由该府申转。"(《雍正朝内阁六科史书·吏科》,第46册,第581页。)
④ 《世宗实录》卷32雍正三年五月甲子,《清实录》,第7册,第495页。
⑤ 《世宗实录》卷68雍正六年四月丙午,《清实录》,第7册,第1039页。
⑥ 《世宗实录》卷79雍正七年三年丙寅,《清实录》,第8册,第42页。《兼管吏部尚书张廷玉题请准归化城理事同知归属山西朔平府管辖一切文移由该府申转本》(雍正七年三月二十二日):"应如该抚所请,将归化城理事同知归朔平府管辖,一切文移俱由该府申转可也。"(《雍正朝内阁六科史书·吏科》,第47册,第599页)
⑦ 《世宗实录》卷137雍正十一年十一月甲辰,《清实录》,第8册,第753页。
⑧ 《世宗实录》卷142雍正十二年四月乙卯,《清实录》,第8册,第787页。
⑨ 《清朝文献通考》卷273,第2册,第7289页。
⑩ 光绪《山西通志》卷30,第641册,第721页。
⑪ 顺治《云中郡志》卷1《方舆志》。按:乾隆《大同府志》卷1大同府下谓:"顺治五年姜瓖变,移府治阳高卫(时已并阳和、高山二卫为一),八年总督佟养量疏请还治大同",大同县下谓"顺治五年移治西安堡(在怀仁县境),九年复还"。
⑫ 光绪《山西通志》卷28,第641册,第658页。

属府。

灵丘县,治所即今山西灵丘县驻地武灵镇。隶属关系变化同广灵县。

阳高县,原为顺治三年由阳和卫与高山卫合并而成的阳高卫①,顺治六年置阳和府,顺治八年废府。雍正三年五月改阳高卫置县,治所即今山西阳高县驻地龙泉镇。

天镇县,雍正三年五月改天镇卫置,治所即今山西天镇县驻地玉泉镇。

8. 宁武府

雍正三年五月置,裁宁武所置附郭宁武县,改神池堡为神池县、偏关所为偏关县、五寨堡为五寨县②,领四县。至清末未变。

宁武县,雍正三年五月,改宁武所、宁化所置,附郭,治所即今山西宁武县驻地凤凰镇。

神池县,雍正三年五月,改神池堡置,治所即今山西神池县驻地龙泉镇。

偏关县,雍正三年五月,改偏关所置,治所即今山西偏关县驻地新关镇。

五寨县,雍正三年五月,改五寨堡置,治所即今山西五寨县驻地砚城镇。

9. 朔平府

雍正三年五月置,治所在今山西右玉县西北右卫镇,裁右玉卫置附郭右玉县,裁左云卫置左云县,裁平鲁卫置平鲁县,析大同府朔州、马邑县来属③,领1州4县。雍正七年三月,归化城厅来属④。雍正十二年四月,于边外赤不汉契地置宁朔卫、后营子地置怀远所⑤,辖境扩大。乾隆六年八月,归化城厅往属归绥道⑥。乾隆十五年,裁宁朔卫、怀远所置宁远厅⑦。嘉庆元年六月,裁马邑县入朔州⑧。光绪十年(1884),宁远厅往属归绥道⑨。领1州:朔州;3县:右玉、左云、平鲁,至清末未变。

右玉县,雍正三年五月改右玉卫置,附郭,治所在今山西右玉县西北右

---

① 雍正《山西通志》卷4,第542册,第130页。
②③ 《世宗实录》卷32雍正三年五月甲子,《清实录》,第7册,第495页。
④ 《世宗实录》卷79雍正七年三年丙寅,《清实录》,第8册,第42页。《兼管吏部尚书张廷玉题请准归化城理事同知归属山西朔平府管辖一切文移由该府申转本》(雍正七年三月二十二日):"应如该抚所请,将归化城理事同知属朔平府管辖,一切文移俱由该府申转可也。"(《雍正朝内阁六科史书·吏科》,第47册,第599页)
⑤ 《世宗实录》卷142雍正十二年四月乙卯,《清实录》,第8册,第787页。
⑥ 《高宗实录》卷149乾隆六年八月丙辰,《清实录》,第10册,第1143页。
⑦ 光绪《清会典事例》卷152,第2册,第929页。光绪《山西通志》卷30,第641册,第727页。
⑧ 《仁宗实录》卷6嘉庆元年六月己丑,《清实录》,第28册,第125页。
⑨ 光绪《清会典事例》卷152,第2册,第929页。光绪《山西通志》卷30,第641册,第727页。

卫镇。

左云县,雍正三年五月改左云卫置,治所即今山西左云县驻地云兴镇。

平鲁县,雍正三年五月改平鲁卫置,治所在今山西朔州市平鲁区北凤凰城镇。

朔州,治所即今山西朔州市朔城区驻地。初属大同府,雍正三年五月来属。

马邑县,治所即今山西朔州市东北马邑村,初属朔州,雍正三年五月属朔平府。嘉庆元年六月裁,地入朔州。

10. 平定直隶州

初为太原府平定州,领乐平县。雍正二年闰四月,升直隶州,治所即今山西平定县驻地冠山镇,领乐平、盂县、寿阳3县①。嘉庆元年六月,裁乐平县,地入州②。领2县:盂县、寿阳。

寿阳县,治所即今山西寿阳县驻地朝阳镇。初属太原府,雍正二年闰四月来属。

盂县,治所即今山西盂县驻地秀水镇。初属太原府,雍正二年闰四月来属。

乐平县,治所在今山西昔阳县驻地乐平镇,初属太原府,雍正二年闰四月来属。嘉庆元年六月裁,地入平定州。

11. 忻州直隶州

初为太原府忻州,领定襄县。雍正二年闰四月,升直隶州,治所即今山西忻州市忻府区驻地,领定襄、静乐2县。

定襄县,治所即今山西定襄县驻地晋昌镇。

静乐县,治所即今山西静乐县驻地鹅城镇。初属太原府,雍正二年闰四月来属。

12. 代州直隶州

初为太原府代州,领五台、繁峙、崞县3县。雍正二年闰四月,升直隶州,治所即今山西代县驻地上馆镇,领五台、繁峙、崞县3县。

五台县,治所即今山西五台县驻地台城镇。

繁峙县,治所即今山西繁峙县驻地繁城镇。

崞县,治所在今山西原平市北崞阳镇。

---

① 《世宗实录》卷19雍正二年闰四月己卯,《清实录》,第7册,第311页。
② 《仁宗实录》卷6嘉庆元年六月己丑,《清实录》,第28册,第125页。

13. 保德直隶州

初为太原府保德州,无属领。雍正二年闰四月,升直隶州,治所即今山西保德县驻地东关镇,领河曲、兴县 2 县①。雍正八年七月,兴县还隶于太原府②。领河曲县。

河曲县,治所在今山西河曲县东南旧县。乾隆二十九年徙治河保营③,即今山西河曲县驻地文笔镇。

14. 解州直隶州

初为平阳府解州,领安邑、夏县、闻喜、平陆、芮城 5 县。雍正二年闰四月,升直隶州,治所在今山西运城市西南解州镇,领安邑、夏县、平陆、芮城、垣曲 5 县④。雍正七年十二月,析垣曲县往属于绛州直隶州⑤。领 4 县:安邑、夏县、平陆、芮城。

安邑县,治所在今山西运城市盐湖区东北安邑。

夏县,治所即今山西夏县驻地瑶峰镇。

平陆县,治所在今山西平陆县西南三门峡水库区。

芮城县,治所即今山西芮城县驻地古魏镇。

15. 绛州直隶州

初为平阳府绛州,领稷山、绛县、垣曲 3 县。雍正二年闰四月,升直隶州,治所即今山西新绛县驻地龙兴镇,领太平、襄陵、稷山、河津 4 县⑥。雍正七年十二月,析太平、襄陵 2 县往隶平阳府,解州直隶州之垣曲县及平阳府属绛县、闻喜县来属⑦。领 5 县:绛县、闻喜、垣曲、稷山、河津。

闻喜县,治所即今山西闻喜县驻地桐城镇。初属解州,雍正二年闰四月属平阳府,雍正七年十二月改隶。

绛县,治所即今山西绛县驻地古绛镇。初属绛州,雍正二年闰四月属平阳府,雍正七年十二月来属。

稷山县,治所即今山西稷山县驻地稷峰镇。

河津县,治所即今山西河津市驻地城区街道。初隶蒲州,雍正二年闰四月来属。

垣曲县,治所在今山西垣曲县东南古城镇。初属绛州,雍正二年闰四月属

---

① 《世宗实录》卷 19 雍正二年闰四月己卯,《清实录》,第 7 册,第 311 页。
② 《世宗实录》卷 96 雍正八年七月戊寅,《清实录》,第 8 册,第 288 页。
③ 道光《河曲县志》卷 1。
④ 《世宗实录》卷 19 雍正二年闰四月己卯,《清实录》,第 7 册,第 311 页。
⑤ 《世宗实录》卷 89 雍正七年十二月壬寅,《清实录》,第 8 册,第 192 页。
⑥ 《世宗实录》卷 19 雍正二年闰四月己卯,《清实录》,第 7 册,第 311 页。
⑦ 《世宗实录》卷 89 雍正七年十二月壬寅,《清实录》,第 8 册,第 192 页。

解州直隶州,雍正七年十二月改隶。

16. 隰州直隶州

初为平阳府隰州,领大宁、永和 2 县。雍正二年闰四月,升直隶州,治所即今山西隰县驻地龙泉镇,领大宁、汾西、永和 3 县①。雍正九年九月,汾西县还属于平阳府,析吉州直隶州之蒲县来属②。领 3 县:大宁、永和、蒲县。

蒲县,治所即今山西蒲县驻地蒲城镇。初属平阳府,雍正二年闰四月属吉州直隶州,雍正九年九月来属。

大宁县,治所即今山西大宁县驻地昕水镇。

永和县,治所即今山西永和县驻地芝河镇。

17. 沁州直隶州

沿明制,领 2 县:沁源、武乡县,治所即今山西沁县驻地定昌镇。

沁源县,治所即今山西沁源县驻地沁河镇。

武乡县,治所在今山西武乡县东故县。

18. 辽州直隶州

沿明制,领 2 县:榆社、和顺县。治所即今山西左权县驻地辽阳镇。

榆社县,治所即今山西榆社县驻地箕城镇。

和顺县,治所即今山西和顺县驻地义兴镇。

19. 霍州直隶州

初为霍州,无属领,属平阳府。乾隆三十六年十二月,因地处交通要道,政务冲繁,升为直隶州,治所即今山西霍州市鼓楼街道,领赵城、灵石 2 县③。

赵城县,治所在今山西洪洞县驻地大槐树镇北赵城镇。初属平阳府。

灵石县,治所即今山西灵石县驻地翠峰镇。初属平阳府。

20. 归绥道

天聪八年(1634),皇太极征察哈尔,土默特部众悉降,编为 2 旗,领以左右翼都统及四副都统。雍正元年八月,设归化城理事同知。雍正十二年十二月,设和林格尔、坤都伦(昆都仑)、托克托城、萨尔齐等四处设笔帖式一员,又称协理同知笔帖式、协理通判④。至此,在归化城地区初步形成了"理事同知—笔

---

① 《世宗实录》卷 19 雍正二年闰四月己卯,《清实录》,第 7 册,第 311 页。
② 《世宗实录》卷 110 雍正九年九月丁亥,《清实录》,第 8 册,第 470 页。
③ 《高宗实录》卷 898 乾隆三十六年十二月戊寅,《清实录》,第 19 册,第 1100 页。
④ 按:山西巡抚喀尔吉善在乾隆七年五月己巳的奏疏中或称"协理通判",或称"协理笔帖式",见《高宗实录》卷 166,《清实录》,第 11 册,第 104 页。

帖式(协理通判)"的管理体制。乾隆元年七月,又增设善岱、清水河两处笔帖式①。同年十月,在归化城东北五里建绥远城②。二年,建威将军兼理归化城将军事务,自右卫(朔平府城)移驻归化城③。乾隆四年,设绥远城理事同知,专门管辖口外的蒙古人与民人之间的事务④。六年八月,设归绥道,驻归化城,管理二同知及归化城、和林格尔、托克托、萨拉齐、清水河、善岱、昆都伦等7协理通判⑤。二十五年九月,裁善岱、昆都伦2协理通判,其他5协理通判改为理事通判⑥,归绥地区划分为归化、和林格尔、清水河、托克托城、萨拉齐五个理事通判厅区域。二十六年三月,建威将军改名为绥远城将军⑦。二十九年十月,裁归化城通判,其辖区由归化城理事同知管理,其余四通判厅事务直接隶属于归绥道⑧。乾隆年间,先后裁撤左右翼都统、副都统,留副都统一人驻归化城。同治四年,改萨拉齐理事通判为理事同知⑨。光绪八年,归化、萨拉齐理事同知改为抚民同知,托克托、和林格尔、清水河理事通判改为抚民通判,均兼理事衔⑩。归绥道领2抚民同知厅、3抚民通判厅。光绪十年,丰镇厅、宁远厅⑪来属。

雍正、乾隆年间设置的各厅,在清末有一个辖境扩大过程:"晋省边外各厅在雍正、乾隆建置之初,丰镇、宁远两厅仅管丰川、宁朔诸卫所地,归化五厅仅管土默特一旗地。一厅地面广者不过百数十里,狭者尚有不及,是以治理较

---

① 《高宗实录》卷23乾隆元年七月庚申,《清实录》,第9册,第539页。
② 《高宗实录》卷28乾隆元年十月丁卯,《清实录》,第9册,第600页。
③ 乾隆《清会典则例》卷102,《四库全书》本,第623册,第97页。按:《圣祖实录》卷231康熙四十六年十二月丙申载有建威将军兼理归化城将军事务、右卫将军,《高宗实录》卷64乾隆三年三月癸亥载有绥远城建威将军,光绪《山西通志》卷30作乾隆四年移,误。
④ 《清朝文献通考》卷273,第2册,第7292页。参见乾隆《清一统志》卷124《归化城六厅》,第475册,第863页。按:绥远城理事同知设立后,是与归化城理事同知分管各协理通判厅,还是与归化城理事同知分管相关事务,尚待查考。
⑤ 《高宗实录》卷149乾隆六年八月丙辰,《清实录》,第10册,第1143页。
⑥ 《高宗实录》卷620乾隆二十五年九月乙卯,《清实录》,第16册,第977页。
⑦ 《高宗实录》卷633乾隆二十六年三月丁卯,《清实录》,第17册,第70页。
⑧ 《高宗实录》卷721乾隆二十九年十月丁酉,《清实录》,第17册,第1038页。
⑨ 光绪《清会典事例》卷41,第1册,第514页。光绪《山西通志》卷30,第641册,第714页。
⑩ 《德宗实录》卷150光绪八年八月辛酉:"山西巡抚张之洞奏,请将丰镇等厅理事通同,酌改抚民要缺。下部议行。"(《清实录》,第54册,第121页)光绪《清会典事例》卷323:光绪八年,"又改山西省丰镇、归化、萨拉齐三厅理事同知为抚民同知,加理事同知衔;改宁远、清水河、和林格尔、托克托城四厅理事通判为抚民通判,加理事通判衔,各换铸关防。"(第4册,第814页)又卷27、卷41亦作光绪八年改。一作光绪十年改抚民厅。光绪《清会典事例》卷152:"光绪十年,改归化城、萨拉齐、清水河、托克托城、宁远、和林格尔六厅均为抚民厅,隶归绥道。"(第2册,第929页)光绪《山西通志》卷30,第641册,第714页。
⑪ 光绪《清会典事例》卷152,第2册,第929页。光绪《山西通志》卷30,第641册,第727页。

易。自察哈尔牧界议垦闲荒,凡隶右翼四旗者,民蒙粮赋词讼均归丰、宁两厅经理。自乌兰察布、伊克昭两盟牧界私租私垦日多,凡寄居汉民词讼皆归归、萨各厅审理。疆域日拓,事务日繁……丰镇远通直境多伦诺尔各厅,萨拉齐远通阿拉善旗境,跨涉蒙疆有六七百里、千一百余里不等。……丰镇各厅所属村落远者距厅或六七日,或四五日。萨厅所辖至十数站。"[1]为此,于光绪二十八年十月析置五原、陶林、武川、兴和4厅[2]。光绪三十三年三月,添设东胜厅。

至清末,共领12厅:归化城同知厅、萨拉齐同知厅、丰镇同知厅、五原同知厅、兴和同知厅、武川同知厅、宁远同知厅、清水河通判厅、托克托通判厅、和林格尔通判厅、陶林通判厅、东胜通判厅,均为抚民兼理事缺[3]。

道境在省治北九百六十里,东西广七百一十里,南北袤四百九十里。东至直隶张家口界五百十里,西至鄂尔多斯左翼后旗界黄河岸二百里,南至朔平府右玉县界三百里,北至喀尔喀右翼界一百九十里[4]。

归化城厅,附郭。雍正元年八月,设归化城理事同知[5],驻西河,即今内蒙古呼和浩特市区,公文由大同府申转。雍正七年二月隶属于朔平府[6]。雍正十二年十二月,下辖和林格尔、坤都伦(昆都仑)、托克托城、萨尔齐4协理通判厅[7],理事同知不直接管辖民众。乾隆元年七月,增辖善岱、清水河2协理通判厅。乾隆六年八月,属归绥道。乾隆二十五年,移驻归化城内。同年九月,裁善岱、昆都伦2协理通判厅,其余五个协理通判厅改为理事通判厅,均由归化城理事同知、绥远城理事同知管辖。乾隆二十九年十月,裁归化城通判厅,其辖区由归化城理事同知管理,又直接管辖民众,其余四通判厅隶属于归绥

---

[1] 光绪二十八年九月二十三日护理山西巡抚布政使赵尔巽奏折,《光绪朝硃批奏折》,第1册,第367页。
[2] 《德宗实录》卷506光绪二十八年十月壬辰,《清实录》,第58册,第685页。按:刘锦藻《清朝续文献通考》卷135作光绪二十九年置,当是实际批复时间。
[3] 按:清光绪末、宣统年间归化诸厅是直隶厅还是县级抚民厅,诸书记载不一,详见杨帆《归绥诸厅性质刍议——以相关方志、政书为中心》《理论界》,2010年第7期,第119页。因张之洞奏请改为直隶抚民同知之事在光绪九年,而光绪《山西通志》成书于光绪十八年,卷30将归绥道作为一单独的行政区,下辖归绥诸厅,说明"直隶"之事并未实现,朝廷批准的可能只是改理事同通为抚民同通。在目前尚未有明确的材料证明的情况下,本处从光绪《山西通志》之说,作抚民厅处理。
[4] 光绪《山西通志》卷30,第641册,第715页。
[5] 《世宗实录》卷10雍正元年八月癸亥,《清实录》,第7册,第186页。
[6] 《山西巡抚石麟题请归化城理事同知文移改由朔平府申转本》(雍正七年二月二十六日),《雍正朝内阁六科史书·吏科》,第46册,第581页。
[7] 《世宗实录》卷150雍正十二年十二月乙巳,《清实录》,第8册,第856页。按:山西巡抚喀尔吉善在乾隆七年五月己巳的奏疏中或称"协理通判",或称"协理笔帖式",见《高宗实录》卷166,《清实录》,第11册,第104页。

道①。光绪十年改为抚民同知厅。

和林格尔厅,治二十家子(今内蒙古自治区和林格尔县驻地城关镇)。康熙中置军站,名二十家子,蒙古语称和林格尔。雍正十二年十二月,置和林格尔协理通判②,属归化城理事同知。乾隆六年属归绥道,承办事务由归化城厅核转。乾隆二十五年九月,改为理事通判厅。乾隆二十九年十月,承办事务径报归绥道。光绪十年改为抚民通判厅。

萨拉齐厅,治所即今内蒙古自治区土默特右旗驻地萨拉齐镇。雍正十二年十二月,置萨拉齐协理通判厅,属归化城理事同知。乾隆元年七月,增设善岱协理通判厅。乾隆六年属归绥道,承办事务由归化城厅核转。乾隆二十五年九月,改为理事通判厅,裁善岱协理通判厅,辖区并入。乾隆二十九年十月,承办事务径报归绥道。同治四年(1865),改为理事同知厅③。光绪十年改为抚民同知厅。兼辖鄂尔多斯左翼后旗地。

清水河厅,治所即今内蒙古自治区清水河县驻地城关镇。乾隆元年七月,设清水河协理通判厅,属归化城厅。乾隆六年属归绥道,承办事务由归化城厅核转。乾隆二十五年九月,改为理事通判厅。乾隆二十九年十月,承办事务径报归绥道。光绪十年改为抚民同知厅。兼辖鄂尔多斯左翼前旗地。

托克托城厅,治所即今内蒙古自治区托克托县驻地双河镇。乾隆元年七月,设托克托协理通判厅,属归化城厅。乾隆六年属归绥道,承办事务由归化城厅核转。乾隆二十五年九月,改为理事通判厅。乾隆二十九年十月,承办事务径报归绥道。光绪十年改为抚民通判厅。兼辖鄂尔多斯左翼后旗地。

丰镇厅,治所即今内蒙古丰镇市城区。明为大同及阳和、天城二卫之边外地。清初为蒙古察哈尔正黄、正红旗游牧地,其南毗连民地者,为太仆寺牧厂。雍正三年,以地土闲旷,招民垦种,归直隶张家口理事同知管理。雍正十三年,因地距张家口厅较远,管理不便,经山西巡抚觉罗石麟奏准,于新平路边外地名高庙子设立丰川卫,得胜路边外地名衙门口设立镇宁所,隶大同府④,由大朔理事通判管理。乾隆十五年,因口外种地民人生齿日繁,事务较多,裁丰川

---

① 《高宗实录》卷721乾隆二十九年十月丁酉,《清实录》,第17册,第1038页。
② 按:光绪《山西通志》卷30作乾隆元年置。
③ 光绪《清会典事例》卷41,第1册,第514页。光绪《山西通志》卷30,第30册,第714页。
④ 《世宗实录》卷142雍正十二年四月乙卯,《清实录》,第8册,第787页。

卫、镇宁所,由通判将"奉裁两卫所一切刑名钱谷等项事务,照州县责成管理"①,改设丰镇厅②,设通判驻高庙子(今内蒙古兴和县东南高庙子)。因汉人通判不能通晓蒙古语,于二十一年九月改为满洲蒙古旗缺,办理刑名钱谷及与蒙旗交涉事件③。乾隆二十三年,因高庙子僻处厅境东隅,移驻原大朔通判驻地衙门口(今内蒙古丰镇市城区)④。乾隆三十三年,将通判改为理事同知⑤。光绪十年,改为抚民同知,改属归绥道。

宁远厅,治新堂(今内蒙古自治区凉城县西永兴镇)。明为大同边外地。清康熙十四年,迁察哈尔部众分驻。雍正十二年四月,置宁朔卫、怀远所⑥,属朔平府,由大朔理事通判管理。乾隆十五年,裁卫所,置宁远厅⑦,移通判驻此,属朔平府。管理边外官地及察哈尔镶黄、镶蓝二旗并附近各扎萨克部落蒙古民人交涉事务。因汉人通判不能通晓蒙古语,于二十一年改为满洲蒙古旗缺,办理刑名钱谷及与四旗交涉事件。光绪十年,改为抚民通判厅,隶归绥道。光绪二十八年十月,改为抚民同知厅⑧。

兴和厅,光绪二十八年十月置⑨,抚民同知加理事衔,属归绥道。治二道河子(今内蒙古自治区兴和县驻地城关镇)。次年五月实施⑩。

陶林厅,光绪二十八年十月置,抚民同知加理事衔,治康堡(科布尔,今内蒙古自治区察哈尔右翼中旗驻地科布尔镇)。属归绥道。次年五月实施。

武川厅,光绪二十八年十月置,抚民同知加理事衔,拟治大滩(今内蒙古自治区察哈尔右翼中旗东大滩乡)。属归绥道。次年五月实施,因"东距科布尔厅治仅八十里,未免过近,西距辖界四百余里,又嫌过远"⑪,拟治翁滚城(约今

---

① 海宁:《晋政缉要》卷1。
② 按:乾隆《大同府志》卷1、《清朝文献通考》卷273、光绪《清会典事例》152谓乾隆十五年置厅。光绪《山西通志》卷30"乾隆十五年改设丰镇厅,地入大同县北境,以大同府分驻阳高通判移治焉。"(第641册,第721页)又谓:"乾隆二十一年设厅。"(第722页)存疑。
③ 《高宗实录》卷520乾隆二十一年九月戊寅,《清实录》,第15册,第566页。
④ 《高宗实录》卷569乾隆二十三年八月癸酉,《清实录》,第16册,第216页。
⑤ 《高宗实录》卷819乾隆三十三年九月丙午,《清实录》,第18册,第1111页。
⑥ 《世宗实录》卷142雍正十二年四月乙卯,《清实录》,第8册,第787页。
⑦ 《清朝文献通考》卷273、光绪《清会典事例》卷152谓乾隆十五年置厅。光绪《山西通志》卷30引《宁远厅志》,只言移朔平府通判驻宁朔卫。光绪《山西通志》卷30谓置宁远厅,为右玉县北境,至乾隆二十一年设厅。存疑。
⑧ 《德宗实录》卷506光绪二十八年十月壬辰,《清实录》,第58册,第685页。按:刘锦藻《清朝续文献通考》卷135作光绪二十九年,当是实际批复时间。
⑨ 《德宗实录》卷506光绪二十八年十月壬辰,《清实录》,第58册,第685页。
⑩ 《东华续录》光绪一八〇光绪二十九年五月乙卯,第17册,第383页。
⑪ 光绪二十九年四月二十一日,护理山西巡抚布政使吴廷斌奏折,《光绪朝硃批奏折》,第1册,第379页。

内蒙古自治区呼和浩特市与武川县交界处翁滚山附近①)。因地方偏远,寄治归化城②。

五原厅,光绪二十八年十月置,抚民同知加理事衔,治大佘太(今内蒙古自治区乌拉特前旗东北大佘太镇)。属归绥道。次年五月实施。因大佘太偏处厅境东境,与所辖后套距离过远,光绪三十年移治兴盛旺(隆兴长,今内蒙古自治区五原县驻地隆兴昌镇)③,寄治包头④。

东胜厅,光绪三十三年三月置⑤,为抚民通判,治羊肠壕(坂素壕,今内蒙古自治区鄂尔多斯市东胜区驻地羊肠壕),寄治包头。属归绥道。

21. 已裁府级政区

吉州直隶州,初为平阳府属州,辖乡宁县。雍正二年闰四月,升直隶州,治所即今山西吉县驻地城关镇。领蒲县、乡宁2县⑥。雍正九年九月,蒲县往属于隰州直隶州⑦。乾隆三十六年十二月,因僻处山陬,民淳事少,降为属州,与乡宁县一并往属平阳府⑧。

---

① 光华舆地学社《中华人民共和国新地图》(生活·读书·新知三联书店,1950年第2版)绥远省幅在归绥市北有翁滚山,翁滚城当在此附近。
② 吴承湜:《近六十年全国郡县增建志要》卷上,第46页。
③ 光绪三十年山西巡抚张产敦奏折,《光绪朝硃批奏折》,第1册,第437页。吴承湜:《近六十年全国郡县增建志要》卷上,第47页。
④ 刘锦藻:《清朝续文献通考》卷310,第4册,第10546页。
⑤ 《德宗实录》卷571光绪三十三年三月丙申,《清实录》,第59册,第551页。
⑥ 《世宗实录》卷19雍正二年闰四月己卯,《清实录》,第7册,第311页。
⑦ 《世宗实录》卷110雍正九年九月丁亥,《清实录》,第8册,第470页。
⑧ 《高宗实录》卷898乾隆三十六年十二月戊寅,《清实录》,第19册,第1100页。

第七章 河 南 省

明末辖开封、归德、彰德、卫辉、怀庆、河南、南阳、汝宁等8府及汝州直隶州,下辖11州、96县①。

一、省行政机构

总督、巡抚。顺治元年(1644)七月,沿袭明制,设河南巡抚,驻开封府②。顺治四年七月,置江南江西河南总督③,驻江南省江宁府。六年八月,置直隶山东河南总督④,驻直隶大名府。顺治十五年五月裁⑤。顺治十八年九月,设河南总督,驻开封府⑥。康熙四年(1665)六月,裁河南总督,改设直隶山东河南三省总督⑦,驻直隶大名府。八年七月裁⑧。雍正五年(1727)七月,为嘉奖河南巡抚田文镜,特别授为河南总督⑨。六年五月,改为河东总督,辖河南、山东两省⑩,亦为特例。雍正九年四月,田文镜病,署理者为河南巡抚⑪。雍正十年十一月,署理者仍为河南巡抚,同时另授河东总督⑫。十一年四月,河东总督兼管河南巡抚事。⑬雍正十二年七月,河东总督移驻山东兖州府⑭。雍正十三年十一月,裁河东总督,仍设河南巡抚⑮。乾隆五

---

① 万历《明会典》卷16,第99页。
② 《世祖实录》卷6顺治元年七月壬子,《清实录》,第3册,第72页。嘉庆《清会典事例》卷20,第3册,第823页。
③ 《世祖实录》卷33顺治四年七月戊午,《清实录》,第3册,第272页。
④ 《世祖实录》卷45顺治六年八月辛亥,《清实录》,第3册,第364页。
⑤ 《世祖实录》卷117顺治十五年五月乙丑,《清实录》,第3册,第916页。
⑥ 《圣祖实录》卷4顺治十八年九月丁亥,《清实录》,第4册,第87页。
⑦ 《圣祖实录》卷15康熙四年六月丙辰,《清实录》,第4册,第230页。
⑧ 《圣祖实录》卷30康熙八年七月壬辰,《清实录》,第4册,第410页。
⑨ 《世宗实录》卷59雍正五年七月甲子,《清实录》,第7册,第903页。
⑩ 《世宗实录》卷69雍正六年五月乙亥,《清实录》,第7册,第1047页。
⑪ 《世宗实录》卷105雍正九年四月癸巳,《清实录》,第8册,第385页。
⑫ 《世宗实录》卷125雍正十年十一月己亥、庚子,《清实录》,第8册,第645、646页。
⑬ 《世宗实录》卷130雍正十一年四月癸酉,《清实录》,第8册,第694页。
⑭ 《世宗实录》卷145雍正十二年七月辛丑,《清实录》,第8册,第815页。
⑮ 《高宗实录》卷7雍正十三年十一月丙辰,《清实录》,第9册,第282页。

图 7 清末河南省政区图

年(1740)闰六月,河南巡抚兼提督衔①。光绪二十四年(1898)七月,河南巡抚兼办东河总督事务②,同年九月即停兼办事务③。

布按诸司及专务道。顺治二年四月,设河南布政使司、按察使司④。专务道先后置有粮储、管河道等。清末有布政使、提学使、提法使、巡警道、劝

---

① 《高宗实录》卷120 乾隆五年闰六月庚子,《清实录》,第10册,第755页。
② 《德宗实录》卷424 光绪二十四年七月乙丑,《清实录》,第57册,第556页。
③ 《德宗实录》卷430 光绪二十四年九月戊辰,《清实录》,第57册,第641页。
④ 《世祖实录》卷15 顺治二年四月癸酉,《清实录》,第3册,第139页。

业道等。

二、省城

沿明制,以开封城为省城,驻地即今河南开封市区。明末河水灌城,顺治年间衙署全部移至城外州县。康熙元年修复,始移各衙门于省会①。

三、省域

东邻山东、安徽,西界陕西,南连湖北,北与直隶、山西相接。雍正三年六月,内黄县自直隶大名府来属②。雍正四年四月,磁州往属于直隶广平府③。雍正四年四月,贾鲁河等处地方划归山东曹县管辖,界线有所变化④。

四、守巡道

康熙六年七月前

分守大梁道,顺治初年置,驻开封府。辖区当同明代。康熙元年裁⑤。

睢陈兵备道,顺治二年九月置⑥。驻陈州,辖区当同明代。康熙六年七月裁。

分巡大梁道,一作大梁兵巡道⑦,顺治元年十月置⑧。驻禹州⑨,一说初驻开封府,后移禹州⑩,康熙元年七月裁⑪。

分守河北道,见后。

分巡河北道,一作河北兵备道,顺治元年七月置,驻磁州。康熙元年七月裁⑫。

分守河南道,顺治二年四月置⑬,驻河南府⑭,《顺治十八年缙绅册》谓管

---

① 光绪《祥符县志》卷 9。参见康熙九年《河南通志》卷 8。
② 《世宗实录》卷 33 雍正三年六月丙戌,《清实录》,第 7 册,第 508 页。
③ 《世宗实录》卷 43 雍正四年四月丁亥,《清实录》,第 7 册,第 637 页。
④ 《世宗实录》卷 43 雍正四年四月乙酉,《清实录》,第 7 册,第 637 页。
⑤ 《圣祖实录》卷 6 康熙元年七月庚午,《清实录》,第 4 册,第 116 页。
⑥ 《世祖实录》卷 20 顺治二年九月庚申,《清实录》,第 3 册,第 181 页。
⑦ 《顺治十八年缙绅册》。
⑧ 《世祖实录》卷 10 顺治元年十月壬申,《清实录》,第 3 册,第 101 页。
⑨ 同治《开封府志》卷 10。
⑩ 雍正《河南通志》卷 40,第 536 册,第 456 页。
⑪⑫ 《圣祖实录》卷 6 康熙元年七月庚午,《清实录》,第 4 册,第 116 页。
⑬ 《世祖实录》卷 15 顺治二年四月癸酉,《清实录》,第 3 册,第 139 页。
⑭ 《顺治十八年缙绅册》。雍正《河南通志》卷 40,第 536 册,第 456 页。

汝州一州。康熙五年二月移驻河南府城①,康熙六年七月裁。

分巡河南道,顺治二年三月置②,驻汝州,辖区当同明代。康熙元年七月裁③。

分守汝南道,一作南汝道,顺治二年五月置④,驻南阳府,辖区同明代,康熙六年七月裁。

分巡汝南道,一作南汝道,顺治二年六月置⑤,驻信阳州,康熙六年七月裁。

康熙六年七月后

1. 大梁道—开归道—开归陈许郑道

分守大梁道,康熙七年正月复设,兼管全省驿盐事务⑥。驻开封府。康熙年间多称开归道、开归河道。康熙二十二年,因裁通省督粮道,改称分守开归管理通省驿粮道。雍正二年,辖开封、归德、河南三府及陕、陈、许、禹、郑 5 州。雍正六年十二月,兼水利衔⑦。雍正十三年五月,河南府、陕州往属河陕汝道,开、归、陈、许 4 府往属管河兵备道,改名为分守粮驿盐道⑧。

分巡开归道,初为分巡管河道,康熙九年复设⑨,驻开封府。雍正十三年五月,兼分巡开、归、陈、许 4 府事务⑩。乾隆十三年,为分巡河南开归陈 3 府兼管通省兵备河道,按察使司副使衔。光绪三十年十一月,增辖郑州直隶州,改为开

---

① 《圣祖实录》卷 18 康熙五年二月己酉,《清实录》,第 4 册,第 265 页。同治《河南府志》卷 6:"分守道署,在城西南隅,康熙六年裁缺。"按:《顺治十八年缙绅册》谓分巡河南道管河南一府,驻扎汝州;分守河南道管汝州,驻扎河南府。雍正《河南通志》卷 40 亦言守道驻河南府,巡道驻汝州。如果《顺治十八年缙绅册》记载正确,就出现了一个比较特殊的现象,两位道员均未驻守在自己辖区内,不利管理。《圣祖实录》卷 18 康熙五年二月己酉谓"命河南守道自汝州移驻河南府城",亦与上述记载有矛盾。
② 《世祖实录》卷 15 顺治二年三月壬子,《清实录》,第 3 册,第 134 页。
③ 《圣祖实录》卷 6 康熙元年七月庚午,《清实录》,第 4 册,第 116 页。按:道光《汝州全志》卷 2 载分巡河南道驻汝州,末任翁长庸为康熙二年任。同书卷 3 谓"国初,巡道移驻陕州",当是指雍正年间置分巡陕汝道时驻陕州。
④ 《世祖实录》卷 16 顺治二年五月丁亥,《清实录》,第 3 册,第 143 页。
⑤ 《世祖实录》卷 17 顺治二年六月戊寅,《清实录》,第 3 册,第 153 页。
⑥ 《圣祖实录》卷 25 康熙七年正月己酉,"命河南驿盐事务归并大梁道兼理。"《清实录》,第 4 册,第 344 页)雍正《河南通志》卷 40:"分守大梁道,在本司大门外西,后移府署东。康熙元年裁。七年复设,后归并开归河兼驿盐粮道。"(第 536 册,第 455 页)按:从此注与前注所引材料推测,开归道即康熙七年复设之分守大梁道。大梁道为明代道名,《清实录》康熙年间多用开归道。
⑦ 《世宗实录》卷 76 雍正六年十二月丙申,《清实录》,第 7 册,第 1132 页。
⑧ 《世宗实录》卷 156 雍正十三年五月己未,《清实录》,第 8 册,第 910 页。
⑨ 雍正《河南通志》卷 35,《四库全书》本,第 536 册,第 346 页。
⑩ 《世宗实录》卷 156 雍正十三年五月己未,《清实录》,第 8 册,第 910 页。

归陈许郑道①。宣统三年(1911),称分巡河南开归陈许郑等处兼理河务兵备道。

2. 河北道

分守道,顺治元年七月置②,驻怀庆府,辖区当同明代,康熙六年七月裁③。康熙九年正月复设④,驻卫辉府,当辖彰德、卫辉、怀庆3府。康熙二十五年四月裁⑤。雍正五年闰三月复设,驻武陟县,辖彰德、卫辉、怀庆3府,兼管河务⑥。乾隆十三年,为分守河北兵备道,布政使司参政衔。乾隆二十三年六月,加水利衔⑦。至清末未变。

3. 河陕汝道

分巡道,雍正十三年五月置⑧,驻陕州,辖河南府和陕州、汝州2直隶州。乾隆十三年,为分巡河南陕汝道,按察使司副使衔。乾隆二十三年,加水利衔⑨。光绪年间称分巡河陕汝等处地方驿传兼水利道。

4. 南汝道——南汝光道

初为分巡南汝道,康熙九年正月置⑩,驻信阳州⑪,当辖南阳、汝宁2府和汝州。雍正二年,增辖光州。雍正六年十二月,兼水利衔⑫。雍正十三年五月,汝州往属河陕汝道。乾隆十三年,为分巡南汝道兼管水利事务,按察使司副使衔。咸丰八年十二月(1858),加兵备衔⑬。宣统三年为分巡南汝光等处地方兵备道,兼管水利事务。

五、府厅州县

顺治二年,沿袭明制,领8府、1直隶州。雍正二年八月,许、陈、郑、禹、

---

① 《德宗实录》卷537光绪三十年十一月乙亥,《清实录》,第59册,第143页。
② 《世祖实录》卷6顺治元年七月甲辰,《清实录》,第3册,第69页。
③ 雍正《河南通志》卷35,第536册,第346页。又:《河南巡抚田文镜奏请复设河北道员折》(雍正五年正月初七日),《雍正朝汉文硃批奏折汇编》,第8册,第826页。
④ 《圣祖实录》卷33康熙九年正月乙巳,《清实录》,第4册,第429页。
⑤ 《圣祖实录》卷125康熙二十五年四月壬子,《清实录》,第5册,第334页。
⑥ 《世宗实录》卷55雍正五年闰三月癸酉,《清实录》,第7册,第836页。
⑦ 《高宗实录》卷565乾隆二十三年六月丙子,《清实录》,第16册,第164页。
⑧ 《世宗实录》卷156雍正十三年五月己未,《清实录》,第8册,第910页。
⑨ 按:《高宗实录》卷565乾隆二十三年六月丙子只言"河南巡抚胡宝瑔疏称,河北二道专管河务"(《清实录》,第16册,第164页),加水利衔,未说该道名称。光绪《清会典》卷25言"河南河南、河北二道"加水利衔。说明乾隆二十三年河南省确有二道缺加水利衔。但河南省当时并无"河南道",字形相似的汝南道已经有水利衔,因此,当是河陕汝道加水利衔。
⑩ 《圣祖实录》卷33康熙九年正月乙巳,《清实录》,第4册,第429页。
⑪ 同治《开封府志》卷10。
⑫ 《世宗实录》卷76雍正六年十二月丙申,《清实录》,第7册,第1132页。
⑬ 《文宗实录》卷271咸丰八年十二月乙巳,《清实录》,第43册,第1195页。

光、陕六州升为直隶州①。雍正十二年八月,升陈、许二直隶州为府,降禹、郑二直隶州为属州②。乾隆六年十二月,降许州府为直隶州。光绪三十年十一月,升郑州为直隶州③。光绪三十一年四月,升淅川厅为直隶厅。至清末,领 9 府、1 直隶厅、5 直隶州、5 州、96 县。

1. 开封府

治所即今河南开封市城区。明末,领 4 州 30 县:祥符、陈留、杞县、通许、太康、尉氏、洧川、鄢陵、扶沟、中牟、阳武、原武、封丘、延津、兰阳、仪封、新郑县,陈州领商水、西华、项城、沈丘县,许州领临颍、襄城、郾城、长葛县,禹州领密县,郑州领荥阳、荥泽、河阴、汜水县。顺治二年因之,为省会。

雍正二年八月,升陈州、许州、禹州、郑州等 4 州为直隶州,析西华、商水、项城、沈丘等 4 县往属陈州直隶州,临颍、襄城、郾城、长葛等 4 县往属许州直隶州,密县、新郑等 2 县往属禹州直隶州,荥泽、荥阳、河阴、汜水等 4 县往属郑州直隶州;析地处黄河北岸的原武县隶于怀庆府、延津县隶于卫辉府④。领 14 县。雍正十二年八月,降郑州直隶州为属州,与原领荥阳等 4 县来属;析太康、扶沟 2 县往属陈州府。乾隆六年十二月,原许州府属禹州及密县、新郑 2 县来属⑤。领 2 州、18 县。乾隆二十九年十二月,裁河阴县,地入荥泽县⑥。乾隆四十九年,阳武县往隶于怀庆府,封丘县往隶于卫辉府⑦,改仪封县为仪封厅。道光四年十二月,裁仪封厅,并入兰阳县,并改名为兰仪县。光绪三十年十一月,复升郑州为直隶州,荥泽、荥阳、汜水 3 县往属之⑧。宣统元年,避讳改兰仪县为兰封县。领 1 州:禹州;11 县:祥符、陈留、杞县、通许、尉氏、洧川、鄢陵、中牟、兰封、密县、新郑。

祥符县,附郭,治所即今河南开封市城区。

陈留县,治所在今河南开封市祥符区东南陈留镇。

杞县,治所即今河南杞县驻地城关镇。

通许县,治所即今河南通许县驻地城关镇。

---

① 《世宗实录》卷 23 雍正二年八月癸巳,《清实录》,第 7 册,第 373 页。
② 《世宗实录》卷 146 雍正十二年八月辛酉,《清实录》,第 8 册,第 821 页。
③ 《德宗实录》卷 537 光绪三十年十一月乙亥,《清实录》,第 59 册,第 143 页。
④ 《世宗实录》卷 23 雍正二年八月癸巳,《清实录》,第 7 册,第 373 页。
⑤ 《高宗实录》卷 157 乾隆六年十二月丁未,《清实录》,第 10 册,第 1242 页。
⑥ 《高宗实录》卷 724 乾隆二十九年十二月丙戌,《清实录》,第 17 册,第 1069 页。
⑦ 嘉庆《清会典事例》卷 128,第 651 册,第 5771 页。按:嘉庆《清一统志》卷 186 作乾隆四十八年。
⑧ 《德宗实录》卷 537 光绪三十年十一月乙亥,《清实录》,第 59 册,第 143 页。

尉氏县，治所即今河南尉氏县驻地城关镇。

洧川县，治所在今河南尉氏县西南洧川镇。

鄢陵县，治所即今河南鄢陵县驻地安陵镇。

中牟县，治所即今河南中牟县城区。

兰封县，清初为兰阳县，治所在今河南兰考县驻地城关镇。道光四年十二月，裁仪封厅入兰阳县，并改名为兰仪县①。宣统元年避讳改名兰封县②。

密县，治所即今河南新密市南城关镇。初禹禹州，雍正二年八月属禹州直隶州，雍正十二年十二月属许州府，乾隆六年十二月来属。

新郑县，治所即今河南新郑市驻地。初属开封府，雍正二年八月属禹州直隶州，雍正十二年十二月属许州府，乾隆六年十二月来属。

禹州，治所即今河南禹州市钧台街道。初属开封府，雍正二年八月升为直隶州，雍正十二年十二月，降为属州，属许州府。乾隆六年十二月来属。

仪封厅，初为仪封县，驻地在今兰考县东仪封。乾隆四十七年，因受水侵，拟迁治新筑南堤外内黄集西③。乾隆四十九年，改县为厅④，移治圈头集（今河南兰考县东仪封乡西南圈头村）⑤。道光四年十二月裁，地入兰阳县。

2. 陈州直隶州—陈州府

明为开封府陈州，领商水、西华、项城、沈丘4县。清初因之。雍正二年八

---

① 《宣宗实录》卷76道光四年十二月己巳，《清实录》，第39册，第233页。
② 《河南巡抚吴重熹奏拟改县名折》，《政治官报》，宣统元年二月二十五日，第17册，第425页。刘锦棠：《清朝续文献通考》卷311，第4册，第10549页。
③ 《高宗实录》卷1159乾隆四十七年六月乙酉："谕军机大臣等：阅本日韩镔等奏到筑堤挑河情形并绘进图内，其仪封一县尚绘在新筑南堤之内，南岸开挑引河自兰阳三堡起，至商丘刨开老堤归入正河。则新堤之内俱已让地与水，不宜复留县城，令其孤悬河滨，一无保障。虽前据富勒浑奏，将考城一县拟移建于北岸之张村集地方，其仪封旧城则称地本低洼，城垣坍卸，将来亦须修建，应另勘商仪适中之地，择其高宽地面改筹建筑等语。仪封建城亦属目前紧要之事，自当与考城一例迁移。现在富勒浑曾否已于商仪适中之处勘定基址，另为兴建，何以不行据实覆奏。"（第23册，第518页）又卷1162乾隆四十七年八月辛未："河南巡抚富勒浑奏：考城县城垣现择于北堤外张村集改建，仪封县城垣择于新筑南堤外内黄集改建。该二集本系大村，若沿村围绕建城，则盖造衙署仓库及各庙宇，势须迁动民居，实与民情未便。今拟于内黄集偏西、张村集偏东高阜宽阔处建立城垣，则办理一切均省舒展。得旨：如所议行。"（第23册，第566页）又卷1177乾隆四十八年三月戊申："又谕曰：江南徐州府属之沛县，连年因豫省黄水下注，被淹最重。……但沛县当豫省下游，地势低洼。现在仅能涸出基地，亦必重新修建。因思欲使间阎永远安堵，不得不酌筹迁移。为一劳永逸之计，自应照豫省仪封考城办法，于沛县境内各乡履勘高燥地方，建立城垣。"（第23册，第608页）按：从以上史料来看，乾隆四十七年后仪封县治似有过迁徙的规划，是否实施不详。
④ 嘉庆《清会典事例》卷128，第651册，第5771页。嘉庆《清一统志》卷186。
⑤ 《续修仪封志》卷3："耿按：……自乾隆四十九年，改仪封县为仪封厅，裁知县以下等官，移治河南圈头集，而旧制尽失。"（兰考县志总编室：《兰考旧志汇编（中）》，第790页）

月,升直隶州,治所即今河南淮阳县驻地城关镇,领商水、西华、项城、沈丘4县。雍正十二年八月,升府,置附郭淮宁县,增领太康、扶沟等2县。领7县:淮宁、商水、西华、项城、沈丘、太康、扶沟。至清末未变。

淮宁县,附郭,雍正十二年八月以陈州亲辖地置,治所即今河南淮阳县驻地城关回族镇。

商水县,治所即今河南商水县老城街道。

西华县,治所即今河南西华县城区。

项城县,治所在今河南项城市南秣陵镇。

沈丘县,治所在今河南沈丘县东南老城镇。

太康县,治所即今河南太康县驻地城关回族镇。初属开封府,雍正十二年八月来属。

扶沟县,治所即今河南扶沟县驻地城关镇。隶属关系变化同太康县。

3. 归德府

治所即今河南商丘市睢阳区城区。明末领1州8县:商丘、宁陵、鹿邑、夏邑、永城、虞城县,睢州领考城、柘城县。顺治二年因之。雍正末,考城、柘城2县属府。乾隆四十九年,考城县往属于卫辉府[①]。光绪元年,以卫辉府之考城县还属于府[②]。领1州:睢州;8县:商丘、宁陵、鹿邑、夏邑、永城、虞城、考城、柘城县。至清末未变。

商丘县,附郭,治所即今河南商丘市梁园区驻地。

宁陵县,治所即今河南宁陵县驻地城关回族镇。

鹿邑县,治所即今河南鹿邑县城区。

夏邑县,治所即今河南夏邑县驻地城关镇。

永城县,治所即今河南永城市城区。

虞城县,治所在今河南虞城县北利民镇。

睢州,治所即今河南睢县驻地城关回族镇。

考城县,治所在今河南民权县东北北关镇。初属睢州,雍正末属归德府。乾隆四十三年,县城被黄河水淹没。乾隆四十七年,奏准移治张村集偏东地

---

① 嘉庆《清会典事例》卷128、光绪《清会典事例》卷152(第2册,第931页)。嘉庆《清一统志》卷193作乾隆四十八年。

② 《东华续录》光绪三光绪元年三月丙寅,第15册,第24页。光绪《清会典事例》卷152,第2册,第931页。

方①,即堌阳②,在今河南兰考县驻地城关镇东北堌阳镇。乾隆四十九年,筑新城③。乾隆四十八年属卫辉府,光绪元年来属。

柘城县,治所即今河南柘城县驻地城关镇。

4. 彰德府

治所即今河南安阳市城区。明末领1州6县:安阳、汤阴、临彰、林县,磁州领武安、涉县。顺治二年因之。雍正三年六月,内黄县自直隶大名府来属④。雍正四年四月,磁州往属于直隶广平府⑤,武安、涉县当直属府。领7县:安阳、汤阴、临彰、林县、武安、涉县、内黄。清末仍领7县。

安阳县,附郭,治所即今河南安阳市文峰区城区。

汤阴县,治所即今河南汤阴县驻地城关镇。

临漳县,治所即今河北临漳县驻地临漳镇。

林县,治所即今河南林州市城区。

武安县,治所即今河北武安市驻地武安镇。初属磁州,雍正四年属府。

涉县,治所即今河北涉县驻地平安街道。初属磁州,雍正四年属府。

内黄县,治所即今河南内黄县驻地城关镇。初属大名府,雍正三年六月来属。

5. 卫辉府

治所即今河南卫辉市汲水镇。明末领6县:汲县、胙城、新乡、获嘉、淇县、辉县。顺治二年因之。雍正二年八月,延津县自开封府来属⑥。雍正三年六月,浚县、滑县自直隶大名府来属⑦。雍正五年闰三月,裁胙城县,地入延津

---

① 《高宗实录》卷1162乾隆四十七年八月辛未:"河南巡抚富勒浑奏:考城县城垣现择于北堤外张村集改建,仪封县城垣择于新筑南堤外内黄集改建。该二集本系大村,若沿村围绕建城,则盖造衙署仓库及各庙宇,势须迁动民居,实与民情未便。今拟于内黄集偏西、张村集偏东高阜宽阔处建立城垣,则办理一切均得舒展。得旨:如所议行。"(第23册,第566页)按:实际移治时间为乾隆四十八年,乾隆四十九年筑城。民国《考城县志》卷2:"乾隆四十八年三月移县治黄河北岸,以岸南地入睢州,因改属卫辉府。按:县治移堌阳,乃由仪封拨来者。"卷4:"乾隆四十九年,署考城知县雷逊建筑新城,周围长三里,计五百四十丈,高一丈四尺,内土外砖。"
② 《高宗实录》卷1344乾隆五十四年十二月丙寅:"兹据奏称,前任抚臣等奏请移建考城县治于堌阳地方。该处原系旷野,并无人烟。毕沅于乾隆五十年莅任后,亲往相度,见官员侨寓村庄,仓库分寄邻县。"(第25册,第1231页)
③ 民国《考试县志》卷4:"乾隆四十三年没于河。河督阿桂因南岸七里陷于河,奏隶睢州,割仪封河北岸十里隶考城,徙治堌阳(即兰封拨入考城)。乾隆四十九年,署考城知县雷逊建筑新城,周围长三里,计五百四十丈。"
④ 《世宗实录》卷33雍正三年六月丙戌,《清实录》,第7册,第508页。
⑤ 《世宗实录》卷43雍正四年四月丁亥,《清实录》,第7册,第637页。
⑥ 《世宗实录》卷23雍正二年八月癸巳,《清实录》,第7册,第373页。
⑦ 《世宗实录》卷33雍正三年六月丙戌,《清实录》,第7册,第508页。

县。乾隆四十九年,封丘县自开封府、考城县自归德府来属①。光绪元年,考城县往属归德府②。领9县:汲县、新乡、获嘉、淇县、辉县、延津县、浚县、滑县、封丘县。

汲县,附郭,治所即今河南卫辉市汲水镇。

新乡县,治所即今河南新乡市红旗区城区。

获嘉县,治所即今河南获嘉县驻地城关镇。

淇县,治所即今河南淇县驻地朝歌街道。

辉县,治所即今河南辉县市驻地城关街道。

延津县,治所即今河南延津县驻地城关镇。初属开封府,雍正二年八月来属。雍正五年闰三月,胙城县并入。

浚县,治所即今河南浚县城区。初属直隶大名府,雍正三年六月来属。

滑县,治所在今河南滑县驻地道口镇东城关镇。隶属变化同浚县。

封丘县,治所即今河南封丘县驻地城关镇。初属开封府,乾隆四十九年来属。

胙城县,治所在河南延津县北胙城,雍正五年闰三月裁入延津县③。

6. 怀庆府

治所即今河南沁阳市驻地。明末领6县:河内、济源、修武、武陟、孟县、温县。顺治二年因之。雍正二年八月,原武县自开封府来属④。乾隆四十九年,阳武县自开封府来属⑤。领8县:河内、济源、原武、修武、武陟、孟县、温县、阳武县。至清末未变。

河内县,附郭,治所即今河南沁阳市城区。

济源县,治所即今河南济源市驻地济水街道。

修武县,治所即今河南修武县驻地城关镇。

武陟县,治所在今河南武陟县驻地木城街道西南、阳城东北沁河河

---

① 嘉庆《清会典事例》卷128:乾隆"四十九年,开封府属之封邱县、归德府属之考城县,改隶卫辉府,阳武县改隶怀庆府。"《高宗实录》卷1200乾隆四十九年三月己丑:"兵部议准,河南巡抚何裕城奏称阳武、封邱、考城三汛,向系开封、归德二营管辖,今各该县已改隶卫辉、怀庆二府,其汛弁亦应改拨移驻。"(《清实录》,第24册,第44页)按:嘉庆《清一统志》卷186作乾隆四十八年。

② 《东华续录》光绪三光绪元年三月丙寅,第15册,第24页。光绪《清会典事例》卷152,第2册,第931页。

③ 《世宗实录》卷55雍正五年闰三月癸酉,《清实录》,第7册,第836页。

④ 《世宗实录》卷23雍正二年八月癸巳,《清实录》,第7册,第373页。

⑤ 嘉庆《清会典事例》卷128,第651册,第5771页。按:嘉庆《清一统志》卷186作乾隆四十八年。

道中①。

孟县,治所即今河南孟州市大定街道。

温县,治所即今河南温县驻地温泉镇。

原武县,治所在今河南原阳县西南原武镇。初属开封府,雍正二年八月来属。

阳武县,治所即今河南原阳县原兴街道。初属开封府,乾隆四十九年来属。

7. 河南府

治所即今河南洛阳市城区。明代领 1 州 13 县:洛阳、偃师、巩县、孟津、宜阳、登封、永宁、新安、渑池、嵩县、卢氏县,陕州领灵宝、阌乡县。顺治二年因之。雍正二年八月,升陕州为陕州直隶州,灵宝、阌乡 2 县往属②。雍正十二年八月,卢氏县往属陕州直隶州③。领 10 县:洛阳、偃师、宜阳、新安、巩县、孟津、登封、渑池、嵩县、永宁县。清末仍领 10 县。

洛阳县,附郭,治所即今河南洛阳市老城区。

偃师县,治所在今河南偃师市东南偃师老城。

宜阳县,治所即今河南宜阳县驻地城关镇。

新安县,治所即今河南新安县驻地城关镇。

巩县,治所在今河南巩义市东北站街镇西老城。

孟津县,治所在今河南孟津县东孟津老城。

登封县,治所即今河南登封市驻地嵩阳街道。

渑池县,治所即今河南渑池县驻地城关镇。

嵩县,治所在今河南嵩县东北陆浑水库区。

永宁县,治所在今河南洛宁县驻地城关镇。

8. 南阳府

治所在今河南南阳市城区。明末领 2 州 11 县:南阳、镇平、唐县、泌阳、桐柏、南召县,邓州领内乡、新野、淅川县,裕州领舞阳、叶县。顺治二年因之。顺治十六年十一月,裁南召县入南阳县。雍正十二年六月,复置南召县。雍正末,各州不领县。道光十二年六月,改淅川县为淅川厅④。光绪三十一年四

---

① 按:即河南省革命委员会生产指挥组《河南省地图》武陟县木城镇西南老城。1981 年沁河改道,流经老城城址。
② 《世宗实录》卷 23 雍正二年八月癸巳,《清实录》,第 7 册,第 373 页。
③ 《世宗实录》卷 146 雍正十二年八月辛酉,《清实录》,第 8 册,第 821 页。
④ 《宣宗实录》卷 214 道光十二年六月辛丑,《清实录》,第 36 册,第 176 页。

月,淅川厅升为直隶厅。领 2 州：裕州、邓州；10 县：南阳、镇平、唐县、泌阳、桐柏、南召、内乡、新野、舞阳、叶县。

南阳县,附郭,治所在今河南南阳市城区。

南召县,治所在今河南南召县东南云阳镇。顺治十六年十一月裁入南阳县①。雍正十二年六月复置②。

唐县,治所即今河南唐河县城区。

泌阳县,治所即今河南泌阳县驻地古城街道。

桐柏县,治所即今河南桐柏县驻地城关镇。

镇平县,治所即今河南镇平县驻地涅阳街道。

邓州,治所即今河南邓州市城区。

新野,治所即今河南新野县驻地汉城街道。

内乡县,治所即今河南内乡县驻地城关镇。

裕州,治所即今河南方城县释之街道。

舞阳县,治所即今河南舞阳县驻地舞泉镇。

叶县,治所即今河南叶县昆阳街道。

9. 汝宁府

治所即今河南汝南县驻地。明末领 2 州 12 县：汝阳、真阳、上蔡、新蔡、西平、遂平、确山县,信阳州领罗山县,光州领光山、固始、息县、商城县。顺治二年因之。雍正元年,改真阳县为正阳县。雍正二年八月,升光州为直隶州,光山、息县、固始、商城等 4 县往属③。领 1 州：信阳州；8 县：汝阳、正阳、上蔡、新蔡、西平、确山、遂平、罗山。至清末未变。

汝阳县,附郭,治所即今河南汝南县驻地。

正阳县,治所即今河南正阳县驻地真阳镇。初名真阳县,雍正元年改名④。

上蔡县,治所即今河南上蔡县蔡都街道。

新蔡县,治所即今河南新蔡县驻地古吕街道。

西平县,治所即今河南西平县驻地柏城街道。

遂平县,治所即今河南遂平县驻地瀍阳街道。

---

① 《世祖实录》卷 130 顺治十六年十一月丙子,《清实录》,第 1 册,第 1006 页。
② 《世宗实录》卷 144 雍正十二年六月戊午,《清实录》,第 8 册,第 803 页。
③ 《世宗实录》卷 23 雍正二年八月癸巳,《清实录》,第 7 册,第 373 页。
④ 乾隆《清一统志》卷 168,《乾隆府厅州县图志》。按：《清文献通考》卷 274 作雍正二年改名。《清实录》中河南正阳首见于雍正二年三月。

确山县,治所即今河南确山县驻地盘龙街道。

信阳州,治所即今河南信阳市浉河区老城街道。

罗山县,治所即今河南罗山县驻地城关镇。

10. 许州直隶州—许州府—许州直隶州

明末为开封府许州,领临颍、襄城、郾城、长葛4县。清初因之。雍正二年八月,升直隶州,治所即今河南许昌市魏都区城区,仍领4县。雍正十二年八月,升为许州府,置石梁县附郭,增领禹州、新郑、密县。领1州7县。乾隆六年十二月,因"赋无逋负,民亦淳良",降为直隶州,裁附郭石梁县,禹州、新郑、密县往属开封府,仍领临颍、襄城、郾城、长葛4县①。

临颍县,治所即今河南临颍县驻地城关镇。

襄城县,治所即今河南襄城县驻地城关镇。

郾城县,治所即今河南漯河市郾城区驻地城关镇。

长葛县,治所在今河南长葛市驻地东老城镇。

石梁县,雍正十二年八月以许州直隶州亲辖地置,附郭,治所即今河南许昌市魏都区城区。乾隆六年二月裁,仍为许州直隶州亲辖地。

11. 陕州直隶州

明末为河南府陕州,领灵宝、阌乡2县。清初因之。雍正二年八月,升直隶州,治所在今河南三门峡市湖滨区西北陕县老城。仍领灵宝、阌乡2县。雍正十二年八月,卢氏县自河南府来属②。领3县:灵宝、阌乡、卢氏。

灵宝县,治所在今河南灵宝市东北老城。

阌乡县,治所在今河南灵宝市西三门峡水库区。

卢氏县,治所即今河南卢氏县驻地城关镇。初属河南府,雍正十二年八月来属。

12. 光州直隶州

明末为汝宁府光州,领光山、固始、息县、商城4县。清初因之。雍正二年八月,升直隶州,治所即今河南潢川县老城街道,仍领光山、固始、商城、息县4县。

光山县,治所即今河南光山县驻地紫水街道。

固始县,治所即今河南固始县蓼城街道。

商城县,治所即今河南商城县驻地赤城街道。

息县,治所即今河南息县驻地谯楼街道。

---

① 《高宗实录》卷157乾隆六年十二月丁未,《清实录》,第10册,第1242页。

② 《世宗实录》卷146雍正十二年八月辛酉,《清实录》,第8册,第821页。

13. 汝州直隶州

治所即今河南汝州市钟楼街道。明末领 4 县：鲁山、郏县、宝丰、伊阳县。清因之。

鲁山县，治所即今河南鲁山县驻地鲁阳街道。

郏县，治所即今河南郏县驻地龙山街道。

宝丰县，治所即今河南宝丰县驻地城关镇。

伊阳县，治所在今河南汝阳县驻地城关镇。

14. 郑州直隶州

明末为开封府郑州，领 4 县：荥阳、荥泽、河阴、汜水。清初因之。雍正二年八月，升直隶州，治所即今河南郑州市老城区，仍领 4 县。雍正十二年八月，与所领 4 县还属于开封府①。光绪三十年十一月，随着卢汉铁路、开洛铁路的兴建，成为交通要道，复升为直隶州，领 3 县：荥泽、荥阳、汜水县②。

荥阳县，治所即今河南荥阳市西城关乡城关村。

荥泽县，治所在今河南郑州市惠济区西。

汜水县，治所在今河南荥阳市西北汜水镇。

河阴县，治所在今河南荥阳市东北广武镇，因县境狭小，地僻事简，于乾隆二十九年十二月并入荥泽县③。

15. 淅川直隶厅

顺治初为南阳府邓州淅川县④，雍正末年属南阳府。道光十二年六月，改为抚民厅⑤。光绪三十一年四月，升为直隶厅⑥，治所即今河南省淅川县西南老城镇。

16. 已裁府级政区

禹州直隶州，明末为开封府禹州，领密县。顺治二年因之。雍正二年十二月，升为直隶州，治所即今河南禹州市钧台街道，领密县、新郑 2 县⑦。雍正十二年八月，降为属州，与所领 2 县俱往属于许州府⑧。

---

① 《世宗实录》卷 146 雍正十二年八月辛酉，《清实录》，第 8 册，第 821 页。
② 《德宗实录》卷 537 光绪三十年十一月甲辰，《清实录》，第 59 册，第 143 页。
③ 《高宗实录》卷 724 乾隆二十九年十二月丙戌，《清实录》，第 17 册，第 1069 页。
④ 康熙《清会典》卷 19，第 1 册上，第 192 页。
⑤ 《宣宗实录》卷 214 道光十二年六月辛丑，《清实录》，第 36 册，第 176 页。
⑥ 《德宗实录》卷 544 光绪三十一年四月庚午，《清实录》，第 59 册，第 233 页。
⑦ 《世宗实录》卷 23 雍正二年八月癸巳，《清实录》，第 7 册，第 373 页。
⑧ 《世宗实录》卷 146 雍正十二年八月辛酉，《清实录》，第 8 册，第 821 页。

第八章　江南省、江苏省

明末为南京应天府并直隶地方（南直隶）。顺治二年（1645）清兵占领后改为江南省，康熙六年（1667）分省析置为江苏、安徽两省。

第一节　江　南　省

明代为南京应天府并直隶地方，亦称南直隶，辖应天、苏州、松江、常州、镇江、淮安、扬州、安庆、徽州、宁国、池州、太平、庐州、凤阳等 14 府，广德、和州、滁州、徐州等 4 直隶州，各府直隶州下辖 13 州、96 县①。

1. 改省过程及行政机构设置

顺治二年五月，豫亲王多铎率清兵占领明南京城。在南直隶应采用何种行政体制，九卿科道在闰六月会议时，有多种观点。一种认为，清朝以北京为京师，应以南京为陪京，也就是完全维持明朝体制。一种认为可以保留六部、都察院、操江、巡江、府尹、国子监、六科等官僚机构，也是维持明朝体制。有人认为应该废除南京称号，新设都督府，由亲王出任，每年更换，同时保留户、兵、工三部侍郎，设布按两司。也有的认为只需留副都御史一员兼管操江事务。多数提议是在明朝南京的机构规模基础上，适当裁减。摄政王多尔衮最后决定"南京著改为江南省，设官事宜照各省例行。但向来久称都会，地广事繁，诸司职掌作何分任，听总督大学士洪承畴到时酌妥奏闻"②。七月初三，摄政王多尔衮再次强调："南京着改为江南省。应天府着改为江宁府，设知府，不设府尹"③。七月初六日，清廷同意豫亲王多铎任命江宁巡抚、徽宁道等江南省官员 373 员④。七月二十二日，清廷任命江南布政使司左右布政使、江南按察使司按察使⑤。明代的南直隶地区由此实行省制，所辖府州县仍为 14 府、4 直隶

---

① 万历《明会典》卷 15，第 92—93 页。
② 《世祖实录》卷 18 顺治二年闰六月乙巳，《清实录》，第 3 册，第 164 页。
③ 《世祖实录》卷 19 顺治二年七月壬子，《清实录》，第 3 册，第 166 页。
④ 《世祖实录》卷 19 顺治二年七月乙卯，《清实录》，第 3 册，第 168 页。
⑤ 《世祖实录》卷 19 顺治二年七月辛未，《清实录》，第 3 册，第 172 页。

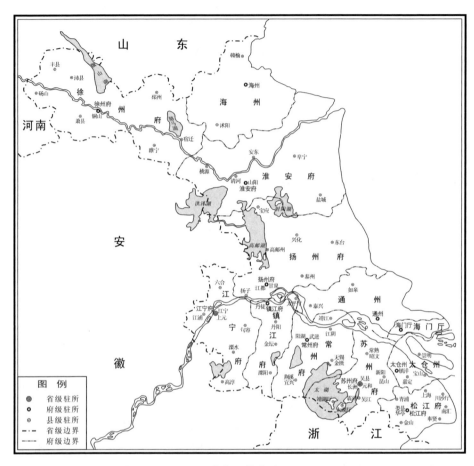

图 8　清末江苏省政区图

州,下辖 13 州、96 县①。

清兵占领后,因江南地位特殊,在其境内先后设立多员总督和巡抚,以及布政使、按察使等官员。

江南总督。顺治二年闰六月,命内院大学士、太子太保、兵部尚书兼都察院右副都御史洪承畴"以原官总督军务招抚江南各省地方"②。洪承畴是总督军务招抚江南各省地方,非一般总督,而且江南尚未全部平定,故《世祖实录》中多称之为招抚大学士、招抚江南大学士③。洪承畴到任后,也主张"江南改

---

① 康熙《清会典》卷 18,第 1 册上,第 177 页。
② 《世祖实录》卷 18 顺治二年闰六月癸巳,《清实录》,第 3 册,第 162 页。
③ 《世祖实录》卷 21 顺治二年十月戊子,《清实录》,第 3 册,第 183 页。

京为省，一应设官自当与各省一例"①。

顺治四年七月，以马国柱"总督江南、江西、河南等处"②，性质为管理一省或数省的总督。故康熙《江南通志》谓："江南于顺治四年停止经略，创设总督，开府省城。"③雍正《江南通志》言："顺治二年，江南初入版图，命内院大学士经略招抚。四年，停止内院，特设总督一员，初辖江南、河南、江西三省。"④驻江宁省城⑤。顺治六年八月，河南改归直隶山东河南总督管辖⑥，改为江南江西总督⑦。顺治十八年九月，一省设一员总督，改为江南总督⑧。康熙元年三月，因安徽（操江）巡抚不理军务，管辖该巡抚原属十一营官兵及江防事务⑨。康熙四年五月，改为江南江西总督，仍管辖江南、江西两省⑩。

漕运总督，亦称淮扬总督，全称总督淮扬等处、提督漕运海防军务、兼理粮饷，顺治二年五月袭明制置⑪，驻淮安城。顺治六年五月，凤阳巡抚被裁。次年二月，凤阳巡抚离任⑫。此后，凤阳巡抚的辖区由漕运总督兼管。顺治八年四月，朝廷任命新任漕运总督时，官衔已经改为"总督漕运，巡抚凤阳"⑬。因一员总督难于兼管漕务与海防，于顺治十七年二月复设凤阳巡抚，漕运总督不再兼管地方事务。

按：钱实甫《清代职官年表》之《总督年表》载顺治二、三、四年有淮扬总督、漕运总督两官缺，淮扬总督兼漕运总督，顺治五年起仅有漕运总督⑭。疑误。康熙初，该员总督官衔全称仍为"总督淮扬等处地方、提督漕运海防军务、兼理粮

---

① 《世祖实录》卷 24 顺治三年二月甲申，《清实录》，第 3 册，第 205 页。
② 《世祖实录》卷 33 顺治四年七月戊午，《清实录》，第 3 册，第 272 页。
③ 康熙《江南通志》卷 26《职官下》。
④ 乾隆《江南通志》卷 105，《四库全书》本，第 510 册，第 130 页。按：此时的江南河南江西总督是否管辖河南全省，存疑。顺治六年八月设置的直隶山东河南三省总督，只是节制直隶、山东两省巡抚、总兵，兼管河南所属怀庆、卫辉、彰德三府。
⑤ 康熙《江南通志》卷 26《职官下》。
⑥ 《世祖实录》卷 45 顺治六年八月辛亥，《清实录》，第 3 册，第 364 页。
⑦ 《世祖实录》卷 48 顺治七年三月己卯，《清实录》，第 3 册，第 385 页。
⑧ 《圣祖实录》卷 4 顺治十八年九月丁亥，《清实录》，第 4 册，第 87 页。
⑨ 《圣祖实录》卷 6 康熙元年三月乙亥，《清实录》，第 4 册，第 108 页。
⑩ 《圣祖实录》卷 15 康熙四年五月丁未、六月己巳，《清实录》，第 4 册，第 229、232 页。
⑪ 《世祖实录》卷 16 顺治二年五月庚寅，《清实录》，第 3 册，第 144 页。
⑫ 《世祖实录》卷 47 顺治七年二月甲午，《清实录》，第 3 册，第 380 页。
⑬ 《世祖实录》卷 56 顺治八年四月辛酉，《清实录》，第 3 册，第 447 页。按：《世祖实录》卷 111 顺治十四年九月辛丑载"亢得时着升兵部尚书兼都察院右副都御史、总督漕运、巡抚凤阳等处地方、海防军务兼理粮饷。"（《清实录》，第 3 册，第 871 页）
⑭ 钱实甫：《清代职官年表》，中华书局，1980 年，第 1342—1344 页。

饷"①,说明官衔未发生过大的变化。但是该员总督的职能在顺治初可能发生过变化。顺治三年二月,"兵部议覆,淮扬总督王文奎疏言,请设淮北、淮南、淮西并各道标大小二十七营,兵一万八千五百四十名,标下官一百八十八员,马一千八百五十三匹,战船一百六十艘。从之。"②顺治四年九月,"罢淮扬总督扬声远,以盐城所属地方土贼猖獗,疏于防守故也。"③前者说明淮扬总督的管辖区域并不局限于运河沿岸,而是像普通地方总督一样拥有区域性的军政权力。后者说明因为淮扬总督有区域性的军政权力,所以当地方有事时,要受到相应的处分。

江宁巡抚④。顺治二年七月,沿明制设江宁巡抚⑤,驻苏州府。亦作苏松巡抚⑥、江南巡抚⑦,全称总理粮储提督军务兼巡抚江宁等处地方⑧。管辖江宁、苏州、松江、常州、镇江、徽州、宁国等7府和广德直隶州。因徽州、宁国两府和广德州距苏州府距离较远,且交通不便,经招抚江南大学士洪承畴提议,于顺治二年十二月改辖江宁、苏州、松江、常州、镇江5府⑨。提督军务之职能,因文武分治,于康熙元年奉裁⑩。康熙四年十一月,因凤阳巡抚被裁,淮安、扬州二府及徐州直隶州来属⑪,共辖7府2州。

安徽巡抚。初称安庐池太巡抚,顺治二年七月置。全称协理军务巡抚安庆庐州池州太平肆府兼辖光州固始蕲州广济黄梅德化湖口等处地方⑫,又称安庆巡抚。驻安庆府,管辖安庆、庐州、池州、太平4府。顺治二年十二月改辖安庆、池州、太平、徽州、宁国5府和广德直隶州⑬。顺治三年四月,《清实录》中首见安徽巡抚记载⑭。顺治六年五月被裁⑮,辖区由操江巡抚管理。

---

① 康熙《清会典》卷146,第2册下,第1879页。乾隆《江南通志》首漕运总督补熙序(第507册,第25页)。
② 《世祖实录》卷24顺治三年二月丙戌,《清实录》,第3册,第206页。
③ 《世祖实录》卷34顺治四年十月庚辰,《清实录》,第3册,第281页。
④ 按:《吏部题本》谓:"至叁抚臣见用关防,原止镌江宁、安庆、凤阳等处字样。"《明清史料》丙编上册,第217页)
⑤ 《世祖实录》卷19顺治二年七月乙卯,《清实录》,第3册,第168页。
⑥ 《世祖实录》卷134顺治十七年四月戊戌,《清实录》,第3册,第1038页。
⑦ 《世祖实录》卷46顺治六年十二月辛丑,《清实录》,第3册,第374页。
⑧ 《吏部题本》,《明清史料》丙编上册,第217页。
⑨ 《世祖实录》卷22顺治二年十二月壬寅,《清实录》,第3册,第195页。
⑩ 康熙《江南通志》卷26《职官下》。
⑪ 《圣祖实录》卷17康熙四年十一月戊申,《清实录》,第4册,第253页。
⑫ 《吏部题本》,《明清史料》丙编上册,第217页。
⑬ 《世祖实录》卷22顺治二年十二月壬寅,《清实录》,第3册,第195页。
⑭ 《世祖实录》卷25顺治三年四月己亥,《清实录》,第3册,第216页。
⑮ 《世祖实录》卷44顺治六年五月癸未,《清实录》,第3册,第354页;又卷47顺治七年二月甲午,第380页。

操江巡抚,专责江防,沿袭明制而设。初驻省城,继驻池州①。顺治七年二月,因管辖原安庆巡抚的辖区,移驻安庆府②。随着驻地的迁徙和职能改变,全称随之改变为"提督操江、兼巡抚安徽宁池太广仍管光固蕲广黄德湖口等处地方军务、兼管巡江"③,简称也变换为"安徽操江巡抚"④、"安徽巡抚"⑤。康熙元年三月,因文武分治,不再管理军务,遂称安徽巡抚,专管安徽等五府一州事务⑥。康熙四年十一月,因凤阳巡抚被裁,庐州、凤阳2府及滁、和2州来属,共辖7府3州。

凤阳巡抚。顺治二年五月,沿明制置,全称巡抚凤阳等处地方赞理军务,驻泰州⑦。初辖凤阳、淮安、扬州3府及滁州、和州、徐州3州,同年十二月改辖庐州、凤阳、淮安、扬州4府及滁、和、徐3直隶州。因抚标被调入广西,在顺治六年五月与安徽巡抚一起被裁,辖境由漕运总督管理。因漕运总督难于兼管地方与漕务,于顺治十七年二月复置,全称为巡抚凤阳等处地方兼海防、提督军务⑧。康熙四年五月裁⑨,辖区分别归江宁巡抚、安徽巡抚管辖。

布按两司及专务道。顺治二年七月,清廷任命江南布政使司左右布政使、江南按察使司按察使⑩,同驻省会江宁城。同月又置苏松常镇督粮道。顺治三年二月又委任江南省督粮道⑪,初拟管辖全省粮储事务,顺治三年实际管辖江宁、安徽等十府四州相关事务⑫,故又称江安粮道。此外又有驿传、盐法等专务道之设。

2. 行政机构的分置、辖区调整与分省

从顺治十八年到康熙六年间,随着江南省相关行政机构及其辖区的一分为二,江南省逐步析分为江苏、安徽两省。

---

① 乾隆《江南通志》卷106,第510册,第115页。按:康熙《江南通志》卷26谓"先驻池州,后驻安庆"。
② 乾隆《江南通志》卷106,第510册,第155页。
③ 《世祖实录》卷127顺治十六年八月癸巳,《清实录》,第3册,第987页。
④ 《圣祖实录》卷1顺治十八年正月辛未,《清实录》,第4册,第45页。
⑤ 《世祖实录》卷126顺治十六年五月戊子,《清实录》,第3册,第979页。
⑥ 《圣祖实录》卷6康熙元年三月乙亥,《清实录》,第4册,第108页。
⑦ 乾隆《江南通志》卷106,第510册,第155页。按:光绪《清会典事例》卷23谓驻淮安府:"凤庐巡抚一人,驻淮安府,以操江管巡抚事兼之。"(第1册,第290页)疑误。
⑧ 《世祖实录》卷132顺治十七年二月壬寅,《清实录》,第3册,第1020页。
⑨ 《圣祖实录》卷15康熙四年五月丁未,《清实录》,第4册,第229页。
⑩ 《世祖实录》卷19顺治二年七月辛未,《清实录》,第3册,第172页。
⑪ 《世祖实录》卷24顺治三年二月甲申,《清实录》,第3册,第205页。按:因《圣祖实录》不载道员除授,康熙二十一年十一月首见江安粮道记载,何时始称江安粮道不详。
⑫ 康熙《江南通志》卷26《职官下》。

顺治年间，国库空乏，清廷按照明代名义上的数目（明代的实际征收额比名义数要低一些）征缴江南省钱粮，因而江南省每年都不能完成。顺治十三年，郎廷佐任江南江西总督后，即注意到此事，并采取了一些措施：

> 江南自八年至十三年，积欠钱粮四百余万，未必尽欠在民，或官吏侵蚀，或解役烹分，新旧牵混，上下朦胧。请以十四年为止，通将从前积欠，总令右布政使查其已解而无批回，被经承侵欺那借者，及某官支用提取而不应开销者，注数清追，分为二册。若民间实欠，则又为一册。议定一年止征若干，示民知有应完之数。分路督催，责成各道。握总者为右布政使，按册而稽，专理旧欠。一切新粮，专责左布政使，则征新补旧之弊可除矣。①

清初，每省的布政使司，是由左布政使主管，右布政使经常无事可做。但是，郎廷佐的这一措施实际上并没有让"宿弊"全部革除。江南省积欠钱粮最多的是苏州、松江、常州、镇江4府，行政上属于江宁巡抚管辖。顺治十七年正月出任江宁巡抚的朱国治，采取了进一步的措施，让右布政使分驻苏州②。朱国治这样做的目的就是为了督催"积逋"。朱国治的这一举动，开启了一省之内两员布政使分设的先例，使左右布政使由分管变为分治。他的目的，只是为了让右布政使在追缴钱粮时起一定作用，并没有考虑到行政区划的调整，因而右布政使管辖的区域只有江宁、苏、松、常、镇5府③，江南省其他9府4直隶州的钱粮仍由左布政使分管，结果是两员布政使管辖的区域大小悬殊。康熙元年，分驻苏州府的布政使被称之为"江南江宁苏松常镇五府布政司右布政使"④。

左右布政使司的分设，使一省的财政（钱粮）管理区域一分为二。此后，江南省报至户部的钱粮汇总数，也逐渐分为两组。在顺治十四年前，每年由三员巡抚将分管各府的钱粮数据汇总至总督处，布政使司亦将相关数据汇总给总督，然后由总督上报朝廷。顺治十四年，按规定总督不能经管钱粮，改由江宁巡抚汇总上报。新任江宁巡抚韩世琦注意到左右藩司已经分设，如果继续全省统一汇总后再上报，只是增加工作量，并无实际意义。于是在康熙元年九月

---

① 《世祖实录》卷108顺治十四年三月甲寅，《清实录》，第3册，第848页。
② 乾隆《江南通志》卷22，第507册，第649页。
③ 乾隆《江南通志》卷4，第507册，第202页。
④ 韩世琦：《题明张九征病痊赴补疏》，《抚吴疏草》卷2，《四库未收书辑刊》影印本，北京出版社2000年版，第8辑，第5册，第347页。

上疏提出:"一省钱粮已分南北,将来司总完欠,两藩各另为册,似难复以通省汇核。第司总既分,则抚总须照左右二司所辖分造。除臣之抚总及右司总册,臣应循例造报,其安、凤二属抚总暨左司总册,或归安抚,或归凤抚,请祈敕部议定。"①康熙二年四月,韩世琦又题请将康熙元年的裁扣钱两数,也按左右藩司分别汇总上报。这样,左布政使司与安徽、凤阳巡抚所属各府的相关钱粮数据,由安徽巡抚汇总上报;右布政使司与江宁巡抚所属各府的相关钱粮数据,由江宁巡抚汇总上报②。如此,江南左、右布政使的主管上级(巡抚)、辖区,以及与朝廷户部的对应关系,均已一分为二,成为两个独立的管理系统。右藩的名称,有时也称之为"江宁苏松等处布政司"③。

顺治年间,各省设有按察使一员,主管全省司法事务。康熙二年八月,清廷下令"增设江南、湖广、陕西三省按察使各一员"④。随着督抚奏折的上达,清廷在康熙三年五月增设江北按察使,"命江宁、苏、松、常、镇、徽、宁、池、太九府,广德一州,分隶江南按察使司,仍驻江宁府;安庆、庐、凤、淮、扬五府,徐、滁、和三州,分隶江北按察使司,驻凤阳府之泗州。"⑤至此,江南省的司法监察系统,以长江为界,也一分为二。但是,三员巡抚、两员布政使及江北、江南按察使之间的辖区,都是不统一的。这种行政长官与财政、司法机构之间管理区域的差异,必然会使行政效率低下。康熙四年五月,清廷裁撤凤阳巡抚,江南省境内只存两员巡抚。十一月,江南总督郎廷佐上疏要求将原先属于凤阳巡抚管辖的庐州、凤阳 2 府和滁州、和州划归安徽巡抚管理,淮安、扬州 2 府和徐州划归江宁巡抚管理⑥。这样,清代江苏、安徽两省的区域初步划定,东西分治。康熙五年,按照新划定的江宁、安徽两员巡抚辖区的范围,布、按两司的辖区重新进行了调整⑦。随着江宁巡抚(驻苏州)与江南右布政使、江苏按察使,安徽巡抚(驻安庆)与江南左布政使、安徽按察使(驻地从泗州迁驻安庆)这两组行政官员的组合完成,每组官员的辖区完全重合,江苏与安徽两个区域的行政官员配备,已经达到了乾隆《清会典》卷四有关省行政机构设置的标准,事实

---

① 韩世琦:《请分抚司总奏销考成疏》,《抚吴疏草》卷 11,《四库未收书辑刊》影印本,第 8 辑,第 6 册,第 47 页。
② 韩世琦:《请安抚属裁扣归安抚奏销疏》,《抚吴疏草》卷 22,《四库未收书辑刊》影印本,第 8 辑,第 6 册,第 568 页。
③ 韩世琦:《请给右藩库大使印疏》,《抚吴疏草》卷 22,《四库未收书辑刊》影印本,第 8 辑,第 6 册,第 561 页。
④ 《圣祖实录》卷 9 康熙二年八月甲寅,《清实录》,第 4 册,第 155 页。
⑤ 《圣祖实录》卷 12 康熙三年五月丁卯,《清实录》第 4 册,第 181 页。
⑥ 《圣祖实录》卷 17 康熙四年十一月戊申,《清实录》第 4 册,第 253 页。
⑦ 乾隆《江南通志》卷 106,第 510 册,第 145 页。

上完成了分省的过程。江南总督成为江苏、安徽两省的总督,江宁巡抚成为江苏省的行政长官,安徽巡抚成为安徽省的行政长官。

康熙六年七月,清廷下令"应将河南等十一省俱留布政使各一员,停其左、右布政使之名。至江南、陕西、湖广三省,俱有布政使各二员,驻扎各处分理,亦应停其左、右布政使之名,照驻扎地名称布政使"①。这一举措为江南省等省的分省过程画上了句号。

第二节 江 苏 省

江南分省后,江苏省辖 7 府 1 州:江宁、苏州、松江、常州、镇江、淮安、扬州府和徐州直隶州。

一、省行政机构

1. 总督、巡抚

总督。沿袭江南省旧制,仍设江南江西总督,驻省城江宁城。康熙十三年(1674)七月,因三藩之乱,再次设立江西总督②,仍为江南总督。康熙二十一年正月,裁江西总督,复为江南江西总督③,仍辖江苏、安徽、江西三省,并兼管操江事务。康熙末年开始,习称两江总督④。雍正元年(1723)正月,吏部议定各省督抚兼衔,两江总督因统理江苏、安徽、江西三处事务,地连江海,与川陕总督一同授为兵部尚书兼都察院右都御史⑤。道光十年(1830),兼两淮盐政⑥。

境内还设有专管河道事务的河道总督、专管漕运事务的漕运总督。河道总督,康熙十六年,因江南河工紧要移驻清江浦。雍正七年改为总督江南河道,亦称南河总督⑦。咸丰十年(1860)六月裁。漕运总督,驻淮安府。咸丰十年六月,受太平军影响,江苏省督抚无法兼顾江北地区,由漕运总督暂行节制

---

① 《圣祖实录》卷 23 康熙六年七月甲寅,《清实录》,第 4 册,第 315 页。
② 《圣祖实录》卷 48 康熙十三年七月庚辰,《清实录》,第 3 册,第 635 页。
③ 《圣祖实录》卷 100 康熙二十一年正月己巳,《清实录》,第 5 册,第 7 页。
④ 按:《清实录》中,"两江总督"首见于康熙五十六年三月辛未(《圣祖实录》卷 271,《清实录》,第 6 册,第 664 页)。雍正《清会典》卷 223 仍为江南江西总督,乾隆《清会典》卷 8 记载为两江总督。至晚清,敕书关防仍为江南江西总督。
⑤ 《世宗实录》卷 5 雍正元年正月癸巳,《清实录》,第 7 册,第 117 页。
⑥ 《宣宗实录》卷 182 道光十年十二月乙巳,《清实录》,第 35 册,第 871 页。
⑦ 光绪《清会典事例》卷 23,第 1 册,第 293 页。

江北镇、道以下各员①。光绪三十年(1904)十二月,因河运全停被裁②。

江苏巡抚。即原江宁巡抚,驻省会苏州城。康熙《清会典》卷146称之为"巡抚江宁等处地方总督粮储提督军务"③。康熙二十三年十一月南巡时,称江宁巡抚为江苏巡抚④。康熙《江南通志》卷26亦称之为"巡抚江苏等处都御史"。雍正《清会典》卷223记载为"巡抚江苏等处地方总督粮储提督军务"⑤。

2. 江淮巡抚与苏淮分省

光绪末年,张謇有在徐州设省的提议,认为徐州形势重要,居于山东、河南、安徽、江苏4省交界地带,历来为兵家必争之地。应以徐州为中心,从苏、鲁、豫、皖4省中划出45州县,建徐州省⑥。光绪三十年十二月,政务处会议张謇的徐州建省条陈与周树模的裁撤漕运总督奏片,同意裁撤漕运总督,因江苏省已经是由两江总督与江苏巡抚分领江北与江南之地,反对徐州建省方案,提议设立江淮巡抚,巡抚驻清江浦,辖江宁布政使所辖之江、淮、扬、徐4府及通、海2直隶州⑦。第二天,以江苏巡抚恩寿为江淮巡抚,以漕运总督陆元鼎为江苏巡抚。此事遭各界反对,光绪三十一年三月,江淮巡抚被裁撤⑧,江淮省亦就此结束。同时,改淮扬镇总兵为江北提督,镇慑江北。次月,规定江北地方镇、道以下各官,均归江北镇节制⑨。

3. 布按诸司及专务道

江苏布政使司,康熙六年以江南右布政使司改名,驻苏州城,辖江宁、苏州、松江、常州、镇江、淮安、扬州7府和徐州直隶州,即江苏省全境。乾隆二十五年(1760)八月,乾隆决定:"将江、淮、扬、徐、海、通六府州,分隶江宁藩司管辖,苏、松、常、镇、太五府州,分隶苏州藩司管辖。其安徽布政使移驻安庆,专办上江事务。"⑩新设江宁布政使司。江苏布政使辖苏州、松江、常州、镇江4府和太仓直隶州,通称"苏属";江宁布政使司辖江宁、淮安、扬州、徐州4府和

---

① 《文宗实录》卷322咸丰十年六月庚辰,《清实录》,第44册,第774页。
② 《德宗实录》卷540光绪三十年十二月丙寅,《清实录》,第59册,第179页。
③ 康熙《清会典》卷146,第2册下,第1879页。
④ 《圣祖实录》卷117康熙二十三年十一月甲子,《清实录》,第5册,第227页。
⑤ 雍正《清会典》卷223,第9册,第3675页。
⑥ 张謇研究中心、南通市图书馆编:《张謇全集》第1卷《徐州应建行省议》,江苏古籍出版社,1994年,第80—83页。
⑦ 《德宗实录》卷540光绪三十年十二月丙寅,《清实录》,第59册,第179页。
⑧ 《德宗实录》卷543光绪三十一年三月庚寅,《清实录》,第59册,第215页。
⑨ 《德宗实录》卷544光绪三十一年四月丙午,《清实录》,第59册,第224页。
⑩ 《高宗实录》卷619乾隆二十五年八月己亥,《清实录》,第16册,第965页。

海州、通州 2 直隶州,通称"宁属"。形成了清代地方行政制度的一项特例,同省督抚分驻两城,一省设两个布政使司,分别由督抚分管。这种形式,清末认为是"画疆而治"①。

江苏按察使司,原为江南按察使司,驻省会江宁城。分省后改名,仍驻江宁城。分省后不久,御史余缙提出应将驻扎在江宁城的布按两司迁出:"国家分设各省,自抚臣而外,其职掌重大,无过藩臬两司。盖以通省钱谷刑名,唯两司实并专其任,故抚臣倚之如左右手,必得同处一城,朝夕商榷,而后呼应俱灵,事无龃龉。倘分居两地,徒藉文移往来,恐经旬累月,即有敏捷之才,未免旷时误事矣。……督臣职掌原重军务,至于钱谷刑名,两抚臣已分任之矣,藩臬两司似宜各令与抚臣同驻,以便办理职掌者也。"②此议没有得到采纳。雍正八年,江苏巡抚尹继善以与余缙相同的理由上疏:"江苏按察使见驻江宁,与下江巡抚衙门相距太远,应改驻苏州。"③这次得到了雍正帝的采纳,江苏按察使司由此迁至苏州城,江苏省的省级行政机构——抚、布、按,开始同城办公。

专务道先后设有整饬通省驿传盐法道、督理江安十府粮储道、督理苏松常镇四府粮储道等④。光绪三十二年四月,设江苏、江宁两提学使⑤。清末,江宁布政使、交涉使、江宁提学使、江宁劝业道、江安粮道等驻江宁,江苏布政使、江苏提学使、江苏提法使、巡警道驻苏州,苏松粮储道驻常熟。

二、省城

因督抚分治及乾隆年间开始设有两个布政使司,形成两个省城,分别为江宁城和苏州城⑥,即今江苏省南京城区和苏州城区。

三、省域

东界大海,南连浙江,西接安徽、河南,北邻山东。包括今上海全市,江苏省大部(不含盱眙、泗洪),安徽省砀山、萧县,山东省微山县局部地区,浙江嵊泗县等。

---

① 《东华续录》光绪 190 光绪三十年十二月丙寅,第 17 册,第 478 页。
② 余缙:《江南藩臬疏》,《大观堂文集》卷 3,《四库全书存目丛书》,齐鲁出版社,1996 年,史 67 册,第 140 页。
③ 《世宗实录》卷 97 雍正八年八月壬寅,《清实录》,第 8 册,第 295 页。
④ 乾隆《江南通志》卷 106,第 510 册,第 148—150 页。
⑤ 《德宗实录》卷 558 光绪三十二年四月己亥、丁巳,《清实录》,第 59 册,第 389、396 页。
⑥ 傅林祥:《清代江苏建省问题新探》,《清史研究》2009 年第 2 期,第 29 页。

四、守巡道

康熙六年七月前

分守江宁道，顺治三年二月置①，驻江宁府，属江宁巡抚。与分巡道共辖江宁府，"管民事、官评、钱粮诸务"②。顺治十七年，裁分巡江宁道，其事务归并分守道③，称分守江宁兵备道④，驻江宁府，辖江宁府。康熙二年，增辖镇江府，改名为分守江镇道⑤。

分巡江宁道，一作江防道，或称分巡江宁兼巡江防道⑥，驻溧水县，与分宁道共辖江宁府，"料理八县防御事宜及沿江盗贼、水陆诸务"⑦。顺治十七年裁⑧。

分守江镇道，康熙二年，分守江宁道增辖镇江府并改名，驻江宁府，辖江宁、镇江2府。康熙六年七月裁。

苏松兵备道，见后。

分巡常镇道，即整饬常镇地方兵备道，顺治二年七月置⑨，驻江阴县⑩。辖常州、镇江2府。属江宁巡抚。兼理粮储、水利、农务⑪。康熙二年废⑫。

分巡淮海兵备道，一作整饬淮海兵备道⑬，顺治二年五月置⑭。驻淮安

---

① 《世祖实录》卷24顺治三年二月甲申，《清实录》，第3册，第205页。
② 《江南总督内院大学士洪承畴揭帖》，《明清史料》，甲编上册，第379页。
③ 按：《世祖实录》卷139(顺治十七年八月戊戌，《清实录》，第3册，第1075页)载有江宁驿传道副使吴大壮离任之事。乾隆《江南通志》卷106："原设分守江宁道，驻省城，与分巡江宁道并设。顺治十三年，裁汰驿盐道，归并江宁守巡二道。后巡道奉裁，归并守道，遂为江宁兵备道。"据此，当在吴大壮离任时或稍后裁撤。
④ 《顺治十八年缙绅册》。
⑤ 乾隆《江南通志》卷106："康熙二年，将镇江一府归并江宁驻省城，改为分守江镇道。"(第510册，第151页)
⑥ 《世祖实录》卷24顺治三年二月甲申，《清实录》，第3册，第205页。
⑦ 《江南总督内院大学士洪承畴揭帖》，《明清史料》，甲编上册，第379页。
⑧ 按：《世祖实录》卷139(顺治十七年八月戊戌，《清实录》，第3册，第1075页)载有江宁驿传道副使吴大壮离任之事。乾隆《江南通志》卷106："原设分守江宁道，驻省城，与分巡江宁道并设。顺治十三年，裁汰驿盐道，归并江宁守巡二道。后巡道奉裁，归并守道，遂为江宁兵备道。"据此，当在吴大壮离任时或稍后裁撤。
⑨ 《世祖实录》卷19顺治二年七月乙卯，《清实录》，第3册，第168页。
⑩ 乾隆《江南通志》卷106，第510册，第157页。
⑪ 《顺治十八年缙绅册》。
⑫ 乾隆《江南通志》卷106，第510册，第151页。
⑬ 《顺治十八年缙绅册》。
⑭ 《世祖实录》卷16顺治二年五月庚寅，《清实录》，第3册，第144页。

府,辖境约淮安府海州等 8 州县①。属凤阳巡抚。康熙二年十月,淮徐道区域并入,辖区为淮安府、徐州。康熙六年保留,专管海防②。

淮徐兵备道,见后。

分巡扬州兵备道,一作整饬扬州海防兵备道、扬州江海道,顺治二年五月置③,驻泰州④。辖扬州府。兼管河道、粮饷、盐法、驿传⑤。康熙二年十月裁,辖区并入驿盐道⑥。

康熙六年七月后

1. 苏松粮道

即苏松常镇粮储道,顺治二年(1645)七月置⑦,驻常熟县。属江宁巡抚。康熙二十一年,兼管苏松 2 府分巡事务⑧。雍正二年九月,苏松 2 府往属苏松道,本道兼辖太仓直隶州⑨。乾隆十三年,为分管漕务督理苏松常镇四府粮储道兼巡视河漕,按察使司副使衔。乾隆三十二年三月,移驻苏州府,兼分巡苏州府⑩,全称督理苏松常镇太粮储道、分巡苏州府、巡视河漕等处地方。乾隆三十四年正月,因常熟县距苏州府很近,仍驻常熟县⑪。嘉庆十七年(1812)五月,将苏州府划归松太道分巡⑫,不再分巡地方。

2. 驿传盐法兼分巡江宁道

初为驿传盐法道,全称整饬江南(通省)驿传盐法屯田道,顺治二年八月置⑬。驻江宁府,管辖江南全省驿传盐法。顺治十三年裁⑭,事务归并分巡江宁道。康熙二年十月复置,兼分巡扬州府⑮。驻江宁府、仪真县。康熙六年不

---

① 乾隆《江南通志》卷 103:"至州县考成,则海州、山阳等八州县属之淮海云。"(第 510 册,第 90 页)明淮安府辖山阳、清河、盐城、安东、桃源、沭阳、海州、赣榆、邳州、宿迁、睢宁等 2 州 9 县,邳州及宿迁、睢宁两县因地近徐州,当属淮徐道管辖。
② 《圣祖实录》卷 24 康熙六年九月乙卯,《清实录》,第 4 册,第 329 页。
③ 《世祖实录》卷 16 顺治二年五月庚寅,《清实录》,第 3 册,第 144 页。
④ 乾隆《江南通志》卷 106,第 510 册,第 153 页。
⑤ 《顺治十八年缙绅册》。
⑥ 《圣祖实录》卷 10 康熙二年十月丙辰,《清实录》,第 4 册,第 160 页。
⑦ 《世祖实录》卷 19 顺治二年七月乙卯,《清实录》,第 3 册,第 168 页。
⑧ 《圣祖实录》卷 106 康熙二十一年十二月癸巳,《清实录》,第 5 册,第 82 页。又乾隆《江南通志》卷 106。
⑨ 《世宗实录》卷 24 雍正二年九月己未,《清实录》,第 7 册,第 383 页。
⑩ 《高宗实录》卷 779 乾隆三十二年三月丙子,《清实录》,第 18 册,第 589 页。
⑪ 《高宗实录》卷 827 乾隆三十四年正月丙午,《清实录》,第 19 册,第 21 页。
⑫ 《仁宗实录》卷 257 嘉庆十七年五月乙亥,《清实录》,第 31 册,第 467 页。
⑬ 《世祖实录》卷 20 顺治二年八月壬午,《清实录》,第 3 册,第 175 页。
⑭ 《世祖实录》卷 104 顺治十三年十一月辛亥"补裁缺江南驿传道万代尚为浙江按察使司副使温处道。"(《清实录》,第 3 册,第 812 页)又乾隆《江南通志》卷 106。
⑮ 《圣祖实录》卷 10 康熙二年十月丙辰,《清实录》,第 4 册,第 160 页。

再分巡扬州府,当不再驻仪真县。雍正八年八月,兼分巡江宁府事务,为江南通驿传盐法兼分巡江宁道①。乾隆十三年,为整饬江南通省驿传盐法道,按察使司副使衔,兼管江宁巡道事务②。乾隆二十六年三月,兼水利衔③。清末驿传改由劝业道兼,本道为盐巡道。

3. 江镇道—江常镇道—常镇道—常镇扬通道—常镇通海道

分守江镇道,康熙十三年复置,驻镇江府(京口)。康熙二十一年十月拟裁。同年十二月,常州府并入,改名分守江常镇道④,仍驻镇江府,辖江宁、常州、镇江3府。康熙五十五年九月,为监放崇明官兵俸饷,移驻崇明县⑤。但未正式实施⑥。雍正二年,不辖崇明县⑦。雍正八年,江宁府往属驿传盐法道,改为常镇道⑧。驻镇江府,辖常州、镇江2府。乾隆六年八月,裁太通道,通州来属⑨。乾隆八年,扬州府来属⑩,称常镇扬通道,仍习称常镇道,辖常州、镇江、扬州三府和通州直隶州。乾隆十三年,为分守常镇道,布政使司参议衔。乾隆二十六年三月,兼水利衔⑪。乾隆三十年四月,扬州府往属淮扬道⑫,仍称常镇道。乾隆三十三年四月,增辖海门直隶厅,称分守常镇通海等处地方道⑬,仍习称常镇道。光绪三十一年,通州、海门厅曾短暂往属江淮扬海通道。

---

① 《兼管吏部尚书事张廷玉题议准江苏增设巡道驻扎崇明统辖太仓通州并颁给印信本》(雍正八年八月初六日),《雍正朝内阁六科史书·吏科》,第60册,第412页。又乾隆《江南通志》卷106,第510册,第148页。
② 《缙绅新书》(乾隆十三年春),《清代缙绅录集成》,第1册,第160页。
③ 《高宗实录》卷632乾隆二十六年三月丁未,《清实录》,第17册,第54页。
④ 《圣祖实录》卷106康熙二十一年十一月癸巳,《清实录》,第5册,第82页。又乾隆《江南通志》卷106,第510册,第151页。
⑤ 《圣祖实录》卷269康熙五十五年九月癸酉,《清实录》,第6册,第641页。
⑥ 《吏部尚书隆科多题请苏松海防同知二员内酌量就近简放一员监放崇明兵饷本》(雍正二年五月二十七日),《雍正朝内阁六科史书·吏科》,第12册,第49页。
⑦ 《江宁巡抚张楷题为江常镇道停止移驻崇明请换给敕书以专职守本》(雍正三年六月十八日),《雍正朝内阁六科史书·吏科》,第21册,第62页。又《江南巡察御史戴晋保奏陈苏松巡道改驻崇明顾泾司巡检移驻高桥管见折》(雍正七年九月初十日),《雍正朝汉文硃批奏折汇编》,第16册,第558页。
⑧ 乾隆《江南通志》卷106,第510册,第151页。又康熙《清一统志》卷37《江南统部》。
⑨ 《高宗实录》卷148乾隆六年八月丙午,《清实录》,第10册,第1139页。
⑩ 《高宗实录》卷189乾隆八年四月庚子,《清实录》,第11册,第430页。
⑪ 《高宗实录》卷632乾隆二十六年三月丁未,《清实录》,第17册,第54页。
⑫ 《高宗实录》卷734乾隆三十年四月庚申,《清实录》,第18册,第88页。
⑬ 按:乾隆三十三年四月置海门直隶厅,当属常镇道。检《清实录》,乾隆四十七年九月戊午(《高宗实录》卷1165)称常镇通道,嘉庆十五年二月甲午(《仁宗实录》卷225)称常镇通海道。

4. 苏松兵备道—苏松常道—苏松太道—松太道—苏松太道

初为分巡苏松兵备道,顺治二年七月置①,驻太仓州。属江宁巡抚。兼理粮储、水利、农务②。辖苏州、松江2府。康熙二年三月拟裁③,后增辖常州府,改为分守苏松常道。康熙六年七月裁④。康熙九年四月复置⑤,驻苏州府⑥,辖苏州、松江、常州3府。康熙二十一年十一月裁⑦,苏、松2府由苏松粮道兼辖,常州府并入江镇道。

雍正二年九月,复置分巡苏松道⑧,驻苏州府,辖苏州、松江2府(含崇明县)。雍正八年八月,兼管上海关税务⑨,为"震慑通洋口岸,与新设太通道上下策应",移驻上海县⑩。雍正九年,加兵备衔⑪。乾隆六年八月,增辖太仓直隶州,为分巡苏松太兵备道⑫。乾隆十三年,为分巡苏松太仓等处地方兵备道,按察使司副使衔。乾隆二十六年三月,兼水利衔⑬。

乾隆三十二年三月,苏州府往属苏松粮道⑭,改为松太道。驻上海县,辖松江府、太仓直隶州。嘉庆十七年五月,苏州府来属,改名为苏松太道⑮,关防为分巡苏松太仓兵备道兼管水利。清末,因督理江海关税务,一作江海关道⑯,苏松太道(分巡苏松太仓兵备道兼管水利事务)、松太道(松太兵备道)、江海关道三个名称均有使用。

---

① 《世祖实录》卷19顺治二年七月乙卯,《清实录》,第3册,第168页。
② 《顺治十八年缙绅册》。
③ 《圣祖实录》卷8康熙二年三月甲午,《清实录》,第4册,第142页。
④ 乾隆《江南通志》卷106,第510册,第151页。
⑤ 《圣祖实录》卷33康熙九年四月丁亥,《清实录》,第4册,第440页。
⑥ 康熙《清一统志》卷37《江南统部》。
⑦ 《圣祖实录》卷106康熙二十一年十一月癸巳,《清实录》,第5册,第82页。
⑧ 《世宗实录》卷24雍正二年九月己巳,《清实录》,第7册,第387页。
⑨ 《江苏巡抚张楷奏明委管上海关税务折》(雍正三年四月三十日),《雍正朝汉文硃批奏折汇编》,第4册,第864页。
⑩ 《世宗实录》卷97雍正八年八月壬寅,《清实录》,第8册,第295页。又《江宁巡抚尹继善题请崇明等处增设巡道等职本》(雍正八年六月初六日),《雍正朝内阁六科史书·吏科》,第59册,第489页。
⑪ 乾隆《江南通志》卷106,第510册,第151页。康熙《清一统志》卷37《江南统部》。
⑫ 《高宗实录》卷148乾隆六年八月丙午,《清实录》,第10册,第1139页。
⑬ 《高宗实录》卷632乾隆二十六年三月丁未,《清实录》,第17册,第54页。
⑭ 《高宗实录》卷779乾隆三十二年三月丙子,《清实录》,第18册,第589页。
⑮ 《仁宗实录》卷257嘉庆十七年五月乙亥,《清实录》,第31册,第467页。
⑯ 《宣统政纪》卷21宣统元年九月丁未,"谕军机大臣等:电寄张人骏,电奏悉。修浚黄浦,事关紧要,着派瑞澂前往上海,督饬江海关道详细履勘,查察实在情形,会商该督妥筹办理。并着外务部知道。"《清实录》,第60册,第378页)。

5. 淮扬道—淮扬海道

分巡淮扬道,康熙九年四月改淮海道(巡海道)置①,驻淮安府山阳县②。约辖淮安府8州县及扬州府③,并管理河工事务。康熙三十五年,添设江南通省管河道员④,本道不再管辖河工事务。雍正二年,增辖海州、通州2直隶州⑤。雍正八年八月,通州往属太通道⑥。雍正九年,改名为淮扬海道⑦。乾隆八年四月,淮扬海道改置为河务道⑧,不再分巡地方。乾隆十三年,为分巡淮扬海河务道兼理漕务盐法,按察使司副使衔。

乾隆三十年四月,淮扬海道分巡扬州府及淮安府属山阳、安东、清河、盐城、阜宁5县⑨,改名淮扬道,全称分巡淮扬河务兵备道兼理漕务盐法海防等处地方⑩。乾隆三十二年,加兵备衔⑪。乾隆五十七年,迁驻清江浦(清河县)⑫。嘉庆七年,淮徐道原管之桃源县及淮徐、淮扬两道兼巡之海州并所属沭阳、赣榆2县,改归本道管辖⑬。嘉庆十六年,桃源北岸、安东、阜宁、海州暨所属地方往属淮海道⑭,本道分巡扬州府所属各县及淮安府所属山阳、盐城、清河、桃源4县。咸丰十年六月,并入淮徐扬海道⑮。

---

① 《圣祖实录》卷33康熙九年四月丁亥,《清实录》,第4册,第440页。
② 康熙《清一统志》卷37《江南统部》。
③ 按:清初淮徐道与淮扬道有两种管理区域,一类是河工区域,一类是州县考成区域。目前未找到记载这一阶段该两道的州县考成区域的直接史料。据乾隆《江南通志》卷103记载:"淮徐道……天启二年设淮海道,驻淮安府,本道统辖如旧。至州县考成,则海州、山阳等八州县属之淮海云。"则淮徐道当辖明代徐州和淮安府的邳州、宿迁、睢宁3州县,淮海道当辖淮安府的山阳、清河、桃源、盐城、安东、沭阳、海州、赣榆等8个州县。如此,则本阶段的淮扬道州县考成区域当包括扬州府全部和淮安府的这8州县。另一种情况,乾隆《江南通志》修纂时,阜宁县已经设治,如果8个州县包括阜宁县,则桃源县当改淮徐道。
④ 《圣祖实录》卷171康熙三十五年二月丙午,"改江南河里同知为江南通省管河道,高家堰同知为山盱同知。"(《清实录》,第5册,第850页)靳辅:《治河奏绩书》卷2:"康熙三十五年,添设江南通省管河道一员,统辖淮扬徐三属,驻扎清江浦。三十八年,仍裁去。"
⑤ 《世宗实录》卷24雍正二年九月己未,《清实录》,第7册,第383页。
⑥ 《世宗实录》卷97雍正八年八月壬寅,《清实录》,第8册,第295页。
⑦ 乾隆《江南通志》卷106,第510册,第153页。
⑧ 《高宗实录》卷189乾隆八年四月庚子,《清实录》,第11册,第430页。
⑨ 《高宗实录》卷734乾隆三十年四月庚申,《清实录》,第18册,第88页;又卷743乾隆三十年八月庚午,第18册,第180页。
⑩ 《爵秩全本》(乾隆三十三年秋),《清代缙绅录集成》,第2册,第515页。
⑪ 光绪《清会典事例》卷25,第1册,第319页。
⑫ 嘉庆《清一统志》卷72。
⑬ 光绪《清会典事例》卷25:嘉庆"七年议准,江苏淮徐道原管之桃南、桃北两厅及桃源一县,改归淮扬道管辖。……淮徐、淮扬两道兼巡之海州并所属沭阳、赣榆二县,改归淮扬道管辖"(第1册,第321页)。
⑭ 光绪《清会典事例》卷25,第1册,第321页。
⑮ 《文宗实录》卷322咸丰十年六月庚辰,《清实录》,第44册,第774页。

同治四年正月,析淮扬徐海道复置①,称淮扬河务兵备道②,分巡淮安、扬州二府及管理河务。光绪三年,海州来属,改名淮扬海道③。光绪三十年十二月,隶属于江淮巡抚④。光绪三十一年正月,由江淮巡抚提议,改名为江淮淮扬海通海道⑤,增辖通州直隶州与海门厅。同年三月,仍属江苏省,道员加按察使衔,清理讼狱⑥。辖区当随江淮巡抚的裁撤而恢复原状。同年四月,受江北提督节制⑦。清末为分巡淮扬海河务兵备道兼提法使衔辖邳宿铜丰桃源等处。

6. 淮徐道—淮徐海道—徐海道—徐州道

淮徐兵备道,一作整饬徐淮兵备道、分巡淮徐道、宿迁兵备道⑧、淮安海道⑨、淮宿道⑩等,顺治元年九月置⑪,初驻宿迁,旋移徐州⑫。辖徐州及淮安府邳州、宿迁、睢宁县。管理屯田、河道、水利,兼辖山东沂莒等处⑬。康熙二年十月裁⑭,辖区并入淮海道。

分巡淮徐道,康熙九年复置⑮,驻徐州⑯,约分巡淮安府三州县及徐州,并管河工事务。康熙十七年正月,迁驻宿迁县⑰。康熙三十五年,添设江南通省管河道员⑱,本道不再管辖河工事务。康熙三十九年,因兼理河库钱粮,迁驻清江浦⑲。雍正二年,增辖邳州直隶州⑳。雍正七年,增置管理江南河库道㉑,

---

① 《穆宗实录》卷127同治四年正月丙辰,《清实录》,第48册,第33页。
② 《穆宗实录》卷139同治四年五月戊申,《清实录》,第48册,第283页。
③ 光绪《清会典事例》卷26:光绪三年,"改江苏淮扬道为淮扬海道,徐海道为徐州道。"(第1册,第322页)参见《德宗实录》卷40光绪二年九月丁丑,《清实录》,第52册,第577页。
④ 《德宗实录》卷540光绪三十年十二月丙寅,《清实录》,第59册,第179页。
⑤ 《德宗实录》卷541光绪三十一年正月庚子,《清实录》,第59册,第195页。
⑥ 《德宗实录》卷544光绪三十一年四月丙午,《清实录》,第59册,第225页。
⑦ 《德宗实录》卷544光绪三十一年四月丁未,《清实录》,第59册,第225页。
⑧ 《世祖实录》卷8顺治元年九月辛卯,第3册,第85页。
⑨ 《世祖实录》卷16顺治二年五月庚寅,《清实录》,第3册,第144页。
⑩ 《世祖实录》卷19顺治二年七月乙卯,《清实录》,第3册,第168页。
⑪ 《世祖实录》卷8顺治元年九月辛卯,《清实录》,第3册,第85页。
⑫ 《漕运总督王文奎揭请议定淮扬营制并酌补官员》(顺治二年十月),《明清档案》,第3册,第B1289页。
⑬ 《顺治十八年缙绅册》。
⑭ 《圣祖实录》卷10康熙二年十月丙辰,《清实录》,第4册,第160页。
⑮ 乾隆《江南通志》卷106:"分巡淮徐道,原驻徐州",康熙"九年复设。"(第510册,第154页)
⑯ 康熙《清一统志》卷37《江南统部》。
⑰ 《圣祖实录》卷71康熙十七年正月乙酉,《清实录》,第4册,第908页。
⑱ 《圣祖实录》卷171康熙三十五年二月丙午,"改江南里河同知为江南通省管河道,高家堰同知为山盱同知。"(《清实录》,第5册,第850页)靳辅:《治河奏绩书》卷2:"康熙三十五年,添设江南通省管河道一员,统辖淮扬徐三属,驻扎清江浦。三十八年,仍裁去。"
⑲ 乾隆《江南通志》卷106,第510册,第154页。
⑳ 《世宗实录》卷24雍正二年九月己未,《清实录》,第7册,第383页。
㉑ 《雍正七年十二月初二日江南河道总督臣孔毓珣奏》,《世宗宪皇帝硃批谕旨》卷7之4,《四库全书》本,第416册,第357页。

本道不再兼理河库钱粮。雍正十年二月,迁驻宿迁县①。乾隆八年四月,改为淮徐河道,管理徐州府和淮安府桃源县、海州河工②,不再分巡地方。乾隆十三年,为分巡淮徐道辖邳宿虹桃源等处,按察使司副使衔。乾隆二十三年十月,因黄河水势长落,由徐州取准,迁驻徐州府③。

乾隆三十年四月,分巡徐州府、海州直隶州及淮安府桃源县④。乾隆三十二年,加兵备衔⑤。乾隆三十三年,改名淮徐海道⑥,全称分巡淮徐河务兵备道辖邳宿铜丰桃源海州等处地方。嘉庆年间,因桃源县、海州并所属沭阳、赣榆2县由淮扬道管辖⑦,本道习称为徐州道,辖徐州府属各州县。咸丰十年六月,并入淮徐扬海道⑧。

徐海河务兵备道,同治四年(1865)正月析淮扬徐海道置⑨,驻徐州府,辖徐州府、海州直隶州河务及分巡事务。光绪三年,海州往属淮扬道,改名徐州道⑩,全称分巡徐州河务兵备道辖邳宿铜丰桃源等处,"邳宿铜丰桃源等处"当指河工辖地。清末为分巡徐州河务兵备道。

7. 已裁各道

分巡太通道,雍正八年八月置⑪,驻崇明县,辖太仓州、通州2直隶州。雍正七年九月,江南巡察御史戴音保奏请将苏松道移驻崇明县,一是加强对崇明县和长江门户的控制,二是兼辖通州,可以稽察私盐,调解崇明与通州两邑对涨沙的争夺⑫。乾隆五年六月迁驻通州⑬。乾隆六年八月裁⑭。

---

① 《世宗实录》卷115雍正十年二月甲寅,《清实录》,第8册,第538页。
② 《高宗实录》卷189乾隆八年四月庚子,《清实录》,第11册,第430页。
③ 《高宗实录》卷572乾隆二十三年十月乙丑,《清实录》,第16册,第273页。按:同治《徐州府志》卷6下作乾隆三十年裁淮徐海巡道,以淮徐河道兼之,驻徐州。
④ 《高宗实录》卷734乾隆三十年四月庚申,《清实录》,第18册,第88页;又卷743乾隆三十年八月庚午,第18册,第180页。
⑤ 光绪《清会典事例》卷25,第1册,第319页。
⑥ 光绪《清会典事例》卷25:乾隆三十三年,"定江南淮徐道改为分巡淮徐海管河兵备道"。(第1册,第319页)
⑦ 光绪《清会典事例》卷25:嘉庆"七年议准……淮徐、淮扬两道兼巡之海州并所属沭阳、赣榆二县,改归淮扬道管辖。"(第1册,第321页)
⑧ 《文宗实录》卷322咸丰十年六月庚辰,《清实录》,第44册,第774页。
⑨ 《穆宗实录》卷127同治四年正月丙辰,《清实录》,第48册,第33页。
⑩ 光绪《清会典事例》卷26:光绪三年,"改江苏淮扬道为淮扬海道,徐海道为徐州道"。(第1册,第322页)参见《德宗实录》卷40光绪二年九月丁丑,《清实录》,第52册,第577页。
⑪ 《世宗实录》卷97雍正八年八月壬寅,《清实录》,第8册,第295页。
⑫ 《江南巡察御史戴晋保奏陈苏松巡道改驻崇明顾司巡检移驻高桥管见折》(雍正七年九月初十日),《雍正朝汉文硃批奏折汇编》,第16册,第558页。
⑬ 《高宗实录》卷119乾隆五年六月辛卯,《清实录》,第10册,第741页。
⑭ 《高宗实录》卷148乾隆六年八月丙午,《清实录》,第10册,第1139页。

分巡淮海道，嘉庆十六年正月复置①，驻安东县②，专管河务，并分巡桃源北岸、安东、阜宁、海州暨所属地方③。咸丰十年六月，并入淮徐扬海道④。

分巡淮徐海道，乾隆八年四月改海防道置⑤。驻徐州府，辖淮安、徐州 2 府和海州。乾隆十三年，为按察使司副使衔。乾隆二十三年十月，因驻地徐州与淮安、海州各属相距辽远，巡查难及，迁驻宿迁县⑥。乾隆二十六年三月，兼水利衔⑦。乾隆三十年四月裁⑧。

淮徐扬海兵备道，咸丰十年六月合并淮扬、淮徐、淮海 3 道置。驻徐州府，管辖辖淮安、徐州、扬州 3 府及海州直隶州分巡与河工事务⑨。同治元年五月，因捻军在江北活动，扬州府分巡事务由两淮盐运司暂管⑩。同治四年正月，析分为淮扬、徐海两道⑪。

五、府厅州县

江南分省后，江苏省辖 7 府：江宁、苏州、松江、常州、镇江、淮安、扬州府；1 州：徐州直隶州，下辖 6 州 47 县。雍正二年九月，升太仓、邳州、海州、通州 4 州为直隶州；十一年三月，升徐州为府，降邳州直隶州为属州来属。乾隆三十三年四月，置海门直隶厅。至清末，辖 8 府、1 直隶厅、3 直隶州、4 厅、3 州、62 县。

1. 江宁府

治所即今江苏南京城区。明为南京应天府⑫。顺治二年七月，摄政王多尔衮令改为江宁府，设知府，不设府尹⑬。领 8 县：上元、江宁、句容、溧阳、溧水、江浦、六合、高淳⑭。先后为江南省、江苏省省会。雍正八年十一月，溧阳

---

① 《仁宗实录》卷 238 嘉庆十六年正月戊午，《清实录》，第 31 册，第 213 页。
② 嘉庆《清一统志》卷 72。
③ 光绪《清会典事例》卷 25，第 1 册，第 321 页。
④ 《文宗实录》卷 322 咸丰十年六月庚辰，《清实录》，第 44 册，第 774 页。
⑤ 《高宗实录》卷 189 乾隆八年四月庚子，《清实录》，第 11 册，第 430 页。
⑥ 《高宗实录》卷 572 乾隆二十三年十月乙丑，《清实录》，第 16 册，第 273 页。
⑦ 《高宗实录》卷 632 乾隆二十六年三月丁未，《清实录》，第 17 册，第 54 页。
⑧ 《高宗实录》卷 734 乾隆三十年四月庚申，《清实录》，第 18 册，第 88 页；又卷 743 乾隆三十年八月庚午，第 18 册，第 180 页。
⑨ 《文宗实录》卷 322 咸丰十年六月庚辰，《清实录》，第 44 册，第 774 页。
⑩ 《穆宗实录》卷 29 同治元年五月乙巳，《清实录》，第 45 册，第 784 页。
⑪ 《穆宗实录》卷 127 同治四年正月丙辰，《清实录》，第 48 册，第 33 页。
⑫ 万历《明会典》卷 15，第 92 页。
⑬ 《世祖实录》卷 19 顺治二年七月壬子，《清实录》，第 3 册，第 166 页。
⑭ 康熙《清会典》卷 18，第 1 册上，第 177—178 页。

县往属于镇江府①,领7县:上元、江宁、句容、溧水、江浦、六合、高淳县。至清末未变。

上元县,附郭,治所即今江苏南京市城区。

江宁县,附郭,治所即今江苏南京市城区。

句容县,治所即今江苏句容市驻地华阳镇。

溧水县,治所即今江苏溧水区驻地永阳镇。

高淳县,治所即今江苏高淳区驻地淳溪镇。

江浦县,治所即今江苏南京市浦口区驻地江浦街道。

六合县,治所即今江苏六合区驻地雄州街道。

2. 苏州府

治所即今江苏苏州市城区。明属南直隶。顺治二年七月属江南省,领1州7县:吴县、长洲、昆山、常熟、吴江、嘉定县,太仓州领崇明县。康熙六年后为江苏省会。因各县事务繁重,雍正二年九月,析置元和、震泽、昭文、新阳等县②,升太仓州为直隶州,镇洋、嘉定、宝山、崇明4县往属③。领9县。乾隆元年三月,置太湖厅来属。光绪三十年十二月,置靖湖厅。领2厅:太湖厅、靖湖厅;9县:吴县、长洲、元和、吴江、震泽、昆山、新阳、常熟、昭文县。

吴县,附郭,在今江苏苏州市区。

长洲县,附郭,在今江苏苏州市区。

元和县,附郭,雍正二年九月析长洲县置,在今江苏苏州市区。

吴江县,治所即今江苏吴江区驻地松陵镇。

震泽县,雍正二年九月析吴江县置,治所即今江苏吴江市驻地松陵镇。

常熟县,治所即今江苏常熟市驻地虞山镇。

昭文县,雍正二年九月析常熟县置,治所即今江苏常熟市驻地虞山镇。

昆山县,治所即今江苏昆山市驻地玉山镇。

新阳县,雍正二年九月析昆山县置,治所即今江苏昆山市驻地玉山镇。

太湖厅,乾隆元年三月析吴县太湖东山置④,在今江苏苏州市吴中区西南东山镇,专管东山民事。乾隆十一年,巡抚陈大受题准征收东山、西山钱粮,辖区扩大⑤。光绪三十二年因析置靖湖厅,辖境缩小。

---

① 《世宗实录》卷100雍正八年十一月辛巳,《清实录》,第8册,第331页。
② 《世宗实录》卷24雍正二年九月甲辰,《清实录》,第7册,第379页。
③ 《世宗实录》卷24雍正二年九月己未,《清实录》,第7册,第383页。
④ 《高宗实录》卷15乾隆元年三月己未,《清实录》,第9册,第415页。
⑤ 民国《吴县志》卷18上,1933年苏州文新公司印制,第5页。

靖湖厅①,光绪三十年十一月政务处议置②,未及实施而江苏巡抚端方去任。光绪三十二年正式析太湖厅西山置③,治所在今江苏吴中区西南后堡。

3. 松江府

治所即今上海市松江区驻地松江老城。明属南直隶。顺治二年七月属江南省,领3县:华亭、上海、青浦。顺治十三年二月,置娄县。康熙六年属江苏省。雍正二年九月置奉贤、金山、南汇、福泉县④。乾隆八年四月,裁福泉县。嘉庆十五年,置川沙厅。领1厅:川沙厅;7县:华亭、娄县、奉贤、金山、上海、南汇、青浦县。清末领1厅7县。

华亭县,附郭,治所即今上海市松江区驻地松江老城。

娄县,附郭,顺治十三年二月,析华亭县置⑤,治所即今上海市松江区驻地松江老城。

奉贤县,雍正二年九月析华亭县置,治奉贤城(今上海市奉贤区驻地南桥镇东奉城镇)。

上海县,治所在今上海市黄浦区老城厢。

金山县,雍正二年九月析娄县置,治所在今上海市金山区驻地之北朱泾镇⑥。雍正九年迁治金山卫城,即今金山区驻地之南金山卫镇。乾隆二十四年,迁治朱泾镇⑦。乾隆三十三年复移治金山卫⑧。乾隆五十九年,县署被飓风毁坏,于嘉庆元年迁治朱泾镇⑨。

南汇县,雍正二年九月析上海县置,治所即今上海市浦东新区东南之惠南镇。

青浦县,治所即今上海市青浦区驻地。雍正二年九月析置福泉县,乾隆八年四月并入。

---

① 按:吴承洛《近六十年全国郡县增建志要》卷上载光绪三十年十一月江苏省同时设太平厅、靖湖厅,宣统三年四月靖湖厅并入太湖厅。据1914年8月版《全国行政区划表》,民国元年裁太湖厅、靖湖厅。
② 《德宗实录》卷538光绪三十年十一月壬辰,《清实录》,第59册,第158页。
③ 民国《吴县志》卷18上,1933年苏州文新公司印制,第5页。
④ 《世宗实录》卷24雍正二年九月甲辰,《清实录》,第7册,第379页。
⑤ 《世祖实录》卷98顺治十三年二月己未,《清实录》,第3册,第761页。
⑥ 嘉庆《松江府志》卷14《建置志二》:"初,知县寓治于朱泾水次仓公廨。七年迁于环明桥北,八年又迁丰乐桥,九年仍赴卫城署。"
⑦ 《高宗实录》卷588乾隆二十四年六月癸亥,《清实录》,第16册,第540页。光绪《金山县志》卷7《建置志上》:"县治未有城,乾隆二十四年总督尹继善、巡抚陈宏谋奏请移治朱泾镇,并议筑城。"
⑧ 《高宗实录》卷809乾隆三十三年四月癸酉,《清实录》,第18册,第928页。
⑨ 光绪《金山县志》卷7《建置志上》。

川沙厅,初为上海、南汇两县地,乾隆二十四年六月改松江府董漕同知为海防清军同知①,移驻川沙城,驻地即今上海市浦东新区川沙新镇。嘉庆十年奏准割上海县高昌乡之十五图、南汇县长人乡之十图属同知管辖②,改为川沙抚民厅。嘉庆十三年四月,铸给川沙抚民同知关防③。嘉庆十五年,划界分管,管理钱谷刑名事务,并改川沙清军同知为川沙抚民同知,改松江府照磨为厅司狱④。嘉庆十七年四月,划界等事宜奏准⑤。

福泉县,雍正二年九月析青浦县置,治所即今上海市青浦区驻地。因辖境狭小,乾隆八年四月裁入青浦县⑥。

4. 常州府

治所即今江苏常州市城区。明属南直隶。顺治二年七月属江南省,领5县:武进、无锡、江阴、宜兴、靖江。康熙六年属江苏省。雍正二年九月,置阳湖、金匮、荆溪县。领8县:武进、阳湖、无锡、金匮、宜兴、荆溪、江阴、靖江。至清末未变。

武进县,附郭,治所即今江苏常州市城区。

阳湖县,附郭,雍正二年九月析武进县置,治所即今江苏常州市城区。

无锡县,治所即今江苏无锡市城区。

金匮县,雍正二年九月析无锡县置,治所即今江苏无锡市城区。

江阴县,治所即今江苏江阴市驻地澄江街道。

宜兴县,治所即今江苏宜兴市驻地。

荆溪县,雍正二年九月析宜兴县置,治所即今江苏宜兴市驻地宜城街道。

靖江县,治所即今江苏靖江市驻地靖城街道。

5. 镇江府

治所即今江苏镇江市城区。明属南直隶。顺治二年七月属江南省,领3县:丹徒、丹阳、金坛。康熙六年属江苏省。雍正八年十一月,溧阳县来属。光绪三十年十一月,置太平厅。领1厅:太平厅;4县:丹徒、丹阳、金坛、溧

---

① 《高宗实录》卷588乾隆二十四年六月甲子,《清实录》,第16册,第540页。
② 道光《川沙抚民厅志》卷1、12,《上海府县旧志丛书·川沙厅卷》,上海古籍出版社,2011年,第27、157页。光绪《清会典事例》卷27,第1册,第345页。嘉庆《清一统志》卷82。
③ 《仁宗实录》卷194嘉庆十三年四月癸未,《清实录》,第30册,第563页。
④ 道光《川沙抚民厅志》卷7。按:光绪《川沙厅志》卷1以嘉庆十五年为置厅时间。光绪《南汇县志》卷1谓嘉庆十六年划界。
⑤ 《仁宗实录》卷256嘉庆十七年四月癸亥,《清实录》,第31册,第462页。按:川沙置厅时间,清代即有嘉庆十年、十五年两说,均有所据。本文以同知具有管理钱谷刑名职能的嘉庆十五年为设置时间。
⑥ 《高宗实录》卷189乾隆八年四月庚子,《清实录》,第11册,第430页。

阳县。

丹徒县，附郭，治所即今江苏镇江市城区。

丹阳县，治所即今江苏丹阳市驻地云阳街道。

金坛县，治所即今江苏金坛市驻地金城镇。

溧阳县，治所即今江苏溧阳市驻地。初属江宁府，雍正八年十一月来属①。

太平厅，光绪三十年十一月，析丹徒、丹阳、江都、泰兴诸县所辖太平洲置②。治太平洲（今江苏扬中市驻地三茅街道东南）。

6. 淮安府

治所即今江苏淮安市楚州区驻地淮城镇。明属南直隶。顺治二年七月属江南省，领2州9县：山阳、盐城、清河、安东、桃源、沭阳县，海州领赣榆县，邳州宿迁、睢宁县。康熙六年属江苏省。雍正二年九月，升海州、邳州为直隶州，析赣榆、沭阳2县往属于海州，宿迁、睢宁2县往属邳州。雍正九年八月，置阜宁县。领6县，至清末未变。

山阳县，附郭，治所即今江苏淮安市淮安区驻地淮城镇。

阜宁县，雍正九年八月，因山阳县幅员辽阔、事务繁多而析置③。治所即今江苏阜宁县驻地阜城街道。

盐城县，治所即今江苏盐城市驻地亭湖区。

清河县，治所在今江苏淮安市淮阴区西南码头镇西北旧县。地近黄河，又无城垣，仅筑土堤，康熙年间黄河在此决口。乾隆二十五年九月，因黄河水大，迁驻对岸清江浦④，即今淮安市清河区旧城区。

安东县，治所即今江苏涟水县驻地涟城镇。

桃源县，治所即今江苏泗阳县驻地众兴镇西南老泗阳。

7. 扬州府

治所即今江苏扬州市广陵区。明属南直隶。顺治二年七月属江南省，领3州7县：江都、仪真、泰兴县，高邮州领兴化、宝应县，泰州领如皋县，通州领海门县。康熙六年属江苏省。康熙十一年四月，裁海门县入通州⑤。雍正元

---

① 《世宗实录》卷100雍正八年十一月辛巳，《清实录》，第8册，第331页。
② 《德宗实录》卷538光绪三十年十一月壬辰，《清实录》，第59册，第158页。
③ 《世宗实录》卷109雍正九年八月丁酉，《清实录》，第8册，第446页。
④ 《高宗实录》卷621乾隆二十五年九月戊午，《清实录》，第16册，第980页。
⑤ 《圣祖实录》卷36康熙十一年四月甲申，《清实录》，第4册，第515页。

年,改仪真县为仪征县①。雍正二年九月,升通州为直隶州,如皋、泰兴 2 县往属。雍正九年八月,置甘泉县。乾隆三十二年十月,置东台县。宣统元年三月,改仪征县为扬子县②。领 2 州:泰州、高邮州;6 县:江都、甘泉、扬子、宝应、兴化、东台县。

江都县,附郭,治所即今江苏扬州市广陵区。

甘泉县,附郭。雍正九年八月,因江都县事务繁多、幅员辽阔而析置③。治所即今江苏扬州市广陵区。

扬子县,明代称仪真县,雍正元年避讳改作仪征县,宣统元年避讳改名扬子县。治所即今江苏仪征市驻地真州镇。

高邮州,治所即今江苏高邮市驻地高邮街道。

兴化县,治所即今江苏兴化市驻地昭阳镇。初属高邮州,雍正末属府。

宝应县,治所即今江苏宝应县驻地安宜镇。初属高邮州,雍正末属府。

泰州,治所即今江苏泰州市驻地海陵区城中街道。

东台县,乾隆三十二年十月析泰州东台镇地置④,治所即今江苏东台市驻地东台镇。

8. 徐州直隶州—徐州府

明为徐州直隶州,属南直隶,领 4 县:萧县、砀山、丰县、沛县。顺治二年七月属江南省,康熙六年属江苏省。雍正十一年三月,升徐州府,治所即今江苏徐州市城区,以徐州亲辖地置附郭铜山县,降邳州直隶州为属州,与所属之睢宁、宿迁 2 县来属⑤。领 1 州:邳州;7 县:铜山、萧县、砀山、丰县、沛县、宿迁、睢宁县。至清末未变。

铜山县,附郭,雍正十一年三月以徐州直隶州亲辖地置,治所即今江苏徐州市城区。

萧县,治所即今安徽萧县驻地龙城镇。

砀山县,治所即今安徽砀山县驻地砀城镇。

丰县,治所即今江苏丰县驻地中阳里街道。

沛县,治所即今江苏沛县驻地沛城镇。乾隆四十六年八月,黄河决于河南

---

① 乾隆《江南通志》卷 6,第 507 册,第 273 页。
② 《宣统政纪》卷 11 宣统元年三月癸丑,《清实录》,第 60 册,第 217 页。
③ 《世宗实录》卷 109 雍正九年八月丁酉,《清实录》,第 8 册,第 446 页。
④ 《高宗实录》卷 796 乾隆三十二年十月癸亥,《清实录》,第 18 册,第 748 页。
⑤ 《世宗实录》卷 129 雍正十一年三月癸巳,《清实录》,第 8 册,第 680 页。

省青龙岗,县城仓署坛庙全部沉没,迁治栖山(一作戚山)①,即今沛县西南栖山镇。咸丰元年闰八月,黄河决于丰县蟠龙集,流沙淤没栖山县治,迁治夏镇,在今山东微山县驻地夏镇。咸丰十一年,夏镇县治被捻军占领,迁还旧治,即今江苏沛县驻地沛城镇②。

邳州,治所在今江苏睢宁县北古邳镇。康熙七年河溢城没,二十八年改建于艾山③,即今邳州市驻地运河镇北邳城镇。

宿迁县,治所即今江苏宿迁市宿城区项里街道。初属邳州,雍正二年七月属邳州直隶州,雍正十一年三月来属。

睢宁县,治所即今江苏睢宁县驻地睢城镇。隶属关系变化同宿迁县。

9. 海门直隶厅

乾隆三十三年四月,析通州地置④。治茅家镇,即今江苏海门市驻地海门街道。

10. 太仓直隶州

明为苏州府太仓州,领崇明县。雍正二年九月,升直隶州,治所即今江苏太仓市驻地,领4县:镇洋、嘉定、崇明、宝山县。

镇洋县,雍正二年九月析太仓州置,治所即今江苏太仓市驻地。

嘉定县,治所即今上海市嘉定区驻地。

宝山县,雍正二年九月析嘉定县置,治所在今上海市宝山区友谊路街道。

崇明县,治所即今上海市崇明县驻地城桥镇。

11. 海州直隶州

明为淮安府海州,领赣榆县。雍正二年九月,升为直隶州,治所即今江苏连云港市西南海州区,领2县:沭阳、赣榆县。

赣榆县,治今江苏赣榆县驻地青口镇西北城里。

沭阳县,治所即今江苏沭阳县驻地沭城镇。初属淮安府,雍正二年九月来属。

---

① 《高宗实录》卷1177乾隆四十八年三月戊申:"又谕曰:江南徐州府属之沛县,连年因豫省黄水下注,被淹最重。……但沛县当豫省下游,地势低洼。现在仅能涸出基地,亦必重新修建。因思欲使闾阎永远安堵,不得不酌筹迁移。为一劳永逸之计,自应照豫省仪封考城办法,于沛县境内各乡履勘高燥地方,建立城垣。"(第23册,第608页)又卷1184庚子:"又谕:沛县移建城垣一事,前经萨载查勘,于旧城西南三十里之戚山,地势高爽,堪以改建,岁内可自办理完竣。"(第23册,第858页)
② 民国七年续修《沛县志》卷2《沿革纪事表》,上海商务印书馆代印,第29—32页。
③ 乾隆《清一统志》卷69《徐州府》,咸丰《邳州志》卷2《沿革》。
④ 《高宗实录》卷807乾隆三十三年四月戊辰,《清实录》,第18册,第922页。

12. 通州直隶州

明为扬州府通州,领海门县。雍正二年九月,升直隶州,治所即今江苏南通市崇川区,领如皋、泰兴2县。乾隆三十三年四月,析地置海门直隶厅,辖境缩小。

如皋县,治所即今江苏如皋市驻地如城街道。初属泰州,雍正二年九月来隶。

泰兴县,治所即今江苏泰兴市驻地济川街道。

海门县,治所在今江苏南通市通州区东南。康熙十一年四月裁,地入通州①。

13. 已裁府级政区

邳州直隶州,明为淮安府邳州,领宿迁、睢宁2县,雍正二年九月升直隶州,治所即今江苏省邳州市北邳城,领宿迁、睢宁2县。雍正十一年三月降为州,与原属2县一并往属于徐州府。

---

① 《圣祖实录》卷38康熙十一年四月甲申,《清实录》,第4册,第515页。

第九章 安　徽　省

清初为江南省一部分。康熙六年(1667)，江南分省，建安徽省。辖7府：安庆、徽州、宁国、池州、太平、庐州、凤阳府；3直隶州：广德州、和州、滁州，各府直隶州下辖7州50县。

一、省行政机构

江南总督驻江苏省江宁省城。安徽巡抚驻省会安庆城。

安徽布政使司，康熙六年以江南左布政使司改名。为了维护江南总督体统，使"江南省城"有地方大员坐镇①，治江苏省城江宁城②。乾隆二十五年(1760)八月，迁回省城安庆③。安徽按察使司即原江北按察使司，康熙五年起驻安庆城。督理江安十府粮储道，驻江苏省城江宁。清末，有布政使、提学司、提法司、巡警道、劝业道等。

咸丰三年(1853)，省会安庆城被太平军占领，附近的长江航道亦被太平军控制。巡抚周天爵奏请以庐州城为省会。巡抚、布按两司等迁治庐州城。同年底，庐州城也被太平军占领，省行政机构又迁至定远县一带。咸丰四年初，谕旨令地处江南的徽州、宁国等府，暂由浙江巡抚兼辖。咸丰五年六月议定，改安徽宁池太广道为徽宁池太广道，加按察使衔，同时增设皖南镇总兵一员，按照台湾镇、台湾道之例，允许镇道专折奏事。因距两江总督、安徽巡抚驻地较远，仍由浙江巡抚暂行督办。待军务结束后恢复旧制④。"数载以来，皖南道一缺，例由督臣保荐。皖南钱粮刑名不隶藩臬，奏报不归巡抚，俨若另为一省。"⑤

---

① 傅林祥：《清代江苏建省问题新探》，《清史研究》2009年第2期，第27页。
② 康熙《清一统志》卷56《安庆府》。
③ 《高宗实录》卷619乾隆二十五年八月己亥，《清实录》，第16册，第965页。
④ 《文宗实录》卷170咸丰五年六月己未，《清实录》，第42册，第890页。
⑤ 《遵议安徽省城仍建安庆折》(同治元年二月十二日)，《曾国藩全集·奏稿(四)》，岳麓书社，1988年，第2093页。

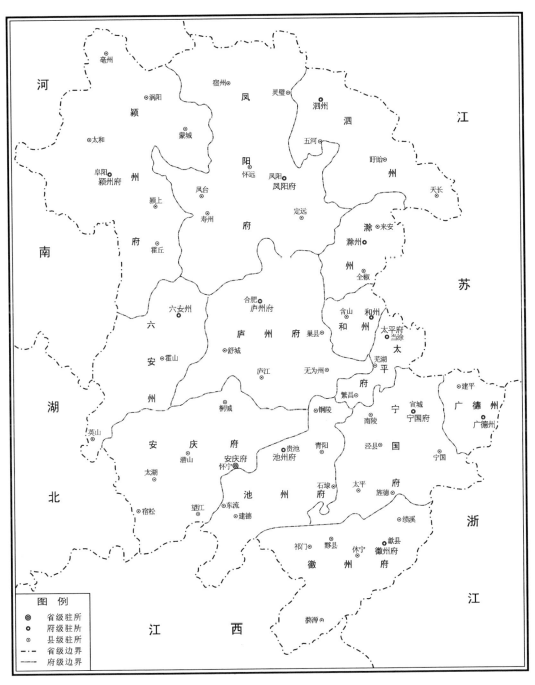

图 9 清末安徽省政区图

二、省城

以安庆城为省城,即今安徽安庆市城区。太平军占领时期,于咸丰三年三月迁至庐州府城,即今安徽庐州市城区①。同治元年(1862)五月,仍以安庆城为省城②。

三、省域

东邻江苏,南连浙江、江西,西界湖北、河南,北接河南、江苏。包括今安徽省大部,江西省婺源县,湖北省英山县,江苏泗洪、盱眙县等。

四、守巡道

康熙六年七月前

分巡徽宁道,顺治二年七月置③。驻宣城,顺治七年迁旌德县④。先后属安徽、操江巡抚。辖徽州、宁国2府及广德州⑤。顺治末为整饬徽宁道,辖广德州矿防⑥。康熙六年七月裁。

分巡池太道,一作整饬池太兵备道、管理池太道,顺治二年七月置⑦。驻芜湖县⑧。辖池州、太平2府。先后属安徽、操江巡抚。"整饬池太二府兵备,兼理江防事务,驻扎芜湖,府县卫所等官,悉听管辖。……尔仍听该巡抚及操江衙门节制,年终将行过事宜开送巡抚,咨部察考。"⑨康熙元年十二月,安庆府及滁、和2州来属⑩,改名安池太道。驻池州。辖安庆、池州、太平3府及滁、和2州⑪。康熙六年七月裁。

分巡安庆道,顺治三年二月置⑫,治安庆府。辖安庆府。先后属安徽、操

---

① 《文宗实录》卷88咸丰三年三月辛酉,《清实录》,第41册,第175页。
② 《穆宗实录》卷29同治元年五月甲辰,《清实录》,第45册,第783页。
③ 《世祖实录》卷19顺治二年七月乙卯,《清实录》,第3册,第168页。
④ 乾隆《江南通志》卷106,第510册,第157页。
⑤ 《操江巡抚李日芃揭请议裁安庆道归并池太道并补道员》(顺治七年八月),《明清档案》,第12册,第B6338页。
⑥ 《顺治十八年缙绅册》。
⑦ 《世祖实录》卷19顺治二年七月乙卯,《清实录》,第3册,第168页。
⑧ 乾隆《江南通志》卷24:"督理安徽宁池太大道署,在芜湖县城外。雍正十一年复设,即池太道旧署。"(第507册,第703页)
⑨ 《皇帝敕命袁廓宇整饬池太兵备道》(顺治三年十一月二十日),《明清档案》,第5册,第B2347页。
⑩ 《圣祖实录》卷7康熙元年十二月甲子,《清实录》,第4册,第130页。
⑪ 光绪《清会典事例》卷25,第1册,第312页。
⑫ 《世祖实录》卷24顺治三年二月己亥,《清实录》,第3册,第208页。

江巡抚①。顺治七年七月裁②。

分巡庐州道,一作安庐道,顺治二年七月置③,驻庐州府,辖庐州府。属淮扬巡抚④。顺治七年七月裁⑤,与安道合并为安庐道。

滁和兵备道,一作滁徽道,顺治二年七月置⑥,驻滁州⑦。辖滁、和 2 直隶州⑧。先后属安徽、操江巡抚。顺治七年七月裁⑨。

分巡安庐道,一作整饬安庐兵备道⑩,顺治七年七月合并安庆道、庐州道、滁和道置⑪,治庐州府。先后属安徽、操江巡抚。康熙元年十二月,安庆府往属池太道,改名庐州道,辖庐州府⑫。后改名庐六道,增辖六安州。康熙五年裁⑬。

颍州道,一作整饬颍州等处屯政兵备道⑭、颍州兵备道,顺治二年五月置⑮,治颍州府。约辖颍州府、凤阳府寿州一带,及河南省属颍川卫、颍上所(均坐落在颍州府境)⑯。属凤阳巡抚。康熙元年十二月裁⑰。

凤泗道,一作凤泗兵备道,顺治二年七月置⑱。驻泗州⑲。约辖凤阳府泗州一带。属凤阳巡抚。顺治七年七月裁⑳。

分巡凤阳道,康熙元年十二月改凤宿兵备道置,原颍州道辖区当并入。驻

---

① 《操江巡抚李日芃揭请议裁安庆道归并池太道并补道员》(顺治七年八月),《明清档案》,第 12 册,第 B6337 页。
② 《世祖实录》卷 49 顺治七年七月癸丑,《清实录》,第 3 册,第 393 页。
③ 《世祖实录》卷 19 顺治二年七月乙卯,《清实录》,第 3 册,第 168 页。
④ 《操江巡抚李日芃揭请议裁安庆道归并池太道并补道员》(顺治七年八月),《明清档案》,第 12 册,第 B6338 页。
⑤ 《世祖实录》卷 49 顺治七年七月癸丑,《清实录》,第 3 册,第 393 页。
⑥ 《世祖实录》卷 19 顺治二年七月乙卯,《清实录》,第 3 册,第 168 页。
⑦ 《漕运总督王文奎揭请议定淮扬营制并酌补官员》(顺治二年十月),《明清档案》,第 3 册,第 B1289 页。
⑧ 《江南总督内院大学士洪承畴揭帖》,《明清史料》,甲编上册,第 379 页。
⑨ 《世祖实录》卷 49 顺治七年七月癸丑,《清实录》,第 3 册,第 393 页。
⑩ 《顺治十八年缙绅册》。
⑪ 《世祖实录》卷 49 顺治七年七月癸丑,《清实录》,第 3 册,第 393 页。
⑫ 《圣祖实录》卷 7 康熙元年十二月甲子,《清实录》,第 4 册,第 130 页。
⑬ 乾隆《江南通志》卷 106:"分巡庐凤道,顺治初设安庆道,七年归并安庐道,驻扎庐州府。寻改为庐六道。康熙五年奉裁。"(第 510 册,第 153 页)
⑭ 《顺治十八年缙绅册》。按:该《缙绅册》言颍州道"管凤阳、滁、和地方",似非顺治末现状。
⑮ 《世祖实录》卷 16 顺治二年五月庚寅,《清实录》,第 3 册,第 144 页。
⑯ 雍正《河南通志》卷 11,第 535 册,第 311 页。
⑰ 《圣祖实录》卷 7 康熙元年十二月甲子,《清实录》,第 4 册,第 130 页。
⑱ 《世祖实录》卷 19 顺治二年七月乙卯,《清实录》,第 3 册,第 168 页。
⑲ 《漕运总督王文奎揭请议定淮扬营制并酌补官员》(顺治二年十月),《明清档案》,第 3 册,第 B1289 页。
⑳ 《世祖实录》卷 49 顺治七年七月癸丑,《清实录》,第 3 册,第 393 页。

凤阳府。属凤阳巡抚。约康熙三年裁①。

凤宿道,一作整饬凤宿兵备道、凤宿兵备道,顺治八年置②,驻宿州,冬夏驻扎凤阳府③。约辖凤阳府大部。属凤阳巡抚。康熙元年十二月改为凤阳道④。

康熙六年七月后

1. 安徽宁池太广道—徽宁池太广道—皖南道

安徽宁池太广道,雍正十一年(1733)十二月置⑤,全称分管漕务督理安徽宁池太道⑥。驻安庆府,辖安庆、徽州、宁国、池州、太平 5 府和广德直隶州。次年十月迁驻太平府芜湖县⑦,兼管芜湖关税务。乾隆十三年,为分巡兵备道,辖安徽宁池太五府广德州等处地方,按察使司副使衔⑧。嘉庆年间,亦称宁池太道。咸丰五年,改为徽宁池太广道⑨,亦称皖南道⑩。驻宣城县⑪。辖徽州、宁国、池州、太平 4 府和广德州,道员暂加按察使衔,专折奏事。咸丰十年迁徽州府祁门县。同治四年六月去按察使衔⑫,迁驻芜湖县,仍辖 5 府州。光绪三十四年(1908)五月,安庆府来属,改名皖南道⑬。驻芜湖县,辖安庆、徽州、宁国、池州、太平 5 府和广德直隶州。

2. 庐凤道—凤颍六泗道—皖北道

初为分巡庐凤道⑭,一作凤庐道。康熙九年四月置⑮。驻凤阳府⑯,辖凤阳、庐州 2 府。雍正二年九月,增辖颍、亳、泗、六安等 4 直隶州⑰。雍正十一

---

① 按:乾隆《江南通志》卷 106:"凤宿兵备道,顺治八年设,康熙三年裁。寻又改为分巡凤阳道,旋于本年奉裁。"(第 510 册,第 158 页)凤宿兵备道裁于康熙元年,康熙三年当是裁凤阳道。
② 乾隆《江南通志》卷 106,第 510 册,第 158 页。
③ 《顺治十八年缙绅册》。
④ 《圣祖实录》卷 7 康熙元年十二月甲子,《清实录》,第 4 册,第 130 页。
⑤ 《世宗实录》卷 138 雍正十一年十二月甲午,《清实录》,第 8 册,第 759 页。
⑥ 乾隆《江南通志》卷 106,第 510 册,第 152 页。按:康熙《清一统志》卷 37《江南统部》作"督理安徽宁池太道"。
⑦ 《世宗实录》卷 148 雍正十二年十月辛亥,《清实录》,第 8 册,第 837 页。
⑧ 《缙绅新书》(乾隆十三年春),《清代缙绅录集成》,第 1 册,第 167 页。
⑨ 《文宗实录》卷 170 咸丰五年六月己未,《清实录》,第 42 册,第 890 页。
⑩ 《文宗实录》卷 204 咸丰六年七月癸未,《清实录》,第 43 册,第 225 页。
⑪ 光绪《安徽通志》卷 112,《续修四库全书》影印本,第 652 册,第 346 页。
⑫ 《穆宗实录》卷 144 同治四年六月甲午,《清实录》,第 48 册,第 378 页。
⑬ 《德宗实录》卷 591 光绪三十四年五月甲午,《清实录》,第 59 册,第 818 页。
⑭ 康熙《清一统志》卷 37《江南统部》。
⑮ 《圣祖实录》卷 33 康熙九年四月丁亥,《清实录》,第 4 册,第 440 页。
⑯ 康熙《清一统志》卷 37《江南统部》。
⑰ 《世宗实录》卷 24 雍正二年九月己未,《清实录》,第 7 册,第 383 页。

年十二月,增领滁、和二州①。乾隆元年,改称分巡凤庐颍六泗滁和道。乾隆十三年,为分巡庐凤道辖颍亳泗六安滁和等处,按察使司副使衔。乾隆二十三年,加水利衔②。乾隆三十二年,加兵备衔③。同治四年六月改为凤颍六泗道④,一作凤颖道。驻凤阳府,辖凤阳、颍州 2 府和六安、泗州 2 直隶州,为分巡兵备道。光绪三十四年五月,原属安庐滁和道的庐州及滁和 2 直隶州来属,改为皖北道⑤,驻凤阳府,辖凤阳、庐州、颍州 3 府及滁、和、六安、泗 4 直隶州。至清末未变。

3. 已裁各道

分巡徽宁道,康熙九年四月复置⑥,驻徽州府。辖徽州、宁国 2 府。康熙十二年十一月裁⑦。康熙十三年八月复设⑧。康熙二十一年十月复裁⑨。

分巡池太道,即江安粮道,全称分管漕务督理江安徽宁池太庐凤淮扬等十府粮储道⑩、督理江安十府粮储道⑪,一名江宁督粮道⑫、江宁等府督粮道⑬。顺治三年二月置⑭,驻江宁府。管理江宁、安庆、徽州、宁国、池州、太平、庐州、凤阳、淮安、扬州 10 府及广德、滁、和、徐 4 州粮务。康熙二十一年前已兼辖池太 2 府⑮,称江安粮道兼管分巡池太道事务。雍正十一年,池、太 2 府往属安徽宁池太广道⑯。此后至清末,均为粮道。

安庐滁和道,同治四年六月置⑰,一称安庐道⑱。驻安庆府,辖安庆、庐州 2 府及滁、和 2 直隶州,为分巡兵备道。光绪三十四年五月裁⑲,安庆府并入徽宁池太广道,庐州府等并入凤颍六泗道。

---

① 《世宗实录》卷 138 雍正十一年十二月甲子,《清实录》,第 8 册,第 759 页。
② 《高宗实录》卷 564 乾隆二十三年六月辛酉,《清实录》,第 16 册,第 154 页。
③ 光绪《清会典事例》卷 25,第 1 册,第 319 页。
④ 《穆宗实录》卷 144 同治四年六月甲午,《清实录》,第 48 册,第 378 页。
⑤ 《德宗实录》卷 591 光绪三十四年五月甲午,《清实录》,第 59 册,第 818 页。
⑥ 《圣祖实录》卷 33 康熙九年四月丁亥,《清实录》,第 4 册,第 440 页。
⑦ 《圣祖实录》卷 44 康熙十二年十一月壬午,《清实录》,第 4 册,第 581 页。
⑧ 《圣祖实录》卷 9 康熙十三年八月己西,《清实录》,第 4 册,第 642 页。
⑨ 《圣祖实录》卷 105 康熙二十一年十月乙亥,《清实录》,第 5 册,第 63 页。
⑩ 《顺治十八年缙绅册》。
⑪ 乾隆《江南通志》卷 106,第 510 册,第 149 页。
⑫ 《世祖实录》卷 120 顺治十五年九月丁未,《清实录》,第 3 册,第 932 页。
⑬ 《世祖实录》卷 77 顺治十年八月壬辰,《清实录》,第 3 册,第 613 页。
⑭ 《世祖实录》卷 24 顺治三年二月甲申,《清实录》,第 3 册,第 205 页。
⑮ 《圣祖实录》卷 106 康熙二十一年十二月癸巳,《清实录》,第 5 册,第 82 页。
⑯ 《世宗实录》卷 138 雍正十一年十二月甲子,《清实录》,第 8 册,第 759 页。
⑰ 《穆宗实录》卷 144 同治四年六月甲午,《清实录》,第 48 册,第 378 页。
⑱ 光绪《清会典事例》卷 25,第 1 册,第 321 页。
⑲ 《德宗实录》卷 591 光绪三十四年五月甲午,《清实录》,第 59 册,第 818 页。

五、府厅州县

康熙六年,江南分省,安徽省辖安庆、徽州、宁国、池州、太平、庐州、凤阳等7府,广德州、和州、滁州等3直隶州,下辖7州50县。雍正二年九月,升六安、泗、颍、亳四州为直隶州。雍正十三年七月,升颍州直隶州为府,降亳州直隶州为属州,并入颍州府①。至清末,共辖8府、5直隶州、4州、51县。

1. 安庆府

治所即今安徽安庆市城区。明属南直隶。顺治二年七月属江南省,康熙六年为安徽省城。领6县:怀宁、桐城、潜山、太湖、宿松、望江县,至清末未变。

怀宁县,附郭,治所即今安徽安庆市城区。

桐城县,治所即今安徽桐城市城区。

潜山县,治所即今安徽潜山县驻地梅城镇。

太湖县,治所即今安徽太湖县驻地晋熙镇。

宿松县,治所即今安徽宿松县驻地孚玉镇。

望江县,治所即今安徽望江县驻地华阳镇。

2. 徽州府

治所即今安徽歙县驻地徽城镇。明属南直隶。顺治二年七月属江南省,康熙六年属安徽省。领6县:歙县、休宁、婺源、祁门、黟县、绩溪县。清末仍领6县。

歙县,附郭,治所即今安徽歙县驻地徽城镇。

休宁县,治所即今安徽休宁县驻地海阳镇。

婺源县,治所即今江西婺源县驻地紫阳镇。

祁门县,治所即今安徽祁门县驻地祁山镇。

黟县,治所即今安徽黟县驻地碧阳镇。

绩溪县,治所即今安徽绩溪县驻地华阳镇。

3. 宁国府

治所即今安徽宣城市宣州区城区。明属南直隶。顺治二年七月属江南省,康熙六年属安徽省。领6县:宣城、宁国、泾县、太平、旌德、南陵县。至清末未变。

宣城县,附郭,治所即今安徽宣城市宣州区。

泾县,治所即今安徽泾县驻地泾川镇。

南陵县,治所即今安徽南陵县驻地籍山镇。

---

① 乾隆《江南通志》卷4,第507册,第203页。

宁国县,治所在今安徽宁国市驻地西津街道。

旌德县,治所即今安徽旌德县驻地旌阳镇。

太平县,治所即今安徽黄山市黄山区东仙源镇。

4. 池州府

治所即今安徽池州市贵池区驻地。明属南直隶。顺治二年七月属江南省,康熙六年属安徽省。领6县:贵池、青阳、铜陵、石埭、建德、东流县。至清末未变。

贵池县,附郭,治所即今安徽池州市贵池区驻地池阳街道。

青阳县,治所即今安徽青阳县驻地蓉城镇。

铜陵县,治所即今安徽铜陵市城区。

石埭县,治所在今安徽黄山市黄山区西北广阳乡南的太平湖中。

建德县,治所即今安徽东至县驻地尧渡镇梅城村。

东流县,治所在今安徽东至县西北东流镇。

5. 太平府

治所即今安徽当涂县驻地姑孰镇。明属南直隶。顺治二年七月属江南省,康熙六年属安徽省。领3县:当涂、芜湖、繁昌县。清末仍领3县。

当涂县,附郭,治所即今安徽当涂县驻地姑孰镇。

芜湖县,治所即今安徽芜湖市城区。

繁昌县,治所即今安徽繁昌县驻地繁阳镇。

6. 庐州府

治今安徽合肥市城区。明属南直隶。顺治二年七月属江南省,康熙六年属安徽省。领2州6县:合肥、庐江、舒城县,无为州领巢县,六安州领英山、霍山县。雍正二年九月,升六安州为直隶州,英山、霍山2县往属[1]。领1州:无为州;4县:合肥、舒城、庐江、巢县。至清末未变。

合肥县,附郭,治今安徽合肥市城区。

庐江县,治所即今安徽庐江县驻地庐城镇。

舒城县,治所即今安徽舒城县驻地城关镇。

无为州,治所即今安徽无为县驻地无城镇。

巢县,治所即今安徽巢湖市卧牛山街道。初属无为州,雍正末属府。

7. 凤阳府

治所即今安徽凤阳县驻地府城镇。明属南直隶。顺治二年七月属江南

---

[1] 《世宗实录》卷24雍正二年九月己未,《清实录》,第7册,第383页。

省,康熙六年属安徽省。领5州13县:凤阳、临淮、怀远、定远、五河、虹县,寿州领霍丘、蒙城县,泗州领盱眙、天长县,宿州领灵璧县,颍州领颍上、太和县、亳州。雍正二年九月,升泗、颍、亳3州为直隶州,盱眙、天长、五河3县往属于泗州直隶州,颍上、霍丘2县往属颍州直隶州,太和、蒙城2县往属亳州直隶州。领2州:寿州、宿州;6县:凤阳、临淮、怀远、定远、灵璧、虹县。雍正十一年三月,置凤台县。乾隆十九年,省临淮县归并凤阳县。乾隆四十二年三月,徙泗州直隶州治于府属虹县,并裁虹县入泗州直隶州①。嘉庆八年析宿州地设南平厅,嘉庆十三年废入宿州②。领2州:寿州、宿州;5县:凤阳、怀远、定远、凤台、灵璧县。至清末未变。

凤阳县,附郭,治所即今安徽凤阳县驻地府城镇。乾隆十九年,临淮县并入。

怀远县,治所即今安徽怀远县驻地城关镇。

定远县,治所即今安徽定远县驻地定城镇。

寿州,治所即今安徽寿县驻地寿春镇。

凤台县,雍正十一年三月,析寿州地置③,与寿州同城而治④。为控制淮河流域,同治四年六月迁治下蔡镇⑤,即今安徽凤台县驻地城关镇。

宿州,治所即今安徽宿州市驻地埇桥区埇桥街道。

灵璧县,治所即今安徽灵璧县驻地灵城镇。初属宿州,雍正末属府。

临淮县,治所即今安徽凤阳县东北临淮关,乾隆十九年废⑥,地入凤阳县,为临淮乡。

南平厅,嘉庆八年析宿州地置,治所即今安徽濉溪县南南坪镇。嘉庆十三年废,地入宿州。

8. 颍州直隶州—颍州府

明为凤阳府颍州,领颍上、太和县,属南直隶。顺治二年七月属江南省,康熙六年属安徽省。雍正二年九月,升直隶州,治所即今安徽阜阳市颍州区,领颍上、霍

---

① 《高宗实录》卷1028乾隆四十二年三月庚午,《清实录》,第21册,第781页。
② 费淳、阿林保:《奏为宿州地方辽阔移设厅员事》(嘉庆八年六月初八日),中国第一历史档案馆藏嘉庆朝军机处录副奏折,档案号:03-1464-078。鄂云布:《奏请更定新设同知章程事》(嘉庆十三年三月十一日),中国第一历史档案馆嘉庆朝军机处录副奏折,档案号:03-1513-012。罗雪梅:《从政区厅到分防厅——清代安徽南平厅的设置与性质转换》,待刊。
③ 《世宗实录》卷129雍正十一年三月癸巳,《清实录》,第8册,第680页。
④ 乾隆《江南通志》卷21,第507册,第638页。
⑤ 《穆宗实录》卷144同治四年六月甲午,《清实录》,第48册,第378页。
⑥ 乾隆《清一统志》卷87"临淮故城",第475册,第720页。

丘县。雍正十三年七月,升为颍州府①,置附郭阜阳县,降亳州直隶州为属州,与太和、蒙城2县来属。领1州:亳州;5县:阜阳、颍上、霍丘、太和、蒙城县。同治四年,置涡阳县。领1州:亳州;6县:阜阳、颍上、霍丘、太和、蒙城、涡阳县。

阜阳县,附郭,治所即今安徽阜阳市颍州区。

颍上县,治所即今安徽颍上县驻地慎城镇。

霍丘县,治所即今安徽霍邱县驻地城关镇。初属寿州,雍正二年九月属颍州直隶州,雍正十三年七月属府。

亳州,治所即今安徽亳州市驻地谯城区。初属凤阳府,雍正二年九月升为直隶州,雍正十三年七月来属。

太和县,治所即今安徽太和县驻地城关镇。初属颍州,雍正二年九月属亳州,雍正三年七月来属。

蒙城县,治所即今安徽蒙城县驻地城关街道。初属寿州,雍正二年九月属亳州,雍正十三年七月属府。

涡阳县,因雉河集滨临涡河,地当冲要,同治四年六月析蒙城县置②,治所即今安徽涡阳县驻地城关街道。

9. 广德直隶州

治所即今安徽广德县驻地桃州镇。明属南直隶。顺治二年七月属江南省,康熙六年属安徽省。领建平县。

建平县,治郎步溪(今安徽郎溪县驻地建平镇)。

10. 滁州直隶州

治所即今安徽滁州市驻地琅琊区。明属南直隶。顺治二年七月属江南省,康熙六年属安徽省。领全椒、来安2县。

全椒县,治所即今安徽全椒县驻地襄河镇。

来安县,治所即今安徽来安县驻地新安镇。

11. 和州直隶州

治所即今安徽和县驻地历阳镇。明属南直隶。顺治二年七月属江南省,康熙六年属安徽省。领含山县。

含山县,治所即今安徽含山县驻地环峰镇。

12. 六安直隶州

明末为庐州府六安州,领英山、霍山县。清初因之。雍正二年九月,升直

---

① 《世宗实录》卷158雍正十三年七月己酉,《清实录》,第8册,第936页。
② 《穆宗实录》卷144同治四年六月甲午,《清实录》,第48册,第378页。

隶州,治所即今安徽六安市金安区城区,领2县:英山、霍山县。

英山县,治所即今湖北英山县驻地温泉镇。

霍山县,治所即今安徽霍山县驻地衡山镇。

13. 泗州直隶州

明末为凤阳府泗州,领盱眙、天长县。清初因之,治所在今江苏盱眙县西北洪泽湖中。康熙十九年,因淮河、洪泽湖大水,城被淹没,寄治于盱眙县东四十里盱眙山①。雍正二年九月,升直隶州。领3县:盱眙、天长、五河县。乾隆四十二年三月,徙治于凤阳府属虹县,裁虹县并入直隶州②,治所即今安徽泗县驻地泗城镇。

盱眙县,治所即今江苏盱眙县驻地盱城镇。

天长县,治所即今安徽天长市驻地天长街道。

五河县,治所即今安徽五河县驻地城关镇。初属凤阳府,雍正二年九月来属。

虹县,治所即今安徽泗县驻地泗城镇。属凤阳府。乾隆四十二年三月废,地入泗州。

14. 已裁府级政区

亳州直隶州,明末为凤阳府亳州,无属领。雍正二年九月,升直隶州,治所即今安徽亳州市驻地谯城区,领太和、蒙城县。雍正十三年七月,降为属州,往属颍州府。

---

① 乾隆《江南通志》卷21:"康熙十二年,知州李德燿修城及堤。其后淮、湖泛涨,堤不能支,城遂沦陷,寄治于盱眙山。"(第507册,第642页)又卷18:"盱眙山,在盱眙县东四十里。旧以形似名马鞍山,唐天宝中改今名。"(第507册,第595页)

② 《高宗实录》卷1028乾隆四十二年三月庚午,《清实录》,第21册,第781页。

第十章 江 西 省

明末辖13府：南昌、饶州、广信、南康、九江、建昌、抚州、临江、吉安、瑞州、袁州、赣州府，各府共辖1州、77县。

一、省行政机构

总督。顺治初，江西省由江南江西总督管辖。顺治十八年(1661)八月，命各省设总督一员，设江西总督①，驻省会南昌城。同年十二月，广信府亦归江西总督管理②。康熙四年(1665)五月，裁江西总督，仍设江南江西总督③。康熙十三年七月，因三藩之乱复设江西总督，驻省会南昌城④。康熙二十一年正月，裁江西总督缺，仍设江南江西总督⑤。

江西巡抚。顺治二年十月设，全称为巡抚江西地方兼理粮饷⑥，驻南昌府，管辖全省行政事务。乾隆十四年(1749)，兼提督衔⑦。

南赣巡抚。顺治二年十月设，全称为巡抚南赣汀韶等处地方提督军务⑧，驻赣州府，管理江西省南安府、赣州府、湖广省郴州地方、广东省南雄府、韶州府、惠州府与潮州府和平等县、福建省汀州府等地的军政事务⑨。康熙四年五

---

① 《圣祖实录》卷4顺治十八年八月己未、九月丁卯，《清实录》，第4册，第85、87页。按：雍正《江西通志》卷48载顺治中有江西总督之设："江西总督，康熙四年五月奉裁，归并江南总督，十三年复设，二十一年复裁。"首任江西总督为马国柱，顺治九年任，继任者为马鸣珮、郎廷佐。嘉庆《清会典事例》卷20言：顺治"九年，设江西总督一人，驻南昌府"。雍正《清会典》卷223言"总督江西军务一员，康熙四年裁并两江总督，十三年复设江西总督，二十一年裁。"(第9册，第3675页)未言顺治九年有江西总督之设。检《世祖实录》、乾隆《江南通志》等，马国柱、马鸣珮、郎廷佐三人均为江南江西总督。雍正《江西通志》、嘉庆《清会典事例》记载疑误。
② 《圣祖实录》卷5顺治十八年十二月己未，"江西广信一府，介在闽、浙之间，先因闽海用兵，分隶浙督兼辖，今江西既设总督衙门，宜专归江西督臣管理。"(《清实录》，第4册，第99页)
③ 《圣祖实录》卷15康熙四年五月丁未，《清实录》，第4册，第229页。
④ 《圣祖实录》卷48康熙十三年七月庚辰，《清实录》，第4册，第635页。
⑤ 《圣祖实录》卷100康熙二十一年正月己巳，《清实录》，第5册，第7页。
⑥ 《世祖实录》卷21顺治二年十月丙午，《清实录》，第3册，第185页。
⑦ 《高宗实录》卷339乾隆十四年四月己亥，《清实录》，第13册，第681页。
⑧ 《世祖实录》卷21顺治二年十月丙申，《清实录》，第3册，第184页。
⑨ 傅林祥：《晚明清初督抚辖区的两属与兼辖》，《安徽大学学报》社会科学版2010年第5期，第114页。唐立宗：《明代南赣巡抚辖区新探》，《历史地理》第19辑，第122页。

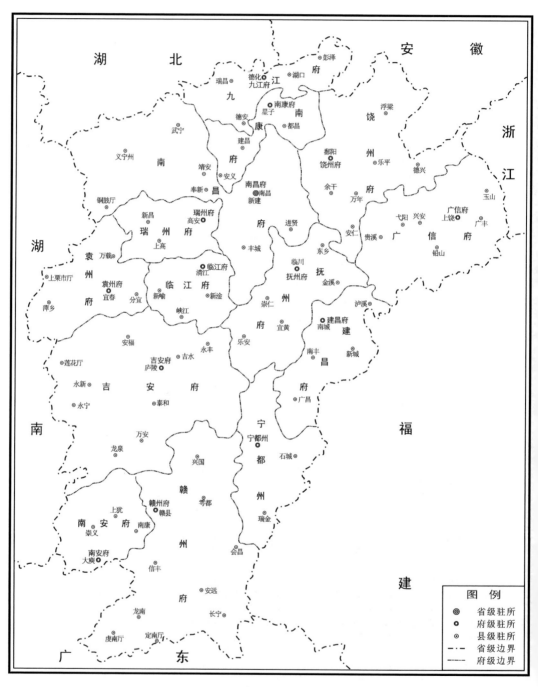

图 10 清末江西省政区图

月,因文武分治,巡抚不再兼管军事被裁①。

布按诸司及专务道。顺治二年十一月,设江西布政使司、按察使司②。专务道先后设有粮储道、驿盐道等。清末,有布政使、提学使、提法使、巡警道、劝业道等。

二、省城

沿袭明末制度,以南昌城为省会,即今江西南昌市城区。

三、省域

东界浙江、福建,南邻广东,西接湖南,北邻湖北、安徽。包括今江西省除婺源县外的区域,以及今安徽、湖北长江北岸的少量区域。乾隆三十三年,湖北省黄州府蕲州所辖的小江口地来属九江府德化县③。

四、守巡道

康熙六年七月前

分守南昌道,一名分守南瑞道,顺治二年十一月置④。驻瑞州府,辖南昌、瑞州2府⑤。康熙六年七月裁。

分巡南昌道,一作分巡南瑞道,驻宁州⑥。一说顺治末驻南昌府,兼管池州府盐法⑦。康熙六年七月裁⑧。

分守饶南九江道,一称饶南道、饶南九江道⑨、九江道⑩。顺治三年正月置⑪。驻饶州府⑫,辖境不详。康熙六年七月裁。

---

① 《圣祖实录》卷15康熙四年五月丁未,《清实录》,第4册,第229页。
② 《世祖实录》,第21顺治二年十一月戊寅,《清实录》,第3册,第190页。
③ 《高宗实录》卷816乾隆三十三年八月己巳,《清实录》,第18册,第1066页。
④ 《世祖实录》卷21顺治二年十一月戊寅,《清实录》,第3册,第190页。
⑤ 《江西巡抚郎廷佐揭报守巡驿盐各道裁并事宜》(顺治十三年九月),《明清档案》,第29册,第B16199页。
⑥ 《皇帝敕命王继祖分巡南昌道》(顺治二年十一月三十日),《明清档案》,第3册,第B1369页。
⑦ 《顺治十八年缙绅册》。
⑧ 按:雍正《江西通志》卷48:"分守南昌道,康熙六年七月奉裁,归并分巡为一缺,二十一年复裁。"(第514册,第560页)疑记载有误,本文作康熙六年七月同时裁分守、分巡道。
⑨ 《世祖实录》卷87顺治十一年十二月戊午,《清实录》,第3册,第686页。
⑩ 《世祖实录》卷96顺治十二年十二月壬戌,《清实录》,第3册,第751页。
⑪ 《世祖实录》卷23顺治三年正月戊辰,《清实录》,第3册,第201页。
⑫ 《江西巡抚郎廷佐揭报守巡驿盐各道裁并事宜》(顺治十三年九月),《明清档案》,第29册,第B16199页。

分巡饶南九江道,一称九江道、饶南九道①,顺治二年十二月置②。驻九江府,辖境不详,兼管池州府。康熙六年七月裁③。

分守湖东道,顺治三年二月置④,驻广信府,辖区不详。康熙元年七月裁分巡湖东道,本道当辖广信、建昌、抚州 3 府。康熙六年七月裁⑤。

分巡湖东道,一作广抚建道⑥、整饬广抚建兵巡道,约顺治三年正月置⑦,驻建昌府⑧,一说夏秋驻建昌府,冬春驻抚州府⑨。康熙元年七月裁⑩,并入分守道⑪。

分守湖西道,顺治三年四月置⑫,驻袁州府⑬,一说驻临江府⑭。辖境不详。康熙元年七月,分巡湖西道被裁,辖区并入本道⑮,当辖临江、吉安、抚州 3 府。此后,道员分别驻临江、吉安府各半年⑯。康熙六年七月裁⑰。

分巡湖西道,顺治二年十二月置⑱,驻吉安府,辖境不详。一说辖吉、临、袁 3 府兼制湖广茶陵、郴桂等处⑲。康熙元年七月裁⑳。

分守岭北道,顺治二年十一月置㉑,驻南安府,依明末制度辖南安、赣州 2

---

① 《世祖实录》卷 28 顺治三年七月庚辰,《清实录》,第 3 册,第 231 页。
② 《世祖实录》卷 22 顺治二年十二月丁酉,《清实录》,第 3 册,第 193 页。
③ 雍正《江西通志》卷 48,第 514 册,第 560 页。
④ 《世祖实录》卷 24 顺治三年二月壬辰,《清实录》,第 3 册,第 207 页。
⑤ 雍正《江西通志》卷 48,第 514 册,第 562 页。
⑥ 《世祖实录》卷 28 顺治三年八月庚辰,《清实录》,第 3 册,第 231 页。
⑦ 按:《世祖实录》卷 23 顺治三年正月戊辰,任随征内院典籍李蔚起为江西按察使司佥事抚州兵备道(《清实录》,第 3 册,第 201 页),疑是。
⑧ 《江西巡抚郎廷佐揭报守巡驿盐各道裁并事宜》(顺治十三年九月),《明清档案》,第 29 册,第 B16199 页。
⑨ 《顺治十八年缙绅册》。
⑩ 《圣祖实录》卷 6 康熙元年七月庚寅,《清实录》,第 4 册,第 117 页。
⑪ 光绪《清会典事例》卷 25,第 1 册,第 312 页。
⑫ 《世祖实录》卷 25 顺治三年四月甲申,《清实录》,第 3 册,第 214 页。
⑬ 《江西巡抚郎廷佐揭报守巡驿盐各道裁并事宜》(顺治十三年九月),《明清档案》,第 29 册,第 B16200 页。按:《东华续录》光绪 208,光绪三十三年七月,"至若萍乡县境,距省约六百里而遥。国初设湖西分守道、分巡道,皆驻其地。康熙年间先后裁撤。"(《续修四库全书》本,第 17 册,第 635 页)
⑭ 《顺治十八年缙绅册》。
⑮ 光绪《清会典事例》卷 25,第 1 册,第 312 页。
⑯ 雍正《江西通志》卷 19,第 513 册,第 634 页。
⑰ 雍正《江西通志》卷 48,第 514 册,第 562 页。
⑱ 《世祖实录》卷 22 顺治二年十二月壬寅,《清实录》,第 3 册,第 195 页。
⑲ 《顺治十八年缙绅册》。
⑳ 《圣祖实录》卷 6 康熙元年七月庚寅,《清实录》,第 4 册,第 117 页。
㉑ 《世祖实录》卷 21 顺治二年十一月戊寅,《清实录》,第 3 册,第 190 页。

府大部①。康熙六年七月裁②。

分巡岭北道,亦作赣州兵备道兼理分巡事务,顺治三年四月置③,驻赣州府,辖赣州府属赣县、于都、兴国、石城、龙南、安远、瑞金、信丰、会昌、长宁、宁都、定南等县,及境内军卫守御各官。其万安、龙泉、永丰、广昌、新城、南丰6县,并和平、武平2县,俱属管辖④。顺治十三年十一月裁。

康熙六年七月后

1. 督粮道

一作粮储道,顺治三年四月置⑤,驻南昌府,管理全省粮务。顺治十六年二月裁,寻复。康熙十年裁粮储道,设督粮道⑥。雍正九年(1731)二月分巡南昌、抚州、建昌3府⑦,称督粮兼巡南抚建道。乾隆十三年为江西通省督粮道兼巡南抚建等处地方,按察使司副使衔⑧。乾隆二十三年七月,兼水利衔⑨。光绪年间,称督粮兼巡南抚建道⑩。光绪三十四年(1908)十二月裁⑪。

2. 瑞袁临道——南瑞袁临道

初为驿盐道,驻南昌府,管理全省驿盐事务。雍正九年二月分巡袁州、瑞州、临江3府⑫。乾隆十三年为督理江西通省驿传盐法道兼巡瑞袁临等处地方,按察使司副使衔。乾隆二十三年七月,兼水利衔。光绪年间,称盐法兼巡瑞袁临道。光绪三十二年十二月,拟迁驻萍乡县⑬。光绪三十四年十二月,增辖南昌府,为盐法兼南瑞袁临道⑭。宣统元年(1909)三月,盐法事务归并布政司管辖,改名为分巡南瑞袁临兵备道⑮,移驻萍乡县,辖南昌、瑞州、袁州、临江

---

① 《皇帝敕命宋鹤庆分守岭北道》(顺治九年七月二十二日),《明清档案》,第15册,第B8079页。
② 雍正《江西通志》卷48,第514册,第563页。
③ 《世祖实录》卷25顺治三年四月甲申,《清实录》,第3册,第214页。
④ 《皇帝敕命李际期整饬赣州兵备兼理分巡岭北道》(顺治九年十月三日),《明清档案》,第15册,第B8477页。
⑤ 《世祖实录》卷25顺治三年四月甲申,《清实录》,第3册,第214页。
⑥ 雍正《江西通志》卷48,《四库全书》本,第514册,第557页。
⑦ 《世宗实录》卷103雍正九年二月癸丑,《清实录》,第8册,第366页。
⑧ 《缙绅新书》(乾隆十三年春),《清代缙绅录集成》,第1册,第172页。
⑨ 《高宗实录》卷566乾隆二十三年七月己亥,《清实录》,第16册,第185页。
⑩ 光绪《清会典事例》卷25,第1册,第311页。
⑪ 《宣统政纪》卷5光绪三十四年十二月辛巳,《清实录》,第60册,第107页。
⑫ 《世宗实录》卷103雍正九年二月癸丑,《清实录》,第8册,第366页。
⑬ 《德宗实录》卷568光绪三十二年十二月丙子,《清实录》,第59册,第516页。
⑭ 按:《宣统政纪》卷5无此事。《爵秩全书》(宣统元年冬)有分巡南瑞袁临道,应是裁督粮道后增辖。
⑮ 《江西巡抚冯汝骙奏裁撤粮道筹议巡警劝业各道事宜折》,《政治官报》,宣统元年三月十二日,第540号,第20册,第253页。《宣统政纪》卷43宣统二年十月壬午,《清实录》,第60册,第782页。

4府。同年六月,再次决定迁驻萍乡县①。宣统三年实行分科办事:"料理边务,颇形忙碌,现已分科治事。计为总务、民刑、兵备、会计等四科。惟经费困难,各科暂缓添设科长,一切事务概归杨道总理。"②

3. 饶南九道—广饶南九道—抚建广饶九南道

分巡饶南九道,康熙九年七月置③,驻饶州府④。辖饶州、南康、九江3府。雍正九年二月增辖广信府⑤,改名分巡广饶南九道⑥。乾隆十三年为分巡广饶九南道,布政使司参政衔。乾隆二十三年七月,兼水利衔⑦。乾隆三十一年二月,加兵备衔,为分巡广饶九南兼管水利兵备道⑧。乾隆四十三年六月,兼管九江关事务⑨,迁驻九江府⑩。宣统元年三月,增辖抚州、建昌2府,改为抚建广饶九南道。至清末未变。

4. 赣南道—吉南赣道—吉南赣宁道

初为分巡赣南道,一作南赣道,康熙九年七月置⑪,驻赣州府。辖赣州、南安2府。雍正九年二月增辖吉安府⑫,改为分巡吉南赣道,或仍称南赣道。乾隆十三年为吉南赣道,按察使司副使衔。乾隆二十年二月,增辖宁都直隶州⑬,改为吉南赣宁道。乾隆二十三年七月,兼水利衔。乾隆三十三年二月,加兵备衔,为分巡吉南赣宁兼管水利兵备道⑭。至清末未变。

5. 已裁各道

分巡南昌道,康熙十四年复置⑮,约驻南昌府。康熙二十一年十月裁。

分守湖西道,康熙十四年复置,约驻临江府。康熙二十一年十月裁。

分守湖东道,康熙十四年复置,约驻广信府。康熙二十一年十月裁⑯。

---

① 《宣统政纪》卷15宣统元年六月癸未,《清实录》,第60册,第293页。
② 《萍乡道实行分科办事》,《申报》第10370号,1911年4月2号,第11版。
③ 《圣祖实录》卷33康熙九年七月辛酉,《清实录》,第4册,第451页。
④ 雍正《江西通志》卷20,第513册,第660页。
⑤ 《世宗实录》卷103雍正九年二月癸丑,《清实录》,第8册,第366页。
⑥ 康熙《江西通志》卷2《建置沿革》。
⑦ 《高宗实录》卷566乾隆二十三年七月己亥,《清实录》,第16册,第185页。
⑧ 《高宗实录》卷805乾隆三十三年二月庚辰,《清实录》,第18册,第877页。
⑨ 《高宗实录》卷1058乾隆四十三年六月乙未,《清实录》,第22册,第140页。
⑩ 光绪《江西通志》卷69《建置略》。
⑪ 《圣祖实录》卷33康熙九年七月辛酉,《清实录》,第4册,第451页。
⑫ 《世宗实录》卷103雍正九年二月癸丑,《清实录》,第8册,第366页。
⑬ 《高宗实录》卷483乾隆二十年二月己巳,《清实录》,第15册,第51页。
⑭ 《高宗实录》卷805乾隆三十三年二月庚辰,《清实录》,第18册,第877页。
⑮ 雍正《江西通志》卷48,第514册,第557页。
⑯ 《圣祖实录》卷105康熙二十一年十月乙亥,《清实录》,第5册,第63页。

五、府厅州县

顺治二年因之,辖南昌、饶州、广信、南康、九江、建昌、抚州、临江、吉安、瑞州、袁州、赣州、南安等13府,以及1州、77县①。乾隆十九年四月,升宁都县为宁都直隶州②。至清末,领13府、1直隶州、5厅、1州、75县。

1. 南昌府

治所在今江西南昌市城区。顺治二年,沿明制,为省城,领1州7县:南昌、新建、丰城、进贤、奉新、靖安、武宁县,宁州。雍正七年十二月,新建县吴城镇往属南康府星子县③。雍正九年九月,吴城镇复属新建县④。嘉庆六年三月,宁州更名为义宁州。宣统二年,瑞州府铜鼓厅来属。宣统三年,领1厅:铜鼓厅;1州:义宁州;7县:南昌、新建、丰城、进贤、奉新、靖安、武宁县。

南昌县,附郭,治所在今江西南昌市城区。

新建县,附郭,治所在今江西南昌市城区。

丰城县,治所即今江西丰城市驻地北剑光街道。

进贤县,治所即今江西进贤县驻地民和镇。

奉新县,治所即今江西奉新县驻地冯川镇。

靖安县,治所即今江西靖安县驻地双溪镇。

武宁县,治所即今江西武宁县驻地新宁镇。

义宁州,治所即今江西修水县驻地义宁镇。原名宁州,嘉庆六年三月改名⑤。

铜鼓厅,原为宁州铜鼓营地。雍正三年七月,移瑞州府同知驻此⑥,后称瑞州府管理水利兼管义宁州总捕同知⑦。光绪三十三年七月,经端方等奏准,仿照湖南省古丈坪厅成案,辖区内命盗词讼案件统归同知审理解勘,钱粮仍令州县照旧经管⑧。宣统二年正月正式实施,改设抚民同知,隶属于南昌府⑨。治所即今江西铜鼓县驻地永宁镇。

---

① 万历《明会典》卷15,第94页;康熙《清会典》卷18,第1册上,第181页。
② 《高宗实录》卷461乾隆十九年四月己酉,《清实录》,第14册,第992页。
③ 《世宗实录》卷89雍正七年十二月乙巳,《清实录》,第8册,第196页。
④ 《世宗实录》卷110雍正九年九月甲戌,《清实录》,第8册,第464页。
⑤ 《仁宗实录》卷81嘉庆六年二月己亥,《清实录》,第29册,第47页。
⑥ 《世宗实录》卷34雍正三年七月辛丑,《清实录》,第7册,第514页。
⑦ 《仁宗实录》卷95嘉庆七年三月壬午,《清实录》,第29册,第272页。
⑧ 《东华续录》光绪208光绪三十三年七月庚寅,第17册,第635页。
⑨ 《民政部奏议覆赣抚奏铜鼓厅同知划定分治界址拟请改隶折》,《大清新法令》点校本,第9卷,第498页。

2. 饶州府

治所即今江西波阳县驻地鄱阳镇。顺治二年,沿明制,领7县:鄱阳、余干、乐平、浮梁、德兴、安仁、万年县。至清末未变。

鄱阳县,附郭,治所即今江西波阳县驻地鄱阳镇。

余干县,治所即今江西余干县驻地玉亭镇。

乐平县,治所即今江西乐平市驻地洎阳街道。

浮梁县,治所即今江西浮梁县驻地浮梁镇。

德兴县,治所即今江西德兴市驻地银城街道。

安仁县,治所在今江西余江县驻地邓家埠镇东北锦江镇。

万年县,治所在今江西万年县西青云镇。

3. 广信府

治所在今江西上饶市信州区城区。顺治二年,沿明制,领7县:上饶、玉山、弋阳、贵溪、铅山、永丰、兴安县。雍正九年三月,永丰县改名为广丰县。至清末仍领7县。

上饶县,附郭,治所在今江西上饶市信州区城区。

玉山县,治所即今江西玉山县驻地冰溪镇。

弋阳县,治所即今江西弋阳县驻地弋江镇。

贵溪县,治所即今江西贵溪市雄石街道。

铅山县,治所在今江西铅山县东南永平镇。

广丰县,初名永丰县,因与本省吉安府永丰县重名,于雍正九年三月改名①,治所即今江西广丰县驻地永丰镇。

兴安县,治所即今江西横峰县驻地兴安街道。

4. 南康府

治所即今江西星子县驻地南康镇。顺治二年,沿明制,领4县:星子、都昌、建昌、安义县。雍正七年十二月,南昌府新建县吴城镇改属星子县。雍正九年九月,吴城镇复属新建县②。至清末未变。

星子县,附郭,治所即今江西星子县驻地南康镇。

都昌县,治所即今江西都昌县驻地都昌镇。

建昌县,治所在今江西永修县西北艾城镇。

---

① 《世宗实录》卷104雍正九年三月庚戌,《清实录》,第8册,第381页。

② 《兼管吏部尚书事张廷玉题议准江西星子县吴城镇改隶新建县本》(雍正九年九月十四日),《雍正朝吏科史书》,第66册,第172页。

安义县,治所即今江西安义县驻地龙津镇。

5. 九江府

治所即今江西九江市浔阳区。顺治二年,沿明制,领5县:德化、德安、瑞昌、湖口、彭泽县。至清末未变。

德化县,附郭,治所即今江西九江市浔阳区。

德安县,治所即今江西德安县驻地蒲亭镇。

瑞昌县,治所即今江西瑞昌市驻地湓城街道。

湖口县,治所即今江西湖口县驻地双钟镇。

彭泽县,治所即今江西彭泽县驻地龙城镇。

6. 建昌府

治所即今江西南城县驻地建昌镇。顺治二年,沿明制,领5县:南城、新城、南丰、广昌、泸溪县。至清末未变。

南城县,附郭,治所即今江西南城县驻地建昌镇。

新城县,治所即今江西黎川县驻地日峰镇。

南丰县,治所即今江西南丰县驻地琴城镇。

广昌县,治所即今江西广昌县驻地旴江镇。

泸溪县,治所即今江西资溪县驻地鹤城镇。

7. 抚州府

治所即今江西抚州市临川区城区。顺治二年,沿明制,领6县:临川、崇仁、金溪、宜黄、乐安、东乡县。至清末未变。

临川县,附郭,治所即今江西抚州市临川区城区。

崇仁县,治所即今江西崇仁县驻地巴山镇。

金溪县,治所即今江西金溪县驻地秀谷镇。

宜黄县,治所即今江西宜黄县驻地凤冈镇。

乐安县,治所即今江西乐安县驻地鳌溪镇。

东乡县,治所即今江西东乡县驻地孝岗镇。

8. 临江府

治所在今江西樟树市西南临江镇。顺治二年,沿明制,领4县:清江、新淦、峡江、新喻县。至清末未变。

清江县,附郭,治所在今江西樟树市西南临江镇。

新淦县,治所即今江西新干县驻地金川镇。

新喻县,治所即今江西新余市渝水区城区。

峡江县,治所即今江西峡江县驻地水边镇。

9. 瑞州府

治所即今江西高安市驻地瑞州街道。顺治二年,沿明制,领3县:高安、上高、新昌县。至清末未变。

高安县,附郭,治所即今江西高安市驻地瑞州街道。

上高县,治所即今江西上高县驻地敖阳街道。

新昌县,治所即今江西宜丰县驻地新昌镇。

10. 袁州府

治所即今江西宜春市袁州区驻地灵泉街道。顺治二年,沿明制,领4县:宜春、分宜、萍乡、万载县。光绪三十三年设上栗市厅①。宣统三年领1厅4县。

宜春县,附郭,治所即今江西宜春市袁州区城区。

分宜县,治所在今江西分宜县南江口水库中。

萍乡县,治所即今江西萍乡市安源区城区。

万载县,治所即今江西万载县驻地康乐街道。

上栗市厅,初为萍乡县地。光绪三十二年十二月,翰林院侍讲吴士鉴奏江西义宁州、萍乡县邻近湖南省,辖境太宽,请增设县治②。经端方、张之洞、瑞良、岑春煊等合议具奏,于光绪三十三年七月议准,仿照道光二年湖南省古丈坪厅设置成案,将袁州府同知移驻上栗市,改为上栗市厅抚民同知,管辖萍乡县西北界连湖南省之安乐、钦风、归圣三乡,所辖地方命盗词讼案件统归同知审理解勘,钱粮仍令州县照旧经管③。驻上栗市,即今江西上栗县驻地上栗镇。因归圣、钦风两乡离厅治较远,宣统三年闰六月,江西巡抚奏请将两乡仍归萍乡县管辖④。

11. 吉安府

治所即今江西吉安市城区。顺治二年,沿明制,领9县:庐陵、泰和、吉水、永丰、安福、龙泉、万安、永新、永宁县。乾隆八年十月,置莲花厅。领1厅:莲花厅;9县:庐陵、泰和、吉水、永丰、安福、龙泉、万安、永新、永宁县。至清末未变。

庐陵县,附郭,治所即今江西吉安市吉州区永叔街道。

---

① 按:《近六十年全国郡县增建志要》卷上言上栗市厅在民国元年2月裁并。民国元年9月16日公布的《更正众议院议员各省覆选区表》:"第四区。原列之'上栗县'三字删。萍乡县下加一注:'旧萍乡、上栗两县'七字。"

② 《德宗实录》卷568 光绪三十二年十二月丙子,《清实录》,第59册,第516页。

③ 《东华续录》光绪208,光绪三十三年七月庚寅,第17册,第635页。

④ 《宣统政纪》卷57 光绪三年闰六月辛丑,《清实录》,第60册,第1017页。

泰和县,治所即今江西泰和县驻地澄江镇。
吉水县,治所即今江西吉水县驻地文峰镇。
永丰县,治所即今江西永丰县驻地恩江镇。
安福县,治所即今江西安福县驻地平都镇。
龙泉县,治所即今江西遂川县驻地泉江镇。
万安县,治所即今江西万安县驻地芙蓉镇。
永新县,治所即今江西永新县驻地禾川镇。
永宁县,治所在今江西井冈山市西新城镇。

莲花厅,乾隆八年十月,析永新、安福两县之砻西、上西两乡地置①,治所即今江西莲花县驻地琴亭镇。

12. 赣州府

治所即今江西赣州市章贡区城区。顺治二年,沿明制,领12县:赣县、雩都、信丰、兴国、会昌、安远、长宁、宁都、瑞金、龙南、石城、定南县。乾隆十九年四月,升宁都县为宁都直隶州,瑞金、石城2县往隶②。乾隆三十八年七月,升定南县为定南厅。光绪二十九年闰五月,置虔南厅。领2厅:定南厅、虔南厅;8县:赣县、雩都、信丰、兴国、会昌、安远、长宁、龙南县。

赣县,附郭,治所即今江西赣州市城区。
雩都县,治所即今江西于都县驻地贡江镇。
信丰县,治所即今江西信丰县驻地嘉定镇。
兴国县,治所即今江西兴国县驻地潋江镇。
会昌县,治所即今江西会昌县驻地文武坝镇。
安远县,治所即今江西安远县驻地欣山镇。
长宁县,治所即今江西寻乌县驻地长宁镇。
龙南县,治所即今江西龙南县驻地龙南镇。

定南厅,初为定南县,因"地处万山,界连江广,政繁剧,向设知县不足以资弹压",于乾隆三十八年七月改设厅③,治所在今江西定南县南老城镇。

虔南厅,光绪二十九年闰五月析龙南县大龙、新兴、太平3堡和信丰县杨溪堡置④,治所即今江西全南县驻地城厢镇。太平堡距厅治路隔九十余里,且

---

① 《高宗实录》卷203乾隆八年十月甲戌,《清实录》,第12册,第617页。
② 《高宗实录》卷461乾隆十九年四月己酉,《清实录》,第14册,第992页。
③ 《高宗实录》卷938乾隆三十八年七月癸亥,《清实录》,第20册,第646页。
④ 《德宗实录》卷517光绪二十九年闰五月癸卯,《清实录》,第58册,第831页;又卷536光绪三十年十月戊辰,第59册,第140页。

沿途为深山邃谷,人迹稀少,山路险僻难行,仍归属龙南县①。

13. 南安府

治所即今江西大余县驻地南安镇。顺治二年,沿明制,领 4 县:大庾、南康、上犹、崇义县。至清末未变。

大庾县,附郭,治所即今江西大余县驻地南安镇。

南康县,治所即今江西南康市驻地蓉江街道。

上犹县,治所即今江西上犹县驻地东山镇。

崇义县,治所即今江西崇义县驻地横水镇。

14. 宁都直隶州

乾隆十九年四月,因赣州府管辖 12 县,地方辽阔,查察难周,升宁都县为宁都直隶州,治所即今江西宁都县驻地梅江镇,分管瑞金、石城 2 县②。

瑞金县,治所即今江西瑞金市驻地象湖镇。

石城县,治所即今江西石城县驻地琴江镇。

---

① 光绪三十年十月初八日署江西巡抚陕西布政使夏旹奏折,《光绪朝硃批奏折》,第 1 册,第 421 页。
② 《高宗实录》卷 461 乾隆十九年四月己酉,《清实录》,第 14 册,第 992 页。

第十一章 福　建　省

明末，福建布政使司领8府：福州、泉州、建宁、延平、汀州、兴化、邵武、漳州府；1直隶州：福宁州；各府直隶州共辖57县。

一、省行政机构

总督、巡抚。顺治二年(1645)十一月改浙江总督为浙江福建总督，全称总督浙江福建军务兼理粮饷①，简称浙闽总督②，驻杭州城。顺治五年五月，移驻衢州城③。顺治十一年七月后，移驻杭州城④。顺治十五年七月，分设福建总督⑤，驻漳州府⑥。康熙八年(1669)三月，复设浙闽总督⑦。康熙九年二月，分设福建总督⑧，仍驻漳州府。康熙十一年九月，自漳州府移驻省城⑨。康熙二十六年三月，改福建总督为福建浙江总督，总管两省⑩，驻福州府，或称浙江福建总督。雍正五年(1727)十一月，复设浙江总督，浙江福建总督再次改为福建总督。雍正十二年十月，裁浙江总督，复设浙闽总督⑪。乾隆元年(1736)二

---

① 《世祖实录》卷21顺治二年十一月壬子，《清实录》，第3册，第186页。
② 《世祖实录》卷24顺治三年二月戊戌，《清实录》，第3册，第208页。
③ 《世祖实录》卷38顺治五年五月丁亥，《清实录》，第3册，第310页。
④ 按：《世祖实录》卷108顺治十四年三月戊辰，"初，上以浙闽总督屯泰、巡抚秦世祯玩误封疆职守，命吏部都察院详察具奏。至是部院议奏，浙闽总督原驻衢州，居中调度，乃屯泰移驻杭州，争居抚署。及舟山、台州等处相继失守，又不一至海上亲视情形。"(《清实录》，第3册，第851页)屯泰(《浙江通志》、《福建通志》作"佟代")于顺治十一年七月丙辰任浙闽总督，李率泰于顺治十三年二月继任，当在此时间段内移驻杭州城。
⑤ 《世祖实录》卷119顺治十五年七月己未，《清实录》，第3册，第925页。
⑥ 光绪《清会典事例》卷23，第1册，第291页。
⑦ 雍正《清会典》卷223，第9册，第3674页；《圣祖实录》卷28康熙八年三月丙辰，《清实录》，第4册，第392页。
⑧ 《圣祖实录》卷32康熙九年三月庚午，《清实录》，第4册，第437页。
⑨ 《圣祖实录》卷40康熙十一年九月丁酉，《清实录》，第4册，第535页。
⑩ 《圣祖实录》卷129康熙二十六年三月乙酉，《清实录》，第5册，第388页。按：雍正《浙江通志》卷121："施维翰，字及甫，江南上海人进士。康熙二十二年任（总督），二十三年改为福浙总督。自后皆福浙总督。"(第522册，第232页)当误。
⑪ 《世宗实录》卷148雍正十二年十月戊午，《清实录》，第8册，第838页。

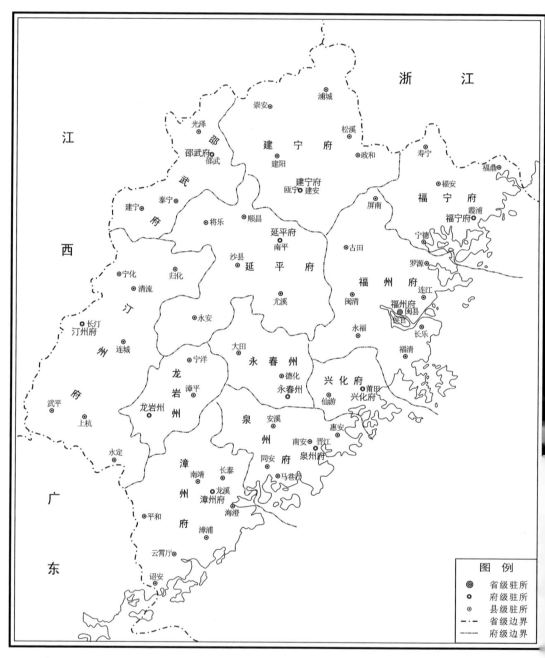

图 11 清末福建省政区图

月,复设浙江总督,保留闽浙总督,专管福建事务①。从此年起,《清实录》中称之为"闽浙总督"。乾隆三年九月,裁浙江总督,仍设闽浙总督②。光绪十一年(1885)九月,福建巡抚改为台湾巡抚,浙闽总督兼管福建巡抚事③。

顺治四年二月,沿袭明制,设福建巡抚④,驻福州府。同治十三年(1874)十二月,沈葆桢等奏请将福建巡抚移扎台湾⑤。光绪元年五月,部议福建巡抚移驻台湾⑥。光绪十一年九月,改为台湾巡抚。

布按诸司及专务道。顺治四年二月,置布政使司、按察使司⑦。专务道先后设有巡海道、驿盐道、粮储道。清末设有布政使、提学使、提法使、巡警道、劝业道等。

二、省城

沿明制,以福州城为省城,即今福建福州市城区。

三、省域

康熙二十二年,统一台湾。次年,置台湾府。光绪十一年台湾建省,辖区缩小。清末,东为台湾海峡,西邻广东、江西,北界浙江。

四、守巡道

康熙六年七月前

分守福宁道,顺治四年二月置⑧。驻兴化府。《顺治十八年缙绅册》谓"分守福兴泉三府兼福宁州"。康熙六年七月裁⑨。

分巡兴泉道,顺治四年二月置⑩。驻泉州府。《顺治十八年缙绅册》谓"分巡福泉永三府"。康熙六年七月裁⑪。

---

① 《高宗实录》卷13乾隆元年二月甲申,《清实录》,第9册,第380页。
② 《高宗实录》卷76乾隆三年九月癸亥,《清实录》,第10册,第207页。
③ 《德宗实录》卷215光绪十一年九月己亥,《清实录》,第54册,第1023页。
④ 《世祖实录》卷30顺治四年二月戊戌,《清实录》,第3册,第253页。
⑤ 《德宗实录》卷1同治十三年十二月庚辰,《清实录》,第52册,第83页。
⑥ 《德宗实录》卷10光绪元年五月戊午,《清实录》,第52册,第200页。
⑦⑧ 《世祖实录》卷30顺治四年二月戊戌,《清实录》,第3册,第253页。
⑨ 乾隆《福建通志》卷20,第528册,第75页。
⑩ 《世祖实录》卷30顺治四年二月戊戌,《清实录》,第3册,第253页。
⑪ 乾隆《福建通志》卷20,第528册,第76页。

分巡福宁道,一作整饬福宁道,顺治四年二月置。驻福宁州①。康熙六年七月裁。

分守建南道,顺治四年二月置。驻延平府,辖区同明代。康熙四年六月移驻汀州府。兼辖邵武府②。康熙六年七月裁。

分巡建南道,顺治四年二月置,驻建宁府。康熙六年七月裁。

分守漳南道,简称守漳道,顺治四年二月置。驻漳州府,辖区同明代。康熙二年移驻上杭县③。三年六月,因漳汀地方辽阔,仍驻漳州府④。康熙六年七月裁⑤。

分巡漳南兵备道,简称巡漳道,顺治四年二月置,驻上杭县。兼辖广东饶平、大埔2县。康熙元年七月裁⑥,事务归并分守道兼理。

康熙六年七月后

1. 粮储道—宁福海防道—粮储道

管理通省清军粮驿道,雍正四年置,驻福州府,为按察使司副使衔。雍正十二年六月,兼分巡福州府、福宁直隶州⑦。乾隆二十三年十一月,加水利衔⑧。嘉庆十一年(1806)十二月,改置为分巡宁福海防道,移驻福宁府⑨。嘉庆十九年四月,改宁福道仍为粮储道⑩,驻福州府,仍分巡地方。宣统二年四月裁⑪。

2. 巡海道—汀漳龙道

初为巡海道,康熙七年五月,自福州府移驻漳州府⑫。康熙九年四月兼管漳州、汀州2府海防事务⑬。康熙十七年添设汀漳道,本道不再分巡汀漳2府。康熙二十二年四月,复管汀漳二府分巡事务⑭。雍正四年为分巡巡海汀漳道,按察使司副使衔。雍正十二年,增辖龙岩直隶州⑮。此后称汀漳龙道。乾隆十三

---

① 乾隆《福建通志》卷20,第528册,第76页。
② 《圣祖实录》卷15康熙四年六月壬戌,《清实录》,第4册,第231页。
③ 乾隆《福建通志》卷20,《四库全书》本,第528册,第75页。
④ 《圣祖实录》卷15康熙四年六月壬戌,《清实录》,第4册,第231页。
⑤ 乾隆《福建通志》卷20,第528册,第75页。
⑥ 《圣祖实录》卷6康熙元年七月丙申,《清实录》,第4册,第118页;又卷7康熙元年十二月甲寅,第4册,第129页。
⑦ 乾隆《福建通志》卷20,第528册,第75页。
⑧ 《高宗实录》卷574乾隆二十三年十一月丁亥,《清实录》,第16册,第295页。
⑨ 《仁宗实录》卷172嘉庆十一年十二月己亥,《清实录》,第30册,第255页。
⑩ 《仁宗实录》卷289嘉庆十九年四月甲戌,《清实录》,第31册,第953页。
⑪ 《宣统政纪》卷34宣统二年四月丙子,《清实录》,第60册,第607页。
⑫ 《圣祖实录》卷26康熙七年五月壬寅,《清实录》,第4册,第358页。
⑬ 《圣祖实录》卷33康熙九年四月丁亥,《清实录》,第4册,第440页。
⑭ 《圣祖实录》卷109康熙二十二年五月丁巳,《清实录》,第5册,第116页。
⑮ 《世宗实录》卷143雍正十二年五月辛卯,《清实录》,第8册,第794页。

年为分巡巡海汀漳龙道,按察使司副使衔。乾隆三十二年三月,加兵备衔①。

3. 延建邵道

分巡道,康熙九年四月置②。驻延平府③。管理延平、建宁、邵武3府。雍正四年为按察使司副使衔。咸丰七年(1857),加兵备衔④。光绪三年二月,除兵备衔⑤。

4. 兴泉道——兴泉永道

分守兴泉道,康熙九年四月复置⑥。驻泉州府,管理兴化、泉州2府及二府海防事务。雍正四年为布政使司副使衔。雍正五年二月移驻厦门,兼衔巡海⑦。雍正十二年,增辖永春直隶州,此后称兴泉永道。辖兴化、泉州2府和永春直隶州。乾隆二十三年十一月,加水利衔⑧。乾隆三十二年三月,加兵备衔⑨。

5. 已裁各道

驿盐道,即清军驿传道,兼理盐法。顺治四年二月置⑩,驻福州府。康熙九年四月兼管福州府、福宁直隶州海防事务⑪。康熙三十九年与粮储道合并为驿粮道⑫。雍正四年,改为盐法道⑬,称福建都转盐运使兼盐法道。雍正十二年六月,不再分巡地方,专管盐政⑭。

分守汀漳道,康熙十七年置⑮。驻上杭县,管辖汀州、漳州2府。康熙二十一年裁。

五、府厅州县

顺治四年,沿明制,领8府:福州、泉州、建宁、延平、汀州、兴化、邵武、漳

---

① 《高宗实录》卷780乾隆三十二年三月乙酉,《清实录》,第18册,第599页。
② 《圣祖实录》卷33康熙九年四月丁亥,《清实录》,第4册,第440页。
③ 乾隆《福建通志》卷20,第528册,第76页。
④ 光绪《清会典事例》卷25,第1册,第321页。
⑤ 《德宗实录》卷48光绪三年二月丙午,《清实录》,第52册,第666页。
⑥ 《圣祖实录》卷33康熙九年四月丁亥,《清实录》,第4册,第440页。
⑦ 《世宗实录》卷53雍正五年二月甲戌,《清实录》,第7册,第805页。
⑧ 《高宗实录》卷574乾隆二十三年十一月丁亥,《清实录》,第16册,第295页。
⑨ 《高宗实录》卷780乾隆三十二年三月乙酉,《清实录》,第18册,第599页。
⑩ 《世祖实录》卷30顺治四年二月戊戌,《清实录》,第3册,第253页。
⑪ 《圣祖实录》卷33康熙九年四月丁亥,《清实录》,第4册,第440页。
⑫ 《圣祖实录》卷199康熙三十九年五月癸巳,《清实录》,第6册,第20页。
⑬ 乾隆《福建通志》卷20,第528册,第75页。
⑭ 《世宗实录》卷144雍正十二年六月壬子,《清实录》,第8册,第801页。
⑮ 乾隆《福建通志》卷20,第528册,第75页。

州府；福宁直隶州。康熙二十三年四月，置台湾府①。雍正十二年五月，升福宁直隶州为府，置永春、龙岩2直隶州。光绪元年十二月，析置台北府。光绪十一年，析置台湾省，台湾府、台北府往属，福建省领9府、2直隶州、2厅、58县。

按：嘉庆《清会典》卷10《户部》载福建省有"厅四：泉州府领马港厅，漳州府领云霄厅，台湾府领淡水厅、澎湖厅"②。嘉庆《清会典事例》卷128《户部》福建省无此四厅。光绪《清会典》卷14《户部》：福建省"厅六：福州府领南台厅、平潭厅，泉州府领厦门厅、马港厅，漳州府领云霄厅、石马厅"③。光绪《清会典事例》卷152《户部》福建省无此六厅。由此可见，《会典》与《事例》各有其传承关系，两者对厅的记载历来有异。对于这六厅，清末民国初的记载各异。民国元年《参议院议员各省复选区表》记载有思明县（旧厦门），无其他五厅。1914年8月版《全国行政区划表》载平潭厅、厦门厅、云霄厅均改县，无其他三厅。刘锦藻《清朝续文献通考》卷315只载有云霄厅。

马港厅，即马巷厅。民国《同安县志》卷3谓民国元年改"马巷厅为县佐"，并入同安县。云霄厅，光绪《漳州府志》卷1记载为政区。这两个厅在清代为县级政区，当无疑义。

厦门厅，光绪《同安县志》卷1仍将该区域视作县域一部分，民国《厦门市志》卷1载："清顺治十二年郑成功据厦门，设思明州，旋废。后虽曾驻水师提督、海防厅、兴泉永道，概称厦门。光绪二十五年规定：'嗣后凡遇中外交涉案件，在福州口者统归福防同知专办，在厦门口者统归厦防同知专办，饬令随时了结。其命盗重案仍由各该县承审，以昭慎重而专责成。'"④由此可见，到清末仍为分防同知。吴承湜《近六十年全国郡县增建志要》卷上虽然载有厦门厅，但所据非原始档案资料，亦无设治时间。清末厦门应仍属同安县，不是政区。

平潭厅，民国《平潭县志》卷3载民国元年初平潭改设分防委员，经平潭士民请求改县，到十月份才奉闽都督府民政司令改厅为县⑤，且清宣统年间所置民间团体均不是县级，所以平潭厅在清代不能作政区。

---

① 《圣祖实录》卷115康熙二十三年四月己酉，《清实录》，第5册，第191页。
② 嘉庆《清会典》卷10，第12册，第120页。
③ 光绪《清会典》卷14，第16册，第121页。
④ 光绪二十五年十一月二十四日闽浙总督兼署福州将军许应骙奏折，《光绪朝硃批奏折》，第1册，第314页。
⑤ 民国《平潭县志》卷3，《中国地方志集成·福建府县志辑》影印本，第540页。

南台厅，即福州府驻南台岛海防同知，民国《闽侯县志》卷6载"海防同知厅原在治内东偏。清雍正十二年移驻南台霞浦街"[①]。

石马厅，即石码厅，据民国《石码厅志》记载，"宣统三年分石码为龙溪县之第六区"[②]。因此，厦门、平潭、南台、石码四厅在清末均非政区。

1. 福州府

治所即今福建福州市城区。附郭。顺治四年，沿明制，领9县：闽县、侯官、古田、闽清、长乐、连江、罗源、永福、福清县。雍正十二年五月，置屏南县。领10县，至清末未变。

闽县，附郭，治所即今福建福州市区。

侯官县，附郭，治所即今福建福州市区。

长乐县，治所即今福建长乐市驻地吴航街道。

福清县，治所即今福建闽清县驻地梅城镇。

连江县，治所即今福建连江县驻地凤城街道。

罗源县，治所即今福建罗源县驻地凤山街道。

古田县，治所在今福建古田县驻地东古田溪水库区。

屏南县，因古田县地方辽阔，钱粮积欠难清，雍正十二年五月析置[③]，治所在今福建屏南县驻地古峰镇东北双溪镇。

闽清县，治所即今福建闽清县驻地梅城镇。

永福县，治所即今福建永泰县驻地樟城镇。

2. 泉州府

治所即今福建泉州市城区。顺治四年，沿明制，领7县：晋江、南安、惠安、德化、安溪、同安、永春县。雍正十二年五月，因府境"俗悍民刁，地方太广"，析永春、德化二县及延平府大田县置永春直隶州[④]。乾隆三十九年七月，置马巷厅。领1厅：马巷厅；5县：晋江、南安、惠安、安溪、同安县。至清末未变。

晋江县，附郭，治所即今福建泉州市城区。

南安县，治所即今福建南安市东丰州镇。

惠安县，治所即今福建惠安县驻地螺城镇。

[①] 民国《闽侯县志》卷8，《中国地方志集成·福建府县志辑》影印本，第49页。
[②] 林凤声：《石码镇志·建置沿革》，《中国地方志集成·乡镇志辑》影印本，第26册，第743页。
[③][④] 《世宗实录》卷143雍正十二年五月辛卯，《清实录》，第8册，第794页。

同安县①，治所即今福建厦门市同安区驻地大同街道。

安溪县，治所即今福建安溪县驻地凤城镇。

马巷厅，原为同安县马家巷，因同安县为边海要区，幅员辽阔，政务殷繁，东部翔风、民安、同禾三里共五十八保皆为沿海村镇，多属大姓聚居，每恃离城窎远，逞强不法，乾隆三十九年七月，徙金门通判驻马巷，管辖3里68保的一切刑名钱谷事件②，由此置厅。治所在今福建厦门市翔安区北马巷镇。

3. 建宁府

治所即今福建建瓯市建安街道。顺治四年，沿明制，领8县：建安、瓯宁、建阳、崇安、浦城、政和、松溪、寿宁县。雍正十二年五月，寿宁县往属福宁府。领7县，至清末未变。

建安县，附郭，治所即今福建建瓯市建安街道。

瓯宁县，附郭，治所即今福建建瓯市建安街道。

建阳县，治所即今福建建阳市驻地潭城街道。

崇安县，治所即今福建武夷山市驻地崇城街道。

浦城县，治所即今福建浦城县驻地南浦街道。

---

① 按：康熙二十五年，以泉州府海防同知驻厦门。嘉庆《同安县志》卷1：康熙"二十五年，以泉（防）同知驻此。雍正二年又以兴泉永道驻焉。"（第18页）且在同卷《沿革》中仅言乾隆四十年析置马巷厅。道光《厦门志》周凯序："厦门处泉漳之交，扼台湾之要，为东南门户，十闽之保障，海疆之要区也。故武则命水师提督帅五营弁兵守之，文则移兴泉永道、泉防同知驻焉。……凯以道光十年冬观察闽南政事，余闲披览载藉，二府一州一厅九县之《志》，莫不备具。"周凯在道光十二年时任兴泉永海防兵备道，所言"一厅"指马家巷厅，而不是驻厦门的泉防同知。故驻厦门的泉州府海防同知为分防厅，非行政区划。

② 乾隆《马巷厅志》卷1《建置沿革》，光绪重刊本。按：嘉庆、光绪《清会典》及《清会典事例》户部均未将马巷厅作为政区。乾隆《马巷厅志》卷1收录有闽浙总督钟音的奏折，规定68保"一切刑名钱谷事件概归通判管理"，"其审理重大案件仍由该府核转"，是钱谷刑名事件均与同安县无关。但厅县之间仍有一些关联事务，"遇有青黄不接，应行粜济，仍由县仓拨运，设厂开粜，事竣仍将粜价归县习补，毋庸另议建仓"。嘉庆《同安县志》卷1："同安县旧辖一十二里。乾隆四十年通判移驻马巷，割民安、同禾、翔风等都里田赋归马巷厅分征。"由此可见同安县已经认为马巷厅是一个独立的政区。同治《福建通志》卷2也未将马巷厅作县级政区处理，但在同安县沿革末尾处引《同安县志》："乾隆四十年移金门通判改驻马巷，割同安县东同禾里、民安里及翔风全里设马巷厅。"（第36页）该志关于清代福建政区的立目，可能是以乾隆《清一统志》为标准，乾隆《清一统志》未载之政区，或未立目（如卷3漳州府无云霄厅），或作附录（如卷3台湾府之淡水厅、澎湖厅、噶玛兰厅）处理。该志卷8《山川》作"附马巷厅"，将同安县与马巷厅的山川分开记载，而同时存在的厦门分防同知未作如此处理。又按：据乾隆《马巷厅志》卷1《沿革》记载，通判移马家巷为乾隆四十年，同安县三里归属通判的时间为乾隆四十一年。再按：牛平汉《综表》谓光绪九年裁马巷厅，所据为光绪《马巷厅志》卷1。查《中国地方志联合目录》收有乾隆《马巷厅志》，分别为光绪九年刻本和光绪十九年黄家鼎校补刻本。查光绪十九年补刻本之卷一及序，并无相关记载。该书附录卷下收录有黄家鼎撰《马巷通判题名记》，亦未言废厅之事。且民国《同安县志》卷3《大事记》仅言民国元年改"马巷厅为县佐"，亦无光绪年间废厅之事。光绪九年裁厅之说当误。

松溪县,治所即今福建松溪县驻地松源街道。

政和县,治所即今福建政和县驻地熊山街道。

4. 延平府

治所即今福建南平市延平区驻地紫云街道。顺治四年,沿明制,领7县:南平、将乐、大田、沙县、尤溪、顺昌、永安县。雍正十二年五月,大田县往属永春直隶州①。领6县,至清末未变。

南平县,附郭,治所即今福建南平市延平区驻地紫云街道。

顺昌县,治所即今福建顺昌县驻地双溪镇。

将乐县,治所即今福建将乐县驻地古镛镇。

沙县,治所即今福建沙县驻地凤岗镇。

尤溪县,治所即今福建尤溪县驻地城关镇。

永安县,治所即今福建永安市城区。

5. 汀州府

治所即今福建长汀县驻地汀州镇。顺治四年,沿明制,领8县:长汀、宁化、上杭、武平、清流、连城、归化、永定县。至清末未变。

长汀县,附郭,治所即今福建长汀县驻地汀州镇。

宁化县,治所即今福建宁化县驻地翠江镇。

清流县,治所即今福建清流县驻地龙津镇。

归化县,治明溪镇(今福建明溪县驻地雪峰镇)。

连城县,治所即今福建连城县驻地莲峰镇。

上杭县,治所即今福建上杭县驻地临江镇。

武平县,治所即今福建武平县驻地平川镇。

永定县,治所即今福建龙岩市永定区驻地凤城镇。

6. 兴化府

治所即今福建莆田市荔城区、城厢区城区。顺治四年,沿明制,领2县:莆田、仙游县。至清末未变。

莆田县,附郭,治所即今福建莆田市荔城区、城厢区城区。

仙游县,治所即今福建仙游县驻地鲤城镇。

7. 邵武府

治所即今福建邵武市城区。顺治四年,沿明制,领4县:邵武、光泽、泰宁、建宁县。至清末未变。

---

① 《世宗实录》卷143雍正十二年五月辛卯,《清实录》,第8册,第794页。

邵武县,附郭,治所即今福建邵武市城区。

光泽县,治所即今福建光泽县驻地杭川镇。

建宁县,治所即今福建建宁县驻地濉城镇。

泰宁县,治所即今福建泰宁县驻地杉城镇。

8. 漳州府

治所即今福建漳州市芗城区城区。顺治四年,沿明制,领 10 县:龙溪、漳浦、龙岩、南靖、长泰、漳平、平和、诏安、海澄、宁洋县。雍正十二年五月,升龙岩县为龙岩直隶州,漳平、宁洋 2 县往属①。嘉庆五年五月,置云霄厅。领 1 厅:云霄;7 县:龙溪、漳浦、长泰、南靖、平和、诏安、海澄。清末领 1 厅 7 县。

龙溪县,附郭,治所即今福建漳州市芗城区城区。

漳浦县,治所即今福建漳浦县驻地绥安镇。

海澄县,治所在今福建龙海市东南海澄镇。

南靖县,治所在今福建南靖县东北靖城镇。

长泰县,治所即今福建长泰县驻地武安镇。

平和县,治大洋陂(今福建平和县西南九峰镇)。

诏安县,治所即今福建诏安县驻地南诏镇。

云霄厅,原为漳浦县云霄,因地当漳浦、平和、诏安三县冲要之处,嘉庆三年十二月析漳浦县 30 保、平和县 25 保、诏安县 2 保 13 村地置②,治所即今福建云霄县驻地云陵镇。

9. 福宁直隶州—福宁府

顺治四年,沿明制,为福宁直隶州,治所即今福建霞浦县驻地松城街道,领 2 县:宁德、福安。因福宁地当冲要,崇山峻岭,直隶州不足以资弹压,雍正十二年五月升为福宁府。置附郭霞浦县,析建宁府寿宁县来属,领 4 县:霞浦、福安、宁德、寿宁县③。乾隆三年十一月,置福鼎县。领 5 县:霞浦、福安、宁德、寿宁、福鼎县。至清末未变。

霞浦县,附郭,治所即今福建霞浦县驻地松城街道。

福安县,治所即今福建福安市城区。

宁德县,治所即今福建宁德市蕉城区城区。

寿宁县,治所即今福建寿宁县驻地鳌阳镇。初属建宁府,雍正十二年五月

---

① 《世宗实录》卷 143 雍正十二年五月辛卯,《清实录》,第 8 册,第 794 页。

② 嘉庆《云霄厅志》卷 1《方域志》、卷 10《秩官志》。叶江英:《清代福建漳州府县级政区边界研究与复原》,复旦大学硕士论文,2016 年。

③ 《世宗实录》卷 143 雍正十二年五月辛卯,《清实录》,第 8 册,第 794 页。

来属。

福鼎县,因霞浦县桐山堡地方襟海环山,离县较远,控制难周,于乾隆三年十一月析置①。治所即今福建福鼎市驻地桐山街道。

10. 永春直隶州

原为泉州府永春县,雍正十二年五月升为永春直隶州,治所即今福建永春县驻地桃城镇,析泉州府德化县、延平府大田县来属②。领2县。

德化县,治所即今福建德化县龙浔镇。

大田县,治所即今福建大田县驻地均溪镇。

11. 龙岩直隶州

原为漳州府龙岩县,雍正十二年五月升为龙岩直隶州,治所即今福建龙岩市新罗区城区,漳州府漳平、宁洋2县来属。领2县。

漳平县,治所即今福建漳平市驻地菁城街道。

宁洋县,治所在今福建漳平市北双洋镇。

---

① 《高宗实录》卷81乾隆三年十一月戊辰,《清实录》,第10册,第271页。
② 《世宗实录》卷143雍正十二年五月辛卯,《清实录》,第8册,第794页。

第十二章 台 湾 省

明末为荷兰所据。辛丑年(顺治十八年,1661),郑成功逐荷兰人,置承天府,名东都,治赤嵌,下辖天兴、万年两县①。甲辰年(康熙三年,1664),郑经改东都为东宁省②,一作东宁府③,或简称东宁④。改两县为州:天兴州、万年州,设南路、北路、澎湖三安抚司。

一、建府、置省及被迫割让

康熙二十二年八月,清兵收复台湾⑤。康熙二十三年正月,福建提督施琅疏请在台湾设镇守官弁,康熙与大臣取得共识⑥。四月,置台湾府及台湾、凤山、诸罗3县,设分巡台湾道分管,属福建省⑦。光绪元年(1875)十二月,析置台北府⑧。

光绪元年十一月起,福建巡抚于冬春驻台湾⑨。光绪十一年九月,改福建巡抚为福建台湾巡抚⑩,兼管学政事务⑪。台湾建省⑫,拟设台湾府为省会。

---

① 乾隆《福建通志》卷2,第527册,第246页。
② 乾隆《清一统志》卷335,第481册,第754页。
③ 川口长孺:《台湾郑氏纪事》卷下,谓宽文四年(康熙三年)三月改东都为东宁府(《台湾文献丛刊》影印本,台北大通书局,1987年,第54页)。
④ 江日昇:《台湾外记》卷6,谓康熙三年八月改东都为东宁(《台湾文献丛刊》影印本,第233页)。
⑤ 《圣祖实录》卷111康熙二十二年八月戊辰,《清实录》,第5册,第144页。
⑥ 《圣祖实录》卷114康熙二十三年正月丁亥,《清实录》,第5册,第176页。
⑦ 《圣祖实录》卷115康熙二十三年四月己酉,《清实录》,第5册,第191页。按:康熙《清会典》卷18作康熙二十四年设。雍正《福建通志》卷27蒋毓英于康熙二十三年任台湾府知府。
⑧ 《德宗实录》卷24光绪元年十二月癸未,《清实录》,第52册,第359页。
⑨ 《德宗实录》卷20光绪元年十月癸巳,《清实录》,第52册,第322页。
⑩ 《德宗实录》卷215光绪十一年九月庚子,《清实录》,第54册,第1023页。光绪《清会典事例》卷23,第1册,第297页。
⑪ 《德宗实录》卷24光绪元年十二月癸未,《清实录》,第52册,第359页。光绪《清会典事例》卷24,第1册,第306页。
⑫ 按:台湾省级行政官员的设置为跨年度完成,但光绪十一年十二月谕旨中已经有"台湾虽设行省"之语,且光绪《清会典事例》卷152记载为光绪十一年分为省,说明当时朝廷认为台湾已经建省,是以福建台湾巡抚的设立为标志。此后,在官员设置与省会选址等问题上逐步得到协商解决。

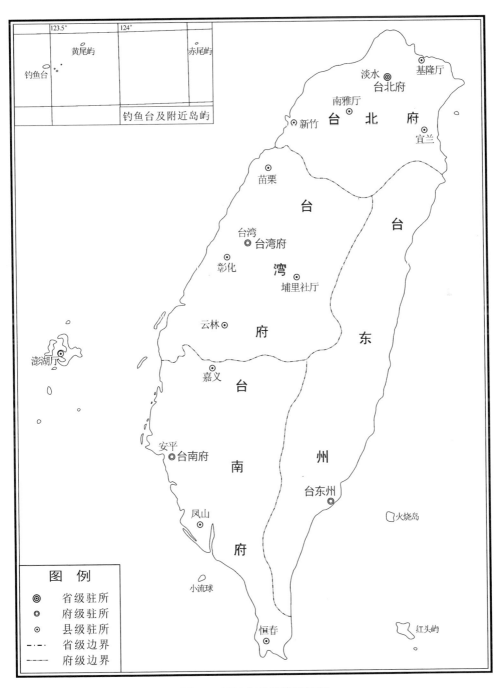

图 12　1894 年台湾省政区图

十二月,谕旨要求"台湾虽设行省,必须与福建联成一气,如甘肃新疆之制,庶可内外相维",命闽浙总督杨昌浚、福建台湾巡抚刘铭传会商台湾省官制①。光绪十三年二月,添设福建台湾布政使司并任命布政使②。因台湾道有按察使衔,不设按察使,由台湾道员兼任③。台湾省行政机构组成。光绪十三年九月,改台湾府为台南府,置台东直隶州,另置台湾府为省会④。原定省会驻地彰化县桥孜图(新设台湾府、台湾县)。设新台湾县后:"该处本系一小村落,自设县后,民居仍不见增,良由环境皆山,瘴疠甚重,仕宦商贾托足为难,气象荒僻,概可想见。况由南北两郡前往该处,均非四、五日不可……且省会地方坛庙衙署局所在所必需,用款浩繁,经费又无从筹措,是以分治多年,迄未移驻该处,自今以往,亦恐举办无期。"⑤由此可见,自然环境、对外交通、经济等多重因素都制约着台湾城,使其不能成为省会。建省后,初因城池、衙署建造需时,巡抚、布政使司均暂驻台北府。光绪二十年二月,闽浙总督奏请将省会迁往条件合适的台北府⑥。

光绪二十一年三月,清政府被迫签订中日《马关条约》,将台湾全岛及澎湖列岛割让日本⑦。时设3府、1直隶州。

二、台湾道

初为分巡台厦道,康熙二十三年四月置⑧。驻台湾府,辖台湾府及厦门厅。雍正四年(1726)称分巡厦门道,按察使司副使衔。雍正五年二月,因厦门改由兴泉道管辖,改名台湾道⑨,管辖台湾府。乾隆十七年兼理台湾学政。乾隆三十二年(1767)三月,加兵备衔⑩,下辖标兵。乾隆五十三年五月,为加强对台湾府的管辖,道员加按察使衔,遇重大事务可直接上奏朝廷,并为定例⑪。光绪十一年(1885),属台湾巡抚。光绪二十年二月,移驻台北府。

---

① 《德宗实录》卷221光绪十一年十二月丙子,《清实录》,第54册,第1097页。
② 《德宗实录》卷239光绪十三年二月甲戌、壬午,《清实录》,第55册,第223页、227页。
③ 光绪《清会典事例》卷65,第1册,第838页。
④ 《东华续录》光绪85,光绪十三年九月庚午,第16册,第141—142页。
⑤ 光绪二十年正月二十五日福建台湾巡抚邵友濂等奏折,《光绪朝硃批奏折》,第1册,第235页。
⑥ 《德宗实录》卷335光绪二十年二月丁丑,第56册,第310页。
⑦ 《德宗实录》卷364光绪二十一年三月甲午,《清实录》,第56册,第759页。王铁崖:《中外旧约章汇编》,三联书店,1957年,第1册,第614—615页。
⑧ 《圣祖实录》卷115康熙二十三年四月己酉,《清实录》,第5册,第191页。
⑨ 《世宗实录》卷53雍正五年二月甲戌,《清实录》,第7册,第805页。
⑩ 《高宗实录》卷780乾隆三十二年三月乙酉,《清实录》,第18册,第599页。
⑪ 《高宗实录》卷1305乾隆五十三年五月丁丑,《清实录》,第25册,第557页;又卷1306六月丁酉,第579页。

三、府厅州县

1. 台北府

光绪元年十二月析台湾府置。府治原名艋舺，即今台湾省台北市城区。添设附郭淡水县，以原淡水厅地置新竹县，改噶玛兰厅为宜兰县①。具体过程为光绪四年裁淡水同知，设台北府，暂以淡水厅署为府署。光绪五年闰三月，淡水、新竹分设，划界而治，台北府移驻台北，改旧淡水厅署为新竹县署②。光绪十三年，析淡水县地置基隆厅③。光绪二十年二月三十日奉谕为省会④。光绪二十一年，领1厅：基隆厅；3县：淡水、新竹、宜兰县。

淡水县，附郭，光绪元年十二月，析淡水厅中枥溪以上至头重溪以北、远望坑以南地置⑤，治艋舺，即今台湾台北市城区。光绪五年与新竹划界而治，正式置县。

新竹县，初为淡水厅，雍正九年二月析彰化县大甲溪以北地置，治竹堑⑥，即今台湾新竹县驻地。属台湾府。光绪元年十二月改县，属台北府。光绪四年裁同知，光绪五年与淡水划界而治。

宜兰县，初为噶玛兰厅。嘉庆十五年(1810)二月时，蛤仔栏(噶玛兰)一带

---

① 《德宗实录》卷24光绪元年十二月癸未，《清实录》，第32册，第359页。按：牛平汉《综表》谓同时置鸡笼、卑南、水沙连三厅(第520页)，所据为《光绪元年十二月二十日硃批奕𬣞奏折》。此奏议的结果如《德宗实录》卷24所载。驻鸡笼为台北府分防通判，驻卑南为台湾南路同知，驻水沙连为台湾中路同知，南路同知、中路同知各加"抚民"字样。驻鸡笼为分防通判，一般认为不是政区，且《台湾地舆总图》："基隆通判，于光绪初年移设，兼理通商煤务。十四年分省，改抚民理番同知，析淡水所辖基隆、石碇、金包里、三貂四堡以隶之。"(《中国方志丛书》本，第15页)南路、中路两同知，虽加有"抚民"字样，但所管为台湾全省的"南路"、"中路"，显与内地抚民厅不同，似不能作政区处理。
② 按：光绪三年五月庚午委署首任台北府知府，见《德宗实录》卷51，《清实录》，第52册，第717页。又按：光绪三年十二月初四日闽浙总督兼署福州将军何璟等奏折："至淡水、新竹二县，本应遵议同时并设。惟查台北府远隔重洋，甫经草创，改易旧制，变立新章，造端宏大，头绪纷繁，未有衙署以为办公之地，未有书差以供执事之私贩。凭藉毫无，殊多窒碍，似宜因时因地略为变通。拟以现裁淡水同知竹堑厅署暂作台北府署。其议设之淡水、新竹二县钱粮词讼，拟仿照贵州省铜仁等府管理刑钱之例，暂由台北府兼摄，并由该府设局经营艋舺府治之地，俟稍有头绪即添设淡水附郭县治，移驻知府。"(《光绪朝硃批奏折》，第1册，第12页)因此，台北府知府初驻今新竹县。参见陈朝龙、郑鹏云纂辑：《新竹县采访册》，光绪十九年至二十年辑，残抄本，《中国方志丛书》影印本，台湾地区第30号，第31页；《新竹县制度考》，光绪二十一年辑，抄本，《中国方志丛书》影印本，台湾地区第39号，第11页。
③ 薛绍元、王国瑞纂修：《台湾通志稿·疆域》，《中国方志丛书》影印本，第1册，第64页。
④ 王诗琅、王国璠：《台北市志》卷3《政制志行政篇》，《中国方志丛书》本，第1册，第258页。
⑤ 《德宗实录》卷24光绪元年十二月癸未，《清实录》，第52册，第359页。《台北拟建一府三县折》(光绪元年六月十八日)，沈葆桢：《福建台湾奏折》，台湾省文献委员会，1997年，第55页。
⑥ 《世宗实录》卷103雍正九年二月庚子、甲辰，《清实录》，第8册，第360、362页。

因田土膏腴，米价便宜，流入人口较多，其中漳州府人达四万二千余丁①。嘉庆十六年十月，设通判、县丞、巡检各一员②，管理当地民人。此后又管理辖区内各番社。治所即今台湾宜兰县驻地。光绪元年十二月，裁噶玛兰厅置县③。

基隆厅，驻地原名鸡笼，属淡水厅，光绪元年驻分防通判④，光绪十三年设抚民理番同知，置厅⑤。治所即今台湾基隆市城区。

附考：

南雅厅。因"台北府属大料崁地方在南雅山下，宅地奥衍，环绕丛冈，北距淡水县治七十里，南距新竹县治一百二十里，辖隶淡水，实为两县沿山扼要之区"，光绪十二年巡抚刘铭传奏派林维源帮办台北抚垦事务，并拟在南雅地方设县。光绪二十年正月，巡抚邵友濂奏请改设台北府分防南雅理番捕盗同知一员驻大料崁（在今台湾省桃园县南大溪镇），"以两县沿山地界归该同知管辖，所有民番词讼、窃盗、赌匪等案，准其分别审理拿禁，遇有命盗重案就近勘验通报，自徒罪以上仍送该管县审拟解勘，辖内疏防案件照督缉例开参。"⑥同年六月下部议行⑦。据此，该同知为分防同知，其辖区非行政区划。一说后未实施⑧。

2. 台湾府

台湾设省后，辖境广袤，多有阻隔，只设二府难以控制。因"彰化桥孜图地方山环水复，中开平原，气象宏敞，又当全台适中之地"⑨，光绪十三年九月在彰化桥孜图地方新设台湾府⑩，为省会。析彰化县置附郭台湾县，析嘉义、彰

---

① 《仁宗实录》卷229嘉庆十五年五月壬午，《清实录》，第31册，第87页。
② 《仁宗实录》卷249嘉庆十六年十月壬戌，《清实录》，第31册，第366页。咸丰《噶玛兰厅志》卷1："至嘉庆十五年庚午四月，收入版图，译蛤仔难为噶玛兰。十七年壬申八月设民番粮捕通判一，曰噶玛兰，隶在台湾府，属管领县丞一曰头围，巡检兼司狱一曰罗东。"（《中国方志丛书》本，第1册，第86页）又卷2："噶玛兰通判，嘉庆十五年四月开疆，十七年八月各员至任。杨廷理……嘉庆十五年四月委办开兰事宜，十七年九月初八日钤记任事，腊月初旬卸委。"（第223页）按：光绪《清会典事例》卷152作嘉庆十八年置厅（第2册，第935页）。
③ 《德宗实录》卷24光绪元年十二月癸未，《清实录》，第32册，第359页。
④ 同上。
⑤ 光绪十三年八月十七日台湾巡抚刘铭传等奏折，《光绪朝硃批奏折》，第1册，第125页。薛绍元、王国瑞纂修：《台湾通志稿·疆域》，《中国方志丛书》影印本，第1册，第64页。
⑥ 光绪二十年五月十六日福建台湾巡抚奏折，《光绪朝硃批奏折》，第1册，第245页。参见《德宗实录》卷343光绪二十年六月癸亥，《清实录》，第56册，第387页。
⑦ 《德宗实录》卷343光绪二十年六月癸亥，《清实录》，第32册，第387页。
⑧ 《台湾省通志稿》卷3《政事志行政篇》："光绪二十年拟设南雅厅于大料崁（今大溪），亦未实现。"（第14册，第5664页）
⑨ 光绪十三年八月十七日台湾巡抚刘铭传等奏折，《光绪朝硃批奏折》，第1册，第125页。
⑩ 《东华续录》光绪85，光绪十三年九月庚午，第16册，第141—142页。

化置云林县,析新竹置苗栗县,台南府彰化县、埔里社厅来属①。领1厅:埔里社厅;4县:台湾、彰化、云林、苗栗。原台湾府、台湾县改名为台南府、安平县。因台湾县地理位置不佳,台湾省行政机构在台北府城办公,台湾府署设在彰化县。光绪二十年二月,以台北府为省会,四月,以彰化县为府城②。

彰化县,雍正元年八月,析诸罗县尾溪以北、大甲以南地置③,治半线,即今台湾彰化县驻地,属台湾府。光绪十三年九月属新置台湾府。因新台湾府城建成需时,府衙均驻县城。光绪二十年四月,为附郭。

台湾县,光绪十三年九月析彰化县东北境地置,治所即今台湾台中市城区。光绪二十年四月前为附郭县。

云林县,光绪十三年九月,析嘉义县上自石圭溪水源起、下迄海口止,彰化县自浊水溪起至番挖巷止区域置④。治林圯浦,即今台湾云林县东北林内乡。因林圯浦地近山地,于光绪十九年徙治形势适中的斗六门,即今云林县驻地⑤。

苗栗县,光绪十三年九月,析新竹县西南境地置。治维祥庄(苗栗街),即今台湾苗栗县驻地。光绪十五年划界⑥。

埔里社厅,亦作埔里厅,光绪十年五月析彰化县置⑦,治所即今台湾南投县东埔里镇,属台湾府。光绪十三年九月属新置台湾府。光绪《清会典图》卷188作"埔里厅"。

3. 台湾府—台南府

初名台湾府。康熙二十三年四月,于故东宁府地置台湾府,治所即今台湾台南市城区。并置附郭台湾、凤山、诸罗3县,属福建省⑧。雍正元年八月,析诸罗县北部之半线地方置彰化县。雍正五年二月,置澎湖厅⑨。雍正九年二月,析彰化县大甲溪以北地归淡水同知管理,是为淡水厅⑩。乾隆五十二年十

---

① 《台北市志》卷3《政制志行政篇》,《中国方志丛书》本,第1册,第257页。
② 福建台湾巡抚邵友濂光绪二十年四月十九日奏折:"台湾府衙置现在彰化县城,不必移于台湾县,以节繁费。"(庄吉发:《从故宫档案看清代台湾行政区域的调整》,是氏《清史论集》,第14册,台北文史哲出版社2004年,第257页)
③ 《世宗实录》卷10雍正元年八月乙卯,《清实录》,第7册,第182页。道光《彰化县志》卷1,第1册,第142页。《中国方志丛书》本,成文出版社,1983年。
④ 《台湾地舆总图》,第23页。
⑤ 光绪《台湾通志》之《疆域·建革》,《中国地方志集成·台湾府县志辑》,第1册,第9页。
⑥ 《新竹县制度考》,光绪二十一年辑,抄本,《中国方志丛书》影印本,台湾地区第39号,第11页。
⑦ 《德宗实录》卷184光绪十年五月壬寅,《清实录》,第54册,第576页。
⑧ 《圣祖实录》卷115康熙二十三年四月己酉,《清实录》,第5册,第191页。
⑨ 《世宗实录》卷53雍正五年二月甲戌,《清实录》,第7册,第805页。按:光绪《清会典事例》卷152作雍正三年置。
⑩ 《世宗实录》卷103雍正九年二月庚子,《清实录》,第8册,第360页。

一月,诸罗县改名为嘉义县。嘉庆十六年,置噶玛兰厅。

光绪元年正月,置恒春县①。十二月,裁淡水厅置新竹县、裁噶玛兰厅置宜兰县,一并往属于新设之台北府②。光绪十年五月,置埔里社厅③。光绪十三年九月,改台湾府为台南府,台湾县为安平县;彰化县、埔里社厅往属于新设置之台湾府④。领1厅:澎湖厅;4县:安平、凤山、嘉义、恒春县。

又,乾隆三十一年十一月,设台湾府北路理番同知一员,驻淡水(台湾台北县北淡水镇),管理淡水厅、彰化县、诸罗县所属番社及民番交涉事件;改海防同知为海防兼南路理番同知,驻府城,管理台湾、凤山县所属番社及相关事务⑤,习称台湾同知。乾隆五十一年正月,北路理番同知移驻鹿仔港(鹿港)⑥,习称鹿港同知。乾隆五十七年五月,台湾府境内的命盗案件,南路台湾、凤山2县归台湾同知,北路嘉义、彰化2县归鹿港同知,淡水厅归台湾知府,协同缉捕⑦。光绪元年十二月,北路同知改为中路同知并移驻水沙连,南路同知移驻卑南,均加抚民字样⑧。至光绪十三年九月,两同知均被裁撤⑨。

安平县,附郭,原名台湾县,康熙二十三年四月置,治所即今台湾台南市城区。光绪十三年九月改名。

凤山县,康熙二十三年四月置,治兴隆庄(今台湾高雄市凤山区驻地)。因土地寥旷,官员多侨居府治,康熙四十三年奉文归治兴隆庄⑩。

嘉义县,原名诸罗县,康熙二十三年四月置,治诸罗山(今台湾嘉义市驻地)。因"民少番多,距郡辽远",县衙实际驻开化里佳里兴(今台湾台南市西南佳里镇)。康熙四十三年,奉文移归诸罗山⑪。乾隆五十一年林爽文之乱,彰化、淡水皆陷,独此固守不失,于乾隆五十二年十一月谕旨改名⑫。

---

① 《德宗实录》卷3光绪元年正月庚戌,《清实录》,第52册,第109页。
② 《德宗实录》卷24光绪元年十二月癸未,《清实录》,第52册,第359页。
③ 《德宗实录》卷184光绪十年五月壬寅,《清实录》,第54册,第576页。
④ 光绪《清会典事例》卷152,第2册,第935页。光绪十三年八月十七日台湾巡抚刘铭传等奏折,《光绪朝硃批奏折》,第1册,第125页。
⑤ 《高宗实录》卷772乾隆三十一年十一月甲午,《清实录》,第18册,第490页。
⑥ 《高宗实录》卷1247乾隆五十一年正月甲戌,《清实录》,第24册,第762页。按:《高宗实录》只言"理番同知移驻鹿仔港,海口地方请令其就近管辖",未言管理内容,也没有说具体范围,不能就此确定该同知辖区为行政区划。
⑦ 《高宗实录》卷1404乾隆五十七年五月丁未,《清实录》,第26册,第868页。
⑧ 《德宗实录》卷24光绪元年十二月癸未,《清实录》,第32册,第359页。
⑨ 《遵议台湾建省事宜折》,《刘铭传文集》,黄山书社,1997年,第214页。
⑩ 李丕煜修,陈文达编:《凤山县志》卷1《封域志》,清康熙五十八年刊本。
⑪ 周钟瑄修,陈梦林纂:《诸罗县志》卷1《封域志》,清康熙五十六年刊本。
⑫ 《高宗实录》卷1292乾隆五十二年十一月丙寅,《清实录》,第25册,第332页。

恒春县，光绪元年正月，以率芒溪以南地置①，治猴洞山，即今台湾屏东县南恒春镇。

澎湖厅，雍正五年二月析台湾县地置，治所即今台湾澎湖县。

4. 台东直隶州

光绪十三年九月，以卑南一带区域置，治水尾②，治所在今台湾花莲县南瑞穗乡。因地方动乱，水尾居民稀少，寄治于卑南③，即今台湾台东县驻地。州同驻卑南，州判驻花莲港④。

附：清末日占台湾省行政区划⑤

1895年（清光绪二十一年，日本明治二十八年）6月17日，日本正式在台施政。6月28日，发布《临时地方机关组织规程》，将台北、台湾、台南3府改为台北、台湾、台南县，另设澎湖岛厅。台北县直辖人加蚋、拳山、海山、桃涧、兴直、芝兰一、芝兰二等8堡外，设有基隆（管辖旧基隆厅区域）、宜兰（管辖旧宜兰县区域）、新竹（管辖旧新竹县区域）3支厅及淡水事务所（管辖芝兰二堡及八里岔堡）。台湾县置嘉义支厅。台南县置凤山、恒春、台东3支厅。因唐景崧组织抗日战争，除台北县外，中南部及澎湖等地行政组织均未能实施。

同年7月18日，决定施行军政。8月6日颁布《总督府条例》。8月25日，根据该《条例》公布《民政支部及出张所规程》，除原台北县及澎湖岛厅外，置台湾及台南二民政支部。县下置支厅，民政支部下置出张所。台北县辖基隆、宜兰、新竹、淡水4支厅。台湾民政支部下辖嘉义（11月13日起改隶台南民政支部）、彰化（11月6日废除，改置鹿港出张所）、云林、苗栗、埔里社5出张所。台南民政支部辖凤山、恒春、台东（未见实施）、安平（12月31日废除）4出张所。

1896年3月重新施行民政，划分为台北、台中、台南3县及澎湖岛厅。4月20日公布县及岛厅的位置及支厅的名称、位置。5月20日规定各县、岛厅、支厅管辖区域。

---

① 《德宗实录》卷3光绪元年正月庚戌，《清实录》，第32册，第109页。
② 《东华续录》光绪85，光绪十三年九月庚午，第16册，第141—142页。光绪十三年八月十七日台湾巡抚刘铭传等奏折，《光绪朝硃批奏折》，第1册，第125页。
③ 胡传采，《台东州修志采访册》之《建置沿革》，《中国方志丛书》本，第1页。
④ 按：《台湾省通志稿》卷3《政事志行政篇》："光绪十三年设台东直隶州。并拟于卑南设州同，花莲港设州判，后均未实现。"（第14册，第5664页）《台湾地舆总图》："因水尾州城未建，知州暂驻埤南，州同、州判尚无专员。"（第39页）
⑤ 按：以下均据黄纯青、林熊祥主修：《台湾省通志稿》卷3《政事志行政篇》第一章《行政区域》，《中国方志丛书》本，第14册，第5636—5648页。

台北县署仍驻旧淡水县台北,直辖旧淡水县管下大加蚋堡、兴直堡、桃涧堡、芝兰一堡、芝兰二堡、摆接堡、海山堡、文山堡,下辖淡水、基隆、宜兰、新竹4支厅。

淡水支厅署设于旧淡水厅沪尾,管辖旧淡水县管下芝兰三堡及八里坌堡。

基隆支厅署设于旧基隆厅基隆,管辖旧基隆县区域。

宜兰支厅署设于旧宜兰县宜兰,管辖旧宜兰县区域。

新竹支厅署设于旧新竹县新竹,管辖旧新竹县区域。

台中县署驻旧台湾县台湾(即台中),管辖旧台湾县区域,下辖苗栗、鹿港、云林、埔里社4支厅。

苗栗支厅署设于旧苗栗县苗栗,管辖旧苗栗县区域。

鹿港支厅署设于旧彰化县鹿港,旋于9月28日移至彰化,改名彰化支厅。管辖旧彰化县区域。

云林支厅署设于旧云林县斗六,管辖旧云林县区域。

埔里社支厅署设于旧埔里社厅埔里社,管辖旧埔里社厅区域。

台南县署驻旧安平县台南,管理旧安平县区域,设有嘉义、凤山、恒春、台东等4支厅。

嘉义支厅署设于旧嘉义县嘉义,管辖旧嘉义县区域。

凤山支厅署设于旧凤山县凤山,管辖旧凤山县区域。

恒春支厅署设于旧恒春县恒春,管辖旧恒春县区域。

台东支厅署设于旧台东州卑南,管辖旧台东直隶州区域。

澎湖岛厅署驻旧澎湖厅妈宫城,管理旧澎湖厅区域。

1897年5月27日,再次更改地方行政官制和区划。除原有台北、台中、台南3县及澎湖岛厅外,增设新竹、嘉义、凤山3县及宜兰、台东2厅,共为6县3厅。6月10日公布各县厅驻地及管辖区域。在办务署之下置里、堡、乡、澳,其下分置街、庄、社。

台北县署设于台北,管辖旧台北县直辖及同县基隆、淡水2支厅区域,辖有台北、士林、新庄、三角涌、景尾、桃仔园、中坜、沪尾、树林口、基隆、水边脚、顶双溪、金包里13办务署。

新竹县署设于新竹,管辖旧台北县新竹支厅及旧台中县苗栗支厅区域,辖新竹、树杞林、新埔、头份、苗栗、苑里、大甲等7办务署。

台中县署设于台湾(即台中),管辖旧台中县直辖及同县彰化、埔里2支厅区域,辖南投、台中、葫芦墩、犁头店、牛马头、大肚、彰化、和美线、鹿港、二林、北斗、社头、员林、埔里、集集15办务署。

嘉义县署设于嘉义,管辖旧台南县嘉义支厅及旧台中县云林支厅区域,辖萧垅、六甲、中埔、梅仔坑、打猫、嘉义、店仔口、盐水港、朴仔脚、斗六、西螺、土库、北港、林圮埔14办务署。

台南县署设于台南,管辖旧台南县直辖区域,辖台南、关帝庙、湾里、大穆降、噍吧哖、蕃薯藔6办务署。

凤山县署设于凤山,管辖区域即旧台南县凤山、恒春2支厅区域,辖凤山、打狗、阿公店、大湖、内埔、东港、万丹、阿猴、阿里港、恒春、枋藔11办务署。

宜兰厅署设于宜兰,管辖旧台北县宜兰县支厅区域,辖头围、宜兰、罗东、利泽简4办务署。

台东厅署设于卑南,管辖区域即旧台南县台东支厅区域,辖卑南、水尾、奇莱3办务署。

澎湖厅署设于妈宫城,管辖同前,辖妈宫、隘门、小池角、大赤崁、网垵5办务署。

1898年6月18日,再次改编地方行政组织,撤销原新竹、嘉义、凤山3县,改置台北、台中、台南3县及宜兰、台东、澎湖3厅,并于6月28日公布各县厅署驻地及管辖区域。在台北、台中、台南3县及宜兰厅下仍设办务署,台东、澎湖2厅下设出张所。

台北县署驻台北,管辖原台北县及新竹县区域之竹北一堡、竹北二堡、竹南一堡。

台中县署驻台中,管辖原台中县及新竹县之苗栗　堡、苗栗二堡、苗栗三堡,及原嘉义县之斗六堡、溪洲堡、他里雾堡、西螺堡、海丰堡、大坵田东堡、布屿堡、打猫北堡、打猫东顶堡、大榔榕东顶堡、尖山堡、莴松堡、白沙墩堡、沙连堡、鲤鱼头堡。

台南县署设于台南,管辖原台南县区域及凤山县、嘉义县区域中的剩余部分。

宜兰、台东、澎湖3厅的厅署及管辖区域仍照旧。

1901年5月1日,撤销台南县恒春办务署,增设恒春厅,厅署设于宣化里恒春,管辖宣化等13里。

1901年11月11日,地方行政区域实行大改置,依据《台湾总督府地方官官制》第一条规定,废除原设的县及办务署,改置20厅:台北、深坑、基隆、宜兰、桃园、新竹、苗栗、台中、南投、彰化、斗六、嘉义、盐水港、台南、凤山、蕃薯藔、阿猴、恒春、台东、澎湖厅;在厅下设支厅。

台北厅署设于大加蚋堡台北城内,设有士林、锡口、新庄、枋桥、沪尾、小基隆6支厅。

基隆厅署设于基隆堡基隆街,设有顶双溪、瑞芳、金包里、水返脚4支厅。

宜兰厅署设于本城堡宜兰街,设有头围、罗东、叭哩沙3支厅。

深坑厅署设于文山堡深坑街,设景尾、坪林尾2支厅。

桃仔园厅署设于桃涧堡桃仔园街,设有大嵙崁、三角涌、大坵园、杨梅坜、中坜5支厅。后改称桃园厅。

新竹厅署设于竹北一堡新竹城内,设有树圯林、头份、南庄、新埔、北埔5支厅。

苗栗厅署设于苗栗一堡苗栗街,设有大湖、三叉河、大甲、通霄、后垄5支厅。

台中厅署设于蓝兴堡台中城内,设有东势角、塗葛堀、牛骂头、社口、葫芦墩5支厅。

彰化厅署设于线东堡彰化城内,设有北斗、鹿港、溪湖、员林、二林、蕃挖、田中央7支厅。

南投厅署设于南投堡南投街,设有埔里社、集集、草鞋墩3支厅。

斗六厅署设于斗六堡斗六街,设有林圯埔、土库、西螺、北港、下湖口、他里雾、崁头厝、崙背8支厅。

嘉义厅署设于嘉义堡嘉义市街,设有朴子脚、东石港、新港、找猫、中埔、梅仔坑、大莆林7支厅。

盐水港厅署设于盐水港港堡盐水港街,设有店仔口、前大埔、北门屿、蔴豆、六甲、萧垅、新营庄7支厅。

台南厅署于台南市街,设有安平、车路墘、大目降、湾里、关帝庙、噍吧哖6支厅。

蕃薯藔厅署设于罗汉外门里蕃薯藔街,设有山杉林支厅。

凤山厅署设于大竹里凤山市街,设有打狗、阿公店、楠仔坑3支厅。

阿猴厅署设于港西中里阿猴街,设有阿里港、内埔、万丹、东港、潮州庄、枋藔6支厅。

恒春厅署设于宣化里恒春市街,设有枋山、蚊蟀2支厅。

台东厅署设于南乡卑南,设有花莲港、璞石阁、成广澳、巴塑卫4支厅。

澎湖厅署设于东西澳妈宫城内,设有大赤崁、小池角、网垵3支厅。

1909年(清宣统元年,日本明治四十二年)10月,地方政制又改,将原有20厅合并为12厅,按照各厅区域大小、厅治之难易轻重分为三等,厅下设支厅,支厅下设区,管辖街、庄、社。

台北厅署设于大加蚋堡台北城内,由原台北、基隆2厅及深坑厅一部分合并而成，一等厅。直辖艋舺、大稻埕、大龙峒、古亭村4区，另设锡口、枋桥、新庄、士林、沪尾、小基隆、金包里、水返脚、基隆、瑞芳、顶双溪、深坑、新店13支厅。

宜兰厅署设于本城堡宜兰街，由原宜兰厅及深坑厅一部分合并而成，三等厅。直辖宜兰、四围、礁溪、外员山、内员山、民壮围6区，另设叭哩沙、罗东、头围、坪林尾4支厅。

桃园厅署设于桃涧堡桃园街，三等厅，直辖桃园、龟崙口、南崁、埔仔、八块厝5区，另设中坜、大嵙崁、三角涌、杨梅坜、大坵园、咸菜硼6支厅。

新竹厅署设于竹北一堡新竹街，由原新竹厅及苗栗厅一部分合并而成，二等厅。直辖新竹、香山、旧港、六张犁、树林头区，并设北埔、树杞林、新埔、中港、南庄、苗栗、后垅、通霄、三叉河、大湖10支厅。

台中厅署设于蓝兴堡台中城内，由原台中、彰化厅及苗栗厅一部分合并而成，一等厅。直辖台中、大平、大里杙、乌日、雾峰、溪心坝、芬园、四张犁、三十张犁、西大墩、犁头店11区，并设东势角、葫芦墩、大甲、沙辘、彰化、鹿港、员林、北斗、二林9支厅。

南投厅署设于南投堡南投街，三等厅，直辖南投、八杞仙、浊水、皮子寮、营盘口5区，并设草鞋墩、埔里社、集集、林圯埔4支厅。

嘉义厅署设于嘉义西堡嘉义街，由原斗六、嘉义厅及盐水港厅一部分合并而成，二等厅。直辖嘉义、山仔顶、壹斗坑、水堀头4区，并设中埔、竹头崎、打猫、十库、斗六、西螺、下湖口、北港、朴仔脚、东石港、盐水港、店仔口12支厅。

台南厅署设于台南市，由原台南、凤山厅及盐水港厅一部分合并而成，一等厅。直辖台南东、台南西、永内、永仁、长兴、仁德、文依7区，并设安平、湾里、麻豆、萧垅、北门屿、六甲、噍吧哖、大目降、关帝庙、阿公店、楠梓坑、打狗、凤山13支厅。

阿猴厅署设于港西中里阿猴街，由原蕃薯藔、阿猴及恒春厅合并而成，二等厅。直辖阿猴、公馆、社皮、麟洛、老埤、万丹、新庄仔7区，并设阿里港、甲仙埔、六龟里、蕃薯藔、潮州、东港、枋藔、枋山、恒春、蚊蟀10支厅。

台东厅署设于南乡卑南街，析置花莲港厅，三等厅。直辖卑南、里陇、新开园、火烧岛、鹿藔5区，并设巴塱卫、成广澳2支厅。

化连港厅署设于莲乡花莲港街，析原台东厅地置，三等厅，直辖太巴塱、花莲港、大港口、加礼宛等4区，并设璞石阁支厅。

澎湖厅署设于东西澳妈宫街，三等厅，直辖妈宫、文澳、嵵里、隘门、湖西、鼎湾6区，并设大赤崁、小池角、网垵等3支厅。

第十三章 浙　江　省

明末,浙江布政使司领 11 府:杭州、嘉兴、湖州、宁波、绍兴、台州、金华、衢州、严州、温州、处州府,各府共辖 1 州、75 县①。

一、省行政机构

浙江总督,顺治二年(1645)四月置②,驻杭州城③。同年十一月改为浙江福建总督④。顺治五年五月,移驻衢州城⑤。顺治十五年七月,分设浙江总督、福建总督,浙江总督驻温州府⑥,兼管江西广信府军务。顺治十八年十二月,移驻杭州府⑦,江西省广信府归江西总督管理⑧。康熙八年(1669)三月,复设浙闽总督。康熙二十三年五月,裁浙江总督(即浙闽总督)⑨。康熙二十六年三月,改福建总督为福建浙江总督,总管两省。雍正五年(1727)十一月,为整顿吏治营伍,授李卫为浙江总督管巡抚事,不为定例⑩。雍正十二年十月,裁浙江总督,复设浙闽总督。乾隆元年(1736)二月,复设浙江总督⑪。乾隆三年九月,裁浙江总督,仍设闽浙总督。浙江巡抚,顺治二年四月,以浙江总

---

① 万历《明会典》卷 15,第 93 页;康熙《清会典》卷 18,第 1 册上,第 179 页。
② 《八旗通志》卷 339,《四库全书》本,第 671 册,第 691 页。参见《世祖实录》卷 19 顺治二年七月丙辰,《清实录》,第 3 册,第 168 页。
③ 雍正《浙江通志》卷 121:"张存仁,辽东人。顺治二年以总督职衔抚浙。"《四库全书》本,第 522 册,第 232 页)清浙江巡抚第一任,亦列名张存仁。当驻杭州城。又《世祖实录》卷 94 顺治十二年十月甲子:"革原任浙闽总督刘清泰职。以宪臣龚鼎孳劾其不候交代,回驻杭州,以致漳州失陷也。"(《清实录》,第 3 册,第 739 页)
④ 《世祖实录》卷 21 顺治二年十一月壬子,《清实录》,第 3 册,第 186 页。
⑤ 《世祖实录》卷 38 顺治五年五月丁亥,《清实录》,第 3 册,第 310 页。康熙《浙江通志》卷 5《公署》:衢州府,"总督部院公署,在郡城西北,明试士馆也。皇清定鼎,设总督部院,总辖浙闽。因衢与闽接壤,顺治五年,总督陈锦始移镇衢州,遂以为行台。后镇温州,寻驻省城。"
⑥ 《世祖实录》卷 119 顺治十五年七月己未,《清实录》,第 3 册,第 925 页。
⑦ 《圣祖实录》卷 5 顺治十八年十二月辛亥,《清实录》,第 4 册,第 98 页。
⑧ 《圣祖实录》卷 5 顺治十八年十二月己未,《清实录》,第 4 册,第 99 页。
⑨ 《圣祖实录》卷 115 康熙二十三年五月丁卯,《清实录》,第 5 册,第 195 页;雍正《清会典》卷 223,第 9 册,第 3675 页。
⑩ 《世宗实录》卷 63 雍正五年十一月丁巳,《清实录》,第 7 册,第 961 页。
⑪ 《高宗实录》卷 13 乾隆元年二月甲申,《清实录》,第 9 册,第 380 页。

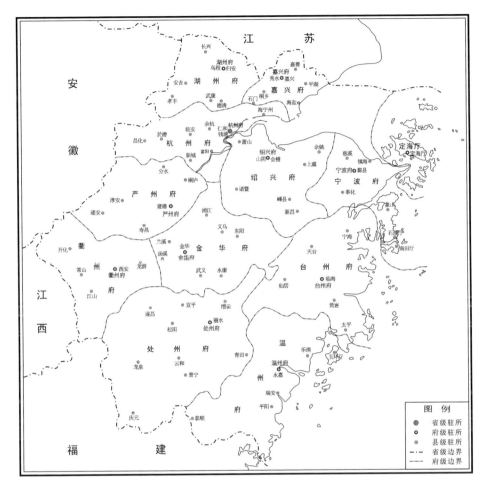

图 13 清末浙江省政区图

督兼管巡抚事。十一月,专设浙江巡抚①。雍正四年,兼管浙江盐政②。雍正五年十一月,由总督管巡抚事务。雍正十二年十月,仍设浙江巡抚,程元章以总督衔专管浙江巡抚,并兼管两浙盐政事务③。乾隆元年二月,因修筑浙江海塘工程,巡抚嵇曾筠改为浙江总督,兼管浙江巡抚事务④。乾隆三年九月,因海塘工程渐次就绪,嵇曾筠离任,裁浙江总督,归闽浙总督管辖,仍设浙江巡

---

① 《世祖实录》卷 21 顺治二年十月丙午,《清实录》,第 3 册,第 185 页。
② 雍正《浙江通志》卷 121,第 522 册,第 237 页。
③ 《世宗实录》卷 148 雍正十二年十月戊午,《清实录》,第 8 册,第 838 页。
④ 《高宗实录》卷 13 乾隆元年二月甲申,《清实录》,第 9 册,第 380 页。

抚,兼管盐政①。

布按诸司及专务道。顺治二年十一月,设按察使司②。十二月,设布政使司③。专务道先后设有巡海道、粮储道、驿传道等。清末,有布政使、交涉使、提学使、提法使、巡警道、劝业道、粮储漕务道、盐运使兼驿道等。

二、省城

沿明制,以杭州城为省城,即今浙江杭州市城区。

三、省域

北邻江苏、安徽,西界江西,南接福建,东为海。今嵊泗县大部属江苏省。

四、守巡道

康熙六年七月前

分守杭嘉湖道,见后。

分巡杭严道,一作整饬杭严道,顺治二年十月置④,驻杭州府。康熙元年十二月兼管通省驿传事务⑤,康熙六年七月裁。

分巡嘉湖道,一作整饬嘉湖兵备道、分巡浙西道,顺治二年十二月置⑥。驻嘉兴府。康熙六年七月裁。

分守宁绍台道,顺治二年十二月置⑦。驻绍兴府,辖区同明代。康熙六年七月裁。

分巡宁绍道,一作巡海道、巡视海道、宁绍巡视海道,驻宁波府。康熙六年七月裁。

分巡绍台道,一作分巡台绍道、台州兵备道,顺治四年置⑧,驻台州府,辖台州府。康熙六年七月裁⑨。

---

① 《高宗实录》卷76乾隆三年九月癸亥,《清实录》,第10册,第207页。
② 《世祖实录》卷21顺治二年十一月戊寅,《清实录》,第3册,第191页。
③ 《世祖实录》卷22顺治二年十二月丁酉,《清实录》,第3册,第193页。
④ 《世祖实录》卷21顺治二年十月甲午,《清实录》,第3册,第184页。按:雍正《浙江通志》卷121谓顺治三年置(第522册,第246页)。
⑤ 《圣祖实录》卷7康熙元年十二月甲辰,《清实录》,第4册,第128页。
⑥⑦ 《世祖实录》卷22顺治二年十二月丁酉,《清实录》,第3册,第193页。
⑧ 雍正《浙江通志》卷121,第522册,第247页。
⑨ 《八旗通志》卷201:"(康熙六年)浙省九道尽在裁汰之中……(康熙七年)请设宁台温巡海一道,驻扎台州。下部议,从之。"(《四库全书》本,第667册,第694页)

分守温处道,顺治三年四月置①,驻处州府。辖区同明代。

分巡温处道,一名整饬温处兵备道、整饬温处巡管浙东道②,顺治二年十二月置③,驻温州府。康熙六年七月裁。

分守金衢严道,一作金衢道,顺治二年十一月置④,辖区同明代。康熙元年十二月,分巡道辖区并入⑤。康熙六年七月裁。

分巡金衢道,顺治三年四月置⑥,为整饬金衢等处地方兵备兼理分巡道事务,驻衢州府。康熙元年十二月裁⑦,辖区并入分守道。

康熙六年七月后

1. 杭嘉湖道

分守杭嘉湖道,一作分守浙西道,顺治二年十二月置⑧,驻湖州府⑨。辖区同明代。康熙六年七月裁⑩。康熙九年二月复置,驻嘉兴府⑪。康熙十三年八月,杭州府往属杭严道。康熙二十一年十月,杭州府复来属。康熙二十四年六月再裁⑫。雍正四年十月又置,为分巡道⑬。驻嘉兴府⑭,为按察使司副使衔。雍正十年,因管理海防事务,移驻海宁州⑮。乾隆十九年移驻嘉兴府。同年闰四月,兼管仁和、海宁、海盐、平湖四县塘工事务⑯。乾隆二十三年十一月,加水利衔⑰。二十四年,再次移驻海宁州。道光年间,移驻杭州府⑱,至清末未变。

---

① 《世祖实录》卷25顺治三年四月甲申,《清实录》,第3册,第214页。
② 《顺治十八年缙绅册》。
③ 《世祖实录》卷22顺治二年十二月丁酉,《清实录》,第3册,第193页。
④ 《世祖实录》卷22顺治二年十一月戊寅,《清实录》,第3册,第190页。
⑤ 光绪《清会典事例》卷25,第1册,第312页。
⑥ 《世祖实录》卷25顺治三年四月甲申,《清实录》,第3册,第214页。
⑦ 《圣祖实录》卷7康熙元年十二月甲辰,《清实录》,第4册,第128页。
⑧ 《世祖实录》卷22顺治二年十二月丁酉,《清实录》,第3册,第193页。
⑨ 《顺治十八年缙绅册》。
⑩ 康熙《浙江通志》卷22《文职官》。
⑪ 按:民国《杭州府志》卷18谓"康熙九年设分守杭嘉湖道,驻嘉兴、湖州二府"。
⑫ 《圣祖实录》卷121康熙二十四年六月己酉,《清实录》,第5册,第279页。
⑬ 《世宗实录》卷49雍正四年十月丁卯,《清实录》,第7册,第739页。
⑭ 康熙《清一统志》卷172。
⑮ 道光《海宁州志》(据乾隆刻本增刻)卷1:"分巡杭嘉湖海防兵备道署,金(鳌)《(海宁县)志》在镇海门西永平仓旧址也。雍正十一年建,后裁道缺,改为东防同知署。二十四年三月杭嘉湖道自嘉郡仍移驻焉。"民国《杭州府志》卷18:雍正"十年,改驻海宁,兼治水利。乾隆十九年,以杭嘉湖道兼海防,裁兵备道,改其为东防同知署。二十四年三月,由嘉兴府移为海宁,别建同知署"。
⑯ 《高宗实录》卷463乾隆十九年闰四月丁卯,《清实录》,第14册,第1005页。
⑰ 《高宗实录》卷574乾隆二十三年十一月壬辰,《清实录》,第16册,第300页。
⑱ 民国《杭州府志》卷18。

2. 宁绍道—宁台道—宁绍台道

康熙七年五月置宁台温巡海道,驻台州府①,当不分巡地方。康熙九年二月置分巡宁绍道②,驻宁波府,辖宁波、绍兴 2 府。因宁波、温州均有分巡道管辖,宁台温巡海道当改置为巡台道,分巡台州府。康熙二十四年六月,裁分巡宁绍道,同时改巡台道为分巡宁台道③。雍正四年,绍兴府来属,改为宁绍台道④。驻宁波府,辖宁波、绍兴、台州 3 府。为按察使司副使衔⑤。乾隆十九年闰四月,兼管萧山、山阴、会稽三县塘工事务⑥。乾隆二十三年十一月,加水利衔。乾隆三十二年,加兵备衔⑦,为分巡宁绍台兼管水利海防兵备道⑧。至清末未变。

3. 温处道

康熙九年,置分巡温台道⑨,当为温处道异称⑩,驻温州府。辖温州、处州二府。雍正四年为按察使司副使衔。乾隆二十三年十一月,加水利衔。乾隆三十二年,加兵备衔,为分巡温处兵备道兼管水利事务。至清末未变。

4. 金衢严道

分守金衢严道,康熙九年二月置,驻衢州府,辖金华、衢州、严州 3 府。康熙十三年八月,严州府往属杭严道。康熙二十一年十月,严州府复来属。康熙三十九年五月裁⑪。康熙四十九年八月复设⑫,为分巡道。康熙五十七年四月裁⑬。雍正十二年十二月又置,为分巡道,驻衢州府。辖金华、衢州、严州 3 府⑭。乾隆二十三年十一月,加水利衔。至清末未变。

---

① 《圣祖实录》卷 26 康熙七年五月癸丑,《清实录》,第 4 册,第 359 页。
② 《圣祖实录》卷 33 康熙九年二月丙寅,《清实录》,第 4 册,第 431 页。
③ 《圣祖实录》卷 121 康熙二十四年六月己酉,《清实录》,第 5 册,第 279 页。
④ 《浙江巡抚李卫题为议覆特设观风整俗使并添设杭嘉湖道各俸役食及调整衙署本》(雍正五年三月初四日),《雍正朝内阁六科史书·户科》,第 34 册,第 43 页。按:雍正《浙江通志》卷 120 作雍正四年。
⑤ 《缙绅新书》(乾隆十三年春),《清代缙绅录集成》,第 1 册,第 181 页。
⑥ 《高宗实录》卷 463 乾隆十九年闰四月丁卯,《清实录》,第 14 册,第 1005 页。
⑦ 光绪《清会典事例》卷 25,第 1 册,第 319 页。
⑧ 《高宗实录》卷 804 乾隆三十三年二月庚辰,《清实录》,第 18 册,第 877 页。
⑨ 《圣祖实录》卷 33 康熙九年二月丙寅,《清实录》,第 4 册,第 431 页。
⑩ 按:雍正《浙江通志》卷 121 有温处道,无温台道;温台道在《清实录》中仅一见,余为温处道,当是同道异名。
⑪ 《圣祖实录》卷 199 康熙三十九年五月癸巳,《清实录》,第 6 册,第 20 页。
⑫ 《圣祖实录》卷 243 康熙四十九年八月庚辰,《清实录》,第 6 册,第 414 页。
⑬ 《圣祖实录》卷 278 康熙五十七年四月己亥,《清实录》,第 6 册,第 731 页。
⑭ 《世宗实录》卷 150 雍正十二年十二月戊申,《清实录》,第 8 册,第 857 页。

5. 已裁各道

分巡杭严道,康熙十三年八月置①,驻严州府,辖杭州、严州 2 府。康熙二十一年十月裁②。

巡台道,见前"宁台道"。

五、府厅州县

顺治二年,沿明制,仍领 11 府,下辖 1 州、75 县。道光二十三年(1843),升定海县为直隶厅。至清末,辖 11 府、1 直隶厅、3 厅、1 州、75 县。

1. 杭州府

治所即今浙江杭州市城区。顺治二年,沿明制,领 9 县:钱塘、仁和、海宁、富阳、余杭、临安、于潜、新城、昌化县。乾隆三十八年八月,改海宁县为海宁州。嘉庆十六年(1811)十月,海宁州南沙地方往属绍兴府萧山县③,辖境缩小。领 1 州:海宁州;8 县:钱塘、仁和、富阳、余杭、归安、于潜、新城、昌化县。

钱塘县,附郭,治所即今浙江杭州市城区。

仁和县,附郭,治所即今浙江杭州市城区。

海宁州,初为海宁县,治盐官镇(今浙江海宁市西南盐官镇)。因"系海疆要地,赋重差繁,兼有塘工修筑",乾隆三十八年八月升为州④。

富阳县,治所即所即今浙江富阳市驻地富春街道。

余杭县,治所即今浙江杭州市余杭区西南余杭镇。

临安县,治所即所即今浙江临安市驻地锦城街道。

于潜县,治所即今浙江临安市西於潜镇。

新城县,治所即今浙江富阳市西南新登镇。

昌化县,治所即今浙江临安市西昌化镇。

2. 嘉兴府

治所今浙江嘉兴市城区。顺治二年,沿明制,领 7 县:嘉兴、秀水、嘉善、海盐、崇德、平湖、桐乡县。康熙元年,改崇德县为石门县⑤。至清末未变。

嘉兴县,附郭,治所即今浙江嘉兴市城区。

秀水县,附郭,治所即今浙江嘉兴市城区。

---

① 《圣祖实录》卷 49 康熙十三年八月辛亥,《清实录》,第 4 册,第 643 页。
② 《圣祖实录》卷 105 康熙二十一年十月乙亥,《清实录》,第 5 册,第 63 页。
③ 《仁宗实录》卷 249 嘉庆十六年十月己酉,《清实录》,第 31 册,第 361 页。
④ 《高宗实录》卷 940 乾隆三十八年八月辛丑,《清实录》,第 20 册,第 709 页。
⑤ 康熙《清会典》卷 18,第 1 册上,第 180 页。

嘉善县,治所即今浙江嘉善县魏塘街道。

海盐县,治所即今浙江海盐县驻地武原街道。

平湖县,治所即今浙江平湖市驻地当湖街道。

石门县,治所即今浙江桐乡市西南崇福镇。

桐乡县,治所即今浙江桐乡市驻地梧桐街道。

3. 湖州府

治所今浙江湖州市城区。顺治二年,沿明制,领1州6县:乌程、归安、长兴、德清、武康县,安吉州领孝丰县。雍正末,孝丰县属府。乾隆三十八年八月,改安吉州为安吉。清末仍领7县:乌程、归安、长兴、德清、武康、孝丰、安吉县。

乌程县,附郭,治所今浙江湖州市城区。

归安县,附郭,治所今浙江湖州市城区。

长兴县,治所即今浙江长兴县驻地雉城街道。

德清县,治所即今浙江德清县东乾元镇。

武康县,治所即今浙江德清县驻地武康镇。

安吉县,初为安吉州,治今浙江安吉县驻地递铺镇北安城。乾隆三十八年八月,因升海宁县为州,同时降安吉州为县。

孝丰县,治所即今浙江安吉县西南孝丰镇。

4. 宁波府

治所即今浙江宁波市城区。顺治二年,沿明制,领5县:鄞县、慈溪、奉化、定海、象山县。康熙二十六年,于舟山岛地方置定海县,并改原定海县为镇海县[①]。道光三年,置石浦厅。道光二十一年四月,升定海县为定海直隶厅[②]。宣统元年(1909)六月,置南田厅。领1厅:南田厅;5县:鄞县、慈溪、奉化、镇海、象山县。

鄞县,附郭,治所即今浙江宁波市城区。

慈溪县,治所即今浙江宁波市江北区西北慈城镇。

奉化县,治所即今浙江奉化市驻地锦屏街道。

镇海县,初名定海县,治今浙江宁波市镇海区驻地招宝山街道。康熙二十六年,因在舟山群岛新置定海县,改名。

象山县,治所即今浙江象山县驻地丹东街道、丹西街道城区。

---

① 雍正《清会典》卷24,第3册,第281页。
② 《宣宗实录》卷388道光二十三年正月丙辰,《清实录》,第38册,第969页。

南田厅,光绪三十二年六月闽浙总督崇善等奏设①,宣统元年六月浙江巡抚增韫奏以南田列岛置②,治所在今浙江象山县南鹤浦镇南樊岙。

5. 绍兴府

治所即今浙江绍兴市越城区。顺治二年,沿明制,领8县:山阴、会稽、萧山、诸暨、余姚、上虞、嵊、新昌县。嘉庆十六年,杭州府海宁州南沙地方改隶萧山县,辖境扩大。清末仍领8县。

山阴县,附郭,治所即今浙江绍兴市越城区城区。

会稽县,附郭,治所即今浙江绍兴市越城区城区。

萧山县,治所即今浙江杭州市萧山区城厢街道。

诸暨县,治所即今浙江诸暨市驻地暨阳街道。

余姚县,治所即今浙江余姚市城区。

上虞县,治所即今浙江上虞市东南丰惠镇。

嵊县,治所即今浙江嵊州市驻地剡湖街道。

新昌县,治所即今浙江新昌县驻地南明街道。

6. 台州府

治所即今浙江临海市驻地古城街道。顺治二年,沿明制,领6县:临海、黄岩、天台、仙居、宁海、太平县。雍正六年三月,太平县楚门、老岸、南塘、北塘等地往属于温州府玉环厅③,辖境缩小。嘉庆元年二月,玉环厅属石塘、石板殿等地还属太平县④。清末领6县。

临海县,附郭,治所即今浙江临海市驻地古城街道。

黄岩县,治今浙江台州市黄岩区城区。

天台县,治所即今浙江天台县驻地赤城街道。

仙居县,治所即今浙江仙居县驻地福应街道。

宁海县,治所即今浙江宁海县驻地跃龙街道。

太平县,治所即今浙江温岭市驻地太平街道。

7. 金华府

治所即今浙江金华市婺城区城区。顺治二年,沿明制,领8县:金华、兰溪、东阳、义乌、永康、武义、浦江、汤溪县。至清末未变。

---

① 《德宗实录》卷561光绪三十二年六月乙亥,《清实录》,第59册,第426页。
② 《宣统政纪》卷16宣统元年六月癸卯,《清实录》,第60册,第314页。按:《职官录》(宣统三年冬季版,第1022页)为"新设南田厅",长官为抚民通判。
③ 《世宗实录》卷67雍正六年三月甲戌,《清实录》,第7册,第1026页。
④ 《仁宗实录》卷2嘉庆元年二月丁酉,《清实录》,第28册,第86页。

金华县,附郭,治所即今浙江金华市婺城区城区。

兰溪县,治所即今浙江兰溪市云山街道。

东阳县,治所即今浙江东阳市驻地吴宁街道。

义乌县,治所即今浙江义乌市驻地稠城街道。

永康县,治所即今浙江永康市驻地东城街道。

武义县,治所即今浙江武义县驻地壶山街道。

浦江县,治所即今浙江浦江县驻地浦阳街道。

汤溪县,治所即今浙江金华市婺城区西汤溪镇。

8. 衢州府

治所即今浙江衢州市柯城区府山街道。顺治二年,沿明制,领 5 县:西安、龙游、江山、常山、开化县。至清末未变。

西安县,附郭,治所即今浙江衢州市柯城区府山街道。

龙游县,治所即今浙江龙游县驻地龙洲街道。

江山县,治所即今浙江江山市城区。

常山县,治所即今浙江常山县驻地天马镇。

开化县,治所即今浙江开化县驻地芹阳办事处。

9. 严州府

治所在今浙江建德市东北梅城镇。顺治二年,沿明制,领 6 县:建德、淳安、桐庐、遂安、寿昌、分水县。至清末未变。

建德县,附郭,治所在今浙江建德市东北梅城镇。

淳安县,治所在今浙江淳安县驻地千岛湖镇西千岛湖中。

桐庐县,治所即今浙江桐庐县驻地桐君街道。

遂安县,治所在今浙江淳安县西南千岛湖中。

寿昌县,治所即今浙江建德市西南寿昌镇。

分水县,治所即今浙江桐庐县西北分水镇。

10. 温州府

治所即今浙江温州市鹿城区城区。顺治二年,沿明制,领 5 县:永嘉、瑞安、乐清、平阳、泰顺县。雍正六年三月,析乐清县、台州府太平县地置玉环厅,辖境扩大。嘉庆元年二月,玉环厅属石塘、石板殿等地还属太平县。清末领 1 厅 5 县。

永嘉县,附郭,治所即今浙江温州市鹿城区城区。

瑞安县,治所即今浙江瑞安市城区。

乐清县,治所即今浙江乐清市乐成街道。

平阳县,治所即今浙江平阳县驻地昆阳镇。

泰顺县,治所即今浙江泰顺县驻地罗阳镇。

玉环厅,雍正六年三月,分台州府太平县楚门、老岸、南塘、北塘,乐清县磐石、蒲岐、三盘等地置[①],治所即今浙江玉环县驻地玉城街道。嘉庆元年二月,玉环厅属石塘、石板殿等地还属太平县。

11. 处州府

治所即今浙江丽水市莲都区城区。顺治二年,沿明制,领10县:丽水、青田、缙云、松阳、遂昌、龙泉、庆元、云和、宣平、景宁县。至清末未变。

丽水县,附郭,治所即今浙江丽水市莲都区城区。

青田县,治所即今浙江青田县驻地鹤城街道。

缙云县,治所即今浙江缙云县驻地五云街道。

松阳县,治所即今浙江松阳县驻地西屏街道。

遂昌县,治所即今浙江遂昌县驻地妙高街道。

龙泉县,治所即今浙江龙泉市驻地龙渊街道。

庆元县,治所即今浙江庆元县驻地松源街道。

云和县,治所即今浙江云和县驻地浮云街道。

宣平县,治所即今浙江武义县西南柳城畲族镇。

景宁县,治所即今浙江景宁畲族自治县城区。

12. 定海直隶厅

康熙二十六年,于舟山岛地方置定海县[②],治所即今浙江舟山市定海区昌国街道。属宁波府。道光二十一年四月,升为定海直隶厅[③]。

[①] 《世宗实录》卷67雍正六年三月甲戌,《清实录》,第7册,第1026页。
[②] 雍正《清会典》卷24,第3册,第281页。
[③] 光绪《定海厅志》卷28《大事志》。参见朱波:《清代海岛厅县政治地理研究》,第34页,中央民族大学硕士论文,2015年。

第十四章　湖广省、湖北省

明末为湖广布政使司（湖广省）。清康熙六年析分为湖北、湖南两省。

第一节　湖　广　省

明末，湖广布政使司（湖广省）辖 15 府：武昌、汉阳、承天、襄阳、郧阳、德安、黄州、荆州、长沙、岳州、宝庆、衡州、常德、辰州、永州府；2 直隶州：靖州、郴州，下辖 14 州、110 县[1]。另有施州卫军民指挥使司，属湖广都司，辖大田军民千户所及 3 宣抚司、8 安抚司、8 长官司、5 蛮夷长官司，属湖广都司，境内另有容美宣抚司[2]。顺治二年（1645），沿明制，府州县数量未变[3]。顺治三年十月改承天府为安陆府[4]。仍设施州卫军民指挥使司[5]。

一、省行政机构

总督。顺治二年十一月，设湖广四川总督军务兼理粮饷[6]，总督湖广、四川两省军务，春驻荆州，秋驻武昌府[7]。顺治十年六月，因清兵由陕入川，由陕西总督兼管四川，湖广四川总督免辖四川[8]，此后称湖广总督[9]。顺治十八年四月，专驻荆州府。同年十一月，移驻武昌府[10]。

---

[1]　郭红、靳润成：《中国行政区划通史·明代卷》，第 132 页。
[2]　《明一统志》卷 66，《四库全书》本，第 473 册，第 404 页。
[3]　康熙《清会典》卷 18，第 1 册上，第 182—185 页。
[4]　《世祖实录》卷 28 顺治三年十月丙子，《清实录》，第 3 册，第 237 页。
[5]　乾隆《清一统志》卷 274，第 480 册，第 346 页。
[6]　《世祖实录》卷 21 顺治二年十月壬子，《清实录》，第 3 册，第 186 页。
[7]　《圣祖实录》卷 2 顺治十八年四月甲申，《清实录》，第 4 册，第 58 页。按：光绪《清会典事例》卷 23 言驻武昌府（第 1 册，第 289 页）。
[8]　《世祖实录》卷 76 顺治十年六月乙巳，《清实录》，第 3 册，第 598 页。
[9]　《世祖实录》卷 80 顺治十一年正月辛酉，《清实录》，第 3 册，第 633 页。
[10]　《圣祖实录》卷 5 顺治十八年十一月癸巳，《清实录》，第 4 册，第 96 页。

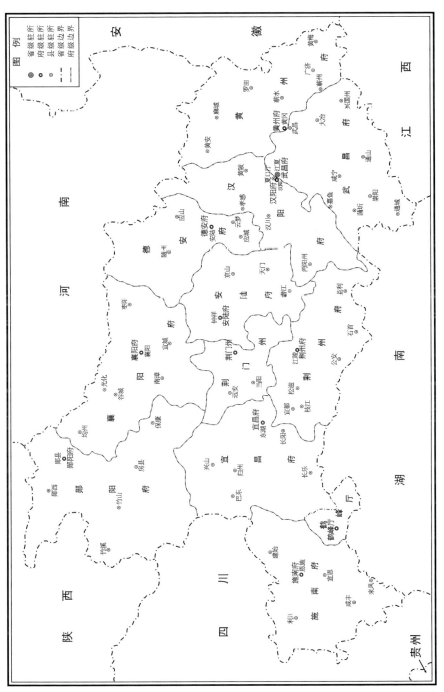

图 14 清末湖北省政区图

湖广巡抚。顺治二年七月,沿袭明制设①,驻武昌府,管辖湖广省②。康熙元年(1662)三月,辖区缩小,仅辖武昌、汉阳、黄州、安陆、德安、荆州、襄阳、郧阳8府,长沙等7府2直隶州归偏沅巡抚管辖③。

偏沅巡抚。明代偏沅巡抚的职能以军政为主,管理区域较为模糊:"驻扎沅州,不时往来平清、偏镇之间,经理督视,整饬戎务,修制器械,简阅兵马,催处粮饷,振扬威武,防御贼寇。若遇进兵征剿,移驻偏桥,弹压运筹。"④顺治二年七月,沿袭明制设⑤,仍以军政事务为主。顺治五年,清军尚未占领湖广与贵州交界区域,规定偏沅巡抚往来湖南、湖北之间⑥。顺治九年前又规定管理区域为荆州、常德、长沙、衡阳四府⑦。后驻扎在沅州⑧。康熙三年三月,管辖湖南的长沙、衡州、永州、宝庆、辰州、常德、岳州7府及郴、靖2州的刑名钱谷⑨。经过这次变动,成为湖南地区的行政长官。康熙三年闰六月,移驻长沙府⑩。

郧阳抚治。顺治二年七月,沿袭明制设⑪,全称抚治郧阳等处提督军务。驻襄阳府⑫,控制四川、河南、陕西、湖广四省交界区域⑬。康熙三年四月裁⑭。

布按诸司及专务道。顺治二年七月,沿明制设湖广等处左右布政使司、提刑按察使司⑮,均驻武昌省城⑯。督粮道、驿传盐法道等专务道亦驻武昌省城。

二、分省经过

湖广省的分省过程与江南省相比,在官员分治顺序上有所不同。

---

① 《世祖实录》卷19顺治二年七月己未,《清实录》,第3册,第168页。
② 李默:《吏部职掌》,明万历刻本,《四库存目丛书》影印本,齐鲁书社1996年,史部第258册,第205页。
③ 《圣祖实录》卷11康熙元年三月甲戌,《清实录》,第4册,第175页。
④ 《兵部为李仙品顶补偏沅巡抚员缺请遵写敕书事行稿》(天启四年二月),《中国明朝档案总汇》,第1册,第414页。
⑤ 《世祖实录》卷19顺治二年七月己未,《清实录》,第3册,第168页。
⑥ 《偏沅巡抚缐缙题报巡历常德并高度剿贼情形》(顺治五年四月十二日),《明清档案》,第8册,第B4031页。
⑦ 《偏沅巡抚金廷献奏报督臣与续顺公挟嫌牵制不决请敕部察酌》(顺治九年四月二十六日),《明清档案》,第14册,第B7783页。
⑧ 乾隆《长沙府志》卷17。
⑨ 《八旗通志》卷190,《四库全书》本,第667册,第458页。
⑩ 《圣祖实录》卷12康熙三年闰六月辛未,《清实录》,第4册,第189页。
⑪ 《世祖实录》卷19顺治二年七月己未,《清实录》,第3册,第168页。
⑫ 嘉庆《郧阳志》卷5上。光绪《襄阳府志》卷6。
⑬ 光绪《清会典事例》卷23,第1册,第290页。
⑭ 《圣祖实录》卷11康熙三年四月戊申,《清实录》,第4册,第178页。
⑮ 《世宗实录》卷19顺治二年七月己未,《清实录》,第3册,第169页。
⑯ 康熙《湖广通志》卷17《公署》。

康熙元年,受江南、陕西两省巡抚分区而治的启发,科臣姚启圣请求将湖广分为湖北、湖南两巡抚辖区。朝廷令湖广总督"详确定议"。湖广总督张长庚提议的方案为:将湖北的武昌、汉阳、黄州、安陆、德安、荆州、襄阳、郧阳8府属湖广巡抚管辖,将湖南的长沙、衡州、永州、宝庆、辰州、常德、岳州7府及郴、靖2直隶州属偏沅巡抚管辖,"刑名钱谷,各归管理"①。也就是将湖广省的行政区域一分为二,分别由两员巡抚分管。

康熙二年八月,清廷又下令"增设江南、湖广、陕西三省按察使各一员"②。"上以湖广刑名事繁,应增设按察使一,其驻地令督抚议奏。"③张长庚疏言:"增设臬司,应照藩司例驻长沙,专理湖南长沙等七府及郴、靖二州刑名。"由此,朝廷在康熙三年三月甲戌,同时下达两道命令。一是令武昌、汉阳、黄州、安陆、德安、荆州、襄阳、郧阳8府归湖广巡抚管辖,以长沙、衡州、永州、宝庆、辰州、常德、岳州7府及郴、靖2州归偏沅巡抚管辖,湖广的巡抚辖区一分为二。同时令增设湖广按察使,驻扎长沙府④,分别称之为湖北提刑按察使司、湖南提刑按察使司⑤。同年四月,朝廷又正式下令湖广右布政使移驻长沙,辖长、宝、衡、永、辰、常、岳等7府及郴、靖2直隶州⑥。至此,湖广布政使司的辖区也是一分为二。

由此可见,湖广分省是源于康熙元年姚启圣的提议,在总督张长庚的主持下,抚、布、按的设置与辖区同步一分为两,而且抚、布、按的辖区完全重合,分省实际上完成。多余的郧阳巡抚,于四月份下令裁撤。康熙三年闰六月,偏沅巡抚由沅州偏桥镇移驻长沙府,行政长官与行政机构同城办公。康熙六年七月,两布政使司分别改名为湖广湖北等处承宣布政使司、湖广湖南等处承宣布政使司。由此,湖广省分省在形式上完成。

第二节 湖 北 省

湖广分省后,湖北省管辖区域为武昌、汉阳、黄州、安陆、德安、荆州、襄阳、郧阳8府及施州卫。

---

① 《八旗通志》卷190,第667册,第458页。
② 《圣祖实录》卷9康熙二年八月甲寅,《清实录》,第4册,第155页。
③ 《八旗通志》卷190,第667册,第458页。
④ 《圣祖实录》卷11康熙三年三月甲戌,《清实录》,第4册,第175页。
⑤ 康熙《湖广通志》卷16《职官下》。
⑥ 《圣祖实录》卷11康熙三年四月癸巳,《清实录》,第4册,第177页。

一、省行政机构

总督。康熙七年十月,裁湖广总督①。康熙九年三月,复设四川湖广总督②,驻荆州府③。康熙十三年二月,四川另设总督,改四川湖广总督为湖广总督。康熙二十一年,还驻武昌府④。康熙二十七年三月,裁湖广总督⑤。因发生兵变,同年九月复设湖广总督⑥,全称"总督湖广等处地方文武事务兼理粮饷"⑦。光绪二十四年(1898)七月,湖北巡抚被裁,兼管湖北巡抚事⑧。同年九月,复设巡抚,免兼管⑨。光绪三十年十一月,复裁湖北巡抚,再次兼管湖北巡抚事⑩。

巡抚。湖北巡抚,初名巡抚湖广等处地方兼提督军务⑪,雍正年间已经正式称湖北巡抚⑫。因与总督同城,光绪二十四年(1898)七月裁,同年九月复设。光绪三十年十一月又裁。

郧阳抚治,受吴三桂叛乱影响,郧阳一带出现反清势力,为加强对郧阳地区的控制,康熙十五年五月复设⑬,仍驻郧阳⑭。职能以军务为主⑮。康熙十九年二月,随着相邻的四川省的平定,裁郧阳抚治缺⑯。

---

① 《圣祖实录》卷 27 康熙七年十月庚寅,《清实录》,第 4 册,第 376 页。
② 《圣祖实录》卷 32 康熙九年三月庚午,《清实录》,第 4 册,第 437 页。
③ 《圣祖实录》卷 33 康熙九年四月己丑,《清实录》,第 4 册,第 441 页。按:光绪《清会典事例》卷 23 谓康熙九年复分设四川、湖广总督各一人,改川湖总督移扎四川重庆府,与《实录》记载异。
④ 康熙《湖广通志》卷 17《公署》:"总督部院,在文昌门内,后因移驻荆州,提镇居此。康熙二十一年,总督董卫国题请还镇重修。"按:据《圣祖实录》卷 100 康熙二十一年正月丙寅,调湖广总督蔡毓荣为云南贵州总督,此前蔡氏一直率军入贵州、云南,未驻武昌府或荆州府。同月己巳,调江西总督董卫国为湖广总督。当此时还驻武昌城。光绪《清会典事例》卷 23 作康熙十九年还驻武昌城。
⑤ 《圣祖实录》卷 134 康熙二十七年三月辛卯,《清实录》,第 5 册,第 455 页。
⑥ 《圣祖实录》卷 137 康熙二十七年九月戊戌,《清实录》,第 5 册,第 491 页。
⑦ 雍正《清会典》卷 223,第 9 册,第 3674 页。
⑧ 《德宗实录》卷 424 光绪二十四年七月乙丑,《清实录》,第 57 册,第 556 页。
⑨ 《德宗实录》卷 430 光绪二十四年九月戊辰,《清实录》,第 57 册,第 641 页。
⑩ 《德宗实录》卷 537 光绪三十年十一月庚辰,《清实录》,第 59 册,第 145 页。
⑪ 康熙《湖广通志》卷 16、康熙《湖广武昌府志》卷首巡抚石琳序。
⑫ 按:《清实录》中,"湖广巡抚"一词最晚见于雍正二年六月戊子,"湖北巡抚"一词首见于康熙十三年六月甲辰。雍正《清会典》卷 223 作湖广巡抚。光绪《清会典事例》言康熙三年"改湖广巡抚为湖北巡抚",如果是指改名则误,指辖区变化则是。雍正十一年成书的《湖广通志》卷 29 及卷首纂修官员名单已经全部称湖北巡抚。
⑬ 《圣祖实录》卷 61 康熙十五年五月乙酉,《清实录》,第 4 册,第 789 页。
⑭ 《圣祖实录》卷 80 康熙十八年四月丙寅,《清实录》,第 4 册,第 1023 页。
⑮ 按:《圣祖实录》记录的这一时期郧阳抚治的史事,均为军事行动。
⑯ 《圣祖实录》卷 88 康熙十九年二月辛巳,《清实录》,第 4 册,第 1118 页。

布按诸司及专务道。康熙年间,布按两司分别称湖广湖北等处承宣布政使司、提刑按察使司。雍正间已经称湖北承宣布政使司、提刑按察司。专务道置有粮储道、驿传道等。雍正二年裁都使司,各卫所隶属于布政使司①。清末,有布政使、交涉使、提学使、提法使、巡警道、劝业道等。

二、省城

以武昌城为省城,即今湖北武汉市武昌区。

三、省域

东邻安徽,南接江西、湖南,西傍四川、陕西,北界河南。乾隆三十三年(1768)八月,析黄州府属蕲州辖之小江口地往属于江西九江府属德化县②。

四、守巡道

康熙六年七月前

分守武昌道,顺治二年七月置③。驻武昌府④,辖区当同明代,康熙元年八月废⑤。

分巡武昌道,顺治二年七月置。驻兴国州⑥,一说驻黄州府⑦。康熙六年七月裁。

分守下荆南道,顺治二年七月置。驻郧阳府⑧,"兼管郧、襄、安三府所属地方,界连陕西,境接河南,其卫所经管钱谷各官仍照旧听尔统辖"⑨。康熙六年七月裁⑩。

分巡下荆南道,一作荆南道、分巡郧襄兵备道,顺治二年七月置。驻襄阳府,辖区同明代。康熙初年裁⑪。

---

① 雍正《湖广通志》卷3,第531册,第112页。
② 《高宗实录》卷816乾隆三十三年八月己巳,《清实录》,第18册,第1066页。
③ 《世祖实录》卷19顺治二年七月己未,《清实录》,第3册,第169页。
④ 雍正《湖广通志》卷15,第531册,第493页。
⑤ 《圣祖实录》卷7康熙元年八月戊申,《清实录》,第4册,第119页。按:光绪《黄州府志》卷11谓分守武昌道于康熙六年裁。
⑥ 雍正《湖广通志》卷29,第532册,第204页。
⑦ 《顺治十八年缙绅册》。
⑧ 《顺治十八年缙绅册》。
⑨ 《下荆南道志》卷22《艺文志》。
⑩ 嘉庆《郧阳志》卷5上。
⑪ 乾隆《襄阳府志》卷20载末任分巡下荆南道于康熙元年任,以后缺裁。

分守荆西道,顺治二年七月置。驻安陆府①,辖区当同明代。康熙六年七月裁。

分巡荆西道,即分巡荆西兵备道,顺治二年七月置。驻沔阳州,辖区当同明代,并兼管嘉鱼等八县。康熙元年八月裁②。

整饬荆南兵备道,一作抚夷荆南兵备道③、荆南武彝兵备道④、荆南兵备管理屯盐水利仓粮道⑤。顺治二年七月置⑥。驻夷陵州,"倘大兵往来经繇境上,粮草舟车,皆当预备支应,毋致缺乏"⑦。顺治七年七月裁⑧,辖区当并入上荆南道。

康熙六年七月后

1. 盐法武昌道

初为湖广驿传盐法道,驻武昌府。康熙二十七年九月,只管湖北驿传事务⑨。乾隆四十四年,兼分巡武昌府事务⑩,为分守武昌盐法道。宣统三年八月,裁盐法事务⑪。

2. 武昌道—武汉黄道—武汉黄德道—汉黄德道

康熙九年正月复设分守武昌道,驻武昌府⑫。辖武昌、黄州、汉阳3府。雍正四年为布政司参议衔⑬。雍正七年十一月移驻黄州府⑭,改名武汉黄道。雍正十三年十一月,增辖德安府⑮,为武汉黄德道。乾隆二十五年称分守汉黄德等处地方道。乾隆四十四年,武昌府改由驿传道分巡⑯,由此改名分巡汉黄

---

① 《顺治十八年缙绅册》。
② 《圣祖实录》卷7康熙元年八月戊申,《清实录》,第4册,第119页。
③ 雍正《湖广通志》卷29,第532册,第176页。
④ 《世祖实录》卷27顺治三年七月丙午,《清实录》,第3册,第227页。
⑤ 《世祖实录》卷49顺治七年七月癸丑,《清实录》,第3册,第393页。
⑥ 《世祖实录》卷19顺治二年七月庚申,《清实录》,第3册,第169页。
⑦ 《皇帝敕命章于天整饬荆南兵备道》(顺治二年七月十六日),《明清档案》,第3册,第B1101页。
⑧ 《世祖实录》卷49顺治七年七月癸丑,《清实录》,第3册,第393页。
⑨ 《圣祖实录》卷137康熙二十七年九月丁亥,《清实录》,第5册,第488页。
⑩ 光绪《清会典事例》卷25,第1册,第320页。
⑪ 《宣统政纪》卷61宣统三年八月庚戌,《清实录》,第60册,第1083页。
⑫ 《圣祖实录》卷33康熙九年正月戊申,《清实录》,第4册,第429页。按:光绪《黄州府志》卷11谓康熙十二年复设。
⑬ 《爵秩新本》(雍正四年夏),《清代缙绅录集成》,第1册,第1页。
⑭ 《世宗实录》卷88雍正七年十一月丁亥,《清实录》,第8册,第184页。
⑮ 《高宗实录》卷6雍正十三年十一月壬寅,《清实录》,第9册,第264页。
⑯ 光绪《清会典事例》卷25,第1册,第320页。按:光绪《黄州府志》卷11谓乾隆四十三年以武昌府拨归盐道并改衔为分巡汉黄德道。

德道①。咸丰十一年监管汉口关,移驻汉口②。

3. 郧阳道—郧襄道—襄阳道—安襄郧道—安襄郧荆道

康熙九年正月设分守郧阳道③,一称分守下荆南道,驻郧阳府④,辖郧阳、襄阳2府。雍正四年为分守郧襄下荆南道,布政使司参议衔⑤。雍正六年移驻襄阳,改为分守襄阳道。雍正十三年十一月,增辖安陆府⑥,改名安襄郧道。乾隆十三年为分守安襄郧下荆南道,按察使司副使衔。乾隆三十二年,加兵备衔⑦。乾隆五十六年三月,增辖荆门州⑧,改名为安襄郧荆道,全称为湖北分守安襄郧荆兵备道兼理水利⑨。至清末未变。

4. 上荆南道—荆州道—荆宜施道—荆宜道

分巡上荆南道,顺治二年七月置⑩。驻荆州府,职能为"统辖荆州所属各州县,及荆州卫、荆州右卫、瞿塘卫、枝江、长宁、远安、忠州各千户所,并施州十四上司永顺保靖容美各土司,驻扎荆州府"⑪,亦作"抚治流民,整饬施归等处"⑫。康熙六年七月裁。

康熙九年正月复置⑬,驻荆州府。辖荆州、安陆、德安3府。雍正四年为分巡上荆南道管安荆德三府,按察使司副使衔⑭。雍正六年改为荆州道⑮。雍正十三年十一月,增辖宜昌、施南2府⑯,德安、安陆2府往属他道,改称荆宜施道⑰,仍驻荆州府,辖荆州、宜昌、恩施3府。乾隆十三年为按察使司副使

---

① 按:光绪《清会典事例》卷25言嘉庆四年"又改湖北汉黄德道为郧阳兵备道"。
② 光绪《黄州府志》卷4《建置志》。
③ 《圣祖实录》卷33康熙九年正月戊申,《清实录》,第4册,第429页。
④ 嘉庆《郧阳志》卷5上:"下荆南道一员,驻郧阳。康熙六年裁,九年复设。雍正六年移驻襄阳。"
⑤ 《爵秩新本》(雍正四年夏),《清代缙绅录集成》,第1册,第3页。
⑥ 《高宗实录》卷6雍正十三年十一月壬寅,《清实录》,第9册,第264页。
⑦ 光绪《清会典事例》卷25,第1册,第319页。按:光绪《襄阳府志》卷19:乾隆"二十九年,从协办大学士陈宏谋请,与提镇同城之道员一律加兵备衔,互相钤辖"。
⑧ 《高宗实录》卷1375乾隆五十六年三月辛丑,《清实录》,第26册,第467页。
⑨ 《高宗实录》卷1396乾隆五十七年二月庚戌,《清实录》,第26册,第748页。按:嘉庆《清会典》仍称为分巡安襄郧道。
⑩ 《世祖实录》卷19顺治二年七月庚申,《清实录》,第3册,第169页。
⑪ 《皇帝敕命李栖凤分巡上荆南道》(顺治二年七月十六日),《明清档案》,第3册,第B1099页。
⑫ 《顺治十八年缙绅册》。
⑬ 《圣祖实录》卷33康熙九年正月戊申,《清实录》,第4册,第429页。
⑭ 《爵秩新本》(雍正四年夏),《清代缙绅录集成》,第1册,第5页。
⑮ 雍正《湖广通志》卷29:"分巡荆州道一员,初为分巡上荆南道,雍正六年改今衔。"(第532册,第176页)
⑯ 《高宗实录》卷6雍正十三年十一月壬寅,《清实录》,第9册,第264页。
⑰ 光绪《荆州府志》卷33:"荆宜施道,顺治初为上荆南道,雍正六年改荆州道,十三年改分巡荆宜施道。"

衔。乾隆二十五年为分巡上荆南道管理荆宜施地方兼理水利事。乾隆四十八年奉文兼督荆州关钞。光绪三年正月,移驻宜昌府城,监督宜昌关税务①。光绪二十四年,移驻沙市,监督沙市关②。光绪三十一年正月,施南府往属施鹤道,改名荆宜道③。

5. 施鹤道

分巡施鹤兵备道,光绪三十年九月改督粮道置④。驻施南府,辖施州府、鹤峰直隶厅。

五、府厅州县

分省后,湖北省辖武昌、汉阳、黄州、安陆、德安、荆州、襄阳、郧阳 8 府,另有施州卫。雍正六年八月,升荆州府归州为直隶州。雍正十三年三月,升荆州府夷陵州为宜昌府,降归州直隶州为属州。同年十一月,析宜昌府置施南府。乾隆五十六年三月,升安陆府荆门州为直隶州。光绪三十年十月,升宜昌府鹤峰州为直隶厅。至清末,辖 10 府:武昌、汉阳、安陆、襄阳、郧阳、德安、黄州、荆州、宜昌、施南府;1 直隶州:荆门直隶州;1 直隶厅:鹤峰直隶厅,下辖 1 厅、6 州、60 县。

1. 武昌府

治所在今湖北武汉市武昌区。顺治二年,沿明制,为省会,领 1 州、9 县:江夏、武昌、嘉鱼、蒲圻、咸宁、崇阳、通城县,兴国州领大冶、通山县。雍正末,大冶、通山县直属武昌府。至清末,仍领 1 州、9 县。

江夏县,附郭,治所在今湖北武汉市武昌区。

武昌县,治所即今湖北鄂州市鄂城区城区。

嘉鱼县,治所即今湖北嘉鱼县驻地鱼岳镇。

蒲圻县,治所即今湖北赤壁市蒲圻街道。

咸宁县,治所即今湖北咸宁市咸安区永安街道。

崇阳县,治所即今湖北崇阳县驻地天城镇。

通城县,治所即今湖北通城县驻地隽水镇。

兴国州,治所即今湖北阳新县驻地兴国镇。

---

① 《德宗实录》卷 46 光绪三年正月癸未,《清实录》,第 52 册,第 650 页。
② 《德宗实录》卷 423 光绪二十四年七月己未,《清实录》,第 57 册,第 546 页。
③ 《德宗实录》卷 535 光绪三十年九月癸卯,《清实录》,第 59 册,第 128 页;又卷 541 光绪三十一年正月甲申,第 189 页。
④ 《德宗实录》卷 535 光绪三十年九月癸卯,《清实录》,第 59 册,第 128 页。

大冶县,治所即今湖北大冶市驻地东岳路街道。

通山县,治所即今湖北通山县驻地通羊镇。

2. 汉阳府

治所即今湖北武汉市汉阳区。顺治二年,沿明制,领2县:汉阳、汉川县。雍正七年七月,德安府孝感县、黄州府黄陂县来属①。乾隆二十七年十二月,安陆府沔阳州及新置文泉县来属②。乾隆三十年二月,裁文泉县。光绪二十五年三月,置夏口厅。领1厅:夏口厅;1州:沔阳州;4县:汉阳、汉川、黄陂、孝感。

汉阳县,附郭县,治所即今湖北武汉市汉阳区。

汉川县,治所即今湖北汉川市驻地仙女山街道。

黄陂县,治所即今湖北武汉市黄陂区驻地前川街道。初属黄州府,雍正七年七月来属。

孝感县,治所即今湖北孝感市孝南区城区。初属德安府,雍正七年七月来属。

沔阳州,治所在今湖北仙桃市西南沔城回族镇。初属安陆府,乾隆二十七年十二月来属。同年七月析置文泉县,三十年裁入。

夏口厅,光绪二十五年三月,因汉口镇华洋交涉,地方紧要,析汉阳县汉水以北、西至溃口北至摄口地方置③。治汉口镇,即今湖北武汉市汉口。

文泉县,因沔阳州地方千里,新堤镇商业发达,乾隆二十七年七月析置,治新堤镇,在今湖北省洪湖市驻地新堤街道。旋因地势较低,不易建城,乾隆三十年二月裁入沔阳州④。

3. 承天府—安陆府

治所即今湖北钟祥市驻地郢中街道。顺治二年,沿明制,为承天府,领2州5县:钟祥、京山、潜江县,沔阳州领景陵县,荆门州领当阳县。顺治三年十月,改名为安陆府⑤。雍正四年七月,景陵县改名为天门县。雍正末,当阳、天门县属于府。乾隆二十七年十二月,沔阳州往隶汉阳府。乾隆五十六年三月,升荆门州为直隶州,当阳县往属⑥。领4县:钟祥、京山、潜江、天门县。至清

---

① 《世宗实录》卷83雍正七年七月丁卯,《清实录》,第7册,第113页。
② 《高宗实录》卷677乾隆二十七年十二月丁未,《清实录》,第17册,第571页。
③ 《德宗实录》卷436光绪二十四年十二月癸卯,《清实录》,第57册,第739页;又卷441光绪二十五年三月甲子,第805页。参见吴承湜:《近六十年全国郡县增建志要》卷上,第51页。
④ 《高宗实录》卷729乾隆三十年二月壬寅,《清实录》,第18册,第30页。
⑤ 《世祖实录》卷28顺治三年十月丙子,《清实录》,第3册,第237页。
⑥ 《高宗实录》卷1375乾隆五十六年三月辛丑,《清实录》,第26册,第467页。

末未变。

钟祥县,附郭,治所即今湖北钟祥市驻地郢中街道。

京山县,治所即今湖北京山县驻地新市镇。

潜江县,治所即今湖北潜江市驻地园林街道。

天门县,初名景陵县,治所即今湖北天门市驻地竟陵街道,雍正四年七月改名①。

4. 襄阳府

治所在今湖北襄阳市汉江南岸襄城区。顺治二年,沿明制,领1州6县:襄阳、宜城、南漳、枣阳、谷城、光化县,均州。清末仍辖1州6县。

襄阳县,附郭,治所在今湖北襄阳市汉江南岸襄城区。

宜城县,治所即今湖北宜城市驻地鄢城街道。

南漳县,治所即今湖北南漳县驻地城关镇。

枣阳县,治所即今湖北枣阳市驻地北城街道。

谷城县,治所即今湖北谷城县驻地城关镇。

光化县,治所在今湖北老河口市驻地光化街道老县城。

均州,治所在今湖北丹江口市西北均县镇旁丹江水库区。

5. 郧阳府

治所在今湖北郧县南老城(大部已为丹江水库区)。顺治二年,沿明制,领7县:郧县、房县、竹山、上津、竹溪、保康、郧西县。顺治十六年,裁上津县,并入郧西县②。至清末,仍领6县。

郧县,附郭,治所在今湖北十堰市郧阳区南老城(大部已为丹江水库区)。

房县,治所即今湖北房县驻地城关镇。

竹山县,治所即今湖北竹山县驻地城关镇。

竹溪县,治所即今湖北竹溪县驻地城关镇。

保康县,治所即今湖北保康县驻地城关镇。

郧西县,治所即今湖北郧西县驻地城关镇。

上津县,治所在今湖北郧西县西北上津镇,顺治十六年裁入郧西县。

6. 德安府

治所即今湖北安陆市驻地府城街道。顺治二年,沿明制,领1州5县:安

---

① 《世宗实录》卷46雍正四年七月戊午,《清实录》,第3册,第703页。
② 康熙《清会典》卷18,第1册上,第183页。

陆、云梦、应城、孝感县,随州领应山县。雍正七年七月,孝感县往属于汉阳府①。领1州:随州;4县:安陆、云梦、应城、应山县。至清末未变。

安陆县,附郭,治所即今湖北安陆市驻地府城街道。

云梦县,治所即今湖北云梦县驻地城关镇。

应城县,治所即今湖北应城市驻地城中街道。

随州,治所即今湖北随州市驻地曾都区城区。

应山县,治所即今湖北广水市驻地应山街道。

7. 黄州府

治所在今湖北黄冈市黄州区赤壁街道。顺治二年,沿明制,领1州8县:黄冈、黄安、蕲水、罗田、麻城、黄陂县,蕲州领广济、黄梅县。雍正七年七月,黄陂县往隶汉阳府②。雍正间,广济、黄梅县直属府。领1州:蕲州;7县:黄冈、黄安、蕲水、罗田、麻城、广济、黄梅县。至清末未变。

黄冈县,附郭,治所在今湖北黄冈市黄州区赤壁街道。

蕲水县,治所即今湖北浠水县驻地清泉镇。

罗田县,治所即今湖北罗田县驻地凤山镇。

麻城县,治所即今湖北麻城市驻地龙池桥街道。

黄安县,治所在今湖北红安县驻地城关镇。

蕲州,治所在今湖北蕲春县西南蕲州镇。

广济县,治所在今湖北武穴市北梅川镇。

黄梅县,治所即今湖北黄梅县驻地黄梅镇。

8. 荆州府

治所即今湖北荆州市荆州区城区。顺治二年,沿明制,领2州11县:江陵、公安、石首、监利、松滋、枝江县,夷(彝)陵州领长阳、宜都、远安县,归州领兴山、巴东县。雍正三年,施州卫、大田所及所领各土司来属③。雍正六年八月,升归州为直隶州,兴山、巴东、长阳县及施州卫与各土司往属④。雍正十三年三月,升夷陵州为宜昌府。乾隆五十六年三月,析远安县往隶于新设之荆门直隶州⑤。领7县:江陵、公安、石首、监利、松滋、枝江、宜都县。清末仍领7县。

---

①② 《世宗实录》卷83雍正七年七月丁卯,《清实录》,第7册,第113页。
③ 雍正《清会典》卷116,第6册,第1908页。
④ 《世宗实录》卷72雍正六年八月己丑,《清实录》,第7册,第1077页。
⑤ 《高宗实录》卷1375乾隆五十六年三月辛丑,《清实录》,第26册,第467页。

江陵县，附郭，治所即今湖北荆州市江陵区城区①。

公安县，明末治所在祝家冈，后毁于战乱。顺治五年于斗湖堤设治②，即今公安县驻地斗湖堤镇。顺治八年又迁居祝家冈，在今公安县西狮子口镇一带③。咸丰、同治年间，县城常受水流冲决，受灾严重。同治十二年(1873)冬，在唐家冈建新城，同治十三年迁治④，治所在今湖北公安县西南南平镇。

石首县，治所即今湖北石首市驻地绣林街道。

监利县，治所即今湖北监利县驻地容城镇。

松滋县，治所在今湖北松滋市北老城镇。

枝江县，治所在今湖北宜都市南枝城镇。

宜都县，明末治所即今湖北宜都市驻地陆城街道，明末清初毁于战乱。顺治四年移寓长江北岸白羊(白洋，在今枝江市西白洋镇)民舍。康熙元年，移入县治⑤。

9. 宜昌府

明为荆州府夷陵州。清初改彝陵州，领长阳、宜都、远安县。雍正十三年三月，升为宜昌府，治所即今湖北宜昌市西陵区城，置附郭东湖县；降归州直隶州为州，与兴山、巴东、长阳、恩施4县及各土司来属；于容美宣抚司地置鹤峰州；于五峰石宝置长乐县来属⑥。领2州：归州、鹤峰州；6县：东湖、兴山、巴东、长阳、恩施、长乐县。雍正十三年十一月，恩施县与各土司往属施南府⑦。领2州5县。光绪三十年十月，升鹤峰州为鹤峰直隶厅⑧。领1州：归州；5县：东湖、兴山、长阳、巴东、长乐县。

东湖县，雍正十三年三月以归州直隶州亲辖地置，附郭，治所即今湖北宜昌市西陵区城区。

归州，治所在今湖北秭归县西北归州镇。初属荆州府，雍正六年八月为直

---

① 《德宗实录》卷423光绪二十四年七月己未："湖广总督张之洞奏：湖北荆州沙市镇开关通商以后，交涉愈繁，地方尤为紧要，应请将沙市关监督荆宜施道并江陵县知县衙门移驻沙市地方，以资镇摄。下所司议行。"(《清实录》，第57册，第546页)据《职官录》(宣统三年冬)记载，沙市驻有荆宜施道、荆州府管粮通判、江陵县沙市司巡检，当是江陵县未迁治。
② 康熙《湖广通志》卷7《城池》。
③ 按：今出版地图集(册)中无"祝家冈"地名。亚新地学社编辑、出版《湖北分县详图》(1930年版)公安县幅有"祝家冈"、"故县城"两地名，位于班竹垱南、董家冈东，大致在今狮子口镇一带。
④ 同治《公安县志》卷2《营建志·官署》。
⑤ 康熙《宜都县志》卷2《建置志·城池》。康熙《湖广通志》卷7《城池》。
⑥ 《世宗实录》卷153雍正十三年三月己卯，《清实录》，第8册，第879页。
⑦ 《高宗实录》卷6雍正十三年十一月壬寅，《清实录》，第9册，第264页。
⑧ 《东华续录》光绪189，光绪三十年十月乙巳，第17册，第460页。

隶州，雍正十三年三月来属。

长阳县，治所即今湖北长阳土家族自治县驻地龙舟坪镇。初属夷陵州，雍正六年三月属归州直隶州，雍正十三年三月来属。

兴山县，治所在今湖北兴山县南昭君镇。初属归州，雍正六年八月属归州直隶州，雍正十三年三月来属。

巴东县，治所即今湖北巴东县驻地信陵镇。隶属变化同兴山县。

长乐县，雍正十三年三月改容美宣抚司所属五峰司地置①，治所即今湖北五峰土家族自治县驻地五峰镇。

10. 施南府

雍正十三年十一月，以宜昌府忠峒宣抚司等土司改土归流置。以恩施县为附郭，治所即今湖北恩施市驻地小渡船街道。于施南土司地置宣恩县、利川县，于散毛土司地置来凤县，于大田所故地置咸丰县；四川夔州府建始县距恩施约百里，一并来属②。领6县：恩施、宣恩、咸丰、来凤、利川、建始县。至清末未变。

恩施县，附郭，治所即今湖北恩施市驻地小渡船街道。雍正六年八月，裁施州卫、大田所，并以施州卫所辖十五土司地置③，属归州直隶州，雍正十三年十一月来属。

宣恩县，雍正十三年十一月置，治所即今湖北宣恩县驻地珠山镇。

来凤县，雍正十三年十一月置，治桐子园，即今湖北来凤县驻地翔凤镇。

咸丰县，雍正十三年十一月置，治大田镇，即今湖北咸丰县驻地高乐山镇。

利川县，雍正十三年十一月置，治官渡坝，即今湖北利川市驻地都亭街道。

建始县，治所即今湖北建始县驻地业州镇，初属四川夔州府，雍正十三年十一月来属。

11. 荆门直隶州

安陆府地处荆襄要冲，辖区辽阔，讼狱繁多，而且沿江堤岸防护事务繁重。乾隆五十六年三月，升安陆府荆门州为直隶州，安陆府当阳县、荆州府远安县来属④。治所在今湖北荆门市东宝区城区。领2县：远安、当阳县。

当阳县，治所即今湖北当阳市驻地玉阳街道。初属安陆府，乾隆五十六年三月来属。

---

① 嘉庆《清会典事例》卷29，第643册，第1304页。
② 《高宗实录》卷6雍正十三年十一月壬寅，《清实录》，第9册，第264页。
③ 《世宗实录》卷72雍正六年八月戊子，《清实录》，第7册，第1077页。
④ 《高宗实录》卷1375乾隆五十六年三月辛丑，《清实录》，第26册，第467页。

远安县,治所即今湖北远安县驻地鸣凤镇。初属荆州府,乾隆五十六年三月来属。

12. 鹤峰直隶厅

雍正十三年三月,以容美土司地置鹤峰州①,治所即今湖北鹤峰县驻地容美镇,属宜昌府。光绪三十年十月,升为鹤峰直隶厅②。

13. 已裁府级政区

归州直隶州,初为归州,属荆州府,辖兴山、巴东县。因荆州府辖区辽阔,雍正六年八月,升为直隶州,领巴东、兴山、长阳,裁施州卫、大田所置恩施县,原施州卫管辖的施南十五土司也归县管辖③。领4县。雍正十三年三月,因新设宜昌府,降为属州,与所辖4县及各土司一并往隶宜昌府。

六、土司

1. 施南府

施南宣抚使司,在今湖北宣恩县驻地珠山镇。雍正十二年五月下旨改土归流④,雍正十三年十一月,置宣恩县⑤。

东乡五路安抚使司,在今湖北宣恩县东北。雍正十三年十一月改流,地属恩施县。

忠路安抚使司,在今湖北利川县西南。雍正十三年十一月改流,地属利川县。

金峒安抚使司,在今湖北咸丰县西北。雍正十三年十一月改流,地属咸丰县。

散毛宣抚使司,在今湖北来凤县驻地翔凤镇。康熙二十五年十一月仍为宣抚使⑥,康熙五十四年七月已经降为土舍⑦。雍正六年属恩施县,雍正十三年改流地属来凤县⑧。

龙潭安抚使司,在今湖北咸丰县西北。雍正十三年十一月改流,地属咸

---

① 《世宗实录》卷153雍正十三年三月己卯,《清实录》,第8册,第879页。
② 《东华续录》光绪189,光绪三十年十月乙巳,第17册,第460。
③ 《世宗实录》卷72雍正六年八月己丑,《清实录》,第7册,第1077页。
④ 《世宗实录》卷143雍正十二年五月己卯,《清实录》,第7册,第793页。
⑤ 《高宗实录》卷6雍正十三年十一月壬寅,《清实录》,第9册,第264页。
⑥ 《圣祖实录》卷128康熙二十五年十一月丁酉,《清实录》,第5册,第370页。
⑦ 《圣祖实录》卷264康熙五十四年七月甲午,《清实录》,第6册,第600页。
⑧ 乾隆《清一统志》卷274,第480册,第347页。按:光绪《清会典事例》卷30谓雍正十三年"改散毛土司地置来凤县"。

丰县。

大旺安抚使司，在今湖北来凤县西南。雍正十三年十一月改流，地属来凤县。

东流蛮彝长官司，在今湖北来凤县西南。雍正十三年十一月改流，地属来凤县。

腊壁蛮彝长官司，在今湖北来凤县西南。雍正十三年十一月改流，地属来凤县。

忠建宣抚使司，在今湖北宣恩县东南。雍正十三年十一月改流，地属宣恩县。

忠峒安抚使司，在今湖北宣恩县东南。雍正十三年十一月改流，地属宣恩县。

高罗安抚使司，在今湖北宣恩县南。雍正十三年十一月改流，地属宣恩县。

木册长官使司，在今湖北宣恩县西南。雍正十三年十一月改流，地属宣恩县。

唐崖宣慰使司，在今湖北咸丰县西北。雍正十三年十一月改流，地属咸丰县。

2. 鹤峰直隶厅

容美宣慰使司，在今湖北鹤峰土家族自治县驻地容美镇。雍正十二年四月改流①，雍正十三年三月以其地置鹤峰州。

五峰石宝安抚使司，在今湖北五峰土家族自治县驻地五峰镇。雍正十三年三月改流置长乐县。

石梁下峒安抚使司，在今湖北五峰土家族自治县西南。雍正十二年四月缴印改流②。

水尽源通塔坪安抚使司，在今湖北五峰土家族自治县西北。约雍正十三年改流。

椒山玛瑙按抚使司，在今湖北鹤峰县境。雍正间裁。

---

①② 《世宗实录》卷142雍正十二年四月丁未，《清实录》，第8册，第785页。

第十五章 湖　南　省

清初为湖广省一部分。康熙六年(1667)，湖广分省，为湖南省，辖7府：长沙、衡州、永州、宝庆、辰州、常德、岳州；2直隶州：郴州、靖州，下辖6州、57县。

一、省行政机构

湖广总督，康熙年间名称、驻地、辖区的变化，见上一章湖北省。康熙中期开始，称总督湖广等处地方文武事务兼理粮饷，驻湖北省会武昌城。

湖南巡抚，初名偏沅巡抚，顺治末驻沅州。康熙三年三月，开始管辖长沙、衡州、永州、宝庆、辰州、常德、岳州7府及郴、靖2州①。同年闰六月，移驻长沙府②。雍正二年(1724)二月，以"巡抚衙门移驻长沙，而偏桥地方久已裁归贵州，并非湖南所辖"为由，提出改名湖南巡抚，奉旨依议③。

布按诸司及专务道。康熙三年三月，湖广省增设湖南提刑按察司，驻长沙府，辖区同偏沅巡抚。同年四月，湖广右布政使移驻长沙府，辖长、宝、衡、永、辰、常、岳等7府及郴、靖2直隶州④，康熙六年七月改名为湖广湖南等处承宣布政使司。雍正间称湖南等处承宣布政使司。专务道置有驿粮道等。清末有布政使、提学使、提法使、巡警道、劝业道等。

二、省城

以长沙城为省城，即今湖南长沙市城区。

三、省域

东界江西，南邻广东、广西，西接贵州四川，北为湖北。雍正四年四月，天

---

① 《圣祖实录》卷11康熙三年三月甲戌，《清实录》，第4册，第175页。
② 《圣祖实录》卷12康熙三年闰六月辛未，《清实录》，第4册，第189页。
③ 《吏部尚书隆科多题请准偏沅巡抚改为湖南巡抚并铸给关防本》(雍正二年二月二十一日)，《雍正朝内阁六科史书·吏科》，第8册，第466页。
④ 《圣祖实录》卷11康熙三年四月癸巳，《清实录》，第4册，第177页。

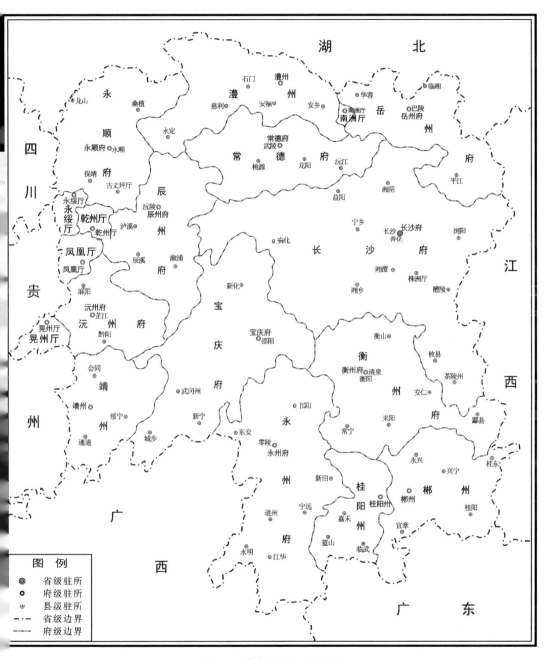

图 15　清末湖南省政区图

柱县往属于贵州黎平府①。

四、守巡道

康熙六年七月前

分守上荆南道,一作岳州兵备道、澧州道。顺治二年七月置②,驻澧州③。辖区当同明代。康熙六年七月裁④。

分守下湖南道,顺治二年七月置。驻宝庆府⑤,与分巡道均为管宝庆、长沙2府。康熙六年七月裁。

分巡下湖南道,顺治二年七月置,驻长沙府。管辖宝庆、长沙2府⑥。康熙六年七月裁⑦。

分守湖北道,一作辰常道⑧,顺治二年七月置。驻辰州府,"管辰、常、靖州,督辰、常协济贵州边储⑨"。康熙六年七月裁⑩。

分巡湖北道,顺治二年七月置,驻常德府,"辖辰常二府、靖州一州,境内有司卫所等官,悉属管辖"⑪。兼管水利事务。康熙六年七月裁⑫。

分巡靖州道,即整饬靖州等卫兵备道,一作辰沅兵备道,《顺治十八年缙绅册》作整饬辰常黎靖兵备道。顺治二年七月置。驻沅州,管辖靖州、铜鼓、五开、偏桥、镇远、清浪、平溪、沅州8卫、天柱等所⑬。康熙六年七月裁。

分守上湖南道,顺治二年七月置。驻永州府⑭,管辖衡、永2府州县。康熙六年七月裁⑮。

---

① 《世宗实录》卷43雍正四年四月戊寅,《清实录》,第7册,第633页。
② 《世祖实录》卷19顺治二年七月庚申,《清实录》,第3册,第169页。
③ 雍正《湖广通志》卷29,乾隆《直隶澧州志林》卷11。
④ 雍正《湖广通志》卷29,第532册,第198页。
⑤ 雍正《湖广通志》卷29。按:以下湖南各道驻地,除特别注出之外,均据雍正《湖广通志》卷29。
⑥ 《皇帝敕命赵廷臣分巡下湖南道》(顺治十一年二月十六日),《明清档案》,第18册,第B10259页。
⑦ 雍正《湖广通志》卷29,第532册,第176页。
⑧ 《世祖实录》卷27顺治三年七月丙午,《清实录》,第3册,第227页。
⑨ 《顺治十八年缙绅册》。
⑩ 乾隆《辰州府志》卷10:"分守道署,即今辰州协署……康熙六年裁。"
⑪ 《皇帝敕命陈全国分巡湖北道》(顺治十一年七月一日),《明清档案》,第20册,第B11123页。
⑫ 雍正《湖广通志》卷29,第532册,第176页。
⑬ 《皇帝敕命刘醒分巡靖州道》(顺治九年七月二十二日),《明清档案》,第15册,第B8077页。按:同治《沅州府志》卷11:"国初设总兵镇沅,驻兵道署。移兵道驻州署,移州署于城南隅(即今芷江县治)。康熙四十二年移兵道于镇筸,其署遂为瓯脱。"参见《凤凰厅志》卷13。
⑭ 《五省经略洪承畴揭报选补湖南道员》(顺治十五年八月二十八日),《明清档案》,第32册,第B18299页。
⑮ 同治《永州府志》卷2上。

分巡上湖南道,一名整饬郴州兵备道,顺治二年七月置。驻郴州,管辖郴州5县、桂阳州所属2县,及衡永二府所属蓝山、宁远12州县,兼辖广东韶州府所属各县及守御所、乳源、乐昌、连州、信阳一带地方,广西富州、贺县、江西大庾、上犹等县①。一说驻衡州府②。康熙六年七月裁③。

康熙六年七月后

1. 长宝驿盐道

雍正十二年七月置驿盐道④。驻长沙府,分巡长沙、宝庆2府事务⑤。乾隆十年(1745)十月,兼管所属湘阴、益阳2县水利堤工。乾隆十三年,为督理湖南驿传盐法道兼辖长宝二府,按察使司副使衔。一称长宝驿盐宝、盐法长宝道。乾隆二十三年八月,加水利衔⑥。光绪三十年(1904)五月,监督长沙关⑦。宣统三年(1911)八月,裁盐法事务⑧。

2. 岳常道　岳常澧道

初名分守岳常道,康熙九年二月置⑨,驻澧州⑩。辖长沙、宝庆、岳州、常德四府。雍正四年为布政使司参议衔。雍正七年十一月,增辖澧州直隶州,改名为岳常澧道。雍正十二年七月,长沙、宝庆2府往属驿盐道。乾隆十三年,为按察使司副使衔。光绪二十年,增辖南洲直隶厅。光绪二十五年五月,迁驻岳州府,监督岳州商埠⑪。

3. 辰沅靖道—辰沅永靖道

初为分巡辰沅靖道。康熙九年二月置⑫,驻沅州⑬。辖辰州府和沅、靖2

---

① 《皇帝敕命祖重光整饬郴桂兵备道》(顺治九年十月三日),《明清档案》,第15册,第B8473页。
② 《顺治十八年缙绅册》,雍正《湖广通志》卷29。参见光绪《衡州府志》卷10:"分守衡永郴桂道署,在南门内府学后。按:明代设分巡道驻衡州,本朝康熙六年裁分巡道,九年复设分守衡永郴道,初驻永州府,康熙十九年移驻衡州府。"
③ 康熙《衡州府志》卷9《秩官志上》。
④ 《世宗实录》卷145雍正十二年七月戊寅,《清实录》,第8册,第808页。
⑤ 《高宗实录》卷251乾隆十年十月戊午,《清实录》,第12册,第239页。
⑥ 《高宗实录》卷569乾隆二十三年八月癸未,《清实录》,第16册,第224页。
⑦ 《德宗实录》卷530光绪三十年五月辛卯,《清实录》,第59册,第61页。
⑧ 《宣统政纪》卷61宣统三年八月庚戌,《清实录》,第60册,第1083页。
⑨ 《圣祖实录》卷32康熙九年二月乙未,《清实录》,第4册,第434页。
⑩ 雍正《湖广通志》卷29,第532册,第198页。乾隆《直隶澧州志林》卷11。
⑪ 《德宗实录》卷445光绪二十五年五月己巳,《清实录》,第57册,第868页。
⑫ 《圣祖实录》卷32康熙九年二月乙未,《清实录》,第4册,第434页。
⑬ 乾隆《辰州府志》卷10:"分巡道署,即今学试院,明时建,后改驻沅州,今驻凤凰厅。"光绪《凤凰厅志》卷13:"分巡辰沅靖道,驻沅州,康熙四十三年移驻凤凰。"雍正《湖广通志》卷29作驻辰州府。

州。康熙四十三年十一月,迁驻镇筸(五寨司)①。雍正四年,为按察使司副使衔。雍正七年五月,增辖永顺府,改为辰沅永靖道。雍正十三年闰四月,加兵备衔②。乾隆十三年,为分巡辰沅永靖兵备道,按察使司副使衔。宣统三年,辖辰州、沅州、永顺3府和乾州、凤凰、永绥、晃州4厅及靖州直隶州。

4. 衡永郴道—衡永郴桂道

初为分守衡永郴道,康熙九年二月置③,驻永州府。康熙十九年移驻衡州府④。辖衡州、永州2府和郴州。雍正四年为布政司参政衔。雍正十年九月,增辖桂阳直隶州,为分守衡永郴桂道。乾隆十三年,为按察使司副使衔。后又管理衡山等处驿站。

五、府厅州县

湖广分省后,湖南省辖7府、2直隶州,下辖6州、57县。雍正七年五月,永顺、保靖、桑植3土司改土为流,置永顺府。同年十一月,岳州府澧州升为直隶州。雍正十年九月,升桂阳州为直隶州。乾隆元年七月,升辰州府沅州为府。嘉庆元年(1796)十一月,乾州、凤凰、永绥3厅升为直隶厅。嘉庆二十二年,置晃州直隶厅。光绪二十年二月,置南洲直隶厅。至清末,领9府、5直隶厅、4直隶州、2厅、3州、64县。

1. 长沙府

治所即今湖南长沙市区。顺治二年,沿明制,领1州11县:长沙、善化、湘潭、湘阴、宁乡、浏阳、醴陵、益阳、湘乡、攸县、安化县,以及茶陵州。康熙六年起为省会。光绪三十四年,增设株洲厅。至清末,领1厅1州11县。

长沙县,附郭,治所即今湖南长沙市区。

善化县,附郭,治所即今湖南长沙市区。

湘潭县,治所即今湖南湘潭市雨湖区城区。

湘阴县,治所即今湖南湘阴县驻地文星镇。

湘乡县,治所即今湖南湘乡市城区。

宁乡县,治所即今湖南宁乡县驻地玉潭街道。

---

① 《圣祖实录》卷218康熙四十三年十二月丙戌,"户部等衙门议覆,湖广总督喻成龙疏言,红苗归化,应将辰沅靖道移驻镇筸,添设同知、通判、巡检、吏目等员,专理苗务,皆归辰沅靖道统辖。嗣后武职不许干预。苗犯轻罪者,听土官发落。犯命盗重罪者,土官拏解道厅,审明拟罪。"(《清实录》,第6册,第207页)

② 《世宗实录》卷155雍正十三年闰四月辛卯,《清实录》,第8册,第896页。

③ 《圣祖实录》卷32康熙九年二月乙未,《清实录》,第4册,第434页。

④ 同治《永州府志》卷2上;又光绪《衡州府志》卷10。

益阳县,治所即今湖南益阳市赫山区城区。

浏阳县,治所在今湖南浏阳市驻地西淮川街道。

安化县,治今湖南安化县驻地东坪镇东南梅城镇。

醴陵县,治所即今湖南醴陵市城区。

攸县,治庆都(今湖南攸县驻地城关镇)。

茶陵州,治所即今湖南茶陵县驻地城关镇。

株洲厅,原为湘潭县地,因萍醴铁路经此,粤汉铁路兴办,地处交通要道,于光绪三十四年四月以湘潭县沿铁路区域奏设①,同年八月议行②。治株洲,即今湖南株洲市芦淞区城区。职能为仿照道光五年古丈坪厅成案,凡与路矿及民间命盗词讼案件均由抚民同知审理解勘,钱粮、学校事务仍归湘潭县征收、管理。

2. 岳州府

治所即今湖南岳阳市岳阳楼区城区。顺治二年,沿明制,领1州7县:巴陵、临湘、华容、平江县,澧州领石门、慈利、安乡县。雍正七年五月,桑植安抚司改土为流,置桑植县,往属于永顺府③。同年十一月,因澧州离府治辽远,升为直隶州,安乡、石门、慈利三县往属,改九溪、永定二卫为安福县,一并往属④。光绪二十二年二月,析华容县地往属南洲直隶州。领4县:巴陵、华容、临湘、平江县。

巴陵县,附郭,治所即今湖南岳阳市岳阳楼区城区。

临湘县,治所在今湖南岳阳市云溪区北陆城镇。

平江县,治所即今湖南平江县驻地汉昌镇。

华容县,治所即今湖南华容县驻地城关镇。

3. 宝庆府

治所即今湖南邵阳市驻地大祥区城区。顺治二年,沿明制,领1州4县:邵阳、城步、新化县,武冈州领新宁县。雍正末,新宁县直属于府。乾隆三年九月,城步县往隶于靖州直隶州。乾隆六年,城步县还属。领1州:武冈州;4县:邵阳、新化、城步、新宁县。至清末未变。

---

① 《德宗实录》卷590光绪三十四年四月辛巳,《清实录》,第59册,第809页。《湖南巡抚岑春蓂奏湘潭县株洲地方请移设同知巡检折》,《政治官报》,光绪三十四年四月三十日,第210号,第7册,第541页。
② 吴承湜:《近六十年全国郡县增建志要》卷上,第25页。
③ 《世宗实录》卷81雍正七年五月戊午,《清实录》,第8册,第68页。
④ 《世宗实录》卷88雍正七年十一月己卯,《清实录》,第8册,第182页。

邵阳县,附郭,治所即今湖南邵阳市驻地大祥区城区。

新化县,治所即今湖南新化县驻地上梅镇。

城步县,治所即今湖南城步苗族自治县驻地儒林镇。初属宝庆府,乾隆三年九月为加强对苗疆的管理改属靖州直隶州①,乾隆六年仍来属②。

武冈州,治所即今湖南武冈市城区。

新宁县,治所即今湖南新宁县驻地金石镇。

4. 衡州府

治所即今湖南衡阳市石鼓区城区。顺治二年,沿明制,领1州9县:衡阳、衡山、耒阳、常宁、安仁、酃县,桂阳州领嘉禾、临武、蓝山县。雍正十年九月,升桂阳州为直隶州,临武、蓝山、嘉禾三县往属③。乾隆二十一年四月,置清泉县。领7县:衡阳、清泉、衡山、耒阳、常宁、安仁、酃县。至清末未变。

衡阳县,附郭,治所即今湖南衡阳市石鼓区城区。

清泉县,因衡阳县地广民稠,讼案繁多,乾隆二十一年四月析衡阳县东南两乡置④。附郭,治所即今湖南衡阳市石鼓区城区。

衡山县,治所即今湖南衡山县驻地开云镇。

耒阳县,治所即今湖南耒阳市驻地蔡子池街道。

常宁县,治所即今湖南常宁市驻地宜阳街道。

安仁县,治所即今湖南安仁县驻地永乐江镇。

酃县,治所即今湖南炎陵县驻地霞阳镇。

5. 常德府

治所即今湖南常德市武陵区城区。顺治二年,沿明制,领4县:武陵、桃源、龙阳、沅江县。至清末未变。

武陵县,附郭,治所即今湖南常德市武陵区城区。

桃源县,治所即今湖南桃源县驻地漳江镇。

龙阳县,治所即今湖南汉寿县驻地龙阳镇。

沅江县,治市堡(今湖南沅江市驻地琼湖街道)。

---

① 《高宗实录》卷77乾隆三年九月乙亥,《清实录》,第10册,第216页。
② 《高宗实录》卷152乾隆六年十月丙申:"其宝庆同知驻札城步县治,专司(城步、绥宁)二县苗瑶事务。"(《清实录》,第10册,第1175页)又卷180乾隆七年十二月甲午:"宝庆府属之城步县,乾隆三年改归靖州管辖,其文武生童亦改附靖州考试。嗣于六年经贵督张广泗题准,城步县仍改归宝庆府管辖,其岁科两试自应仍循向例,从本届岁考为始,城步生童改为宝庆府考试。"(《清实录》,第11册,第329页)
③ 《世宗实录》卷123雍正十年九月乙未,《清实录》,第8册,第620页。
④ 《高宗实录》卷510乾隆二十一年四月丁未,《清实录》,第15册,第446页。

6. 辰州府

治所即今湖南沅陵县驻地沅陵镇。顺治二年,沿明制,领1州6县:沅陵、卢溪、辰溪、溆浦县,沅州领黔阳、麻阳县。康熙四十三年十二月,置乾州厅、凤凰厅,附属于府①。雍正九年二月,置永绥厅②。乾隆元年七月,升沅州为沅州府,黔阳、麻阳2县往属③。嘉庆元年十一月,凤凰、永绥、乾州3厅改为直隶厅④。领4县:沅陵、泸溪、辰溪、溆浦县。清末仍领4县。

沅陵县,附郭,治所即今湖南沅陵县驻地沅陵镇。

泸溪县,治所即今湖南泸溪县驻地白沙镇北武溪镇。

辰溪县,治所即今湖南辰溪县驻地辰阳镇。

溆浦县,治所即今湖南溆浦县驻地卢峰镇。

7. 沅州府

初为辰州府沅州,领黔阳、麻阳县。因地处边隘,城内仅设副将、知州两员,官员数量较少,于乾隆元年七月升为沅州府⑤,置附郭芷江县,治所即今湖南芷江侗族自治县驻地芷江镇。嘉庆二十二年析芷江县地置晃州直隶厅。领3县:芷江、黔阳、麻阳县。至清末未变。

芷江县,乾隆元年七月以沅州地置,附郭,治所即今湖南芷江侗族自治县驻地芷江镇。

黔阳县,治所在今湖南洪江市驻地黔城镇。

麻阳县,治所在今湖南麻阳苗族自治县西南锦和镇。

8. 永州府

治所在今湖南永州市零陵区徐家井街道。顺治二年,沿明制,领1州7县:零陵、祁阳、东安县,道州领宁远、永明、江华、新田县。雍正末,宁远等县直属于府。至清末未变。

零陵县,附郭,治所在今湖南永州市零陵区徐家井街道。

祁阳县,治所即今湖南祁阳县驻地。

东安县,治所在今湖南东安县驻地白牙市镇西南紫溪市镇。

道州,治所即今湖南道县驻地濂溪街道。

---

① 《圣祖实录》卷218康熙四十三年十二月丙戌,《清实录》,第6册,第207页。
② 《世宗实录》卷103雍正九年二月壬子,《清实录》,第8册,第366页。
③ 《高宗实录》卷23乾隆元年七月己未,《清实录》,第9册,第539页。
④ 《仁宗实录》卷11嘉庆元年十一月丙寅,《清实录》,第28册,第177页。
⑤ 《高宗实录》卷23乾隆元年七月己未,《清实录》,第9册,第539页。同治《沅州府志》卷2《沿革》。
按:《清朝文献通考》卷281、《清朝通典》卷93、《清朝通志》卷26谓雍正八年升为直隶州,乾隆元年升为府。检《世宗实录》,乾隆《清会典》及《则例》,乾隆《清一统志》,均未载升直隶州之事。

宁远县，治所即今湖南宁远县驻地舜陵镇。

永明县，治所即今湖南江永县驻地潇浦镇。

江华县，治黄头岗(今湖南江华瑶族自治县驻地沱江镇)。

新田县，治所即今湖南新田县驻地龙泉镇。

9. 永顺府

雍正七年五月，永顺、保靖、桑植3土司改土为流，改永顺宣慰司置永顺县，改保靖宣慰司置保靖县，改桑植安抚司、安福所地置桑植县，改永顺宣慰司白崖洞长官司置龙山县，设永顺府，领诸县①。初拟在永顺司旧治(榔溪，今永顺县东南老司城村)建城，因"地势险隘，跨溪环岭，所费不赀，且无建置祠庙营肆之所"，而"猛洞地方广阔平坦，且近溪，可疏浚以通舟"②，于雍正八年九月移驻猛洞(一作猛峒河，今永顺县驻地灵溪镇)③。道光二年(1822)十一月，改古丈坪督捕同知为抚民同知，是为古丈厅。至清末，领1厅：古丈坪厅；4县：永顺、龙山、保靖、桑植县。

永顺县，雍正七年五月置，附郭，治猛洞，即今湖南永顺县驻地灵溪镇。

龙山县，雍正七年五月置，先议在江西寨设治，因地系山坡，移建于麂皮坝，即今湖南龙山县驻地民安街道。乾隆元年四月，大剌司改土归流④。

保靖县，雍正七年五月置，治茅坪，即今湖南保靖县驻地迁陵镇。

桑植县，雍正七年五月置，治安福所城，即今湖南桑植县驻地澧源镇。乾隆元年四月，上峒司、下峒司改土归流。

古丈坪厅，道光二年十一月，改古丈坪督捕同知为抚民同知⑤。治所在今湖南古丈县驻地古阳镇。与一般抚民同知厅不同，该抚民同知管理永顺县西英、罗依、功全、冲正四保之地，"以厅官管辖土官土民，以州县命盗之例治苗民"，"有词讼而无钱粮"⑥，与民人相关的粮米地丁仍归永顺县征收。

10. 乾州直隶厅

康熙四十三年十二月，以苗族居住区置，设同知驻乾州城，是为乾州厅，驻地在今湖南吉首市驻地乾州街道南乾州古城。"同知、通判、巡检、吏目等员，专理苗务，皆归

---

① 《世宗实录》卷81雍正七年五月戊午，《清实录》，第8册，第68页。《湖北总督迈柱题密陈湖南保靖永顺桑植三土司改土归流后职官设置及派驻官兵本》(雍正七年二月初九日)，《雍正朝内阁六科史书·吏科》，第46册，第270页。
② 乾隆《永顺府志》卷3《城池》。
③ 《世宗实录》卷98雍正八年九月己卯，《清实录》，第8册，第307页。
④ 《高宗实录》卷17乾隆元年四月癸巳，《清实录》，第9册，第449页。
⑤ 《宣宗实录》卷44道光二年十一月丙子，《清实录》，第33册，第782页。
⑥ 光绪《古丈坪厅志》卷4《建置一》。

辰沅靖道统辖"①,"附隶于辰州府"②。雍正七年,拜亭以下、湾溪以上苗寨105寨划归凤凰厅管辖③。嘉庆元年十一月改为直隶厅,凡民苗事件归辰沅道核转④。

11. 凤凰直隶厅

康熙四十三年十二月,以苗族居住区置,设通判驻镇筸(凤凰营)⑤,是为凤凰厅,治所在今湖南凤凰县驻地沱江镇。属辰州府。康熙五十年八月,又规定"平梥、镇筸买贮仓谷事……责令凤凰营通判专管,辰沅靖道兼辖。年终盘查出结,如有亏空那移,道员照知府例、通判照知县例议处"⑥。雍正七年,乾州厅拜亭以下、湾溪以上苗寨105寨来属。乾隆五十五年三月,因通判被苗民视同末弁,不听弹压,改为同知⑦。嘉庆元年十一月改为直隶厅,凡民苗事件归辰沅道核转。

12. 永绥直隶厅

初为六里苗地,属保靖土司管辖。康熙四十三年属乾州厅。雍正八年于吉多坪设六里同知、经历各一员,雍正九年二月奏准⑧,是为永绥厅,治所在今湖南花垣县西南团结镇(吉洞坪)。属辰州府。嘉庆七年议迁治今花垣县驻地花垣镇。因当地百姓不愿迁移⑨,至嘉庆九年才迁治花园⑩。嘉庆元年十一月改为直隶厅,凡民苗事件归辰沅道核转。

13. 晃州直隶厅

沅州府芷江县六里晃州一带,距芷江县城较远,距贵州省玉屏县较近,民众要求改隶玉屏县。嘉庆二十二年,析芷江县地置直隶厅⑪,治所即今湖南新

---

① 《圣祖实录》卷218康熙四十三年十二月丙戌,《清实录》,第6册,第207页。
② 雍正《湖广通志》卷14,第531册,第447页。
③ 雍正《湖广通志》卷14,第531册,第447页。
④ 《仁宗实录》卷11嘉庆元年十一月丙寅,《清实录》,第28册,第177页。
⑤ 《圣祖实录》卷218康熙四十三年十二月丙戌,《清实录》,第6册,第207页。按:牛平汉《综表》引嘉庆《清一统志》卷380谓康熙四十八年从镇筸迁治于五寨司。雍正《湖广通志》卷14谓凤凰营即五寨司。康熙三十九年以沅州镇总兵官移驻五寨司城,为镇筸镇总兵官,乾隆四十三年复移辰沅靖道驻其地,添设凤凰营通判一员、吏目一员。显然,五寨司为地名,凤凰营为绿营驻五寨司之营的名称,凤凰营通判从一开始即驻五寨司。另外,镇筸镇总兵官、辰沅靖道与凤凰营通判同驻一城,也未见总兵、道员驻地迁移的记载。因此,凤凰厅驻地在清代当未迁移。
⑥ 《圣祖实录》卷247康熙五十年八月壬午,《清实录》,第6册,第450页。
⑦ 《高宗实录》卷1351乾隆五十五年三月丙申,《清实录》,第26册,第77页。
⑧ 《世宗实录》卷103雍正九年二月壬子,《清实录》,第8册,第366页。同治《永绥直隶厅志》卷1《建置》。按:雍正《湖广通志》卷14作雍正八年置。
⑨ 《仁宗实录》卷103嘉庆七年九月戊戌,《清实录》,第29册,第389页。
⑩ 光绪《清会典事例》卷252,第3册,第976页。
⑪ 《仁宗实录》卷337嘉庆二十二年十二月癸酉,《清实录》,第32册,第446页;又卷339嘉庆二十三年二月甲戌,第32册,第473页。光绪《清会典事例》卷152,第2册,第938页。

晃侗族自治县驻地新晃镇东南侧老晃城。

14. 南洲直隶厅

光绪二十年二月,析岳州府华容县乌咀地、洞庭湖涨沙及澧州直隶州安乡、武陵、龙阳、沅江等县地置①,治九都②,即今湖南省南县驻地南洲镇。

15. 澧州直隶州

初为岳州府澧州,领石门、慈利、安乡3县。雍正七年十一月,升为直隶州,治所即今湖南澧县驻地澧阳镇。领安乡、石门、慈利、安福四县③。雍正十三年十二月,置永定县。光绪二十二年二月,析安乡县地往属南洲直隶州。清末领5县。

安乡县,治所即今湖南安乡县驻地深柳镇。

石门县,治所即今湖南石门县驻地楚江镇。

慈利县,治所即今湖南慈利县驻地零阳镇。

安福县,雍正七年十一月,以永定卫、九溪卫地置,治今湖南临澧县驻地安福镇。乾隆元年四月,茅冈司改土归流④。

永定县,雍正十三年十二月析安福县之永定卫故地置⑤,治所即今湖南张家界市驻地永定区城区。

16. 桂阳直隶州

初为衡州府桂阳州,领嘉禾、临武、蓝山县。雍正十年九月,升为直隶州⑥,治所即今湖南桂阳县驻地龙潭街道。领3县:临武、蓝山、嘉禾县。

临武县,治所即今湖南临武县驻地舜峰镇。

蓝山县,治所即今湖南蓝山县驻地塔峰镇。

嘉禾县,治所即今湖南嘉禾县驻地珠泉镇。

17. 靖州直隶州

治所即今湖南靖州苗族侗族自治县驻地渠阳镇。顺治二年,沿明制仍为直隶州,领4县:天柱、会同、通道、绥宁县。雍正四年四月,天柱县往属于贵

---

① 《德宗实录》卷335光绪二十年二月壬申,《清实录》,第56册,第304页。
② 光绪二十年正月二十八日湖南巡抚吴大澂奏折,《光绪朝硃批奏折》,第1册,第237页。按:《湖南省志》第2卷《地理志》第2篇《沿革》,谓光绪二十一年"南洲直隶厅抚民府在乌咀成立,二十三年(公元1897年)迁厅北九都地方,即今治"(湖南人民出版社,1982年,上册,第668页)。
③ 《世宗实录》卷88雍正七年十一月己卯,《清实录》,第8册,第182页。
④ 《高宗实录》卷17乾隆元年四月癸巳,《清实录》,第9册,第449页。
⑤ 《高宗实录》卷9雍正十三年十二月壬午,《清实录》,第9册,第319页。
⑥ 《世宗实录》卷123雍正十年九月乙未,《清实录》,第8册,第620页。

州黎平府①。乾隆三年九月,城步县自宝庆府来属②。乾隆六年还属宝庆府③。领3县:会同、通道、绥宁县。

绥宁县,治所在今湖南绥宁县西南寨市镇。

通道县,治所在今湖南通道侗族自治县西北县溪镇。

会同县,治所即今湖南会同县驻地林城镇。

18. 郴州直隶州

治所即今湖南郴州市北湖区城区。顺治二年,沿明制仍为直隶州,领5县:永兴、宜章、兴宁、桂阳、桂东县。

永兴县,治所即今湖南永兴县驻地便江镇。

宜章县,治所即今湖南宜章县驻地玉溪镇。

兴宁县,治所即今湖南资兴市东北兴宁镇。

桂阳县,治所即今湖南汝城县驻地卢阳镇。

桂东县,治所即今湖南桂东县驻地沤江镇。

六、土司④

永顺府

永顺军民宣慰使司,今湖南永顺县驻地灵溪镇。初设流官经历,雍正四年十一月改设流官同知⑤。雍正七年改土归流。参见"永顺府"。

南渭州,土知州,在今湖南永顺县西。雍正七年改流⑥。

施溶州,土知州,在今湖南永顺县东南。雍正七年改流。

上溪州,土知州,在今湖南龙山县境。雍正七年改流。

腊惹洞长官司,在今湖南永顺县下椥堡。雍正七年改流。

麦着黄洞长官司,在今湖南永顺县南王家堡。雍正七年改流。

施溶洞长官司,在今湖南永顺县东南。雍正七年改流。

驴迟洞长官司,在今湖南永顺县南上椥保。雍正七年改流。

---

① 《世宗实录》卷43雍正四年四月戊寅,《清实录》,第7册,第633页。
② 《高宗实录》卷77乾隆三年九月乙亥,《清实录》,第10册,第216页。
③ 《高宗实录》卷152乾隆六年十月丙申:"其宝庆同知驻札城步县治,专司(城步、绥宁)二县苗瑶事务。"(《清实录》,第10册,第1175页)又卷180乾隆七年十二月甲午:"宝庆府属之城步县,乾隆三年改归靖州管辖,其文武生童亦改附靖州考试。嗣于六年经贵督张广泗题准,城步县仍改归宝庆府管辖,其岁科两试自应仍循向例,从本届岁考为始,城步生童改为宝庆府考试。"(《清实录》,第11册,第329页)
④ 按:光绪《清会典事例》卷32有美坪土同知、龙潭土同知,不详。
⑤ 《世宗实录》卷50雍正四年十一月丙午,《清实录》,第7册,第756页。
⑥ 乾隆《清一统志》卷286,第480册,第594页。

白崖洞长官司，在今湖南龙山县驻地民安街道。雍正七年改流。

田家洞长官司，在今湖南古丈县西北田家洞。雍正七年改流。按：以上属永顺司。

保靖军民宣慰使司，在今湖南保靖县驻地迁陵镇。初设流官经历，雍正四年十一月改设流官同知。雍正七年改土归流，置保靖县。

大喇巡检司，土巡检，在今湖南龙山县西南。雍正七年五月改土归流[1]。属保靖司。

桑植宣慰使司，在今湖南桑植县西美坪峒。雍正七年改土归流，置桑植县。

上峒长官司，在今湖南桑植县西南。雍正七年改土归流。

下峒巡检司，土巡检，在今湖南桑植县西北。雍正十三年改土归流。以上属桑植司。

凤凰直隶厅

五寨长官司，在今湖南凤凰县驻地沱江镇。康熙四十六年改土归流[2]。

澧州直隶州

茅冈长官司，在今湖南大庸县西北茅冈。雍正七年改土归流。

---

[1] 《世宗实录》卷81雍正七年五月戊午，《清实录》，第8册，第68页。
[2] 嘉庆《清一统志》卷380《凤凰直隶厅》。

第十六章 陕 西 省

明末为陕西布政使司及榆林、固原、宁夏、甘肃4镇。清康熙六年(1667)分省后,为陕西、甘肃两省。

第一节 分省前的陕西省

明末,陕西布政使司辖8府:西安、延安、凤翔、汉中、平凉、巩昌、临洮、庆阳府,1直隶州:兴安州,下辖20州、96县①。顺治二年(1645),沿明制,仍辖8府,1直隶州,20州,96县②。

一、省行政机构

分省前的陕西省以西安城为省城,设有总督和多员巡抚,以及布按两司。

总督。顺治二年四月,设陕西总督③,全称总督陕西三边四川等处军务兼理粮饷④,驻西安府⑤。顺治十年六月,因清兵由陕入川,陕西总督兼督四川全省文武事务⑥。此后多称陕西总督、陕西四川总督。顺治十八年九月,专设陕西总督⑦。康熙四年五月,裁山西总督,由陕西总督兼辖山西,为山西陕西总督,驻西安府⑧。

---

① 郭红、靳润成:《中国行政区划通史·明代卷》,第87页;参见万历《明会典》卷16,第101页。按:《明代卷》与《明会典》均言辖95县,实际记载均为96县。
② 康熙《清会典》卷19,第1册上,第193页。
③ 《世祖实录》卷15顺治二年四月辛酉,《清实录》,第3册,第134页。
④ 《皇帝敕命孟乔芳为陕川三边总督》(顺治二年四月二十四日),《明清档案》,第2册,第B837页。
⑤ 按:《皇帝敕命孟乔芳为陕川三边总督》(顺治二年四月二十四日)敕稿中,底稿中为"总督陕西三边等处",后加入"四川";底稿中"驻扎固原"字样被划去,改为"酌于川陕□中地方,以便往来"(《明清档案》,第2册,第B837页)。雍正《陕西通志》卷15:"总督部院署在布政司东南。旧驻固原镇,后移西安。顺治初,总督孟乔芳创建制府。"(《四库全书》本,第551册,第762页)驻扎西安城符合当时形势。光绪《清会典事例》卷23谓驻固原州,当误。
⑥ 《世祖实录》卷76顺治十年六月乙巳,《清实录》,第3册,第598页。
⑦ 《圣祖实录》卷4顺治十八年九月丁亥,《清实录》,第3册,第87页。按:光绪《清会典事例》卷23谓驻扎汉中府。
⑧ 光绪《清会典事例》卷23,第1册,第291页。

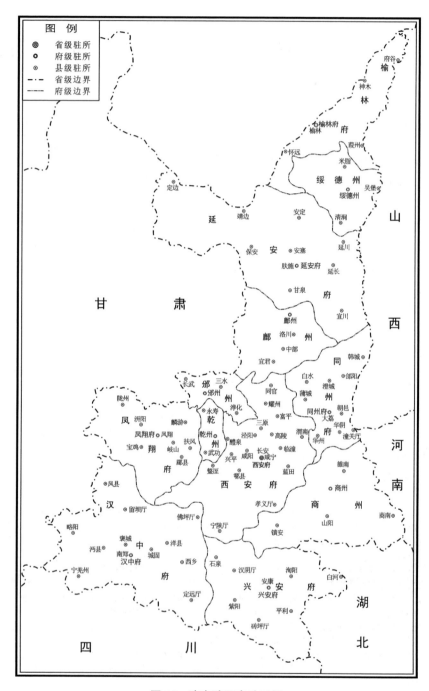

图 16 清末陕西省政区图

巡抚。陕西巡抚,顺治二年四月沿袭明制置①,全称巡抚陕西等处地方赞理军务,驻西安府。晚明辖陕西一省②。顺治二年巡抚雷兴的敕书中未言管辖区域③,当仍管理陕西各府州。延绥巡抚,顺治二年五月沿袭明制置,驻榆林卫④,管理榆林镇及延安府绥德一带。康熙元年九月裁⑤。宁夏巡抚,顺治二年四月沿袭明制置,管理宁夏镇,驻宁夏卫⑥。康熙四年裁⑦,宁夏诸卫归甘肃巡抚管辖。甘肃巡抚,顺治二年四月沿袭明制置,辖甘肃镇,驻甘州卫⑧,一作甘州巡抚。顺治十七年十一月,移驻凉州卫⑨。康熙五年,移驻兰州⑩。

布按诸司。顺治二年五月,先后设立陕西按察使司、陕西布政使司⑪。

二、分省过程

陕西甘肃分省过程,与湖广分省相似。

康熙二年,陕西布政使司左右分治,左布政使仍治西安城,领西安、凤翔、汉中、延安四府和兴安直隶州⑫。陕西右布政使移驻巩昌府,辖临洮、巩昌、平凉、庆阳四府;康熙五年,移驻兰州⑬;康熙六年七月,改名甘肃布政使司。

康熙三年二月,添设甘肃按察使司按察使,驻巩昌府,辖平、庆、临、巩4府⑭。三月乙亥,任命首任甘肃按察使司按察使⑮。由此,按察使司辖区一分为二,且与布政使司辖区重合。

康熙四年五月,裁宁夏巡抚,辖区并归甘肃巡抚。康熙五年,甘肃巡抚移

---

① 《世祖实录》卷15顺治二年四月辛酉,《清实录》,第3册,第134页。光绪《大清会典事例》卷23《吏部》。
② 李默:《吏部职掌》,明万历刻本,《四库存目丛书》本,史部第258册,第205页。
③ 《皇帝敕命雷兴为陕西巡抚》,《明清档案》,第2册,第B817页。
④ 《世祖实录》卷16顺治二年五月丁亥,《清实录》,第3册,第142页。康熙《陕西通志》卷6《公署》,下同。
⑤ 《圣祖实录》卷7康熙元年九月壬午,《清实录》,第4册,第121页。
⑥ 《世祖实录》卷15顺治二年四月辛酉,《清实录》,第3册,第134页。
⑦ 《圣祖实录》卷15康熙四年五月丁未,《清实录》,第4册,第229页。
⑧ 《世祖实录》卷15顺治二年四月辛酉,《清实录》,第3册,第134页。
⑨ 《世祖实录》卷142顺治十七年十一月庚辰,《清实录》,第3册,第1097页。按:乾隆《甘肃通志》卷8作康熙元年迁治。
⑩ 乾隆《甘肃通志》卷8,《四库全书》本,第557册,第282页。
⑪ 《世祖实录》卷16顺治二年五月乙酉、庚寅,《清实录》,第3册,第142、144页。
⑫ 雍正《陕西通志》卷3,第551册,第94页。
⑬ 乾隆《甘肃通志》卷3上,第557册,第71页。按:《清文献通考》卷283作康熙三年迁驻(第7331页)。
⑭ 《圣祖实录》卷11康熙三年二月癸丑,《清实录》,第4册,第173页。
⑮ 《圣祖实录》卷11康熙三年三月乙亥,《清实录》,第4册,第175页。

驻兰州。至此,原陕西省区域内只存在两个巡抚,各管一布政使司、按察使司①,两者辖区相同。陕西分省在行政机构分设和辖区划分方面已经完成。康熙六年七月,随着新布政使司的命名,分省在名义上完成。

第二节 分省后的陕西省

陕甘分省后,陕西省辖西安、凤翔、汉中、延安 4 府和兴安直隶州,以及榆林卫。

一、省行政机构

康熙十一年(1672)四月,山西陕西总督专管陕甘,改为陕西总督②,仍驻西安城。康熙十三年,因三藩之乱,汉中为四川、陕西适中之地,移驻于此,以便兼辖。三藩之乱结束后仍回驻西安城③。康熙十九年十一月,裁四川总督,改陕西总督为四川陕西总督,简称川陕总督。康熙五十七年十月,专设四川总督,川陕总督仍为陕西总督。康熙六十年五月,以陕西总督专办粮饷,由四川总督兼陕西总督事务,仍称四川陕西(川陕)总督。

雍正元年(1723)三月,吏部议定各省督抚兼衔,川陕总督统理西安、甘肃、四川三处事务,控制番羌,授为兵部尚书兼都察院右都御史。雍正九年二月,因西陲用兵,专设四川总督,川陕总督仍为陕西总督。雍正十三年十二月,军务结束,裁四川总督,仍为川陕总督④。

乾隆十三年(1708),因金川用兵,仍分设为陕西总督、四川总督⑤。此后,陕西总督多称之为陕甘总督。乾隆十九年九月,因战事需要,陕甘总督移驻肃州⑥。乾隆二十四年七月,陕甘总督免辖陕西,改陕甘总督为川陕总督;改甘肃巡抚为甘肃总督,专辖甘肃;改四川总督为四川巡抚⑦。同年九月,因军务

---

① 按:陕西、甘肃巡抚的辖区何时与左右布政使司的辖区重合,是布政使司辖区按照巡抚辖区进行划分,还是相反的过程,陕西四巡抚辖区在顺治至康熙初有否进行调整,未见明确记载。《圣祖实录》卷 10 康熙二年九月己卯,甘肃巡抚刘斗上疏调整临巩道、洮岷道、陇右道的辖区,说明其已经管辖巩昌、临洮、庆阳三府的事务。
② 《圣祖实录》卷 38 康熙十一年四月癸巳,《清实录》第 4 册,第 515 页。
③ 雍正《陕西通志》卷 15,第 551 册,第 762 页。按:原作"二十三年","二"当为衍字。
④ 《高宗实录》卷 8 雍正十三年十二月丁酉,《清实录》第 9 册,第 300 页。
⑤ 《高宗实录》卷 329 乾隆十三年十一月庚辰,《清实录》第 13 册,第 470 页。
⑥ 《高宗实录》卷 472 乾隆十九年九月丙戌,《清实录》第 14 册,第 1106 页。
⑦ 《高宗实录》卷 593 乾隆二十四年七月丁丑,《清实录》第 16 册,第 606 页。

需要,谕令四川总督专辖四川一省,陕西省由陕甘总督管辖①。乾隆二十五年十二月,改甘肃总督为陕甘总督,统辖陕西、甘肃2省事务,四川总督不再兼管陕西②。陕甘总督仍驻肃州。乾隆二十九年三月,陕甘总督移驻兰州府③。

陕西巡抚,全称巡抚陕西等处地方赞理军务兼理粮饷,驻西安城。

布按诸司及专务道。布政使司,即原陕西布政使司左布政使,分省时称东布政使司④,康熙六年七月后为西安等处承宣布政使司⑤,又作陕西布政使司⑥。提刑按察使司,分省时称提刑陕西西延凤汉兴按察使,一般作陕西按察使司。专务道先后设有督粮道、驿传道、驿盐道等。清末有布政使、提学使、提法使、巡警道、劝业道等。

由于巡抚、布按两司的官衔中"陕西"、"西安"等地名均有使用,故省名大多作"陕西省",乾隆时亦作"西安省"⑦。

二、省城

沿袭明制,以西安城为省会,即今陕西西安市城区。

三、省域

东界山西、河南,南接湖北、四川,西邻甘肃,北为内蒙古伊克昭盟。

四、守巡道

康熙六年七月前

分守关内道,顺治二年五月置⑧,驻耀州⑨。辖区约为西安府东北部。

分巡关内道,一作整饬邠乾分巡关内道⑩、整饬邠州等处兵备道,顺治二年五月置,驻邠州⑪。辖区约为西安府西北部邠州、乾州一带。康熙六年七

---

① 《高宗实录》卷597乾隆二十四年九月乙丑,《清实录》,第16册,第652页。
② 《高宗实录》卷627乾隆二十五年十二月丙戌,《清实录》,第16册,第1038页。
③ 《高宗实录》卷706乾隆二十九年三月乙卯,《清实录》,第17册,第885页。
④ 康熙《陕西通志》卷17《职官》。
⑤ 康熙《陕西通志》卷首纂修官员职衔。康熙《清会典》卷19,第1册上,第193页。
⑥ 康熙《清一统志》卷136《陕西统部》。
⑦ 乾隆《清会典则例》卷31,《四库全书》本,第620册,第601页。
⑧ 《世祖实录》卷15顺治二年五月乙酉、丁亥,《清实录》,第3册,第142、143页。
⑨ 光绪《续耀州志》卷2。
⑩ 《顺治十八年缙绅册》。
⑪ 康熙《邠州志》卷1。

月裁①。

抚治商雒道，顺治二年五月置②。驻商州③。辖区约为西安府商州、雒南等处，兼管屯田、驿传④。康熙六年七月裁。

分巡潼关道，即整饬潼关兵备道，顺治二年五月置⑤。驻潼关卫⑥。辖西安府华州等九州县，兼辖河南灵宝等处。约康熙六年前已裁。

分守关南道，顺治二年十一月置⑦。驻兴安州，管辖汉中府之兴安、石泉、汉阴、平利、洵阳、白河等7州县⑧。康熙六年前裁。

整饬汉羌道，一名分巡汉羌兵备道、分巡关南道，顺治二年五月置⑨，驻汉中府，兼管抚民、屯田、水利、驿传，约辖汉中府中西部。约康熙六年七月裁。

分守关西道，顺治二年五月置⑩。分季驻守陇州、凤翔两地，就近防御关山，管理民屯钱粮兼理驿传等事务⑪。《顺治十八年缙绅册》谓驻陇州。康熙六年七月裁。

分巡河西道，顺治二年五月置⑫。驻鄜州，"辖延安府、鄜州、肤施、延长、延川、宜川、洛川、中部、宜君九州县，并各驿递，及延安卫夏秋民屯粮草事务"⑬。一作"整饬延安府，督理庆、延屯田，兼摄学政"⑭。康熙六年七月裁。

整饬榆林东路道，见后。

整饬榆林中路道，见后。

整饬榆林西路道，一作靖边兵备道、西路兵备道，顺治二年五月置⑮。驻靖边卫，辖榆林镇西路各卫所及保安、安定等处，管盐法、屯田。康熙初裁，并入榆林中路道。

---

① 按：《陕西通志》卷23载康熙元年何可化任分守关内道员，为末任道员，当是康熙六年裁。以后各道裁撤年份无出处者，均为推断。
② 《世祖实录》卷15顺治二年五月乙酉，《清实录》，第3册，第142页。
③ 乾隆《直隶商州志》卷4。
④ 《顺治十八年缙绅册》。
⑤ 《世祖实录》卷15顺治二年五月乙酉，《清实录》，第3册，第142页。
⑥ 嘉庆《续潼关厅志》卷上。
⑦ 《世祖实录》卷21顺治二年十一月戊寅，《清实录》，第3册，第190页。
⑧ 《皇帝敕命娄应奎分守关南道》(顺治十一年六月十二日)，《明清档案》，第20册，第B11015页。
⑨ 《世祖实录》卷16顺治二年五月丁亥，《清实录》，第3册，第143页。
⑩ 《世祖实录》卷15顺治二年五月乙酉，《清实录》，第3册，第142页。
⑪ 《皇帝敕命陈培祯分守关西道并就近防御关山》(顺治十年六月二十六日)，《明清档案》，第17册，第B9429页。
⑫ 《世祖实录》卷15顺治二年五月乙酉，《清实录》，第3册，第142页。
⑬ 《皇帝敕命钟鼎分巡河西道》(顺治十年十月三日)，《明清档案》，第17册，第B9739页。
⑭ 《顺治十八年缙绅册》。
⑮ 《世祖实录》卷16顺治二年五月丁亥，《清实录》，第3册，第143页。

康熙六年七月后

1. 督粮道

督粮道,顺治二年(1645)五月置①。驻西安府。约雍正三年兼巡西安、凤翔2府及耀、乾、邠3州②。雍正十三年四月,兼巡西安、凤翔2府及乾、邠2州。乾隆九年八月,改辖西安府、乾州③。乾隆十三年为布政使司参议衔。乾隆二十五年五月,增辖鄜州直隶州④。后称督粮兼西乾鄜道。光绪三十年(1904)八月裁⑤。

2. 驿盐道—凤邠道

初为清军驿传道。顺治二年五月置⑥。驻西安府。康熙六年七月裁,康熙十三年复置,为驿传道⑦。康熙二十一年十月复裁⑧,康熙三十二年正月再置⑨。雍正十二年十二月改为驿盐道⑩。乾隆九年八月,分巡凤翔府及邠州⑪。乾隆十三年为按察使司副使衔。乾隆二十五年,称分巡凤邠等处地方盐驿道。嘉庆元年(1796)二月,改为凤邠道,移驻凤翔府⑫。辖凤翔府、邠州。嘉庆十一年十二月,兼管盐务⑬,称盐法兼分巡地方凤邠道⑭。咸丰末,迁驻西安府⑮。光绪三十年八月,西安府和乾、鄜2州来属⑯,一称凤邠西乾鄜道。

---

① 《世祖实录》卷16顺治二年五月丁亥,《清实录》,第3册,第143页。
② 按:康熙《陕西通志》卷17谓粮储道督理西延汉兴4府1州,此管理区域与康熙六年后陕西布政使司辖区同,也就是督理分省后的陕西全省粮务,当无分巡功能。康熙《清一统志》卷136谓粮储道兼巡西延凤汉四府,记载疑误,因同时设置有汉兴道、延绥鄜道等。
③ 《高宗实录》卷223乾隆九年八月丙寅,《清实录》,第11册,第877页。
④ 《高宗实录》卷613乾隆二十五年五月乙丑,《清实录》,第16册,第893页。
⑤ 《德宗实录》卷534光绪三十年八月庚戌,《清实录》,第59册,第111页。
⑥ 《世祖实录》卷16顺治二年五月丁亥,《清实录》,第3册,第143页。雍正《陕西通志》卷23,第552册,第234页。
⑦ 《圣祖实录》卷49康熙十三年九月丙寅,《清实录》,第4册,第645页。
⑧ 《圣祖实录》卷105康熙二十一年十月乙亥,《清实录》,第5册,第63页。
⑨ 《圣祖实录》卷158康熙三十二年正月乙卯,《清实录》,第5册,第736页。
⑩ 《世宗实录》卷150雍正十二年十二月丙午,《清实录》,第8册,第856页。
⑪ 《高宗实录》卷223乾隆九年八月丙寅,《清实录》,第11册,第877页。
⑫ 《仁宗实录》卷2嘉庆元年二月壬寅,《清实录》,第28册,第89页。《东华续录》嘉庆1,嘉庆元年二月壬寅,第1册,第376页。按:嘉庆《清一统志》卷226《陕西统部》:"旧为驿盐道,驻西安府。乾隆四十四年改盐法道。五十九年改凤邠道,移驻凤翔府。嘉庆十二年改今名,仍驻西安府。"光绪《清会典事例》卷25亦作乾隆五十九年改。
⑬ 《仁宗实录》卷172嘉庆十一年十二月辛卯,《清实录》,第30册,第249页。
⑭ 嘉庆《清会典》卷4,第12册,第30页。
⑮ 民国《续修陕西省通志稿》卷6《建置一》。
⑯ 《德宗实录》卷539光绪三十年十二月丙午,《清实录》,第59册,第167页。

光绪三十四年四月裁①。

3. 汉兴道—陕安道

康熙十年五月置分巡汉兴道②,驻汉中府。康熙二十一年十月裁分守关南道后,当分巡汉中府、兴安州。乾隆十三年为按察使司副使衔。嘉庆四年十二月移驻兴安府③。嘉庆五年三月,改为分巡陕安兵备道④。驻汉中府⑤,辖汉中、兴安二府,加兵备衔⑥。至清末未变。

4. 榆林东路道—延绥道—延榆绥道

初为榆林东路道,即整饬榆林东路道,一作神木道,顺治二年五月置⑦。驻神木县,"兼分巡、屯田等事务,辖建安、高家、柏林、大柏油、神木、永兴、镇羌、孤山、木瓜园、清水、黄甫川营堡、仓场,并葭州、神木、府谷、吴堡四州县地方"⑧。雍正八年十一月,改为分巡延绥道,一作延绥鄜道,移驻绥德州,管辖延安府及绥德、鄜州等处⑨。乾隆十三年为整饬延绥东路道,按察使司副使衔。乾隆二十五年五月,与榆葭道合并为延榆绥道⑩,移驻榆林府,辖延安、榆林2府和绥德直隶州。乾隆三十二年五月,加兵备衔⑪。至清末未变。

5. 潼商道

分守潼商道,康熙十年五月置⑫。驻潼关⑬。雍正三年辖华、同、商3州。雍正十三年四月,辖同州府、商州。乾隆十三年为按察使司副使衔。乾隆十五年二月,加兵备衔⑭。乾隆二十五年,称分守潼商等处地方兵备道。至清末未变。

6. 已裁各道

分守关西道,约三藩之乱时置⑮。约驻凤翔府。康熙二十一年十月

---

① 《陕西巡抚恩寿奏请改盐巡道为巡警道折》(光绪三十四年四月二十七日),《政府官报》,第7册,第486页。
② 《圣祖实录》卷36康熙十年五月壬戌,《清实录》,第4册,第483页。
③ 《剿平三省邪匪方略》正编卷139,清嘉庆刻本。
④ 《仁宗实录》卷61嘉庆五年三月丁卯,《清实录》,第28册,第822页。
⑤ 民国《续修陕西省通志稿》卷12《职官三》。
⑥ 光绪《清会典事例》卷25,第1册,第321页。
⑦ 《世祖实录》卷16顺治二年五月丁亥,《清实录》,第3册,第143页。
⑧ 《皇帝敕命李皓整饬榆林东路兵备道》(顺治九年十二月十一日),《明清档案》,第16册,第B8847页。
⑨ 《世宗实录》卷100雍正八年十一月壬午,《清实录》,第8册,第331页。
⑩ 《高宗实录》卷613乾隆二十五年五月乙丑,《清实录》,第16册,第893页。
⑪ 《高宗实录》卷783乾隆三十二年五月丙寅,《清实录》,第18册,第637页。
⑫ 《圣祖实录》卷36康熙十年五月壬戌,《清实录》,第4册,第483页。
⑬ 雍正《陕西通志》卷23,第552册,第226页。
⑭ 《高宗实录》卷359乾隆十五年二月辛丑,《清实录》,第13册,第953页。
⑮ 按:《圣祖实录》、《陕西通志》均无设置分守关西道时间。

复裁①。

分守关南道,康熙十三年八月置。驻兴安州②。康熙二十一年十月裁③。

整饬榆林中路道,顺治二年五月置④。驻榆林卫,辖榆林镇中路诸卫所及米脂、绥德、葭州、吴堡、府谷等处⑤。康熙初,榆林西路道并入后,一称榆林道⑥,或称整饬榆林中西二路分巡道。雍正八年十一月,改榆林卫为府,辖榆林府及葭州、吴堡、府谷、神木等州县⑦,一称榆葭道。乾隆元年二月,辖榆林府⑧。乾隆十三年为按察使司副使衔。乾隆二十五年五月,与延绥道合并为延榆绥道⑨。

五、府厅州县

分省后,西安布政使司辖4府、1直隶州,下辖11州、68县。

雍正三年九月,升耀、商、同、华、乾、邠、鄜、绥德、葭9州为直隶州。八年十一月,于榆林卫地置榆林府。十三年四月,升同州直隶州为府,降耀、华2直隶州为属州⑩。乾隆元年二月,降葭州直隶州为属州⑪。乾隆四十七年九月,升兴安直隶州为府⑫。至清末,领7府、5直隶州、8厅、5州、73县。

1. 西安府

治所即今陕西西安市城区。顺治二年,沿明制,领6州、31县:长安、咸宁、咸阳、兴平、临潼、高陵、鄠县、蓝田、泾阳、三原、盩厔、渭南、富平、醴泉县,商州辖镇安、洛南、山阳、商南县,同州辖朝邑、郃阳、澄城、白水、韩城县,华州辖华阴、蒲城县,耀州辖同官县,乾州辖武功、永寿县,邠州辖三水、淳化、长武县。

雍正三年九月,升商州、同州、华州、乾州、邠州、耀州等6州为直隶州,以镇安、雒南、山阳、商南4县分隶商州,朝邑、郃阳、澄城、韩城等4县分隶同州,

---

① 《圣祖实录》卷105康熙二十一年十月乙亥,《清实录》,第5册,第63页。
② 《圣祖实录》卷49康熙十三年八月庚申,《清实录》,第4册,第644页。
③ 《圣祖实录》卷105康熙二十一年十月乙亥,《清实录》,第5册,第63页。
④ 《世祖实录》卷16顺治二年五月丁亥,《清实录》,第3册,第143页。
⑤ 《顺治十八年缙绅册》。
⑥ 《陕西榆林道朱曙荪奏密陈治理地方管见五条奏》(雍正三年八月初四日),《雍正朝汉文硃批奏折汇编》,第5册,第729页。
⑦ 《世宗实录》卷100雍正八年十一月壬午,《清实录》,第8册,第331页。
⑧ 《高宗实录》卷12乾隆元年二月辛未,《清实录》,第9册,第366页。
⑨ 《高宗实录》卷623乾隆二十五年五月乙丑,《清实录》,第16册,第893页。
⑩ 《世宗实录》卷154雍正十三年四月戊午,《清实录》,第8册,第890页。
⑪ 《高宗实录》卷12乾隆元年二月辛未,《清实录》,第9册,第366页。
⑫ 《高宗实录》卷1164乾隆四十七年九月壬寅,《清实录》,第23册,第599页。

华阴、蒲城 2 县分隶华州,武功、永寿 2 县分隶乾州,三水、淳化、长武 3 县分隶邠州,同官、白水 2 县分隶耀州①。府领 14 县。雍正十三年四月,降耀州直隶州为属州,与同官县来属②。

乾隆四十七年九月,析置孝义厅、五郎关厅③。嘉庆五年四月,改五郎关厅为宁陕厅④。领 2 厅:孝义厅、宁陕厅;1 州:耀州;15 县:长安、咸宁、咸阳、泾阳、兴平、临潼、渭南、蓝田、鄠县、盩厔、高陵、富平、三原、醴泉、同官县。至清末未变。

长安县,附郭,治所即今陕西西安市城区。

咸宁县,附郭,治所即今陕西西安市城区。

咸阳县,治所即今陕西咸阳市城区。

兴平县,治所即今陕西兴平市驻地东城街道。

临潼县,治所即今陕西西安市临潼区驻地骊山街道。

高陵县,治所即今陕西西安市高陵区驻地鹿苑街道。

鄠县,治所即今陕西户县驻地甘亭镇。

蓝田县,治所即今陕西蓝田县驻地蓝关镇。

泾阳县,治所即今陕西泾阳县驻地泾干镇。

三原县,治所即今陕西三原县驻地城关镇。

盩厔县,治所即今陕西周至县驻地二曲镇。

渭南县,治所在今陕西渭南市驻地临渭区东侧老城街。

富平县,治所即今窑桥寨(在今陕西富平县西北侧老县城)。

醴泉县,治所即今陕西礼泉县驻地城关镇。

耀州,治所即今陕西铜川市耀州区驻地天宝路街道。雍正三年九月升为直隶州,雍正十三年四月来属。

同官县,治所在今陕西铜川市印台区驻地城关街道。初属耀州,雍正三年九月属耀州直隶州,雍正十三年四月来属。

孝义厅,乾隆四十七年九月,析咸宁县孝义川地置。治今陕西柞水县驻地乾佑镇。乾隆五十年四月,蓝田县红石沟、厢台子等 2 处,镇安县蔡家庄等 19 处

---

① 《世宗实录》卷 36 雍正三年九月乙巳,《清实录》,第 7 册,第 537 页。

② 《世宗实录》卷 154 雍正十三年四月戊午,《清实录》,第 8 册,第 890 页。

③ 《高宗实录》卷 1164 乾隆四十七年九月壬寅,《清实录》,第 23 册,第 599 页;又卷 1228 乾隆五十年四月壬辰,第 24 册,第 466 页。嘉庆《清会典事例》卷 24,第 643 册,第 1034 页。

④ 《仁宗实录》卷 63 嘉庆五年四月乙未,《清实录》,第 28 册,第 848 页。

划入,原由咸宁县划入的石泉沟等 26 处,因地近镇安县,划归镇安县管辖①。

宁陕厅,初为五郎关厅,乾隆四十七年九月,析同官县五郎关地置。治所在今陕西宁陕县驻地城关镇北老城村。乾隆五十年四月,将盩厔县红崖山等 12 处,石泉县火地岭等 10 处,洋县四亩坪等 4 处,镇安县盔缨山等 13 处划入。嘉庆五年四月更名。

2. 同州直隶州——同州府

初属西安府,领朝邑、郃阳、澄城、白水、韩城等 5 县。雍正三年九月,升为直隶州,治所即今陕西大荔县驻地城关镇,领朝邑、郃阳、韩城、澄城等 4 县②。雍正十三年四月,升为府,置附郭大荔县,降华州、耀州直隶州为属州,以华州与华阴、蒲城、潼关、白水 4 县来属③。领 1 州:华州;9 县:大荔、朝邑、郃阳、韩城、澄城、华阴、蒲城、潼关、白水县。乾隆十二年三月,升潼关县为潼关厅④。领 1 厅:潼关厅;1 州:华州;8 县:大荔、朝邑、郃阳、澄城、韩城、白水、华阴、蒲城县。至清末未变。

大荔县,附郭,雍正十三年四月以同州亲辖地置,治所即今陕西大荔县驻地城关镇。

朝邑县,治所在今陕西大荔县东朝邑镇。

郃阳县,治所即今陕西合阳县驻地城关镇。

澄城县,治所即今陕西澄城县驻地城关镇。

韩城县,治所即今陕西韩城市金城街道。

白水县,治所即今陕西白水县驻地城关镇。初属同州,雍正三年九月属耀州直隶州,雍正十三年四月来属。

华州,治所即今陕西华县驻地华州镇。初属西安府,雍正三年九月升为直隶州,雍正十三年三月来属。

华阴县,治所即今陕西华阴市驻地太华路街道。初属华州,雍正三年九月属华州直隶州,雍正十三年三月来属。

蒲城县,治所即今陕西蒲城县驻地城关镇。隶属关系变化同华阴县。

潼关厅,初为潼关县,雍正五年三月改潼关卫置⑤,治潼关(今陕西潼关县北港口镇),属华州直隶州,雍正十三年四月来属。乾隆十二年三月,改为潼

---

① 《高宗实录》卷 1228 乾隆五十年四月壬辰,《清实录》,第 24 册,第 466 页。
② 《世宗实录》卷 36 雍正三年九月乙巳,《清实录》,第 7 册,第 537 页。
③ 《世宗实录》卷 154 雍正十三年四月戊午,《清实录》,第 8 册,第 890 页。
④ 《高宗实录》卷 286 乾隆十二年三月乙未,《清实录》,第 12 册,第 727 页。
⑤ 《世宗实录》卷 54 雍正五年三月戊子,《清实录》,第 7 册,第 813 页。

关厅。

3. 凤翔府

治所即今陕西凤翔县驻地城关镇。顺治二年,沿明制,领1州7县:凤翔、岐山、宝鸡、扶风、郿县、麟游、汧阳县和陇州。至清末未变。

凤翔县,附郭,治所即今陕西凤翔县驻地城关镇。

岐山县,治所即今陕西岐山县驻地凤鸣镇。

宝鸡县,治所即今陕西宝鸡市渭滨区。

扶风县,治所即今陕西扶风县驻地城关镇。

郿县,治所即今陕西眉县驻地首善镇。

麟游县,治所在今陕西麟游县驻地九成宫镇东城关村老城。

汧阳县,治所即今陕西千阳县驻地城关镇。

陇州,治所即今陕西陇县驻地城关镇。

4. 汉中府

治所即今陕西汉中市汉台区城区。顺治二年,沿袭明制,领1州8县:南郑、褒城、城固、洋县、西乡、凤县,宁羌州领沔县、略阳县。乾隆三十年五月,置留坝厅。嘉庆七年七月,置定远厅。道光四年五月,置佛坪厅。领3厅:留坝、定远、佛坪厅;1州:宁羌州;8县:南郑、褒城、城固、洋县、西乡、凤县、沔县、略阳县。

南郑县,附郭,治所即今陕西汉中市汉台区城区。

褒城县,治所在今陕西勉县东褒城镇褒城。

城固县,治所即今陕西城固县驻地博望镇。

洋县,治所即今陕西陕西洋县驻地洋州镇。

西乡县,治所即今陕西西乡县驻地城关镇。

凤县,治所即今陕西凤县东北凤州镇。

宁羌州,治所即今陕西宁强县驻地汉源镇。

沔县,治所即今陕西勉县驻地勉阳镇西武侯镇。初属宁羌州,雍正间直属府。

略阳县,治所即今陕西略阳县驻地城关镇。隶属关系变化同沔县。

留坝厅,乾隆三十年五月,因凤县为陕西与四川交通要道,幅员辽阔,析凤县留坝一带地方置①,治所即今陕西留坝县驻地城关镇。

---

① 《高宗实录》卷737乾隆三十年五月壬辰,《清实录》,第18册,第114页。

定远厅,嘉庆七年七月析西乡县渔渡路地方置①,治所即今陕西镇巴县驻地泾洋镇。

佛坪厅,道光四年五月,析洋县与西安府盩厔县地置②。治佛爷坪,即今陕西周至县西南厚畛子镇西南老县城。

5. 兴安直隶州—兴安府

顺治二年,沿明制,为兴安直隶州,治所即今陕西安康市驻地汉滨区老城街道,领6县:平利、洵阳、白河、紫阳、石泉、汉阴县。乾隆四十七年九月,升为府,置附郭安康县,裁汉阴县入安康县③。乾隆五十四年十二月,置汉阴厅④。道光三年四月,置砖坪厅⑤。领2厅:汉阴厅、砖坪厅;6县:安康、平利、洵阳、白河、紫阳、石泉县。

安康县,乾隆四十七年九月,以兴安直隶州亲辖地和汉阴县地置,附郭,治所即今陕西安康市驻地汉滨区老城街道。

平利县,初治今陕西平利县西北老县镇东老县,嘉庆七年七月徙治于白土关⑥,即今陕西平利县驻地城关镇。

洵阳县,治所即今陕西旬阳县驻地城关镇。

白河县,治所即今陕西白河县驻地城关镇。

紫阳县,治所即今陕西紫阳县驻地城关镇。

石泉县,治所即今陕西石泉县驻地城关镇。

汉阴厅,初为汉阴县。乾隆四十七年九月,裁入安康县。乾隆五十四年十二月,以旧址重置⑦。治所即今陕西汉阴县驻地城关镇。

砖坪厅,道光三年四月,析安康县砖坪营地置⑧。治所即今陕西岚皋县驻地城关镇。

6. 延安府

治所即今陕西延安市宝塔区城区。顺治二年,沿明制,领3州16县:肤施、安塞、甘泉、安定、保安、宜川、延川、延长、清涧县,鄜州领洛川、中部、宜君

---

① 《仁宗实录》卷100嘉庆七年七月辛巳,《清实录》,第29册,第344页。
② 《宣宗实录》卷68道光四年五月乙酉,《清实录》,第34册,第87页。
③ 《高宗实录》卷1164乾隆四十七年九月壬寅,《清实录》,第23册,第599页。嘉庆《清会典事例》卷24,第643册,第1034页。
④ 《高宗实录》卷1343乾隆五十四年九月己酉,《清实录》,第25册,第1214页。
⑤ 《宣宗实录》卷51道光三年四月庚申,《清实录》,第33册,第920页。
⑥ 《仁宗实录》卷100嘉庆七年七月辛巳,《清实录》,第29册,第344页。
⑦ 《高宗实录》卷1343乾隆五十四年九月己酉,《清实录》,第25册,第1214页。
⑧ 《宣宗实录》卷51道光三年四月庚申,《清实录》,第33册,第920页。

县,绥德州领米脂县,葭州领吴堡、神木、府谷县。雍正三年九月,升鄜州、葭州、绥德州为直隶州,以洛川、中部、宜君等3县分隶鄜州,吴堡、神木、府谷等3县分隶葭州,米脂、清涧2县分隶绥德州①。府领8县。乾隆元年二月,榆林府属靖边、定边2县来属②。领10县:肤施、安塞、甘泉、保安、安定、宜川、延长、延川、定边、靖边县。清末仍领10县。

肤施县,附郭,治所即今陕西延安市宝塔区城区。

安塞县,治所在今陕西安塞县东南沿河湾镇碟子沟。

甘泉县,治所即今陕西甘泉县驻地城关镇。

安定县,治所在今陕西子长县西安定镇。

保安县,治所在今陕西志丹县驻地保安镇。

宜川县,治所即今陕西宜川县驻地丹州镇。

延川县,治所即今陕西延川县驻地延川镇。

延长县,治所即今陕西延长县驻地七里村镇。

定边县,雍正八年十一月,以定边、盐场、砖井、安边、柳树涧五堡地置,治所即今陕西定边县驻地定边镇。初属榆林府,乾隆元年二月来属。

靖边县,雍正八年十一月,以靖边、宁塞、镇罗、镇靖、龙州五堡地置,治镇靖堡(今陕西靖边县南镇靖)。隶属关系变化同定边县。

7. 榆林府

初为榆林卫地。雍正二年十一月,裁榆林卫③。雍正年间,榆林地区由榆林同知管中十堡,靖边同知管西十堡。由于少数民族与汉人杂居,"必须大员弹压",雍正八年十一月,以两同知管辖区域置府,同时置附郭榆林县及怀远、靖边、定边县④。乾隆元年二月,因靖边、定边2县距府治六七百里,改隶于延安府;因府辖县太少,降葭州直隶州为属州,与神木、府谷2县来属⑤。领1州:葭州;4县:榆林、怀远、神木、府谷县,至清末未变。

榆林县,雍正八年十一月,以双山、中路、常乐、保宁、归德、鱼河五堡地置⑥,附郭,治所即今陕西榆林市榆阳区城区。

---

① 《世宗实录》卷36雍正三年九月乙巳,《清实录》,第7册,第537页。
② 《高宗实录》卷2雍正十三年九月辛丑,《清实录》,第9册,第174页;又卷12乾隆元年二月辛未,第366页。
③ 《世宗实录》卷26雍正二年十一月乙丑,《清实录》,第7册,第409页。
④ 《世宗实录》卷100雍正八年十一月壬午,《清实录》,第8册,第331页。
⑤ 《高宗实录》卷2雍正十三年九月辛丑,《清实录》,第9册,第174页;又卷12乾隆元年二月辛未,第366页。
⑥ 雍正《陕西通志》卷3,第551册,第99页。

怀远县,雍正八年十一月,以怀远、波罗、响水、威武、清平 5 堡地置,治柴兴梁(旧城,今陕西横山县驻地横山镇东南 1 公里柴兴梁村)。

葭州,治所即今陕西佳县驻地佳芦镇。初属延安府,雍正三年九月升为直隶州,乾隆元年二月来属。

神木县,治所即今陕西神木县驻地神木镇。初属葭州,雍正三年九月属葭州直隶州,乾隆元年二月来属。

府谷县,治所即今陕西府谷县驻地府谷镇。隶属关系变化同神木县。

8. 商州直隶州

初为西安府商州,辖镇安、洛南、山阳、商南县。雍正三年九月,升为直隶州,治所即今陕西商洛市商州区驻地城关街道,领 4 县:商南、洛南、山阳、镇安县。

镇安县,治所即今陕西镇安县驻地永乐镇。

雒南县,治所即今陕西洛南县驻地城关镇。

山阳县,治所即今陕西山阳县驻地城关镇。

商南县,治所即今陕西商南县驻地城关镇。

9. 乾州直隶州

初为西安府乾州,辖武功、永寿县。雍正三年九月,升为直隶州,治所即今陕西乾县驻地城关镇,领 2 县:武功、永寿县。

武功县,治所在今陕西武功县西北武功镇(旧武功)。

永寿县,治所在今陕西永寿县西北永平乡。

10. 邠州直隶州

初为西安府邠州,辖三水、淳化、长武县。雍正三年九月,升为直隶州,治所即今陕西彬县驻地城关镇,领 3 县:三水、淳化、长武县。

三水县,治所即今陕西旬邑县驻地城关镇。

淳化县,治所即今陕西淳化县驻地城关镇。

长武县,治所即今陕西长武县驻地昭仁镇。

11. 鄜州直隶州

初为延安府鄜州,辖洛川、中部、宜君县。雍正三年九月,升为直隶州,治所即今陕西富县富城镇,领 3 县:洛川、中部、宜君县。

洛川县,治所即今陕西洛川县驻地凤栖镇。

中部县,治所即今陕西黄陵县驻地桥山镇。

宜君县,治所即今陕西宜君县驻地城关镇。

12. 绥德直隶州

初为延安府绥德州,辖米脂县。雍正三年九月,升为直隶州,治所即今陕西绥德县驻地名州镇,领2县:米脂、清涧县。乾隆元年二月,原属葭州直隶州的吴堡县来属。

米脂县,治所即今陕西米脂县驻地银州镇。

清涧县,治所即今陕西清涧县驻地宽洲镇。初属延安府,雍正三年九月来属。

吴堡县,治所在今陕西吴堡县驻地宋家川镇东北城里村。初属葭州,雍正三年九月属葭州直隶州,乾隆元年二月来属。

13. 已裁府级政区

耀州直隶州,初为西安府耀州,领同官县。雍正三年九月,升为直隶州,治所即今陕西铜川市耀州区驻地天宝路街道,领2县:同官、白水县。雍正十三年四月,降为属州,与同官县往属于西安府,白水县隶于同州府。

华州直隶州,初为西安府华州,领华阴、蒲城县。雍正三年九月,升为直隶州,治所即今陕西华县驻地城关镇,领2县:华阴、蒲城县。雍正五年三月,以潼关卫地置潼关县。领3县。雍正十三年四月,降为属州,与所属三县往属于同州府。

葭州直隶州,初为延安府葭州,领吴堡、神木、府谷县。雍正三年九月,升为直隶州,治所即今陕西佳县驻地佳芦镇,领3县:吴堡、神木、府谷县。乾隆元年二月,降为属州,与神木、府谷二县往属于榆林府,吴堡县改隶于绥德直隶州。

第十七章 甘 肃 省

清初为陕西省一部分。康熙六年(1667)分省后,辖4府:平凉、巩昌、临洮、庆阳府,下辖9州、28县,又辖宁夏诸卫、靖远卫、洮州卫、岷州卫、甘州卫、镇番卫、永昌卫、凉州卫、西宁卫、庄浪卫、肃州卫、山丹卫、古浪所、高台所、镇彝所、庄浪所、西固城所、灵州所、平罗所、归德所等卫所。

一、省行政机构

总督。初为山西陕西总督,驻西安府。康熙十一年四月,山西陕西总督专管陕甘,为陕西总督,仍驻西安城。康熙十三年,因三藩之乱。汉中为四川、陕西适中之地,移驻于此,以便兼辖。三藩之乱结束后仍回驻西安城①。康熙十九年十一月,裁四川总督,改陕西总督为四川陕西总督②,简称川陕总督。康熙五十七年十月,专设四川总督,川陕总督仍为陕西总督。康熙六十年五月,以陕西总督专办粮饷,由四川总督兼陕西总督事务,仍称四川陕西(川陕)总督。

雍正元年(1723)三月,吏部议定各省督抚兼衔,川陕总督统理西安、甘肃、四川三处事务,控制番羌,授为兵部尚书兼都察院右都御史。雍正九年二月,因西陲用兵,专设四川总督,川陕总督仍为陕西总督。雍正十三年十二月,军务结束,裁四川总督,仍为川陕总督③。

乾隆十三年(1748),因金川用兵,仍分设为陕西总督、四川总督④。此后,陕西总督多称之为陕甘总督。乾隆十九年九月,因战事需要,陕甘总督移驻肃州⑤。乾隆二十四年七月,陕甘总督免辖陕西,改陕甘总督为川陕总督;改甘

---

① 雍正《陕西通志》卷15,第551册,第762页。按:原作"二十三年","二"当为衍字。
② 《圣祖实录》卷93康熙十九年十一月辛酉,《清实录》,第4册,第1175页。
③ 《高宗实录》卷8雍正十三年十二月丁卯,《清实录》,第9册,第300页。
④ 《高宗实录》卷卷329乾隆十三年十一月庚辰,《清实录》,第13册,第470页。
⑤ 《高宗实录》卷472乾隆十九年九月丙戌,《清实录》,第14册,第1106页。

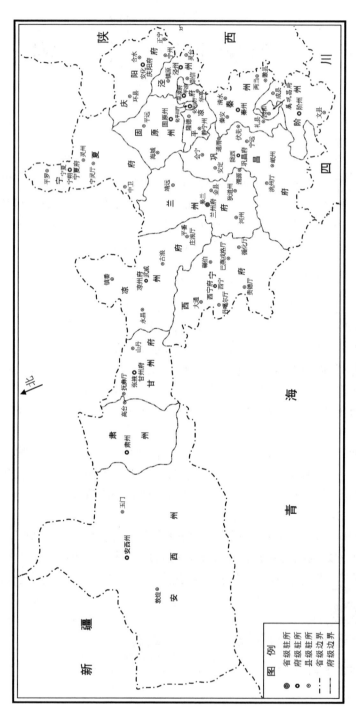

图 17 清末甘肃省政区图

肃巡抚为甘肃总督,专辖甘肃;改四川总督为四川巡抚①。乾隆二十五年十二月,改甘肃总督为陕甘总督,统辖陕西、甘肃2省事务,四川总督不再兼管陕西②。陕甘总督仍驻肃州。乾隆二十九年三月,因军务结束,为便于控制两省,移驻兰州府,裁甘肃巡抚,由总督兼管巡抚事务③。光绪十年(1884),建新疆省,陕甘总督兼管陕西、甘肃、新疆3省。

巡抚。分省前,境内设有甘肃、宁夏两巡抚。康熙四年五月,裁宁夏巡抚,甘肃巡抚成为甘肃省行政长官。分省前驻凉州卫④,康熙五年移驻兰州⑤。后又改驻巩昌府。康熙十九年五月,复驻兰州⑥。康熙四十四年五月,兼管茶马事务⑦。此后全称为巡抚甘肃宁夏平庆临巩等处地方督理军务兼理茶马⑧,乾隆二十九年三月裁。

布按诸司及专务道。康熙二年,陕西右布政使移驻巩昌府,辖临洮、巩昌、平凉、庆阳4府,称西布政司⑨。裁85卫所⑩,康熙六年七月,改名平庆等处承宣布政使司⑪,后作甘肃等处承宣布政使司。康熙三年二月,添设甘肃按察使司按察使,驻巩昌府,辖平、庆、临、巩4府⑫。三月,任命首任甘肃按察使司按察使⑬,当时亦称之为提刑平庆临巩按察使⑭。康熙八年十二月,布按两司移驻兰州⑮。专务道曾设有驿传道。清末,有布政使、提学使、提法使、巡警道、劝业道等。

因镇迪道与省会间距离遥远,相关事务由镇迪道报乌鲁木齐都统题咨⑯,

---

① 《高宗实录》卷593乾隆二十四年七月丁丑,《清实录》,第16册,第606页。
② 《高宗实录》卷627乾隆二十五年十二月丙戌,《清实录》,第16册,第1039页。
③ 《高宗实录》卷706乾隆二十九年三月乙卯,《清实录》,第17册,第885页。
④ 《世祖实录》卷142,顺治十七年十一月庚辰,《清实录》,第3册,第1097页。按:乾隆《甘肃通志》卷8作康熙元年迁治。
⑤ 乾隆《甘肃通志》卷8,第557册,第282页。
⑥ 《圣祖实录》卷90康熙十九年五月壬辰,《清实录》,第4册,第1134页。
⑦ 《圣祖实录》卷221康熙四十四年五月乙丑,《清实录》,第6册,第225页。
⑧ 雍正《清会典》卷223,第9册,第3675页。
⑨ 康熙《陕西通志》卷17《职官》。
⑩ 宣统《甘肃新通志》卷4《舆地志·沿革表》。
⑪ 按:《高宗实录》卷989乾隆四十年八月丁酉:"铸给甘肃布政使、按察使、布政司照磨、按察司照磨、按察司司狱、宁夏府水利同知各印信关防,删旧印内陕西二字,冠以甘肃。从布政使王亶望请也。"(《清实录》,第21册,第201页)由此可见,虽然官名已改,但旧官印在一直沿用。
⑫ 《圣祖实录》卷11康熙三年二月癸丑,《清实录》,第4册,第173页。
⑬ 《圣祖实录》卷11康熙三年三月乙亥,《清实录》,第4册,第175页。
⑭ 康熙《陕西通志》卷17《职官》。
⑮ 《圣祖实录》卷31康熙八年十二月庚午,《清实录》,第4册,第426页。按:乾隆《甘肃通志》卷3上作康熙五年移,《清文献通考》卷283作康熙三年迁驻。
⑯ 嘉庆《三州辑略》卷2《官制门》。

也就是镇迪道受乌鲁木齐都统兼辖。

为加强对青海一带少数民族的管理,加重青海办事大臣衙门权威,嘉庆十年十二月规定,与青海办事大臣同驻一城的西宁道、西宁府及武员镇协以下,均受青海办事大臣兼辖节制。"遇有蒙古番子交涉事件,即由该大臣主政。其民人地方事务,仍由该督主政。该镇道等于关涉青海蒙古番子案件,自当申报青海大臣。若只系寻常地方案件,即当转报总督,免致牵混干与。至军政大计年分,该镇道等办理蒙古番子案件功过,由该大臣出具考语,咨会该督。再将该员等平日办理地方事务是否认真,由该督会同参酌举劾,以昭核实而示劝惩。"①因此,西宁道府在嘉庆十年十月后,受青海办事大臣与陕甘总督双重管辖。

二、省城

康熙五年,陕西右布政使驻巩昌府。康熙三年,甘肃按察使驻巩昌府。康熙五年,甘肃巡抚移驻兰州。康熙八年十二月,甘肃布政使、按察使由巩昌府移驻兰州。此后,以兰州为省城②,即今甘肃兰州市城区。

三、省域

分省后,东邻陕西,南界四川,西接青海,北至西套厄鲁特。乾隆三十八年,新疆乌鲁木齐置迪化州后,与伊犁新疆接界。光绪十年新疆建省后,北与新疆接界。

四、守巡道

先后设置有甘凉、西宁、宁夏、兰州、巩秦阶、镇迪诸道。光绪十年新疆建省后,镇迪道往属新疆省。

康熙六年七月前

分巡关西道,顺治二年五月置③。驻平凉府。康熙三年裁④。

分守陇右道,见后。

分巡陇右道,顺治二年五月置。驻秦州⑤,辖区当同明代。顺治十五年九

---

① 《仁宗实录》卷154嘉庆十年十二月壬辰,《清实录》,第29册,第1126页。
② 乾隆《甘肃通志》卷3上,第557册,第72页。
③ 《世祖实录》卷15顺治二年五月乙酉,《清实录》,第3册,第142页。
④ 乾隆《甘肃通志》卷28,第558册,第66页;又卷8:"整饬平庆道,在平凉府治东旧关西道署。"(第557册,第283页)
⑤ 《顺治十八年缙绅册》。

月裁①,辖区当并入分守道。《顺治十八年缙绅册》仍有该道。

临巩兵备道②,顺治二年五月置③。驻兰州,辖区当同明代。康熙二年九月改名临洮道。

整饬临洮道,见后。

分守河西道,顺治二年五月置④。驻庆阳府,辖境当同明代,督理盐法、屯田、驿传⑤。康熙六年七月裁⑥。

整饬固原道,见后。

整饬洮岷道,见后。

分巡靖远道,一作靖路兵备道、整饬靖远兵粮道,顺治二年五月置⑦。驻靖远卫,管辖靖远卫及安、会、通渭3县并各营堡驿递仓场⑧。一作辖靖远卫及安、会2县⑨。康熙二年九月裁⑩,辖境并入陇右道⑪。

分巡河西道,见后。

分巡河东道,一作河东兵粮道、整饬河东道。驻灵州,管宁夏后卫、灵州所屯田、盐法事务⑫。康熙六年前已裁。

分守西宁道,顺治二年(1645)五月置⑬。驻凉州卫⑭,管凉州卫、永昌卫、镇番卫、古浪所等处⑮。康熙初年改名凉庄道。

分巡西宁道,见后。

分巡庄浪道,全称整饬庄浪兵备管理马政屯田事务,顺治二年五月置⑯。驻庄浪卫,"兼理庄西三路马政"⑰。约康熙六年裁。

---

① 《世祖实录》卷120顺治十五年九月丙申:"裁陕西巩昌府陇右巡道员缺。"《清实录》,第3册,第931页。
② 《圣祖实录》卷10康熙二年九月己卯,《清实录》,第4册,第158页。
③ 《世祖实录》卷16顺治二年五月丁亥,《清实录》,第3册,第143页。
④ 同上。
⑤ 《顺治十八年缙绅册》。
⑥ 乾隆《甘肃通志》卷28,第558册,第65页。
⑦ 《世祖实录》卷16顺治二年五月丁亥,《清实录》,第3册,第143页。
⑧ 《皇帝敕命楼希吴分巡靖远道》(顺治九年十二月十一日),《明清档案》,第16册,第B8845页。
⑨ 《顺治十八年缙绅册》。
⑩ 《圣祖实录》卷10康熙二年九月己卯,《清实录》,第4册,第158页。
⑪ 光绪《清会典事例》卷25,第1册,第312页。
⑫ 《顺治十八年缙绅册》。
⑬ 《世祖实录》卷16顺治二年五月丁亥,《清实录》,第3册,第143页。
⑭ 乾隆《甘肃通志》卷28,第558册,第45页。
⑮ 《顺治十八年缙绅册》。
⑯ 《世祖实录》卷16顺治二年五月丁亥,《清实录》,第3册,第143页。
⑰ 《顺治十八年缙绅册》。

分巡肃州道,见后。

抚治西宁道,见后。

康熙六年七月后

1. 凉庄道—甘凉道

分守凉庄道,康熙初年由分守西宁道改名。驻凉州卫。雍正二年十月辖凉州府①。乾隆十三年,全称分守凉庄道整饬凉永镇羌等处事务,布政使司参政衔。乾隆二十五年称分守凉庄道整饬凉永镇羌等处事务。乾隆三十二年三月,加兵备衔②。乾隆三十七年四月,甘州府来属,改为甘凉道③。仍驻凉州府。辖甘州、凉州2府。乾隆四十四年八月,兼管驿务。至清末未变。

2. 西宁道

抚治西宁道,顺治二年五月置④。驻西宁卫。抚治番夷并管西宁卫。雍正二年十月辖西宁府⑤。乾隆十三年,为分巡陕西抚治西宁道,按察使司副使衔。乾隆三十二年三月,加兵备衔⑥,官衔改为抚治西宁兵备道⑦。乾隆四十四年八月,兼管驿务。至清末未变。

3. 宁夏道

分巡宁夏道,即整饬宁夏河西道,顺治二年五月置⑧。驻宁夏卫。辖境当同明代,"管宁(夏)镇兵粮、西路屯田、盐法、军口、口口、学政"⑨。雍正二年十月,辖宁夏府⑩。乾隆十三年,为陕西等处提刑按察使司分巡宁夏道副使衔。乾隆二十四年,加水利衔⑪。乾隆二十五年为分巡整饬宁夏河东河西等处地方道兼水利事。乾隆三十二年三月,加兵备衔⑫。乾隆四十四年八月,兼管驿务⑬。嘉庆十一年(1806)十二月,兼管盐务⑭。宣统三年八月,裁盐法事

---

① 《世宗实录》卷25雍正二年十月丁酉,《清实录》,第7册,第396页。
② 《高宗实录》卷780乾隆三十二年三月乙亥,《清实录》,第18册,第558页。
③ 《高宗实录》卷907乾隆三十七年四月壬午,《清实录》,第20册,第128页。
④ 《世祖实录》卷16顺治二年五月丁亥,《清实录》,第3册,第143页。
⑤ 《世宗实录》卷25雍正二年十月丁酉,《清实录》,第7册,第396页。
⑥ 《高宗实录》卷780乾隆三十二年三月乙亥,《清实录》,第18册,第558页。
⑦ 《高宗实录》卷804乾隆三十三年二月庚辰,《清实录》,第18册,第877页。
⑧ 《世祖实录》卷15顺治二年五月乙酉,《清实录》,第3册,第142页。
⑨ 《顺治十八年缙绅册》。
⑩ 《世宗实录》卷25雍正二年十月丁酉,《清实录》,第7册,第396页。
⑪ 《高宗实录》卷587乾隆二十四年五月己酉,《清实录》,第16册,第525页。
⑫ 《高宗实录》卷780乾隆三十二年三月乙亥,《清实录》,第18册,第558页。
⑬ 《高宗实录》卷1089乾隆四十四年八月戊寅,《清实录》,第22册,第635页。
⑭ 《仁宗实录》卷172嘉庆十一年十二月辛卯,《清实录》,第30册,第249页。

务①,为分巡宁夏道。

4. 临洮道—驿传道—兰州道

整饬临洮道,康熙二年九月以临巩兵备道改置。驻兰州,辖区为临洮府狄、河、兰、金、渭5州县。康熙八年十二月,移驻临洮府②。康熙二十四年,移驻兰州③。乾隆十三年,为整饬临洮道屯田茶马驿传,按察使司佥事衔。乾隆二十四年五月,加水利衔④。乾隆二十八年九月,因管理通省驿传事务,改名为驿传道⑤。驻兰州府,兼分巡兰州府。乾隆三十年为整饬甘肃驿传道兼辖兰州管理屯田茶马事务。乾隆四十四年四月,改为兰州道⑥,全称分巡甘肃兰州府兼管茶马水利道⑦。宣统三年正月改置为劝业道⑧。

5. 洮岷道—巩秦阶道

整饬洮岷道,一作洮岷兵备道,顺治二年五月置⑨。驻岷州卫。管洮、岷二卫、漳、成2县屯粮、驿传⑩。康熙二年五月拟裁,因距巩昌府治距离遥远,得以保留⑪。康熙二年九月,辖阶、文、成、漳4州县和洮、岷2卫及西固所⑫。康熙二十五年二月,裁陇右道⑬,巩昌府来属。雍正六年十二月,辖巩昌府和秦、阶2直隶州。乾隆十三年,为整饬洮岷道兼陇右等处地方督埋茶马分巡屯田道,按察使司副使衔。乾隆二十八年九月,改名为巩秦阶道⑭,全称分巡巩秦阶道兼理茶马屯田事务。驻巩昌府,辖巩昌府及秦、阶2直隶州。乾隆四十四年八月,兼管驿务⑮。光绪十五年十月,移驻秦州⑯。至清末未变。

---

① 《宣统政纪》卷61宣统三年八月庚戌,《清实录》,第60册,第1083页。
② 《圣祖实录》卷31康熙八年十二月庚午,《清实录》,第4册,第426页。
③ 乾隆《甘肃通志》卷8,第557册,第282页。
④ 《高宗实录》卷587乾隆二十四年五月己酉,《清实录》,第16册,第525页。
⑤ 《高宗实录》卷695乾隆二十八年九月癸丑,《清实录》,第17册,第786页。
⑥ 《高宗实录》卷1081乾隆四十四年四月丁丑,《清实录》,第22册,第527页。
⑦ 《高宗实录》卷1089乾隆四十四年八月戊寅,《清实录》,第22册,第635页。
⑧ 《陕甘总督长庚奏甘肃应设劝业道拟以兰州道兼理》,《政治官报》,宣统三年正月十一日,第41册,第77页。
⑨ 《世祖实录》卷16顺治二年五月丁亥,《清实录》,第3册,第143页。
⑩ 《顺治十八年缙绅册》。
⑪ 《圣祖实录》卷9康熙二年五月壬辰:"洮岷道缺奉裁,归并陇右道兼理。查洮岷所属州县卫所俱距巩昌府八九百里,深山穷谷,奸宄易生,应请仍留洮岷道弹压。"(《清实录》,第4册,第148页)
⑫ 《圣祖实录》卷10康熙二年九月己卯,《清实录》,第4册,第158页。
⑬ 《圣祖实录》卷124康熙二十五年二月甲寅,《清实录》,第5册,第322页。
⑭ 《高宗实录》卷695乾隆二十八年九月癸丑,《清实录》,第17册,第786页。
⑮ 《高宗实录》卷1089乾隆四十四年八月戊寅,《清实录》,第22册,第635页。
⑯ 《德宗实录》卷275光绪十五年十月庚寅,《清实录》,第55册,第675页。

6. 固原道—平庆道—平庆泾固化道

分巡固原道,即整饬固原道,顺治二年五月置①。驻固原州,辖静宁、隆德等处,兼屯田、驿传。康熙十四年十一月改为平庆道②,全称整饬平庆道,移驻平凉府,管辖平凉、庆阳2府,兼管驿盐事务。乾隆十二年四月,移驻固原州,并加兵备衔③。乾隆十三年,为按察使司副使衔。乾隆二十八年为整饬平庆等处驿盐兵备道。乾隆四十二年九月,泾州升为直隶州④。乾隆四十四年八月,兼管驿务⑤。同治十一年(1872)六月,移驻平凉府⑥。光绪五年闰三月,改称分巡平庆泾固化兵备道⑦。宣统三年八月,裁盐法事务⑧。

7. 安肃道

分巡安肃等处地方兵备道,乾隆三十七年四月合并原属安西道之安西府、原属甘肃道之肃州置⑨。驻肃州,辖安西府、肃州,抚治番彝兼管肃州屯田事务。乾隆四十四年八月,兼管驿务。至清末未变。

8. 已裁各道

分守陇右道,一作陇西道,顺治二年五月置⑩。驻巩昌府,所辖州县、卫所、营堡当沿袭明代。职能为:"所属番族,分住关隘内外,须弹压辑绥,恩信联络,使茶法通行,市马蕃盛。"⑪康熙二年九月后,靖远道并入,辖陇、宁、伏、秦、清、醴、西、徽、两、安、会、通、秦等州县及靖远卫等⑫。驻秦州。康熙八年十二月,移驻巩昌⑬。康熙二十五年二月裁⑭。

分巡甘山道,一名分巡西宁道,顺治二年五月置⑮。驻甘州卫。管辖甘、

---

① 《世祖实录》卷16顺治二年五月丁亥,《清实录》,第3册,第143页。
② 《圣祖实录》卷58康熙十四年十一月乙酉,《清实录》,第4册,第748页。
③ 《高宗实录》卷289乾隆十二年四月戊寅,《清实录》,第12册,第778页。按:光绪《清会典事例》卷25作乾隆十五年(第1册,第318页)。
④ 《高宗实录》卷1040乾隆四十二年九月甲子,《清实录》,第21册,第927页。
⑤ 《高宗实录》卷1089乾隆四十四年八月戊寅,《清实录》,第22册,第635页。
⑥ 《穆宗实录》卷335同治十一年六月丁巳,《清实录》,第51册,第422页。
⑦ 《德宗实录》卷92光绪五年闰三月乙未,《清实录》,第53册,第381页。
⑧ 《宣统政纪》卷61宣统三年八月庚戌,《清实录》,第60册,第1083页。
⑨ 《高宗实录》卷907乾隆三十七年四月壬午,《清实录》,第20册,第128页。
⑩ 《世祖实录》卷16顺治二年五月丁亥,《清实录》,第3册,第143页。
⑪ 《皇帝敕命刘世杰分守陇右道》(顺治二年五月六日),《明清档案》,第2册,第B871页。
⑫ 《圣祖实录》卷10康熙二年九月己卯,《清实录》,第4册,第158页。
⑬ 《圣祖实录》卷31康熙八年十二月庚午,《清实录》,第4册,第426页。
⑭ 《圣祖实录》卷124康熙二十五年二月甲寅,《清实录》,第5册,第322页。
⑮ 《世祖实录》卷16顺治二年五月丁亥,《清实录》,第3册,第143页。

山等处(甘州卫、山丹卫、高台所)屯田①。雍正二年十月辖甘州府②。乾隆十年十月与肃州道合并为甘肃道③。乾隆二十四年十月，因陕甘总督将移驻甘州府，拟复置，辖区同前④，但未实行。

分巡肃州道，即整饬肃州道，顺治二年五月置⑤。驻肃州。辖肃州卫、镇夷所等。雍正七年四月，辖肃州直隶州。乾隆十年十月，甘山道辖区并入，改为整饬甘肃道。乾隆二十四年十月，拟复置，未实行。

安西兵备道，雍正十一年正月置⑥。驻瓜州。管辖安西4卫1所。乾隆十三年为整饬安西等处地方分巡兵备道，总理哈密屯田粮饷事务，按察使司副使衔，管辖安西、靖逆2厅和安西、柳沟、沙州、靖逆、赤金5卫。乾隆二十四年六月，移驻哈密(次年为哈密厅)⑦，亦称哈密兵备道。次年增辖乌鲁木齐同知和昌吉、罗克伦巡检等。乾隆三十二年七月，移驻安西⑧。乾隆三十七年四月裁⑨。

甘肃道，乾隆十年十月合并甘山、肃州两道置。驻肃州，辖甘州府、肃州。乾隆十三年，为整饬肃州等处地方，抚治番彝，兼管肃镇屯田事务，布政使司参政衔。乾隆二十四年十月，因陕甘总督移驻甘州府，拟分设甘山、肃州两道，但未实行。因驻肃州，亦称肃州道。乾隆三十二年三月，加兵备衔⑩。乾隆三十七年四月裁。

五、府厅州县

康熙六年分省后，辖4府：平凉、巩昌、临洮、庆阳府，下辖9州、28县，诸卫所由同知、通判管理。康熙五十七年二月，设靖逆卫同知、柳沟通判。

雍正二年三月，置安西同知，裁柳沟通判。同年十月，置宁夏府、西宁府、凉州府、甘州府。雍正三年六月，平凉、固原卫归平凉府管辖，庆阳卫归庆阳府管辖，临洮、河州、兰州卫及归德所归临洮府管辖，洮州、岷州、靖逆卫及西固所

---

① 《顺治十八年缙绅册》。
② 《世宗实录》卷25雍正二年十月丁酉，《清实录》，第7册，第396页。
③ 《高宗实录》卷250乾隆十年十月丁未，《清实录》，第12册，第229页。
④ 《高宗实录》卷599乾隆二十四年十月丁酉，《清实录》，第16册，第695页。
⑤ 《世祖实录》卷15顺治二年五月乙酉，《清实录》，第3册，第142页。
⑥ 《世宗实录》卷127雍正十一年正月丁未，《清实录》，第8册，第668页。
⑦ 《高宗实录》卷589乾隆二十四年六月乙亥，《清实录》，第16册，第550页；又卷593七月丁丑，第606页。
⑧ 《高宗实录》卷787乾隆三十二年七月癸亥，《清实录》，第18册，第683页。
⑨ 《高宗实录》卷907乾隆三十七年四月壬午，《清实录》，第20册，第128页。
⑩ 《高宗实录》卷780乾隆三十二年三月乙亥，《清实录》，第18册，第588页。

归巩昌府管辖①。雍正四年九月,裁平凉、固原、庆阳、临洮、河州、兰州、岷州7卫及西固所千总缺,归并各州县管辖②。雍正六年十二月,升秦州、阶州为直隶州。雍正七年四月,置肃州直隶州。

乾隆三年,改临洮府为兰州府。乾隆二十四年七月,设巴里坤同知。同年九月,置安西府,裁靖逆厅。乾隆二十五年五月,置乌鲁木齐同知。同年十月,定巴里坤同知为直隶厅。乾隆三十八年二月,改安西府为安西直隶州,改巴里坤直隶厅为镇西府。同年七月,升迪化州为直隶州。乾隆四十二年九月,升泾州为直隶州。

咸丰五年(1855)三月,降镇西府为镇西直隶厅,吐鲁番厅、哈密厅改为直隶厅。

同治十年二月,置化平川直隶厅。同治十三年十月,升固原州为直隶州。

光绪六年十一月,经左宗棠奏准,哈密及镇迪道文武地方官员,均暂归钦差大臣刘锦棠统辖。光绪八年七月,在新疆境内置喀喇沙尔直隶厅、库车直隶厅、玛喇巴什直隶厅、英吉沙尔直隶厅、乌什直隶厅、疏勒直隶州、莎车直隶州、温宿直隶州、和阗直隶州。光绪十年新疆建省,镇西、伊犁、吐鲁番、哈密、喀喇沙尔、库车、乌什、英吉沙尔、玛喇巴什等9直隶厅,迪化、温宿、莎车、和阗、疏勒等5直隶州往属新疆省。至清末,甘肃省领8府、1直隶厅、6直隶州、8厅、6州、47县。

1. 临洮府—兰州府

初为临洮府,顺治二年沿明制,驻狄道县,即今甘肃临洮县驻地洮阳镇。领2州3县:狄道、渭源县,兰州领金县,河州。雍正三年六月,临洮、河州、兰州诸卫及归德所来属③。雍正末,各县直隶属于府。乾隆三年八月,归德所改属西宁府④。同年十一月,因"兰州省会,请移驻知府以符体制",府治由狄道县移驻于兰州⑤,遂改府名为兰州府,为省会。改兰州为附郭皋兰县,改狄道县为狄道州,并析巩昌府靖远县来属。乾隆二十七年三月,于循化营地置循化厅。道光三年(1823),循化厅往属于西宁府。领2州:狄道州、河州;4县:皋兰、渭源、金县、靖远县。

皋兰县,初为兰州,治所即今甘肃兰州市城关区城区。属临洮府,辖金县。

---
① 《世宗实录》卷33雍正三年六月癸巳,《清实录》,第7册,第512页。
② 《世宗实录》卷48雍正四年九月乙未,《清实录》,第7册,第720页。
③ 《世宗实录》卷33雍正三年六月癸巳,《清实录》,第7册,第512页。
④ 《高宗实录》卷74乾隆三年八月己丑,《清实录》,第10册,第182页。
⑤ 《高宗实录》卷81乾隆三年十一月庚午,《清实录》,第10册,第273页。

雍正末,不领县。乾隆三年十一月改县,为兰州府治。因县境北乡距县治三四百里不等,民众交粮不便,乾隆二十二年十一月,移宽沟堡县丞驻红水堡(今甘肃景泰县西北红水镇),分辖红水、永泰、宽沟、镇虏等堡,分征四堡钱粮①,称红水县丞、红水分县。

狄道州,初为狄道县,治所即今甘肃临洮县驻地洮阳镇。属临洮府,附郭。乾隆三年八月改州,属兰州府。因"西北各乡距州治一百二三十里不等,回汉杂居,民情刁悍",乾隆二十二年十一月,移州判驻沙泥驿(在今甘肃临洮县北太石镇南太石铺),兼管附近渠道水利②,是为沙泥州判、沙泥分州。

金县,治所即今甘肃榆中县驻地城关镇。初属兰州,雍正间直属临洮府。

渭源县,治所即今甘肃渭源县驻地清源镇。

河州,治所即今甘肃临夏市城区。

靖远县,初为靖远卫。康熙五十三年八月,移庆阳府捕盗同知驻扎靖远卫,与卫守备协同理事,是为靖远厅③,属巩昌府④。治所即今甘肃靖远县驻地乌兰镇。雍正二年十月,裁靖远卫,由靖远厅直接管理⑤。雍正八年二月,降为靖远县⑥,仍属巩昌府。乾隆三年八月来属。

2. 平凉府

治所即今甘肃平凉市崆峒区城区。顺治二年,沿明制,属陕西省,领3州7县:平凉、崇信、华亭、镇原县,固原州,泾州领灵台县,静宁州领庄浪、隆德县⑦。盐茶同知驻固原州,管理卫所。雍正三年六月,平凉卫、固原卫来属⑧。雍正初年,盐茶同知管理西安所、平远所、镇戎所之地,亦称固原厅。雍正八年二月,盐茶同知(固原厅)并入固原州,后复设。乾隆十三年四月,盐茶同知移至海喇都,称盐茶厅。乾隆四十一年十二月,裁庄浪县并入隆德县。乾隆四十二年九月,升泾州为直隶州,析崇信、灵台、镇原县往属⑨。领1厅、2州、3县。同治十年二月,析华亭县地置化平川直隶厅⑩。同治十三年十月,升固原州为

---

①② 《高宗实录》卷550乾隆二十二年十一月辛丑,《清实录》,第15册,第1026页。
③ 《圣祖实录》卷260康熙五十三年八月己卯,《清实录》,第6册,第562页。
④ 《兼管吏部尚书张廷玉题议甘肃静宁州巩昌府及宁夏府等处地方疆域设置官员等项事本》(雍正八年二月十六日),《雍正朝内阁六科史书·吏科》,第57册,第258页。
⑤ 《世宗实录》卷25雍正二年十月丁酉,《清实录》,第7册,第396页。
⑥ 《世宗实录》卷91雍正八年二月乙卯,《清实录》,第8册,第223页。
⑦ 康熙《清会典》卷19,第1册上,第194页。
⑧ 《世宗实录》卷33雍正三年六月癸巳,《清实录》,第7册,第512页。
⑨ 《高宗实录》卷1040乾隆四十二年九月甲子,《清实录》,第21册,第927页。
⑩ 《穆宗实录》卷304同治十年二月壬戌,《清实录》,第51册,第31页。

直隶州,改盐茶厅为海城县往属。领1州:静宁州,3县:平凉、华亭、隆德县。

平凉县,附郭,治所即今甘肃平凉市崆峒区城区。

华亭县,治所即今甘肃华亭县驻地东华镇。

静宁州,治所即今甘肃静宁县驻地城关镇。初辖庄浪、隆德两县,雍正间两县属于府。

隆德县,治所即今宁夏回族自治区隆德县驻地城关镇。乾隆四十一年十二月,原庄浪县地并入。又有庄浪县丞,在今甘肃庄浪县西北南湖镇,乾隆四十二年二月置,管辖原庄浪县区域①,是为隆德县丞、庄浪分县。

庄浪县,治所在今甘肃庄浪县西北南湖镇。初属静宁州,雍正间属府。乾隆四十一年十二月裁②,地入隆德县。

3. 巩昌府

治所即今甘肃陇西县驻地巩昌镇。顺治二年,沿明制,属陕西省,领3州14县:陇西、安定、会宁、通渭、漳县、宁远、伏羌、西和、成县,秦州领秦安、清水、礼县,阶州领文县,徽州领两当县。又有岷州抚民同知,管理卫所。康熙二年,为陕西西布政使司驻地。康熙三年,为平庆临巩按察使司驻地。康熙八年十二月,布按两司移驻兰州。康熙十九年前,甘肃巡抚亦曾驻此。康熙五十三年八月,移庆阳府捕盗同知驻扎靖远卫,与卫守备协同理事③。雍正二年十月,裁靖远卫,由靖远同知直接管理④,是为靖远厅。雍正三年六月,洮州、岷州、靖逆卫及西固所来属⑤。雍正六年九月,增设西固抚夷同知,与岷州同知分别管辖附近番民⑥,是为西固厅、岷州厅。雍正六年十二月,升秦州为直隶州,改徽州为徽县,与清水、秦安、礼县、两当县往属;升阶州为直隶州,以文县、成县往属⑦。领8县。雍正八年二月,降靖远厅为靖远县;改岷州同知为岷州⑧。领1州、9县。乾隆三年十一月,靖远县往属于兰州府⑨。乾隆十四年六月,置洮州厅,西固还属阶州。道光九年,裁漳县。辖1厅:洮州厅;1州:岷州;7县:陇西、安定、会宁、通渭、宁远、伏羌、西和县。

---

① 《高宗实录》卷1027乾隆四十二年二月甲寅,《清实录》,第21册,第767页。
② 《高宗实录》卷1023乾隆四十一年十二月丁巳,《清实录》,第21册,第708页。
③ 《圣祖实录》卷260康熙五十三年八月己卯,《清实录》,第6册,第562页。
④ 《世宗实录》卷25雍正二年十月丁酉,《清实录》,第7册,第396页。
⑤ 《世宗实录》卷33雍正三年六月癸巳,《清实录》,第7册,第512页。
⑥ 《世宗实录》卷73雍正六年九月己未,《清实录》,第7册,第1090页。
⑦ 《世宗实录》卷76雍正六年十二月己丑,《清实录》,第7册,第1128页。
⑧ 《世宗实录》卷91雍正八年二月乙卯,《清实录》,第8册,第223页。
⑨ 《高宗实录》卷81乾隆三年十一月庚午,《清实录》,第10册,第273页。

陇西县，附郭，治所即今甘肃陇西县驻地巩昌镇。道光九年，漳县地并入，设立陇西县丞①，管辖原漳县区域，是为漳县县丞、漳县分县。

安定县，治所即今甘肃定西市安定区城区。

会宁县，治所即今甘肃会宁县驻地会师镇。

通渭县，治所即今甘肃通渭县驻地平襄镇。雍正八年二月，因静宁州安定监地方并入，移驻安定监城②，在今甘肃通渭县西北马营镇。因新治距旧城遥远，旧城居民不愿前往新城，知县仍在旧城驻扎，有事时前往新县城。乾隆十二年十月，复迁原治③。

宁远县，治所即今甘肃武山县驻地城关镇。

伏羌县，治所即今甘肃甘谷县驻地大像山镇。

西和县，治所即今甘肃西和县驻地汉源镇。

岷州，初为岷州卫，由岷州同知管辖。雍正六年九月，同知管辖附近番民。雍正八年二月，裁卫改州，治所即今甘肃岷县驻地岷阳镇。

洮州厅，初为洮州卫，乾隆十四年六月移西固同知驻洮州，为抚番同知④，裁卫置厅。治所在今甘肃临潭县东新城镇。因番民杂处，命案繁多，乾隆二十二年十一月增设照磨一员，兼司狱事⑤。

西固厅，初为阶州西固州同辖区。雍正六年九月，西固土司改流，裁西固州同，设巩昌府西固抚夷同知，管辖番地⑥及原阶州西固州同辖区⑦。治西固城，即今甘肃舟曲县驻地城关镇。属巩昌府。雍正七年裁西固城守御军民千户所，归抚夷同知管辖⑧。乾隆十四年六月，同知移驻洮州，西固归属阶州⑨。

漳县，治所即今甘肃漳县驻地武阳镇。雍正八年二月，岷州勇家等五里及铁谷沟等两处地方来属⑩。道光九年裁，地入陇西县⑪。因地方辽阔，陇西县丞治理困难，同治二年十一月奏请复设⑫，未获准。

---

① 《宣宗实录》卷166道光十年三月丙午，《清实录》，第35册，第577页。
② 《世宗实录》卷91雍正八年二月乙卯，《清实录》，第8册，第223页。
③ 《高宗实录》卷301乾隆十二年十月癸未，《清实录》，第12册，第939页。
④ 《高宗实录》卷343乾隆十四年六月庚子，《清实录》，第13册，第751页。
⑤ 《高宗实录》卷550乾隆二十二年十一月辛丑，《清实录》，第15册，第1026页。
⑥ 《世宗实录》卷73雍正六年九月己未，《清实录》，第7册，第1090页。
⑦ 按：乾隆《甘肃通志》巩昌府有西固城，或作西固厅，卷6谓"武都山，在(阶)州西七十里，与西固所接界，州西南大山也"；卷13谓接收阶州部分钱粮。
⑧ 乾隆《甘肃通志》卷3上，第557册，第84页。
⑨ 《高宗实录》卷343乾隆十四年六月庚子，《清实录》，第13册，第第751页。
⑩ 《世宗实录》卷91雍正八年二月乙卯，《清实录》，第8册，第223页。
⑪ 光绪《清会典事例》卷153，第2册，第941页。
⑫ 《穆宗实录》卷86同治二年十一月辛未，《清实录》，第46册，第816页。

4. 庆阳府

治所即今甘肃庆城县驻地庆城镇。顺治二年,沿明制,领1州4县:宁州及安化、合水、环县、真宁县。雍正三年六月,庆阳卫来属,雍正四年九月裁。乾隆前期,真宁县改名为正宁县。领1州:宁州;4县:安化、合水、环县、正宁县。至清末未变。

安化县,附郭,治所即今甘肃庆城县驻地庆城镇。县西南董志原地方,原为安化、宁州、镇原3州县分辖。同治十一年平定叛乱后,移安化县丞驻董志镇(在今甘肃庆阳市西峰区南董志镇),是为安化县丞、董志原分县。分县辖境西至何家畔二十里交镇原县界,南至李家城三不同三十里交宁州界,东至齐家东庄七十里,北至司官寨五里,境内钱粮均归县丞管辖征收①。

合水县,治所在今甘肃合水县北老城镇。

环县,治所即今甘肃环县驻地环城镇。

正宁县,初名真宁县,乾隆前期改名②,治所在今甘肃正宁县西南永和镇西罗川。

宁州,治所即今甘肃宁县驻地新宁镇。

5. 宁夏府

初为宁夏诸卫,由宁夏西路同知、宁夏东中二路同知等管理③。雍正二年十月,裁宁夏卫置府,治宁夏,即今宁夏回族自治区银川市城区。裁左卫置宁夏县,裁右卫置宁朔县,均为附郭县;裁中卫置中卫县,裁平罗所置平罗县,裁灵寿所置灵州④。领1州、4县。雍正四年五月,置新渠县。雍正六年十一月,置宝丰县。乾隆四年三月,因地震毁坏县城,裁新渠、宝丰县,所有户口仍回原籍。同治十一年六月,置宁灵厅。领1厅:宁灵厅;1州:灵州;4县:宁夏、宁朔、平罗、中卫县。

宁夏县,附郭,雍正二年十月以宁夏左卫地置,治宁夏城(今宁夏回族自治区银川市城区)。

宁朔县,附郭,雍正二年十月以宁夏右卫地置,治宁夏城(今宁夏回族自治区银川市城区)。

---

① 《会勘董志原地方拟设县丞驻扎折》(同治十一年),《左宗棠全集·奏稿五》,岳麓书社,第266页。
② 按:真宁县名,《清实录》中最晚见于乾隆十五年十一月己酉(《高宗实录》卷376,《清实录》,第13册,第1159页);正宁县名,《清实录》中最早见于乾隆十七年十二月戊子(《高宗实录》卷428,第9册,第593页)。乾隆二十六年刻本《庆阳府志》卷3建置仍作真宁县,乾隆二十八年刻本《县志》已作《正宁县志》。
③ 康熙《陕西通志》卷17《职官》。
④ 《世宗实录》卷25雍正二年十月丁酉,《清实录》,第7册,第396页。

平罗县,初为平罗所,雍正二年十月置县,治所即今宁夏回族自治区平罗县驻地城关镇。雍正四年、六年,先后析置新渠县、宝丰县。乾隆四年三月,新渠、宝丰两县被裁,辖区来属①。

灵州,初为灵州千户所,雍正二年十月改置,治所即今宁夏回族自治区灵武市城区街道。雍正八年二月,增设州同,驻花马池②,在今宁夏盐池县驻地花马池镇,管理州境东部花马池一带,是为花马池州同、花马池分州。

中卫县,初为宁夏中卫,雍正二年十月裁卫置县,治所即今宁夏回族自治区中卫市沙坡头区城区。

宁灵厅,同治十一年六月析灵州南境置③,治金积堡(今宁夏回族自治区吴忠市利通区西南金积镇)。

新渠县,雍正四年五月析平罗县南境置④,治所在今宁夏平罗县南姚伏镇东田州塔。乾隆四年三月,因地震毁坏县城被裁,地入平罗县。

宝丰县,雍正六年十一月析平罗县东境县丞地置⑤,治所在今平罗县东北宝丰镇。乾隆四年三月,因地震毁坏县城被裁,地入平罗县。

6. 西宁府

清初沿袭明制,为西宁卫,又设西宁通判管理⑥,系衔巩昌府。雍正二年十月,改西宁通判置府,治所即今青海西宁市城中区城区;裁西宁卫置西宁县,附郭;裁碾伯所置碾伯县,于北川置大通卫⑦。领2县1卫。乾隆八年十月,置摆羊戎厅。乾隆二十六年四月,改大通卫为大通县。领1厅、3县:摆羊戎厅和西宁、碾伯、大通县。乾隆二十四年,改摆羊戎厅为巴燕戎格厅。乾隆五十六年七月,置贵德厅。道光三年,兰州府属循化厅来属⑧。道光九年,置丹噶尔厅。至清末,领4厅:贵德厅、循化厅、巴燕戎格厅、丹噶尔厅;3县:西宁、碾伯、大通县。

西宁县,初为西宁卫,雍正二年十月改卫置县,附郭,治所即今青海西

---

① 《高宗实录》卷88乾隆四年三月壬子,《清实录》,第7册,第365页。
② 《世宗实录》卷91雍正八年二月乙卯,《清实录》,第8册,第223页。
③ 《穆宗实录》卷335同治十一年六月丁巳,《清实录》,第51册,第422页。按:刘锦藻《清朝续文献通考》卷320谓光绪初设。光绪《清会典》卷15未收此厅,光绪《清会典事例》卷153宁夏府领宁灵厅。
④ 《世宗实录》卷44雍正四年五月乙未,《清实录》,第7册,第645页。
⑤ 《世宗实录》卷75雍正六年十一月壬戌,《清实录》,第7册,第1116页。
⑥ 康熙《陕西通志》卷17《职官》。
⑦ 《世宗实录》卷25雍正二年十月丁酉,《清实录》,第7册,第396页。
⑧ 《酌改边防佐贰官制》(道光三年正月十八日),《那文毅公奏议》卷59《三任陕甘总督奏议》,《续修四库全书》本,第497册,第182页。

宁市城中区城区。乾隆二十六年四月，移西宁县丞分驻归德所，为分驻归德兼管屯番粮务县丞，是为归德县丞。乾隆五十六年七月以县丞辖区置贵德厅。

碾伯县，初为碾伯所，雍正二年十月裁所置县，治所即今青海海东市乐都区驻地碾伯镇。

大通县，初为青海蒙番地，雍正二年十月置大通卫，驻大通城，即今青海省门源回族自治县驻地浩门镇。乾隆九年二月移驻白塔营①，即今大通回族土族自治县西北城关镇，称原驻地为北大通。乾隆二十六年四月，裁大通卫置县②，治白塔城（今青海大通回族自治县西北城关镇）。

贵德厅，清初为归德所，属临洮府河州。乾隆三年八月改属西宁县③。乾隆二十六年四月，移驻西宁县县丞④，是为归德县丞。乾隆四十七年改名为"贵德"⑤。乾隆五十六年七月，改归德县丞管理区域置贵德厅，治曲喀沙甲（今青海贵德县驻地河阴镇）。同知由西宁办事大臣兼管⑥。番地应纳番粮及番民与汉民交涉命盗案件，由西宁府审解核转；番子与蒙古之案件，由西宁办事大臣就近缉拏⑦。同年十一月，规定刑名钱谷均归同知审办造报，由西宁府审解核转⑧。乾隆五十九年五月，遇有盗贼案件，同知等地方文武官员听办事大臣指示办理⑨。道光三年六月，添设照磨⑩。

循化厅，乾隆二十七年三月，于循化营城内设同知，属兰州府，管理番民71寨、15族，共计14 000余户，兼司水利茶务，收纳番粮等⑪，是为循化厅。治积石（今青海循化撒拉族自治县驻地积石镇）。乾隆五十六年七月，所属番民归西宁办事大臣兼辖⑫。乾隆五十九年五月，遇有盗贼案件，同知等地方文武官员听办事大臣指示办理⑬。嘉庆二十年九月，改铸甘肃兰州府循化厅抚番

---

① 《高宗实录》卷210乾隆九年二月壬子，《清实录》，第11册，第698页。
② 《高宗实录》卷635乾隆二十六年四月丁亥，《清实录》，第17册，第88页；又卷668八月辛丑，第470页。
③ 《高宗实录》卷74乾隆三年八月己丑，《清实录》，第10册，第181页。
④ 《高宗实录》卷635乾隆二十六年四月丁亥，《清实录》，第17册，第88页。
⑤ 《高宗实录》卷1160乾隆四十七年七月己酉，《清实录》，第23册，第549页。
⑥ 《高宗实录》卷1382乾隆五十六年七月丙戌，《清实录》，第26册，第549页。
⑦ 《高宗实录》卷1386乾隆五十六年九月癸未，《清实录》，第26册，第609页。
⑧ 《高宗实录》卷1391乾隆五十六年十一月辛卯，《清实录》，第26册，第689页。
⑨ 《高宗实录》卷1452乾隆五十九年五月甲午，《清实录》，第27册，第358页。
⑩ 《宣宗实录》卷53道光六三年六月乙丑，《清实录》，第33册，第961页。
⑪ 《高宗实录》卷656乾隆二十七年三月辛丑，《清实录》，第17册，第342页。
⑫ 《高宗实录》卷1382乾隆五十六年七月乙酉，《清实录》，第26册，第544页。
⑬ 《高宗实录》卷1452乾隆五十九年五月甲午，《清实录》，第27册，第358页。

同知关防①。道光三年六月,添设主簿②,改属西宁府。

丹噶尔厅,乾隆九年三月设西宁县驻丹噶尔主簿③,道光九年设抚边同知④,治丹噶尔(今青海湟源县驻地城关镇)。

巴燕戎格厅,初为摆羊戎厅,乾隆八年十月置⑤。以西宁府抚番通判管辖西宁、碾伯两县南山一带区域及各番,驻摆羊城(今青海化隆回族自治县驻地巴燕镇)。乾隆三十四年,改为巴燕戎格厅⑥。

7. 凉州府

清初沿袭明制,为凉州卫,由凉州同知管辖⑦,系衔巩昌府。又有庄浪同知一员,可能管理庄浪卫等地。雍正二年十月裁凉州同知置府,裁凉州卫置武威县,裁镇番卫置镇番县,裁永昌卫置永昌县,裁古浪所置古浪县,裁庄浪所⑧置平番县,保留经营茶务的庄浪同知⑨。领1厅5县。至清末,领1厅:庄浪厅;5县:武威、镇番、永昌、古浪、平番县。

武威县,附郭,雍正二年十月以凉州卫地置,治所即今甘肃武威市凉州区城区。

镇番县,雍正二年十月以镇番卫地置,治所即今甘肃民勤县驻地三雷镇。

永昌县,雍正二年十月以永昌卫地置,治所即今甘肃永昌县驻地城关镇。

古浪县,雍正二年十月以古浪所地置,治所即今甘肃古浪县驻地古浪镇。

平番县,雍正二年十月以庄浪所地置,治所即今甘肃永登县驻地城关镇。

庄浪厅,清初设庄浪监收仓粮同知⑩,雍正二年十月因经理茶务保留,管理少数民族聚居区域及其上贡粮食。同知与平番县同城,所辖各山少数民族聚居地区离城较远,有在西北二百余里金羌滩者⑪。乾隆十七年八月改名为

---

① 《仁宗实录》卷310嘉庆二十年九月乙未,《清实录》,第32册,第118页。
② 《宣宗实录》卷53道光六三年六月乙丑,《清实录》,第33册,第961页。
③ 《高宗实录》卷212乾隆九年三月己丑,《清实录》,第11册,第727页。
④ 光绪《清会典事例》卷27,第1册,第346页。《宣宗实录》卷166道光十年三月丙午,《清实录》,第35册,第577页。宣统《丹噶尔厅志》卷1。按:《职官录》(宣统三年冬季)作"抚番同知"。光绪《清会典》卷15无此厅。
⑤ 《高宗实录》卷202乾隆八年十月癸亥,《清实录》,第11册,第609页。
⑥ 嘉庆《清会典事例》卷24,第643册,第1026页。
⑦ 康熙《陕西通志》卷17《职官》。
⑧ 按:乾隆《甘肃通志》卷3下谓康熙二年降庄浪卫为庄浪所。《圣祖实录》卷49载康熙十三年八月甲寅免庄浪卫本年分雹实额赋十分之三,康熙《清一统志》亦作庄浪卫。存疑。
⑨ 《世宗实录》卷25雍正二年十月丁酉,《清实录》,第7册,第396页。
⑩ 按:康熙《陕西通志》卷17巩昌府有庄浪同知、凉州同知各一员,当是清初已设。乾隆三年九月辛未所置为庄浪理事通判,乾隆二十九年八月丙戌改为凉庄理事通判并移驻凉州,说明庄浪理事通判不管辖地方。以往认为乾隆三年九月置庄浪厅,当误。
⑪ 刘锦藻:《清朝续文献通考》卷320,第4册,第10604页。

庄浪茶马同知①。

8. 甘州府

清初沿袭明制,为甘州五卫,设甘州同知管理②。顺治七年,裁前、后 2 卫。十四年,裁中卫,存左、右 2 卫③。雍正二年十月,改甘州同知置府,裁甘州左、右 2 卫置张掖县,附郭;裁山丹卫置山丹县,裁高台所、镇彝所置高台县,由肃州通判厅管理肃州卫④。领 1 厅、3 县。雍正七年四月,升肃州厅为肃州直隶州,析高台县往属⑤。乾隆十六年闰五月,置抚彝厅⑥。领 1 厅:抚彝厅;2 县:张掖、山丹县。至清末未变。

张掖县,初为甘州左、右 2 卫,雍正二年十月裁卫置县,附郭,治所即今甘肃张掖市甘州区城区。因地及千里,知县县丞同处一城,稽查难遍。乾隆九年八月初,移县丞驻县东七十里东乐堡(今甘肃山丹县西东乐乡),分管县境东南十五堡⑦,是为东乐堡县丞、东乐分县。

山丹县,初为山丹卫,雍正二年十月裁卫置县,治所即今甘肃山丹县驻地清泉镇。

抚彝厅,乾隆十六年闰五月,移柳林湖通判驻张掖县抚彝堡⑧,治所在今甘肃临泽县西北蓼泉镇。领二十四堡⑨。

9. 化平川直隶厅

同治十年二月,析平凉、固原、隆德、华亭 4 州县地置⑩。治所即今宁夏回族自治区泾源县驻地香水镇。长官为抚民通判⑪,管理辖区内汉、回民众。

10. 固原直隶州

初为固原州,属平凉府。同治十三年十月升为直隶州⑫,治所即今宁夏回

---

① 《高宗实录》卷 420 乾隆十七年八月己丑,《清实录》,第 14 册,第 497 页。
② 康熙《陕西通志》卷 17《职官》。
③ 乾隆《甘肃通志》卷 3 上,第 557 册,第 97 页。
④ 《世宗实录》卷 25 雍正二年十月丁酉,《清实录》,第 7 册,第 396 页。
⑤ 《世宗实录》卷 80 雍正七年四月辛丑,《清实录》,第 8 册,第 57 页。
⑥ 《高宗实录》卷 390 乾隆十六年闰五月丁卯,《清实录》,第 14 册,第 118 页。
⑦ 《高宗实录》卷 223 乾隆九年八月甲子,《清实录》,第 11 册,第 875 页。
⑧ 《高宗实录》卷 390 乾隆十六年闰五月丁卯,《清实录》,第 14 册,第 117 页;又卷 488 乾隆二十年五月己卯,第 15 册,第 118 页。
⑨ 刘锦藻:《清朝续文献通考》卷 320,第 4 册,第 10605 页。
⑩ 《穆宗实录》卷 304 同治十年二月壬戌,《清实录》,第 51 册,第 30 页。宣统《甘肃新通志》卷 4《舆地志·沿革表》。
⑪ 按:光绪《清会典事例》卷 27 谓同治十年设化平川通判,十一年改化平川通判为直隶厅抚民通判(第 1 册,第 348 页)。
⑫ 《穆宗实录》卷 372 同治十三年十月己丑,《清实录》,第 51 册,第 926 页。

族自治区固原市原州区城区。同时置州判,驻硝河城(今宁夏西吉县南硝河乡硝河),辖马昌、扬芳、张春、田润、隆德、高园等堡,称硝河城州判、硝河分州①,管辖命盗、词讼、钱粮、赋役等事务,由固原州汇总②。又改盐茶厅为海城县,于原平远所之地置平远县。领2县:平远、海城县。

平远县,同治十三年十月析固原州下马关一带及灵州同心城、新庄子集、韦州堡等地置,驻下马关,即今宁夏回族自治区同心县驻地同心镇东北下马关镇。因下马关地近平远驿,故名③。

海城县,原为盐茶厅。康熙十六年,设平凉府盐茶同知④,驻固原州。雍正年间,管辖原西安州守御千户所、平远所、镇戎所之地⑤,并征收钱粮。因驻固原州,亦称固原厅。雍正八年二月,并入固原⑥。后复置⑦。因所管之地在固原州境西北一带,距城弯远,于乾隆十三年四月奏请移治海喇都堡⑧,即今宁夏回族自治区海原县驻地三河镇西北海城镇。乾隆十五年五月,因办理命盗重案,设禁卒八名;收支粮石,设斗级二名⑨;并调整厅与固原州之间的辖境⑩。是为盐茶厅,属平凉府。因同知官衔与职能名实不符,同治十三年十月改为县,因驻地得名。部分区域划归固原州硝河州判管辖。又在县西打拉池(在今甘肃白银市平川区东共和乡西)地方添设县丞一员,与知县划分界址,命盗、词讼、钱粮、赋役等事项,由县丞勘验征收⑪,是为海城县丞、打拉池分县。

11. 泾州直隶州

初沿明制,为平凉府泾州,领灵台县。乾隆四十二年九月,升为直隶州,治

---

① 刘锦藻:《清朝续文献通考》卷320,第4册,第10607页。
② 《奏新设固原州县疏》,载《甘肃全省新通志》卷87,《中国西北文献丛书·西北稀见方志文献》影印本,兰州古籍书店,1990年,第26卷,第452页。
③ 《奏新设固原州县疏》,载《甘肃全省新通志》卷87,《中国西北文献丛书·西北稀见方志文献》影印本,第26卷,第452页。
④ 乾隆《甘肃通志》卷8,第557册,第285页。
⑤ 按:朱亨衍《乾隆盐茶厅志》序谓雍正四年裁卫所,地归厅;乾隆《清一统志》卷202、光绪《清会典事例》卷556均谓康熙五年裁平远所入镇戎所,雍正二年裁西安所、镇戎所。
⑥ 《世宗实录》卷91雍正八年二月乙卯,《清实录》,第8册,第223页。
⑦ 按:《高宗实录》卷19乾隆元年五月庚申有固原厅之记载(《清实录》,第9册,第482页)。
⑧ 《高宗实录》卷313乾隆十三年四月癸酉,《清实录》,第13册,第127页。按:光绪《清会典事例》卷27谓乾隆十五年移扎,当为实际移驻时间。
⑨ 《高宗实录》卷365乾隆十五年五月戊辰,《清实录》,第13册,第1032页。
⑩ 《乾隆盐茶厅志》卷9,宁夏人民出版社,2007年,第83页。
⑪ 《奏新设固原州县疏》,载《甘肃全省新通志》卷87,《中国西北文献丛书·西北稀见方志文献》影印本,第26卷,第452页。

所即今甘肃泾川县驻地城关镇。领原属平凉府的崇信、镇原、灵台 3 县①。至清末未变。

崇信县,治所即今甘肃崇信县驻地锦屏镇。初属平凉府,乾隆四十二年来属。

镇原县,治所即今甘肃镇原县驻地城关镇。隶属变化同崇信县。

灵台县,治所即今甘肃灵台县驻地中台镇。初属泾州,雍正间属平凉府。

12. 阶州直隶州

初沿明制,为巩昌府阶州,领文县。雍正六年十二月升为直隶州,治所即今甘肃陇南市武都区驻地城关镇,领文县、成县②。雍正六年九月,改西固(今甘肃舟曲县驻地城关)州同为抚夷同知,管辖番地③。雍正七年裁西固城守御军民千户所,归抚夷同知管辖④。乾隆十四年六月,同知移驻洮州,改设阶州分防西固监收州同,仍分管附近番地⑤。分辖之地沿白龙江上游广二百余里,有西番七十三族⑥,是为西固州同、西固分州。

文县,治所即今甘肃文县驻地城关镇。

成县,治所即今甘肃成县驻地城关镇。初属巩昌府,雍正六年来属。

13. 秦州直隶州

初沿明制,为巩昌府秦州,领秦安、清水、礼县。雍正六年十二月升为直隶州⑦,治所即今甘肃天水市秦州区城区。领 5 县:秦安、清水、礼县、徽县、两当县。因州境东南乡与陕西省宝鸡县连界,距州治二百八十里,山深箐密,乾隆二十二年十一月,移州判驻三岔镇(甘肃天水市麦积区东三岔村),管辖三岔镇各堡钱粮,仍兼理捕务⑧,是为三岔镇州判、三岔分州。

秦安县,治所即今甘肃秦安县驻地兴国镇。

清水县,治所即今甘肃清水县驻地永清镇。

礼县,治所即今甘肃礼县驻地城关镇。

徽县,初为徽州,属巩昌府,领两当县。雍正六年十二月降为县来属,治所即今甘肃徽县驻地城关镇。

---

① 《高宗实录》卷 1040 乾隆四十二年九月甲子,《清实录》,第 21 册,第 927 页。
② 《世宗实录》卷 76 雍正六年十二月己丑,《清实录》,第 7 册,第 1128 页。
③ 《世宗实录》卷 73 雍正六年九月己未,《清实录》,第 7 册,第 1090 页。
④ 乾隆《甘肃通志》卷 3 上,第 557 册,第 84 页。
⑤ 《高宗实录》卷 343 乾隆十四年六月庚子,《清实录》,第 13 册,第 751 页。
⑥ 刘锦藻:《清朝续文献通考》卷 320,第 4 册,第 10606 页。
⑦ 《世宗实录》卷 76 雍正六年十二月己丑,《清实录》,第 7 册,第 1128 页。
⑧ 《高宗实录》卷 550 乾隆二十二年十一月辛丑,《清实录》,第 15 册,第 1026 页。

两当县,治所即今甘肃两当县驻地城关镇。初属徽州,雍正六年来属。

14. 肃州直隶州

初为肃州卫。雍正二年十月裁卫,置肃州通判,是为肃州厅,属甘州府①。雍正七年四月,裁肃州通判,置直隶州,治所即今甘肃酒泉市肃州区城区,领高台县②。雍正十三年十二月,设有州判一员,驻扎九家窑(在今甘肃酒泉市肃州区东南屯升乡),专管屯务,兼查南山一带地方事件,屯田事务由肃州道督查③。乾隆四十一年五月已裁④。又有王子庄分州。乾隆二十七年在州北一百里王子庄堡(今金塔县西北中东镇)驻州同⑤,就近经征附件田粮。同年八月又按照甘肃各州县分防佐贰之例,将附近各村庄斗殴、赌博、户婚、田土等案归州同办理⑥,是为王子庄分州。至清末,仍领一县。

高台县,雍正二年十月以高台所、镇彝所地置,治所即今甘肃高台县驻地城关镇。毛目分县,雍正十三年十二月添设县丞一员,驻扎镇夷堡(在今甘肃金塔县东北鼎新镇),专管毛目城、双树墩屯田,即毛目县丞、毛目分县⑦。同时添设主簿一员,驻三清湾(约在今甘肃高台县西北),专管三清湾、柔远堡、平川堡屯田。屯田事务归肃州道督查⑧。因三清湾屯田土质较差,收成歉薄,乾隆九年三月裁⑨。

15. 安西府——安西直隶州

初为安西府,乾隆二十四年九月裁安西、靖逆直隶厅置。治渊泉县,在今甘肃瓜州县驻地渊泉镇。同时改安西、柳沟2卫为附郭渊泉县,改沙州卫为敦煌县,改靖逆、赤金2卫为玉门县⑩。乾隆二十七年七月,移治于交通较为便捷的敦煌县⑪。乾隆三十七年四月,移治渊泉县。乾隆三十八年二月,改为安西直隶州,裁渊泉县为亲辖地⑫,领2县:玉门、敦煌县。

---

① 《世宗实录》卷25雍正二年十月丁酉,《清实录》,第7册,第396页。乾隆《清一统志》卷212,第478册,第721页。
② 《世宗实录》卷80雍正七年四月辛丑,《清实录》,第8册,第57页。
③ 《高宗实录》卷9雍正十三年十二月甲申,《清实录》,第9册,第322页。
④ 《高宗实录》卷1008乾隆四十一年五月己卯,《清实录》,第21册,第542页。
⑤ 乾隆《清一统志》卷212,第478册,第726页。
⑥ 《高宗实录》卷669乾隆二十七年八月辛亥,《清实录》,第17册,第475页。
⑦ 刘锦藻:《清朝续文献通考》卷320,第4册,第10605页。
⑧ 《高宗实录》卷9雍正十三年十二月甲申,《清实录》,第9册,第322页。
⑨ 《高宗实录》卷212乾隆九年三月己丑,《清实录》,第11册,第727页。
⑩ 《高宗实录》卷593乾隆二十四年七月丁丑,《清实录》,第16册,第606页;又卷597九月丙寅,第654页。
⑪ 《高宗实录》卷666乾隆二十七年七月癸酉,《清实录》,第17册,第451页。
⑫ 《高宗实录》卷926乾隆三十八年二月癸亥,《清实录》,第20册,第443页。

敦煌县,治所即今甘肃敦煌市驻地沙州镇。乾隆二十四年九月以沙州卫地置。

玉门县,乾隆二十四年九月以靖逆、赤金2卫地置,拟治靖逆卫(达里图,今甘肃玉门市驻地玉门镇)。因靖逆卫距渊泉县较近,地势偏于西隅,不便于管理县境东部地区,乾隆二十五年八月议准设治于赤金卫①,即今玉门市东南赤金镇。同年十月,议准驻靖逆卫城②。

渊泉县,乾隆二十四年九月以安西、柳沟2卫地置,为安西府治,治所即今甘肃瓜州县驻地渊泉镇。乾隆二十七年七月起不再附郭。因地势低洼,水质不佳,城墙易于坍塌,乾隆三十三年四月移治距旧城二里的郭壁③。乾隆三十七年四月,仍为附郭④。乾隆三十八年二月裁,为安西直隶州亲辖地。

16. 已裁府级政区

靖逆直隶厅,清初为边外地⑤。康熙五十七年二月,在达里图设立靖逆卫(治所即今甘肃玉门市驻地玉门镇),在西吉木设立赤斤卫(即赤金卫,治所在今玉门市东南赤金)。同时在靖逆卫设同知管理两厅,是为靖逆厅⑥。雍正二年三月,移同知驻布隆吉尔,移柳沟厅通判驻此⑦,又改赤金卫为所⑧,仍为靖逆厅。乾隆七年十二月,复改赤金所为卫⑨。乾隆二十四年九月,裁靖逆直隶厅,改靖逆、赤金2卫为玉门县,属安西府⑩。乾隆《甘肃通志》卷3下盲康熙五十七年置齐勤卫,属靖逆厅。治所在厅治东一百十里。雍正五年改齐勤所。

柳沟直隶厅,清初为边外地。康熙五十七年二月,在锡拉谷尔设立柳沟所(治柳沟堡,今甘肃瓜州县东南三道沟镇四道沟村),同时设通判管理,是为柳沟厅⑪。雍正二年三月,移柳沟通判驻靖逆卫,柳沟所往属于安西直隶厅⑫,

---

① 《高宗实录》卷619乾隆二十五年八月甲午,《清实录》,第16册,第963页。
② 《高宗实录》卷622乾隆二十五年十月丁丑,《清实录》,第16册,第993页。
③ 《高宗实录》卷808乾隆三十三年四月丙寅,《清实录》,第18册,第919页。
④ 《高宗实录》卷907乾隆三十七年四月壬午,《清实录》,第20册,第128页。
⑤ 《清文献通考》卷283,第2册,第7331页。
⑥ 《圣祖实录》卷277康熙五十七年二月己丑,《清实录》,第6册,第717页。《清文献通考》卷283,第2册,第7331页。
⑦ 《世宗实录》卷17雍正二年三月丙申,《清实录》,第7册,第292页。
⑧ 《清文献通考》卷283,第2册,第7331页。
⑨ 《高宗实录》卷181乾隆七年十二月甲辰,《清实录》,第7册,第337页。
⑩ 《高宗实录》卷593乾隆二十四年七月丁丑,《清实录》,第16册,第606页;又卷597九月丙寅,第654页。
⑪ 《圣祖实录》卷277康熙五十七年二月己丑,《清实录》,第6册,第717页。《清文献通考》卷283,第2册,第7331页。乾隆《甘肃通志》卷3下,第557册,第123页。
⑫ 《世宗实录》卷17雍正二年三月丙申,《清实录》,第7册,第292页。

柳沟厅被裁。

安西直隶厅，清初为边外地。雍正二年三月，在布隆吉尔设安西卫（治所在今甘肃瓜州县东布隆吉乡），在沙州设沙州所（治所在今甘肃敦煌市驻地沙州镇），移靖逆同知驻布隆吉尔，是为安西厅①。管辖安西卫、沙州所、柳沟所。雍正三年，改柳沟所、沙州所为卫。雍正五年，改柳沟所为柳沟卫，移治布隆吉尔。雍正六年，与安西卫一起移治安西新城（今瓜州县驻地渊泉镇）②。雍正十一年正月，移驻瓜州③。乾隆二十四年九月裁，改安西、柳沟2卫为渊泉县，改沙州卫为敦煌县，属安西府④。

六、土司⑤

1. 兰州府

狄道州属：

临洮卫土指挥使，顺治二年归附，十六年授职。驻桧柏新城，在今甘肃渭源县西会川镇。管番民3族230户，管土民16庄83户。

河州属：

河州卫土指挥同知，顺治二年归附，顺治十年授职，在今甘肃积石山保安族东乡族撒拉族自治县驻地吹麻滩镇。管理番民48户。

韩家集土指挥使，初为外委土司，乾隆六年授土指挥使原职，在今甘肃临夏县驻地韩集镇。管理珍珠、打剌二族579户。

撒拉尔十千户，清初为外委土官，雍正七年授职，在今青海循化撒拉族自治县驻地积石镇。管理撒拉尔上六工回番：街子、草滩坝、查加、燕只别列、查汗大寺。一称上六工撒拉土司。

撒拉尔土千户，清初为外委土官，雍正七年授职，在今青海同仁县北保安镇。管理撒拉尔下六工回番：清水、打苏古、孟达、张哈、歹厂、乃蛮。即下六工撒拉土司。

癿藏土百户，顺治二年归附，九年授职，在今甘肃积石山保安族东乡族撒拉族自治县东南癿藏镇。管理癿藏五族番民300余户。

---

① 《世宗实录》卷17雍正二年三月丙申，《清实录》，第7册，第292页。
② 乾隆《甘肃通志》卷3下，第557册，第122页。
③ 《世宗实录》卷127雍正十二年正月丁未，《清实录》，第8册，第668页。
④ 《高宗实录》卷593乾隆二十四年七月丁丑，《清实录》，第16册，第606页；又卷597九月丙寅，第654页。
⑤ 按：本节资料主要据嘉庆《清会典事例》卷465（第673册，第1857—1870页）、光绪《清会典事例》卷586（第7册，第589—592页），"不管土民"者未录入。其他资料均出注。

2. 巩昌府

岷州属：

宕昌土百户，顺治元年归附授职，在今甘肃宕昌县城南。管理番民55族933户。

麻龙里土百户，清初归附，为外委土官，康熙二十一年授土百户原职，在今甘肃岷县西北。管理番民3族51户、土民8庄229户。

攒都沟土百户，清初为外委百户，乾隆九年实授，在今甘肃岷县北中寨镇川都。管土民41庄440户。

林口堡土百户，顺治十二年授外委百户，乾隆七年实授土百户，在今甘肃岷县东南闾井。管土民11庄148户。光绪十一年，所辖四十余户归岷州管辖①。

洮州厅属：

卓泥土指挥佥事，顺治十八年归附，授外委土司，康熙十四年授拜他喇布勒哈番，康熙四十五年仍袭指挥佥事原职。在今甘肃卓尼县驻地柳林镇。管卓泥等48起番民522族。

资卜土指挥佥事，清初归附，授指挥佥事原职。在今甘肃临潭县东南资堡。管番民59族384户。

著逊土副千户，康熙二十九年授副千户原职衔，乾隆六年实授原职。在今甘肃卓尼县北卓逊。管番民12族58户。

3. 西宁府

西宁县属：

寄彦才沟土指挥使司，顺治二年归附，五年授指挥使原职。在今青海平安县西南三合镇县南寄彦才沟高墙堡。管番民8族700户。

北川土指挥使司，顺治二年归附，八年授指挥使原职。在今青海互助土族自治县西五峰镇陈家台。管土民147户。

南川土指挥使，清初归附，顺治十二年授指挥佥事原职，雍正八年因功升授指挥使。在今青海西宁市南纳家庄。管土舍20户、土民80户。

起塔镇（一作乞塔城）土指挥同知，清初归附，顺治十年授指挥同知原职。初居乞塔城（今青海湟中县东南田家寨）。后移西宁（今青海西宁市区）。管番民48族。

西川土指挥佥事，清初归附，授外委土司，康熙四十二年实授指挥佥事原

---

① 光绪《清会典事例》卷32，第1册，第414页。

职。在今青海湟中县北海子沟乡。管番民18户、土民120余户。

瓦迭沟土指挥佥事,清初归附,顺治十二年授指挥佥事原职,在今青海湟中县北。管土民50户。

碾伯县属:

上川口土指挥同知,顺治二年归附,五年授指挥同知原职,在今青海民和回族土族自治县驻地川口镇。管土舍500余户、土民2000余户。

九家巷土百户,顺治十二年授职。在今青海民和县、乐都县一带。属上川口土司,分管土民122户。

胜番沟土指挥同知,清初归附,顺治九年授指挥同知原职。在今青海乐都区北寿乐镇北引胜沟。管土民700余户。

赵家湾土指挥同知,清初归附授职。在今青海乐都县北引胜乡赵家湾。管土舍147户。

老鸦堡土指挥同知,顺治二年归附授职。在今青海乐都县东高庙镇白崖子。

米喇沟土指挥佥事,清初归附,康熙十四年授指挥佥事原职。在今青海民和回族土族自治县东南核桃庄乡东南米拉沟。管土民600余户。

三川朱家堡土指挥佥事,康熙十四年授外委土司,四十一年授指挥佥事。在今青海民和回族土族自治县南三川朱家堡。管土民62户。

美都沟土指挥佥事,顺治二年归附,康熙三十七年授指挥佥事原职。在今青海民和回族土族自治县南。管土民300户。

三川王家堡寺土百户,顺治十三年归附,授外委百户。乾隆十一年,部给号纸袭试百户。在今青海民和回族土族自治县南三川地区。管土民100余户。

大通县属:

大通川土千户,乾隆元年授职。在今青海大通回族土族自治县境。管番民6族共480户。

4. 凉州府

庄浪厅属:

武威番土司①,乾隆元年授土千户,管理黑番三族。分布在武威县境内。

古浪番土司,雍正元年归附,乾隆二年授土千户,管理番民二族。分布在古浪县境内。

---

① 庄浪厅与三土司的隶属关系,据光绪《清会典事例》卷586《兵部·土司授职一》。

平番番土司，雍正元年归附，乾隆二年授土千户，管理番民十有五族。分布在平番县境内。

平番县属：

连城土指挥使，清初归附授职。在今甘肃永登县驻地城关镇。管土民十堡、番民八族。

红山堡土指挥佥事，顺治二年归附授职。在今甘肃永登县南红城镇。管辖红山堡地方番民。

永昌县属：

西山流水沟寺土千户，乾隆元年授职。在今甘肃永昌县西境。管理五族番民。

第十八章 新疆(伊犁)
——新疆省

明朝时，绰罗斯、杜尔伯特、和硕特和辉特四卫拉特居新疆北部，别失八里、叶尔羌、吐鲁番诸国，回部派噶木巴尔诸族居其南部。清顺治至乾隆年间，诸部或内属，或被清兵平定。乾隆二十七年(1762)置伊犁将军，在新疆实行军府制。光绪十年(1884)，新疆建省。

第一节 新疆(伊犁)

顺治四年，哈密内属，吐鲁番亦入贡。康熙间，准噶尔入侵喀尔喀蒙古，清朝派兵征讨，噶尔丹走死，其兄子策妄阿拉布坦遁伊犁，后达瓦齐夺其位。乾隆十九年，杜尔伯特、和硕特、辉特归服。二十年，执达瓦齐，准噶尔平。二十二年，阿睦尔撒纳叛，清军征之。二十三年，收库车、阿克苏、乌什诸城；二十四年，收和阗、喀什噶尔、叶尔羌诸城，回部平。三十六年，游牧于伏尔加河下游地区的土尔扈特部在其汗渥巴锡的率领下来归，清廷给以牧地，居其部众于伊犁、乌鲁木齐、喀喇沙尔、塔尔巴哈台诸地，至此元裔四卫拉特之众，尽入清之版图。

乾隆二十四年，于哈密、喀喇沙尔、库车、和阗置5办事大臣，于喀什噶尔置参赞大臣；二十六年，于辟展置办事大臣。二十七年，于惠远城置伊犁将军，于库尔喀喇乌苏置办事大臣，新疆天山南北两路统归伊犁将军管辖。三十年，于塔尔巴哈台置参赞大臣；三十一年，于乌什置参赞大臣，并改喀什噶尔参赞大臣为办事大臣；三十六年十一月，于巩宁城置乌鲁木齐参赞大臣，于巴里坤置领队大臣；三十八年五月，改乌鲁木齐参赞大臣为乌鲁木齐都统；三十九年，巴里坤领队大臣分驻古城，置古城领队大臣；四十三年十一月，于阿克苏置领队大臣；四十六年，裁辟展办事大臣，设吐鲁番领队大臣；五十二年，复改喀什噶尔办事大臣为参赞大臣；五十三年，改乌什参赞大臣为办事大臣。嘉庆二年(1797)，改阿克苏领队大臣为阿克苏办事大臣。道光十一年(1831)，改喀什噶尔参赞大臣为喀什噶尔领队大臣；改叶尔羌办事大臣为叶尔羌参赞大臣。咸

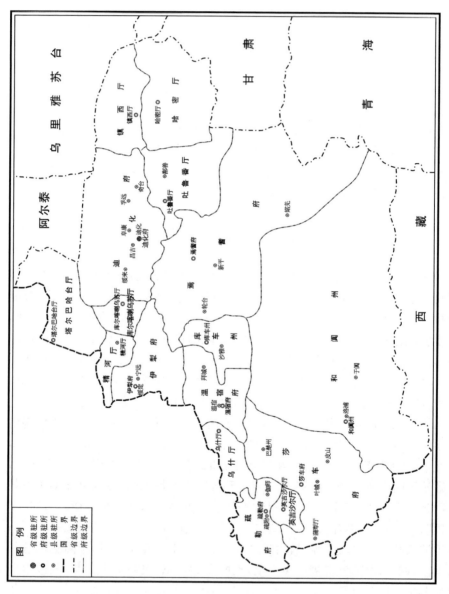

图 18 清末新疆省政区图

丰八年(1858)七月,改喀什噶尔领队大臣为喀什噶尔办事大臣。

伊犁将军辖区一称"西域新疆"、"新疆"、"伊犁",东至喀尔喀、翰海及甘肃界,西至右哈萨克及葱岭界,南至西藏界,北至俄罗斯及左右哈萨克界,东南至甘肃省界,西南至葱岭拔达克山、痕都斯坦诸属界,东北至俄罗斯界,西北至右哈萨克界①。伊犁将军总管全疆,管辖北路伊犁、塔城参赞大臣,节制南路喀什噶尔参赞大臣(后改叶尔羌参赞大臣)、东路乌鲁木齐都统。南路喀什噶尔(后改叶尔羌)参赞大臣节制英吉沙尔、叶尔羌、和阗、乌什、阿克苏、库车、喀喇沙尔等处。东路乌鲁木齐都统节制库尔喀喇乌苏、古城、巴里坤、吐鲁番、哈密等处②,并管辖镇迪及所属府厅州县③。

同治三年(1864),按《中俄勘分西北界约记》,俄国割去巴勒喀什湖以东、以南包括斋桑泊、特穆尔图淖尔等约44万平方公里土地④。

光绪八年七月,裁喀喇沙尔办事大臣,置喀喇沙尔直隶厅;裁库车办事大臣,置库车直隶厅;裁阿克苏办事大臣,置温宿直隶州;裁乌什办事大臣,置乌什直隶厅;裁喀什噶尔办事大臣,置疏勒直隶州;裁叶尔羌参赞大臣,置莎车直隶州,裁和阗办事大臣,置和阗直隶州。十年,置新疆省,以上各厅州皆隶之。十年,裁哈密办事大臣、吐鲁番与古城领队大臣;十二年,裁乌鲁木齐都统,是年十一月裁库尔喀喇乌苏办事大臣,置库尔喀喇乌苏直隶厅,隶新疆省;十三年,裁巴里坤领队大臣;十四年七月,裁塔尔巴哈台参赞大臣。至此,伊犁将军仅理北疆防务事宜,不理民政。

一、伊犁

明末时,伊犁为卫拉特地,清初为准噶尔所据,乾隆二十年,清军讨之,诸部皆降,五月,清军进抵伊犁,其酋达瓦齐率众西遁,回人霍集斯伯克擒之以献,伊犁平。八月,阿睦尔撒纳叛,将军策楞进兵至塔勒奇岭,阿睦尔撒纳奔哈萨克。二十二年,哈萨克降,阿睦尔撒纳奔俄罗斯,伊犁复定。

乾隆二十七年置伊犁将军,驻惠远城,即今新疆维吾尔自治区霍城县东南惠远乡。统辖天山南北各新疆地方驻防官兵调遣事务。其下设参赞大臣一员(初为二员,乾隆二十九年裁一员),二十九年设理事同知一员,四十五年改为抚民同知,并增设理事同知一员。领队大臣五员(初无定员),乾隆二十九年,

---

① 嘉庆《清一统志》卷516《新疆统部》,第12册,第205页。
② 参见管守新:《清代新疆军府制度研究》,新疆大学出版社,2002年。
③ 嘉庆《三州辑略》卷2,嘉庆抄本。
④ 参见《同治条约》卷7。

分统锡伯、索伦、察哈尔、厄鲁特四营各一员,俱驻惠远城,三十四年,增设惠宁城一员。总理维吾尔事务一等台吉三品阿奇木伯克一员,统理所属地方诸务。

其地东至额通古里岭,接喀喇沙尔界,西至塔拉斯河,接藩属右哈萨克界,南至沙图阿璊军台,接阿克苏界,北至巴勒喀什池,接左哈萨克界,东南逾天山,接库车界,东北至呼苏图布拉克军台,接库尔喀喇乌苏界,西南至英噶尔,接东布鲁特界,西北至吹河,接右哈萨克界。同治三年九月,俄国通过《中俄勘分西北界约记》割去伊犁所属今巴尔喀什湖以南、国界以西部分。

惠远城,乾隆二十九年建,将军、参赞大臣、各营领队大臣驻之。总兵先驻绥定城,后移此。在今新疆维吾尔自治区霍城县东。同治十年(1871),沙俄侵占伊犁后被拆毁,光绪八年(1882)收回伊犁后,于旧城北十五里筑城驻之。

熙春城,乾隆四十五年建,屯镇都司驻之。在今新疆维吾尔自治区伊宁市汉宾乡。

宁远城,乾隆二十七年建,改固勒扎为宁远,在今新疆维吾尔自治区伊宁市。阿奇木伯克、伊什罕伯克驻之:总理维吾尔事务一等台吉三品阿奇木伯克一员,其下四品伊沙噶伯克、六品哈子伯克、六品都管伯克、六品巴济吉尔伯克(嘉庆九年设)、七品巴济吉尔伯克(嘉庆九年设)、七品什和勒伯克、七品帕察沙布伯克、七品明伯克、管理挖铁七品玉资伯克各一员,五品噶匜纳齐伯克、五品商伯克各二员,六品密喇布伯克七员,七品玉资伯克六十员。

绥定城,乾隆二十七年建,改乌哈尔里克为绥定。总兵驻之,后移驻惠远城。在今新疆维吾尔自治区霍城县。

塔勒奇城,乾隆二十六年建,屯镇守备驻之。在今新疆维吾尔自治区霍城县西北。

瞻德城,乾隆四十五年建,改察罕乌苏为瞻德,都司、守备驻之。在今新疆维吾尔自治区霍城县清水河镇。

广仁城,乾隆四十五年建,改乌克尔博罗素克为广仁,屯镇左营游击驻之。在今新疆维吾尔自治区霍城县芦草沟。

拱宸城,乾隆四十五年建,改霍尔果斯为拱宸,参将驻之。在今新疆维吾尔自治区霍城县西北霍城镇。

惠宁城,乾隆三十四年建,改巴颜岱为惠宁,领队大臣驻之。在今新疆维吾尔自治区伊宁市巴彦岱镇。

二、库尔喀喇乌苏

库尔喀喇乌苏地,明属卫拉特,清初为布尔古特台吉尼玛游牧处。尼玛内附，授职从征，后叛附阿睦尔撒纳。乾隆二十二年，将军成衮、扎布等擒诛之。其西为晶河，旧为布尔古特台吉浑齐游牧处，浑齐从贼，乾隆二十三年，将军兆惠擒之，其地并入版图。

乾隆二十七年置库尔喀喇乌苏办事大臣，三十七年改设领队大臣，驻庆绥城，即今之新疆维吾尔自治区乌苏县。管辖土尔扈特游牧及库尔喀喇乌苏、晶河二处屯田事务，受乌鲁木齐都统节制①。

其地东至奎屯，接乌鲁木齐，西至托和木图，接伊犁东路呼苏图布拉克台界，北至鄂伦布拉克，接塔尔巴哈台乌尔恰图布拉克台界，南至天山，接伊犁东南境界。光绪十二年（1886）十一月置库尔喀喇乌苏直隶厅。

庆绥城，乾隆二十八年建遂成堡，领队大臣驻之。乾隆四十七年十月建城，在今新疆维吾尔自治区乌苏县。

晶河，晶河管理粮饷官、晶河管理绿营都司驻之。在今新疆维吾尔自治区精河县。

附牧：3 旗

旧土尔扈特东路 2 旗：旧土尔扈特右旗，旧土尔扈特左旗。

乾隆二十年，准部平，土尔扈特部之纳札尔玛穆特归附，赐牧地编佐领，设 2 旗：右旗、左旗，统属伊犁将军节制。其牧地跨济尔噶朗河，东至奎屯河，与绥来县接界，南至南山界，西与库尔喀喇乌苏屯田接界，北与塔尔巴哈台所辖额鲁特旗接界。会盟：该 2 旗为一盟，即东路乌讷恩素珠克图盟。

旧土尔扈特西路 1 旗：旧土尔扈特西路旗。

乾隆二十年，准部平，土尔扈特部之罗卜藏诺颜归附，赐牧地编佐领，设 1 旗：旧土尔扈特西路旗。隶属伊犁将军节制。其牧地东至精河屯田，南至哈什山阴，与伊犁围场接界，西与伊犁所属察哈尔旗接界，北至盐海。会盟：该 1 旗为盟，即西路乌讷恩素珠克图盟。

三、塔尔巴哈台

塔尔巴哈台地，明时属卫拉特，清初为准噶尔伊克明阿特部游牧之地，乾隆二十年，巴雅尔降，后附阿睦尔撒纳，二十二年五月，塔尔巴哈台悉入清朝版图。

乾隆二十九年，置塔尔巴哈台参赞大臣，驻肇丰城，三十一年移驻绥靖城，

---

① 嘉庆《清一统志》卷 516《新疆统部》，第 12 册，第 211 页。

即今新疆维吾尔自治区塔城市。隶伊犁将军。下设协办领队大臣一员，专管东路卡伦；专理游牧领队大臣一员，兼管东路卡伦，俱乾隆三十年设。光绪十四年七月置塔尔巴哈台直隶厅，改参赞大臣为左翼副都统。

其地东至额尔齐斯，接喀尔喀界，西至齐尔，接左哈萨克界，南逾沙碛，接甘肃迪化州界，北接俄罗斯。同治三年，中俄签订《中俄勘分西北界约记》，若木乃、察罕鄂博、额尔格图一线以西部分划归俄国。

绥靖城，乾隆三十一年建，参赞大臣、领队大臣驻之。在今新疆维吾尔自治区塔城市。

肇丰城，乾隆二十九年建。在今哈萨克斯坦乌尔扎尔。因该地环境恶劣，军士不堪其苦，乾隆三十一年移至绥靖城。

附牧：3 旗

旧土尔扈特北路 3 旗：旧土尔扈特北路旗，旧土尔扈特右旗，旧土尔扈特左旗。

乾隆二十年，准噶尔部平，三十六年，土尔扈特部衮札布归附，以其地赐之，是为北路旧土尔扈特部，设3旗：北路旗、右旗、左旗。隶塔尔巴哈台大臣管辖，伊犁将军节制。其牧地东至噶札尔巴什诺尔，与科布多所属阿尔泰乌梁海接界，南至戈壁，西至察汉鄂博，与塔尔巴哈台所属额鲁特旗接界，北至额尔齐斯河，与阿尔泰乌梁海接界。会盟：该3旗为一盟，即北路乌讷恩素珠克图盟。

四、乌鲁木齐

乌鲁木齐地，明后期属卫拉特，清初为准噶尔库木诺雅特游牧处，乾隆二十年，准噶尔平，其地内属。三十六年，设参赞大臣、领队大臣，并于迪化城西八里建巩宁城。乾隆三十八年，改参赞大臣为都统①，驻巩宁城，在今新疆维吾尔自治区乌鲁木齐市，受伊犁将军节制。

其地东至哈密所属之羊图沟塘，西至伊犁所属之瑚素图布拉克台，南至喀喇沙尔所属之苏巴什台，北至塔尔巴哈台所属之乌尔图布拉克台，东北至科布多所属之鄂伦布拉克台。

巩宁城，乾隆三十七年建城，参赞大臣驻之，乾隆三十八后都统、领队大臣驻之。在今新疆维吾尔自治区乌鲁木齐市。

迪化城，乾隆二十八年建城，绿营提督、守营都司驻之。在今新疆维吾尔

---

① 嘉庆《三州辑略》卷2。

自治区乌鲁木齐市。

喀喇巴尔噶逊（嘉德城），喀喇巴尔噶逊管理粮饷官（乾隆五十六年添设）、守备驻之。在今新疆维吾尔自治区乌鲁木齐市达坂城镇

济木萨（恺安城），乾隆三十七年建城，济木萨营参将、守备、千总驻之。在今新疆维吾尔自治区吉木萨尔县。

玛纳斯，乾隆四十二年建城，玛纳斯营副将、都司、守备、千总驻之。在今新疆维吾尔自治区玛纳斯县。

昌吉（宁边城），屯田左营游击、守备、千总驻之。在今新疆维吾尔自治区吉昌市。

呼图壁（景化城），屯田右营都司、守备、千总驻之。在今新疆维吾尔自治区呼图壁县。

阜康，乾隆二十八年建城，阜康防汛千总驻之。在今新疆维吾尔自治区阜康市。

五、古城

乾隆三十九年，设古城领队大臣，统辖于伊犁将军，受乌鲁木齐参赞大臣（都统）兼辖。四十年，建城曰孚远。

其地东至奇台县，西至济木萨，南至松山，北界沙山，西北通科布多，东通羊图湾产铅之地。

古城（孚远城），领队大臣驻之。在今新疆维吾尔自治区奇台县。

六、巴里坤

巴里坤地，明后期属卫拉特，康熙五十四年内属。雍正九年，筑巴尔库勒城。乾隆二十七年设巴里坤绿营，三十六年设领队大臣，三十七年建会宁城。

乾隆三十九年后，其地东至哈密所属之羊图沟塘，西至乌鲁木齐所属之济木萨塘，南界哈密，北界喀尔喀。

会宁城，领队大臣驻之，管理驻防八旗官兵差操一切事宜，隶伊犁将军，受乌鲁木齐都统节制。在今新疆维吾尔自治区巴里坤哈萨克自治县。

木垒城，绿营守备、把总驻之。在今新疆维吾尔自治区木垒哈萨克自治县。

七、哈密

哈密之地，明时为哈密卫，康熙三十六年，其地内属，授为扎萨克一等达尔

汉，以旗编其所属，视同蒙古。乾隆二十四年，置哈密办事大臣。驻哈密，在今新疆维吾尔自治区哈密市。

其地东至塔勒纳沁，接喀尔喀界，西至瞭墩台西之胡桐窝，接吐鲁番界，南至沙碛，北至天山，接甘肃镇西府界，东南至羊池泉、星星峡，接甘肃安西州界。

哈密，办事大臣、协办大臣驻之。办事大臣掌管该处一切事务，协办大臣协理该处事务。在今新疆维吾尔自治区哈密市。

塔勒纳沁，都司一员驻之，属乌鲁木齐都统管辖。在今新疆维吾尔自治区哈密市沁城乡。

八、吐鲁番

吐鲁番地，明初为火州，后称吐鲁番，顺治三年入贡，雍正间两次内徙，安置于瓜州，建城辟展。乾隆二十六年，置辟展办事大臣，驻辟展。四十四年四月，裁辟展办事大臣，置吐鲁番领队大臣，在今新疆维吾尔自治区吐鲁番市。光绪十年，裁领队大臣。

其地东至塔呼，接哈密界，西至伊拉里克，接喀喇沙尔界，南望罗布淖尔，北倚博克达山。

吐鲁番（广安城），乾隆四十五年建城，领队大臣驻之，"管理满营及屯田回务，受乌鲁木齐都统节制"①；六品伯克一员。在今新疆维吾尔自治区吐鲁番市东南。

辟展，乾隆二十四年建城，辟展办事大臣驻之，乾隆四十四年四月裁办事大臣。在今新疆维吾尔自治区鄯善县。

鲁克沁，回城，在今新疆维吾尔自治区鄯善县鲁克沁镇。

色更木，回城，在今新疆维吾尔自治区吐鲁番市胜金乡。

哈喇和卓，回城，五品伯克一员、六品伯克二员驻之。在今新疆维吾尔自治区吐鲁番市东南二堡乡一带。

托克逊，回城，在今新疆维吾尔自治区托克逊县。

九、喀喇沙尔

喀喇沙尔地，明时为别失八里部，自天山北南徙，据其地，更号伊勒巴拉。乾隆二十四年，纳入清朝版图，置喀喇沙尔办事大臣，驻喀喇沙尔，在今新疆维吾尔自治区焉耆回族自治县。光绪八年（1882）七月，置喀喇沙尔直隶厅。

---

① 嘉庆《清一统志》卷516，第12册，第213页。

其地东至乌沙克塔勒出苏巴什塔克口,接吐鲁番界,西至第纳尔河,接库车界,南逾沙山,至罗布淖尔沙碛界,北至天山,逾山接迪化州伊犁东路界。

喀喇沙尔,办事大臣驻之,掌本处军政事务。在今新疆维吾尔自治区焉耆回族自治县。

库陇勒,三品阿奇木伯克驻之,统理维吾尔族各项事务,在今新疆维吾尔自治区库尔勒市。其下四品伊沙噶伯克、五品商伯克、六品哈孜伯克、七品密喇布伯克、七品挖铜伯克各一员,七品玉资伯克四员。

玉古尔,三品阿奇木伯克驻之,统理维吾尔族各项事务。在今新疆维吾尔自治区轮台县。其下四品伊沙噶伯克、五品商伯克、六品哈孜伯克、七品纳布伯克、七品密喇布伯克、七品明伯克、七品挖铜伯克各一员,七品玉资伯克2员。

附牧:7旗

旧土尔扈特南路4旗:旧土尔扈特南路汗旗,旧土尔扈特南路中旗,旧土尔扈特南路右旗,旧土尔扈特南路左旗。

乾隆二十三年,回疆平,三十六年,元臣翁罕裔渥巴锡率部内附,遂以喀喇沙尔城北之地赐之,是为南路旧土尔扈特,编旗置佐领,设4旗。隶伊犁将军。其牧地东逾天山,至博尔图岭,南至扣克纳克岭,西至天山,北至喀伦。会盟:该4旗为一盟,即南路乌讷因素珠克图盟。

和硕特中路3旗:和硕特中路中旗,和硕特中路右旗,和硕特中路左旗。

乾隆三十六年,随土尔扈特汗渥巴锡来归,与南路土尔扈特部同游牧,编旗置佐领,设3旗。隶伊犁将军辖。其牧地东至乌沙克塔尔,南至开都河,西至小珠勒都斯,北至察汗都格山。会盟:该3旗为一盟,即中路巴图塞特奇勒图盟。

十、库车

库车地,明时为亦力巴里,乾隆二十三年,旧伯克阿集等以城降,二十四年,置库车办事大臣,驻库车,在今新疆维吾尔自治区库车县。光绪八年七月,置库车直隶厅。

其地东至第纳尔河,接喀喇沙尔界,西至乌恰特河,接赛喇木界,南至乌恰特河,接沙雅尔界,北至额什克巴什山,接伊犁界。

库车,办事大臣驻之,掌本处军政事务,兼管沙雅尔诸务,并设绿营都司、守备、千总、把总。在今新疆维吾尔自治区库车县。以三品阿奇木伯克总理维吾尔族事务,其下四品伊沙噶伯克、五品噶匝尔齐伯克、五品商伯克、六品哈子伯克、七品讷克布伯克、七品阿尔巴布伯克、七品管铜伯克、七品帕察沙布伯克、七品茂特色布伯克各一员，七品密喇布伯克二员，七品明伯克、七品都官伯克各三员。

沙雅尔城，分理沙雅尔城三品阿奇木伯克驻之。在今新疆维吾尔自治区沙雅县。其下四品伊沙噶伯克、五品噶匝纳齐伯克、五品商伯克、六品哈子伯克、七品密喇布伯克、七品管铜伯克各一员，七品明伯克、七品都官伯克各二员。

十一、阿克苏

阿克苏，明时为别失八里地，乾隆二十三年，其回众以城内附，改名阿克苏。乾隆四十三年十一月，领队大臣驻之。在今新疆维吾尔自治区阿克苏县。嘉庆二年(1797)改置办事大臣。光绪八年七月，置温宿直隶州。

其地东至赫色勒台，接库车界，西至察哈喇克台，接乌什界，南至喀什噶尔达里雅，北至噶克察哈尔海台，接伊犁界。同治三年，按《中俄勘分西北界约记》，汗腾格里山以西部分划归俄国。

阿克苏，乾隆四十四年至嘉庆元年领队大臣驻之。嘉庆二年始，办事大臣驻之。另有绿营游击一员、千总二员、把总二员、经制外委二员。在今新疆维吾尔自治区阿克苏市。总理维吾尔族事务三品阿奇木伯克一员，其下四品伊沙噶伯克、五品噶匝纳齐伯克、五品商伯克、六品哈子伯克、六品巴济吉尔伯克、六品多兰伯克、六品管台伯克、六品管理木花园尔达巴罕伯克、七品讷克布伯克、七品阿尔巴布伯克、七品帕察沙布伯克、七品茂特色布伯克、七品和勒伯克、七品克图瓦尔伯克各一员，七品密喇布伯克六员、七品明伯克十六员、七品都官伯克、七品采铜伯克各三员。

赛喇木城，分理赛喇木城三品阿奇木伯克驻之，总理赛喇木城维吾尔族各项事务。在今新疆维吾尔自治区拜城县赛里木乡。其下四品伊沙噶伯克、五品噶匝纳齐伯克、六品哈子伯克、七品密喇布伯克、七品明伯克各一员。

拜城，分理拜城四品阿奇木伯克驻之，总理拜城维吾尔族各项事务。在今新疆维吾尔自治区拜城县。其下五品伊沙噶伯克、六品噶匝纳齐伯克、七品密喇布伯克、七品哈子伯、七品明伯克各一员。

柯尔坪，分理柯尔坪六品阿奇木伯克驻之。在今新疆维吾尔自治区柯坪县。其下七品哈子伯克一员。

十二、乌什

明后期，其地属准噶尔，名图尔璊，乾隆二十三年，其城阿奇木伯克漠咱帕尔等以城内附。三十年，伯克赖黑木图拉等叛，伊犁将军讨平之。移喀什噶尔参赞大臣、协办大臣各一员驻乌什，置乌什参赞大臣、协办大臣，五十二年，移参赞大臣、协办大臣驻喀什噶尔，改置乌什办事大臣①。光绪八年七月，置乌什直隶厅。

其地东至阿察塔克台，接阿克苏界，西至色帕尔拜，接喀什噶尔界，南至库珠克岭，逾山通叶尔羌、和阗北路界，北至天山，逾山接伊犁西路界。同治三年，按《中俄勘分西北界约记》，海奇山、乌成库什岭、乌鲁岭一线以西部分划归俄国。

乌什（永宁城），乾隆三十年至五十一年，参赞大臣、协办大臣驻之。乾隆五十二年始，办事大臣驻之。在今新疆维吾尔自治区乌什县。总理维吾尔事务五品阿奇木伯克一员，其下六品哈子伯克一员，七品巴济吉尔伯克二员，七品密喇布伯克、七品明伯克各二员。

十三、喀什噶尔

清初，喀什噶尔为大和卓木布拉尼敦所居，乾隆二十四年，阿浑以喀什噶尔降，始入清版图。同年置参赞大臣、领队大臣和协办大臣。二十七年，于沽巴海筑徕宁城，在今新疆维吾尔自治区喀什市。三十年，移参赞大臣、协办大臣驻乌什，改置喀什喀尔办事大臣。五十二年，复改置参赞大臣、协办大臣②。道光十一年（1831）改置领队大臣。咸丰八年（1858）七月，改置办事大臣。光绪八年七月，置疏勒直隶州。

其地东北至巴尔通乌什界，西北俱接葱岭，通藩属布鲁特安集延界，东南至英吉沙尔属之赫色勒塔克，接叶尔羌界。同治三年，按《中俄勘分西北界约记》，苏约克、赫色勒牙克山一线以西部分划归俄国。

喀什噶尔，参赞大臣、协办大臣驻之，在今新疆维吾尔自治区喀什市。总理维吾尔族事务之三品阿奇木伯克一员，其下四品伊沙噶伯克、四品噶匝纳齐伯克、五品哈子伯克、五品讷克布伯克、五品茂特色布伯克、五品克图瓦尔伯克、六品巴济吉尔伯克、六品阿尔布伯克、六品明伯克、六品都官伯克、六品帕察沙布伯克、六品什和勒伯克、六品巴克玛塔尔伯克各一员，四品商伯克、七品明伯克各二员。

牌租阿巴特，分理牌租阿巴特四品阿奇木伯克驻之，在今新疆维吾尔自治

---

① 嘉庆《清一统志》卷516，第12册，第215页。
② 同上书，第216页。

区伽师县。其下七品明伯克一员。

塔什巴里克,分理塔什巴里克五品阿奇木伯克驻之,在今新疆维吾尔自治区疏附县塔什米里克乡。其下七品明伯克一员。

阿斯腾阿喇图什,分理阿斯腾阿喇图什五品阿奇木伯克驻之,在今新疆维吾尔自治区阿图什市。其下六品哈子伯克一员,七品明伯克五员。

玉斯屯阿喇图什,分理玉斯屯阿喇图什六品阿奇木伯克驻之,在今新疆维吾尔自治区阿图什市松他克乡。其下六品哈子伯克一员,七品明伯克一员。

伯什克勒木,分理伯什克勒木五品阿奇木伯克驻之,在今新疆维吾尔自治区疏附县阿瓦提乡东南。其下六品哈子伯克、六品密喇布伯克、六品明伯克一员。

提斯衮,分理提斯衮五品密喇布伯克驻之,在今新疆维吾尔自治区阿克陶县北。其下七品明伯克一员。

阿尔瑚,分理阿尔瑚六品阿奇木伯克驻之,在今新疆维吾尔自治区阿图什市阿湖乡。其下六品哈子伯克一员。

乌帕尔,分理乌帕尔六品阿奇木伯克驻之,在今新疆维吾尔自治区疏附县乌帕尔乡。七品明伯克一员。

汗阿里克,五品阿奇木伯克一员(道光时增设),分理汗阿里克六品密喇布伯克一员。在今新疆维吾尔自治区疏勒县罕南力克镇。其下六品哈子伯克、七品明伯克各一员。

霍尔干,分理霍尔干六品密喇布伯克驻之,在今新疆维吾尔自治区喀什市区①。其下六品明伯克一员。

赫色勒布依,分理赫色勒布依六品密喇布伯克驻之,在今新疆维吾尔自治区岳普湖县阿其克乡东南。其下七品明伯克二员。

塞尔们,分理塞尔们六品密喇布伯克驻之,其下七品明伯克一员。在今新疆维吾尔自治区喀什市区②。

托古萨克,分理托古萨克六品密喇布伯克驻之,今新疆维吾尔自治区疏附县。其下七品明伯克一员。

木什素鲁克,分理木什素鲁克七品密喇布伯克驻之,其下七品明伯克一员。在今新疆维吾尔自治区疏附县木什乡③。

岳普尔和,分理岳普尔和七品明伯克驻之,在今新疆维吾尔自治区岳普

---

① 《新疆图志》卷4《建置四》:(喀什噶尔)城东北门外,辖小村庄二十三。
② 《新疆图志》卷4《建置四》:赛尔璊,(喀什噶尔)城西南门外,辖小村庄十。
③ 《新疆图志》卷4《建置四》:(喀什噶尔)城西九十里,辖小村庄二。

湖县。

阿尔瓦特，分理阿尔瓦特六品密喇布伯克驻之，其下七品明伯一员。在今新疆维吾尔自治区疏附县英吾斯塘乡东北红旗水库一带①。

英吉沙尔，英吉沙尔领队大臣驻之，兼管卡伦，受喀什噶尔参赞大臣节制，乾隆三十一年由总兵官改设。在今新疆维吾尔自治区英吉沙县。总理维吾尔事务之四品阿奇木伯克一员，其下六品哈子伯克、六品密喇布伯克、七品管台伯克各一员，七品明伯克四员。

赛里克，分理赛里克七品密喇布伯克驻之。今址不详。

十四、叶尔羌

此地明时为叶尔羌国，康熙三十五年，准噶尔破，其王来朝，乾隆二十年，始内属。二十四年，霍集占平，旧伯克回民以城降，置叶尔羌办事大臣、协办大臣。道光十一年，改置参赞大臣，光绪八年七月，置莎车直隶州。

其地东至都齐特台，接阿克苏界，西至喀尔楚入葱岭，通藩属拔达克山界，东南至旱洼勒台，接和阗界，西至赫色勒塔克，接英吉沙尔界。

叶尔羌，办事大臣驻之，其下协办大臣兼理领队事务。乾隆二十六年，设领队大臣二员，后裁。在今新疆维吾尔自治区莎车县。总理维吾尔族事务三品阿奇木伯克一员，其下四品伊沙噶伯克、四品噶匝纳齐伯克、五品讷克布伯克、五品密喇布伯克、五品帕察沙布伯克、五品克图瓦尔伯克、五品柯勒克雅喇克伯克、五品斯帕哈资伯克、五品拉雅哈资伯克、五品喀喇都管伯克、六品阿尔巴布伯克、六品明伯克、六品都官伯克、六品帕察沙布伯克、六品茂特色布伯克、六品什和勒伯克、六品巴克玛塔尔伯克、六品匝梯墨克塔布伯克、六品色依得尔伯克、六品哲博伯克、六品喀尔管伯克各一员，四品商伯克二员。

托果斯铅，分理托果斯铅五品阿奇木伯克一员，六品哈子伯克一员，六品哲博伯克一员（道光时增设）。今址不详。

齐盘，分理齐盘五品阿奇木伯克一员。在今新疆维吾尔自治区叶城县西南棋盘乡。其下六品密喇布伯克一员，六品明伯克一员，六品阿尔巴布伯克一员（道光时增设），六品帕察沙布伯克一员（道光时增设）。

哈尔哈里克，分理哈尔哈里克五品阿奇木伯克一员，六品哈子伯克一员，八品密喇布伯克一员，六品明伯克一员。在今新疆维吾尔自治区叶城县。

和什喇普，分理和什喇普五品阿奇木伯克一员。在今新疆维吾尔自治区

---

① 《新疆图志》卷4《建置四》：（喀什噶尔）城东六十五里，辖小村十三。

莎车县霍什拉甫乡。

牌斯铅，分理牌斯铅五品密喇布伯克一员。在今新疆维吾尔自治区皮山县东北约 28 公里处的沙漠中①。

桑珠，分理桑珠五品阿奇木伯克一员。在今新疆维吾尔自治区皮山县桑株乡。

玉喇阿里克，分理玉喇阿里克六品伯克一员。在今新疆维吾尔自治区叶城县乌夏克巴什镇西。

色勒库尔，分理色勒库尔五品阿奇木伯克一员。在今新疆维吾尔自治区塔什库尔干塔吉克自治县。其下六品伊沙噶伯克一员，六品商伯克一员，六品哈子伯克一员，七品阿尔巴布伯克一员，七品什和勒伯克一员，七品巴匝尔伯克一员，七品塔噶喇木伯克一员。

巴尔楚克，分理巴尔楚克六品阿奇木伯克一员。在今新疆维吾尔自治区巴楚县东南。其下七品明伯克一员。

塔噶喇木，分理塔噶喇木七品阿奇木伯克一员。今址不详。

塔尔塔克，分理塔尔塔克六品阿奇木伯克一员。今址不详。

坡斯坎木，分理坡斯坎木五品纳克布伯克一员（道光时增设），六品哈子伯克一员。在今新疆维吾尔自治区泽普县。

喇普齐，分理喇普齐六品密喇布伯克一员。今址不详。

鄂通楚鲁克，分理鄂通楚鲁克六品密喇布伯克一员。今址不详。

鄂普尔，分理鄂普尔六品明伯克一员，六品鄂尔沁伯克一员，六品什和勒伯克一员（道光时增设），六品喀喇都管伯克一员（道光时增设），六品都管伯克一员。今址不详。

察特西林，分理察特西林七品明伯克一员。在今新疆维吾尔自治区巴楚县恰尔巴格乡东北②。

舒克舒，道光时增设，分理舒克舒五品阿奇木伯克一员，六品密喇布伯克一员，六品明伯克一员。今址不详。

伊垦苏阿拉斯，道光时增设，分理伊垦苏阿拉斯五品斯帕哈子伯克一员。今址不详。

密沙尔，道光时增设，分理密沙尔喀喇都管伯克一员。今址不详。

---

① 《清朝文献通考》卷 285《舆地十七》："丕什南：在楚鲁克东北七十里。固璃：在丕什东北三十里。"（第 2 册，考 7354）

② 《清朝文献通考》卷 285《舆地十七》："察特西凌：在叶尔羌城东北六百里。""巴尔楚克：在察特西凌西南一百里。"（第 2 册，考 7354）

塔哈尔齐,道光时增设,分理塔哈尔齐六品茂特色布伯克一员。今址不详。

奎里铁里木,分理奎里铁里木六品巴克玛塔尔伯克一员。今址不详。

卡木拉,分理卡木拉六品匝布梯玛克塔普伯克一员。今址不详。

塔哈尔莫里克,分理塔哈尔莫里克六品色依得尔伯克一员。今址不详。

十五、和阗

明后期,和阗属回部,康熙中入准噶尔。乾隆二十年,准噶尔平,始内属。二十四年,置办事大臣、协办大臣。驻额里齐城,在今新疆维吾尔自治区和田市。受叶尔羌大臣节制。光绪八年,置和阗直隶州。

其地东至克勒底雅河,入沙碛,又东至阿氏尔干,西至阜洼勒河,接叶尔羌界,南至南山,逾山接西藏界,北尽和阗大河,接阿克苏界。

和阗城(额里齐城),办事大臣、协办大臣驻之,在今新疆维吾尔自治区和田县。总理维吾尔族事务三品阿奇木伯克一员,其下四品伊沙噶伯克、五品噶匝纳齐伯克、五品商伯克(道光时增设)、六品哈子伯克(道光时改为五品)、七品讷克布伯克、七品明伯克、七品都官伯克、七品哈喇都管伯克、七品什和勒伯克、七品克图瓦尔伯克各一员。

所属回庄

图萨拉克庄,分理图萨拉庄七品密喇布伯克一员,七品明伯克一员。在今新疆维吾尔自治区和田市吐沙拉乡。

伯尔藏庄,七品密喇布伯克一员,七品明伯克一员。在今新疆维吾尔自治区和田县巴格其镇西南一带①。

素巴尔庄,分理素巴尔庄七品明伯克一员。在今新疆维吾尔自治区和田县英艾日克乡一带②。

哈拉哈什城,分理哈拉哈什城四品阿奇木伯克驻之,在今新疆维吾尔自治区墨玉县。其下五品商伯克、六品哈子伯克、七品都官伯克、七品帕察沙布伯克各一员。

所属回庄

阜洼勒庄,分理阜洼勒庄七品密喇布伯克一员,七品明伯克一员。在今新疆维吾尔自治区墨玉县萨依巴格乡一带。

---

① 《新疆图志》卷4《建置四》:(和阗)城西二十里。
② 《新疆图志》卷4《建置四》:(和阗)城北四十里。

巴拉木斯雅庄,分理巴拉木斯雅庄七品密喇布伯克一员,七品明伯克一员。

玛库雅庄,分理玛库雅庄七品密喇布伯克一员,七品明伯克一员。在今新疆维吾尔自治区墨玉县普恰克其乡西北一带①。

杂瓦庄,分理杂瓦庄七品密喇布伯克一员,七品明伯克一员。今址可能在新疆维吾尔自治区墨玉县扎瓦乡。

库雅庄,分理库雅庄七品明伯克一员。在今新疆维吾尔自治区墨玉县萨依巴格乡西南②。

玉陇哈什村,分理玉陇哈什村四品阿奇木伯克一员,六品哈子伯克一员。在今新疆维吾尔自治区和田市玉龙喀什镇。

三普拉庄,分理三普拉庄七品密喇布伯克一员,七品明伯克一员。今址可能在今新疆维吾尔自治区洛浦县山普鲁乡。

洛普庄,分理洛普庄七品密喇布伯克一员,七品明伯克一员。在今新疆维吾尔自治区洛浦县洛浦镇。

齐尔拉村,分理齐尔拉村四品阿奇木伯克驻之,在今新疆维吾尔自治区策勒县。六品哈子伯克、七品密喇布伯克、七品明伯克各一员。

克勒底雅城,分理克勒底雅城四品阿奇木伯克驻之,在今新疆维吾尔自治区于田县。其下五品采铅伯克、六品哈子伯克各一员。

所属回庄

鄂和赉里村,分理鄂和赉里村七品明伯克一员。今址不详。

塔克村,分理塔克村四品阿奇木伯克一员,其下六品哈子伯克一员。在新疆维吾尔自治区于田县阿羌乡塔格村。

哈尔鲁克庄,分理哈尔鲁克庄七品密喇布伯克一员,七品明伯克一员。今址不详。

第二节 新 疆 省

一、省行政机构

光绪十年(1884)九月,上谕:"现在更定官制,将南北两路办事大臣等缺裁

---

① 《新疆图志》卷4《建置四》:(和阗)城西北九十里。
② 《新疆图志》卷4《建置四》:奎雅,(和阗)城西七十里。

撤,自应另设地方大员以资统辖。著照所议,添设甘肃新疆巡抚、布政使各一员。"①十月癸酉,授刘锦棠为甘肃新疆巡抚、魏光焘为甘肃新疆布政使。不设按察使,加镇迪道按察使衔,兼管全疆刑名驿传事务②。光绪三十二年四月,设提学使③。宣统二年七月,改镇迪道兼衔为提法使④。宣统三年(1911),有巡抚、布政使、提学使、镇迪道兼提法使等。

二、省城

以迪化城为省城,即今新疆维吾尔自治区乌鲁木齐市城区。

三、省域

东界甘肃、青海,南接西藏,西邻域外,北邻蒙古。与今新疆维吾尔自治区界线的不同,主要有两处。一是西南角蒲犁厅以西,在今界以外;二是东北部承化寺一带,为阿尔泰办事大臣辖区,省界在今界以内。

四、守巡道

1. 巴里坤道—镇迪道

初为巴里坤道,全称分巡巴里坤屯田粮务兵备道,乾隆三十七年(1772)四月置⑤。驻巴里坤,乾隆三十八年正式移驻。属甘肃省。兼辖哈密、辟展、乌噜木齐等处。因巴里坤驻有满兵,所辖丞倅均为满缺,道员亦为满缺,于陕甘两省满员内拣调。乾隆三十八年九月,移驻迪化州⑥。乾隆四十一年十二月,改为镇迪道⑦。

镇迪道,全称分巡镇迪粮务兵备道,驻迪化州。属甘肃省,兼受乌鲁木齐都统管辖。辖安西府、迪化州及哈密、辟展、木垒等处。乾隆五十四年六月,兼管吐鲁番、库尔喀喇乌苏、晶河等处⑧。光绪八年,辖迪化州和镇西、哈密、吐

---

① 《德宗实录》卷 194 光绪十年九月辛未,《清实录》,第 54 册,第 764 页。
② 光绪《清会典事例》卷 66,第 1 册,第 845 页。
③ 《德宗实录》卷 558 光绪三十二年四月己亥、丁巳,《清实录》,第 59 册,第 389、396 页。
④ 《宣统政纪》卷 39 宣统二年七月壬戌,《清实录》,第 60 册,第 697 页。
⑤ 《高宗实录》卷 907 乾隆三十七年四月壬午,《清实录》,第 20 册,第 128 页。
⑥ 《高宗实录》卷 942 乾隆三十八年九月己巳,《清实录》,第 20 册,第 747 页。
⑦ 《高宗实录》卷 1023 乾隆四十一年十二月丁巳,《清实录》,第 21 册,第 708 页。
⑧ 《高宗实录》卷 1333 乾隆五十四年六月戊寅,《清实录》,第 25 册,第 1053 页。按:永保《乌鲁木齐事宜》谓镇迪道下辖库尔喀喇乌苏、精河、喀喇巴尔喀逊三粮员(王希隆:《新疆文献四种辑注考述》,甘肃文化出版社,1995 年,第 112 页)。

鲁番3厅。光绪十年属新疆省。光绪十一年五月,加按察使衔①,全称为整饬巴里坤分巡镇迪粮务兵备道,按察使衔,兼辖哈密、辟展、乌鲁木齐、木垒等处事务。关防为"甘肃新疆镇迪道兼按察使衔管理全省刑名驿传事务"②。宣统三年辖迪化府和哈密、吐鲁番、镇西、库尔喀喇乌苏厅。

2. 阿克苏道

分巡道,全称分巡甘肃新疆阿克苏等处地方兵备道。光绪八年七月奏准③,次年八月委署④。驻阿克苏。属甘肃省,光绪十年属新疆省。辖新疆南路回疆东四城,又称东四城兵备道⑤。光绪十一年五月起,审理所辖各属一切案件:"距省窎远,所属一切案件均由该管巡道核转。设案情不确,即由该管巡道提审问拟,统咨镇迪道兼按察使衔衙门详加核定。"⑥宣统三年辖温宿、焉耆二府和乌什厅、库车州。

3. 喀什噶尔道

分巡道,全称分巡甘肃新疆喀什噶尔等处地方兵备道。光绪八年七月奏准,次年八月委署。驻喀什噶尔回城。属甘肃省,光绪十年属新疆省。辖新疆南疆四城,又称西四城兵备道⑦。光绪十一年五月起,审理所辖各属一切案件。宣统三年辖疏勒、莎车2府和英吉沙尔厅、和阗州。

4. 伊塔道

分巡道,全称分巡伊塔兵备道。光绪十四年正月置⑧。驻宁远城。以守兼巡为兵备道,督饬所属水利、屯田、钱粮、刑名诸务,稽查卡伦,兼管通商事宜。辖伊犁府和塔尔巴哈台、精河二厅,至清末未变。

五、府厅州县

属甘肃省时期:

乾隆二十四年七月设巴里坤同知。乾隆二十五年五月置乌鲁木齐同知,十月定巴里坤同知为直隶厅。乾隆三十八年二月,改巴里坤直隶厅为镇西府,

---

① 《请加镇迪道按察使衔折》,《刘襄勤公奏稿》卷9,《近代中国史料丛刊》正编,第232号,第3册,第1113页。光绪《清会典事例》卷25,第1册,第322页。
② 甘肃新疆巡抚刘锦棠等奏折,《光绪朝硃批奏折》,第1册,第134页。
③ 《德宗实录》卷149光绪八年七月丁未,《清实录》,第54册,第112页。
④ 《委署南路道厅州县员缺片》,《刘襄勤公奏稿》卷5,第2册,第699页。
⑤ 刘锦藻:《清朝续文献通考》卷321,第4册,第10618页。
⑥ 《请加镇迪道按察使衔折》,《刘襄勤公奏稿》卷9,第3册,第1113页。
⑦ 刘锦藻:《清朝续文献通考》卷321,第4册,第10620页。
⑧ 《东华续录》光绪87,光绪十四年正月辛未,第16册,第166页。

改乌鲁木齐同知为迪化州来属。同年七月,迪化州升为直隶州。乾隆四十五年二月,置伊犁抚民厅,属伊犁将军。

咸丰五年(1885),降镇西府为镇西直隶厅。

光绪六年十一月,经左宗棠奏准,哈密及镇迪道暂归刘锦棠管辖,陕甘总督相距过远,毋庸兼管①。光绪八年七月奏准②,置温宿直隶州及拜城县、库车直隶厅、喀喇沙尔直隶厅、乌什直隶厅、疏勒直隶州及疏附县、莎车直隶州及叶城县、和阗直隶州于阗县、英吉沙尔直隶厅、玛喇巴什直隶厅。光绪九年八月委署温宿直隶州、疏勒直隶州及疏附县官缺③,光绪十年正月委署其余各官缺④。

属新疆省时期:

至光绪十年新疆建省时,领9直隶厅:镇西、伊犁、吐鲁番、哈密、喀喇沙尔、库车、乌什、英吉沙尔、玛喇巴什直隶厅;5直隶州:迪化、温宿、莎车、和阗、疏勒州。

光绪十二年二月,升迪化直隶州为迪化府;十一月,置库尔喀喇乌苏直隶厅。

光绪十二年四月,刘锦棠奏请在伊犁和塔尔巴哈台等处,仿照镇迪道之制,增置伊塔道,改伊犁抚民厅为府,改塔城通判为抚民同知加理事衔,兼管屯田水利⑤。同年八月部议时,要求将道府以下州县等官如何设置,作一详细计划。刘锦棠于光绪十三年三月上奏,设伊塔道,升伊犁厅为府,设附郭绥定县、宁远县,设精河直隶厅,改塔尔巴哈台通判为塔城直隶厅⑥。光绪十四年正月议准⑦。至此,全省共设4道2府11厅4直隶州11县。

光绪二十五年三月,升喀喇沙尔直隶厅为焉耆府,有亲辖地。

经过建省后十多年的开发,随着人口增加,原先的政区设置已经不能适应现实的需要。为使民事可就近管理,地利可逐渐垦兴,边防日益严密,光绪二十八年八月,升疏勒直隶州、莎车直隶州、温宿直隶州升为府,改库车直隶厅为库车直隶州,改玛喇巴什直隶厅为巴楚州,共升设3府,改设1直隶州、1州,

---

① 《请补镇迪道所属厅县员缺折》,《刘襄勤公奏稿》卷6,第2册,第719页。
② 《德宗实录》卷149光绪八年七月丁未,《清实录》,第54册,第112页。
③ 《委署南路道厅州县员缺片》,《刘襄勤公奏稿》卷5,第2册,第699页。
④ 《刊给委署南路道厅州县木质关防钤记片》,《刘襄勤公奏稿》卷6,第3册,第719页。
⑤ 《复陈伊犁屯务防务拟办大概情形折》,《刘襄勤公奏稿》卷10,第3册,第1351页。
⑥ 《拟设伊塔道府等官折》,《刘襄勤公奏稿》卷12,第3册,第1565页。
⑦ 《东华续录》光绪87,光绪十四年正月辛未,第16册,第166页。按:《东华续录》仅言设伊塔道,伊犁府等当同时议准。光绪《清会典事例》作光绪十三年奏准。

增设1通判、9县、2县丞。新设各府仿照焉耆府之例，仍旧征收钱粮，管理讼狱，也就是有亲辖地。

至清末，领6府：迪化、焉耆、疏勒、莎车、温宿、伊犁府；8直隶厅：英吉沙尔、乌什、库尔喀喇乌苏、镇西、吐鲁番、哈密、精河、塔尔巴哈台；2直隶州：库车、和阗，及1厅、1州、21县。

1. 迪化直隶州—迪化府

初为乌鲁木齐厅，乾隆二十五年五月置同知管理地方，治乌鲁木齐，即今新疆维吾尔自治区乌鲁木齐市天山区城区，属哈密兵备道管辖①。又设昌吉、罗克伦巡检，亦属哈密兵备道。乾隆二十八年十一月，昌吉巡检移驻呼图毕，归昌吉通判管辖；罗克伦巡检移驻特讷格尔，归乌鲁木齐同知管辖②。乾隆三十八年二月，改乌鲁木齐厅为迪化州，属镇西府③。因幅员辽阔，知州难以管辖，同年七月升为迪化直隶州④，驻新建巩宁城⑤，即今新疆维吾尔自治区乌鲁木齐市城区。同时改宁边州同辖区为昌吉县。乾隆四十一年十二月，于特讷格尔州判地置阜康县。乾隆四十三年八月置绥来县。乾隆末下辖头屯所千总，"专管为民遣犯种地纳粮等事"⑥。咸丰五年三月，镇西府属奇台县来属。光绪十年新疆建省，附郭。光绪十二年升府⑦，置附郭迪化县。光绪二十八年八月，置孚远县。至清末，领6县：迪化、昌吉、阜康、绥来、奇台、孚远县。

迪化县，光绪十二年以迪化州亲辖地置，附郭，治所即今新疆维吾尔自治区乌鲁木齐市天山区城区。

昌吉县，初为昌吉厅，或作宁边厅。乾隆二十七年，在昌吉建宁边城⑧。乾隆二十八年十一月，已经设通判驻此，称昌吉通判⑨，又作宁边城通判⑩、宁边通判，下辖呼图毕巡检。乾隆三十八年二月，改为迪化州驻昌吉州同⑪，亦

---

① 《高宗实录》卷612乾隆二十五年五月丙午，《清实录》，第16册，第874页。
② 《高宗实录》卷699乾隆二十八年十一月庚辰，《清实录》，第17册，第828页。
③ 《高宗实录》卷926乾隆三十八年二月癸亥，《清实录》，第20册，第443页。
④ 《高宗实录》卷939乾隆三十八年七月甲申，《清实录》，第20册，第687页。
⑤ 乾隆《清一统志》卷214，第478册，第745页。
⑥ 永保：《乌鲁木齐事宜》，王希隆：《新疆文献四种辑注考述》，第111页。
⑦ 《新疆建省请改设添设各官折》，《刘襄勤公奏稿》卷9，第3册，第1159页。光绪《清会典事例》卷27，第1册，第349页。
⑧ 《皇舆西域图志》卷10，第500册，第273页。
⑨ 《高宗实录》卷699乾隆二十八年十一月庚辰，《清实录》，第17册，第828页。
⑩ 《高宗实录》卷778乾隆三十二年二月丁巳，《清实录》，第18册，第569页。按：乾隆二十八年十一月，移昌吉巡检驻呼图毕，受昌吉通判管辖，有可能是设昌吉通判、移昌吉巡检。
⑪ 《高宗实录》卷926乾隆三十八年二月癸亥，《清实录》，第20册，第443页。

称宁边州同。同年七月,改为昌吉县,治所即今新疆维吾尔自治区昌吉市城区,属迪化直隶州。乾隆末,辖芦草沟所千总,"专管为民遣犯种地纳粮等事"①。光绪二十八年八月,改呼图壁巡检为县丞②,在今新疆维吾尔自治区呼图壁县驻地呼图壁镇,是为呼图壁分县。

绥来县,初为昌吉县玛纳斯县丞辖区,乾隆三十八年七月置③。因商民日渐增多,乾隆四十三年八月置县④。治玛纳斯,即今新疆维吾尔自治区玛纳斯县驻地玛纳斯镇。乾隆末,辖塔西河千总,专管为民遣犯种地纳粮等事。

阜康县,地名特讷格尔、特讷尔,乾隆二十八年八月建城,名阜康城⑤。同年十一月移特讷格尔巡检驻此,归乌鲁木齐同知管辖⑥。乾隆三十三年二月,因巡检管理民户屯粮等事,任重职微,实难弹压,改设县丞,移巡检为迪化城巡检⑦。乾隆三十八年二月,改驻迪化州州判⑧。乾隆四十一年十二月置县⑨,治所即今新疆维吾尔自治区阜康市城区。

奇台县,初为奇台通判,乾隆三十六年置⑩,治所在今新疆维吾尔自治区奇台县东南老奇台镇,管理民屯事务。又置东吉尔玛泰巡检,征收东济尔玛台、西济尔玛台、穆垒河三处民粮⑪。乾隆三十八年二月,属镇西府⑫。乾隆四十一年十二月置县,仍属府,东吉尔玛泰巡检移驻古城(今奇台县驻地奇台镇)⑬。咸丰五年三月,改属迪化直隶州⑭。光绪十年三月,刘锦棠奏准移治⑮,十五年四月移至古城,⑯即今县驻地。

---

① 永保:《乌鲁木齐事宜》,王希隆:《新疆文献四种辑注考述》,第112页。
② 《德宗实录》卷504光绪二十八年八月壬辰,《清实录》,第58册,第650页。
③ 《高宗实录》卷939乾隆三十八年七月甲申,《清实录》,第20册,第687页。光绪《清会典事例》卷66,第1册,第841页。
④ 《高宗实录》卷1064乾隆四十三年八月戊寅,《清实录》,第22册,第240页。
⑤ 《高宗实录》卷692乾隆二十八年八月癸巳,《清实录》,第17册,第761页。
⑥ 《高宗实录》卷699乾隆二十八年十一月庚辰,《清实录》,第17册,第828页。
⑦ 《高宗实录》卷804乾隆三十三年二月庚午,《清实录》,第18册,第863页。
⑧ 《高宗实录》卷926乾隆三十八年二月癸亥,《清实录》,第20册,第443页。
⑨ 《高宗实录》卷1023乾隆四十一年十二月丁巳,《清实录》,第22册,第708页。
⑩ 光绪《清会典事例》卷66,第1册,第840页。
⑪ 《高宗实录》卷904乾隆三十七年三月戊戌,《清实录》,第20册,第70页。
⑫ 《高宗实录》卷926乾隆三十八年二月癸亥,《清实录》,第20册,第443页。按:《清文献通考》卷283作此年设治,《皇舆西域图志》未将奇台通判视作厅。
⑬ 《高宗实录》卷1023乾隆四十 年十二月丁巳,《清实录》,第21册,第708页。
⑭ 光绪《清会典事例》卷27,第1册,第347页。参见乌鲁木齐都统赓福:《奏为拟裁新疆镇西府知府等冗员以节经费事》(咸丰五年二月十八日),中国第一历史档案馆,档号03-4140-047。
⑮ 《德宗实录》卷179光绪十年三月戊寅,《清实录》,第54册,第493页。
⑯ 朱寿朋:《光绪朝东华录》,光绪十五年七月癸酉,中华书局,1958年,第2册,总第2642页。杨方炽:《奇台县乡土志》,马大政等:《新疆乡土志稿》,新疆人民出版社,2010年,第31页。

孚远县，乾隆三十八年十二月置济木萨巡检①，属迪化州。乾隆四十年改设县丞②，后属阜康县。因"距县城二百五十里，土地膏腴，钱粮户口较阜康为多，未便末大于本"③，于光绪二十八年八月置县④，治吉木萨尔城，在今新疆维吾尔自治区吉木萨尔县驻地吉木萨尔镇北北庭镇。

2. 喀喇沙尔直隶厅—焉耆府

原为喀喇沙尔办事大臣辖区。光绪八年七月奏准设喀喇沙尔直隶厅，光绪十年正月委署，为直隶抚民同知厅。治喀喇沙尔回城，即今新疆维吾尔自治区焉耆回族自治县驻地焉耆镇。光绪二十五年三月升为焉耆府⑤，领新平县。光绪二十八年八月，置婼羌县、轮台县⑥。至清末，仍领3县。

焉耆府亲辖地，辖8庄。

新平县，光绪二十四年置⑦。治哈喇洪庄（一作罗布淖尔、喀喇洪），在今新疆维吾尔自治区尉犁县北兴平乡喀喇洪村。领23庄。

轮台县，旧称布告（古）尔，一作玉古尔，光绪十一年置巡检驻此，属喀喇沙尔直隶厅⑧。因地广民多，词讼钱粮向由巡检就近代理，于光绪二十八年八月置县⑨，治所即今新疆维吾尔自治区轮台县驻地轮台镇（布古尔），领17庄。

婼羌县，地名卡克里克，光绪二十一年十二月置员屯防⑩，后为新平县卡克里克县丞。因东接敦煌，南通于阗，为边隅冲要之区，于光绪二十八年八月改置设县⑪。治卡克里克，即今新疆维吾尔自治区若羌县驻地若羌镇（卡克里克）。领11庄。

3. 疏勒直隶州—疏勒府

原为喀什噶尔办事大臣辖区。光绪八年七月奏准，于汉城置疏勒直隶州，于回城置疏附县。光绪九年八月委署。州治喀什噶尔汉城（徕宁城），今新疆

---

① 《高宗实录》卷948乾隆三十八年十二月庚寅，《清实录》，第20册，第845页。
② 光绪《清会典事例》卷66，第1册，第841页。
③ 《陕甘总督崧蕃新疆巡抚饶应祺会奏新疆增改府厅州县各缺折》，《新疆图志》卷106《奏议志十六》。
④ 《德宗实录》卷504光绪二十八年八月壬辰，《清实录》，第58册，第650页。
⑤ 《德宗实录》卷441光绪二十五年三月甲子，《清实录》，第57册，第805页。
⑥ 《德宗实录》卷504光绪二十八年八月壬辰，《清实录》，第58册，第650页。
⑦ 《德宗实录》卷436光绪二十四年十二月壬寅，《清实录》，第57册，第738页。参见《焉耆府仍办蒙部交涉事件及改留照磨巡检片》，《新疆图志》卷105《奏议志十五》。
⑧ 《新疆南路拟设佐杂及分防巡检各缺折》，《刘襄勤公奏稿》卷8，第2册，第1015页。光绪《清会典事例》卷253，第3册，第992页。
⑨ 《德宗实录》卷504光绪二十八年八月壬辰，《清实录》，第58册，第650页。
⑩ 《德宗实录》卷381光绪二十一年十二月壬申，《清实录》，第56册，第986页。
⑪ 《德宗实录》卷504光绪二十八年八月壬辰，《清实录》，第58册，第650页。

维吾尔自治区疏勒县驻地疏勒镇。因"广延一千一百余里,征粮一万八千余石,地富民繁,五方杂处,极边重要"①,光绪二十八年八月,升为府②,辖巴楚州及疏附、伽师县。光绪二十九年七月,巴楚州往属于莎车府③。

疏勒府亲辖地,辖汉民8屯、回族6庄,共183村。

疏附县,光绪八年七月析喀什地置,九年八月委署,治喀什噶尔回城,即今新疆维吾尔自治区喀什市城区。县领9庄156村。

伽师县,原为疏勒州东一百八十里排素巴特、罕爱里克大庄,地处交通要道,居民繁庶,于光绪二十八年八月析疏勒州地置④。治排素巴特(伽师城),即今新疆维吾尔自治区伽师县驻地巴仁镇。

4. 莎车直隶州—莎车府

原为叶尔羌参赞大臣辖区。光绪八年七月奏准,于汉城置莎车直隶州,于回城置叶城县。光绪十年正月委署。州治叶尔羌汉城(嘉艺城),即今新疆维吾尔自治区莎车县驻地莎车镇。因袤延一千一百余地,地广而腴,又新垦三十余万亩,为新疆之最。而且英商麕集,交涉尤繁,于光绪二十八年八月,升为府,置泽普县⑤,领叶城县、泽普县和蒲犁厅。光绪二十九年七月,改泽普县为皮山县,巴楚州来属。

莎车府亲辖地,辖17大回庄。

叶城县,光绪八年七月奏准,光绪十年正月委署。拟治叶尔羌回城,在今新疆维吾尔自治区莎车县东北塔热木博依村附近。光绪十年十一月决定移建哈尔哈里克(一作哈哈里克)地方,即今新疆维吾尔自治区叶城县驻地喀格勒克镇(叶城镇),并在回城设巡检⑥。

皮山县,光绪二十八年八月,析莎车州南之坡斯坎、叶城县北之肯苏庄地置泽普县⑦。治坡斯坎庄,即今新疆维吾尔自治区泽普县驻地泽普镇。因坡斯坎庄位于莎车府城与叶城县城之中,设县后治所太密。而咽玛地方距叶城县二百二十里,中隔戈壁百余里,诸多不便,于光绪二十九年七月改泽普县为

---

① 《陕甘总督崧蕃新疆巡抚饶应祺会奏新疆增改府厅州县各缺折》,《新疆图志》卷106《奏议志十六》。
② 《德宗实录》卷504光绪二十八年八月壬辰,《清实录》,第58册,第650页。
③ 《德宗实录》卷519光绪二十九年七月丙申,《清实录》,第58册,第854页。
④⑤ 《德宗实录》卷504光绪二十八年八月壬辰,《清实录》,第58册,第650页。
⑥ 《新疆南路拟设佐杂及分防巡检各缺折》,《刘襄勤公奏稿》卷8,第2册,第1015页。
⑦ 《德宗实录》卷504光绪二十八年八月壬辰,《清实录》,第58册,第650页。

皮山县,驻咽玛①,治所即今皮山县驻地固玛镇。领38庄。

蒲犁厅,原为莎车州西南之色勒库尔,为坎巨提出入要道,西逾阿克塔什与英、俄接壤,驻有防营,交涉、采运粮草、开垦地亩等事,均需官员主持,于光绪二十八年八月设分防通判,是为蒲犁厅。驻色勒库尔,即今新疆维吾尔自治区塔什库尔干塔吉克自治县驻地塔什库尔干镇。辖27庄②。

巴楚州,地名巴尔楚克。光绪八年七月,置水利抚民通判驻玛喇巴什城,为玛喇巴什直隶厅,治所即今新疆巴楚县西南阿克沙克马热勒。光绪二十八年八月,改为巴楚州③。治巴尔楚克回城,即今新疆维吾尔自治区巴楚县驻地巴楚镇。辖8大庄、30小庄。为避免与疏勒府争水争界,隶疏勒府。因州境麦盖堤大庄与莎车府、叶城县各庄俱用听杂拉布河水,麦盖堤大庄地处下游,时有争讼。为避免纠纷,于光绪二十九年七月来属④。

5. 温宿直隶州—温宿府

原为阿克苏办事大臣辖区。光绪八年七月奏准设温宿直隶州,光绪九年八月委署,治阿克苏汉城,即今新疆维吾尔自治区阿克苏市城区。领拜城县。因广延一千五十里,征粮一万九百九十余石,地腴民富,为南疆要冲,于光绪二十八年八月,升为府⑤。增领温宿县。

温宿府亲辖地,辖3乡12庄。宣统三年六月,温宿县柯坪分县来属,改为分防柯坪巡检⑥。

温宿县,初为旧城巡检辖区,道光十九年置⑦。光绪二十八年八月置县⑧,治普安城,即今新疆维吾尔自治区温宿县驻地温宿镇,领10庄。同时置分防县丞⑨,驻距县四百八十里之柯尔坪庄(今新疆维吾尔自治区柯坪县驻地柯坪镇),分领12庄,即柯坪分县。宣统三年四月,因分县地处温宿府西南,而县治在府东北,中间相隔四站,改隶温宿府。

拜城县,光绪八年七月奏准,光绪十年正月委署,治拜城(一作赛里木),即今新疆维吾尔自治区拜城县驻地拜城镇。领21庄。

---

① 《德宗实录》卷519光绪二十九年七月丙申,《清实录》,第58册,第854页。光绪二十九年六月初八日甘肃新疆巡抚潘效苏奏折,《光绪朝硃批奏折》,第1辑,第382页。
② 刘锦藻:《清朝续文献通考》卷321,第4册,第10623页。
③ 《德宗实录》卷504光绪二十八年八月壬辰,《清实录》,第58册,第650页。
④ 甘肃新疆巡抚潘效苏光绪二十九年六月初八日奏折,《光绪朝硃批奏折》,第1辑,第382页。
⑤ 《德宗实录》卷504光绪二十八年八月壬辰,《清实录》,第58册,第650页。
⑥ 《宣统政纪》卷53宣统三年六月甲申,《清实录》,第60册,第1005页。
⑦ 刘锦藻:《清朝续文献通考》卷321,第4册,第10617页。
⑧⑨ 《德宗实录》卷504光绪二十八年八月壬辰,《清实录》,第58册,第650页。

6. 伊犁府

初为伊犁理事厅,乾隆二十九年八月设理事同知,管理当地旗民词讼交涉事件①,属伊犁将军管辖②。驻惠远城,在今新疆维吾尔自治区霍城县东南伊犁河北岸。乾隆三十二年闰七月,添设两巡检:惠远城巡检兼理典史事,管理监狱;绥定城巡检兼理仓大使事务③。乾隆三十七年九月,绥定城巡检移驻惠宁城④。因伊犁兵民户口已达十余万人,事务繁多,一员同知难以管理,乾隆四十五年二月,伊犁将军、喀什噶尔领队大臣等奏请添设抚民同知一员,理事同知改为办理各营刑名案件;又因霍尔果斯、东察罕乌苏、乌可尔博尔苏克、巴彦岱等处相距甚远,惠远城、惠宁城二员巡检管理区域太大,请添设巡检二员⑤。九月,添设抚民同知和霍尔果斯、绥定城巡检二员⑥,是为伊犁抚民厅。霍尔果斯巡检兼管东察罕乌苏,绥定城巡检兼管塔尔奇城、乌可尔博尔苏克城,惠宁城巡检兼管巴彦岱城⑦。光绪八年,因旧城被水冲毁,迁于迤北十五里新城⑧。光绪十四年正月升府,治绥定城,即今新疆维吾尔自治区霍城县驻地水定镇。设附郭绥定县,又设宁远县,分辖伊犁八城。惠远城仍为满城,伊犁将军及伊犁理事同知驻此。裁惠远城、绥定城、宁远城巡检⑨。

绥定县,光绪十四年正月置,附郭,治绥定城,即今新疆维吾尔自治区霍城县驻地水定镇。管辖绥定、广仁、瞻德、拱宸、塔勒奇五城。拱宸城(霍尔果斯)因距绥定县城较远,裁巡检,设分防通判驻此。广仁城为伊犁通衢,人民庞杂,移原拱宸城巡检驻此。

宁远县,光绪十四年正月置,治宁远城,即今新疆维吾尔自治区伊宁市。管辖宁远、惠宁、熙春三城。伊塔道驻此。

7. 库车直隶厅—库车直隶州

原为库车办事大臣辖区。光绪八年七月奏准设库车直隶厅,光绪十年正月委署,为直隶抚民同知厅。治库车回城(巩平城),即今新疆维吾尔自治区库

---

① 《高宗实录》卷714乾隆二十九年七月甲子,《清实录》,第17册,第970页;又卷716八月丙戌,第988页。
② 嘉庆《清会典》卷10,第12册,第127页。
③ 《高宗实录》卷790乾隆三十二年闰七月戊申,《清实录》,第18册,第704页。
④ 《高宗实录》卷916乾隆三十七年九月辛丑,《清实录》,第20册,第280页。
⑤ 《高宗实录》卷1100乾隆四十五年二月辛亥,《清实录》,第22册,第730页。
⑥ 《高宗实录》卷1115乾隆四十五年九月丁酉、己亥,《清实录》,第22册,第901、904页。
⑦ 《高宗实录》卷1120乾隆四十五年十二月壬子,《清实录》,第22册,第959页。
⑧ 刘锦藻:《清文献通考》卷321,第4册,第10614页。
⑨ 《拟设伊塔道府等官折》,《刘襄勤公奏稿》卷12,第3册,第1565页。《东华续录》光绪87,光绪十四年正月辛未,第16册,第166页。

车县驻地库车镇。因广延八百里,征粮一万余石,土性沃饶,辖境辽阔,于光绪二十八年八月改为直隶州①,领141庄②。下辖沙雅县。

沙雅县,旧称沙雅尔堡,乾隆中内附,位于库车厅之南。因民风强健,地僻而宽,于光绪二十八年八月析库车州地置县③。治沙雅尔,即今新疆维吾尔自治区沙雅县驻地沙雅镇。领60庄④。

8. 和阗直隶州

原为和阗办事大臣辖区。光绪八年七月奏准设直隶州,光绪十年正月委署。治和阗城(即威靖城,一名汉城、额尔齐城),即今新疆维吾尔自治区和田市城区。亲领11大回庄。辖于阗县。光绪二十八年八月,析置洛浦县。

于阗县,光绪八年七月奏准,光绪十年正月委署。拟治哈拉哈什,即今新疆维吾尔自治区墨玉县驻地喀拉喀什镇。光绪十年十一月决定移建克里雅⑤,即今新疆维吾尔自治区于田县驻地木尕拉镇。领59座大小回庄⑥。

洛浦县,光绪二十八年八月析和阗州、于阗县地置⑦。治洛普庄回庄,即今新疆维吾尔自治区洛浦县驻地洛浦镇。领38庄。

9. 英吉沙尔直隶厅

原为英吉沙尔领队大臣辖区。道光十一年十月,设英吉沙尔巡检,管理缉捕、监狱、税课⑧。光绪八年七月奏准,光绪十年正月委署,为抚彝直隶同知厅。治英吉沙尔城,即今新疆维吾尔自治区英吉沙县驻地英吉沙镇。辖66庄及布鲁特游牧14族。

10. 乌什直隶厅

原为乌什办事大臣辖区。光绪八年七月奏准,光绪十年正月委署,为抚彝直隶同知厅。治乌什回城,即今新疆维吾尔自治区乌什县驻地乌什镇。

11. 库尔喀喇乌苏直隶厅

乾隆四十五年正月,设同知驻库尔喀喇乌苏,管理仓库及商民事件⑨。乾

---

① 《德宗实录》卷504光绪二十八年八月壬辰,《清实录》,第58册,第650页。
② 刘锦藻:《清朝续文献通考》卷321,第4册,第10619页。
③ 《德宗实录》卷504光绪二十八年八月壬辰,《清实录》,第58册,第650页。
④ 刘锦藻:《清朝续文献通考》卷321,第4册,第10619页。
⑤ 《新疆南路拟设佐杂及分防巡检各缺折》,《刘襄勤公奏稿》卷8,第2册,第1015页。
⑥ 刘锦藻:《清朝续文献通考》卷321,第4册,第10625页。
⑦ 《德宗实录》卷504光绪二十八年八月壬辰,《清实录》,第58册,第650页。
⑧ 《宣宗实录》卷199道光十一年十月己亥,《清实录》,第35册,第1127页。
⑨ 《高宗实录》卷1098乾隆四十五年正月己丑,《清实录》,第20册,第721页。

隆四十八年裁①。后设粮员管理。光绪十一年九月奏请裁库尔喀喇乌苏粮员，改置抚民同知兼理事衔，管理地方户籍、田赋、刑案，兼管土尔扈特游牧事宜，并辖精河属境②。光绪十二年十一月议准③。治庆绥城，即今新疆维吾尔自治区乌苏市城区。同时在精河设分防驿粮巡检，管理户粮、驿站、缉捕等事，仍隶同知管辖，遇事由同知核转。

12. 镇西府——镇西直隶厅

乾隆二十一年十月，因巴里坤有满兵驻防，兵民杂处，设理事同知④。乾隆二十四年七月，移安西同知驻巴里坤，管理粮饷，兼办地方事务，是为巴里坤厅，由安西道管辖⑤。乾隆二十五年十月定为直隶厅⑥。乾隆三十一年，设巡检一员⑦。

因巴里坤民居稠密，为边陲一大都会，又为交通要道，乾隆三十八年二月升为镇西府⑧，治所即今新疆维吾尔自治区巴里坤哈萨克自治县驻地巴里坤镇。同时置附郭宜禾县，辖辟展厅、哈密厅、奇台厅、迪化州、宜禾县。同年七月，升迪化州为直隶州。乾隆四十一年十二月，改奇台厅为奇台县⑨。咸丰五年，为节省经费，由都统庆福会同总督易棠奏请改为直隶厅⑩，抚民直隶同知兼管满营事务，仿吐鲁番厅之例，由镇迪道专辖。裁附郭宜禾县，奇台县往属于迪化直隶州。

宜禾县，乾隆三十八年二月以镇西直隶厅地置，附郭，治所即今新疆维吾尔自治区巴里坤哈萨克自治县驻地巴里坤镇。咸丰五年裁，地入镇西直隶厅。

13. 吐鲁番直隶厅

乾隆二十三年八月置辟展同知，管理屯田粮饷⑪，同知由内地派往轮流更

---

① 光绪《清会典事例》卷66，第1册，第842页。
② 《裁撤粮员改设同知巡检等缺折》（光绪十一年九月二十日），《刘襄勤公奏稿》卷9，第3册，第1219页。
③ 《德宗实录》卷235光绪十二年十一月庚戌，《清实录》，第55册，第169页；又卷222光绪十一年十二月己丑，第54册，第1113页。
④ 《高宗实录》卷525乾隆二十一年十月庚寅，《清实录》，第15册，第616页。
⑤ 《高宗实录》卷593乾隆二十四年七月丁丑，《清实录》，第16册，第607页。
⑥ 《高宗实录》卷622乾隆二十五年十月丁丑，《清实录》，第16册，第993页。
⑦ 《高宗实录》卷766乾隆三十一年八月己酉，《清实录》，第18册，第415页。
⑧ 《高宗实录》卷926乾隆三十八年二月癸亥，《清实录》，第20册，第443页。
⑨ 《高宗实录》卷1023乾隆四十一年十二月丁巳，《清实录》，第21册，第708页。
⑩ 光绪《清会典事例》卷27，第1册，第347页。参见乌鲁木齐都统庆福：《奏为拟裁新疆镇西府知府等冗员以节经费事》（咸丰五年二月十八日），中国第一历史档案馆，档号03-4140-047。
⑪ 《高宗实录》卷569乾隆二十三年八月己巳，《清实录》，第16册，第214页。

替担任。乾隆三十六年三月,设立同知官缺①,治所即今新疆维吾尔自治区鄯善县驻地鄯善镇。是为辟展厅,隶安西道。同时设巡检。乾隆三十八年二月,隶镇西府②。乾隆四十四年六月,徙治吐鲁番③,改为吐鲁番厅④,治所即今新疆维吾尔自治区吐鲁番市老城路街道。另设辟展巡检一员,稽查地方贼盗、仓库等事。乾隆五十四年属镇迪道⑤。光绪十年属新疆省,为直隶厅。光绪二十八年八月领鄯善县。

鄯善县,原为吐鲁番属辟展巡检辖地,因辖境甚远,物产颇饶,为省东南路冲要,于光绪二十八年八月析置⑥。治辟展,即今新疆维吾尔自治区鄯善县驻地鄯善镇。一说旋改属焉耆府⑦。

14. 哈密直隶厅

乾隆二十四年七月,移靖逆通判驻哈密,驻地即今新疆维吾尔自治区哈密市城区,管理粮饷,兼办地方事务,是为哈密厅,属安西道⑧。乾隆二十五年十月定为直隶厅⑨。乾隆二十九年五月,增设巡检⑩。乾隆三十八年二月,属镇西府⑪。乾隆三十八年九月,移巴里坤巡检驻酤水堡,仍归哈密通判管辖⑫。乾隆四十年八月,因当地居民较少,无需专员弹压,裁酤水堡巡检⑬。约道光元年前,又改属安肃道⑭。或咸丰五年,镇西府降为直隶厅时,改为直隶厅⑮。光绪六年经左宗棠奏准,改归新疆大员管辖。光绪十年裁哈密办事大臣,照吐

---

① 《高宗实录》卷881乾隆三十六年三月庚午,《清实录》,第19册,第805页。
② 《高宗实录》卷926乾隆三十八年二月癸亥,《清实录》,第20册,第443页。
③ 《高宗实录》卷1085乾隆四十四年六月己卯,《清实录》,第22册,第583页。
④ 按:《新疆建置志》卷1谓此年置直隶厅。
⑤ 《高宗实录》卷1333乾隆五十四年六月戊寅,《清实录》,第25册,第1053页。永保:《乌鲁木齐事宜》,王希隆:《新疆文献四种辑注考述》,第112页。
⑥ 《德宗实录》卷504光绪二十八年八月壬辰,《清实录》,第58册,第650页。
⑦ 吴承湜:《近六十年全国郡县增建志要》卷上,第65页。
⑧ 《高宗实录》卷593乾隆二十四年七月丁丑,《清实录》,第16册,第607页。
⑨ 《高宗实录》卷622乾隆二十五年十月丁丑,《清实录》,第16册,第993页。
⑩ 《高宗实录》卷711乾隆二十九年五月丁卯,《清实录》,第17册,第936页。
⑪ 《高宗实录》卷926乾隆三十八年二月癸亥,《清实录》,第20册,第443页。
⑫ 《高宗实录》卷942乾隆三十八年九月己巳,《清实录》,第20册,第747页。
⑬ 《高宗实录》卷989乾隆四十年八月丁酉,《清实录》,第21册,第200页。
⑭ 光绪《清会典事例》卷845《刑律断狱》正文载:"安西直隶州并所属敦煌、玉门二县及哈密厅,责成安肃道。各(道)于冬季巡历时,逐一亲加研鞫,造册加结,移报院司汇核,不必会同该府。"小字注文:"道光元年又增定,查照官制沿革……增入甘肃省至安肃道一百十四字。"改隶时间或在道光元年之前。
⑮ 按:嘉庆《清会典》卷10载镇西府领吐鲁番厅、哈密厅,此两厅的隶属关系在道光、咸丰年间何时改变,尚待查核。

鲁番例,由通判管理当地回务。光绪十一年七月改归新疆镇迪道管辖①。

15. 精河直隶厅

精河地方初设粮员,光绪十三年改设巡检,隶库尔喀喇乌苏同知管辖。光绪十四年正月裁巡检,改设抚民同知兼管屯田水利。治安阜城,即今新疆维吾尔自治区精河县驻地精河镇。移原驻精河巡检驻博罗塔拉(今博乐市城区)。

16. 塔尔巴哈台直隶厅

光绪十四年正月裁理事通判,改置直隶抚民同知兼理事衔,管理民屯旗务及地方刑名事件。治绥靖城,即今新疆维吾尔自治区塔城市城区。简称塔城直隶厅、塔城厅。

17. 已裁府级政区

玛喇巴什直隶厅,原为叶尔羌城参赞大臣辖区。光绪八年七月奏准,光绪十年正月委署,为水利抚民直隶通判厅。驻玛喇巴什城,即今新疆维吾尔自治区巴楚县西南阿克沙克马热勒。因时与疏勒有争水争界之事,于光绪二十八年八月改为巴楚州,往属疏勒府。

---

① 《哈密通判划归镇迪道管辖并添设书役片》,《刘襄勤公奏稿》卷9,第3册,第1181页。

第十九章　四川省(附川滇边务大臣辖区)

第一节　四　川　省

明末,辖成都、保宁、顺庆、夔州、重庆、叙州、龙安、马湖等8府,遵义、镇雄、东川、乌蒙、乌撒等5军民府,以及16州、111县,另有多个宣抚司、宣慰司、安抚司、长官司等①。清末,为加强对川边地区的控制,将打箭炉以西至金沙江一带的区域,划属川滇边务大臣管辖。由此,整个四川地区名义上仍为一省,实际上存在着总督辖区、川滇边务大臣辖区两个行政区域。

一、省行政机构

总督。顺治二年(1645)四月,设陕西总督,全称总督陕西三边四川等处军务兼理粮饷,驻西安府。同年十一月,又设湖广四川总督,总督湖广、四川两省军务,春驻荆州,秋驻武昌府。顺治四年十一月,增设四川总督②,未见任命。顺治十年六月,因清兵由陕入川,由陕西总督兼督四川,湖广四川总督免辖四川③。一说顺治十四年特设四川总督④。顺治十八年九月,改四川陕西总督为四川总督⑤。为便于军事行动,康熙元年(1662)五月起,"暂驻重庆"⑥。康

---

① 郭红、靳润成:《中国行政区划通史·明代卷》,第100页;万历《明会典》卷16,第102页。
② 《世祖实录》卷35顺治四年十一月戊午,《清实录》,第3册,第285页。
③ 《世祖实录》卷76顺治十年六月乙巳,《清实录》,第3册,第598页。按:光绪《清会典事例》卷23谓顺治十四年陕西、四川各设总督,疑误。《世祖实录》卷111谓顺治十四年九月辛丑任命四川巡抚李国英为陕西四川总督,雍正《四川通志》卷22上谓顺治十四年九月以四川巡抚李国英升授川陕总督。
④ 按:见雍正《四川通志》卷31。该卷又以顺治二年陕西三边四川总督孟乔芳为首任总督。康熙《四川总志》卷12《秩官下》以顺治十四年李国英为首任四川总督。
⑤ 《圣祖实录》卷4顺治十八年九月丁亥,《清实录》,第4册,第87页。
⑥ 《圣祖实录》卷6康熙元年五月癸酉,《清实录》,第4册,第112页。康熙《四川总志》卷7《公署》。

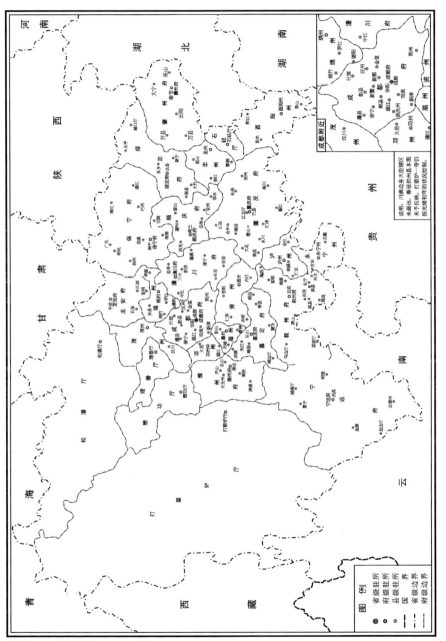

图 19 清末四川省政区图

熙九年三月，改四川总督为四川湖广总督①，驻湖北省荆州府②。康熙十三年二月，四川省专设总督③。康熙十九年十一月，裁四川总督，改陕西总督为四川陕西总督④，简称川陕总督。康熙五十七年十月，专设四川总督⑤。康熙六十年五月，以陕西总督专办粮饷，由四川总督兼陕西总督事务⑥，仍称四川陕西（川陕）总督。雍正元年（1723）三月，吏部议定各省督抚兼衔，川陕总督统理西安、甘肃、四川三处事务，控制番羌，授为兵部尚书兼都察院右都御史⑦。雍正九年二月，因西陲用兵，专设四川总督⑧。雍正十三年十二月，军务结束，裁四川总督，仍由川陕甘总督兼辖四川。乾隆十三年（1748），因金川用兵，专设四川总督管巡抚事⑨。乾隆二十四年七月，陕甘总督免辖陕西，改陕甘总督为川陕总督，驻扎四川，往来西安稽察一应事务；改四川总督为四川巡抚⑩。同年九月，因军务需要，谕令四川总督专辖四川一省，陕西省由陕甘总督管辖⑪。乾隆二十五年十二月，正式规定四川总督不再兼管陕西⑫。光绪三十二年（1906）后，随着川滇边务大臣的设立，四川总督不再管辖川边地区的具体事务，但仍有相关的奏议权。如光绪三十四年奏定《边务开办章程》、宣统二年奏请设立边北道及康定府等，均由四川总督与川滇边务大臣共同上奏。

巡抚。顺治五年四月，沿袭明制，设四川巡抚⑬，驻成都府。乾隆十三年，因金川用兵，由四川总督兼管巡抚事，此后未见任命，四川巡抚遂被裁撤。

布按诸司及专务道。顺治六年六月，委任四川布政使司左右布政使、按察使司按察使⑭。专务道设有督粮道、驿盐道等。清末有布政使、提学使、提法使、巡警道、劝业道等。

---

① 《圣祖实录》卷32康熙九年三月庚午，《清实录》，第4册，第437页。
② 《圣祖实录》卷33康熙九年四月己丑，《清实录》，第4册，第441页。按：光绪《清会典事例》卷23谓康熙九年复分设四川、湖广总督各一人，改川湖总督移扎四川重庆府，与《实录》所载有异。
③ 《圣祖实录》卷46康熙十三年二月癸卯，《清实录》，第4册，第601页。
④ 《圣祖实录》卷93康熙十九年十一月辛酉，《清实录》，第4册，第1175页。
⑤ 《圣祖实录》卷281康熙五十七年十月甲子，《清实录》，第6册，第751页。
⑥ 《圣祖实录》卷292康熙六十年五月乙酉，《清实录》，第6册，第843页。
⑦ 《世宗实录》卷5雍正元年三月癸巳，《清实录》，第7册，第117页。
⑧ 《世宗实录》卷103雍正九年二月壬戌，《清实录》，第8册，第373页。
⑨ 《高宗实录》卷329乾隆十三年十一月庚辰，《清实录》，第13册，第470页。
⑩ 《高宗实录》卷593乾隆二十四年七月丁丑，《清实录》，第16册，第606页。
⑪ 《高宗实录》卷597乾隆二十四年九月乙丑，《清实录》，第16册，第652页。
⑫ 《高宗实录》卷627乾隆二十五年十二月丙戌，《清实录》，第16册，第1039页。
⑬ 《世祖实录》卷38顺治五年闰四月癸卯，《清实录》，第3册，第307页。
⑭ 《世祖实录》卷44顺治六年六月癸丑，《清实录》，第3册，第357页。

二、省城

以成都城为省城,治所即今四川成都市城区。

三、省域

东界湖北、湖南,南接贵州、云南,西邻西藏,北为青海、甘肃、陕西。

东南部省界在康熙、雍正年间多次发生变化。康熙五年九月,改乌撒土府(军民府)为威宁府,往隶于贵州①。雍正四年四月,东川军民府因与云南寻甸州接壤,往属于云南。雍正五年闰三月,乌蒙军民府、镇雄军民府改流,往隶于云南②。同年八月,贵州威宁府永宁县来属。六年七月,遵义军民府往隶贵州③。雍正十三年十一月,夔州府建始县往属于湖北省施南府。

明代四川布政使司辖区界线以西,在康熙、雍正年间有较大区域的划入。雍正三年十一月,川陕总督岳钟琪奏称:"打箭炉界外之里塘、巴塘、乍丫、叉木多,云南之中甸,叉木多之外罗隆宗、嚓哇、坐尔刚、桑噶、吹宗、衮卓等部落,虽非达赖喇嘛所管地方。但罗隆宗离打箭炉甚远,若归并内地,难以遥制。应将原系内地土司所属之中甸、里塘、巴塘,再沿近之得尔格特、瓦舒、霍耳地方,俱归内地。择其头目,给与土司官衔,令其管辖。其罗隆宗等部落,请赏给达赖喇嘛管理,特遣大臣前往西藏,将赏给各部落之处,晓谕达赖喇嘛知悉。"④雍正七年四月,川陕总督岳钟琪奏:"四川巴塘、里塘等处,请授宣抚司三员、安抚司九员、长官司十二员,给与印结号纸;副土官四员、千户三员、百户二十四员,给以职衔,以分职守。内巴塘、里塘正副土官,原无世代头目承袭,请照流官例,如有事故,开缺题补。"⑤由此,四川省西界到达金沙江以西区域,后由雅州府管理⑥。

光绪三十二年七月,清政府设川滇边务大臣,打箭炉以西区域为其辖区。由此,四川总督的实际管辖区域内缩到大渡河一线,大渡河以西区域名义上仍属四川省,实际由川滇边务大臣管理。

四、守巡道

康熙六年七月前

---

① 《圣祖实录》卷20康熙五年九月辛卯,《清实录》,第4册,第280页。
② 《世宗实录》卷55雍正五年闰三月癸亥,《清实录》,第7册,第831页;又卷59七月辛巳,第908页。
③ 《世宗实录》卷71雍正六年七月戊寅,《清实录》,第7册,第1071页。
④ 《世宗实录》卷38雍正三年十一月乙未,《清实录》,第7册,第555页。
⑤ 《世宗实录》卷80雍正七年四月丙戌,《清实录》,第8册,第51页。
⑥ 按:具体界线请参阅谭其骧主编《中国历史地图集》第8册四川幅。

分守川西道,简称守西道,顺治八年七月置①。驻成都府②。康熙六年七月裁。

分巡川西道,简称巡西道,一作督理通省钱法兼管分巡川西道,顺治八年置③。驻成都府。顺治十八年由威茂兵备道兼巡,康熙六年七月裁④。

威茂道,一作整饬威茂兵备道、威茂兵备道,顺治六年六月置⑤。驻茂州。职能为抚治羌夷,总理粮储。后被撤销,顺治十一年复派员前往⑥。顺治十八年兼摄巡西道,康熙六年七月裁。

安绵道,即整饬安绵道,一作安绵兵备道、安绵石泉兵备道、石泉兵备道、整饬安绵石泉道。顺治六年六月置⑦,驻绵州。顺治十年裁⑧。

松潘道,全称松潘兵备道,顺治六年六月置⑨。驻松潘卫。顺治十年改松龙道,提调龙安府⑩,驻龙安府⑪。顺治十八年仍为松潘道,抚治羌夷,兼理粮饷。康熙六年七月裁⑫。

---

① 《世祖实录》卷58顺治八年七月癸未,《清实录》,第3册,第459页。按:四川各道,顺治初设置官缺后,因清兵尚未占领,中间均未派员上任,实际设立的只有川北守巡与松龙兵备道。详见《四川巡抚李国英揭请速设道标官兵》(顺治十一年五月十三日),《明清档案》,第19册,第B10807页。
② 雍正《四川通志》卷28中,第560册,第541页。按:以下各道驻地,除特别注出之外,均据雍正《四川通志》卷28中。
③ 雍正《四川通志》卷31,第560册,第658页。
④ 雍正《四川通志》卷17:顺治"十年,以地方荒残,将安绵道暂停推补,寻奉裁,改松潘道为松龙道,提调龙安。顺治十八年,仍改为松潘道,威茂道兼摄巡西道。康熙六年,二道俱奉裁"(第560册,第28页)。按:《清实录》载顺治十七年十一月丙子裁威茂监军道(《世祖实录》卷142,《清实录》,第3册,第1096页),康熙三年三月乙亥"升四川威茂道陈子达为陕西按察使司按察使"(《圣祖实录》卷11,《清实录》,第4册,第175页),威茂监军道当即分巡威茂道。疑顺治十七年十一月所裁者实为分巡川西道,也就是雍正《四川通志》所谓"兼摄巡西道"。又按:《顺治十八年缙绅册》同时载有分巡川西道、整饬威茂道。
⑤ 《世祖实录》卷44顺治六年六月癸丑,《清实录》,第3册,第357页。
⑥ 《四川巡抚李国英揭请速设道标官兵》(顺治十一年五月十三日),《明清档案》,第19册,第B10807页。
⑦ 《世祖实录》卷44顺治六年六月癸丑,《清实录》,第3册,第357页。
⑧ 雍正《四川通志》卷17,第560册,第28页。按:《顺治十八年缙绅册》仍有整饬安绵石泉道。又按:雍正《四川通志》卷28中谓"后奉裁";卷17谓顺治"十年,以地方荒残,将安绵道暂停推补,寻奉裁"(第560册,第28页)。《世祖实录》卷79顺治十年十二月己巳:"赠殉难四川安绵道参议梁一训为光禄寺卿。"(《清实录》,第3册,第626页)此后再无有关安绵道及任命安绵道员的记载,当以《通志》所载为准。
⑨ 《世祖实录》卷44顺治六年六月癸丑,《清实录》,第3册,第357页。
⑩ 雍正《四川通志》卷17,第560册,第28页。
⑪ 《四川巡抚李国英揭请速设道标官兵》(顺治十一年五月十三日),《明清档案》,第19册,第B10808页。
⑫ 雍正《四川通志》卷17,第560册,第28页。

分守川北道,简称守北道,顺治六年六月置①。驻顺庆府②。康熙六年七月裁。

分巡川北道,简称巡北道,顺治六年六月置。驻保宁府,兼管茶法、水利。约康熙初裁。

分守上下川东道,简称守上下东道、守川东道、守东道。顺治六年六月置③。驻涪州,兼理刑名。康熙六年七月裁。

分巡上川东道,简称巡上东道,顺治九年十月置④。驻重庆府,节制播州土司。康熙六年七月裁。

分巡下川东道,即整饬川东道,简称巡下东道,顺治六年六月置⑤。驻达州,抚民捕盗,管石砫宣抚司。康熙六年七月裁。

分守下川南道,简称守下南道,约顺治十七年置⑥。驻叙州府。管叙、马2府、泸州、建武卫并乌撒、乌蒙、东川、镇雄4府、永宁宣抚司⑦。约康熙初年裁。

分巡下川南道,简称巡下南道,顺治十七年八月置⑧。驻泸州。约康熙六年七月裁。

叙泸兵备道,约顺治末年置。明末称"整饬叙、马、泸,抚民永宁宣抚司、建武,往来驻扎,整饬戎务"⑨。驻永宁。康熙元年改为分巡永宁道,六年七月裁⑩。

叙马兵备道,顺治六年六月置⑪。驻马湖府。裁撤时间不详。咸丰《直隶叙永厅志》卷32谓明为整饬叙马泸兵备道。《四川通志》卷28中言:"整饬叙泸道,在永宁城东北,一在马湖,后奉裁。"则是两个道员的官衔相同,分驻两地。

---

① 《世祖实录》卷44顺治六年六月癸丑,《清实录》,第3册,第357页。
② 《四川巡抚李国英揭请速设道标官兵》(顺治十一年五月十三日),《明清档案》,第19册,第B10807页。
③ 《世祖实录》卷44顺治六年六月癸丑,《清实录》,第3册,第357页。
④ 《世祖实录》卷69顺治九年十月庚申,《清实录》,第3册,第545页。
⑤ 《世祖实录》卷44顺治六年六月癸丑,《清实录》,第3册,第357页。
⑥ 按:《世祖实录》卷131明确记载有"分守上川南道",在顺治十七年正月庚申,为"委署"。
⑦ 《顺治十八年缙绅册》。
⑧ 《世祖实录》卷139顺治十七年八月戊戌,《清实录》,第3册,第1075页。
⑨ 明崇祯《分省抚按缙绅便览》。按:《顺治十八年缙绅册》此处文字不清。
⑩ 咸丰《直隶叙永厅志》卷32。
⑪ 《世祖实录》卷44顺治六年六月癸丑,《清实录》,第3册,第357页。

分守上川南道,简称守上南道、上南守道,约顺治十七年置①。驻嘉定州,辖区当同明代,辖嘉定、眉、邛、雅4州及建昌行都司。康熙三年七月裁分巡上川南道②,辖区并入,春夏驻嘉定州,秋冬驻邛州。约康熙六年七月裁。

分巡上川南道,简称巡上南道、上南巡道,顺治六年六月置③。驻邛州。康熙三年七月裁。

整饬建昌道,见后。

分巡遵义道,即整饬播州兵备道,顺治九年七月置④。驻遵义府。康熙七年裁⑤。

康熙六年七月后

1. 松威道—松茂道—成绵龙茂道

初为松威道,康熙八年设⑥,驻松潘。康熙二十五年四月,移驻茂州,称松茂道⑦。后迁回。雍正三年十二月,再次移驻茂州⑧。雍正五年十一月,辖成都、龙安2府和茂、资2州。雍正十二年十一月,川北道之绵州来属,资州往属永宁道⑨。乾隆十三年,为分巡松茂道等处地方,按察使司副使衔。乾隆二十四年八月,加水利衔⑩。乾隆二十九年八月,成都府、绵州往属驿盐道,只辖龙安府和松潘、杂谷诸厅及茂州,兼兵备衔⑪。乾隆四十一年四月,属成都将军统辖⑫,

---

① 按:《世祖实录》卷131言顺治十七年正月庚申"委署分守上川南道高毓苕"(《清实录》,第3册,第1011页),为《实录》中首见"分守上川南道"记载。
② 《圣祖实录》卷12康熙三年七月戊戌,《清实录》,第4册,第192页。
③ 《世祖实录》卷44顺治六年六月癸丑,《清实录》,第3册,第357页。
④ 《世祖实录》卷66顺治九年七月乙亥,《清实录》,第3册,第514页。
⑤ 按:道光《遵义府志》卷28言:"遵义道,按陈(瑄)《遵义军民府志》,国初因明制,设道巡守。康熙七年奉裁,事务、人役改属分巡川东兵备道。"雍正《四川通志》卷16上亦记载康熙六年八月仍有遵义道员,乾隆《贵州通志》卷18亦谓康熙七年裁。裁撤官员从清廷下旨至实际执行,往往有一个过程。遵义道究竟是康熙六年下旨裁撤、康熙七年执行,还是康熙七年下旨裁撤,待考。
⑥ 康熙《四川总志》卷12《秩官》:"康熙八年,因幅员辽阔,极边要地,必资弹压,题奉俞率复设四道。松威道一员,下东道一员,永宁道一员,建昌道一员。"又雍正《四川通志》卷28中:"康熙八年,奉旨复设四道:分巡松茂道(驻扎茂州),分巡川东道(驻扎重庆府),分巡永宁道(驻扎叙永厅),分巡建昌道(驻扎宁远府)。"《四库全书》本,第560册,第541页)
⑦ 《圣祖实录》卷125康熙二十五年四月甲辰,《清实录》,第5册,第333页。雍正《四川通志》卷17,第560册,第28页。
⑧ 《世宗实录》卷39雍正三年十二月戊寅,《清实录》,第7册,第575页。
⑨ 《世宗实录》卷149雍正十二年十一月癸巳,《清实录》,第8册,第850页。
⑩ 《高宗实录》卷594乾隆二十四年八月乙酉,《清实录》,第16册,第617页。
⑪ 《高宗实录》卷716乾隆二十九年八月癸巳,《清实录》,第17册,第992页。
⑫ 《高宗实录》卷1007乾隆四十一年四月壬戌,《清实录》,第21册,第519页。

后仍属总督统辖。乾隆五十二年四月,兼理屯政①。嘉庆二十五年(1820)十月,移驻成都府②,兼管水利事务,成都府、绵州来属,辖成都、龙安2府及理番、松潘、懋功3厅和绵、茂2州,一称成绵龙茂道③。光绪三十四年九月裁④。

2. 川北道

分巡道,雍正八年十一月置,驻保宁府⑤。辖保宁府、潼川州⑥。雍正十二年十一月,川东道之顺庆府来属,绵州往属松茂道,辖保宁、顺庆、潼川3府。乾隆十三年,为分巡川北道,按察使司副使衔。乾隆三十二年三月,加兵备衔⑦。至清末未变。

3. 川东道

分巡道,一作下东道,康熙八年置⑧。驻重庆府⑨,辖重庆、夔州、顺庆3府⑩。雍正六年正月,增辖保宁府⑪。十一月,增辖达州。雍正十二年十一月,顺庆府往属川北道,辖重庆、夔州2府和达、忠2州及黔彭厅。乾隆元年,辖重庆、夔州2府和达、忠、酉阳3州⑫。乾隆十三年,为分巡川东道兼辖重夔2府,布政司参议衔。乾隆三十二年三月,加兵备衔。嘉庆六年,增领绥定府、太平厅。后称分巡川东驿传兵备道,辖重、夔、绥3府忠、酉2州。全清末未变。

4. 永宁道

分巡道,康熙八年置⑬。驻叙永厅⑭。雍正八年十一月,辖叙州府、叙永

---

① 《高宗实录》卷1279乾隆五十二年四月"是月",《清实录》,第25册,第142页。
② 《宣宗实录》卷7嘉庆二十五年十月庚子,《清实录》,第33册,第154页。
③ 光绪《清会典事例》卷25,第1册,第321页。
④ 《德宗实录》卷596光绪三十四年九月己酉,《清实录》,第59册,第882页。《四川总督赵尔巽奏拟裁分巡道缺增改巡警劝业两道折》,《政治官报》,光绪三十四年九月三十日,第12册,第554页。
⑤ 《世宗实录》卷100雍正八年十一月己丑,《清实录》,第8册,第334页。
⑥ 《四川布政使高维新奏请令川东等四道每年巡历所属州县及裁驿盐道添设川北道折》(雍正八年三月初五日),《雍正朝汉文硃批奏折汇编》,第18册,第93页。
⑦ 《高宗实录》卷780乾隆三十二年三月乙亥,《清实录》,第18册,第588页。
⑧ 按:道光《重庆府志》卷4:"旧有上川东道驻重庆,下川东道驻达州。康熙八年裁下川东道,统为川东兵备道,辖重、夔、绥三府、忠、酉二州,仍驻重庆府。"时间当有误。又谓曹礼先于康熙九年任川东兵备道,当是到任时间。
⑨ 雍正《四川通志》卷28中,第560册,第541页。
⑩ 《四川布政使高维新奏请令川东等四道每年巡历所属州县及裁驿盐道添设川北道折》(雍正八年三月初五日),《雍正朝汉文硃批奏折汇编》,第18册,第93页。
⑪ 《世宗实录》卷65雍正六年正月乙亥,《清实录》,第7册,第997页。
⑫ 乾隆《清一统志》卷317:"本朝顺治十五年归附,仍属重庆府。雍正十二年,改隶黔彭厅。十三年,于司治设县。乾隆元年,升县为州,直隶四川省,领县三。"(第481册,第443页)
⑬ 按:咸丰《直隶叙永厅志》卷32谓康熙九年复设。
⑭ 雍正《四川通志》卷28中,第560册,第541页。按:康熙《清一统志》卷235言驻永宁卫,即叙永厅。

厅、泸州。一作分巡川南永宁道。雍正十二年十一月,资州自松茂道来属。乾隆二十八年前,已移驻泸州①。宣统三年(1911),辖叙州府和泸、资、永宁3州。

5. 建昌道

整饬建昌道,顺治七年十月置②。驻建昌卫。职能为"督理粮储,分巡行都司"③。康熙六年七月裁。康熙八年复置,为分巡道,驻建昌监理厅(雍正六年改为宁远府)④。雍正间辖宁远、雅州2府和嘉定、邛、眉3州。乾隆十年,移驻雅州府⑤。乾隆十三年,为分巡建昌上南道,按察使司副使衔。乾隆二十四年八月,加水利衔。二十五年,增辖杂谷、松潘2厅。乾隆三十二年三月,加兵备衔。乾隆四十一年四月,属成都将军统辖⑥。后仍属总督统辖。光绪三年,称分巡建昌上南驿务兵备道。宣统三年,辖嘉定、雅州、宁远3府和眉、邛2州。

6. 康安道⑦

初拟名炉安道,宣统三年二月奏准并改名,驻巴安府。道员加提法使衔,管理全境刑名,兼管兵备,督率康定、巴安两府及所属各州县。属川滇边务大臣管辖。

7. 边北道

宣统三年二月奏准,驻登科府。道员兼管兵备,督率登科府及所属各州县。职能为"禀承边务大臣命令,考核所辖府州县,并兼理刑名事务,府州县命盗各案均由该道核转。遇有兵事,准调遣境内巡防各军,一面知会该军统领札饬各营遵照"⑧。属川滇边务大臣管辖。

---

① 乾隆《清一统志》卷291:"川南永宁兵备道,驻泸州,辖叙州府、泸、资二州。"(第481册,第8页)夏诏新于乾隆二十一年出任泸州知州,于乾隆二十八年作《改建永宁道署碑记》,谓:"国初移驻古蔺州,为永宁道。而泸负山带河,车马舳舻,缤纷辐辏,自宋学士孙公义叟、刺史魏公了翁俱以为控制西南,莫重于泸,以故近年来当斯任者不驻蔺而驻泸,亦由中制外之义也。"(《直隶泸州志》卷3,清嘉庆刻本)
② 《世祖实录》卷50顺治七年十月甲辰,《清实录》,第3册,第401页。
③ 《顺治十八年缙绅册》。
④ 雍正《四川通志》卷28中,第560册,第541页。
⑤ 嘉庆《四川通志》卷25,《中国西南文献丛书·西南稀见方志文献》影印本,兰州大学出版社,2004年,第2卷,第525页。
⑥ 《高宗实录》卷1007乾隆四十一年四月壬戌,《清实录》,第21册,第519页。
⑦ 按:赵尔丰在《会筹边务开办章程折》(光绪三十三年八月)中说:"惟设官之制,或谓宜仿照蒙疆参赞、办事、领队之例,而不用'大臣'字样,以便边务大臣统辖,或谓宜用东三省新官制者。今请仍以内地制度行之。"(《赵尔丰川边奏牍》,第55页)似乎是按内地制度设立道府厅州县。但从边北道员职能来看,与归绥道员有些相似;从道衙的人员组成来看,已经与所辖府州类似,与黑龙江各道相近,与内地的守巡道有较大差别。
⑧ 《德格春科高日三土司设置章程》,《赵尔丰川边奏牍》,第317页。

8. 已裁各道

分巡驿盐道,雍正四年九月置①。驻成都府。乾隆十三年,为分巡四川通省清军驿传盐茶道,按察使司副使衔。乾隆二十九年八月,兼分巡成都府、绵州事务②。嘉庆二十五年十月,不兼分巡事务③。

五、府厅州县

清初,四川省辖8府:成都、保宁、顺庆、叙州、重庆、夔州、马湖、龙安府;5军民府:遵义、镇雄、东川、乌蒙、乌撒军民府;6直隶州:潼川、眉州、嘉定、邛州、泸州、雅州。另有松潘卫、建昌卫、会川卫、盐井卫、宁番卫、越嶲卫、德昌所、礼州所、迷易所、盐井打冲河所、黎州大渡河所等。

康熙五年九月,乌撒军民府往属于贵州省。雍正四年四月,东川军民府往属于云南省。雍正五年闰三月,镇雄、乌蒙军民府往属于云南省;十月,裁马湖府,地入叙州府;析成都府地置资州、绵州、茂州直隶州。雍正六年二月,以建昌诸卫地置宁远府;七月,遵义府往属贵州省;十一月,析夔州地置达州直隶州。雍正七年四月,升雅州为雅州府。雍正八年,析叙州府地置叙永直隶厅。雍正十一年十月,析重庆府地置黔彭直隶厅、忠州直隶州。雍正十二年十一月,升嘉定直隶州为嘉定府,升潼川直隶州为潼川府。由此,辖11府、8直隶州、2直隶厅。

乾隆元年,改黔彭直隶厅为酉阳直隶州。乾隆二十五年,升龙安府杂谷厅、松潘厅为直隶厅。乾隆二十七年九月,升夔州府石砫厅为直隶厅。乾隆四十一年,以大小金川地置阿尔古厅、美诺厅,由内地轮流派驻同知通判等。乾隆四十四年十月,裁阿尔古厅,地入美诺。乾隆四十八年,改美诺厅为懋功直隶厅。至此,辖11府、9直隶州、5直隶厅。

嘉庆六年十一月,升达州为绥定府,析达州地置太平直隶厅,杂谷厅改名为理番厅。嘉庆末,辖12府、8直隶州、6直隶厅。道光元年(1821)十月,降太平直隶厅为太平县。光绪二十九年十一月,升雅州府打箭炉厅为直隶厅。光绪三十四年六月,改叙永直隶厅为永宁直隶州。光绪三十四年八月奏设康定府(升打箭炉直隶厅置)、巴安府,宣统二年奏请设立登科府,宣统三年奏请设立昌都府,均属川滇边务大臣管辖。至清末,四川总督管辖的有12府:成都、

---

① 《世宗实录》卷61雍正五年九月辛未,《清实录》,第7册,第938页。
② 《高宗实录》卷716乾隆二十九年八月癸巳,《清实录》,第17册,第992页。
③ 《宣宗实录》卷7嘉庆二十五年十月庚子,《清实录》,第33册,第154页。

宁远、保宁、顺庆、叙州、重庆、夔州、绥定、龙安、潼川、嘉定、雅州府；9 直隶州：资州、绵州、茂州、酉阳州、忠州、眉州、邛州、泸州、永宁直隶州；4 直隶厅：松潘、石砫、理番、懋功厅，以及 7 厅、11 州、114 县；川滇边务大臣管辖的有康定、巴安、登科、昌都等 4 府（均有亲辖地），3 厅、2 州、7 县，另有委员设治地区 12 处；全省共有 16 府、4 直隶厅、9 直隶州、10 厅、13 州、121 县。西藏境内的靖西厅同知，亦由四川总督委派，名义上属雅州府。

1. 成都府

治所即今四川成都市城区。顺治六年，沿明制，为省会。领 6 州 25 县：成都、华阳、双流、温江、新繁、金堂、仁寿、新都、井研、郫县、崇宁、资县、灌县、彭县、安县、内江、资阳县，简州，崇庆州领新津县，汉州领什邡、绵竹县，绵州领德阳、彰明、罗江县，茂州领汶川县，威州领保县①。顺治十六年，裁罗江县入德阳县，裁彰明县入绵州②。康熙元年，裁双流县入新津县。康熙七年九月，裁彭县入新繁县，裁崇宁县入郫县③。康熙九年，裁华阳县入成都县。雍正五年十一月，升资县为资州直隶州，析仁寿、资阳、井研、内江 4 县往属；升绵州为直隶州，析德阳、安县、绵竹 3 县往属；升茂州为直隶州，析保县、汶川 2 县及瓦寺等 3 安抚司，静州等 4 长官司往属；复设华阳县；裁威州入保县④。领 3 州、10 县。雍正七年十月，复置双流、崇宁、彭县等 3 县⑤。至清末，领 3 州：简州、崇庆州、汉州；13 县：成都、华阳、双流、温江、新繁、金堂、新都、郫县、灌县、彭县、崇宁、新津、什邡县。

成都县，附郭，治所即今四川成都市青羊区。

华阳县，附郭，治所即今四川成都市锦江区。康熙九年裁入成都县⑥。雍正五年十一月复置。

双流县，治所即今四川双流县驻地东升街道。康熙元年裁入新津县⑦。雍正七年十月复置。

温江县，治所即今四川成都市温江区驻地柳城街道。

新都县，治所即今四川成都市新都区驻地新都街道。

金堂县，治所在今四川成都市青白江区东城厢镇。

郫县，治所即今四川郫县驻地郫筒街道。

---

①② 康熙《清会典》卷 19，第 1 册上，第 196 页。
③ 《圣祖实录》卷 27 康熙七年九月丁未，《清实录》，第 4 册，第 372 页。
④ 《世宗实录》卷 63 雍正五年十一月庚午，《清实录》，第 7 册，第 970 页。
⑤ 《世宗实录》卷 87 雍正七年十月己酉，《清实录》，第 7 册，第 162 页。
⑥⑦ 康熙《清会典》卷 19，第 1 册上，第 195 页。

新繁县,治所在今四川成都市新都区西北新繁镇。

崇宁县,治所在今四川郫县西北唐昌镇。康熙七年九月裁入郫县,雍正七年十月复置。

彭县,治所即今四川彭州市驻地天彭镇。康熙七年九月裁入新繁县,雍正七年十月复置。

灌县,治所即今四川都江堰市驻地灌口街道。

简州,治所即今四川简阳市驻地简城街道。

崇庆州,治所即今四川崇州市驻地崇阳街道。

新津县,治所即今四川新津县驻地五津街道。初属崇庆州,雍正末直属府。

汉州,治所即今四川广汉市驻地雒城镇。

什邡县,治所即今四川什邡市驻地方亭街道。初属汉州,雍正末直属府。

2. 宁远府

明末为建昌监理通判,挂衔成都府,隶属于建昌兵备道;建昌五卫属四川行都司,受通判监埋。清康熙八年仍设建昌通判,为建昌监埋厅①,属建昌道,下辖建昌、宁番、越嶲、盐井、会川5卫及平彝、蛮彝长官司②。各卫所设武职流官守备、千总,军户皆为民户。康熙二十九年,析会川卫地置会理州。雍正六年二月,裁建昌通判,置宁远府,治所即今四川西昌市城区;裁建昌卫及左中前3所、礼州守御所置西昌县,裁宁番卫置冕宁县,裁盐井卫置盐源县,裁会川卫地入会理州③。领1州、3县、1卫。乾隆二十六年五月,裁越嶲卫置越嶲厅,并盐中、德昌2所入西昌县,裁迷易所入会理州④。宣统元年十一月,析盐源县阿所拉巡检地置盐边厅。宣统二年八月,于交脚汛地置昭觉县。领2厅:盐边、越嶲厅;1州:会理州;4县:西昌、盐源、冕宁、昭觉县。

西昌县,雍正六年二月改建昌卫置,附郭,治所即今四川西昌市城区。

冕宁县,雍正六年二月改宁番卫置,治所即今四川冕宁县驻地城厢镇。

盐源县,雍正六年二月改盐井卫置,治所在今四川盐源县东卫城镇。

昭觉县,宣统二年八月置⑤,治所即今四川昭觉县驻地新城镇。

---

① 雍正《四川通志》卷2,第559册,第88页。
② 康熙《四川总志》卷4《建置沿革》。
③ 《世宗实录》卷66雍正六年二月壬午,《清实录》,第7册,第1003页。按:《世宗实录》卷90雍正八年正月乙未、卷141雍正十二年三月壬辰有四川"建昌府"之记载。
④ 《高宗实录》卷636乾隆二十六年五月癸丑,《清实录》,第17册,第109页。
⑤ 《宣统政纪》卷41宣统二年八月丁亥,《清实录》,第60册,第728页。按:宣统三年冬《职官录》宁远府无昭觉县。

会理州,康熙二十九年析会川卫地置①,治苦竹坝,在今四川会东县西南新云乡。雍正六年二月,会川卫并入,移治会川卫城,即今四川会理县驻地城关镇。

越嶲厅,乾隆二十六年五月改越嶲卫置,治所即今四川越西县驻地越城镇。

盐边厅,宣统元年十一月析盐源县阿所拉巡检地置②,治阿所拉,在今四川盐边县驻地桐子林镇西北二滩水库中。

3. 保宁府

治所即今四川阆中市北保宁街道。顺治六年,沿明制,领2州8县:阆中、苍溪、南部、广元、昭化县,巴州领通江、南江县,剑州领梓潼县。雍正五年十一月,梓潼县往属于绵州直隶州③。雍正末,各县直隶于府。至清末,领2州:巴州、剑州;7县:阆中、苍溪、南部、广元、昭化、通江、南江县。

阆中县,附郭,治所即今四川阆中市北保宁街道。

苍溪县,治所即今四川苍溪县驻地陵江镇。

南部县,治所即今四川南部县滨江街道。

广元县,治所即今四川广元市利州区嘉陵街道。

昭化县,治所在今四川广元市昭化区昭化镇。

巴州,治所即今四川巴中市巴州区城区。

通江县,治所即今四川通江县驻地诺江镇。初属巴州,雍正末直属府。

南江县,治所即今四川南江县驻地南江镇。初属巴州,雍正末直属府。

剑州,治所即今四川剑阁县南普安镇。

4. 顺庆府

治所即今四川南充市顺庆区城区。顺治六年,沿明制,领2州8县:南充、岳池、西充县,蓬州领营山、仪陇县,广安州领渠县、大竹、邻水县。康熙七年九月,裁岳池县入广安州。康熙六十年六月,复置岳池县。雍正末,各县直

---

① 雍正《四川通志》卷2,第559册,第89页。乾隆《清一统志》卷305,第481册,第256页。按:宁远府设立之前的会理州隶属关系,乾隆《清一统志》、雍正《四川通志》、乾隆《会理州志》等均未见记载,康熙《皇舆表》载会理州与建昌诸卫均为府级政区,同治《会理州志》卷1《沿革》谓:"康熙元年改指挥为会川卫军民守备,属建昌监理厅。二十九年分卫地置会理州于卫东之大桥。雍正六年裁会川卫守备移会理州来治,属宁远府",属于建昌监理厅。

② 《宣统政纪》卷26宣统元年十一月壬戌,《清实录》,第60册,第479页。按:吴承湜《近六十年全国郡县增建志要》卷上谓宣统二年五月议行。

③ 《世宗实录》卷63雍正五年十一月庚午,《清实录》,第7册,第970页。

属于府。嘉庆十九年,渠县、大竹2县往隶绥定府①。至清末,领2州:蓬州、广安州;6县:南充、西充、营山、宜陇、邻水、岳池县。

南充县,附郭,治所即今四川南充市顺庆区城区。

西充县,治所即今四川西充县驻地晋城镇。

蓬州,治所在今四川蓬安县西锦屏镇。

营山县,治所在今四川营山县驻地朗池镇。初属蓬州,雍正末直属府。

宜陇县,初名仪陇县,属蓬州,雍正末直属府。治所即今四川仪陇县北金城镇。宣统元年八月,避讳改名②。

广安州,治所即今四川广安市广安区驻地浓洄街道。

邻水县,治所即今四川邻水县驻地鼎屏镇。初属广安州,雍正末直属府。

岳池县,治所即今四川岳池县驻地九龙镇。康熙七年九月裁入广安州③,康熙六十年六月复置④。

5. 叙州府

治所即今四川宜宾市翠屏区老城区。顺治六年,沿明制,领10县:宜宾、庆符、富顺、南溪、长宁、高县、筠连、珙县、兴文、隆昌,及永宁宣抚司⑤、九姓长官司⑥,另有叙永管粮厅、建武安边厅⑦。雍正五年八月,永宁县自贵州来属⑧;十一月,马湖府被裁,屏山县及泥溪等5长官司一并来属⑨。雍正六年,裁雷

---

① 嘉庆《四川通志》卷4,《中国西南文献丛书·西南稀见方志文献》影印本,第1卷,第602页。
② 《宣统政纪》卷20宣统元年八月丁酉,《清实录》,第60册,第367页。
③ 《圣祖实录》卷27康熙七年九月丁未,《清实录》,第4册,第372页;康熙《清会典》卷19,第1册上,第196页。按:《圣祖实录》卷6康熙元年四月乙巳,"四川巡抚佟凤彩疏言:川省初定,土满人稀,请将岳池县归并南充,江油县归并平武。从之。"(《清实录》,第4册,第110页)
④ 《圣祖实录》卷293康熙六十年六月丙申,《清实录》,第6册,第846页。
⑤ 康熙《清会典》卷19,第1册上,第196页。
⑥ 康熙《四川总志》卷4《建置沿革》。
⑦ 康熙《四川总志》卷7《公署》。按:康熙《四川总志》卷7内,各府只载有这两个厅,其他同知、通判公署均未载。卷12下《秩官》载叙州府有知府、同知、永宁同知、兵粮同知、通判各一员。康熙《叙州府志》卷首四川巡抚姚缔虞序谓叙州府"辖十邑两厅",四川按察使王业兴序谓"辖十二厅县",叙州府通判张官纪序谓"叙郡有十二厅县之志",正文亦按十二厅县编排。雍正《四川通志》卷24《山川》亦有"建武厅",作县级政区处理。说明地方官员已经认为这两个厅是行政区划。
⑧ 《世宗实录》卷60雍正五年八月乙未,《清实录》,第7册,第916页。按:《世宗实录》谓"将永宁县改归四川,隶于同城之叙永同知管辖"。雍正《四川通志》卷2谓"雍正五年并归四川为永宁县,属叙州府。雍正八年改隶叙永厅"。乾隆《清 统志》卷318:"本朝康熙初仍置同知,隶四川叙州府,以永宁卫隶贵州威宁府。二十六年改卫为县,仍隶威宁府。雍正五年为永宁县,改隶叙州府。八年复设同知,领永宁一县,直隶四川省。"永宁同知从清初一直存在,《一统志》谓雍正八年复设同知,误。当是雍正五年八月永宁县属四川省,实际上已经在叙永同知管辖之下,但不符合制度。雍正八年改叙永厅为直隶厅,下辖永宁县。
⑨ 《世宗实录》卷63雍正五年十一月庚午,《清实录》,第7册,第970页。

波长官司,改设为雷波卫。雍正八年,升叙永厅为直隶厅,永宁县往属。乾隆元年三月,裁建武厅通判。乾隆二十六年五月,裁雷波卫、黄螂所置雷波厅。乾隆二十九年九月,置马边厅。至清末,领2厅:雷波厅、马边厅;11县:宜宾、庆符、富顺、南溪、长宁、高县、筠连、珙县、兴文、隆昌、屏山县。

宜宾县,附郭,治所即今四川宜宾市翠城区老城区。

庆符县,治所即今四川高县驻地庆符镇。

富顺县,治所即今四川富顺县驻地富世镇。

南溪县,治所即今四川宜宾市南溪区驻地南溪街道。

长宁县,治所在今四川长宁县南双河镇。

高县,治所在今四川高县南文江镇。

筠连县,治所即今四川筠连县驻地筠连镇。

兴文县,治所在今四川兴文县西㮾王山镇。乾隆元年,建武并入。光绪三十四年六月移驻建武城①,在今兴文县西南九丝城镇建武场。

隆昌县,治所在今四川隆昌县古湖街道。

屏山县,治所在今四川屏山县西南锦屏镇。初属马湖府,雍正五年十一月来属。

珙县,治所在今四川珙县东南珙泉镇。

雷波厅,初为雷波长官司,属马湖府②。雍正五年十一月来属。雍正六年改置直隶雷波卫,下辖黄螂所③。乾隆二十六年五月,以雷波卫、黄螂所地置厅④,治所即今四川雷波县驻地锦城镇⑤。

马边厅,乾隆二十九年九月析屏山营马边县丞地方置⑥,治所即今四川马边彝族自治县驻地民建镇。

建武厅,一作建武安边厅,在建武城内(今兴文县西南九丝城镇建武场),明

---

① 《护理四川总督赵尔丰奏升改县治以资控驭折》,《政治官报》,光绪三十四年六月十一日第251号,第9册,第191页。
② 雍正《四川通志》卷2,第559册,第84页。
③ 按:雷波卫、黄螂所设置时间,雍正《四川通志》卷2谓雍正六年置,卷5上谓雍正八年新设。据同书卷18上《国朝雍正七年户部议覆四川提督黄廷桂条奏雷波、建昌、宁番、阿都等处善后事宜节略》,谓四川提督黄廷桂奏请设立雷波卫、黄螂所,雍正七年六月十二日奉旨依议。当是雍正六年题奏,雍正七年六月十二日议准,雍正八年设治。
④ 《高宗实录》卷636乾隆二十六年五月癸丑,《清实录》,第17册,第109页。
⑤ 按:光绪《清会典事例》卷153载直隶叙永厅领雷波厅、永宁县。清末编《四川省各府直隶厅州图》目录载雷波厅属于叙永厅,叙永厅图中只领永宁县,叙州府图中叙州府领十一厅县、附雷波厅。存疑。
⑥ 《高宗实录》卷718乾隆二十九年九月壬戌,《清实录》,第17册,第1010页。

万历元年设建武守御所及安边同知①,清初因之。康熙六年,裁守御所及同知,以叙州府通判兼辖。习称建武厅②。雍正八年三月,通判移驻屏山县新镇(今四川马边彝族自治县驻地民建镇)③,新镇亦归建武厅管辖。乾隆元年三月,建武厅通判改管盐务,建武厅所属建武区域归兴文县管辖,新镇区域归屏山县管辖④。

6. 重庆府

治所即今重庆市渝中区。顺治六年,沿明制,领 3 州 17 县:巴县、江津、长寿、大足、永川、荣昌、綦江、南川、黔江、安居、璧山县,合州领铜梁、定远县,忠州领酆都、垫江县,涪州领武隆、彭水县。顺治十五年、十六年,领有酉阳宣抚司,酉阳宣抚司兼管石耶洞、平茶洞、邑梅洞长官司⑤,以及地坝长官司⑥。

康熙元年,裁大足县入荣昌县,裁安居、铜梁、定远 3 县入合州,裁璧山县入永川县⑦。康熙七年七月,四川总督苗澄上疏:"酉阳一司兼石耶、平茶、邑梅三长官司,封畛过侈,不可不为先事之防。考《名胜志》,明永乐初,平茶、邑梅二司改隶渝州。渝州,即今重庆府也。宜照此例,将平茶、邑梅二司改隶重庆,以消蛮司土,广民众之势。"⑧九月,裁武隆县入涪州⑨。康熙六十年六月,复置铜梁县。

雍正七年十月,复置璧山、大足、定远 3 县⑩。雍正十一年十月,升忠州为直隶州,酆都、垫江 2 县往属;析彭水、黔江 2 县及酉阳宣抚司、石耶洞、平茶洞、役梅洞 3 长官司置黔彭直隶厅⑪。雍正末,州属县改为直属于府。乾隆二

---

① 万历《四川总志》卷 21《经略三》,光绪《兴文县志》卷 1《舆地志》。
② 按:雍正《四川通志》叙州府辖建武厅,卷 3 上谓建武厅"东西距一百一十四里,南北距七十里"。
③ 《世宗实录》卷 92 雍正八年三月戊子,《清实录》,第 8 册,第 235 页。
④ 《高宗实录》卷 15 乾隆元年三月壬子,《清实录》,第 9 册,第 410 页。
⑤ 《圣祖实录》卷 26 康熙七年七月壬戌,《清实录》,第 4 册,第 366 页。按:康熙《清会典》卷 19 作石耶洞、邑梅洞两长官司属重庆府,平茶洞长官司直属布政使司。康熙《四川总志》卷 4 酉阳宣抚司领石耶洞长官司;石柱宣抚司、邑梅洞长官司初隶重庆卫,裁卫改属重庆府;平茶洞长官司隶四川布政使司,属川南道。
⑥ 雍正《四川通志》卷 19,第 560 册,第 101 页。
⑦ 康熙《清会典》卷 19,第 1 册上,第 197 页。
⑧ 《圣祖实录》卷 26 康熙七年七月壬戌,《清实录》,第 4 册,第 366 页。
⑨ 《圣祖实录》卷 27 康熙七年九月丁未,《清实录》,第 4 册,第 372 页。
⑩ 《世宗实录》卷 87 雍正七年十月己酉,《清实录》,第 7 册,第 162 页。
⑪ 《世宗实录》卷 136 雍正十一年十月乙卯,《清实录》,第 8 册,第 742 页。按:雍正四年九月移重庆府同知驻黔江县,是为管理酉阳土司,见《吏部尚书查弼纳题为四川酉阳等处土司地方流官官职卑微不足弹压酌议移改本》雍正四年九月初五日(《雍正朝内阁六科史书·吏科》,第 30 册,第 423 页),同时移设的雅州州同、泸州州同,性质相同,均非政区。

十三年,置江北厅①。至清末,领1厅:江北厅;2州:合州、涪州;11县:巴县、江津、长寿、永川、荣昌、綦江、南川、铜梁、大足、璧山、定远县。

巴县,附郭,治所即今四川重庆市渝中区。

江津县,治所即今重庆市江津区驻地几江街道。

长寿县,治所即今重庆市长寿区驻地凤城街道。

永川县,治所即今重庆市永川区城区。

荣昌县,治所即今重庆市荣昌县驻地昌元街道。

綦江县,治所即今重庆市綦江县驻地古南街道。

南川县,治所即今重庆市南川区城区。

合州,治所即今重庆市合川区城区。康熙元年,安居、铜梁、定远3县并入。康熙六十年六月析置铜梁县。雍正七年十月析置定远县。

涪州,治所在今重庆市涪陵区驻地荔枝街道。康熙七年九月,武隆县并入。

铜梁县,治所即今重庆市铜梁县驻地巴川街道。康熙元年裁入合州。康熙六十年六月复置②。

大足县,治所即今重庆市大足区龙岗街道。康熙元年裁入荣昌县。雍正七年十月复置。

璧山县,治所即今重庆市璧山县驻地璧城街道。初属合州,雍正末直属府。

定远县,治所在今四川武胜县西南中心镇。康熙元年裁入合州。雍正七年十月复置。

---

① 《高宗实录》卷511乾隆二十一年四月癸亥,"铸给四川重庆府分驻江北镇理民督捕同知关防,从总督开泰请也。"卷526乾隆二十一年十一月庚子,"吏部议准,四川总督开泰奏称,重庆府巴县附府事繁,所辖缙云山岭以西之祥直二乡共十二甲,接壤璧山县,应分归管辖。……其嘉陵江以北之义礼二乡并仁乡等二十六甲,分归江北镇同知管辖,并改重庆府司狱为江北镇照磨。"卷570乾隆二十三年九月丁酉,"户部等部议覆,四川总督开泰疏称,重庆府属巴县原辖地方分隶璧山县、江北镇同知案内各事宜。一、缙云山岭西之祥、直二乡,及嘉陵江北之义、礼二乡粮户,距璧山、江北镇远者,仍归巴县征收。……一、命盗事件,分隶各衙门起限承缉。均应如所请。从之。"
道光《江北厅志》卷1《沿革》:"乾隆十九年,因镇所形势冲要,以重庆府同知移驻江北,以旧署变价,建新署于江北镇弋阳观下。二十四年,以巴县义礼二里及仁里六甲隶焉。奉颁江北镇理民督捕同知关防。"又卷5《职官志》谓朱照于"乾隆二十一年到任。乾隆二十三年于县治辽阔等事案内,分拨巴县仁义礼三里归江北管辖,改为理民督捕同知。"又谓"乾隆二十三年改重庆府司狱为江北厅同知照磨",四月十五日首任照磨到任。道光《重庆府志》卷1《沿革说》亦持此说。
结合《高宗实录》及方志记载,四川总督开泰有三次题奏。乾隆十九年闰四月批准的只是重庆府同知移驻江北,性质为分防同知。乾隆二十一年十一月批准江北镇同知管理嘉陵江以北的义、礼二乡的钱谷事务,并置厅照磨。乾隆二十三年九月调准江北厅辖区,并批准管理命盗事件,使厅的职能得到完善。同知改名,照磨到任。江北厅行政机构由此形成。道光《江北厅志》卷首川东道嵩龄、耿自检、江北厅同知福珠朗阿之叙,均谓乾隆二十四年设厅。

② 《圣祖实录》卷293康熙六十年六月丙申,《清实录》,第6册,第846页。

江北厅,乾隆二十三年析巴县地置,治所在今重庆市江北区南江北城。

安居县,治所在今四川省铜梁县北安居镇,康熙元年并入合州。

武隆县,治所在今重庆市武隆县西北土坎镇,康熙七年九月并入涪州。

7. 夔州府

治所即今重庆市奉节县驻地永安镇。顺治六年,沿明制,领1州、12县:奉节、巫山、大昌、云阳、大宁、万县、开县、新宁、梁山、建始县、达州领东乡、太平县。另有石砫宣慰使司。康熙七年九月,裁新宁县入梁山县;裁大宁县入奉节县①。康熙九年,裁大昌县入巫山县②。雍正六年十一月,升达州为直隶州,东乡、太平2县往属③。雍正七年十月,复置大宁、新宁2县④。雍正十一年十月,析梁山县往属于忠州直隶州⑤。雍正十二年十一月,析新宁县往属于达州直隶州⑥。雍正十三年十一月,因建始县距湖北省恩施县距离较近,改隶于湖北施南府⑦。乾隆二十七年九月,石砫土司改流,置石砫直隶厅⑧。清末,领6县:奉节、巫山、云阳、万县、开县、大宁县。

奉节县,附郭,治所在今重庆市奉节县驻地永安街道东梅溪河与长江交汇处西侧江中。

巫山县,治所即今重庆市巫山县驻地巫峡镇。

大宁县,治今重庆市巫溪县驻地柏杨街道东城厢镇。康熙七年九月裁入奉节县,雍正七年十月复置。

云阳县,治所在今重庆市云阳县东云阳镇。

万县,治所即今重庆市万州区老城区。

开县,治所即今重庆市开县驻地汉丰街道。

大昌县,治所在今重庆市巫山县北大昌镇东北大昌古镇。康熙九年裁入巫山县。

8. 达州直隶州—绥定府

初为夔州府达州,领东乡、太平2县⑨。雍正六年十一月,升为达州直隶

---

① 《圣祖实录》卷27康熙七年九月丁未,《清实录》,第4册,第372页。
② 康熙《清会典》卷19,第1册上,第197页;雍正《四川通志》卷2,559册,第84页。
③ 《世宗实录》卷75雍正六年十一月庚午,《清实录》,第7册,第1120页。
④ 《世宗实录》卷87雍正七年十月己酉,《清实录》,第8册,第162页。
⑤ 《世宗实录》卷136雍正十 年十月乙卯,《清实录》,第8册,第742页。
⑥ 《世宗实录》卷149雍正十二年十一月癸巳,《清实录》,第8册,第850页。
⑦ 《高宗实录》卷6雍正十三年十一月壬寅,《清实录》,第9册,第264页。
⑧ 《高宗实录》卷651乾隆二十六年十二月癸未,《清实录》,第17册,第291页;又卷670乾隆二十七年九月壬戌,第17册,第486页。
⑨ 康熙《清会典》卷19,第1册上,第197页。

州,仍领东乡、太平2县①。雍正十二年十一月,夔州府新宁县来属。嘉庆六年十一月升府,治所即今四川达州市通川区驻地东城街道,置附郭达县,并升太平县为直隶厅②。嘉庆十九年,顺庆府渠县、大竹2县来属③。道光元年十月,降太平直隶厅为县,还属于府;置城口厅④。至清末,领1厅:城口厅;6县:达县、新宁、东乡、太平、渠县、大竹县。

达县,附郭,嘉庆六年十一月置,治所即今四川达州市通川区驻地东城街道。

东乡县,治今四川宣汉县驻地东乡镇。

新宁县,治所即今四川开江县驻地新宁镇。初属夔州府,康熙七年九月裁入梁山县⑤。雍正七年十月复置。雍正十二年十一月来属⑥。

渠县,治所即今四川渠县驻地渠江镇。初属广安州,雍正末属顺庆府。嘉庆十九年来属。

大竹县,治所即今四川大竹县驻地竹阳街道。隶属关系变化同渠县。

太平县,治所即今四川万源市驻地太平镇。初属达州。雍正六年十一月属达州直隶州。嘉庆六年十一月升为直隶厅。道光元年十月复降为县,来属。

城口厅,道光元年十月析太平厅城口地方置,治所即今重庆城口县驻地葛城街道。

9. 龙安府

治所即今四川平武县驻地龙安镇。顺治六年,沿明制,领3县:平武、江油、石泉县⑦,另领青川守御千户所⑧、阳地隘口长官司⑨。雍正八年十一月,松潘卫来属⑩。雍正九年二月,绵州直隶州彰明县来属;十二月,裁松潘卫,置

---

① 《世宗实录》卷75雍正六年十一月庚午,《清实录》,第7册,第1120页。
② 《仁宗实录》卷91嘉庆六年十一月己亥,第29册,第211页。
③ 嘉庆《四川通志》卷4,《中国西南文献丛书·西南稀见方志文献》影印本,第1卷,第602页。
④ 《宣宗实录》卷24道光元年十月戊子,《清实录》,第33册,第436页。
⑤ 《圣祖实录》卷27康熙七年九月丁未,《清实录》,第4册,第372页。
⑥ 《世宗实录》卷149雍正十二年十一月癸巳,《清实录》,第8册,第850页。
⑦ 按:《清朝文献通考》卷286谓顺治初有清川县,顺治十六年并入平武县(第2册,第7360页)。《清通典》卷94同。乾隆《清一统志》卷304:清川故城,明洪武四年改置青川守御千户所,"本朝顺治十六年,并入平武"。雍正《四川通志》卷2亦言顺治十六年裁青川守御千户所入县。"清川县"当是"青川所"之误。
⑧ 康熙《四川总志》卷4《建置沿革》。
⑨ 雍正《四川通志》卷19,第560册,第91页。
⑩ 《世宗实录》卷100雍正八年十一月己卯,《清实录》,第8册,第331页。

松潘厅①。乾隆十四年,置卓克采长官司来属,升梭磨长官司为宣慰司②。乾隆十七年十月,杂谷脑一带改流,置杂谷直隶厅③。乾隆十八年,置从噶克长官司④。二十五年十二月,升松潘厅为直隶厅⑤。至清末,领4县:平武、江油、石泉、彰明县。

平武县,附郭,治所即今四川平武县驻地龙安镇。

江油县⑥,治今四川江油市北武都镇。

石泉县,治所在今四川北川羌族自治县西北禹里乡治城。

彰明县,顺治十六年裁入绵州⑦,雍正七年十月复设⑧。治所在今四川江油市南彰明镇。初属绵州直隶州,因距龙安府较近,雍正九年二月来属⑨。

10. 潼川直隶州—潼川府

顺治六年,沿明制,为潼川直隶州,治所即今四川三台县驻地潼川镇。领7县:射洪、盐亭、中江、遂宁、安岳、蓬溪、乐至县。顺治十年,裁射洪县入州,裁遂宁县入蓬溪县⑩。顺治十七年十一月,复置遂宁县。康熙元年,复置射洪县;裁安岳县入遂宁县⑪。雍正七年十月,复置安岳县。雍正十二年十一月,升府,置附郭三台县⑫。至清末,领8县:三台、射洪、盐亭、中江、遂宁、蓬溪、乐至、安岳县。

三台县,附郭,雍正十二年十一月以潼川州亲辖地置。治所即今四川三台

---

① 《世宗实录》卷113雍正九年十二月癸丑,《清实录》,第8册,第512页。
② 乾隆《清一统志》卷321,第481册,第474页。
③ 《高宗实录》卷424乾隆十七年十月庚寅,《清实录》,第14册,第546页。
④ 乾隆《清一统志》卷321,第481册,第474页。
⑤ 《高宗实录》卷627乾隆二十五年十二月己丑,《清实录》,第16册,第1042页。道光《龙安府志》卷2上《沿革》:"雍正七年,新收松潘卫。……乾隆二十七年,松潘改卫为直隶厅。"
⑥ 一说顺治十年裁江油县入平武县,康熙元年复置,见康熙《清会典》卷19。道光《江油县志》卷1:"顺治年间并入平武,康熙元年复设县。"道光《龙安府志》卷2上《沿革》同。按:《圣祖实录》卷6康熙元年四月乙巳,"四川巡抚佟凤彩疏言:川省初定,土满人稀,请将岳池县归并南充,江油县归并平武。从之。"(《清实录》,第4册,第110页下)则在康熙元年四月之前存在着江油县,如果是康熙元年新设,一般不可能马上提出裁撤。康熙《四川总志》卷4、雍正《四川通志》、乾隆《清一统志》卷304、乾隆《清会典则例》卷31、《清文献通考》卷286、《清通典》卷94、《清通志》卷26均未言江油县在顺治、康熙初年有过裁撤。康熙《清会典》卷19谓"康熙元年复设",存疑。康熙元年四川巡抚佟凤彩疏言裁撤岳池、江油两县在该年似均未实行,岳池县至康熙七年九月正式裁撤。本书暂采《四川通志》、《清一统志》之说,待考。
⑦ 康熙《清会典》卷19,第1册上,第196页。
⑧ 《世宗实录》卷87雍正七年十月己酉,《清实录》,第7册,第162页。
⑨ 《世宗实录》卷103雍正九年二月庚戌,《清实录》,第8册,第365页。
⑩⑪ 康熙《清会典》卷19,第1册上,第197页。
⑫ 《世宗实录》卷149雍正十二年十一月癸巳,《清实录》,第8册,第850页。

县驻地潼川镇。

射洪县,治所在今四川射洪县西北金华镇。顺治十年裁入潼川州,康熙元年复置。

盐亭县,治所即今四川盐亭县驻地云溪镇。

中江县,治所即今四川中江县驻地凯江镇。

遂宁县,治所即今四川遂宁市船山区城区。顺治十年裁入蓬溪县,顺治十七年十一月复置①。

蓬溪县,治所即今四川蓬溪县驻地赤城镇。

安岳县,治所即今四川安岳县驻地岳阳镇。康熙元年裁入遂宁县。康熙十年,其地改属乐至县②,雍正七年十月复置③。

乐至县,治所即今四川乐至县驻地天池镇。

11. 嘉定直隶州——嘉定府

顺治六年,沿明制,为嘉定直隶州,治所即今四川乐山市市中区城区。领6县:峨眉、洪雅、夹江、犍为、荣县、威远县。康熙六年,裁威远县入荣县。雍正七年十月,复置威远县。雍正十二年十一月,升府,置附郭乐山县④。嘉庆十三年,置峨边厅⑤。至清末,领1厅:峨边厅;7县:乐山、峨眉、洪雅、夹江、犍为、荣县、威远县。

乐山县,附郭,雍正十二年十一月以嘉定州地置,治所即今四川乐山市市中区城区。

峨眉县,治所即今四川峨眉山市驻地绥山镇。

洪雅县,治所即今四川洪雅县驻地洪川镇。

夹江县,治所即今四川夹江县驻地漹城镇。

犍为县,治所即今四川犍为县驻地玉津镇。

荣县,治所即今四川荣县驻地旭阳镇。

威远县,治所即今四川威远县驻地严陵镇。康熙六年裁入荣县⑥。雍正七年十月复置⑦。

峨边厅,初为峨眉县地,乾隆五十五年设主簿分驻。嘉庆十三年裁主簿,

---

① 《世祖实录》卷142顺治十七年十一月辛巳,《清实录》,第1册,第1097页。
② 雍正《四川通志》卷2:"顺治十五年并入蓬溪。康熙五年并入遂宁,十年改并乐至。"(第559册,第96页)乾隆《清一统志》卷308:"康熙元年省入遂宁,十年改入乐至。"(第481册,第318页)
③ 《世宗实录》卷87雍正七年十月己酉,《清实录》,第7册,第162页。
④ 《世宗实录》卷149雍正十二年十一月癸巳,《清实录》,第8册,第850页。
⑤ 嘉庆《清一统志》卷404《嘉定府》。
⑥ 康熙《清会典》卷19,第1册上,第197页。
⑦ 《世宗实录》卷87雍正七年十月己酉,《清实录》,第7册,第162页。

移马边厅通判驻太平堡,是为峨边抚夷通判①,治今四川峨边彝族自治县西南大堡镇。次年添设经历,分驻沙坪。

12. 雅州府

顺治六年,沿明制,为雅州直隶州,治所即今四川雅安市雨城区城区。领3县:名山、荣经、芦山县。雍正七年四月,天全六番招讨司改流设天全州,升雅州为府,置附郭雅安县,管辖天全州及雅安、名山、荣经、芦山4县②;十二月,置清溪县。雍正十一年十月,置打箭炉厅③。光绪二十九年十月,升打箭炉厅为直隶厅④。领1州:天全州;5县:雅安、名山、荣经、芦山、清溪县。西藏境内的靖西厅,名义上属本府。

雅安县,附郭,雍正七年四月置,治所即今四川雅安市雨城区城区。

名山县,治所即今四川名山县驻地蒙阳镇。

荣经县,治所即今四川荣经县驻地严道镇。

芦山县,治所即今四川芦山县驻地芦阳镇。

天全州,初为天全六番招讨使司,隶四川都司,属川南道,下辖马村、苏村、金村、杨村、陇东村、西碉村六番部落⑤。雍正七年四月改流,治所即今四川天全县驻地城厢镇。

清溪县,明为大渡河、黎州千户所,均为土千户所,清初合并为黎州大渡河守御千户所⑥,简称黎大所⑦。雍正七年十二月,因黎大所为西南孔道,各族杂处,原设千总不能管理,改设县治⑧,治所即今四川汉源县北清溪镇。

靖西厅,一作靖西关厅。光绪十六年设⑨。驻卑卑塘⑩,即今西藏亚东县驻地下司马镇。同知由四川总督委派,兼受驻藏大臣节制。管理汉番事务并管军粮、关务、通商事宜,光绪二十年改为"实在官缺"⑪。抚民同知名义上属

---

① 民国《峨边县志》卷1《方舆志》,第3页。
② 《世宗实录》卷80雍正七年四月辛巳,《清实录》,第8册,第48页。
③ 《世宗实录》卷136雍正十一年十月乙卯,《清实录》,第8册,第742页。
④ 中国科学院历史研究所第三所主编:《锡良遗稿·奏稿》,中华书局,1959年,第368页。
⑤ 康熙《四川总志》卷4《建置沿革》。
⑥ 康熙《四川总志》卷4《建置沿革》。
⑦ 雍正《四川通志》卷2,559册,第91页。
⑧ 《世宗实录》卷89雍正七年十二月乙卯,《清实录》,第8册,第201页。
⑨ 刘锦藻:《清朝续文献通考》卷140,第2册,第9009页。《德宗实录》卷306光绪十七年十二月丙午,"驻藏办事大臣升泰奏,西藏互市,请设靖西关监督一员,或关道一员,或即责成该管靖西同知经理。下所司议"(《清实录》,第55册,第1039页)。又卷340光绪二十年五月甲申,驻藏办事大臣奎焕奏:"又奏新设靖西同知、游击二缺,请给廉俸及关防各一颗。下部议。"(《清实录》,第56册,第356页)
⑩ 刘锦藻:《清朝续文献通考》卷330,第4册,第10699页。
⑪ 光绪二十年三月二十五日驻藏办事大臣奎焕奏折,《光绪朝硃批奏折》,第1册,第242页。

雅州府①。

13. 资州直隶州

初为成都府资县。雍正五年十一月,升为资州直隶州,治所即今四川资中县驻地重龙镇。成都府仁寿、井研、内江、资阳4县来属②。

资阳县,治所即今四川资阳市雁江区资溪街道。

内江县,治所即今四川内江市市中区城区。

仁寿县,治所即今四川仁寿县驻地文林镇。

井研县,治所即今四川井研县驻地研城镇。

14. 绵州直隶州

初为成都府绵州,领德阳、彰明、罗江3县。顺治十六年裁罗江、彰明县。雍正五年十一月,升为直隶州,成都府德阳、安县、绵竹3县及保宁府梓潼县来属③。雍正七年十月,复置罗江、彰明2县④。雍正九年二月,彰明县往属于龙安府⑤。乾隆三十五年闰五月,因州城被涪河冲坍,无处建城,移治罗江县城(今四川罗江县驻地万安镇),裁罗江县为州亲辖地,原州亲辖地东北乡划归梓潼县管辖⑥。嘉庆六年十一月,迁原治(今四川绵阳市涪城区城厢街道),复置罗江县⑦。至清末,领5县:德阳、安县、绵竹、梓潼、罗江县。

德阳县,治所即今四川德阳市旌阳区旌阳街道。

安县,治所即今四川北川羌族自治县驻地安昌镇。初属成都府,雍正五年十一月来属。

绵竹县,治所即今四川绵竹市驻地剑南镇。初属汉州,雍正五年十一月来属。

梓潼县,治所即今四川梓潼县驻地文昌镇。初属保宁府剑州,雍正五年十一月来属。

罗江县,顺治十六年并入德阳县,雍正七年十月复设。乾隆三十五年闰五月省入绵州,嘉庆六年十一月复设。治所即今四川罗江县驻地万安镇。

---

① 光绪《清会典》卷15,第16册,第130页。光绪《清会典事例》卷26亦谓属雅州府:四川省有"叙州府马边、宁远府越巂、重庆府江北、雅州府打箭炉、靖西关抚民同知五人"。按:光绪二十三年夏季《清搢绅全书》(北京荣禄堂刊本)已在雅州府打箭炉厅后排列有"靖西关"厅。宣统三年冬季《职官录》中,"靖西关"排在打箭炉直隶厅之后。因此,靖西关厅同知实际上受驻藏大臣节制,名义上属四川雅州府。
②③ 《世宗实录》卷63雍正五年十一月庚午,《清实录》,第7册,第970页。
④ 《世宗实录》卷87雍正七年十月己酉,《清实录》,第8册,第162页。
⑤ 《世宗实录》卷103雍正九年二月庚戌,《清实录》,第8册,第365页。
⑥ 《高宗实录》卷861乾隆三十五年闰五月甲子,《清实录》,第19册,第545页。
⑦ 《仁宗实录》卷91嘉庆六年十一月己亥,第29册,第211页。

15. 茂州直隶州

初为成都府茂州,领汶川县。雍正五年十一月,升为直隶州,治所即今四川茂县驻地凤仪镇。领汶川、保县 2 县及各土司①。嘉庆六年十一月,裁保县,地入理番直隶厅②。清末,领 1 县:汶川县。

汶川县,治所在今四川汶川县西南绵虒镇。

16. 黔彭直隶厅—酉阳直隶州

雍正四年九月,重庆府同知移驻黔江县,管酉阳土司事③。雍正十一年十月升为黔彭直隶厅,辖彭水、黔江 2 县及酉阳宣抚司与石耶洞、平茶洞、邑梅洞 3 长官司地④。同知驻黔江县。雍正十三年七月,酉阳宣抚司与石耶洞、平茶洞、邑梅洞 3 长官司改流,置酉阳、秀山 2 县⑤。乾隆元年,以酉阳县地置酉阳直隶州⑥,治所即今重庆市酉阳土家族苗族自治县驻地桃花源街道。裁黔彭直隶厅,州领 3 县:秀山、黔江、彭水县。至清末未变。

秀山县,雍正十三年七月以酉阳土司地置,治所即今重庆市秀山土家族苗族自治县驻地中和镇。

黔江县,治所即今重庆市黔江区城区。初属重庆府,雍正十一年属黔彭厅。

彭水县,治所即今重庆市彭水苗族土家族自治县驻地汉葭街道。初属重庆府涪州,雍正十一年属黔彭厅。

17. 忠州直隶州

初为重庆府忠州,领酆都、垫江县。雍正十一年十月,升为直隶州,治所即今重庆市忠县驻地忠州街道,夔州府梁山县来属⑦。至清末,领 3 县:酆都、垫江、梁山县。

酆都县,治所即今重庆市丰都县西名山街道。

垫江县,治所即今重庆市垫江县驻地桂溪街道。

梁山县,治所即今重庆市梁平县驻地梁山街道。初属夔州府,雍正十一年十月来属。

---

① 《世宗实录》卷 63 雍正五年十一月庚午,《清实录》,第 7 册,第 970 页。
② 《仁宗实录》卷 91 嘉庆六年十一月己亥,第 29 册,第 211 页。
③ 《世宗实录》卷 48 雍正四年九月戊申,《清实录》,第 7 册,第 728 页。
④ 《世宗实录》卷 136 雍正十一年十月乙卯,《清实录》,第 8 册,第 742 页。
⑤ 《世宗实录》卷 158 雍正十三年七月戊戌,《清实录》,第 8 册,第 931 页。乾隆《清一统志》卷 317,第 481 册,第 448 页。
⑥ 乾隆《清一统志》卷 317,第 481 册,第 443 页。
⑦ 《世宗实录》卷 136 雍正十一年十月乙卯,《清实录》,第 8 册,第 742 页。

18. 眉州直隶州

顺治六年,沿明制,为眉州直隶州,治所即今四川眉山市东坡区城区。领3县:丹棱、彭山、青神县。康熙元年,裁彭山县入州①。康熙六年,裁青神县入州②。雍正七年十月,复置青神、彭山县③。至清末,领3县:丹棱、彭山、青神县。

丹棱县,治所即今四川丹棱县驻地丹棱镇。

彭山县,治所即今四川眉山市彭山区驻地凤鸣镇。

青神县,治所即今四川青神县驻地青城镇。

19. 邛州直隶州

顺治六年,沿明制,为直隶州,治所即今四川邛崃市驻地临邛街道。领2县:大邑、蒲江县。至清末未变。

大邑县,治所即今四川大邑县驻地晋原街道。

蒲江县,治所即今四川蒲江县驻地鹤山街道。

20. 泸州直隶州

顺治六年,沿明制,为直隶州,治所即今四川泸州市江阳区城区。领3县:纳溪、合江、江安县及九姓长官司④。光绪三十四年,九姓司改流,置古宋县,往属于永宁直隶州⑤。至清末,仍领3县:纳溪、合江、江安县。

纳溪县,治所在今四川泸州市纳溪区安富街道。

合江县,治所即今四川合江县驻地合江镇。

江安县,治所即今四川江安县驻地江安镇。

21. 叙永直隶厅—永宁直隶州

初为叙永管粮厅,明天启中设⑥。治所即今四川叙永县驻地叙永镇河东地区,属叙州府。雍正八年,升为叙永直隶厅,领永宁县⑦。光绪三十四年六月,改为永宁直隶州,改永宁县为古蔺县,泸州九姓司来属并置古宋县⑧,厅衙门迁河西原永宁县城内(在今叙永镇河西地区)之参将署⑨。领2县:古蔺、古宋县。

---

①② 康熙《清会典》卷19,第1册上,第197页。

③ 《世祖实录》卷87雍正七年十月己酉,《清实录》,第7册,第162页。按:雍正《四川通志》卷2、乾隆《清一统志》卷309均作康熙六年复置。

④ 康熙《清会典》卷19,第1册上,第198页。

⑤ 《护理四川总督赵尔丰奏升改县治以资控驭折》,《政治官报》,光绪三十四年六月十一日第251号,第9册,第191页。刘锦藻:《清朝续文献通考》卷322,第4册,第10634页。

⑥ 康熙《四川总志》卷7《公署》。

⑦ 雍正《四川通志》卷2,第559册,第84页。

⑧ 《护理四川总督赵尔丰奏升改县治以资控驭折》,《政治官报》,光绪三十四年六月十一日第251号,第9册,第191页。刘锦藻《清朝续文献通考》卷322,第4册,第10634页。

⑨ 《续修叙永永宁厅县合志》卷5《公署》。

古蔺县,初为永宁卫、普市所,隶贵州威宁府。康熙二十六年六月,改设永宁县①,属威宁府。治所即今四川叙永县驻地叙永镇河西地区。雍正五年八月,改属四川叙州府②。雍正八年属叙永直隶厅。光绪三十四年六月,改名古蔺县,并移治古蔺,即今四川古蔺县驻地古蔺镇。

古宋县,初为九姓长官司,由泸州管辖,先驻吏目,雍正四年九月改驻州同③,乾隆五十六年三月改驻州判④。因少数民族"改汉俗者十居八九,土司统辖较少,而钱粮仍土司代征,盗案犹土司开参",光绪三十四年六月改县来属⑤。治泸卫城,即今四川兴文县驻地古宋镇。

22. 松潘直隶厅

初为松潘卫,属成都府,领小河守御千户所及4安抚司、16长官司。雍正八年十一月,属龙安府⑥。雍正九年十二月,裁卫置厅⑦,治所即今四川松潘县驻地进安镇,仍属龙安府。乾隆二十五年十二月,升为直隶厅⑧。

23. 石砫直隶厅

初为石砫宣慰使司,顺治十六年归附,属夔州府⑨。乾隆二十二年四月,因石砫司与内地毗连,流民较多,移夔州府同知及万县巡检驻此分防⑩。乾隆二十六年十二月,裁宣慰使,"照苗疆例改授土通判,不许干与民事。"⑪乾隆二十七年九月,置石砫直隶厅⑫,治所即今重庆市石柱土家族自治县驻地南宾镇。

---

① 《圣祖实录》卷130康熙二十六年六月戊辰,《清实录》,第5册,第402页。
② 《世宗实录》卷60雍正五年八月乙未,《清实录》,第7册,第916页。按:《世宗实录》谓"将永宁县改归四川,隶于同城之叙永同知管辖"。雍正《四川通志》卷2谓"雍正五年并归四川为永宁县,属叙州府。雍正八年改隶叙永厅"。乾隆《清一统志》卷318:"本朝康熙初仍置同知,隶四川叙州府,以永宁卫隶贵州威宁府。二十六年改卫为县,仍隶威宁府。雍正五年并为永宁县,改隶叙州府。八年复设同知,领永宁一县,直隶四川省。"永宁同知从清初一直存在,乾隆《清一统志》谓雍正八年复设同知,似误。从《实录》记载分析,雍正五年八月永宁县属四川省,实际上已经在叙永同知管辖之下,但不符合制度。雍正八年改叙永厅为直隶厅,下辖永宁县。
③ 《吏部尚书查弼纳题为四川酉阳等处土司地方流官官职卑微不足弹压酌议移改本》(雍正四年九月初五日),《雍正朝内阁六科史书·吏科》,第30册,第423页。
④ 《高宗实录》卷1374乾隆五十六年三月丙戌,《清实录》,第26册,第450页。
⑤ 《护理四川总督赵尔丰奏升改县治以资控驭折》,《政治官报》,光绪三十四年六月十一日第251号,第9册,第192页。按:吴承湜《近六十年全国郡县增建志要》谓宣统二年五月议行。
⑥ 《世宗实录》卷100雍正八年十一月己卯,《清实录》,第8册,第331页。
⑦ 《世宗实录》卷113雍正九年十二月癸丑,《清实录》,第8册,第512页。
⑧ 《高宗实录》卷627乾隆二十五年十二月己丑,《清实录》,第16册,第1042页。
⑨ 康熙《清一统志》卷243。按:一说初属重庆府,见康熙《四川总志》卷4。
⑩ 《高宗实录》卷537乾隆二十二年四月"是月",《清实录》,第15册,第792页。
⑪ 《高宗实录》卷651乾隆二十六年十二月癸未,《清实录》,第17册,第291页。嘉庆《清会典事例》卷29,第643册,第1306页。
⑫ 《高宗实录》卷670乾隆二十七年九月壬戌,《清实录》,第17册,第485页。

24. 理番直隶厅

初为杂谷安抚司,康熙十九年来属,属茂州保县①。乾隆十七年十月改流,置杂谷厅②,治所即今四川理县东北薛城镇。为直隶厅③。乾隆十八年十二月,划定行政区域,除杂谷脑一带外,"旧保县地方汉番及梭磨、大金川等各土目,请归新设理番同知管辖。再旧保县城内汉民,满溪十寨熟番,及竹克基、松冈、小金川、沃日等地方,并请归该同知兼辖。"④乾隆二十四年,增领丹坝3长官司⑤。嘉庆六年十一月,保县并入⑥,约嘉庆以后改名⑦。

威州,治所即今四川省汶川县驻地威州镇,清初属成都府,领保县,雍正五年十一月裁入保县⑧。

---

① 雍正《四川通志》卷19,第560册,第90页。
② 《高宗实录》卷424乾隆十七年十月庚寅,《清实录》,第8册,第546页。
③ 按:一说初置时为厅,乾隆二十五年改为直隶厅,见嘉庆《清一统志》卷421《理番直隶厅》、光绪《清会典事例》卷153(第2册,第943页)。一说乾隆十七年置厅时即为直隶厅,见乾隆《清一统志》卷321、《清朝文献通考》卷286、《清朝通典》卷94。道光《龙安府志》卷2上《沿革》:"雍正七年,新收松潘卫。九年,复收彰明县,时领县四卫一。乾隆二十七年,松潘改卫为直隶厅。"亦未言及龙安府曾经管辖过杂谷厅。《高宗实录》卷424只言设杂谷脑同知,未言其隶属关系。《高宗实录》卷627只言松潘同知照杂谷厅番同知例改为直隶同知,可知在乾隆二十五年前杂谷番同知已经是直隶同知。嘉遵泗《蜀故》卷5《官制》言:"松茂道共辖成龙二府、直隶杂谷一厅、绵茂二直隶州"。当从乾隆《清一统志》之说。
④ 《高宗实录》卷453乾隆十八年十二月戊戌,《清实录》,第14册,第901页。
⑤ 乾隆《清一统志》卷321,第481册,第84页。
⑥ 《仁宗实录》卷91嘉庆六年十一月己亥,《清实录》,第29册,第210页。按:光绪《清会典》卷15载理番厅属于茂州,误。
⑦ 按:杂谷直隶厅何时改名为理番直隶厅,20世纪八十年代以来的新修方志大多记载为嘉庆十年。同治《直隶理番厅志》卷1《沿革》只谓"嘉庆七年裁保县入绵州之罗江县,以照磨分驻其地,厅遥治焉",无改名之事。嘉庆《清会典》卷4《吏部》与卷10《户部》均为杂谷厅,嘉庆《清一统志》卷421亦作杂谷直隶厅,该两书时间断限均在嘉庆十年之后。刘锦藻《清续文献通考》卷322谓理番厅"嘉庆六年省茂州之保县入之,旋改称",没有确切改名年份。《仁宗实录》卷91嘉庆六年十一月己亥:"保县归并理番同知管理"(《清实录》,第29册,第210页),卷103嘉庆七年九月丁酉:"添设绥定府训导、理番厅教谕、太平厅训导各一员……理番厅学额六名。"(第29册,第389页)均用"理番",似乎是嘉庆六年改名。但杂谷厅同知设置之初,即为理番同知,《清实录》中的理番同知、理番厅可以理解为是杂谷直隶理番同知的简称,不能确证有改名之事。查第一历史档案馆所藏档案,嘉庆十年十月二十六日四川总督勒保《奏请成都县知县张敏树委补杂谷厅理番同知事》(档号03-1498-055)、嘉庆十三年十月二十七日四川总督勒保《奏请以徐廷钰升补杂谷厅理番同知并黄泰升调阆中知县事》(档号03-1518-050)、道光十一年十月二十五日四川总督鄂山《奏请以刘名震升补直隶杂谷理番同知事》(档号04-01-12-0422-229)作"杂谷厅"或"杂谷理番同知",嘉庆十五年八月初六日四川总督常明《奏为审明直隶理番厅民人周新奇斜连杀一家二命一案照例定拟事》(档号04-01-26-0023-017)、嘉庆十九年五月二十二日刑部尚书崇禄《题为会审四川理番厅审解擦西因被斥混争产业争殴伤毙杨成德案依律拟绞监请旨事》(档号02-01-07-09754-009)已作"理番厅"。档案中的政区名或地方官之官缺名,在当时并无严格书写规定。检道光二十九年荣升堂梓《缙绅录》夏季本,仍作"杂谷厅"。《巴蜀撷影》影印之档案中,理番同知在道光七年已经自称为"理番府正堂"(中国人民大学出版社,2009年,第206页),并无"杂谷"二字。由此推测,四川理番同知驻杂谷,杂谷厅改称为理番厅,可能是嘉庆年间或稍后改变的过程。
⑧ 《世宗实录》卷63雍正五年十一月庚午,《清实录》,第7册,第970页。

保县,治所在今四川理县东北薛城乡。雍正五年十一月属茂州直隶州。雍正七年,移治原威州治,即今汶川县驻地威州镇①。嘉庆六年十一月裁,地入理番直隶厅②。

25. 懋功直隶厅

初为美诺厅,乾隆四十一年三月平定小金川后置③,治所即今四川小金县驻地美兴镇。设总理屯政同知,由内地派驻同知、通判、直隶州知州等官员担任,三年一换。设美诺、大板昭、底木达、章谷四屯,在大板昭、底木达、章谷设有粮务管理④。乾隆四十四年十月,裁驻阿尔古厅,所领各屯来属,改阿尔古屯为绥靖屯,改噶拉依屯为崇化屯,改底木达屯为抚边屯,裁大板昭屯入抚边屯⑤,共辖美诺、抚边、章谷、崇化、绥靖5屯。乾隆四十八年十一月,各屯钱粮命盗案件,统归美诺同知办理⑥。同年,改为懋功屯务厅⑦。领鄂克什安抚司。乾隆五十一年,打箭炉厅绰斯甲布安抚司来属⑧。至清末,辖5屯。

懋功屯,即小金川美诺地。乾隆四十一年三月置美诺屯,驻地即今四川小金县驻地美兴镇。乾隆四十八年改名。

抚边屯,本小金川土司地,乾隆四十一年二月置底木达屯、大板昭屯,乾隆四十四年十月合并,驻地在今四川小金县北抚边乡。

章谷屯,本雅州府属明正长河西鱼通宁远宣慰司辖地。乾隆四十一年三月置,驻地即今四川丹巴县驻地章谷镇。

崇化屯,本大金川安抚司地,乾隆四十一年三月置噶拉依屯、马尔邦屯,属阿尔古厅,驻地即今四川金川县南安宁乡,乾隆四十四年十月合并为噶拉依屯来属并改名。

绥靖屯,本大金川安抚司地,乾隆四十一年三月置阿尔古屯,属阿尔古厅,驻地即今四川金川县驻地金川镇,乾隆四十四年十月改隶并改名。

---

① 雍正《四川通志》卷 27:"雍正七年,省州,移县来治。"(第 560 册,第 521 页)乾隆《清一统志》卷 314:"雍正年省威州入保县,仍移县来治。"(第 481 册,第 413 页)
② 《仁宗实录》卷 91 嘉庆六年十一月己亥,《清实录》,第 29 册,第 211 页。
③ 《高宗实录》卷 1004 乾隆四十一年三月丙戌,《清实录》,第 21 册,第 478 页。乾隆《清一统志》卷 322,第 481 册,第 476 页。
④ 乾隆《清一统志》卷 323,第 481 册,第 480 页。按:乾隆《清一统志》卷 291(第 481 册,第 11 页)谓设总粮务一员,粮务二员。
⑤ 嘉庆《四川通志》卷 6,《中国西南文献丛书·西南稀见方志文献》影印本,第 1 卷,第 649 页。
⑥ 《高宗实录》卷 1192 乾隆四十八年十一月己丑,《清实录》,第 23 册,第 939 页。
⑦ 嘉庆《清一统志》卷 423《懋功屯务厅》。按:嘉庆《四川通志》卷 105《职官志七》谓乾隆四十四年并阿尔古厅入美诺,改名懋功直隶厅。
⑧ 嘉庆《清一统志》卷 423《懋功屯务厅》。

26. 康定府①

雍正七年九月,添设雅州府同知,下辖泸定桥巡检②。十一月,裁打箭炉、沈村2驿驿丞,驿务就近归并雅州府同知、泸定桥巡检管理③,雅州府同知驻打箭炉④。雍正十一年十一月,添设打箭炉同知衙门照磨⑤,是为打箭炉厅,治所即今四川康定县驻地炉城镇,属雅州府。光绪二十九年十一月升为打箭炉直隶厅,领冷边、沈边等土司⑥。光绪三十四年八月奏设府,同时于理塘地置理化厅,中渡地置河口县,稻坝地置稻成县⑦。府有亲辖地,领1厅:理化厅;2县:河口、稻成县;另设贡噶分县,隶于稻成县。

康定府亲辖地,原为打箭炉厅地。

理(里)化厅,治所即今四川理塘县驻地高城镇。

河口县,以中渡地置,治所即今四川雅江县驻地河口镇。兼管明正、崇喜2土司地。

稻成县,旧称稻坝,为里塘土司南塘。治所在今四川稻城县南稻城。县丞驻贡噶岭,在今四川稻城县南贡岭,位于稻城西南二百四十里,是为贡噶分县。

27. 巴安府

光绪三十四年八月奏设。以巴塘宣抚司地置,治所即今四川巴塘县驻地夏邛镇。同时在三坝地方置三坝厅,盐井地方置盐井县,乡城地方置定乡县⑧。府有亲辖地,领1厅:三坝厅;2县:盐井、定乡县。

巴安府亲辖地,以巴塘地置。

三坝厅,旧名立登三坝,为巴塘、里塘接壤地。置同知,治三坝(老义敦,今

---

① 按:吴丰培在《札委乔联沅为石渠县委员》一文后注:"查德格改土归流,设治之初,系以吕咸熙为边北兵备道,喇世俊为邓科府,石德芬为德化州,张敏为白玉州,张以诚为同普县,乔联沅为石渠县。未久以孙毓英署理石渠县。"(《赵尔丰川边奏牍》,第369页)说明边务大臣一面奏设州县,一面委员设治。宣统三年冬季《职官录》四川省无2道4府,川边地区仍为打箭炉直隶厅,并不是当时的真实情形。钦差大臣刘锦棠于光绪八年奏准在南疆设立府厅州县后,也是委员设治,当时的《爵秩全书》也未作记载。又按:清末民国初,川滇边务大臣辖区内府厅州县的设置方案前后变化较多。本处采用的是在宣统三年经清政府议准设置者,宣统三年二月赵尔丰在瞻对设置的怀柔县因未经议准,也不列入。此后傅嵩炑拟设之县邑,参见任乃强《西康图经·境域篇》,第46—49页。
② 《世宗实录》卷86雍正七年九月丁酉,《清实录》,第8册,第156页。
③ 《世宗实录》卷88雍正七年十一月戊寅,《清实录》,第8册,第182页。
④ 乾隆《雅州府志》卷4:"又于雍正拾年奉文为遵旨议奏事案内分驻打箭炉。"
⑤ 《世宗实录》卷136雍正十一年十月乙卯,《清实录》,第8册,第742页。按:雍正七年所设同知性质不明。雍正十一年添设照磨,形成县级行政机构,故以该年为设厅年份。
⑥ 中国科学院历史研究所第三所主编:《锡良遗稿·奏稿》,第368页。
⑦ 《会筹边务开办章程折》(光绪三十三年八月),《赵尔丰川边奏牍》,第54页。按:《赵尔丰川边奏牍》在《会筹边务开办章程折》之后,附有《政务处覆议折》,同意该方案,但该折中未见核议时间。
⑧ 《会筹边务开办章程折》(光绪三十三年八月),《赵尔丰川边奏牍》,第54页。

四川巴塘县驻地夏邛镇东南一带)。兼管毛丫、曲登二土司地。

盐井县,原为巴塘西南境,有大小盐池八千余座。治盐井,在今西藏自治区芒康县南纳西民族乡。

定乡县,治桑坡寺,今四川乡城县驻地桑坡镇。

28. 登科府①

宣统二年四月,德格、春科、高日3土司改土归流,并建道府州县进行管理。拟于登科地方置登科府,于龚垭地方置德化州,杂渠卡地方置石渠县,白玉地方置白玉州,同普地方置同普县②。宣统三年二月,清政府议准,设边北道及各府州县,地方钱粮、词讼、监狱一切事务,归边务大臣统辖,并参照东三省设治办法,府县属官不设大使、经历,而设佐治员并饬边务大臣会同四川总督稳妥筹办③。治登科,在今四川石渠县驻地尼呷镇南洛须乡。府有亲辖地,领2州:德化、白玉州;2县:石渠、同普县。

登科府亲辖地,原为德格土司地,宣统元年十月改流,析其地为五区,以北区为府辖境,兼管林葱(灵葱)土司地④。

德化州,一名更庆,在登科府南,为德格五区之中区,宣统三年二月议准(以下三州县同)。治龚垭,即今四川德格县驻地更庆镇。兼管春科及绒霸擦。

白玉州,在德化州南,为德格五区之南区。治白玉,即今四川白玉县驻地建设镇。

石渠县,在德化州东北,为德格最北部分。治杂渠卡,即今四川石渠县驻地尼呷镇。分管高日土司及上中下三色许,上中下三杂渠卡六土千百户之地。

同普县,在德化州西,为德格五区之西区。治洞普,在今西藏自治区江达县东北同普。分管察木多之三纳夺及呐冷多尔多四土司地。

29. 昌都府

原名察木多,即今西藏自治区昌都县驻地昌都镇,属西藏。清朝在此设有武弁游击、守备、千总、把总各一员,管理自江卡至察木多、硕般多的十三汛戍

---

① 按:《朱宪文等奉缴土司印信号纸禀》有"邓科县知县喇世俊"的记载,见《赵尔丰川边奏牍》,第252页。
② 《宣统政纪》卷35宣统二年四月丁酉,《清实录》,第60册,第626页。按:《会奏德格春科高日三处土司改土归流并拟设治章程折》记载为以邓科、春科、高日三土司之地及灵葱土司之朗古岭四村改为邓科府(《赵尔丰川边奏牍》,第315页)。
③ 《宣统政纪》卷49宣统三年二月乙亥,《清实录》,第60册,第879页。《会议政务处奏覆川督等奏德格春科高日三土司改土归流建置道府州县设治章程折》,《政治官报》,宣统三年二月初八日,第42册,第140页。
④ 刘锦藻:《清朝续文献通考》卷322,第4册,第10636页。

兵,护卫饷道。同时设有文职粮务委员,管理驻藏官兵粮饷事务。当地二十处村寨由呼图克图管理。宣统元年,驻藏大臣联豫奏请将察木多与乍丫一带划归边务大臣管理①。宣统三年,赵尔丰奏请设立昌都府,改粮务委员为理事官,管理词讼,兼征粮税②。府有亲辖地,领恩达厅、乍丫县。

昌都府亲辖地,即原察木多地。

恩达厅,以恩达塘地置。治恩达,在今西藏自治区类乌齐县南恩达。

乍丫县,治乍丫,在今西藏自治区察雅县驻地烟多东。

30. 设置委员、理事的地区

清末川边地区除上述议准设立的四个府之外,其他在清朝势力控制地区,大多实行改土归流,虽然没有设立州县,但川滇边务大臣已经派员进行管理③。

得荣,在巴安府南,近云南边境。原为巴塘土司属地,宣统三年边务大臣设委员。治索美村,即今四川德荣县驻地松麦镇。

道坞,在康定府西北。原为麻书、孔撒 2 土司地。宣统二年,四川总督咨商边务大臣委员驻道坞,管理词讼,改流征粮,兼管卓斯、单东、巴底、巴旺、鱼科 5 土司地,分管明正、卓斯 2 土司及下罗科野番地。在今四川道孚县驻地鲜水镇。

章谷,在康定府北。本章谷土司地,光绪末年改流,由川省派员管理,地属打箭炉厅。宣统三年,改隶边务大臣,称章谷委员,分管倬倭土司及上罗科地。驻章谷屯,在今四川丹巴县驻地章谷镇。

瞻对,在康定府西北。本瞻对五土司地,宣统三年改流,拟设怀柔县,并委员接收④。驻中瞻对,即今四川新龙县驻地茹龙镇。

甘孜,在康定府西北。本孔撒、麻书二土司属地,宣统三年改流设委员⑤,兼管白利、东科 2 土司地。驻今四川甘孜县驻地甘孜镇。一说旋奏改设州治⑥。

江卡,在巴安府西南。清初平西藏,将江卡以西各城皆归西藏管理。宣统二年收回,设委员。驻江卡,在今西藏自治区芒康县驻地嘎托镇。

贡觉,在巴安府西北,江卡北、乍丫西。清代沿革同江卡,宣统二年收回,

---

① 联豫:《详陈筹办西藏事宜折》(宣统元年三月十四日),吴丰培主编:《联豫驻藏奏稿》,西藏人民出版社,1979年,第 77 页。
② 《察木多乍丫类乌齐地方殷繁请照巴里两塘设官分治片》,《赵尔丰川边奏牍》,第 64 页。刘锦藻:《清朝续文献通考》卷 322,第 4 册,第 10636 页。
③ 刘锦藻:《清朝续文献通考》卷 322,第 4 册,第 10636 页。
④ 《晓谕瞻对百姓已改土归流设治定名怀柔县》(宣统三年二月初六日),《赵尔丰川边奏牍》,第 368 页。
⑤ 《札委寇卓为甘孜委员》,《赵尔丰川边奏牍》,第 253 页。
⑥ 吴承湜:《近六十年全国郡县增建志要》卷上,第 73 页。

设委员。驻贡觉,在今西藏自治区贡觉县东南曲卡。

桑昂,在巴安府西南、潞江西岸。清初赴藏多经此,设有台站。后归并乍丫,归西藏管理。宣统二年收回,设委员。驻桑昂,在今西藏自治区察隅县北科麦。

杂瑜,在桑昂西南、罗楚河东岸。为康地,宣统二年收回,设委员。驻杂瑜,在今西藏自治区察隅县西南下察隅。

三岩,在江卡以北,贡觉、乍丫之东,巴安府之西,跨金沙江上游。为康地,宣统二年收服,设委员。驻中岩,在今西藏自治区贡觉县东南雄松。

泸定桥,在康定府东南。本沈边、冷边、咱里三土司地,由打箭炉厅巡检管理。宣统三年改流,设委员。驻桥头(泸定桥),即今四川泸定县驻地泸桥镇。

硕般多,在恩达厅西。为康地,雍正初与洛隆宗、类伍齐同归西藏管理。宣统元年收回。宣统二年,驻藏大臣联豫在此设理事官。驻硕般多,在今西藏自治区洛隆县驻地孜托西硕督。

31. 已裁府级政区

马湖府,治所在今四川屏山县西南锦屏镇。初袭明制,领附郭屏山县及泥溪、平彝、蛮彝、沐川4长官司[1]。雍正五年十一月裁,所属屏山县及土司往属于叙州府[2]。

遵义军民府,治所即今贵州遵义市红花岗区老城街道。初袭明制,为土府,领1州4县:遵义、桐梓、绥阳县,真安州领仁怀县。顺治十七年改流[3]。雍正二年,改真安州为正安州[4]。雍正六年七月,往属贵州省[5]。

镇雄军民府,治所即今云南省镇雄县驻地乌峰镇。初袭明制,领怀德、威信、归化、安静4长官司。雍正五年闰三月改流,往隶于云南省[6]。

东川军民府,初为东川土府,袭明制,无属领。康熙三十七年十二月,改流为军民府,设知府、经历[7]。治所即今云南会泽县驻地金钟镇。雍正四年四月,因与云南寻甸州接壤,往属于云南省[8]。

乌蒙军民府,治所在今云南昭通市昭阳区驻地龙泉街道。初袭明制,无属

---

[1] 康熙《清会典》卷19,第1册上,第197页。康熙《四川总志》卷4《建置沿革》。
[2] 《世宗实录》卷63雍正五年十一月庚午,《清实录》,第7册,第970页。
[3] 光绪《清会典事例》卷32,第1册,第412页。
[4] 光绪《续修正安州志》卷2《地理志》。
[5] 《世宗实录》卷71雍正六年七月戊寅,《清实录》,第7册,第1071页。
[6] 《世宗实录》卷55雍正五年闰三月癸亥,《清实录》,第7册,第831页;又卷59七月辛巳,第908页。
[7] 《圣祖实录》卷191康熙三十七年十二月辛亥,《清实录》,第5册,第1027页。嘉庆《清会典事例》卷29,第643册,第1299页。
[8] 《世宗实录》卷43雍正四年四月戊寅,《清实录》,第7册,第633页。

领。雍正五年闰三月改流,往隶于云南省。

乌撒军民府,治所在今贵州威宁彝族回族苗族自治县驻地草海镇。初袭明制,无属领。康熙五年九月,改为威宁府,往属于贵州省①。

阿尔古厅,乾隆四十一年平定大金川地置②,驻地即今四川金川县驻地金川镇,驻有同知或通判,由内地派往,三年一换;屯粮务3员③。设有阿尔古、马尔邦(马邦)、噶拉依3屯④。乾隆四十四年十月裁,归美诺同知管理⑤。

太平直隶厅,初为达州直隶州太平县。嘉庆六年十一月,升为直隶厅⑥,治所即今四川万源市驻地太平镇。道光元年十月,复为县,往属于绥定府⑦。

六、土司⑧

康熙年间,四川省境内有大量土司归附授职。从雍正年间开始改土归流:雍正五年,乌蒙军民府、镇雄军民府改流,往属于云南。雍正六年,在建昌地区改土归流,裁河西宣慰司等土司,置宁远府。雍正七年,天全、巴塘、里塘等土司改流。雍正十三年,酉阳宣抚司与石耶洞、平茶洞、邑梅洞3长官司改流,设酉阳等县。乾隆十二年,杂谷宣慰司改流。乾隆二十七年,裁石砫宣慰司。在大小金川地区,乾隆年间两次平定叛乱后,又裁撤了一批土司。据光绪《清会典》卷十五《户部三》记载,光绪年间四川省有269个土司,分布在宁远、叙州、雅州、龙安等府和松潘厅、杂谷厅、懋功厅,以及茂州、泸州境内。光绪末、宣统年间,随着川边地区改设川滇边务大臣管辖,改土归流,土司数量有所减少。

1. 宁远府⑨

越嶲厅属:

邛部宣抚司,康熙四十二年归附授职。驻大寨,在今四川越西县北大屯乡,或说在县北新民镇大寨,后移居今越西县越城镇东⑩。康熙五十一年革

---

① 《圣祖实录》卷20康熙五年九月辛卯,《清实录》,第4册,第280页。
② 乾隆《清一统志》卷322,第481册,第476页。
③ 乾隆《清一统志》卷291,第481册,第11页。
④ 乾隆《清一统志》卷322,第481册,第477页。
⑤ 《高宗实录》卷1092乾隆四十四年十月甲寅,《清实录》,第22册,第659页。
⑥ 《仁宗实录》卷91嘉庆六年十一月己亥,《清实录》,第29册,第211页。
⑦ 《宣宗实录》卷24道光元年十月戊子,《清实录》,第33册,第436页。
⑧ 按:雍正《四川通志》卷19与嘉庆《四川通志》卷96至卷98记载有各土司的四至;雍正《志》有部分土司的四至里距,嘉庆《志》有大部分土司的四至里距;两《志》的四至地名及所辖户数多不相同。四川省在雍正、乾隆年间土司数量有较大增加,且嘉庆《志》的记载较为完备,故本处主要采用嘉庆《志》的四至及里距,嘉庆《志》缺者采用雍正《志》的记载进行补充。
⑨ 按:各府县政区采用光绪初年名称,各土司按光绪《清会典事例》卷586排序。
⑩ 李宗放:《四川古代民族史》,民族出版社,2010年,第516页。按:四川各土司的今地用"或说"者,均据李宗放著《四川古代民族史》第十二章,以下不再一一出注。

职,乾隆十八年复袭职。嘉庆间,"其地东至三百五十里交雷波厅属脚密边夷界,南至小相岭九十里交冕宁县界,西至杨糯雪山七十里交冕宁县界,北至一百里交宁越营白沙沟界",管 2 196 户。

暖带密土千户,康熙四十九年归附授职。驻暖带密,或说在今四川甘洛县西北田坝镇。嘉庆间,"其地东至五十里交辰惹野夷界,南至九十里交敲脚户野夷界,西至八十里交厅属白沙沟界,北至五十里交越嶲厅属陡坡顶界",管 1 250 户。同治二年(1863)七月,因功改授土游击职衔①。

暖带田土千户,一作暖带(戴)、暖带田坝,康熙四十二年归附授职。驻暖带,或说在今四川甘洛县西北田坝镇。嘉庆间,"其地东至六十里交一碗水野夷界,南至三十里交暖带密界,西至四十里交宁越营界,北至一百里交凉山野夷界",管 1 120 户。

松林地土千户,康熙四十九年归附授职。驻松林地,或说在今四川石棉县西北先锋藏族乡松林地。嘉庆间,"其地东至十里交宁越营界,南至十五里交葛丹番夷界,西至二十里交里约番夷界,北至三十里交大渡河界",管 1 112 户。同治二年七月,因功改授土都司职衔②。

白石村土百户,康熙四十九年归附授职。驻白石村,或说在今四川甘洛县蓼坪乡白石村。属松林地土千户。嘉庆间,"其地东至四十里交落猓夷界,南至十五里交白沙沟界,西至二十里交干沟西番界,北至十五里交葛丹西番界",管 137 户。

老鸦漩土百户,康熙四十九年归附授职。驻老鸦漩,或说在今四川石棉县南新棉镇。属松林地土千户。嘉庆间,"其地东至二十里交洗马沽夷界,南至五十里交亦孜乎夷界,西至八十里交冕宁县界,北至七十里交大渡河界",管 352 户。

六翁土百户,康熙四十九年归附授职。驻六翁,或说在今四川甘洛县西北坪坝乡龙窝。属松林地土千户。嘉庆间,"其地东至五十里交舒凶野夷界,南至二十里交越嶲厅属陡坡顶界,西至二十里交冯界,北至三十里交沙得猓夷界",管 180 户。

野猪塘土百户,康熙四十九年归附授职。驻野猪塘,或说在今四川汉源县南河南乡野猪塘。属松林地土千户。嘉庆间,"其地东至五十里交舒凶野番界,南至二十里交越嶲厅属陡坡顶界,西至二十里交冯家山界,北至三十里交沙得猓夷界",管 180 户。

前后山土百户,康熙四十九年归附授职。驻前后山,或说在今四川汉源县南晒经乡境。属松林地土千户。嘉庆间,"其地东至二十里交马超坟界,南至

---

①② 《穆宗实录》卷 73 同治二年七月丙辰,《清实录》,第 46 册,第 467 页。

二十五里交白马堡界,西至十里交上堡子界,北至十里交罗锅庄界",管131户。

料林坪土百户,康熙四十九年归附授职。驻料林坪,或说在今四川汉源县南料林乡。属松林地土千户。嘉庆间,"其地东至十五里交岩头上界,南至十里交马超坟界,西至五里交布衣岩界,北至二十里交大渡河界",管238户。

越巂营属:

滥田坝沈喳土百户,康熙四十九年归附授职。驻沈喳,在今四川越西县南书古,或说约在今县南马拖乡或五里箐乡。雍正间,其地东至普雄,南至五里箐,西至两河口,北至柏香坪,管辖番民200户。雍正六年裁①。

会理州属:

黎溪州土千户,一作黎溪土千户,康熙四十九年归附授职。驻黎溪,在今四川会理县西南黎溪镇。嘉庆间,"其地东至六十五里交撒马河界,南至六十里交金沙江界,西至七十里交鱼鲊江界,北至七十里交打峨山界",管814户。

迷易所土千户,一作迷易土千户,康熙四十九年归附授职。驻迷易,或说在今四川米易县西南安宁河西侧萨莲镇萨莲街。嘉庆间,"其地东至三十里交凉风冈界,南至三十里交马桄榔高岩子界,西至二十五里交札外界,北至三十里交弄合界",管159户。

普隆土百户,康熙四十九年归附授职。驻普隆,或说在今四川会理县南普隆乡。嘉庆间,"其地东至四十里交贾髻山界,南至二十五里交江边界,西至五十里交白花树界,北至三十里交石头村界",管95户。

红卜苴土百户,康熙四十九年归附授职。驻红卜苴,在今四川会理县境,或说在今盐边县西南红格镇。嘉庆间,"其地东至四十里交矮郎河界,南至三十里交打峨山界,西至二十五里交三江口界,北至二十里交撒连界",管45户。

会理村土千户②,康熙三十二年归附授职,驻会理村,或说在今四川会东县东铅锌镇大桥。嘉庆间,"其地东至五十里交会泽县界,南至一百二十里交期古界,西至三十里交波喇塘界,北至四十里交者保凹密峰界",管307户。宣统二年改流③。

者保土百户,康熙四十九年归附授职,驻者保,在今四川会东县北与宁南

---

① 嘉庆《清会典事例》卷440,第671册,第732页。
② 按:会理村土千户、者保土百户、苦竹保土百户、通安舟土百户四土司,雍正《四川通志》、光绪《清会典事例》均未载,据嘉庆《四川通志》补。
③ 《宣统政纪》卷43宣统二年五月甲申,《清实录》,第60册,第783页。

县交界处一带,或说在今会东县东北马龙乡。嘉庆间,"其地东至七十里交洼乌界,南至八十里交滥坝界,西至五十里交腰墩子下大水沟界,北至八十里交木处着界",管 41 村、899 户。宣统二年改流。

苦竹坝土百户,康熙三十七年归附授职,驻苦竹坝,在今四川会东县西新云乡。嘉庆间,"其地东至八十里交会理村界,南至一百五十里交云南禄劝县界,西至二十里交姜舟汛界,北至六十里交者保土厚望界",管 61 村、2 166 户。宣统二年改流。

通安舟土百户,康熙三十四年归附授职,驻通安舟,在今四川会理县南通安镇。嘉庆间,"其地东至九十里交苦竹坝界,南至一百里交云南禄劝县界,西至九十里交凤山营界,北至四十里交汉界",管 31 村、1 120 户。宣统二年改流。

西昌县属：

沙骂宣抚司,一作沙麻、沙马,康熙四十九年归附授职。驻沙骂,在今四川美姑县南,或说多次在今美姑县、昭觉县迁驻。雍正七年三月,以结觉地方来属①。嘉庆间,"其地东至金沙江一百八十里交云南永善县界,南至洛布九十里交阿都副长官司界,西至乾呢吾施一百二十里交阿都正长官司界,北至乌哹啰暮二百里交雷波厅属不租界",辖 1 462 户。

河东长官司,初为河东宣慰司,康熙四十九年设。雍正五年革职,六年授长官司。辖大石头、长村、继事田等三员土百户,均于康熙四十九年归诚授职。驻地在今四川西昌市河东街,或说后移今市北月华乡族茂堡。嘉庆间,称护理河东女长官司,"其地东至阿吽啰三百七十里交阿都长官司界,南至鱼水河一百三十里交阿都副长官司界,西至沙坪站八十里交盐源县属瓜别土司界,北至温都脚夷巢二百里交河西土千总界",辖大石头、长村、继事田 3 员土百户、6 962 户。

大石头土百户,康熙四十九年归附,或说在今四川西昌市东南裕隆回族乡一带。嘉庆间,四至在河东长官司界内,辖 78 户。

长村土百户,康熙四十九年归附,或说在今四川西昌市西南裕隆回族乡长村。嘉庆间,四至在河东长官司界内,辖 45 户。

继事田土百户,康熙四十九年归附,或说在今四川西昌市西南佑君镇。嘉庆间,四至在河东长官司界内,辖 99 户。

阿都长官司,雍正七年归附,授副土目。雍正间,管理阿都地方。驻地在

---

① 《世宗实录》卷 79 雍正七年三月丙午,《清实录》,第 8 册,第 31 页。

今四川普格县北罗西。乾隆五年二月,授土目禄氏为阿都正长官司职衔,授赊氏副长官司职衔①。副长官司驻地在今四川布拖县驻地特木里镇。嘉庆间,正副长官均驻阿都。正长官司"其地东至阿路一百六十里交沙骂宣抚司界,南至抵古一百二十里交会理州属披沙土目界,西至拖布河一百二十里交河东正长官司界,北至马雄一百二十里交阿都副长官司界",辖 40 000 户。副长官司"其地东至金沙江业都啰五百五十里交云南界,南至阿波啰西溪河五百六十里交正长官司界,西至阿西一百二十里交鼓手房汉境界,北至竹黑三百六十里交沙骂宣抚司界",辖 15 000 户。

威龙州长官司,康熙四十九年归附授职。驻地在今四川德昌县西北大山,或说在今米易县东北白马镇威龙。嘉庆间,"其地东至安宁河十里交会理州属迷易界,南至马桄榔三十里交会理州属土千户界,西至青冈坪二十里交普济州长官司界,北至马鞍山一百二十里交昌州长官司界",辖 215 户。

普济州长官司,康熙四十九年归附授职。驻地在今四川米易县西北普威镇。嘉庆间,"其地东至老虎石六十里交威龙州长官司界,南至安宁河一百二十分阶段交会理州属土百户界,西至打冲河八十里交盐源县属右所八土司界,北至蛮地一百二十里交西昌县汉境界",辖 536 户。

昌州长官司,康熙四十九年归附授职。驻地在今四川德昌县驻地德州镇,或说在今县西南王所乡昌州。嘉庆间,"其地东至安宁河四十里交会川半站营界,南至达陇白凹山岭六十里交威龙州长官司界,西至打冲河六十里交盐源县属右所八土司界,北至者只铺五十里交西昌县汉境界",辖 271 户。

冕宁县属:

酥州土千户,康熙四十九年归附授职。驻酥州,在今四川冕宁县北大桥镇酥州坝,一说在今冕宁县城厢镇。雍正间,与苗出、大村、糯白瓦三土百户同管地方。嘉庆间,"其地东至蓟扒山五十里交大盐井土百户界,南至酥州河十里交苗出土百户界,西至长河二十里交大村土百户界,北至影壁山四十里交大盐井土百户界",管 120 户。

架州土百户,康熙四十九年归附授职。驻架州,或说在今四川冕宁县北惠安乡平坝。嘉庆间,"其地东至轻森山三十里交冕山营分驻北山关界,南至余宅碾十五里交架州水界,西至三代坎二十里交窝卜土百户界,北至樟木沟四十里交糯白瓦土百户界",管 143 户。

苗出土百户,康熙四九十年归附授职。驻苗出,或说在今四川冕宁县北大

---

① 《高宗实录》卷 110 乾隆五年二月甲申,《清实录》,第 10 册,第 639 页。

桥镇拖乌河入安宁河处。嘉庆间,"其地东至勒扒山三十里交大盐井土百户界,南至小盐井土百户二十里交中村土百户界,西至长河十里交大村土百户界,北至酥州十五里交酥州土千户界",管 432 户。

大村土百户,康熙四十九年归附授职。驻大村,或说在今四川冕宁县北大桥镇。嘉庆间,"其地东至长河十五里交酥州土千户界,南至糯瓦桥五里交中村土百户界,西至十里交架州土百户界,北至三十里交糯白瓦土百户界",管 106 户。

糯白瓦土百户,康熙四十九年归附授职。驻糯白瓦,在今四川冕宁县境,或说在今冕宁县北大桥镇洛白瓦。嘉庆间,"其地东至二十里交糯白瓦水源界,南至北山关十五里交架州土百户界,西至大格打五里交架州土厚望界,北至三十里交明正土界",管 106 户。

大盐井土百户,一作迤东大盐井,康熙四十九年归附授职。驻迤东大盐井,或说在今四川冕宁县东北彝海乡大盐井。嘉庆间,"其地东至勒扒山二十里交越嶲厅界,南至二十里交酥州土千户界,西至长河二十五里交我瓦山界,北至咱耳山二十里交明止土司界",管 220 户。

热即瓦土百户,一作热即哇,康熙四十九年归附授职。驻热即哇,或说在今四川冕宁县北曹古乡大堡子的拉基入嘎。嘉庆间,"其地东至二十里交白石营界,南至二十五里交深沟塘界,西至十五里交长河界,北至十里交中村土百户界",管 130 户。

中村土百户,康熙四十九年归附授职。驻中村,在今四川冕宁县境,一说在今冕宁县城厢镇东枧槽。嘉庆间,"其地东至茶园山三十里交苗出土百户界,南至五宿二十里交三大枝土百户界,西至懦瓦桥十里交大路界,北至十里交酥州土千户界",管 120 户。

三大枝土百户,康熙四十九年归附授职。驻三大枝,或说在今四川冕宁县南林里乡。嘉庆间,"其地东至猓猡关五十里交登相营界,南至呷呜山二十里交高山堡汛界,西至十里交观音岩界,北至结果猡四十里交中村土百户界",管 129 户。

窝卜土百户,康熙四十九年归附授职。驻窝卜,在今四川冕宁县西窝堡乡。嘉庆间,"其地东至青山嘴四十里交马头山界,南至黄草梁二十里交牦牛山界,西至儿斯河二十里交泸宁营界,北至三十里交明止土司界",管 110 户。

虚郎土百户,康熙四十九年归附授职。驻虚郎,或说在今四川冕宁县南沙坝镇沈家堡子。嘉庆间,"其地东至徐家沟二十里交怀远营界,南至别列堡二十里交西昌县牛巴石河西土司界,西至怀远营分驻二十里交白宿瓦汛界,北至嘉顺汛三十里交水堡岩界",管 206 户。

河西地土百户,康熙四十九年归附授职。驻河西地,或说在今四川冕宁县南先锋乡南山营杨家,一说在今冕宁县南宏模乡白岭。嘉庆间,"其地东至梳桩台十里交大河界,南至十五里交长泸二水界,西至三十里交白路土百户界,北至长山嘴二十里交瓦都土目界",管 117 户。

白路土百户,康熙四十九年归附授职。驻白路,或说约在今四川冕宁县南先锋乡。嘉庆间,"其地东至长山嘴二十里交河西土百户界,南至三上里交长河二水界,西至南山营二十里交怀远营界,北至二十里交白路汛界",管 408 户。

阿得桥土百户,康熙四十九年归附授职。驻阿得桥,或说在今四川喜德县西北冕山镇新桥。嘉庆间,"其地东至黑林子五十里交靖远营界,南至大白姑十五里交新桥□水界,西至高沟营二十里交高山堡汛界,北至小白姑二十里交三大枝土百户界",管 129 户。

盐源县属:

木瑞安抚司,一作木理、木哩、木里,雍正八年七月归附授职①,驻木里,在今四川木里藏族自治县西北桃巴乡你易店木里大寺遗址处。嘉庆间,"其地东至八百里交浅儿打箭炉界,南至咱那山四百里交会盐营属古柏树土司界,西至卜儿地五百里交云南中甸界,北至布那呷儿卜五百里交里塘界",管 3 283 户。

瓜别安抚司,康熙四十九年归附授职。驻瓜别,在今四川盐源县北沃底乡。嘉庆间,"其地东至打冲河没没渡口甲擢山二百四十里交西昌县属安抚司界,南至白脚河厄子午山一百八十里交会盐营属古柏树土千户界,西至拐带哈呷一百二十里交会盐营属木里安抚司界,北至二百八十里交会盐营属木里安抚司界",管 1 253 户。

马喇副长官司,初为马喇长官司,康熙二十二年归附授职,驻马喇,在今四川盐边县东南力马,一说在今盐边县西北惠民乡。嘉庆间,"其地东至南邓邓六十里交云南章土司界,南至界牌山七十里交云南高土司界,西至罗可崖四十里交云南章土司界,北至吉落寨九十里交会盐营属中所土千户界",管 124 户。

古柏树土千户,康熙四十九年归附授职。驻古柏树,在今四川盐源县东北双河乡古柏。嘉庆间,"其地东至打冲河一百二十里交盐源县分驻河西盐中汉境界,南至四十里交盐源县汉境界,西至咱那山九十里交会盐营属木里安抚司界,北至古耳黑者河九十里",管 586 户。

---

① 《世宗实录》卷 96 雍正八年七月癸酉,《清实录》,第 8 册,第 284 页。

中所土千户，康熙四十九年归附授职。驻中所，在今四川盐源县西南黄草镇，一说在今盐源县西梅雨镇。嘉庆间，"其地东至阿果河十五里交盐源县属白盐井汉境界，南至□弄金沙江四百里交云南大姚县界，西至格纳思山顶一百里交云南蒗蕖州界，北至大河坎六十里交会盐营属左所土千户界"，管485户。

左所土千户，康熙四十九年归附授职。驻左所，在今云南宁蒗县北永宁，一说在今四川盐源县西北泸沽湖镇。嘉庆间，"其地东至沙打门格耳山四百里交盐源县汉境界，南至巴坵一百二十里交云南蒗蕖州界，西至三十里交会盐营属前所土百户界，北至一百二十里交会盐营属木里安抚司界"，管525户。

右所土千户，康熙四十九年归附授职。驻右所，在今四川盐源县东右所乡。嘉庆间，"其地东至马鞍山一百五十里交宁远府属普济州界，南至阿呢大呷一百八十里交云南大姚县界，西至一百十里交盐源县属丁家村汉境界，北至打冲河一百三十里交盐源县分驻□□□家庄界"，管595户。

前所土百户，康熙四十九年归附授职。驻前所，在今四川盐源县西北前所乡勒打。嘉庆间，"其地东至罗水沟五十里交会理营属木里安抚司界，南至丛坡果二十里交盐营属左所土千户界，西至阿汝能村山嘴四十里交云南永北土知府界，北至□都村三十里交会盐营属木里安抚司界"，管65户。

后所土百户，康熙四十九年归附授职。驻后所，在今四川木里县西南后所乡。嘉庆间，"其地东至小桥三十里交会盐营属木里安抚司界，南至喇白洛山顶一百里交会盐营属左所土千户界，西至雅押克山八十里交会盐营属木里安抚司界，北至大河边十五里交会盐营属木里安抚司界"，管74户。

2. 叙州府

马边厅属：

泥溪长官司，顺治九年七月归附[①]，康熙二十一年授职。驻泥溪河北，在今四川屏山县西北中都镇。嘉庆间，"其地东至黑板芽九十里交宜宾县界，南至即金沙大江闪云南昭通府永善县副官村县丞所属大沙里界，西至成谷磴七十里交平彝司界，北至细沙溪一百四十里交沐川司界"，管30户。光绪中，泥溪、平夷、蛮夷、沐川四长官司俱无人承袭[②]。

平夷长官司，康熙二十一年归附授职。驻平夷河北，在今四川屏山县西新安镇。嘉庆间，"其地东至龙桥接泥溪司界，南至金江大河交云南副官村县丞界，西至歇定沟交蛮彝司界，北至九角场交老君山古刹岩崦界"，管640户。

[①] 《世祖实录》卷66顺治九年七月辛卯，《清实录》，第3册，第519页。
[②] 光绪《叙州府志》卷30《土官》。

蛮夷长官司，康熙二十一年归附授职。驻蛮夷河北，在今四川屏山县西新市镇。嘉庆间，"其地东至王歇定沟平彝司界，南至邓溪塘闪黄螂界，西至云南交副官村界，北至米汤溪交沐川司界"，管 260 户。

沐川长官司，康熙三十四年归附授职。驻沐川，在今四川沐川县驻地沐溪镇。雍正间，其地东至凉山，南至马湖城，西至蛮夷司，北至犍为县。原管土民归屏山县管辖。嘉庆间，"其地四至三四十里，所管夷民户口一百九十六户"。

明州乐土百户，一作凉山明州乐，康熙四十三年归附授职。驻明州乐，在今四川马边县境。嘉庆间，"其地东至强盗窝夷界，南至油石洞夷界，西至凉山夷界，北至大羊肠夷界"。

油石洞乞希土百户①，康熙四十二年归附授职。在今四川马边县境。嘉庆间，"其地东至三溪夷界，南至腻乃巢夷界，西至凉山夷界，北至明州乐夷界"。

旁阿孤土百户，康熙四十三年归附授职，驻旁阿孤，在今四川马边县境。嘉庆间，"其地东至乾落夷地界，南至雷波谷堆夷地界，西至凉山夷界，北至腻乃巢夷界"。

大羊肠噜喀土百户，康熙四十三年归附，驻噜喀，在今四川马边县西南。嘉庆间，"其地东至沙码夷界，南至明州乐夷界，西至凉山夷界，北至干田坝夷界"。

腻乃巢土百户，康熙四十三年归附，驻腻乃巢，在今四川马边县南部。嘉庆间，"其地东至安居坝夷界，南至旁阿姑夷界，西至凉山夷界，北至油石洞夷界"。

挖黑土百户，一作洼黑，康熙四十三年归附，驻乞黑，在今四川马边县西部。嘉庆间，"其地东至土鲁村夷界，南至鸡公山夷界，西至大峰岭夷界，北至大赤口夷界"。

阿招土百户，一作阿昭，康熙四十三年归附，驻阿招，在今四川马边县西部。嘉庆间，"其地东至药子山夷界，南至挖黑夷界，西至六拔夷界，北至冷纪夷界"。

干田坝土百户，康熙四十三年归附，驻干田坝，在今四川马边县西部。嘉庆间，"其地东至铜石冈马边汉界，南至大羊关夷界，西至牦牛背夷界，北至中嘴汉界"。

麻柳坝土百户，康熙四十三年归附，驻麻柳坝，在今四川马边县西部。嘉

---

① 按：雍正《四川通志》卷 19 无。

庆间,"其地东至汉地大河界,南至土鲁村夷界,西至阿招夷界,北至大坝子汉界"。

马边营属:

冷纪土百户,雍正九年归附授职。在今四川马边县一带。嘉庆中已裁①。

雷波厅属:

雷波长官司,康熙四十三年归附授职,在今四川雷波县驻地锦城镇。雍正七年裁②,设雷波卫。

黄螂长官司,康熙四十三年归附授职③,在今四川雷波县东北黄琅。雍正七年五月改流④,设黄螂千户所。

千万贯长官司,康熙四十三年归附授职⑤,在今四川雷波县城西。雍正六年革职⑥。

3. 重庆府

酉阳宣慰司,顺治十五年归附授职,驻酉阳,在今重庆市酉阳土家族苗族自治县驻地钟多镇。雍正间,其地东至张家坝与湖南保靖司接壤,南至矮拗与邑梅司接壤,西至辰坝与贵州沿河司接壤,北至酉阳山与黔江县接壤,管辖番民813户。雍正十三年七月改流,置酉阳县⑦。

石耶峒长官司,顺治十五年归附授职。驻石耶峒,在今重庆市秀山土家族苗族自治县东南石耶镇。雍正间,其地东至苗界三角坡,南至邑梅司,西至平茶司清溪小河,北至酉阳司穿岩,管番民10户。雍正十三年七月改流,赏土千总职衔⑧。

地坝副长官司,顺治十六年归附授职。驻地坝,在今重庆市秀山土家族苗族自治县西部。雍正间,其地东至酉阳鬼闲溪,南至平茶司纵溪,西至平茶、甘隆、酉阳,北至酉阳司,管辖番民220户。雍正十三年七月改流,赏土把总职衔。

邑梅长官司,顺治十六年归附。驻邑梅,在今重庆市秀山土家族苗族自治

---

① 嘉庆《清会典事例》卷440,第671册,第737页。
② 《世宗实录》卷80雍正七年四月己卯,《清实录》,第8册,第47页;又卷81五月辛亥,第65页。
③ 光绪《清会典事例》卷577,第7册,第224页。
④ 《世宗实录》卷81雍正七年五月庚申,《清实录》,第8册,第70页。
⑤ 光绪《清会典事例》卷577,第7册,第224页。
⑥ 龚荫:《中国土司制度》,第412页。
⑦ 《世宗实录》卷158雍正十三年七月戊戌,《清实录》,第8册,第931页。
⑧ 《世宗实录》卷143雍正十二年五月甲辰,"再酉阳司附近东南一隅,尚有石耶、邑梅、地坝、平茶四小土司,久欲内向,并应乘机改流,以收全局"(《清实录》,第8册,第799页)。又卷158雍正十三年七月戊戌,《清实录》,第8册,第931页。

县南梅江镇。雍正间,其地东至地叶与湖南镇溪千户接壤,南至琴兆坡与贵州平头司接壤,西至苗隘与贵州乌罗司接壤,北至矮拗与酉阳司接壤,管辖番民84户。雍正十三年七月改流,赏土千总职衔。

平茶长官司,一作平茶洞,顺治十六年归附。驻平茶,在今重庆市秀山土家族苗族自治县西南清溪场镇美沙。雍正间,其地东至平阳、邑梅司,南至苗隘与贵州乌罗司接壤,西至革眼与贵州铜仁府接壤,北至太平营与酉阳司接壤,管辖番民100户。一说初袭明制,直属布政使司①;一说属重庆府②;一说属酉阳宣抚司③。雍正十二年地属黔彭厅,乾隆元年改流④。

4. 雅州府

雅州属:

天全六番招讨司,顺治九年七月归附⑤,在今四川天全县东南始阳,副招讨司在天全县城厢镇。雍正七年四月改土归流,设天全州⑥。

打箭炉厅属⑦:

单东革什咱安抚司,康熙四十年归附授职。驻革什咱,在今四川丹巴县革什扎乡布柯村。嘉庆间,"其地东至一百二十里交大金川界,南至三百五十里交噶达明正司界,西至一百四十里交道乌甘孜界,北至七十里交东□霍耳章谷界",管830户。或说后分为单东、革什咱两个土司⑧。

喇衮安抚司、喇衮安抚副司,一作喇滚,均于康熙四十一年归附授职⑨,驻喇滚,在今四川新龙县南洛古乡。嘉庆间,"其地东至三百五十里交吹音堡明正司界,南至二百一十里交瓦述里塘界,西至二百二十里交下瞻对界,北至三百五十里交明正司界",管970户。

---

① 康熙《清会典》卷19,第1册上,第198页。按:康熙《四川总志》卷4谓平茶洞长官司隶四川布政使司,属川南道。
② 雍正《四川通志》卷19,第560册,第101页。
③ 乾隆《清一统志》卷317,第481册,第448页。
④ 乾隆《清一统志》卷317,第481册,第448页。
⑤ 《世祖实录》卷66顺治九年七月辛卯,《清实录》,第3册,第519页。
⑥ 《世宗实录》卷80雍正七年四月辛巳,《清实录》,第8册,第48页。
⑦ 按:光绪初年打箭炉厅的辖区,至光绪末、宣统初属于川滇边务大臣管辖。据《代理川滇边务大臣傅嵩炑奏请建设西康省折》,宣统三年川边地区已经裁撤德格、高日、春科、麻书、孔撒、林葱、白利、倬倭、东科、明正、鱼通、咱里、冷边、沈边等14个大土司。其他小土司是否裁撤,刘锦棠《清朝续文献通考》卷322等无明确记载。本节将属于这14个大土司管辖的土千户、土百户亦作裁撤处理,其他小土司暂作未裁撤处理。李宗放《四川古代民族史》亦作明正土司所辖49员土千百户均于宣统三年同时改流。
⑧ 李宗放:《四川古代民族史》,第470页。
⑨ 《圣祖实录》卷208康熙四十一年五月甲午,《清实录》,第6册,第119页。按:雍正《四川通志》卷19、嘉庆《清会典事例》卷466均作康熙四十年。

上纳夺土千户，雍正七年归附授职。驻上纳夺，在今西藏自治区昌都县境。属上纳夺安抚司。嘉庆间，管 150 户。

上纳夺黎窝土百户，一作纳夺黎窝，共二员，雍正七年归附授职。驻纳夺黎窝，在今西藏自治区昌都县境。属上纳夺安抚司。嘉庆间，管 80 户。

上纳夺土百户①，雍正六年归附授职，驻上纳夺，在今西藏自治区昌都县境。属上纳夺安抚司。嘉庆间，管 70 户。

瓦述崇喜长官司，雍正七年归附授职。驻崇喜，在今四川雅江县西崇喜，或说在今雅江县西西俄洛乡俄洛堆。嘉庆间，管 300 户。或说宣统三年改土归流。

瓦述毛丫长官司，雍正七年归附授职。驻毛丫，在今四川理塘县西毛垭，或说初驻今理塘县东南木拉乡，后迁雅江县西南德差乡。嘉庆间，管 300 户。

瓦述曲登长官司，雍正七年归附授职。驻曲登，在今四川理塘县西北曲登。嘉庆间，管 179 户。或说宣统三年改流。

啯陇长官司，一作瓦述啯陇，嘉庆十三年二月归附授职②，驻地在今四川白玉县东南，或说在今白玉县东南纳塔乡。辖番民 549 户。

瓦述更平长官司，雍正七年归附授职。驻瓦述更平，在今四川新龙县境。嘉庆间，"其地东至二百一十里交革什咱界，南至一百四十里交瓦述长坦界，西至一百五十里交白利界，北至二百里交革什咱界"，管 300 户。

瓦述色他长官司，一作色他长官司，雍正七年归附授职。驻色他，在今四川新龙县北色威乡，一说在今色达县。嘉庆间，"其地东至一百里交瓦述更平界，南至二百八十里交下餐对界，西至二百一十里交孔撒界，北至七十里交竹窝土司界"，管 250 户。

蒙葛结长官司，雍正七年归附授职③。驻蒙葛结，在今四川石渠县东北蒙宜寺。嘉庆间，"其地东至五百里交霍耳咱界，南至七十里交木炉乌苏西宁界，西至二百八十里交召误西宁界，北至二百一十里交噶纳乌苏西宁界"，管 304 户。

霍耳咱安抚司，雍正七年归附授职。驻霍耳咱，在今四川甘孜县西北扎科乡。嘉庆间，"其地东至二百八十里交东科界，南至七十里交德尔格忒界，西至七十里交林葱界，北至四百二十里交束署连松潘界"，管 711 户。

---

① 嘉庆《四川通志》卷 97，《中国西南文献丛书·西南稀见方志文献》，第 5 卷，第 197 页。
② 《仁宗实录》卷 192 嘉庆十三年二月癸酉，《清实录》，第 30 册，第 536 页。
③ 嘉庆《清会典事例》卷 466，第 673 册，1899 页。光绪《清会典事例》卷 586，第 7 册，第 600 页。

下革赉土百户,共两员,雍正七年归附授职。驻下革赉,在今四川甘孜县西北,或说在今石渠县境。属霍耳咱安抚司。嘉庆间,分别管辖 60 户、20 户。

上革赉土百户,一作上格赉,共四员,雍正七年归附授职。均驻上格赉,在今四川德格县境,或说在今石渠县境。属德尔格忒宣慰司。嘉庆间分管 50 户、50 户、15 户、40 户。

杂竹骂竹卡土百户,一作杂谷吗竹卡,雍正七年归附授职。驻杂竹吗竹卡,在今四川德格县境,或说在今石渠县境。属德尔格忒宣慰司。嘉庆间,管 40 户。

笼坝土百户,雍正七年归附授职。驻龙坝,在今四川德格县境。属德尔格忒宣慰司。属德尔格忒宣慰司。嘉庆间,管 40 户。

杂竹卡土百户,共两员,雍正七年归附授职。驻杂竹卡,在今四川德格县境。

麻里长官司,一作瓦述麻里,嘉庆十三年二月归附授职①,辖番民 198 户。驻地在今四川新龙县西南麻日。

布拉克底宣慰使司,一作巴底,初为把底安抚司,康熙四十年归附授职。驻把底,在今四川丹巴县北巴底乡邛山村。雍正间,其地东至森约,南至娘子岭,西至把底西沟,北至申卓,管辖番民 850 户。乾隆年间改称布克底安抚司。因随军征金川有功,乾隆三十八年十二月加授宣慰司职衔②。宣统三年改土归流③。

巴旺宣慰司,头目为布拉克底安抚司职罗卜藏那木札尔长子囊索,因征金川有功,乾隆三十九年授宣慰司职。驻巴旺,在今四川丹巴县北聂呷乡聂呷村,一说在今丹巴县北巴旺乡。一说巴旺与巴底土司为一家世系,各颁给印信,分驻巴旺,同管地方。嘉庆间,二员土司所管地界,"东至二百二十里交孙克宗小金川界,南至三十里交鲁密宗章谷明正司界,西至七十里交八纳出卡革什咱土司界,北至七十里交□泥大金川界",共管 850 户。宣统三年改流④。

瓦述余科安抚司,雍正七年归附授职。驻余科,在今四川道孚县城东北,一说在道孚县玉科,或说在今道孚县北甲宗乡。嘉庆间,"其地东至二百一十里交革什咱界,南至一百四十里交孔撒界,西至一百四十里交更平色他土司界,北至六十里交绰斯甲界",管 645 户。宣统三年改土归流。

---

① 《仁宗实录》卷 192 嘉庆十三年二月癸酉,《清实录》,第 30 册,第 536 页。
② 《高宗实录》卷 948 乾隆三十八年十二月丙申,《清实录》,第 20 册,第 849 页。
③④ 李宗放:《四川古代民族史》,第 469 页。

上纳夺安抚司,一作上纳夺东科,雍正七年归附授职。驻上纳夺,或说在今西藏自治区昌都县东北拉多乡。嘉庆间,"其地东至二百八十晨交春科界,南至五百六十里交察木多界,西至七百里交察木多官角界,北至三百五十里交纳溪界",管650户。宣统三年改流。

鱼通长官司,道光七年置①。驻地在今四川康定县舍联乡。宣统三年改流②。

沈边长官司,康熙四十九年归附授职。驻沈边,在今四川泸定县南兴隆镇西沈村。嘉庆间,"其地东至飞越岭三十里交清溪县界,南至雨洒坪八十里交大田土司界,西至蒙古冈一百二十里交松坪土司界,北至佛耳崖五里交冷边土司界",管120户。宣统三年已裁。

冷边长官司,康熙四十九年归附授职。驻冷边,在今四川泸定县南冷碛镇。嘉庆间,"其地东至马鞍山七十五里交天全州界,南至佛耳崖三里交沈边土司界,西至炉定桥四十五里交明正土司界,北至大冈一百一十里交穆坪土司界",管175户。宣统三年已裁。

明正宣慰使司,全称明正长河西鱼通宁远军民宣慰使司。长河西、鱼通、宁远等地于顺治九年七月归附③。康熙五年明正宣慰司归附授职。驻打箭炉,在今四川康定县驻地炉城镇。嘉庆间,"其地东至泸定桥一百二十里交新途径边土司界,西至中渡二百八十里交里塘界,南至乐壤六十里交冕宁县界,北至鲁密章谷四百五十里交小金川之孙克宗界",管土千百户49员,共管6591户。宣统三年归流。

德尔格特宣慰司,初为叠尔格宣抚司,一作德格,雍正七年归附授职。驻叠尔格,在今四川德格县驻地更庆镇。雍正十一年改授宣慰司并改名。嘉庆间,"其地东至四百五十里交上瞻对界,南至三百五十里交察木多界,西至二百八十里交上纳夺界,北至二百一十里交林葱界",共管7977户。宣统二年改流,设德化州④。

里塘宣抚司、里塘副宣抚司,雍正七年归附授职,驻里塘,在今四川里塘县驻地高城镇。头目制度与其他土司有异:"巴塘、里塘正副土官,原无世代头目承袭。请照流官例,如有事故,开缺题补。"⑤嘉庆间,"其地东至河口三

---

① 光绪《清会典事例》卷557,第7册,第228页。
② 李宗放:《四川古代民族史》,第463页。
③ 《世祖实录》卷66顺治九年七月辛卯,《清实录》,第3册,第519页。
④ 《宣统政纪》卷35宣统二年四月丁酉,《清实录》,第60册,第626页。
⑤ 《世宗实录》卷80雍正七年四月丙戌,《清实录》,第8册,第50页。

百二十里交明正土司界,西至二郎湾河二百四十里交巴塘界,南至拉空岭甕水关五百八十里交建昌宁远营界,北至哑聋江四百四十里交瞻对土司界",共管辖各处乡村大小头人39名、5 322户。光绪三十四年五月改流①,后置理化厅。

巴塘宣抚司、巴塘副宣抚司,雍正七年归附授职。驻巴塘,在今四川巴塘县驻地夏邛镇。头目照流官例,不世袭,如有事故,开缺题补。嘉庆间,"其地东至里塘二郎□,南至云南耿中桥,西至江卡宁静山,北至三□部",管土百户7员、2 063户。光绪三十四年五月改流②,置巴安县。

上临卡石土百户,乾隆二年三月授职③。驻地在今四川巴塘县驻地夏邛镇东南,或说在今巴塘县东北措拉乡措拉。属巴塘宣抚司。嘉庆间,管92户。

下临卡石土百户,乾隆二年三月授职④。驻地在今四川巴塘县驻地夏邛镇东南,或说在今巴塘县东北措拉乡。属巴塘宣抚司。嘉庆间,管77户。

冈里土百户,乾隆二年三月授职⑤。驻地在今四川巴塘县驻地夏邛镇北。属巴塘宣抚司。嘉庆间,管15户。

桑隆土百户,乾隆二年三月授职⑥。驻地在今四川巴塘县巴楚河西岸,或说约在今巴塘县北松多乡。属巴塘宣抚司。嘉庆间,管20户。

上苏阿土百户,乾隆二年三月授职⑦。驻地在今四川巴塘县南苏哇龙乡境。属巴塘宣抚司。嘉庆间,管14户。

下苏阿土百户,乾隆二年三月授职⑧。驻地在今四川巴塘县南苏哇龙乡境。属巴塘宣抚司。嘉庆间,管28户。

郭布土百户,乾隆二年三月授职⑨。驻地在今四川巴塘县郭布。属巴塘宣抚司。嘉庆间,管90户。

化林坪副宣抚司,初名里塘副宣抚司,乾隆十一年十月增设⑩,与原有里塘土司同理土务。乾隆二十六年四月移驻化林坪⑪,在今四川泸定县南冷碛镇境。清末改土归流。

---

①② 《德宗实录》卷591光绪三十四年五月丁亥,《清实录》,第59册,第814页。
③④⑤ 《高宗实录》卷39乾隆二年三月戊午,《清实录》,第9册,第705页。
⑥ 按:光绪《清会典》卷15作"来隆石",误。
⑦⑧⑨ 《高宗实录》卷39乾隆二年三月戊午,《清实录》,第9册,第705页。
⑩ 《高宗实录》卷276乾隆十一年十月甲戌,《清实录》,第12册,第613页。
⑪ 《高宗实录》卷635乾隆二十六年四月丙申,《清实录》,第17册,第96页。嘉庆《清会典事例》卷466,第637册,第1891页。

霍耳绰绥安抚司，一作朱窝、倬倭，初名霍耳竹窝，雍正七年归附授职，驻霍耳竹窝，在今四川炉霍县西北朱倭乡。乾隆年间改名。嘉庆间，"其地东至二百里交更平界，南至一百四十里交上瞻对界，西至一百五十里交甘孜麻书界，北至七十里交东科界"，管1 666户。宣统三年改流①。

霍耳章谷安抚司，雍正七年归附授职。驻霍耳章谷，在今四川炉霍县旧城关南章谷土司官寨。嘉庆间，"其地东至一百一十里交瓦述更平界，南至一百八十里交下瞻对界，西至二百一十里交孔撒界，北至七十里交竹窝界"，管3 202户。霍耳章谷副土司，雍正十年题准分设，一名纳林冲长官司，驻护纳林冲，或说在今炉霍县西北旦都乡。光绪末改流②。

瓦述更平东撒土百户，雍正七年归附授职。驻地在今四川色达县境，或说在今炉霍县西北更知乡。属霍耳章谷土司。嘉庆间，第50户。

瓦述更平土百户③，雍正七年归附授职。驻瓦述更平，在今四川色达县境。属霍耳章谷土司。嘉庆间，管40户。

瓦述色他土百户④，雍正七年归附授职。驻瓦述色他，在今四川色达县驻地色柯镇。属霍耳章谷土司。嘉庆间，管50户。

瓦述墨科土百户，雍正七年归附授职。驻瓦述墨科，在今四川新龙县东北色伦寺西。属霍耳章谷土司。嘉庆间，管50户。

霍耳甘孜孔撒安抚司，一作霍耳孔撒，雍正七年归附授职。驻甘孜孔撒，在今四川甘孜县驻地甘孜镇。嘉庆间，"其地东于一百四十里交竹窝土司界，南至三百五十里交瓦述崇喜界，西至七十里交白利界，北至二百五十里父单什咱界"，管923户。宣统三年三月改流⑤。

科则护土百户，一作霍耳孔撒科则，雍正七年归附授职。驻科则，在今四川甘孜县境，或说在甘孜县南呷拉乡柯则。属霍耳孔撒土司。嘉庆间，管50户。

图根满碟土百户，一作霍耳图根满碟，雍正七年归附授职。驻图根瞒碟，在今四川甘孜县境。属霍耳甘孜孔撒土司。嘉庆间，管71户。

---

① 《收回甘孜各土司印信号纸片》，《赵尔丰川边奏牍》，第253页。
② 刘锦藻：《清朝续文献通考》卷322：章谷，"本章谷土司地。光绪二十年，土司故绝，亲戚争袭，瞻对亦欲占领。川督鹿传霖派兵往征，与瞻对、倬倭一并改流。旋以瞻对与西藏倬倭还土司，惟章谷由川省派员管理。三十年，改炉霍屯设屯员一，属打箭炉厅。宣统三年，改隶边务大臣，名曰章谷委员，分管倬倭土司及上罗科野番地。"（第4册，第10637页）
③ 按：光绪《清会典》卷15无，据光绪《清会典事例》卷586补。
④ 按：光绪《清会典》卷15无，据光绪《清会典事例》卷586补。
⑤ 《宣统政纪》卷50宣统三年三月癸丑，《清实录》，第60册，第908页。

霍耳甘孜麻书安抚司，雍正七年归附授职。驻甘孜麻书，在今四川甘孜县东南拖坝乡，一说在今甘孜县城北乡。嘉庆间，"其地东至二百八十里交渣坝明正司界，南至三百五十里交瓦述余科界，西至二百一十里交孔撒图根满碟界，北至三百五十里交束署连松劣界"，管 665 户。宣统三年三月改流①。

革赍土百户，雍正七年归附授职。驻革赍，在今四川甘孜县拖坝乡一带。属霍耳甘孜麻书土司。嘉庆间，管 13 户。

束署土百户，共两员，雍正七年归附授职。驻束署，在今四川甘孜县拖坝乡一带。属霍耳甘孜麻书土司。嘉庆间，管 33 户、60 户。

春科安抚司、春科副安抚司，雍正七年归附授职。驻春科，在今四川石渠县南正科。嘉庆间，"其地东至一百四十里交林葱界，南至二百八十里交上纳夺界，西至一百四十里交当妥西宁界，北至三百五十里交蒙葛结西宁界"，管 588 户。宣统元年十一月改流②。

林葱安抚司，一作霍耳林葱，雍正七年归附授职。驻林葱，在今四川德格县西北俄支乡。嘉庆间，"其地东至二百一十里交咱地界，南至七十里交德格界，西至一百四十里交春科界，北至四百二十里交蒙葛结界"，管 1 096 户。宣统三年改流③。

下瞻对安抚司，初为瞻对安抚司，康熙四十年（一作康熙四十三年）归附授职。驻瞻对，在今四川新龙县驻地茹龙镇，一说在新龙县北绕鲁乡，或说在县南尤拉西乡。雍正时，其地东至扎坝，南至喇滚，西至热桑泥，北至霍耳，管辖番民六百户。乾隆二年三月，改称下瞻对安抚司④。嘉庆时，"其地东至□百八十里交渣坝明正司界，南至二百七十里交喇滚界，西至一百四十里交热桑界，北至二百里交霍耳界"，管 340 户。宣统三年改流⑤。

云多土百户，雍正六年归附授职⑥，乾隆二年三月再次授职⑦。驻地在今四川新龙县境。属下瞻对土司。属下瞻对安抚司。嘉庆间管 23 户。

---

① 《宣统政纪》卷 50 宣统三年三月癸丑，《清实录》，第 60 册，第 908 页。
② 《宣统政纪》卷 26 宣统元年十一月壬戌，《清实录》，第 60 册，第 479 页。
③ 《收回甘孜各土司印信号纸片》，《赵尔丰川边奏牍》，第 253 页。
④ 《高宗实录》卷 39 乾隆二年三月戊午，《清实录》，第 9 册，第 705 页。
　按：嘉庆《清会典事例》卷 466 谓乾隆十一年授职，似误。
⑤ 《收回瞻对改土归流设治折》，《赵尔丰川边奏牍》，第 367 页。刘锦藻：《清朝续文献通考》卷 322，第 4 册，第 10637 页。
⑥ 嘉庆《清会典事例》卷 466，第 673 册，第 1920 页。光绪《清会典事例》586，第 7 册，第 605 页。
⑦ 《高宗实录》卷 39 乾隆二年三月戊午，《清实录》，第 9 册，第 705 页。

仪盖土百户，雍正六年归附授职，乾隆二年三月再次授职①。驻地在今四川新龙县境。属下瞻对安抚司。嘉庆间管16户。

霍耳白利长官司，雍正七年归附授职。驻白利，在今四川甘孜县西生康乡。嘉庆间，"其地东至七十里交甘孜麻书界，南至二百一十里交瓦述界，西至一百四十里交章谷、林葱界，北至四百五十里交束署连松潘界"，管315户。宣统三年改流②。

霍耳东科长官司，雍正七年归附授职③。驻东科，在今在今四川甘孜县东北东谷。嘉庆间，"其地东至三百五十里交更平色他界，南至七十里交孔撒界，西至二百八十里交咱地立体交叉，北至四百二十里交夺坝松潘界"，管348户。宣统三年改流④。

春科高日长官司，雍正七年归附授职。驻春科高日，在今四川石渠县西南奔达。嘉庆间，其地在春科安抚司界内，与东科十司同管282户。宣统元年十一月改流⑤。

上瞻对茹色长官司，一作瞻对茹长官司，雍正七年归附授职。驻瞻对茹，在今四川新龙县西北，或说在县北大盖乡一带。嘉庆间，"其地东至二百八十里交霍耳章，南至三百五十里交瓦述毛丫界，西至四百九十里交德尔格忒界，北至一百四十里交甘孜麻书界"，管428户。宣统三年改流⑥。

中瞻对茹色长官司，乾隆十一年授职。驻地在今四川新龙县西北，或说驻新龙县茹龙镇。嘉庆间，"其地东至二百八十里交渣坝明正司界，南至七十里交下瞻对界，西至二百一十里交上瞻对界，北至二百里交纳林冲界"，管200户。嘉庆二十年，因劫掠被除，析其户口，分设土目，隶上下瞻对管束⑦。

咱哩土千户，即咱里，康熙四十年归附授职。驻咱哩，在今四川泸定县北咱里。雍正间，其地东至泸河，南至扯索，西至日地，北至大冈瓦西沟，管辖番民108户。属明正司。宣统三年改流。

上瞻对峪纳土千户，一作中瞻对峪纳土千户，初为瞻对瓦述峪土百户，雍正七年归附，后改。驻瓦述峪纳，在今四川新龙县境，一说在新龙县北大盖乡，或说在县北色威乡谷日。嘉庆间，管206户。宣统三年改流。

---

① 《高宗实录》卷39乾隆二年三月戊午，《清实录》，第9册，第705页。
② 《收回甘孜各土司印信号纸片》，《赵尔丰川边奏牍》，第253页。
③ 嘉庆《清会典事例》卷466，第673册，第1898页。光绪《清会典事例》卷586，第7册，第599页。
④ 《收回甘孜各土司印信号纸片》，《赵尔丰川边奏牍》，第253页。
⑤ 《宣统政纪》卷26宣统元年十一月壬戌，《清实录》，第60册，第479页。
⑥ 《收回瞻对改土归流设治折》，《赵尔丰川边奏牍》，第367页。
⑦ 嘉庆《四川通志》卷97，《中国西南文献丛书·西南稀见方志文献》，第5卷，第198页。

瓦述写达土千户,雍正七年归附授职。驻写达,在今四川炉霍县西北,或说在炉霍县西北卡娘乡。属霍耳竹窝土司。嘉庆间,管 200 户。

瓦述更平东撒土百户,一作更平东撒,雍正七年归附授职。驻更平东撒,在今四川炉霍县西北,一说在今新龙县上占,或说在炉霍县西北更知乡。属霍耳竹窝土司。嘉庆间,管 40 户。

上瞻对撒墩土千户,乾隆十一年授职。驻地在今四川新龙县境,或说在县北沙堆乡。嘉庆间,"其地东至二百八十里交霍耳章谷界,南至三百五十里交瓦述毛丫界,西至四百九十里交德格界,北至一百四十里交麻书界",管 50 户。宣统三年改流。

中渣坝热错土百户,康熙四十年归附授职。驻热错,在今四川道孚县南亚卓。雍正间,其地东至恶科头人,南至业洼石土百户,西至夹龙江河岸,北至恶迭土百户,辖番民 130 户。属明正司。

他咳土百户,康熙四十年归附授职。驻他咳,在今四川康定县西北塔公乡塔格村。雍正间,其地东至扒桑土百户,南至住索头人工噶,西至噶喇住索土百户,北至药冬喇,管辖番民 50 户。属明正司。

上渣坝卓泥土百户,康熙四十年归附授职。驻卓泥,在今四川道孚县南仲尼乡。雍正间,其地东至木辘土百户,南至中渣坝沱土百户,西至阿束头人,北至霍耳头人,管辖番民 150 户。属明正司。

鲁密梭布土百户,康熙四十九年归附授职。驻鲁密梭布,在今四川丹巴县东梭坡乡梭坡村。雍正间,其地东至汉牛,南至达则土百户,西至普共碟土百户,北至隆卡那,管辖番民 150 户。属明正司。

瓦七土百户,康熙四十年归附授职。驻瓦七,在今四川康定县西瓦泽乡营官寨。雍正间,其地东至沙卡土百户,南至里塘儒库喇嘛,西至白桑土百户,北至恶热土百户,管辖番民 130 户。属明正司。

俄洛土百户①,或说原作恶落,康熙四十年归附授职。驻俄洛,或说在今四川康定县西新都桥镇东俄洛。属明正司。

呷那工弄土百户,康熙四十年归附授职。驻呷那,在今四川康定县西南,或说在今雅江县东南祝桑乡尼马宗。雍正间,其地东至拉哩土百户,南至八哩笼土百户,西至夹龙江河岸,北至乌龙石头人,管辖番民 200 户。属明正司。

鲁密祖卜柏哈土百户,一作祖卜柏哈,康熙四十年归附授职。驻柏哈,在今四川丹巴县驻地章谷镇柏哈村。雍正间,其地东至普共碟土百户,南至深

---

① 嘉庆《四川通志》卷 97,《中国西南文献丛书·西南稀见方志文献》,第 5 卷,第 187 页。

山,西至达妈土百户,北至把底安抚司,管辖番民 105 户。属明正司。

鲁密达妈土百户,康熙四十年归附授职。驻达妈,在今四川丹巴县西水子乡大马村。雍正间,其地东至深山,南至昌拉土百户,西至郭宗土百户,北至柏哈土百户,管辖番民 100 户。属明正司。

鲁密达则土百户,康熙四十九年归附授职。驻达则,在今四川丹巴县东梭坡乡达则村。雍正间,其地东至汉牛,南至梭布土百户,西至普共碟土百户,北至卓笼土百户,管辖番民 159 户。属明正司。

木辘土百户,康熙四十年归附授职。驻木辘,在今四川康定县南呷巴乡木弄村。雍正间,其地东至阿束头人,南至恶科头人,西至上渣坝土百户,北至霍耳打歌,管辖番民 105 户。属明正司。

鲁密结藏土百户,康熙四十年归附授职。驻结藏,在今四川丹巴县西水子乡结藏村。雍正间,其地东至达妈土百户,南至昌拉土百户,西至东谷土百户,北至节冗革什咱土百户,管辖番民 38 户。属明正司。

八哩笼坝土百户,一作八哩龙,康熙四十年归附授职。驻八哩笼坝,在今四川康定县西南八衣绒。雍正间,其地东至格洼卡,南至索窝笼土百户,西至夹龙江,北至擦马笼,管辖番民 90 户。属明正司。

白桑土百户,康熙四十年归附授职。驻白桑,在今四川雅江县雅砻江以东,或说在今康定县西新都桥镇东俄洛北边下柏桑村。雍正间,其地东至瓦七土百户,南至恶落土百户,西至夹龙江,北至扒桑土百户,管辖番民 141 户。属明正司。

下八义土百户,康熙四十年归附授职。驻下八义,在今四川道孚县南八美镇。雍正间,其地东至肌答头人,南至上八义土百户,西至荒山地名端谷,北至少误石土百户,管辖番民 100 户。属明正司。

少误石土百户,一作沙误石,康熙四十年归附授职。驻少误石,在今四川道孚县南协德乡,或说在今县南色卡乡少乌。雍正间,其地东至肌答沙甲,南至下八义土百户,西至渣坝头人俺格,北至木辘土百户,管辖番民 150 户。属明正司。

吉增卡桑阿笼土百户,康熙四十年归附授职。驻桑阿笼,在今四川康定县西北下马龙,或说约在康定县西南吉居乡。雍正间,其地东至恶拉土百户,南至木叠笼土百户,西至夹龙江河岸,北至格洼卡巴土百户,管辖番民 294 户。属明正司。

鲁密郭宗土百户,一作郭宗,康熙四十年归附授职。驻郭宗,在今四川丹巴县南格宗乡郭宗村。雍正间,其地东至达妈土百户,南至昌拉土百户,西至东谷土百户,北至节冗土百户,管辖番民72户。属明正司。

鲁密格桑土百户,一作格桑,康熙四十年归附授职。驻格桑,在今四川丹巴县东南格宗乡。雍正间,其地东至大金川河,南至疮机,西至初把土百户,北至卓囊头人,管辖番民39户。属明正司。

作苏策土百户,康熙四十年归附授职。驻作苏策,或说在今四川康定县西呷巴乡司车村。雍正间,其地东至作都热水塘笼坝卡松,南至咱孟格洼,西至瓦七土百户,北至沙卡土百户,辖番民100户。属明正司。

扒桑土百户,康熙四十年归附授职。驻扒桑,在今四川康定县西北拨桑。雍正间,其地东至恶热土百户,南至白桑土百户,西至他咳土百户,北至上八义土百户,管辖番民100户。属明正司。

鲁密东谷土百户,康熙四十年归附授职。驻鲁密东谷,在今四川丹巴县西南东谷乡。雍正间,其地东至索布头人,南至初把土百户,西至党隅头人,北至柏哈土百户,管辖番民150户。属明正司。

沙卡土百户,康熙四十年归附授职。驻沙卡,或说在今四川康定县西瓦泽乡提如至瓦泽仲之间。雍正间,其地东至据喇雪山荒地,南至作苏策,西至瓦七,北至恶热,管辖番民194户。属明正司。

上八义土百户,康熙四十年归附授职。驻上八义,在今四川道孚县东南中古。雍正间,其地东至荒山地名噶弄,南至扒桑喇嘛寺,西至荒山地名色身拖,北至下八义土百户,管辖番民150户。属明正司。

鲁密本滚土百户,一作本滚,康熙四十年归附授职。驻本滚,在今四川丹巴县境,或说在今丹巴县东女谷乡边古。雍正间,其地东至卓囊头人,南至大金川河,西至把底安抚司,北至小金川,管辖番民126户。属明正司。

上渡噶喇住索土百户,康熙四十年归附授职。驻上渡噶,在今四川雅江县北呷拉乡,一说在今康定县境。雍正间,其地东至他咳土百户,南至汪杰头人,西至夹龙江,北至渣坝头人,管辖番民42户。属明正司。

格洼卡土百户,一作格洼卡吧,康熙四十年归附授职。驻格洼卡巴,在今四川康定县西南,或说在今县南贡嘎山乡。雍正间,其地东至姆朱土百户,南至索窝笼土百户,西至妈寺头人,北至塔纳库阿他喇嘛工噶烹错,管辖番民370户。属明正司。

鲁密卓笼土百户,康熙四十九年归附授职。驻卓笼,在今四川丹巴县东北东女谷乡中路村。雍正间,其地东至笼邦,南至木宗,西至也笼,北至大山,管辖番民265户。属明正司。

乐壤土百户,康熙四十年归附授职。驻乐壤,在今四川康定县境,或说在今九龙县东斜卡乡洛让。雍正间，其地东至松竹，南至夹龙江河岸，西至恶拉土百户，北至姆朱土百户，管辖番民120户。属明正司。

姆朱土百户，康熙四十年归附授职。驻姆朱，在今四川道孚县南木茹，或说在今康定县西南六巴乡木居村。雍正间，其地东至工损，南至恶拉土百户，西至索窝笼土百户，北至格洼卡，管辖番民130户。属明正司。

恶落土百户，一作额落、恶洛，康熙四十年归附授职。驻额落，在今四川康定县西。雍正间，其地东至沙卡土百户，南至打喇石奴库，西至瓦七土百户，北至白桑土百户，管辖番民50户。属明正司。

鲁密长结杵尖土百户，一作长结杵尖，康熙四十年归附授职。驻长结杵尖，在今四川丹巴县境，或说在今丹巴县东南格宗乡绒坝西南。雍正间，其地东至松归土百户，南至板喇深山，西至笼阿头深山，北至大金川河，管辖番民34户。属明正司。

鲁密坚贞土百户，一作坚正，康熙四十年归附授职。驻坚贞，在今四川丹巴县西水子乡坚正村，或说在今丹巴县西南东谷乡井备村。雍正间，其地东至格桑土百户，南至舍利喇头人，西至东谷土百户，北至六路朱窝头人，管辖番民50户。属明正司。

中渣坝沱土百户，一作中渣坝渣泥，康熙四十年归附授职。驻沱，在今四川道孚县南亚卓一带，或说在道孚县南扎拖乡。雍正间，其地东至恶科头人，南至业洼石土百户，西至阿东头人，北至卓泥土百户，管辖番民100户。属明正司。

上渣坝恶叠土百户，康熙四十年归附授职。驻额叠，在今四川道孚县南。雍正间，其地东至少误石土百户，南至下渣坝土百户，西至夹龙江河岸，北至霍耳兹呶头人马子台吉，管辖番民100户。属明正司。

下渣坝莫藏土百户，一作莫藏石，康熙四十年归附授职。驻莫藏石，在今四川道孚县南下扎坝一带，或说在今雅江县北木绒乡。雍正间，其地东至上八义土百户，南至噶喇住索土百户，西至夹龙江河岸，北至业洼石土百户，管辖番民180户。属明正司。

中渡亚出卡土百户，一作中渡哑出卡，康熙四十年归附授职。驻中渡亚出卡，在今四川雅江县河口西岸，一说在今康定县境。雍正间，其地东至恶落土百户，南至八嘛那头人，西至夹龙江河岸，北至白桑土百户，管辖番民140户。属明正司。

本噶土百户，康熙四十年归附授职。驻本噶，在今四川康定县西瓦泽乡安良坝，或说在今县西新都桥镇东俄洛南边。雍正间，其地东至卓坝笼，南至恶叠庄，西至哈呀庄，北至恶落土百户，管辖番民240户。属明正司。

恶拉土百户，一作额拉，康熙四十年归附授职。驻额拉，在今四川康定县西部，一说在今和龙县驻地呷尔镇。雍正间，其地东至药壤土百户，南至夹龙江河岸，西至八乌龙土百户，北至姆朱土百户，管辖番民766户。属明正司。

八乌笼土百户，康熙四十年归附授职。驻八乌笼，在今四川九龙县西南八窝龙乡。雍正间，其地东、南至额拉土百户，西至夹龙江河岸，北至格洼卡，管辖番民173户。属明正司。

鲁密普供碟土司，一作普共碟，康熙四十年归附授职。驻普共碟，在今四川丹巴县驻地章谷镇普角顶村。雍正间，其地东至索布头人，南至初把土百户，西至党隅头人，北至柏哈土百户，管辖番民150户。属明正司。

鲁密初把土百户，一作初把，康熙四十年归附授职。驻初把，在今四川丹巴县西水子乡大马村，或说在今丹巴县东南格宗乡次巴村。雍正间，其地东至格桑土百户，南至中达头人，西至约结洼头人，北至普共碟土百户，管辖番民80户。属明正司。

鲁密昌拉土百户①，康熙四十年归附授职。驻昌拉，在今四川丹巴县西水子乡。雍正间，其地东至达妈土百户，南至党隅头人，西至坚贞土百户，北至郭宗土百户，管辖番民119户。属明正司。

索窝笼土百户，一作索窝笼巴，康熙四十年归附授职。驻索窝笼巴，在今四川康定县西南六把乡色乌绒村。雍正间，其地东至姆朱土百户，南至恶拉土百户，西至格窝卡，北至格洼卡吧，管辖番民100户。属明正司。

恶热土百户，一作额热，康熙四十年归附授职。驻额热，或说在今四川康定县西塔公乡一带。雍正间，其地东至工坝石头人，南至瓦七土百户，西至扒桑土百户，北至深山地名石热腊，管辖番民134户。属明正司。

鲁密长结松归土百户，一作长结松归，康熙四十年归附授职。驻长结松归，在今四川丹巴县境，或说约在县东南格宗乡江达。雍正间，其地东至格桑土百户，南至深山，西至初巴土百户，北至白隅土百户，管辖番民38户。属明正司。

下渣坝业洼石土百户，一作中渣坝业洼石，康熙四十年归附授职。驻业洼石，在今四川道孚县南下扎坝，或说在今雅江县北瓦多乡。雍正间，其地东至莫藏石土百户，南至睹蜜头人，西至章都，北至中渣坝沱土百户，管辖番民100户。属明正司。

---

① 按：光绪《清会典》卷15作"鲁密拉昌土司"（第16册，第131页），误。

鲁密白隅土百户，康熙四十年归附授职。驻白隅，在今四川丹巴县境，或说在今丹巴县东南格宗乡白玉。雍正间，其地东至木坪汉牛，南至大金川河，西至深山，北至松归土百户，管辖番民170户。属明正司。

那里土百户，一作拉哩，康熙四十年归附授职。驻拉哩，在今四川康定县西新都桥镇，或说在今雅江县东祝桑乡夺牙宗。雍正间，其地东至诺日阿他喇嘛，南至工柱热头人，西至扎热乌龙石头人，北至恶落土百户，管辖番民90户。属明正司。

瓦述毛茂丫土百户，一作瓦述茂丫、毛茇丫，雍正七年归附授职，驻毛茂丫，在今四川理塘县东南木拉乡。嘉庆间，管74户。

麻林土百户，乾隆二年三月授职①。驻地不详，或说约在今甘孜县境。乾隆八年十二月因无人承袭注销②。

清溪县属·

穆平宣慰司，一作木坪、穆坪，初名董卜韩瑚宣慰使司，顺治九年七月归附③，康熙元年授职。驻木坪，即今四川宝兴县驻地穆坪镇。嘉庆间，"其地东至卧龙关七百余里交瓦寺土司界，南至灵关四十余里交天全州界，西至鱼通蛇勒章谷六百余里交冷边土司界，北至板噶落六百余里交新疆沃日土司界"。

黎州土百户，初为黎州土千户，顺治九年七月归附④，驻黎州，在今四川汉源县北清溪镇，一说在今黑水县境内，或说初驻今汉源县北大田乡，后居清溪镇境。乾隆十七年改设⑤，作大田土百户。嘉庆间，"其地东至万里箐九十里交松坪土千户界，南至泸河一百三十五里交松坪土千户界，西至雨洒坪六百里交沈边土司界，北至羊庄坪三十里交清溪县界"。或说道光十三年，所管寨落均归清溪县管理。

大田副土百户，初为黎州副千户，驻大田，在今四川汉源县北大田。乾隆十七年改设⑥。辖曲曲乌夷民阿不义足脚得等130户。嘉庆间，"其地东至木畜三十里交松坪土千户界，南至泸河六十里交新途径边土司界，西至万工汛一百二十里交清溪县界，北至吗列一百二十里交松坪土千户界"。

松平土千户，一作松坪，康熙四十二年归附，驻松坪，在今四川汉源县东北，一说在今黑水县境内；或说初驻汉源县东皇木镇松坪，后迁皇木镇木畜，

---

① 《高宗实录》卷39乾隆二年三月戊午，《清实录》，第9册，第705页。
② 《高宗实录》卷206乾隆八年十二月庚申，《清实录》，第11册，第656页。
③④ 《世祖实录》卷66顺治九年七月辛卯，《清实录》，第3册，第519页。
⑤⑥ 光绪《清会典事例》卷557，第7册，第221页。

再西迁白岩乡仙人洞,复东迁安乐乡境。嘉庆间,"其地东至樟杆凹一百七十里交峨眉县界,南至大渡河五十里交邛部土司界,西至水尾河一百五十里交大田土百户界,北至秋柴坪三百二十里交清溪县界"。嘉庆二十年正月改土归流,土司仍世给土千户职衔,以深溪沟为界,东北牛心山、楠木园一带 843 户归峨边厅管辖,西南松坪上堡、下堡一带 990 户归清绥县管辖,照例纳粮①。

5. 龙安府

阳地隘口长官司,顺治六年归附授职。初驻龙安府城②,在今四川平武县驻地龙安镇;后驻阳地隘口,在今四川平武县北木皮藏族乡阳地山,一说在今甘肃、四川交界处。嘉庆间,"其地东至二百八十里交甘肃文县属铁炉寨界,南至四十里交平武县属小河营汛地铁隆堡界,西至三百九十里交松潘厅属责折坝界",辖 225 户。

龙安府土通判,顺治六年归附授职,驻龙安府城,在今四川平武县驻地龙安镇,其地与阳地隘口长官司同。嘉庆间已驻阳地隘口。

龙安府土知事,顺治六年归附授职。驻龙安府城,在今四川平武县驻地龙安镇。嘉庆间已驻龙溪堡,在今四川平武县西虎牙藏族乡龙溪堡村,"其地东至一百余里交平武县属民地木瓜墩界,南至二百余里交石泉县属番地石牌沟界,西至一百余里交平番营属番地两岔河界,北至二百余里交松潘厅属民地磨子坪界",辖 150 户。

6. 石砫直隶厅

石砫宣慰使司,顺治十六年归附授职。驻石砫,在今重庆石砫县驻地南宾镇。雍正间,其地东与湖南忠路司接壤,南至黔江县,西至酆都县,北至忠州。因境内土著流寓杂居,乾隆二十六年十二月改土归流,改设土通判,不许干与民事③。

7. 松潘直隶厅④

包子寺寨土千户,一作包子寺、牟尼包座寺寨,康熙四十二年归附授职。驻包子寺,在今四川松潘县西牟尼。嘉庆间,"其地东至二十里交松潘城山梁界,南至十里交河西扑□寨界,西至八十里交羊角溪拈佑寨界,北至二十里交老熊沟汛界",辖 6 寨、56 户。

---

① 《仁宗实录》卷 302 嘉庆二十年正月戊申,《清实录》,第 32 册,第 12 页。
② 雍正《四川通志》卷 19,第 560 册,第 91 页。
③ 《高宗实录》卷 651 乾隆二十六年十二月癸未,《清实录》,第 17 册,第 291 页。
④ 按:刘锦藻《清朝文献续考》卷 322 谓松潘厅领松磨宣慰司及从噶克、卓克采、丹坝等 3 长官司。

麦杂蛇湾寨土千户，一作麦杂蛇湾，雍正二年归附授职。驻麦杂蛇湾寨，在今四川黑水县东北卡龙镇，一说在今松潘、黑水二县交境处①。嘉庆间，"其地东至一百二十里交拈佑恶革寨界，南至五十里交峨眉喜磨多寨界，西至六十里交压达山梭磨河西后番寨界，北至一百八十里交毛革阿按寨界"，辖15寨、289户②。

毛革阿寨土千户，一作毛革阿按寨，雍正四年归附授职。驻地在今四川松潘县东上八寨乡阿窝村，一说在今松潘县阿俄。嘉庆间，"东至二百里交喀弄山岭包子寺寨界，南至一百八十里交麦□达革寨界，西至一百八十里交维州梭磨河西噶布寨界，北至二百四十里交独木龙山甲凹寨界"，辖17寨、347户。

峨眉喜寨土千户，康熙四十二年归附授职。驻峨眉喜寨，在今四川黑水县东知木林，一说在今黑水县乌木树。嘉庆间，"其地东至四十里交七布寨界，南至一百二十里交梭磨河西后番寨界，西至九十里交拈佑恶革寨界，北至五十里交麦杂蛇湾寨界"，管辖15寨、833户。

七布寨土千户，一作七布徐之河寨，康熙四十二年归附授职。驻徐之河寨，在今四川黑水县东慈坝乡，一说在今黑水县徐子河。嘉庆间，"其地东至一百二十里交河西、松坪、和尚等寨界，南至九十里交梭磨黑水寨界，西至四十里交峨眉喜寨界，北至一百三十里交热雾、峨宁寨界"，辖11寨、282户。

阿思岗寨土千户，康熙四十二年归附授职。驻阿思岗，在今四川松潘县东大寨乡。嘉庆间，"其地东至二十里交雪□关界，南至五十里交白马城寨界，西至二十里交寒毛寨界，北至二十里交河东商巴五间房寨界"，辖11寨、197户。

羊岗寨土百户③，雍正二年归附授职。驻羊岗寨，在今四川九寨沟县西漳扎镇风汛塘。嘉庆间，"其地东至一百八十里交独界寨界，南至一百八十里交阿思岗寨界，西至五里交羊峒藏咱寨界，北至十五里交隆康寨界"，辖9寨、234户。

下泥巴寨土百户，康熙四十二年归附授职。驻下泥巴寨，在今四川松潘县东南青云乡。嘉庆间，"其地东至五十里交腊梅寨界，南至五里交石寨界，西至二十里交包子寺寨界，北至三十里交河西商巴八郎寨界"，辖7寨、50户。

寒盼寨土千户，康熙四十二年归附授职。驻寒盼寨，在今四川松潘县北水

---

① 聂鸿音、孙伯君：《〈西番译语〉校录及汇编》，社会科学文献出版社，第25页。按：以下"一说"均引自该书第25—63页，不再一一出注。
② 按：嘉庆间各土司四至及管辖村寨、番户数量，均据嘉庆《四川通志》卷96至卷98《土司》，《中国西南文献丛书·西南稀见方志文献》影印本，第5卷，第154—221页。
③ 按：羊岗寨土百户、下泥巴寨土百户，据嘉庆《四川通志》卷96补。

晶乡寒盼村。嘉庆间,"其地东至十五里交上东拜寨界,南至十五里交商巴寨界,西至十里交祈命寨界,北至二十里交柏木桥寨界",辖9寨、160户。

商巴土千户,一作商巴寨,康熙四十二年归附授职。驻商巴寨,在今四川松潘县北山巴乡。嘉庆间,"其地东至二十里交铁匠沟寨界,南至十里交祈命、下小沟寨界,西至五里交祈命寨界,北至五里交寒盼元山寨界",辖10寨、177户。

祈命寨土千户,康熙四十二年归附授职。驻祈命寨,在今四川松潘县北水晶乡祁命村。嘉庆间,"其地东至十里交寒盼寨界,南至二十里交下商巴寨界,西至四十里交黄胜关宁西县界,北至十里交商巴、铁匠嘴寨界",辖11寨、172户。

上包坐畬湾寨土千户,康熙四十二年归附授职。驻畬湾寨,在今四川若尔盖县东巴西乡畬湾寨,一说在今若尔盖县东包座乡。嘉庆间,"其地东至三百里交黄胜关汛界,南至三晨里交班佑寨界,西至一百里交下包坐竹当寨界,北至二百里交羊岗后山东丕寨界",辖9寨、266户。

下包坐竹当寨土千户,康熙四十二年归附授职。驻竹当寨,在今四川若尔盖县东巴西乡竹当寨,一说在今若尔盖县东包座乡。嘉庆间,"其地东至三百里交咨骂寨界,南至一百里交上包坐佘湾寨界,西至一百八十里交任坝寨界,北至一百二十里交川柘寨界",辖10寨、187户。

川柘寨土千户,康熙四十二年归附授职。驻川拓寨,在今四川九寨沟县西北黑河乡一带,一说在今若尔盖县东求吉乡。嘉庆间,"其地东至河西无里数,南至一百二十里交下包坐竹当寨界,西至八十里交双则红凹寨界,北至一百四十里交谷坝那浪寨界",辖7寨、332户。

谷尔坝那浪寨土千户,康熙四十二年归附授职。驻那浪寨,在今四川九寨沟县西北黑河乡东,一说在今若尔盖县苟哇。嘉庆间,"其地东至荒山无里数,南至一百四十里交川柘寨界,西至一百六十里交双则红凹寨界,北至五百里交洮州所属杨土司疆界",管7寨、256户。

双则红亚寨土千户,一作双则红凹寨,康熙四十二年归附授职。驻双则红凹寨,在今四川九寨沟县西北黑河乡东,一说在今若尔盖县旺寨。嘉庆间,"其地东至八十里交川柘寨界,南至一百里交阿细柘弄寨界,西至荒山无里数,北至三百里交洮州所属杨土司大那寨界",辖7寨、310户。

班佑寨土百户,一作班佑,雍正五年归附授职。驻班佑,在今四川若尔盖县东南班佑乡。嘉庆间,"东至一百二十里交黄胜关汛界,南至一百六十里交阿革寨界,西至六十里交上作尔革寨界,北至一百里交巴细蛇住寨界",辖1

寨、18户。

上阿坝甲多寨土千户，一作上阿坝，雍正四年归附授职。驻上阿坝，在今四川阿坝县西各莫乡；或说嘉庆时住上阿坝甲多寨，在今阿坝县北甲尔多乡甲尔多村。嘉庆间，"其地东至一百六十里交郎惰寨、班佑寨界，南至一百里交中阿坝寨界，西至一百六十里交小阿树寨界，北至一百五十里交青海黄河边界"，辖37寨、1 158户。

中阿坝墨仓寨土千户，一作中阿坝，雍正四年归附授职。驻中阿坝，在今四川阿坝县驻地阿坝镇，一说在今阿坝县东麦昆乡；或说嘉庆时住中阿坝墨仓寨，在今阿坝县东北哇尔玛乡麦桑官寨铁穷村。嘉庆间，"其地东至六十里交郎惰寨界，南至八十里交下阿坝寨界，西至一百七十里交中郭罗克界，北至一百里交上阿坝寨界"，辖46寨、1 749户。

下阿坝阿强寨土千户，一作下阿坝，雍正四年归附授职。驻下阿坝，在今四川阿坝县东南安羌乡。嘉庆间，"其地东至一百八十里交草地甲凹寨界，南至四十里交维州所属卓克基，西至一百八十里交下郭罗克寨界，北至一百五十里交中阿坝界"，辖39寨、882户。

丢骨寨土千户，康熙四十二年归附授职。驻丢骨寨，在今四川松潘县南大姓乡丁谷村，一说在今松潘县驻地东。嘉庆间，"其地东至二百里交木瓜塘汛界，南至九十里交雪谷寨界，西至三十里交云昌腊卜寨界，北至五十里交阿思尚腊梅寨界"，辖24寨、260户。

云昌寺土千户，康熙四十二年归附授职。驻云昌寺，在今四川松潘县南大姓乡云昌村。嘉庆间，"其地东至三十里交丢骨、恶□寨界，南至七十里交雪南沟界，西至五十里交包子寺寨界，北至五里交下泥巴国师寨"，辖24寨、240户。

呷竹寺土千户，康熙四十二年归附授职。驻呷竹寺，在今四川松潘县南镇江关乡甲竹寺。嘉庆间，"其地东至四百八十里交石泉县界，南至二十五里交蔴塔寨界，西至三十五里交松坪牛尾巴界，北至五十里交丢骨、窑沟寨"，辖32寨、360户。

拈阿革寨土百户，一作拈佑喀亚寨、拈佑阿革寨，康熙四十二年归附授职。驻阿革寨，在今四川松潘县南红土乡燕乡俄盖村。嘉庆间，"其地东至八十里交包子寺寨界，南至九十里交热雾红杂塘寨界，西至一百二十里交麦杂折革寨界，北至九十里交峨眉喜寨界"，辖7寨、45户。

热雾作坝寨土百户，一作热雾寨，康熙四十二年归附授职。驻作坝寨，在今四川松潘县西南红土乡较场坝。嘉庆间，"其地东至一百四十里交云昌山巴寺界,南至四十里交云昌来雾寨界,西至一百五十里交麦杂下□折革寨界,北至九十里交拈佑恶革寨界",辖17寨、134户。

阿细土百户,一作阿细柘弄寨,雍正五年归附授职。驻阿细,在今四川若尔盖县东巴西乡一带,一说在今若尔盖县阿西茸。嘉庆间,"其地东至八十里交巴细蛇住坝寨界,南至二百里交上作革寨界,西至二百里交上撒路寨界,北至一百里交双则红凹寨界",辖10寨、168户。

巴细蛇任坝土百户,一作巴细蛇住坝寨、巴细,雍正五年归附授职。驻巴细,在今四川若尔盖县东巴西乡一带。嘉庆间,"其地东至九十里交上包坐佘湾寨界,南至一百里交上作革寨界,西至八十里交阿细寨界,北至二十里交双则红凹寨界",辖17寨、274户。

上作革土百户,一作上作尔革寨,雍正五年归附授职。驻上作革,在今四川若尔盖县驻地达扎寺镇一带,一说在今若尔盖县多玛村。嘉庆间,"其地东至一百里交班佑寨界,南至三十里交荒山界,西至一百八十里交下作革寨界,北至一百四十里交阿细柘弄寨界",辖1寨、57户。

下作革土百户,一作下作革寨,雍正五年归附授职。驻下作革,今四川若尔盖县驻地达扎寺镇一带,一说在今若尔盖县嫩哇,或说在今若尔盖县西北麦溪乡境。嘉庆间,"其地东至一百八十里交上作革寨界,南至一百六十里交辖漫寨界,西至二百一十里交黄河河南插汉百胜索□寨界,北至一百五十里交磨下寨界",辖1寨、113户。

合坝夺杂土百户,一作合坝独杂寨,雍正五年归附授职。驻夺杂,在今四川若尔盖县驻地达扎寺镇一带,一说在今若尔盖县草地阿西。嘉庆间,"其地东至一百里交上作革寨界,南至一百五十里交下作革草场界,西至一百二十里交热当寨界,北至二百里交中撒路项惰寨界",辖1寨、66户。

辖幔寨土百户,一作辖漫,雍正五年归附授职。驻辖幔寨,在今四川若尔盖县西辖曼乡。嘉庆间,"其地东至三百五十里交上作革寨界,南至二十里交墨竹河边界,西至二十里交青海黄河边界,北至一百六十里交下作革寨",辖1寨、124户。

物藏寨土百户,一作物藏,雍正五年归附授职。驻物藏,在今四川若尔盖县西北俄藏。嘉庆间,"其地东至一百五十里交磨下寨界,南至二百里交墨竹河边界,西至二百二十里交黄河河东插汉百胜喇嘛寺界",辖1寨、41户。

热当寨土百户,一作热当,雍正五年归附授职。驻热当,在今四川若尔盖县北红星乡热当坝。嘉庆间,"其地东至一百二十里交合坝寨界,南至五十里交墨竹河边界,西至一百八十里交磨下寨界,北至四百里交洮州所属林坝寨界",辖1寨、72户。

磨下寨土百户,一作磨下,雍正五年归附授职。驻磨下,在今四川若尔盖县西黑河牧场,一说在今阿坝县西北甲尔多乡麻休,或说在今若尔盖县西北麦溪乡幕寨。嘉庆间,"其地东至一百八十里交墨竹河东热当寨界,南至一百五十里交下作革寨界,西至一百五十里交物藏寨界,北至三百里交洮州所属桑咱寨界",辖21户。

甲凹寨土百户,一作甲凹,雍正五年归附授职。驻甲凹,在今四川若尔盖县驻地达扎寺镇一带,一说在今阿坝县北龙藏乡恰窝,或说约在今红原县东北麦洼乡境。嘉庆间,"其地东至一百四十里交黄胜关汛界,南至二百四十里交毛草寨界,西至一百里交阿革寨、鹊个寨界,北至二百里交班佑寨界",辖1寨、54户。

阿革寨土百户,一作阿革,雍正五年归附授职。驻阿革,在今四川若尔盖县西北南河,一说在今阿坝县西北四洼乡阿尔更,或说在今若尔盖县西南唐克乡俄色寨。嘉庆间,"其地东至一百里交甲门寨界,南至一百里交鹊个寨界,西至三十里交荒山界,北至一百六十里交班佑寨界",辖1寨、60户。

上撒路木路恶寨土百户,一作上撒路,雍正四年归附授职。驻上撒路,在今四川九寨沟县东北陵江乡北,一说在今若尔盖县北热尔乡上热尔,或说在今若尔盖县北隆扎乡。嘉庆间,"东至五里交中撒路界冉冉至二百里交合坝寨界,西至二百里交热当寨界,北至荒山无里数",辖8寨、77户。

中撒路杀按扎寨土百户,一作中撒路散安寨、中撒路木路恶寨,雍正四年归附授职。驻中撒路,在今四川九寨沟县东北黑河乡一带,一说在今若尔盖县北中热尔,或说在今若尔盖县北崇尔乡与冻列乡之间。嘉庆间,"东至十里交下撒路界,西、南、北三面皆至荒山无里数可考",辖8寨、98户。

下撒路竹弄寨土百户,一作下撒路,雍正四年归附授职。驻下撒路,在今四川九寨沟县东北黑河乡一带,一说在今若尔盖县北下热尔,或说在今若尔盖县北冻列乡达莫至甘肃省迭部县电尕镇西北。嘉庆间,"东至一百二十里交洮州所属杨土司角利羊疆界,南至三百里交谷尔坝寨界,西至十里交中撒路界,北至十五里交荒山界",辖14寨、174户。

崇路谷谟寨土百户,一作崇路,雍正四年归附授职。驻崇路,在今四川九寨沟县东北黑河乡一带,一说在今若尔盖县崇尔,或说在今若尔盖县北崇尔乡至甘肃迭部县电尕镇北边。嘉庆间,"东至十里交下撒路界,南至五十分阶段交荒山界,西至十里交作路寨界,北至十五里交洮州所属杨土司角利羊疆界",辖24寨、423户。

作路生纳寨土百户，一作作路，雍正四年归附授职。驻作路，在今四川九寨沟县东北黑河乡一带，一说在今若尔盖县崇尔，或说在今若尔盖县北占哇乡则降至甘肃迭部县电尕镇西北。嘉庆间，"东至四十里交洮州所属杨土司角利疆界，南至十里交崇路寨界，西至五十里交荒山界，北至一百二十里交上勒凹寨界"，辖8寨、101户。

上勒凹贡按寨土百户，一作上革凹，雍正四年归附授职。驻上革凹，在今四川九寨沟县东北黑河乡一带，一说在今若尔盖县北占哇乡。嘉庆间，"东至一百八十里交洮州所属杨土司角利羊疆界，南至一百八十里交作路寨界，西至七十里交荒山界，北至二十里交下勒凹寨界"，辖6寨、118户。

下勒凹卜顿寨土百户，一作下革凹，雍正四年归附授职。驻下革凹，在今四川九寨沟县东北黑河乡一带，一说在今若尔盖县北占哇乡，或说在今占哇乡北至甘肃卓尼西南。嘉庆间，"东至荒山无里数，南至六十里交上勒凹寨界，西至二百里交热当寨界，北至二百五十里交洮州所属杨土司麦顿林坝寨界"，辖6寨、150户。

鹊个寨土百户，雍正十一年六月归附授职①。驻地在今甘肃玛曲县鹊个区境，一说在今四川阿坝县西北各莫乡学玉贡。嘉庆间，"其地东至一百里交甲凹寨界，南至一百二十里交郎惰寨界，西至一百二十里交中阿坝寨界，北至一百里交阿革寨界"，辖4寨、261户。

郎惰安出寨土百户，一作郎堕寨，雍正四年归附授职。驻郎㙮，在今四川若尔盖县境，一说在今四川阿坝县东哇尔玛乡浪洛，或说在今红原县西南江茸乡、查尔玛乡境。嘉庆间，"其地东至一百里交鹊个寨界，南至五十里交荒山界，西至一百八十里交维州所属卓克基界，北至一百里交下阿坝寨界"，辖8寨、143户。

中郭罗克土千户，一作中郭罗克押落寨、中郭罗克插落寨，雍正七年归附授职。驻中郭罗克，在今青海班玛县西北，一说在今青海省东南部。嘉庆间，"其地东至一百八十里交中阿坝寨界，南至四十里交下阿树寨界，西至四十里交上阿树寨界，北至五十里交上郭罗克界"，辖17寨、485户。

上郭罗克车木塘寨土百户，一作上郭罗克，雍正七年归附授职。驻上郭罗克，在今青海达日县东南，一说在今青海省东南部。嘉庆间，"其地东至一百里交上阿坝寨界，南至一百里交中郭罗克界，西至四百里交阜和所属番寨界，北至一百里交小阿树界"，辖10寨、251户。

---

① 《世宗实录》卷132雍正十一年六月甲寅，《清实录》，第8册，第706页。

下郭罗克土百户，一作下郭罗克纳卡寨，雍正七年归附授职。驻下郭罗克，在今青海班玛县西吉卡，一说在今青海省东南部。嘉庆间，"其地东至一百八十里交下阿坝界，南至一百里交维州所属绰斯甲界，西至一百二十里交上阿树界，北至五十里交下阿树界"，辖29寨、333户。

上阿对艮达寨土百户，一作上阿树银达寨、上阿树，雍正七年归附授职。驻上阿树，在今青海班玛县西北，或说在县西北达卡乡。嘉庆间，"其地东至一百五十里交下郭罗克界，南至一百里交中阿树界，西至四百里交黄河边界，北至一百里交上郭罗克界"，辖35族、257户。

中阿树宗个寨土百户，一作中阿树，雍正七年归附授职。驻中阿树，在今青海班玛县西，或说在县西北达卡乡。嘉庆间，"其地东至一百五十里交下郭罗克界，南至二百二十里交维州所属绰斯甲界，西至五十里交上阿树界，北至六十里交下阿树界"，辖35寨、番民257户。

下阿树郎达寨土百户，一作下阿树，雍正七年归附授职。驻下阿树，在今青海班玛县西北，或说在县南。嘉庆间，"其地东至一百八十里交下阿坝界，南至五十里交下郭罗克界，西至七十里交中阿树界，北至一百三十里交中郭罗克界"，辖27寨、488户。

小阿树寨土百户，雍正七年归附授职。驻小阿树，在今青海达日县东，或说约在今班玛县西北角。嘉庆间，"其地东至一百五十里交上作革界，南至六十里交上郭罗克后山界，西至一百七十里交上郭罗克界，北至一百里交黄河边界"，管136户。

押顿寨土百户，一作上羊峒押顿寨，康熙四十二年归附授职。驻押顿寨，在今四川九寨沟县西塔藏。后改土目①。嘉庆间，"其地东至十里交和约寨界，南至荒山无里数，西至十里交踏汛界，北至五里交郎寨界"，辖3寨、176户。

郎寨土百户，一作中羊峒郎寨，康熙四十二年归附授职。驻郎寨，在今四川九寨沟县西郎寨村。后改土目。一说康熙间即授以土目。嘉庆间，"其地东至五里交永和塘界，南至五里交中岔寨界，西至十里交踏藏寨界，北至五里交押顿寨界"，辖3寨、168户。

竹自寨土百户，一作中羊峒竹自寨，康熙四十二年归附授职。驻竹自寨，在今四川九寨沟县西竹支。后改土目。一说康熙间即授以土目。嘉庆间，"其地东至五里交藏咱寨界，南至五里交永和塘界，西至十五里交押顿寨界，北至

---

① 按：光绪《清会典事例》卷557，谓上羊峒塔藏寨土百户等"以上十三人，后改为土目"。

荒山无里数",辖3寨、87户。

藏咱寨土百户,一作中羊峒藏咱寨,康熙四十二年归附授职。驻藏咱寨,在今四川九寨沟县西漳扎镇。后改土目。一说康熙间即授以土目。嘉庆间,"其地东至五里交踏藏汛界,南至五里交挖药寨界,西至五里交阿按寨界,北至十里交押顿寨界",辖3寨、169户。

东丕五亚寨土百户,一作东拜旺亚寨,康熙四十二年归附授职。驻王亚寨,在今四川九寨沟县西大录乡一带。后改土目。一说康熙间即授以土目。嘉庆间,"其地东至一百二十里交阿按寨、挖药寨界,南至二百里交上包坐寨界,西至荒山无里数,北至六十里交恶坝寨界",辖2寨、87户。

达弄阿坝寨土百户,一作达弄额坝寨,康熙四十二年归附授职。驻阿坝寨,在今四川九寨沟县西大录乡一带。后改土目。一说康熙间即授以土目。嘉庆间,"其地东至荒山无里数,南至六十里交东拜王亚寨界,西至六十里交咨骂寨界,北至二十里交咨咱寨界",辖2寨、212户。

香咱寨土百户,康熙四十二年归附授职。驻香咱寨,或说在今四川九寨沟县西大录乡香扎沟。后改土目。一说康熙间即授以土目。嘉庆间,"其地东至荒山无里烽,南至二十里交达弄恶坝寨界,西至二十里交八顿寨界,北至三十里交黑河沟界",辖7寨、437户。

咨骂寨土百户,康熙四十二年归附授职。驻咨骂寨,或说约在今四川九寨沟县西大录乡芝麻。后改土目。一说康熙间即授以土目。嘉庆间,"其地东至六十里交达弄恶坝寨界,南至荒山无里数,西至三百里交下包坐寨界,北至十五里交八顿寨界",辖2寨、324户。

八顿寨土百户,康熙四十二年归附授职。驻八顿寨,在今四川九寨沟县西大录乡八屯。后改土目。一说康熙间即授以土目。嘉庆间,"其地东至二十里交香咱寨界,南至十五里交咨寨界,西至荒山无里数,北至二十五里交黑河沟界",辖2寨、285户。

中羊峒蹈藏寨土百户,一作上羊峒塔藏寨、羊峒踏藏寨,康熙四十二年归附授职。驻塔藏寨,在今四川九寨沟县西塔藏。后改土目①。一说康熙四十二年即授土目。嘉庆间,"其地东至五里交踏藏汛界,南至五里交挖药寨界,西至五里交阿按寨界,北至十里交押顿寨界",辖3寨、169户。

上羊峒阿按寨土百户,康熙四十二年归附授职。驻阿按寨,在今在今四川九寨沟县西塔藏西,或说在今九寨沟县西漳扎镇。后改土目。嘉庆间,"其地

---

① 光绪《清会典事例》卷557,第7册,第223页。

东至五里交踏藏寨界,南至五里交挖药寨界,西至一百二十里交东丕寨界,北至荒山无里数",辖4寨、158户。

上羊峒挖药寨土百户,康熙四十二年归附授职。驻挖药寨,在今四川九寨沟县西漳扎镇瓦依村。后改土目。嘉庆间,"其地东至五里交踏藏汛界,南至荒山无里数,西至一百二十里交东丕寨界,北至五里交阿按寨界",辖2寨、81户。

中峇寨土百户,一作中羊峝中峇寨,康熙四十二年归附授职。驻中峇寨,在今四川九寨沟县西漳扎镇中查村。后改土目。一说康熙时即授以土目[①]。嘉庆间,"其地东至十里交和约寨界,南至荒山无里数,西至十里交踏汛界,北至五里交郎寨界",辖3寨、176户。

8. 理番直隶厅

梭磨宣慰司,初为杂谷土谷囊长官司,雍正元年归附授职。驻梭磨,在今马尔康县东梭磨乡梭磨土司官寨。因不能约束郭罗克土目,雍正七年降副长官司。乾隆十四年十月改为梭磨安抚司[②]。乾隆四十年改授宣慰司[③]。嘉庆间,"其地东至右营三百五十里交秋底界,南至新疆二百十里交攒拉界,西至卓克基六十里交麻迷桥界,北至茂州营叠溪营三百六十里交三溪寨界",辖1009寨、1900余户。

卓克基长官司,乾隆十四年十月设[④]。驻地在今四川马尔康县南卓克基乡。嘉庆间,"其地东至梭麻六十里交麻迷桥界,南至新疆二百十里交攒拉界,西至松冈五十里交八耳康寨界,北至郭洛克二百六十里交草地界",辖番寨10寨、1500余户。

松冈长官司,一作从噶克,乾隆十七年改杂谷脑安抚司置。一说康熙二十三年授职。驻地在今四川马尔康县西松冈乡。嘉庆间,"其地东至卓克基五十里交八耳康界,南至党坝一百三十里交纳角沟界,西至绰斯甲一百九十里交也耳日界,北至阿树郭洛克九百二十里交草地界",辖21寨、1000余户。

党坝长官司,一作丹坝,原为土舍,乾隆二十四年设。驻地在今四川马尔康县南党坝。嘉庆间,"其地东至卓克基一百三十里交□角沟界,南至新疆三十里交日旁山界,西至绰斯甲三十里交格江河界,北至松冈一百三十里交八凹山界",辖14寨、290余户。

---

① 嘉庆《四川通志》卷96,《中国西南文献丛书·西南稀见方志文献》影印本,第5卷,第157页。
② 《高宗实录》卷351乾隆十四年十月丁酉,《清实录》,第13册,第842页。
③ 《高宗实录》卷996乾隆四十年十一月丁丑,《清实录》,第21册,第311页。
④ 《高宗实录》卷351乾隆十四年十月丁酉,《清实录》,第13册,第842页。

杂谷宣慰使,初为杂谷安抚司,一作杂谷脑,康熙十九年归附授职,驻杂谷,在今四川理县驻地杂谷脑镇。雍正间,其地东至索桥接保县境,南至胆罢抵金川,西至桑汤,北至茶堡,原管番民十数万。乾隆十四年十月改宣慰使①。乾隆十七年十月部分改流,置杂谷厅,并置松冈安抚司②。

小金川安抚司,初为金川寺演化禅师,顺治九年归附授职。驻金川占固,在今四川小金川县美兴镇。雍正间,其地东至每喏,南至汉谢,西至关儿隘,北至胆坝,管辖番民933户。约乾隆初改设。又名攒拉安抚司。乾隆四十一年平定③。

大金川安抚司,初为土舍,因功于雍正元年三月授安抚司职衔,以分小金川土司之势④。又名促浸土司⑤。一说雍正元年新设,雍正八年授职⑥。在今四川金川县。乾隆四十一年平定⑦,改流设屯。

9. 懋功直隶厅

沃克什安抚司,一作鄂克什、沃日,原为阿日土司,全称阿日灌顶净慈妙智国师,于顺治七年归附授职。驻阿日,在今四川小金县东北沃日村。乾隆十五年,授安抚司并改名。嘉庆间,"其地东至一百四十里交汶川县属加喝瓦寺土司界,南至一百十里交恩竹山与天全州属穆坪土司界,西至六十五里交格日河边懋功屯属地界,北至三十五里交锋是乌山纳噶别思满及抚边屯属地界",辖17寨、304户。

绰斯甲布宣抚司,一作绰斯甲,初为安抚司,于康熙四十年归附授职。驻绰斯甲,在今四川金川县西北观音桥镇,一说在金川县西北集沭乡周山村。乾隆四十年二月,因功改授宣抚司⑧。嘉庆间,"其地东至热六壅滚一百余里交杂谷厅属党坝、松冈土司界,南至一百余里交恶里与打箭炉厅属革什咱土司界,西至八百余里交勒则格尔布与打箭炉厅属色尔塔头人界,北至七百余里交热尔谷与漳腊营属阿木思勒格思土司界",辖29寨、1 130户。

10. 茂州直隶州

瓦寺宣慰司,初为瓦寺安抚司,一作加渴瓦寺安抚司,顺治九年归附授职,

---

① 《高宗实录》卷351乾隆十四年十月丁酉,《清实录》,第13册,第842页。
② 《高宗实录》卷424乾隆十七年十月庚寅,《清实录》,第14册,第546页;又卷425十月癸卯,第561页。
③ 《高宗实录》卷1000乾隆四十一年正月己卯,《清实录》,第21册,第386页。
④ 《世宗实录》卷5雍正元年三月甲申,《清实录》,第7册,第113页。
⑤ 《高宗实录》卷1003乾隆四十一年二月"是月",《清实录》,第21册,第454页。
⑥ 雍正《四川通志》卷19,第560册,第91页。
⑦ 《高宗实录》卷1000乾隆四十一年正月己卯,《清实录》,第21册,第386页。
⑧ 《高宗实录》卷977乾隆四十年二月丙午,《清实录》,第21册,第53页。

驻涂禹山，在今四川汶川县南绵虒镇岷江西岸。嘉庆元年改为宣慰司。一说嘉庆九年改①。嘉庆间，"其地东至汶川县理番属蒲溪森兰交界，南至汶川县中滩堡、灌县鱼子溪水磨沟、崇庆州山交界，西至沃日土司巴郎山及木坪土司、大邑县属雪山山梁交界，北至三杂谷壁峰山、理番厅杂谷丹札山岭交界"，辖28寨、800余名口。

长宁安抚司，初名沙坝安抚司，顺治九年归附授职。驻沙坝寨，在今四川茂县北回龙乡沙坝，或说在今茂县西北飞虹乡。嘉庆间，"其地东至四十里交实大关土司界，南至三十里交竹木坎土司界，西至五十里交岳希土司界，北至二十里交水草坪土司界"，管辖番民324户。

静州长官司，康熙五年归附授职。驻静州，在今四川茂县凤仪镇东北静州村。嘉庆间，"其地东至四十里交陇木土司界，南至六十里交牟托土司界，西至五里交岳希土司界，北至五十里交竹木坎土司界"，辖248户。

陇木长官司，康熙五年归附授职。驻陇木寨，在今四川茂县东北光明乡。嘉庆间，"其地东至四十里交石泉县界，南至二十里交州属马桑湾界，西至四十里交静州土司界，北至三十里交州属神溪堡界"，辖267户。

岳希长官司，康熙五年归附授职。驻水西寨，在今四川茂县凤仪镇西南石鼓镇水西村。嘉庆间，"其地东至二里交大河界，南至六十里交牟托土司界，西至十里交州属族村界，北至三十里交竹木坎土司界"，辖150户。

小姓土百户，康熙四十二年归附授职。驻七族寨，在今四川茂县西北叠溪镇一带。嘉庆间，"其地东全五十里交毗连平番营大白草界，南至九十里交龙安营属坝底铺界，西至五十里交小关界，北至四十五里交本营属牛尾寨界"，辖12寨、300户。

小姓黑水土百户，乾隆二十七年归附授职。驻地在今四川茂县西北叠溪镇北，或说在今茂县西北洼底乡雅珠寨。嘉庆间，"其地东至三十里交本营属昔鱼寨界，南至三十里交本营属大寨界，西至四十里交本营属碉孤寨界，北至三十里交白泥寨界"，辖黑水3寨、122户。

叠溪大姓土百户，一作大姓，康熙四十二年归附授职。驻七族寨，在今四川茂县西北叠溪镇一带。嘉庆间，"其地东至八十里交毗连茂州属下五族界，南至一百二十里交石泉县属小白草界，西至一百二十里交维州协属梭磨界，北至五十里交平番营属树底寨界"，辖22寨、602户。

---

① 按：光绪《清会典》卷15《户部三》无，据雍正《四川通志》卷19、光绪《清会典事例》卷557、刘锦藻《清朝续文献通考》卷322补。

松坪土百户，康熙四十二年归附授职。驻七族寨，在今四川茂县西北松坪沟乡。嘉庆间，"其地东至八十里交山后和尚寨界，南至五十五里交本营属麦耳寨界，西至八十里交松潘中营属红土寨界，北至九十里交维州协属龙扒寨界"，辖24寨、407户。

叠溪大姓黑水土百户，乾隆十九年授职。驻地在今四川茂县西北叠溪镇西北，或说在今黑水县东石雕楼乡。嘉庆间，"其地东至二十里交本营属梭多寨界，南至五十里交本营属色纳寨界，西至四十里交大和尚寨界，北至五十里交本营属鱼耳寨界"，辖6寨、217户。

牟托土巡检，顺治九年归附授职。驻牟托，今四川茂县西南牟托。嘉庆间，"其地东至二里交大河界，南至三十分阶段交州属扣山岭界，西至三十里交州属斗族山界，北至六十里交岳希土司界"，辖54户。

水草坪土巡检，顺治九年归附授职。驻水草坪，今四川茂县北飞虹乡水草坪，一说在今茂县北沟口乡。嘉庆间，"其地东至五里交大河界，南至十五里交竹木坎土司界，西至三十里交州属三溪沟界，北至十五里交沙坝土司界"，辖120户。

竹木坎土副巡检，顺治九年归附授职。驻竹木坎、鸡公寨，竹木坎在今四川茂县西北黑虎乡北竹木坎，鸡公寨在茂县西北飞虹乡。嘉庆间，"其地东至五里交大河界，南至五十里交岳希土司界，西至五里交州属后番山岭界，北至十五里交水草坪土司界"，辖100户。

实大关长官司①，或作副长官司，康熙十年归附授职，驻地在今四川茂县西北石大关乡。嘉庆间，"其地东至五里交州属小牛村界，南至十里交本营肃堡塘界，西至二里交大河界，北至十里交叠溪属大定堡界"，辖71户。

大定沙坝土千户②，康熙十九年归附授职，驻地在今四川茂县西北回龙乡（沙坝）。嘉庆间，"其地东至十里交河东本营属排山寨界，南至十里交茂州属高皇寨界，西至十里交茂州属巴猪寨界，北至十里交本营属小寨界"，辖2寨17户。

11. 泸州直隶州

九姓长官司，顺治四年归附授职。驻落卜收，在今四川兴文县驻地古宋镇西北龙神社区（原久庆镇久庆街村）③。雍正间，其地东至土地坎与永宁县接壤，南至硐扫乡与兴文县接塘，西至拖船哑与兴文、江安县接壤，北至镇溪乡与纳溪县接壤，管土民500户。嘉庆元年移驻泸卫城，即今古宋县驻地古宋

---

① 按：据光绪《清会典事例》卷557、龚荫《中国土司制度》第232页增补。
② 按：据光绪《清会典事例》卷557、龚荫《中国土司制度》第234页增补。
③ 《兴文县志》，四川辞书出版社，1994年，第41页。

镇①。因当地居民改汉俗者众,光绪三十四年,四川总督赵尔丰奏请革职②,设古宋县。

12. 雍正《四川通志》卷十九已裁土司

建昌道属:

以下十九员宣抚、安抚、土千户、百户,均于康熙四十九年归附授职,雍正年间已经革职。

荞山南土百户,在今四川普格县境。

歪溪土百户,在今四川普格县境。

咱古土百户③,在今四川普格县境。

大河西土百户④,在今四川普格县境。

大凉山阿都宣抚司,在今四川普格县北罗西。

那多土百户,在今四川美姑县境。

扼乌土百户,在今四川美姑县境。

咱烈土百户,一作咱烈山,在今四川金阳县境。

撒凹沟土百户,在今四川金阳县境。

阿史安抚司,在今四川凉山地区。

利扼安抚司,在今四川凉山地区。

小凉山马希安抚司,在今四川布拖县境。

大凉山托觉土千户,在今四川布拖县境。

上沈喳土千户,在今四川凉山地区。

上芍果土千户,在今四川凉山地区。

纽姑土千户,在今四川凉山地区。

小凉山慕西土千户,在今四川小凉山地区。

阿乃土千户,在今四川布拖县境。

下芍果土百户,在今四川凉山地区。

上热水土百户,在今四川凉山地区。

建昌坝南路安抚司,或说在今四川德昌县北阿月乡。康熙四十九年归附授职,因于汉人滥膺土职等事案内革职。

---

① 嘉庆《四川通志》卷98,《中国西南文献丛书·西南稀见方志文献》,第5卷,第202页。按:民国《古宋县志初稿》谓乾隆五十八年奏准。

② 刘锦藻:《清朝续文献通考》卷136,第2册,第8960页。

③ 按:雍正《四川通志》卷19作"咱右",据光绪《清会典事例》卷557改。

④ 按:雍正《四川通志》卷19无,据光绪《清会典事例》卷557增补。

以下五员土司均于康熙四十九年归附授职，雍正五年自愿革职。

河西宣慰司，或说在今四川西昌市北月华乡安宁场。

义什村土百户，约在今四川西昌市、冕宁县一带。

高崖子土百户，约在今四川西昌市、冕宁县一带，或说约在今西昌市北安宁镇高堆。

虚郎沟土百户，约在今四川西昌市、冕宁县一带，或说约在今西昌市西南高草回族乡。

拖郎沟土百户，约在今四川西昌市、冕宁县一带，或说在今西昌市西北琅环乡。

审扎土百户、老虎列别土百户、硕过土百户，今地不详，均于康熙四十九年归附授职，雍正五年革职。或说审扎土百户驻西昌市北月华乡沈家河坝、沈家堡子。

会川营拨归永定营属：

披砂土千户，在今四川宁南县驻地披砂镇。康熙四十九年归附授职，雍正间革职。后复授职。嘉庆间，"其地东至凹乌金沙江渡口十五里交云南会泽县、巧家厅界，南至凹乌□罐窑一百四十里交者保土厚望界，西至柳溪二百四十里交迷易土千户界，北至三百里交西昌县属阿都长官司界"，管59村、1 809户。宣统二年五月再次改流①。

会川营属：

北路土千户，一作北路甸沙关土千户，或说在今四川会理县北云甸乡。康熙四十九年归附授职，雍正间已经革职。

宁越营属：

以下七员土百户七员，均于康熙四十九年归附授职，雍正五年革职。

上官土百户，在今四川越西县境②。

六革土百户，在今四川越西县境。

爪猓土百户，在今四川越西县境。以上三员土司由暖带密土千户管辖。

纠米二枝土百户，在今四川越西县境。

布布二枝土百户，在今四川越西县境。

---

① 《宣统政纪》卷43宣统二年五月甲申，"以收回四川会理州属五土司，改土归流。"(《清实录》，第60册，第783页)刘锦藻《清朝续文献通考》卷136言宣统二年四川总督赵尔巽奏收回会理州属五土司，改土归流，分别为披砂土千户、会理村土千户、苦竹土百户、者保土百户、通安舟土百户。这些土司均未载于光绪《清会典》卷15《户部三》。

② 按：上官、六革、爪猓三土司，光绪《清会典事例》卷557未作记载。

阿多六磨二枝土百户，在今四川越西县境。

磨卡为呷二枝土百户，在今四川越西县境。

越巂营属：

以下9员安抚使、土千户、土百户，均于康熙四十九年归附授职，雍正间均已革职。

普雄土千户，或说在今四川越西县东南普雄镇。

黑保嘴土百户，或说在今四川越西县南大瑞乡黑包嘴。

大孤山土百户，或说在今四川越西县大瑞乡东北大孤山。

腻乃安抚司，或说在今四川越西县东南普雄镇至美姑县境。

阿合土百户，或说约在今四川越西县东南普雄镇至美姑县境。

苏呷土百户，在今四川越西县境。

咱户土百户，在今四川越西县境。

慕虐土百户，在今四川越西县境。

阿苏土百户，在今四川越西县境。

冕山营属：

以下各员土司，均于康熙四十九年归附授职，均于雍正五年革职。

宁番安抚司，或说在今四川冕宁县西南森荣乡瓦都营。

摆站田土百户，或说在今四川冕宁县西南回龙乡石古的摆渣凹。

罢显土百户，或说在今冕宁县西南森荣乡八显村和回龙乡八显。

皮罗木罗土百户，一作皮罗木罗四堡、叱儿堡，或说在今四川冕宁县西南里庄乡全阁的皮罗。一说所管村寨在今冕宁县牦牛山以西雅砻江迂回的几个乡内①。

三渡水土百户，一作三渡水五堡，或说三渡水即今四川冕宁县境雅砻江，上渡在窝堡乡西，中渡在棉沙湾乡，下渡在里庄乡。

水墨岩土百户，一作水黑崖玖堡，或说在今四川冕宁县西棉沙湾乡。

瓦都土百户②，或说即原宁番安抚司改设。在今四川冕宁县境，一说在今冕宁县西南森荣乡，所管村寨在今冕宁县森荣、回龙等乡内。

瓦尾土百户，驻瓦尾堡，或说在今四川冕宁县西南森荣乡。所管五村寨在今冕宁县森荣、麦地沟、棉沙等二乡境内。

---

① 按：皮罗木罗、瓦都、瓦尾、耳挖沟各土百户所管村寨今地，均据赵心愚：《咸丰冕宁县志的资料来源、篇目特点及纳西族史料价值》，载《西南师范大学学报》（人文社会科学版），2006年第4期。

② 按：雍正《四川通志》卷19无，据嘉庆《四川通志》光绪《清会典事例》卷577补文。

木术凹土百户，在今四川冕宁县境，一说在今冕宁县西哈哈乡。

耳挖沟土百户，一作耳挖沟大堡子，在今四川冕宁县北曹古乡大堡子村。所管五村寨在今四川冕宁县成功、腊窝、金林、棉沙等五乡境内。

小相岭土百户，一说在今四川冕宁县东南林里乡，或说在今喜德县西冕山镇深沟登向荣。

以下四员土司，或说在今四川喜德县西冕山镇、拉克乡和县城甘相营一带。雍正年间已经革职。

凹夷一枝意咱罗土百户、打鼓募西一枝五马山土百户、竹露一枝土百户、必力沈喳一枝土百户。

第二节　川滇边务大臣辖区

一、筹划过程

清光绪三十年(1904)二月，日俄战争爆发，英国军队乘机由印度入侵西藏。光绪三十一年五月，驻藏帮办大臣凤全在巴塘被杀，四川总督锡良奏派提督马维骐、建昌道赵尔丰率兵往征，先后平定巴塘、城乡、盐井等地。为防止英军和藏兵内侵，光绪三十二年，赵尔丰向四川总督锡良建议，在巴塘、理塘一带设立巴塘、盐井、三坝、理化、定乡、稻城、贡噶岭、河口8县，隶属于四川省，如果将来川边建省，作为改土归流的基础。为此，四川总督锡良、成都将军绰哈布上奏设立川滇边务大臣：

> 窃查打箭炉西至巴塘、贡噶岭，北至霍耳、五家，纵横各数千里，设官分治，事理极繁，如隶属于川，断非设一道员能所统治。现在改流地方，宜设民官，以敷政教，而未收各地，以待设治，非有明晰政治、熟睹边情专阃大员随宜措置，必不能悉合机宜。若以道员分巡，一举一动，均须于数千里外远承总督命令，深恐贻误边计。边事不理，川藏中梗，关系至大。征之前事，藏侵瞻对，川不能救；英兵入藏，川不问战。藏危边乱，牵制全局者，皆边疆不治，道途中梗之所致也。……臣等详筹，乘此改土归流，照宁夏、青海之例，先置川滇边务大臣，驻扎巴塘练兵，以为西藏声援，整理地方为后盾，川滇边藏声气相通，联为一致，一劳永远，此西南之计也。①

---

① 《川督锡良等奏请设川滇边务大臣驻巴塘练兵电》，吴丰培编：《赵尔丰川边奏牍》，四川民族出版社，1984年，第44页。

清政府于同年七月设立并任命赵尔丰为督办川滇边务大臣①,驻巴塘(旋设巴安府,今四川巴塘县驻地夏邛镇)。光绪三十三年五月,赵尔丰启用川滇边务大臣木质关防。光绪三十四年八月,启用部颁铜质川滇边务大臣关防②。

光绪三十三年六月,川滇边务大臣赵尔丰奏请:"画定地界,所有地方各事及差缺更调,均归边务大臣主政,以一事权。"③赵尔丰提出了"分设官制,优给公费"的具体方案:"巴塘拟设直隶厅治,拟名巴安直隶厅。理塘、乡城各县治,理塘拟名顺化县,乡城拟名定乡县,均属巴安直隶厅管辖。……地处极远,百物昂贵,公费非极优厚,不能使之安心充任。拟巴安直隶厅每月给公费银一千两,顺化、定乡两县每月给公费银八百两。……其余川滇边务大臣管辖者,均照此酌定公费,原有规费平余等项,分别裁提充公,以归一律。"④同年八月,赵尔丰再次上奏,请求划清界限和增设官属。对于管辖区域,拟以打箭炉厅为界,因打箭炉厅为川藏交通枢纽,厅外属地全部归属边务大臣管辖。地方设治,拟改巴塘为巴安府,打箭炉为康定府,理塘为理化厅,三坝为三坝厅,盐井为盐井县,中渡为河口县,乡城为定乡县,稻坝为稻城县。设炉安道,为兵备兼分巡道一员加按察使衔,兼理刑民,驻巴安府,统辖新设各府厅县。康定府设知府一员,管理地方钱粮词讼,辖理化厅及河口、稻城二县。巴安府设知府一员,辖三坝厅及盐井、定乡二县。康定府由边务大臣会同遴员请补,关外各缺由边务大臣择能奏调⑤。政务处在核议时认为,打箭炉厅改为康定府,则道名应称康安道并兼提法使衔。"拟将打箭炉以外属地划归边务大臣管辖,系为统一事权起见,虽边务大臣与内地省制不同,而四川总督既有鞭长莫及之虞,则以军府之规,任地方之责,创始经营,自可从宜办理。"⑥由此,划定四川打箭炉厅及以西区域和西藏的康部为边务大臣管理区域。

边务大臣辖区四至、程站里数如下:"一东至打箭炉起,西至察木多所属恩达止,计程三十六站,约有二千六七百里。一南与云南维西厅所属阿墩子交界

---

① 《德宗实录》卷562光绪三十二年七月戊戌,《清实录》,第59册,第432页。
② 《请颁发边务大臣关防折》、《启用边务大臣关防日期并销毁前刊木质关防片》(光绪三十四年),《赵尔丰川边奏牍》,第46、63页。
③ 《德宗实录》卷575光绪三十三年六月丙子,《清实录》,第59册,第613页。
④ 《川滇边务事宜均关紧要据实缕陈拟具章程折》(光绪三十三年六月十一日),《赵尔丰川边奏牍》,第46页。
⑤ 《会筹边务开办章程折》(光绪三十三年八月),《赵尔丰川边奏牍》,第54页。按:《德宗实录》卷595光绪三十四年八月丁卯,"四川总督赵尔巽奏,会筹开办边务,拟定章程四则。一划清界限,一增设官属,一宽筹经费,一协济兵食。下会议政务处议。"(《清实录》,第59册,第866页)内容与赵尔丰所奏相同。
⑥ 《政务处覆议折》,《赵尔丰川边奏牍》,第56页。

起,至德格所属与卡热野番之交界止,计程四十余站,约有三千七八百里。"①

宣统元年(1909),边务大臣奉旨移驻昌都,布置川军进藏事宜。宣统三年,察木多、乍丫、类乌齐一带改土归流,又奏请设县:"若以察木多、乍丫、类乌齐三部地方之辽阔,应设七八县。今先择以人烟稠密,较为繁华之处设治。俟后由臣查明何处应设流官,随时奏请添置。拟以察木多设知府一员,名曰昌都府,乍丫设知县一员,名曰察雅县,恩达寨设知县一员,名曰恩达县。其类乌齐,原为藏地,未便骤然设治。既已内附,暂归恩达县管辖。将来桑昂、杂瑜设治,同隶昌都府管理。"②

此后,因"边地界于川藏之间,乃川省前行,为西藏后劲。南接云南,北连青海,地处高原,对于四方,皆有建瓴之势","近日改流及从前应行添设郡县之处犹多,已成建省规模"。而川滇边务大臣不是常设的地方行政官,不能对地方实行长期有效的控制,设立行省的呼声不断出现。宣统三年,川滇边务大臣傅嵩炑在奏折中,首次提出建立西康省:"查边境乃古康地,其地在西,拟名曰西康省。"西康地区由此得名。傅嵩炑对川边地区的设治沿革有一简明回顾:

> 朝廷注重边疆,为长治久安计,特简赵尔丰充边务大臣,镇抚其地,以军府之责,管理地方,规制已殊。但蛮荒甫辟,其时又仅理、巴改流,郡县无多,系属权宜办理。……光绪三十四年奏请驱剿德格逆匪,宣统元年肃清德格土司,即请改土归流。高日土司亦相继而起,春科土司故绝无后,曾经一律奏明改流,同理、巴等处,仅择冲要繁庶地方,奏设道府厅州县十余缺。宣统二年收回江卡、贡觉、桑昂、杂瑜等处,奏明派委员管理。三岩野番亦经剿平设治。宣统三年收服得荣、冷卡石,并改流麻书、孔撒两土司,察木多、乍丫亦改设理事官,瞻对现已收回。又奉民政部行文,本年二月奏准各省土司改设流官,行令办理。赵尔丰适因奉旨署理川督,由边入川,即将灵葱、白利、俸倭、东科、明正、鱼通、咱里、冷边、沈边等九土司概予改流。此时关外未改流之土司数名,未投诚之野番数处,臣已陆续办理就绪。总计地面,已奏定府厅州县者十余缺,已奏设官而未定府厅州县者十余处,近日改流及从前应行添设郡县之处犹多,已成建省规模。而星使非常设之官,形同寄处,亟应及时规画,改设行省,俾便扩充政治,底定边陲。③

---

① 《复军机处再议川边设治函》,《赵尔丰川边奏牍》,第 325 页。
② 《察木多乍丫类乌齐地方殷繁请照巴里两塘设官分治片》,《赵尔丰川边奏牍》,第 64 页。
③ 《代理川滇边务大臣傅嵩炑奏请建设西康省折》,《赵尔丰川边奏牍》,第 503 页。

傅嵩炑设想中的西康省范围，"东自打箭炉起，西至丹达山顶止，计三千余里；南抵维西、中甸，北至甘肃西宁，计四千余里。"建省后可以"守康境，卫四川，援西藏，一举而三善备"。因清朝覆灭，西康建省之事未能实行。

二、行政区划

至宣统三年，川滇边务大臣辖区内设有提法使衔康安分巡兵备道、边北兵备道以及康定府（下辖里化厅、河口县、稻成县、贡噶分县）、巴安府（下辖三坝厅、定乡县、盐井县）、登科府（下辖德化州、白玉州、石渠县、同普县）、昌都府（下辖恩达厅、乍丫县），另有得荣、江卡、贡觉、桑昂、杂瑜、三岩、甘孜、章谷、道坞、瞻对、泸定桥等11委员和硕搬多理事（详见前）[1]。各级政区均隶属于川滇边务大臣。

除上述已经设治或派员治理各地外，辖区内已经处在边务大臣控制之下，但是还未实行改土归流，尚无委员治理的区域如下[2]。

洛隆宗，在硕般多东。为康地，宣统元年至二年收回。

边坝，即达隆宗，在硕般多西。为康地，宣统元年至二年收回。

类伍齐，在昌都府西北、硕般多东北。为康地，宣统元年至二年收回。

波密，在硕般多西南。为康地，向属西藏。宣统初年，边务大臣至察木多，波密人来属，请设官。驻藏大臣恐起藏人疑忌而阻止。宣统三年，在边军控制之下。因边、藏均欲得其地，奏请先改流后定隶属。

白马冈，在波密东南，又南接缅甸。宣统三年，边军克波密，并收其地。

三十九族地，在丹达山西北。原属青海，有七十九族。清初以北部四十族归西宁大臣管理，南部三十九族由驻藏大臣管辖。设有千户、百户、百长等土官，每年纳贡银两并须供差。宣统元年，自请归边务大臣管辖，已奏准未设官。

俄洛，在甘孜、东科各土司之北、四川大金川之西北。北接青海，区域辽阔。宣统二年归附。宣统三年，赴石渠县纳税。拟设俄洛县，未实行。

色达，在东科土司附近。宣统三年归附，拟设色达县，未实行。

拉哩，在鲁工拉山西。为藏地。宣统二年，边军入藏，拟于此设嘉黎县，归西康管辖。

江达，在拉哩西南。为藏地。宣统二年，边军征藏，与藏人在此划界设太昭县。

---

[1] 赵泉澄：《清代地理沿革表》，中华书局，1955年，第128页。
[2] 刘锦藻：《清朝续文献通考》卷322，第4册，第10636页。

第二十章　广　东　省

明末,辖广州、韶州、南雄、惠州、潮州、肇庆、高州、廉州、雷州、琼州等10府及罗定直隶州,下辖8州、77县①。

一、省行政机构

总督。顺治四年(1647)五月,设广东广西总督,简称两广总督,带管盐法,并兼广东巡抚事②。顺治五年闰三月,提督李成栋叛,两广总督佟养甲殉难③,未任命新总督。顺治七年十二月,清兵复克广州。顺治十年六月,复设两广总督④。顺治十三年二月,移驻梧州府⑤。顺治十八年八月,各省设总督一员,改设广东总督⑥。康熙二年(1663)三月,移驻广州府⑦。康熙四年六月,广西总督并入广东总督,复为两广总督,驻肇庆府⑧。雍正元年(1723)八月,以两广总督专管广东总督事务,专设广西总督⑨。雍正二年四月,仍设广东广西总督⑩。雍正五年二月,为控制苗民反抗,由云贵总督兼辖广西,两广总督专管广东,遂称广东总督。雍正十年四月,署广东总督鄂弥达认为两广总督驻肇庆是为了控制两省,广西归云贵总督管辖后,广州为广东省适中之地,请求移驻广州。获准迁驻⑪。雍正十二年十二月,因苗民投诚,广西仍就近归由广东总督管辖,是为两广总督⑫。雍正十三年四月,仍迁驻肇庆府⑬。乾隆初年开

---

① 郭红、靳润成:《中国行政区划通史·明代卷》,第165页。
② 《世祖实录》卷32顺治四年五月癸丑,《清实录》,第3册,第263页。按:雍正《广东通志》卷29谓顺治三年置。
③ 雍正《广东通志》卷7,《四库全书》本,第562册,第278页。
④ 《世祖实录》卷76顺治十年六月壬子,《清实录》,第3册,第598页。
⑤ 《世祖实录》卷98顺治十三年二月戊辰,《清实录》,第3册,第762页。
⑥ 《圣祖实录》卷4顺治十八年八月己未,《清实录》,第4册,第84页;又九月丁亥,第87页。
⑦ 《圣祖实录》卷8康熙二年三月己巳,《清实录》,第4册,第140页。
⑧ 《圣祖实录》卷15康熙四年五月丁未、六月己巳,《清实录》,第4册,第229、232页。
⑨ 《世宗实录》卷10雍正元年八月戊午,《清实录》,第7册,第184页。
⑩ 《世宗实录》卷18雍正二年四月丁未,《清实录》,第7册,第297页。
⑪ 《八旗通志》卷161《鄂弥达传》,《四库全书》本,第666册,第707页。
⑫ 《世宗实录》卷150雍正十二年十二月癸丑,《清实录》,第8册,第858页。
⑬ 《八旗通志》卷161《鄂弥达传》,第666册,第709页。

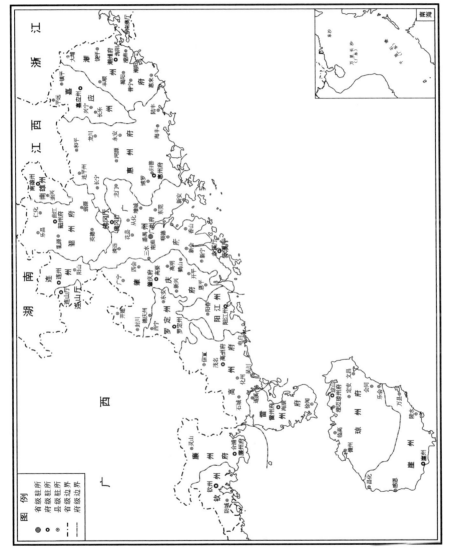

图 20 清末广东省省政区图

始,多称两广总督。乾隆十一年(1746),总督策楞奏请移驻广州府①,此后常驻广州府。光绪二十四年(1898)七月,裁广东巡抚,两广总督兼管巡抚事②;九月,复设广东巡抚③。光绪三十一年六月,裁广东巡抚,以两广总督兼巡抚事宜④。

巡抚。顺治四年五月,由两广总督兼广东巡抚事。顺治六年五月,专设广东巡抚⑤,驻广州府。光绪二十四年七月,因与总督同城被裁,由两广总督兼管巡抚事;九月复设。光绪三十一年六月,再次被裁,由两广总督兼管巡抚事务。

布按诸司及专务道。顺治四年五月,任命布政使司左布政使⑥。顺治六年五月,任命布政使司右布政使、按察使司按察使⑦。专务道先后置有盐法道、驿传道、督粮道、巡海道等。清末,有布政使、交涉使、提学使、提法使、巡警道、劝业道等。

二、省城

沿明制,以广州城为省会,即今广东广州市老城区。

三、省域

东界福建,南为大海,西接越南、广西,北邻湖南、江西。

四、守巡道

康熙六年七月前

分守岭南道,顺治四年五月置⑧。驻广州府⑨,顺治十三年九月移驻广州府清远县⑩。康熙六年七月裁。

---

① 道光《肇庆府志》卷13,第1页。又卷5:"然自乾隆初总督策楞奏明移节专驻省城以前,犹是旌节往来,或半年驻肇。"(第35页)按:乾隆《清一统志》卷338谓两广总督驻广州、肇庆府(第481册,第791页),宣统三年冬《职官录》亦谓"总督辖广东、广西,驻广州、肇庆两处"。道光《广东通志》卷129谓:"乾隆十一年,前督臣策楞奏请移驻广州,自是历任相沿不复回肇署驻扎。"
② 《德宗实录》卷424光绪二十四年七月乙丑,《清实录》,第57册,第556页。
③ 《德宗实录》卷430光绪二十四年九月戊辰,《清实录》,第57册,第641页。
④ 《德宗实录》卷546光绪三十一年六月癸亥,《清实录》,第59册,第255页。
⑤ 《世祖实录》卷44顺治六年五月丙子,《清实录》,第3册,第350页。
⑥ 《世祖实录》卷32顺治四年五月癸丑,《清实录》,第3册,第263页。按:雍正《广东通志》卷29谓顺治三年置。
⑦ 《世祖实录》卷44顺治六年五月壬午,《清实录》,第3册,第353页。
⑧ 《世祖实录》卷32顺治四年五月癸丑,《清实录》,第3册,第263页。
⑨ 按:明崇祯《分省抚按缙绅便览》及《顺治十八年缙绅册》均载分守岭南道驻省城。
⑩ 《世祖实录》卷103顺治十三年九月甲寅,《清实录》,第3册,第805页。

巡海道,即整饬广州兵巡事务巡视海道①,顺治四年五月置②。驻广州府。康熙六年保留,当不再分巡广州府。

分巡岭南道,一名南韶兵巡道、分巡广南韶三府整饬兵巡道,顺治四年五月置。驻韶州府。康熙二年五月裁③。

分守岭东道,一作整饬山防伸威兵备分守岭东道,顺治四年五月置④。驻惠州府,康熙二年五月裁。

分巡岭东道,一作整饬南防兵备分巡岭东道,顺治四年五月置。驻潮州府。康熙六年七月裁⑤。

分守岭西道,顺治四年五月置⑥。驻高州府。康熙二年五月裁⑦。

分巡岭西道,一作整饬高肇兵备道,顺治四年五月置。驻肇庆府。康熙六年七月裁⑧。

罗定兵备道,即整饬罗定道,顺治四年五月置⑨。驻罗定州。康熙二年十月裁⑩。

分守海北道,一作分守海北海南道,顺治四年五月置⑪。驻雷州府。康熙六年七月裁⑫。

分巡海北道,顺治四年五月置。驻廉州府。康熙二年五月裁⑬。

分巡海南道,一名分巡琼州道、整饬海南道,约顺治四年五月后置。驻琼州府,整饬兵备,兼摄琼州学政。康熙二年五月裁⑭。

康熙六年七月后

1. 督粮道

顺治四年五月置⑮,驻广州府。康熙三十二年三月,与驿盐道合并为

---

① 《顺治十八年缙绅册》。按:《实录》中均作"巡海道",是否有分巡地方之责,待查考。
② 《世祖实录》卷 32 顺治四年五月癸丑,《清实录》,第 3 册,第 263 页。
③ 雍正《广东通志》卷 7,第 562 册,第 282 页。
④ 《世祖实录》卷 32 顺治四年五月癸丑,《清实录》,第 3 册,第 263 页。
⑤ 雍正《广东通志》卷 7,第 562 册,第 284 页。
⑥ 《世祖实录》卷 32 顺治四年五月癸丑,《清实录》,第 3 册,第 263 页。
⑦ 雍正《广东通志》卷 7,第 562 册,第 282 页。
⑧ 雍正《广东通志》卷 7,第 562 册,第 284 页。
⑨ 《世祖实录》卷 32 顺治四年五月癸丑,《清实录》,第 3 册,第 263 页。
⑩ 雍正《广东通志》卷 7,第 562 册,第 282 页。
⑪ 《世祖实录》卷 32 顺治四年五月癸丑,《清实录》,第 3 册,第 263 页。
⑫ 雍正《广东通志》卷 7,第 562 册,第 284 页。
⑬⑭ 雍正《广东通志》卷 7,第 562 册,第 282 页。
⑮ 《世祖实录》卷 32 顺治四年五月癸丑,《清实录》,第 3 册,第 263 页。

粮驿道①。雍正四年,为分守广东粮驿道管通省民屯钱粮带催科价兼管驿传水利,布政司副使衔。乾隆二十年六月,分巡广州府事务②。乾隆二十三年四月,加水利衔,管广州府水利③。嘉庆十八年(1813)增辖佛冈直隶厅,关防改为"广东督粮道管民屯粮料兼分巡广州府管辖佛冈直隶同知事带理水利"④。光绪三十一年四月裁,广州府及佛冈、赤溪2厅改属广肇罗道⑤。

2. 岭西道—肇高廉罗道—肇罗道—肇阳罗道—广肇罗道

康熙十五年三月,改高罗道、雷廉道复置岭西兵备道、岭西兵巡道⑥。岭西兵备道当驻高州府,岭西兵巡道当驻肇庆府。康熙二十一年十月,裁分守岭西道(兵备道)⑦。康熙二十二年六月,分巡岭西道改为分巡肇高廉罗道⑧。驻肇庆府,辖肇庆、高州、廉州3府和罗定州。雍正四年称分巡岭西兵备道管辖肇高廉罗,按察使司副使衔。雍正八年五月,高州、廉州2府析出,简称肇罗道,加兵备衔⑨。乾隆十三年,为分巡岭西兵备道管辖肇罗,布政使司参政衔。乾隆二十三年四月,加水利衔⑩。嘉庆《清会典》称分巡肇罗道。同治六年四月,增辖阳江直隶州,为肇阳罗道。光绪三十一年四月,裁督粮道,广州府及佛冈、赤溪2厅来属,改名为广肇罗道,驻广州府,辖广州、肇庆2府和罗定直隶州及佛冈、赤溪2厅。

3. 惠潮道—岭东道—惠潮道—惠潮嘉道

分巡惠潮道,康熙八年十二月置⑪。驻惠州府⑫。辖惠州、潮州2府。康熙十五年三月改置为岭东兵备道、岭东兵巡道⑬,两道驻地当同前。康熙二十一年十月,裁分守岭东道(兵备道)⑭。康熙二十二年六月,分巡岭东道改为惠

---

① 《圣祖实录》卷158康熙三十二年三月乙卯,《清实录》,第5册,第743页。
② 《高宗实录》卷490乾隆二十年六月癸丑,《清实录》,第15册,第164页。
③ 《高宗实录》卷560乾隆二十三年四月乙丑,《清实录》,第16册,第100页。
④ 《仁宗实录》卷271嘉庆十八年七月丁亥,《清实录》,第31册,第682页。
⑤ 《德宗实录》卷544光绪三十一年四月丁未,《清实录》,第59册,第226页。光绪三十一年十月二十七日两广总督岑春煊奏折,《光绪朝硃批奏折》,第1册,第484页。
⑥ 《圣祖实录》卷60康熙十五年三月戊戌,《清实录》,第4册,第781页。
⑦ 《圣祖实录》卷105康熙二十一年十月乙亥,《清实录》,第5册,第63页。
⑧ 《圣祖实录》卷110康熙二十二年六月癸未,《清实录》,第5册,第121页。
⑨ 《世宗实录》卷94雍正八年五月己丑,《清实录》,第8册,第264页。
⑩ 《高宗实录》卷560乾隆二十三年四月乙丑,《清实录》,第16册,第100页。
⑪ 《圣祖实录》卷31康熙八年十二月戊辰,《清实录》,第4册,第426页。
⑫ 雍正《广东通志》卷17,第562册,第632页。
⑬ 《圣祖实录》卷60康熙十五年三月戊戌,《清实录》,第4册,第781页。
⑭ 《圣祖实录》卷105康熙二十一年十月乙亥,《清实录》,第5册,第63页。

潮道①。驻潮州府。雍正四年为按察使司副使衔。雍正八年五月,加兵备衔②。雍正十一年,增辖嘉应直隶州,为惠潮嘉兵备巡道。乾隆二十三年四月,加水利衔③。至清末未变。

4. 广肇道—南韶道—岭南道—广南韶道—广南韶连道—南韶连道

初为分巡广肇道,康熙九年八月以驿传道缺改置④,又称广肇南韶道。驻肇庆府,辖广州、肇庆、南雄、韶州4府。康熙十三年十二月,改置为南韶、广肇2道⑤。广肇道为分守道,驻肇庆府,管辖广州、肇庆2府。南韶道为分巡道,驻韶州府,管辖南雄、韶州2府。康熙十五年三月,广肇、南韶2道分别改置为岭南兵备道、岭南兵巡道⑥。

岭南兵备道约驻广州府,岭南兵巡道约驻南雄府。康熙二十一年十月,裁分巡岭南道(兵巡道)⑦。康熙二十二年六月,与南韶道辖区合并为广南韶道⑧。

分巡广南韶道,驻韶州府⑨,辖广州、南雄、韶州3府。雍正四年为布政使参议衔。雍正七年七月,增辖连州直隶州,为广南韶连道。乾隆十三年为布政使司参政衔。乾隆二十年六月,广州府往属粮驿道,改为分巡南韶连道。乾隆二十三年四月,加水利衔⑩。乾隆三十二年四月,加兵备衔⑪。嘉庆二十一年增辖连山直隶厅⑫,为分巡广东南韶连兵备道兼管水利事。至清末未变。

5. 琼州道—雷琼道—海南道—雷琼道—琼崖道

分巡琼州道,康熙八年十二月置⑬。驻琼州府,辖琼州府。康熙二十二年六月,改为分巡雷琼道⑭。驻琼州府,辖雷州、琼州2府。雍正四年为按察使司副使衔。雍正八年五月,雷州府析出,并改名为海南道,加兵备衔⑮。乾隆

---

① 《圣祖实录》卷110康熙二十二年六月癸未,《清实录》,第5册,第121页。
② 《世宗实录》卷94雍正八年五月己丑,《清实录》,第8册,第264页。
③ 《高宗实录》卷560乾隆二十三年四月乙丑,《清实录》,第16册,第100页。
④ 《圣祖实录》卷33康熙九年八月庚戌,《清实录》,第4册,第455页。按:光绪《清会典事例》卷25作康熙八年置:"改巡海道为广肇道,管理盐法"(第1册,第313页)。
⑤ 《圣祖实录》卷51康熙十三年十二月丙申,《清实录》,第4册,第664页。
⑥ 《圣祖实录》卷60康熙十五年三月戊戌,《清实录》,第4册,第781页。雍正《广东通志》卷7。
⑦ 《圣祖实录》卷105康熙二十一年十月乙亥,《清实录》,第5册,第63页。
⑧ 《圣祖实录》卷110康熙二十二年六月癸未,《清实录》,第5册,第121页。
⑨ 雍正《广东通志》卷17,第562册,第282页。
⑩ 《高宗实录》卷560乾隆二十三年四月乙丑,《清实录》,第16册,第100页。
⑪ 《高宗实录》卷782乾隆三十二年四月丁辰,《清实录》,第18册,第631页。
⑫ 光绪《清会典事例》卷27,第1册,第346页。
⑬ 《圣祖实录》卷31康熙八年十二月戊辰,《清实录》,第4册,第426页。
⑭ 《圣祖实录》卷110康熙二十二年六月癸未,《清实录》,第5册,第121页。
⑮ 《世宗实录》卷94雍正八年五月己丑,《清实录》,第8册,第264页。

三年十一月,复为雷琼道,增辖雷州府,加兵备衔①。乾隆二十三年四月,加水利衔②。光绪三十一年四月,雷州府往属高雷阳道,改名琼崖道③。

6. 高雷廉道—高廉道—高廉钦道—高雷阳道

高雷廉道,雍正八年五月置,驻高州府,为分巡兵备道④。乾隆三年十一月,雷州府往属雷琼道,称高廉道⑤。乾隆十三年,为按察使司副使衔。乾隆二十三年四月,加水利衔⑥。光绪十四年增辖钦州直隶州,移治廉州府,并改名高廉钦道⑦。光绪三十一年四月,改名高雷阳道,辖高州、雷州2府和阳江直隶厅⑧。

7. 廉钦道

分巡廉钦兵备道,光绪三十一年四月置⑨,驻钦州,管辖廉州府和钦州直隶州。

8. 已裁各道

分守高雷廉道,康熙八年十二月置⑩。驻高州府。辖高州、雷州、廉州3府和罗定州。康熙十三年十二月,析分为高罗、雷廉2道⑪。

分守高罗道,康熙十三年十二月置。驻高州府,管辖高州府和直隶罗定州。康熙十五年三月,改为岭西兵备道⑫。后裁。

分巡雷廉道,康熙十三年十二月置。驻廉州府,管辖雷州府和廉州府。康熙十五年三月,改为岭西兵巡道,一称称雷廉兵巡道。康熙二十一年十月裁⑬。

罗定兵备道,康熙十五年三月置⑭。驻罗定州。康熙二十一年十月裁⑮。

---

① 《高宗实录》卷80乾隆三年十一月己酉,《清实录》,第10册,第253页。
② 《高宗实录》卷560乾隆二十三年四月乙丑,《清实录》,第16册,第100页。
③ 《德宗实录》卷544光绪三十一年四月丁未,《清实录》,第59册,第226页。
④ 《世宗实录》卷94雍正八年五月己丑,《清实录》,第8册,第264页。
⑤ 《高宗实录》卷80乾隆三年十一月己酉,《清实录》,第10册,第253页。
⑥ 《高宗实录》卷560乾隆二十三年四月乙丑,《清实录》,第16册,第100页。
⑦ 《遵筹钦州新界善后事宜折》(光绪十四年六月初四日),苑书义等主编《张之洞全集》卷24,河北人民出版社,1998年,第1册,第638页。
⑧ 《德宗实录》卷544光绪三十一年四月丁未,《清实录》,第59册,第226页。
⑨ 《德宗实录》卷544光绪三十一年四月丁未,《清实录》,第59册,第226页;又卷551光绪三十一年十一月己卯,第315页。
⑩ 《圣祖实录》卷31康熙八年十二月戊辰,《清实录》,第4册,第426页。
⑪ 《圣祖实录》卷51康熙十三年十二月丙申,《清实录》,第4册,第664页。
⑫ 《圣祖实录》卷60康熙十五年三月戊戌,《清实录》,第4册,第781页。
⑬ 《圣祖实录》卷105康熙二十一年十月乙亥,《清实录》,第5册,第63页。
⑭ 《圣祖实录》卷60康熙十五年三月戊戌,《清实录》,第4册,第781页。
⑮ 《圣祖实录》卷105康熙二十一年十月乙亥,《清实录》,第5册,第63页。

五、府厅州县

顺治四年,沿明制,领 10 府:广州、韶州、南雄、惠州、潮州、肇庆、高州、廉州、雷州、琼州府;罗定直隶州。下辖 8 州、76 县①。

雍正七年七月,升广州府连州为直隶州。雍正十一年三月,置嘉应直隶州。乾隆八年十一月,设澳门同知(海防同知)。嘉庆十二年十月,升嘉应直隶州为嘉应府,降南雄府为南雄直隶州。嘉庆十六年,析置佛冈直隶厅。嘉庆十七年四月,降嘉应府为直隶州,升南雄直隶州为府,旋于九月降南雄府为直隶州。嘉庆二十一年,置连山直隶厅。同治六年(1867)四月,置阳江直隶州。同治七年闰四月,置赤溪直隶厅。同治九年六月,改阳江直隶州为阳江直隶厅。光绪十四年十二月,升钦州为直隶州。光绪三十一年四月,升崖州为直隶州。光绪三十二年五月,改阳江直隶厅为阳江直隶州。至清末,全省领 9 府、3 直隶厅、7 直隶州、1 厅、4 州、79 县,另设同知管理澳门事务。

1. 广州府

治所即今广东广州市老城区。顺治四年,沿明制,为省会,领 1 州 15 县:南海、番禺、顺德、东莞、从化、龙门、新宁、增城、香山、新会、三水、清远、新安县,连州辖阳山、连山县。康熙五年迁界,裁新安县入东莞县。康熙八年展界,复置新安县②。康熙二十四年四月,析南海、番禺等 5 县地置花县。雍正七年七月,升连州为直隶州,阳山、连山 2 县往属③。嘉庆十六年,析清远县地置佛冈直隶厅④。同治七年闰四月,析新宁县地置赤溪直隶厅⑤。至清末,领 14 县:南海、番禺、顺德、东莞、从化、龙门、新宁、增城、香山、新会、三水、清远、新安、花县。

南海县,附郭,治所即今广东广州市老城区。

番禺县,附郭,治所即今广东广州市老城区。

顺德县,治所即今广东佛山市顺德区驻地大良街道。

东莞县,治所即今广东东莞市城区。

从化县,治所即今广东从化市驻地街口街道。

龙门县,治所即今广东龙门县驻地龙城街道。

增城县,治所即今广东增城市驻地荔城街道。

---

① 康熙《清会典》卷 19,第 1 册上,第 198 页。
② 康熙《清会典》卷 19,第 1 册上,第 198 页。雍正《广东通志》卷 5 第 282 册,第 185 页。
③ 《世宗实录》卷 83 雍正七年七月庚申,第 8 册,第 110 页。
④ 嘉庆《清一统志》卷 440,第 380 页。光绪《清会典事例》卷 153,第 2 册,第 945 页。
⑤ 《穆宗实录》卷 231 同治七年闰四月丁巳,《清实录》,第 50 册,第 188 页。

新会县,治所即今广东江门市新会区驻地会城街道。

香山县,治所在今广东中山市城区。

三水县,治所在今广东佛山市三水区驻地西南街道河口城内村。

新宁县,治所在今广东台山市驻地台城街道。

清远县,治所即今广东清远市凤城街道。

新安县,治所在今广东深圳市南山区南头。康熙五年裁入东莞县,八年复置。

花县,清康熙二十四年四月,析南海、番禺、三水、清远、从化5县地置①。治花城(今广东广州市花都区花山镇北花城村)。

附:澳门同知。乾隆八年十一月设广州府海防同知,驻香山县前山寨(今广东珠海市香山区西前山街道),稽查澳门出入海船,兼管在澳外国人。因管澳门事务,亦称澳门同知。同时将香山县县丞移驻澳门,专管当地词讼,由澳门同知管辖。同知又辖把总二员、兵丁一百名,往来巡缉②。乾隆十三年六月,规定澳门地方以同知、县丞为专管,广州府、香山县为兼辖③。乾隆二十四年十二月,议定海防同知(澳门同知)直接向两广总督负责:"至西洋人寄住澳门,遇有公务转达钦天监,饬令夷目呈明海防同知,转详督臣分别咨奏之处,亦应如该督办理。"④广州府海防同知、香山县驻澳门县丞官缺,至宣统三年(1911)仍存在。

2. 韶州府

治韶关(今广东韶关市驻地浈江区城区)。顺治四年,沿明制,领6县:曲江、乐昌、仁化、乳源、翁源、英德县。嘉庆十六年,析英德县地往属佛冈直隶厅⑤。至清末,仍领6县。

曲江县,附郭,治韶关(今广东韶关市驻地浈江区城区)。

乐昌县,治所即今广东乐昌市驻地乐城街道。

仁化县,治所即今广东仁化县驻地丹霞街道。

乳源县,治所即今广东乳源瑶族自治县驻地乳城镇。

翁源县,治所在今广东翁源县西翁城镇。

英德县,治所即今广东英德市驻地英城街道。

---

① 《圣祖实录》卷120康熙二十四年四月丙辰,《清实录》,第5册,第269页。雍正《广东通志》卷5,第562册,第191页。
② 《高宗实录》卷204乾隆八年十一月辛卯,《清实录》,第11册,第632页。
③ 《高宗实录》卷317乾隆十三年六月己卯,《清实录》,第13册,第212页。
④ 《高宗实录》卷602乾隆二十四年十二月戊子,《清实录》,第16册,第761页。
⑤ 道光《佛冈直隶军民厅志》卷1《沿肇》:"嘉庆十八年,始割清远之吉河乡,建立厅治于大埔坪,复益以英德之白石、独石、迳头、观音、虎山、高台六乡。"

3. 惠州府

治所在今广东惠州市惠城区桥西街道。顺治四年，沿明制，领1州10县：归善、博罗、长宁、永安、海丰、龙川、长乐、兴宁县，连平州领河源、和平县。雍正九年四月置陆丰县。雍正十一年三月，兴宁、长乐二县往隶于嘉应直隶州①。至清末，领1州：连平州；9县：归善、博罗、长宁、永安、海丰、陆丰、龙川、河源、和平县。

归善县，附郭，治所在今广东惠州市惠城区桥东街道。

博罗县，治所即今广东博罗县驻地罗阳镇。

长宁县，治所即今广东新丰县驻地丰城街道。

永安县，治所在今广东紫金县驻地紫城镇。

海丰县，治所即今广东海丰县驻地海城镇。

陆丰县，雍正九年四月，析海丰县甲子、捷胜2所地置②。治所即今广东陆丰市驻地东海街道。

龙川县，治所在今广东龙川县西南佗城镇。

连平州，治所即今广东连平县驻地元善镇。

河源县，治所即今广东河源市源城区驻地上城街道。

和平县，治所即今广东和平县驻地阳明镇。

4. 潮州府

治所在今广东潮州市湘桥区城区。顺治四年，沿明制，领11县：海阳、潮阳、揭阳、程乡、饶平、惠来、大埔、澄海、普宁、平远、镇平县。康熙五年，裁澄海县入海阳县。康熙八年，复置澄海县。雍正十年五月，以饶平县属之隆、深2澳地和福建漳州府诏安县云、青2澳地置南澳厅。雍正十一年，升程乡县为嘉应直隶州，平远、镇平2县往属③。领8县。乾隆三年五月，置丰顺县。领1厅：南澳厅；9县：海阳、丰顺、潮阳、揭阳、饶平、惠来、大埔、澄海、普宁县。

海阳县，附郭，治所在今广东潮州市湘桥区城区。

丰顺县，原为海阳县丰政都，岩谷险阴，离县治甚遥，知县鞭长莫及。乾隆三年五月，以海阳丰政都为主，割揭阳、大埔、嘉应等县附近都图置④。治所在今广东丰顺县北丰良镇。

---

① 《世宗实录》卷129雍正十一年三月丁酉，《清实录》，第8册，第681页。
② 《世宗实录》卷105雍正九年四月己亥，《清实录》，第7册，第387页。
③ 《世宗实录》卷129雍正十一年三月丁酉，《清实录》，第8册，第681页。
④ 《高宗实录》卷69乾隆三年五月丁卯，《清实录》，第10册，第103页；又卷120乾隆五年闰六月庚子，第10册，第755页。乾隆《潮州府志》卷3。

潮阳县,治所即今广东汕头市潮阳区城区。

揭阳县,治所即今广东揭阳市榕城区城区。

饶平县,治所在今广东饶平县西北三饶镇。

惠来县,治所即今广东惠来县驻地惠城镇。

大埔县,治所在今广东大埔县北茶阳镇。

澄海县,治所即今广东汕头市澄海区驻地澄华街道。康熙五年裁入海阳县,康熙八年复置。

普宁县,治所在今广东普宁市北洪阳镇。

南澳厅,雍正十年五月,置广东南澳海防军民同知①,驻地在今广东南澳县东北深澳镇,管理广东潮州府饶平县、福建漳州府诏安县分属的南澳岛。一说直隶于广东布政使司②,为直隶厅。

5. 肇庆府

治所即今广东肇庆市端州区城区。顺治四年,沿明制,领1州10县:高要、四会、新兴、阳春、阳江、高明、恩平、广宁县,德庆州领封川、开建县。顺治十年二月,置开平县。雍正九年七月,置鹤山县。同治六年四月,升阳江县为阳江直隶州,开平、阳春、恩平3县往属。领1州、9县。同治九年六月,阳江直隶州改为直隶厅③,开平、阳春、恩平3县还属于府。光绪三十二年五月,阳江直隶厅复改为直隶州,阳春、恩平2县往属④。宣统二年九月,阳江直隶州恩平县还属于府⑤。领1州:德庆州;10县:高要、四会、新兴、恩平、高明、广宁、开平、鹤山、封川、开建县。

高要县,附郭,治所即今广东肇庆市端州区城区。

四会县,治所即今广东四会市城中街道。

新兴县,治所即今广东新兴县驻地新城镇。

恩平县,治所即今广东恩平市驻地恩城街道。同治六年四月属阳江直隶州。同治九年六月还属。光绪三十二年五月,再属阳江直隶州。因控制不便,宣统二年九月还属于府。

高明县,治所即今广东佛山市高明区西明城镇。

广宁县,治所即今广东广宁县驻地南街镇。

---

① 《世宗实录》卷118雍正十年五月丙子,《清实录》,第8册,第570页。
② 同治《广东图说》卷41《南澳厅》、光绪《广东舆地图说》之《南澳直隶厅图》、宣统《广东舆地全图》卷4。
③ 《穆宗实录》卷284同治九年六月丙申,《清实录》,第50册,第922页。
④ 《德宗实录》卷560光绪三十二年五月戊戌,《清实录》,第59册,第415页。
⑤ 《宣统政纪》卷42宣统二年九月甲寅,《清实录》,第60册,第758页。

开平县,南明永历三年(顺治六年)析新兴、恩平二县地及广州府新会县地置。顺治八年地入清,顺治十年二月朝廷复设①。治所在今广东开平市西北苍城镇。同治六年四月属阳江直隶州。同治九年六月还属。

鹤山县,雍正九年七月,因广州府新会县与肇庆府开平县连界之大官田地方与两县县城较远,析置②。治所在今广东鹤山市西南鹤城镇。

德庆州,治所即今广东德庆县驻地德城街道。

封川县,治所在今广东封开县驻地江川镇南封川村。初属德庆州,雍正末直属府。

开建县,治所在今广东封开县东北南丰镇。隶属关系变化同封川县。

6. 高州府

治所在今广东高州市驻地潘州街道。顺治四年,沿明制,领1州5县:茂名、电白、信宜县,化州领吴川、石城县。至清末,仍领1州5县。

茂名县,附郭,治所在今广东高州市驻地潘州街道。

电白县,治所在今广东电白县东电城镇。

信宜县,治镇隆墟(今广东信宜市南镇隆镇)。

化州,治所即今广东化州市河西街道。

吴川县,治所在今广东吴川市西南吴阳镇。

石城县,治所即今广东廉江市驻地罗州街道。

7. 廉州府

治所即今广西壮族自治区合浦县驻地廉州镇。顺治四年,沿明制。领1州2县:合浦县,钦州领灵山县。光绪十四年十二月,升钦州为直隶州。至清末,领2县:合浦、灵山。

合浦县,附郭,治所即今广西壮族自治区合浦县驻地廉州镇。

灵山县,治所即今广西壮族自治区灵山县驻地灵城镇。

---

① 按:《明史·地理志》谓明末置。《世祖实录》卷72顺治十年二月庚子作"复设广东开平县"(《清实录》,第3册,第569页)。康熙《清会典》卷19作"开平县,顺治十年添设"。康熙《广东通志》卷4称"开平县,崇祯间割新兴、恩平、新会地置",在肇庆府沿革表下作崇祯十七年"增置开平县";卷13无明代开平县职官,清代首任知县为"宋光年,福建人,贡生,顺治六年任",次任知县为"陈其仁,江西人,顺治八年任"。台湾中研院傅斯年图书馆藏康熙抄本《天下纪程》广东谓"明万历元年置屯曰开平。崇祯十一年,恩平知县宋应昇议析恩平之长静,新兴之双桥,新(惠)〔会〕之登名、古博、平康、得行六都置县,十六年抚臣沈犹龙题请未旨。顺治六年始立为县"。康熙薛璧修《开平县志》之《事纪志》谓顺治六年三月,南明"部复议允,除官伍士昌任邑治,隶肇庆府"(转引自开平市地方志办公室编:《开平县志》附录《关于开平立县年份问题的历史资料》,中华书局,2002年,第1774页)。雍正《广东通志》卷5谓"崇祯十一年又析恩平、新兴、新会置开平县。国朝因之,顺治六年始建开平治"。

② 《世宗实录》卷108雍正九年七月己丑,《清实录》,第8册,第443页。

8. 雷州府

治所即今广东雷州市驻地雷城街道。顺治四年,沿明制,领 3 县:海康、遂溪、徐闻县。至清末,仍领 3 县。

海康县,附郭,治所即今广东雷州市驻地雷城街道。

遂溪县,治所即今广东遂溪县驻地遂城镇。

徐闻县,治所即今广东徐闻县驻地徐城街道。

9. 琼州府

治所即今海南海口市琼山区驻地府城镇。顺治四年,沿明制,领 3 州 10 县:琼山、澄迈、定安、文昌、会同、乐会、临高县,儋州领昌化县,万州领陵水县,崖州领感恩县。雍正末,昌化等县直属于府。光绪三十一年四月,升崖州为直隶州,万州及感恩、昌化、陵水 3 县往属①。领 1 州:儋州;7 县:琼山、澄迈、定安、文昌、会同、乐会、临高县。

琼山县,附郭,治所即今海南海口市琼山区驻地府城街道。

澄迈县,治所在今海南澄迈县驻地金江镇老城。

定安县,治所即今海南定安县驻地定城镇。

文昌县,治所即今海南文昌市驻地文城镇。

会同县,治所在今海南琼海市东北塔洋镇。

乐会县,治乐城(今海南琼海市东南博鳌镇西乐城村)。

临高县,治所即今海南临高县驻地临城镇。

儋州,治今海南儋州市西北新州镇。

10. 连山直隶厅

原为连州直隶州连山县。嘉庆二十一年,裁连山县及广东理瑶同知,改设连山绥瑶同知②,是为连山直隶厅③。治所即今广东连山壮族瑶族自治县东北太保镇东旧城。

---

① 《德宗实录》卷 544 光绪三十一年四月丁未,《清实录》,第 59 册,第 226 页。
② 嘉庆《清一统志》卷 440。光绪《清会典事例》卷 153《户部》,第 2 册,第 945 页。按:连山裁县置厅时间,史籍记载不一,有嘉庆二十一年、二十二年、二十三年三说。道光《广东通志》卷 3:"嘉庆二十一年废连山县改绥瑶同知";卷 88:"嘉庆二十二年改连山县为连山绥瑶厅";卷 169:"嘉庆二十一年将连山县、理瑶同知裁汰,改设连山绥瑶同知";卷 128:"嘉庆二十二年,总督蒋攸铦题裁汰连山县归并理瑶同知管辖,奉准部覆定为直隶连山绥瑶军民同知,移驻连山县城,奉旨准其动项修葺。同知徐维清承修(司案)"。似各有所本。民国《连山县志》卷 5《连山直隶厅职官表》,载嘉庆二十二年罗有尚署同知,同年徐维清任同知。《仁宗实录》卷 529 嘉庆二十二年四月乙未,载有蒋攸铦奏请由藩司捐廉修理连山县城一折,但未言及官制改革。《连山绥瑶厅志》总志第一作"嘉庆二十三年,两广总督蒋攸铦议革连山并入同知为专辖,诏从之"。
③ 按:光绪《清会典》卷 16 又有理瑶厅,误。

11. 赤溪直隶厅

同治七年闰四月,析广州府新宁县赤溪、曹冲等地置①。治所即今广东台山市东南赤溪镇。

12. 佛冈直隶厅

嘉庆十六年,析广州府清远县、韶州府英德县地置②。治所即今广东佛冈县驻地石角镇。

13. 阳江直隶州—阳江直隶厅—阳江直隶州

初为阳江县,治所即今广东阳江市江城区驻地南恩街道,属肇庆府。同治六年四月升为直隶州,领阳春、恩平、开平3县③。因开平等县不愿隶州,同治九年六月,改为直隶厅④,开平、阳春、恩平3县往属于肇庆府。光绪三十二年五月,复改为阳江直隶州,领阳春、恩平2县⑤。宣统二年九月,因管理不便,恩平县往属于肇庆府⑥,仍领阳春县。

阳春县,治所即今广东阳春市驻地春城街道。

14. 连州直隶州

初为广州府连州,领阳山、连山2县。雍正七年七月,升为直隶州⑦。治所即今广东连州市驻地连州镇,领阳山、连山2县。嘉庆二十一年,升连山县为连山直隶厅。至清末,仍领阳山县。

阳山县,治所即今广东阳山县驻地阳城镇。

15. 罗定直隶州

治所即今广东罗定市驻地罗城街道。顺治四年,沿明制,领2县:东安、西宁县。至清末未变。

东安县,治所在今广东云浮市云城区驻地云城街道。

西宁县,治所在今广东郁南县南建城镇。

16. 南雄直隶州

顺治四年,沿明制,为南雄府,领2县:保昌、始兴县。嘉庆十二年十月,

---

① 《穆宗实录》卷231同治七年闰四月丁巳,《清实录》,第50册,第188页。
② 嘉庆《清一统志》卷440。光绪《清会典事例》卷153,第2册,第945页。道光《佛冈直隶军民厅志》卷1《沿革》:"嘉庆十八年,始割清远之吉河乡建立厅治于大埔坪,复益以英德之白石、独石、逕头、观音、虎山、高台六乡。"
③ 《穆宗实录》卷200同治六年四月甲申,《清实录》,第49册,第573页。
④ 《穆宗实录》卷284同治九年六月丙申,《清实录》,第50册,第922页。
⑤ 《德宗实录》卷560光绪三十二年五月戊戌,《清实录》,第59册,第415页。
⑥ 《宣统政纪》卷42宣统二年九月甲寅,《清实录》,第60册,第758页。
⑦ 《世宗实录》卷83雍正七年七月庚申,《清实录》,第8册,第110页。

因升嘉应直隶州为嘉应府,降为直隶州,裁附郭保昌县①。治所即今广东南雄市驻地雄州街道。嘉庆十七年四月,因嘉应府降为直隶州,复升为南雄府,仍置附郭保昌县②。旋于同年九月,降为直隶州,裁附郭保昌县③。至清末,仍领一县。

始兴县,治所即今广东始兴县驻地太平镇。

保昌县,附郭,治所即今广东南雄市驻地雄州镇。嘉庆十二年十月裁入南雄州。嘉庆十七年四月复置,九月复裁。

17. 嘉应直隶州—嘉应府—嘉应直隶州

潮州府程乡、平远、镇平3县均在蓬辣滩以北,自府城至三县需六七日才能到达,管理为难。惠州府的兴宁、长乐2县,在蓝关以东,也距府较远④。雍正十一年三月,划程乡等五县置嘉应直隶州,废程乡县为州亲辖地⑤。治所即今广东梅州市梅江区驻地金山街道。嘉庆十二年十月,升为嘉应府,置附郭程乡县⑥。嘉庆十七年四月,降为直隶州,废程乡县。至清末,领4县:兴宁、长乐、平远、镇平县。

兴宁县,治所即今广东兴宁市驻地兴田街道。初属惠州府,雍正十一年三月起,先后属嘉应直隶州、嘉应府。

长乐县,治华城(今广东五华县西北华城镇)。隶属关系变化同兴宁县。

平远县,治今广东平远县北仁居镇。初属潮州府,雍正十一年三月起,先后属嘉应直隶州、嘉应府。

镇平县,治所即今广东蕉岭县驻地蕉城镇。隶属关系变化同平远县。

程乡县,治所即今广东梅州市梅江区驻地金山街道。属潮州府。雍正十一年三月废,为嘉应直隶州亲辖地。嘉庆十二年十月复置,属嘉应府,附郭。嘉庆十七年四月再废,仍为嘉应直隶州亲辖地。

18. 钦州直隶州

原为廉州府钦州。光绪十三年勘界后,辖区扩大。因地处边界,时有中外

---

① 道光《直隶南雄州志》卷2《沿革表》,第1、11页。
② 光绪《嘉应州志》卷2:嘉庆"十六年八月,总督松(筠)、巡抚韩(崶)奏请将嘉应府复为直隶州,南雄州复为南雄府,官制俱仍其旧。十七年四月奉部覆准(案:南雄府后改为直隶州)"。
③ 《仁宗实录》卷261嘉庆十七年九月丙戌,《清实录》,第31册,第539页。按:道光《直隶南雄州志》卷2、卷34未言复置南雄府之事。
④ 乾隆《潮州府志》卷3。
⑤ 《世宗实录》卷129雍正十一年三月丁酉,《清实录》,第8册,第680页。
⑥ 光绪《嘉应州志》卷2:"嘉庆十一年总督吴(熊光)奏请升嘉应州为嘉应府,复设程乡县,仍辖兴、长、平、镇共五县。将南雄府改为直隶州,所有通判、教授、训导、经历移归嘉应府。其嘉应州同、吏目移归南雄州。十二年十月奉部覆准。"

交涉事件,且要抚绥边民,光绪十四年六月奏设[1],同年议准,治所即今广西钦州市钦南区文峰街道。廉州府灵山县西南秋风、菩提等地地近钦州,来属。同时置防城县。

防城县,光绪十四年以钦州防城巡检地置,治所即今广西壮族自治区防城港市防城区珠河街道。

19. 崖州直隶州

原为琼州府崖州。光绪三十一年四月,升为直隶州,万州及感恩、昌化、陵水3县来属,改万州为万县[2]。治所在今海南三亚市崖州区城区。领4县:感恩、昌化、陵水、万县。

昌化县,治所在今海南昌江黎族自治县西昌化镇。初属儋州,雍正末直属琼州府,光绪三十一年来属。

万县,初为万州,治所即今海南万宁市驻地万城镇。属琼州府,辖陵水县。雍正间不辖县。光绪三十一年来属,并改为县。

陵水县,治所即今海南陵水黎族自治县驻地椰林镇。初属万州,雍正末直属琼州府,光绪三十一年来属。

感恩县,治所在今海南东方市南感城镇。初属崖州,雍正末直属琼州府,光绪三十一年来属。

---

[1] 《遵筹钦州新界善后事宜折》(光绪十四年六月初四日),苑书义等主编《张之洞全集》卷24,第1册,第638页。
[2] 《德宗实录》卷544光绪三十一年四月丁未,《清实录》,第59册,第226页。

第二十一章　广　西　省

明末，广西领桂林、平乐、梧州、浔州、柳州、庆远、南宁、太平等8府，思恩军民府，思明、镇安2土府，以及田州、归顺、泗城、向武、都康、龙州、江州、思陵、凭祥等9直隶土州①。

一、省行政机构

总督。顺治四年(1647)五月，设两广总督。顺治十八年八月，设广西总督②。康熙三年(1664)五月，自梧州府移驻省城桂林府③。康熙四年六月，裁广西总督，复为两广总督。雍正元年(1723)八月，以两广总督专管广东总督事务，专设广西总督④。雍正二年四月，仍设广东广西总督。雍正五年二月，为控制苗民反抗，由云贵总督兼辖广西⑤，是为云贵广西总督。雍正十二年十二月，因苗民投诚，广西仍就近归由广东总督管辖，是为两广总督⑥。

广西巡抚，顺治六年五月，沿袭明制置，驻桂林府⑦。雍正九年，巡抚节制全省兵马⑧。

布按诸词及专务道。顺治八年二月前，已任命布政使⑨。顺治八年，任命按察使⑩。康熙六年，裁右布政使⑪。清末有布政使、提法使、巡警道、劝业道等。

---

① 郭红、靳润成：《中国行政区划通史·明代卷》，第180—193页。
② 《圣祖实录》卷4顺治十八年八月己未、九月丁亥，《清实录》，第4册，第85、87页。
③ 《圣祖实录》卷12康熙三年五月己卯，《清实录》，第4册，第183页。
④ 《世宗实录》卷10雍正元年八月戊午，《清实录》，第7册，第184页。
⑤ 《世宗实录》卷53雍正五年二月丙戌，《清实录》，第7册，第811页。
⑥ 《世宗实录》卷150雍正十二年十二月癸丑，《清实录》，第8册，第858页。
⑦ 《世祖实录》卷44顺治六年五月丙子，《清实录》，第3册，第350页。
⑧ 雍正《广西通志》卷47，第566册，第368页。
⑨ 《世祖实录》卷53顺治八年二月己丑："革广西左布政使鲁鼎新职，以规避不赴任故也。"(《清实录》，第3册，第420页)
⑩ 雍正《广西通志》卷57，第566册，第625页。
⑪ 按：康熙《广西通志》卷8作康熙四年裁。

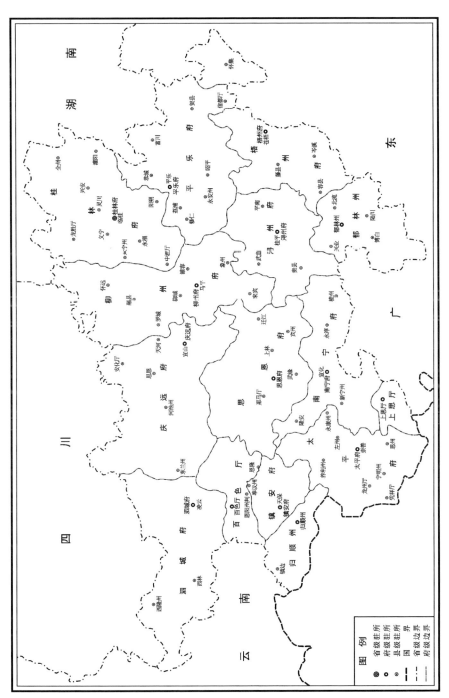

图 21 清末广西省政区图

二、省城

沿明制,以桂林城为省城,即今广西壮族自治区桂林市城区。

光绪三十二年(1906)五月,署两广总督岑春煊等奏,因广西省城位于省境东北,不便于控制全省,请将广西巡抚移驻南宁,以南宁府为省会①。同年七月被否决②。

三、省域

东抵湖南,南界广东、越南,西接云南,北临贵州、湖南。

雍正五年八月,西隆州所属罗烦、册亨等4甲,及泗城府所属上江、长坝、桑郎等16甲,地处红水江以北,归属贵州省管辖③。乾隆十三年(1748)七月,罗城县现廷等7寨及附近贾廷寨等7小寨,往属贵州省古州厅;贵州省古州厅因洞、罗洞、寨麻、大蒙等4寨来属④。雍正十年四月,荔波县往属贵州省。乾隆十一年三月,南丹土州所属之总王、拉岜2村往属于贵州省荔波县⑤。

四、守巡道

康熙六年七月前⑥

分守桂平道,顺治八年置⑦。驻桂林府。康熙六年七月裁。

分巡桂林道,顺治八年置。驻桂林府。康熙三年六月裁⑧。

分巡府江道,一称府江兵巡道,顺治八年置。驻平乐府⑨。康熙六年七月裁。

分守苍梧道,顺治八年置。驻梧州府,"管辖梧州府苍梧、藤县、容县、岑

---

① 《德宗实录》卷560光绪三十二年五月乙卯,《清实录》,第59册,第420页。
② 《德宗实录》卷562光绪三十二年七月丁未,《清实录》,第59册,第437页。
③ 《世宗实录》卷60雍正五年八月癸卯,《清实录》,第7册,第919页。
④ 《高宗实录》卷318乾隆十三年七月戊子,《清实录》,第13册,第224页。
⑤ 《高宗实录》卷261乾隆十一年三月甲午,《清实录》,第12册,第389页。
⑥ 按:《清实录》、《广西通志》均未言分守桂平道、分守苍梧道、分巡左江道、分巡右江道在康熙六年被裁撤,此后复置。《康熙缙绅册》广西无守巡道。当是康熙六年裁全省所有守巡道,此后为应对三藩之乱而复置部分守巡道。
⑦ 按:据雍正《广西通志》卷57所载分守桂平道首任道员时间推测。下同。
⑧ 《圣祖实录》卷12康熙三年六月壬子,《清实录》,第4册,第186页。
⑨ 《广西巡抚陈维新揭报署道转摄臬学请速补员缺》(顺治十二年二月),《明清档案》,第22册,第B12321页。

溪、怀集、博白、北流、陆川、兴业九县、郁林一州。"①康熙六年七月裁②。

分巡苍梧道,一作苍梧兵巡道,顺治八年置。驻郁林州,康熙二年裁③。

分守左江道,一作整饬江左道④,约置于顺治九年⑤。驻浔州府。康熙初年,分巡左江道被裁,辖区并入,辖浔州、南宁、太平3府和思明土府及南宁、太平2府所属28土司。康熙三年六月复置分巡左江道后,辖区缩小。康熙六年七月裁。

分巡左江道,一作整饬江左道,顺治九年置。驻南宁府。康熙初年裁,辖区并入分守左江道。康熙三年六月,裁分巡桂林道,复置,仍驻南宁府⑥。康熙六年七月裁。

分守右江道,一作江右道,约顺治九年置。驻柳州府。康熙六年七月裁。

分巡江右道,一作柳宾道、宾州兵备道,约顺治九年置。驻宾州。康熙六年七月裁。

康熙六年七月后

1. 苍梧道—桂平梧道

康熙八年十一月,设驿盐巡道⑦,是否分巡地方事务不详。驻梧州府。康熙十七年十月,改为分守苍梧道,仍兼理驿盐事务⑧。康熙二十一年十月裁⑨。

康熙二十二年三月复置分守苍梧道,一作桂平梧道。驻桂林府,管辖桂林、平乐、梧州3府⑩。雍正三年八月,增辖郁林州。雍正四年,为分守苍梧道,管辖桂林、平乐、梧州3府及郁林州,兼理通省驿盐事务,按察司副使衔。乾隆二十三年九月,加水利衔⑪。光绪十八年七月,郁林州往属左江道⑫,称分守桂平梧盐法道兼水利。光绪三十年正月,因兼梧州关监督,迁驻梧州

---

① 《康熙帝敕命武光祖分守苍梧道》(顺治十八年十月十七日),《明清档案》,第37册,第B21031页。
② 按:雍正《广西通志》卷35:"分守桂平梧道行署,在城内西。旧为分巡道署,国朝康熙三年裁巡道,改为分守道署。"(《四库全书》本,第566册,第626页)存疑。
③ 雍正《广西通志》卷57,《四库全书》本,第566册,第626页。
④ 按:崇祯《分省抚按缙绅便览》和《顺治十八年缙绅册》均记载"整饬江左道管浔州、南宁、太平、思明四府驻扎浔州府","整饬江左道管浔州、南宁、太平、思明兼武缘驻扎南宁府",两道同为兵巡道。存疑。
⑤ 按:雍正《广西通志》卷57无此道,据分巡左江道设置时间推测。
⑥ 《圣祖实录》卷12康熙三年六月壬子,《清实录》,第4册,第186页。
⑦ 《圣祖实录》卷31康熙八年十一月丙申,《清实录》,第4册,第423页。
⑧ 《圣祖实录》卷77康熙十七年十月甲申,《清实录》,第4册,第988页。
⑨ 《圣祖实录》卷105康熙二十一年十月乙亥,《清实录》,第5册,第63页。
⑩ 《圣祖实录》卷108康熙二十二年三月丁巳,《清实录》,第5册,第99页。
⑪ 《高宗实录》卷571乾隆二十三年九月甲辰,《清实录》,第16册,第244页。
⑫ 《德宗实录》卷314光绪十八年七月乙卯,《清实录》,第56册,第82页。

府①。宣统三年(1911)八月,裁盐法事务②,称分守桂平梧道,辖桂林、平乐、梧州3府。

2. 左江道

分巡道,康熙八年十一月置③。驻南宁府,辖南宁、浔州、太平3府。雍正四年,为按察使司副使衔。雍正十年八月,镇安府自右江道来属④。乾隆九年三月,泗城府自右江道来属,浔州府往属右江道⑤。乾隆二十一年二月,加兵备衔⑥。光绪四年,百色厅自右江道来属⑦。光绪十三年五月,太平府往属太平归顺道⑧。光绪十八年七月,郁林州自桂平梧道来属。

3. 右江道

康熙十三年九月,复置右江道,驻柳州府,辖柳州、庆远、思恩3府⑨。康熙二十一年十月,分守、分巡二道全裁⑩。康熙二十二年三月复置分巡道,驻柳州府,管辖柳州、庆远、思恩3府⑪。雍正三年八月,增辖宾州。雍正四年,为按察使司副使衔。雍正五年八月,增辖西隆州、泗城府。雍正七年九月,增辖镇安府。雍正十年八月,镇安府往属左江道。乾隆九年三月,浔州府自左江道来属,泗城府往属左江道⑫。乾隆三十二年,加兵备衔⑬。光绪二年,增领百色厅⑭。光绪四年,百色厅往属左江道⑮。

4. 太平归顺道—太平思顺道

分巡道。光绪十二年三月,因龙州开关通商,重兵所萃,奏请设立道员,整饬边防,监督关税,以及办理一切中外交涉事务,并管税库⑯。吏部于同年八

---

① 《德宗实录》卷526光绪三十年正月癸未,《清实录》,第59册,第2页。
② 《宣统政纪》卷61宣统三年八月庚戌,《清实录》,第60册,第1083页。
③ 《圣祖实录》卷31康熙八年十一月丙申,《清实录》,第4册,第423页。
④ 《世宗实录》卷122雍正十年八月丁巳,《清实录》,第8册,第604页。
⑤ 《高宗实录》卷212乾隆九年三月癸巳,《清实录》,第11册,第730页。
⑥ 《高宗实录》卷506乾隆二十一年二月庚戌,《清实录》,第15册,第395页。
⑦ 光绪《广西通志辑要》卷1。
⑧ 《德宗实录》卷243光绪十三年五月丙寅,《清实录》,第55册,第270页。
⑨ 《圣祖实录》卷49康熙十三年九月丙寅,《清实录》,第4册,第645页。
⑩ 《圣祖实录》卷105康熙二十一年十月乙亥,《清实录》,第5册,第63页。
⑪ 《圣祖实录》卷108康熙二十二年三月丁巳,《清实录》,第5册,第99页。
⑫ 《高宗实录》卷212乾隆九年三月癸巳,《清实录》,第11册,第730页。
⑬ 光绪《清会典事例》卷25,第1册,第319页。
⑭ 《德宗实录》卷9光绪元年五月丁未,《清实录》,第52册,第190页;又卷34光绪二年六月庚寅,第488页。
⑮ 光绪《广西通志辑要》卷1。
⑯ 《德宗实录》卷242光绪十三年闰四月壬子,《清实录》,第55册,第265页。《筹议广西边防折》(光绪十二年二月二十五日),《张之洞全集》卷15,第2册,第399页。

月合议设置①。驻龙州厅,管理广西与越南交界各府州,辖太平府、归顺直隶州(原镇安府之归顺州及小镇安厅)。光绪十八年五月上思州升为直隶厅,改名太平思顺道。

5. 已裁各道

分巡(守)桂平道②,约三藩之乱时复置。当驻桂林府。康熙二十一年十月裁③。

分巡郁林道,约三藩之乱时复置。当驻郁林州。康熙二十一年十月裁④。

五、府厅州县

顺治六年,领8府:桂林、柳州、庆远、平乐、梧州、浔州、南宁、太平府,1军民府:思恩,2土府:思明、镇安府⑤及泗城直隶土州等。顺治十五年泗城土州升为泗城军民府。康熙二年八月,改镇安土府为镇安军民府。雍正三年八月,升梧州府郁林州为郁林直隶州,升柳州府宾州为宾州直隶州。雍正五年八月,升西隆州为直隶州,泗城府改土归流。雍正七年九月,镇安军民府改土归流;十二月,降西隆直隶州为属州。雍正十二年二月,宾州直隶州降为属州。光绪二年,设百色直隶厅。光绪十二年四月,升归顺州为归顺直隶州。光绪十八年,升上思州为上思直隶厅。至清末,辖11府、2直隶厅、2直隶州、7厅、15州、49县,以及25土州、4土县、13土司。

1. 桂林府

治所即今广西壮族自治区桂林市城区。顺治六年,沿明制,为广西布政使司驻地,领2州7县:临桂、兴安、灵川、阳朔县,永宁州领永福、义宁县,全州领灌阳县。康熙三十四年,裁永福县桐古市土副巡检一人⑥。乾隆六年三月,置龙胜厅。光绪三十二年二月,置中渡厅。至清末,领2厅:龙胜厅、中渡厅;2州:永宁、全州;7县:临桂、兴安、灵川、阳朔、永福、义宁、灌阳县。

临桂县,附郭,治所即今广西壮族自治区桂林市城区。

兴安县,治所即今广西壮族自治区兴安县驻地兴安镇。

灵川县,治所在今广西壮族自治区灵川县东北三街镇。

---

① 《德宗实录》卷231光绪十二年八月丙子,《清实录》,第55册,第119页。
② 《圣祖实录》卷105言裁"分巡桂平道",雍正《广西通志》卷57为分守桂平道。
③④ 《圣祖实录》卷105康熙二十一年十月乙亥,《清实录》,第5册,第63页。
⑤ 康熙《清会典》卷19,第1册上,第202页。
⑥ 嘉庆《清会典事例》卷29,第643册,第1298页。按:雍正《广西通志》卷35有桐古市巡检司,明末裁。

阳朔县，治所即今广西壮族自治区阳朔县驻地阳朔镇。

永宁州，治所在今广西壮族自治区永福县西北百寿镇。

永福县，治所即今广西壮族自治区永福县驻地永福镇。

义宁县，治所在今广西壮族自治区临桂县西北五通镇。

全州，治所即今广西壮族自治区全州县驻地全州镇。

灌阳县，治所即今广西壮族自治区灌阳县驻地灌阳镇。

龙胜厅，原为义宁县广南地方，多苗寨。乾隆六年三月，移桂林府同知驻龙胜置厅①。参照贵州苗疆例，置有厅标，设把总、外委各一，标兵百名。治所即今广西壮族自治区龙胜各族自治县驻地龙胜镇。

中渡厅，原为桂林府永宁、永福县及柳州府柳城、雒容、融县接壤地，光绪三十二年二月，移桂林府同知驻雒容县中渡地方，改为中渡抚民同知②。治所在今广西壮族自治区鹿寨县北中渡镇。

2. 柳州府

治所在今广西壮族自治区柳州市城中区城中街道。顺治六年，沿明制，领2州10县：马平、雒容、罗城、柳城、怀远、融县、来宾县，象州领武宣县，宾州领迁江县、上林县。康熙《清会典》卷19无上林县，康熙《广西通志》卷3谓来宾县属象州。雍正三年八月，升宾州为直隶州，上林、来宾、迁江、武宣等4县往属③，府仍辖马平、雒容、罗城、柳城、怀远、融县等6县和象州。雍正五年九月，贵州、湖南、广西3省交界的苗地交椅、几马2寨归属怀远县管辖④。雍正十二年二月，宾州直隶州降为州，所辖之来宾县来属⑤。乾隆十三年七月，罗城县现廷等7寨及附近贾廷寨等7小寨，因距县较远，划归贵州省古州厅管辖；贵州省古州厅的因洞、罗洞、寨麻、大蒙等4寨因距罗城县通道镇较近，来属⑥。至清末，领1州：象州；7县：马平、雒容、罗城、柳城、怀远、来宾、融县。

马平县，附郭，治所在今广西壮族自治区柳州市城中区城中街道。

雒容县，治所在今广西壮族自治区鹿寨县西南雒容镇。

罗城县，治所即今广西壮族自治区罗城仫佬族自治县驻地东门镇。

---

① 《高宗实录》卷139乾隆六年三月丙戌，《清实录》，第10册，第1001页。
② 《德宗实录》卷555光绪三十二年二月戊戌，《清实录》，第59册，第358页。刘锦藻：《清朝续文献通考》卷324，第4册，第10645页。
③ 《世宗实录》卷35雍正三年八月甲戌，《清实录》，第7册，第529页。
④ 《世宗实录》卷61雍正五年九月己巳，《清实录》，第7册，第937页。按：交椅，《世宗实录》卷75雍正六年十一月庚申作"高椅"（《清实录》，第7册，第1116页）。
⑤ 《世宗实录》卷140雍正十二年二月辛亥，《清实录》，第8册，第769页。
⑥ 《高宗实录》卷318乾隆十三年七月戊子，《清实录》，第13册，第224页。

柳城县,治所在今广西壮族自治区柳城县南凤山镇。

怀远县,治所在今广西壮族自治区三江侗族自治县西南丹洲镇。

融县,治所即今广西壮族自治区融水苗族自治县驻地融水镇。

象州,治所即今广西壮族自治区象州县驻地象州镇。

来宾县,治所即今广西壮族自治区来宾市兴宾区城厢乡。初属宾州,雍正三年八月属宾州直隶州,雍正十二年二月来属。

3. 庆远府

治所在今广西壮族自治区宜州市驻地庆远镇。顺治六年,沿明制,领1州4县:宜山、天河县,河池州领思恩、荔波;另领3土州1土县:东兰、那地、南丹州及忻城县;另有3土司:永定长官司、永顺长官司、永顺副长官司①。雍正七年七月,东兰州改土归流,知州驻东院哨土州旧治;改东兰土知州为东兰土州同②。雍正十年四月,因荔波县距府治达五百余里,山路险远,改属贵州省③。乾隆十一年三月,南丹土州所属之总王、拉邑2村往属于贵州省荔波县④。光绪三十一年十一月,析思恩县五十二峒地置安化厅⑤。至清末,领1厅:安化厅;2州:河池州、东兰州;3县:宜山、天河、思恩县。另领3土州:南丹、那地、东兰州;1土县:忻城县;3土司:永定长官司、永顺正、副长官司。

宜山县,附郭,治所在今广西壮族自治区宜州市驻地庆远镇。

天河县,治所在今广西壮族自治区罗城仫佬族自治县西天河镇。

河池州,治所在今广西壮族自治区河池市金城江区西河池镇。

思恩县,治所在今广西壮族自治区环江毛南族自治县驻地思恩镇。顺治中,避乱迁治清潭村,在今县城北十里,顺治十五年复迁欧家山县城⑥。

东兰州,雍正七年七月以东兰土州东院、兰木等内六哨区域改流置,治所即今广西壮族自治区东兰县驻地东兰镇。

安化厅,光绪三十一年十一月以思恩县五十二峒地置,治建岗九伦村,即今广西壮族自治区环江毛南族自治县北明伦镇。

---

① 康熙《广西通志》卷3《沿革》。
② 《世宗实录》卷86雍正七年七月甲申,《清实录》,第8册,第152页。
③ 《世宗实录》卷117雍正十年四月辛卯,《清实录》,第8册,第553页。
④ 《高宗实录》卷261乾隆十一年三月甲午,《清实录》,第12册,第389页。
⑤ 《东华续录》光绪197,光绪三十一年十一月庚午,第17册,第537页。
⑥ 乾隆《庆远府志》卷2《建置志》,又卷1《舆地志》。

4. 思恩府

明万历间为思恩军民府,治所在今广西壮族自治区武鸣县北府城镇,领武缘县。清顺治六年,领 1 县:武缘县,另领土府州县土司:镇安府、泗城府、奉议、向武、上映州,上林县,小镇安,安隆长官司、上林长官司,9 土司:白山、定罗、旧城、下旺、那马、都阳、古零、安定①、兴隆土司,以及何旺堡(设土官堡长)②。顺治初,降归顺直隶土州来属③。康熙三年,土田州、都康土州自柳州府来属④。康熙四年,上映土州拨隶镇安土府,仍统辖于思恩军民府⑤。康熙五年五月,安隆长官司改流,置西隆州;上林长官司改流,置西林县⑥。雍正五年八月,升西隆州为直隶州,析西林县往属⑦;因土知府岑遇宸横征滥派,革去世职,泗城府改土为流⑧。雍正七年九月,镇安土府改流,奉议、向武、都康、上映土州及小镇安往属镇安府⑨。雍正十二年二月,宾州直隶州降为州,与上林、迁江 2 县一起来属⑩。雍正《清会典》卷 28、康熙《清一统志》卷 295 已经称府为"思恩府"。乾隆七年六月,设阳万土州。乾隆四十三年三月前,已经删去府名中"军民"字样⑪。同治八年(1869),那马土司改流,置那马厅。光绪元年土田州改流,光绪二年设百色直隶厅及恩隆县⑫,上林土县、下旺土司往属。光绪五年阳万土司改流⑬,往属百色直隶厅⑭。至清末,有亲辖地,领 1 厅:那马厅;1 州:宾州;3 县:武缘、迁江、上林县。另领 7 土司:白山、古零、安定、兴隆、旧城、定罗、都阳土司。

思恩府亲辖地,雍正间,"思恩本府所治,东西距二百三十里,南北距三十五里。东至罗村接上林县界九十里,西至下旺土司涿家村界一百二十里,南至武缘县黄岭圫界一十里,北至兴隆土司曾家隘界二十五里"⑮。

---

① 康熙《清会典》卷 19,第 1 册上,第 202 页。康熙《广西通志》卷 3《沿革》。
②③④⑤ 康熙《广西通志》卷 3《沿革》。
⑥ 《圣祖会典》卷 19 康熙五年七月辛丑,《清实录》,第 4 册,第 275 页。
⑦ 《世宗实录》卷 60 雍正五年八月乙未,《清实录》,第 7 册,第 915 页。
⑧ 《世宗实录》卷 60 雍正五年八月癸卯,《清实录》,第 7 册,第 919 页。
⑨ 《世宗实录》卷 86 雍正七年九月戊子,《清实录》,第 8 册,第 153 页。嘉庆《清会典事例》卷 29,第 643 册,第 1304 页。
⑩ 《世宗实录》卷 140 雍正十二年二月辛亥,《清实录》,第 8 册,第 769 页。
⑪ 《高宗实录》卷 1053 乾隆四十三年三月癸未,"广西巡抚吴虎炳疏称,思恩军民府印信,经奏请删去军民二字,该府儒学、经历、司狱印内军民二字,亦应一体删除改铸。从之。"《清实录》,第 22 册,第 72 页)
⑫ 《德宗实录》卷 9 光绪元年五月丁未,《清实录》,第 52 册,第 190 页;又卷 34 光绪二年六月庚寅,第 488 页。光绪《清会典事例》卷 153,第 2 册,第 946 页。
⑬ 《德宗实录》卷 78 光绪四年九月乙卯,《清实录》,第 53 册,第 197 页。
⑭ 刘锦藻:《清朝文献通考》卷 324,第 4 册,第 10648 页。
⑮ 雍正《广西通志》卷 12,第 1 册,第 202 页。

武缘县,治所即今广西壮族自治区武鸣县驻地城厢镇。

宾州,治所即今广西壮族自治区宾阳县驻地宾州镇东北新宾。初为直隶州,雍正十二年二月来属。

迁江县,治所在今广西壮族自治区来宾市兴宾区西南迁江镇。初属宾州,雍正十二年二月来属。

上林县,治所即今广西壮族自治区上林县驻地大丰镇。隶属变化同迁江县。

那马厅,同治八年那马土司改流置①。治所在今广西壮族自治区马山县西南周鹿镇东北石塘。

5. 泗城府

明为泗城土州,直隶于布政使司②。顺治六年,沿明制。顺治十五年,土官岑继禄从征云南、贵州有功,升为泗城军民府,设土知府,治所即今广西壮族自治区凌云县驻地泗城镇。康熙二年正月,添设流官同知、经历、教授等职③,仍设土知府。由思恩府统辖,管三十甲地,分内外哨。雍正五年三月,改流官同知为理苗同知,专管泗城、西隆、西林等处苗民仇杀抢劫之事④。八月,泗城府所属上江、长坝、桑郎等16甲,地处红水江以北,归属贵州省管辖⑤。又因土知府岑遇宸横征滥派,革去世职,改土为流⑥,仍称泗城军民府。因无属邑,且西隆直隶州距府较近,雍正七年十二月,西隆州、西宁县来属⑦。乾隆三年十一月,以府亲辖地置附郭凌云县⑧。至清末,领1州:西隆州;2县:凌云、西林县。

凌云县,附郭,乾隆三年十一月以泗城府亲辖地置,治所即今广西壮族自治区凌云县驻地泗城镇。

西隆州,初为安隆长官司,属思恩军民府。康熙五年五月改流,治所在今

---

① 光绪《清会典事例》卷27,第1册,第348页。按:刘锦藻《清朝续文献通考》卷324作同治九年置。
② 万历《明会典》卷16,第106页。
③ 《圣祖实录》卷8康熙二年正月丙戌,《清实录》,第4册,第133页。康熙《广西通志》卷3《沿革》。一说顺治十五年升为泗城府,寻改泗城军民府,见乾隆《清一统志》卷360,《四库全书》本,第482册,第411页。
④ 《世宗实录》卷54雍正五年三月壬辰,《清实录》,第7册,第812页。
⑤ 《世宗实录》卷60雍正五年八月乙未,《清实录》,第7册,第915页。
⑥ 《世宗实录》卷60雍正五年八月癸卯,《清实录》,第7册,第919页。
⑦ 《世宗实录》卷89雍正七年十二月辛酉,《清实录》,第8册,第204页。《云南贵州广西总督鄂尔泰题请广西西隆州改归泗城府州治移驻偏牙州同移驻八阳等事本》(雍正七年十一月十八日),《雍正朝内阁六科史书·吏科》,第55册,第328页。
⑧ 《高宗实录》卷81乾隆三年十一月己巳,《清实录》,第10册,第272页。

广西壮族自治区田林县西北旧州镇。雍正五年八月升直隶州。雍正七年十二月降州来属。因划红水江以北属贵州,原先适中之地反居边隅,且烟瘴甚厉,迁驻偏牙地方。因地势陡隘,雍正八年迁里仁塘,即今广西壮族自治区隆林各族自治县驻地新州镇。

西林县,治所在今广西壮族自治区田林县西定安镇,康熙五年五月以上林长官司改流置。属思恩府,雍正五年八月属西隆直隶州,雍正七年十二月来属。

6. 平乐府

治所即今广西壮族自治区平乐县驻地平乐镇。顺治六年,沿明制,领1州7县:平乐、恭城、富川、贺县、荔浦、修仁、昭平县及永安州。光绪三十四年,置信都厅。至清末,辖1厅:信都厅;1州:永安州;7县:平乐、恭城、富川、贺县、荔浦、修仁、昭平县。

平乐县,附郭,治所即今广西壮族自治区平乐县驻地平乐镇。

恭城县,治所即今广西壮族自治区恭城瑶族自治县驻地恭城镇。

富川县,治所即今广西壮族自治区富川瑶族自治县驻地富阳镇。

贺县,治所在今广西壮族自治区贺州市八步区东南贺街镇。

荔浦县,治所即今广西壮族自治区荔浦县驻地荔城镇。

修仁县,治所在今广西壮族自治区荔浦县西南修仁镇。

昭平县,治所即今广西壮族自治区昭平县驻地昭平镇。

永安州,治所在今广西壮族自治区蒙山县驻地蒙山镇。

信都厅,光绪三十三年十二月奏请将平乐府麦岭同知移驻贺县信都地方,改为抚民同知[①],划平乐府贺县、梧州府怀集县、广东省肇庆府开建县地置[②]。光绪三十四年八月议准。宣统元年正月正式成立。治铺门墟,即今广西壮族自治区贺州市八步区东南铺门镇。宣统元年九月徙治地形更为合适的官潭[③],即今贺州市八步区东南信都镇。

7. 梧州府

治所在今广西壮族自治区梧州市万秀区城区。顺治六年,沿明制,领1州9县:苍梧、藤县、容县、岑溪、怀集县,郁林州领博白、北流、陆川、兴业县。雍

---

① 《德宗实录》卷584光绪三十三年十二月戊午,《清实录》,第59册,第717页。
② 《两广总督张人骏等奏广西麦岭同知改抚民同知移驻信都折》,《政治官报》,光绪三十三年十二月初四日,第3册,第74页。
③ 《广西巡抚张鸣岐奏信都抚民同知改设官潭地方折》,《政治官报》,宣统元年九月二十五日,第25册,第445页。

正三年八月,升郁林州为直隶州,北流、博白、陆川、兴业 4 县往属①,府辖苍梧、藤县、容县、岑溪、怀集等 5 县。至清末未变。

苍梧县,附郭,治所在今广西壮族自治区梧州市万秀区城区。

藤县,治所即今广西壮族自治区藤县驻地藤州镇。

容县,治所即今广西壮族自治区容县驻地容州镇。

岑溪县,治所即今广西壮族自治区岑溪市驻地岑城镇。

怀集县,治所即今广东怀集县驻地怀城镇。

8. 浔州府

治所即今广西壮族自治区桂平市驻地西山镇。顺治六年,沿明制,领 3 县:桂平、平南、贵县。雍正七年十二月,因距宾州州治遥远,武宣县自宾州来属②。至清末,领 4 县:桂平、平南、贵县、武宣县。

桂平县,附郭,治所即今广西壮族自治区桂平市驻地西山镇。

平南县,治所即今广西壮族自治区平南县驻地平南镇。

贵县,治所即今广西壮族自治区贵港市港北区驻地贵城街道。

武宣县,治所即今广西壮族自治区武宣县驻地武宣镇。初属宾州直隶州,雍正七年十二月来属。

9. 南宁府

治所即今广西壮族自治区南宁市青秀区、西乡塘区城区。顺治六年,沿明制,领 3 州 3 县,宣化县,新宁州领隆安县,横州领永淳县,上思州;另领 4 土州:下雷、归德、果化、忠州,及胡润寨、迁隆峒③。雍正十年八月,下雷土州、湖润寨往属于镇安府④。光绪十二年八月,上思州往属于太平府⑤。至清末,领 2 州:新宁、横州;3 县:宣化、隆安、永淳县;另领 3 土州:归德、果化、忠州。

宣化县,附郭,治所即今广西壮族自治区南宁市青秀区、西乡塘区城区。

新宁州,治所在今广西壮族自治区扶绥县驻地新宁镇。

隆安县,治所即今广西壮族自治区隆安县驻地城厢镇。

横州,治所即今广西壮族自治区横县驻地横州镇。

永淳县,治所在今广西壮族自治区横县西北峦城镇。

---

① 《世宗实录》卷 35 雍正三年八月甲戌,《清实录》,第 7 册,第 529 页。
② 《世宗实录》卷 89 雍正七年十二月辛酉,《清实录》,第 8 册,第 204 页。
③ 康熙《广西通志》卷 3《沿革》。
④ 《世宗实录》卷 122 雍正十年八月丁巳,《清实录》,第 8 册,第 604 页。
⑤ 《德宗实录》卷 231 光绪十二年八月丙子,《清实录》,第 55 册,第 119 页。《筹议广西边防折(光绪十二年二月二十五日)》,《张之洞全集》卷 15,第 2 册,第 399 页。

10. 太平府

治所即今广西壮族自治区崇左市江州区太平街道。顺治六年,沿明制,领3州1县:养利州、左州、永康州、崇善县;另领13土州2土县:太平、安平、恩城、万承、全茗、茗盈、龙英、结安、佶伦、镇远、都结、上下冻、思明土州①,陀陵、罗阳县②。明末清初,又领下列土府州县:思明府、罗白县、下石西州、思陵州、凭祥州、江州、龙州、上石西州,"以上八土府州县,系太平府提调。后因文献无存,擅称直隶,不受太平府辖。曾奉藩司转详督抚二院批允,削去直隶,归辖太平府。其钱粮原编在南宁府,康熙三年新订《全书》仍编回南宁府。为其拖欠,故两府分制之。"③康熙二十七年十月,裁陀陵土县,地入永康州。康熙六十年五月,裁思明土州,地入太平府,由太平府亲辖,保留吏目一员管理捕务。雍正三年四月,龙州土州改由二员土巡检分辖管理④,为上龙、下龙2土司。雍正四年四月,裁龙州流官吏目⑤。雍正五年八月,原思明土州之地改归思明土府管辖⑥。雍正六年十二月,原思明土州之地由思明土府还属⑦。雍正七年,以下龙土司地置龙州厅⑧;以原思明土州之地置宁明州。雍正十一年,置明江厅⑨,改思明土府为思明土州⑩,即土思州。雍正十一年八月,恩城州土知州被参革,无人承袭,改土归流,其地入崇善县,设县丞一员分驻管辖,征解钱粮⑪。光绪十三年,上思州来属⑫。光绪十八年,升上思州为直隶厅⑬。宣统二年改凭祥土州置凭祥厅。至清末,领2厅:龙州、凭祥厅;4州:左州、养利、永康、宁明州;1县:崇善县。又领15土州:太平、安平、上下冻、万承、茗盈、全茗、龙英、结安、佶伦、都结、镇远、下石西、江州、思陵、思州;2土县:

---

① 按:康熙《清会典》卷19言思明土州属思明土府。
②③ 康熙《广西通志》卷3《沿革》。
④ 《世宗实录》卷31雍正三年四月甲戌,《清实录》,第7册,第468页。
⑤ 《世宗实录》卷43雍正四年四月己丑,《清实录》,第7册,第639页。
⑥ 《世宗实录》卷60雍正五年八月丁酉,《清实录》,第7册,第917页。
⑦ 《世宗实录》卷76雍正六年十二月丙申,《清实录》,第7册,第1131页。
⑧ 嘉庆《清会典事例》卷29,第643册,第1304页。
⑨ 按:牛平汉《综表》引档案《乾隆二年四月二十四日硃批广西巡抚杨超题奏》谓于思明土州地置明江厅。据高其倬《敬陈邓横善后等事疏》(雍正十年,雍正《广西通志》卷113,第568册,第397页)谓,邓横等四寨六团向设思明土州管辖,改流后置宁明州,由思明同知兼摄;思明土府之安马等五十村,亦归宁明州管辖。由此可见,原思明土府的改流部分、思明土州均归宁明州管辖。
⑩ 《世宗实录》卷134雍正十一年八月癸巳,《清实录》,第8册,第726页。
⑪ 《世宗实录》卷134雍正十一年八月丁丑,《清实录》,第8册,第731页。
⑫ 《筹议广西边防折》(光绪十二年二月二十五日),《张之洞全集》卷15,第2册,第399页。《德宗实录》卷242光绪十三年闰四月壬子,《清实录》,第55册,第265页。
⑬ 张联桂:《请改厅缺未尽事宜片》,《张中丞奏议》卷1,《近代中国史料丛刊》正编,第398号,第65页。

岁阳、岁白县;1 土司:上龙土司。

崇善县,附郭,治所即今广西壮族自治区崇左市江州区太平街道。

左州,治所在今广西壮族自治区崇左市江州区东北左州镇。

养利州,治所在今广西壮族自治区大新县驻地桃城镇。

永康州,治所在今广西壮族自治区扶绥县北中东镇。

宁明州,原为思明土州,属思明土府,治所即今广西壮族自治区宁明县东明江镇。康熙六十年四月改流,由太平府知府管理,仍设吏目一员职司捕务[1]。因地近交趾,距太平府治较远,且吏目不能约束土民,于雍正五年八月改由思明土府管辖[2]。因思明土州地已经改流,而思明知府为土司,不能以土辖流,而原思明土州地方狭小,不用专设流官,于雍正六年十二月仍归太平府管辖[3]。雍正七年,以原思明土州地方置宁明州,由思明土府流官同知管辖。雍正十年,添设流官知州[4],并增辖由思明土府改流的安马等五十村[5]。一说康熙五十八年改设流官,雍正五年罢知州,以思明府同知管州事,十一年改为宁明州,仍设知州,属太平府[6]。乾隆元年,与明江厅互换驻地,即今宁明县驻地城中镇。

龙州厅,原为土龙州地,属太平府。雍正三年四月,龙州土知州赵殿红因贪婪残暴被革职,所辖地方一分为二,由二员土巡检分辖管理[7],为上龙、下龙2土司。雍正四年四月,裁龙州流官吏目[8]。雍正五年三月,移太平府通判驻上下龙地方,兼管凭祥土州等处[9]。雍正七年,因土巡检承袭无人,由通判兼摄下龙司印务[10],是为龙州厅[11]。"雍正六年改土归流后,移驻弹压。遇有命盗等案,责令该通判承缉,转发崇善县承审。"乾隆三十二年七月,管理龙州、上龙土司、上下冻土州三处命盗等案[12]。因地接安南,开关通市,需稽查商民,于

---

[1] 《圣祖实录》卷292康熙六十年四月乙亥,《清实录》,第6册,第842页。
[2] 《世宗实录》卷60雍正五年八月丁酉,《清实录》,第7册,第917页。
[3] 《世宗实录》卷76雍正六年十二月丙申,《清实录》,第7册,第1131页。
[4] 雍正《广西通志》卷8,第565册,第204页。
[5] 高其倬:《敬陈邓横善后等事疏》(雍正十年),雍正《广西通志》卷113,第568册,第397页。
[6] 乾隆《清一统志》卷365,第482册,第491页。
[7] 《世宗实录》卷31雍正三年四月甲戌,《清实录》,第7册,第468页。
[8] 《世宗实录》卷43雍正四年四月己丑,《清实录》,第7册,第639页。
[9] 《世宗实录》卷54雍正五年三月壬辰,《清实录》,第7册,第816页。
[10] 雍正《广西通志》卷8,第565册,第204页。《高宗实录》卷117乾隆五年五月乙卯,《清实录》,第10册,第706页。按:乾隆《清一统志》卷365谓裁土巡检(第482册,第494页)。
[11] 嘉庆《广西通志》卷83,第5册,第2677页。
[12] 《高宗实录》卷787乾隆三十二年七月丙寅,《清实录》,第18册,第685页。

乾隆五十六年十月改通判为同知①。治所即今广西壮族自治区龙州县驻地龙州镇。一作上下龙司厅②。

凭祥厅，原为凭祥土州，属太平府。初设流官吏目，雍正四年十一月改设州判③。宣统二年改流置抚民同知，并以龙州厅所辖原上石西土州（即明江厅辖境）入之，原由宁明州承审之下石西土州亦改由同知承审④。治所即今广西壮族自治区凭祥市驻地凭祥镇。

明江厅。初为思明土府之流官同知，后改太平府明江理土督捕同知，驻今广西壮族自治区宁明县驻地城中镇。雍正十一年，辖上石西土州。后上石西土州改流⑤，由同知专管，为厅境，"东至下石西土州小村界十里，西至凭祥土州界三十九里，南至安南文渊州界五十里，北至下龙土司那何村三十九里（府册）"⑥，即今凭祥市上石镇一带。乾隆元年，与宁明州驻地互换，驻今宁明县东明江镇⑦。宣统二年置凭祥厅，原上石西土州地往属凭祥厅，理土督捕同知无专辖地。

11. 镇安府

明末为镇安土府，无属领，设土知府及流官同知等。清顺治六年，沿明制。顺治十八年平定叛乱。康熙二年八月，改为镇安军民府，设通判⑧，属思恩军民府，领八甲四峒⑨。康熙初，领4土州：田州、向武、都康、奉议州⑩。雍正七年九月，改流设知府一员，治所即今广西壮族自治区德保县驻地城关镇。裁通判及土知州，下辖奉议、归顺、上映、都康、向武土州及小镇安等6土属⑪。雍正十年二月，归顺州改流。同年八月，下雷土州、湖润寨自南宁府来属⑫。乾

---

① 《高宗实录》卷1388乾隆五十六年十月丙辰，《清实录》，第26册，第646页。
② 《清朝文献通考》卷288，第2册，第7358页。
③ 《世宗实录》卷50雍正四年十一月辛亥，《清实录》，第7册，第757页。
④ 刘锦藻：《清朝续文献通考》卷136，第2册，第8963页；又卷324，第4册，第10649页。吴承湜：《近六十年全国郡县增建纪要》卷上，第78页。
⑤ 按：上石西土州何时改流，未见明确记载。雍正《广西通志》卷61言上石西州于"雍正十一年改隶明江同知"，未言土知州承袭，其他土司多言承袭。乾隆《清一统志》仍为土州。嘉庆《广西通志》卷83谓明江厅："上石西土州改流，设同知，专辖其地。"（第5册，第2676页）
⑥ 嘉庆《广西通志》卷83，第5册，第2676页。
⑦ 嘉庆《广西通志》卷132，第8册，第3791页。
⑧ 《圣祖实录》卷9康熙二年八月辛酉，《清实录》，第4册，第156页。雍正《广西通志》卷93，第567册，第568页。
⑨ 康熙《广西通志》卷3《沿革》。
⑩ 康熙《清会典》卷19，第1册上，第202页。按：乾隆《清一统志》卷366谓雍正七年属镇安府，当是雍正七年改流后对这些土州进行管辖。
⑪ 《世宗实录》卷86雍正七年九月戊子，《清实录》，第8册，第153页。
⑫ 《世宗实录》卷122雍正十年八月丁巳，《清实录》，第8册，第604页。

隆三年十一月,置附郭天保县①。乾隆十二年十月,湖润寨改流②。乾隆三十一年,小镇安改流设小镇安厅。光绪元年五月,设奉议州知州。光绪十二年四月,升归顺州为归顺直隶州,小镇安厅、下雷土州往属。至清末,领奉议州、天保县,另领3土州:向武、都康、上映土州。

天保县,附郭,乾隆三年十一月以镇安府亲辖地置,治所即今广西壮族自治区德保县驻地城关镇。

奉议州,初为奉议土州,属思恩军民府③,辖都康土司、上映土司。雍正七年九月来属,设流官州同驻归顺。乾隆间,改州同为州判。光绪元年五月改流设知州④,裁土州判。治所在今广西壮族自治区田阳县驻地田州镇西南兴城。

12. 百色直隶厅

初为土田州,属思恩府。康熙四十七年,迁治于旧治北一甲⑤,在今广西壮族自治区田阳县驻地田州镇。初设流官吏目,雍正四年十一月改设州同。雍正七年四月,思恩府理苗同知分驻于州治西百色⑥。同知职能为巡查弹压,凡有匪类、掏摸、诓骗、财博、斗殴等事,进行查拏审理⑦。光绪元年土田州改流,光绪二年以其地设直隶厅及恩隆县⑧。直隶厅治所即今广西壮族自治区百色市右江区驻地百城街道。光绪五年阳万土州改流置恩阳州判。至清末,领恩阳州判、恩隆县,另领1土县:上林县;1土司:下旺土司。

恩隆县,光绪元年土田州改流,光绪二年以燕冈地方置⑨。治燕岗,在今

---

① 《高宗实录》卷81乾隆三年十一月己巳,《清实录》,第10册,第272页。
② 《高宗实录》卷301乾隆十二年十月辛巳,《清实录》,第12册,第937页。
③ 康熙《广西通志》卷3《沿革》。
④ 《德宗实录》卷9光绪元年五月丁未,《清实录》,第52册,第190页。光绪《清会典事例》卷32,第1册,第414页。
⑤ 嘉庆《广西通志》卷127,第6册,第3670页。
⑥ 《世宗实录》卷80雍正七年四月壬辰,《清实录》,第8册,第53页。
⑦ 《广西巡抚郭鉷题请将思恩府同知移驻田州百色地方以浔州府通判改为思恩府通判本》(雍正六年十二月初八日),《雍正朝内阁六科史书·吏科》,第505页。
⑧ 《德宗实录》卷9光绪元年五月丁未,《清实录》,第52册,第190页;又卷34光绪二年六月庚寅,第488页。光绪《清会典事例》卷153,第2册,第946页。
按:牛平汉《综表》据《世宗实录》卷80记载谓雍正七年四月置百色厅,且《高宗实录》卷96乾隆四年七月庚戌谓"思恩府同知自雍正七年移驻土田州百色地方以来,实有经管仓库钱粮、审理命盗之案,原与正印地方官无异。"(《清实录》,第10册,第460页)但乾隆《清会典》、乾隆《清一统志》、嘉庆《广西通志》均未作政区,思恩府驻百色同知应该是职能较为齐全的分防同知。
⑨ 《德宗实录》卷9光绪元年五月丁未,《清实录》,第52册,第190页;又卷34光绪二年六月庚寅,第488页。光绪《清会典事例》卷153,第2册,第946页。光绪《百色厅志》卷2《沿革》。

广西壮族自治区巴马瑶族自治县西南燕洞乡。光绪五年,自燕岗徙治平马墟①,即今广西壮族自治区田东县驻地平马镇。

恩阳州判,初为阳万土州,乾隆七年六月析土田州置②。设土州判,辖阳万等198村,属思恩府。乾隆八年建治于万山下③,在今广西壮族自治区田阳县西那坡镇西北百峰乡。光绪五年改流,裁土州判,设恩阳理苗州判,驻禄丰墟(在今广西百色市右江区西阳圩镇西六丰)。实际治所为土司故署④,即今田阳县西百峰乡,管理阳万二里及下田里之四都地方⑤。

13. 上思直隶厅

初为上思州,治所即今广西壮族自治区上思县驻地思阳镇,属南宁府。领迁隆峒土司。光绪十二年八月,为加强边防,往属于太平府⑥。因改属不便于官民,但又必须归属于太平归顺道,于光绪十八年五月升为直隶厅⑦。

14. 郁林直隶州

初为郁林州,属梧州府,领博白、北流、陆川、兴业县。雍正三年八月升为直隶州,治所在今广西壮族自治区玉林市玉州区驻地玉城街道。领博白、北流、陆川、兴业四县⑧。至清末未变。

博白县,治所即今广西壮族自治区博白县驻地博白镇。

北流县,治所即今广西壮族自治区北流市驻地陵城镇。

陆川县,治所即今广西壮族自治区陆川县驻地温泉镇。

兴业县,治所在今广西壮族自治区兴业县驻地石南镇。

15. 归顺直隶州

明为直隶归顺土州,清初属思恩府⑨。雍正七年九月,改属镇安府。雍正十年二月改土为流,裁土知州,设流官,属镇安府⑩。治所即今广西壮族自治

---

① 刘锦藻:《清朝续文献通考》卷324,第4册,第10648页。按:又卷135谓"移恩隆县知县驻平马墟,县丞驻燕岗",置县时谓以燕冈地置恩隆县,光绪五年为知县与县丞驻地互调。
② 《高宗实录》卷168乾隆七年六月丁酉,《清实录》,第11册,第136页。
③ 嘉庆《广西通志》卷127,第6册,第3670页。
④ 光绪《百色厅志》卷1《恩阳分州全图说》,又卷4《城池》。郭红:《〈清史稿·地理志〉广西校误》,《清代地理志书研究》,第89页。
⑤ 光绪《清会典事例》卷32,第1册,第414页。
⑥ 《筹议广西边防折》(光绪十二年二月二十五日),《张之洞全集》卷15,第2册,第399页。《德宗实录》卷242光绪十三年闰四月壬子,《清实录》,第55册,第265页。
⑦ 《东华续录》光绪108,光绪十七年十二月丁未,第16册,第400页。张联桂:《请改厅缺未尽事宜片》,《张中丞奏议》卷1,《近代中国史料丛刊》正编,第398号,第65页。
⑧ 《世宗实录》卷35雍正三年八月甲戌,《清实录》,第7册,第529页。
⑨ 康熙《广西通志》卷3《沿革》。
⑩ 金鉷:《归顺土州请设流官疏》(雍正九年),雍正《广西通志》卷113,第568册,第393页。《世宗实录》卷115雍正十年二月庚寅,《清实录》,第8册,第526页。

区靖西县驻地新靖镇。又：湖润寨，有土巡检，在今靖西县东南湖润镇。初属南宁府，雍正十年八月属镇安府。乾隆十二年十月，因承袭无人，裁土巡检一人，改土归流，以其地隶归顺州管辖①。光绪十二年四月，升归顺州为直隶州②，镇安府属之小镇安厅、下雷土州来属，改小镇安厅为镇边县。至清末，领1县：镇边县；另领1土州：下雷州。

镇边县，明为镇安上州，隶属于镇安土府，统辖于思恩军民府。因地近云南，顺治十七年来属，为广西境内诸土州归属最晚。未经具题，故称之为小镇安，隶思恩军民府，土巡检管5峒、3院、2甲③。因地处极边，与云南毗连，乾隆三十一年改流，裁土巡检，设通判管辖④，是为小镇安厅。光绪十二年八月改县⑤。治镇安城，在今广西壮族自治区那坡县驻地城厢镇。

16. 已裁府级政区

宾州直隶州，雍正三年八月升柳州府宾州置，治所即今广西宾阳县驻地宾州镇，辖上林、来宾、迁江、武宣等4县⑥。雍正七年十二月，因距州治遥远，武宣县改归浔州府管辖⑦。雍正十二年二月，降为属州，与上林、迁江2县往属于思恩府，来宾县往属柳州府⑧。

西隆直隶州，初为安隆长官司，属思恩军民府。康熙五年五月，安隆长官司改流，置西隆州；上林长官司改流，置西林县⑨。因西隆州、西林县位于思恩府西北部，距府治达千里之远，界接滇黔，雍正五年八月升置西隆直隶州，领西林县⑩。治所在今广西壮族自治区田林县西北旧州镇。雍正七年十二月降为属州，往属泗城府⑪。

---

① 《高宗实录》卷301乾隆十二年十月辛巳，《清实录》，第12册，第937页。
② 《德宗实录》卷231光绪十二年八月丙子，《清实录》，第55册，第119页。《筹议广西边防折（光绪十二年二月二十五日）》，《张之洞全集》卷15，第2册，第399页。
③ 康熙《广西通志》卷3《沿革》。
④ 《高宗实录》卷767乾隆三十一年八月乙巳，《清实录》，第18册，第423页。
⑤ 《德宗实录》卷231光绪十二年八月丙子，《清实录》，第55册，第119页。《筹议广西边防折（光绪十二年二月二十五日）》，《张之洞全集》卷15，第2册，第399页。
⑥ 《世宗实录》卷35雍正三年八月甲戌，《清实录》，第7册，第529页。
⑦ 《世宗实录》卷89雍正七年十二月辛酉，《清实录》，第8册，第204页。
⑧ 《世宗实录》卷140雍正十二年二月辛亥，《清实录》，第8册，第769页。
⑨ 《圣祖实录》卷19康熙五年七月辛丑，《清实录》，第4册，第275页。康熙《广西通志》卷3《沿革》。
⑩ 《世宗实录》卷60雍正五年八月乙未，《清实录》，第7册，第915页。
⑪ 《世宗实录》卷89雍正七年十二月辛酉，《清实录》，第8册，第204页。《云南贵州广西总督鄂尔泰题请广西西隆州改归泗城府州治移驻偏牙州同移驻八阳等事本》（雍正七年十一月十八日），《雍正内阁六科史书·吏科》，第55册，第328页。按：乾隆《清会典则例》卷31、《清朝通典》卷95、嘉庆《广西通志》卷3谓西隆州、西林县于乾隆七年属泗城府，误。雍正《广西通志》卷6、乾隆《清一统志》卷360、《清朝通志》卷27谓于雍正八年属泗城府，当为实际施行时间。

六、土司

1. 桂林府

永福县属：

桐古市巡检司土副巡检，在今广西壮族自治区永福县东南。康熙三十四年裁①。

2. 庆远府

南丹州土知州，在今广西壮族自治区南丹县驻地城关镇。雍正四年十一月设流官州同。雍正间，"州境东西距一百七十里，南北距一百四十里。东至分水岭接河池州界八十里，西至瑶酬十二村接贵州州南笼府永丰州界九十里，南至罗猴山田接那地土州界五十里，北至者檠界碑村接贵州都匀府荔波县界九十里"②。

那地州土知州，在今广西壮族自治区南丹县西南那地。雍正四年十一月设流官州判。雍正间，"州境东西距二百二十里，南北距七十五里。东至坡谷村接河池州界六十里，西至加赖村接贵州南笼府永丰州界一百六十里，南至儴村接东兰州界三十里，北至嚫汰村接南丹土州界四十五里"。

东兰州土知州，治所即今广西壮族自治区东兰县驻地东兰镇。初设流官吏目，雍正四年十一月改设州同。雍正七年，因所属东院、兰木等六哨民与土知州韦朝辅不和，韦朝辅请以东院、兰木等内六哨改土为流，另置东兰州，裁原设流官州同③。同年七月实施，改土知州为土州同，隶属于东兰州。土州同驻扎凤山，即今广西壮族自治区凤山县驻地凤城镇。管理凤山、芝山、里喇、长里、泗孟、四苟等外六哨④，"东西距一百四十五里，南北距二百二十里。东至坡黄村接本州东院哨界一百二十里，西至荼縻隘接泗城府平乐村界二十五里，南至思恩府田州土州巴马界一百二十里，北至本州笼含村界一百里"。

忻城县土知县，在今广西壮族自治区忻城县驻地城关镇。雍正间，"县境东西距一百二十里，南北距一百二十里。东至古平堡接思恩府迁江县界九十里，西至罗墨渡接思恩府上林县界三十里，南至丹零村接思恩府迁江县界八十

---

① 嘉庆《清会典事例》卷29，第643册，第1298页。
  按：雍正《广西通志》卷35有桐古市巡检司，明末裁。
② 按：广西各土司辖境，除特别注出外，均据雍正《广西通志》卷11、卷12，第565册，第261—287页，以下不再一一注明。
③ 雍正《广西通志》卷9，第565册，第232页。
④ 《世宗实录》卷86雍正七年九月甲申，《清实录》，第7册，第152页。

里,北至头盔堡接永定土司界四十里"。

永定长官司,在今广西壮族自治区宜州市南石别镇三寨村。雍正间,"司境东西距二百里,南北距一百六十里。东至宜山县石鳖堡界七十里,西至隘岗接东兰州界一百三十里,南至潩头接思恩府安定土司界一百里,北至十五村接宜山县界六十里"。

永顺长官司,在今广西壮族自治区都安瑶族自治县北永顺。雍正间,"司境东西距六十八里,南北距一百五十里。东至永定土司瑶寨界五十里,西至东兰州隘岗界一十八里,南至思恩府安定土司潩头界一百里,北至宜山县永泰里界五十里"。

永顺副长官司,在今广西壮族自治区宜州市东北刘三姐镇后甫。雍正间,"司境东西距二十五里,南北距三十二里。东至口滩村接柳州府柳城县界一十里,西至中村接宜山县界一十五里,南至都拱村接柳州府柳城县界一十二里,北至宜山县罗村二十里"。

3. 思恩府

白山巡检司土巡检,旧在今广西壮族自治区马山县西周鹿镇一带。康熙二十八年时迁至博结村①,在今马山县驻地白山镇。雍正间,"司境东西距一百九十里,南北距五十五里。东至古村接下旺土司界一十里,西至丹良接南宁府果化土州界一百八十里,南至上旺接武缘县界四十里,北至策村接兴隆土司界一十五里"。

古零巡检司土巡检,在今广西壮族自治区马山县东南古零。雍正间,"司境东西距一百八十四里,南北距四十四里。东至得明村接上林县界四里,西至十八畴岭桥村接武缘县界一百八十里,南至桥损村接上林县界四里,北至六陇村接白山土司界四十里"。

安定巡检司土巡检,在今广西壮族自治区都安瑶族自治县驻地安阳镇。雍正间,"司境东西距二百三十里,南北距一百一十里。东至夷江岗接庆远府忻城土县界一百八十里,西至三陇村接田州土州界五十里,南至六地村接兴隆土司界三十里,北至苟顿村接庆远府永定土司界八十里"。

兴隆巡检司土巡检,在今广西壮族自治区马山县南偏西兴隆。清初一作兴隆土州②。领16城头③。雍正间,"司境东西距二百五十里,南北距一百

---

① 《清朝文献通考》卷288,第2册,第7377页。
② 康熙《清会典》卷19,第1册上,第202页。
③ 康熙《广西通志》卷3《沿革》。

六十里。东至岜慈村接白山土司界三十里,西至百驮村接庆远府东兰州界二百二十里,南至那化村接武缘县界八十里,北至清水苏村接安定土司界八十里"。

旧城巡检司土巡检,在今广西壮族自治区平果县北旧城镇兴宁村。雍正间,"司境东西距七十里,南北距六十里。东至陇村接兴隆土司界五十里,西至岁谷村接都阳土司界二十里,南至那马土司龙沓村界四十里,北至庆远府东兰州作也村界二十里"。

定罗巡检司设土巡检,旧在木城头,今广西壮族自治区马山县西南永州镇东南。康熙二十六年移治朗城头,距旧城二十里①,在今马山县西南永州镇南州圩。雍正间,"司境东西距四十里,南北距三十五里。东至更吞村接白山土司界一十里,西至渌菜村接武缘县界三十里,南至渌苍村接武缘县界一十五里,北至陇巷村接旧城土司界二十里"。

都阳巡检司土巡检,在今广西壮族自治区大化瑶族自治县西北都阳镇。雍正间,"司境东西距五百里,南北距二百一十里。东至岁谷村接旧城土司界二百里,西至伦返村接田州土州界三百里,南至排门三村接南宁府归德土州界一十里,北至层村接兴隆土司界二百里"。

那马巡检司土巡检,在今广西壮族自治区马山县西南周鹿镇东北周水。雍正间,"司境东西距五十里,南北距六十里。东至伏帽村接兴隆土司界三十五里,西至百难村接白山土司界一十五里,南至博学村接武缘县界四十里,北至龙沓村接旧城土司界二十里"。同治八年(1869)改流置那马厅。

4. 泗城府

泗城州土知州,在今广西壮族自治区凌云县驻地泗城镇。顺治十五年因功升泗城军民府,设土知府。见"泗城府"。

安隆长官司,在今广西壮族自治区田林县西旧州镇。康熙五年五月改流设西隆州②。

上林长官司,在今广西壮族自治区田林县西定安镇。康熙五年五月改流置西林县。

5. 南宁府

归德州土知州,在今广西壮族自治区平果县东北坡造镇归德。雍正间,"州境东西距一百零二里,南北距六十里,东至高岭接思恩府武缘县界一十五

---

① 嘉庆《广西通志》卷127,第6册,第3670页。
② 《圣祖会典》卷19康熙五年五月辛丑,《清实录》,第4册,第275页。康熙《广西通志》卷3《沿革》。

里,西至平牛村接思恩府上林土县界八十七里,南至驮湾村接隆安县界三十里,北至思恩府都阳土司石村界三十里"。

果化州土知州,在今广西壮族自治区平果县西北果化镇槐前村。初设流官吏目,雍正七年四月裁①。乾隆十七年十月设流官吏目②。乾隆五十一年八月,再次裁吏目,归隆安县典史兼管③。"州境东西距七十五里,南北距五十一里。东至界牌接隆安县界四十五里,西至思恩府上林土县下黎村界三十里,南至岬盆隘接太平府佶伦土州界五十里,北至大河接思恩府白山土司界一里。"

忠州土知州,在今广西壮族自治区扶绥县西南东门镇旧城。设有流官州同。雍正间,"东西距一百一十里,南北距四十里。东至墰王村接宣化县界五十里,西至那菱村接太平府思州土州界六十里,南至佛村接上思州界二十里,北至樅罗村接新宁州界二十里"。

6. 太平府

太平州土知州,顺治十六年授职。初在今广西壮族自治区大新县西南旧州,康熙年间徙治大新县西南雷平镇太平街。初设流官吏目,雍正四年十一月改设州同。雍正间,"州境东西距七十里,南北距六十里。东至堂村接左州界四十里,西至上贵村接安平土州界三十里,南至陇时村接崇善县界二十里,北至恪村接养利州界四十里"。

安平州土知州,顺治十六年授职。在今广西壮族自治区大新县西南雷平镇安平。初设流官吏目,雍正四年十一月改设州判。

上下冻州土知州,顺治十六年授职。在今广西壮族自治区龙州县西下冻镇。雍正间,"州境东西距三十里,南北距一十九里。东至岬祥山接上龙土司界八里,西至那花村接安南界二十二里,南至湖山接下龙司界五里,北至岜崆山接上龙土司界一十四里"。乾隆八年十月,设流官吏目④。乾隆三十二年七月,吏目改为龙州通判属官并移驻龙州,土州仍由吏目兼管⑤。

万承州土知州,顺治十六年授职。在今广西壮族自治区大新县东北龙门乡龙门。初设流官吏目,雍正四年十一月改设州同⑥。雍正间,"东西距四十

---

① 《世宗实录》卷80雍正七年四月壬辰,《清实录》,第8册,第53页。
② 《高宗实录》卷425乾隆十七年十月丁巳,《清实录》,第14册,第567页。
③ 《高宗实录》卷1262乾隆五十一年八月戊申,《清实录》,第24册,第1001页。
④ 《高宗实录》卷202乾隆八年十月辛酉,《清实录》,第7册,第608页。
⑤ 《高宗实录》卷787乾隆三十二年七月丙寅,《清实录》,第18册,第686页。
⑥ 《世宗实录》卷50雍正四年十一月辛亥,《清实录》,第7册,第757页。

里,南北距五十五里。东至岩牌山接永康州界二十里,西至冻村接养利州界二十里,南至侣村接永康州陀陵界四十里,北至榜村接全茗土州界一十五里"。

茗盈州土知州,顺治十六年授职。在今广西壮族自治区大新县北茗盈。雍正间,"州境东西距一十六里,南北距一十二里。东至岜奇接万承土州界一十五里,西至孟村接全茗土州界一里,南至下流桥接养利州界七里,北至全茗土州桄陕界五里"。设有流官吏目,道光十三年裁①。

全茗州土知州,顺治十六年授职。在今广西壮族自治区大新县北全茗。雍正间,"州境东西距二十一里,南北距二十三里。东至狮子山接茗盈土州界一里,西至斗村接龙英土州界二十里,南至望村接茗盈土州界三里,北至忙村接龙英土州界二十里"。设有流官吏目,雍正七年四月裁②。

龙英州土知州,顺治十六年授职。在今广西壮族自治区天等县西南龙茗镇。初设流官吏目,雍正四年十一月改设州同③。雍正间,"州境东西距八十五里,南北距九十里。东至徕村接养利州界七十里,西至鄱口接镇安府上映土州界一十五里,南至陇爽村接恩城土州界四十里,北至营怀峝接结安土州界五十里"。

结安州土知州,顺治十六年授职。在今广西壮族自治区天等县东北进结镇结安。雍正间,"州境东西距三十五里,南北距二十里。东至咟乞小河接佶伦土州界五里,西至峝祖接龙英土州界三十里,南至勾汤岭接都结土州界五里,北至镇远土州陇育界一十五里"。设有流官吏目,乾隆四十四年五月裁,归并都结土州流官吏目兼管④。

佶伦州土知州,顺治十六年授职。在今广西壮族自治区天等县东北进结镇。设有流官吏目。雍正间,"州境东西距七十五里,南北距二十五里。东至陇给村接南宁府果化土州界六十里,西至镇远土州那丰村界一十五里,南至局繁村接都结土州界五里,北至多扒隘接南宁府归德土州界二十里"。

都结州,土知州,顺治十六年授职。在今广西壮族自治区隆安县西都结。设有流官吏目。雍正间,"州境东西距一百四十里,南北距二百里。东至厢村接南宁府隆安县界四十里,西至旧州村接佶伦土州界一百里,南至枯桐村接万承土州界一百二十里,北至吞灉村接南宁府果化土州界八十里"。

镇远州土知州,顺治十六年授职。在今广西壮族自治区天等县东北进远

---

① 光绪《清会典事例》卷67,第1册,第851页。
② 《世宗实录》卷80雍正七年四月壬辰,《清实录》,第8册,第53页。
③ 《世宗实录》卷50雍正四年十一月辛亥,《清实录》,第7册,第757页。
④ 《高宗实录》卷1082乾隆四十四年五月甲午,《清实录》,第22册,第546页。

乡。雍正间,"州境东西距三十五里,南北距二十三里。东至那丰村接佶伦土州界一十里,西至武林村接镇安府向武土州界二十五里,南至仰村接结安土州界一十五里,北至江口村接思恩府上林土县界八里"。乾隆十七年十月属佶伦土州流官吏目兼管①。

下石西州土知州,在今广西壮族自治区凭祥市东夏石镇旧州。雍正间,"州境东西距一十里,南北距一十三里。东至咘岩界碑接宁明州界五里,西至宋峝接上石西土州界五里,南至独村接上石西土州界七里,北至丰村接下龙司界六里"。初设流官吏目。乾隆八年十月,改归宁明州吏目兼管②。

江州土知州,顺治十六年授职。在今广西壮族自治区崇左市江左区南江州镇。初设流官吏目,雍正四年十一月改设州同③。雍正间,"州境东西距二百一十里,南北距一百二十五里。东至窖瓦村接南宁府忠州土州界一百二十里,西至叫茂村接下龙司界九十里,南至陇岜村接思州土州界一百里,北至佛子铺接崇善县界二十五里"。

思陵州土知州,顺治十六年授职。在今广西壮族自治区宁明县南思陵。雍正间,"州境东西距一百二十里,南北距七十四里。东至淰浧村接思州土州界八十里,西至那支村接安南界四十里,南至那何村接安南界三十里,北至板钦村接思州土州界四十四里"。乾隆八年十月,设流官吏目④。

思州土知州。原为思明府,设土知府,雍正十年降为州,专管六哨、八哨等地,土司移驻伯江村,在今广西壮族自治区宁明县东思州。原思州府管辖安马等五十村归流⑤。设有流官州同。雍正间,"州境东西距一百一十里,南北距九十里。东至华阳村接南宁府迁隆峝界八十里,西至板棍哨接宁明州界三十里,南至淋贴哨接思陵土州界五十里,北至渌域村接江州土州界四十里"。

罗阳县土知县,顺治十六年授职。在今广西壮族自治区扶绥县北中东镇旧县。雍正间,"县境东西距六十五里,南北距三十五里。东至墙井岭接南宁府宣化县界三十里,西至六合村接永康州陀陵界三十五里,南至白沙村南宁府新宁州界二十五里,北至岜耶村接永康州界一十里"。初设流官典吏。乾隆八年十月,改归永康州吏目兼管⑥。

---

① 《高宗实录》卷 425 乾隆十七年十月丁巳,《清实录》,第 14 册,第 567 页。
② 《高宗实录》卷 202 乾隆八年十月辛酉,《清实录》,第 11 册,第 608 页。
③ 《世宗实录》卷 50 雍正四年十一月辛亥,《清实录》,第 7 册,第 757 页。
④ 《高宗实录》卷 202 乾隆八年十月辛酉,《清实录》,第 11 册,第 608 页。
⑤ 高其倬:《敬陈邓横善后等事疏》(雍正十年),雍正《广西通志》卷 113,第 568 册,第 396 页。
⑥ 《高宗实录》卷 202 乾隆八年十月辛酉,《清实录》,第 11 册,第 608 页。

罗白县土知县，顺治十六年授职。在今广西壮族自治区崇左市江左区东南罗白。雍正间，"县境东西距四十五里，南北距四十五里。东至定毕村接南宁府新宁州界三十里，西至上桐骨村接江州土州界一十五里，南至咘弄村接南宁府忠州土州界二十里，北至匠逷村接江州土州界二十五里"。乾隆十七年十月，归江州州同兼管①。

上龙巡检司土巡检，雍正三年四月析龙州土州地置，在今广西壮族自治区龙州县北上龙。辖境"东西距二百零五里，南北距九十里。东至渴稍村接崇善县界一百三十里，西至苛村隘接安南界七十五里，南至康弄村接下龙司界一十里，北至石墙接安平土州界八十里"。

下龙巡检司土巡检，雍正三年四月以土龙州地置，在今广西壮族自治区龙州县驻地龙州镇。辖境"东西距一百里，南北距八十里。东至弄竜村接上龙土司界二十里，西至敢门隘接安南界八十里，南至奇村接下石西土州界七十里，北至汪村接上龙土司界一十里"。雍正七年，因土巡检承袭无人，由通判兼摄下龙司印务②，是为龙州厅。

思明府土知府，顺治十六年授职。在今广西壮族自治区宁明县东明江镇。明末属太平府管辖。清初设流官同知、经历教授各一员，下辖罗白土县③。或谓领思明、凭祥、下石西州等3土州④。雍正五年八月，原思明土州之地因离太平府遥远，邻近交趾，改归本府管辖⑤。雍正六年十二月，原思明土州之地地方狭小，且土知府不能统辖流官，仍归属太平府管辖⑥。雍正十年，改思明土府为土思州⑦。与罗白土县一同仍属太平府。

思明州土知州，在今广西壮族自治区宁明县驻地城中镇。属思明土府。康熙六十年四月改流，由太平府知府管理，设吏目一员职司捕务⑧。

凭祥州土知州，顺治十六年授职。见"凭祥厅"。雍正间，"州境东西距二十七里，南北距三十三里。东至界牌岭接上石西土州界七里，西至绢村隘接安南界二十里，南至镇南关接安南界三十里，北至中柳村接上石西土州界三里"。

---

① 《高宗实录》卷425乾隆十七年十月丁巳，《清实录》，第14册，第567页。
② 雍正《广西通志》卷8，第565册，第204页。《高宗实录》卷117乾隆五年五月乙卯，《清实录》，第10册，第706页。按：乾隆《清一统志》卷365谓裁土巡检（第482册，第494页）。
③ 康熙《广西通志》卷3《沿革》。
④ 康熙《清会典》卷19，第1册上，第202页。
⑤ 《世宗实录》卷60雍正五年八月丁酉，《清实录》，第7册，第917页。
⑥ 《世宗实录》卷76雍正六年十二月丙申，《清实录》，第7册，第1131页。
⑦ 雍正《广西通志》卷8，第565册，第204页。
⑧ 《圣祖实录》卷292康熙六十年四月乙亥，《清实录》，第6册，第842页。

上石西州土知州,治所在今广西壮族自治区凭祥市东南上石镇。明崇祯年间,土官故绝,归本府通判管理①。康熙《清会典》卷19太平府已无此土司,康熙《广西通志》仍有。雍正间,"州境东西距三十三里,南北距二十五里。东至下石西土州汪山界三里,西至安南文渊夷州界三十里,南至中柳村接凭祥土州界五里,北至下龙司咘陇村界二十里"。

陀陵县土知县,在今广西壮族自治区崇左市江州区东北那隆镇。康熙二十七年十月裁,地入永康州②。

龙州土知州,在今广西壮族自治区龙州县西北旧州。雍正三年四月,裁土知州,改设上龙、下龙二员土巡检③。

恩城州土知州。初为思城州,后讹为恩城州④。顺治十六年授职。在今广西壮族自治区大新县西南新城乡。雍正间,"州境东西距三十里,南北距五十里。东至叫崦村接养利州界二十里,西至江边村接安平土州界一十里,南至佛寺山接太平土州界二十里,北至潭高山接龙英土州界三十里"。雍正十一年八月,恩城州土知州被参革,无人承袭,改土归流,地入崇善县⑤。

7. 镇安府

向武州土知州,在今广西壮族自治区天等县西北向都。初属镇安土府,由思恩府管辖,雍正七年改由镇安府管辖。初设流官吏目,雍正四年十一月改设州判⑥。雍正间,"州境东西距九十五里,南北距一百里。东至陇店村接太平府镇远土州界一十五里,西至那样村接镇安府界八十里,南至峎黕村接都康州界二十里,北至窨村接思恩府田州土州界八十里"。

都康州土知州,清初属镇安土府,由思恩府管辖。雍正七年改由镇安府管辖。初在广西天等县北天等镇,雍正元年迁至今广西壮族自治区天等县西北都康镇。设有流官吏目。雍正间,"州境东西距一十五里,南北距一十三里。东至宏纳村接太平府龙英土州界六里,西至峎营村接向武土州界九里,南至峎旺村接太平府龙英土州界七里,北至多佑村接向武土州界六里"。

上映州土知州,清初属镇安土府,由思恩府管辖。雍正七年改由镇安府管辖。在今广西壮族自治区天等县西上映。雍正间,"州境东西距四十里,南北

---

① 康熙《广西通志》卷3,第22页。
② 《圣祖实录》卷137康熙二十七年十月辛亥,《清实录》,第5册,第493页。
③ 《世宗实录》卷31雍正三年四月甲戌,《清实录》,第7册,第468页。
④ 乾隆《清一统志》卷365,第482册,第491页。按:康熙《清会典》卷19、雍正《清会典》卷25仍为思城州,雍正《广西通志》多作恩城州。
⑤ 《世宗实录》卷134雍正十一年八月丁丑,《清实录》,第8册,第731页。
⑥ 《世宗实录》卷50雍正四年十一月辛亥,《清实录》,第7册,第757页。

距三十三里。东至普化接太平府龙英土州界二十五里,西至桑村接向武土州界一十五里,南至图荡村接下雷土州界二十五里,北至叫安马接都康土州界八里"。设有流官吏目,乾隆二年十二月裁,归都康土州吏目兼管①。

镇安府土知府,见"镇安府"。

奉议州土知州,见"奉议州"。

8. 百色直隶厅

上林县土知县,旧治今田东县东南思林东、右江南岸,顺治十八年移治那料村②,在今广西壮族自治区田东县东南那料村。雍正间,"县境东西距三十里,南北距三十里。东至痕那村接下旺土司界一十里,西至目村接镇安府向武土州界二十里,南至坡兴村接南宁府果化土州界二十里,北至那嫩村接田州土州界一十里"。初属思恩府,光绪五年来属。

下旺巡检司土巡检,在今广西壮族自治区平果县北海城乡那海村。雍正间,"司境东西距五十五里,南北距三十三里。东至剥合村接旧城土司界一十五里,西至田州土州陇尧村界四十里,南至白鸽村接上林土县界三里,北至志村接旧城土司界三十里"。初属思恩府,光绪五年来属。

田州土知州,见"百色直隶厅"。雍正间,"州境东西距四百里,南北距三百五十里。东至陇尧村接下旺土司界一百六十里,西至逻村接云南广南府土富州界二百四十里,南至岜性村接镇安府向武土州界一百六十里,北至瑶村接庆远府东兰州界一百九十里"。光绪元年改流,下田、武隆、龙篆三里及篆里之四都属百色厅,中田里属镇安府奉议州,上田、上恩、下恩、上隆、下隆五里及篆里一、二、三都属恩隆县③。

阳万州土州判,乾隆七年六月析土田州阳万等198村置。属思恩府。乾隆八年建治于万山下,在今广西壮族自治区田阳县西百峰乡。初设流官州同,乾隆十七年十月归田州州同兼管④。光绪五年改流,裁土州判,地属百色厅。

9. 上思直隶厅

迁隆峒巡检司土巡检⑤,顺治十五年授职⑥。在今广西壮族自治区宁明县东迁隆。雍正间,"峒境东西距五十里,南北距一百四十里。东至那渠村接

---

① 《高宗实录》卷58乾隆二年十二月壬辰,《清实录》,第9册,第943页。
② 嘉庆《广西通志》卷127,第6册,第3670页。
③ 光绪《百色厅志》卷2《沿革》。
④ 《高宗实录》卷425乾隆十七年十月丁巳,《清实录》,第14册,第567页。
⑤ 按:光绪《清会典事例》卷588作顺治十五年设迁隆峒长官司长官一人。
⑥ 嘉庆《清会典事例》卷467,673册,第1953页。

上思州界三十里,西至叫榜岭接忠州土州界二十里,南至板蒙、淦梯二隘接安南界一百二十里,北至把迿岭接忠州土州界二十里"。乾隆十七年十月,归忠州州同兼管①。

10. 归顺直隶州

下雷州土知州,在今广西壮族自治区大新县西北下雷镇下雷街。雍正间,"州境东西距八十里,南北距一百里。东至平吉接太平府龙英土州界四十里,西至陇苊隘接安南界四十里,南至底墩村接太平府安平土州界五十里,北至潭漏村接向武土州界五十里"。初属南宁府,雍正十年八月属镇安府,光绪十二年四月来属。设有流官吏目。

归顺州土知州,见"归顺州"。

湖润寨巡检司土巡检,在今广西壮族自治区靖西县东南湖润镇。雍正间,"寨境东西距四里,南北距五十里。东至葛村接下雷土州界二里,西至峨漕隘接归顺州界二里,南至峺平隘接安南界二十五里,北至镇安府傍岗界二十五里"。乾隆十二年十月,因土巡检病故,无人承袭被裁,地属归顺州②。

小镇安巡检司,初未给衔③,或谓土州官④,乾隆八年二月授土舍岑金佩土巡检衔⑤。在今广西壮族自治区那坡县驻地城厢镇。雍正间,"州境东西距一百六十里,南北距一百六十里。东至㖵村接思恩府田州土州界七十里,西至马公村接云南广南府土富州界九十里,南至剥淦村接归顺州界一百二十里,北至末村接云南广南府土富州界四十里"。乾隆三十一年八月改土归流⑥。

---

① 《高宗实录》卷425乾隆十七年十月丁巳,《清实录》,第14册,第567页。
② 《高宗实录》卷301乾隆十二年十月辛巳,《清实录》,第12册,第937页。
③ 鄂尔泰:《镇安升流府疏(雍正七年)》,雍正《广西通志》卷113,第568册,第396页。
④ 《高宗实录》卷155乾隆六年十一月辛巳,《清实录》,第10册,第1212页。
⑤ 《高宗实录》卷184乾隆八年二月甲午,《清实录》,第11册,第375页。
⑥ 《高宗实录》卷767乾隆三十一年八月乙丑,《清实录》,第18册,第423页。

第二十二章 云 南 省

明末,云南布政使司领云南、寻甸、临安、澂江、广西、广南、楚雄、武定、大理、顺宁等10府,曲靖、姚安、鹤庆、元江、丽江、永昌等6军民府,以及1直隶州、39州、31县,另有景东、镇沅、永宁、蒙化等土府①。

一、省行政机构

总督。顺治十六年(1659)正月,设云贵总督②,驻两省适中之地,半年驻云南曲靖府,半年驻贵州安顺府③。顺治十八年八月,改设云南总督④,驻曲靖。康熙四年(1665)五月,云南总督、贵州总督合并为云贵总督⑤。次年二月,议定驻贵阳府⑥。康熙十二年八月,因撤藩后需有大员控制,专设云南总督⑦。九月,调陕西总督鄂善为云南总督⑧。因吴三桂起兵反清,未到任。康熙十三年正月,改鄂善为云南贵州总督⑨。康熙二十一年,移驻云南府⑩。

雍正三年(1725)十月,升云南巡抚杨名时为云贵总督,仍管云南巡抚事务;调广西巡抚鄂尔泰为云南巡抚,管云贵总督事务⑪。此为雍正因人而设。雍正四年十月,实授鄂尔泰为云贵总督⑫。雍正五年二月,为加强对云南、贵州、广西三省苗民地区的控制,云贵总督兼辖广西⑬,是为云贵广西总督。雍正十二年十二月,苗民投诚,停云贵总督兼辖广西⑭。乾隆元年(1736)六月,

---

① 郭红、靳润成:《中国行政区划通史·明代卷》,第194页。
② 《世祖实录》卷123顺治十六年正月癸丑,《清实录》,第3册,第952页。
③ 《世祖实录》卷133顺治十七年三月己巳,《清实录》,第3册,第1029页。
④ 《圣祖实录》卷4顺治十八年八月己未、九月丁亥,《清实录》,第4册,第85、87页。
⑤ 《圣祖实录》卷15康熙四年五月丁未,《清实录》,第4册,第229页。
⑥ 《圣祖实录》卷18康熙五年二月甲寅,《清实录》,第4册,第261页。
⑦ 《圣祖实录》卷43康熙十二年八月乙卯,《清实录》,第4册,第571页。
⑧ 《圣祖实录》卷43康熙十二年九月辛未,《清实录》,第4册,第574页。
⑨ 《圣祖实录》卷45康熙十三年正月丁丑,《清实录》,第4册,第593页。
⑩ 雍正《贵州通志》卷16,《四库全书》本,第571册,第408页。
⑪ 《世宗实录》卷37雍正三年十月庚寅,《清实录》,第7册,第552页。
⑫ 《世宗实录》卷49雍正四年十月甲申,《清实录》,第7册,第748页。
⑬ 《世宗实录》卷53雍正五年二月丙戌,《清实录》,第7册,第811页。
⑭ 《世宗实录》卷150雍正十二年十二月癸丑,《清实录》,第8册,第858页。

图22 清末云南省政区图

贵州巡抚张广泗经营苗疆事务有所成效,为加强其权威,授张广泗为贵州总督兼管巡抚事务,云贵总督改为云南总督①。乾隆十二年三月,因贵州苗疆事务已经办妥,且贵州总督张广泗调任,云南总督与贵州总督再次合并为云贵总督②。光绪二十四年(1898)七月,裁云南巡抚,以总督兼管云南巡抚事③。九月,复设巡抚,免兼巡抚事务。光绪三十年十一月,再次裁云南巡抚,总督兼管云南巡抚事务。

巡抚。顺治十六年正月,设云南巡抚④,驻云南府,管理全省。光绪二十四年七月,裁云南巡抚,以云贵总督兼管巡抚事⑤。九月,复设云南巡抚⑥。光绪三十年十一月,因督抚同城,事权不一,遂裁巡抚,由云贵总督兼管巡抚事务⑦。

布按诸司及专务道。顺治十六年二月癸未,任命云南按察使⑧。顺治十六年八月,任命云南布政使司左、右布政使⑨。专务道有粮储水利道、驿传盐法道等。清末,有布政使、提学使、提法使、巡警道、劝业道等。

二、省城

袭明制,以云南(昆明)城为省会,即今云南省昆明市五华区城区。

三、省域

位于西南边疆。东接贵州、广西,南邻越南、缅甸,西通野人界,北为西藏、四川。

康熙八年十一月,新附十八寨往属贵州安笼所。雍正四年,四川东川军民府来属。雍正五年,四川乌蒙、镇雄军民府来属。

四、守巡道

康熙六年七月前⑩

分守洱海道,顺治十七年十二月置。驻姚安府。康熙六年七月裁。

---

① 《高宗实录》卷20乾隆元年六月癸酉,《清实录》,第9册,第496页。
② 《高宗实录》卷286乾隆十二年三月辛丑,《清实录》,第12册,第732页。
③ 《德宗实录》卷424光绪二十四年七月乙丑,《清实录》,第57册,第556页。
④ 《世祖实录》卷123顺治十六年正月癸卯,《清实录》,第3册,第950页。
⑤ 《德宗实录》卷424光绪二十四年七月乙丑,《清实录》,第57册,第556页。
⑥ 《德宗实录》卷430光绪二十四年九月戊辰,《清实录》,第57册,第641页。
⑦ 《德宗实录》卷537光绪三十年十一月庚辰,《清实录》,第59册,第145页。
⑧ 《世祖实录》卷123顺治十六年二月癸未,《清实录》,第3册,第956页。
⑨ 《世祖实录》卷127顺治十六年八月乙未,《清实录》,第3册,第988页。
⑩ 按:云南各道在康熙六年七月是否有裁撤,康熙、雍正《云南通志》未言及。《八旗通志》卷191《王继文传》:康熙"二十年六月,擢云南巡抚,经理新复地方。八月,疏言滇省迤东西相距远,向设守巡道八员,康熙六年裁并"(第667册,第477页)。《康熙缙绅册》云南省亦无守巡道。

分巡洱海道,顺治十七年十二月置。驻楚雄府。康熙六年七月裁。

分守安普道,一作普安道,顺治十七年三月置①。驻云南府。康熙六年七月裁。

分巡安普道,一称安普兵备道,顺治十七年三月置②。驻云南府。康熙六年七月裁。

分巡曲靖兵备道,顺治十七年十二月已置③。驻曲靖府。康熙六年前已裁。

分守临元道,顺治十七年十二月置。驻地当同明代,驻新兴州。康熙六年七月裁。

分巡临元道,一作分巡临安兵备道,顺治十七年十二月置。驻临安府,督临安、广南、澂江、广西、元江5府卫所土司兵④。康熙六年七月裁。

分守金沧道,一名金腾兵备道,顺治十七年十二月置⑤。驻大理府。康熙初年改为永昌道。

分巡金沧道,顺治十七年三月置⑥,驻大理府⑦。康熙五年裁。

分守永昌道,一说康熙五年裁分巡金沧道,改分守金沧道置,驻大理府⑧。一说康熙二年设分守道,康熙三年改为分巡道⑨。康熙六年七月裁。

康熙六年七月后

1. 粮储道

全称粮储水利道,顺治十七年十二月置⑩。驻云南府。一说在康熙二十二年后,由粮储道、驿盐道与永昌道分别盘查全省各府一切钱粮事件⑪。初为分巡道,雍正三年二月改为分守道⑫。乾隆三十三年九月,兼分巡云南、武定

---

① ② 《世祖实录》卷133顺治十七年三月庚申,《清实录》,第3册,第1026页。
③ 《世祖实录》卷143顺治十七年十二月癸巳,《清实录》,第3册,第1100页。
④ 道光《广南府志》卷1,第14页。
⑤ 《世祖实录》卷143顺治十七年十二月癸巳,《清实录》,第3册,第1100页。
⑥ 《世祖实录》卷133顺治十七年三月庚申,《清实录》,第3册,第1026页。
⑦ 康熙《大理府志》卷3,《北京图书馆古籍珍本丛刊》影印本,第45册,第62页。
⑧ 康熙《大理府志》卷3,《北京图书馆古籍珍本丛刊》影印本,第45册,第62页。
⑨ 《云南总督鄂尔泰奏请添设云南分巡迤东道管理地方事宜并以元江知府迟维玺补授折》(雍正八年五月二十六日),《雍正朝汉文硃批奏折汇编》,第18册,第773页。
⑩ 《世祖实录》卷133顺治十七年十二月癸巳,《清实录》,第3册,第1100页。
⑪ 《云南总督鄂尔泰奏请添设云南分巡迤东道管理地方事宜并以元江知府迟维玺补授折》,雍正八年五月二十六日,《雍正朝汉文硃批奏折汇编》,第18册,第773页。
⑫ 《世宗实录》卷29雍正三年二月丙申,《清实录》,第7册,第440页。

二府事务①。次年七月,为督理云南屯田粮储分巡云武二府兼管水利道②。乾隆三十五年二月,辖云南府和武定直隶州。后称分守粮储道管辖云武等处地方兼管屯田水利事务。至清末未变。

2. 永昌道—迤西道

康熙九年九月复置分守永昌道③。驻大理府。雍正三年二月,改为分巡道④。雍正八年七月,改为分巡迤西道⑤,驻大理府,辖大理、楚雄、姚安、永昌、鹤庆、顺宁、永北、丽江、蒙化、景东 10 府⑥。乾隆十三年,为布政使司参政衔。乾隆二十四年闰六月,加水利衔⑦。乾隆三十二年九月,加兵备衔⑧。乾隆三十三年,为分巡迤西兵备兼管水利道。光绪二十八年六月,移驻腾越厅,兼管关务⑨。宣统三年为分巡迤西驿堡兵备道,辖大理、楚雄、永昌、丽江 4 府和蒙化、永北 2 直隶厅。

3. 迤东道

分巡道。雍正八年七月置⑩,驻寻甸州,辖云南、曲靖、临安、澂江、武定、广西、广南、元江、开化、镇沅、东川、昭通、普洱 13 府⑪。乾隆二十四年闰六月,加水利衔⑫。乾隆三十一年十月,云南、武定二府往属驿盐道,镇沅、元江、临安、普洱 4 府往属迤南道,仅辖曲靖、广西、广南、开化、东川、昭通、澂江 7 府⑬。光绪十三年七月,开化、广南 2 府往属临安开广道。光绪三十四年,因兼办江防营务处,移驻曲靖府城⑭。宣统三年,为分巡迤东驿堡兵备道,辖曲靖、东川、昭通、澂江 4 府和广西、镇雄 2 直隶州⑮。

---

① 《高宗实录》卷 817 乾隆三十三年九月乙未,《清实录》,第 18 册,第 1098 页。
② 《高宗实录》卷 838 乾隆三十四年七月辛巳,《清实录》,第 19 册,第 189 页。
③ 《圣祖实录》卷 34 康熙九年九月壬申,《清实录》,第 4 册,第 459 页。
④ 《世宗实录》卷 29 雍正三年二月丙申,《清实录》,第 7 册,第 440 页。
⑤ 《世宗实录》卷 96 雍正八年七月丙申,《清实录》,第 8 册,第 294 页。
⑥ 雍正《云南通志》卷 18 上,《四库全书》本,第 569 册,第 545 页。
⑦ 《高宗实录》卷 591 乾隆二十四年闰六月甲辰,《清实录》,第 16 册,第 576 页。
⑧ 《高宗实录》卷 793 乾隆三十二年九月丙申,《清实录》,第 18 册,第 730 页。
⑨ 《德宗实录》卷 500 光绪二十八年六月己亥,《清实录》,第 58 册,第 615 页。
⑩ 《世宗实录》卷 96 雍正八年七月丙申,《清实录》,第 8 册,第 294 页。
⑪ 雍正《云南通志》卷 18 上,第 569 册,第 545 页。
⑫ 《高宗实录》卷 591 乾隆二十四年闰六月甲辰,《清实录》,第 16 册,第 576 页。
⑬ 《高宗实录》卷 771 乾隆三十一年十月壬戌,《清实录》,第 18 册,第 469 页。
⑭ 《请将云南迤东道署移驻曲靖府城以备巡防灵通片(光绪三十四年九月初二日)》,中国科学院历史研究所第三所工具书组整理:《锡良遗稿》,中华书局,1959 年,第 827 页。崔金顺:《迤东兵备道和易隆驿》,云南省寻甸回族彝族自治县政协文史资料委员会编:《寻甸县文史资料》,第 6 辑,1999 年,第 46 页。
⑮ 按:《职官录》(宣统三年冬季)第 1297 页言驻寻甸州,第 1302 页言驻曲靖府。

4. 迤南道

分巡道。乾隆三十一年十月置,驻普洱府。辖迤东道镇沅、元江、临安、永北4府①。乾隆三十二年九月,加兵备衔。乾隆三十三年,为分巡迤南兵备兼管水利道。道光二十年六月,改辖镇沅直隶厅②。光绪十三年七月,临安府往属临安开广道,顺宁府、景东直隶厅来属。宣统三年,辖普洱、元江、顺宁3府和景东、镇沅2厅。

5. 临安开广道

分巡道。云南临安府蒙自县与开化府、广南府均南与越南接界,光绪年间法国人在蒙自设立领事开办通商,于光绪十三年七月置道员弹压稽查③。驻蒙自县,辖临安、开化、广南3府,兼管关税事务。至清末未变。

6. 已裁各道

分守临元道,康熙二十年六月置,仍驻临安府,兼辖澂江、广西、广南、元江、开化等府④。康熙二十一年十月裁⑤。

分守洱海道,康熙二十年六月复置,驻楚雄府,兼辖姚安、武定、景东等府⑥。康熙二十一年十月裁⑦。

驿盐道,全称驿传盐法道,一作清军驿传道。顺治十七年十二月置⑧。驻云南府。乾隆三十一年十月,分巡云南、武定2府⑨。乾隆三十二年加兵备衔⑩。乾隆三十三年,称清军驿传盐法分巡云武二府兼管水利道⑪。乾隆三十三年九月,云南、武定2府往属粮道,不再分巡地方。

五、府厅州县

顺治十六年,有云南、大理、临安、楚雄、澂江、广南、广西、顺宁等8府,曲靖、寻甸、姚安、鹤庆、武定、元江、永昌等7军民府,景东、镇沅、永宁、丽江、蒙

---

① 《高宗实录》卷771乾隆三十一年十月壬戌,《清实录》,第18册,第469页。
② 《宣宗实录》卷335道光二十年六月辛未,《清实录》,第38册,第88页。
③ 《德宗实录》卷245光绪十三年七月乙亥,《清实录》,第55册,第295页。《请添设巡道驻扎蒙自兼管关税片》,黄盛陆等标点:《岑毓英奏稿》,广西人民出版社,1989年,第886页。
④ 《八旗通志》卷191《王继文传》,《四库全书》本,第667册,第477页。
⑤ 《圣祖实录》卷105康熙二十一年十月乙亥,《清实录》,第5册,第63页。
⑥ 《八旗通志》卷191《王继文传》,《四库全书》本,第667册,第477页。
⑦ 《圣祖实录》卷105康熙二十一年十月乙亥,《清实录》,第5册,第63页。
⑧ 《世祖实录》卷133顺治十七年十二月癸巳,《清实录》,第3册,第1100页。
⑨ 《高宗实录》卷771乾隆三十一年十月壬戌,《清实录》,第18册,第469页。
⑩ 光绪《清会典事例》卷25,第1册,第319页。
⑪ 《高宗实录》卷816乾隆三十三年八月丁巳,《清实录》,第18册,第1053页。

化等 5 土府,以及北胜直隶州。康熙五年,北胜州往属大理府①。同年八月,以教化、王弄长官司地置开化府。康熙八年,降寻甸军民府为州,往属曲靖府。康熙三十一年,升北胜州为直隶州。康熙三十七年,升北胜直隶州为永北府。

雍正二年,置直隶威远同知。雍正三年,丽江土府改流。雍正四年,四川东川军民府来属。雍正五年,四川乌蒙、镇雄军民府来属②,姚安军民府、镇沅土府改流。

乾隆三十年十一月,曲靖、元江、武定、东川、永昌等 5 军民府,因"未管军务,亦无营制交涉",去"军民"字样③。

明代为控制地方,在云南设立众多的军民府、土府。经过雍正、乾隆初年的改土归流,至乾隆三十五年二月,全省共设有 23 府之多。为此,于乾隆三十五年调整全省府级行政区划。云南府为省会,大理府驻有提督,曲靖、临安、楚雄、昭通、澂江各府辖县较多,东川府境内多矿厂,开化、丽江、永昌、顺宁、普洱诸府或临边疆,或近西藏,均被保留下来;武定、元江、镇沅、广西诸府辖县较少改为直隶州,广南、永北、蒙化、景东诸府改为直隶厅,姚安、鹤庆府降为州④。同年十月,广南府因地处交通要道,且为少数民族聚居区,得以保留。乾隆三十五年底,全省有 14 府、3 直隶厅、4 直隶州,下辖 3 厅、27 州、39 县。

嘉庆二十五年十月升腾越州为直隶厅,道光二年九月降为厅。道光二十年六月,改镇沅直隶州为直隶厅。光绪十四年五月,析顺宁府地置镇边直隶厅。光绪三十四年十一月,升昭通府镇雄州为直隶州。至清末,云南省辖 14 府、5 直隶厅、4 直隶州、12 厅、26 州、39 县,另有黑盐井、白盐井、石膏井三盐课提举司。

1. 云南府

治所即今云南昆明市五华区城区。顺治十六年,沿明制,为省会。领 4 州 9 县:昆明、富民、宜良县,嵩明州,晋宁州领归化、呈贡县,安宁州领罗次、禄丰县,昆阳州领易门、三泊县⑤。康熙七年八月,裁归化县并入呈贡县。康熙八年,裁三泊县并入昆阳州。雍正三年二月,原三泊县地因距昆阳州治达二百

---

① 康熙《清会典》卷 19,第 1 册上,第 203 页。
② 《世宗实录》卷 55 雍正五年闰三月癸亥,《清实录》,第 7 册,第 831 页;又卷 59 七月辛巳,第 908 页。
③ 《高宗实录》卷 748 乾隆三十年十一月乙亥,《清实录》,第 18 册,第 229 页。
④ 《高宗实录》卷 852 乾隆三十五年二月庚戌,《清实录》,第 19 册,第 407 页;又卷 863 六月癸巳,第 19 册,第 575 页。
⑤ 康熙《清会典》卷 19,第 1 册上,第 203 页。按:雍正《云南通志》卷 4 所载明末清初各州辖县数量、名称与康熙《清会典》有异。本章各县条下清初州县隶属关系及其变化时间,除出注之外,均据雍正《云南通志》卷 4。

余里,改归路程较近的安宁州①。至清末,领4州:嵩明、晋宁、安宁、昆阳州;7县:昆明、富民、宜良、呈贡、罗次、禄丰、易门县。

昆明县,附郭,治所即今云南昆明市五华区城区。

富民县,治所即今云南富民县驻地永定街道。

宜良县,治所即今云南宜良县驻地匡远街道。

罗次县,治所在云南禄丰县东北碧城镇。

晋宁州,治所在今云南晋宁县东北晋城镇。

呈贡县,治所即今云南昆明市呈贡区驻地龙城街道。初属晋宁州,雍正五年直属府。康熙七年八月,归化县裁入。

安宁州,治所即今云南安宁市驻地连然街道。雍正三年,原三泊县地自昆阳州划入。

禄丰县,治所即今云南禄丰县驻地金山镇。初属安宁州,雍正九年直属府。

昆阳州,治所在今云南晋宁县驻地昆阳街道。康熙八年,三泊县并入②。雍正三年,原三泊县地划归安宁州。

易门县,治所即今云南易门县驻地龙泉街道。

嵩明州,治所即今云南嵩明县驻地嵩阳街道。

归化县,治所在今云南昆明市呈贡区南马金铺(化城)。属晋宁州。康熙七年八月废,地入呈贡县③。

三泊县,治所在今云南安宁市西南县街镇。属昆阳州。康熙八年废,地入昆阳州。

2. 大理府④

治所即今云南大理市北大理镇。顺治十六年,沿明制,领4州3县1长官司:太和县,赵州领云南县,邓川州领浪穹县,宾川州,云龙州,十二关副长官司。康熙五年,北胜直隶州降为州,来属⑤。康熙三十一年,升北胜州为直隶

---

① 《世宗实录》卷29雍正三年二月丙申,《清实录》,第7册,第440页。
② 康熙《清会典》卷19,第1册上,第203页。
③ 《圣祖实录》卷26康熙七年八月戊寅,《清实录》,第4册,第367页。
④ 按:1912年8月13日公布的《众议院议员各省复选区表》云南省第二区有弥渡县,排列在太和县与赵州之间。1914年8月版《全国行政区划表》云南省腾越道有弥渡县,谓原名弥渡州,似是清末所设。弥渡一直设有通判,但无专管地面,见《奏报各厅州县事实折》(光绪三十四年六月二十四日)(载《锡良遗稿·奏稿》,第806页)。又据1993年版《弥渡县志》附录所收《弥渡设县始末》、《电蔡都督增设弥渡漾濞两县文》,宣统三年当地曾有设县之议,因辛亥革命而暂停,民国元年五月由都督蔡锷准予设县。
⑤ 康熙《清会典》卷19,第1册上,第203页。

州①。至清末,领4州:赵州、邓川、宾川、云龙州;3县:太和、云南、浪穹县。

太和县,附郭,治所即今云南大理市北大理镇。

赵州,治所在今云南大理市东凤仪镇。

云南县,治所即今云南祥云县驻地祥城镇。初属赵州,康熙三十八年直隶于府。

邓川州,治所在今云南洱源县东南邓川镇。

浪穹县,治所即今云南洱源县驻地茈碧湖镇。初属邓川州,一说康熙二十六年直隶于府②。

宾川州,治所在今云南宾川县南州城镇。

云龙州,治所在今云南云龙县南宝丰乡。

3. 临安府

治所即今云南建水县驻地临安镇。顺治十六年,沿明制,领5州5县9长官司:建水州,石屏州,阿迷州,新化州,宁州领通海、河西、嶍峨、蒙自、新平县,纳楼茶甸、教化三部、溪处甸、左能寨、王弄山、亏容甸、思陀甸、落恐甸、安南长官司③。康熙五年,裁新化州入新平县;八月,以教化、王弄长官司地置开化府。溪处甸土司叛,被诛,地入府④。雍正九年,拨阿迷州14寨归广西府邱北州同管辖。雍正十年三月,新平县往属于元江府⑤。乾隆三十五年二月,改建水州为县。宣统三年六月,设个旧厅。至清末,领1厅:个旧厅;3州:石屏、阿迷、宁州;5县:建水、通海、河西、嶍峨、蒙自县。

临安府亲辖地,即诸土司之地。

建水县,附郭,初为建水州,治所即今云南建水县驻地临安镇。因不符府县体制,乾隆三十五年二月改县⑥。

石屏州,治所即今云南石屏县驻地异龙镇。

宁州,治所即今云南华宁县驻地宁州街道。

阿迷州,治所在今云南开远市灵泉街道。雍正九年,拨十四寨归广西府丘北州同管辖⑦。

---

① 雍正《云南通志》卷4,第569册,第139页。乾隆《清一统志》卷387,第483册,第191页。
② 咸丰《邓川州志》卷2,第4页。
③ 万历《明会典》卷16,第107页。雍正《云南通志》卷4,第569册,第108页。
④ 雍正《云南通志》卷4:康熙"五年,裁新化州归新平县。以教化、王弄、安南三长官司地设开化府。溪处司叛,诛,归府。"(569册,第107页)
⑤ 《世宗实录》卷116雍正十年三月庚辰,《清实录》,第8册,第546页。
⑥ 《高宗实录》卷852乾隆三十五年二月庚戌,《清实录》,第19册,第407页。
⑦ 雍正《云南通志》卷4,第569册,第109页。

通海县,治所即今云南通海县驻地秀山街道。

河西县,治所在今云南通海县西北河西镇。

嶍峨县,治所即今云南峨山彝族自治县驻地双江街道。

蒙自县,治所即今云南蒙自市驻地文澜镇。

个旧厅,原为蒙自县纳田、六郎、判村、者倮4里及蒙山里之八寨并个旧一里,光绪十一年设分防同知①,无专管地面②。宣统三年六月奏设抚民同知③。治个旧里,即今云南个旧市驻地城区街道。

新化州,治所在今云南新平彝族傣族自治县西北新化镇,康熙五年裁入新平县。

4. 楚雄府

治所即今云南楚雄市驻地鹿城镇。顺治十六年,沿明制,领2州5县:楚雄、定边、广通、定远、碍嘉县,南安州、镇南州④,又领黑盐井、琅盐井两提举司。康熙六年,裁碍嘉县,其地并入南安州⑤。康熙四十五年,改黑盐井、琅盐井提举司直隶于布政使司。雍正七年闰七月,裁定边县,地入蒙化府⑥。乾隆三十五年二月,姚安府被裁,姚州、大姚县来属⑦。至清末,领3州:姚州、南安、镇南州;4县:楚雄、定远、广通、大姚县。

楚雄县,附郭,治所即今云南楚雄市驻地鹿城镇。

镇南州,治所即今云南南华县驻地龙川镇。

南安州,治所在今云南楚雄市南子午镇东云龙。康熙六年,碍嘉县地并入。

姚州,治所即今云南姚安县驻地栋川镇。初属姚安军民府,乾隆三十五年二月来属。

大姚县,治所即今云南大姚县驻地金碧镇。初属姚州,后属姚安军民府,乾隆三十五年二月来属。

广通县,治所在今云南禄丰县西广通镇。

定远县,治所即今云南牟定县驻地共和镇。

---

① 《东华续录》光绪73,光绪十一年十一月己酉,《东华续录》,第16册,第27页。
② 《奏报各厅州县事实折》(光绪三十四年六月二十四日),《锡良遗稿·奏稿》,第806页。
③ 吴承湜:《近六十年全国郡县增建志要》卷上,第82页。按:1912年8月13日公布的《众议院议员各省复选区表》,云南省第五区有个旧厅。
④ 万历《明会典》卷16,第107页;康熙《清会典》卷19,第1册上,第203页。
⑤ 康熙《清会典》卷19,第1册上,第203页。乾隆《清一统志》卷379,第483册,第105页。一说康熙八年裁,雍正《云南通志》卷4,第569册,第130页;《清文献通考》卷289,第2册,第7384页。
⑥ 《世宗实录》卷84雍正七年闰七月癸巳,《清实录》,第8册,第126页。
⑦ 《高宗实录》卷852乾隆三十五年二月庚戌,《清实录》,第19册,第407页。

硔嘉县,治所在今云南双柏县西南硔嘉镇。康熙六年裁,地入南安州。

5. 澂江府

治所即今云南澄江县驻地凤麓街道。顺治十六年,沿明制,领2州3县:河阳、江川、阳宗县,新兴州、路南州。康熙八年,裁阳宗县入河阳县。至清末,领2州:新兴、路南州;2县:河阳、江川县。

河阳县,附郭,治所即今云南澄江县驻地凤麓街道。康熙八年,阳宗县地并入。

江川县,治所在今云南江川县东北江城镇。

新兴州,治所即今云南玉溪市红塔区玉兴街道。

路南州,治所即今云南石林彝族自治县驻地鹿阜街道。

阳宗县,治所在今云南澄江县北阳宗镇,康熙八年裁①,地入河阳县。

6. 广南府

明为土府,在今云南广南县驻地莲城镇,领土州1:富州②。顺治十六年,沿明制。顺治十八年添设流官知府,原土知府改土同知③。康熙八年,广西府维摩州维摩乡地来属④。乾隆元年,以府亲辖地置附郭宝宁县,与土同知共管地方⑤。乾隆三十五年二月,因只辖同城宝宁县,不成府制,降为直隶厅,同时裁宝宁县⑥。同年十月,因广南府为少数民族居住区,且为江西各省采办滇铜必经之路,同知稽察难周,仍改为广南府,复设宝宁县⑦。光绪二十六年三月,富州土州改土归流,置富州厅。至清末,领1厅:富州厅;1县:宝宁县。

宝宁县,附郭,乾隆元年以广南府亲辖地置,治所即今云南广南县驻地莲城镇。

富州厅,初为土富州,有土同知。因频出劫案,光绪二十六年三月改流,改设流官通判、知事⑧,是为富州厅。治普厅城,即今云南富宁县驻地新华镇。

7. 顺宁府

明为顺宁府,在今云南凤庆县驻地凤山镇,领云州,云州辖猛缅长官司⑨。

---

① 康熙《清会典》卷19,第1册上,第204页。雍正《云南通志》卷4,第569册,第111页。
② 万历《明会典》卷16,第107页。
③ 雍正《云南通志》卷4,第569册,第116页。
④ 康熙《清会典》卷19,第1册上,第204页。雍正《云南通志》卷4,第569册,第117页。
⑤ 乾隆《清会典则例》卷31,《四库全书》本,第620册,第605页。《高宗实录》卷74乾隆三年八月甲申,《清实录》,第10册,第177页。按:道光《广南府志》卷1谓乾隆二年置。
⑥ 《高宗实录》卷852乾隆三十五年二月庚戌,《清实录》,第19册,第407页。
⑦ 《高宗实录》卷871乾隆三十五年十月己亥,《清实录》,第19册,第688页。
⑧ 《德宗实录》卷461光绪二十六年三月癸卯,《清实录》,第58册,第36页。
⑨ 《明史》卷46,第4册,第1191页。

清初因之。后猛缅长官司隶属于府①。乾隆十二年,裁猛缅长官司,置缅宁厅②。乾隆二十九年三月,永昌府耿马、猛连2宣抚司因距府遥远,距顺宁府较近,来属③。乾隆三十五年二月,以亲辖地置附郭顺宁县。光绪十四年五月,析缅宁厅地置镇边直隶厅④。光绪二十年十一月,猛连宣抚司往属于镇边直隶厅⑤。至清末,领1厅:缅宁厅;1州:云州;1县:顺宁县。

顺宁府亲辖地,即所辖各土司地。

顺宁县,附郭,乾隆三十五年二月置⑥,治所即今云南凤庆县驻地凤山镇。

云州,治所即今云南云县驻地爱华镇。

缅宁厅,原为猛缅长官司地,乾隆十二年裁长官司,移右甸通判驻此,置厅⑦。治所即今云南临沧市临翔区驻地凤翔街道。

8. 曲靖府

明为曲靖军民府,治所在今云南曲靖市麒麟区城区,领4州2县:南宁、亦佐县,沾益州、陆凉州、马龙州、罗平州⑧。顺治十六年,沿明制。康熙八年,裁亦佐县入罗平州⑨。同年八月,寻甸军民府降为州来属。康熙三十四年九月,置平彝县及土县丞。雍正四年,裁霑益州土知州⑩。雍正五年,析沾益州地置宣威州。乾隆三十年十一月,改为曲靖府。乾隆三十五年二月,因广西府降为直隶州,五嶆通判辖区来属⑪。乾隆四十一年十一月,因五嶆距曲靖府治路程达八站,知府难以查察,五嶆通判辖区往属广西直隶州⑫。至清末,领6州:沾益、陆凉、马龙、罗平、寻甸、宣威州;2县:南宁、平彝县。

南宁县,附郭,治所在今云南曲靖市麒麟区城区。

沾益州,初治今云南省宣威市驻地宛水街道。顺治十六年移治于旧交水县城⑬,在今云南沾益县驻地西平镇。康熙二十六年,平夷卫裁入。康熙三十四年九月,析平夷卫地置平彝县。雍正五年析置宣威州。

---

① 雍正《云南通志》卷4,第569册,第139页。
② 乾隆《清一统志》卷381,第483册,第145页。嘉庆《清会典事例》卷29,第643册,第1305页。
③ 《高宗实录》卷707乾隆二十九年三月辛未,《清实录》,第17册,第896页。
④ 《德宗实录》卷255光绪十四年五月己未,《清实录》,第55册,第434页。
⑤ 《德宗实录》卷354光绪二十年十一月己亥,《清实录》,第56册,第610页。
⑥ 《高宗实录》卷852乾隆三十五年二月庚戌,《清实录》,第19册,第407页。
⑦ 乾隆《清一统志》卷381,第483册,第145页。嘉庆《清会典事例》卷29,第643册,第1305页。
⑧ 万历《明会典》卷16,第107页。
⑨ 康熙《清会典》卷19,第1册上,第204页。
⑩ 嘉庆《清会典事例》卷29,第643册,第1300页。
⑪ 《高宗实录》卷852乾隆三十五年二月庚戌,《清实录》,第19册,第407页。
⑫ 《高宗实录》卷1020乾隆四十一年十一月己巳,《清实录》,第21册,第675页。
⑬ 雍正《云南通志》卷6,第569册,第169页。乾隆《清一统志》卷370,第483册,第6页。

陆凉州,初治云南陆良县东北旧州。康熙六年,陆凉卫裁入,移治陆凉卫城①,即今云南陆良县驻地中枢街道。

马龙州,治所即今云南马龙县驻地通泉街道。

罗平州,治所即今云南罗平县驻地罗雄街道。康熙八年,亦佐县地并入。康熙三十五年,原亦佐县地划归平彝县。

寻甸州,初为寻甸军民府,治所即今云南寻甸回族彝族自治县驻地仁德街道。康熙八年八月,降为州来属②。

平彝县,康熙三十四年九月,析沾益州原平彝卫地、罗平州原亦佐县地置③。治所在今云南富源县驻地中安镇。同时设土县丞④。

宣威州,雍正五年析沾益州新化里至高坡顶地置⑤,治所即今云南宣威市驻地宛水街道。

亦佐县,驻地在今云南富源县东南亦佐,康熙八年裁,地入罗平州⑥。

9. 丽江府

明为丽江军民府,治所即今云南丽江市古城区大研街道,领4州⑦。顺治十六年,沿明制。领巨津州及3土州:通安、宝山、兰州⑧。顺治末、康熙初,裁通安、宝山、兰州、巨津4土州,地入府⑨。雍正三年六月,丽江土知府改流,设流官知府,改土知府为土通判⑩。乾隆二十一年五月,因距离较近,鹤庆府维西厅、中

---

① 雍正《云南通志》卷6,第569册,第169页。乾隆《清一统志》卷370,第483册,第5、6页。
② 《圣祖实录》卷31康熙八年八月己丑,《清实录》,第4册,第419页。按:康熙《清会典》卷19言"康熙八年改州,九年隶曲靖府",当为实际施行年份。
③ 《圣祖实录》卷168康熙三十四年九月丁丑,《清实录》,第5册,第825页。雍正《云南通志》卷4,第569册,第106页。
④ 嘉庆《清会典事例》卷29,第643册,第1298页。
⑤ 雍正《云南通志》卷4,第569册,第106页。乾隆《清一统志》卷370,第483册,第6页。
⑥ 康熙《清会典》卷19,第1册上,第204页。
⑦ 万历《明会典》卷16,第108页。
⑧ 康熙《清会典》卷19,第1册上,第204页。按:这四个州的性质,史籍记载互有矛盾。据《明世宗实录》卷12及《何文简疏议》卷8,有通安州流官知州的记载,且《土官底簿》卷下只有通安州同知,说明通安在明代有一段时间不是土州。何时改土州,还是康熙《清会典》记载有误,存疑。宝山州、兰州,康熙《清会典》谓为土州,《土官底簿》卷下亦有该两州土知州。巨津州,康熙《清会典》记载为正州,《土官底簿》卷下有巨津州土同知,《学余堂文集》卷16亦有任命流官知州的记载,说明在明代为正州的可能性较大。
⑨ 按:四土州裁撤年份不详。康熙《清会典》卷19仍载有此四土州。康熙《云南通志》卷27《土司》谓丽江府有通安州州同、兰州知州两员土官,已经革除。雍正《云南通志》卷4谓:"顺治十六年收云南入版图,分邑置州,各如旧。寻裁通安、宝山、兰州、巨津四州、临西一县归丽江府。康熙四年裁新化州归新平县。"雍正《清会典》卷25载丽江府仍辖有巨津州。
⑩ 《世宗实录》卷33雍正三年六月戊辰,《清实录》第7册,第498页。

甸厅来属①。乾隆三十五年二月，鹤庆府降为州，与剑川州俱来属；以丽江府亲辖地置丽江县②。至清末，领2厅：中甸、维西厅；2州：鹤庆、剑川州；1县：丽江县。

丽江县，附郭，乾隆三十五年二月以丽江府亲辖地置，治所即今云南丽江市古城区大研街道。

鹤庆州，乾隆三十五年二月降鹤庆府置，治所即今云南鹤庆县驻地云鹤镇。

剑川州，治所即今云南剑川县驻地金华镇。初属鹤庆府，乾隆三十五年二月来属。

维西厅，明为丽江府之地，康熙十三年被达赖喇嘛占据。雍正五年四月，移鹤庆府通判驻此③，治所即今云南维西傈僳族自治县驻地保和镇。乾隆二十一年五月来属。乾隆二十二年四月改通判为抚夷通判④。

中甸厅，明为丽江府之地，康熙初年被达赖喇嘛占据。雍正五年四月，设鹤庆府剑川州判驻此⑤，治所即今云南香格里拉县驻地建塘镇。乾隆二十一年五月来属。乾隆二十二年四月改州判为抚夷同知。

巨津州，治所在今丽江市玉龙纳西族自治县西北巨甸镇。康熙初年裁，地入丽江府。

通安州，附郭，治所在今丽江市古城区大研街道。康熙初年裁，地入丽江府。

10. 普洱府

明末为土司那昆之地。顺治十六年归附，旋因叛乱被杀，地入元江府。康熙三年，以元江府通判分防普洱，车里十二版纳仍属宣慰司。雍正七年闰七月，裁元江通判，以所属普洱等处六大茶山及橄榄坝内六版纳地设普洱府，治所即今云南宁洱哈尼族彝族自治县驻地宁洱镇。又设同知分驻攸乐，通判分驻思茅，其江外六版纳地仍属车里宣慰司，岁纳银于攸乐⑥。雍正十三年十月，以府亲辖地置附郭宁洱县，元江府属善政里猪山、惠远里西萨等地方来属⑦。乾隆三十五年二月，因元江府、镇沅府改为直隶州，他郎通判、威远同知不便由知州统率，一并来属⑧。乾隆三十八年五月，裁车里宣慰司⑨。乾隆四

---

① 《高宗实录》卷513乾隆二十一年五月乙未，《清实录》，第15册，第489页。
② 《高宗实录》卷852乾隆三十五年二月庚戌，《清实录》，第19册，第407页。
③ 《世宗实录》卷56雍正五年四月戊申，《清实录》，第7册，第862页。
④ 《高宗实录》卷536乾隆二十二年四月癸酉，《清实录》，第15册，第769页。
⑤ 《世宗实录》卷56雍正五年四月戊申，《清实录》，第7册，第862页。
⑥ 《世宗实录》卷84雍正七年闰七月丁酉，《清实录》，第8册，第127页。雍正《云南通志》卷4，第569册，第125页。
⑦ 《高宗实录》卷4雍正十三年十月甲戌，《清实录》，第9册，第218页。
⑧ 《高宗实录》卷852乾隆三十五年二月庚戌，《清实录》，第19册，第407页。
⑨ 《高宗实录》卷935乾隆三十八年五月丁亥，《清实录》，第20册，第590页。

十二年六月,复置车里宣慰司①。至清末,领3厅:思茅、威远、他郎厅;1县:宁洱县。

宁洱县,附郭,雍正十三年十月以府亲辖地置,治所即今云南宁洱哈尼族彝族自治县驻地宁洱镇。

思茅厅,雍正七年闰七月设通判驻思茅村②,治所即今云南普洱市思茅区驻地思茅镇。雍正十三年十月改通判为同知,攸乐厅并入③。

威远厅,明为威远土州。雍正二年改流,置直隶威远抚夷清饷同知④,治所在今云南景谷傣族彝族自治县驻地威远镇老街。雍正十三年十月降为厅,属镇沅府⑤。乾隆三十五年二月来属。

他郎厅,明为他郎寨,顺治十八年入元江府。雍正十年设通判⑥,治所在今云南墨江哈尼族自治县驻地联珠镇。乾隆三十五年二月来属。

攸乐厅,雍正七年闰七月设同知,驻攸乐,治所在今云南景洪市东基诺山乡。雍正十三年十月废,地入思茅厅。

11. 永昌府

治所即今云南保山市隆阳区城区。明为永昌军民府。顺治十六年,领1州2县:保山、永平县,腾越州领潞江安抚司⑦;又辖孟定土府⑧、湾甸土州、镇康土州、陇川宣抚司、南甸宣抚司、干崖宣抚司、芒市安抚司、猛卯安抚司、遮放副宣抚司、盏达副宣抚司、孟琏(即孟连)长官司,裁施甸、凤溪2长官司⑨。乾隆二十九年三月,耿马、猛连2宣抚司因距府遥远,往属路程较近的顺宁府⑩。乾隆三十年十一月,改为永昌府⑪。乾隆三十五年正月,置龙陵厅⑫;复置户撒、腊撒长官司⑬。嘉庆二十五年(1820)十月,升腾越州为直隶厅⑭。道光二年九月,腾越直隶厅降为厅,与原领各土司还属⑮。宣统二年五月,改镇康土州

---

① 《高宗实录》卷1034乾隆四十二年六月乙巳,《清实录》,第21册,第863页。
② 乾隆《清一统志》卷377,第483册,第74页。
③ 《高宗实录》卷4雍正十三年十月甲戌,《清实录》,第9册,第218页。
④ 雍正《云南通志》卷4,第569册,第121页。
⑤ 《高宗实录》卷4雍正十三年十月甲戌,《清实录》,第9册,第218页。
⑥ 乾隆《清一统志》卷377,第483册,第74页。
⑦ 万历《明会典》卷16,第108页。康熙《清会典》卷19,第1册上,第205页。
⑧ 按:康熙《云南通志》卷4作直隶于布政使司。
⑨ 乾隆《清一统志》380,第483册,第123页。按:康熙《云南通志》卷4永昌府只辖潞江安抚司。
⑩ 《高宗实录》卷707乾隆二十九年三月辛未,《清实录》,第17册,第896页。
⑪ 《高宗实录》卷748乾隆三十年十一月乙亥,《清实录》,第18册,第229页。
⑫ 《高宗实录》卷851乾隆三十五年正月丁未,《清实录》,第19册,第402页。
⑬ 光绪《清会典事例》卷557,第7册,第220页。《高宗实录》卷872乾隆三十五年十一月乙巳,《清实录》,第19册,第697页。
⑭ 《宣宗实录》卷7嘉庆二十五年十月乙巳,《清实录》,第33册,第162页。
⑮ 《宣宗实录》卷41道光二年九月壬辰,《清实录》,第35册,第740页。

为永康州。至清末,领2厅:腾越、龙陵厅;1州:永康州;2县:保山、永平县。

永昌府亲辖地,即孟定土府等土司地。

保山县,附郭,治所即今云南保山市隆阳区城区。

永平县,治所在今云南永平县驻地博南镇老街。乾隆二十四年,另建县城于和丘山(俗称西山)东麓①,称为新城(在老街西0.5公里),原县城称老街。同治十一年,迁治曲硐。光绪十八年,迁回老街。②

腾越厅,初为州,治所即今云南腾冲县驻地腾越镇。嘉庆二十五年十月升为直隶厅。道光二年九月降为厅。

龙陵厅,乾隆三十五年正月置,治所即今云南龙陵县驻地龙山镇。

永康州,原为镇康土州,光绪三十四年设委员治理③,宣统二年五月置州④。治德党,在今云南永德县东北永康镇。

12. 开化府

初为临安府所属教化、王弄山、安南长官司地,康熙五年八月改流置⑤。治所即今云南文山市驻地开化镇。领者乐甸长官司⑥。康熙八年,广西府维摩州维摩乡地并入。雍正七年十二月,以府亲辖地置附郭文山县⑦。嘉庆二十四年置安平厅。至清末,仍辖安平厅、文山县。

文山县,雍正七年十二月置,附郭,治所即今云南文山市驻地开化街道。

安平厅,嘉庆二十四年六月改开化府同知为分防安平抚彝同知⑧。驻地

---

① 光绪《永昌府志》卷10《城池》。
② 民国《永平县志稿》卷1《大事记》。
③ 《土司员缺久悬异族图袭拟请改流以弭边衅折》(光绪三十四年三月十二日),《锡良遗稿·奏稿》,第784页。
④ 《宣统政纪》卷36宣统二年五月戊午,《清实录》,第60册,第644页。《云贵总督李经羲奏镇康改流请添设知州巡检各缺折》,《政治官报》,宣统二年五月十九日,第34册,第319页。按:吴承湜《近六十年全国郡县增建志要》卷上谓"九月议行"。
⑤ 《圣祖实录》卷19康熙五年八月庚午,《清实录》,第4册,第277页。按:康熙《清会典》卷19谓康熙六年置府,当是实际设置年份。又道光《开化府志》卷2谓"康熙六年置开化府,领永定州。寻罢永定,专设府治"(第11页)。
⑥ 康熙《清会典》卷19,第1册上,第205页。
⑦ 《世宗实录》卷89雍正七年十二月辛亥,《清实录》,第8册,第200页。
⑧ 《仁宗实录》卷359嘉庆二十四年六月己酉,"改云南开化府同知为安平同知,澂江府司狱为安平同知司狱,裁丽江府经历,增设文山县分防县丞。从总督伯麟等请也。"(《清实录》,第32册,第739页)按:《宣宗实录》卷31道光二年三月己酉再次奏准:"改云南开化府同知为安平同知,割文山县东安、逢春、永平、三里俱隶管辖。改澂江府司狱为安平司狱,移驻开化府;丽江府经历为文山县江那县丞,移驻江那里。从总督史致光请也。"(《清实录》,第33册,第545页)道光《开化府志》卷2谓:"嘉庆二十五年总督伯麟奏准,改马白同知为安平抚彝同知,分管东安、逢春、永平三里,设司狱壹员。其开化、王弄、安南、乐农、江那五里仍属文山县管理。道光三年增设江那县丞。"(第12页)又谓:安平同知"原系清军督捕水利关防,专管边务。至嘉庆二十五年,经督抚奏准将马白同知改为分防安平抚彝同知,仍管边防税务,分管东安、逢春、永平三里命盗案件"(第15页)。

在今云南文山市驻地开化街道,辖东安、逢春、永平3里。光绪二十六年九月移驻马白关①,即今云南马关县驻地马白镇。

13. 东川军民府—东川府

治所即今云南会泽县驻地金钟镇。明末为东川军民府,属四川。清初因之②。康熙三十七年十二改流,设流官知府、经历③,裁土知府、土经历④。雍正四年四月,因与寻甸州接壤,来属⑤。雍正五年七月,置会泽县。雍正七年四月,会泽县迁治为附郭县⑥。乾隆三十年十一月,改为东川府。嘉庆十六年闰三月,置巧家厅。至清末,仍领会泽县、巧家厅。

会泽县,雍正五年七月置⑦,治巧家营,即今云南巧家县驻地白鹤滩镇。管辖马书、弩革、米粮坝、以扯汛等处⑧。因不便民众交粮,雍正七年四月迁至府治,为附郭县,治所即今云南会泽县驻地古城街道。"将通属钱粮命盗案件俱责征解承审,典史等官照前分驻,听其统辖,均属妥便。知府尚任统辖、督征之责。"⑨原由知府亲辖的区域由此并入。

巧家厅,嘉庆十六年闰三月设巧家厅同知⑩。治巧家营,即今云南巧家县驻地白鹤滩镇。

14. 昭通府

初为乌蒙军民府,治所在天梯梁子,在今云南昭通市昭阳区驻地龙泉街道西,属四川省,袭明制,无属领。又有镇雄军民府,属四川省,袭明制,领怀德、威信、归化、安静4长官司。雍正五年闰三月,两府改流,来属⑪。雍正六年二月,设乌蒙府、镇雄州、大关通判及永善县⑫。雍正九年,乌蒙府更名为昭通府,移治二木那,即今昭通市昭阳区驻地;置附郭恩安县,移同知驻大关、通判

---

① 《德宗实录》卷473 光绪二十六年九月戊戌,《清实录》,第58册,第230页。
② 康熙《清会典》卷19,第1册上,第198页。雍正《云南通志》卷4,第569册,第122页。
③ 《圣祖实录》卷191 康熙三十七年十二月辛亥,《清实录》,第5册,第1027页。
④ 嘉庆《清会典事例》卷29,第643册,第1299页。
⑤ 《世宗实录》卷43 雍正四年四月戊寅,《清实录》,第7册,第633页。
⑥ 《世宗实录》卷80 雍正七年四月辛卯,《清实录》,第8册,第52页。
⑦ 《世宗实录》卷59 雍正五年七月辛巳,《清实录》,第7册,第908页。
⑧ 《云贵总督鄂尔泰题云南东川府巧家营远离府城请在此设县并在东川设教授一员本》(雍正五年七月初二日),《雍正朝内阁六科史书·吏科》,第36册,第293页。
⑨ 《兼吏部尚书张廷玉题请准将云南会泽县改归附郭东川府经历分驻巧家营并设防汛官兵本》(雍正七年四月十七日),《雍正朝内阁六科史书·吏科》,第48册,第390页。
⑩ 《仁宗实录》卷241 嘉庆十六年闰三月丙申,《清实录》,第7册,第252页。
⑪ 《世宗实录》卷55 雍正五年闰三月癸亥,《清实录》,第7册,第831页;又卷59 七月辛巳,第908页。
⑫ 《世宗实录》卷66 雍正六年二月戊戌,《清实录》,第7册,第1011页。

驻鲁甸①。光绪三十四年十一月,因镇雄州距府较远,诸多不便,升为直隶州;析永善县地置靖江县②。至清末,领 2 厅:大关、鲁甸厅;3 县:恩安、永善、靖江县。

恩安县,雍正九年以乌蒙府地置,附郭,治所即今云南昭通市昭阳区驻地龙泉街道。

永善县,雍正六年二月以乌蒙府米贴地方置,治所在今云南永善县南黄华镇北米贴。雍正九年,迁莲峰③,即今县南莲峰镇。

大关厅,雍正六年二月置,治所即今云南大关县驻地翠华镇。

鲁甸厅,雍正九年置,治所即今云南鲁甸县驻地文屏镇。

靖江县,光绪三十四年十一月,析永善县副官村县丞地置。治副官村,在今云南绥江县驻地中城镇。

15. 景东直隶厅

明为景东土府,治所即今云南景东彝族自治县驻地锦屏镇。顺治十六年,沿明制,无属领④。康熙四年,设流官掌印同知⑤,仍设土知府。乾隆三十五年二月,因无属县,不成府制,降为直隶厅⑥,同时裁土知府⑦。

16. 蒙化直隶厅

明为蒙化土府,治所即今云南巍山彝族回族自治县驻地南诏镇。顺治十六年,沿袭明制。康熙四年,设流官掌印同知⑧。康熙六年,裁蒙化卫入府⑨。雍正七年闰七月,裁定边县,地入蒙化府⑩。乾隆三十五年二月,因无属县,不成府制,降为直隶厅⑪。

定边县,治所在今云南南涧彝族自治县驻地南涧镇,属楚雄府。雍正七年裁,地入蒙化府。

---

① 雍正《云南通志》卷 4,第 569 册,第 123 页。
② 《德宗实录》卷 586 光绪三十四年正月癸卯,《清实录》,第 59 册,第 748 页。《吏部奏议覆云贵总督奏请升镇雄州为直隶州暨添设知县等折》,《政治官报》,光绪三十四年十一月二日,第 14 册,第 34 页。
③ 《永善县志》,云南人民出版社,1995 年,第 34 页。
④ 万历《明会典》卷 16,第 107 页。康熙《清会典》卷 19,第 1 册上,第 204 页。
⑤ 嘉庆《清会典事例》卷 29,第 643 册,第 1297 页。
⑥ 《高宗实录》卷 852 乾隆三十五年二月庚戌,《清实录》,第 19 册,第 407 页。
⑦ 按:嘉庆《清会典事例》卷 29 谓康熙四年裁土知府,设流官(第 643 册,第 1297 页),但乾隆《清会典》等仍有景东府土知府。乾隆三十五年二月,一批府改为直隶厅州,裁知府,当同时裁土知府。
⑧ 嘉庆《清会典事例》卷 29,第 643 册,第 1297 页。
⑨ 雍正《云南通志》卷 4,第 569 册,第 142 页。
⑩ 《世宗实录》卷 84 雍正七年闰七月癸巳,《清实录》,第 8 册,第 126 页。
⑪ 《高宗实录》卷 852 乾隆三十五年二月庚戌,《清实录》,第 19 册,第 407 页。

17. 永北直隶厅

明为北胜州,直隶于布政司①。治所即今云南永胜县驻地永北镇。清顺治十六年,沿明制。康熙五年,降为州,改隶于大理府②。康熙二十六年,澜沧卫并入。康熙三十一年,复升直隶州③。康熙三十七年十月,升为永北府,并析鹤庆军民府原顺州之地来属,下辖永宁土府④。乾隆三十五年二月,因无属县,不成府制,降为直隶厅⑤。道光十九年,设蒗蕖土知州⑥。光绪三十四年正月,北胜土州改流,以土州地及华荣庄分防之地置华坪县。

华坪县,光绪三十四年十一月,以北胜土州地置⑦。治华荣庄,在今云南华坪县驻地中心镇。

18. 镇沅直隶厅

明为镇沅土府,在今云南镇沅彝族哈尼族拉祜族自治县西南按板镇南杏花村老城,领禄谷寨长官司⑧。雍正五年,改流,改者乐甸长官司为恩乐县来属⑨。禄谷寨长官司改流时间不详。雍正十三年十月,降威远直隶厅为厅来属;府属坝朗、坝木、坝痴3寨地划入元江府⑩。乾隆三十五年二月,因无附郭首县,且所辖州县较少,降为直隶州,威远同知改归普洱府管辖。道光二十年六月,改镇沅直隶州为直隶厅,裁恩乐县,并徙厅治于恩乐县城⑪,即今镇沅彝族哈尼族拉祜族自治县驻地恩乐镇。同治元年,迁回旧城⑫。

恩乐县,初为者乐甸长官司,直隶布政使司。雍正五年改流置县,治所即今云南镇沅彝族哈尼族拉祜族自治县驻地恩乐镇。道光二十年六月裁。

19. 镇边抚彝直隶厅

光绪十四年五月,析顺宁府缅宁俅黑族及孟连、猛猛2土司上改心、下改

---

① 万历《明会典》卷16,第108页。
② 康熙《清会典》卷19,第1册上,第203页。
③ 雍正《云南通志》卷4,第569册,第139页。乾隆《清一统志》卷387,第483册,第191页。
④ 《圣祖实录》卷190康熙三十七年十月己酉,《清实录》,第5册,第1017页。按:雍正《云南通志》卷24言顺州地于康熙三十八年属永北府,当为实际施行年份。
⑤ 《高宗实录》卷852乾隆三十五年二月庚戌,《清实录》,第19册,第407页。
⑥ 刘锦藻:《清朝续文献通考》卷325,第4册,第10658页。
⑦ 《德宗实录》卷586光绪三十四年正月癸卯,《清实录》,第59册,第748页。《吏部奏议覆云贵总督奏请升镇雄州为直隶州暨添设知县等折》,《政治官报》,光绪三十四年十一月二日,第14册,第34页。
⑧ 万历《明会典》卷19,第107页。
⑨ 雍正《云南通志》卷4,第569册,第140页。
⑩ 《高宗实录》卷4雍正十三年十月甲戌,《清实录》,第5册,第218页。
⑪ 《宣宗实录》卷335道光二十年六月辛未,《清实录》,第38册,第88页。
⑫ 《镇沅彝族哈尼族拉祜族自治县志》,云南人民出版社,1995年,第49页。

心等地置①,治圈糯(即谦糯,今云南澜沧拉祜族自治县东北谦六乡)。光绪十七年迁治猛朗坝,即今云南澜沧拉祜族自治县驻地猛朗镇。光绪十九年还治谦糯②。光绪二十年十一月,孟连宣抚司因距顺宁府治窎远,来属③。

20. 广西直隶州

明为广西府,治所即今云南泸西县驻地中枢镇。领3州。顺治十六年,沿明制,领3州:师宗、弥勒、维摩州④。康熙八年,裁维摩土州,以日者入弥勒州,维摩归广南、开化2府,以三乡四嶍地置三乡县。次年,裁三乡县,地入师宗州。雍正二年,移通判驻五嶍地方⑤。乾隆三十五年二月,因无首县,辖县太少,不符府制,降为直隶州,并将五嶍通判地划归曲靖府管辖,师宗、弥勒2州改为县⑥。乾隆四十一年十一月,因五嶍距曲靖府路程达八站,难以查察,还属,改驻州判⑦。道光二十年六月,以丘北县丞地置丘北县。至清末,领3县:师宗、丘北、弥勒县。

师宗县,初为师宗州,治所即今云南师宗县驻地丹凤街道,属广西府。康熙九年,三乡县裁入。乾隆三十五年二月降为县。

弥勒县,初为弥勒州,治所即今云南弥勒市驻地弥阳镇,属广西府。康熙八年,维摩州之日者乡裁入。雍正九年,日者乡划归师宗州⑧。乾隆三十五年二月改为县。

丘北县,初为师宗州丘北州同所辖日者乡及原阿迷州十四寨地。乾隆三十五年二月由师宗县丘北县丞管辖。道光二十年六月置县⑨,治所即今云南丘北县驻地锦屏镇。

维摩州,治所在今云南丘北县驻地锦屏镇以西。康熙八年裁。

三乡县,康熙八年以三乡四嶍地置,治所在今云南丘北县驻地西,属广西府。次年裁,地入师宗州⑩。

---

① 《德宗实录》卷255光绪十四年五月己未,《清实录》,第55册,第434页。《酌议猓黑改设镇边厅事宜折》,黄盛陆等标点:《岑毓英奏稿》,第923页。
② 《澜沧拉祜族自治县志》,云南人民出版社,1996年,第5页。
③ 《德宗实录》卷354光绪二十年十一月己亥,《清实录》,第56册,第610页。
④ 万历《明会典》卷16,第107页。康熙《清会典》卷19,第1册上,第204页。
⑤ 雍正《云南通志》卷4,第569册,第115页。
⑥ 《高宗实录》卷852乾隆三十五年二月庚戌,《清实录》,第19册,第407页。
⑦ 《高宗实录》卷1020乾隆四十一年十一月己巳,《清实录》,第21册,第675页。
⑧ 雍正《云南通志》卷4,第569册,第116页。
⑨ 《宣宗实录》卷335道光二十年六月辛未,《清实录》,第38册,第88页。
⑩ 雍正《云南通志》卷4,第569册,第116页。《清文献通考》卷289,第2册,第7386页。按:康熙《云南通志》卷4未见记载。

21. 武定直隶州

明为武定军民府，治所即今云南武定县驻地狮山镇。领和曲州（领元谋县）、禄劝州。顺治十六年，沿明制①。康熙五十七年，平定撒甸土司头目叛乱后，地入府，移同知驻其地。乾隆三十年十一月，改为武定府②。乾隆三十五年二月，因辖县太少，不成府制，降为直隶州；同时裁和曲州，禄劝州改县③。至清末，领2县：元谋、禄劝县。

元谋县，治所即今云南元谋县驻地元马镇。初属和曲州，后直属武定府。

禄劝县，初为禄劝州，治所即今云南禄劝彝族苗族自治县驻地屏山镇。乾隆三十五年降为县。

和曲州，附郭，治所即今云南武定县驻地狮山镇，领元谋县。乾隆三十五年二月废。

22. 元江直隶州

明为元江军民府，治所即今云南元江哈尼族彝族傣族自治县驻地澧江镇，领奉化州、恭顺州④。顺治十七年，改流，省奉化、恭顺2土州，领车里宣慰司⑤。雍正七年，析普洱等处置普洱府，车里宣慰司往属⑥。雍正十年三月，设通判于原恭顺州之他郎，临安府新平县来属⑦。雍正十三年十月，析府属之善政里、猪山者、鬼布林腊猛3乡及上下猛缅、猛松、左戛、磨铺萨等寨往属于普洱府；并析镇沅府属坝朗、坝木、坝痴3寨地方来属⑧。乾隆三十年十一月，改为元江府。乾隆三十五年二月，因无首县，辖县太少，不符府制，降为直隶州，他郎通判归属普洱府⑨。至清末，领新平县。

新平县，治所即今云南新平彝族傣族自治县驻地桂山镇。康熙五年，新化州并入，另编十二乡。初属临安府，雍正十年三月来属⑩。

恭顺州，治所在今云南墨江哈尼族自治县驻地联珠镇，顺治十七年载入元

---

① 万历《明会典》卷16，第107页。康熙《清会典》卷19，第1册上，第204页。
② 嘉庆《清会典事例》卷29，第643册，第1306页。
③ 《高宗实录》卷852乾隆三十五年二月庚戌，《清实录》，第19册，第407页。
④ 《明史》卷46，第4册，第1180页。雍正《云南通志》卷4，第569册，第118页。
⑤ 雍正《云南通志》卷18，第569册，第118页。按：康熙《云南通志》卷4、乾隆《清一统志》卷385作顺治十八年改流，雍正《云南通志》卷4作顺治十六改流。
⑥ 雍正《云南通志》卷4，第569册，第118页。
⑦ 《世宗实录》卷116雍正十年三月庚辰，《清实录》，第8册，第547页。
⑧ 《高宗实录》卷4雍正十三年十月甲戌，《清实录》，第9册，第218页。
⑨ 《高宗实录》卷852乾隆三十五年二月庚戌，《清实录》，第19册，第407页。
⑩ 《世宗实录》卷116雍正十年三月庚辰，《清实录》，第8册，第547页。

江府①。

奉化州,治所在今云南元江哈尼族彝族傣族自治县驻地澧江镇,顺治十七年裁入元江府。

23. 镇雄直隶州

明为镇雄土府,治所即今云南省镇雄县驻地乌峰街道。清初属四川省,领4长官司:怀德、威信、归化、安静长官司②。雍正五年,改土归流,来属③。雍正六年二月改为州,属乌蒙府④。后属昭通府。光绪三十四年十一月,因距府城较远,诸多不便,升为直隶州;又因州境纵三百四十里,横六百四十里,析置彝良县⑤。

彝良县,光绪三十四年十一月析镇雄州彝良州同地置。治角奎乡,在今云南彝良县驻地角奎镇。

24. 盐课提举司

黑盐井提举司,在今云南禄丰县西北黑井镇。初属楚雄府。康熙四十五年改为直隶于盐法道,领黑盐井及广通县阿陋、猴井2盐课司,有大井、新井、沙井、东井、复隆井等5大使井⑥。管辖区域东西广六里,南北袤十二里⑦,在楚雄府定远县境内。

白盐井提举司,在今云南大姚县西北石羊镇。初属姚安军民府。康熙四十五年改为直隶于盐法道,领白盐井及安丰井,下辖观音井、旧井、乔井、尾井等5大使井,每井又分为正井、沙井。管辖区域在楚雄府姚州境内。

石膏井提举司,同治十三年(1874)七月设⑧。在今云南宁洱哈尼族彝族自治县南同心乡石膏井。光绪二十一年移驻磨黑井,在今宁洱县东北磨黑镇。管理区域在普洱府宁洱县境。

琅盐井提举司,在今云南禄丰县西北妥安镇西琅井。初属楚雄府。康熙四十五年改为直隶于盐法道。管辖区域东、西、南、北广袤各六里,在楚雄府定

---

① 按:恭顺、奉化2州是否为土州,不详。
② 康熙《四川总志》卷4,第44页。
③ 《世宗实录》卷55雍正五年闰三月癸亥,《清实录》,第7册,第831页。
④ 《世宗实录》卷66雍正六年二月戊戌,《清实录》,第7册,第1011页。
⑤ 《德宗实录》卷586光绪三十四年正月癸卯,《清实录》,第59册,第748页。《史部奏议覆云贵总督奏请升镇雄州为直隶州暨添设知县等折》,《政治官报》,光绪三十四年十一月二日,第14册,第34页。
⑥ 道光《云南志钞》卷1,《云南史料丛刊》,第11卷,第449页。
⑦ 按:乾隆《清一统志》卷379将黑盐井提举司至邻治的里距,误作为至邻界的里距。
⑧ 《穆宗实录》卷368同治十三年七月戊申,《清实录》,第51册,第874页。

远县境内。同治十三年七月裁。

25. 已裁议设府级政区、

寻甸军民府，治所即今云南寻甸彝族自治县驻地仁德镇。顺治十六年，沿明制。康熙八年降为州，属于曲靖军民府①。

姚安府，明为姚安军民府，治所即今云南姚安县驻地栋川镇。领附郭姚州，姚州领大姚县，又有白盐井提举司。顺治十六年，沿明制，仍领姚州、大姚县和白盐井提举司②。康熙四十五年，改提举司直隶于布政使。雍正五年八月，裁姚安府土同知，改设流官③。乾隆三十五年二月，因只辖1州1县，不成府制，被裁，姚州、大姚县往属楚雄府④。

鹤庆府，明为鹤庆军民府，治所即今云南鹤庆县驻地云鹤镇，领剑川州、顺州。清顺治十六年，沿明制。康熙七年八月，裁顺州，地入于府⑤。康熙三十八年，析原顺州地往属永北府⑥。雍正四年四月，四川阿墩子地方来属⑦。雍正五年四月，移通判驻维西，添设剑川州州判驻中甸，是为维西厅、中甸厅⑧。乾隆二十一年五月，因地接丽江府，维西厅、中甸厅往属⑨。乾隆三十五年二月降为州，与剑川州一起往属丽江府⑩。

威远直隶厅，明为威远土州，直隶布政使司。顺治十六年因之。雍正二年，土知州刀光焕有罪革职⑪。雍正三年四月，改土归流，裁土知州，设抚夷清饷同知驻威远⑫，治所在今云南景谷傣族彝族自治县驻地威远镇老街。直隶于布政使司。雍正十三年十月，降为厅，往属于镇沅府⑬。

腾越直隶厅，初为腾越州，治所即今云南腾冲县驻地腾越镇，属永昌府。嘉庆二十五年十月升为直隶厅。道光二年九月降为厅，往属永昌府。

---

① 《圣祖实录》卷31康熙八年八月己丑，《清实录》，第4册，第419页。按：康熙《清会典》卷19言"康熙八年改州，九年隶曲靖府"，当为实际施行年份。
② 万历《明会典》卷16，第107页；康熙《清会典》卷19，第1册上，第204页。
③ 《世宗实录》卷60雍正五年八月甲申，《清实录》，第7册，第912页。
④ 《高宗实录》卷852乾隆三十五年二月庚戌，《清实录》，第19册，第407页。
⑤ 《圣祖实录》卷26康熙七年八月己卯，《清实录》，第4册，第367页。
⑥ 雍正《云南通志》卷4，第569册，第136页。
⑦ 《世宗实录》卷43雍正四年四月癸亥，《清实录》，第7册，第627页。雍正《云南通志》卷6，第569册，第175页。
⑧ 《世宗实录》卷56雍正五年四月戊申，《清实录》，第7册，第862页。
⑨ 《高宗实录》卷513乾隆二十一年五月乙未，《清实录》，第15册，第489页。
⑩ 《高宗实录》卷852乾隆三十五年二月庚戌，《清实录》，第19册，第407页。
⑪ 雍正《云南通志》卷4，第569册，第121页。
⑫ 《世宗实录》卷31雍正三年四月乙未，《清实录》，第7册，第481页。
⑬ 《高宗实录》卷4雍正十三年十月甲戌，《清实录》，第9册，第217页。

靖边直隶厅,宣统三年三月议设,治王布田①,即今云南金平苗族瑶族傣族自治县驻地金河镇。辖区拟定为"蒙自、建水、文山(元)江外各土司地方,均归管辖,经征粮税,审理民刑"②。未实行③。

六、土司

1. 云南府

罗次县土知县,清平云南授职。在今云南禄丰县东北碧城镇。后因无军功不准世袭。

2. 大理府

大理府属:

十二关长官司副长官④,清平云南授职⑤。治所在今云南大姚县西渔泡江东岸。一说在今宾川县东北拉马⑥。管地东至姚安府白盐井界一百二十里,西至云南县界一百五十里,南到姚安府界三百里,北至宾川州界一百七十里⑦。

邓川州土知州,清平云南授职,治所在今云南洱源县东南邓川镇西。雍正四年革职⑧。一说雍正六年裁⑨。

赵州属:

定西岭巡检司土巡检,清平云南授职,在今云南大理市东南红岩至凤仪间之定西岭。

云南县属:

土县丞,清平云南授职,在今云南祥云县驻地祥城镇。

土主簿,清平云南授职,在今云南祥云县驻地祥城镇东土官村。

浪穹县属:

土典史,清平云南授职,在今云南洱源县驻地玉湖镇。

凤羽乡巡检司土巡检,清平云南授职,在今云南洱源县南。

---

① 《吏部会奏遵议滇督奏请裁设同知各缺折》,《政治官报》,宣统三年三月三十日,第1253号,第43册,第527页。
② 刘锦藻:《清朝续文献通考》卷135,第2册,第8951页。
③ 吴承湜:《近六十年全国郡县增建志要》卷上,第81页。按:吴承湜谓"该厅似未实行",1912年8月13日公布的《众议院议员各省复选区表》云南省亦无靖边厅。
④ 按:光绪《清会典事例》卷588谓属大理府,雍正《云南通志》卷24排列在云龙州之后。
⑤ 光绪《清会典事例》卷588,第7册,第614页。
⑥ 牛平汉:《清代政区沿革综表》,第399页。
⑦ 民国《新纂云南通志》卷173,第7册,第665页。
⑧ 雍正《云南通志》卷24,第570册,第227页。
⑨ 咸丰《邓川州志》卷10《官师志·土知州》,第30页。

上江嘴巡检司土巡检,清平云南授职,在今云南洱源县西南炼铁乡上江嘴。

下江嘴巡检司土巡检,清平云南授职,在今云南洱源县西南炼铁乡下江嘴。

蒲陀腔巡检司土巡检,清平云南授职,在今云南洱源县东南。

云龙州属:

箭杆场巡检司土巡检,清平云南授职,在今云南云龙县东新荣镇。

3. 临安府

亏容甸长官司副长官①,清平云南授职。驻地在今云南红河县驻地东牛多乐村。管地东至慢车乡界十五里,西至元江直隶州界十五里,南至溪处乡界十五里,北至石屏州界十五里②。"所辖夷人三种,村落二十。"③

纳更山巡检司土巡检,在今云南元阳县东南上新城乡。"旧司治在纳更山下,今界蛮尹、冷敦二山之间","所辖夷人四种,寨八十有三"④。或谓清初有纳更长官司,康熙二年裁并临安府⑤。

纳楼茶甸长官司副长官,清平云南时授职。驻地在今云南建水县南官厅镇。"辖夷人五种,村落一百有三。"⑥管地东至黑江越南界六百里,西至石屏州云台里界一百里,南至元江直隶州界四百里,北至府城南关纸房铺界八十里⑦。光绪九年裁,改为四土舍。

左能寨长官司副长官,清平云南时授职,驻地在今云南红河县西南宝华乡嘎他。管地东至瓦渣乡界十里,西至思陀乡界十里,南至溪处瓦渣界二十里,北至落恐乡界五里⑧。"所辖夷人惟窝泥一种,村落八。"⑨后无人应袭⑩。或谓清初降为土舍⑪。

落恐甸长官司副长官,清平云南时授职,驻地在今云南红河县西南宝华乡

---

① 按:光绪《清会典事例》卷557谓"后裁",但同书卷588及《清朝续文献通考》卷325均有。
② 道光《云南志钞》卷1,《云南史料丛刊》,第11卷,第435页。
③ 道光《云南志钞》卷7,《云南史料丛刊》,第11卷,第585页。
④ 道光《云南志钞》卷7,《云南史料丛刊》,第11卷,第587页。
⑤ 康熙《清会典》卷19,第1册上,第203页。按:康熙《云南通志》卷四亦作纳更土巡检司。
⑥ 民国《新纂云南通志》卷176,第7册,第718页。
⑦⑧ 道光《云南志钞》卷1,《云南史料丛刊》,第11卷,第435页。
⑨ 道光《云南志钞》卷7,《云南史料丛刊》,第11卷,第586页。
⑩ 雍正《云南通志》卷24,第570册,第221页。按:《清朝文献通考》卷289、《清朝续文献通考》卷325均有此土司。
⑪ 道光《云南志钞》卷7,《云南史料丛刊》,第11卷,第586页。

龙甲村。管地东至瓦渣乡界五十里,西至思陀乡界三十里,南至左能乡界五里,北至元江直隶州界十五里①。"所辖夷人惟窝泥一种,村落十。"②后因号纸遗失,降为土舍③。

思陀甸长官司副长官,清平云南时授职。驻地在今云南红河县西南乐育乡。管地东至落恐乡界十里,西至元江直隶州界十五里,南至元江州界五十里,北至元江州界十里④。康熙二十年降为土舍⑤。"所辖夷人惟窝泥一种,村落二十有六。"⑥

溪处甸长官司,一作溪处长官司,副长官,或谓土舍⑦,清平云南授职,驻地在今云南红河县东石头寨乡。康熙四年因叛乱伏诛。所辖"村落四十有二"⑧。

瓦渣乡长官司,一作瓦渣长官司,副长官,清平云南时授职,驻地喇博,在今云南红河县藤条江南⑨。康熙四年因叛乱伏诛。

阿迷州,初为土目,康熙五年七月因助剿有功授土知州职⑩。驻地在今云南开远市灵泉街道。雍正四年革职。一说康熙三十五年革职⑪。

宁州土知州,清平云南时授职,治所即今云南华宁县驻地宁州镇。顺治十七年降州同,次年因功复原职。康熙四年因叛乱被诛。

嶍峨县土知县、土主簿,清平云南时授职,治所在今云南峨山彝族自治县驻地双江镇。康熙四年因叛乱被诛。

4. 楚雄府

楚雄县属:

土县丞,在今云南楚雄市驻地鹿城镇。有缉捕之责,无专管地方⑫。一说管地东至广通县阿难涧哨三十五里,南至碍嘉龙冈壤接景东三百四十里,西至镇南县长坡五十里,北至定远县水塘哨四十里⑬。

---

① 道光《云南志钞》卷1,《云南史料丛刊》,第11卷,第425页。
②③ 道光《云南志钞》卷7,《云南史料丛刊》,第11卷,第586页。
④ 道光《云南志钞》卷1,《云南史料丛刊》,第11卷,第435页。
⑤⑥ 道光《云南志钞》卷7,《云南史料丛刊》,第11卷,第585页。
⑦ 康熙《云南通志》卷4《建置》。
⑧ 道光《云南志钞》卷7,《云南史料丛刊》,第11卷,第586页。
⑨ 嘉庆《临安府志》卷18《土司志》。卢朝贵:《红河哈尼族土官世系源流考》,《哈尼族研究文集》,云南大学出版社,1991年,第200页。
⑩ 《圣祖实录》卷19康熙五年七月乙酉,《清实录》,第4册,第274页。
⑪ 嘉庆《清会典事例》卷29,第643册,第1298页。
⑫ 《高宗实录》卷1232乾隆五十年六月庚辰,《清实录》,第24册,第533页。道光《云南志钞》卷1,第11卷,第421页。
⑬ 民国《新纂云南通志》卷173,第7册,第668页。

镇南州属：

土州同、土州判，清平云南授职。在今云南南华县驻地龙川镇。土州同管地东至昌合石人哨交楚雄县界二十五里，南至马龙河交楚雄河南界五十五里，西至索厂大松林交本州西界十五里，北至罗平关交定远界三十里。土州判管地东北至定远姚州交界二十五里，西至普溯堡六十里，南至楚雄景东界一百二十里①。

5. 澂江府

新兴州属：

土州判，康熙十九年因功授职，驻东山，在今云南玉溪市红塔区南研和镇东山村。"领夷寨四十九，土练二百一十六。"②

6. 广南府

广南府土知府，清平云南后授职。在今云南广南县驻地莲城镇。顺治十八年改流，设土同知。

富州土知州，清平云南时授职。治所在今云南富宁县东归朝镇。设有土同知、土知州等管辖地方③。管地东至广西土田州界一百里，南至广西镇安土州界三十里，西至宝宁界一百里，北至广西泗城府界一百里④。一说辖112寨、10 737户，东至广西土田州界一百七十里，南至广西小镇安土司界五十里，西至本府西洋江界一百八十里，北至广西城府界一百五十里⑤。光绪二十六年三月改流设富州厅⑥。

7. 顺宁府

耿马宣抚司，明直隶布政司。清平滇授职。在今云南耿马傣族佤族自治县驻地耿马镇。后因裁撤道员，直隶于布政使司，仍羁縻于永昌府⑦。乾隆二十九年三月改属顺宁府，"遇紧要边情，报永顺镇道暨顺宁府会商速办，常行事仍报迤西（道）兼报顺宁府备案"⑧。一说乾隆二十九年裁，三十九年复置⑨。

---

① 民国《新纂云南通志》卷173，第7册，第669页。
② 道光《云南志钞》卷1，第11卷，第442页。
③ 《高宗实录》卷28乾隆元年十月甲子，《清实录》，第9册，第598页。
④ 道光《云南志钞》卷1，《云南史料丛刊》，第11卷，第443页。
⑤ 民国《新纂云南通志》卷173，第7册，第670页。
⑥ 《德宗实录》卷461光绪二十六年三月癸卯，《清实录》，第58册，第36页。《清朝续文献通考》卷136，第2册，第8964页。按：《清朝续文献通考》卷325载广南府下仍有土富州。
⑦ 乾隆《清一统志》卷381，第483册，第145页。雍正《云南通志》卷24，第570册，第228页。
⑧ 《高宗实录》卷707乾隆二十九年三月辛未，《清实录》，第17册，第896页。
⑨ 光绪《清会典事例》卷588，第7册，第614页。按：《高宗实录》卷752乾隆三十一年正月壬午载，云贵总督刘藻言耿马土司罕国楷已死；《高宗实录》卷907乾隆三十七年四月辛巳载，以云南大理府属耿马土司罕国楷侄朝瑗袭职。在此期间，耿马土司无正式头目。《事例》所言或即此事。

管辖耿马、猛猛地方。管猛猛、猛渗、猛角、猛董、猛撒、猛永村寨,东至腊渗江野人界一百三十里,南至猛董狉猁界一百里,西至南滚河界一百三十里,北至遮放界一百五十里①。一说管地纵五百里,横二百五十里,东北界顺宁,东界云州,东南界缅宁,南界镇边,西南界班洪,西界孟定,西北界麻栗坝,北界镇康②。

猛猛巡检司土巡检,康熙五十四年归附授职,在今云南双江拉祜族佤族布朗族傣族自治县境。初属永昌府,乾隆二十九年来属③。管地东至浪沧江九十里威远界,南至腊撒江九十五里孟连界,西至课散一百里野人狉猁界,北至南班竿一百里缅宁界。

猛麻巡检司土巡检,一作大猛麻,清平云南授职,在今云南云县东南勐麻。管地东至大江边一百里景东界,南至迤乃八十里缅宁界,西至邦畹一百里缅宁界,北至南案一百二十里云州界。

猛缅长官司,清平滇授职,在今云南临沧市临翔区驻地凤翔街道。初授宣抚司,后改长官司。乾隆十年九月,因土司肆意苛虐,所辖五十村寨土民请求改土归流④。乾隆十二年改流,设缅宁厅。

8. 曲靖府

沾益州土知州,清平云南授职,在今云南省宣威市驻地宛水街道。雍正四年,因不法革职。次年,以其地置宣威州。

平彝县属:

土县丞,初为亦佐县土县丞,清平云南授职,在今云南富源县东南亦佐。康熙八年裁县,地入罗平州。康熙三十五地属平彝县,仍设土县丞⑤。

9. 丽江府

丽江军民府,清平云南授职,在今云南丽江市古城区大研街道。因不能管辖土人,雍正三年六月改流,改设土通判。

宝山州土知州,清平云南授职,治所在玉龙纳西族自治县东北宝山乡宝山。康熙初年裁,地入丽江府。

兰州土知州,清平云南授职,治所在今兰坪白族普米族自治县驻地金顶镇。康熙初年裁,地入丽江府。

---

① 光绪《续修顺宁府志稿》卷 23《土司》。
② 民国《新纂云南通志》卷 176,第 7 册,第 723 页。
③ 光绪《续修顺宁府志稿》卷 23《土司》。
④ 《高宗实录》卷 248 乾隆十年九月癸酉,《清实录》,第 12 册,第 198 页。
⑤ 嘉庆《清会典事例》卷 29,第 643 册,第 1298 页。

鹤庆州属：

鹤庆州土通判，在今云南鹤庆县驻地云鹤镇。初为土武官，康熙二十二年改授土通判。乾隆三十五年因降鹤庆府为州，旋改土通判。乾隆五十年改为正六品土官①。不管地方。一说管地东至金沙江地坡一百一十里，南至罗川姜营一百三十里，西至观音山白沙河一百五十里，又西至炼坪哨八十里，北至西登三十里②。

鹤庆州在城驿土驿丞，清平云南授职，在今云南鹤庆县驻地云鹤镇。管地东至顺州一百四十里，南至观音山一百二十里，西至剑川八十里，北至丽江八十里③。

观音山土司，初为土巡检，清平云南授职，在今云南鹤庆县西。乾隆五十年改为从九品土官④。不管地方。一说管地东至大松坪十里，南至白沙河三十里，西至落磨哨五里，北至喇咱坡十里⑤。

观音山驿土驿丞，清平云南授职，在今云南鹤庆县西。管地东至罗川大石头云南县界六十里，南至浪穹县界四十里，西至剑川县界八十里，北至在城驿界一百二十里⑥。

剑川州属：

剑川州土千户，清平云南授职，在今云南剑川县驻地金华镇。康熙二十二年改授州判。雍正九年，因遗失号纸被革⑦。一说康熙二十二年裁⑧。

10. 普洱府

思茅厅属：

车里宣慰司，顺治十七年归顺授印⑨，在今云南景洪市东北小孟养。初属元江府，雍正九年改属普洱府。乾隆三十八年五月，因土司携眷外逃被裁⑩。乾隆四十二年复设。清同治后迁至今景洪市驻地。

威远厅属：

---

① 道光《云南志钞》卷7，《云南史料丛刊》，第11卷，第599页。
② 民国《新纂云南通志》卷176，第7册，第726页。
③ 民国《新纂云南通志》卷173，第7册，第676页。
④ 道光《云南志钞》卷7，第11卷，第599页。
⑤⑥ 民国《新纂云南通志》卷173，第7册，第676页。
⑦ 道光《云南志钞》卷8，第11卷，第647页。
⑧ 光绪《清会典事例》卷557，第7册，第220页。
⑨ 《世祖实录》卷139顺治十七年八月丙申，《清实录》，第3册，第1075页；又卷143十二月癸卯，第1102页。
⑩ 《高宗实录》卷935乾隆三十八年五月丁亥，《清实录》，第20册，第590页。

威远州，清平云南授职，设直隶土知州。治所在今云南景谷傣族彝族自治县驻地威远镇老街。雍正二年，土知州有罪革职①。雍正三年四月，改土归流，裁土知州，设抚夷清饷同知。

11. 永昌府

永昌府属：

孟定府土知府，清平云南授职。在今云南耿马傣族佤族自治县西孟定。管地东至顺宁府云州界，西至木邦界，南至孟连长官司界，北至镇康土州界②。

湾甸州土知州，清平云南授职。在今云南昌宁县西南湾甸镇。管地东至裁缝寨六十里顺宁府界，南至怕难二十里镇康州界，西至猛波罗二十里镇康州界，北至马蚁堆坡二十里姚关界③。

镇康州土知州，清平云南授职。在今云南永德县东北永康。东界顺宁府，西界潞江土司，南界耿马土司，北界湾甸土州④。宣统二年五月改流⑤，设永康州。

永平县属：

永平县土县丞，在今云南永平县驻地博南镇南曲硐。雍正五年因罪革职。

腾越厅属：

猛卯安抚司，清平云南授职。在今云南瑞丽县驻地勐卯镇。一说后改为宣抚使司副使⑥。管地东至遮放抵南弄六十里，南至木邦界抵江边十里，西至孟密界暮习天马关八十里，北至陇川界邦中山顶四十里⑦。

陇川宣抚司，清平云南授职。在今云南陇川县西南弄巴。管地东至猛古猛卜一百八十里，南至莫日习浦鸠河一百八十里，西至干崖蛮洒山八十里，北至杉木笼山顶八十里⑧。

干崖宣抚司，清平云南授职。在今云南盈江县驻地平原镇。管地东至南甸宣抚司界四十里，西至盏达宣抚司界五十里，南至陇川宣抚司界八十里，北至南甸宣抚司界五十里⑨。

---

① 雍正《云南通志》卷4，第569册，第121页。
② 民国《新纂云南通志》卷177，第7册，第732页。
③ 民国《新纂云南通志》卷177，第7册，第733页。
④ 道光《云南志钞》卷1，《云南史料丛刊》，第11卷，第425页。
⑤ 《宣统政纪》卷36宣统二年五月戊午，《清实录》，第60册，第644页。
⑥ 光绪《清会典事例》卷557，第7册，第220页。
⑦ 民国《新纂云南通志》卷177，第7册，第738页。
⑧ 民国《新纂云南通志》卷177，第7册，第735页。
⑨ 民国《新纂云南通志》卷177，第7册，第737页。

南甸宣抚司,清平云南授职。在今云南梁河县东北,后又迁治今梁河县驻地遮岛镇。管地东至蒲窝一百二十里,南至小陇川杉木笼山顶一百二十里,西至干崖河边七十里,北至半个山顶八十里①。

盏达宣抚司副宣抚使,清平云南授职。在今云南盈江县西北盏莲花山。管地东至海巴江五十里,南至铜壁关一百二十里,西至巨石关八十里,北至万仞关七十里②。

户撒长官司,清平云南授职。在今云南陇川县北户撒。康熙五十一年革,乾隆三十五年复职,归腾越州管辖③。一说雍正二年裁,乾隆三十六年复设④。管地东至陇川山,南至措撒隔界沟,西至干崖山,北至拿旋山,幅员一百四十里。寨64,编户1110⑤。

腊撒长官司,清平云南授职。在今云南陇川县北腊撒。雍正二年革职,乾隆三十五年复职,归腾越州管辖。管地东至陇川十五里,南至蛮莫外夷三十里,西至干崖蛮撒二十里,北至户撒二十里。寨31,户450⑥。

龙陵厅属:

潞江安抚司,清平云南授职。在今云南保山市隆阳区西南怒江坝。初属永昌府。管地东至大渡口十里,南至养渡河草坝八十里,西至高良工分水岭六十里,北至千党河荡袭八十里⑦。

芒市安抚司,清平云南授职。在今云南芒市驻地勐焕街道。管地东至平戛山三里,南至遮放十里,西至猛徕山五里,北至猛弄十里⑧。

遮放宣抚司,宣抚副使,清平云南授职。在今云南芒市西南遮放镇。管地东至猛古邦关一百里,南至腊列八十里,西至岳江边六十里,北至三十六道水六十里⑨。

12. 开化府

开化府属:

教化三部长官司副长官,清平云南授职。在今云南文山市西。康熙四年

---

① 民国《新纂云南通志》卷177,第7册,第736页。
② 民国《新纂云南通志》卷177,第7册,第737页。
③ 《高宗实录》卷872乾隆三十五年十一月乙巳,《清实录》,第19册,第697页。
④ 道光《云南志钞》卷1,《云南史料丛刊》,第11卷,第426页。
⑤⑥ 民国《新纂云南通志》卷177,第7册,第739页。
⑦ 民国《新纂云南通志》卷177,第7册,第733页。
⑧ 民国《新纂云南通志》卷177,第7册,第734页。
⑨ 民国《新纂云南通志》卷177,第7册,第733页。

叛乱,康熙五年八月改流,地属开化府①。

王弄山长官司副长官,清平云南授职。在今云南文山市西回龙。康熙四年因叛乱被革,地属开化府。

13. 东川府

巧家厅属:

木期古土千户,一作木期古寨,乾隆三十一年设,在今四川宁南县东金沙江畔。初属会泽县,嘉庆十六年改隶巧家厅管辖,铃记仍旧②。管木期古二十一寨,东至金沙江界八十分阶段,西至披沙土百户深沟界九十里,南到拖姑河南支鲁山界六十里,北至阿布鲁村界二百四十里③。

14. 昭通府

乌蒙军民府,见"昭通府"。

15. 景东直隶厅

景东府土知事,清平云南授职。在今云南景东彝族自治县驻地锦屏镇。随土知府管理民事,康熙四年改土归流后听流官调遣。一说管地东至者干一百二十里碍嘉州判界,东南至者后一百里者乐甸镇沅界,南至猛统者只哨一百二十里播猛、按板威乐界,西南至戛里村二百四十里澜沧江界,西至保甸巡检司一百五十里云州界,西北至羊街二百六十里公郎蒙化界,北至安定铺一百四十里雀田蒙化界,东北至火石哨七村镇南州界④。

保甸巡检司土巡检,清平云南授职。在今云南景东彝族自治县西北保甸。

三岔河巡检司土巡检,清平云南授职。在今云南景东彝族自治县北三岔河。

板桥驿土驿丞,清平云南授职。在今云南景东彝族自治县北。管地东至后山领十里本厅海村界,南至镇彝哨十五里,西至回黑山村前山界十里,北至猪街二十里⑤。

景东府,土知府,清平云南授职。在今云南景东彝族自治县驻地锦屏镇。参见"景东直隶州"。

16. 蒙化直隶厅

蒙化府土知府,清平云南授职,在今云南巍山彝族回族自治县驻地南诏镇。管蒙城、新兴、安边3乡,并隆城、色左、三村、谷波罗、枫木桥、小庄、团山、

---

① 《圣祖实录》卷19康熙五年八月庚午,《清实录》,第4册,第277页。康熙《云南通志》卷4《建置郡县》。
② 道光《云南志钞》卷7,第11卷,第621页。
③ 民国《新纂云南通志》卷174,第7册,第693页。
④⑤ 民国《新纂云南通志》卷175,第7册,第701页。

喇把、六五、朵阿村、八寨倮夷土舍。管地东至滥泥哨五十里赵州界,南至澜沧江一百六十里云州界,西至杉松哨一百四十里顺宁府界,北至三台岭一百里赵州界,又南至南涧安定铺二百六十里景东界①。参见"蒙化直隶厅"。

南涧巡检司土巡检,初为定边县土县丞,清平云南授职。在今云南南涧彝族自治县驻地南涧镇。雍正七年裁定边县,属蒙化府。道光二十八年九月改设土巡检②。管地东至高山哨二十里赵州界,南至雀田哨八十里景东界,西至雀山哨五十里蒙化界,北至平安哨二十五里蒙化界③。

17. 永北直隶厅

永宁府土知府,明领剌次和、瓦鲁之、革甸、香罗 4 长官司。在今云南宁蒗彝族自治县西北永宁。清顺治十六年为军民府,废 4 长官司。④ 康熙三十七年十月,裁掌印同知,属永北府。⑤ 管地东至四川盐井卫界六十里,西至丽江县八十里,南至本厅一百四十里,北至刘卜蒙古黄喇嘛界一百六十里⑥。

蒗蕖州土知州,清平云南授职。在今云南宁蒗彝族自治县驻地大兴镇。或谓久裁⑦,一说明天启中已并入北胜州⑧,或云清初授职⑨,康熙三十一年改土舍。道光二十七年赏加运同衔⑩,一说道光十九年复为土知州⑪。管地东至格纳忠一百里四川中所界,南至站河一百二十里章土司界,西至金形一百八十里丽江府界,北至卡西坡一百二十里永宁土府界⑫。

顺州土州同,清平云南授职,在今云南永胜县西南顺州。管地东至北胜土州界四十里,西至丽江府界六十里,南至鹤庆州界四十里,北至丽江府界五十里⑬。

北胜州,初设土同知管州事、土州同,清平云南授职。在今云南永胜县驻

---

① 民国《新纂云南通志》卷 175,第 7 册,第 702 页。
② 《宣宗实录》卷 459 道光二十八年九月甲午,《清实录》,第 39 册,第 799 页。
③ 民国《新纂云南通志》卷 175,第 7 册,第 702 页。
④ 康熙《云南通志》卷 4《建置》。
⑤ 《圣祖实录》卷 190 康熙三十七年十月己酉,《清实录》,第 5 册,第 1017 页。
　　按:雍正《云南通志》卷 24 言康熙三十八年改属永北府,当为实际施行年份。
⑥ 民国《新纂云南通志》卷 177,第 7 册,第 740 页。
⑦ 雍正《云南通志》卷 24,第 570 册,第 235 页。
⑧ 乾隆《清一统志》卷 387,第 483 册,第 193 页。
⑨ 光绪《清会典事例》卷 32,第 1 册,第 411 页。
⑩ 民国《新纂云南通志》卷 177,第 7 册,第 741 页。
⑪ 《清朝续文献通考》卷 325,第 4 册,第 10658 页。
⑫ 民国《新纂云南通志》卷 177,第 7 册,第 741 页。
⑬ 道光《云南志钞》卷 1,《云南史料丛刊》,第 11 卷,第 429 页。

地永北镇。属北胜州流官知州。康熙三十七年十月,北胜州升为永北府,设流官知府等,同时改土官为北胜州土知州、土州同。土知州管地东至马喇长官司三百里四川界,南至铁索箐二百七十里宾川州界,西至所属苴草郎七十里孙土司界,北至老鸦箐十五里章土司界①。土州同管地东至四川长官司界三百里,南至高土司界十五里,西至龙潭汉民界十里,北至菠薁站河界一百二十里②。光绪十七年九月,土州同改土归流,设永北直隶厅经历。光绪三十四年十一月,土州改流,设华坪县③。保留土知州,不理民事。

18. 镇沅直隶厅

镇沅府土知府,见"镇沅直隶州"。

者乐甸长官司,清平云南授职。在今云南镇沅彝族哈尼族拉祜族自治县驻地恩乐镇。雍正五年改流设恩乐县。

19. 镇边抚彝直隶厅

孟连宣抚司,初为长官司,雍正七年授职,在今云南孟连傣族拉祜族佤族自治县驻地娜允镇。属永昌府,管地东至南郎河一百八十里与孟遮交界,南至丙海山八十里与孟养交界,西至南化河一百二十里与卡瓦交界,北至辣蒜江四百二十里与猛猛交界④。乾隆二十九年三月改属顺宁府⑤。乾隆三十九年改授宣抚使。光绪二十年十一月改属镇边厅⑥。

20. 广西直隶州

维摩州土知州,清平云南授职。在今云南丘北县驻地锦屏镇。康熙八年废,地属弥勒、广南、开化等府州。

21. 武定直隶州

武定州属:

勒品甸土巡捕,清平云南授职。在今云南武定县北。管地东至木瓜箐五十里,南至他得库三尖山六十里,西至羊旧河六十里,北至南号哨山顶十五里⑦。

---

① ② 民国《新纂云南通志》卷175,第7册,第703页。
③ 《德宗实录》卷586光绪三十四年正月癸卯,《清实录》,第59册,第748页。《吏部奏议覆云贵总督奏请升镇雄州为直隶州暨添设知县等折》,《政治官报》,光绪三十四年十一月二日,第14册,第34页。
④ 光绪《续修顺宁府志稿》卷23《土司》。
⑤ 《高宗实录》卷707乾隆二十九年三月辛未,《清实录》,第17册,第896页。
⑥ 《德宗实录》卷354光绪二十年十一月己亥,《清实录》,第56册,第610页。
⑦ 民国《新纂云南通志》卷177,第7册,第741页。

禄劝县属：

汤郎马巡检司土巡检,光绪十九年二月设①。在今云南禄劝彝族苗族自治县西北汤郎。属禄劝县。管地东至半果马七十里金沙江界,南至汤乍拉梁子四十里接拈桂典文界,西至金沙江三十里接暮连乡界,北至金沙江三十里接四川界②。

22. 元江直隶州

元江军民府,参见"元江直隶州"。

新平县属：

新平县土县丞,康熙二十七年授职。在今云南新平彝族傣族自治县驻地桂山镇。管地东至嶍峨县怕念乡界七十里,南至元江直隶州北界一百二十里,西至者乐甸欺木岭一百八十里,北至碍嘉界碑二百八十里③。

丫味巡检司土巡检,康熙二十七年招抚授职。在今云南新平彝族傣族自治县境。雍正、乾隆间革除。

摩沙勒巡检司土巡检,清平云南授职。在今云南新平彝族傣族自治县西南漠沙。属新化州。康熙四年叛乱,后不知所终。

南硐巡检司土巡检,清平云南授职。在今云南新平彝族傣族自治县南。属新化州。康熙四年因叛乱被革。

结白巡检司土巡检,康熙二十七年招抚授职。在今云南新平彝族傣族自治县境。属新化州。因不能约束部众被革。

扬武坝巡检司土巡检,康熙二十七年招抚授职。在今云南新平彝族傣族自治县东南扬武镇。康熙二十九年因叛乱被革。

23. 镇雄直隶州

镇雄军民府土知府,见"镇雄直隶州"。

---

① 《德宗实录》卷321光绪十九年二月庚申,《清实录》,第56册,第155页。
② 民国《新纂云南通志》卷177,第7册,第742页。
③ 民国《新纂云南通志》卷175,第7册,第713页。

第二十三章　贵　州　省

明末,贵州布政使司领都匀、黎平、思南、思州、镇远、铜仁、石阡等7府,贵阳、安顺、平越等3军民府,及9州、14县、76长官司。贵州都司下辖龙里、新添、安南、威清、平坝、毕节、赤水、敷勇、镇西卫及普市所等实土卫所①。

一、省行政机构

总督。顺治十六年(1659)正月,设云贵总督,因兼任两省,驻两省适中之地,半年驻云南曲靖府,半年驻贵州安顺府。顺治十八年八月,各省设总督一员,专设贵州总督②,驻安顺府③。康熙四年(1665)五月,云南总督、贵州总督合并为云贵总督。次年二月,议定驻贵阳府。康熙十二年八月,因专设云南总督,改云贵总督为贵州总督。康熙十三年正月,复为云南贵州总督。康熙二十一年,移驻云南。雍正五年(1727)二月至雍正十二年十二月,由云贵广西总督管辖。乾隆元年(1736)六月,巡抚张广泗经营苗疆事务有所成效,为加强其权威,授张广泗为贵州总督兼管巡抚事务④。乾隆十二年三月,因苗疆已经平定,且张广泗调任,云南总督与贵州总督再次合并为云贵总督,驻云南府。直至清末未变。

巡抚。顺治十五年六月,任命贵州巡抚⑤,全称为巡抚贵州兼督理湖北川东等处地方提督军民,驻贵阳府。乾隆元年六月,由贵州总督兼管巡抚事务。乾隆十二年六月,因省内苗蛮杂处,军务重要,巡抚为文员,与统省营弁不相统辖,谕贵州巡抚加提督军务节制通省兵马衔⑥。乾隆十三年闰七月,因古州、松桃等处苗疆事务紧要,与主管军事的云贵总督驻地相去窎远,不便与督抚会

---

① 《明史》卷22《地理七》,第4册,第1214—1217页。
② 《圣祖实录》卷4顺治十八年八月己未,《清实录》,第4册,第85页;又卷5十月戊申,第91页。
③ 《圣祖实录》卷18康熙五年二月甲寅,《清实录》,第4册,第261页。
④ 《高宗实录》卷20乾隆元年六月癸酉,《清实录》,第9册,第496页。
⑤ 《世祖实录》卷118顺治十五年六月辛未,《清实录》,第3册,第918页。
⑥ 《高宗实录》卷292乾隆十二年六月辛未,《清实录》,第12册,第831页。

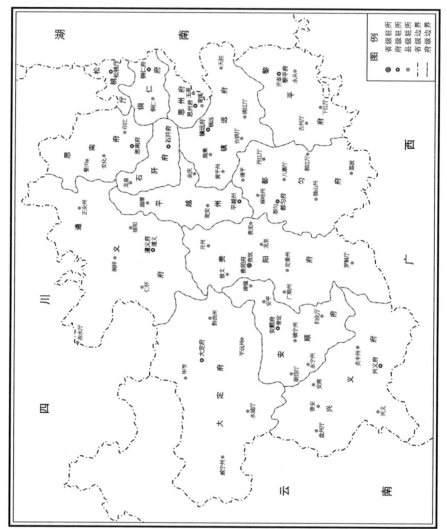

图 23 清末贵州省政区图

商,再次下谕贵州巡抚加节制通省兵马之衔①。乾隆三十年十一月,关防中去"兼理湖北川东等处地方"字样②。

布按诸司及专务道。顺治十五年九月,任命贵州布政使司左布政使、按察使③。专务道有驿粮道等。清末,设有布政司、提学司、提法司、巡警道、劝业道等。

二、省城

承明制,以贵阳城为省城,即今贵州贵阳市老城区。

三、省域

东界湖南,南为广西,西临云南,北邻四川。

康熙五年九月,四川省乌撒军民府来属,并改为威宁府。康熙八年十月,云南新附18寨,归安笼所管辖。康熙二十二年,湖广镇远、偏桥2卫来属④。湖南省五开卫与本省黎平府同驻一城,民苗杂处,分隶两省,管理不便。雍正三年四月,五开卫与相邻铜鼓卫归属贵州,古州一带苗区全部归属贵州管理。雍正四年四月,湖南平溪、清浪2卫地距湖南省会辽远,与思州府接壤,来属⑤。雍正五年七月,广西泗城府红水江北上流长坝、桑郎、罗斛等16甲、西隆州红水江北罗烦、册亨、龙渣、剥弼4甲、巴结半甲22寨来属,置永丰州。同年八月,因距府治过远,威宁府永宁县往属四川省。雍正六年七月,四川省遵义府来属。乾隆十一年三月,广西庆远府南丹土州之总王、拉邼2村之地来属,入荔波县。

四、守巡道

康熙六年七月前

贵阳兵备道,全称清军盐法驿传兼管贵阳兵备道,顺治十五年九月置⑥。驻贵阳府。康熙二年裁⑦。

---

① 《高宗实录》卷321乾隆十三年闰七月庚辰,《清实录》,第13册,第293页。
② 《高宗实录》卷748乾隆三十年十一月壬申,《清实录》,第18册,第228页。
③ 《世祖实录》卷120顺治十五年九月戊午,《清实录》,第3册,第933页。
④ 乾隆《贵州通志》卷3,《四库全书》本,第571册,第65页。
⑤ 《世宗实录》卷43雍正四年四月戊寅,《清实录》,第7册,第633页。
⑥ 《世祖实录》卷120顺治十五年九月己未,《清实录》,第3册,第933页。
⑦ 按:乾隆《贵州通志》卷18谓"清军兼理驿传道"于康熙二年裁,卷16谓"康熙二年裁清军驿传道归并督粮道",此清军驿传道当即《顺治十八年缙绅册》之"清军盐法驿传兼管贵阳兵备道"。

分守贵宁道,顺治十五年九月置①。驻乌撒②。康熙六年七月裁③。

分巡贵宁道,一作分巡毕节兵备道④,驻毕节卫⑤。康熙四年五月,增辖黔西、平远、大定3府,改置为整饬三府分巡贵宁道⑥,辖平远、大定、黔西3府,兼管永宁、赤毕等卫,驻平远府。康熙五年增辖威宁府。康熙六年七月裁。

分守安平道,一作督粮分守安平道⑦,顺治十五年九月置,驻贵阳府。管安庄、镇远、永宁、普安、威清、平坝诸卫粮储。康熙二年管全省清军驿传事务。康熙六年七月保留,为全省粮道,不再分守地方。

分巡安平道,一作分巡威清道、分巡安平威清兵备道,顺治十五年九月置。驻普定⑧。康熙六年七月裁。

分守思仁道,即明分守思石道,顺治十六年三月置⑨,初驻铜仁府,次年改驻思南府⑩。康熙二年三月,分巡思石道辖区、所管事务并入。康熙六年七月裁。

分巡思仁道,一作整饬思石兵备分巡思仁道⑪、分巡思石兵备道⑫。顺治十五年九月置⑬。初驻思南府,次年改驻铜仁府。康熙二年三月裁⑭。

分守新镇道,顺治十五年九月置⑮。驻平越府⑯。管正都镇黎四府、湖广偏桥等卫、广西南丹等州。康熙六年七月裁。

分巡新镇道,一作分巡新镇都清兵备道、分巡都清道⑰,顺治十五年九月

---

① 《世祖实录》卷120顺治十五年九月己未,《清实录》,第3册,第933页。
② 乾隆《贵州通志》卷16,第571册,第409页。按:《顺治十八年缙绅册》有分巡贵西道驻乌撒。
③ 乾隆《贵州通志》卷16,第571册,第409页。下同。
④ 《经略洪承畴揭帖》,《明清史料》,甲编中册,第598页。
⑤ 《顺治十八年缙绅册》。
⑥ 《圣祖实录》卷15康熙四年五月壬子,《清实录》,第4册,第230页。
⑦ 《世祖实录》卷120顺治十五年九月己未,《清实录》,第3册,第933页。
⑧ 乾隆《贵州通志》卷16、《顺治十八年缙绅册》。
⑨ 《世祖实录》卷124顺治十六年三月庚申,《清实录》,第3册,第963页。
⑩⑪ 《经略洪承畴提帖》,《明清史料》,甲编中册,第299页。
⑫ 乾隆《贵州通志》卷16:"明按察司设有副使四员:一分巡思石兵备道,驻铜仁,国朝康熙二年裁;一分巡安平威清兵备道,驻普定;一分巡贵宁兵备道,驻毕节;一分巡新镇都清兵备道,驻都匀,六年俱裁。金事二员:一清军兼理驿传道,康熙二年裁;一提督通省提学道,四十一年裁。"(第571册,第408页)
⑬ 《世祖实录》卷120顺治十五年九月己未,《清实录》,第3册,第933页。
⑭ 《圣祖实录》卷8康熙二年三月甲午,《清实录》,第4册,第142页。按:乾隆《贵州通志》卷18载康熙二年裁分守思仁道、康熙六年裁分巡思仁道。
⑮ 《世祖实录》卷120顺治十五年九月己未,《清实录》,第3册,第933页。
⑯⑰ 《经略洪承畴提帖》,《明清史料》,甲编中册,第299页。

置。驻都匀府①,一说驻兴隆卫②。康熙六年七月裁。

康熙六年七月后

1. 清军粮驿道

乾隆二十年二月,由督粮道分巡贵阳、平越、石阡3府③,称督理贵州清军粮驿道兼辖分巡贵阳等处。乾隆四十一年五月,仁怀厅自贵西道来属④。道光二十一年(1841)十二月,加兵备衔⑤。光绪三十四年(1908)四月裁⑥。

2. 分守平大黔威道——贵西道

分守平大黔威道,康熙十年十月置⑦。驻大定府。辖平远、大定、黔西、威宁4府。

分巡贵西道,康熙二十年八月改分守平大黔威道置⑧。驻安顺府⑨,辖贵阳、安顺、平远、大定、黔西、威宁诸府。康熙二十六年六月,改领大定州⑩。雍正四年,为分巡贵西道,管贵安平大黔威等地方,兼辖各卫土司,控四川镇雄乌蒙东川等处,按察使司佥事衔。雍正六年,增辖遵义府。乾隆十七年七月,因威宁州为省西部要地,移驻威宁州⑪。乾隆二十年二月,贵阳府往属粮驿道。乾隆三十二年五月,加兵备衔⑫,为贵州分巡贵西威宁等处兵备道⑬。乾隆四十一年五月,仁怀厅往属粮驿道。光绪五年九月,移驻毕节县⑭。光绪三十四年四月裁⑮。

3. 古州道

分巡古州道,一称古州兵备道。乾隆二年置⑯,为按察使司副使。驻古州

---

① 乾隆《贵州通志》卷16,第571册,第409页。
② 《顺治十八年缙绅册》。
③ 《高宗实录》卷483乾隆二十年二月癸亥,《清实录》,第15册,第45页。
④ 《高宗实录》卷1009乾隆四十一年五月壬辰,《清实录》,第21册,第549页。
⑤ 《宣宗实录》卷363道光二十一年十二月癸巳,《清实录》,第38册,第550页。
⑥ 《德宗实录》卷589光绪三十四年四月戊辰,《清实录》,第59册,第801页。
⑦ 《圣祖实录》卷37康熙十年十月庚午,《清实录》,第4册,第498页。乾隆《贵州通志》卷16,第571册,第408页。
⑧ 《圣祖实录》卷97康熙二十年八月戊戌,《清实录》,第4册,第1224页。
⑨ 乾隆《贵州通志》卷16,第571册,第408页。
⑩ 《圣祖实录》卷130康熙二十六年六月庚申,《清实录》,第5册,第401页。
⑪ 《高宗实录》卷419乾隆十七年七月丙戌,《清实录》,第14册,第492页。按:光绪《清会典事例》卷25言同时加兵备衔。
⑫ 《高宗实录》卷783乾隆三十二年五月丙寅,《清实录》,第18册,第637页。
⑬ 《高宗实录》卷793乾隆三十二年九月丙申,《清实录》,第18册,第731页。
⑭ 《德宗实录》卷100光绪五年九月己亥,《清实录》,第53册,第504页。
⑮ 《德宗实录》卷589光绪三十四年四月戊辰,《清实录》,第59册,第801页。
⑯ 乾隆《贵州通志》卷16,第571册,第409页。

厅,辖都匀、黎平二府。辖有道标①。乾隆七年三月,裁分巡贵东道,所辖各府来属,辖境与原分守贵东道相同。乾隆二十年二月,平越、石阡三府往属清军粮驿道。因与原贵东道辖区大致相同,亦称贵东道②。乾隆三十六年八月,裁道标③。至清末未变。

4. 分守贵东道—分巡贵东道

分守贵东道,康熙二十年八月置。驻平越府,辖镇远、平越、黎平、都匀、思州、铜仁、思南、石阡等府。康熙二十一年十月裁④。康熙二十六年,由粮驿道兼辖镇远等府⑤。雍正四年,为督理贵州通省清军粮驿道事务分守贵东道,布政使司参议衔。雍正八年,设分巡贵东道,驻镇远府⑥,辖区同前。乾隆二年,都匀、黎平二府往属古州道。乾隆七年三月裁⑦。

五、府厅州县

清初,有贵阳军民、思州、思南、镇远、石阡、铜仁、黎平军民、安顺军民、都匀、平越军民等10府⑧。康熙五年二月置大定、平远、黔西3府。同年九月改原属四川的乌撒军民府为威宁府。康熙二十二年十一月,降黔西、平远2府为州。康熙二十六年六月,降大定府为州。同年,罢贵阳、安顺、平越各府"军民"字⑨。雍正五年八月,析安顺府置南笼府。雍正六年七月,四川省遵义府来属。雍正七年十月,升大定州为府,降威宁府为威宁州。乾隆四十一年五月,升遵义府仁怀厅为仁怀直隶厅。嘉庆二年(1797)闰六月,南笼府改名兴义府。同年,置松桃直隶厅。嘉庆三年三月,降平越府为平越直隶州。嘉庆十四年五月,析兴义府置普安直隶州。嘉庆十六年,改普安直隶州为普安直隶厅。光绪三十四年四月,降普安直隶厅为盘州厅,降仁怀直隶厅为赤水厅。至清末,共辖12府:贵阳、思州、思南、镇远、铜仁、黎平、安顺、兴义、都匀、石阡、大定、遵义府;1直隶厅:松桃直隶厅;1直隶州:平越直隶州;下辖13厅、13州、33县,另有81土司。

---

① 乾隆《贵州通志》卷22,第571册,第614页。
② 《高宗实录》卷609乾隆二十五年三月壬戌,《清实录》,第16册,第838页。
③ 《高宗实录》卷890乾隆三十六年八月癸酉,《清实录》,第19册,第930页。
④ 《圣祖实录》卷105康熙二十一年十月乙亥,《清实录》,第5册,第63页。
⑤ 乾隆《贵州通志》卷16:"国朝康熙二年,裁清军驿传道,归并督粮道。二十六年题,粮驿道兼理贵东道。雍正八年,另设贵东道,定今职,驻省城。"(第571册,第409页)
⑥ 乾隆《贵州通志》卷16:"分巡贵东道一员,国朝雍正八年设,驻镇远。"(第571册,第409页)
⑦ 《高宗实录》卷163乾隆七年三月丁亥,《清实录》,第11册,第53页。
⑧ 康熙《清会典》卷19,第1册上,第205—207页。
⑨ 光绪《续修正安州志》卷2《建置》。光绪《清会典事例》卷26,第1册,第329页。

与其他各省相比,贵州各府厅州县的辖区有三个特点:一是插花地繁多;二是除遵义府之外,其他各府均有亲辖地;三是分驻的同知、通判、州同、州判、县丞大多管辖地方。

"插花"地古称为"华离",贵州各府州县均有,如贵阳府:"贵阳亲辖地凡里四、正副土司六。南三十里为蔡关里,华离在贵筑境中北。五十里为麦西里,华离在贵筑修文界中。北三十为水边里,华离在贵筑境中。东北百二十里为巴香里,华离在平越、贵定、龙里、贵筑、开州界中。南十里为中曹正司华离地,华离在贵筑境中。南五十里为青岩土弁地,毗连中曹、白纳正副四司,华离在龙里、定番、广顺、贵筑界中。北一百九十里为养龙司,华离在修文、黔西州界中。凡贵州之地,或一司一里,华离在它县它州;或一邨一寨,华离在它司它里;又或一司一寨,而彼此互辖,迄难考定。"①插花地繁多导至管理不便。道光年间,胡林翼对此有所论及:"贵州所谓插花地者,其情形约略有三种。如府州厅县治所在此,而所辖壤土仍隔越他界,或百里而遥,或数百里之外,世谓之插花,即古所谓华离之地也。又如二壤本属一邑,中间为他境参错,仅有一线相连,世亦谓之插花,即古所谓犬牙之地也。又如一线之地,插入他境,既断而又复续,已续而又绝,绵绵延延至百十里之遥,世亦谓之插花,即古所谓瓯脱之地也。"并指出这种现象形成的因素有三个方面:"一因乎明之卫所,一因于元明之土司,一因于剿抚蛮苗所得之土田。"②卫所的屯田与土司的管辖区域,都不是整齐划一之地,清初在裁卫所及改土归流置州县之时,大多沿袭原有的管理区域,没有进行整理。而且新设政区是一个逐渐推进的过程,又较难进行辖区的整理。光绪十年五月,署贵州巡抚李用清奏请整理插花地③。光绪末,署贵州巡抚林绍年着手清理全省插花地,划分改隶④。至光绪三十二年九月,署贵州巡抚岑春蓂奏陈清理告一段落:"黔省插花各地,经前抚臣林绍年拨定过半。请续将兴义府属之兴义、普安、安南、贞丰等州县,毗连之普安直隶同知、永宁州,及大定府属与毕节县、黔西、平远二州、水地通判所辖应拨各地,分别厘定。此外,古州同知、水城通判、绥阳县、清江通判、丹江通判、桐梓县、毕节县等各地,亦酌拨办理。惟苗民间有不愿改隶者,如松桃直隶同知归思南府管辖之宽坪等四硐,未便勉强改拨,以顺民心。"⑤

---

① 道光《贵阳府志》卷25《疆里图记第一》,第2页。
② 胡林翼:《论贵州境插花情形启》,《清朝续文献通考》卷12,第1册,第7607页。
③ 《德宗实录》卷183光绪十年五月戊子,《清实录》,第54册,第562页。
④ 《德宗实录》卷554光绪三十二年正月癸巳,《清实录》,第59册,第354页。
⑤ 《德宗实录》卷564光绪三十二年九月丙辰,《清实录》,第59册,第472页。

除遵义府之外，贵州各府均有亲辖地，这些区域大多是土司管理区域，由知府直接管理土司而形成。康熙十一年，巡抚曹申吉奏请将贵阳等七府亲辖地归附郭县管理，恰逢吴三桂之乱而未实施①。知府行政职能与直隶州知州相同。至清末，贵州设有十二个府，十一个府有亲辖地。

1. 贵阳军民府—贵阳府

治所即今贵州省贵阳市老城区，为省会。明末为贵阳军民府，领3州、2县、16长官司：新贵、贵定县，开州、定番州、广顺州，程番、小程番、上马桥、卢番、韦番、方番、洪番、卧龙番、小龙番、大龙番、金石番、罗番、卢山、木瓜、麻响、大华长官司②。顺治十五年，沿明制，为贵州布政使司驻地，仍领3州、2县。康熙十年，改南笼通判（厅）往属安顺府。同年十二月，裁龙里卫，置龙里县。康熙二十六年，去"军民"二字，改称贵阳府③。同年六月，裁贵州、贵前二卫，置贵筑县；裁敷勇卫及修文、濯灵、息烽、于襄四所，置修文县；裁新添卫入贵定县。康熙三十四年，裁新贵县入贵筑县④。康熙末，领3州：开州、定番、广顺州；4县：贵筑、贵定、龙里、修文县。雍正五年三月，同知分驻长寨⑤。光绪六年十二月，改长寨同知为州判，属定番州⑥；改设罗斛同知⑦。至清末，领1厅：罗斛厅；3州：开州、定番、广顺；4县：贵筑、贵定、龙里、修文县。

贵阳府亲辖地，包括省城，省城以外的中曹、养龙、白纳、虎坠4土司地，以及巴乡、养龙、麦西、水边、蔡家关等6里。其中，养龙地处府治之北，远越修文，界联遵义，距府三程，极为弯远⑧。

贵筑县，康熙二十六年六月，以贵州、贵前2卫地置。附郭，治所即今贵州贵阳市老城区。康熙三十四年，新贵县并入。

龙里县，初为龙里卫，康熙十年十二月改置⑨。治所即今贵州龙里县驻地

---

① 道光《贵阳府志》卷4《沿革表上》。
② 《明史》卷46，第4册，第1199页。
③ 乾隆《贵州通志》卷3，第571册，第67页。嘉庆《清会典事例》卷29，第643册，第1298页。
④ 雍正《清会典》卷25，第3册，第309页。按：道光《贵阳府志》卷4作康熙三十六年省。
⑤ 《世宗实录》卷54雍正五年三月甲寅，《清实录》，第7册，第827页。嘉庆《清会典》卷10，第12册，第135页。
⑥ 按：刘锦藻《清朝续文献通考》卷326谓属广顺州，卷135谓属定番州。宣统三年冬《职官录》定番州下有驻长寨州判。
⑦ 《长寨同知罗斛州判互请改设片》（光绪六年八月初六日），广西民族学院广西古籍研究所标点：《岑毓英奏稿》，广西人民出版社，1989年，第509页。光绪《清会典事例》卷27、28，第1册，第349、362页。
⑧ 《黔南职方纪略》卷1，第276页。
⑨ 《圣祖实录》卷37康熙十年十二月戊寅，《清实录》，第4册，第499页。

龙山镇。

贵定县,治所在今贵州贵定县西南旧治镇。康熙二十六年六月,省新添卫入县,移治原新添卫治①,即今贵定县驻地城关镇。

修文县,初为敷勇卫之修文、濯灵、息烽、于襄4千户所地,康熙二十六年六月改置,治所即今贵州修文县驻地龙场镇。

开州,治所即今贵州开阳县驻地城关镇。

定番州,治所即今贵州惠水县驻地和平镇。乾隆四年二月,设大塘州判②。乾隆十四年十月,永丰州罗斛州判及其辖区来属,改为定番州罗斛州判③。光绪六年,原长寨厅地来属,改长寨同知为定番州长寨州判;裁定番州罗斛州判,设贵阳府罗斛同知,以罗斛地置罗斛厅。

广顺州,治所在今长顺县驻地长寨镇北广顺镇。

罗斛厅,初为土司地,属广西泗城府。雍正五年八月改土归流,划属贵州省,设南笼府永丰州,设州判驻罗斛甲分管④。乾隆十四年十月,改属贵阳府定番州。光绪六年,将长寨同知移驻罗斛,是为罗斛厅,治所即今贵州罗甸县驻地龙坪镇。

新贵县,附郭,治所在今贵州贵阳市老城区。康熙三十四年裁入贵筑县。

长寨厅,雍正五年三月,移贵阳府同知分驻广顺州长寨⑤,管辖广顺州7枝、定番州1枝、归化厅1枝苗地⑥,驻地在今长顺县驻地长寨镇。光绪六年,同知移驻罗斛,原罗斛州判移驻长寨,地入定番州。

2. 思州府

治所在今贵州岑巩县驻地思旸镇。顺治十五年,沿明制,领都平、黄道、都素、施溪4长官司⑦。雍正四年四月,湖南平溪、清浪二卫地距湖南省会辽远,与思州府接壤,改属贵州省⑧。雍正五年二月决定由思州府管辖,闰三月改置为玉屏、青溪2县⑨。乾隆三十五年九月,因思州府地非苗疆,又不繁剧,议决

---

① 《圣祖实录》卷130康熙二十六年六月戊辰,《清实录》,第5册,第402页。
② 《高宗实录》卷86乾隆四年二月丁亥,《清实录》,第10册,第346页。
③ 《高宗实录》卷350乾隆十四年十月庚辰,《清实录》,第13册,第833页。
④ 《世宗实录》卷60雍正五年八月癸卯,《清实录》,第7册,第919页。
⑤ 《世宗实录》卷54雍正五年三月甲寅,《清实录》,第7册,第827页。乾隆《贵州通志》卷3,第571册,第67页。
⑥ 道光《贵阳府志》卷4《沿革表上》。
⑦ 康熙《清会典》卷19,第1册上,第205页。
⑧ 《世宗实录》卷43雍正四年四月戊寅,《清实录》,第7册,第633页。
⑨ 《世宗实录》卷53雍正五年二月辛酉,《清实录》,第7册,第797页;卷55闰三月丙戌,第849页。

裁撤,拟将玉屏县划属铜仁府,青溪县划属镇远府①。乾隆三十六年五月,因思州府僻处边圉,与内地府制有异,仍予保留②。至清末,领2县:玉屏、清溪县。

思州府亲辖地,包括府城及都坪峨异、都素、黄道溪、施溪司4土司之地。

玉屏县,雍正五年闰三月改平溪卫置,治所即今贵州玉屏侗族自治县驻地平溪镇。

清溪县,雍正五年闰三月改清浪卫置,治所即今贵州镇远县东青溪镇。

3. 思南府

治所即今贵州思南县驻地思塘镇。顺治十五年,沿明制,领3县:安化、婺川、印江县;3长官司:蛮夷、沿河、朗溪长官司。至清末,仍辖3县。

思南府亲辖地,为蛮夷、朗溪、沿河3长官司地及191处汉庄。

安化县,附郭,在今贵州思南县驻地思塘镇。光绪六年八月,为控制梵净山一带,徙治大堡③,即今贵州德江县驻地姜司镇。

婺川县,治所即今贵州务川仡佬族苗族自治县驻地都濡镇。

印江县,治所即今贵州印江土家族苗族自治县驻地峨岭镇。

4. 镇远府

治所即今贵州镇远县驻地㵲阳镇。顺治十五年,沿明制,领2县:镇远、施秉县;2长官司:偏桥、邛水长官司。康熙二十六年六月,裁偏桥卫入施秉县④。雍正七年十二月,添设同知驻清水江⑤,是为清江厅。雍正十二年三月,因绿营镇协调整,移同知驻台拱,添设通判驻清水江⑥;黎平府天柱县来属。嘉庆三年,平越府降为直隶州,黄平州来属⑦。至清末,领2厅:台拱、清江厅;1州:黄平州;3县:镇远、施秉、天柱县。

镇远府亲辖地,即所辖偏桥、邛水等5土司之地。雍正十二年三月,添设县丞一员,挂镇远县衔,分驻邛水司⑧,管理府民⑨。

镇远县,附郭,治所即今贵州镇远县驻地㵲阳镇。

---

① 《高宗实录》卷868乾隆三十五年九月庚寅,《清实录》,第19册,第640页。
② 《高宗实录》卷885乾隆三十六年五月己巳,《清实录》,第19册,第864页。
③ 《德宗实录》卷118光绪六年八月壬戌,《清实录》,第53册,第725页。
④ 《圣祖实录》卷130康熙二十六年六月戊辰,《清实录》,第5册,第402页。
⑤ 《世宗实录》卷89雍正七年十二月戊申,《清实录》,第8册,第199页。嘉庆《清会典》卷10,第12册,第135页。
⑥ 《世宗实录》卷141雍正十二年三月辛巳,《清实录》,第8册,第778页。
⑦ 《仁宗实录》卷28嘉庆三年三月辛未,《清实录》,第28册,第336页。
⑧ 《世宗实录》卷141雍正十二年三月甲辰,《清实录》,第8册,第784页。
⑨ 《黔南识略》卷14,第125页。

施秉县①,治所即今贵州施秉县驻地城关镇。

天柱县,治所即今贵州天柱县驻地凤城镇。初属湖广靖州,雍正四年四月改属黎平府②。雍正十二年三月来属。

黄平州,治所即今贵州黄平县驻地新州镇西北旧州镇。属平越府。康熙二十六年裁兴隆卫入州,移州治于卫城,即今黄平县驻地③。嘉庆三年三月,因平越府降为直隶州,来属④。

台拱厅,雍正十二年三月,调整绿营镇协,同时将清江镇总兵、同知移驻台拱,治所即今贵州台江县驻地台拱镇。

清江厅,雍正七年十二月,为控制苗寨,同时设绿营清江协、同知,治所在今贵州剑河县东南柳川镇。雍正十二年三月,改设通判。

5. 铜仁府

治所即今贵州铜仁市碧江区城区。顺治十五年,领铜仁县和4长官司:省溪、提溪、乌罗、平头长官司。雍正十年三月,移正大营同知驻松桃,是为松桃同知⑤。嘉庆二年,改松桃同知为松桃直隶厅,乌罗、平溪2土司往属⑥。至清末,仍领铜仁县。

铜仁府亲辖地,原辖有四土司之地。嘉庆二年,乌罗、平头著2长官司改属松桃直隶厅,辖区缩小。

铜仁县,附郭,治所即今贵州铜仁市碧江区城区。光绪六年八月,为控制梵净山一带,徙治大江口⑦,即今贵州江口县双江镇。

6. 黎平府

治所即今贵州黎平县驻地德凤镇。顺治十五年,沿明制,称黎平军民府,领1县:永从县;13长官司:潭溪、八舟、龙里、中林、古州、新化、欧阳、亮寨、湖耳、洪州、赤溪、西山⑧、曹滴长官司。何时去"军民"二字,不详。康熙元年,裁曹滴长官司,由黎平府经历管理⑨。康熙二十三年,革赤溪湳洞司。二十五

---

① 按:《黔南识略》卷14,谓施秉县于"万历二十八年改属贵州,三十一年仍属湖广。国朝因之。康熙二十二年改属贵州"(第125页)。似误。
② 《世宗实录》卷43雍正四年四月戊寅,《清实录》,第7册,第633页。
③ 嘉庆《黄平州志》卷2《城池》,贵州省图书馆1965年油印本。民国《贵州通志》之《建置志·城池》。
④ 《仁宗实录》卷28嘉庆三年三月辛未,《清实录》,第28册,第336页。
⑤ 《世宗实录》卷116雍正十年三月戊寅,《清实录》,第8册,第546页。
⑥ 《仁宗实录》卷24嘉庆二年十一月戊辰,《清实录》,第28册,第294页。《黔南识略》卷19,第158页。
⑦ 《德宗实录》卷118光绪六年八月壬戌,《清实录》,第53册,第725页。
⑧ 康熙《清会典》卷19,第1册上,第206页。
⑨ 《圣祖实录》卷6康熙元年六月甲子,《清实录》,第4册,第115页。按:乾隆《贵州通志》卷3言顺治十七年裁。

年,革西山司①。湖南省五开卫与本府同驻一城,民苗杂处,府卫分隶两省,管理不便。雍正三年四月,五开卫与相邻铜鼓卫划属贵州,古州一带苗区全部归属贵州管理,同时裁两卫,改置开泰县②。四年四月,天柱县亦因与黎平府接壤,由湖南省来属③。五年三月,以原铜鼓卫地置锦屏县。次月,锦屏、开泰两县正式命名④。雍正七年十二月,同知分驻古州,是为古州厅。雍正十二年三月,天柱县往属于镇远府⑤。乾隆十三年七月,广西柳州府罗城县买廷等七寨,改由古州同知管辖;古州同知原辖之因洞、罗洞、寨麻、大蒙四寨往属于罗城县⑥。乾隆三十五年六月,因下江吏目难以弹压苗寨,移贵阳府通判驻此,改隶黎平府,是为下江厅⑦。道光十二年,裁锦屏县。至清末,领2厅:古州、下江厅;2县:开泰、永从县。

黎平府亲辖地,包括潭溪正副、湖耳正副、洪州正副、欧阳正副、新化、亮寨、八舟、中林、龙里、古州、三郎等土司,各司苗寨多者七八十寨,少者一二十寨。另有亲辖之西山28寨,天甫、归弓等内外6洞。

开泰县,附郭,雍正三年四月以五开卫、铜鼓卫地置,治所即今贵州黎平县驻地德凤镇。道光十二年,兼辖锦屏乡。

永从县,在今贵州黎平县南永从乡。

古州厅,雍正七年十二月设,同知分驻古州⑧,治所即今贵州榕江县驻地古州镇。乾隆二年起,古州道、贵东道先后驻此。县丞驻郎洞,挂开泰县衔。

下江厅,乾隆三十六年移贵阳府新城通判设⑨,驻下江,即今从江县驻地丙梅镇西下江镇。黎平府属潭溪等土司所管12苗寨、古州厅属寨弄等117苗寨、永从县属苏洞等12苗寨、开泰县属苗岑等9寨来属⑩。

锦屏县,雍正五年三月以铜鼓卫地置⑪,治所即今贵州锦屏县东南铜鼓镇。道光十二年降为乡,由开泰县兼辖,设锦屏乡县丞管辖⑫。

---

① 乾隆《贵州通志》卷3,第571册,第86页。
② 《世宗实录》卷31雍正三年四月庚辰,《清实录》,第7册,第474页。按:乾隆《贵州通志》、乾隆《清一统志》均谓雍正五年置,当为实际设立时间。
③ 《世宗实录》卷43雍正四年四月戊寅,《清实录》,第7册,第633页。
④ 《世宗实录》卷55雍正五年闰三月丙戌,《清实录》,第7册,第849页。
⑤ 《世宗实录》卷141雍正十二年三月甲辰,《清实录》,第8册,第784页。
⑥ 《高宗实录》卷318乾隆十三年七月戊子,《清实录》,第13册,第224页。
⑦ 《高宗实录》卷863乾隆三十五年六月"是月",《清实录》,第19册,第586页。
⑧ 《世宗实录》卷89雍正七年十二月戊申,《清实录》,第8册,第199页。
⑨ 《黔南识略》卷21,第185页。
⑩ 《高宗实录》卷907乾隆三十七年四月癸未,《清实录》,第20册,第131页。
⑪ 《世宗实录》卷54雍正五年三月戊申,《清实录》,第7册,第824页。
⑫ 《宣宗实录》卷219道光十二年九月丙辰,《清实录》,第36册,第269页。

7. 安顺军民府——安顺府

治所即今贵州安顺市西秀区城区。明末为安顺军民府,领3州:镇宁州、永宁州、普安州,6长官司:宁谷寨、西堡、十二营、康佐、慕役、顶营长官司。顺治十五年,沿明制,领3州:镇宁、永宁、普安州;7长官司:顶营、慕役、宁谷、十二营、西堡、康佐(康庄)①、沙营长官司②。顺治十八年,以马乃土司地置普安县③。顺治至康熙四年间,云贵总督、贵州总督曾驻此。康熙十年,改贵阳府南笼通判为本府南笼通判④。同年十二月,裁普定卫置普定县,裁安庄卫入镇宁州,裁新城所入普安县⑤。康熙二十六年裁"军民"字,为安顺府。同年六月,裁平坝卫、柔远所置安平县;裁威清卫、镇西卫及赫声所、威武所,置清镇县;裁安南卫,置安南县;裁安笼所⑥。雍正五年八月,升南笼厅为南笼府,析普安州和安南、普安2县往隶之⑦。府领2州、3县。雍正八年七月,改南笼府通判为安顺府通判,是为归化厅。雍正九年六月,新设安顺府同知,驻郎岱,是为郎岱厅。至清末,领2厅:朗岱、归化厅;2州:镇宁、永宁州;3县:普定、清镇、安平县。

安顺府亲辖地,在普定县东南、镇宁州西南、永宁州东北、郎岱厅西北、归化同知北,辖五起13枝地方。

普定县,原为普定卫,康熙十年十二月改置。附郭,治所即贵州安顺市西秀区城区。

镇宁州,治所即今贵州镇宁布依族苗族自治县驻地城关镇。

永宁州,明末与安南卫同治,在今贵州晴隆县驻地莲城镇。顺治十六年迁治查城驿,在今贵州关岭布依族苗族自治县驻地关索镇西永宁镇。

安平县,康熙二十六年六月以平坝卫、柔远所地置,治所在今贵州平坝县驻地城关镇。

清镇县,康熙二十六年六月以威清卫、镇西卫及赫声所、威武所地置,治所即今贵州清镇市城区。

---

① 康熙《清会典》卷19,第1册上,第206页。
② 乾隆《贵州通志》卷21,第571册,第569页。
③ 《圣祖实录》卷3顺治十八年七月乙卯,《清实录》,第4册,第76页。
④ 乾隆《贵州通志》卷18,第571册,第487、490页。按:乾隆《贵州通志》卷3谓"康熙二十五年改安笼所为南笼厅,移安顺通判驻其地",疑误。因《圣祖实录》卷31言:康熙八年十一月乙卯,"改云南新附十八寨钱粮归安笼所通判管辖"。
⑤ 《圣祖实录》卷37康熙十年十二月戊寅,《清实录》,第4册,第499页。
⑥ 《圣祖实录》卷130康熙二十六年六月戊辰,《清实录》,第5册,第402页。
⑦ 《世宗实录》卷60雍正五年八月癸卯,《清实录》,第7册,第919页。

郎岱厅,雍正九年六月置①,通判驻郎岱,在今贵州六盘水市六枝特区驻地平寨镇西南郎岱镇。

归化厅,雍正八年七月,改南笼府通判为安顺府通判,驻威远汛②,治所在今贵州紫云苗族布依族自治县驻地松山镇。

南笼厅,康熙六年十月,改贵阳府毕乌通判为南笼通判,驻普安卫安南所③,在今贵州盘县东南雨那一带,辖安南、安笼2所,属贵阳军民府。寻移驻安笼所,即今安龙布依族苗族自治县驻地新安镇。康熙八年十一月,云南新附18寨,归安笼所管辖④。康熙十年来属⑤。雍正五年八月,改置为南笼府。

8. 南笼府——兴义府

雍正五年八月,因安顺府幅员广阔,析置南笼府,治所即今贵州安龙县招堤街道。以安顺府南笼通判地为府亲辖地,普安州与安南、普安2县及新设永丰州来属⑥。领2州2县。嘉庆二年闰六月,因苗民起事时,"该郡绅士民人等,深明大义,众志成城,被围日久,固守无虞",更名为兴义府⑦;九月,永丰州改名为贞丰州。嘉庆三年三月置兴义县⑧。嘉庆十四年五月,升普安州为直隶州,兴义县往隶之⑨。嘉庆十六年,普安直隶州改为直隶厅⑩,兴义县还属于府。领贞丰州及兴义、普安、安南3县。光绪三十四年四月,因裁贵西道,普安直隶厅无道员盘查,降普安直隶厅为盘州厅,来属⑪。至清末,领1厅:盘州厅;1州:贞丰州;3县:兴义、普安、安南县。

兴义府亲辖地,原为安顺府南笼同知辖区,雍正五年八月设南笼府后改

---

① 《世宗实录》卷107雍正九年六月癸卯,《清实录》,第8册,第414页。按:道光七年春《缙绅全书》仍作郎岱同知(《清代缙绅录集成》,第10册,第196页),道光十年冬《缙绅全书》作"新设郎岱厅"(同上,第396页),中间是否有变化,不详。
② 《世宗实录》卷96雍正八年七月甲申:"移贵州南笼府通判驻威远汛地方,隶安顺府统辖。"(《清实录》,第8册,第292页)嘉庆《清会典》卷10,第12册,第135页。按:《黔南识略》卷4:"国朝雍正七年,设营摆顶,寻移驻威远。十年,设通判驻其地。"(第58页)乾隆《贵州通志》卷3亦谓雍正十年设归化通判。由南笼府移驻威远汛地方的通判,当即归化通判。但移驻时间存疑。
③ 康熙《贵州通志》卷5《大事》。
④ 《圣祖实录》卷31康熙八年十一月乙卯,《清实录》,第4册,第425页。
⑤ 咸丰《安顺府志》卷3《沿革》。
⑥ 《世宗实录》卷60雍正五年八月癸卯,《清实录》,第7册,第919页。康熙《清一统志》卷341《南笼府》。按:乾隆《贵州通志》卷3南笼府下谓雍正元年置,误。
⑦ 《仁宗实录》卷19嘉庆二年闰六月戊申,《清实录》,第28册,第247页。
⑧ 《仁宗实录》卷28嘉庆三年三月辛未,《清实录》,第28册,第336页。
⑨ 《仁宗实录》卷211嘉庆十四年五月庚申,《清实录》,第30册,第825页。
⑩ 光绪《清会典事例》卷27,第1册,第345页。
⑪ 《德宗实录》卷589光绪三十四年四月戊辰,《清实录》,第59册,第801页。

置,嘉庆二年改名兴义府后仍为亲辖地。"亲辖地方东四十里至府辖之打牙寨与册亨州同之坡赖接界,南三十里至府辖之石门坎梅子口与册亨州同之三道沟接界;西一百六十里至册亨州同新归府之巴皓红水江接界;北七十里至普安厅新拨归府之上下羊场与普安厅属之三昧塘接界。……东西广二百里,南北袤一百里。"①一说"亲辖地广百三十里,袤百里,分为三里。近城二三十里为安仁里,悉系屯民。东南两乡为怀德里,西北两乡为永化里,尽属归流之十八寨苗地"②。

贞丰州,初名永丰州,雍正五年八月以广西西隆州属之红水江以北之长坝、罗烦、册亨等地置。治长坝,即今贵州贞丰县驻地珉谷街道。同时设州同驻册亨,即今贵州册亨县驻地者楼镇西册阳,管理册亨等四甲;设州判驻罗斛,治所即今贵州罗甸县驻地龙坪镇,管理罗斛等四甲。乾隆十四年十月,罗斛州判及其辖区划归贵阳府定番州。嘉庆二年九月更名③。

兴义县,原为普安州黄草坝地方。因距州治遥远,且民居稠密,汉多夷少,雍正五年八月设普安州州判驻此④。嘉庆三年三月,平定苗民起事后置县,治所即今贵州兴义市驻地黄草街道。嘉庆十四年五月属普安直隶州。因距州远,距府近,嘉庆十六年还属。

普安县,顺治十八年七月以普安州马乃等5土里、安南县兴仁等3汉里,及新城、新兴二千户所地置⑤。治马乃,在今贵州兴仁县驻地城关镇北高武(下山镇南)。康熙二十二年五月,将安南卫之仁、让2里划入,并移驻新兴所城⑥,即今贵州普安县驻地盘水镇。属安顺府,雍正五年八月来属。

安南县,初为安南卫,康熙二十六年六月改置⑦,属安顺府。治所在今贵州晴隆县驻地莲城镇。雍正五年八月改属。

盘州厅,明末为普安州,属安顺军民府,治所在今贵州盘县东城关镇。雍正五年八月属南笼府。嘉庆十四年五月,升为普安直隶州。嘉庆十六年,改为普安直隶厅⑧。光绪三十四年四月,因裁贵西道,无道员巡查,降为盘州厅来属。

---

① 《黔南识略》卷221,第219页。
② 《黔南职方纪略》卷2,第288页。
③ 《仁宗实录》卷22嘉庆二年九月辛巳,《清实录》,第28册,第280页。
④ 《世宗实录》卷60雍正五年八月癸卯,《清实录》,第7册,第919页。
⑤ 《圣祖实录》卷3顺治十八年七月乙卯,《清实录》,第4册,第76页。《黔南识略》卷28,第227页。
⑥ 《圣祖实录》卷109康熙二十二年五月己未,《清实录》,第5册,第117页。
⑦ 《圣祖实录》卷130康熙二十六年六月戊辰,《清实录》,第5册,第402页。
⑧ 光绪《清会典事例》卷27,第1册,第345页。

9. 都匀府

治所即今贵州都匀市城区。顺治十五年，沿明制，领 2 州：麻哈、独山州；1 县：清平县；1 安抚司：凯里；11 长官司：都匀正、都匀副、邦水、平州、平浪、禾坝、平定、乐平、烂土、丰宁上、丰宁下。康熙七年七月，裁清平县。康熙十年十二月，复置清平县，清平卫裁入；裁都匀卫，置都匀县①。雍正七年十二月，开八寨、都江、丹江等地，设同知分驻八寨，设通判分驻丹江②。雍正十年四月，设通判驻都江，广西庆远府荔波县来属③。乾隆十一年三月，广西庆远府南丹土州之总王、拉岜 2 村划入荔波县。至清末，领 3 厅：八寨、丹江、都江厅；2 州：麻哈、独山州；3 县：都匀、清平、荔波县。

都匀府亲辖地，均为土司之地："府属亲辖地方土司八：曰都匀正副司，曰邦水，曰丹平，曰丹行，曰平州，曰平浪，曰禾坝。"④

都匀县，附郭，康熙十年十二月以都匀卫地置，治所即今贵州都匀市城区。

麻哈州，治所在今贵州麻江县驻地杏山镇。

独山州，治所即今贵州独山县驻地城关镇。雍正十二年二月，设州同驻三脚坉⑤，管理烂土长官司等地，是为三脚坉州同⑥。

清平县，治所在今贵州凯里市西北炉山镇。康熙七年七月裁，地入麻哈州⑦。康熙十年十二月复置，清平卫裁入。康熙四十五年十二月，凯里安抚司裁入⑧。雍正十二年二月，设县丞驻凯里⑨，是为凯里县丞。

荔波县，初治穹来里喇轸村，顺治十五年迁治方村峨岭⑩，即今贵州荔波县驻地玉屏街道。初属广西庆远府，因距府治达五百余里，且山路险远，雍正十年四月来属。乾隆十一年三月，广西庆远府南丹土州之总王、拉岜 2 村划入⑪。

---

① 《圣祖实录》卷 37 康熙十年十二月戊寅，《清实录》，第 4 册，第 499 页。
② 《世宗实录》卷 89 雍正七年十二月戊申，《清实录》，第 8 册，第 199 页。嘉庆《清会典》卷 10，第 12 册，第 135 页。
③ 《世宗实录》卷 117 雍正十年四月辛卯，《清实录》，第 8 册，第 553 页。
④ 《黔南识略》卷 8，第 87 页。
⑤ 《世宗实录》卷 140 雍正十二年二月乙丑，《清实录》，第 8 册，第 773 页。
⑥ 《黔南识略》卷 11，第 102 页。
⑦ 《圣祖实录》卷 26 康熙七年七月己亥，《清实录》，第 4 册，第 365 页。乾隆《贵州通志》卷 3，第 571 册，第 76 页。按：康熙《清会典》卷 19 言康熙五年裁清平县地入麻哈州，康熙十年改清平卫为清平州。
⑧ 《圣祖实录》卷 227 康熙四十五年十二月甲辰，《清实录》，第 6 册，第 281 页。
⑨ 《世宗实录》卷 140 雍正十二年二月乙丑，《清实录》，第 8 册，第 773 页。
⑩ 雍正《广西通志》卷 34，第 566 册，第 22 页。
⑪ 《高宗实录》卷 261 乾隆十一年三月甲午，《清实录》，第 12 册，第 388 页。

八寨厅,初为生苗之地,雍正七年十二月设,治所在今贵州丹寨县驻地龙泉镇。

丹江厅,初为生苗之地,雍正七年十二月设,治所即今贵州雷山县驻地丹江镇北教场(教厂)老丹江。咸丰五年毁。光绪二年于肇泰堡重建①,即今雷山县驻地。

都江厅,初为生苗之地,雍正十年四月设,治所即今三都水族自治县驻地三合镇东南都江镇。

10. 石阡府

治所即今贵州石阡县驻地汤山镇。清初参明制,领1县:龙泉县;3长官司:石阡长官司、苗民长官司、葛彰葛商长官司。至清末,仍辖龙泉县。

石阡府亲辖地,辖汉庄130余、苗寨14处,即在城、龙底、江内、江外、水东、苗民、苗半七里,以及石阡土司地。

龙泉县,治所即今贵州凤冈县驻地龙泉镇。

11. 大定府

初为水西宣慰司地。康熙四年改流。康熙五年二月,于大方地和水胯、火著、架勒、化各4则溪②地置大定府,以比喇坝地及的独、朵你、要架、陇胯4则溪地置平远府,以水西地及则窝、以著、雄所3则溪地置黔西府③。康熙二十二年十一月,降黔西、平远2府为州④,属大定。康熙二十六年六月,降大定府为州⑤,与黔西、平远2州一并往隶于威宁府⑥。

雍正七年十月,升大定州为府,以威宁府亲辖地为威宁州,与平远、黔西2州、毕节县俱隶属于府⑦。领3州:威宁、黔西、平远州;1县:毕节县。雍正十年三月,移通判驻水城。至清末,仍领1厅:水城厅;3州:平远、黔西、威宁州;1县:毕节县。

大定府亲辖地,康熙五年二月,于大方地和水胯、火著、架勒、化各4则溪地置大定府,治所即今贵州大方县驻地红旗街道。康熙二十六年六月降为大定州,往属于威宁府。雍正七年十月,升大定州为府,以原州境为府亲辖地。

---

① 民国《贵州通志》之《建置志·城池》。按:《雷山县志》谓咸丰五年城毁,同治十一年复建丹江厅,治肇泰堡,光绪二年建砖城(贵州人民出版社,1992年,第44页)。
② 乾隆《贵州通志》卷3:"则溪,罗鬼语,犹华言唐之州、宋之军也。"(第571册,第88页)
③ 《圣祖实录》卷18康熙五年二月壬子,《清实录》,第4册,第260页。
④ 《圣祖实录》卷113康熙二十二年十一月丙戌,《清实录》,第5册,第166页。
⑤ 《圣祖实录》卷130康熙二十六年六月庚申,《清实录》,第5册,第401页。
⑥ 雍正《清会典》卷25,第3册,第310页。
⑦ 《世宗实录》卷87雍正七年十月乙巳,《清实录》,第8册,第159页。

范围：东至卧牛河塘接黔西州石革闹界二百四十五里，西至沙子坡接水城厅者保箐塘界二百六十五里，南至干堰塘接黔西州西溪汛界六十里，北至梨树坪塘接毕节县毕赤营界七十八里，广四百八十里，袤一百二十里①。初辖8里，雍正十一年，将永顺、常平2里拨归水城通判管辖，仍辖仁育、义渐、大有、嘉禾、悦服、乐贡6里，每里分十甲，共有汉庄苗寨2058寨。

威宁州，雍正七年十月，以威宁府亲辖地置，治所即今贵州威宁彝族回族苗族自治县驻地草海镇，属大定府。乾隆十七年七月，因兼辖铅厂，贵西道自安顺府移驻州城②。

黔西州，康熙二十二年十一月降黔西府置，治所即今贵州黔西县驻地城关镇，属大定府。康熙二十六年六月，改属威宁府。雍正七年十月，复属大定府。

平远州，康熙二十二年十一月降平远府置，治所在今贵州织金县驻地文腾街道，属大定府。康熙二十六年六月，改属威宁府。雍正七年十月，复属大定府。辖向化、慕恩、怀忠、兴文、敦仁、太平、崇信、时丰、岁稔9里。乾隆四十一年六月，崇信、时丰、岁稔3里划拨水城通判。

毕节县，康熙二十六年六月裁毕节、赤水2卫置，治所即今贵州毕节市七星关区城区，属威宁府。雍正六年，割赤水河北大康里归四川，以四川镇八屯来属③。雍正七年十月，属大定府。

水城厅，雍正十年三月，移大定府通判驻水城④，治黄土坡（今贵州六盘水市钟山区黄土坡街道）。管辖原由府亲辖之永顺、常平2里。为便利铅运，乾隆四十一年六月，将地近水城的平远州崇信、时丰、岁稔3里划入⑤。

12. 遵义军民府—遵义府

治所即今贵州遵义市汇川区城区。顺治六年，属四川省，沿明制，领1州4县：遵义、桐梓、绥阳县，真安州领仁怀县⑥。顺治十七年，裁土知府⑦。康熙二十六年，裁"军民"二字⑧。雍正二年，真安州改为正安州。雍正六年七

---

① 《黔南识略》卷24，第198页。
② 《黔南识略》卷26，第214页。
③ 《黔南识略》卷26，第216页。
④ 《世宗实录》卷116雍正十年三月戊寅，《清实录》，第8册，第546页。按：乾隆《贵州通志》卷3作雍正十一年移。
⑤ 《高宗实录》卷1010乾隆四十一年六月辛丑，《清实录》，第21册，第558页。
⑥ 康熙《四川总志》卷4，第31页。康熙《清会典》卷19，第1册上，第198页。
⑦ 嘉庆《清会典事例》卷29，第643册，第1297页。
⑧ 乾隆《贵州通志》卷3，第571册，第93页。

月,与所属1州4县同属于贵州省①。雍正八年九月,移粮捕通判驻仁怀县城,仁怀县迁驻生界亭子坝②。乾隆四十一年五月,改仁怀厅为仁怀直隶厅。光绪三十四年四月,仁怀直隶厅降为赤水厅来属。至清末,领1厅:赤水厅;1州:正安州;4县:遵义、桐梓、绥阳、仁怀县。无亲辖地。

遵义县,附郭,治所即今贵州遵义市汇川区城区。

桐梓县,治所即今贵州桐梓县驻地娄山关镇。

绥阳县,治所即今贵州绥阳县驻地洋川镇。

正安州,初名真安州,治土坪,即今贵州正安县南土坪镇。康熙元年,迁治古凤山。康熙十二年十一月,三藩之乱时,迁治土坪。康熙十五年,复迁至古凤③,即今正安县驻地凤仪镇。雍正二年改名④。因州治地僻人稀,且无城郭,雍正十年二月移治地势宽阔、编民较多的土坪旧治,同时将绥阳县旺草里划入⑤。乾隆三年,再迁古凤⑥。

仁怀县,初驻今贵州赤水市驻地市中街道。雍正八年九月,移驻生界亭子坝,即今贵州仁怀市驻地中枢街道,河西、仁怀、土城3里划归仁怀通判管理。

赤水厅,初为仁怀通判,雍正八年九月移置,治所即今贵州赤水市驻地市中街道。乾隆三年十一月,拨仁怀县河西、仁怀、土城3里归通判管辖⑦,是为仁怀厅。因境内多闽广楚蜀各省烧窑之人,为加强管理,乾隆四十一年五月升为仁怀直隶厅⑧。光绪三十四年四月,因裁粮储道,无道员盘查,降为厅来属⑨。

13. 松桃直隶厅

初为贵州、湖广、四川三省交界的苗地。雍正十年三月,移正大营同知驻松桃⑩,是为松桃厅,属铜仁府,管辖坡东、坡西地方。建城于松桃山下,在今贵州松桃苗族自治县驻地蓼皋镇北。雍正十二年二月,增设县丞⑪。乾隆二年移于蓼皋山下,在旧城南十里,即今贵州松桃苗族自治县驻地蓼皋镇⑫。

---

① 《世宗实录》卷71雍正六年七月戊寅,《清实录》,第7册,第1072页。
② 《世宗实录》卷98雍正八年九月庚辰,《清实录》,第8册,第307页。
③ 嘉庆《正安州志》卷1,第18页。
④ 乾隆《贵州通志》卷3,第571册,第94页。
⑤ 《世宗实录》卷115雍正十年二月癸巳,《清实录》,第8册,第528页。
⑥ 嘉庆《正安州志》卷2,第13页。
⑦ 《高宗实录》卷80乾隆三年十一月癸丑,《清实录》,第10册,第256页。光绪《增修仁怀厅志》卷1。
⑧ 《高宗实录》卷1009乾隆四十一年五月壬辰,《清实录》,第21册,第549页。
⑨ 《德宗实录》卷589光绪三十四年四月戊辰,《清实录》,第59册,第801页。
⑩ 《世宗实录》卷116雍正十年三月戊寅,《清实录》,第8册,第546页。
⑪ 《世宗实录》卷140雍正十二年二月乙丑,《清实录》,第8册,第773页。
⑫ 《黔南识略》卷20,第164页。

嘉庆二年，平定苗民起事后，为加强管理，以同知直隶贵东道，是为松桃直隶厅，铜仁府属乌罗、平头著可 2 长官司一并来属①。辖境除坡东、坡西及 4 土司外，另有 9 块插花地分布在思南、石阡两府之间。铜仁府属官三员分驻厅属地方：铜仁县丞驻正大营城，管沙子坳、构皮、大兴诸汛；铜仁府巡检驻盘石营，管芭茅、有泥、康金诸汛；铜仁府乌平司吏目驻平头司城，管乌罗、平头著可 2 土司。道光二十年裁巡检②。

14. 平越军民府—平越府—平越直隶州

顺治十五年，沿明制为平越军民府，治所在今贵州福泉市驻地金山街道，领 1 州 3 县：黄平州、余庆、瓮安、湄潭县。康熙十年十二月，裁平越卫，置平越县，附郭；裁黄平所入黄平州③。康熙二十六年六月，裁兴隆卫入黄平州，徙黄平州治于兴隆卫城④。"因省卫入州府，裁军民字"，改为平越府⑤。嘉庆三年三月，降为平越直隶州，裁平越县，析黄平州往属于镇远府⑥。至清末，领 3 县：瓮安、余庆、湄潭县。

瓮安县，治所即今贵州瓮安县驻地雍阳镇。

湄潭县，治所即今贵州湄潭县驻地湄江镇。

余庆县，治所即今贵州余庆县驻地白泥镇。

平越县，康熙十年十二月以平越卫地置，附郭，治今贵州福泉市驻地金山街道。嘉庆三年三月裁，地入平越州。

15. 已裁府级政区

威宁府。明为乌撒军民府，属四川⑦。清初因之。康熙五年九月改流为威宁府⑧，治所即今贵州威宁彝族回族苗族自治县驻地草海镇，属贵州省。康熙二十六年六月，裁乌撒卫，地入府；裁毕节、赤水 2 卫，置毕节县；裁永宁卫、普市所，置永宁县⑨。又领大定、黔西、平远 3 州，共领 3 州 2 县⑩。雍正五年

---

① 《仁宗实录》卷 24 嘉庆二年十一月戊辰，《清实录》，第 28 册，第 294 页。《黔南识略》卷 19，第 158；又卷 20，第 164 页。
② 《黔南识略》卷 20，第 165 页。
③ 《圣祖实录》卷 37 康熙十年十二月戊寅，《清实录》，第 4 册，第 499 页。
④ 《圣祖实录》卷 130 康熙二十六年六月戊辰，《清实录》，第 5 册，第 402 页。
⑤ 乾隆《贵州通志》卷 3，第 571 册，第 73 页。嘉庆《清会典事例》卷 29，第 643 册，第 1298 页。
⑥ 《仁宗实录》卷 28 嘉庆三年三月辛未，《清实录》，第 28 册，第 336 页。
⑦ 万历《明会典》卷 16，第 103 页。
⑧ 《圣祖实录》卷 20 康熙五年九月辛卯，《清实录》，第 4 册，第 280 页。嘉庆《清会典事例》卷 29，第 643 册，第 1297 页。
⑨ 《圣祖实录》卷 130 康熙二十六年六月戊辰，《清实录》，第 5 册，第 402 页。
⑩ 雍正《清会典》卷 25，第 3 册，第 310 页。

八月，因永宁县治距府千里，且与四川叙永厅同城，所属人民散处于四川江安、纳溪、兴义等营，往属于四川叙州府①。雍正七年十月，升大定州为府，以威宁府亲辖地为威宁州，与平远、黔西 2 州、毕节县俱往属于大定府②。

平远府，康熙五年二月以比喇坝地及的独、朵你、要架、陇胯 4 则溪地置，治所在今贵州织金县驻地城关镇。康熙二十二年十一月降为州，属大定府。

黔西府，康熙五年二月以水西地及则窝、以著、雄所 3 则溪地，治所即今贵州黔西县驻地城关镇。康熙二十二年十一月降为州，属大定府。

普安直隶州、普安直隶厅。初为南笼府普安州，治所在今贵州盘县东城关镇。嘉庆十四年五月升为直隶州，辖新设兴义县③。因兴义县距兴义府较近，嘉庆十六年往属兴义府，改普安直隶州为普安直隶厅④。光绪三十四年四月，因裁贵西道，无道员盘查，降为盘州厅，往属兴义府⑤。

仁怀直隶厅。初为遵义府仁怀通判，雍正八年九月移通判驻仁怀，专司粮税⑥。乾隆三年十一月，照郎岱同知、归化通判之例，将仁怀县附近厅治的河西、仁怀、土城三里地方拨归通判管辖，命盗案件、征解钱粮、监散兵米等事项，均由通判管理⑦，是为仁怀厅。乾隆四十一年五月，因通判辖区与四川泸州、合江、叙永厅三面联界，五方杂处，改为直隶同知，案件由粮储道核转。光绪三十四年四月，因裁粮储道，无道员盘查，降为赤水厅，还属遵义府。

六、土司

1. 贵阳府

贵阳府属：

中曹长官司，明代为中曹蛮夷长官司，属贵州宣慰使司⑧。在今贵阳市花溪区中曹司。顺治十五年授职⑨，管理中曹、白岩、蔡家关、后寨等处村寨⑩。

---

① 《世宗实录》卷 60 雍正五年八月乙未，《清实录》，第 7 册，第 916 页。
② 《世宗实录》卷 87 雍正七年十月乙巳，《清实录》，第 8 册，第 159 页。
③ 《仁宗实录》卷 211 嘉庆十四年五月庚申，《清实录》，第 30 册，第 825 页。
④ 嘉庆《清会典事例》卷 129，第 651 册，第 5834 页。
⑤ 《德宗实录》卷 589 光绪三十四年四月戊辰，《清实录》，第 59 册，第 801 页。
⑥ 《世宗实录》卷 98 雍正八年九月庚辰，《清实录》，第 8 册，第 307 页。《黔南识略》卷 32，第 265 页。
⑦ 《高宗实录》卷 80 乾隆三年十一月癸丑，《清实录》，第 10 册，第 256 页。
⑧ 万历《明会典》卷 16，第 108 页。
⑨ 按：本章内的土司，未说明设置年份者，均为明代已经设立，清初承袭明制。
⑩ 按：各土司名称、授职时间、管辖村寨名称，除特别注出之处，均据嘉庆《清会典事例》卷 468、光绪《清会典事例》卷 588《土司》、《黔南职方纪略》卷 7；各土官均据光绪《清会典事例》卷 32《各省土官世职》。

雍正七年,高坡等处四寨改属贵阳府管辖①。

养龙长官司,明为养龙坑长官司,属贵州宣慰使司。在今贵州息烽县东北养龙。顺治十五年归附,康熙八年授职,管理养龙、上水等处村寨。

白纳长官司,在今贵州惠水县东北。明属贵州宣慰使司②。顺治十五年归附授职,管理白纳、摆驼等处村寨③。

白纳副长官司,在今贵州惠水县东北。顺治十五年授职,管理白纳、关口、骑龙等处村寨。

虎坠长官司,约在贵阳城东30公里一带。顺治十六年授职,管理虎坠、黄土等处村寨④。雍正八年革职,后复置⑤。

中曹副长官司,在今贵州贵阳市花溪区中曹司。雍正七年因土权叠害案内改土归流⑥,设外委土千总。

贵筑县属:

喇平长官司,在今贵州息烽县西北。康熙二十三年因议叙土司案内不准承袭。一说乾隆二十八年裁⑦。

开州属:

乖西长官司,顺治十五年授职,治今贵州开阳县西北乖西司,晚清有迁徙⑧。管理乖西、指卡等处村寨。

乖西副长官司,顺治十五年授职,治今贵州开阳县西北乖西司,晚清有迁徙。管理乖西、上排等处村寨。

定番州属:

程番长官司,顺治十五年授职,治今贵州惠水县南程番。管理程番等处村寨。

小程番长官司,顺治十五年授职,治今贵州惠水县东北旧司。管理小程、名头等处村寨。

---

① 《世宗实录》卷79雍正七年三月甲戌,《清实录》,第8册,第44页。嘉庆《清会典事例》卷29,第643册,第1304页。
② 万历《明会典》卷16,第108页。
③ 乾隆《贵州通志》卷21,第571册,第566页。嘉庆《清会典事例》卷468,第673册,第1959页。光绪《清会典事例》卷588,第7册,第615页。
④ 乾隆《贵州通志》卷21,第571册,第566页。乾隆《清一统志》卷391,第483册,第234页。嘉庆《清会典事例》卷468,第673册,第1959页。光绪《清会典事例》卷588,第7册,第615页。
⑤ 乾隆《贵州通志》卷21,第571册,第566页。按:《黔南职方纪略》谓雍正十三年革职,后复设。
⑥ 乾隆《贵州通志》卷21,第571册,第575页。
⑦ 《黔南识略》卷2,第32页。
⑧ 龚荫:《中国土司制度》,第762页。

上马桥长官司，顺治十五年授职，治今贵州惠水县东北上马司。管理上马、冈渡等处村寨。

卢番长官司，顺治十五年授职，治贵州惠水县东北六番。管理卢尖、大羊等处村寨。

韦番长官司，顺治十五年授职，治贵州惠水县西南韦番。管理韦番、山顶等处村寨。

卧龙番长官司，顺治十五年授职，治今贵州惠水县南卧龙。管理卧龙、亚水等处村寨。

金石番长官司，顺治十五年授职，治今贵州惠水县西南下金石。管理金石、水星等处村寨。

罗番长官司，顺治十五年授职，治今贵州惠水县南旧司（罗番）。管理罗番、黎家等处村寨。

方番长官司，顺治十五年授职，治今贵州惠水县东南方番坡。管理方番、沙锅等处村寨。

大龙番长官司，顺治十五年授职，治今贵州惠水县南大龙宛。管理大龙、岩脚等处村寨。

小龙番长官司，顺治十五年授职，治今贵州惠水县南小龙。管理小龙、谷令等处村寨。

木瓜长官司，顺治十五年授职，治今贵州长顺县南睦化乡木瓜。管理木瓜、上长蜡等处村寨。

木瓜副长官司，顺治十五年授职，治今贵州长顺县南睦化乡木瓜。管理木瓜、打段等处村寨。

麻向长官司，顺治十五年授职，治今贵州长顺县西南代化镇麻响。管理麻向、格总等处村寨。

上马桥副长官司，在今贵州惠水县东北青崖河畔。顺治十五年归附，改授外委土千总，管理上马诸寨①。

庐山长官司，一作卢山、芦山，顺治十五年归附，治今贵州惠水县西南芦山镇屯上。康熙四十年因滋事不法案内改土归流。设土舍。

大华长官司，顺治十五午归附，治今贵州长顺县西南代化镇大华。管理大华诸寨。康熙五十七年正月，因土司凶顽不法，别无应袭之人而改流②，设外

---

① 《黔南职方纪略》卷7，第348页。
② 《圣祖实录》卷277康熙五十七年正月乙卯，《清实录》，第6册，第710页。

委土舍。

大华副长官司,顺治十五年归附,治今贵州长顺县西南代化镇大华。康熙元年降为外委土舍。

洪番长官司,顺治十五年归附,治今贵州惠水县西南洪番。雍正七年因特参抗违案内改土归流,地归定番州管辖①。设有土千总。

广顺州属:

金筑安抚司,在今贵州长顺县西北广顺。康熙二十三年因议叙土司案内不准承袭。

龙里县属:

大谷龙长官司,顺治十五年授职,治今贵州龙里县东北洗马镇西大谷龙。管理谷龙、新寨等处村寨。

小谷龙长官司,顺治十五年授职,治今贵州龙里县北谷龙乡(小谷龙)。管理谷龙、平寨等处村寨②。

羊场长官司,顺治十五年授职,治今贵州龙里县南羊场镇。管理羊场、上老傍等处村寨。

龙里长官司,在今贵州龙里县城北门外黑山。康熙十九年归流,降为外委土舍③。

贵定县属:

平伐长官司,顺治十五年授职,治今贵州贵定县西南云雾镇(平伐)。管理平伐、工固等处村寨。

大平伐长官司,顺治十五年授职,治今贵州贵定县西南铁厂乡。管理大平伐、摆成等处村寨。

小平伐长官司,顺治十五年授职,治今贵州贵定县西南抱馆乡。管理小平伐、罗海等处村寨。

新添长官司,顺治十五年授职,治今贵州贵定县北新添司。管理新添、米孔等处村寨。

把平寨长官司,治今贵州贵定县西南谷把平寨,雍正八年因禀报事安案内改土归流④。

---

① 《世宗实录》卷89雍正七年十二月辛亥,《清实录》,第8册,第200页。
② 按:刘锦藻《清朝续文献通考》卷326无此土司,《清史稿》有。
③ 龚荫:《中国土司制度》,第757页。
④ 乾隆《贵州通志》卷21,第571册,第575页。按:嘉庆《清会典事例》卷440作雍正九年裁(第671册,第711页)。

修文县属：

底寨长官司，顺治十五年授职，治今贵州息烽县西南底寨。后改为六品土官①。

底寨副长官司，顺治十五年授职，治今贵州息烽县西南底寨。不管村寨。初属息烽所，康熙二十六年所属修文县。后改为七品土官。

2. 思州府

都坪长官司，一作都平长官司、都坪峨异溪长官司，顺治十五年授职，附郭，在今贵州岑巩县驻地思旸镇。管理在城、峨异二里等处村寨。

都坪副长官司，顺治十五年授职，在今贵州岑巩县驻地思旸镇。后改为长官②，二长官轮掌长官司印③。一说副长官后裁④。

黄道溪长官司，一作黄道长官司，顺治十五年授职，在今贵州万山特区南黄道乡。管理平岳、茅坡等处村寨。

黄道溪副长官司，顺治十五年授职，在今贵州万山特区南黄道乡。后改为长官。二长官轮掌长官司印。一说副长官后裁。

都素长官司，顺治十五年授职，在今贵州岑巩县西北龙田镇。管理杜麻凯、楼楼等处村寨。

都素副长官司，顺治十五年授职，在今贵州岑巩县西北龙田镇。后改为长官。二长官轮掌长官司印。一说副长官后裁。

施溪长官司，顺治十五年授职，在平地寨（今贵州铜仁市东漾头镇）。管理官民二里等处村寨。

3. 思南府

思南府属：

蛮夷长官司，顺治十七年授职，在今贵州思南县驻地思唐镇西。管理盌水坝等处村寨。

朗溪长官司，顺治十五年授职，在今贵州印江县东朗溪镇。管理四大村等处村寨。

朗溪副长官司，顺治十五年授职，在今贵州印江县东朗溪镇。与长官田氏同管四大村诸寨。

沿河祐溪长官司，顺治十五年授职，在今贵州沿河县驻地和平镇。管理沿

---

① 嘉庆《清会典事例》卷440，第671册，第712页。
② 嘉庆《清会典事例》卷468，第673册，第1968页；又卷440，第671册，第717页。
③ 乾隆《贵州通志》卷21，第571册，第573页。
④ 光绪《清会典事例》卷557，第7册，第221页。

河、水卜图等处村寨。

沿河祐溪副长官司，顺治十五年授职，在今贵州沿河县驻地和平镇。与长官张氏同管沿河、水卜图等处村寨。

蛮夷副长官司，顺治十五年授职，在今贵州思南县驻地思唐镇以西。雍正八年土司革职，未议袭①。一说雍正十二年裁②。

印江县属：

木村土司，即土县丞，顺治十五年授职，在今贵州印江县驻地峨岭镇。管木村诸寨。

4. 镇远府

镇远府属：

偏桥长官司，顺治十五年授职，在今贵州施秉县城东侧③。管理平宁等处村寨。一说管马路等19村寨④。

邛水长官司，顺治十六年授职，在今贵州三穗县东长吉乡司前村。管理邛水等处村寨。

偏桥左副长官司，顺治十七年授职。在今贵州施秉县城北中寨。管黄平街等11寨，一说不管村寨。

偏桥右副长官司，顺治十五年授职。在今施秉县城东杨家街。管沙坪等10寨，一说不管村寨。左、右副长官，嘉庆《清会典事例》已改为七品土官⑤。

邛水副长官司，⑥顺治十五年授职，在今贵州三穗县东长吉乡司前村⑦。共管上下二里十五洞48寨。后改为七品土官。

土同知，顺治十五年授职。在今贵州镇远县驻地㵲阳镇。管理枫香坪诸寨⑧。后无人承袭⑨。

---

① 乾隆《贵州通志》卷21，第571册，第572页。
② 嘉庆《清会典事例》卷440，第671册，第719页。
③ 按：《中国历史地图集》第八册贵州幅，偏桥在施秉县城东。又《黔南识略》14谓施秉县在"府西南六十五里"（第125页），卷12谓"偏桥长官司在府西六十里"（第113页），依据此相对位置偏桥在施秉县城东侧。龚荫《中国土司制度》据施秉县志办公室提供的资料，谓在施秉县城西安家岩。今《贵州省地图册》施秉县城西无安家岩，有"平宁坝"地名。
④ 《黔南识略》卷12，第113页。
⑤ 嘉庆《清会典事例》卷440，第671册，第715页。
⑥ 按：光绪《清会典事例》卷588属镇远府。
⑦ 嘉庆《清会典事例》卷440，第671册，第719页。
⑧ 《黔南职方纪略》卷8，第362页。
⑨ 《黔南识略》卷12，第113页。

黄平州属：

重安土司，头目为土吏目，顺治十五年授职，在今贵州黄平县南重安镇。管重安诸寨。

岩门长官司，一作岩门宣化长官司，明为凯里安抚司左副长官，清顺治十五年归附改授，治所在今贵州黄平县东南岩门司，管理岩门等处村寨。

5. 铜仁府

省溪长官司，顺治十五年授职，在今贵州江口县北省溪司。管理省溪等处村寨①。

省溪副长官司，顺治十五年授职，管省溪八洞诸寨。

提溪长官司，顺治十五年授职，在今贵州江口县西南提溪。管理提溪等处村寨。

提溪副长官司，顺治十五年授职，在今贵州江口县西南提溪。管理二洞等处村寨。

6. 黎平府

潭溪长官司，顺治十五年授职，驻蒙村②，在今贵州黎平县德凤镇东北潭溪（在高屯镇东南）。管理潭溪、蒙村等处村寨。

潭溪副长官司，顺治十五年授职。驻黎平寨，在今贵州黎平县西南黎平寨。管理潭溪等处村寨。

欧阳长官司，顺治十五年授职，驻欧阳寨，在今贵州锦屏县南新化乡北欧阳。管理欧阳、应寨等处村寨。

欧阳副长官司，顺治十五年授职。驻中黄，在今贵州锦屏县南新化乡欧阳附近。同管欧阳诸寨。

龙里长官司，顺治十五年授职，驻龙里，在今贵州锦屏县南隆里乡西南龙里司。管理龙里、耙寨等处村寨。在府东北六十里。

亮寨长官司，顺治十五年授职，驻亮寨（诸葛亮寨），在今贵州锦屏县南敦寨镇南亮司。管理亮寨、中首等处村寨。

中林长官司，一作中林验洞长官司，顺治十五年授职，驻中林司，在今贵州锦屏县钟灵乡。管理中林、羊艾等处村寨。

古州长官司，顺治十五年授职，驻罗里，在今贵州黎平县西北罗里乡。管理古州、罗理等处村寨。

---

① 嘉庆《清会典事例》卷468，第673册，第1973页。光绪《清会典事例》卷588，第7册，第619页。
② 按：黎平府属土司驻地地名，均据《黔南识略》卷21。

湖耳长官司，顺治十五年授职，驻长寨，在今贵州锦屏县东南铜鼓乡东嫩寨附近。管理湖耳嫩寨等处村寨。

湖耳副长官司，顺治十五年授职，驻高寨，在今贵州锦屏县东南铜鼓乡南。管理湖耳高寨等处村寨。

八舟长官司，顺治十五年授职，在今贵州黎平县北八舟（在高屯镇西南）。管理八舟、罗寨等处村寨。

新化长官司，顺治十五年授职，驻新化寨，在今贵州锦屏县南新化乡新化司村。管理新化、密寨等处村寨。

洪州长官司，顺治十五年授职，驻洪舟，在今贵州黎平县东南洪州镇岩寨村聂家湾。管理洪州青特洞等处村寨。

洪州副长官司，顺治十五年授职，驻黑洞，在今贵州黎平县东南顺化乡东黑洞。管理洪州大斗、小斗等处村寨。雍正五年九月，贵州、湖南、广西三省交界的苗地归欧、鬼垒2寨来属①。

三郎长官司，在今贵州黎平县驻地德凤镇东北三十五里②。康熙二十三年因议叙土司案内改土归流。

赤溪湳洞蛮夷长官司，在今贵州剑河县东北南明镇南明村。康熙二十三年因议叙土司案内改土归流。

西山阳洞长官司，一作西山阳洞蛮彝长官司，在今贵州从江县东南西山镇南顶洞村。康熙三十年归流③。一说康熙二十五年裁④。

曹滴洞蛮夷长官司，在今贵州从江县东北高增乡朝里。康熙二十三年裁⑤。

7. 安顺府

安顺府属：

安顺土州同，在今贵州安顺市区，久归流⑥。

西堡长官司，顺治十五年授职，在今贵州六枝特区北。康熙五十四年因查催承袭案内改土归流，降为外委土舍⑦。

郎岱厅属：

---

① 《世宗实录》卷61雍正五年九月己巳，《清实录》，第7册，第937页。按：交椅，《世宗实录》卷75作"高椅"（雍正六年十一月庚申，《清实录》，第7册，第1116页）。
② 《黔南识略》卷21，第176页。
③ 嘉庆《清会典事例》卷440，第671册，第712页。按：乾隆《贵州通志》卷21作"久归流"。
④⑤ 《黔南识略》卷21，第176页。
⑥ 乾隆《贵州通志》卷21，第571册，第575页。
⑦ 《黔南识略》卷6，第72页。

西堡副长官司,顺治十五年授职,在今贵州六枝特区北。管理西堡、马头等处村寨①。

归化厅属:

康庄(佐)副长官司,清顺治十五年授职,在今贵州紫云苗族布依族自治县西南。管理康庄新寨等处村寨。乾隆《贵州通志》卷21属镇宁州。

永宁州属:

顶营长官司,顺治十五年授职,在今贵州关岭布依族苗族自治县西顶云。管理顶营等处村寨。

沙营长官司,顺治十五年授职,在今贵州关岭布依族苗族自治县西沙营。管理沙营等处村寨。

慕(募)役长官司,在今贵州镇宁布依族苗族自治县募役。清顺治十五年授职②。嘉庆二年省,设巡检一员③。

普定县属:

宁谷长官司,在今贵州安顺市东南宁谷镇,康熙五十四年因查催承袭案内改土归流④。

镇宁州属:

康佐长官司,一作康庄长官司,在今贵州紫云苗族布依族自治县西南。雍正五年三月因特参溺职案内改土归流,地属镇宁州⑤。设阿破土舍一员。

十二营长官司,顺治初归附,在今贵州镇宁县北。康熙二十三年因议叙土司案内改土归流。一说康熙十八年降为外委土千总⑥。

普安州属:

土州同,康熙十八年归附,在今贵州盘县西北普古。康熙四十一年因病故无嗣承袭改土归流。

黄平州属:

朗城司土吏目,属黄平州,雍正五年因特参不法案内改土归流。

---

① 嘉庆《清会典事例》卷468,第673册,第1965页。光绪《清会典事例》卷588,第7册,第617页。
② 乾隆《贵州通志》卷21,第571册,第569页。
③ 《黔南识略》卷5,第67页。参见光绪《清会典事例》卷67,第1册,第856页。
④ 乾隆《贵州通志》卷21,第571册,第576页。按:嘉庆《清会典事例》卷440作康熙五十二年裁(第671册,第712页)。
⑤ 《世宗实录》卷54雍正五年三月壬寅,《清实录》,第7册,第822页。乾隆《贵州通志》卷21,第571册,第576页。
⑥ 《黔南职方纪略》卷8,第359页。

8. 都匀府

都匀府属：

都匀长官司，顺治十五年授职，在今贵州都匀市南。管理吴家司、屯上等处村寨。"今都匀正司所管之地在府治南七十里，与独山州之独山司连界，为吴家司，管四十九寨。"①

都匀副长官司，顺治十五年授职，在今贵州都匀市东南王司镇。管理王家、上坝等处村寨。"副司所管之地在府治东南九十五里，与独册州之普安司及八寨之得禄塘交界，为王家，管一百零五寨。"

邦水长官司，顺治十五年授职，在今贵州都匀市西北。管理邦水、谷蒙等处村寨。"邦水司在府城西十五里，管五十七寨，其该管之摆忙寨与贵定县属之瓮顺河接界。"

丹平长官司②，顺治末归附，在今贵州平塘县通州镇东南，管丹平诸寨。康熙二十三年因议叙土司案内不准承袭，改名为六洞，设外委土舍③。

丹行长官司，顺治末时附，在今贵州平塘县西南，管丹行诸寨。康熙五十二年因查催承袭案内改土归流，设外委土舍。

平州长官司，一作平舟长官司，属都匀府，在今贵州平塘县驻地平湖镇。康熙五十五年改土归流④。改流后设平州司土把总。或谓康熙六年析平州司置六硐分司⑤。平州司与丹平司（六洞司）离府城最远："惟平州、六洞两司去府治最远，由府城西南行至平浪司，折而南为平州司，距府一百二十里，离平州三十里为六洞。两司所管悉系仲苗，其界南距广西南丹土州十余里，西接定番之大塘藤茶河，东接独山之丰宁下司。计平州管九十六寨。"⑥

麻哈州属：

平定长官司，顺治十五年授职，在今贵州麻江县东南平定。管理平定、鸡东等处村寨。

乐平长官司，顺治十五年授职，在今贵州麻江县西乐坪。管理乐平、芒坝等处村寨。

独山州属：

---

① 《黔南识略》卷8，第87页。
② 按：乾隆《贵州通志》卷21作丹平司作"舟平司"、丹行司作"舟行司"。
③ 《黔南识略》卷8，第87页。
④ 嘉庆《清会典事例》卷440，第671册，第712页。
⑤ 龚荫：《中国土司制度》，第897页。
⑥ 《黔南识略》卷8，第87页。

独山土司，头目为土同知，顺治十五年授职，在今贵州独山县驻地城关镇。管理附郭三里245寨①。

烂土长官司，顺治十五年授职，在今贵州三都水族自治县西南烂土乡。管理烂土、拉芒等处村寨。一说管80寨。

丰宁上长官司，顺治十五年授职，在今贵州独山县南上司镇。管理卜王堆等处村寨。一说管166寨。

丰宁下长官司，顺治十五年授职，在贵州今独山县南下司镇。管理蛮落等处村寨。一说管73寨。

八寨厅属：

夭坝长官司，顺治时归附，在今丹寨县北夭坝司村。管理夭坝诸寨。康熙五十九年因特参不法案内改土归流②，地入八寨。一说雍正六年改土把总③。

平浪长官司，属都匀府，在今贵州都匀市西南平浪镇。雍正五年因特参不法案内改土归流，地入都匀县。"平浪一司，西界贵定县属之大小平伐营，管一百一十三寨，去府城六十里。自雍正六年改土舍后，历由地方官给委管理，并未声明承袭。"

麻哈州土同知，在今贵州麻江县城西，久归流。

清平县属：

凯里安抚司，治今贵州凯里市城区。康熙四十五年十二月，因土司贪婪，改土归流，地属清平县④。

9. 石阡府

石阡府属：

石阡长官司，在今贵州石阡县驻地汤山镇。康熙五十年因特参贪庸案内改土归流。一说雍正五年⑤、雍正八年裁⑥。

石阡副长官司，顺治十五年授职。在今贵州石阡县驻地汤山镇西。后改为七品土官⑦。

苗民长官司，在今贵州石阡县西北。康熙二十三年因特参贪残案内改土

---

① 《黔南识略》卷10，第101页。
② 乾隆《贵州通志》卷21，第571册，第576页。按：嘉庆《清会典事例》卷440作康熙五十年裁（第671册，第712页）。
③ 龚荫《中国土司制度》，第887页。
④ 《圣祖实录》卷227康熙四十五年十二月甲辰，《清实录》，第6册，第281页。
⑤ 嘉庆《清会典事例》卷440，第671册，第712页。
⑥ 乾隆《清一统志》卷397，第483册，362页。
⑦ 嘉庆《清会典事例》卷440，第671册，第712页。《清史稿》卷75谓雍正中裁。

归流。

葛彰葛商长官司,在今贵州石阡县西南河坝场乡。康熙二年裁①。

龙泉县属:

龙泉县土县丞,在今贵州凤冈县驻地龙泉镇。康熙二十三年因议叙土司案内改土归流。

龙泉县土主簿,在今贵州凤冈县驻地龙泉镇。康熙二十三年因议叙土司案内不准承袭。

龙泉县土百户,在今贵州石阡县西本庄镇南乐桥。久归流。

10. 大定府

初为水西宣慰使司,治今贵州大方县驻地大方镇。康熙五年二月改流,置平远、黔西、大定等4府。康熙二十一年十二月,康熙拟复设土司:"朕观平远、黔西、威宁、大定四府土司,原属苗蛮,与民不同,以土司专辖,方为至便。"②差往贵州料理土司事宜兵部侍郎库勒纳、云南贵州总督蔡毓荣认为:"平越、大定、黔西三处,原系水西宣慰司安坤所属;咸宁一处,原系土知府安重圣所属。自康熙四年改为四府,设立流官,相安已久,粮差诸务,并未违误。不便复设土官。"③后复设,治所在今贵州威宁县驻地草海镇。康熙三十七年十月因土司病故,无人承袭,改土归流,所属苗民改归大定、平远、黔西3州管辖④。

11. 松桃直隶厅

乌罗长官司,一作乌萝长官司,顺治十五年授职,在今贵州松桃县西乌罗镇。管理乌罗等处村寨。

乌罗副长官司,顺治十五年授职⑤,在今贵州松桃县西乌罗镇。管乌罗等处村寨。

平头长官司,一作平头著可长官司,顺治十五年授职,在今贵州松桃县西南平头乡(平头司)。管理平头等处村寨。

平头副长官司,顺治十五年授职,在今贵州松桃县西南平头乡(平头司)。与长官杨氏同管平头诸寨。

12. 平越直隶州

平越州属:

---

① 乾隆《贵州通志》卷3,第571册,第82页。
② 《圣祖实录》卷106康熙二十一年十二月癸未,《清实录》,第5册,第80页。
③ 《圣祖实录》卷113康熙二十二年十二月戊申,《清实录》,第5册,第168页。
④ 《圣祖实录》卷190康熙三十七年十月甲寅,《清实录》,第5册,第1018页。
⑤ 嘉庆《清会典事例》卷468,673册,第1974页。光绪《清会典事例》卷588,第7册,第619页。

杨义长官司,顺治十五年授职,在今贵州福泉县西杨仪。管理杨义等处村寨。

瓮安县属:

草塘土县丞,清顺治十五年授土县丞职①。在今贵州瓮安县东北草塘镇。嘉庆《清会典事例》中已裁。

余庆县属:

余庆县土县丞,顺治十五年授土县丞职。在今贵州余庆县西北敖溪镇。后改正八品文土官。

余庆县土主簿,顺治十五年授土主簿职。在今贵州余庆县驻地白泥镇。后改正九品文土官。

---

① 乾隆《贵州通志》卷21,第571册,第570页。

第二十四章 内蒙古六盟、察哈尔、归化城土默特、套西二旗

第一节 哲里木盟

哲里木盟各旗首领皆是元太祖长弟哈布图哈撒尔的裔孙。其属地"元为开元路北境,明初置福余卫,以元后乌梁海(明作兀良哈)酋领为都指挥掌卫事,后自立国号曰科尔沁"①。明洪熙元年(1425),哈撒尔十四孙奎蒙克塔斯哈喇为厄鲁特蒙古所破,走避嫩江流域游牧。至十六世分为四部:科尔沁部、郭尔罗斯部、杜尔伯特部和扎赉特部。后金天命(1616—1626)至天聪(1627—1636)间,四部归附后金。自崇德元年(1636)至顺治七年(1650),共编10扎萨克旗,会盟于科尔沁右翼中旗的哲里木(今内蒙古自治区科尔沁右翼中旗哲里木苏木),至清末再无变动。

张穆《蒙古游牧记》卷1称:科尔沁部"西至扎噜特界,南至盛京边墙界,北至索伦界",杜尔伯特部"东至黑龙江界……北至索伦界",郭尔罗斯部"东至永吉州界,南至盛京边墙"②,清代哲里木盟的地域范围大体包括今内蒙古自治区的兴安盟,哲里木盟的通辽市、科尔沁左翼中旗、科尔沁左翼后旗,黑龙江省的杜尔伯特蒙古自治县、大庆市、安达县、林甸县、泰来县、肇东县、肇州县、肇源县,吉林省的白城市、长春市、四平市、农安县、德惠市、双辽县、梨树县、公主岭市,辽宁省的康平县、昌图县、法库县、彰武县等地的全部或部分。

顺治元年(1644),清军入关时,哲里木盟已有6旗:科尔沁右翼中旗、科尔沁右翼前旗、科尔沁右翼后旗、科尔沁左翼中旗、科尔沁左翼前旗、郭尔罗斯前旗。顺治五年增置3旗:扎赉特旗、杜尔伯特旗、郭尔罗斯后旗。七年又置

---

① 嘉庆《清一统志》卷537,第12册,第528页。
② 张穆:《蒙古游牧记》卷1《内蒙古哲里木盟游牧所在》。

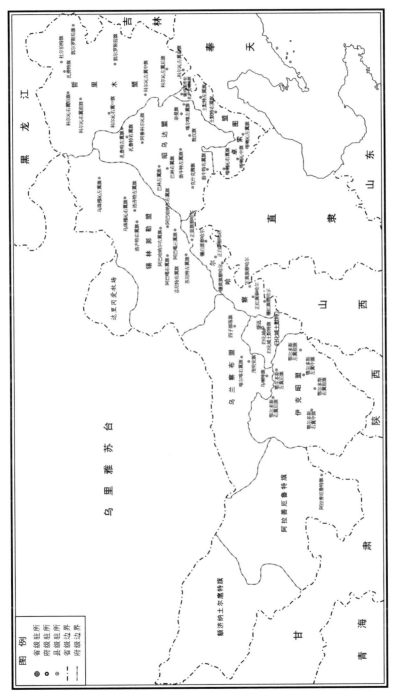

图 24 清末内蒙古六盟、察哈尔、归化城土默特、套西二旗图

1旗:科尔沁左翼后旗,共10旗,此后无变动,直至清末。各旗直属理藩院。

一、科尔沁六旗

天命九年(1624)二月,科尔沁部惧察哈尔、喀尔喀蒙古的侵扰,奥巴率部归附后金①。天命十一年,奥巴受封为土谢图汗。自崇德元年至顺治七年共编6旗。同时调整牧地,划定边界。

1. 科尔沁右翼中旗

俗称土谢图王旗。崇德元年置,以奥巴之子巴达礼属众编为一旗,扎萨克旗。因巴达礼受封为扎萨克和硕土谢图亲王,故该旗俗称为土谢图王旗。驻巴烟和郡,即今内蒙古自治区科尔沁右翼中旗巴颜胡硕镇。其地东至那哈泰山,接右翼前旗界,南至查罕莽哈,接左翼中旗界,西至塔勒布拉克,接左翼中旗界,北至巴音和硕,接乌珠穆沁左翼旗界②,大约相当于今内蒙古自治区兴安盟科尔沁右翼中旗、突泉县,及吉林省通榆县北部和白城市的一部分。

2. 科尔沁右翼前旗

俗称扎萨克图旗。崇德元年置,以布达齐属众为一旗,扎萨克旗。因布达齐受封为扎萨克多罗扎萨克图郡王,故该旗俗称为扎萨克图旗。驻席喇布尔哈苏,在今内蒙古自治区科尔沁右翼前旗东南部。其地东至岳索图济喇,接右翼后旗界,南至达什伊哈克,接郭尔罗斯后旗界,西至那哈泰山,接右翼中旗界,北至索约尔济山,接乌珠穆沁左翼旗界③,大体相当于今内蒙古自治区兴安盟科尔沁右翼前旗南部、乌兰浩特市,吉林省洮南市、通榆县及白城市的一部分。

3. 科尔沁右翼后旗

俗称镇国公旗或苏鄂公旗。崇德元年置,以剌嘛什希所部为一旗,扎萨克旗。因剌嘛什希受封为扎萨克镇国公,故该旗又俗称为镇国公旗或苏鄂公旗。驻恩马图坡,即今内蒙古自治区科尔沁右翼前旗察尔森镇。其地东至查巴尔泰山,接扎赉特旗界,南至拜格泰陀博,接郭尔罗斯后旗界,西至拨达尔罕山,接右翼前旗界,北至庆哈山,接黑龙江界④,大体相当于今内蒙古自治区兴安盟科尔沁右翼前旗北部及扎赉特旗和吉林省镇赉县、大安县的一部分。

---

① 祁韵士:《清朝藩部要略》卷1天命九年二月,《续修四库全书》本,第740册,第267页。
②③④ 光绪《清会典事例》卷963《理藩院》,第10册,第980页。

4. 科尔沁左翼中旗

又称达尔汉旗。崇德元年置,以莽古斯之孙满珠习礼所部为一旗,扎萨克旗。顺治九年赐号达尔汉,故俗称达尔汉旗。驻伊克唐噶里克坡,即今内蒙古自治区科尔沁左翼中旗舍伯吐镇。其地东至鄂拉达赶,接郭尔罗斯前旗界,南至小陀果勒济山,接左翼后旗界,西至唐海,接奈曼旗界,北至博罗活吉尔山,接乌珠穆沁左翼旗界①,大体相当于今内蒙古自治区哲里木盟通辽市大部,科尔沁左翼中旗和吉林省公主岭市、梨树县的全部,及四平市、双辽县的大部,辽宁省康平县的一小部分。

5. 科尔沁左翼前旗

俗称冰图王旗。崇德元年置,以洪果尔所部为一旗,扎萨克旗。因洪果尔受封为扎萨克多罗冰图郡王,故该旗俗称冰图王旗。驻伊克岳里波,即今辽宁省康平县沙金台蒙古旗满族乡。其地东至霍鸦斯,接左翼后旗界,南至柳条边,接盛京所属地方界,西至伊拉木图,接得格笃苏鲁克界,北至阿木塔克,接左翼中旗界②,大体相当于今辽宁省彰武县东北部、康平县西部、法库县西北部,内蒙古自治区科尔沁左翼后旗西部和西南部及库伦旗的一部分。

6. 科尔沁左翼后旗

又称博王旗。顺治七年置,以明安子栋果尔所部编为一旗,扎萨克旗。驻双和尔山,即今内蒙古自治区科尔沁左翼后旗吉尔嘎朗镇。明安于天命初与叶赫诸部侵后金,兵败后归降,"顺治五年,追叙栋果尔前后从征功,封多罗郡贝勒,子彰吉伦袭。七年,以明安功晋郡王爵,领札萨克"③。其地东至硕勒和硕,接左翼中旗界,南至柳条边,接盛京所属地方界,西至伊柯鄂尔多,接左翼前旗界,北至格尔莽噶,接左翼中旗界④,大体相当于今内蒙古自治区科尔沁左翼后旗的大部分,辽宁省昌图县的全部,康平县的一部分,及吉林省双辽县的一小部分。

二、扎赉特旗

杜尔伯特部系由科尔沁部分出,"天命年间,台吉蒙衮随土谢图汗奥巴来降,顺治五年,追封为固山贝子,世袭,掌旗"⑤。

---

①② 光绪《清会典事例》卷963《理藩院》,第10册,第980页。
③ 张穆:《蒙古游牧记》卷1《内蒙古哲里木盟游牧所在》。
④ 光绪《清会典事例》卷963《理藩院》,第10册,第980页。
⑤ 嘉庆《清一统志》卷537,第12册,第534页。

7. 扎赉特旗

顺治五年置，编蒙衮所部为一旗，扎萨克旗。驻土百新插汉坡，在今黑龙江省泰来县塔子城乡附近。其地东至嫩江，接黑龙江界，直至钟奇，接郭尔罗斯前旗界，西至乌兰陀博，接科尔沁右翼后旗界①，大体相当于今内蒙古自治区扎赉特旗，吉林省大安县、镇赉县及黑龙江省泰来县的一部分。

三、杜尔伯特旗

杜尔伯特部系由科尔沁部分出，"天聪年间，台吉阿都齐随土谢图汗奥巴来降，顺治五年，封其子色棱为固山贝子，世袭，掌旗"②。

8. 杜尔伯特旗

顺治五年置，编色棱所部为一旗，扎萨克旗。驻多克多尔坡，即今黑龙江省杜尔伯特蒙古族自治县巴彦查干乡。其地东至哈他伯齐坡，接黑龙江界，南至柯尔苏泰札噶，接郭尔罗斯前旗界，西至嫩江，接扎赉特旗界，北至布台格尔池飙柯尔鄂克达，接黑龙江界③，大体相当于今黑龙江省杜尔伯特蒙古族自治县、大庆市、安达县、林甸县和泰来县的一部分。

四、郭尔罗斯二旗

郭尔罗斯部系由科尔沁部分出，"天聪七年，台吉固穆及布木巴随土谢图汗奥巴来降，崇德元年，封固穆为辅国公，世袭，掌前旗"，"顺治五年，封布木巴为镇国公，世袭，掌后旗"④。

9. 郭尔罗斯前旗

崇德元年置，以固穆所部编为一旗，扎萨克旗。驻古尔板插汉，即今吉林省前郭尔罗斯蒙古族自治县东南卡拉木。其地东至阿勒克巴噜，接黑龙江界，南至嫩江，接伯都讷阿尔楚喀界，西至嫩江，接扎赉特旗界，北至乌噜勒图，接杜尔伯特旗界⑤，大体相当于今吉林省前郭尔罗斯蒙古族自治县、长岭县、德惠县、农安县、乾安县的全部和长春市的一部分。

---

① 光绪《清会典事例》卷963《理藩院》，第10册，第980页。
② 嘉庆《清一统志》卷537，第12册，第537页。
③ 光绪《清会典事例》卷963《理藩院》，第10册，第980页。
④ 嘉庆《清一统志》卷537。张穆《蒙古游牧记》将郭尔罗斯部归降的时间记为天命九年："莽果子布木巴，天命九年偕科尔沁台吉奥巴来降。"
⑤ 光绪《清会典事例》卷963《理藩院》，第10册，第980页。

10. 郭尔罗斯后旗

顺治五年置,以布木巴所部编为一旗,扎萨克旗。驻榛子岭,在今黑龙江省肇东县东南五站附近。其地东至乌拉河,接伯都讷界,南至柳条边,接吉林界,西至拨果图,接科尔沁左翼中旗界,北至拜格泰和硕,接科尔沁右翼后旗界①,大体相当于今黑龙江省的肇东县、肇州县和肇源县。

第二节 卓索图盟

天聪九年(1635),后金将归降的喀喇沁部和土默特部编为4扎萨克旗:喀喇沁右翼旗、喀喇沁左翼旗、土默特右翼旗、土默特左翼旗。康熙四十四年(1705),又析置1旗:喀喇沁中旗,共5旗直属理藩院。5旗会盟于土默特右翼旗境内的卓索图,在今辽宁省北票县境内,是为卓索图盟。

卓索图盟东至养息牧厂和锡埒图库伦旗,西至察哈尔正蓝旗牧厂,南至盛京边墙,北至喀尔喀左翼及敖汉界,大体相当于今内蒙古自治区喀喇沁旗、宁城县和辽宁省朝阳市、阜新蒙古族自治县,及河北省平泉县北部,承德、围场的一部分。

一、喀喇沁三旗

"初,元臣有札尔楚泰者,生子济拉玛,姓乌梁罕氏,佐太祖定天下有功,七传至和通,有众六千户,游牧额沁河,号所部曰喀喇沁","天聪初,以察哈尔林丹汗虐用其众,(济拉玛十四世孙苏布地)偕同族色棱等来降。九年,诏编所部佐领,以苏布地子固噜思齐布掌右旗……以色棱掌左翼","康熙四十四年,以族属蕃衍,积至三十八佐领,诏增一旗"②。

1. 喀喇沁右翼旗

又称喀喇沁王旗。天聪九年置,以固噜思齐布之众为一旗,扎萨克旗。驻西白河北,即今内蒙古自治区喀喇沁旗西南王爷府镇。其地东至鄂拨噶图,接敖汉旗界,南至霍落苏泰,接中旗界,西至察罕鄂博,接正蓝旗王屯界,北至霍尔哈岭,接翁牛特旗界③,大体相当于今内蒙古自治区喀喇沁旗、宁城县和河北围场县、承德市、平泉县,及辽宁省建平县的一部分。

---

① 光绪《清会典事例》卷963《理藩院》,第10册,第980页。
② 张穆:《蒙古游牧记》卷2《内蒙古卓索图盟游牧所在》。
③ 光绪《清会典事例》卷963《理藩院》,第10册,第980页。

2. 喀喇沁中旗

又称马公旗、喀喇沁贝子旗。康熙四十四年置，因附牧于喀喇沁右翼的苏布地之弟的部众日增，遂析其部众于右翼东南别置一旗，扎萨克旗。驻珠布格朗图巴彦喀喇山，即今河北省平泉县北蒙和乌苏。其地当老哈河源，东至博勒多克山，接右翼旗界，南至拉克笃尔山，接左翼旗界，西至霍尔果克，接右翼旗界，北至岳罗梁，接右翼旗界①，大体相当于今内蒙古自治区宁城县的全部及河北省平泉县、辽宁省建平县的一部分。

3. 喀喇沁左翼旗

又称乌公旗或吴公旗。天聪九年置，以色棱所属为一旗，扎萨克旗。康熙六年，色棱之孙乌特巴拉袭镇国公封号，故该旗俗称乌公旗或吴公旗。驻牛心山，即今辽宁省喀喇沁左翼蒙古族自治县。其地东至乌兰哈达，接土默特右翼旗界，南至柳条边墙，接宁远州界，西至乌里雅苏泰梁，接中旗界，北至唐期奈托罗盖，接中旗界②，大体相当于今辽宁省喀喇沁左翼蒙古旗自治县、凌源县和建昌县。

二、土默特二旗

土默特二旗并非一部，左翼源出喀喇沁部，"元臣济拉玛十三世孙善巴与喀喇沁为近族，祖莽古岱始由喀喇沁徙居土默特。天聪三年，善巴率属来归，九年，诏编所部佐领，授扎萨克，掌左旗事。崇德元年，封达尔汉镇国公"③。而右翼源出归化城土默特，为答言汗后裔，"元太祖十九世孙鄂木布楚琥尔与归化城土默特为近族，父噶尔图，以避察哈尔侵，由归化城移居土默特。林丹汗恃其强，侵不已。鄂木布楚琥尔愤甚，因约喀喇沁苏布地等，共击败之于赵城，恐不敌，天聪二年，偕苏布地上书乞援，寻来朝。九年，编所部佐领，授扎萨克，掌右翼事"④。

4. 土默特左翼旗

天聪九年置，以善巴所部为一旗，扎萨克旗。驻大华山，即今辽宁省阜新市西北王府。其地东至岳洋河，接牧马厂界，南至什巴古图山，接柳条边墙界，西至巴噶塔布桑，接右翼界，北至当道斯河⑤，大体相当于今辽宁省阜新蒙古族自治县和内蒙古自治区库伦旗东南部。

---

①② 光绪《清会典事例》卷963《理藩院》，第10册，第980页。
③④ 张穆：《蒙古游牧记》卷2《内蒙古卓索图盟游牧所在》。
⑤ 光绪《清会典事例》卷963《理藩院》，第10册，第980页。

5. 土默特右翼旗

天聪九年置,以鄂木布楚琥尔所部为一旗,扎萨克旗。因崇德元年(1636),授善巴为加达尔汉镇国公,故该旗俗称蒙古镇王旗。驻旱龙潭山,即今辽宁省北票县东南下府。其地东至讷类埒逊山,接左翼旗界,南至魏平山,接柳条边墙界,西至鄂朋图山,接喀喇沁右翼旗界,北至什喇托罗盖,接奈曼旗界,南至鄂木兰河,接盛京所属地方界①,大体相当于今辽宁省朝阳、北票二县。

附:锡埒图库伦扎萨克喇嘛旗

置年不详,喇嘛旗。驻库伦,即今内蒙古自治区库伦旗。其地在盛京法库边门外,北与奈曼旗接界,西南与土默特左翼旗接界②,大体相当于今内蒙古自治区库伦旗。

第三节 昭乌达盟

天聪至康熙年间,陆续归降的敖汉部、奈曼部、巴林部、扎鲁特部、阿鲁科尔沁部、翁牛特部、扎鲁特部、巴林部及喀尔喀部先后被编为11个扎萨克旗,会盟于翁牛特左旗境内的昭乌达,称昭乌达盟。宣统三年又将敖汉旗分为左、右二旗,共12旗。

其地东至科尔沁界,西至正蓝旗察哈尔界和围场,南至卓索图盟界,北至锡林郭勒盟界,大体相当于今内蒙古自治区克什克腾旗、林西县、巴林左旗、巴林右旗、阿鲁科尔沁旗、翁牛特旗、敖汉旗、赤峰市、开鲁县、奈盟旗、扎鲁特旗及辽宁省建平县。

清入关前,昭乌达盟曾设置6旗,至顺治元年时为5旗:敖汉旗、奈曼旗、阿鲁科尔沁旗、翁牛特左翼旗、翁牛特右翼旗,顺治年间增设5旗:扎鲁特左翼旗、扎鲁特右翼旗、巴林左翼旗、巴林右翼旗、克什克腾旗,康熙三年(1664)又增1旗:喀尔喀左翼旗,共11旗,此后区划一直未有变动,直到宣统三年(1911)四月,分敖汉旗为左、右二翼,共12旗。

一、敖汉旗二旗

答言汗后裔"岱青杜棱,号所部曰敖汉","岱青杜棱长子卓诺木杜棱,次塞

---

① 光绪《清会典事例》卷963《理藩院》,第10册,第980页。
② 光绪《清会典事例》卷966《理藩院》,第10册,第1009页。

臣卓哩克图,初皆服属于察哈尔,天聪元年,以避林丹汗虐,率属来归,且献明诱降书。诏卓诺木杜杜棱居开原,塞臣卓里克图还旧牧","后卓诺木杜棱以私猎哈达叶赫山罪,夺开原地",三年,塞臣卓哩克图子"班第尚固伦公主","崇德元年编所部佐领,封札萨克多罗郡王"①,是为敖汉旗。宣统三年四月,为便于举办新政,析敖汉旗别置一旗,以索诺木杜棱后裔色凌端鲁布为扎萨克多罗郡王②。原敖汉旗为敖汉左翼旗,新增旗为敖汉右翼旗。二旗以老哈河为界。

1. 敖汉旗—敖汉右翼旗

崇德元年(1636)置敖汉旗,以班第所部为一旗,扎萨克旗。驻古尔板图尔噶山,即今内蒙古自治区敖汉旗哈沙土乡北。其地东至哈喇鄂罗爱,接奈曼旗界,南至哈禄噶岭,接土默特右翼旗界,西至阿拉木图岭,接喀喇沁右翼旗界,北至岳罗岭,接翁牛特左翼旗界③,大体相当于今内蒙古自治区敖汉旗全部、辽宁省建平县大部及赤峰市东北之一小部分。另外,今辽宁省新民县之公主屯亦系原敖汉旗辖地。宣统三年四月,析置敖汉左翼旗,改敖汉旗为敖汉右翼旗,驻地不变,地域为原敖汉旗老哈河以东部分。

2. 敖汉左翼旗

宣统三年四月析敖汉旗置,以索诺木杜棱后裔色凌端鲁布为扎萨克多罗郡王,扎萨克旗。驻地在今内蒙古自治区敖汉旗新惠镇北的西孟家铺子附近。其地在原敖汉旗老哈河以西。

二、奈曼旗

"元太祖尝偕其弟哈布图哈萨尔平奈曼部,太祖十六世孙图鲁博罗特三传至额森伟征诺颜,即为所部号",图鲁博罗特子衮楚克"服属于察哈尔,以林丹汗不道,天聪元年偕从子鄂齐尔等来归",崇德元年,编其所部为一旗,衮楚克为扎萨克多罗郡王④。

3. 奈曼旗

崇德元年置,以衮楚克所部为一旗,扎萨克旗。驻彰武台,即今内蒙古自治区奈曼旗东北章古台,同治二年(1863)徙治今奈曼旗驻地大沁他拉镇。其地东至奎苏塔拉,接科尔沁左翼前旗界,南至大渡口鄂博,接土默特右翼旗界,

---

① 张穆:《蒙古游牧记》卷3《内蒙古昭乌达盟游牧所在》。
② 《宣统政纪》卷53宣统三年四月丁酉,《清实录》,第60册,第962页。
③ 光绪《清会典事例》卷963《理藩院》,第10册,第980页。
④ 张穆:《蒙古游牧记》卷3《内蒙古昭乌达盟游牧所在》。

西至哈拉鄂罗爱,接敖汉旗界,北至巴彦郭特什喇木兰渡口,接翁牛特右翼旗暨阿噜科尔沁旗界①,大体相当今内蒙古自治区奈曼旗的一部分。

三、巴林二旗

元太祖十八世孙"苏巴海,称达尔汉诺颜,号所部曰巴林","初皆服属于喀尔喀,大聪二年(1628),察哈尔林丹汗掠其部,诸台吉皆奔依科尔沁。苏巴海孙色特尔率子色布腾、兄子满珠习礼等自科尔沁来归,屡从大军征明。顺治五年,编部佐领,叙前后功,封色布腾札萨克辅国公,掌右翼;满珠习礼札萨克固山贝子,掌左翼"②。左右翼二旗同界,其地东至鄂拜山,接阿噜科尔沁旗界,南至巴尔达木哈喇山,接翁牛特左翼旗界,西至碧柳图山,接克什克腾旗界,北至哈达图吉鲁克,接乌珠穆沁旗界③,大体相当于今内蒙古自治区巴林左、右二旗及林西县。

4. 巴林右翼旗

又称巴林王旗或大巴林。顺治五年置,编色布腾所部为一旗,扎萨克旗。驻托钵山,即今内蒙古自治区巴林右旗。

5. 巴林左翼旗

又称巴林贝子旗或小巴林。顺治五年置,编满珠习礼所部为一旗,扎萨克旗。驻阿察图拖罗海,即今内蒙古自治区巴林右旗北查干沐沦镇一带。

四、扎鲁特二旗

元太祖十八世孙"乌巴什自称伟征诺颜,号所部曰札噜特","初皆服属于喀尔喀,后为林丹汗所掠,往依科尔沁。天聪二年,内齐、色本先后率属来归。顺治五年,编所部佐领","以内齐子尚嘉布掌左翼,色本子桑噶尔掌右翼,各授札萨克贝勒"④。

6. 扎鲁特左翼旗

顺治五年置,编尚嘉布所部为一旗,扎萨克旗。驻齐齐灵花海山北,即今内蒙古自治区扎鲁特旗西北乌日根塔拉农场。其地东至科尔沁界,西至右翼界,南至乌珠穆沁界,大体相当于今内蒙古自治区霍林郭勒市、扎鲁特旗东部及开鲁县东北部。

---

① 光绪《清会典事例》卷963《理藩院》,第10册,第980页。
② 张穆:《蒙古游牧记》卷3《内蒙古昭乌达盟游牧所在》。
③ 光绪《清会典事例》卷963《理藩院》,第10册,第980页。
④ 张穆:《蒙古游牧记》卷3《内蒙古昭乌达盟游牧所在》。

7. 扎鲁特右翼旗

顺治五年置，编桑噶尔所部为一旗，扎萨克旗。驻图尔山南，即今内蒙古自治区扎鲁特旗巨日河镇一带。其地东至脱脱山与左翼分界，西至阿鲁科尔沁界，南至喀尔喀左翼界，北至乌珠穆沁左翼界①，大体相当于今内蒙古自治区扎鲁特西部及开鲁县西部。

五、阿鲁科尔沁旗

元太祖弟哈布图哈萨尔十三世孙"图美尼雅哈齐，长子奎蒙克塔斯哈喇，游牧嫩江，号嫩科尔沁，次子巴衮诺颜，游牧呼伦贝尔。巴衮诺颜长子昆都伦岱青，号所部曰阿噜科尔沁"，"初服属于察哈尔，避林丹汗虐，天聪四年，暨子穆彰率属来归。所部初设二旗，达赉、穆彰各领一旗，崇德元年，以达赉衰年嗜酒，令穆彰专领旗务"②合为一旗。

8. 阿鲁科尔沁旗

天聪四年，初设二旗，一处游牧，崇德元年合为一旗，扎萨克旗。驻浑图山东，即今内蒙古自治区阿鲁科尔沁旗西北翁根毛都。其地东至马衍塔拉，接扎鲁特右翼旗界，南至什喇木兰，接翁牛特左翼旗暨奈曼旗界，西至苏拜山，接巴林右翼旗界，北至乌兰岭，接乌珠穆沁右翼旗界③，大体相当于今内蒙古自治区阿鲁科尔沁旗和开鲁县西南。

六、翁牛特二旗

元太祖同母弟诺因后裔"蒙克察罕诺颜，有子二，长巴颜岱洪果尔诺颜，号所部曰翁牛特，次巴泰国臣诺颜，别号喀喇齐哩克部，皆称阿鲁蒙古。后喀喇齐哩克部亦并入翁牛特"④，"天聪七年，其济农逊杜棱，偕其弟栋岱青率部落来归。崇德元年，封逊杜棱为多罗杜棱郡，世袭，主右翼"；"栋岱青，亦于崇德元年赐多罗达尔汉岱青号，世袭，主左翼"⑤。

9. 翁牛特右翼旗

崇德元年置，以逊杜棱所部为一旗，扎萨克旗。驻英什尔哈齐特呼郎，即今内蒙古自治区赤峰市西南老府。其地东至拨尔和，接敖汉旗界，南至土灵格

---

① 嘉庆《清一统志》卷536，第12册，第521页。
② 张穆：《蒙古游牧记》卷3《内蒙古昭乌达盟游牧所在》。
③ 光绪《清会典事例》卷963《理藩院》，第10册，第980页。
④ 张穆：《蒙古游牧记》卷3《内蒙古昭乌达盟游牧所在》。
⑤ 嘉庆《清一统志》卷539，第12册，第552页。

尔岭,接喀喇沁右翼旗界,西至鄂拉泰阿玛,接围场界,北至温达尔华,接克什克腾旗界①,大体相当于今内蒙古自治区赤峰市和河北省围场县的一部分。

10. 翁牛特左翼旗

崇德元年置,以栋岱青所部为一旗,扎萨克旗。驻扎喇峰西,即今内蒙古自治区翁牛特旗乌丹镇东北舒日嘎一带。其地东至什喇木兰,接阿鲁科尔沁旗界,南至塔那图,接敖汉旗界,西至红古尔鄂博,接克什克腾旗界,北至锡喇河,接巴林旗界②,大体相当于今内蒙古自治区翁牛特旗。

七、克什克腾旗

"元太祖十六世孙鄂齐博罗特,再传至沙喇勒达,称墨尔根诺颜,号所部曰克什克腾","初服属于察哈尔,天聪八年,林丹汗走死,率属来归。顺治九年,编所部佐领,授扎萨克一等台吉"③。

11. 克什克腾旗

顺治九年置,以墨尔根诺颜孙索诺木所部为一旗,扎萨克旗。驻古拉巴斯峰,即今内蒙古自治区克什克腾旗东南芝端镇。其地东至毕勒固图和硕,接巴林旗及翁牛特左翼旗界,南至布土棍,接翁牛特右翼旗界,西至克勒格伊场,接察哈尔正蓝旗界,北至乌苏池,接浩齐特旗界④,大体相当于今内蒙古自治区克什克腾旗和林西县的一部分。

八、喀尔喀左翼旗

"元太祖十六世孙格□森扎札赉尔珲台吉,居杭爱山,始号喀尔喀",其后,部族蕃衍,皆为喀尔喀蒙古部落,"康熙三年,硕垒乌巴什珲台吉第三子衮布伊勒登因其汗为同族台吉所戕,部众溃,越瀚海来归。先是土谢图汗部台吉本塔尔内附,驻牧张家口外。至是诏衮布伊勒登牧喜峰口外,所居地分东西,故本塔尔称喀尔喀右翼,衮布伊勒登称喀尔喀左翼"⑤。

12. 喀尔喀左翼旗

康熙三年置,编衮布伊勒登所部为一编,游牧于喜峰口外,扎萨克旗。驻察罕和硕图,即今内蒙古自治区库伦旗东六家子镇。其地东至活吉尔河,接希

---

①② 光绪《清会典事例》卷963《理藩院》,第10册,第980页。
③ 张穆:《蒙古游牧记》卷3《内蒙古昭乌达盟游牧所在》。
④ 光绪《清会典事例》卷963《理藩院》,第10册,第980页。
⑤ 张穆:《蒙古游牧记》卷3《内蒙古昭乌达盟游牧所在》。

勒革图营界,南至当道斯河,接土默特左翼旗界,西至拨罗霍吉尔池,接奈曼旗界,北至潢河,接扎鲁特界①,大体相当于今内蒙古自治区奈曼旗和库伦旗的一部分。

第四节　锡林郭勒盟

乌珠穆沁、浩齐特、阿巴噶、苏尼特四部皆为避察哈尔而北依喀尔喀部,阿巴哈纳尔部明末时亦归附喀尔喀部。林丹汗亡后,崇德至康熙间相率归附,并被陆续编为10个扎萨克旗,会盟于阿巴噶左翼旗和阿巴哈纳尔左翼旗境内的锡林郭勒(在今锡林浩特市境内),是为锡林郭勒盟。

锡林郭勒盟东至哲里木盟、昭乌达盟,西至乌兰察布盟和土谢图汗部,南至察哈尔界,北至车臣汗部和达里冈爱牧场,大体相当于今内蒙古自治区东、西乌珠穆沁旗,锡林浩特市,阿巴嘎旗,苏尼特左、右二旗和二连浩特市。

顺治元年,锡林郭勒盟已设置4旗:乌珠穆沁右翼旗、苏尼特左翼旗、苏尼特右翼旗、阿巴噶右翼旗,顺治年间增置4旗:乌珠穆沁左翼旗、浩齐特左翼旗、浩齐特右翼旗、阿巴噶左翼旗,康熙初年又增置2旗:阿巴哈纳尔左翼旗、阿巴哈纳尔右翼旗,共10旗。

一、乌珠穆沁二旗

"元太祖十六世孙图鲁博罗特,由杭爱山徙牧瀚海南,子博第呵喇克继之,其第三子翁衮都喇尔号所部曰乌珠穆沁","初服属察哈尔,林丹汗不道,(翁衮都喇尔少子多尔济)偕兄子色稜徙牧瀚海北,依喀尔喀","崇德二年,率属由喀鲁伦来归,六年封扎萨克和硕亲王,留车臣汗号"②。

1. 乌珠穆沁右翼旗

崇德六年(1641)置,以多尔济所部为一旗,扎萨克旗。驻克苏尔哈台山,即今内蒙古自治区西乌珠穆沁旗北额仁戈毕牧场。其地东至达赖苏图诺尔乌兰哈达,接左翼旗界,南至拨果图哈喇山,接巴林旗界,西至额尔起纳克登,接浩齐特左翼旗界③,大体相当于今内蒙古自治区东乌珠穆沁旗中部和西乌珠穆沁东部。

---

① 光绪《清会典事例》卷963《理藩院》,第10册,第980页。
② 张穆:《蒙古游牧记》卷4《内蒙古锡林郭勒盟游牧所在》。
③ 光绪《清会典事例》卷963《理藩院》,第10册,第980页。

2. 乌珠穆沁左翼旗

顺治三年置,以色稜所部为一旗,扎萨克旗。驻魁苏陀罗海,即今内蒙古自治区东乌珠穆沁旗东北乌拉盖。其地东至霍呢雅尔哈赖图,接索伦界,南至库例图,接扎鲁特旗界,西至达赖苏图,接右翼旗界,北至额哩引什里,接喀尔喀东路车臣汗部左翼前旗界①,大体相当于今内蒙古自治区东乌珠穆沁旗东部和西乌珠穆沁旗东北部。

二、浩齐特二旗

"元太祖十六世孙图噜博罗特,再传至库登汗,号所部曰浩齐特",库登汗后裔为避察哈尔,依喀尔喀车臣汗硕垒,遂为所属。崇德二年,博罗特"自喀尔喀来归,顺治三年,封扎萨克多罗贝勒";"顺治八年,噶尔玛色旺率弟班第墨尔根楚琥尔及其属千三百余人,弃喀尔喀来归,十年,封扎萨克多罗郡王,掌右翼"②。

3. 浩齐特翼左旗

顺治二年置,编博罗特所部为 旗,扎萨克旗。驻特古力克呼都克井,即今内蒙古自治区西乌珠穆沁旗西北赛汗诺尔。其地东至额尔起纳克登,接乌珠穆沁右翼旗界,南至小吉尔河源,接克什克腾旗界,西至布尔吉额鲁苏,接右翼旗界,北至期塔特哈潭托罗盖,接喀尔喀东路车臣汗部右翼后旗界③,大体相当于今内蒙古自治区锡林浩特市东北部和东、西乌珠穆沁旗西部各一部分。

4. 浩齐特右翼旗

顺治十年置,编噶尔玛色旺所部为一旗,扎萨克旗。驻乌默黑泉,即今内蒙古自治区锡林浩特市朝克乌拉苏木乌尤特。其地东至布尔勒吉山,接左翼旗界,南至扎哈苏泰池,接克什克腾旗界,西至布尔巴克托罗盖,接阿巴噶暨阿巴哈纳尔两左翼旗界,北至哈鲁勒托罗盖,接喀尔喀东路车臣汗部右翼后旗界④,大体相当于今内蒙古自治区锡林浩特市北部及阿巴嘎旗北部的部分地区。

三、苏尼特二旗

"元太祖十六世孙图噜博罗特,再传全库克齐图墨尔根台吉,号所部曰苏

---

① 光绪《清会典事例》卷963《理藩院》,第10册,第980页。
② 张穆:《蒙古游牧记》卷4《内蒙古锡林郭勒盟游牧所在》。
③④ 光绪《清会典事例》卷963《理藩院》,第10册,第980页。

尼特"，其后避察哈尔，北依喀尔喀。崇德三年，"素塞率属来归，七年授札萨克多罗郡王，掌右翼；崇德四年，腾机思率属自喀尔喀来归，六年封扎萨克多罗郡王，掌左翼"①。

5. 苏尼特右翼旗

俗称西苏尼特。崇德七年置，以素塞所部为一旗，扎萨克旗。驻萨敏西勒山，即今内蒙古自治区苏尼特左旗东南哈布其勒西南。其地东至额勒苏活吉尔，接左翼旗界，南至乌柯尔起老，接察哈尔镶黄旗界，西至特莫格图，接四子部落旗界，北至吉鲁格，接喀尔喀后路土谢图汗部左翼中旗界②，大体相当于今内蒙古自治区苏尼特右旗和二连浩特市。

6. 苏尼特左翼旗

俗称东苏尼特。崇德六年置，以腾机思所部为一旗，扎萨克旗。驻和林图察伯台冈，即今内蒙古自治区苏尼特左旗东南都音沃博勒卓。其地东至库库勒山，接阿巴噶右翼旗界，南至查甘池，接察哈尔镶白旗界，西至色柯尔山，接右翼旗界，北至阿尔噶里山，接喀尔喀后路土谢图汗左翼中旗界③，大体相当于今内蒙古自治区苏尼特左旗。

四、阿巴噶二旗

元太祖北布格博勒格图十八世孙塔尔尼库同，号所部曰阿巴噶。初服属察哈尔，"后徙牧瀚海北克鲁伦河界，依喀尔喀"。崇德四年，额齐格诺颜多尔济"率属来归，六年，授札萨克卓里克图郡王"；顺治八年，都思噶尔亦来归，封札萨克多罗郡王④。

7. 阿巴噶右翼旗

俗称小阿巴噶。崇德六年置，编多尔济所部为一旗，扎萨克旗。驻科布尔泉，即今内蒙古自治区阿巴嘎旗东南都昌庙。其地东至哈笔喇噶泉，接阿巴哈纳尔右翼旗界，南至正伊柯什噶，接察哈尔正蓝旗界，西至库库勒山，接苏尼特右翼旗界，北至华陀拨，接达里冈爱马厂界⑤，大体相当于今内蒙古自治区阿巴嘎旗西部。

8. 阿巴噶左翼旗

顺治八年置，编都思噶尔所部为一旗，扎萨克旗。驻巴颜额龙，即今内蒙

---

① 张穆：《蒙古游牧记》卷4《内蒙古锡林郭勒盟游牧所在》。
②③ 光绪《清会典事例》卷963《理藩院》，第10册，第980页。
④ 张穆：《蒙古游牧记》卷4《内蒙古锡林郭勒盟游牧所在》。
⑤ 光绪《清会典事例》卷963《理藩院》，第10册，第980页。

古自治区阿巴嘎旗哈拉图。其地东至浩齐特界三十一里,西至阿巴哈纳尔界八十九里,南至正蓝旗察哈尔界一百五十里,北至阿巴哈纳尔界三十二里①,大体在今内蒙古自治区锡林浩特市范围之内。清末,与阿巴哈纳尔左翼旗同处游牧②。

五、阿巴哈纳尔二旗

"元太祖弟布格博勒格图,十七传至巴雅思瑚布尔古特,次子诺密特默克图,号所部曰阿巴哈纳尔。"其初依喀尔喀,诺密特默克图曾孙"色棱默尔根弟栋伊思喇布,康熙四年,携众二千余来归,授札萨克固山贝子";色棱墨尔根"驻牧克鲁伦河界,康熙初,慕化,越瀚海,南牧绰诺陀罗海","五年,遂携众千三百余至阿巴噶右翼牧地,乞归诚。诏允,六年,封札萨克多罗贝勒"③。

9. 阿巴哈纳尔左翼旗

俗称东阿巴哈纳尔。康熙四年置,以栋伊思喇布所部为一旗,札萨克旗。驻乌尔呼拖罗海山,在今内蒙古自治区锡林浩特市东北乌力吉德勒根附近。其地东至巴尔起泰之哈喇鄂拨噶图,接浩齐特右翼旗界,南至乌苏图土鲁格池,接克什克腾旗界,西至什尔登山,接右翼旗界,北至哈布塔噶托罗海,接达里冈马厂界④,大体相当于今内蒙古自治区锡林浩特市北部。至清末,与阿巴噶左翼旗同处游牧。

10. 阿巴哈纳尔右翼旗

康熙六年置,以色棱墨尔根所部为一旗,札萨克旗。驻永安山,即今内蒙古自治区锡林浩特市东南平顶山。其地东至希尔当山,接左翼旗界,南至博罗温都尔冈,接察哈尔正蓝旗界,西至哈喇堂,接阿巴噶右翼旗界,北至华托罗海,接达里冈爱马厂界⑤,大体相当于今阿巴嘎旗东部地区。

第五节 乌兰察布盟

从崇德元年至康熙初年,清朝将归降的四子部落、茂明安部、乌喇特部和喀尔喀中路台吉编为6个札萨克旗,安置于漠南地区游牧。其中四子部落、茂

---

① 嘉庆《清一统志》卷541,第12册,第574页。
② 光绪《清会典事例》卷963《理藩院》,第10册,第980页。
③ 张穆:《蒙古游牧记》卷4《内蒙古锡林郭勒盟游牧所在》。
④⑤ 光绪《清会典事例》卷963《理藩院》,第10册,第980页。

明安部和乌喇特部原游牧于呼伦贝尔地区,喀尔喀部原游牧于漠北地区。6旗会盟于归化城土默特所属乌兰察布地方,即今呼和浩特市北红山口一带。乾隆二十一年(1756),又析归化城土默特大青山以北四佐领之地置土默特旗,隶乌兰察布盟①;二十五年,因该旗扎萨克"不入觐及违例妄为",旗被裁撤,其地复归归化城土默特②。

乌兰察布盟东至锡林郭勒盟,南与归化城土默特和伊克昭盟相邻,西界阿拉善厄鲁特旗,北至土谢图汗和赛音诺颜部,大体相当于今内蒙古自治区四子王旗、达尔罕茂明安联合旗、乌拉特前旗、乌拉特中旗、乌拉特后旗、杭锦后旗、五原县、固阳县、武川县等。

顺治元年时,乌兰察布盟所属仅置1旗:四子部落旗,且其地不在今址。顺治年间置4旗:乌喇特前旗、乌喇特中旗、乌喇特后旗、喀尔喀右翼旗;康熙三年置1旗:茂明安旗,共6旗,乾隆二十一年,置土默特旗,二十五年裁,仍为6旗。

一、四子部落旗

"元太祖弟哈布图哈萨尔十五世孙诺延泰,与兄昆都伦岱青,同游牧呼伦贝尔,有子四","分牧而处,后遂为所部称"。"天聪间,四子相继朝贡,从征有功,崇德元年,授鄂木布札萨克",是为四子部落旗。

1. 四子部落旗

俗称四子王旗。崇德元年(1636)设,编鄂木布所部为一旗,扎萨克旗。编旗初,牧地在呼伦贝尔湖附近,清入关后迁至归化城土默特东北,驻乌兰额尔济坡,在今内蒙古自治区四子王旗东北王府。其地东至什吉冈图山,接苏尼特右翼旗界,南至伊柯塞尔拜山,接察哈尔镶红旗界,西至巴彦鄂博,接归化城界,北至接苏尼特界,大体相当于今内蒙古自治区四子王旗及武川县的一部分。清末,北至沙巴克图,接喀尔喀后路土谢图汗部左翼中旗界③。

二、茂明安旗

茂明安又作毛明安。"元太祖弟哈布图哈萨尔十四世孙锡喇奇塔特,号土

---

① 《钦定外藩蒙古回部王公表》卷112。
② 《土默特旗志》卷2《源流》。
③ 光绪《清会典事例》卷963《理藩院》,第10册,第980页;嘉庆《清一统志》卷541。

谢图汗,有子三,游牧呼伦贝尔,其长多尔济,号布颜图汗,子车根嗣,号所部曰茂明安。""天聪七年,车根率其族,携户千余来归,子僧格,康熙三年,授札萨克一等台吉。"

2. 茂明安旗

康熙三年置,编车根所部为一旗,扎萨克旗。清入关后,茂明安部迁至归化城土默特北部地区,驻车突泉,在今内蒙古自治区固阳县东北白灵淖。其地东至喀尔喀右翼界,西至乌喇特界,南至归化城土默特界,北至瀚海①,大体相当于今内蒙古自治区达尔罕茂明安联合旗、包头市白云鄂博矿区及固阳县的一部分。

三、乌喇特三旗

乌喇特又作吴喇忒。"元太祖弟哈布图哈萨尔十五世孙布尔海,游牧呼伦贝尔,号所部曰乌喇特。""布尔海后分所部为三,长子赖噶孙鄂木布,幼子巴尔赛,孙图巴,曾孙色棱,领其众,天聪七年率属来归。顺治五年,叙从征功,以图巴掌中旗,封镇国公;鄂木布子谔班掌前旗,封镇国公;色棱子巴克巴海掌后旗,封辅国公,各授札萨克。"②三旗同处游牧,同驻哈达玛尔,即今内蒙古自治区包头市西哈达门。其地东至黄乌海,接茂明安旗界,南至黄河,接鄂尔多斯旗界,西至拜塞墨突,接鄂尔多斯旗界,北至伊克尔德阿济尔噶,接喀尔喀右翼旗界③,大体相当于今内蒙古自治区乌拉特前、中、后三旗,五原县,固阳县,临河市和杭锦后旗的一部分。

3. 乌喇特中旗

顺治五年置,以巴克巴海所部为一旗,扎萨克旗。

4. 乌喇特前旗

顺治五年置,以鄂班所部为一旗,扎萨克旗。

5. 乌喇特后旗

顺治五年置,以巴图所部为一旗,扎萨克旗。

四、喀尔喀尔右翼旗

源流见昭乌达盟喀尔喀左翼旗。

---

① 嘉庆《清一统志》卷541,第12册,第585页。
② 张穆:《蒙古游牧记》卷5《乌兰察布盟游牧所在·乌喇特》。
③ 光绪《清会典事例》卷963《理藩院》,第10册,第980页。

6. 喀尔喀尔右翼旗

又称达尔汉旗。顺治十年,以本塔尔所部为一旗,扎萨克旗。驻塔噜浑河,即今内蒙古自治区达尔罕茂明安联合旗南大汗海北。其地东至额古尔图华,接四子部落旗界,西至茂明安界,南至哈达璘勒河源,接归化城界,北至岳索山,接喀尔喀后路土谢图汗部左翼中旗界①,大体相当于今内蒙古自治区达尔罕茂明安联合旗东部及武川县的一部分。

7. 土默特旗

乾隆二十一年置,以大青山以北归化城土默特左翼旗四佐领之地为一旗,扎萨克旗②,二十五年裁,其地复隶归化城土默特左翼旗③。其地东至察哈尔界,北至四子部落及喀尔喀右翼界,西至茂明安及乌喇特界,南至大青山,大体相当于今内蒙古自治区呼和浩特市新城区的大青山以北部分和武川县的南部。

第六节 伊克昭盟

"元太祖十六世孙巴尔苏博罗特,达延汗之第三子也,始命为管领右翼三万人济农。长子衮弼哩克图墨尔根,《明史》谓之吉囊,嗣为济农,号车臣可汗。嘉靖中,击破火筛居之,是为鄂尔多斯。有子九,分牧而处,服属于察哈尔。"④察哈尔覆亡后,鄂尔多斯部降清,顺治六年、七年,编鄂尔多斯部为6扎萨克旗,乾隆元年(1736),增置1旗,共7旗。各旗会盟于鄂尔多斯左翼中旗的伊克昭,即今内蒙古自治区达拉特旗王爱昭,称伊克昭盟。

伊克昭盟东、西、北三面界黄河,南临长城。大体相当于今内蒙古自治区鄂尔多斯市的全部,临河市,五原县,及杭锦后、乌拉特前旗的一部分,宁夏回族自治区陶乐县盐池县部分地区,陕西省榆林市、神木县、横山县、靖边县、府谷县长城以北的地区。

1. 鄂尔多斯左翼中旗

俗称郡王旗。顺治六年九月置,以额璘臣所部为一旗,扎萨克旗。驻套敖西喜峰,即今内蒙古自治区伊金霍洛旗。其地东至衮额尔吉庙,接左翼前旗界,南至神木营,接陕西边城界,西至察汉额尔吉,接右翼前旗界,北至喀赖泉,

---

① 光绪《清会典事例》卷963《理藩院》,第10册,第980页。
② 《晋政辑要》卷8《户制》。
③ 《土默特旗志》卷2《源流》。
④ 张穆:《蒙古游牧记》卷6《伊克昭盟游牧所在》。

接右翼后旗界①,大体相当于今内蒙古自治区伊金霍洛旗和东胜区大部分地区。

2. 鄂尔多斯左翼前旗

俗称准噶尔旗。顺治六年九月置,以色棱所部为一旗,扎萨克旗。驻套内东南札拉谷,即今内蒙古自治区准格尔旗西南西营子。其地东至湖滩河朔,接归化城土默特旗界,南至清水营,接陕西边墙界,西至衮额尔吉庙,接左翼中旗界,北至左翼后旗界②,大体相当于今内蒙古自治区准格尔旗。

3. 鄂尔多斯左翼后旗

俗称达拉特旗。顺治七年正月置③,以沙克扎所部为一旗,扎萨克旗。驻套内东北巴尔哈逊湖,在今内蒙古自治区达拉特旗西北大树湾一带。其地东至黄河帽带津,接归化城土默特旗界,南至贺陀罗海,接左翼前旗界,西至察汉额尔吉,接左翼中旗界,北至黑水泊,接乌喇特旗界④,大体相当于今内蒙古自治区达拉特旗壕庆河以西地区和东胜区的一部分,五原县、临河市、乌拉特前旗等旗县的部分地区,以及包头市南部地区。

4. 鄂尔多斯右翼中旗

俗称鄂托克旗。顺治七年正月置,以善丹所部为一旗,扎萨克旗。驻西喇布哩都池,即今内蒙古自治区鄂托克旗东北达拉图鲁。其地东至察罕札达海泊右翼后旗界,西至察罕托辉喀尔喀界,南至贺通图山右翼前旗界,北至马阴山右翼后旗界⑤,大体相当于今内蒙古自治区鄂托克旗,鄂托克前旗,乌海市海勃湾区、南海区,陕西省靖边、定边长城以北地区,宁夏回族自治区盐池县长城以北地区及陶乐县黄河以东地方。

5. 鄂尔多斯右翼前旗

俗称乌审旗。顺治六年九月置,以额琳沁所部为一旗,扎萨克旗。驻套内巴哈池,在今内蒙古自治区乌审旗东北巴吉代附近。其地东至右翼中旗界,西至右翼中旗界,南至榆林卫边城界,北至右翼后旗界⑥,大体相当于今内蒙古自治区乌审旗的全部,伊金霍洛旗的一小部分,及陕西省榆林、横山、靖边三县长城以北地区。

---

①② 光绪《清会典事例》卷963《理藩院》,第10册,第980页。
③ 《世祖实录》卷47顺治七年正月癸酉,《清实录》,第3册,第377页。嘉庆《清一统志》卷543《蒙古统部》作顺治六年,今从《实录》。
④ 光绪《清会典事例》卷963《理藩院》,第10册,第980页。
⑤ 嘉庆《清一统志》卷543,第12册,第599页。
⑥ 嘉庆《清一统志》卷543,第12册,第599页。

6. 鄂尔多斯右翼后旗

俗称杭锦旗。顺治六年九月置，以扎木素所部为一旗，扎萨克旗。驻套内西北鄂尔吉虎泊，即今内蒙古自治区杭锦旗北独贵特拉。其地东至兔毛河，接左翼后旗界，南至喀喇札克，接左翼中旗界，西至噶札尔山，接右翼中旗界，北至塞特勒赫墨突，接乌喇特旗界①，大体相当于今内蒙古自治区杭锦旗北部和临河县大部，及五原县与杭锦后旗的各一部分。

7. 鄂尔多斯右翼前末旗

俗称扎萨克旗。乾隆元年置②，附牧于右翼前旗的定咱喇什析出为一旗，并划出左翼中旗的部分牧地供其游牧，扎萨克旗。其地东至左翼前旗，西至右翼前旗，南至陕西榆林卫，北至左翼中旗。大体相当于今内蒙古自治区伊金霍洛旗西南部和陕西省榆林、神木二县长城以北部分地区。

第七节 察 哈 尔

察哈尔，明时曰插汉，本元裔小王子后，嘉靖间，布希驻牧察哈尔之地，因以名部，后徙帐于辽东边外，四传至林丹汗。天聪八年(1634)，后金征之，林丹走死，其子孔果尔额哲归降，即以其部编旗，驻义州。康熙十四年(1675)，布尔尼兄弟叛清，被平定，迁其部众驻牧宣化、大同边外，以满洲八旗建制，编为左、右两翼，各置4旗。右翼为正黄旗、正红旗、镶红旗、镶蓝旗，左翼为镶黄旗、正白旗、镶白旗、正蓝旗。每旗设总管、副总管各一人(二十七年裁副总管)。"二十六年，设察哈尔都统一人，驻张家口，总理游牧八旗事务。""副都统二人，各在左右翼游牧边界驻扎……三十一年，察哈尔左右翼副都统内裁汰一人，留副都统一人，驻张家口，协同都统办事。"③各旗驻地皆由清廷指定，"镶黄、正黄、正红、镶红四旗驻张家口外，正白、镶白、正蓝三旗驻独石口外，镶蓝一旗驻杀虎口外"④。各旗编定后，又陆续将归降的喀尔喀、厄鲁特等部的零散部众编入左右两翼。

游牧于宣大边外的察哈尔八旗，东至克什克腾旗，西至归化城城默特旗，南至太仆寺左右翼，镶黄旗、正黄旗各牧厂，及山西大同府、朔平府边墙，北至

---

① 光绪《清会典事例》卷963《理藩院》，第10册，第980页。
② 张穆：《蒙古游牧记》卷6《内蒙古伊克昭盟游所在》："雍正九年，叙屡次从军斩馘功，晋一等台吉。乾隆元年，议族属繁，增旗一，授札萨克。四十九年，诏世袭罔替。"
③ 光绪《清会典事例》卷545《兵部》，第7册，第43页。
④ 嘉庆《清一统志》卷549，第12册，第705页。

苏尼特旗及四子部落界,大体相当于今内蒙古自治区凉城县、卓资县、察哈尔右翼前旗、集宁市、察哈尔右翼中旗、察哈尔右翼后旗、商都县大部、化德县、镶黄旗、正镶白旗、河北省康保县北部。

以下是宣大边外重新安置后的察哈尔八旗区划情况。

1. 正蓝旗察哈尔

康熙十四年置,总管旗。驻哈苏台泊,即今内蒙古自治区正蓝旗扎格斯太苏木。其地东至克什克腾旗界,西至镶白旗察哈尔界,南至御马厂界,北至阿巴噶左翼旗界①,大体相当于今正蓝旗北部。

2. 镶白旗察哈尔

康熙十四年置,总管旗。驻布雅阿海苏默,即今内蒙古自治区正镶白旗阿拉坦嘎达苏苏木。其地东、南至太仆寺旗牧厂界,西至正白旗察哈尔界,北至正白旗察哈尔界②,大体相当于今内蒙古自治区正镶白旗的东北部分。

3. 正白旗察哈尔

康熙十四年置,总管旗。驻布尔噶台,即今内蒙古自治区正镶白旗布日都苏木。其地东、北至镶白旗察哈尔,西、南至镶黄旗察哈尔③,大体相当于今内蒙古自治区正镶白西南部、太仆寺旗北部和河北省康保县的一部分。

4. 镶黄旗察哈尔

康熙十四年置,总管旗。初驻嗨嘞庙,在今河北省张北县东南;后移苏门峰,约在今内蒙古自治区康保县西北。其地东至正白旗察哈尔界,西至正黄旗察哈尔界,南至镶黄旗牧厂界,北至苏尼特右翼旗界④,大体相当于今内蒙古自治区化德县、商都县及河北省康保县、尚义县的一部分。

5. 正黄旗察哈尔

康熙十四年置,总管旗。原驻木孙忒克山,在今河北省张北县西南;同治间,移驻今察哈尔右翼后旗东南大六号张⑤。其地东至镶黄旗察哈尔界,西至正红旗察哈尔界,南至太仆寺右翼牧厂界,北至喀喇乌纳根山⑥,大体相当于今内蒙古自治区兴和县、察哈右翼前旗的大部分,以及察哈尔右翼后旗的东部和商都县的一部分。

---

①② 嘉庆《清一统志》卷549,第12册,第708页。
③ 嘉庆《清一统志》卷549,第12册,第707页。
④ 嘉庆《清一统志》卷549,第12册,第705页。
⑤ 民国《张北县志》卷1《地理志上》。
⑥ 嘉庆《清一统志》卷549,第12册,第705页。

6. 正红旗察哈尔

康熙十四年置,总管旗。驻古尔板拖罗海山,约在今内蒙古自治区察哈尔右翼前旗西北大土城乡一带。其地东至正黄旗察哈尔界,西至镶红旗察哈尔界,南至太仆寺右翼牧厂界,北至四子部落界①,大体相当于今内蒙古自治区集宁市、察哈尔右翼前旗、察哈尔右翼后旗西部、卓资县东北部及丰镇市西部。

7. 镶红旗察哈尔

康熙十四年置,总管旗。驻布林泉,在今内蒙古自治区卓资县东南小水沟一带。其地东至正红旗察哈尔,西至镶蓝旗察哈尔,南至大同府边外,北至四子部落界②,大体相当于今内蒙古自治区察哈尔右翼中旗东南部卓资县东部、凉城县大部及丰镇市西部的一小部分地区。

8. 镶蓝旗察哈尔

康熙十四年置,总管旗。驻阿巴汉喀喇山,约在今内蒙古自治区凉城县西北太平寨东。其地东至镶红旗察哈尔界,西至归化城土默特界,南至大同府边界,北至四子东部界③,大体相当于今内蒙古自治区察哈尔右翼中旗西部和北部、卓资县大部、凉城县西部,武川县东部的一小部分。

第八节 归化城土默特

归化城土默特与卓索图盟土默特右翼旗皆源出俺答(阿拉坦)汗,明"嘉靖间,谙达驻牧丰州滩,筑城架屋以居,谓之拜牲,是为西土默特。隆庆间,封谙达为顺义王,名其城曰归化"。"天聪六年,太宗文皇帝亲征察哈尔,驻跸归化城,土默特部落悉降",崇德元年(1636),"编为二旗,以古禄格为左翼都统,杭高为右翼都统"。顺治四年(1647)设佐领、协领等员,皆驻城中④。康熙二十二年(1683)题准,增设副都统二人,"择在内贤能官员,由院会同兵部引见补授"。乾隆二年(1737),"山西绥远城设建威将军一人,副都统二人"⑤;乾隆十三年,停袭土默特左翼都统,"以在京旗员补授","原设副都统四员,裁汰二员,每翼各留二员,其拣选补选专归兵部";二十年,停袭土默特右翼都统,以京员

---

① ② 嘉庆《清一统志》卷549,第12册,第707页。
③ 嘉庆《清一统志》卷549,第12册,第708页。
④ 嘉庆《清一统志》卷548,第12册,第682页。
⑤ 乾隆《清会典则例》卷102《兵部》,第623册,第97页。

补授①。二十六年,改建威将军为绥远城将军,统管绥远城驻防事务,"裁汰(归化城土默特)都统一人,其副都统二人仍令分翼管理,都统一人综理两翼之事"②;二十八年,"著将都统裁汰,归绥远城将军管辖,副都统二员,分驻绥远城、归化化城二处,协同将军办事。三十一年,裁汰绥远城副都统一员",其所理事务由归化城副都统兼理,直隶于绥远城将军③。

归化城土默特二旗东至镶蓝旗察哈尔界,西至乌喇特和鄂尔多斯左翼前、后二旗,南至山西省界,北至四子部落旗和茂明安旗,乾隆二十一至二十五年,北界大青山,隶属于乌兰察布盟的土默特裁撤后,边界复原。大体相当于今内蒙古自治区呼和浩特市、包头市、清水河县、和林格尔县及武川县的一部分。

1. 土默特左翼旗

崇德元年置,以古禄格所部为一旗,都统旗。驻归化城,即今内蒙古自治区呼和浩特市旧城,乾隆二十八至三十一年驻绥远城,即今之内蒙古自治区呼和浩特新城。其地东至镶蓝察哈尔界,西至右翼界,南至边墙,北至四子部落界(乾隆二十一至二十五年北至大青山),大体相当于今内蒙古自治区武川县东部,呼和浩特市新城区、玉泉区、赛罕区,土默特左旗东南部,和林格尔县和清水河县。

2. 土默特右翼旗

崇德元年置,以杭高所部为一旗,都统旗。驻归化城,即今内蒙古自治区呼和浩特市旧城。其地东至左翼界,西至乌喇特界,南至黄河,北至四子部落和茂明安界(乾隆二十一至二十五年北至大青山),大体相当于今内蒙古自治区武川县西部,包头市的东河区、昆都仑区、青山区、石拐区南部,土默特右旗,土默特左旗西北部和托克托县。

第九节 套 西 二 旗

套西二旗是指驻牧于河套以西的阿拉善厄鲁特和额济纳土尔扈特旗,不设盟,直隶理藩院,因地处河套以西,故通常称为套西二旗。

一、阿拉善厄鲁特旗

清初,"蒙古厄鲁特部落驻牧河西套,谓之套彝,其部长鄂齐尔图汗,随顾

---

① 光绪《清会典事例》卷976《理藩院》,第10册,第1101页。
② 乾隆《清会典则例》卷140《理藩院》,第624册,第415页。
③ 光绪《清会典事例》卷976《理藩院》,第10册,第1102页。

实汗内附,朝贡奉约束,后准噶尔台吉噶尔丹袭破其部,戕鄂齐尔图汗。其从子和啰哩,本号巴图尔额尔克济农,率族属避居近边,康熙二十五年,上书求给牧地。诏于宁夏甘州边外画界给之"①;三十六年十月,"理藩院题,请将巴图尔额尔克济农(和罗理号)所有壮丁编为佐领,另为一扎萨克,铸给印信……其编佐领为扎萨克,给印信。俱依议"②。贺兰山,土人称为阿拉善山,遂称为阿拉善厄鲁特旗。

1. 阿拉善厄鲁特旗

康熙三十六年(1697)九月置,以和罗理所部为一旗,扎萨克旗。驻定远营,即今内蒙古自治区阿拉善左旗巴彦浩特。其地东至贺兰山,与宁夏府边外接界,南与凉州府甘州府边外地接界,西至古尔鼐,与额济纳土尔扈特旗按界,北至瀚海,与喀尔喀扎萨克图汗接界③。大体相当于今内蒙古自治区阿拉善左旗的全部和阿拉善右翼的大部,及磴口县与乌海市的一部分。

二、额济纳土尔扈特旗

游牧于伏尔加河下流地区的土尔扈特部阿玉奇汗之嫂携子阿喇布珠尔假道准噶尔赴西藏"谒达赖喇嘛,已而阿玉奇与策妄阿喇布坦修怨,康熙四十三年,阿喇布珠尔自唐古特还,以准噶尔道梗,留嘉峪关外,遣使至京师,请内属。上悯其穷无所归,赐牧色尔腾"④。雍正九年(1731),准噶尔煽动喀尔喀及内附蒙古叛乱,阿喇布珠尔子丹忠内徙额济纳河一带。乾隆十八年(1753),授阿喇布珠尔孙罗卜藏达尔扎为扎萨克多罗贝勒,领其众⑤,是为额济纳土尔扈特旗,不设盟长,直隶理藩院。后渥巴锡率土尔扈特部归来,罗卜藏达尔扎"所部以归来先,故亦称旧土尔扈特"⑥。

2. 额济纳土尔扈特旗

又称额济纳旧土尔扈特。乾隆十八年置,以罗卜藏达尔扎所部为一旗,扎萨克旗。其地东与西套额鲁特旗界,南与肃州边外地接界,西至瀚海,与巴里坤接界,北至瀚海,与喀尔喀扎萨克图汗部接界⑦。大体相当于今内蒙古自治区额济纳旗和阿拉善右旗西南的一小部。

---

① 嘉庆《清一统志》卷545,第12册,第633页。
② 《圣祖实录》卷185康熙三十六年九月丁未,《清实录》,第5册,第977页。
③ 光绪《清会典事例》卷966《理藩院》,第10册,第1009页。
④ 按:清代甘肃嘉峪关外有色尔腾海,即今之苏干湖,这一带为一小型内流盆地,适于牧放。
⑤ 《钦定外藩蒙古回部王公表传》卷101《固山贝子阿喇布珠尔列传》。
⑥ 张穆:《蒙古游牧记》卷16《额济纳旧土尔扈特蒙古游牧所在》。
⑦ 光绪《清会典事例》卷966《理藩院》,第10册,第1009页。

附：牧厂

为了满足军事、宫廷和王公大臣对马匹、肉制品和乳制品等的需求，自皇太极征服察哈尔后，即于宣大边外水草丰茂之处"置公私牧厂"①。顺治以后，又陆续设置了隶于内务府、太仆寺、礼部等机构的牧厂，并设官管理。同时，还以赏赐等名义为王公圈定了一些牧厂。隶于清廷各机构的牧厂主要有养息牧牧厂、御马厂、礼部牧厂、太仆寺左翼牧厂、太仆寺右翼牧厂、镶黄等旗牧厂、正黄等旗牧厂等。王公大臣的牧厂系私人牧厂，并随其地位的升降而变动，这些私人牧厂系借牧性质，多位于察哈尔八旗之中，清廷不设官管理，不具行政区划的要素，不属特殊行政区划。

1. 养息牧牧厂

顺治年间置②，初隶上驷院。在锦州府广宁县北彰武台边门外，其地东、北至科尔沁左翼前旗界，西至土默特左翼界，南至彰武台边门，大体相当于今辽宁省彰武县。顺治以后，分为四个分场，(1) 养息牧哈达牧群马营，在盛京西85里，乾隆二十年(1764)并入大凌河牧厂；(2) 养息牧边外苏鲁克牧牛羊群，在盛京城西北160里，乾隆二十九年归盛京将军管辖。(3) 黑牛群牧营③，在盛京西北200里。(4) 养息牧边外牧群牛营，在盛京西北320里，后属盛京将军辖④。同治二年(1863)后，养息牧牧厂被大量开垦，到光绪二十二年(1896)，该牧厂已基本上见不到牧群⑤，二十三年，牧厂全部放垦。

2. 大凌河牧厂

顺治年间置，隶内务府上驷院。设大凌河牧群总管一员，由锦州副都统兼管，乾隆十五年，归隶盛京将军辖。牧厂初设时四至不详，康熙二年(1663)，其地东至右屯卫，西至鸭子厂，南至海，北至黄山堡。乾隆十三年，因裁减马群于马场西界横截十里给予官兵就近耕种之故，牧厂西界内缩十里⑥。同治二年以后，牧厂开始大量被开垦，至光绪二十二年，牧厂"已不足三十四群之牧养"⑦。光绪二十七年，经盛京将领增祺奏准，大凌河牧厂全部被放垦。

---

① 《口北三厅志》卷6《考牧》。
② 嘉庆《清一统志》卷548，第12册，第688页。
③ 《清史稿》卷141《兵志》，第14册，第4173页。
④ 《盛京通志》卷52《兵防二》，第502册，第245页。
⑤ 《依克唐阿奏请开垦养息牧大凌河牧厂折》，《谕折汇存》，光绪二十二年七月五日。
⑥ 乾隆《清会典则例》卷34《户部》，第621册，第61页。
⑦ 《依克唐阿奏请开垦养息牧大凌河牧厂折》，《谕折汇存》，光绪二十二年七月五日。

3. 上都牧厂

顺治年间置,隶内务府上驷院,驻博罗城。设总管一人,由察哈尔都统兼任,管理牧事。因上驷院初名御马监,故上都牧厂又称御马厂,或镶黄、正黄、正白三旗驼马牧厂。其地东至古尔板库德,西、北至镶白旗察哈尔界,南至插汉噶尔特,东西宽125里,南北长197里①,大体相当于今内蒙古自治区多伦县全部,正蓝旗南部,正白旗东南部、太仆寺旗东北部和河北省沽源县的大部。

4. 达布逊牧厂

顺治年间置,隶内务府上驷院。上都牧厂与达布逊合称上都达布逊牧厂,由同一总管管辖。

5. 达里冈爱牧厂

康熙三十五年之前已划为牧厂②,上都达布逊诺尔牧群总管一人,兼辖达里冈爱牧群③。其驼马场隶上驷院,羊场隶庆丰司属张家口群牧处。牧场位于锡林郭勒盟北、车臣汗部之南,东至哈鲁勒陀罗海,西至额固特,南至察罕齐老山,北至济尔垓图。相当于今蒙古国苏赫巴托尔省中南部和东戈壁省东北部的小部分地区。

6. 礼部牧厂

设置年份不详,隶礼部。其地东至镶黄旗牧厂界,西、北至正黄旗察哈尔界,南至正黄旗牧厂界,其地大致在今内蒙古自治区化德县西部一带。

7. 太仆寺左翼牧厂

顺治年间置,隶太仆寺。其地东至宣化府边界,西至镶黄旗牧厂界,南至镶蓝旗牧厂界,北至镶黄旗察哈尔界,大体相当于今河北省康保县东部、张北县北部、沽源县西部和太仆寺旗南部。清中叶以后,牧厂逐渐被垦殖,日渐缩小,清末放垦后,其牧厂面积仅相当于今河北省太仆寺旗贡宝拉嘎苏木的面积④。

8. 太仆寺右翼牧厂

顺治年间置,隶太仆寺。其地东至正黄旗察哈尔界,西至镶黄旗察哈尔界,南至大同府边界,北至正红旗察哈尔界。大体相当于今内蒙古自治区凉城县东南部、丰镇市大部和兴和县南部。乾隆间,牧厂东移至马莲渠地方(今河北省张北县马蓝渠),嘉庆以后,骒马群移动到原上都牧厂上都河一带,骟马群

---

① 《口北三厅志》卷6《考牧》。
② 祁韵士:《皇朝藩部要略》卷4《外蒙古喀尔喀部要略三》。
③ 乾隆《清会典则例》卷92《内务府》,第619册,第889页。
④ 民国《张北县志》卷1《地理志》。

移至打拉齐庙（今河北省张北县达拉齐庙），光绪三十二年，与骟马群并为一处①。

9. 镶黄等四旗牧厂

顺治年间置，初隶内务府"三旗牛羊群牧处"，康熙十六年，并入掌仪司，二十三年，另设庆丰司，主管宫廷坛庙祭祀及牛羊群畜牧事务。镶红旗牧厂在张家口北100里果罗鄂博冈，约在今河北省张北县、沽源县一带。正白旗牧厂，在独石口外红城子北。镶白旗牧厂在独石口外红城子西北。正蓝旗牧厂在张家口北、镶黄旗牧厂东。

10. 正黄等四旗牧厂

顺治年间置，其所属及变化同镶黄等四旗牧厂。正黄旗牧厂在张家口西北100里诺木浑博罗山一带，约在今河北省尚义县、张北县及内蒙古自治区的商都县一带。正红旗牧厂在独石口东北，老彰沟西，椴木梁东。镶蓝旗牧厂在张家口东北，正蓝旗牧厂及镶黄旗牧厂东。镶红旗牧厂位置不详。乾隆以后，战事减少，驼马需求量减少，八旗牧厂逐渐缩小，道光以后，渐至荒废②。

---

① 民国《张北县志》卷1《地理志》。贻谷《垦务奏议》。
② 八旗牧厂考证内容，参考周清澍主编《内蒙古历史地理》，内蒙古大学出版社，1994年，第222页。

第二十五章　乌里雅苏台

清初，漠北喀尔喀蒙古共七部三汗，西曰扎萨克图汗，中曰土谢图汗，东曰车臣汗。"天聪八年，车臣汗遣使来聘。崇德三年，三汗并遣使来朝。康熙二十八年，被噶尔丹所侵，款塞内附。""三十年，大会于多伦诺尔，编审旗分，安辑其众。"①至此，漠北喀尔喀蒙古真正纳入清廷管辖的版图。康熙三十一年（1692）五月，照内扎萨克四十九旗例，将喀尔喀蒙古分为三部：土谢图汗、车臣汗、扎萨克图汗②。三十六年，清军西征准噶尔，噶尔丹窜死，漠北平定，三汗所领各旗返回漠北旧地。五十四年，唐努乌梁海各部游牧部落归附③，自为一部，称唐努乌梁海。雍正九年（1731），原土谢图汗所属赛音诺颜受封为大扎萨克，别为一部，曰赛音诺颜部，共四部。乾隆十八年（1753），扎萨克图汗以西之唐努乌梁海各部归附，设旗佐若干。同治三年（1864）九月，沙俄强迫清政府签订中俄《勘分西北界约记》，割去唐努乌梁海十佐领和科布多参赞大臣所辖阿勒坦淖尔乌梁海二旗游牧地。

为平定准噶尔的骚乱，清廷先后派抚远大将军、安北大将军、中卫将军等屯兵漠北，雍正十一年，清廷在喀尔喀地区设定边左副将军，驻乌里雅苏台，所以亦称乌里雅苏台将军，统喀尔喀蒙古四部及唐努乌梁海各旗、佐领。

乾隆二十七年，设库伦办事大臣，负责办理中俄边界、中俄贸易以及监督哲卜尊丹巴的沙毕纳尔事宜。准噶尔平定后，库伦办事大臣的职权扩大，负责掌管喀尔喀四部的一切行政司法事宜，与乌里雅苏台将军相互牵制。

乾隆二十六年十月，清廷于科布多城设参赞大臣④，统领扎萨克图汗以西各旗，受乌里雅苏台将军节制。科布多参赞大臣所辖之地称科布多。

---

① 乾隆《理藩院则例·柔远清吏左司上》。关于喀尔喀蒙古内附的时间，学界有不同看法。多伦诺尔会盟之后，清廷对喀尔喀蒙古编旗、授扎萨克、赐印，真正对其实施管理，所以本书以多伦诺尔会盟作为外喀尔喀蒙古真正归附的标志。相关论述可参齐木德道尔吉《外喀尔喀车臣汗硕垒的两封信及其流传》（《内蒙古大学学报》1994年第4期）及张永江《清代藩部研究——以政治变迁为中心》（黑龙江教育出版社，2001年，第81—89页）。
② 《圣祖实录》卷155康熙三十一年五月癸酉，《清实录》，第5册，第713页。
③ 《圣祖实录》卷265康熙五十四年九月己酉，《清实录》，第6册，第606页。
④ 《高宗实录》卷646乾隆二十六年十月己巳，《清实录》，第17册，第229页。

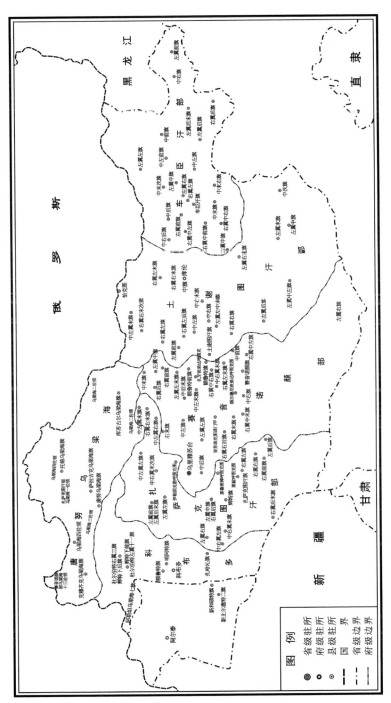

图 25　清末乌里雅苏台图

同治七年正月，科布多西南布伦托海地方设布伦托海办事大臣，旋于同治八年十月前后裁撤①。因该办事大臣辖区设立时间很短，限于资料，文中不对其具体考证。

光绪三十四年（1908）四月，清廷于阿尔泰地方设帮办大臣，析科布多参赞大臣所辖之新土尔扈特二旗及新和硕特一旗往属之。直隶中央②。

第一节　土谢图汗部

康熙二十七年（1688），准噶尔部大举进攻喀尔喀部，衮布之子察珲多尔济率土谢图汗部内附，被清廷安置于苏尼特地界（今内蒙古苏尼特左旗、右旗一带）。三十一年，分设土谢图汗部，三十六年，复故地游牧③，驻土拉河。其地东界察罕齐老图，西界库勒萨雅孛郭图额金岭，南界苏尼特旗、四子部落旗、乌喇特旗、阿拉善厄鲁特旗和额济纳土尔扈特旗，北界楚库河。雍正九年（1731），赛音诺颜部自土谢图汗部析出，自为一部。此后，土谢图汗部西界翁金河。其地大致相当于今蒙古国中央省、色楞格省、布尔干省、达尔汗乌拉省、鄂尔浑省、中戈壁省，以及前杭爱省、南戈壁省、东戈壁省的一部分地区。

康熙三十六年，土谢图汗部复徙故地，领27旗。康熙四十一、四十四、四十六、四十八年各增置1旗，四十五年来属1旗，五十一、五十八年各增置2旗，雍正元、八、九年各增置1旗，至雍正九年赛音诺颜部分出之前，土谢图汗部共领39旗；雍正九年，其所属赛音诺颜受封为大扎萨克，自为一部，19旗往属赛音诺颜部，余20旗；雍正十年、乾隆二十三年（1758）各增置1旗，计22旗，乾隆二十六年，2旗往隶赛音诺颜部，余20旗，至清末未有变化。

会盟：土谢图汗部为一盟，称汗阿林（汗山）盟，会盟于汗阿林，在今蒙古国乌兰巴托南之汗山。

1. 土谢图汗旗

康熙三十年置，以顺治十二年始设之土谢图汗旗为一旗④，扎萨克旗，在

---

① 有关布伦托海的具体置废情况，参看郭美兰：《清代布伦托海办事大臣的设立及其裁撤》，载《中国边疆史地研究》1998年第3期。
② 阿尔泰办事大臣辖区系清末为巩固边防应付沙俄侵略则设立的行政区，因其战略位置十分重要，直属中央管辖，但因由原科布多参赞大臣辖区析出而设，且时间短暂，内容单薄，故列入本章，不专章叙述。
③ 以下考证的漠北喀尔喀蒙古的行政区划皆为其返回故地后的情况。
④ 康熙三十年多伦诺尔会盟，对内徙归附的漠北喀尔喀蒙古各旗分重新进行编定，本书皆以康熙三十年为始，并对其旗分的历史进行追溯，下同。

今蒙古国前杭爱省萨克哈一带。康熙二十七年,土谢图汗旗内徙至苏尼特旗,三十六年返回故地。其地东至萨拉噶山梁,接中左旗暨中右旗界,西至博罗哈布齐勒河,接中路赛音诺颜部额鲁特旗界,南至察汉乌苏,接军台暨左翼后旗界,北至得尔素图多奎,接左翼前旗界①。

2. 右翼左旗

康熙三十年五月置②,授土谢图汗从子扎萨克,扎萨克旗,在今蒙古国布尔干省布尔干。其地东至布尔噶勒台河,接右翼右末次旗,西至茂盖河山梁,接赛音诺颜部中末旗界,南至达什尔岭北温都尔鄂博,接右翼左后旗界,北至罕台山,接边卡界。

3. 中右旗

康熙三十年置,扎萨克旗,在今蒙古国中央省额尔德尼桑特。其地东至拜图,接中右末旗界,西至乌苏图,接土谢图汗旗暨左翼右中末旗界,南至巴彦哈喇,接军台暨左翼右末旗界,北至哈喇尼敦,接右翼左后旗界。

4. 左翼中旗

康熙三十年置,扎萨克旗,在今蒙古国东戈壁省赛汗都兰南。其地东至固尔班哲格尔得,接达里冈爱牧厂界,西至西尼察汉鄂博,接左翼后旗界,南至巴彦布拉克,接四子部落旗界,北至巴噶哈台,接左翼后旗及左翼中左旗界。

5. 中旗

康熙三十年置,扎萨克旗,在今蒙古国首都乌兰巴托。其地东至烘敦尔托罗盖,接车臣汗部右翼中前旗界,西至多木达乌尔察克,接军台暨中右末旗界,南至巴彦哈达,接车臣汗部右翼中旗界,北至达喇尔札河源山梁,接右翼右末旗暨右翼左末旗界。

6. 左翼后旗

康熙三十二年置,扎萨克旗,在今蒙古国中戈壁省德勒格尔杭爱西南。其地东至温都尔西里,接军台暨左翼右末旗界,西至尼楚浑布拉克,接赛音诺彦部中前旗界,南至巴彦哈喇,接乌喇特中旗界,北至额尔德尼托罗盖。

7. 中右末旗

康熙五十八年置,扎萨克旗,在今蒙古国中央省图勒河北岸那万策仁古内呼勒。其地东至乌克库木尔,接中旗暨军台界,西至拜图,接中右旗界,南至布

---

① 光绪《清会典事例》卷964《理藩院》,第10册,第989页。以下喀尔喀四汗部落所属各旗四至的资料皆来自此处(另注出处的除外),不一一注明。
② 《圣祖实录》卷151康熙三十年五月戊子,《清实录》,第5册,第674页。

蕴奎,接军台界暨左翼右末旗界,北至车根察汉诺尔,接右翼左后旗界。

8. 左翼左中末旗

康熙五十年置,扎萨克旗,在今蒙古国前杭爱省巴彦温都尔东北。其地东至哈勒占,接中右旗界,西至达干得勒额沁乌苏,接土谢图汗旗界,南至哈坦乌苏,接土谢图汗旗界。

9. 右翼右旗

康熙三十年五月置,扎萨克旗,在今蒙古国巴彦温都尔西南。其地东至锡伯格图,接土谢图汗旗界,西至乌逊珠尔东山,接赛音诺颜部中前旗界,南至诺昆托界盖,接军台暨左翼后旗界,北至齐克达噶图岭,接土谢图汗旗界。

10. 左翼前旗

康熙三十年五月置,扎萨克旗,在今蒙古国布尔干省黑希格温都尔西。其地东至布尔胡库克阿萨克图,接右翼左旗界,西至额尔德尼托罗盖,接赛音诺颜额鲁特前旗界,南至得尔素图金奎,接土谢图汗旗界,北至巴彦额尔克图,接右翼左旗界。

11. 右翼右末旗

雍正九年置,扎萨克旗,在今蒙古国中央省木胡雷诺扬驿站。其地东至恰克图山梁,接右翼左末旗界,西至阿尔噶棱,接右翼左后旗暨中右末旗界,南至乌里雅呼岭,接中旗暨军台界,北至诺木图布拉克山梁,接右翼左末旗界。

12. 中左旗

乾隆二十三年置,扎萨克旗,在今蒙古国布尔干省达欣其楞南。其地东至察奇尔哈喇,接中右旗界,西至阿尔噶棱,接土谢图汗旗界,南至善达勒,接中右旗界,北至阿鲁哈朗,接右翼前旗界。

13. 左翼右末旗

康熙三十六年置,扎萨克旗,在今蒙古国中戈壁省戈壁乌格塔勒东南。其地东至依克噶杂尔阿齐图乌拉罕,接车臣汗部右翼中旗界,西至布拉干按吉,接左翼后旗界,南至什硼托罗盖,接左翼末旗界,北至布蕴奎,接中右旗暨中右末旗界。

14. 左翼末旗

康熙三十年五月置,扎萨克旗,在今蒙古国东戈壁省曼达赫一带。其地东至卓克乌苏,接左翼中旗界,西至珠格布里,接军台暨左翼中左旗界,南至哈沙图,接左翼中旗界,北至什硼托罗盖,接左翼右末旗界。

15. 左翼中左旗

雍正十年置,扎萨克旗,在今蒙古国中戈壁省乌勒吉图南。其地东至札拉噶图,接军台暨左翼末旗界,西至乌拉罕齐奇乌苏,接左翼后旗界,南至察布齐尔,接左翼中旗界,北至达奇勒噶图温都尔,接左翼末旗界。

16. 中次旗

康熙五十八年置,扎萨克旗,在今蒙古国东戈壁省阿尔山图西北。其地东至西雅博克,西至额尔沁乌苏,南至乌兰商达,北至库克尼敦。

17. 右翼右末次旗

康熙三十五年置,扎萨克旗,在今蒙古国布尔干省色楞格东北。其地东至萨尔金河,接右翼左旗界,南至赛尔额沁,接右翼左末旗界,北至札勒图尔河,接边卡界。

18. 右翼左后旗

雍正八年置,扎萨克旗,在今蒙古国布尔干省罕博音忽热东南。其地东至沙喇博罗图,接右翼左木旗界,西至珠格楞岭,接左翼前旗界,南至达们隆山,接中右旗暨中右末旗界,北至那林茂海温都尔,接右翼左旗界。

19. 中左翼末旗

康熙三十三年置,扎萨克旗,在今蒙古国色楞格省东布仁西南(河北岸)。其地东至乌雅勒噶河,接边卡界,西至萨尔金河,接右翼右末次旗界,南至邦吉山梁,接右翼左末旗界,北至察汉乌苏河,接边卡界。

20. 右翼左末旗

康熙三十年五月置,扎萨克旗,在今蒙古国色楞格省那腊苏台敖若斯东。其地东至拜察哈达,接车臣汗部中右后旗界,西至沙喇博罗图,接右翼左后旗界,南至阿勒坦鄂啰格依,接中旗界,北至邦吉山梁,接中左翼末旗暨军台界。

[21] 右翼中旗①

康熙三十年置,雍正九年往属赛音诺颜部。

[22] 中左末旗

雍正元年置,九年往属赛音诺颜部。

[23] 右翼右后旗

康熙三十年五月置②,雍正九年往属赛音诺颜部。

[24] 中前旗

康熙三十年五月置③,雍正九年往属赛音诺颜部。

---

① 以下为改隶之旗,用方括号表示。
②③ 《圣祖实录》卷151康熙三十年五月戊子,《清实录》,第5册,第674页。

[25] 中左旗

康熙三十年置，雍正九年往属赛音诺颜部。

[26] 中末旗

康熙三十一年置，雍正九年往属赛音诺颜部。

[27] 右翼中左旗

康熙四十六年置，雍正九年往属赛音诺颜部。

[28] 右翼末旗

康熙三十年五月置[1]，雍正九年往属赛音诺颜部。

[29] 右翼前旗

康熙三十年五月置[2]，雍正九年往属赛音诺颜部。

[30] 中后旗

康熙五十一年置，雍正九年往属赛音诺颜部。

[31] 左翼左旗

康熙三十一年置，雍正九年往属赛音诺颜部。

[32] 左翼右旗

康熙三十年五月置[3]，雍正九年往属赛音诺颜部。

[33] 左翼左末旗

康熙三十五年置，雍正九年往属赛音诺颜部。

[34] 右翼中末旗

康熙五十一年置，雍正九年往属赛音诺颜部。

[35] 右翼左末旗

康熙三十六年置，雍正九年往属赛音诺颜部。

[36] 右翼中右旗

康熙三十六年置，雍正九年往属赛音诺颜部。

[37] 右翼后旗

康熙三十一年五月置[4]，雍正九年往属赛音诺颜部。

[38] 中后末旗

康熙四十八年置，雍正九年往属赛音诺颜部。

[39] 中右翼末旗

康熙三十五年置，雍正九年往属赛音诺颜部。

---

[1][2][3] 《圣祖实录》卷151康熙三十年五月戊子，《清实录》，第5册，第674页。
[4] 《圣祖实录》卷155康熙三十一年五月癸酉，《清实录》，第5册，第713页。

[40] 额鲁特旗

康熙四十四年置,初属察哈尔正黄旗,四十五年来属,乾隆二十六年往属赛音诺颜部。

[41] 额鲁特前旗

康熙四十一年置,乾隆二十六年,往属赛音诺颜部。

附:哲布尊丹巴呼图克图旗

置年不详,驻库伦,即今蒙古国之乌兰巴托。喇嘛旗。其地在肯特山之西南,汗山之北,在土谢图汗部中旗境内[①]。

第二节 赛音诺颜部

雍正九年(1731),析土谢图汗部19旗,别为一部。其先,"格埒森札之孙图蒙肯护持黄教,唐古特达赖喇嘛贤之,授赛音诺颜号"[②]。康熙二十八年(1689),噶尔丹袭破喀尔喀蒙古,其孙善巴内附。雍正九年,以善巴从弟策凌从征有功,封大扎萨克,自为一会盟,称赛音诺颜部。乾隆三十一年(1766),以善巴曾孙诺布札布袭赛音诺颜号世袭,与三汗同。

赛音诺颜部初领19旗,乾隆三年、十七年、二十四年,各增置1旗,二十六年,土谢图汗部2旗来属,共计24旗,至清末变。

会盟:赛音诺颜部22旗及厄鲁特2旗为一盟,会盟于齐齐尔里克,称齐齐尔里克盟。

1. 赛音诺颜旗

康熙三十年置,本土谢图汗部右中旗,雍正九年来属,并改名为赛音诺颜旗,扎萨克旗,在今蒙古国前杭爱省海尔汗都兰。其地东至额鲁克台,接右翼中左旗界,西至塔楚河,接喀尔德尼班第达呼图克图界,南至萨音按吉,接左翼右旗界,北至鄂尔浑河,接右翼中右旗界。

2. 中左末旗

雍正元年置,雍正九年自土谢图汗部来属,扎萨克旗,在今蒙古国后杭爱省车车尔勒格西北北特大临河西岸。其地东至库鼐鄂博尔布拉克,接扎

---

① 光绪《清会典事例》卷966《理藩院》,第10册,第1011页。
② 《清史稿》卷78《地理志·外蒙古》,第9册,第2426页。

牙班第达呼图克图旗界,西至灰图塔米尔额沁,接青苏珠克图诺们罕旗界,南至素温都尔,接额尔德尼班第达呼图克图界,北至依克沙巴尔山梁,接中左旗界。

3. 右翼右后旗

康熙三十年五月置,雍正九年自土谢图汗部来属,扎萨克旗,在今蒙古国巴彦洪戈尔省巴彦布尔德西。其地东至鞯克岭,接青苏珠克图诺们罕旗界,西至特及格尔噶什滚,接左翼左旗界,南至扣波尔,接右翼中末旗界,北至札克额沁山梁,接中左旗界。

4. 中前旗

康熙三十年五月置,雍正九年自土谢图汗部来属,扎萨克旗,在今蒙古国前杭爱省阿尔拜赫雷东翁金河东岸。其地东至鄂尔浑河,接土谢图汗部右翼右旗界,西至乌拉罕诺尔,接右翼左末旗界,南至布尔察克,接军台暨土谢图汗部左翼后旗界,北至吉尔玛台,接额鲁特旗界。

5. 中左旗

康熙三十年置,雍正九年自土谢图汗部来属,扎萨克旗,在今蒙古国后杭爱省塔里亚特。其地东至齐老图河,接中后末旗界,西至特克什布音图,接右末旗界,南至伊克沙巴尔,接中左末旗界,北至察汉索郭图,接右翼后旗界。

6. 中末旗

康熙三十一年置,雍正九年自土谢图汗部来属,扎萨克旗,在今蒙古国库苏古尔省塔里亚朗南色楞格河北岸。其地东至库图勒布拉克,接土谢图汗部右翼左旗界,西至库布色固勒,接右翼后旗界,南至那棱图勒布尔,接左翼中旗界,北至巴勒齐尔山,接扎萨克图汗部中左翼末旗界。

7. 右翼中左旗

康熙四十六年置,雍正九年自土谢图汗部来属,扎萨克旗,在今蒙古国前杭爱省塔尔加图东南。其地东至察汉库图勒,接右翼左末旗界,西至额鲁克台,接赛音诺颜旗界,南至阿哈尔山,接军台暨土谢图汗部左翼后旗界,北鄂波尔呼吉尔图,接赛音诺颜旗界。

8. 右翼末旗

康熙三十年五月置,雍正九年自土谢图汗部来属,扎萨克旗,在今蒙古国巴彦洪戈尔省博木博果尔一带。其地东至莫霍尔特里,接右翼中末旗界,西至喀喇沙尔,接青苏珠克图诺们罕旗界,南至绷察汉诺尔,接军台暨瀚海,北至札木图岭。

9. 右翼前旗

康熙三十年五月置，雍正九年自土谢图汗部来属，扎萨克旗，在今蒙古国布尔干省赛汗西北哈努伊河东岸。其地东至萨哈勒图，接额鲁特前旗界，西至达郎图托罗盖，接札牙班第达呼图克图旗界，南至亲格勒图，接右翼左旗界，北至卓赍布拉克，接左翼中旗界。

10. 中后旗

康熙五十一年置，雍正九年自土谢图汗部来属，扎萨克旗，在今蒙古国扎布汗省察干海尔汗一带。其地东至哈喇乌苏，接左翼左旗界，西至膏林塔拉，接那鲁班禅呼图克图界，南至布音图河，接那鲁班禅呼图克图暨军台界，北至布音图河源，接中左旗界。

11. 左翼左旗

康熙三十一年置，雍正九年自土谢图汗部来属，扎萨克旗，在今蒙古国巴彦洪戈尔省巴彦布拉格西北。其地东至烘乌，接右翼右后旗界，南至莫霍尔噶顺，接军台及右翼右后旗界，西至膏林塔拉，接中后旗界，北至哈喇乌苏，接中左旗界①。

12. 左翼右旗

康熙三十年五月置，雍正九年自土谢图汗部来属，扎萨克旗，在今蒙古国南戈壁省诺莫冈西南。其地东至诺木干，接土谢图汗部左翼后旗界，西至依萨赍，接额尔德尼班第达呼图克图旗界，南至霍尔朔特，接乌喇特前旗界，北至额勒素台，接赛音诺颜旗界。

13. 左翼左末旗

康熙三十五年置，雍正九年自土谢图汗部来属，扎萨克旗，在今蒙古国后杭爱省罕鄂尤特东南。其地东至噶齐固，接额鲁前旗界，西至达什隆，接札牙班第达呼图克图旗界，南至哈喇诺尔，接札牙班第达呼图克图界，北至依克沙巴尔台，接右翼前旗界。

14. 右翼中末旗

康熙五十一年置，雍正九年自土谢图汗部来属，扎萨克旗，在今蒙古国巴彦洪戈尔省哈拉纽杜延呼都格井一带。其地东至莫霍尔特里，接中右旗界，西至哈喇托罗盖，接右翼末旗界，南至察汉诺尔，接军台界暨瀚海，北至察汉诺尔齐特呼拉，接右翼末旗界。

---

① 张穆：《蒙古游牧记》卷8《外蒙古喀尔喀齐齐尔里克盟游牧所在》。按：光绪《清会典事例》卷946缺"左翼左旗"条。

15. 右翼左末旗

康熙三十六年置,雍正九年自土谢图汗部来属,扎萨克旗,在今蒙古国前杭爱省巴特沃勒吉东南。其地东至图鲁根山,接中前旗界,西至依克布拉克,接右翼中左旗界,南至博尔查克,接土谢图汗部左翼后旗界,北至乌拉克图,接右翼中左旗界。

16. 右翼中右旗

康熙三十五年置,雍正九年自土谢图汗部来属,扎萨克旗,在今蒙古国后杭爱省查干苏木一带。其地东至奎屯岭,接中前旗界,西至察汉苏木,接中右翼末旗界,南至呼济尔图,接赛音诺颜旗界,北至齐齐尔里克河,接札牙班第达呼图克图界。

17. 右翼后旗

康熙三十一年五月置,雍正九年自土谢图汗部来属,扎萨克旗,在今蒙古国后杭爱省加尔嘎朗特一带。其地东至库布色固勒,接左翼中旗界,西至毕勒齐尔,接中后末旗界,南至额勒素图,接札牙班第达呼图克图界,北至色楞格河,接扎萨克图汗部中左翼右旗界。

18. 中后末旗

康熙四十八年置,雍正九年自土谢图汗部来属,扎萨克旗,在今蒙古国后杭爱省温都尔乌。其地东至布林灰图山梁,接右翼后旗界,西至海兰,接中左旗界,南至达噶山梁,接中左末旗界,北至达噶阿达克,接中左旗暨右翼后旗界。

19. 中右翼末旗

康熙三十五年置,雍正九年自土谢图汗部来属,扎萨克旗,在今蒙古国后杭爱省图斯哈勒图黑德东。其地东至哈喇齐老图,接右翼中右旗界,西至满达勒,接札牙班第达呼图克图旗界,南至鄂尔浑河,接赛音诺颜旗界,北至桑金托罗盖,接札牙班第达呼图克图旗界。

20. 额鲁特旗

康熙四十四年置,扎萨克旗,原属察哈尔正黄旗,四十五年徙治推河,属土谢图汗部。雍正九年徙治归化城附近的锡喇木伦,复徙喀尔喀河,寻复徙牧于推河。乾隆二十六年,徙治乌兰乌苏一带,即今蒙古国前杭爱省哈拉和林一带,来属。其地东至奎素,接土谢图汗旗界,西至察汉山,接中前旗界,南至噶尔噶图,接中前旗界,北至鄂尔浑河,接额鲁特前旗界。

21. 额鲁特前旗

康熙四十一年置,扎萨克旗,驻牧于推河一带。雍正九年,徙牧于喀尔喀河。乾隆十三年复徙牧于推河一带。二十六年,徙治于乌兰乌苏一带,即今蒙古国后杭爱省北特大临河北岸巴特曾格勒东,来属。其地东至鄂啰固坦,接土谢图汗旗界,西至噶吉图,接左翼左末旗界,南至噶尔噶图,接额鲁特旗界,北至库克和朔,接右翼前旗界。

22. 中右旗

乾隆十七年置,扎萨克旗,在今蒙古国巴彦洪戈尔省巴彦洪戈尔东南。其地东至推河,接额尔德尼班第达呼图克图界,西至哈喇尼敦呼都克,接右翼中末旗界,北库勒赛牙,接中左末旗界。

23. 左翼中旗

乾隆二十四年置,扎萨克旗,在今蒙古国布尔干省巴彦阿格特一带。

24. 右末旗

乾隆三年置,扎萨克旗,在今蒙古国扎布汗省呼亚格特南依德尔河北岸。其地东至呼雅克图,接中左旗界,西至乌逊珠尔,接扎萨克图汗部中右翼末次旗界,南至雪山,接中后旗界,北至桑图托罗盖,接扎萨克图汗部中右翼末次旗界。

附:喇嘛旗

1. 额尔德尼班第达呼图克图旗

置年不详,喇嘛旗,在今蒙古国巴彦洪戈省巴彦洪戈尔东。其地当鄂罗克诺尔,东与赛音诺颜旗接界,西为推河源,与中右旗接界[①]。

2. 扎牙班弟达呼图克图旗

置年不详,喇嘛旗,在今蒙古国后杭爱省车车尔勒格东北。其地跨塔米尔河绥哈河,东北与左翼末旗即右翼前旗接界,西与中左旗接界,南与右翼中右旗暨中右开旗接界[②]。

3. 青苏珠克图诺门罕旗

置年不详,喇嘛旗,在今蒙古国巴彦洪戈省扎格东。其地当察汉齐齐尔里克河,东至拜塔里克河,与右翼末旗接界,西与右翼右后旗接界[③]。

第三节 车臣汗部

康熙三十一年(1692)五月,设车臣汗部,领旗12。三十四年增置1旗;三

[①②③] 光绪《清会典事例》卷966《理藩院》,第10册,第1011页。

十六年复故牧地,增置2旗;四十年增设3旗,五十年、五十一年、五十二年,各增置1旗;乾隆十四年(1749)、二十年,各增置1旗,共计23旗,至清末不变。驻克鲁伦翁都尔多博。

会盟:车臣汗部23旗为一盟,会盟于巴尔和屯,称克鲁伦巴尔和屯盟。

1. 车臣汗旗

康熙三十年置,扎萨克旗,在今蒙古国肯特省温都尔汗。其地东至乌兰温都尔山,接右翼左旗界,西至塔奇勒噶图山,接左翼中前旗界,南至阿尔图山,接中末右翼旗界,北至哈喇莽鼐山,接右翼前旗界。

2. 左翼中旗

康熙三十年置,扎萨克旗,在今蒙古国肯特省巴彦瑙劳布东。其地东至卜固尼和硕山,接中左旗界,西至特克吗尔图山,接左翼右旗界,南至多木达都图伦,接中左旗暨中末右旗界,北至依克噶札尔,接边卡界。

3. 中右旗

康熙三十年置,扎萨克旗,在今蒙古国东方省塔木萨格布拉格。其地东至西林呼都克,接呼伦贝尔界,西至沙喇特格克,接左翼后末旗界,南至什布都尔诺尔,接左翼前旗界,北至布隆达尔素,接呼伦贝尔界。

4. 右翼中旗

康熙三十年置,扎萨克旗,在今蒙古国中戈壁省巴彦扎尔嘎朗北。其地东至鄂罗格依,接右翼中右旗界,西至伊克噶札尔阿齐图山,接土谢图汗部左翼右末旗界,南至乌兰托罗盖,接土谢图汗部左翼中旗界,北至巴彦哈喇,接土谢图汗部中旗界。

5. 中末旗

康熙三十年五月置①,扎萨克旗,在今蒙古国肯特省嘎勒希尔一带。其地东至察克布拉克,接中末右旗界,西至讷固尔格图乌苏,接右翼中右旗界,南至温都尔哈喇托罗盖,接土谢图汗部左翼中旗界,北至库特肯额里雅山,接车臣汗旗暨右翼中前旗界。

6. 中后旗

康熙三十年置,扎萨克旗,在今蒙古国肯特省中巴彦西。其地东至沙巴尔台,接左翼中旗界,西至海留翰克尔,接中右后旗界,南至色勒格图山,接车臣汗旗界,北至达喇特河,接边卡界。

---

① 《圣祖实录》卷151康熙三十年五月戊子,《清实录》,第5册,第674页。

7. **中左旗**

康熙三十年置,扎萨克旗,在今蒙古国苏赫巴托省巴彦特热木。其地东至和尔盖山,接左翼后旗界,西至沙喇哈达,接左翼中旗界,南至按吉乌苏,接左翼后旗界,北至伯尔克山,接边卡界。

8. **左翼前旗**

康熙三十年五月置①,扎萨兑旗,在今蒙古国苏赫巴托尔省巴音布尔地东。其地东至鄂莫克依布拉克,接呼伦贝尔界,西至额里彦山梁,接乌珠穆沁左翼旗、右翼旗界,南至索纳尔济,接乌珠穆沁左翼旗界,北至车彻布尔图,接中右旗界。

9. **右翼中右旗**

康熙五十一年置,扎萨克旗,在今蒙古国肯特省达尔汗东南。其地东至依札噶尔山,接右翼中前旗暨右末旗界,西至鄂罗克依山,接右翼中旗界,南至巴噶额里彦山,接右翼中旗暨右翼中前旗界,北至拖诺,接右翼中前旗界。

10. **左翼后旗**

康熙三十年五月置②,扎萨克旗,在今蒙古国苏赫巴托尔省苏赫巴托尔。其地东至鄂尔布勒山,接左翼后末旗界,西至布哈山梁,接达里冈爱牧厂界,南至滚尼温都尔,接达里冈爱牧厂界,北至乌兰温都山,接中前旗界。

11. **左翼后末旗**

康熙五十年置,扎萨克旗,在今蒙古国东方省马塔德。其地东至沙喇德柯克,接中右旗界,西至鄂尔布勒山,接左翼后旗界,南至额里彦和硕,接右翼后旗界,北至哈喇鄂博克图,接中前旗界。

12. **右翼后旗**

康熙三十年五月置③,扎萨克旗,在今蒙古国苏赫巴托尔省额勒格车金井一带。其地东至哈勒塔尔和硕,接乌珠穆沁右翼旗界,西至阿克索那山,接阿巴噶左翼旗暨阿巴哈纳尔右翼旗界,南至克布特什,接乌珠穆沁右翼旗暨浩齐特左翼旗界,北至托里布拉克,接左翼后旗暨左翼后末旗界。

13. **中末右旗**

乾隆十四年置,扎萨克旗,在今蒙古国东戈壁省萨尔呼都格一带。其地东至特克什乌苏,接中左旗界,西至鄂勒和山,接中末旗界,南至多木达哲尔克特

---

①②③ 《圣祖实录》卷151康熙三十年五月戊子,《清实录》,第5册,第674页。

山,接达里冈爱牧厂界,北至库登图山,接车臣汗旗界。

14. 右翼中左旗

康熙五十二年置,扎萨克旗,在今蒙古国肯特省克鲁伦东。其地东至喀喇诺尔,接右翼前旗界,西至察汉特莫滚山梁,接右翼中前旗界,南至布隆和特,接右翼中前旗界,北至僧固尔河,接中右后旗界。

15. 右翼前旗

康熙三十年五月置①,扎萨克旗,在今蒙古国肯特省南德勒格尔东。其地东至萨喇克河,接车臣汗旗界,西至喀喇诺尔,接右翼中左旗界,南至喀喇莽鼐,接车臣汗旗界,北至昭莫多,接中后旗界。

16. 右翼左旗

康熙四十年置,扎萨克旗,在今蒙古国肯特省依德尔莫格西南。其地东至鄂博克图山,接左翼右旗界,西至库图勒乌苏,接车臣汗旗界,南至巴彦温都尔,接左翼右旗界,北至得勒山,接中后旗暨中末次旗界。

17. 中末次旗

康熙三十四年置,扎萨克旗,在今蒙古国肯特省哈尔次扎内。其地东至哈尔噶朗图山,接左翼中旗界,西至布尔噶素图,接右翼左旗暨左翼右旗界,南至图木斯图山,接左翼中旗界,北至噶勒齐老,接中后旗界。

18. 左翼右旗

康熙四十年置,扎萨克旗,在今蒙古国依德尔莫格西北。其地东至特格里木图山,接左翼中旗界,西至哈噶勒噶山,接右翼左旗界,南至图伦乌兰齐哈噶勒噶山,接右翼左旗界,南至图伦乌兰齐老,接中末右旗界,北至玛勒胡尔山,接中末后旗界。

19. 中右后旗

康熙三十六年置,扎萨克旗,在今蒙古国中央省蒙衮第日特东北克鲁伦河东岸。其地东至得勒格尔罕山,接中后旗界,西至塔尼特河,接土谢图汗部中旗界,南到巴彦乌兰山,接右翼中左旗暨右翼中前旗界,北至肯尔图河,接土谢图汗部右翼左末旗界。

20. 左翼左旗

康熙四十年置,扎萨克旗,在今蒙古国东方省巴彦乌拉东南。其地东至喀喇托罗盖,接中左前旗界,西至鄂喇霍图山,接中左旗界,南至巴彦罕山,接中左旗界,北至温都尔鞬克,接边卡界。

---

① 《圣祖实录》卷151康熙三十年五月戊子,《清实录》,第5册,第674页。

21. 中左前旗

康熙三十六年置,扎萨克旗,在今蒙古国东方省乔巴山西克鲁伦河北岸。其地东至华托罗盖,接中前旗界,南至多伦胡都克,接中前旗界,北至济伯尔图和硕,接边卡界。

22. 中前旗

康熙三十年置,扎萨克旗,在今蒙古国东方省乔巴山。其地东全札尔噶山,接呼伦贝尔界,西至塔雅温都尔,接中左前旗界,南至喀喇鄂博,接左翼后末旗界,北至鄂克托木山,接边卡界。

23. 右翼中前旗

乾隆二十年置,扎萨克旗,在今蒙古国肯特省温都尔汗西南克鲁伦河北岸。其地东至库里叶山,接右翼中左旗界,西至色尔克山梁,接右翼中右旗界,南至库得根额里雅,接中末旗界,北至巴彦乌兰山,接中右后旗界。

第四节　扎萨克图汗部

康熙三十一年(1692)五月,改喀尔喀蒙古左、右二翼为三路,扎萨克图汗为一部,领8旗①。康熙三十六年复徙故地。康熙三十三年、三十六年、四十八年、五十三年,雍正二年(1724)、四年、五年,乾隆二十年(1755)、二十一年、二十二年、三十年,各增置1旗,共计19旗。驻杭爱山阳。

会盟:扎萨克图汗部18旗及辉特部1旗为一盟,会盟于札克毕赖色钦毕都尔诺尔,即称札克毕赖色钦毕都尔诺尔盟。

1. 右翼左旗

康熙三十年置,扎萨克旗,在今蒙古国戈壁阿尔泰省巴彦布拉林呼热。其地东至哈喇托罗盖,接辉特界,西至杭噶图,接右翼前旗界,南至巴善,接中路赛音诺颜部左翼右旗界,北至乌哈尔和硕,接中右翼末旗界。

2. 中左翼左旗

康熙三十三年十月置②,扎萨克旗,在今蒙古国库苏古尔省车车尔勒格。其地东至库兰阿济尔噶山,接乌梁海游牧界,西至达罕德勒,接中右翼末次旗界,南至桑锦达赉,接右翼右末旗界,北至伯尔克山,接军台暨边卡界。

3. 右翼后旗

康熙三十年置,扎萨克旗,在今蒙古国戈壁阿尔泰省加尔嘎朗南。其地东

---

① 《平定朔漠方略》卷12。
② 《圣祖实录》卷165康熙三十三年十月乙酉,《清实录》,第5册,第797页。

至札布罕河,接左翼左旗暨乌里雅苏台军营城界,西至巴噶图尔根,接辉特旗界,南至库勒根,接右翼左旗界,北至席喇乌苏,接左翼右旗界。

4. 左翼中旗

雍正五年置,与右翼后旗同游牧,治亦同右翼后旗。

5. 左翼右旗

康熙三十年置,扎萨克旗,在今蒙古国科布多省达尔维西南。其地东至沙尔丹,接左翼左旗暨军台界,西至库克赛尔,接中右翼末旗暨中右翼左旗界,南至得尔毕乌兰赛尔,接左中旗暨右翼后旗界,北至察汉赛尔,接军台暨札哈沁游牧界。

6. 左翼前旗

康熙三十年置,扎萨克旗,在今蒙古国乌布苏省温都尔杭爱南。其地东至托果诺尔,接军台界,西至桃赉图,接左翼左旗界,南至达兰图鲁库,接左翼左旗界,北至柯尔奇斯诺尔,接杜尔伯特游牧界。

7. 左翼后末旗

雍正四年置,与左翼前旗一起游牧,治亦同左翼前旗。

8. 右翼右末旗

雍正二年置,扎萨克旗,在今蒙古国库苏古尔省特莫尔布拉格。其地东至得勒格尔木伦,接中左翼末旗界,西至哈喇布尔噶素,接中左翼右旗界,南至察汉布尔噶素,接中左翼右旗界,北至库克察布,接中左翼左旗界。

9. 中左翼右旗

乾隆二十一年置,扎萨克旗,在今蒙古国库苏古尔省新依德尔北。其地东至哈喇布尔噶素,接右翼右末旗界,西至琴得根,接赛音诺颜部中左旗界,南至察汉布尔格素,接赛音诺颜部右翼后旗界,北至依克特里,接右翼右末旗界。

10. 右翼右旗

康熙三十年置,扎萨克旗,在今蒙古国戈壁阿尔泰省欠德曼。其地东至乌兰布拉克,接右翼左旗界,西至库邪图,接左翼后旗界,南至鄂罗克依,接赛音诺颜部右翼右后旗界,北至特勒图,接右翼前旗界。

11. 左翼后旗

康熙三十年置,扎萨克旗,在今蒙古国巴彦洪戈尔省巴彦查干。其地东至鄂罗克依,接赛音诺颜部右翼右后旗界,西至鄂博尔固恩,接瀚海,南至诺果干库克博尔,接赛音诺颜部右翼中末旗界暨瀚海,北至乌兰诺尔,接右翼右旗界。

12. 中右翼末旗

康熙五十三年置,扎萨克旗,在今蒙古国戈壁阿尔泰省凤黑尔。其地东至噶尔噶图,接左翼右旗界,西至巴济,接札哈沁游牧界,南至鼐图尔,接右翼左旗界,北至札木图,接中右翼左旗界。

13. 右翼后末旗

康熙三十六年置,扎萨克旗,在今蒙古国戈壁阿尔泰省阿尔泰西南。其地东至阿拉克诺尔,接中右翼末旗界,西至哈喇得勒,接瀚海,南至札斯台,接右翼前旗界,北至湖济尔图,接札哈沁游牧界。

14. 中右翼左旗

乾隆二十年置,扎萨克旗,在今蒙古国科布多省其其格南。其地东至噶济格,接左翼右旗界,西至巴尔鲁克,接札哈沁游牧界,南至札木图,接中右翼末旗界,北至哈勒占和硕,接札哈沁游牧界。

15. 右翼前旗

康熙三十年置,扎萨克旗,在今蒙古国戈壁阿尔泰省额尔德尼。其地东至萨喇塔拉,接右翼左旗界,西至札尔满,接瀚海,南至鄂罗克依,接左翼后旗界,北至保喇,接右翼后末旗界。

16. 左翼左旗

康熙三十年置,扎萨克旗,在今蒙古国扎布汗省桑特马尔嘎茨。其地东至伯尔柯,接军台界,西至布固,接左翼中旗暨右翼后旗界,南至雅喇,接军台界,北至哈喇托罗盖,接杜尔伯特游牧界。

17. 中右翼末次旗

康熙四十八年置,扎萨克旗,在今蒙古国扎布汗省讷木勒格。其地东至博郭温都尔,接中左翼左旗界,西至拜察克什山梁,接赛音诺颜部右末旗界,南至多木达萨木噶勒台,接赛音诺颜部右末旗界,北至爱喇克诺尔,接左翼左旗暨军台界。

18. 中左翼末旗

乾隆二十二年置,扎萨克旗,在今蒙古国库苏古尔省木伦。其地东至巴彦吉鲁克,接乌梁海游牧界,西至得勒格尔穆伦,接右翼右末旗界,南至巴噶鄂都斯,接赛音诺颜部中末旗界,北至鄂木图,接边卡界。

19. 辉特旗

乾隆三十年置,扎萨克旗,在今蒙古国戈壁阿尔泰省哈萨格图吉尔戞兰。其地东至胡济尔图,接左翼中旗暨右翼后旗界,西至克勒特肯察布,接左翼左旗界,南至乌里达沙尔,接左翼中旗暨右翼后旗界,北至察汉诺尔,接中右翼末旗界。

附：喇嘛旗

1. 那蓝呼图克图旗①

置年不详,喇嘛旗,在今蒙古国戈壁阿尔泰省纳仁。

2. 那鲁班禅呼图克图

置年不详,喇嘛旗,在今蒙古国戈壁阿尔泰省泰希尔东北扎布汗河北岸。其地跨札布噶河,西与左翼中旗暨右翼后旗接界,东北与赛音诺颜部中后旗接界②。

3. 伊勒固克散呼图克图旗③

置年不详,喇嘛旗,在今蒙古国扎布汗省伊德尔一带。

第五节　唐努乌梁海

唐努乌梁海各部,明时为兀良哈部族,位于喀尔喀蒙古西北。喀尔喀蒙古归附后,清军于康熙五十四年(1715)征之,其部族相继归附。之后设旗5,佐领25④。另境内附扎萨克图汗属唐努乌梁海佐领5,赛音诺颜部属唐努乌梁海佐领13,哲布尊丹巴胡图克图属唐努乌梁海佐领3,共计5旗、46佐领。其牧地南与喀尔喀扎萨克图部中左翼左旗及杜尔伯特游牧接界,东与北皆与俄罗斯接界,西与阿勒坦淖尔乌梁海接界。

同治三年(1864)九月,沙俄强迫清政府签订《中俄勘分西北界约记》,唐努乌梁海辖十佐领地划归俄国。

一、乌梁海五旗

1. 唐努乌梁海旗

康熙五十四年后置,总管旗,在今俄罗斯图瓦共和国霍耳耶茹一带。

---

① 光绪《清会典事例》卷966《理藩院》不载。
② 光绪《清会典事例》卷966《理藩院》,第10册,第1011页。
③ 光绪《清会典事例》卷966《理藩院》不载。
④ 关于唐努乌梁海部设旗及佐领的时间,《清实录》、《清一统志》和《清会典事例》皆没有明确记载。据《圣祖实录》卷265记载,康熙五十四年九月己酉,"和托辉特公博贝疏报,招抚吴梁海已经归顺"(《清实录》,第6册,第606页);而五十六年五月癸酉,"谕将军傅尔丹等,吴梁海与禽兽等耳,有无总无关系,见今扫灭策妄阿喇布坦之事,乃属紧要。若大处不理,止将吴梁海收取迁移,以为紧要,一经举动之日,向何地驱逐耶? 策妄阿喇布坦,若一摇动,吴梁海自俱为我,凡谋大事者,应将小处暂置"(同前,第673页)。对"吴梁海收取迁移"系对其编旗编佐之举,但这一举动因与策妄阿喇布坦的战事而暂时搁置。其后对乌梁海完成编旗编佐的具体时间,尚未见到确切的记载。

2. 萨拉吉克乌梁海旗

康熙五十四年后置,总管旗,在今俄罗斯图瓦共和国巴耳加津一带。

3. 托锦乌梁海旗

康熙五十四年后置,总管旗,在今俄罗斯图瓦共和国大叶尼塞河东岸托腊贺姆。

4. 库苏古尔乌梁海旗

康熙五十四年后置,总管旗,在今蒙古国库苏古尔省欠德曼温都尔。

5. 克穆齐克乌梁海旗

康熙五十四年后置,总管旗,在今俄罗斯图瓦共和国赫姆奇克河南岸克孜耳马惹累克东南。

二、四十六佐领

1. 乌梁海二佐领

康熙五十四年后置,在今蒙古国库苏古尔省察干西北。

2. 乌梁海四佐领

康熙五十四年后置,在今俄罗斯图瓦共和国大叶尼塞河东岸。

3. 赛音诺颜部乌梁海十三佐领

康熙五十四年后置,在今俄罗斯克拉斯诺亚尔斯克边疆区卡腊马舍沃一带。

4. 乌梁海四佐领

康熙五十四年后置,在今俄罗斯克拉斯诺亚尔斯克边疆区楚拉克司一带。

5. 扎萨克图汗部乌梁海一佐领

康熙五十四年后置,在今俄罗斯图瓦共和国大叶尼塞河西乌尤克一带。

6. 乌梁海三佐领

康熙五十四年后置,在今俄罗斯图瓦共和国小叶尼塞河南厄列格斯特一带。

7. 乌梁海二佐领

康熙五十四年后置,在今蒙古国库苏古尔省阿尔布拉格东。

8. 乌梁海十佐领

康熙五十四年后置,在今俄罗斯克拉斯诺亚尔斯克边疆区塔什塔哥耳以南一带。同治三年九月,根据《中俄勘分西北界约记》划归俄国。

9. 扎萨克图汗部乌梁海一佐领

康熙五十四年后置,在今俄罗斯图瓦共和国大叶尼塞河南岸。

10. 扎萨克图汗部乌梁海一佐领

康熙五十四年后置,在今俄罗斯图瓦共和国卡腊苏格南一带。

11. 扎萨克图汗部乌梁海一佐领

康熙五十四年后置,在今蒙古国库苏古尔省库苏古尔湖西北一带。

12. 扎萨克图汗部乌梁海一佐领

康熙五十四年后置,在今蒙古国库苏古尔省察干乌拉一带。

13. 哲布尊丹巴呼图克图属乌梁海三佐领

康熙五十四年后置,在今蒙古国库苏古尔省小叶尼塞河北岸。

第六节 科 布 多

科布多清初为喀尔喀蒙古及乌梁海各部游牧之地,"乾隆十八年冬,因畏准噶尔逼,率族内附,旋依内蒙古例,编置佐领,以札萨克领之"①。分杜尔伯特部为左、右二翼,左翼11旗,为扎萨克特固斯库鲁克达赖汗旗、杜尔伯特中旗、杜尔伯特中左旗、杜尔伯特中前旗、杜尔伯特中后旗、杜尔伯特中上旗、杜尔伯特中下旗、杜尔伯特中前左旗、杜尔伯特中前右旗、杜尔伯特中后左旗、杜尔伯特中后右旗,右翼2旗,为杜尔伯特前旗、杜尔伯特中旗。乾隆十九年,置杜尔伯特前右旗,属右翼②。乾隆十九年开始对乌梁海编旗,乾隆二十七年编成并铸印,于阿尔泰乌梁海置7旗,左翼4旗,右翼3旗③。二十年,设辉特下前旗、辉特下后旗,分属杜尔伯部左、右二翼④。二十三年,于阿勒坦淖尔乌梁海部设2旗⑤。乾隆十八年至二十六年,科布多各部旗直属乌里雅苏台将军统辖。二十六年十月己巳,设科布多参赞大臣,驻科布多,统辖以上各旗⑥。三十年,于明阿特部设1旗来属。三十七年,于新土尔扈特部设左、右翼2旗来属;于新和硕特部设1旗来属⑦。五十七年,于额鲁特部设1旗来属⑧。至乾隆末,科布多参赞大臣共领30旗。

---

①② 《蒙古游牧记》卷13《额鲁特蒙古乌兰固木杜尔伯特部赛音济雅哈图盟游牧所在》。
③ 《高宗实录》卷477乾隆十九年十一月丁酉,"又谕,据班第等奏,将乌梁海人众编设旗分佐领,著照所奏"。(《清实录》,第14册,第1162页)又卷661乾隆二十七年五月乙卯(《清实录》,第17册,第398页)。
④ 《蒙古游牧记》卷13《额鲁特蒙古乌兰固本杜尔伯特部赛音济雅哈图盟游牧所在》。
⑤ 《清史稿》卷524《藩部传》,第48册,第14520页。
⑥ 《清史稿》卷206《疆臣年表》,第27册,第8011页。
⑦ 《蒙古游牧记》卷16《哈弼察克新和硕特蒙古游牧所在》。
⑧ 《清史稿》卷523《藩部传》,第48册,第14503页。

嘉庆五年(1800),置扎哈沁旗,来属①。至此共31旗。

同治三年(1864)九月,沙俄强迫清政府签订《中俄勘分西北界约记》,科布多参赞大臣所辖之阿勒坦淖尔乌梁海2旗游牧地割给沙俄②。

光绪三十年(1908)四月,新土尔扈特2旗、新和硕特1旗、乌梁海7旗往属阿尔泰。

至清末,科布多参赞大臣辖19旗。属乌里雅苏台将军。

会盟:杜尔伯特部左翼11旗,附辉特部1旗,共12旗,为赛因济雅哈图左翼盟,以扎萨克特固斯库鲁克达赖汗旗为盟长。右翼3旗,附辉特部1旗,共4旗,为赛因济雅哈图右翼盟,以杜尔伯特前旗为盟长。

1. 杜尔伯特部左翼十一旗

乾隆十八年置,扎萨克旗,在今蒙古国乌布苏省乌布苏湖南。

2. 辉特下前旗

乾隆二十年置,扎萨克旗,与杜尔伯特左翼十一旗同治。

3. 杜尔伯特前旗、杜尔伯特中右旗

乾隆十八年置,扎萨克旗,在今蒙古国乌布苏省乌兰固木。

4. 杜尔伯特前右旗

乾隆十九年置,扎萨克旗,与杜尔伯特前旗同治。

5. 辉特下后旗

乾隆二十年置,扎萨克旗,与杜尔伯特前旗同治。

以上16旗,牧地在科布多金山之东乌兰固木地,东至萨拉陀罗盖、纳林苏穆河,与唐努乌梁海接界,南至哈喇诺尔、齐尔噶图山,与科布多牧厂及明阿特旗接界,西至索果克河,与阿尔泰乌梁海旗接界,北至阿斯哈图河,与乌里雅苏台接界。

6. 扎哈沁旗

乾隆四十年置,总管旗,在今蒙古国科布多莫斯特。其牧地在科布多城南,东至哈喇占和硕、萨拉布拉克,与喀尔喀接界,南至哈布塔克,与巴尔库勒接界,西至布勒干河,与阿尔泰乌梁海接界,北至吐古里克,与喀尔喀屯田接界。

7. 明阿特旗

乾隆三十年置,总管旗,在今蒙古国科布多城东北缅嘎德。其牧地在科布

---

① 《清史稿》卷78《地理志二十五》(第9册,第2443页):嘉庆五年,增设一旗。
② 《清朝续文献通考》卷328《舆地》,第4册,第10688页。

多城西,东至齐尔噶图山,与杜尔伯特旗接界,南至逊都里山,与额鲁特旗接界,西至茂噶,北至察汉布尔噶素、乌兰布拉克,皆与杜尔伯特旗接界。

8. 额鲁特旗

乾隆五十七年置,总管旗,在今蒙古国科布多北额尔德尼布伦一带。其牧地东至布克图和硕,与喀尔喀屯田接界,南至布古图和硕、布音图河,与乌里雅苏台接界,西至都鲁诺尔,与阿尔泰乌梁海旗接界,北至习集克图河、济尔噶朗图,与阿尔泰乌梁海暨明阿特旗接界。

9. 阿勒坦淖尔乌梁海二旗

乾隆二十三年设,总管旗,在今俄罗斯阿尔共和国南部一带。其牧地在阿尔泰乌梁海东北境,南与杜尔伯特接界,东与唐努乌梁海接界,西与哈萨克接界,北与俄罗斯接界。

同治三年九月,根据《中俄勘分西北界约记》划归俄国。

[10] 新土尔扈特右旗

乾隆三十七年置,光绪三十二年往属阿尔泰。

[11] 新土尔扈特左旗

乾隆三十七年置,光绪三十二年往属阿尔泰。

[12] 新和硕特旗

乾隆三十七年置,光绪三十二年往属阿尔泰。

[13] 阿尔泰乌梁海七旗

乾隆十九年置,光绪三十二年往属阿尔泰。

第七节 阿 尔 泰

光绪三十年(1904)四月,移科布多办事大臣驻扎阿尔泰,管理阿尔泰区域蒙哈事务[①],由此科阿分治。办事大臣驻阿尔泰山,实际驻承化寺(今新疆阿勒泰市)。光绪三十三年,科布多迤西三部落十旗划归阿尔泰管辖[②]。宣统三年(1911)六月,以承化寺为办事大臣正式驻地[③]。领3旗:新土尔扈特右旗、

---

① 《德宗实录》卷529 光绪三十年四月辛酉,《清实录》,第59册,第47页。
② 《德宗实录》卷568 光绪三十二年十二月己巳,"科布多参赞大臣连魁等奏,阿尔泰专设办事大臣,拟将科布多所属迤西三部落十旗暨昌吉斯台等八卡伦,拨归阿尔泰管理,以专责成。下部议。"(《清实录》,第59册,第531页)《德宗实录》卷571 光绪三十三年二月辛丑,科布多帮办大臣锡恒奏:"恰勒奇荟等处设防紧要,拟请将旧土尔扈特蒙地划归阿尔泰管辖,抑或准归节制。"随后得旨:"著照所请办理。所有旧土尔扈特蒙的官兵,均著归锡恒节制。"(同上,第553页)
③ 《宣统政纪》卷56 宣统三年六月戊子,《清实录》,第60册,第1008页。

新土尔扈左旗、新和硕特旗,另有乌梁海左翼散秩大臣旗、副都统旗、总管二旗、右翼散秩大臣旗、总管二旗,共 10 旗①,阿尔泰直属中央。

会盟:新土尔扈特右旗、新土尔扈特左旗、新和硕特旗 3 旗为一盟,曰青色特启勒图盟。

1. 新土尔扈特部左旗、新土尔扈特部右旗

乾隆三十七年(1772)置,扎萨克旗,原隶科布多参赞大臣辖区,光绪三十年四月来属。在今新疆维吾尔自治区青河县东南唐巴诺孜东南。二旗牧地东至奔巴图、扪楚克乌兰、布勒干和硕,南至胡图斯山、乌龙古河,西至清依勒河、昌罕阿璘、那彦鄂博,北至绰和尔淖尔、那郭干诺尔之中山。

2. 新和硕特旗

乾隆三十七年置,扎萨克旗,原隶科布多参赞大臣辖区,光绪三十年四月来属。在今蒙古国巴彦巴勒盖省东南布尔干一带。其牧地东至和托昂鄂博,西至扪楚克乌兰,北至奔巴图、哈弼察克河。

3. 阿尔泰乌梁海七旗

乾隆十九年置,分为左、右二翼,左翼四旗,右翼三旗,总管旗,在今新疆阿勒泰市西北库木至蒙古国巴彦乌列盖省查干诺尔一带。七旗牧地东至都鲁诺尔,与乌里雅苏台暨明阿特、额鲁特旗接界,南至巴噶诺尔,与卡伦接界,北逾卡伦,接哈萨克界。光绪三十二年往属阿尔泰。

第八节 布伦托海

同治六年,分置布伦托海办事大臣、帮办大臣各一员②,驻布伦托海城,在今新疆福海县。辖原塔尔巴哈台参赞大臣辖区(除沙俄割去部分)及科布多参赞大臣所辖之阿尔泰乌梁海七旗。八年裁布伦托海办事大臣③,其所辖之地仍归原隶属④。

---

① 《清朝续文献通考》卷 126,第 2 册,第 8866 页。《德宗实录》卷 571 光绪三十三年三月辛丑,《清实录》,第 59 册,第 553 页。
② 《穆宗实录》卷 216 同治六年十一月甲子,《清实录》,第 49 册,第 830 页。
③ 《穆宗实录》卷 270 同治八年十一月丁丑,《清实录》,第 50 册,第 749 页。
④ 郭美兰:《清代布伦托海办事大臣的设立及其裁撤》,载《中国边疆史地研究》1998 年第 3 期。

第二十六章 青　　海

青海之地明代属西番地,正德四年(1509)始为蒙古部落据有。清初,元太祖弟哈布图哈萨尔之裔顾实汗据有此地。康熙三十七年(1698),虽悉众内附,却未设治。雍正元年(1723),罗卜藏丹津诱众犯边,清廷派兵讨平之。三年十二月辛巳,于甘肃西宁府(今青海省西宁市)设西宁办事大臣,总理青海事务。寻编青海蒙古为五部:和硕特部20旗,绰罗斯部2旗,土尔扈特部4旗,辉特部1旗,喀尔喀部1旗,另附察汗诺们罕1旗,共29旗。各部不设盟长,均统于西宁办事大臣。六年,勘定青海与川康边界。十年,分青海西南境79族土司为二,近青海之玉树40族土司归西宁办事大臣统辖,近西藏之39族归驻藏大臣统辖。乾隆十一年(1746),增设和硕特南左翼次旗,青海之地共30旗,40族土司。嘉庆十一年(1806),裁和硕特南左翼次旗,共29旗,40族土司,至清末不变。其地东至西宁府边外栋科尔庙、松潘边外之漳腊岭,西至噶斯池以西及勒谢尔乌兰达布逊山,南至巴萨通拉木山及鄂穆楚河,北至博罗充克河南岸,大体相当于今青海玛曲、河南、泽库、贵南、海晏、祁连县一线以西的绝大部分地区及西藏和甘肃的一小部分地区。

会盟:青海蒙古初不设盟,若需会盟,由西宁办事大臣召集,在察罕托罗海会盟。乾隆十六年,改为每年会盟一次,亦由西宁办事大臣召集。

第一节　和　硕　特　部

1. 和硕特前头旗

雍正三年置,扎萨克旗,在今青海省河南蒙古族自治县①。其地东至拉布楞希拉德布沙,接南右翼中旗界,南至和托果尔布里克,接土尔扈特南前旗界,西至巴尔鄂博巴彦乌拉,接南左翼中旗界,北至额尔德尼布拉克乌鲁勒卜达

---

① 青海各蒙旗治所今址,皆依房建昌:《清代雍正朝以来青海三十蒙族及玉树四十族的治所今址及历史地理诸问题》,载《西北民族研究》1995年第1期。

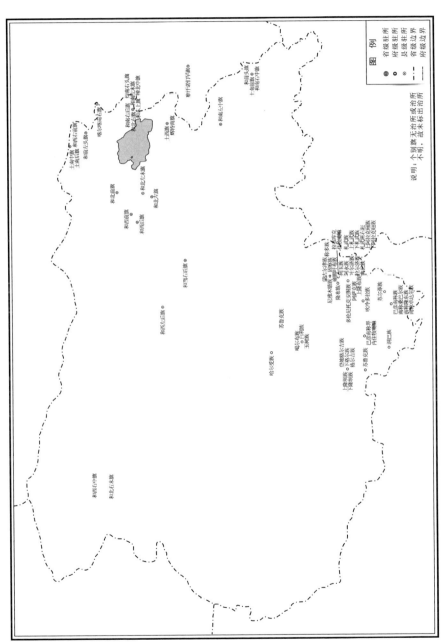

图 26 清末青海图

巴,接贵德厅界①。

2. 和硕特西前旗

雍正三年置,扎萨克旗,在今青海省乌兰县都兰寺。其地东至乌图起尔沙托罗盖,接北末旗界,南至希拉库图尔果库图尔,接玉树番界,西至察汉乌苏呼鲁恭纳,接班禅额尔德尼商上堪布驻牧界,北至布哈河边纳令希楞,接甘州府边外界。

3. 和硕特前左翼头旗

雍正三年置,扎萨克旗,在今青海省大通回族土族自治县默勒乡。其地东至阿布达赖台,接西右翼前旗界,南至固尔班他拉之北沙拉图,接北右翼旗暨东上旗界,西至齐擦擦呢布楚勒,接甘州府边外界,北至巴彦布拉克,接凉州府边外界。

4. 和硕特西后旗

雍正三年置,扎萨克旗,在今青海省乌兰县赛什克乡。其地东至希勒盐海子查汉托罗盖,接南左翼次旗暨达赖喇嘛商上堪布住牧界,南至合约尔巴尔古,接土尔扈特中旗界,西至布隆吉尔河源,接南左翼后旗界,北至果库图尔希拉库图尔,接喀尔喀南右翼旗界。

5. 和硕特北右翼旗

雍正三年置,扎萨克旗,在今青海省海晏县。其地东至沙拉哈吉尔,接东上旗界,南至库克诺尔齐津,接绰罗斯南右翼头旗界,西至吹吉乌立图阿拉尔,接绰罗斯北中旗界,北至乌兰和硕,接前左翼头旗界。

6. 和硕特北左翼旗

雍正三年置,扎萨克旗,在今青海省乌兰县一棵树村。其地东至哈喇诺尔,接北右末旗界,南至科尔鲁克,接西右翼中旗界,西至窝果图尔,接嘉峪关界,北至依克柴达木,接肃州边外界。

7. 和硕特南左翼后旗

雍正三年置,扎萨克旗,在今青海省。其地东至吉噶素台鄂兰布拉克,接喀尔喀南右翼旗界,南至和洛海,接土尔扈特南中旗界,西至布都克图乌兰和硕,接北末旗界,北至青海界。

8. 和硕特北前旗

雍正三年置,扎萨克旗,在今青海省天峻县东布哈河一带。其地东至科依

---

① 光绪《清会典事例》卷966《理藩院四》,第10册,第1006页。按:青海蒙古各旗界皆据光绪《清典事例》卷966,以下不再注明。

特托罗盖,接南左翼后旗暨绰罗斯北中旗界,南至柴吉希巴立太,接南左翼后旗界,西至车吉,接北末旗界,北至哈达图,接甘州府边外界。

9. 和硕特南右翼后旗

雍正三年置,扎萨克旗,在今青海省海晏县。其地东至贺尔,接西宁府边外界,南至哈沙兔,接南右翼末旗界,西至哈拉素布鲁汉,接东上旗界,北至库克诺尔,接前左翼头旗暨西右翼前旗界。

10. 和硕特西右翼中旗

雍正三年置,扎萨克旗,在今青海省海西蒙古族藏族自治州西部。其地东至诺木罕河,接西右翼后旗界,南至诺木罕木鲁,接玉树番界,西至陶赖,接嘉峪关界,北至希勒沿,接北左翼旗界。

11. 和硕特西右翼前旗

雍正三年置,扎萨克旗,在今青海省祁连县。其地东至察汉阿尔吉永安,接西宁府大通县界,南至约呼赖口,接南左翼末旗界,西至柴达木察汉巴彦托罗盖,接前左翼头旗界,北至希立永安,接凉州府边外界。

12. 和硕特南右翼中旗

雍正三年置,扎萨克旗,在今青海省河南蒙古族自治县。其地东至库克乌松,接循化厅界,南至齐格特尼诺尔,接土尔扈特南前旗界,西至僧格图木齐,接南左翼中旗界,北至库克乌松西山,接贵德厅界。

13. 和硕特南左翼中旗

雍正三年置,扎萨克旗,在今青海省同德县。其地东至巴汉图鲁根,接前头旗界,南至阿尔坦果尔,接阿里克番界,西至依克图鲁根,接阿里克番界,北至巴汉图鲁根,接察汉诺们罕游牧界。

14. 和硕特北左末旗

雍正三年置,扎萨克旗,在今青海省乌兰县茶卡镇。其地东至柴吉齐沁,接北前旗界,南至盐海,接玉树番界,西至哈唐和硕,接西前旗界,北至和特克,接甘州府边外界。

15. 和硕特北右末旗

雍正三年置,扎萨克旗,在今青海省海西蒙古族藏族自治州西部。其地东至色尔柯克达巴,接甘州府边外界,南至察汉托罗盖,接西左翼后旗界,西至萨尔鲁克,接北左翼旗界,北至库尔鲁克,接肃州边外界。

16. 和硕特东上旗

雍正三年置,扎萨克旗,在今青海省海晏县。其地东至阿拉赖达巴木鲁,接南右翼后旗界,南至柴吉,接绰罗斯南右翼头旗界,西至青海界,北至乌尔肯希巴立台,接前左翼头旗界。

17. 和硕特南左翼次旗

乾隆十一年置,嘉庆十一年裁撤①,扎萨克旗,在今青海省祁连县。其地东至沙拉图,接达赖喇嘛商上堪布住牧界,南至海达克,接土尔扈特南中旗界,西至努克孙山鄂昔齐,接西后旗界,北至乌兰墨尔河,接绰斯南右翼头旗界。

18. 和硕特南左翼末旗

雍正三年置,扎萨克旗,在今青海省海晏县。其地东至囊吉立图巴尔布哈,接西宁府丹噶尔界,南至图禄根河,接辉特南旗界,西至恰克图北山木鲁,接东上旗界,北至恰克图河,接西右翼前旗界。

19. 和硕特南右翼末旗

雍正三年置,扎萨克旗,在今青海省共和县。其地东至窝兰布拉克,接辉特南旗界,南至黄河舒尔古勒渡口,接察汉诺们罕游牧界,西至希拉珠尔格西山木鲁,接达赖喇嘛商上堪布住牧界,北至巴彦布拉克,接南右翼后旗界。

20. 和硕特西右翼后旗

雍正三年置,扎萨克旗,在今青海省都兰县巴隆乡。其地东至希昔,接西左翼后旗界,南至诺们罕木鲁,接玉树番界,西至乌拉斯台,接西右翼中旗界,北至柴达木,接北左翼暨北右末旗界。

21. 和硕特西左翼后旗

雍正三年置,扎萨克旗,在今青海省都兰县宗加镇。其地东至巴彦托罗盖,接班禅额尔德尼商上堪布住牧界,南至桑托罗盖,接玉树番界,西至乌尔图,接西右翼后旗界,北至玛尼图沙纳图,接北右末旗界。

第二节 绰罗斯部

22. 绰罗斯南右翼头旗

雍正三年(1725)置,扎萨克旗,在今青海省海晏县。其地东至博尔马齐他尔查汉鄂博哈拉乌素,接西宁府边外界,南至古尔半他拉恭噶诺尔,接和硕特南左翼次旗界,西至窝尔登诺尔依科察汉哈达,接喀尔喀南右翼旗界,北至青海界。

23. 绰罗斯北中旗

雍正三年置,扎萨克旗,在今青海省海晏县。其地东至吉尔玛尔台,接和硕特北右翼旗界,南至布喀沿,接和硕特北前旗界,西至希尔喀洛萨,接和硕特

---

① 光绪《清会典事例》卷966《理藩院》,第10册,第1006页。

北右末旗界,北至吉尔玛尔台,接甘州府边外界。

第三节 土尔扈特部

24. 土尔扈特南中旗

雍正三年置,扎萨克旗,在今青海省祁连县。其地东至果库图尔,接和硕特南左翼次旗界,南至果库兔尔山木库尔,接西旗界,西至库克乌松,接南后旗界,北至衮阿尔吉,接喀尔喀南右翼旗界。

25. 土尔扈特西旗

雍正三年置,扎萨克旗,在今青海省共和县。其地东至衮阿尔吉,接察汉诺们罕游牧界,南至黄河,接阿里克番界,西至哈尔古尔希立,接阿里克番界,北至库克乌苏唐素楞,接南后旗界。

26. 土尔扈特南前旗

雍正三年置,扎萨克旗,在今青海省河南蒙古族自治县。其地东至古鲁半博尔齐沙拉图,接和硕特南右翼中旗界,南至黄河,接阿里克番界,西至宗科尔,接和硕特南左翼中旗界,北至恰克图,接和硕特前头旗界。

27. 土尔扈特南后旗

雍正三年置,扎萨克旗,在今青海省祁连县。其地东至莫古立源,接南中旗界,南至恭阿尔吉,接西旗界,西至库克乌松木鲁,接班禅额尔德尼商上堪布住牧界,北至登纳吉尔呢,接和硕特南左翼后旗界。

第四节 辉 特 部

28. 辉特南旗

雍正三年置,扎萨克旗,在今青海省共和县恰卜恰镇。其地东至巴彦诺尔东山木鲁,接西宁府界,南至窝兰布拉克僧里鄂博哈立噶图,接和硕特前头旗界,西至博尔楚尔哈立噶图河,接和硕特南右翼末旗界,北至纳兰萨兰,接和硕特南左翼末旗界。

第五节 喀 尔 喀 部

29. 喀尔喀南右旗

雍正三年置,扎萨克旗,在今青海省门源回族自治县永安城村。其地东至察汉哈达,接绰罗斯南右翼头旗,南至南山木鲁,接和硕特西后旗界,西至鄂兰布拉克,接和硕特南左翼后旗界,北至青海界。

附：察汗诺们罕旗

雍正三年置,喇嘛旗,在今青海省尖扎县能科乡拉莫寺。其地当黄河东岸,南与和硕特南左翼中旗接界,北与贵德厅所属番子接界①。

第六节 玉树四十族土司②

雍正十年(1732),西宁办事大臣奏定玉树地方四十族各部设千户、百户,属西宁办事大臣。

1. 阿哩里族

雍正十年属西宁办事大臣统辖,道光间迁至青海湖北。其地东至多尔宗察汉诺们罕,南至纳克溪色特尔木,西至厄林汤奈,北至阿尔坦达赖呼图克图。

2. 蒙古尔津族

雍正十年属西宁办事大臣统辖,在今青海省称多县。

3. 雍熙叶布族

雍正十年属西宁办事大臣统辖,在今青海省称多县。

以上二族牧地东至敦春木格尔则,南至斜乌称多,西至查库哈札海甲木蹉,北至殿通。

4. 玉树族

雍正十年属西宁办事大臣统辖,在今青海省治多县。其地东至哈拉果尔地方牙木错,南至波罗诺尔白利,西至多册地方格尔齐,北至图尔哈图。

---

① 光绪《清会典事例》卷966《理藩院》,第10册,第1011页。
② 有关青海四十族土司历史地理的研究成果,主要有谭其骧主编《中国历史地图集》第八册清时期"青海"图幅(地图出版社1987年版),牛平汉主编《清代政区沿革综表》(中国地图出版社1990年版)和房建昌《清代雍正朝以来青海三十蒙族及玉树四十族的治所今址及历史地理诸问题》(载《西北民族研究》1995年第1期)。前者仅在地图上标出了玉树四十族的大致方位;中者在文字上系统地用表的形式说明了清代雍正朝以来青海玉树四十族的治所经纬度,但仅据《西藏图考》及《清朝续文献通考》;后者依据嘉庆初成书的《卫藏通志》、《西宁府新志》、美国藏学家威利对《瞻部洲广说》译注的《西藏地理·据瞻部洲广说》(Turrell V. Wylie, The Geography of Tibet. According to the 'dzam-gling-rgyas-bshad, 罗马, 1962)以及部分西人的游记等,作了细致考证,并标注了治所今址。以下玉树四十族土司的族名及治所今址依据房文,住牧地界依《卫藏通志》。

5. 噶尔布族

雍正十年属西宁办事大臣统辖,在今青海省玉树县。

6. 苏鲁克族

雍正十年属西宁办事大臣统辖,在今青海省杂多县苏鲁乡。

以上二族之地东至阿拉麻纳,南至麦冲噶隆,西至恰克班,北至雅木冲。

7. 尼雅木错族

雍正十年属西宁办事大臣统辖,在今青海省称多县。其地东至都格东纳蒙古尔津,南至墨索刚郭地方谷咱,西至果哩噶巴白利喇勇,北至哈拉慕尔图玉树。

8. 固察族

雍正十年属西宁办事大臣统辖,在今青海省称多县。其地东至克拉地方称多,南至陇拉地方龙布,西至木鲁苏河,北至莫索克更固地方牙木错。

9. 称多族

雍正十年属西宁办事大臣统辖,在今青海省称多县。其地东至毛瓦克地方蒙古津,南至准布隆达克达乌,西至京崖地方隆布,北至莫索克牙木错。

10. 洞巴族

雍正十年属西宁办事大臣统辖,在今青海省囊谦县东坝乡。其地东至尼牙克地方冲科尔,南至喇木勺地方楚林,西至多梯地方阿拉克硕达乌,北至拉几木道达乌。

11. 多伦尼托克安图族

雍正十年属西宁办事大臣统辖,在今青海省玉树县。

12. 阿萨克族

雍正十年属西宁办事大臣统辖,在今青海省玉树县。

13. 列玉族

雍正十年属西宁办事大臣统辖,在今青海省玉树县。

14. 阿永族

雍正十年属西宁办事大臣统辖,在今青海省玉树县(阿永寺)。

15. 叶尔济族

雍正十年属西宁办事大臣统辖,在今青海省玉树县。

16. 拉尔济族

雍正十年属西宁办事大臣统辖,在今青海省玉树县。

17. 典巴族

雍正十年属西宁办事大臣统辖,在今青海省玉树县。

以上七族牧地东至木鲁乌苏河沿,南至达野地方达乌,西至赛玉绿渡尔玉树,北至舒克提的尼牙木错。

18. 隆布族

雍正十年属西宁办事大臣统辖,在今青海省玉树县仲达乡让宁贡巴。

19. 上隆布族

雍正十年属西宁办事大臣统辖,在今青海省玉树县。

以上二族牧地东至受地蒙古尔津,南至波罗克阿拉克硕,西至库尔拉地方白利,北至北古甫地方称多。

20. 札武族

雍正十年属西宁办事大臣统辖,在今青海省玉树县。

21. 上札武族

雍正十年属西宁办事大臣统辖,在今青海省玉树县。

22. 下札武族

雍正十年属西宁办事大臣统辖,在今青海省玉树县。

23. 札武班右族

雍正十年属西宁办事大臣统辖,在今青海省玉树县。

以上四族牧地东至卓木楚地方冬巴,南至熊拉地方阿拉克硕,西至白的地方龙布,北至洮腊地方得尔吉。

24. 上阿拉克硕族

雍正十年属西宁办事大臣统辖,在今青海省玉树县。其地东至阿尔拉地方札乌,南至力地方苏尔莽,西至阿拉著地方格尔吉,北至噶布地方玉树。

25. 下阿拉克硕族

雍正十年属西宁办事大臣统辖,在今青海省玉树县。

26. 上隆坝族

雍正十年属西宁办事大臣统辖,在今青海省杂多县。

27. 下隆坝族

雍正十年属西宁办事大臣统辖,在今青海省杂多县。

以上二族牧地东至噶受地方南称族,南至郭称地方赛尔色,西至巴乌苏木多地方刚鲁,北至萨木格尔吉族。

28. 苏尔莽族

雍正十年属西宁办事大臣统辖,在今青海省囊谦县毛庄乡南结孜寺内。其地东至拉尼喇克涸巴,南至玉尔纳噶尔米格鲁,西至岳尔尼地方南称,北至楞达地方阿拉克勺。

29. 白利族

雍正十年属西宁办事大臣统辖,在今青海省治多县,光绪年间南迁至西藏。

30. 哈尔受族

雍正十年属西宁办事大臣统辖,在今青海省曲麻莱县。其地东至噶泌革泌隆布,南至阿族阿拉克族,西至阿喇力木界,北至力木亲界。

31. 登坡格尔吉族

雍正十年属西宁办事大臣统辖,在今青海省杂多县。

32. 下格尔族

雍正十年属西宁办事大臣统辖,在今青海省杂多县。

33. 格尔吉族

雍正十年属西宁办事大臣统辖,在今青海省杂多县。

以上三族牧地东至克多地方阿拉克族,南至萨白地方隆布,西至阿喇坦宁地方玉树,北至拉克布拉地方南称。

34. 巴彦南称族

雍正十年属西宁办事大臣统辖,在今青海省囊谦县治香达乡旧址。

35. 南称桑巴尔族

雍正十年属西宁办事大臣统辖,在今青海省囊谦县治香达乡旧址。

36. 南称隆东族

雍正十年属西宁办事大臣统辖,在今青海省囊谦县治香达乡旧址。

37. 南称卓达尔族

雍正十年属西宁办事大臣统辖,在今青海省囊谦县治香达乡旧址。

以上四族牧地东至岳尔尼苏尔莽界,南至客木达察木多界,西至达尼尔苏鲁隆奉巴,北至甫卡山梁阿拉克硕。

38. 吹冷多拉族

雍正十年属西宁办事大臣统辖,在今青海省玉树县下拉秀乡。其地东至拉木力界,南至尔星地方,西至多楚地方,北至多格木多地界。

39. 巴彦南称界内住牧喇嘛

雍正十年属西宁办事大臣统辖,在今青海省囊谦县觉拉寺。

40. 拉布库克住牧喇嘛

雍正十年属西宁办事大臣统辖,在今青海省称多县拉布寺。

第二十七章 西 藏

西藏为明朝乌斯藏都司之地。明末,卫拉特蒙古和硕特部的固始汗控制了西藏。崇德七年(1642)通好于清。清入关后,和硕特部汗王与西藏地方宗教首领几乎年年遣使莅京,通贡不绝。顺治十年(1653),清廷封达赖喇嘛为"西天大善自在佛所领天下释教普通瓦赤喇怛达赖喇嘛"①,赐五世达赖金册金印,统领全藏事务。康熙四十八年(1709),清廷遣赫寿入藏,对西藏的政治影响进一步加强。五十六年,准噶尔侵入并控制了西藏,翌年,清军进入西藏惨遭失败;五十九年,清军第二次进入西藏,大败准噶尔,西藏正式被纳入清朝版图②。准噶尔立的伪藏王被废除。清廷为了加强对西藏的管理,建立西藏地方政权,任命康济鼐、阿尔布巴、隆布鼐、扎尔鼐、颇罗鼐四人任噶伦,总理藏政③。清军大部撤离西藏,留4 000官兵驻扎拉萨,以维护治安。

雍正元年(1723),驻防西藏的清军撤回内地④。五年,西藏发生内乱。六年,清廷发兵入藏。七年,乱平。清廷对原先的噶伦体制进行调整,实施政教分离。并在西藏设置常驻军队,全面接管西藏地区的治安与防务。雍正四年,"议准西藏设驻扎大臣二员,办理前后藏一切事务"⑤,五年正月驻藏大臣制度正式实施。西藏内乱平定后,在拉萨设立驻藏大臣衙门,办事大臣、帮办大臣各一员,总理和协理西藏事务。

乾隆十五年(1750)十月,已故噶伦颇罗鼐之子珠尔墨特那木札勒发动叛乱,旋被平定。事后,清廷制定《酌定西藏善后章程》,对西藏的管理机构重新调整,不再设藏王,保留原有的四名噶伦,并调整为三俗一僧。遇有重大问题,噶伦必须请示达赖喇嘛和驻藏大臣。扩大驻藏大臣的权力,有关噶伦的事务

---

① 《世祖实录》卷74顺治十年四月丁巳,《清实录》,第3册,第586页。
② 《圣祖实录》卷290康熙五十九年十一月辛巳,康熙皇帝说:"今大兵得藏,边外诸番悉心归化,三藏、阿里之地俱入版图。"(《清实录》,第6册,第819页)
③ 《外藩蒙古回部王公表传》卷91《西藏总传》。
④ 《世宗实录》卷5雍正元年三月甲申,《清实录》,第7册,第112页。
⑤ 光绪《清会典事例》卷977《理藩院》,第10册,第117页。

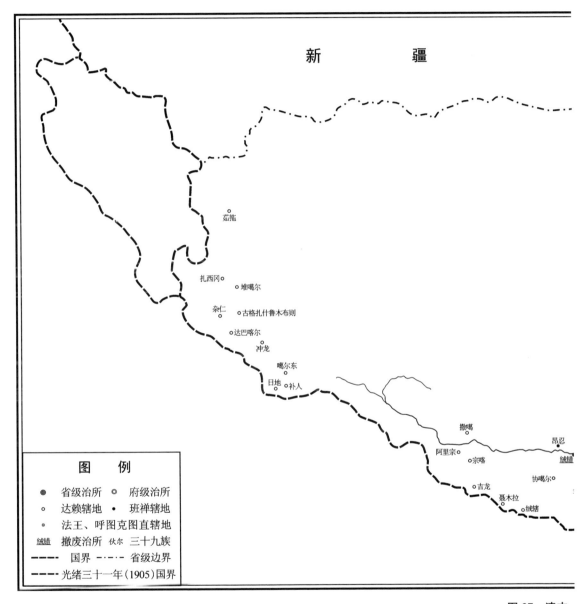

图27 清末

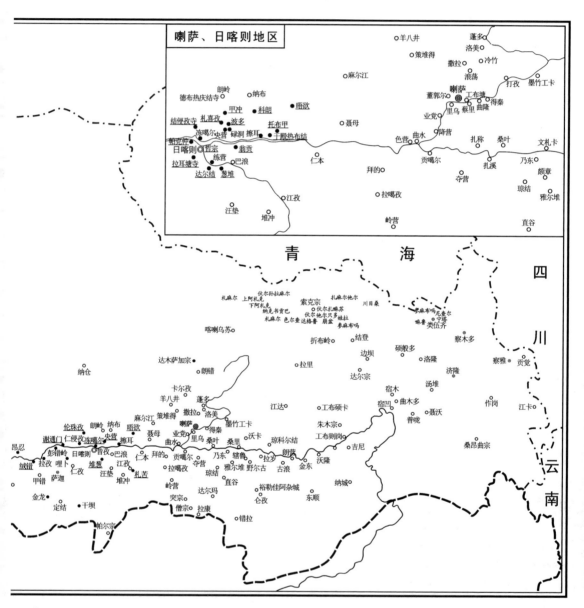

西藏图

由驻藏大臣管理，并增加驻藏兵力的数量。以上规定是对西藏行政管理体制的重大改革，经过这些变革，清朝巩固了对西藏的统治，也使西藏与中央政权结成了完全的隶属关系。

光绪三十二年（1906），议设川滇边务大臣，分置康定、巴安等道府厅县。达赖勒朗结煽动瞻对、德格、江卡土司叛乱。宣统二年（1910），四川协统钟颖率师西讨，喀木所属被收归内地①。所以，喀木这一时段的变化仍放在本章讨论。

康熙五十年，巴塘、里塘内附，以巴塘、里塘隶四川，中甸（节达木城旧名）隶云南②。雍正九年，分青海、西藏交界处之七十九族，近青海的玉树四十族归西宁办事大臣管辖，近西藏的藏北三十九族属驻藏大臣管辖。

光绪三十一年，英国将西藏之拉达克、比底二城地方强行划入印度③。

宣统三年春，乍丫、察木多、类伍齐、八宿、边坝、贡觉、桑昂曲宗、硕般多、洛隆宗等地往属四川省登科府④。

元代以降，西藏地区实行"僧俗并同，军民通摄"的政教合一制度。清代西藏地区分为卫（乌思）、藏、阿里（纳·里速）三部，"乌思"或"卫"是"中"的意思，指前藏，"藏"指后藏，"纳·里速"即阿里，在后藏之西。

清代西藏地区的城、营、宗、溪的设废变化纷繁复杂，又有一些由清廷直接册封的呼图克图，因资料所限，不能对其具体变化情况及统隶关系一一考证，本部分参考房建昌《清代西藏的行政区划及历史地图》（《中国边疆史地研究》1993年第2期）、牛平汉主编《清代政区沿革综表》西藏部分（中国地图出版社1990年版），将见诸《皇舆全览图》的"三藏分界详图"、"西藏详图"，乾隆《清一统志》、《卫藏通志》、嘉庆《清会典事例》以及《清朝续文献通考》的各城、营、宗、溪可考者列于各统辖机构之下。

清代西藏的行政区域可以分为以下十个地区：一、达赖辖地；二、班禅辖地；三、三十九族地区；四、察木多呼图克图辖地；五、类乌齐呼图克图辖地；六、察雅呼图克图辖地；七、济隆呼图克图辖地；八、萨迦呼图克图辖地；九、拉甲日法王辖地；十、达木蒙古八旗。

---

① 《清朝续文献通考》卷330，商务印书馆万有文库本，第4册，第10697页。
② 嘉庆《清一统志》卷547；又见《清朝续文献通考》卷330，第4册，第10679页。
③ 《清朝续文献通考》卷330，第4册，第10700页。
④ 《西康建省记》，成文出版社《中国地方志丛书》影印民国元年铅印本。又见《清朝续文献通考》卷322，第4册，第10636—10637页。

第一节 达赖辖地

喇萨　西藏首府,达赖喇嘛、西藏办事大臣驻地,今西藏自治区拉萨市。
得秦　又作德沁、德庆,今西藏自治区达孜县。
乃东　又作奈布东、耨东,今西藏自治区乃东县。
桑里　今西藏自治区桑日县。
琼结　又作垂佳普郎、吹扎尔普朗,今西藏自治区琼结县。
野尔古　又作哩古,今西藏自治区曲松县加瓦乡(垫尔古城)。
打孜　又作第巴达克匼、得巴达克则,今西藏自治区措美县达马乡。
错拉　又作满撮纳、撮磋纳,今西藏自治区错那县。
拉岁　又作拉巴随、拉载,今西藏自治区加查县拉绥乡。
业党　又作日噶牛、日噶努布,今西藏自治区曲水县聂唐乡。
曲水　又作楚舒尔,今西藏自治区曲水县。
琼结尔科　今西藏自治区加查县崔久乡琼果结寺。
贡噶尔　又作日喀尔公喀尔、日噶公噶尔,今西藏自治区贡嘎县。
拜的　又作雅尔博罗克、勒巴底,今西藏自治区浪卡子县东北白地。
突宗　又作多宗、多城,今西藏自治区洛扎县。
僧宗　又作僧格宗、僧格,今西藏自治区洛扎县生格乡。
董郭尔　又作东噶尔、洞噶尔,今西藏自治区拉萨市东嘎。
冷竹　又作伦朱布宗、伦朱布,今西藏自治区林周县松盘乡。
墨竹工卡　又作墨竹贡噶尔、墨鲁恭噶、墨竹宫、萨木珠布公喀尔,今西藏自治区墨竹工卡县。
蓬多　又作盆多,今西藏自治区林周县旁多乡。
朗错　今西藏自治区当雄县纳木错乡。
卡尔孜　今西藏自治区当雄县西南霍若挖怕郎村。
羊八井　今西藏自治区当雄县羊八井镇。
仑孜　又作达克布古音那木加,今西藏自治区隆子县。
嘉尔布　今西藏自治区拉萨市西北札补。
辖鲁　今西藏自治区曲松县下洛乡。
颇章　今西藏自治区乃东县颇章乡。
札溪　今西藏自治区扎囊县扎其乡。
色营　今西藏自治区曲水县西塞村。

祭里　今西藏自治区拉萨市蔡公堂镇。
朗茹　今西藏自治区拉萨市纳金乡。
浪荡　今西藏自治区林周县西南朗塘。
札称　今西藏自治区扎囊县西北扎村。
洛美　今西藏自治区林周县南哈母。
拉康　今西藏自治区洛扎县拉康镇。
撒拉　今西藏自治区林周县西南撒当村。
策堆得　今西藏自治区堆龙德庆县。
达尔玛　今西藏措美县乃西乡达尔玛。
雅尔堆　今西藏自治区乃东县亚堆乡。
洛直　今西藏自治区乃东县支溪卡村。
僧宗　今西藏自治区生格乡。
直谷　又作济古、则库，今西藏自治区措美县哲古镇。
札什　今西藏自治区拉萨市东北光明乡（札什城）。
工布塘　今西藏自治区拉萨市东南公布塘。
降　今西藏自治区曲水县东北姜村。
里乌　今西藏自治区堆龙德庆县柳梧乡。
曲隆　今西藏自治区达孜县西南丘隆。
桑叶　又作桑萨，今西藏自治区扎囊县桑耶镇。
文札卡　今西藏自治区乃东县东结巴乡门中村。
沃卡　又作乌嘎达尔萨，今西藏自治区桑日县沃卡乡。
夺　又作子夺，今西藏自治区贡嘎县朗杰学乡。
裕勒佳阿杂　今西藏自治区隆子县西北裕佳朗杂城。
喀拉乌苏　又作哈喇乌苏，今西藏自治区那曲县。
聂母　今西藏自治区尼木县尼木乡。
麻尔江　今西藏自治区尼木县麻江乡。
仁本　又作林奔、林绷，今西藏自治区仁布县。
拉噶孜　又作纳噶拉则、纳噶尔泽、浪噶子，今西藏自治区浪卡子县。
岭　今西藏自治区浪卡子县东南。
仁孜　今西藏自治区萨迦县赛乡。
纳仓　今西藏自治区申扎县。
巴浪　又作拜纳木、巴纳木、白浪，今西藏自治区白朗县。
昔孜　今西藏自治区日喀则市。

江孜　又作季阳则、佳勒则,今西藏自治区江孜县。
定结　又作丁吉牙、定集,今西藏自治区定结县定结乡。
协噶尔　又作罗西噶尔,今西藏自治区定日县。
帕尔宗　又作帕克里、波巴朗,今西藏自治区亚东县帕里镇。
吉龙　又作济龙、济咙,今西藏自治区吉隆县吉隆镇。
阿里宗　今西藏自治区吉隆县西北阿里宗。
聂拉木　又作尼牙拉木宗、叶尔摩,今西藏自治区聂拉木县。
朗岭　又作尚纳木林,今西藏自治区南木林县。
绒辖　今西藏自治区定日县绒辖乡。
宗喀　今西藏自治区吉隆县。
撒噶　今西藏自治区萨嘎县。
堆冲　今西藏自治区白朗县杜琼乡(堆琼)。
纳布　今西藏自治区南木林县拉布普乡。
晤欲　岭噶尔、乌裕克林噶,今西藏自治区南木林县达孜乡。
汪垫　今西藏自治区白朗县汪丹乡。
甲错　今西藏自治区南木林县甲措乡。
工布硕卡　又作硕噶尔、硕勒噶,今西藏自治区工布江达县雪卡乡。
角木宗　又作朱木宗、卓莫,今西藏自治区林芝县。
东顺　又作达克布冬顺、达克布冬顺,今西藏自治区隆子县东北达克布冬顺。
工布则岗　又作则布拉冈,今西藏自治区林芝县久布乡嘎玛村。
鲁朗　今西藏自治区林芝县鲁朗镇。
纳城　又作达克博奈,今西藏自治区米林县东南乃宗。
刷宗　今西藏自治区墨脱县东刷宗城。
苏尔洞宗　今西藏自治区墨脱县东苏尔冬城。
吉尼　又作第木宗、德摩、底穆,今西藏自治区米林县东底穆宗。
折布岭　今西藏自治区比如县白嘎乡。
作岗　又作匠作里冈,今西藏自治区左贡县田妥镇。
索克宗　又作索克、锁庄子,今西藏自治区索县。
博窝　又作薄宗,今西藏自治区波密县倾多镇。疑波密王叛乱后废。
结登　又作解冻,今西藏自治区边坝县沙丁乡。
拉里　今西藏自治区嘉黎县东北嘉黎镇。
沃隆　今西藏自治区米林县卧龙镇。
江达　又作札木达、佳木达,今西藏自治区工布江达县江达乡壮太昭。

古浪　又作衮米纳木佳勒、古鲁纳木吉牙，今西藏自治区朗县仲达镇南。
琼科尔结　今西藏自治区加查县崔久乡。
朗营　今西藏自治区朗县。
金东　今西藏自治区朗县金东乡。
曲木多　道光十五年置，今西藏自治区波密县倾多镇。
宿凹　道光十五年置，今西藏自治区波密县许瓦卡村。
聂沃　道光十五年置，今西藏自治区波密县松宗镇纳域玉。
宿木　道光十五年置，今西藏自治区波密县许木乡。
普咙　道光十五年置，今西藏自治区波密县倾多镇普龙寺。
汤堆　道光十五年置，今西藏自治区波密县康玉乡。
补仁　又作补人、布朗达克喀尔、布拉木达克喇，今西藏自治区普兰县。
古格扎什鲁木布则　又作古格扎什伦博，今西藏自治区札达县东北古格。
茹拖　又作鲁多克、罗多克喀尔，今西藏自治区日土县。
杂仁　又作则布龙、则布朗，今西藏自治区札达县萨让乡。
堆噶尔　今西藏自治区噶尔县。
达坝喀尔　今西藏自治区札达县达巴乡。
噶尔东　又作嘎尔多木，今西藏自治区普兰县仁贡乡。
冲龙　又作冲隆，今西藏自治区札达县曲龙乡。
扎西冈　又作札什冈，今西藏自治区噶尔县扎西岗乡。
日地　又作什德，今西藏自治区普兰县西南尼泊尔境内。
楚木尔地　今西藏自治区札达县西北什布奇。

附：改隶城营

拉达克　光绪三十一年，英国强行划入印度。今克什米尔印度控制区内列城。
毕底　光绪三十一年，英国强行划入印度。今印度丹噶尔工巴。
巴塘　康熙五十年内附，隶四川。今四川省巴塘县。
里塘　康熙五十年内附，隶四川。今四川省里塘县。
节达木　康熙五十年内附，隶云南。今云南省中甸县。
达尔宗　宣统三年春，往属四川省登科府。今西藏自治区边坝县边坝镇。
江卡　宣统三年春，改置委员，往属四川省登科府。今西藏自治区芒康县。
贡觉　又作官觉、滚卓，宣统三年春，改置委员，往属四川省登科府。今西藏自治区贡觉县曲卡乡。

桑昂曲宗　又作桑阿充宗、桑阿曲宗,宣统三年春,改置桑昂委员,往属四川省登科府。今西藏自治区察隅县古玉乡玉和。

硕般多　又作舒班多、硕板,宣统三年春,设理事官,往属四川省登科府。今西藏自治区洛隆县硕般多乡。

洛隆　又作罗隆,宣统三年春,往属四川省登科府。今西藏自治区洛隆县。

第穆冈地　今克什米尔印度控制区内列城西北。

第二节　班禅辖地

日喀则　班禅额尔德尼驻地,今西藏自治区日喀则市。

彭错岭　又作盆苏克灵、喷磋克凌城,今西藏自治区拉孜县彭错林乡。

拉孜　又作章拉则、将罗尖,今西藏自治区拉孜县拉孜镇。

昂忍　又作章阿布林、将阿木凌,今西藏自治区昂仁县。

晤欲　又作岭噶尔、乌裕克林噶,今西藏自治区南木林县达孜乡。光绪间该溪撤治。

擦耳　今西藏自治区南木林县茶尔乡。

干殿热布结寺　今西藏自治区南木林县茶尔乡东。光绪间该喇嘛寺撤治。

托布甲　今西藏自治区土布加乡。光绪间该溪撤治。

拉耳塘寺　今西藏自治区日喀则市西南那当寺。光绪该寺间撤治。

帕克仲　今西藏自治区日喀则市聂日雄乡帕仲。光绪该溪撤治。

葱堆　今西藏自治区日喀则市东南冲堆。光绪间该溪撤治。

胁　光绪间改为谢通门溪,今西藏自治区谢通门县卡嘎乡吉丁村。

干坝　今西藏自治区岗巴县。

金龙　今西藏自治区定结县扎西岗乡。

央　今西藏自治区南木林县多角乡央村。光绪间该溪撤治。

翁贡　今西藏自治区日喀则县江当乡雷贵村东南二里。光绪间撤治。

练　今西藏自治区日喀则县甲措雄乡联阿村。

仁侵孜　今西藏自治区谢通门县达那塔乡。

冻噶尔　今西藏自治区日喀则市东嘎乡。光绪间该溪撤治。

德庆热布结　今西藏自治区南木林县。

绒错　今西藏自治区拉孜县西绒村。光绪间该溪撤治。

结侵孜寺　今西藏自治区日喀则市东嘎区江庆则乡。光绪间该喇嘛寺撤治。

哩卜　今西藏自治区拉孜县柳乡。

伦珠子　今西藏自治区谢通门县仁钦则乡伦珠孜村。光绪间该溪撤治。

达尔结　今西藏自治区日喀则市甲措雄乡塔杰。光绪间该溪撤治。

甲冲　今西藏自治区南木林县。光绪间该溪撤治。

哲宗　今西藏自治区日喀则市。光绪间该溪撤治。

碌洞　今西藏自治区南木林县多角乡鲁古冻村。光绪间该溪撤治。

科朗　今西藏自治区南木林县热当乡可朗村。光绪间该溪撤治。

札喜孜　今西藏自治区南木林县多角乡扎西孜村。光绪间该溪撤治。

波多　今西藏自治区南木县多角乡白多村。光绪间该溪撤治。

札苦　今西藏自治区江孜县江孜镇扎规村。光绪间该溪撤治。

达木萨加宗　初为达木牛场,光绪间改,今西藏自治区班戈县尼玛乡赛隆。

第三节　三十九族地区

雍正九年,青海、西藏交界处的七十九族被分为玉树四十族和藏北三十九族,藏北三十九族属驻藏大臣管辖。设千户长一名,百户长十三名。其各族名称和所在地今址列于下[①]。

1. 纳克书贡巴族　在今西藏自治区比如县西北。
2. 拉克什族　在今西藏自治区比如县茶曲乡。
3. 色尔查族　在今西藏自治区比如县曲柴仁。
4. 异鲁族　在今西藏自治区比如县。
5. 崩盆族　在今西藏自治区比如县香曲乡。
6. 达格鲁族　在今西藏自治区比如县西北。
7. 札麻尔族　在今西藏自治区聂荣县色庆乡。
8. 上阿札克族　在今西藏自治区聂荣县。
9. 下阿札克族　在今西藏自治区聂荣县东
10. 伙尔孙拉麻尔族　在今西藏自治区聂荣县白雄乡。
11. 扎麻尔他尔族　在今西藏自治区巴青县雅安镇东北洋堆村附近。
12. 川目桑族　在今西藏自治区丁青县巴达乡。
13. 伙尔扎嘛苏他尔只多族　在今西藏自治区索县赤多乡。
14. 娃拉族　在今西藏自治区索县加勤乡一带。

---

① 本部分参照房建昌:《藏北三十九族述略》,《中国边疆史地研究》1992年第1期。

15. 伙尔族　在今西藏自治区索县西南。
16. 嘛鲁族　在今西藏自治区丁青县觉恩乡麦日村。
17. 宁塔族　在今西藏自治区类乌齐县桑多镇宁塔村。
18. 尼查尔族　在今西藏自治区类乌齐县类乌齐镇厄札村。
19. 参麻布吗族　在今西藏自治区类乌齐县长毛岭乡。
20. 尼牙木查族　在今西藏自治区索县江达乡内。
21. 利松麻巴族　在今西藏自治区索县江达乡内。
22. 勒达克族　在今西藏自治区索县荣布镇。
23. 多嘛族　在今西藏自治区索县加勤乡。
24. 羊巴族　在今西藏自治区索县江达乡永巴村。
25. 伙尔族　在今西藏自治区巴青县西北。
26. 伙尔族　在今西藏自治区巴青县拉西镇西北。
27. 伙尔族　在今西藏自治区巴青县西北。
28. 彭他吗族　在今西藏自治区巴青县本塔乡。
29. 伙尔拉塞族　在今西藏自治区巴青县内。
30. 上岗噶鲁族　在今西藏自治区巴青县贡日乡内。
31. 下岗噶鲁族　在今西藏自治区巴青县贡日乡内。
32. 琼布纳克鲁族　在今西藏自治区丁青县内。
33. 噶鲁族　在今西藏自治区丁青县内。
34. 色尔查族　在今西藏自治区丁青县色扎乡。
35. 上夺尔树族　在今西藏自治区丁青县内。
36. 下夺尔树族　在今西藏自治区丁青县内。
37. 三渣族　在今西藏自治区比如县羊秀乡西。
38. 三纳拉巴族　在今西藏自治区比如县白嘎乡那如。
39. 朴俗族　在今西藏自治区比如县白嘎乡普宗。

第四节　呼图克图辖地等

一、察木多呼图克图辖地

察木多呼图克图辖地，清代由绛巴林寺的帕巴拉及锡拉轮流执掌政教大权，在今西藏自治区昌都县。宣统三年春，裁呼图克图，置理事官，往属四川省登科府。

二、类乌齐呼图克图辖地

类乌齐呼图克图辖地,清代由类乌齐的帕曲、济促、仔巴三大轮流执掌政教大权,在今西藏自治区类乌齐县类乌齐镇。宣统三年春,往属四川省登科府。

三、察雅呼图克图辖地

察雅呼图克图辖地,"察雅"一作"乍雅",在今西藏自治区察雅县香堆镇①。宣统三年春,裁呼图克图,置理事官,往属四川省登科府。

四、济隆呼图克图辖地

济隆呼图克图辖地,在今西藏自治区八宿县西北②。宣统三年春,往属四川省登科府。

五、萨加呼图克图辖地

萨加呼图克图辖地,在今西藏自治区萨加县。

六、拉甲日法王辖地

拉甲日法王辖地,在今西藏自治区曲松县。拉甲日是吐蕃赞普之后,清代自辖其境。

七、达木蒙古八旗

达木,今西藏自治区当雄县。清初此地即有蒙古游牧,雍正元年(1723),青海罗布藏丹津失败,部分和硕特蒙古逃至该地,与原有蒙古一起游牧,此后此地牧民成分没有发生变化。乾隆十五年(1750),达木蒙古改由驻藏大臣直辖③。四旗在札喜汤,二旗在汤宁,一旗在五佛山,皆北倚拉干山,南与前藏接界。一旗在格拉,东北滨哈拉乌苏,西与后藏接界④。

---

① 张江华:《乍雅宗政教合一制度和经济结构调查》,《中国藏学》1992年第2期。
② 房建昌、张国英:《西藏八宿县小史及寺院与活佛》,《中国藏学》1992年第4期。
③ 《高宗实录》卷378乾隆十五年十二月戊寅,策楞上奏:"达木地方蒙古,现奉旨安插,向系藏王统属,若即令驻藏大臣管理,口食仍照例由达赖喇嘛给领,似为有济。报可。"(《清实录》,第13册,第1195页。)策楞《酌定西藏善后章程》:"应酌定将现有之头目八人,授为佐领。再选八人,授为骁骑校。俱照例给以顶戴,递相管束,俱归驻藏大臣统辖。"(张其勤原稿、吴丰培增辑:《清代藏事辑要》,西藏人民出版社,1983年,第183页。)
④ 光绪《清会典事例》卷966《理藩院》,第10册,第1012页。

附章　太平天国①

第一节　太平天国兴衰及其地方行政制度

道光三十年十二月初十日(1851年1月11日),洪秀全在广西省浔州府桂平县金田村起义,宣布国号为太平天国,宣告讨伐清廷。咸丰元年闰八月初一日(9月25日),占永安州城,颁天历,以辛亥年为辛开元年②,废清朝纪元,封诸王。

壬子二年三月(1852年4月),太平军自永安突围,北攻桂林,破全州。又东北向入湖南,下永州府道州、郴州直隶州,北取长沙府益阳县、岳州府。复东克湖北省汉阳、汉口、武昌三镇。又沿江东下,破江西省九江府、安徽省会安庆府及芜湖府。癸好三年二月十四日(1853年3月19日),占清朝江南重镇江宁城。建都江宁城,改为天京。

太平天国建都后,不再流动,以天京为中心,北克扬州,东占京口,又遣师西征,扩大版图。每克一地,建郡立县,先后建立江南、安徽、湖北诸省。癸好三年四月(1853年5月),太平军自扬州北伐,孤军深入,经山东,达直隶。因援兵不继,克而复失。

辛酉十一年(1861),天王洪秀全下诏改国号为"上帝天国",但未能实行。同年,又改国号为"天父天兄天王太平天国"。甲子十四年(1864年),天京被清兵包围,内无粮草,外无救兵。四月十九日(6月1日),天王病故。五日后,幼主洪天贵福登基。六月初六日(7月19日),天京被清兵攻克。

太平天国地方行政区划,承袭清制而有所改变。计划将全国重新划分为二十一省,当指清朝十八省及满洲三省(东三省)。太平天国文献中提及的省

---

① 本章内容主要参考华强《太平天国地理志》(广西人民出版社,1991年),特此致谢!
② 太平天国纪年为辛开(亥)元年、壬子二年、癸好(丑)三年、甲寅四年、乙荣(卯)五年、丙辰六年、丁巳七年、戊午八年、己未九年、庚申十年、辛酉十一年、壬戌十二年、癸开(卯)十三年、甲子十四年,相当于公元1851—1864年、清咸丰元年至十一年、同治元年至三年。本章以太平天国纪年为准。

份为二十四省,包括十八省:江西、湖北、湖南、河南、安徽、陕西、广东、广西、甘肃、四川、珊东(山东)、珊西(山西)、芸南(云南)、桂州(贵州)、江南(江苏)、罪隶(直隶)、浙江天省(浙江)、福建;由江苏省析置的二省:苏福、天浦;满洲三省(东三省):奉添(奉天)、吉林、乌隆江(黑龙江);以及伊犁省,即新疆。并规定:江南省十二郡,余省十一郡。但太平军始终未能克复江苏全省,所置其他省份亦有超十二郡的。

因府为王府之称,改府为郡,同时改直隶厅、直隶州为郡,又废除清朝省的派出机构——守巡道,实行省—郡—县三级制。但是有一些直隶州仍称州,未改称郡。县级的州仍称州。

省级官员一般设有文将帅、武将帅、提考等。废知府、知县,郡设总制,县设监军。

太平天国对地名改动甚多,主要原因是避讳。按照太平天国避讳制度,清朝境内所有省、府、州、县地名,凡是含有避讳字者,无论太平天国占领与否,均要改动。具体有以下三种类型。

首先是宗教避讳。皇、上、帝、爷、火、华、主、基、督、耶、稣、国均须避讳,如改上为尚,改华为花,改国为郭等。

其次是避天王和各王名讳,采取在本字上加草字头等法,如改秀为绣,改全为荃,改青为菁,改昌为玱等。

第三是迷信辟讳,如改黑龙江为乌隆江等。

除此之外,有些地名的更名,则反映了太平天国的信仰与意愿。太平天国以天附会上帝,因而改南京为天京,改江浦为天浦,改北京为妖穴,改直隶为罪隶,则反映了太平天国领袖敌我分明的立场。苏福省、抚锡(无锡)、义县(慈溪)等名称,反映了太平天国信实的美好愿望。

第二节 各 省 郡 县

天京(癸好三年二月至甲子十四年六月)

癸好三年二月十四日(1853年3月19日),太平军攻占清江苏省省会江宁城(即明南京城),发布《建天京于金陵论》,改南京为天京,别称小天堂。"名之曰天京,即奉天体天之意也。"《钦定敬避字样》规定:"天京天都,京都天城也,余不准称亦称都。"天王洪秀全入住两江总督衙门,作为天朝宫殿。

天京城防,初由韦昌辉总管,甲寅四年(1854)改由石达开负责。下设天朝总巡查、京畿统管、护京正副主将、天京左右江巡河道等各一员。

甲子十四年六月六日(1864年7月19日,同治三年六月十六日),清兵攻入,天京沦陷。

江南省(癸丑三年二月至甲子十四年六月)①

太平天国定都天京后,以清江苏省的部分区域建立江南省,以天京为省会,又称天京省。清朝江苏省设有十二个府级政区,因而太平天国规定江南省为十二郡,余省为十一郡。但太平军始终未能克复江苏全省,因而江南省实际领有江宁、镇江、扬州3郡14县,治江宁郡。江南省主要职官有江南省文将帅、武将帅、水师主将、提考等。

江宁郡(见"天京"条),即清江宁府,治江宁、尚元两县,领江宁(同前)、尚元(上元②。同前)、句容(丙辰六年五月至丁巳七年六月、庚申十年三月至甲子十四年二月)、溧水(丙辰六年五月至丁巳七年五月、戊午八年九月至十月、庚申十年三月至癸开十三年十月)、高淳(甲寅四年七月、庚申十年三月至癸开十三年九月)、六合(戊午八年九月至辛酉十一年十二月)、天浦(江浦。丙辰六年四月至戊午八年三月)7县。后天浦县改建天浦省。

镇江郡(癸好三年二月至丁巳七年十一月),即清镇江府,治丹徒县,领丹徒(同前)、丹阳(庚申十年四月至甲子十四年三月)、溧阳(庚申十年三月至甲子十四年正月)、金坛(庚申十年七月至甲子十四年三月)4县。

扬州郡(癸好三年二月至十一月、丙辰六年二月至三月、戊午八年九月),即清扬州府,治江都、甘泉天县,领江都(戊午八年九月)、甘泉天(甘泉。同前)、仪征(癸好三年十月至十二月、戊午八年八月至九月)3县,兴化、宝应、东台3县及泰州、高邮2州仍为清占。

安徽省(癸好三年八月至辛酉十一年七月)

癸好三年八月(1853年9月),太平天国占领安庆城,建为省会。此后领10郡、3州、51县。辛酉十一年七月(1861年9月),安庆失守。主要职官有安徽省文将帅、掌理安徽省油盐事务、正副掌考、正副巡河道等。

---

① 说明:政区名后括注太平军攻占和退出年月,均据华强《太平天国地理志》表一至表八,有多次攻占和退出时间者分别注出;后一政区攻占和退出时间同前一政区者,标注"同前";太平军占领许多地方往往时间很短,占领数日即撤出,本节作占领时间不满10日者,不注出;太平军占领时间较长,中间退出数日,简化为太平军连续占领。

② 说明:此为清朝政区名。下同。

安庆郡(癸好三年八月至辛酉十一年七月),即清安庆府,治怀宁县,领怀宁(同前)、桐城(癸好三年十月至戊午八年九月、同年十月至辛酉十一年七月)、潜珊(潜山。甲寅四年正月至丙辰六年十一月、同年十二月至戊午八年八月、同年十月至庚申十年正月)、太湖(癸好三年七月至丙辰六年十一月、戊午八年十月至庚申十年正月)、望江(癸好三年十月至丁巳七年十月)、宿松(辛酉十一年三月至八月)6县。

庐州郡(癸好三年十二月至乙荣五年十月、戊午八年七月至壬戌十二年四月),即清庐州府,治合肥县,领合肥(同前)、舒城(癸好三年十月至乙荣五年正月、丁巳七年八月至戊午八年九月、同年十月至辛酉十一年八月)、庐江(癸好三年二月至甲寅四年九月、同年十月至丙辰六年八月、丙辰六年十二月至辛酉十一年八月)、巢县(癸好三年九月至丙辰六年九月、同年十二月至壬戌十二年三月、同年十一月至癸开十三年四月)4县及无为州(甲寅四年正月至丙辰六年八月、同年十二月至辛酉十一年九月)。

六安州(甲寅四年正月至五月、丁巳七年正月至戊午八年四月、己未九年正月至三月),即清六安直隶州,领英珊(英山。癸好三年十一月至甲寅四年八月、同年十一月至乙荣五年二月、同年五月至六月)、霍珊(霍山。丁巳七年二月至六月、同年十月至十一月、十二月、己未九年八月至九月)2县。

凤阳郡,即清凤阳府,治凤阳县,领凤台、定远(己未九年六月至辛酉十一年十一月)2县及寿州。宿州及盈璧县(灵璧)为清占,凤阳、怀远县为双方拉锯地区。

宁郭郡(丙辰六年三月至十一月、庚申十年八月至壬戌十二年五月),即清宁国府,治宣城县,领宣城(同前)、泾县(丙辰六年三月至四月、同年十月至十一月、庚申十年正月至四月、同年五月至壬戌十二年三月)、宁郭(宁国。庚申十年正月至壬戌十二年六月、同年九月至癸开十三年十月)、太平(庚申十年正月至三月、壬戌十二年十一月至癸开十三年九月)、旌德(庚申十年正月至三月)、南陵(癸好三年四月至丙辰六年十二月、丁巳七年八月、庚申十年十月至壬戌十二年三月)6县。

徽州郡(乙荣五年二月至三月、庚申十年八月至辛酉十一年五月),即清徽州府,治歙县,领歙县(同前)、休宁(乙荣五年二月至三月、四月至五月、丙辰六年八月至九月、庚申十年九月至辛酉十一年二月)、婺源(乙荣五年三月、丁巳七年二月、戊午八年八月至己未九年正月)、黟县(乙荣五年四月至五月、癸开十三年三月)4县,祁门、绩溪县为双方拉锯地区。

和州郡(甲寅四年八月至丙辰六年九月、丁巳七年十月至戊午八年三月、同月至壬戌十二年三月、同年十一月至癸开十三年四月),即清和州直隶州,领含珊县(含山。丁巳七年二月至五月、壬戌十二年十一月至癸开十三年四月)。

池州郡(癸好三年九月至己未九年九月),即清池州府,治桂池县,领桂池(贵池)、菁阳(青阳。壬戌十二年十二月至癸开十三年正月)、铜陵(癸好三年四月至乙荣五年八月、丁巳七年四月至十月)、石埭(丁巳七年二月、庚申十年正月至三月、壬戌十二年十一月至癸开十三年九月)、建德(癸好三年十月至甲寅四年九月、同年十月至戊午八年六月、己未九年二月至庚申十年正月、庚申十年十一月、辛酉十一年四月至五月、癸开十三年三月至四月)、东流(癸好三年十月至丁巳七年十月)6县。

太平郡(占领时间不详),即清太平府,治当涂县,领当涂、芜湖(癸好三年四月至甲寅四年八月、同年九月至乙荣五年六月、丙辰六年四月至壬戌十二年四月)、繁玱(繁昌。占领时间不详)3县。

泗州郡,即清泗州直隶州,领添长县(天长。戊午八年八月至九月、己未九年四月至辛酉十一年十二月)。泗州、五河县仍为清占,盱眙县为双方拉锯地区。

滁州(戊午八年四月至九月),即清滁州直隶州,领荃椒县(全椒。戊午八年四月至庚申十年二月),来安县为双方拉锯地区。

颍州郡,即清颍州府,颍尚(颍上)、霍丘、蒙城3县和亳州,为双方拉锯地区,阜阳、太和2县是否被太平天国攻占,待考。

广德州(庚申十年二月至三月、同年七月、同年十一月至壬戌十二年六月),即清广德直隶州,领建平县(庚申十年三月、同年四月至癸开十三年十月)。

湖北省(壬子二年十二月至丙辰六年十一月)

壬子二年十二月九日(1853年1月12日),太平军初占武昌。二十余日后弃武昌东下。甲寅四年五月二十一日(1854年6月26日),太平军再占武昌,建为省会。太平军到达全省10府1州,但在一些州县占领时间极短,未能建立地方政权。丙辰六年十一月十三日(1856年12月19日),省会失守。主持湖北军政事务的官员为国宗石凤魁及地官副丞相黄再兴,主要职官有湖北正副掌考、正副巡河道等。

武玱郡(武昌郡。壬子二年十二月至癸好三年正月、甲寅四年五月至九月、乙荣五年二月至丙辰六年十一月),即清武昌府,避北王韦昌辉名讳改,或作武菖郡。治江夏县,领江夏(乙荣五年二月至丙辰六年十一月)、武玱(武昌,甲室内四年春至九月、乙荣五年正月至丙辰六年五月)、嘉鱼(甲寅四年春至七月)、蒲圻(甲寅四年春至八月前、乙荣五年二月至十月)、崇阳(甲寅四年春至八月、同月至十月、乙荣五年二月至九月、丙辰六年四月至十一月)、通城(甲寅四年三月至七月、乙荣五年二月至九月、丙辰六年三月至十一月前、辛酉十一年四月至五月)、咸宁(乙荣五年二月至十一月)、大冶(癸好三年十月至甲寅四年十月、乙荣五年二月至丙辰六年十一月、辛酉十一年五月至六月)、通珊(通山。甲寅四年正月至十一月、乙荣五年二月至丙辰六年十一月、辛酉十一年四月至六月)9县及兴郭州(兴国。癸好三年冬至甲寅四年十月、乙荣五年正月至丙辰六年十一月、辛酉十一年五月至六月)。

汉阳郡(壬子二年十一月至癸好三年正月、同年九月、甲寅四年正月至九月、乙荣五年正月至丙辰六年十一月),即清汉阳府,治汉阳县,领汉阳(乙荣五年正月至丙辰六年十一月)、汉川(甲寅四年正月至九月、乙荣五年正月至二月、同月至七月、乙荣五年九月至十月)、孝感(甲寅四年二月至六月、辛酉十一年二月至三月)3县和沔阳州(甲寅四年正月至六月),黄陂县为双方拉锯地区。

黄州郡(癸好三年十月至甲寅四年九月、乙荣五年正月至丙辰六年十一月、辛酉十一年二月至八月),即清黄州府,治黄冈县,领黄冈(辛酉十一年二月至八月)、黄安(戊午八年四月至五月)、蕲水(癸好三年十月至甲寅四年八月、乙荣五年正月)、罗田(甲寅四年正月至七月)、广济(癸好三年至甲寅四年八月、同年十月至十一月、乙荣五年正月至丙辰六年十一月、辛酉十一年三月至八月)、黄梅(甲寅四年二月至十一月、同年十二月至丙辰六年十一月、辛酉十一年三月至八月)、麻城(甲寅四年二月至六月、戊午八年三月至五月)7县及蕲州(癸好三年十月至甲寅四年十月、乙荣五年正月至丙辰六年四月、辛酉十一年二月至八月),黄安县为双方拉锯地区。

安陆郡(甲寅四年三月至五月、同年六月至七月),即清安陆府,领钟祥(甲寅四年六月至七月)、京珊(京山。甲寅四年四月至五月、壬戌十二年八月至九月)、潜江(甲寅四年三月至五月)3县,添门县(天门)为双方拉锯地区。

德安郡(甲寅四年三月、乙荣五年二月至三月、同年四月至十月、辛酉十一年二月至七月),即清德安府,领安陆(辛酉十一年二月至七月)、芸梦(云梦。甲寅四年三月、乙荣五年二月至六月、辛酉十一年二月至三月)、应城(甲寅四年三月至四月、乙荣五年二月至六月)、应珊(应山。甲寅四年三月)4县及随州(乙荣五午四月至五月、辛酉十一年二月至九月)。

荆州郡,即清荆州府,领监利县(甲寅四年二月至四月),江陵、公安、枝江、宜都县为清占,石首、松滋两县为双方拉锯地区。

郧阳郡,即清郧阳府,房县、郧西县为双方拉锯地区,竹珊(竹山)、竹溪、保康、郧县均为清占。

宜珢郡(宜昌郡。甲寅四年四月),东湖县为双方拉锯地区,长阳等4县、归州等2州为清占。

施南郡,即清施南府,来凤县为双方拉锯地区,恩施等5县为清占。

荆门州,即清荆门直隶州,荆门州为双方拉锯地区,远安县为清占,当阳县不明。

江西省(甲寅四年三月至戊午八年四月)

癸好三年五月二十日(1853年6月24日),太平军攻城九十三天不克。同年八月二十日(9月24日),撤围北上,占湖口、九江。甲寅四年三月(1854年4月),移九江郡于湖口,以九江县为江西省会。乙荣五年(1855)冬,翼王石达开由湖北通城入江西,先后占领临江、瑞州、吉安、抚州、建昌五府。主持军政事务的官员为翼王石达开、翼贵丈卫天侯黄玉昆、北王韦昌辉,省主要职官有宣慰使等。

九江郡(癸好三年八月至戊午八年四月),即清九江府,治湖口县,领德化(癸好三年八月至戊午八年四月)、湖口(癸好三年八月至丁巳七年九月)、德安(乙荣五年十二月至丙辰六年正月、同年三月至十一月)、瑞珢(瑞昌)、彭泽(癸好三年八月至丁巳七年九月)、新城(治所即清德化县小池口,在长江北岸。甲寅四年十二月至丁巳七年八月)6县。

南珢郡(南昌郡),即清南昌府,领丰城(丙辰六年二月至四月)、进贤(丙辰六年二月至三月)、奉新(乙荣五年十一月至丙辰六年十二月、辛酉十一年四月至六月)、靖安(丙辰六年正月至八月、辛酉十一年四月至辛酉十一年六月)、武宁(甲寅四年四月至六月、同年七月至九月、辛酉十一年四月至六月)5县及义宁州(丙辰六年三月至五月、辛酉十一年四月至六月),南珢(南昌)、新建两县为清占。

饶州郡(乙荣五年二月至四月、丙辰六年五月至六月),即清饶州府,领鄱阳、乐平(丙辰六年三月至丁巳七年六月)、浮梁(丙辰六年十二月至丁巳七年十一月)、安仁(丁巳七年九月至十月)4县,余干、德兴、万年3县为双方拉锯地区。

广信郡,即清广信府,尚饶(上饶)、弋阳(乙荣五年三月)、铅珊(铅山)、兴安、玉珊(玉山)、桂溪(贵溪)6县为双方拉锯地区,广丰县为清占。

南康郡(丙辰六年三月至六月),即清南康府,领星子(丙辰六年三月至六月)、都珢(都昌。甲寅四年十二月至乙荣五年四月)、建珢(建昌。丙辰六年十一月))、安义(丙辰六年正月至八月)4县。

建珫郡(建昌郡。丙辰六年二月至戊午八年四月),即清建昌府,领南城(丙辰六年二月至戊午八年四月)、新城(甲子十四年二月至三月)、南丰(丁巳七年七月、同年八月至戊午八年四月、甲子十四年二月至七月)、泸溪等4县,广珫县(广昌)为双方拉锯地区。

抚州郡(丙辰六年二月至戊午八年四月),即清抚州府,领临川(丙辰六年二月至戊午八年四月)、金溪(丙辰六年二月至四月、同年九月至戊午八年五月)、崇仁(丙辰六年二月至九月初、九月底至戊午八年三月、甲子十四年四月至六月)、宜黄(丙辰六年三月至八月、同年十月至戊午八年三月、甲子十四年四月至七月)、乐安(丙辰六年二月至七月、同年十一月至丁巳七年七月)、东乡(丙辰六年二月至三月、同年十月至丁巳七年九月、同年十二月至戊午八年四月)6县。

临江郡(乙荣五年十一月至丁巳七年十二月),即清临江府,领菁江(清江。乙荣五年十一月至丁巳七年十二月)、新淦(乙荣五年十一月至十二月、丙辰六九月至十月、戊午八年正月至二月)、新喻(乙荣五年十一月至丙辰六年十一月)、峡江(乙荣五年十一月至丁巳七年正月)4县。

瑞州郡(乙荣五年十一月至丁巳七年七月、辛酉十一年四月至七月),即清瑞州府,领高安(辛酉十一年四月至七月)、新珫(新昌。乙荣五年十一月至丙辰六年六月)、尚高(上高。乙荣五年十一月至丙辰六年六月、同年七月至九月、十月至十二月)3县。

袁州郡(乙荣五年十二月至丙辰六年十月),即清袁州府,领宜春(乙荣五年十二月至丙辰六年十月)、分宜(乙荣五年十一月至丙辰六年十月)、萍乡(乙荣五年十二月、丙辰六年正月至二月)、万载(乙荣五年十一月至丙辰六年四月)4县。

吉安郡(丙辰六年正月至戊午八年八月),即清吉安府,领庐陵、泰和(乙荣五年十一月至丙辰六年九月)、吉水(乙荣五年十二月至丁巳七年三月、同年六月至十月)、永丰(乙荣五年十二月至丙辰六年八月、同月至丁巳七年四月)、安福(乙荣五年十月、丙辰六年正月至七月、同月至十一月)、隆泉(龙泉。丙辰六年三月至丁巳七年六月)、万安(丙辰六年三月至七月五月)、永新(乙荣五年九月、丙辰六年二月至十二月)、永宁、莲花(丙辰六年九月至十二月)10县。

赣州郡,即清赣州府,领雩都县(丙辰六年四月至五月、丁巳七年十二月至戊午八年三月),定南县为双方拉锯地区,赣县等7县为清占。

宁都州(丁巳七年二月至五月),即清宁都直隶州,领瑞金县(丁巳七年四月、戊午八年九月至十月),石城县为清占。

南安郡，即清南安县，领大庚、南康、崇义(丙辰六年六月至十一月、戊午八年十二月至己未九年正月)3县，尚犹县(上犹)为双方拉锯地区。

天浦省

癸好三年二月七日(1853年3月12日)，太平军攻克浦口，次日占领江浦县。此后改为天浦县。为天京通往安徽、江西、湖北诸省的咽喉要地。戊午八年九月至己未九年正月间，天王洪秀全诏命建天浦省。

天浦省区域即清江浦县地，省城即天浦县城(清江浦县城)。

己未九年正月二十三日(1859年3月2日)，清军占领浦口，天浦省沦陷。

庚申十年四月(1860年5月)，太平军再占浦口，重建天浦省。辛酉十一年十二月复失。癸开十三年二月十一日复占，五月十三日(1863年6月25日)，天浦省再次失陷。洪仁政、赖文光、单玉功、李长春等主持天浦省军政事务，又有天浦省文将帅、武将帅、正总提、副总提等职官。

苏福省(庚申十年四月至癸开十三年十月)

庚申十年四月二十三日(1860年6月2日)，忠王李秀成攻克苏州，建苏福省，避讳作苏馥省等，美称为桂福省。癸开十三年十月二十二日(1863年12月4日)，省会失陷，苏福省瓦解。忠王李秀成、慕王谭绍光主持军政事务，主要职官有总理苏福省民务、文将帅、天军主将、水师天军主将、钦命苏福全省大主考官、钦差苏福全省提督学院礼部尚书、海塘主将等。治长洲天县、吴县、元和县。

苏州郡(庚申十年四月至癸开十三年十月)，即清苏州府，为苏福省城，领长洲天(长洲。庚申十年四月至癸开十三年十月)、吴县(庚申十年四月至癸开十三年十月)、元和(庚申十年四月至癸开十三年十月)、常熟(庚申十年八月至壬戌十二年十二月)、昭文(庚申十年八月至壬戌十二年十二月)、昆珊(昆山。庚申十年五月至癸开十三年四月)、新阳(庚申十年五月至癸开十三年四月)、吴江(庚申十年五月至癸开十三年四月)、震泽(庚申十年五月至癸开十三年六月)、东珊(即清太湖厅。辛酉十一年岁末至癸开十三年七月)10县。

常州郡(庚申十年四月至甲子十四年三月)，即清常州府，治武进、阳湖县，领武进(庚申十年四月至甲子十四年三月)、阳湖(庚申十年四月至甲子十四年三月)、抚锡(无锡。庚申十年四月至癸开十三年十月)、金匮(庚申十年四月至癸开十三年十月)、宜兴(庚申十年四月至甲子十四年正月)、荆溪(庚申十年四月至甲子十四年正月)、江阴(庚申十年五月至九月、同年十一月至癸开十三年八月)7县,靖江县为清占。

太玱郡(太仓郡。庚申十年五月、同年八月至癸开十三年三月),即清太仓直隶州,领镇洋(庚申十年五月、同年八月至癸开十三年三月)、嘉定(庚申十年六月至壬戌十二年三月、同年四月至十二年九月)2县,宝珊(宝山)、崇溺(崇明)2县为清占。

松江郡(庚申十年五月至六月),即清松江府,治花亭(华亭)、娄县,领花亭(华亭。庚申十年五月至六月)、娄县(庚申十年五月至六月)、菁浦(青浦。庚申十年五月至壬戌十二年三月、同年四月至六月)、奉贤(辛酉十一年十二月至壬戌十二年四月、辛酉十一年十二月至壬戌十二年四月)、南汇(辛酉十一年十二月至壬戌十二年四月)、川沙(辛酉十一年十二月至壬戌十二年四月)、金珊(金山。辛酉十一年十二月至壬戌十二年六月)7县,尚海县(上海)为清占。

浙江天省(辛酉十一年十一月至甲子十四年二月)

太平军占领嘉兴后,因苏福省吴江县盛泽镇与浙江天省南浔镇毗连,将盛泽镇划隶浙江人省秀水县。

侍王李世贤、听王陈炳文及邓光明等先后为浙江天省的高级长官,主要职官有浙江天省文将帅、总理全省民务、水师主将、正副提考等。

杭州郡(辛酉十一年十一月至甲子十四年二月),即清杭州府,为浙江天省省会。治钱塘、仁和县,辖钱塘(同前)、仁和(同前)、富阳(庚申十年十二月至辛酉十一年正月、同年十月至癸开十三年八月)、余杭(辛酉十一年九月至甲子十四年二月)、临安(庚申十年六月至七月、庚申十年十二月至辛酉十一年正月、同年九月至癸开十三年八月)、于潜(庚申十年十二月至辛酉十一年六月)、新城(庚申十年十二月至辛酉十一年正月、同年九月至癸开十三年二月)、昌化(癸开十三年九月)8县及海宁州(辛酉十一年十一月至癸开十三年十二月)。

嘉兴郡(庚申十年五月至甲子十四年二月),即清嘉兴府,治嘉兴、绣水(秀水)县,辖嘉兴(同前)、绣水(秀水。同前)、嘉善(庚申十年八月至癸开十年十一月)、海盐(辛酉十一年三月至癸开十三年十一月)、石门(庚申十年七月至八月、辛酉十一年三月至甲子十四年三月)、平湖(庚申十年八月、辛酉十一年三月至癸开十三年十一月)、桐乡(辛酉十一年二月至甲子十四年正月)7县。

宁波郡(辛酉十一年十月至壬戌十二年三月),即清宁波府,治鄞县,辖鄞县(同前)、义县(慈溪。同前)、奉化(辛酉十一年十月至壬戌十二年三月、同年八月)、镇海(辛酉十一年十月至壬戌十二年三月)、象珊(象山。辛酉十一年十一月至壬戌十二年三月)等5县。定海县为清占。

绍兴郡(辛酉十一年九月至癸开十三年二月),即清绍兴府,治珊阴(山阴)、会稽县,辖珊阴(山阴。同前)、会稽(同前)、菁珊(萧山。辛酉十一年九月至癸开十三年二月)、余姚(辛酉十一年十月至壬戌十二年六月)、诸暨(辛酉十一年九月至癸开十三年正月)、尚虞(上虞。辛酉十一年十月至壬戌十二年十月)、新昌(辛酉十一年十月至壬戌十二年四月)、嵊县(辛酉十一年九月至壬戌十二年十月)8县。

湖州郡(壬戌十二年四月至甲子十四年七月),即清湖州府,治乌程、归安县,辖乌程(同前)、归安(同前)、长兴(庚申十年正月至二月、同年五月至六月、同年九月至辛酉十一年正月、同年四月至五月、同年九月至甲子十四年五月)、德清(辛酉十一年四月至甲子十四年三月)、武康(辛酉十一年九月至甲子十四年二月)、安吉(辛酉十一年八月至十四年七月)、孝丰(庚申十年十二月至辛酉十一年四月、同年九月至甲子十四年五月)7县。

严州郡(庚申十年九月至十月、辛酉十一年九月至壬戌十二年十一月),即清严州府,治建德县,辖建德(同前)、淳安(庚申十年三月至五月、辛酉十一年正月至四月、同年六月至壬戌十二年四月、同年五月至六月)、遂安(辛酉十一年二月、八月)、寿昌(戊午八年五月、庚申十年五月至六月、辛酉十一年四月至壬戌十二年八月)、桐庐(辛酉十一年九月至癸开十三年二月)、分水(庚申十年十二月至辛酉十一年正月、同年八月至癸开十三年三月)等6县。

温州郡,即清温州府,治乐菁县(乐清),辖乐菁县(乐清。壬戌十二年正月至壬戌十二年四月),永嘉、瑞安、泰顺3县为清占,平阳(辛酉十一年十一月至十二月)、玉环县(玉环厅)为双方拉锯地区。

台州郡(辛酉十一年十月至壬戌十二年三月),即清台州府,治临海县,辖临海(同前)、黄岩(辛酉十一年十一月至壬戌十二年三月)、宁海(辛酉十一年十月至壬戌十二年四月)、太平(辛酉十一年十二月至壬戌十二年三月)、添台(天台。辛酉十一年十月至十二月)、仙居(辛酉十一年十月至壬戌十二年正月)6县。

金花郡(金华郡。辛酉十一年四月至癸开十三年正月),即清金华府,治金花县(金华),辖金华(金花。同前)、兰溪(辛酉十一年四月至癸开十三年正月)、东阳(辛酉十一年八月至癸开十三年正月)、义乌(辛酉十一年八月至癸开十三年正月)、永康(戊午八年四月至六月、辛酉十一年五月)、武义(戊午八年四月至六月、辛酉十一年四月至癸开十三年正月)、浦江(辛酉十一年八月至癸开十三年正月)、汤溪(辛酉十一年四月至癸开十三年正月)等县。

衢州郡,即清衢州府,辖隆游(龙游。辛酉十一年六月至癸开十三年正月)、江珊(江山。戊午八年三月至六月、庚申十年十二月、辛酉十一年三月至四月)、常珊(常山。戊午八年三月至六月、庚申十年十二月至辛酉十一年正月、同年三月至四月、六月、八月)、开化(戊午八年三月至六月、辛酉十一年三月至七月)4县,西安县为清占。

处州郡(戊午八年四月至六月、辛酉十一年九月至壬戌十二年七月),即清处州府,治丽水县,辖丽水(同前)、菁田(青田。壬戌十二年正月至五月)、缙芸(缙云。戊午八年四月至己未九年六月、辛酉十一年九月至壬戌十二年三月)、松阳(戊午八年三月至六月、辛酉十一年五月、同年十一月至壬戌十二年六月)、遂昌(戊午八年三月至六月、辛酉十一年五月)、芸和(云和。戊午八年四月至六月、辛酉十一年十一月)、宣平(戊午八年五月至六月、辛酉十一年九月、辛酉十一年十一月至壬戌十二年六月)7县,庆元县为清占,景宁、隆泉(龙泉)2县为双方拉锯地区。

附　　录

清代各省政区沿革表

1. 省级政区变迁表

顺治元年	顺天府	直隶	盛京			
顺治十四年	顺天府	直隶	奉天府	盛京		
康熙元年	顺天府	直隶	奉天府	盛京	宁古塔	
康熙二十二年	顺天府	直隶	奉天府	盛京	宁古塔	黑龙江
雍正二年	顺天府	直隶省	奉天府	盛京	宁古塔	黑龙江
乾隆十五年	顺天府	直隶省	奉天府	盛京	船厂	黑龙江
乾隆二十二年	顺天府	直隶省	奉天府	盛京	吉林	黑龙江
光绪三十一年	顺天府	直隶省	盛京		吉林	黑龙江
光绪三十三年	顺天府	直隶省	奉天省		吉林省	黑龙江省
宣统三年	顺天府	直隶省	奉天省		吉林省	黑龙江省

顺治元年	山东省	山西省	河南省			
顺治二年	山东省	山西省	河南省	江南省		江西省
康熙六年	山东省	山西省	河南省	江苏省	安徽省	江西省
宣统三年	山东省	山西省	河南省	江苏省	安徽省	江西省

顺治元年					
顺治二年		浙江省	湖广省		
顺治四年	福建省	浙江省	湖广省		
康熙六年	福建省	浙江省	湖北省	湖南省	

续表

光绪十一年	福建省	台湾省	浙江省	湖北省	湖南省	
光绪二十一年	福建省	割让日本	浙江省	湖北省	湖南省	
宣统三年	福建省		浙江省	湖北省	湖南省	

顺治元年						
顺治二年	陕西省					
顺治四年	陕西省				广东省[1]	
顺治七年	陕西省			四川省	广东省	广西省
康熙六年	陕西省	甘肃省		四川省	广东省	广西省
乾隆二十七年	陕西省	甘肃省	新疆[2]	四川省	广东省	广西省
光绪十年	陕西省	甘肃省	新疆省	四川省	广东省	广西省
宣统三年	陕西省	甘肃省	新疆省	四川省	广东省	广西省

说明：
1. 为清首次设立两广总督时间。
2. 为设立伊犁将军时间。以下各藩部起始年份均指清朝设立将军、大臣、都统时间。

顺治元年						
顺治十五年		贵州省				
顺治十六年	云南省	贵州省				
康熙三十年	云南省	贵州省				
康熙三十二年	云南省	贵州省	内蒙古			
康熙三十七年	云南省	贵州省	内蒙古			
雍正三年	云南省	贵州省	内蒙古		青海	
雍正四年	云南省	贵州省	内蒙古		青海	西藏
雍正十一年	云南省	贵州省	内蒙古	乌里雅苏台	青海	西藏
宣统三年	云南省	贵州省	内蒙古	乌里雅苏台	青海	西藏

2. 顺天府政区变迁表

表2-1 顺治元年至乾隆二十三年顺天府政区变迁表

顺治元年	大兴	宛平	良乡	固安	永清	东安	香河

顺治元年	通州④	潞县	三河	武清	宝坻	昌平州③	顺义
顺治十六年	通州③		三河	武清	宝坻	昌平州③	顺义
雍正三年	通州②		三河	往属天津	宝坻	昌平州③	顺义
雍正四年	通州③		三河	武清	宝坻	昌平州③	顺义
雍正六年	通州		三河	武清	宝坻	昌平州	顺义

顺治元年	密云	怀柔	涿州①	房山	霸州③	文安	大城
雍正四年	密云	怀柔	涿州①	房山	霸州③	文安	大城
雍正六年	密云	怀柔	涿州	房山	霸州	文安	大城

顺治元年	保定	蓟州④	玉田	平谷	遵化	丰润	
顺治十六年	保定	蓟州④	玉田	平谷	遵化	丰润	
康熙十五年	保定	蓟州②	玉田	平谷	遵化州①	丰润	
雍正三年	保定	蓟州②	玉田	平谷	遵化州①	丰润	
雍正四年	保定	蓟州①	往属永平府	平谷	遵化州	往属永平府	
雍正六年	保定	蓟州		平谷	遵化州		
雍正九年	保定	蓟州		平谷	遵化州		宁河
乾隆八年	保定	蓟州		平谷	升直隶州		宁河

表2-2 乾隆二十四年至宣统三年顺天府政区变迁表

| 乾隆二十四年 | 西路厅(芦沟桥) | | | | | 东路厅(通州) | | |
	大兴	宛平	良乡	房山	涿州	通州	蓟州	三河
宣统三年	西路厅(芦沟桥)					东路厅(通州)		
	大兴	宛平	良乡	房山	涿州	通州	蓟州	三河

乾隆二十四年	东路厅				南路厅（黄村）				
	武清	宝坻	香河	宁河	霸州	保定	文安	大城	固安
宣统三年	东路厅				南路厅（黄村）				
	武清	宝坻	香河	宁河	霸州	保定	文安	大城	固安

乾隆二十四年	南路厅		北路厅（巩华城）				
	永清	东安	昌平州	顺义	怀柔	密云	平谷
宣统三年	南路厅		北路厅（巩华城）				
	永清	东安	昌平州	顺义	怀柔	密云	平谷

3. 直隶地方—直隶省政区变迁表

表3-1　府级政区变迁表

顺治元年	顺天府[1]	保定府	永平府	河间府	真定府	顺德府
雍正元年	顺天府	保定府	永平府	河间府	正定府	顺德府
乾隆十九年	顺天府（四路厅）[2]	保定府	永平府	河间府	正定府	顺德府
宣统三年	顺天府（四路厅）	保定府	永平府	河间府	正定府	顺德府

顺治元年	广平府	大名府	宣府镇	保安州	延庆州	
康熙三十二年	广平府	大名府	宣化府	并入宣化府		
雍正元年	广平府	大名府	宣化府		热河诸厅[3]	
雍正十一年	广平府	大名府	宣化府		承德州、热河诸厅[4]	
乾隆七年	广平府	大名府	宣化府		热河诸厅	
乾隆四十三年	广平府	大名府	宣化府		承德府	
宣统三年	广平府	大名府	宣化府		承德府	

顺治元年						
雍正元年	口北道[5]					
雍正二年	口北道[5]	冀州	赵州	深州	定州	晋州
雍正十二年	口北道[5]	冀州	赵州	深州	定州	往属正定府
宣统三年	口北道[5]	冀州	赵州	深州	定州	

雍正三年	天津州					
雍正七年	天津州	沧州				
雍正九年	天津府	并入天津府				
雍正十一年	天津府		易州			
乾隆八年	天津府		易州	遵化州		
光绪二十九年	天津府		易州	遵化州	朝阳府	
光绪三十四年	天津府		易州	遵化州	朝阳府	赤峰州
宣统三年	天津府		易州	遵化州	朝阳府	赤峰州

说明：
1. 此处的"顺天府"指京师顺天府所辖各州县。
2. 指顺天府西路、东路、北路、南路四同知厅，为四个府级政区。
3. 该年改热河厅为承德直隶州，热河地区其余诸厅仍属霸昌道。
4. 口外诸厅均隶属于道员，按制度规定均非直隶厅。
5. 习称"口北三厅"。因清末围场厅来属，采用光绪《清会典图》之称呼。

表3-2 保定府县级政区变迁表

顺治元年	清苑	满城	安肃	定兴	新城	唐县	博野	庆都	容城
乾隆十一年	清苑	满城	安肃	定兴	新城	唐县	博野	望都	容城
宣统三年	清苑	满城	安肃	定兴	新城	唐县	博野	望都	容城

顺治元年	完县	蠡县	雄县	祁州[2]	深泽	束鹿	安州[2]	高阳	新安
雍正十二年	完县	蠡县	雄县	祁州	往属定州	束鹿	安州	高阳	新安
道光十二年	完县	蠡县	雄县	祁州		束鹿	安州	高阳	裁入安州
宣统三年	完县	蠡县	雄县	祁州		束鹿	安州	高阳	

顺治元年	易州①	涞水
雍正十一年	升直隶州	
宣统三年		

表3-3 永平府县级政区变迁表

顺治元年	卢龙	迁安	抚宁	昌黎	滦州①	乐亭			
雍正三年	卢龙	迁安	抚宁	昌黎	滦州	乐亭	玉田	丰润	
乾隆二年	卢龙	迁安	抚宁	昌黎	滦州	乐亭	玉田	丰润	临榆
乾隆八年	卢龙	迁安	抚宁	昌黎	滦州	乐亭	往属遵化州		临榆
宣统三年	卢龙	迁安	抚宁	昌黎	滦州	乐亭			临榆

表3-4 真定府—正定府县级政区变迁表

顺治元年	真定	井陉	获鹿	元氏	灵寿	藁城	无极	栾城	平山
雍正元年	正定	井陉	获鹿	元氏	灵寿	藁城	无极	栾城	平山
雍正二年	正定	井陉	获鹿	元氏	灵寿	往属晋州		栾城	平山
雍正十二年	正定	井陉	获鹿	元氏	灵寿	藁城	无极	栾城	平山
宣统三年	正定	井陉	获鹿	元氏	灵寿	藁城	无极	栾城	平山

顺治元年	阜平	定州③	新乐	曲阳	行唐	冀州④	南宫	新河	枣强
顺治十六年	裁	定州③	新乐	曲阳	行唐	冀州④	南宫	新河	枣强
雍正二年	阜平	升直隶州			行唐	升直隶州			
雍正十二年	阜平		新乐		行唐				
宣统三年	阜平		新乐		行唐				

顺治元年	武邑	晋州③	安平	饶阳	武强	赵州⑥	柏乡	隆平	高邑
顺治十六年	武邑	晋州③	安平	饶阳	武强	赵州⑥	柏乡	隆平	高邑
康熙二十二年	武邑	晋州③	安平	饶阳	武强	赵州⑥	柏乡	隆平	高邑

续　表

雍正元年	武邑	晋州③	安平	饶阳	武强	赵州⑥	柏乡	隆平	高邑
雍正二年		升直隶州	往属深州			升直隶州			
雍正十二年		晋州							
宣统三年		晋州							

顺治元年	临城	宁晋	赞皇	深州①	衡水
雍正二年	往属赵州		赞皇	升直隶州	往属冀州
雍正十二年			赞皇		
宣统三年			赞皇		

表 3-5　广平府县级政区变迁表

顺治元年	永年	曲周	肥乡	鸡泽	广平	邯郸	成安	威县	清河	自河南来
雍正四年	永年	曲周	肥乡	鸡泽	广平	邯郸	成安	威县	清河	磁州
宣统三年	永年	曲周	肥乡	鸡泽	广平	邯郸	成安	威县	清河	磁州

表 3-6　大名府县级政区变迁表

顺治元年	元城	大名	南乐	魏县	清丰	内黄	浚县	滑县	东明
雍正三年	元城	大名	南乐	魏县	清丰	往属河南省			东明
乾隆二十三年	元城	大名	南乐	裁入大名	清丰				东明
宣统三年	元城	大名	南乐		清丰				东明

顺治元年	开州①	长垣
雍正三年	开州	长垣
宣统三年	开州	长垣

表 3-7 河间府县级政区变迁表

顺治元年	河间	献县	阜城	肃宁	任丘	交河	兴济	青县	静海
顺治十六年	河间	献县	阜城	肃宁	任丘	交河	裁	青县	静海
雍正三年	河间	献县	阜城	肃宁	任丘	交河		往属天津州	
雍正七年	河间	献县	阜城	肃宁	任丘	交河			
宣统三年	河间	献县	阜城	肃宁	任丘	交河			

顺治元年	宁津	景州③	吴桥	东光	故城	沧州③	南皮	盐山	庆云
顺治十六年	宁津	景州	吴桥	东光	故城	沧州	南皮	盐山	庆云
雍正七年	宁津	景州	吴桥	往属沧州	故城	升直隶州			
雍正九年	宁津	景州	吴桥	东光	故城				
宣统三年	宁津	景州	吴桥	东光	故城				

表 3-8 天津直隶州—天津府县级政区变迁表

雍正三年	天津州	武清	青县	静海				
雍正四年	天津州	还属顺天府	青县	静海				
雍正九年	天津		青县	静海	沧州	南皮	盐山	庆云
宣统三年	天津		青县	静海	沧州	南皮	盐山	庆云

表 3-9 宣化府县级政区变迁表

康熙三十二年	宣化	延庆州	保安州	万全	怀安	西宁	怀来
雍正六年	宣化	延庆州	保安州	万全	怀安	西宁	怀来
宣统三年	宣化	延庆州	保安州	万全	怀安	西宁	怀来

康熙三十二年	龙门	赤城	蔚县	自山西来属
雍正六年	龙门	赤城	蔚县	蔚州
乾隆二十二年	龙门	赤城		蔚州
光绪三十一年	龙门	赤城		蔚州
宣统三年	龙门	赤城		蔚州

表 3-10 热河诸厅、承德州—热河府县级政区变迁表

雍正元年	热河厅						
雍正七年	热河厅	八沟厅					
雍正十年	热河厅	八沟厅[1]					
雍正十一年	承德州	八沟厅					
乾隆元年	承德州	八沟厅[2]	四旗厅				
乾隆五年	承德州	八沟厅	四旗厅	塔子沟厅			
乾隆七年	热河厅	八沟厅	四旗厅	塔子沟厅	喀喇河屯厅		
乾隆三十九年	热河厅	八沟厅	四旗厅	塔子沟厅	喀喇河屯厅	三座塔厅	乌兰哈达厅
乾隆四十三年	承德府	平泉州	丰宁	建昌	滦平	朝阳	赤峰
光绪二年	承德府	平泉州	丰宁	建昌	滦平	朝阳	赤峰	围场厅
光绪二十九年	承德府	平泉州	丰宁	往属朝阳府	滦平	升府	赤峰	围场厅
光绪三十一年	承德府	平泉州	丰宁		滦平		赤峰	往属口北道
光绪三十四年	承德府	平泉州	丰宁		滦平		升直隶州	
宣统元年	承德府	平泉州	丰宁		滦平			隆化
宣统三年	承德府	平泉州	丰宁		滦平			隆化

说明:
1. 雍正七年置八沟理事通判,十年置八沟理事同知,同驻一镇而分管两地。
2. 改八沟通判为四旗厅,原八沟通判辖区改由八沟同知管辖。

表 3-11 朝阳府县级政区变迁表

光绪二十九年	朝阳府	建昌	阜新	建平	
光绪三十四年	朝阳府	建昌	阜新	建平	绥东
宣统三年	朝阳府	建昌	阜新	建平	绥东

表3-12 口北三厅变迁表

雍正二年	张家口厅		
雍正十年	张家口厅	多伦诺尔厅	
雍正十二年	张家口厅	多伦诺尔厅	独石口厅
宣统三年	张家口厅	多伦诺尔厅	独石口厅

表3-13 定州直隶州县级政区变迁表

雍正二年	定州	曲阳	新乐	
雍正十二年	定州	曲阳	往属正定府	深泽
宣统三年	定州	曲阳		深泽

4. 奉天府、盛京—奉天省政区变迁表

表4-1 盛京奉天府府级政区变迁表

顺治十四年	奉天府						
康熙三年	奉天府[1]	锦州府[2]					
光绪三年	奉天府	锦州府	兴京厅	凤凰厅	昌图府		
光绪二十八年	奉天府	锦州府	兴京厅	凤凰厅	昌图府	海龙府	新民府
光绪三十年	奉天府	锦州府	兴京厅	凤凰厅	昌图府	海龙府	新民府	洮南府
光绪三十一年	裁奉天府尹						

说明：

1. 本表内的"奉天府"指奉天府尹直接管辖区域，嘉庆《清会典图》卷90称为"奉天府尹本属府"。
2. 初为广宁府，同年十二月改名锦州府。

表4-2 盛京—奉天省府级政区变迁表

光绪三十一年十月	奉天府	锦州府	兴京厅	凤凰厅	昌图府	海龙府	新民府
宣统三年	奉天府	锦州府	兴京府	凤凰厅	昌图府	海龙府	新民府

说明：光绪三十一年八月，裁奉天府尹后，原奉天府尹所辖府厅州县均由盛京将军管辖。十月复置奉天府后，由奉天府知府管辖。

光绪三十一年	洮南府					
光绪三十二年	洮南府	法库厅	庄河厅			
光绪三十四年	洮南府	法库厅	庄河厅	长白府		
宣统元年	洮南府	法库厅	庄河厅	长白府	营口厅	辉南厅
宣统三年	洮南府	法库厅	庄河厅	长白府	营口厅	辉南厅

表4-3 奉天府县级政区变迁表

顺治十四年		辽阳	海城					
康熙元年		辽阳	海城	锦县				
康熙三年	承德	辽阳州	海城	往属锦州府	开原	铁岭	盖平	
雍正四年	承德	辽阳州	海城		开原	铁岭	盖平	永吉州
乾隆十二年	承德	辽阳州	海城		开原	铁岭	盖平	裁
宣统三年	奉天府	辽阳州	海城		开原	铁岭	盖平	

雍正四年	泰宁	长宁				
雍正五年	泰宁	长宁	复州厅			
雍正七年	裁	长宁	复州厅			
雍正十一年		长宁	复州	宁海		
乾隆元年		裁	复州	宁海		
乾隆二十八年			复州	宁海	兴京厅	
乾隆三十七年			复州	宁海	兴京厅	岫岩厅
嘉庆十一年			复州	宁海	兴京厅	岫岩厅	昌图厅
嘉庆十八年			复州	宁海	兴京厅	岫岩厅	昌图厅	新民厅

说明：本表的"奉天府"，指光绪三十一年八月前奉天府尹直接管辖区域，以及同年十月设置的奉天府知府及其管辖区域。

续 表

		复州	金州厅	兴京厅	岫岩厅	昌图厅	新民厅
道光二十三年		复州	金州厅	兴京厅	岫岩厅	昌图厅	新民厅
光绪三年		复州	金州厅	*升直隶厅*	改州隶凤凰厅	*升府*	新民厅
光绪六年		复州	金州厅				新民厅
光绪二十八年		复州	金州厅				*升府*
宣统三年		复州	金州厅				

光绪六年	海龙厅				
光绪二十八年	*升府*	兴仁			
光绪三十一年		兴仁			
光绪三十二年		兴仁	辽中	本溪	
光绪三十四年		*裁*	辽中	本溪	抚顺
宣统三年			辽中	本溪	抚顺

表 4-4 兴京直隶厅—兴京府县级政区变迁表

光绪三年	兴京厅	通化	怀仁		
光绪二十八年	兴京厅	通化	怀仁	临江	辑安
宣统三年	兴京府	通化	怀仁	临江	辑安

表 4-5 昌图府县级政区变迁表

光绪三年	昌图府	奉化	怀德		
光绪六年	昌图府	奉化	怀德	康平	
光绪二十八年	昌图府	奉化	怀德	康平	辽源州
宣统三年	昌图府	奉化	怀德	康平	辽源州

表4-6 洮南府县级政区变迁表

光绪三十年	洮南府	靖安	开通			
光绪三十一年	洮南府	靖安	开通	安广		
宣统元年	洮南府	靖安	开通	安广	醴泉	
宣统二年	洮南府	靖安	开通	安广	醴泉	镇东
宣统三年	洮南府	靖安	开通	安广	醴泉	镇东

表4-7 广宁府—锦州府县级政区变迁表

康熙三年	锦县	广宁	宁远州			
雍正十一年	锦县	广宁	宁远州	义州		
光绪二十八年	锦县	广宁	宁远州	义州	绥中	
光绪三十二年	锦县	广宁	宁远州	义州	绥中	锦西厅	盘山厅
宣统二年	锦州府	广宁	宁远州	义州	绥中	锦西厅	盘山厅

说明：康熙三年三月置广宁府，驻广宁县。同年十二月改锦州府，驻锦县。

5. 吉林—吉林省政区变迁表

表5 吉林—吉林省府厅州县变迁表

乾隆十二年	吉林厅							
嘉庆五年	吉林厅				长春厅			
嘉庆十五年	吉林厅				长春厅		伯都讷厅	
光绪七年	吉林厅	敦化			长春厅		伯都讷厅	
光绪八年	吉林府				长春厅		伯都讷厅	
	吉林府	敦化	伊通州					
光绪十五年	吉林府				长春府		伯都讷厅	
	吉林府	敦化	伊通州		长春府	农安		
光绪二十八年	吉林府				长春府		伯都讷厅	
	吉林府	敦化	伊通州	磐石	长春府	农安		
光绪三十二年	吉林府				长春府		新城府	
	吉林府	敦化	伊通州	盘石	长春府	农安	新城府	榆树

续　表

光绪三十三年	吉林府				长春府		新城府	
	吉林府	敦化	伊通州	磐石	长春府	农安	新城府	榆树
光绪三十四年	吉林府				长春府		新城府	
	吉林府	敦化	伊通州	磐石	长春府	农安	新城府	榆树
宣统元年	西南路道							
	吉林府	长春府	伊通直隶州	濛江州	农安	长岭		桦甸
宣统二年	西南路道							
	吉林府	长春府	伊通直隶州	濛江州	农安	长岭	舒兰	桦甸
宣统三年	西南路道							
	吉林府	长春府	伊通直隶州	濛江州	农安	长岭	舒兰	桦甸

光绪七年	五常厅	宾州厅					
光绪八年	五常厅	宾州厅		双城厅			
光绪十五年	五常厅	宾州厅		双城厅			
光绪二十八年	五常厅	宾州直隶厅		双城厅	延吉厅	绥芬厅	
		宾州厅	长寿				
光绪三十二年	五常厅	宾州直隶厅		双城厅	延吉厅	绥芬厅	依兰府
		宾州厅	长寿				依兰府	临江州
光绪三十三年	五常厅	宾州直隶厅		双城厅	延吉厅	绥芬厅	依兰府
		宾州厅	长寿				依兰府	临江州
光绪三十四年	五常厅	宾州直隶厅		双城厅	延吉厅	绥芬厅	依兰府
		宾州厅	长寿				依兰府	临江州
宣统元年	西南路道			西北路道			
	磐石			新城府	双城府	宾州府	五常府	榆树直隶厅
宣统二年	西南路道			西北路道			
	磐石	德惠	双阳	新城府	双城府	宾州府	五常府	榆树直隶厅
宣统三年	西南路道			西北路道			
	磐石	德惠	双阳	新城府	双城府	宾州府	五常府	榆树厅

附录 清代各省政区沿革表

光绪三十二年	依兰府						
	大通	汤原					
光绪三十三年	依兰府		长岭	濛江州	蜜山府	桦甸	
	大通	汤原					
光绪三十四年	往属黑龙江		长岭	濛江州	蜜山府	桦甸	
宣统元年	西北路道			东南路道			
		长寿	阿城	延吉府	绥芬府	东宁厅	珲春厅	敦化
宣统二年	西北路道			东南路道			
	滨江厅	长寿	阿城	延吉府	宁安府	东宁厅	珲春厅	敦化
宣统二年	西北路道			东南略道			
	滨江厅	长寿	阿城	延吉府	宁安府	东宁厅	珲春厅	敦化

宣统元年	东南路道					东北路道	
	穆稜	额穆	汪清	和龙	依兰府	临江府	蜜山府	
宣统二年	东南路道					东北路道	
	穆稜	额穆	汪清	和龙	依兰府	临江府	蜜山府	虎林厅
宣统三年	东南路道					东北路道	
	穆稜	额穆	汪清	和龙	依兰府	临江府	蜜山府	虎林厅

宣统元年	东北路道				
	绥远州	方正	桦川	富锦	
宣统二年	东北路道				
	绥远州	方正	桦川	富锦	饶河
宣统三年	东北路道				
	绥远州	方正	桦川	富锦	饶河

6. 黑龙江—黑龙江省政区变迁表

同治元年		呼兰厅						
光绪十一年		呼兰厅				绥化厅		
光绪三十年	黑水厅	呼兰府				绥化府		
		呼兰府	巴彦州	兰西	木兰	绥化府	余庆	
光绪三十二年	黑水厅	呼兰府				绥化府		
		呼兰府	巴彦州	兰西	木兰	绥化府	余庆	
光绪三十四年	龙江府	呼兰府				绥化府		嫩江府
		呼兰府	巴彦州	兰西	木兰	绥化府	余庆	
宣统二年	龙江府	呼兰府				绥化府		嫩江府
		呼兰府	巴彦州	兰西	木兰	绥化府	余庆	
宣统三年	龙江府	呼兰府				绥化府		嫩江府
		呼兰府	巴彦州	兰西	木兰	绥化府	余庆	

光绪三十年	海伦直隶厅							
	海伦厅	青冈						
光绪三十二年	海伦直隶厅							
	海伦厅	青冈	拜泉					
光绪三十四年	海伦府			瑷珲道		呼伦道		兴东道
	海伦厅	青冈	拜泉	瑷珲直隶厅	黑河府	呼伦直隶厅	胪滨府	兴东道
宣统二年	海伦府			瑷珲道		呼伦道		兴东道
	海伦厅	青冈	拜泉	瑷珲直隶厅	黑河府	呼伦直隶厅	胪滨府	兴东道
宣统三年	海伦府			瑷珲道		呼伦道		兴东道
	海伦厅	青冈	拜泉	瑷珲直隶厅	黑河府	呼伦直隶厅	胪滨府	兴东道

光绪三十年				大赉直隶厅			
光绪三十二年			肇州直隶厅	大赉直隶厅	安达直隶厅		
光绪三十四年	兴东道		肇州直隶厅	大赉直隶厅	安达直隶厅		
	大通	汤原					
宣统二年	兴东道		肇州直隶厅	大赉直隶厅	安达直隶厅	讷河直隶厅	
	大通	汤原					
宣统三年	兴东道		肇州直隶厅	大赉直隶厅	安达直隶厅	讷河直隶厅	
	大通	汤原					

7. 山东省政区变迁表

表7—1　府级政区变迁表

顺治元年	济南府	兖州府	东昌府	青州府	莱州府	登州府		
雍正二年	济南府	兖州府	东昌府	青州府	莱州府	登州府	武定州	滨州
宣统三年	济南府	兖州府	东昌府	青州府	莱州府	登州府	武定府	

雍正二年	泰安州	曹州	沂州	济宁州				
雍正七年	泰安州	曹州	沂州	裁	东平州	高唐州	濮州	莒州
雍正十二年	泰安州	曹州	沂州府		东平州	裁	濮州	裁
雍正十三年	泰安府	曹州府	沂州府		裁		裁	
乾隆四十一年	泰安府	曹州府	沂州府	济宁州				
宣统三年	泰安府	曹州府	沂州府	济宁州				

乾隆四十一年	临清州							
光绪三十四年	临清州	胶州						
宣统三年	临清州	胶州						

表7-2 济南府县级政区变迁表

顺治元年	历城	章丘	邹平	淄川	长山	新城	齐河	齐东
雍正二年	历城	章丘	邹平	淄川	长山	新城	齐河	齐东
宣统三年	历城	章丘	邹平	淄川	长山	新城	齐河	齐东

顺治元年	济阳	禹城	临邑	长清	肥城	青城	陵县	泰安州②
雍正二年	济阳	禹城	临邑	往属泰安州	肥城	青城	陵县	升直隶州
雍正七年	济阳	往属高唐州			肥城	青城	往属高唐州	
雍正十二年	济阳	禹城	临邑	长清	往属泰安州	往属武定州	陵县	
宣统三年	济阳	禹城	临邑	长清	往属泰安州	往属武定州	陵县	

顺治元年	新泰	莱芜	德州②	德平	平原	武定州④	阳信	海丰
雍正二年	往属泰安州		德州	德平	平原	升直隶州		
雍正七年			德州	德平	往属高唐州			
雍正十二年			德州	德平	平原			
宣统三年			德州	德平	平原			

顺治元年	乐陵	商河	滨州③	利津	沾化	蒲台		
雍正二年	往属武定州	商河	升为直隶州					
雍正七年		商河						
雍正十二年		往属武定府						
宣统三年								

表7-3 泰安直隶州—泰安府县级政区变迁表

雍正二年	泰安州	新泰	莱芜	长清				
雍正十二年	泰安州	新泰	莱芜	往属济南府	肥城			
雍正十三年	泰安	新泰	莱芜		肥城	东平州	东阿	平阴
宣统三年	泰安	新泰	莱芜		肥城	东平州	东阿	平阴

表 7-4 武定直隶州—武定府县级政区变迁表

雍正二年	武定州	阳信	海丰	乐陵					
雍正十二年	惠民	阳信	海丰	乐陵	青城	商河	滨州	蒲台	沾化	利津
宣统三年	惠民	阳信	海丰	乐陵	青城	商河	滨州	蒲台	沾化	利津

表 7-5 兖州府县级政区变迁表

顺治元年	滋阳	曲阜	宁阳	邹县	泗水	滕县	峄县	金乡
雍正二年	滋阳	曲阜	宁阳	邹县	泗水	滕县	峄县	金乡
乾隆四十五年	滋阳	曲阜	宁阳	邹县	泗水	滕县	峄县	往属济宁州
宣统三年	滋阳	曲阜	宁阳	邹县	泗水	滕县	峄县	

顺治元年	鱼台	单县	城武	曹州②	曹县	定陶	济宁州③	嘉祥
雍正二年	鱼台	单县	城武	升直隶州			升直隶州	
雍正七年	鱼台	单县	城武				济宁州	
雍正十三年	鱼台	往属曹州府					济宁州	嘉祥
乾隆四十一年	往属济宁州						升直隶州	
乾隆四十五年								

顺治元年	巨野	郓城	东平州⑤	汶上	东阿	平阴	阳谷	寿张
雍正二年			东平州⑤	汶上	东阿	平阴	阳谷	寿张
雍正七年		郓城	升直隶州	汶上	往属东平州			
雍正十三年	往属曹州府			汶上			阳谷	寿张
乾隆四十一年				往属济宁州			阳谷	寿张
乾隆四十五年				汶上			阳谷	寿张
宣统三年				汶上			阳谷	寿张

顺治元年	沂州②	郯城	费县					
雍正二年	升直隶州							

表 7-6 沂州直隶州—沂州府县级政区变迁表

雍正二年	沂州	费县	郯城				
雍正十二年	兰山	费县	郯城	莒州	沂水	蒙阴	日照
宣统三年	兰山	费县	郯城	莒州	沂水	蒙阴	日照

表 7-7 曹州直隶州—曹州府县级政区变迁表

雍正二年	曹州	曹县	定陶							
雍正七年	曹州	曹县	定陶	嘉祥	巨野					
雍正十三年	菏泽	曹县	定陶	往属兖州府	巨野	单县	城武	郓城	濮州	范县	观城	朝城
宣统三年	菏泽	曹县	定陶	往属兖州府	巨野	单县	城武	郓城	濮州	范县	观城	朝城

表 7-8 东昌府县级政区变迁表

顺治元年	聊城	堂邑	博平	茌平	清平	莘县	冠县	临清州②
雍正七年	聊城	堂邑	博平	茌平	清平	莘县	冠县	临清州
乾隆四十一年	聊城	堂邑	博平	茌平	清平	莘县	冠县	升直隶州
宣统三年	聊城	堂邑	博平	茌平	清平	莘县	冠县	

顺治元年	丘县	馆陶	高唐州③	恩县	夏津	武城	濮州③	范县
雍正七年	丘县	馆陶	升直隶州	恩县	夏津	武城	升直隶州	
雍正十二年	丘县	馆陶	高唐州	恩县	夏津	武城		
乾隆四十一年	往属临清州	馆陶	高唐州	恩县	往属临清州			
宣统三年		馆陶	高唐州	恩县				

顺治元年	观城	朝城			
雍正七年	升直隶州				

附录 清代各省政区沿革表

表 7-9 青州府县级政区变迁表

顺治元年	益都	临淄	博兴	高苑	乐安	寿光	昌乐	临朐
宣统三年	益都	临淄	博兴	高苑	乐安	寿光	昌乐	临朐

顺治元年	安丘	诸城	蒙阴	莒州②	沂水	日照	
雍正七年	安丘	诸城		升直隶州			
雍正十二年	安丘	诸城					博山
宣统三年	安丘	诸城					博山

表 7-10 莱州府县级政区变迁表

顺治元年	掖县	平度州②	潍县	昌邑	胶州②	高密	即墨
雍正七年	掖县	平度州	潍县	昌邑	胶州	高密	即墨
光绪三十四年	掖县	平度州	潍县	昌邑	升直隶州		
宣统三年	掖县	平度州	潍县	昌邑			

表 7-11 济宁直隶州县级政区变迁表

雍正二年	济宁州	嘉祥	巨野	郓城			
雍正七年	裁,分属兖州府及曹州						
乾隆四十一年	济宁州				鱼台	嘉祥	汶上
乾隆四十五年	济宁州				鱼台	嘉祥	往属兖州府	金乡
宣统三年	济宁州				鱼台	嘉祥		金乡

8. 山西省政区变迁表

表 8-1 府级政区变迁表

顺治元年	太原府	平阳府	潞安府	汾州府	大同府	泽州	辽州	沁州
宣统三年	太原府	平阳府	潞安府	汾州府	大同府	泽州府	辽州	沁州

雍正二年	平定州	沂州	代州	保德州	解州	绛州	蒲州	吉州
乾隆三十六年	平定州	沂州	代州	保德州	解州	绛州	蒲州府	裁
宣统三年	平定州	沂州	代州	保德州	解州	绛州	蒲州府	

雍正二年	隰州				
雍正三年	隰州	朔平府	宁武府		
乾隆四年	隰州	朔平府	宁武府	归绥诸厅	
乾隆三十六年	隰州	朔平府	宁武府	归绥诸厅	霍州
宣统三年	隰州	朔平府	宁武府	归绥诸厅	霍州

表8-2 太原府县级政区变迁表

顺治元年	阳曲	太原	榆次	太谷	祁县	徐沟	清源	交城	文水
雍正二年	阳曲	太原	榆次	太谷	祁县	徐沟	清源	交城	文水
乾隆二十八年	阳曲	太原	榆次	太谷	祁县	徐沟		交城	文水
宣统三年	阳曲	太原	榆次	太谷	祁县	徐沟		交城	文水

顺治元年	寿阳	盂县	静乐	河曲	平定州①	乐平	忻州①	定襄
雍正二年	往属平定州	往属忻州	往属保德州		升直隶州		升直隶州	

顺治元年	代州③	五台	繁峙	崞县	岢岚州②	岚县	兴县	保德州
雍正二年	升直隶州				岢岚州	岚县	升直隶州	
雍正八年					岢岚州	岚县	兴县	
乾隆二十八年					岢岚州	岚县	兴县	
宣统三年					岢岚州	岚县	兴县	

表8-3 平阳府县级政区变迁表

顺治元年	临汾	襄陵	洪洞	浮山	赵城	太平	岳阳	曲沃	翼城
雍正二年	临汾	往属绛州	洪洞	浮山	赵城	往属绛州	岳阳	曲沃	翼城
雍正七年	临汾	襄陵	洪洞	浮山	赵城	太平	岳阳	曲沃	翼城
乾隆三十六年	临汾	襄陵	洪洞	浮山	往属霍州	太平	岳阳	曲沃	翼城
宣统三年	临汾	襄陵	洪洞	浮山		太平	岳阳	曲沃	翼城

顺治元年	蒲县	汾西	灵石	蒲州⑤	临晋	荣河	猗氏	万泉	河津
雍正二年	往属吉州	往属隰州	灵石	升直隶州					往属绛州
雍正七年			灵石						
雍正九年		汾西	灵石						
乾隆三十六年		汾西	往属霍州						
宣统三年		汾西							

顺治元年	解州⑤	安邑	夏县	闻喜	平陆	芮城	绛州③	稷山	绛县
雍正二年	升直隶州			闻喜		往属解州	升直隶州		绛县
雍正七年				往属绛州					往属绛州

顺治元年	垣曲	霍州	吉州①	乡宁	隰州②	大宁	永和
雍正二年	往属解州	霍州	升直隶州		升直隶州		
雍正七年		霍州					
乾隆三十六年		升直隶州	吉州	乡宁			
宣统三年			吉州	乡宁			

表8-4 蒲州直隶州—蒲州府县级政区变迁表

雍正二年	蒲州	临晋	荣河	猗氏	万泉
雍正六年	永济	临晋	荣河	猗氏	万泉
雍正七年	永济	临晋	虞乡	荣河	猗氏	万泉
宣统三年	永济	临晋	虞乡	荣河	猗氏	万泉

表8-5 潞安府县级政区变迁表

顺治元年	长治	长子	屯留	襄垣	潞城	壶关	黎城	平顺
乾隆二十九年	长治	长子	屯留	襄垣	潞城	壶关	黎城	裁
宣统三年	长治	长子	屯留	襄垣	潞城	壶关	黎城	

表8-6 泽州直隶州—泽州府县级政区变迁表

顺治元年	泽州	高平	阳城	陵川	沁水
雍正六年	凤台	高平	阳城	陵川	沁水
宣统三年	凤台	高平	阳城	陵川	沁水

表8-7 大同府—阳和府—大同府县级政区变迁表

顺治元年	大同	怀仁	浑源州	应州①	山阴	朔州①	马邑	蔚州③
雍正元年	大同	怀仁	浑源州	应州	山阴	朔州	马邑	蔚州
雍正三年	大同	怀仁	浑源州	应州	山阴	往属朔平府		蔚州
雍正六年	大同	怀仁	浑源州	应州	山阴			往属直隶
宣统三年	大同	怀仁	浑源州	应州	山阴			

顺治元年	广灵	广昌	灵丘					
雍正元年	广灵	广昌	灵丘	归化城厅				
雍正三年	广灵	广昌	灵丘	归化城厅	阳高	天镇		
雍正六年	广灵	广昌	灵丘	归化城厅	阳高	天镇		
雍正七年	广灵	广昌	灵丘	往属朔平府	阳高	天镇		
雍正十一年	广灵	往属直隶	灵丘		阳高	天镇		
乾隆十五年	广灵		灵丘		阳高	天镇	丰镇厅	
光绪十年	广灵		灵丘		阳高	天镇	往属归绥道	
宣统三年	广灵		灵丘		阳高	天镇		

表 8-8 朔平府县级政区变迁表

雍正三年	右玉	左云	平鲁	朔州	马邑		
雍正七年	右玉	左云	平鲁	朔州	马邑	归化城厅	
乾隆六年	右玉	左云	平鲁	朔州	马邑	往属归绥道	
乾隆十五年	右玉	左云	平鲁	朔州	马邑		宁远厅
嘉庆元年	右玉	左云	平鲁	朔州			宁远厅
光绪十年	右玉	左云	平鲁	朔州			往属归绥道
宣统三年	右玉	左云	平鲁	朔州			

表 8-9 平定直隶州县级政区变迁表

雍正二年	平定州	乐平	盂县	寿阳
嘉庆元年	平定州		盂县	寿阳
宣统三年	平定州		盂县	寿阳

表 8-10 保德直隶州县级政区变迁表

雍正二年	保德州	河曲	兴县
雍正八年	保德州	河曲	往属太原府
宣统三年	保德州	河曲	

表 8-11 解州直隶州县级政区变迁表

雍正二年	解州	安邑	夏县	平陆	芮城	垣曲
雍正七年	解州	安邑	夏县	平陆	芮城	往属绛州
宣统三年	解州	安邑	夏县	平陆	芮城	

表 8-12 绛州直隶州县级政区变迁表

雍正二年	绛州	太平	襄陵	稷山	河津			
雍正七年	绛州	往属平阳府		稷山	河津	垣曲	绛县	闻喜
宣统三年	绛州			稷山	河津	垣曲	绛县	闻喜

表 8-13　隰州直隶州县级政区变迁表

雍正二年	隰州	大宁	汾西	永和	
雍正九年	隰州	大宁	往属平阳府	永和	蒲县
宣统三年	隰州	大宁		永和	蒲县

表 8-14　归绥诸厅变迁表

乾隆六年	归化城厅	和林格尔厅	托克托厅	萨拉齐厅	清水河厅	善岱厅	昆都伦厅
乾隆二十五年	归化城厅	和林格尔厅	托克托厅	萨拉齐厅	清水河厅	裁	
光绪十年	归化城厅	和林格尔厅	托克托厅	萨拉齐厅	清水河厅		
宣统三年	归化城厅	和林格尔厅	托克托厅	萨拉齐厅	清水河厅		

光绪十年	丰镇厅	宁远厅					
光绪二十八年	丰镇厅	宁远厅	五原厅	陶林厅	武川厅	兴和厅	
光绪三十三年	丰镇厅	宁远厅	五原厅	陶林厅	武川厅	兴和厅	东胜厅
宣统三年	丰镇厅	宁远厅	五原厅	陶林厅	武川厅	兴和厅	东胜厅

9. 河南省政区变迁表

表 9-1　府级政区变迁表

顺治二年	开封府	河南府	怀庆府	卫辉府	彰德府	归德府	汝宁府	南阳府	汝州
宣统三年	开封府	河南府	怀庆府	卫辉府	彰德府	归德府	汝宁府	南阳府	汝州

雍正二年	许州	陈州	郑州	禹州	光州	陕州	
雍正十二年	许州府	陈州府	裁入开封府	裁入许州府	光州	陕州	
乾隆六年	许州	陈州府			光州	陕州	
光绪三十年	许州	陈州府	郑州		光州	陕州	
光绪三十一年	许州	陈州府	郑州		光州	陕州	淅川厅
宣统三年	许州	陈州府	郑州		光州	陕州	淅川厅

表 9-2 开封府县级政区变迁表

顺治二年	祥符	陈留	杞县	通许	太康	尉氏	洧川	鄢陵
雍正二年	祥符	陈留	杞县	通许	太康	尉氏	洧川	鄢陵
雍正十二年	祥符	陈留	杞县	通许	往属陈州府	尉氏	洧川	鄢陵
乾隆六年	祥符	陈留	杞县	通许		尉氏	洧川	鄢陵
宣统三年	祥符	陈留	杞县	通许		尉氏	洧川	鄢陵

顺治二年	扶沟	中牟	阳武	原武	封丘	延津	兰阳	仪封
雍正二年	扶沟	中牟	阳武	往属怀庆府	封丘	往属卫辉府	兰阳	仪封
雍正十二年	往属陈州府	中牟	阳武		封丘		兰阳	仪封
乾隆六年		中牟	阳武		封丘		兰阳	仪封
乾隆二十九年		中牟	阳武		封丘		兰阳	仪封
乾隆四十九年		中牟	往属怀庆府		往属卫辉府		兰阳	仪封厅
道光四年		中牟					兰仪	
光绪三十年		中牟					兰仪	
宣统三年		中牟					兰封	

顺治二年	新郑	陈州④	商水	西华	项城	沈丘	许州④	临颍
雍正二年	往属禹州	升直隶州					升直隶州	
乾隆六年	新郑							
宣统三年	新郑							

顺治二年	襄城	郾城	长葛	禹州①	密县	郑州④	荥阳	荥泽	河阴	氾水
雍正二年				升直隶州		升直隶州				
雍正十二年						郑州	荥阳	荥泽	河阴	氾水
乾隆六年				禹州	密县	郑州	荥阳	荥泽	河阴	氾水
乾隆二十九年				禹州	密县	郑州	荥阳	荥泽		氾水
光绪三十年				禹州	密县	升直隶州				
宣统三年				禹州	密县					

表 9-3 陈州直隶州—陈州府县级政区变迁表

雍正二年	陈州	商水	西华	项城	沈丘		
雍正十二年	淮宁	商水	西华	项城	沈丘	太康	扶沟
宣三年	淮宁	商水	西华	项城	沈丘	太康	扶沟

表 9-4 归德府县级政区变迁表

顺治二年	商丘	宁陵	鹿邑	夏邑	永城	虞城	睢州②	柘城	考城
乾隆四十九年	商丘	宁陵	鹿邑	夏邑	永城	虞城	睢州	柘城	往属卫辉府
光绪元年	商丘	宁陵	鹿邑	夏邑	永城	虞城	睢州	柘城	考城
宣统三年	商丘	宁陵	鹿邑	夏邑	永城	虞城	睢州	柘城	考城

表 9-5 彰德府县级政区变迁表

顺治二年	安阳	临彰	汤阴	林县	磁州②	武安	涉县	
雍正三年	安阳	临彰	汤阴	林县	磁州	武安	涉县	内黄
雍正四年	安阳	临彰	汤阴	林县	往属直隶省	武安	涉县	内黄
宣统三年	安阳	临彰	汤阴	林县		武安	涉县	内黄

表 9-6 卫辉府县级政区变迁表

顺治二年	汲县	新乡	获嘉	淇县	辉县	胙城				
雍正二年	汲县	新乡	获嘉	淇县	辉县	胙城	延津			
雍正三年	汲县	新乡	获嘉	淇县	辉县	胙城	延津	浚县	滑县	
雍正五年	汲县	新乡	获嘉	淇县	辉县		延津	浚县	滑县	
乾隆四十九年	汲县	新乡	获嘉	淇县	辉县		延津	浚县	滑县	封丘	考城
光绪元年	汲县	新乡	获嘉	淇县	辉县		延津	浚县	滑县	封丘	往属归德府
宣统三年	汲县	新乡	获嘉	淇县	辉县		延津	浚县	滑县	封丘	

表9-7 怀庆府县级政区变迁表

顺治二年	河内	济源	修武	武陟	孟县	温县		
雍正二年	河内	济源	修武	武陟	孟县	温县	原武	
乾隆四十九年	河内	济源	修武	武陟	孟县	温县	原武	阳武
宣统三年	河内	济源	修武	武陟	孟县	温县	原武	阳武

表9-8 河南府县级政区变迁表

顺治二年	洛阳	偃师	巩县	孟津	宜阳	登封	永宁	新安
宣统三年	洛阳	偃师	巩县	孟津	宜阳	登封	永宁	新安

顺治元年	渑池	嵩县	卢氏	陕州②	灵宝	阌乡	
雍正二年	渑池	嵩县	卢氏	升直隶州			
雍正十二年	渑池	嵩县	往属陕州				
宣统三年	渑池	嵩县					

表9-9 南阳府县级政区变迁表

顺治二年	南阳	南召	镇平	唐县	泌阳	桐柏	邓州③	内乡
顺治十六年	南阳		镇平	唐县	泌阳	桐柏	邓州③	内乡
雍正十二年	南阳	南召	镇平	唐县	泌阳	桐柏	邓州	内乡
宣统三年	南阳	南召	镇平	唐县	泌阳	桐柏	邓州	内乡

顺治二年	新野	淅川	裕州②	舞阳	叶县	
顺治十六年	新野	淅川	裕州②	舞阳	叶县	
雍正十二年	新野	淅川	裕州	舞阳	叶县	
道光十二年	新野	淅川厅	裕州	舞阳	叶县	
光绪三十一年	新野	升直隶厅	裕州	舞阳	叶县	
宣统三年	新野		裕州	舞阳	叶县	

表 9-10　汝宁府县级政区变迁表

顺治二年	汝阳	真阳	上蔡	新蔡	西平	遂平	确山	信阳州①	罗山
雍正二年	汝阳	正阳	上蔡	新蔡	西平	遂平	确山	信阳州	罗山
宣统三年	汝阳	正阳	上蔡	新蔡	西平	遂平	确山	信阳州	罗山

顺治二年	光州④	光山	固始	息县	商城
雍正二年		升直隶州			

表 9-11　许州直隶州—许州府—许州直隶州县级政区变迁表

雍正二年	许州	临颍	襄城	郾城	长葛			
雍正十二年	石梁	临颍	襄城	郾城	长葛	禹州	新郑	密县
乾隆六年	许州	临颍	襄城	郾城	长葛	往属开封府		
宣统三年	许州	临颍	襄城	郾城	长葛			

表 9-12　陕州直隶州县级政区变迁表

雍正二年	陕州	灵宝	阌乡	
雍正十二年	陕州	灵宝	阌乡	卢氏
宣统三年	陕州	灵宝	阌乡	卢氏

表 9-13　郑州直隶州县级政区变迁表

雍正二年	郑州	荥阳	荥泽	汜水	河阴
雍正十二年	并入开封府				
光绪三十年	郑州	荥阳	荥泽	汜水	
宣统三年	郑州	荥阳	荥泽	汜水	

10. 江苏省政区变迁表

表 10-1 府级政区变迁表

康熙六年	江宁府	苏州府	淮安府	扬州府	松江府	常州府	镇江府
雍正二年	江宁府	苏州府	淮安府	扬州府	松江府	常州府	镇江府
雍正十一年	江宁府	苏州府	淮安府	扬州府	松江府	常州府	镇江府
乾隆三十三年	江宁府	苏州府	淮安府	扬州府	松江府	常州府	镇江府
宣统三年	江宁府	苏州府	淮安府	扬州府	松江府	常州府	镇江府

康熙六年	徐州					
雍正二年	徐州	邳州	海州	通州	太仓州	
雍正十一年	徐州府	往属徐州府	海州	通州	太仓州	
乾隆三十三年	徐州府		海州	通州	太仓州	海门厅
宣统三年	徐州府		海州	通州	太仓州	海门厅

表 10-2 江宁府县级政区变迁表

顺治二年	上元	江宁	句容	溧水	高淳	江浦	六合	溧阳
雍正八年	上元	江宁	句容	溧水	高淳	江浦	六合	往属镇江府
宣统三年	上元	江宁	句容	溧水	高淳	江浦	六合	

表 10-3 苏州府县级政区变迁表

顺治二年	吴县	长洲		昆山		常熟		吴江	
雍正二年	吴县	长洲	元和	昆山	新阳	常熟	昭文	吴江	震泽
宣统三年	吴县	长洲	元和	昆山	新阳	常熟	昭文	吴江	震泽

顺治二年	嘉定	太仓州①	崇明		
雍正二年		升直隶州			
乾隆元年				太湖厅	
光绪三十年				太湖厅	靖湖厅
宣统三年				太湖厅	靖湖厅

表 10-4　松江府县级政区变迁表

顺治二年	华亭		上海	青浦				
顺治十三年	华亭	娄县	上海	青浦				
雍正二年	华亭	娄县	上海	青浦	福泉	奉贤	金山	南汇
乾隆八年	华亭	娄县	上海	青浦		奉贤	金山	南汇
嘉庆十五年	华亭	娄县	上海	青浦		奉贤	金山	南汇	川沙厅
宣统三年	华亭	娄县	上海	青浦		奉贤	金山	南汇	川沙厅

表 10-5　常州府县级政区变迁表

顺治二年	武进		无锡		宜兴		江阴	靖江
雍正二年	武进	阳湖	无锡	金匮	宜兴	荆溪	江阴	靖江
宣统三年	武进	阳湖	无锡	金匮	宜兴	荆溪	江阴	靖江

表 10-6　镇江府县级政区变迁表

顺治二年	丹徒	丹阳	金坛		
雍正八年	丹徒	丹阳	金坛	溧阳	
光绪三十年	丹徒	丹阳	金坛	溧阳	太平厅
宣统三年	丹徒	丹阳	金坛	溧阳	太平厅

表 10-7　淮安府县级政区变迁表

顺治二年	山阳	盐城	清河	安东	桃源	沭阳	海州①	赣榆
雍正二年	山阳	盐城	清河	安东	桃源		升直隶州	
雍正九年	山阳	盐城	清河	安东	桃源			
宣统三年	山阳	盐城	清河	安东	桃源			

顺治二年	邳州②	宿迁	睢宁	
雍正二年	升直隶州			
雍正九年				阜宁
宣统三年				阜宁

表 10-8　扬州府县级政区变迁表

顺治二年	江都		仪真	泰兴	高邮州②	兴化	宝应	泰州①	如皋
雍正二年	江都		仪征	往属通州	高邮州	兴化	宝应	泰州	往属通州
雍正九年	江都	甘泉	仪征		高邮州	兴化	宝应	泰州	
宣统三年	江都	甘泉	扬子		高邮州	兴化	宝应	泰州	

顺治二年	通州①	海门	
康熙十一年	通州		
雍正元年	通州		
雍正二年	升直隶州		
宣统三年		东台	

表 10-9　徐州直隶州—徐州府县级政区变迁表

顺治二年	徐州	萧县	沛县	丰县	砀山			
雍正十一年	铜山	萧县	沛县	丰县	砀山	邳州	睢宁	宿迁
宣统三年	铜山	萧县	沛县	丰县	砀山	邳州	睢宁	宿迁

11. 安徽省政区变迁表

表 11-1　府级政区变迁表

康熙六年	安庆府	凤阳府	庐州府	太平府	池州府	宁国府	徽州府
宣统三年	安庆府	凤阳府	庐州府	太平府	池州府	宁国府	徽州府

康熙六年	滁州	和州	广德州				
雍正二年	滁州	和州	广德州	泗州	颖州	亳州	六安州
雍正十三年	滁州	和州	广德州	泗州	颖州府	往属颖州府	六安州
宣统三年	滁州	和州	广德州	泗州	颖州府		六安州

表 11-2　庐州府县级政区变迁表

顺治二年	合肥	庐江	舒城	无为州①	巢县	六安州②	英山	霍山
雍正二年	合肥	庐江	舒城	无为州	巢县	升直隶州		
宣统三年	合肥	庐江	舒城	无为州	巢县			

表 11-3　凤阳府县级政区变迁表

顺治二年	凤阳	临淮	怀远	定远	五河	虹县	寿州②		霍丘	蒙城
雍正二年	凤阳	临淮	怀远	定远	往属泗州	虹县	寿州		往属颖州府	往属亳州
雍正十一年	凤阳	临淮	怀远	定远		虹县	寿州	凤台		
乾隆十九年	凤阳		怀远	定远		虹县	寿州	凤台		
乾隆四十二年	凤阳		怀远	定远		裁	寿州	凤台		
宣统三年	凤阳		怀远	定远			寿州	凤台		

顺治二年	泗州②	盱眙	天长	宿州①	灵璧	颖州②	颖上	太和	亳州
雍正二年	升直隶州			宿州	灵璧	升直隶州		升直隶州	
雍正十一年				宿州	灵璧				
宣统三年				宿州	灵璧				

表 11-4　颖州直隶州—颖州府县级政区变迁表

雍正二年	颖州	颖上	霍丘				
雍正十三年	阜阳	颖上	霍丘	亳州	太和	蒙城	
同治三年	阜阳	颖上	霍丘	亳州	太和	蒙城	涡阳
宣统三年	阜阳	颖上	霍丘	亳州	太和	蒙城	涡阳

12. 江西省政区变迁表

表 12-1 府级政区变迁表

顺治二年	南昌府	饶州府	广信府	南康府	九江府	建昌府	抚州府
宣统三年	南昌府	饶州府	广信府	南康府	九江府	建昌府	抚州府

顺治二年	临江府	吉安府	瑞州府	袁州府	赣州府	南安府	
乾隆十九年	临江府	吉安府	瑞州府	袁州府	赣州府	南安府	宁都州
宣统三年	临江府	吉安府	瑞州府	袁州府	赣州府	南安府	宁都州

表 12-2 南昌府县级政区变迁表

顺治二年	南昌	新建	丰城	进贤	奉新	靖安	武宁	宁州	
嘉庆六年	南昌	新建	丰城	进贤	奉新	靖安	武宁	义宁州	
宣统二年	南昌	新建	丰城	进贤	奉新	靖安	武宁	义宁州	铜鼓厅
宣统三年	南昌	新建	丰城	进贤	奉新	靖安	武宁	义宁州	铜鼓厅

表 12-3 广信府县级政区变迁表

顺治二年	上饶	玉山	弋阳	贵溪	铅山	永丰	兴安
雍正九年	上饶	玉山	弋阳	贵溪	铅山	广丰	兴安
宣统三年	上饶	玉山	弋阳	贵溪	铅山	广丰	兴安

表 12-4 袁州府县级政区变迁表

顺治二年	宜春	分宜	萍乡	万载	
光绪三十三年	宜春	分宜	萍乡	万载	上栗市厅
宣统三年	宜春	分宜	萍乡	万载	上栗市厅

表 12-5 吉安府县级政区变迁表

顺治二年	庐陵	泰和	吉水	永丰	安福	龙泉	万安	永新	永宁	
乾隆八年	庐陵	泰和	吉水	永丰	安福	龙泉	万安	永新	永宁	莲花厅
宣统三年	庐陵	泰和	吉水	永丰	安福	龙泉	万安	永新	永宁	莲花厅

表 12-6 赣州府县级政区变迁表

顺治二年	赣县	雩都	信丰	兴国	会昌	安远	龙南
宣统三年	赣县	雩都	信丰	兴国	会昌	安远	龙南

顺治二年	定南	长宁	宁都	瑞金	石城	
乾隆十九年	定南	长宁	升直隶州			
乾隆三十八年	定南厅	长宁				
光绪二十九年	定南厅	长宁				虔南厅
宣统三年	定南厅	长宁				虔南厅

13. 福建省政区变迁表

表 13-1 府级政区变迁表

顺治四年	福州府	泉州府	建宁府	延平府	汀州府	兴化府	邵武府
宣统三年	福州府	泉州府	建宁府	延平府	汀州府	兴化府	邵武府

顺治四年	漳州府	福宁州				
康熙二十三年	漳州府	福宁州	台湾府			
雍正十二年	漳州府	福宁府	台湾府	永春州	龙岩州	
光绪元年	漳州府	福宁府	台湾府	永春州	龙岩州	台北府
光绪十一年	漳州府	福宁府	往属台湾省	永春州	龙岩州	往属台湾省
宣统三年	漳州府	福宁府		永春州	龙岩州	

表 13-2 福州府县级政区变迁表

顺治四年	闽县	侯官	长乐	福清	连江	罗源	古田		闽清	永福
雍正十二年	闽县	侯官	长乐	福清	连江	罗源	古田	屏南	闽清	永福
宣统三年	闽县	侯官	长乐	福清	连江	罗源	古田	屏南	闽清	永福

表 13-3 泉州府县级政区变迁表

顺治四年	晋江	南安	惠安	安溪	同安	永春	德化	
雍正十二年	晋江	南安	惠安	安溪	同安	升直隶州		
乾隆三十九年	晋江	南安	惠安	安溪	同安			马巷厅
宣统三年	晋江	南安	惠安	安溪	同安			马巷厅

表 13-4 建宁府县级政区变迁表

顺治四年	建安	瓯宁	建阳	崇安	浦城	松溪	政和	寿宁
雍正十二年	建安	瓯宁	建阳	崇安	浦城	松溪	政和	往属福宁府
宣统三年	建安	瓯宁	建阳	崇安	浦城	松溪	政和	

表 13-5 延平府县级政区变迁表

顺治四年	南平	将乐	沙县	尤溪	顺昌	永安	大田
雍正十二年	南平	将乐	沙县	尤溪	顺昌	永安	往属永春州
宣统三年	南平	将乐	沙县	尤溪	顺昌	永安	

表 13-6 漳州府县级政区变迁表

顺治四年	龙溪	漳浦	长泰	南靖	平和	诏安	海澄
宣统三年	龙溪	漳浦	长泰	南靖	平和	诏安	海澄

顺治四年	龙岩	宁洋	漳平	
雍正十二年	升龙岩直隶州			
嘉庆五年				云霄厅
宣统三年				云霄厅

表 13-7　福宁直隶州—福宁府县级政区变迁表

顺治四年	福宁州	宁德	福安		
雍正十二年	霞浦	宁德	福安	寿宁	
乾隆三年	霞浦	宁德	福安	寿宁	福鼎
宣统三年	霞浦	宁德	福安	寿宁	福鼎

14. 台湾省政区变迁表

表 14-1　府级政区变迁表

光绪十一年	台北府	台湾府		
光绪十三年	台北府	台南府	台湾府	台东州
光绪二十一年	割让日本			

表 14-2　台北府县级政区变迁表

光绪元年	淡水	新竹	宜兰	
光绪十三年	淡水	新竹	宜兰	基隆厅
光绪二十年	淡水	新竹	宜兰	基隆厅

表 14-3　台湾府—台南府县级政区变迁表

康熙二十三年	台湾	凤山	诸罗					
雍正元年	台湾	凤山	诸罗	彰化				
雍正五年	台湾	凤山	诸罗	彰化	澎湖厅			
雍正九年	台湾	凤山	诸罗	彰化	澎湖厅	淡水厅		
乾隆五十二年	台湾	凤山	嘉义	彰化	澎湖厅	淡水厅		
嘉庆十六年	台湾	凤山	嘉义	彰化	澎湖厅	淡水厅	噶玛兰厅	
光绪元年	台湾	凤山	嘉义	彰化	澎湖厅	改县往属台北府	恒春	
光绪十年	台湾	凤山	嘉义	彰化	澎湖厅		恒春	埔里社厅
光绪十三年	安平	凤山	嘉义	往属台湾府	澎湖厅		恒春	往属台湾府
光绪二十年	安平	凤山	嘉义	往属台湾府	澎湖厅		恒春	

15. 浙江省政区变迁表

表 15-1 府级政区变迁表

顺治二年	杭州府	嘉兴府	湖州府	宁波府	绍兴府	台州府	金华府
道光二十三年	杭州府	嘉兴府	湖州府	宁波府	绍兴府	台州府	金华府
宣统三年	杭州府	嘉兴府	湖州府	宁波府	绍兴府	台州府	金华府

顺治二年	衢州府	严州府	温州府	处州府		
道光二十三年	衢州府	严州府	温州府	处州府	定海厅	
宣统三年	衢州府	严州府	温州府	处州府	定海厅	

表 15-2 杭州府县级政区变迁表

顺治二年	仁和	钱塘	海宁	富阳	余杭	临安	于潜	新城	昌化
乾隆三十八年	仁和	钱塘	海宁州	富阳	余杭	临安	于潜	新城	昌化
宣统三年	仁和	钱塘	海宁州	富阳	余杭	临安	于潜	新城	昌化

表 15-3 嘉兴府县级政区变迁表

顺治二年	嘉兴	秀水	嘉善	崇德	桐乡	平湖	海盐
康熙元年	嘉兴	秀水	嘉善	石门	桐乡	平湖	海盐
宣统三年	嘉兴	秀水	嘉善	石门	桐乡	平湖	海盐

表 15-4 宁波府县级政区变迁表

顺治二年	鄞县	慈溪	奉化	定海	象山		
康熙二十六年	鄞县	慈溪	奉化	镇海	象山	定海	
道光二十一年	鄞县	慈溪	奉化	镇海	象山	升直隶厅	
宣统元年	鄞县	慈溪	奉化	镇海	象山		南田厅
宣统三年	鄞县	慈溪	奉化	镇海	象山		南田厅

表 15-5　温州府县级政区变迁表

顺治二年	永嘉	乐清	瑞安	平阳	泰顺	
雍正六年	永嘉	乐清	瑞安	平阳	泰顺	玉环厅
宣统三年	永嘉	乐清	瑞安	平阳	泰顺	玉环厅

16. 湖北省政区变迁表

表 16-1　府级政区变迁表

康熙六年	武昌府	汉阳府	黄州府	安陆府	德安府	荆州府	襄阳府	郧阳府
宣统三年	武昌府	汉阳府	黄州府	安陆府	德安府	荆州府	襄阳府	郧阳府

康熙六年					
雍正六年	归州				
雍正十三年	往属宜昌府	宜昌府	施南府		
乾隆五十六年		宜昌府	施南府	荆门州	
光绪三十年		宜昌府	施南府	荆门州	鹤峰厅
宣统三年		宜昌府	施南府	荆门州	鹤峰厅

表 16-2　汉阳府县级政区变迁表

顺治二年	汉阳	汉川					
雍正七年	汉阳	汉川	孝感	黄陂			
乾隆二十七年	汉阳	汉川	孝感	黄陂	沔阳州	文泉	
乾隆三十年	汉阳	汉川	孝感	黄陂	沔阳州		
光绪二十五年	汉阳	汉川	孝感	黄陂	沔阳州		夏口厅
宣统三年	汉阳	汉川	孝感	黄陂	沔阳州		夏口厅

表 16-3　承天府—安陆府县级政区变迁表

顺治二年	钟祥	京山	潜江	沔阳州①	景陵	荆门州①	当阳
雍正四年	钟祥	京山	潜江	沔阳州①	天门	荆门州①	当阳
雍正年间	钟祥	京山	潜江	沔阳州	天门	荆门州	当阳

续 表

乾隆二十七年	钟祥	京山	潜江	往属汉阳府	天门	荆门州	当阳
乾隆五十六年	钟祥	京山	潜江		天门	升直隶州	
宣统三年	钟祥	京山	潜江		天门		

表 16-4 郧阳府县级政区变迁表

顺治二年	郧县	房县	竹山	竹溪	郧西	上津	保康
顺治十六年	郧县	房县	竹山	竹溪	郧西		保康
宣统三年	郧县	房县	竹山	竹溪	郧西		保康

表 16-5 德安府县级政区变迁表

顺治二年	安陆	云梦	应城	孝感	随州①	应山
雍正七年	安陆	云梦	应城	往属汉阳府	随州	应山
宣统三年	安陆	云梦	应城		随州	应山

表 16-6 黄州府县级政区变迁表

顺治二年	黄冈	黄安	蕲水	罗田	麻城	黄陂	蕲州②	广济	黄梅
雍正七年	黄冈	黄安	蕲水	罗田	麻城	往属汉阳府	蕲州	广济	黄梅
宣统三年	黄冈	黄安	蕲水	罗田	麻城		蕲州	广济	黄梅

表 16-7 荆州府县级政区变迁表

顺治二年	江陵	公安	石首	监利	松滋	枝江	彝陵州③
雍正六年	江陵	公安	石首	监利	松滋	枝江	彝陵州
雍正十三年	江陵	公安	石首	监利	松滋	枝江	升宜昌府
乾隆五十六年	江陵	公安	石首	监利	松滋	枝江	
宣统三年	江陵	公安	石首	监利	松滋	枝江	

顺治二年	长阳	宜都	远安	归州②	兴山	巴东
雍正六年	往属归州	宜都	远安	升直隶州		
雍正十三年		宜都	远安			
乾隆五十六年		宜都	往属荆门州			
宣统三年		宜都				

表 16-8　宜昌府县级政区变迁表

雍正十三年	东湖	归州	兴山	巴东	长阳	鹤峰州	长乐
光绪三十年	东湖	归州	兴山	巴东	长阳	升直隶厅	长乐
宣统三年	东湖	归州	兴山	巴东	长阳		长乐

17. 湖南省政区变迁表

表 17-1　府级政区变迁表

康熙六年	长沙府	衡州府	永州府	宝庆府	辰州府	常德府	岳州府	郴州	靖州
宣统三年	长沙府	衡州府	永州府	宝庆府	辰州府	常德府	岳州府	郴州	靖州

康熙六年									
雍正七年	永顺府	澧州							
雍正十年	永顺府	澧州	桂阳州						
乾隆元年	永顺府	澧州	桂阳州	沅州府					
嘉庆元年	永顺府	澧州	桂阳州	沅州府	凤凰厅	乾州厅	永绥厅		
嘉庆二十二年	永顺府	澧州	桂阳州	沅州府	凤凰厅	乾州厅	永绥厅	晃州厅	
光绪二十年	永顺府	澧州	桂阳州	沅州府	凤凰厅	乾州厅	永绥厅	晃州厅	南洲厅
宣统三年	永顺府	澧州	桂阳州	沅州府	凤凰厅	乾州厅	永绥厅	晃州厅	南洲厅

表 17-2　长沙府县级政区变迁表

顺治二年	长沙	善化	湘潭	湘阴	湘乡	宁乡	益阳
光绪三十四年	长沙	善化	湘潭	湘阴	湘乡	宁乡	益阳
宣统三年	长沙	善化	湘潭	湘阴	湘乡	宁乡	益阳

顺治二年	浏阳	安化	醴陵	攸县	茶陵州	
光绪三十四年	浏阳	安化	醴陵	攸县	茶陵州	株洲厅
宣统三年	浏阳	安化	醴陵	攸县	茶陵州	株洲厅

表 17-3 岳州府县级政区变迁表

顺治二年	巴陵	临湘	华容	平江	澧州③	石门	慈利	安乡
雍正七年	巴陵	临湘	华容	平江	升直隶州			
宣统三年	巴陵	临湘	华容	平江				

表 17-4 宝庆府县级政区变迁表

顺治二年	邵阳	城步	新化	武冈州①	新宁
雍正年间	邵阳	城步	新化	武冈州	新宁
乾隆三年	邵阳	往属靖州	新化	武冈州	新宁
乾隆六年	邵阳	城步	新化	武冈州	新宁
宣统七年	邵阳	城步	新化	武冈州	新宁

表 17-5 衡州府县级政区变迁表

顺治二年	衡阳	衡山	耒阳	常宁	安仁	酃县
宣统三年	衡阳	衡山	耒阳	常宁	安仁	酃县

顺治二年	桂阳州③	嘉禾	临武	蓝山	
雍正十年	升直隶州				
乾隆二十一年					清泉
宣统三年					清泉

表17-6 辰州府县级政区变迁表

顺治二年	沅陵	泸溪	辰溪	溆浦	沅州②	黔阳	麻阳			
康熙四十三年	沅陵	泸溪	辰溪	溆浦	沅州②	黔阳	麻阳	凤凰厅	乾州厅	
雍正九年	沅陵	泸溪	辰溪	溆浦	沅州	黔阳	麻阳	凤凰厅	乾州厅	永绥厅
乾隆元年	沅陵	泸溪	辰溪	溆浦	升直隶州			凤凰厅	乾州厅	永绥厅
嘉庆元年	沅陵	泸溪	辰溪	溆浦				升直隶厅		
宣统三年	沅陵	泸溪	辰溪	溆浦						

表17-7 永顺府县级政区变迁表

雍正七年	永顺	保靖	桑植	龙山	
道光二年	永顺	保靖	桑植	龙山	古丈坪厅
宣统三年	永顺	保靖	桑植	龙山	古丈坪厅

表17-8 澧州直隶州县级政区变迁表

雍正七年	澧州	安乡	石门	慈利	安福	
雍正十三年	澧州	安乡	石门	慈利	安福	永定
宣统三年	澧州	安乡	石门	慈利	安福	永定

表17-9 靖州直隶州县级政区变迁表

顺治二年	靖州	天柱	会同	通道	绥宁	
雍正四年	靖州	天柱	往属贵州	通道	绥宁	
乾隆三年	靖州	天柱		通道	绥宁	城步
乾隆六年	靖州	天柱		通道	绥宁	还属宝庆府
宣统三年	靖州	天柱		通道	绥宁	

18. 陕西省政区变迁表

表 18-1 府级政区变迁表

顺治二年	西安府	延安府	凤翔府	汉中府	临洮府	平凉府	巩昌府	庆阳府	兴安州
康熙六年	西安府	延安府	凤翔府	汉中府	往属甘肃省				兴安州
雍正三年	西安府	延安府	凤翔府	汉中府					兴安州
乾隆四十七年	西安府	延安府	凤翔府	汉中府					兴安府
宣统三年	西安府	延安府	凤翔府	汉中府					兴安府

顺治二年										
康熙六年										
雍正三年	耀州	同州	华州	乾州	商州	邠州	鄜州	葭州	绥德州	
雍正八年	耀州	同州	华州	乾州	商州	邠州	鄜州	葭州	绥德州	榆林府
雍正十三年	裁	同州府	裁	乾州	商州	邠州	鄜州	葭州	绥德州	榆林府
乾隆元年		同州府		乾州	商州	邠州	鄜州	裁	绥德州	榆林府
乾隆四十七年		同州府		乾州	商州	邠州	鄜州		绥德州	榆林府
宣统三年		同州府		乾州	商州	邠州	鄜州		绥德州	榆林府

表 18-2 西安府县级政区变迁表

顺治二年	长安	咸宁	咸阳	兴平	临潼	高陵	鄠县	蓝田	泾阳
宣统三年	长安	咸宁	咸阳	兴平	临潼	高陵	鄠县	蓝田	泾阳

顺治二年	三原	渭南	盩厔	富平	醴泉	商州④	镇安	雒南	山阳
雍正三年	三原	渭南	盩厔	富平	醴泉	升直隶州			
宣统三年	三原	渭南	盩厔	富平	醴泉				

顺治二年	商南	同州⑤	朝邑	郃阳	澄城	韩城	白水	华州②	华阴
雍正三年		升直隶州					往属耀州	升直隶州	

顺治二年	蒲城	耀州①	同官	乾州②	武功	永寿	邠州③	三水	淳化
雍正三年	升直隶州	升直隶州		升直隶州			升直隶州		
雍正十三年		耀州	同官						
宣统三年		耀州	同官						

顺治二年	长武		
乾隆四十七年	升直隶州	孝义厅	五郎关厅
嘉庆五年		孝义厅	宁陕厅
宣统三年		孝义厅	宁陕厅

表 18－3　同州直隶州—同州府县级政区变迁表

雍正三年	同州	朝邑	郃阳	韩城	澄城				
雍正十三年	大荔	朝邑	郃阳	韩城	澄城	华州	华阴	蒲城	潼关	白水
乾隆十二年	大荔	朝邑	郃阳	韩城	澄城	华州	华阴	蒲城	潼关厅	白水
宣统三年	大荔	朝邑	郃阳	韩城	澄城	华州	华阴	蒲城	潼关厅	白水

表 18－4　汉中府县级政区变迁表

顺治二年	南郑	褒城	城固	洋县	西乡	凤县	宁羌州②	沔县
宣统三年	南郑	褒城	城固	洋县	西乡	凤县	宁羌州	沔县

顺治二年	略阳			
雍正年间	略阳			
乾隆三十年	略阳	留坝厅		
嘉庆七年	略阳	留坝厅	定远厅	
道光四年	略阳	留坝厅	定远厅	佛坪厅
宣统三年	略阳	留坝厅	定远厅	佛坪厅

表 18-5 兴安直隶州—兴安府县级政区变迁表

顺治二年	兴安州	汉阴	平利	石泉	洵阳	白河	紫阳	
乾隆四十七年	安康		平利	石泉	洵阳	白河	紫阳	
乾隆五十四年	安康	汉阴厅	平利	石泉	洵阳	白河	紫阳	
道光三年	安康	汉阴厅	平利	石泉	洵阳	白河	紫阳	砖坪厅
宣统三年	安康	汉阴厅	平利	石泉	洵阳	白河	紫阳	砖坪厅

表 18-6 延安府县级政区变迁表

顺治二年	肤施	安塞	甘泉	安定	保安	宜川	延川	延长
宣统三年	肤施	安塞	甘泉	安定	保安	宜川	延川	延长

顺治二年	清涧	鄜州③	洛川	中部	宜君	绥德州①	米脂
雍正三年	往属绥德州	升直隶州				升直隶州	
宣统三年							

顺治二年	葭州③	吴堡	神木	府谷		
雍正三年	升直隶州					
乾隆元年					靖边	定边
宣统三年					靖边	定边

表 18-7 榆林府县级政区变迁表

雍正八年	榆林	怀远	靖边	定边			
乾隆元年	榆林	怀远	往属延安府		葭州	神木	府谷
宣统三年	榆林	怀远			葭州	神木	府谷

表 18-8 绥德直隶州县级政区变迁表

雍正三年	绥德州	米脂	清涧	
乾隆元年	绥德州	米脂	清涧	吴堡
宣统三年	绥德州	米脂	清涧	吴堡

表 18 - 9　华州直隶州县级政区变迁表

雍正三年	华州	华阴	蒲城	
雍正五年	华州	华阴	蒲城	潼关
雍正十三年	裁，往属同州府			

19. 甘肃省政区变迁表

表 19 - 1　府级政区变迁表

康熙六年	临洮府	平凉府	巩昌府	庆阳府			
康熙五十七年	临洮府	平凉府	巩昌府	庆阳府	柳沟厅	靖逆厅	
雍正二年	临洮府	平凉府	巩昌府	庆阳府	裁	靖逆厅	安西厅	宁夏府
乾隆三年	兰州府	平凉府	巩昌府	庆阳府		靖逆厅	安西厅	宁夏府
乾隆二十四年	兰州府	平凉府	巩昌府	庆阳府		裁	安西府	宁夏府
乾隆三十八年	兰州府	平凉府	巩昌府	庆阳府			安西州	宁夏府
宣统三年	兰州府	平凉府	巩昌府	庆阳府			安西州	宁夏府

康熙六年								
雍正二年	西宁府	凉州府	甘州府					
雍正六年	西宁府	凉州府	甘州府	秦州	阶州			
雍正七年	西宁府	凉州府	甘州府	秦州	阶州	肃州		
乾隆三年	西宁府	凉州府	甘州府	秦州	阶州	肃州		
乾隆二十四年	西宁府	凉州府	甘州府	秦州	阶州	肃州		
乾隆四十二年	西宁府	凉州府	甘州府	秦州	阶州	肃州	泾州	
同治十年	西宁府	凉州府	甘州府	秦州	阶州	肃州	泾州	化平川厅
宣统三年	西宁府	凉州府	甘州府	秦州	阶州	肃州	泾州	化平川厅

乾隆二十五年	巴里坤厅		
乾隆三十八年	镇西府	迪化州	

续　表

咸丰五年		镇西厅	迪化州	哈密厅	吐鲁番厅		
同治十三年	固原州	镇西厅	迪化州	哈密厅	吐鲁番厅		
光绪八年	固原州	镇西厅	迪化州	哈密厅	吐鲁番厅	温宿州	莎车州
光绪十年	固原州	往属新疆省					
宣统三年	固原州						

光绪八年	和阗州	疏勒州	喀喇沙尔厅	库车厅	乌什厅	英吉沙尔厅	玛喇巴什厅
光绪十年	往属新疆省						

表 19-2　临洮府—兰州府县级政区变迁表

顺治二年	狄道	渭源	兰州①	金县	河州		
雍正年间	狄道	渭源	兰州	金县	河州		
乾隆三年	皋兰	狄道州	金县	渭源	河州	靖远	
乾隆二十七年	皋兰	狄道州	金县	渭源	河州	靖远	循化厅
道光三年	皋兰	狄道州	金县	渭源	河州	靖远	往属西宁府
宣统三年	皋兰	狄道州	金县	渭源	河州	靖远	

说明：皋兰县由兰州改置，附郭。

表 19-3　平凉府县级政区变迁表

顺治二年	平凉	崇信	华亭	镇原	固原州	泾州①	灵台
乾隆十三年	平凉	崇信	华亭	镇原	固原州	泾州	灵台
乾隆四十一年	平凉	崇信	华亭	镇原	固原州	泾州	灵台

乾隆四十二年	平凉	往属泾州	华亭	往属泾州	固原州	升直隶州
同治十三年	平凉		华亭		升直隶州	
宣统三年	平凉		华亭			

顺治二年	静宁州②	庄浪	隆德	
乾隆十三年	静宁州	庄浪	隆德	盐茶厅
乾隆四十一年	静宁州		隆德	盐茶厅
同治十三年	静宁州		隆德	往属固原州
宣统三年	静宁州		隆德	

表19-4 巩昌府县级政区变迁表

顺治二年	陇西	安定	会宁	通渭	漳县	宁远	伏羌	西和
道光九年	陇西	安定	会宁	通渭	裁	宁远	伏羌	西和
宣统三年	陇西	安定	会宁	通渭		宁远	伏羌	西和

顺治二年	成县	秦州③	秦安	清水	礼县	阶州①	文县	徽州①
雍正二年	成县	秦州③	秦安	清水	礼县	阶州①	文县	徽州①
雍正六年	往属阶州	升直隶州				升直隶州		往属秦州
宣统三年								

顺治二年	两当				
雍正二年	两当	靖远厅			
雍正六年	往属秦州	靖远厅	岷州厅		西固厅
雍正八年		靖远	岷州		西固厅
乾隆三年		往属兰州府	岷州		西固厅
乾隆十四年			岷州	洮州厅	裁
宣统三年			岷州	洮州厅	

表 19-5　庆阳府县级政区变迁表

顺治二年	安化	合水	环县	真宁	宁州
乾隆前期	安化	合水	环县	正宁	宁州
宣统三年	安化	合水	环县	正宁	宁州

表 19-6　宁夏府县级政区变迁表

雍正二年	宁夏	宁朔	中卫	平罗	灵州		
雍正四年	宁夏	宁朔	中卫	平罗	灵州	新渠	
雍正六年	宁夏	宁朔	中卫	平罗	灵州	新渠	宝丰
乾隆四年	宁夏	宁朔	中卫	平罗	灵州	裁	裁
同治十一年	宁夏	宁朔	中卫	平罗	灵州		宁灵厅
宣统三年	宁夏	宁朔	中卫	平罗	灵州		宁灵厅

表 19-7　西宁府县级政区变迁表

雍正二年	西宁	碾伯					
乾隆八年	西宁	碾伯	摆羊戎厅				
乾隆二十六年	西宁	碾伯	摆羊戎厅	大通			
乾隆三十四年	西宁	碾伯	巴燕戎格厅	大通			
乾隆五十六年	西宁	碾伯	巴燕戎格厅	大通	贵德厅		
道光三年	西宁	碾伯	巴燕戎格厅	大通	贵德厅	循化厅	
道光九年	西宁	碾伯	巴燕戎格厅	大通	贵德厅	循化厅	丹噶尔厅
宣统三年	西宁	碾伯	巴燕戎格厅	大通	贵德厅	循化厅	丹噶尔厅

表 19-8　甘州府县级政区变迁表

雍正二年	张掖	山丹	高台	肃州厅
雍正七年	张掖	山丹	改直隶州	
乾隆十六年	张掖	山丹		抚彝厅
宣统三年	张掖	山丹		抚彝厅

20. 新疆省政区变迁表

表20-1 府级政区变迁表

光绪十年	迪化州	温宿州	莎车州	和阗州	疏勒州	镇西厅	伊犁厅	吐鲁番厅	哈密厅
光绪十四年	迪化府	温宿州	莎车州	和阗州	疏勒州	镇西厅	伊犁府	吐鲁番厅	哈密厅
光绪二十八年	迪化府	温宿府	莎车府	和阗州	疏勒府	镇西厅	伊犁府	吐鲁番厅	哈密厅
宣统三年	迪化府	温宿府	莎车府	和阗州	疏勒府	镇西厅	伊犁府	吐鲁番厅	哈密厅

光绪十年	喀喇沙尔厅	库车厅	乌什厅	英吉沙尔厅	玛喇巴什厅			
光绪十二年	喀喇沙尔厅	库车厅	乌什厅	英吉沙尔厅	玛喇巴什厅	库尔喀喇乌苏厅		
光绪十四年	喀喇沙尔厅	库车厅	乌什厅	英吉沙尔厅	玛喇巴什厅	库尔喀喇乌苏厅	精河厅	塔尔巴哈台厅
光绪二十五年	焉耆府	库车厅	乌什厅	英吉沙尔厅	玛喇巴什厅	库尔喀喇乌苏厅	精河厅	塔尔巴哈台厅
光绪二十八年	焉耆府	库车州	乌什厅	英吉沙尔厅	降为州	库尔喀喇乌苏厅	精河厅	塔尔巴哈台厅
宣统三年	焉耆府	库车州	乌什厅	英吉沙尔厅		库尔喀喇乌苏厅	精河厅	塔尔巴哈台厅

表20-2 迪化直隶州—迪化府县级政区变迁表

乾隆三十八年	迪化州	昌吉				
乾隆四十一年	迪化州	昌吉	阜康			
乾隆四十三年	迪化州	昌吉	阜康	绥来		
咸丰五年	迪化州	昌吉	阜康	绥来	奇台	
光绪十二年	迪化	昌吉	阜康	绥来	奇台	
光绪二十八年	迪化	昌吉	阜康	绥来	奇台	孚远
宣统三年	迪化	昌吉	阜康	绥来	奇台	孚远

表 20-3 焉耆府县级政区变迁表

光绪二十五年	焉耆府	新平		
光绪二十八年	焉耆府	新平	婼羌	轮台
宣统三年	焉耆府	新平	婼羌	轮台

表 20-4 疏勒直隶州—疏勒府县级政区变迁表

光绪八年	疏勒州	疏附		
光绪二十八年	疏勒府	疏附	伽师	巴楚州
光绪二十九年	疏勒府	疏附	伽师	往属莎车府
宣统三年	疏勒府	疏附	伽师	

表 20-5 莎车直隶州—莎车府县级政区变迁表

光绪八年	莎车州	叶城			
光绪二十八	莎车府	叶城	蒲犁厅	泽普	
光绪二十九年	莎车府	叶城	蒲犁厅	皮山	巴楚州
宣统三年	莎车府	叶城	蒲犁厅	皮山	巴楚州

表 20-6 温宿直隶州—温宿府县级政区变迁表

光绪八年	温宿州	拜城	
光绪二十八年	温宿府	拜城	温宿
宣统三年	温宿府	拜城	温宿

表 20-7 和阗直隶州县级政区变迁表

光绪八年	和阗州	于阗	
光绪二十八年	和阗州	于阗	洛浦
宣统三年	和阗州	于阗	洛浦

21. 四川省政区变迁表

表 21-1 府级政区变迁表

顺治六年	成都府	保宁府	顺庆府	叙州府	重庆府	夔州府	马湖府	龙安府
雍正五年	成都府	保宁府	顺庆府	叙州府	重庆府	夔州府	裁	龙安府
宣统三年	成都府	保宁府	顺庆府	叙州府	重庆府	夔州府		龙安府

顺治六年	潼川州	眉州	嘉定州	邛州	泸州	雅州	遵义军民府	镇雄军民府
雍正五年	潼川州	眉州	嘉定州	邛州	泸州	雅州	遵义府	往属云南省
雍正六年	潼川州	眉州	嘉定州	邛州	泸州	雅州	往属贵州省	
雍正七年	潼川州	眉州	嘉定州	邛州	泸州	雅州府		
雍正十二年	潼川府	眉州	嘉定府	邛州	泸州	雅州府		
宣统三年	潼川府	眉州	嘉定府	邛州	泸州	雅州府		

顺治六年	东川军民府	乌蒙军民府	乌撒军民府			
康熙五年	东川军民府	乌蒙军民府	往属贵州省			
雍正四年	往属云南省	乌蒙军民府				
雍正五年		往属云南省		资州	绵州	茂州
雍正六年				资州	绵州	茂州	宁远府
宣统三年				资州	绵州	茂州	宁远府

雍正六年	达州							
雍正八年	达州	叙永厅						
雍正十一年	达州	叙永厅	忠州	黔彭厅				
乾隆元年	达州	叙永厅	忠州	酉阳州				
乾隆二十五年	达州	叙永厅	忠州	酉阳州	杂谷厅	松潘厅		
乾隆二十七年	达州	叙永厅	忠州	酉阳州	杂谷厅	松潘厅	石砫厅	
乾隆四十一年	达州	叙永厅	忠州	酉阳州	杂谷厅	松潘厅	石砫厅	阿尔古厅	美诺厅
乾隆四十四年	达州	叙永厅	忠州	酉阳州	杂谷厅	松潘厅	石砫厅		美诺厅

续 表

乾隆四十八年	达州	叙永厅	忠州	酉阳州	杂谷厅	松潘厅	石砫厅	懋功厅
嘉庆六年	绥定府	叙永厅	忠州	酉阳州	杂谷厅	松潘厅	理番厅	懋功厅
光绪三十四年	绥定府	永宁州	忠州	酉阳州	杂谷厅	松潘厅	理番厅	懋功厅
宣统二年	绥定府	永宁州	忠州	酉阳州	杂谷厅	松潘厅	理番厅	懋功厅

嘉庆六年	太平厅			
道光元年	裁			
光绪二十九年		打箭炉厅		
光绪三十四年		康定府	巴安府	
宣统二年		康定府	巴安府	登科府
宣统三年		康定府	巴安府	登科府	昌都府

表 21-2　成都府县级政区变迁表

顺治六年	成都	华阳	双流	温江	新繁	金堂	仁寿	新都	井研
顺治十六年	成都	华阳	双流	温江	新繁	金堂	仁寿	新都	井研
康熙元年	成都	华阳	裁入新津	温江	新繁	金堂	仁寿	新都	井研
康熙七年	成都	华阳	裁入新津	温江	新繁	金堂	仁寿	新都	井研
康熙九年	成都			温江	新繁	金堂	仁寿	新都	井研
雍正五年	成都	华阳		温江	新繁	金堂	往属资州	新都	往属资州
雍正七年	成都	华阳	双流	温江	新繁	金堂		新都	
宣统三年	成都	华阳	双流	温江	新繁	金堂		新都	

顺治六年	郫县	崇宁	资县	灌县	彭县	安县	内江	资阳	简州
康熙七年		郫县	资县	灌县	裁入新繁	安县	内江	资阳	简州

续　表

雍正五年	郫县	升直隶州	灌县		往属绵州	往属资州		简州
雍正七年	郫县	崇宁	灌县	彭县				简州
宣统三年	郫县	崇宁	灌县	彭县				简州

顺治六年	崇庆州①	新津	汉州②	什邡	绵竹	绵州③	彰明	德阳	罗江
顺治十六年	崇庆州①	新津	汉州②	什邡	绵竹	绵州①		德阳	
雍正五年	崇庆州	新津	汉州	什邡	升直隶州				
雍正七年	崇庆州	新津	汉州	什邡					
宣统三年	崇庆州	新津	汉州	什邡					

顺治六年	茂州①	汶川	威州①	保县
雍正五年	升直隶州			

表 21-3　宁远府县级政区变迁表

雍正六年	西昌	冕宁	盐源	会理州			
乾隆二十六年	西昌	冕宁	盐源	会理州	越嶲厅		
宣统元年	西昌	冕宁	盐源	会理州	越嶲厅	盐边厅	
宣统二年	西昌	冕宁	盐源	会理州	越嶲厅	盐边厅	昭觉
宣统三年	西昌	冕宁	盐源	会理州	越嶲厅	盐边厅	昭觉

表 21-4　保宁府县级政区变迁表

顺治六年	阆中	苍溪	南部	广元	昭化	巴州②	通江	南江	剑州①	梓潼
雍正五年	阆中	苍溪	南部	广元	昭化	巴州	通江	南江	剑州	往属绵州
宣统三年	阆中	苍溪	南部	广元	昭化	巴州	通江	南江	剑州	

表21-5 顺庆府县级政区变迁表

顺治六年	南充	岳池	西充	蓬州②	营山	仪陇	广安州③	邻水	渠县	大竹
康熙七年	南充	裁入广安	西充	蓬州②	营山	仪陇	广安州③	邻水	渠县	大竹
康熙六十年	南充	岳池	西充	蓬州②	营山	仪陇	广安州③	邻水	渠县	大竹
雍正年间	南充	岳池	西充	蓬州	营山	仪陇	广安州	邻水	渠县	大竹
嘉庆十九年	南充	岳池	西充	蓬州	营山	仪陇	广安州	邻水	往属绥定府	
宣统三年	南充	岳池	西充	蓬州	营山	仪陇	广安州	邻水		

表21-6 叙州府县级政区变迁表

顺治六年	宜宾	南溪	庆符	富顺	长宁	高县	筠连	珙县	兴文
宣统三年	宜宾	南溪	庆符	富顺	长宁	高县	筠连	珙县	兴文

顺治六年	隆昌	叙永厅						
康熙六年	隆昌	叙永厅	建武厅					
雍正五年	隆昌	叙永厅	建武厅	永宁	屏山			
雍正八年	隆昌	升直隶厅	建武厅	往属叙永厅	屏山			
乾隆元年	隆昌		裁		屏山			
乾隆二十六年	隆昌				屏山	雷波厅		
乾隆二十九年	隆昌				屏山	雷波厅	马边厅	
宣统三年	隆昌				屏山	雷波厅	马边厅	

表21-7 重庆府县级政区变迁表

顺治六年	巴县	江津	长寿	永川	荣昌	大足	綦江	南川	黔江	安居	璧山
康熙元年	巴县	江津	长寿	永川	荣昌		綦江	南川	黔江	裁入合州	裁入永川
雍正七年	巴县	江津	长寿	永川	荣昌	大足	綦江	南川	黔江		璧山
宣统三年	巴县	江津	长寿	永川	荣昌	大足	綦江	南川	往属黔彭厅		璧山

顺治六年	合州②	定远	铜梁	忠州②	酆都	垫江	涪州②	武隆	彭水
康熙元年	合州			忠州②	酆都	垫江	涪州②	武隆	彭水
康熙七年	合州			忠州②	酆都	垫江	涪州①		彭水
康熙六十年	合州		铜梁	忠州②	酆都	垫江	涪州①		彭水
雍正七年	合州	定远	铜梁	忠州②	酆都	垫江	涪州①		彭水
雍正十一年	合州	定远	铜梁	升直隶州			涪州	往属黔彭厅	
乾隆二十三年	合州	定远	铜梁				涪州		江北厅
宣统三年	合州	定远	铜梁				涪州		江北厅

表 21-8　夔州府县级政区变迁表

顺治六年	奉节	大宁	巫山	大昌	云阳	万县	开县	梁山	新宁
康熙七年	奉节		巫山	大昌	云阳	万县	开县	梁山	
康熙九年	奉节		巫山		云阳	万县	开县	梁山	
雍正六年	奉节		巫山		云阳	万县	开县	梁山	
雍正七年	奉节	大宁	巫山		云阳	万县	开县	梁山	新宁
雍正十一年	奉节	大宁	巫山		云阳	万县	开县	往属忠州	新宁
雍正十二年	奉节	大宁	巫山		云阳	万县	开县		往属达州
雍正十三年	奉节	大宁	巫山		云阳	万县	开县		
宣统三年	奉节	大宁	巫山		云阳	万县	开县		

顺治六年	建始	达州②	东乡	太平					
康熙七年	建始	达州②	东乡	太平					
康熙九年	建始	达州②	东乡	太平					
雍正六年	建始	升为直隶州							
雍正七年	建始								
雍正十三年	往属湖北省								

表 21-9　达州直隶州—绥定府县级政区变迁表

雍正六年	达州	东乡	太平				
雍正十二年	达州	东乡	太平	新宁			
嘉庆六年	达县	东乡	升直隶州	新宁			
嘉庆十九年	达县	东乡		新宁	渠县	大竹	
道光元年	达县	东乡	太平	新宁	渠县	大竹	城口厅
宣统三年	达县	东乡	太平	新宁	渠县	大竹	城口厅

表 21-10　龙安府县级政区变迁表

顺治六年	平武	江油	石泉		
雍正九年	平武	江油	石泉	彰明	松潘厅
乾隆二十五年	平武	江油	石泉	彰明	升直隶厅
宣统三年	平武	江油	石泉	彰明	

表 21-11　潼川直隶州—潼川府县级政区变迁表

顺治六年	潼川州	射洪	盐亭	中江	蓬溪	遂宁	安岳	乐至
顺治十年	潼川州		盐亭	中江	蓬溪		安岳	乐至
顺治十七年	潼川州		盐亭	中江	蓬溪	遂宁		乐至
康熙元年	潼川州	射洪	盐亭	中江	蓬溪	遂宁		乐至
雍正七年	潼川州	射洪	盐亭	中江	蓬溪	遂宁	安岳	乐至
雍正十二年	三台	射洪	盐亭	中江	蓬溪	遂宁	安岳	乐至
宣统三年	三台	射洪	盐亭	中江	蓬溪	遂宁	安岳	乐至

表 21-12　嘉定直隶州—嘉定府县级政区变迁表

顺治六年	嘉定州	峨眉	洪雅	夹江	犍为	荣县	威远
康熙六年	嘉定州	峨眉	洪雅	夹江	犍为	荣县	

续　表

雍正七年	嘉定州	峨眉	洪雅	夹江	犍为	荣县	威远	
雍正十二年	乐山	峨眉	洪雅	夹江	犍为	荣县	威远	
嘉庆十三年	乐山	峨眉	洪雅	夹江	犍为	荣县	威远	峨边厅
宣统三年	乐山	峨眉	洪雅	夹江	犍为	荣县	威远	峨边厅

表 21-13　雅州直隶州—雅州府县级政区变迁表

顺治六年	雅州	名山	荥经	芦山				
雍正七年	雅安	名山	荥经	芦山	天全州	清溪		
雍正十一年	雅安	名山	荥经	芦山	天全州	清溪	打箭炉厅	
光绪十六年	雅安	名山	荥经	芦山	天全州	清溪	打箭炉厅	靖西厅
光绪二十九年	雅安	名山	荥经	芦山	天全州	清溪	升直隶厅	靖西厅
宣统三年	雅安	名山	荥经	芦山	天全州	清溪		靖西厅

表 21-14　绵州直隶州县级政区变迁表

雍正五年	绵州	德阳	安县	绵竹	梓潼		
雍正七年	绵州	德阳	安县	绵竹	梓潼	罗江	彰明
雍正九年	绵州	德阳	安县	绵竹	梓潼	罗江	往属龙安府
乾隆三十五年	裁	德阳	安县	绵竹	梓潼	绵州	
嘉庆六年	绵州	德阳	安县	绵竹	梓潼	罗江	
宣统三年	绵州	德阳	安县	绵竹	梓潼	罗江	

表 21-15　茂州直隶州县级政区变迁表

雍正五年	茂州	汶川	保县
嘉庆六年	茂州	汶川	裁入理番厅
宣统三年	茂州	汶川	

表 21-16 黔彭直隶厅—酉阳直隶州县级政区变迁表

雍正十一年	黔彭厅	黔江	彭水	
雍正十三年	酉阳	黔江	彭水	秀山
乾隆元年	酉阳州	黔江	彭水	秀山
宣统三年	酉阳州	黔江	彭水	秀山

表 21-17 眉州直隶州县级政区变迁表

顺治六年	眉州	彭山	青神	丹棱
康熙元年	眉州		青神	丹棱
康熙六年	眉州			丹棱
雍正七年	眉州	彭山	青神	丹棱
宣统三年	眉州	彭山	青神	丹棱

表 21-18 叙永直隶厅—永宁直隶州县级政区变迁表

雍正八年	叙永厅	永宁	
光绪三十四年	永宁州	古蔺	古宋
宣统三年	永宁州	古蔺	古宋

22. 广东省政区变迁表

表 22-1 府级政区变迁表

顺治四年	广州府	肇庆府	韶州府	南雄府	惠州府	潮州府	高州府	雷州府	廉州府	琼州府
嘉庆十二年	广州府	肇庆府	韶州府	南雄府	惠州府	潮州府	高州府	雷州府	廉州府	琼州府
宣统三年	广州府	肇庆府	韶州府	南雄州	惠州府	潮州府	高州府	雷州府	廉州府	琼州府

顺治四年	罗定州		
雍正七年	罗定州	连州	
雍正十一年	罗定州	连州	嘉应州

续　表

嘉庆十二年	罗定州	连州	嘉应府						
嘉庆十六年	罗定州	连州	嘉应府	佛冈厅					
嘉庆二十一年	罗定州	连州	嘉应州	佛冈厅	连山厅				
同治六年	罗定州	连州	嘉应州	佛冈厅	连山厅	阳江州			
同治七年	罗定州	连州	嘉应州	佛冈厅	连山厅	阳江州	赤溪厅		
光绪十四年	罗定州	连州	嘉应州	佛冈厅	连山厅	阳江厅	赤溪厅	钦州	
光绪三十一年	罗定州	连州	嘉应州	佛冈厅	连山厅	阳江厅	赤溪厅	钦州	崖州
宣统三年	罗定州	连州	嘉应州	佛冈厅	连山厅	阳江厅	赤溪厅	钦州	崖州

表22-2　广州府县级政区变迁表

顺治四年	南海	番禺	顺德	东莞	新安	从化	龙门	新宁
康熙五年	南海	番禺	顺德	东莞		从化	龙门	新宁
康熙八年	南海	番禺	顺德	东莞	新安	从化	龙门	新宁
宣统三年	南海	番禺	顺德	东莞	新安	从化	龙门	新宁

顺治四年	增城	香山	新会	三水	清远		连州②	阳山	连山
康熙二十四年	增城	香山	新会	三水	清远	花县	连州②	阳山	连山
雍正七年	增城	香山	新会	三水	清远	花县	升直隶州		
宣统三年	增城	香山	新会	三水	清远	花县			

表22-3　惠州府县级政区变迁表

顺治四年	归善	博罗	长宁	永安	海丰	龙川
宣统三年	归善	博罗	长宁	永安	海丰	龙川

顺治四年	长乐	兴宁	连平州②	河源	和平	
雍正七年	长乐	兴宁	连平州②	河源	和平	陆丰

续　表

雍正十一年	往属嘉应州		连平州	河源	和平	陆丰
宣统三年			连平州	河源	和平	陆丰

表 22 - 4　潮州府县级政区变迁表

顺治四年	海阳	澄海	潮阳	揭阳	饶平	惠来	大埔
康熙五年	海阳		潮阳	揭阳	饶平	惠来	大埔
康熙八年	海阳	澄海	潮阳	揭阳	饶平	惠来	大埔
宣统三年	海阳	澄海	潮阳	揭阳	饶平	惠来	大埔

顺治四年	普宁	程乡	平远	镇平			
雍正十年	普宁	程乡	平远	镇平	南澳厅		
雍正十一年	普宁	升嘉应州			南澳厅		
乾隆三年	普宁				南澳厅	丰顺	
宣统三年	普宁				南澳厅	丰顺	

表 22 - 5　肇庆府县级政区变迁表

顺治四年	高要	四会	新兴	阳春	阳江	高明	恩平
同治六年	高要	四会	新兴	往属阳江州		高明	往属阳江州
同治九年	高要	四会	新兴	阳春		高明	恩平
光绪三十二年	高要	四会	新兴	往属阳江州		高明	往属阳江州
宣统三年	高要	四会	新兴			高明	恩平

顺治四年	广宁	德庆州②	封川	开建		
顺治十年	广宁	德庆州②	封川	开建	开平	
雍正九年	广宁	德庆州	封川	开建	开平	鹤山

说明：开平县设置时间为朝廷批准复设时间。

续　表

同治六年	广宁	德庆州	封川	开建	往属阳江州	鹤山
同治九年	广宁	德庆州	封川	开建	开平	鹤山
宣统三年	广宁	德庆州	封川	开建	开平	鹤山

表 22-6　廉州府县级政区变迁表

顺治四年	合浦	钦州	灵山
光绪十四年	合浦	升直隶州	灵山
宣统三年	合浦		灵山

表 22-7　琼州府县级政区变迁表

顺治四年	琼山	澄迈	定安	文昌	会同	乐会	临高
宣统三年	琼山	澄迈	定安	文昌	会同	乐会	临高

顺治四年	儋州①	昌化	万州①	陵水	崖州①	感恩
雍正年间	儋州	昌化	万州	陵水	崖州	感恩
光绪三十一年	儋州		升崖州直隶州			
宣统三年	儋州					

表 22-8　阳江直隶州—阳江直隶厅—阳江直隶州县级政区变迁表

同治六年	阳江州	阳春	恩平	开平
同治九年	阳江厅	还属肇庆府		
光绪三十二年	阳江州	阳春	恩平	
宣统二年	阳江州	阳春	还属肇庆府	
宣统三年	阳江州	阳春		

表 22-9　连州直隶州县级政区变迁表

雍正七年	连州	阳山	连山
嘉庆二十一年	连州	阳山	升直隶厅
宣统三年	连州	阳山	

表 22-10　嘉应直隶州—嘉应府—嘉应直隶州县级政区变迁表

雍正十一年	嘉应州	平远	镇平	兴宁	长乐
嘉庆十二年	程乡	平远	镇平	兴宁	长乐
嘉庆十七年	嘉应州	平远	镇平	兴宁	长乐
宣统三年	嘉应州	平远	镇平	兴宁	长乐

23. 广西省政区变迁表

表 23-1　府级政区变迁表

顺治六年	桂林府	平乐府	梧州府	浔州府	柳州府	庆远府	南宁府	太平府	思恩军民府
康熙二年	桂林府	平乐府	梧州府	浔州府	柳州府	庆远府	南宁府	太平府	思恩府
宣统三年	桂林府	平乐府	梧州府	浔州府	柳州府	庆远府	南宁府	太平府	思恩府

顺治六年								
顺治十五年	泗城军民府							
康熙二年	泗城军民府	镇安军民府						
雍正三年	泗城军民府	镇安军民府	郁林州	宾州				
雍正五年	泗城府	镇安军民府	郁林州	宾州	西隆州			
雍正七年	泗城府	镇安府	郁林州	宾州	裁			
雍正十二年	泗城府	镇安府	郁林州	裁				
光绪二年	泗城府	镇安府	郁林州			百色厅		
光绪十二年	泗城府	镇安府	郁林州			百色厅	归顺州	
光绪十八年	泗城府	镇安府	郁林州			百色厅	归顺州	上思厅
宣统三年	泗城府	镇安府	郁林州			百色厅	归顺州	上思厅

说明：顺治初有思明土府，以及思陵、江州、龙州、凭祥、归顺、向武、田州、都康等直隶土州，在顺治初年分别往属太平、思恩二府。

表23-2 桂林府县级政区变迁表

顺治六年	临桂	兴安	灵川	阳朔	永宁州②	永福
雍正年间	临桂	兴安	灵川	阳朔	永宁州	永福
宣统三年	临桂	兴安	灵川	阳朔	永宁州	永福

顺治六年	义宁	全州①	灌阳		
雍正年间	义宁	全州	灌阳		
乾隆六年	义宁	全州	灌阳	龙胜厅	
光绪三十二年	义宁	全州	灌阳	龙胜厅	中渡厅
宣统三年	义宁	全州	灌阳	龙胜厅	中渡厅

表23-3 柳州府县级政区变迁表

顺治六年	马平	雒容	罗城	柳城	怀远	融县
宣统三年	马平	雒容	罗城	柳城	怀远	融县

顺治六年	来宾	象州①	武宣	宾州②	迁江	上林
雍正三年	往属宾州	象州	升直隶州			
雍正十二年	来宾	象州				
宣统三年	来宾	象州				

表23-4 庆远府县级政区变迁表

顺治六年	宜山	天河	河池州②	思恩	荔波		
雍正七年	宜山	天河	河池州	思恩	荔波	东兰州	
雍正十年	宜山	天河	河池州	思恩	往属贵州省	东兰州	
光绪三十二年	宜山	天河	河池州	思恩		东兰州	安化厅
宣统三年	宜山	天河	河池州	思恩		东兰州	安化厅

表 23-5 思恩府县级政区变迁表

顺治六年	思恩府	武缘					
康熙五年	思恩府	武缘	西隆州①	西林			
雍正五年	思恩府	武缘	升直隶州				
雍正十二年	思恩府	武缘			上林	迁江	宾州
同治八年	思恩府	武缘			上林	迁江	宾州	那马厅
宣统三年	思恩府	武缘			上林	迁江	宾州	那马厅

表 23-6 泗城府县级政区变迁表

雍正五年	泗城府		
雍正七年	泗城府	西隆州	西林
乾隆三年	凌云	西隆州	西林
宣统三年	凌云	西隆州	西林

表 23-7 平乐府县级政区变迁表

顺治六年	平乐	恭城	富川	贺县	荔浦	修仁	昭平	永安州	
光绪三十四年	平乐	恭城	富川	贺县	荔浦	修仁	昭平	永安州	信都厅
宣统三年	平乐	恭城	富川	贺县	荔浦	修仁	昭平	永安州	信都厅

表 23-8 梧州府县级政区变迁表

顺治六年	苍梧	藤县	容县	岑溪	怀集	郁林州④	博白	北流	陆川	兴业
雍正三年	苍梧	藤县	容县	岑溪	怀集	升直隶州				
宣统三年	苍梧	藤县	容县	岑溪	怀集					

表 23-9 浔州府县级政区变迁表

顺治六年	桂平	平南	贵县	
雍正七年	桂平	平南	贵县	武宣
宣统三年	桂平	平南	贵县	武宣

表 23-10　南宁府县级政区变迁表

顺治六年	宣化	新宁州①	隆安	横州①	永淳	上思州
雍正年间	宣化	新宁州	隆安	横州	永淳	上思州
光绪十二年	宣化	新宁州	隆安	横州	永淳	往属太平府
宣统三年	宣化	新宁州	隆安	横州	永淳	

表 23-11　太平府县级政区变迁表

顺治六年	崇善	左州	养利州	永康州				
雍正七年	崇善	左州	养利州	永康州	龙州厅	宁明州		
雍正十一年	崇善	左州	养利州	永康州	龙州厅	宁明州	明江厅	
光绪十二年	崇善	左州	养利州	永康州	龙州厅	宁明州	明江厅	上思州
光绪十八年	崇善	左州	养利州	永康州	龙州厅	宁明州	明江厅	*升直隶厅*
宣统二年	崇善	左州	养利州	永康州	龙州厅	宁明州	明江厅		凭祥厅
宣统三年	崇善	左州	养利州	永康州	龙州厅	宁明州	明江厅		凭祥厅

表 23-12　镇安府县级政区变迁表

雍正七年	镇安府			
雍正十年	镇安府	归顺州		
乾隆三年	天保	归顺州		
乾隆三十一年	天保	归顺州	小镇安厅	
光绪元年	天保	归顺州	小镇安厅	奉议州
光绪十二年	天保	*升直隶州*		奉议州
宣统三年	天保			奉议州

表 23-13　百色直隶厅县级政区变迁表

光绪二年	百色厅	恩隆	
光绪五年	百色厅	恩隆	恩阳州判
宣统三年	百色厅	恩隆	恩阳州判

表 23-14 宾州直隶州县级政区变迁表

雍正三年	宾州	来宾	武宣	迁江	上林
雍正七年	宾州	来宾	往属浔州府	迁江	上林
雍正十二年	裁直隶州				

24. 云南省政区变迁表

表 24-1 府级政区变迁表

顺治十六年	云南府	大理府	临安府	楚雄府	澂江府	广南府	广西府	顺宁府
乾隆三十五年	云南府	大理府	临安府	楚雄府	澂江府	广南府	广西州	顺宁府
宣统二年	云南府	大理府	临安府	楚雄府	澂江府	广南府	广西州	顺宁府

顺治十六年	曲靖军民府	姚安军民府	鹤庆军民府	武定军民府	元江军民府	永昌军民府
雍正五年	曲靖军民府	姚安府	鹤庆军民府	武定军民府	元江军民府	永昌军民府
乾隆三十年	曲靖府	姚安府	鹤庆军民府	武定府	元江府	永昌府
乾隆三十五年	曲靖府	降为州		武定州	元江州	永昌府
宣统三年	曲靖府			武定州	元江州	永昌府

顺治十六年	景东府	镇沅土府	丽江土府	蒙化土府	北胜州	寻甸军民府	
康熙五年	景东府	镇沅土府	丽江土府	蒙化府	往属大理府	寻甸军民府	开化府
康熙八年	景东府	镇沅土府	丽江土府	蒙化府		往属曲靖府	开化府
康熙三十一年	景东府	镇沅土府	丽江土府	蒙化府	北胜州		开化府
康熙三十七年	景东府	镇沅土府	丽江土府	蒙化府	永北府		开化府
雍正元年	景东府	镇沅土府	丽江府	蒙化府	永北府		开化府
宣统三年	景东府	镇沅厅	丽江府	蒙化府	永北府		开化府

雍正二年	威远厅					
雍正二年	威远厅					
雍正四年	威远厅	东川军民府				

续 表

雍正五年	威远厅	东川军民府	镇雄府	乌蒙府			
雍正六年	威远厅	东川军民府		乌蒙府	普洱府		
雍正七年	威远厅	东川军民府		乌蒙府	普洱府		
雍正八年	威远厅	东川军民府		昭通府	普洱府		
雍正十三年		东川军民府		昭通府	普洱府		
乾隆三十年		东川府		昭通府	普洱府		
乾隆三十五年		东川府		昭通府	普洱府		
嘉庆二十五年		东川府		昭通府	普洱府	腾越厅	
道光二年		东川府		昭通府	普洱府	往属永昌府	
道光二十年		东川府		昭通府	普洱府		
光绪十四年		东川府		昭通府	普洱府		镇边厅
光绪三十四年		东川府		昭通府	普洱府		镇边厅
宣统三年		东川府		昭通府	普洱府		镇边厅

光绪三十四年	镇雄州						
宣统三年	镇雄州						

表 24-2 云南府县级政区变迁表

顺治十六年	昆明	富民	宜良	嵩明州	晋宁州②	归化	呈贡
康熙七年	昆明	富民	宜良	嵩明州	晋宁州①		呈贡
雍正年间	昆明	富民	宜良	嵩明州	晋宁州		呈贡
宣统三年	昆明	富民	宜良	嵩明州	晋宁州		呈贡

顺治十六年	安宁州②	罗次	禄丰	昆阳州②	三泊	易门
康熙八年	安宁州②	罗次	禄丰	昆阳州①	易门	
雍正年间	安宁州	罗次	禄丰	昆阳州	易门	
宣统三年	安宁州	罗次	禄丰	昆阳州	易门	

表24-3 大理府县级政区变迁表

顺治十六年	太和	赵州①	云南	邓川州①	浪穹	宾川州	云龙州	
康熙五年	太和	赵州①	云南	邓川州①	浪穹	宾川州	云龙州	北胜州
康熙三十一年	太和	赵州①	云南	邓川州①	浪穹	宾川州	云龙州	升直隶州
雍正年间	太和	赵州	云南	邓川州	浪穹	宾川州	云龙州	
宣统三年	太和	赵州	云南	邓川州	浪穹	宾川州	云龙州	

表24-4 临安府县级政区变迁表

顺治十六年	临安府	建水州	石屏州	阿迷州	宁州⑤	通海
雍正十年	临安府	建水州	石屏州	阿迷州	宁州	通海
乾隆三十五年	临安府	建水	石屏州	阿迷州	宁州	通海
宣统三年	临安府	建水	石屏州	阿迷州	宁州	通海

顺治十六年	河西	嶍峨	蒙自	新平	新化州
康熙五年	河西	嶍峨	蒙自	新平	
雍正十年	河西	嶍峨	蒙自	往属元江府	
乾隆三十五年	河西	嶍峨	蒙自		
宣统三年	河西	嶍峨	蒙自		个旧厅

表24-5 楚雄府县级政区变迁表

顺治十六年	楚雄	广通	定远	定边	石㟆嘉	南安州	镇南州		
康熙六年	楚雄	广通	定远	定边		南安州	镇南州		
雍正七年	楚雄	广通	定远	裁入蒙化府		南安州	镇南州		
乾隆三十五年	楚雄	广通	定远			南安州	镇南州	姚州	大姚
宣统三年	楚雄	广通	定远			南安州	镇南州	姚州	大姚

表 24-6 澂江府县级政区变迁表

顺治十六年	河阳	阳宗	江川	新兴州	路南州
康熙八年	河阳		江川	新兴州	路南州
宣统三年	河阳		江川	新兴州	路南州

表 24-7 广南府县级政区变迁表

顺治十八年	广南府	
乾隆元年	宝宁	
光绪二十六年	宝宁	富州厅
宣统三年	宝宁	富州厅

表 24-8 顺宁府县级政区变迁表

顺治十六年	顺宁府	云州	
乾隆十二年	顺宁府	云州	缅宁厅
宣统三年	顺宁	云州	缅宁厅

表 24-9 曲靖军民府—曲靖府县级政区变迁表

顺治十六年	南宁	亦佐	沾益州	陆凉州	马龙州	罗平州				
康熙八年	南宁	裁入罗平州	沾益州	陆凉州	马龙州	罗平州	寻甸州			
康熙三十四年	南宁		沾益州	陆凉州	马龙州	罗平州	寻甸州	平彝		
雍正五年	南宁		沾益州	陆凉州	马龙州	罗平州	寻甸州	平彝	宣威州	
乾隆三十五年	南宁		沾益州	陆凉州	马龙州	罗平州	寻甸州	平彝	宣威州	五嶍厅
乾隆四十一年	南宁		沾益州	陆凉州	马龙州	罗平州	寻甸州	平彝	宣威州	往属广西州
宣统三年	南宁		沾益州	陆凉州	马龙州	罗平州	寻甸州	平彝	宣威州	

表 24-10　丽江军民府—丽江府县级政区变迁表

顺治十六年	丽江军民府	巨津州	通安土州	宝山土州	兰州土州
康熙初	丽江军民府	裁			
雍正三年	丽江府				
乾隆二十一年	丽江府	维西厅	中甸厅		
乾隆三十五年	丽江	维西厅	中甸厅	鹤庆州	剑川州
宣统三年	丽江	维西厅	中甸厅	鹤庆州	剑川州

表 24-11　普洱府县级政区变迁表

雍正七年	普洱府	攸乐厅	思茅厅		
雍正十三年	宁洱		思茅厅		
乾隆三十五年	宁洱		思茅厅	威远厅	他郎厅
宣统三年	宁洱		思茅厅	威远厅	他郎厅

表 24-12　永昌军民府—永昌府县级政区变迁表

顺治十六年	永昌府	保山	永平	腾越州		
乾隆三十五年	永昌府	保山	永平	腾越州	龙陵厅	
嘉庆二十五年	永昌府	保山	永平	升直隶厅	龙陵厅	
道光二年	永昌府	保山	永平	腾越厅	龙陵厅	
宣统二年	永昌府	保山	永平	腾越厅	龙陵厅	永康州
宣统三年	永昌府	保山	永平	腾越厅	龙陵厅	永康州

表 24-13　开化府县级政区变迁表

康熙五年	开化府	
雍正七年	文山	
嘉庆二十四年	文山	安平厅
宣统三年	文山	安平厅

表 24-14　东川军民府—东川府县级政区变迁表

康熙三十七年	东川军民府		
雍正五年	东川军民府	会泽	
雍正七年	会泽		
嘉庆十六年	会泽		巧家厅
宣统三年	会泽		巧家厅

表 24-15　乌蒙府、镇雄府—昭通府县级政区变迁表

顺治十六年	乌蒙军民府	镇雄军民府				
雍正五年	乌蒙府	镇雄府				
雍正六年	乌蒙府	镇雄州	永善	大关厅		
雍正九年	恩安	镇雄州	永善	大关厅	鲁甸厅	
光绪三十四年	恩安	升直隶州	永善	大关厅	鲁甸厅	靖江
宣统三年	恩安		永善	大关厅	鲁甸厅	靖江

表 24-16　镇沅府—镇沅直隶州县级政区变迁表

雍正五年	镇沅府	恩乐	
雍正十三年	镇沅府	恩乐	威远厅
乾隆三十五年	镇沅州	恩乐	往属普洱府
道光二十年	镇沅直隶厅		

表 24-17　广西府—广西直隶州县级政区变迁表

顺治十六年	广西府	师宗州	弥勒州		
康熙八年	广西府	师宗州	弥勒州	三乡	
雍正二年	广西府	师宗州	弥勒州	裁入师宗州	
道光二十年	广西州	师宗	弥勒		丘北
宣统三年	广西州	师宗	弥勒		丘北

表 24-18　武定军民府—武定府—武定直隶州县级政区变迁表

顺治十六年	武定军民府	和曲州①	元谋	禄劝州
乾隆三十年	武定府	和曲州	元谋	禄劝州
乾隆三十五年	武定州	裁	元谋	禄劝
宣统三年	武定州		元谋	禄劝

表 24-19　元江军民府—元江府—元江直隶州县级政区变迁表

顺治十六年	元江军民府	恭顺土州	奉化土州	
顺治十七年	元江军民府			
雍正十年	元江军民府	他郎厅		新平
乾隆三十年	元江府	他郎厅		新平
乾隆三十五年	元江州	往属普洱府		新平
宣统三年	元江州			新平

表 24-20　镇雄府—镇雄直隶州县级政区变迁表

顺治十六年	镇雄土府	
雍正五年	镇雄府	
雍正六年	裁	
光绪三十四年	镇雄直隶州	彝良
宣统三年	镇雄直隶州	彝良

表 24-21　鹤庆军民府县级政区变迁表

顺治十六年	鹤庆军民府	顺州	剑川州		
康熙七年	鹤庆军民府		剑川州		
雍正五年	鹤庆军民府		剑川州	维西厅	中甸厅
乾隆二十一年	鹤庆军民府		剑川州	往属丽江府	
乾隆三十五年	裁				

25. 贵州省政区变迁表

表 25-1 府级政区变迁表

顺治十五年	贵阳军民府	思州府	思南府	镇远府	石阡府	铜仁府
康熙二十六年	贵阳府	思州府	思南府	镇远府	石阡府	铜仁府
宣统三年	贵阳府	思州府	思南府	镇远府	石阡府	铜仁府

顺治十五年	黎平军民府	安顺军民府	都匀府	平越军民府		
康熙五年	黎平军民府	安顺军民府	都匀府	平越军民府	大定府	黔西府
康熙二十二年	黎平军民府	安顺军民府	都匀府	平越军民府	大定府	裁
康熙二十六年	黎平府	安顺府	都匀府	平越府	裁	
雍正七年	黎平府	安顺府	都匀府	平越府	大定府	
嘉庆三年	黎平府	安顺府	都匀府	平越州	大定府	
宣统三年	黎平府	安顺府	都匀府	平越州	大定府	

康熙五年	平远府	威宁府			
康熙二十二年	裁	威宁府			
康熙二十六年		威宁府			
雍正五年		威宁府	南笼府		
雍正六年		威宁府	南笼府	遵义府	
雍正七年		裁	南笼府	遵义府	
乾隆四十一年			南笼府	遵义府	仁怀厅
嘉庆二年			兴义府	遵义府	仁怀厅	松桃厅
嘉庆十四年			兴义府	遵义府	仁怀厅	松桃厅	普安州
嘉庆十六年			兴义府	遵义府	仁怀厅	松桃厅	普安厅
光绪三十四年			兴义府	遵义府	裁	松桃厅	裁
宣统三年			兴义府	遵义府		松桃厅	

附录　清代各省政区沿革表

表 25－2　贵阳府县级政区变迁表

顺治十五年	贵阳军民府	新贵		贵定	开州	定番州	广顺州			
康熙十年	贵阳军民府	新贵		贵定	开州	定番州	广顺州	龙里		
康熙二十八年	贵阳府	新贵	贵筑	贵定	开州	定番州	广顺州	龙里	修文	
康熙三十四年	贵阳府		贵筑	贵定	开州	定番州	广顺州	龙里	修文	
雍正五年	贵阳府		贵筑	贵定	开州	定番州	广顺州	龙里	修文	长寨厅
光绪六年	贵阳府		贵筑	贵定	开州	定番州	广顺州	龙里	修文	裁	罗斛厅
宣统三年	贵阳府		贵筑	贵定	开州	定番州	广顺州	龙里	修文		罗斛厅

表 25－3　思州府县级政区变迁表

顺治十五年	思州府		
雍正五年	思州府	玉屏	青溪
宣统三年	思州府	玉屏	青溪

表 25－4　镇远府县级政区变迁表

顺治十五年	镇远府	镇远	施秉				
雍正七年	镇远府	镇远	施秉	清江厅			
雍正十二年	镇远府	镇远	施秉	清江厅	台拱厅	天柱	
嘉庆三年	镇远府	镇远	施秉	清江厅	台拱厅	天柱	黄平州
宣统三年	镇远府	镇远	施秉	清江厅	台拱厅	天柱	黄平州

表 25－5　铜仁府县级政区变迁表

顺治十五年	铜仁府	铜仁	
雍正十年	铜仁府	铜仁	松桃厅
嘉庆二年	铜仁府	铜仁	升直隶厅
宣统三年	铜仁府	铜仁	

表 25-6 黎平军民府—黎平府县级政区变迁表

顺治十五年	黎平军民府	永从					
雍正三年	黎平府	永从	开泰				
雍正四年	黎平府	永从	开泰	天柱			
雍正五年	黎平府	永从	开泰	天柱	锦屏		
雍正七年	黎平府	永从	开泰	天柱	锦屏	古州厅	
雍正十二年	黎平府	永从	开泰	往属镇远府	锦屏	古州厅	
乾隆三十五年	黎平府	永从	开泰		锦屏	古州厅	下江厅
道光十二年	黎平府	永从	开泰		裁	古州厅	下江厅
宣统三年	黎平府	永从	开泰			古州厅	下江厅

表 25-7 安顺军民府—安顺府县级政区变迁表

顺治十五年	安顺军民府	镇宁州	永宁州	普安州		
顺治十八年	安顺军民府	镇宁州	永宁州	普安州①	普安	
康熙十年	安顺军民府	镇宁州	永宁州	普安州①	普安	普定
康熙二十六年	安顺府	镇宁州	永宁州	普安州①	普安	普定
雍正五年	安顺府	镇宁州	永宁州	往属南笼府		普定
雍正八年	安顺府	镇宁州	永宁州			普定
宣统三年	安顺府	镇宁州	永宁州			普定

康熙十年	南笼厅					
康熙二十六年	南笼厅	安平	清镇	安南		
雍正五年	升府	安平	清镇	往属南笼府		
雍正八年		安平	清镇		归化厅	
雍正九年		安平	清镇		归化厅	郎岱厅
宣统三年		安平	清镇		归化厅	郎岱厅

表 25-8 南笼府—兴义府县级政区变迁表

雍正五年	南笼府	普安州	安南	普安	永丰州	
嘉庆二年	兴义府	普安州	安南	普安	贞丰州	
嘉庆三年	兴义府	普安州	安南	普安	贞丰州	兴义
嘉庆十四年	兴义府	升直隶州	安南	普安	贞丰州	往属普安州
嘉庆十六年	兴义府		安南	普安	贞丰州	兴义
光绪三十四年	兴义府	盘州厅	安南	普安	贞丰州	兴义
宣统三年	兴义府	盘州厅	安南	普安	贞丰州	兴义

表 25-9 都匀府县级政区变迁表

顺治十五年	都匀府	清平	麻哈州	独山州				
康熙七年	都匀府		麻哈州	独山州				
康熙十年	都匀府	清平	麻哈州	独山州	都匀			
雍正七年	都匀府	清平	麻哈州	独山州	都匀	八寨厅	丹江厅	
雍正十年	都匀府	清平	麻哈州	独山州	都匀	八寨厅	丹江厅	都江厅	荔波
宣统三年	都匀府	清平	麻哈州	独山州	都匀	八寨厅	丹江厅	都江厅	荔波

表 25-10 大定府县级政区变迁表

康熙五年	大定府					
康熙二十二年	大定府	黔西州	平远州			
康熙二十六年	裁府,往属威宁府					
雍正七年	大定府	黔西州	平远州	威宁州	毕节	
雍正十年	大定府	黔西州	平远州	威宁州	毕节	水城厅
宣统三年	大定府	黔西州	平远州	威宁州	毕节	水城厅

表 25-11 遵义军民府—遵义府县级政区变迁表

顺治六年	遵义	桐梓	绥阳	真安州	仁怀
雍正二年	遵义	桐梓	绥阳	正安州	仁怀

续　表

乾隆三年	遵义	桐梓	绥阳	正安州	仁怀	仁怀厅
乾隆四十一年	遵义	桐梓	绥阳	正安州	仁怀	升直隶厅
光绪三十四年	遵义	桐梓	绥阳	正安州	仁怀	赤水厅
宣统三年	遵义	桐梓	绥阳	正安州	仁怀	赤水厅

表 25－12　平越军民府—平越府—平越直隶州县级政区变迁表

顺治十五年	平越军民府		瓮安	湄潭	余庆	黄平州
康熙十年	平越军民府	平越	瓮安	湄潭	余庆	黄平州
康熙二十六年	平越府	平越	瓮安	湄潭	余庆	黄平州
嘉庆三年	平越州		瓮安	湄潭	余庆	往属镇远府
宣统三年	平越州		瓮安	湄潭	余庆	

说明：平越军民府是否有亲辖地，未见史籍有明确记载。因明末清初贵州各府均有亲辖地，且平越军民府亦辖有土司，平越县是改平越卫置，平越军民府当有亲辖地。

表 25－13　乌撒军民府—威宁府县级政区变迁表

顺治十五年	乌撒军民府					
康熙五年	威宁府					
康熙二十六年	威宁府	大定州	黔西州	平越州	毕节	永宁
雍正五年	威宁府	大定州	黔西州	平越州	毕节	往属四川省
雍正七年	裁，往属大宁府					

主要参考文献

一、历史文献

《明史》,中华书局,1974年。
《清国史》,嘉业堂钞本,中华书局,1993年。
《清史稿》,中华书局,1976年。
中国第一历史档案馆、辽宁省档案馆:《中国明朝档案总汇》,广西师范大学出版社,2001年。
张伟仁:《明清档案》,台湾中研院历史语言研究所,1986年。
(民国)中央研究院历史语言研究所:《明清史料》,北京图书馆出版社,2008年。
中国第一历史档案馆、中国社会科学院历史研究所:《满文老档》,中华书局,1990年。
中国第一历史档案馆:《雍正朝汉文朱批奏折汇编》,江苏古籍出版社,1991年。
《世宗宪皇帝朱批谕旨》,《景印文渊阁四库全书》本(以下简称《四库全书》本),台湾商务印书馆,1986年。
中国第一历史档案馆:《雍正朝内阁六科史书·吏科》,广西师范大学出版社,2002年。
中国第一历史档案馆:《雍正朝内阁六科史书·户科》,广西师范大学出版社,2007年。
台湾故宫博物院故宫文献编纂委员会:《宫中档光绪朝奏折》,台湾故宫博物院故宫文献编纂委员会,1973年。
中国第一历史档案馆:《光绪朝朱批奏折》,中华书局,1995年。
故宫博物院明清档案部:《清末筹备立宪档案史料》,中华书局,1979年。
崇厚:《盛京典制备考》,光绪六年刻本。
《吉林志书》,吉林文史出版社,1988年。

吉林省档案馆、吉林省社会科学院历史所编：《清代吉林档案史料选编（上谕奏折）》，1981年。

《吉林分巡道造送会典馆清册》，吉林文史出版社，1988年。

辽宁省档案馆编：《清代三姓副都统衙门满汉文档案选编》，辽宁古籍出版社，1995年。

黑龙江档案馆：《黑龙江设治》，黑龙江档案馆，1985年。

《明实录》，台湾中研院历史语言研究所校印本，1962年。

《清太祖武皇帝实录》，载潘喆等编：《清入关前史料选辑》第1辑，中国人民大学出版社，1984年。

《清实录》，中华书局，1985年。

王先谦、朱寿朋：《东华录》、《东华续录》、《续修四库全书》本。

政治官报局：《政治官报》，台北文海出版社影印本，1965年。

内阁印铸局：《内阁官报》，台北文海出版社影印本，1965年。

上海商务印书馆编译所编：《大清新法令》，点校本，商务印书馆，2010—2011年。

李东阳：正德《明会典》，《四库全书》本。

申时行：万历《明会典》，万历刻本，中华书局影印本，1989年。

伊桑阿：康熙《清会典》，康熙刻本，《五朝大清会典》影印本，线装书局，2006年。

尹泰：雍正《清会典》，雍正刻本，《五朝大清会典》本。

允祹：乾隆《清会典》，乾隆本，《五朝大清会典》本。

允祹：乾隆《清会典则例》，《四库全书》本。

托津：嘉庆《清会典》，嘉庆刻本，《五朝大清会典》本。

托津：嘉庆《清会典事例》，嘉庆刻本，台北文海出版社影印本，1992年。

托津：嘉庆《清会典图》，嘉庆刻本，台北文海出版社影印本，1992年。

崑冈：光绪《清会典》，《五朝大清会典》本。

崑冈：光绪《清会典事例》，光绪本，中华书局影印本，1991年。

崑冈：光绪《清会典图》，台北文海出版社影印本，1992年。

纪昀：《清朝通典》，商务印书馆万有文库本，1935年。

嵇璜：《清朝通志》，商务印书馆万有文库本，1935年。

嵇璜：《清朝文献通考》，商务印书馆万有文库本，1936年。

刘锦藻：《清朝续文献通考》，商务印书馆万有文库本，1936年。

葛士濬：《皇朝经世文续编》，台北文海出版社影印本，1992年。

鄂尔泰：《八旗通志》，《四库全书》本。
《钦定理藩院则例》，光绪三十四年排印本。
《钦定回疆则例》，光绪三十四年排印本。
包文汉整理：《外藩蒙古回部王公表传》，内蒙古大学出版社，1998年。
包文汉整理：《清朝藩部要略稿本》，黑龙江教育出版社，1998年。
步平：《东北国际约章汇释（1689—1919年）》，黑龙江人民出版社，1987年。
王铁崖：《中外旧约章汇编》，三联书店，1957年。
李默：《吏部职掌》，《四库全书存目丛书》影印本。
《土官底簿》，《四库全书》本。
《钦定历代职官表》，《四库全书》本。
清华大学图书馆科技史暨古文献研究所：《清代缙绅录集成》，大象出版社，2008年。
尚秉和：《辛壬春秋》，《四库未收书辑刊》本。
吴承湜：《近六十年全国郡县增建志要》，鼎文书局，1968年。
陈义钟编校：《海瑞集》，中华书局，1962年。
何孟春：《何文简疏议》，《四库全书》本。
施闰章：《学余堂文集》，《四库全书》本。
杨雍建：《杨黄门奏疏》，《四库存目丛书》本。
余缙：《大观堂文集》，《四库存目丛书》影印本。
韩世琦：《抚吴疏草》，《四库未收书辑刊》影印本。
李绂：《穆堂初稿》，《续修四库全书》本。
那容安辑：《那文毅公奏议》，《续修四库全书》本。
魏源撰，韩锡铎、孙文良点校：《圣武记》，中华书局，1984年。
《曾国藩全集》，岳麓书社，1987年。
刘泱泱点校：《左宗棠全集》，岳麓书社，1996年。
马昌华、翁飞点校：《刘铭传文集》，黄山书社，1997年。
苑书义等主编：《张之洞全集》，河北人民出版社，1998年。
张联桂：《张中丞奏议》，《近代中国史料丛刊》本，台北文海出版社，1968年。
沈葆桢：《福建台湾奏折》，台湾省文献委员会，1997年。
刘锦棠：《刘襄勤公奏稿》，台湾成文出版社影印本，1968年。
中国科学院历史研究所第三所：《锡良遗稿·奏稿》，中华书局，1959年。

徐世昌：《退耕堂政书》，《近代中国史料丛刊》本。
徐世昌：《东三省政略》，台北文海出版社，1965年。
张謇研究中心、南通市图书馆：《张謇全集》，江苏古籍出版社，1994年。
黄盛陆等标点：《岑毓英奏稿》，广西人民出版社，1989年。
吴丰培编：《赵尔丰川边奏牍》，四川民族出版社，1984年。
李贤：《明一统志》，《四库全书》本。
蒋廷锡：康熙《清一统志》，乾隆八年刻本。
和珅：乾隆《清一统志》，《四库全书》本。
穆彰阿：嘉庆《清一统志》，《四部丛刊》影印本。
洪亮吉：《乾隆府厅州县图志》，《续修四库全书》本。
纪昀：《日下旧闻考》，《四库全书》本。
周家楣、缪荃孙：光绪《顺天府志》，北京古籍出版社，1987年。
和珅：乾隆《热河志》，《四库全书》本。
唐执玉、陈仪：雍正《畿辅通志》，《四库全书》本。
李鸿章、黄彭年：光绪《畿辅通志》，河北人民出版社，1989年。
张志奇、黄可润：乾隆《宣化府志》，乾隆二十二年刻本。
黄可润：乾隆《口北三厅志》，《中国方志丛书》本，台北成文出版社，1966—1984年。
蔡寿臻、钱锡寀：光绪《武清县志》，《北京师范大学图书馆藏稀见方志丛刊》本，北京图书馆出版社，2008年。
陈继淹、许闻诗：民国《张北县志》，《中国方志丛书》本。
伊把汉、孙成：康熙《盛京通志》，康熙二十三年刻本。
吕耀曾、魏枢：乾隆《盛京通志》，咸丰二年重印本。
阿桂、刘谨之：乾隆《盛京通志》，《四库全书》本。
吴廷燮：《奉天备志》，清抄本。
翟文选、王树枏：民国《奉天通志》，东北文史丛书编辑委员会点校、出版，沈阳古旧书店发行，1983年。
杨镳、施鸿：康熙《辽阳州志》，《辽海丛书》本。
管凤龢：宣统《新民府志》，宣统元年本。
萨英额：道光《吉林外纪》，吉林文史出版社，1995年。
长顺、李桂林：光绪《吉林通志》，《续修四库全书》本。
魏声龢：民国《吉林地志》，吉林文史出版社，1986年。
刘爽：《吉林新志》，吉林文史出版社，1991年。

同治《黑龙江通省舆图总册》，柳成栋整理：《清代黑龙江孤本方志四种》本，黑龙江人民出版社，1989 年。

张国淦：宣统《黑龙江志略》，柳成栋整理：《清代黑龙江孤本方志四种》本。

黑龙江调查局编制：《黑龙江全省舆图》，宣统三年石印本。

金梁：民国《黑龙江通志纲要》，台湾成文出版有限公司，1973 年。

万福麟、张伯英：民国《黑龙江志稿》，黑龙江人民出版社，1992 年。

赵祥星、钱江：康熙《山东通志》，康熙十七年刻本。

岳浚、杜诏：雍正《山东通志》，《四库全书》本。

王赠芳、成瓘：道光《济南府志》，道光二十年刻本。

永泰：乾隆《续登州府志》，乾隆七年刻本。

方汝翼、周悦让：光绪《增修登州府志》，光绪七年刻本。

穆尔赛、刘梅：康熙《山西通志》，康熙二十一年刻本。

觉罗石麟、储大文：雍正《山西通志》，《四库全书》本。

海宁、郑源琦辑：《晋政辑要》，光绪刻本。

曾国荃、王轩：光绪《山西通志》，光绪十八年刻本。

胡文烨：顺治《云中郡志》，顺治九年刻本。

房裔兰、苏之芬：雍正《阳高县志》，雍正七年刻本。

高赓恩：光绪《归绥道志》，远方出版社，又《中国方志丛书》本，2007 年。

贾汉复、徐化成：康熙《河南通志》，康熙九年刻本。

田文镜：雍正《河南通志》，《四库全书》本。

朱明魁、何柏如：顺治《河南府志》，康熙增刻本。

沈传义、黄舒昺：光绪《祥符县志》，光绪二十四年刻本。

于成龙、张九徵：康熙《江南通志》，康熙二十三年刻本。

尹继善、黄之隽：乾隆《江南通志》，《四库全书》本。

曹允源、李根源：民国《吴县志》卷 18 上，1933 年苏州文新公司印本。

宋如林、孙星衍：嘉庆《松江府志》，嘉庆二十三年刻本。

龚宝琦、黄厚本：光绪《金山县志》，光绪四年刻本。

吴世熊、刘庠：同治《徐州府志》，同治十三年刻本。

吴坤修、何绍基：光绪《安徽通志》，光绪四年刻本。

于成龙、杜果：康熙《江西通志》，康熙二十二年刻本。

谢旻、陶成：雍正《江西通志》，《四库全书》本。

李其昌：乾隆《莲花厅志》，《中国方志丛书》本。

金铉、郑开极：康熙《福建通志》，康熙二十三年刻本。
郝玉麟、谢道承：乾隆《福建通志》，《四库全书》本。
孙尔准、程祖洛：同治《福建通志》，同治十年刻本。
万友正：乾隆《马巷厅志》，光绪十九年刻本。
薛凝度、吴文林：嘉庆《云霄厅志》，嘉庆二十一年刻本。
周凯：道光《厦门志》，道光十九年刻本。
吴堂、刘光鼎：嘉庆《同安县志》，光绪十二年刻本。
林学增、吴锡璜：民国《同安县志》，1929年印本。
黄履思：民国《平潭县志》，《中国地方志集成·福建府县志辑》本。
欧阳英、陈衍：民国《闽侯县志》，《中国地方志集成·福建府县志辑》本。
林凤声：《石码镇志》，《中国地方志集成·乡镇志辑》本。
唐景崧、蒋师辙：光绪《台湾通志》，《中国地方志集成·台湾府县志辑》本。
薛绍元、王国瑞纂修：《台湾通志稿》，《中国方志丛书》本。
黄纯青、林熊祥主修：《台湾省通志稿》，《中国方志丛书》本。
川口长孺：《台湾郑氏纪事》，《台湾文献丛刊》影印本，台北大通书局，1987年。
江日昇：《台湾外记》，《台湾文献丛刊》影印本。
《台湾地舆总图》，《中国方志丛书》本。
李廷璧、周玺：道光《彰化县志》，《中国方志丛书》本。
萨廉、董正官：咸丰《噶玛兰厅志》，《中国方志丛书》本。
陈朝龙、郑鹏云纂辑：《新竹县采访册》，《中国方志丛书》本。
《新竹县制度考》，《中国方志丛书》本。
王诗琅、王国璠：《台北市志》，《中国方志丛书》本。
胡传采：《台东州修志采访册》，《中国方志丛书》本。
王国安、黄宗羲：康熙《浙江通志》，康熙二十三年刻本。
李卫、沈翼机：雍正《浙江通志》，《四库全书》本。
徐国相、宫梦仁：康熙《湖广通志》，康熙二十三年刻本。
迈柱、夏力恕：雍正《湖广通志》，《四库全书》本。
鲁之裕、靖道谟：乾隆《下荆南道志》，乾隆五年刻本。
刘显功：康熙《宜都县志》，康熙三十六年刻本。
周承弼、王慰：同治《公安县志》，同治十三年刻本。
卞宝第、曾国荃：光绪《湖南通志》，光绪十一年刻本。

张奇勋、周士仪：康熙《衡州府志》，《北京图书馆珍本丛刊》影印本，北京图书馆出版社，1997年。

张天如：乾隆《永顺府志》，乾隆二十八年刻本。

董鸿勋：光绪《古丈坪厅志》，光绪三十三年本。

贾汉复、李楷：康熙《陕西通志》，康熙六年刻本。

刘于义、沈青崖：雍正《陕西通志》，《四库全书》本。

杨虎城、宋伯鲁：民国《续修陕西通志稿》，1934刊本。

许容、李迪：乾隆《甘肃通志》，《四库全书》本。

昇允、安维峻：宣统《甘肃新通志》，《中国西北文献丛书·西北稀见方志文献》本，兰州古籍书店，1990年。

杨应琚：乾隆《西宁府新志》，青海人民出版社，1988年。

朱亨衍、刘统：乾隆《盐茶厅志》，宁夏人民出版社，2007年。

折遇兰：乾隆《正宁县志》，乾隆二十八年刻本。

康敷镕：《青海志》，《续修四库全书》本。

傅恒、褚廷璋：乾隆《皇舆西域图志》，《四库全书》本。

松筠：乾隆《新疆识略》，《续修四库全书》本。

和宁：嘉庆《回疆通志》，民国十四年铅印本。

袁大化、王树枬：宣统《新疆图志》，《续修四库全书》本。

蔡毓荣、钱受祺：康熙《四川总志》，康熙十二年刻本。

黄廷桂、张晋生：雍正《四川通志》，《四库全书》本。

常明、杨芳灿：嘉庆《四川通志》，嘉庆二十一年刻本。

《四川省各府直隶厅州图》，清末石印本。

何源浚：康熙《叙州府志》，《稀见中国地方志汇刊》本，中国书店，1992年。

周伟业、褚彦昭：嘉庆《直隶叙永厅志》，《中国西南文献丛书·西南稀见方志文献》本，兰州大学出版社，2004年。

沈昭兴、余观和：嘉庆《直隶泸州志》，嘉庆二十五年刻本。

王梦庚、寇宗：道光《重庆府志》，道光二十三年刻本。

福珠朗阿、宋煊：道光《江北厅志》，道光二十四年刻本。

邓存咏：道光《龙安府志》，道光二十二年刻本。

邓仁垣、吴钟崙：同治《会理州志》，同治十三年刻本。

金光祖：康熙《广东通志》，康熙三十六年刻本。

郝玉麟、鲁曾煜：雍正《广东通志》，《四库全书》本。

毛鸿宾、桂文灿：同治《广东图说》，《中国方志丛书》本。
廖廷相：光绪《广东舆地图说》，《中国方志丛书》本。
宣统《广东舆地全图》，《中国方志丛书》本。
周硕勋：乾隆《潮州府志》，光绪十九年重刻本。
龚耿光：道光《佛冈直隶军民厅志》，咸丰元年刻本。
姚柬之：道光《连山绥瑶厅志》，光绪三年刻本。
余保纯、黄其勤：道光《直隶南雄州志》，道光四年刻本。
吴宗焯、温仲和：光绪《嘉应州志》，光绪二十七年刻本。
郝浴、廖必强：康熙《广西通志》，康熙二十二年刻本。
金铁、钱元昌：雍正《广西通志》，《四库全书》本。
谢启昆、胡虔：嘉庆《广西通志》，广西人民出版社，1988年。
苏宗经：光绪《广西通志辑要》，光绪十六年刻本。
李文琰、何天祥：乾隆《庆远府志》，乾隆十九年刻本。
陈如金、华本松：光绪《百色厅志》，光绪十七年刻本。
范承勋、吴自肃：康熙《云南通志》，康熙三十年刻本。
鄂尔泰、靖道谟：雍正《云南通志》，《四库全书》本。
王崧：道光《云南志钞》，《云南史料丛刊》本。
龙云、周钟岳：民国《新纂云南通志》，云南人民出版社，2007年。
傅天祥、黄元治：康熙《大理府志》，《北京图书馆古籍珍本丛刊》本。
李熙龄：道光《广南府志》，道光二十八年刻本。
何怀道、万重赞：道光《开化府志》，道光九年刻本。
钮方图、侯允钦：咸丰《邓川州志》，咸丰三年刻本。
党蒙、周宗洛：光绪《续修顺宁府志稿》，光绪三十一年刻本。
弥渡县志编纂委员会：《弥渡县志》，四川辞书出版社，1993年。
卫既齐、薛载德修纂，阎兴邦补修：康熙《贵州通志》，康熙三十六年刻本。
鄂尔泰、靖道谟：乾隆《贵州通志》，《四库全书》本。
爱必达：《黔南识略》，贵州人民出版社，1992年。
罗绕典：《黔南职方纪略》，贵州人民出版社，1992年。
周作楫、邹汉勋：道光《贵阳府志》，道光二十年刻本。
常恩、邹汉勋：咸丰《安顺府志》，咸丰元年刻本。
赵宜霦：嘉庆《正安州志》，1964年贵州省图书馆油印本。
陶有容、杨德明：光绪《续修正安州志》，光绪三年刻本。
陈熙晋：道光《仁怀直隶厅志》，道光二十一年刻本。

允礼：乾隆《西藏志》，《续修四库全书》本。
和琳：嘉庆《卫藏通志》，《续修四库全书》本。
张穆：《蒙古游牧记》，《续修四库全书》本。
傅增湘：民国《绥远通志稿》，内蒙古人民出版社，2007年。
宋哲元、梁建章：民国《察哈尔通志》，民国二十四年铅印本。
何秋涛：《朔方备乘》，《续修四库全书》本。

二、近现代论著

谭其骧主编：《中国历史地图集》第八册，地图出版社，1987年。
谭其骧：《简明中国历史地图集》，中国地图出版社，1991年。
周振鹤：《中华文化通志·地方行政制度志》，上海人民出版社，1998年。
白纲主编，郭松义、李新达、杨珍：《中国政治制度通史·清代》，人民出版社，1996年。
张哲郎：《明代巡抚研究》，文史哲出版社，1995年。
靳润成：《明朝总督巡抚辖区研究》，天津古籍出版社，1996年。
钱实甫：《清代职官年表》，中华书局，1980年。
〔日〕织田万著，李秀清、王沛译：《清国行政法》，中国政法大学出版社，2003年。
〔日〕真水康树：《明清地方行政制度研究》，北京燕山出版社，1997年。
古鸿廷：《清代官制研究》，五南图书出版公司，2005年。
郭松义、李新达、李尚英：《清朝典章制度》，吉林文史出版社，2001年。
瞿同祖著，范忠信、晏锋、何鹏译：《清代地方政府》，法律出版社，2003年。
郭红、靳润成：《中国行政区划通史·明代卷》，复旦大学出版社，2007年。
赵泉澄：《清代地理沿革表》，中华书局，1955年。
牛平汉主编：《清代政区沿革综表》，中国地图出版社，1990年。
华强：《太平天国地理志》，广西人民出版社，1991年。
张永江：《清代藩部研究——以政治变迁为中心》，黑龙江教育出版社，2001年。
周清澍主编：《内蒙古历史地理》，内蒙古大学出版社，1994年。
金海：《清代蒙古志》，内蒙古人民出版社，2010年。

管守新：《清代新疆军府制度研究》，新疆大学出版社，2002年。
苗普生：《伯克制度》，新疆人民出版社，1995年。
〔日〕田山茂著，潘世宪译：《清代蒙古社会制度》，商务印书馆，1987年。
内蒙古社科院历史所《蒙古族通史》编写组：《蒙古族通史》，民族出版社，2001年。
陈庆英、高淑芬主编：《西藏通史》，中州古籍出版社，2003年。
陈庆英主编：《中国藏族部落》，中国藏学出版社，2004年。
丹曲、谢建华：《甘肃藏族史》，民族出版社，2003年。
《中国少数民族社会历史调查资料丛刊》修订编辑委员会编：《青海省藏族蒙古族社会历史调查》，民族出版社，2009年。
袁森坡：《康雍乾经营与开发北疆》，中国社会科学出版社，1991年。
龚荫：《中国土司制度》，云南民族出版社，1992年。
赵云田：《中国边疆民族管理机构沿革史》，中国社会科学出版社，1993年。
聂鸿音、孙伯君：《〈西番译语〉校录及汇编》，社会科学文献出版社，2010年。
温春来：《从"异域"到"旧疆"——宋至清贵州西北部地区的制度、开发与认同》，生活·读书·新知三联书店，2008年。
田志和、潘景隆：《吉林建置沿革概述》，吉林人民出版社，1990年。
任玉雪：《清代东北地方行政制度研究》，复旦大学2003年博士论文。
林涓：《清代行政区划变迁研究》，复旦大学2004年博士论文。
傅林祥：《清代地方行政制度专题研究》，复旦大学2010年博士论文。
中国地图出版社近年出版各省地图册。
星球地图出版社编制：《中国分省系列地图集》，星球地图出版社，2009年。
谭其骧：《清代东三省疆理志》，《长水集》，人民出版社，1987年。
王跃生：《清代督抚体制特征探析》，《社会科学辑刊》，1993年第4期。
杜家骥：《清代督、抚职掌之区别问题考察》，《史学集刊》，2009年第6期。
林乾：《〈清会典〉的历次纂修与清朝行政法制》，《西南师范大学学报》（人文社会科学版），2005年第2期。
郑秦：《清代县制研究》，《清史研究》，1996年第4期。
王庆成：《清代学政官制之变化》，《清史研究》，2008年第1期。
何荣伟：《简述清代双城堡地区的行政制度》，《满族研究》，1992年第

1 期。

杨帆：《归绥诸厅性质刍议——以相关方志、政书为中心》，《理论界》，2010 年第 7 期。

庄吉发：《从故宫档案看清代台湾行政区域的调整》，是氏《清史论集》，第 14 册，台北文史哲出版社，2004 年。

王社教：《安徽称省时间与建省标志》，《中国历史地理论丛》，1991 年第 1 期。

陆韧：《清代直隶厅解构》，《中国历史地理论丛》，2010 年第 3 期。

乌云格日勒：《略论清代内蒙古的厅》，《清史研究》，1999 年第 3 期。

赵云田：《清代新疆行政建置的演变》，《首都师范大学学报》，1993 年第 1 期。

房建昌：《清代雍正朝以来青海二十蒙旗及玉树四十族的治所今址及历史地理诸问题》，《西北民族研究》，1995 年第 1 期。

房建昌：《藏北三十九族述略》，《中国边疆史地研究》，1992 年第 1 期。

房建昌：《论藏北三十九族——〈中国藏族部落〉补考》，《中央民族大学学报》，1995 年第 2 期。

定宜庄：《清代理事同知考略》，载《庆祝王钟翰先生八十寿辰学术论文集》，辽宁大学出版社，1993 年。

李国祁：《明清两代地方行政制度中道的功能及其演变》，台湾中研院《近代史研究所集刊》，第 3 期上。

后　　记

　　本卷撰写分工如下：任玉雪撰写八旗制度及东三省各章节（上编第一章之"奉天府"、第五章，下编第二、三、四章）；王卫东撰写藩部各章节（上编第六章，下编第十八章第一节以及第二十四、二十五、二十六、二十七章）；十八省部分（上下编其余各章节），初定由林涓撰写，林涓为此收集了大量资料并撰写了部分初稿，后因故改由傅林祥撰写。

　　全书完成后，主编周振鹤教授审阅了全文，并提出了许多重要意见。复旦大学出版社编辑胡春丽博士对于定稿也提供了有益的建议。又，复旦大学历史地理研究中心研究生张磊、魏大帅帮助核对了部分资料。在此，表示我们的真诚谢意。

　　由于时间所限，仍有一些问题未能进行深入探讨。由于我们的学识有限，书稿中存在的不足，恳请专家学者和广大读者提出宝贵意见。

作　者

　　本卷出版后，多位读者指出了书中存在的一些问题。利用本次修订再版的机会，我们根据读者的意见和新发现的史料，订正了其中的一些错误，同时将清代政区的今地统一改为2014年底的行政区划。由于我们的学识有限，修改时间紧迫，有的专题尚需深入研究，本卷还会存在不足之处，敬请广大读者指正。

作　者
2016年10月

图书在版编目(CIP)数据

中国行政区划通史·清代卷/周振鹤主编；傅林祥、林涓、任玉雪、工卫东著. —2版.
—上海：复旦大学出版社,2017.9（2024.6重印）
ISBN 978-7-309-12703-4

Ⅰ.中… Ⅱ.①周…②傅…③林…④任…⑤王… Ⅲ.①政区沿革-历史-中国
②政区沿革-历史-中国-清代 Ⅳ.K928.2

中国版本图书馆 CIP 数据核字(2016)第 283025 号

中国行政区划通史·清代卷（第二版）
周振鹤　主编　傅林祥　林　涓　任玉雪　王卫东　著
责任编辑/胡春丽

复旦大学出版社有限公司出版发行
上海市国权路 579 号　邮编：200433
网址：fupnet@fudanpress.com　http://www.fudanpress.com
门市零售：86-21-65102580　团体订购：86-21-65104505
出版部电话：86-21-65642845
浙江新华数码印务有限公司

开本 787 毫米×1092 毫米　1/16　印张 50.75　字数 840 千字
2024 年 6 月第 2 版第 3 次印刷

ISBN 978-7-309-12703-4/K·603
定价：130.00 元

如有印装质量问题，请向复旦大学出版社有限公司出版部调换。
版权所有　侵权必究